KB039522

國際私法과 國際訴訟

제 6 권

石 光 現 著

博 英 社

Private International Law and International Litigation

Volume Ⅵ

Suk Kwang Hyun

Parkyoung Publishing & Company
SEOUL, KOREA
2019

머리말

2012년 국제사법과 국제소송 제5권을 간행한 뒤 이제 6년 여 만에 제6권을 상재한다. 일차적으로는 저자가 게으른 탓이지만, 국제상사중재에 관한 논문을 국제상사중재법연구 제2권으로 묶고, 문화재법에 관한 몇 편의 논문을 국제사법과 국제소송 제7권에 포함시키고자 제외하고, 국제사법과 국제소송 제8권에 묶을 국제친족법에 관한 논문을 제외한 탓이기도 하다. 제6권과 비슷한 시기에 국제상사중재법 제2권을 간행하고, 제7권은 가능하면 2019년 중에 간행할 예정이다. 늦었지만 제6권을 간행하게 되니 작은 보람을 느낀다.

제6권에서는 전과 마찬가지로 광의의 국제사법의 다양한 주제를 다루었다. 특히 의미가 있는 것은 두 가지이다.

첫째는 징용에 관한 논문이다. 징용 피해자들의 일본 기업에 대한 손해배상청구를 인용한 2012년의 기념비적인 대법원 판결을 다룬 두 편의 평석이다. 양자는 논문으로 간행한 뒤 남효순 교수가 편자가 된 단행본에도 수록되었기에 재록하기는 다소 주저되었지만 저자의 논문을 묶는 자리에 빠져서는 아니 될 것으로 생각되었고, 대법원 2018. 10. 30. 선고 2013다61381 전원합의체 판결이 일본기업(신일본제철)의 상고를 기각하고 위 판결을 확정하였기에 더욱 그러하다.

둘째는 동아시아와 남북한 법률관계에 관한 논문이다. 저자는 2014. 10. 11. 중국 연길의 연변대학에서 개최된 두만강포럼(제7회)의 법률분과에 참석하기 위해 어릴 적 아버님으로부터 많이 들었던 '간도'의 연길을 처음 방문하였다. 이를 계기로 "한중 사법공조의 실천현황과 개선방안"이라는 제목의 논문[15]을 작성하였고, 1년 뒤인 2015. 12.에는 "남북한 주민 간 법률관계의 올바른 규율: 광의의 준국제사법규칙과 실질법의 특례를 중심으로"라는 제목의 논문[13]을 발표하였다. "국제민·상사분쟁해결에 관한 동아시아법의 현황과 미래 —조화와 통일의 관점에서—"라는 제목의 논문[14]은 그런 관심의 연장선상에 있는 것이다.

또한 2014년 6월에 시작한 국제사법 개정작업의 결과 국제사법 전부개정법률안을 성안하고 공청회를 개최한 것은 대단히 중요한 의미를 가진다. 다만 저자가 개정안에 관하여 발표한 논문들은 별도의 단행본이나 제7권에 수록할 계획이라 여기에는 전에 발표한 논문들(논문[9]와 [10])만을 수록하고 이를 보완하는 의미에서 2018. 2. 27. 법무부 공청회에서 저자가 발표한 글을 위 [9]의 보론으로 수록하였다. 현재 국회에 제출되어 있는 개정안이 원만하게 입법으로 이어지기를 기대한다.

여기에서 한 가지 독자들의 양해를 구하고자 한다. 과거 제1권부터 제5권까지를 간행할 때에는 간행시점을 기준으로 그 전에 발표했던 논문을 최대한 update하고자 노력하였으나 제6권에서는 그 작업을 줄이고 간단한 후기를 적기로 하였다. 무엇보다 작업이 힘들고 많은 시간을 요하기 때문이었다. 그렇지만 관련되는 본문이나 각주에서 조금씩 보완하는 작업을 완전히 포기하지는 않았다. 기존 논문의 전재는 큰 의미가 없다고 여전히 믿기 때문이다.

저자는 지난 3월 22일 한국국제사법학회 회장에 취임하였다. 1993년 창립시 거의 막내로서 학회활동을 시작했던 회원으로서 25년 만에 회장에 취임하니 감회가 남다르다. 지난 6월 20일에는 "한국 국제가족법의 회고, 현상과 과제"라는 대주제로 서울가정법원과 공동학술대회를 개최하였다. 종래 국제사법 교수들과 전문가들 특히 실무가들의 경우 국제가족법에 관심을 가지는 분은 많지 않고, 실무를 다루는 가정법원의 판사들 중 일부는 심각한 국제사법적 사고의 빈곤을 보여준다. 해서 이런 기회를 통하여 국제사법의 실천적 의미를 일깨워 경각심을 불러일으키고 나아가 사건을 다루는 판사들이 제대로 국제가사사건을 다룰 수 있게 해야 한다고 생각했기 때문이었다.

한국에서 광의의 국제사법 연구자로서 느끼는 가장 큰 아쉬움은 한국의 로스쿨들과 법과대학들이 국제사법 전임교수를 채용하지 않는 점이다. 이는 20년 전이나 지금이나 크게 다를 바 없다. 국제사법만을 담당하는 교수는 기대하지도 않지만, 국제거래법 또는 다른 과목과 묶어서 국제사법을 담당하는 전임교수조차 뽑아 주지 않는 척박한 환경 속에서 광의의 국제사법학을 연구하고 발전시키는 것은 지난한 일이다. 하지만 이 책에 수록한 논문들과 판례평석을 보면 고난도의 국제사법 쟁점들이 우리 법원에서도 이미 제기되고 있고 법원이 그 해결에 어려움을 겪고 있음을 확인할 수 있다. 늦게나마 이런 문제들에 대해 답을 제공하는 것이 저자의 임무라고 생각하기에 그런 작업을 하면서 작은 보람을 느끼며 살아가고 있다.

논문 발표와 관련하여 근자에 저자가 크게 아쉽게 느끼는 점이 있다. 이는 서울법대 법학지에 논문을 게재하지 않기로 결심한 것이다. 저자는 2007년 10월 서울법대로 자리를 옮긴 후로는 서울법대 법학지에 왕성하게 논문을 기고하였으나 2017년 3월 게재된 논문을 마지막으로 그 후로는 아예 투고를 하지 않는다. 이는 본교에 재직 중인 교수들이 투고할 경우 연구재단의 학술지 평가에서 감점요소가 된다고 들었기 때문이다. 이런 황당한 기준을 도입한 사람들이 있다는 것이 기가 막히지만 저자가 서울법대에게 해로운 행위를 할 수는 없는 일이다. 서울법대 법학지에 투고하면 분량이 비교적 자유롭고 교정을 철저히 봐주며 심사비와 게재료 부담이 없다는 장점이 있었는데 이제는 추억으로 남게 되었다. 이런 식의 규제는 정성평가를 제대로 하지 못하는 사회가 드러내는 한계일 것이다.

2015. 6. 30. 어머님께서 영면하심으로써 저자는 고애자가 되었다. 이런 일은 처음 겪는 것이었기에 한동안 삶의 중심을 잡기가 어려웠다. 어머님께서 떠나신 지 벌써 3년이 지났지만 전화를 드리면 언제라도 다정한 어머님 목소리를 들을 수 있을 것 같은데 그렇지 못한 현실에 아쉬움이 크다. 남은 생애 동안 성실하게 노력하는 길만이 자식의 도리를 다하는 길일 것이다. 어머님께서 이제 자식들 걱정은 잊으시고 아버님과 함께 편히 쉬시기를 충심으로 기원한다.

이 책이 빛을 볼 수 있도록 해주신 조성호 이사님과 김선민 부장님께 감사의 말씀을 드린다. 그리고 변함없이 교정작업을 도와주는 아내(김혜원)에게도 감사한다.

2019년 1월
교수로서의 20년 삶을 돌아보며
관악산 자락에서 석광현 씀

후 기

이 책의 교정이 끝나갈 무렵 은사이신 이호정 교수님께서 2018. 12. 16. 영면하셨다. 선생님께서는 1992년 국제사법연구회와 1993년 국제사법학회의 설립을 이끄셨고 처음 6년 동안 회장을 역임하시면서 학회의 기틀을 세우신 한국 국제사법학계의 상징적 존재이셨다. 선생님께서 홀연히 떠나시니 비통함을 금할 길이 없다. 장지까지 선생님을 따른 여러 제자들을 보면서 큰 스승의 학은을 되새겼다. 선생님께서 하늘나라에서 편히 쉬시기를 삼가 기원합니다.

차례 개요

제 1 장 국제사법 총론상의 논점

[1] 영국법이 준거법인 채권 간의 소송상 상계에 관한 국제사법의 제문제: 성질결정, 숨은 반정, 적응, 상계의 준거법 및 압류채권자와 상계를 주장하는 제3채무자의 우열의 준거법 / 3

[2] 편의치적에서 선박우선특권의 준거법 결정과 예외조항의 적용 / 44

제 2 장 국제계약 및 국제소비자계약의 준거법

[3] 영국법이 준거법인 한국 회사들 간의 선박보험계약과 약관규제법의 적용 여부 / 85

[4] 국제사법상 소비자계약의 범위에 관한 판례의 소개와 검토: 제27조의 목적론적 축소와 관련하여 / 124

[5] 해외직접구매에서 소비자의 보호: 국제사법, 중재법과 약관규제법을 중심으로 / 167

제 3 장 부당이득의 준거법

[6] 가집행선고의 실효로 인한 가지급물 반환의무의 준거법: 성질결정, 법정지법 원칙, 국제사법의 법원(法源)에 관한 논점을 포함하여 / 223

제 4 장 계약외채무의 준거법에 관한 유럽연합규정(로마Ⅱ)

[7] 계약외채무의 준거법에 관한 유럽연합 규정(로마Ⅱ) / 259

제 5 장 국제자본시장법

[8] 동시상장 기타 자본시장 국제화에 따른 국제사법 문제의 서론적 고찰 / 337

[補論] 상장회사에 관한 상법의 특례규정과 國際私法的 思考의 빈곤: 외국회사를 중심으로 / 385

제 6 장 국제민사소송법

[9] 한국의 국제재판관할규칙의 입법에 관하여 / 393

[補論] 2018년 국제사법 개정안에 따른 국제재판관할규칙 / 439

[10] 국제사법학회의 창립 20주년 회고와 전망: 국제재판관할과 외국판결의 승인 및 집행에 관한 입법과 판례 / 547

제 7 장 강제징용배상과 국제사법

[11] 강제징용사건에 관한 일본판결의 승인 가부 / 617

[12] 강제징용사건의 준거법 / 665

제 8 장 남북한 법률관계

[13] 남북한 주민 간 법률관계의 올바른 규율: 광의의 준국제사법규칙과 실질법의 특례를 중심으로 / 709

제 9 장 동아시아 국제사법 및 국제민사소송법의 통일

[14] 국제민·상사분쟁해결에 관한 동아시아법의 현황과 미래 / 769

[15] 한중 사법공조의 실천현황과 개선방안 / 819

부록

[16] Regulation (EC) No 864/2007 of the European Parliament and of the Council of 11 July 2007 on the law applicable to non-contractual obligations (Rome II) / 863

[17] 대한민국과 중화인민공화국간의 민사 및 상사사법공조조약(국문본) / 879

차 례

제 1 장 국제사법 총론상의 논점

[1] 영국법이 준거법인 채권 간의 소송상 상계에 관한 국제사법의 제문제: 성질결정, 숨은 반정, 적응, 상계의 준거법 및 압류채권자와 상계를 주장하는 제3채무자의 우열의 준거법

대상판결: 대법원 2015. 1. 29. 선고 2010다108764 판결,
서울고등법원 2012. 10. 19. 선고 2012나23490 판결 ………… 3

[사안의 개요] ………… 3

[소송의 경과] ………… 4

1. 제1심판결 ………… 4
2. 원심판결 ………… 5
3. 대법원판결의 요지 ………… 5

[연구] ………… 7

Ⅰ. 문제의 제기 ………… 7

Ⅱ. 상계에 관한 입법례와 영국법상의 상계 ………… 8

1. 상계에 관한 주요 입법례 ………… 8
2. 영국법상의 상계 ………… 9

Ⅲ. 이 사건 상계의 준거법: 영국 보통법상의 상계의 성질결정과 숨은 반정의 허용 여부 ………… 10

1. 쟁점의 정리 ………… 10
2. 영국 보통법상 상계의 성질결정 ………… 10

가. 실체로의 성질결정 ………… 10

나. 성질결정에 수반되는 문제점 ······ 13
3. 숨은 반정의 문제 ······ 19
가. 숨은 반정의 개념 ······ 19
나. 상계의 준거법과 숨은 반정의 허용 여부 ······ 20
4. 소결: 대법원판결의 설시와 그에 대한 평가 ······ 22
Ⅳ. 도산법정지법의 원칙과 도산법정지법에 따르는 사항의 범위 ··· 23
1. 쟁점의 정리 ······ 23
2. 도산법정지법 원칙과 도산전형적 법률 효과 ······ 24
3. 상계의 요건과 효과는 도산전형적 법률 효과인가? ······ 27
4. 소결: 원심판결의 설시와 그에 대한 평가 ······ 29
Ⅴ. 한국의 도산절차에서 상계에 관한 영국 도산법의 적용가능성 ·· 30
1. 쟁점의 정리 ······ 30
2. 영국 도산법상의 상계 ······ 31
3. 상계의 준거법은 준거법 소속국의 도산법을 포함하는가: 상계에 관한 도산법정지법 원칙과 그 예외 ······ 31
4. 소결 ······ 34
Ⅵ. 상계의 준거법이 영국법인 경우 (가)압류채권자와 상계를 하는 제3채무자의 우열을 결정하는 준거법 ······ 34
1. 쟁점의 정리 ······ 34
2. 우리 민법 제498조의 규정과 해석 ······ 35
3. 쟁점의 구분 ······ 36
가. (가)압류명령에 따른 지급금지의 효력과 그 준거법 ······ 37
나. 채권(가)압류명령을 받은 제3채무자가 채무자에 대한 반대채권을 가지고 상계로써 (가)압류채권자에게 대항할 수 있는지와 그 준거법 ······ 37
다. 영국법에 따를 경우의 영국 실질법상의 쟁점 ······ 38
4. 소결: 대법원판결 및 원심판결의 판시와 그에 대한 평가 ······ 39
Ⅶ. 맺음말 ······ 43

[2] 편의치적에서 선박우선특권의 준거법 결정과 예외조항의 적용

대상판결: 대법원 2014. 7. 24. 선고 2013다34839 판결 ······ 44
[사안의 개요] ······ 44
[소송의 경과] ······ 45
1. 제1심판결 ······ 45
2. 원심판결 ······ 47
3. 상고이유의 요지 ······ 48
4. 대상판결의 설시 ······ 48
[연구] ······ 49
Ⅰ. 문제의 제기: 일반적인 예외조항의 적용 ······ 49
Ⅱ. 편의치적 ······ 51
1. 편의치적의 의의와 문제점 ······ 51
2. 편의치적의 경우 선적국법주의의 관철 여부에 관한 종래 우리나라의 논의 ······ 53
가. 선적국법주의를 관철하는 견해 ······ 53
나. 선적국법주의를 원칙으로 하되 예외를 인정함으로써 이를 완화하는 견해 ······ 53
Ⅲ. 예외조항의 도입배경과 적용요건 ······ 57
1. 예외조항의 도입배경 ······ 57
2. 예외조항의 적용요건 ······ 59
3. 대상판결의 판단과 그에 대한 평가 ······ 61
가. 대상판결의 판단 ······ 61
나. 대상판결에 대한 평가 ······ 61
Ⅳ. 예외조항 적용의 효력과 그 범위 ······ 67
1. 예외조항 적용의 효력(또는 효과) ······ 67
2. 예외조항의 효력이 미치는 범위 ······ 68
3. 대상판결의 판단과 그에 대한 평가 ······ 68
가. 대상판결의 판단 ······ 68
나. 대상판결에 대한 평가 ······ 69
4. 예외조항과 반정의 관계 ······ 69

Ⅴ. 대상판결과 2007년 대법원판결의 비교 분석 ··· 69
1. 2007년 대법원판결의 사안과 대법원의 판시 ··· 70
2. 2007년 대법원판결에 대한 저자의 비판 ··· 70
3. 대상판결과 2007년 대법원판결의 정합성 ··· 71
Ⅵ. 대상판결의 결론을 편의치적선에 일반화할 수 있는가 ··· 71
Ⅶ. 편의치적에서 법인격부인의 의의 ··· 73
1. 대상판결이 법인격부인론을 적용한 것인가 ··· 73
2. 예외조항의 적용과 법인격부인의 관계 ··· 73
3. 실질법상의 법인격부인이 연결점에 미치는 영향 ··· 74
Ⅷ. 대상판결이 국제선박금융에 미치는 영향과 대상판결에 대한 종합적 평가 ··· 76
1. 대상판결이 국제선박금융에 미치는 영향 ··· 76
2. 대상판결에 대한 종합적 평가 ··· 77
Ⅸ. 예외조항에 의한 정규적 연결원칙의 배제와 추정의 복멸(번복)의 관계 ··· 78
1. 국제사법의 정규적 연결원칙과 예외조항 ··· 78
2. 국제사법에 따른 추정과 그의 복멸(또는 번복) ··· 79
Ⅹ. 맺음말 ··· 80

제 2 장 국제계약 및 국제소비자계약의 준거법

[3] 영국법이 준거법인 한국 회사들 간의 선박보험계약과 약관규제법의 적용 여부
대상판결: 대법원 2015. 3. 20. 선고 2012다118846(본소), 2012다118853(반소) 판결 ··· 85
[사안의 개요] ··· 85
가. 선박보험계약의 체결 ··· 85

나. 항해구역의 변경 합의 …… 86
다. 보험사고의 발생과 피고의 조업수역 변경요청 통지 …… 86
라. 원고의 본소 제기와 피고의 반소 제기 …… 86
[소송의 경과] …… 87
1. 제1심판결과 원심판결 …… 87
가. 국제사법적 논점 …… 87
나. 실질법적 논점 …… 88
2. 상고이유의 요지와 대상판결의 요지 …… 89
가. 국제사법 논점 …… 89
나. 실질법 논점 …… 89
[연구] …… 91
Ⅰ. 머리말 …… 91
1. 논의의 배경 …… 91
2. 대상판결의 주요 쟁점과 이 글에서의 논의의 범위 …… 92
Ⅱ. 국제계약의 준거법 지정 …… 93
1. 당사자자치의 원칙과 준거법 지정의 효력 …… 93
2. 대상판결의 판단과 그에 대한 평가 …… 95
Ⅲ. 약관규제법은 국제적 강행규정인가 …… 95
1. 약관규제법에 의한 통제—국제적 강행규정 …… 96
2. 대상판결의 판단과 그에 대한 평가 …… 98
3. 약관에 의한 준거법 지정의 허용요건 …… 99
Ⅳ. 순수한 국내사건과 외국법 준거법의 지정 …… 100
1. 국제계약에 관한 일반이론 …… 100
2. 무엇이 외국적 요소인가 …… 101
3. 우리 국제사법의 태도—해석론 …… 103
가. 외국적 요소가 있어야만(즉, 계약에서는 국제계약에만) 국제사법이 적용되나 …… 103
나. 순수한 국내계약에서 외국법 준거법의 지정: 국제사법 제25조 제4항 …… 103
4. 국제사법의 적용요건에 관한 기존 대법원 판례와 국제사법 제1조의 타당성 …… 107

가. 국제사법의 적용요건에 관한 기존 대법원 판례의 타당성 ············ 107
나. 외국적 요소를 명시하는 국제사법 제1조의 타당성 ························ 108
5. 대상판결의 판단과 그에 대한 평가 ··· 109
6. 국제상사중재에서 국제사법(제25조 제4항)이 유추적용되나 ········ 110
V. 실질법상의 논점 ·· 111
1. 영국법상의 담보특약 ·· 111
2. 이 사건에서 영국 해상보험법상 담보특약 위반에 관한 논점 ···· 112
3. 영국 해상보험법의 개정과 담보특약에 관한 개정 내용 ············ 112
VI. 영국 해상보험법의 적용이 불합리한 결과를 초래하는 경우 이를 극복하기 위한 방안 ·· 113
1. 영국 해상보험법의 합리적 해석 ·· 113
2. 공서위반의 조심스러운 활용 ·· 114
3. 성질결정에 의한 해결 ·· 115
4. 입법적 해결: 상법의 개정론 ·· 116
5. 실무의 변경은 가능한가 ·· 117
VII. 대상판결의 법리는 약관에 포함된 관할합의조항에도 적용되는가 ·· 118
1. 국제거래에서 약관에 포함된 관할합의의 허용요건(또는 적법요건)의 준거법 ·· 119
2. 기존 대법원판례의 태도 ·· 120
VIII. 맺음말 ·· 121

[4] 국제사법상 소비자계약의 범위에 관한 판례의 소개와 검토: 제27조의 목적론적 축소와 관련하여

I. 머리말 ·· 124
1. 국제거래에 참여하는 소비자를 보호하기 위한 국제사법 차원의 조치 ·· 124
2. 문제의 제기: 이 글에서 다루는 논점들 ·· 125
II. 소비자계약의 특칙을 정한 국제사법 제27조의 적용범위의

개관 ···· 126
1. 국제사법의 조문 ···· 127
2. 소비자의 범위 ···· 128
3. 소비자계약의 범위 ···· 129
Ⅲ. 소비자는 자연인에 한정되는가 ···· 130
1. 문제의 소재 ···· 130
2. 로마협약과 로마Ⅰ의 태도 ···· 131
3. 우리 국제사법의 해석론 ···· 131
4. 우리 국제사법의 입법론 ···· 132
Ⅳ. 사업자가 무상으로 용역을 제공하는 소비자계약 ···· 132
1. 문제의 소재 ···· 132
2. 로마협약과 로마Ⅰ의 태도 ···· 133
3. 우리 국제사법의 해석론 ···· 133
4. 우리 국제사법의 입법론 ···· 134
Ⅴ. 국제운송을 위한 소비자계약 ···· 135
1. 문제의 소재 ···· 135
2. 로마협약과 로마Ⅰ의 태도 ···· 135
3. 우리 국제사법의 해석론 ···· 136
가. 대법원 2014. 8. 26. 선고 2013다8410 판결(에어프랑스 사건) ···· 136
나. 저자의 견해 ···· 139
4. 우리 국제사법의 입법론 ···· 142
Ⅵ. 상거소지 외에서 용역이 전부 제공되는 소비자계약 ···· 142
1. 문제의 소재 ···· 142
2. 로마협약과 로마Ⅰ의 태도 ···· 144
3. 우리 국제사법의 해석론 ···· 145
4. 우리 국제사법의 입법론 ···· 146
Ⅶ. 금융 관련 소비자계약 ···· 147
1. 문제의 소재 ···· 147
2. 로마협약과 로마Ⅰ의 태도 ···· 148
3. 우리 국제사법의 해석론 ···· 151

4. 우리 국제사법의 입법론 153

Ⅷ. 국제사법 제27조에 따른 소비자계약의 목적론적 축소(또는 축소해석) 154

1. 목적론적 축소와 축소해석의 개념 154

2. 약속어음 사건의 대법원 판결의 소개: 목적론적 축소인가 축소해석인가 156

3. 문언해석 또는 목적론적 축소(또는 축소해석)를 통한 소비자계약의 범위의 획정 160

Ⅸ. 소비자보호와 일반적 예외조항인 제8조의 관계 162

1. 제27조가 적용되는 소비자계약에서 국제사법 제8조의 적용 여부 162

2. 에어프랑스 사건에서 제8조의 적용 여부 163

Ⅹ. 맺음말 163

[5] 해외직접구매에서 소비자의 보호: 국제사법, 중재법과 약관규제법을 중심으로

Ⅰ. 머리말 167

Ⅱ. 해외직접구매의 유형과 유형별 계약 당사자 170

1. 해외직접구매의 유형 170

2. 해외직접구매의 유형별 계약 당사자 171

가. 해외직접구매와 해외직접배송 171

나. 해외구매대행에서 제기되는 기본적인 논점 173

Ⅲ. 해외직접구매에서 문제되는 소비자의 개념 174

1. 소비자보호 관련 법상의 소비자의 개념 175

2. 약관규제법상의 소비자 175

3. 국제사법상 보호되는 소비자의 개념: 수동적 소비자 176

가. 제1호의 요건: 사업자의 지향된 활동과 소비자의 행위 177

나. 제2호의 요건: 사업자의 소비자 상거소지 국가에서의 주문 수령 182

다. 제3호의 요건 183

라. 소비자 범위의 결정기준 183

마. 광범위한 소비자보호에 대한 해외판매자의 대처 방안 ······ 183
4. 중재법상 보호되는 소비자의 개념 ······ 185
Ⅳ. 해외직접구매계약에서 국제재판관할과 소비자보호: 분쟁해결수단이 소송인 경우 ······ 185
1. 서설 ······ 185
2. 국제재판관할합의 ······ 186
가. 일반원칙 ······ 186
나. 국제사법상 소비자계약에 대한 특칙 ······ 186
Ⅴ. 해외직접구매계약에서 준거법의 결정과 소비자보호: 분쟁해결수단이 소송인 경우 ······ 190
1. 서설 ······ 190
2. 준거법합의 ······ 191
가. 일반원칙 ······ 191
나. 소비자계약의 특칙 ······ 191
Ⅵ. 해외직접구매계약에서 중재합의와 소비자보호: 분쟁해결수단이 중재인 경우 ······ 196
1. 실제 사례와 문제의 소재 ······ 196
2. 약관규제법과 중재법의 해석론 ······ 198
가. 쟁점의 소개 ······ 198
나. 소비자계약상 분쟁의 중재가능성 ······ 199
다. 약관에 포함된 중재조항 자체에 대한 통제 (약관규제법 제14조와 중재법의 문제) ······ 200
라. 국제중재에서 분쟁의 실체의 준거법에 대한 통제 ······ 207
마. 소비자계약상의 분쟁은 상사사건인가 ······ 209
3. 국제중재에서 소비자보호를 위한 중재법의 개정방향 ······ 211
가. 종래의 논의상황 ······ 211
나. 장래 중재법의 개정방향 ······ 213
Ⅶ. 맺음말: 해외직접구매의 유형에 따른 소비자보호에 관한 논의의 정리 ······ 214
1. 국제사법, 중재법과 약관규제법의 해석론 ······ 214
가. 해외직접배송: 직접구매와 직접배송 ······ 214
나. 해외배송대행: 직접구매와 배송대행 ······ 215

다. 해외구매대행: 구매대행과 배송대행 ······ 216
2. 국제사법, 중재법과 약관규제법의 입법론 ······ 216
3. 여기에서 다룬 쟁점의 실무적 중요성과 기타 소비자보호 방안 ··· 218
4. 관련 논점: 해외직구와 용역제공계약 ······ 219

제 3 장 부당이득의 준거법

[6] 가집행선고의 실효로 인한 가지급물 반환의무의 준거법: 성질결정, 법정지법 원칙, 국제사법의 법원(法源)에 관한 논점을 포함하여

대상판결: 대법원 2015. 2. 26. 선고 2012다79866 판결 ······ 223
[사안의 개요] ······ 223
[소송의 경과] ······ 224
1. 제1심판결 ······ 224
2. 원심판결 ······ 225
3. 대법원판결 ······ 226
[연구] ······ 227
Ⅰ. 문제의 제기 ······ 227
Ⅱ. 이 사건에는 외국적 요소가 있는가 ······ 227
1. 국제사법 적용요건으로서 외국적 요소의 존재 ······ 227
2. 이 사건에서 외국적 요소의 존부 ······ 229
3. 2012년 중국 사법해석의 태도 ······ 230
Ⅲ. 원고들이 반환청구한 선수금에 대한 지연손해금 이율의 준거법: 판결요지[1] ······ 231
1. 특례법의 조문과 취지 ······ 231
2. 금전채무의 이행지체로 인한 지연손해금 이율의 준거법에 관한 종래의 판례 ······ 232

가. 대상판결과 기존 대법원판례의 태도 ········· 232
나. 기존 대법원판례에 대한 비판 ········· 232
Ⅳ. 한국 민사소송법상 가집행제도의 개관: 판결요지[2] ········· 234
1. 가집행제도의 취지 ········· 234
2. 가집행선고의 요건, 절차와 방식 ········· 234
3. 가집행선고의 소송법적 효력 ········· 235
4. 가집행선고의 실효 ········· 235
5. 가집행선고에 따른 가지급의 실체법적 효력 ········· 236
6. 본래채권의 준거법이 외국법인 경우 가집행선고에 관한 준거법 ········· 237
Ⅴ. 가집행선고의 실효에 따른 가지급물 반환의무의 준거법: 판결요지[2] ········· 238
1. 논점의 정리 ········· 238
2. 가집행선고의 실효로 인한 가지급물 반환의무의 성질결정 ········· 239
가. 가집행선고의 실효로 인한 가지급물 반환의 절차법적 성질결정 ········· 239
나. 법정지법원칙은 국제사법 원칙인가와 그 타당근거 ········· 241
다. 한국 국제사법상 법정지법원칙의 도출근거와 한국 국제사법의 法源 ········· 243
3. 대상판결의 태도 ········· 246
가. 대상판결은 가지급물 반환의무를 어떻게 성질결정한 것인가 ········· 246
나. 대상판결은 국제사법 제31조 본문을 적용한 것인가 ········· 247
4. 대상판결에 대한 평가 ········· 249
가. 가지급물 반환의무의 성질결정에 관하여 ········· 249
나. 국제사법 제31조 본문의 적용 여부에 관하여 ········· 251
다. 국제사법 제31조 단서의 적용 배척은 타당한가: 실체적 성질결정을 전제로 ········· 252
Ⅵ. 피고가 반환신청한 가지급금에 대한 지연손해금의 이율: 판결요지[3] ········· 254
1. 논점의 소개 ········· 254
2. 대상판결의 판단 ········· 254
3. 대상판결은 기존 대법원 판결의 태도 및 자신의 태도와 정합성이 있나 ········· 254

Ⅶ. 맺음말 ······ 255

제 4 장 계약외채무의 준거법에 관한 유럽연합 규정(로마Ⅱ)

[7] 계약외채무의 준거법에 관한 유럽연합 규정(로마Ⅱ)

Ⅰ. 머리말 ······ 259
1. 논의의 배경과 순서 ······ 259
2. 로마Ⅱ의 구성 ······ 261
Ⅱ. 로마Ⅱ의 성립경위, 법적 기초와 법 형식 및 해석 ······ 261
1. 로마Ⅱ의 성립경위 ······ 261
2. 로마Ⅱ의 법적 기초, 법 형식 및 해석 ······ 263
Ⅲ. 로마Ⅱ의 적용범위 ······ 265
1. 기본원칙 ······ 265
가. 민사 및 상사사건 ······ 265
나. 계약외채무 ······ 265
다. 법의 저촉을 포함하는 상황 ······ 266
2. 제외되는 사항들 ······ 266
가. 가족관계 및 그와 유사한 관계로부터 발생하는 계약외채무(a호) · 266
나. 부부재산제 및 유언과 상속으로부터 발생하는 계약외채무(b호) ··· 267
다. 유가증권으로부터 발생하는 계약외채무(c호) ······ 267
라. 회사법 기타 단체법으로부터 발생하는 계약외채무(d호) ······ 268
마. 임의신탁의 위탁자, 수탁자, 수익자 간의 관계로부터 발생하는 계약외채무(e호) ······ 268
바. 원자력손해로부터 발생하는 계약외채무(f호) ······ 268
사. 프라이버시와 인격권의 침해로부터 발생하는 계약외채무(g호) ····· 269
아. 증거 및 절차 ······ 269
3. 로마Ⅱ의 보편적 적용 ······ 269
Ⅳ. 불법행위의 준거법 ······ 270

1. 일반규칙 ………… 270
가. 결과발생지법 원칙 ………… 271
나. 결과발생지의 결정 ………… 272
2. 공통의 속인법(상거소지법) 예외 ………… 273
3. 밀접관련국법에 기한 회피조항 ………… 273
Ⅴ. 특수불법행위의 준거법 ………… 275
1. 제조물책임의 준거법(제5조) ………… 276
가. 적용범위 ………… 276
나. 연결원칙 ………… 277
다. 헤이그제조물책임협약과의 관계 ………… 279
2. 부정경쟁과 경쟁제한행위로 인한 책임의 준거법(제6조) ………… 280
가. 부정경쟁행위의 준거법(제6조 제1항) ………… 280
나. 경쟁제한행위의 준거법(제6조 제3항) ………… 283
3. 환경손해의 준거법(제7조) ………… 285
가. 적용범위 ………… 286
나. 연결원칙 ………… 286
다. 연결원칙의 완화 ………… 288
4. 지적재산권 침해의 준거법(제8조) ………… 289
가. 적용범위 ………… 289
나. 연결원칙: 보호국법주의의 채택 ………… 289
다. 연결원칙의 완화 ………… 290
라. 조약과의 관계 ………… 291
마. 遍在的 侵害에 관한 ALI 원칙과 EMPG 원칙(안)의 유연성 ………… 291
5. 쟁의행위로 인한 책임의 준거법(제9조) ………… 292
가. 적용범위 ………… 292
나. 연결원칙 ………… 293
다. 연결원칙의 완화 ………… 294
6. 프라이버시 침해와 인격권 침해 ………… 294
Ⅵ. 준거법의 선택(제Ⅳ장 제14조) ………… 295
1. 당사자자치의 도입 ………… 295
2. 선택할 수 있는 법과 준거법의 분열의 가부 ………… 297
3. 순수한 국내사건에서 외국법 선택의 효력 ………… 297
4. 순수한 역내사건에서 역외국법 선택의 효력 ………… 297

5. 당사자자치가 허용되지 않는 특수불법행위의 유형 ········ 298
Ⅶ. 공통규칙(제Ⅴ장) ········ 298
1. 준거법이 규율하는 사항의 범위(제15조) ········ 298
가. 책임의 근거 및 범위(a호) ········ 299
나. 책임면제의 근거, 책임제한 그리고 책임의 분담(b호) ········ 299
다. 손해의 존재, 성질과 산정 및 또는 주장된 구제수단(c호) ········ 299
라. 법원이 손해의 예방 및 종료 또는 배상의 제공을 보장하기 위하여 취할 수 있는 조치(d호) ········ 300
마. 손해배상 또는 구제수단을 청구할 수 있는 권리의 양도 가능성(e호) ········ 300
바. 손해배상청구권자(f호) ········ 301
사. 다른 사람이 한 행위에 대한 책임(g호) ········ 301
아. 채무를 소멸시킬 수 있는 방법과 시효 및 권리상실의 규칙들(h호) ········ 301
자. 책임능력 ········ 301
2. 최우선강행규정(제16조) ········ 302
3. 안전 및 행위규칙(제17조) ········ 303
4. 책임 있는 자의 보험자에 대한 직접 소송(제18조) ········ 303
5. 대위(제19조) ········ 304
6. 복수의 책임(제20조) ········ 304
7. 방식(제21조) ········ 305
8. 증명책임(제22조) ········ 305
Ⅷ. 기타 규정과 최종규정(제Ⅵ장 및 제Ⅶ장) ········ 306
1. 기타 규정(제Ⅵ장) ········ 306
가. 상거소(제23조) ········ 306
나. 반정의 배제(제24조) ········ 306
다. 복수 법제를 가지는 국가(제25조) ········ 306
라. 법정지의 공서(제26조) ········ 306
마. 다른 공동체법 조항과의 관계(제27조) ········ 307
바. 기존 국제협약과의 관계(제28조) ········ 307
2. 최종규정(제Ⅶ장) ········ 307
가. 협약의 목록(제29조) ········ 307
나. 심사조항(review clause)(제30조) ········ 307

다. 적용시기(제31조)와 적용일자(제32조) ···················· 308
Ⅸ. 우리 법에의 시사점 ···················· 308
1. 로마Ⅱ에 따른 연결원칙의 정리 ···················· 308
2. 우리 국제사법의 불법행위의 일반규칙 ···················· 309
가. 불법행위지법원칙 ···················· 309
나. 연결원칙의 완화—공통의 속인법과 종속적 연결 ···················· 310
3. 우리 법상 특수불법행위의 준거법 ···················· 311
가. 제조물책임 ···················· 311
나. 경쟁법 ···················· 312
다. 환경손해 ···················· 314
라. 지재권침해 ···················· 314
마. 쟁의행위 ···················· 315
4. 우리 법상 준거법의 합의와 공서 ···················· 315
가. 준거법의 합의 ···················· 315
나. 공서 ···················· 315
다. 반정 ···················· 316
5. 우리 법상 불법행위의 연결원칙의 정리 ···················· 316
Ⅹ. 맺음말 ···················· 318
국문試譯 계약외채무의 준거법에 관한 2007. 7. 11. 유럽의회 및 이사회의 No 864/2007 규정 (ROME Ⅱ) ···················· 320

제 5 장 국제자본시장법

[8] 동시상장 기타 자본시장 국제화에 따른 국제사법 문제의 서론적 고찰

Ⅰ. 머리말 ···················· 337
Ⅱ. 국제사법이론의 기초: 국제사법의 다양한 분야 ···················· 340
1. 국제회사법 ···················· 340
2. 국제계약법 ···················· 341

3. 국제자본시장법 ········ 342
가. 자본시장법의 국제적 적용범위 ········ 343
나. 자본시장법 위반에 따른 민사책임과 자본시장법 제2조 ········ 344
4. 국제증권법 ········ 345
가. 증권 실물 거래: 화체된 권리의 준거법과 증권 자체의 준거법의 구별 ········ 345
나. 간접보유증권의 담보제공 기타 처분: 복수예탁결제제도의 개입 ··· 345
다. 복수예탁결제제도의 연계: 상이한(異種의) 간접보유증권법리의 충돌(interface) ········ 346
5. 외인법 ········ 346
Ⅲ. 국제적인 증권의 발행과 상장 ········ 347
1. 국내회사의 해외증권 발행과 상장 ········ 347
가. 증권신고와 자본시장법의 역외적용 ········ 347
나. 투자설명서책임 ········ 349
2. 외국회사의 한국 내 증권발행과 상장 ········ 354
가. 원주의 발행, 상장 및 유통 ········ 355
나. KDR의 발행, 상장 및 유통 ········ 362
Ⅳ. 자본시장법 위반에 따른 민사책임의 준거법과 국제자본시장법 ········ 363
1. 자본시장법의 국제적 적용범위 ········ 363
2. 미국에서 증권관련법의 역외적용 ········ 364
3. 국제자본시장법과 국제불법행위법의 관계 ········ 366
4. 자본시장법의 행정규제와 형사규제의 역외적용 ········ 369
5. 회사의 준거법과 자본시장의 준거법의 관계 ········ 369
Ⅴ. 유가증권의 국제적 처분의 준거법: 국제유가증권법 ········ 370
1. 유가증권 실물에 의한 또는 그에 준하는 담보제공의 준거법 ··· 371
2. 간접보유증권의 담보제공 기타 처분의 준거법: 복수예탁결제제도의 개입 ········ 371
Ⅵ. 국제증권거래와 복수예탁결제제도의 연계 ········ 373
1. 외국투자자의 한국증권투자 ········ 373
2. 한국투자자의 외국증권투자 ········ 373

3. 복수예탁결제제도의 연계: 상이한 간접보유증권법리의 충돌 ····· 373
가. 외국투자자의 한국증권 취득—자본시장법 제320조 제1항의 문제 375
나. 한국투자자의 외국증권 취득—자본시장법 제320조의2 신설 제안 376
Ⅶ. 외인법 ····· 379
1. 외국회사에 대한 상법의 적용 ····· 380
가. 외국회사에 관한 조항 ····· 380
나. 상장법인에 관한 특례조항 ····· 380
2. 외국회사에 대한 자본시장법의 적용 ····· 381
Ⅷ. 맺음말: 장래의 과제 ····· 382
[補論] 상장회사에 관한 상법의 특례규정과 國際私法的 思考의 빈곤: 외국회사를 중심으로 ····· 385
Ⅰ. 머리말 ····· 385
Ⅱ. 국제회사법과 국제자본시장법(또는 국제증권법) ····· 386
Ⅲ. 상장회사에 관한 상법의 특례규정과 외국회사 ····· 386
Ⅳ. 한국거래소의 실무와 의문 ····· 388
Ⅴ. 맺음말 ····· 390

제 6 장 국제민사소송법

[9] 한국의 국제재판관할규칙의 입법에 관하여
Ⅰ. 머리말 ····· 393
Ⅱ. 국제재판관할규칙의 정립 방향 ····· 394
Ⅲ. 국제재판관할규칙의 체제 ····· 396
1. 총칙(제1장)에 둘 사항 ····· 396
2. 특별한 사정이론의 처리 ····· 398
3. 부적절한 법정지의 법리에 기한 관할권행사의 유보 가능성 ····· 399
가. 해석론 ····· 399
나. 입법론 ····· 401

4. 제2조의 존치 여부 ···· 401
5. 국제사법 제2장 이하 각칙에 둘 사항 ···· 403
6. 국제재판관할규칙의 규정방식: 일면적 규정 v. 양면적 규정 ···· 404
Ⅳ. 구체적인 국제재판관할규칙의 내용 ···· 405
1. 일반관할 ···· 405
2. 계약사건의 의무이행지의 관할 ···· 406
3. 불법행위사건의 관할 ···· 408
4. 피고의 영업소 소재에 근거한 관할 ···· 410
5. 피고의 영업(활동)에 근거한 관할 ···· 412
가. 해석론 ···· 412
나. 입법론 ···· 414
6. 재산소재에 근거한 관할 ···· 415
7. 소비자계약의 관할 ···· 417
8. 개별근로계약의 관할 ···· 418
가. 근로자가 제기하는 소(제3항) ···· 418
나. 근로자를 상대로 제기하는 소(제4항) ···· 419
다. 관할합의(제5항) ···· 419
9. 국제재판관할의 합의 ···· 420
10. 변론관할(응소관할) ···· 421
11. 지적재산권에 관한 사건 ···· 422
12. 전속적 국제재판관할 ···· 425
13. 공동소송 ···· 426
14. 객관적 병합 ···· 428
15. 반소 ···· 430
16. 가사사건 ···· 431
17. 긴급관할 ···· 432
Ⅴ. 맺음말 ···· 433
민사소송법(발췌) ···· 435
[補論] 2018년 국제사법 개정안에 따른 국제재판관할규칙 ···· 439
Ⅰ. 머리말 ···· 439
Ⅱ. 국제재판관할규칙의 입법적 해결의 필요성, 정립의 지침과

편제 ········· 440
Ⅲ. 국제재판관할에 관한 총칙: 개정안 제1장 제2절 ········· 448
Ⅳ. 국제재판관할에 관한 각칙: 개정안 제2장 이하의 국제재판관할규칙 ········· 479
Ⅴ. 법원의 국제재판관할의 조사와 판단의 표준시기 ········· 520
Ⅵ. 개정안에 따른 정치한 국제재판관할규칙 도입의 실천적 의미 521
Ⅶ. 국제사법의 개정과 관련된 장래의 과제 ········· 524
Ⅷ. 맺음말 ········· 526
[별첨] 국제사법 전부개정법률안 ········· 528

[10] 국제사법학회의 창립 20주년 회고와 전망: 국제재판관할과 외국판결의 승인 및 집행에 관한 입법과 판례

Ⅰ. 머리말 ········· 547
Ⅱ. 국제재판관할 ········· 549
1. 개관 ········· 549
2. 입법의 변천: 국제재판관할에 관한 조항의 신설 ········· 549
3. 재산법상 사건의 국제재판관할에 관한 판례의 소개와 평가 ········· 551
가. 추상적 법률론: 섭외사법 하의 학설과 판례 ········· 551
나. 추상적 법률론: 국제사법 하에서 국제재판관할에 관한 법리 ········· 552
다. 국제사법상 국제재판관할근거의 구체적 검토: 주요 판결의 소개와 검토 ········· 554
라. 소결: 판례의 태도와 입법적 해결의 필요성 ········· 567
마. 입법적 해결시 부적절한 법리의 처리 ········· 569
바. 국제적 소송경합(*lis [alibi] pendens*) ········· 570
Ⅲ. 외국판결의 승인 및 집행 ········· 571
1. 개관 ········· 571
2. 입법의 변천 ········· 572
3. 판례의 변화와 주요 판결의 소개 및 평가 ········· 573
가. 확정판결요건: 승인대상 ········· 573
나. 국제재판관할요건 ········· 578
다. 송달요건: 패소한 피고의 방어권의 보장 ········· 579

라. 공서요건 …… 581
마. 상호보증요건 …… 586
바. 집행판결청구의 소와 청구이의사유의 주장의 허용 여부 …… 589
사. 소결 …… 590
Ⅳ. 가사사건에서 국제재판관할과 외국판결의 승인 및 집행 …… 590
1. 국제재판관할 …… 591
가. 과거 대법원판례의 태도 …… 591
나. 국제사법 하의 판례의 태도 …… 592
다. 입법론 …… 594
2. 외국가사재판의 승인 및 집행 …… 596
가. 외국가사재판의 승인과 민사소송법 제217조의 적용 여부 …… 596
나. 외국가사재판의 승인의 효력: 특히 입양재판 …… 598
다. 외국판결의 집행과 가족관계등록부의 기재 …… 598
라. 입법론 …… 600
Ⅴ. 민사소송법 및 민사집행법의 2014년 5월 개정내용과 평가 …… 600
1. 민사소송법 조문 …… 601
가. 제217조 …… 602
나. 제217조의2: 손해배상에 관한 재판의 승인 제한 …… 603
2. 민사집행법 조문 …… 606
3. 경과규정 …… 607
4. 장래의 입법론 …… 607
Ⅵ. 맺음말과 장래의 과제 …… 608

제 7 장 강제징용배상과 국제사법

[11] 강제징용사건에 관한 일본판결의 승인 가부
대상판결: 대법원 2012. 5. 24. 선고 2009다22549 판결(미쓰비시 사건),
대법원 2012. 5. 24. 선고 2009다68620 판결(신일본제철,
정확히는 신일철주금 사건) …… 617

[사건의 개요] ······ 617
[소송의 경과] ······ 620
1. 제1심법원의 판단 ······ 620
2. 원심판결의 요지 ······ 620
3. 상고이유 ······ 621
4. 대법원판결의 요지 ······ 621
[연구] ······ 624
Ⅰ. 문제의 제기 ······ 624
1. 논점의 정리 ······ 624
2. 논의의 순서 ······ 627
Ⅱ. 국제적 소송경합 ······ 627
Ⅲ. 외국판결의 승인의 개념과 승인요건, 특히 공서요건 ······ 628
1. 외국판결의 승인과 집행 ······ 628
2. 외국판결 승인요건의 개관 ······ 629
3. 승인공서요건의 검토 ······ 630
가. 실체적 공서위반과 선량한 풍속 기타 사회질서 위반의 의미 ······ 630
나. 국제적 공서 · 보편적 공서와 공서개념의 국가성 ······ 631
다. 완화된 공서이론 ······ 632
라. 실질재심사 금지와 승인요건의 심사 ······ 633
마. 공서위반 판단의 기준시기 ······ 634
바. 내국관련 ······ 634
사. 우리의 승인공서 위반을 인정하기 위한 요건 ······ 635
아. 외국판결의 일부승인 ······ 636
자. 공서위반의 여부와 준거법의 판단 ······ 636
Ⅳ. 강제징용의 불법성과 그에 관한 판단의 승인공서위반:
첫째 청구와 관련하여 ······ 637
1. 문제의 소재 ······ 637
2. 원고등의 주장 ······ 638
3. 원심판결의 판단 ······ 638
4. 대상판결의 판단 ······ 638

5. 검토 639

Ⅴ. 구 미쓰비시와 피고의 법인격의 동일성과 그에 관한 판단의 승인공서위반: 둘째와 셋째 청구와 관련하여 641

1. 문제의 소재 641

2. 원고등의 주장 642

3. 원심판결의 판단 642

4. 대상판결의 판단 642

5. 검토 643

Ⅵ. 청구권협정에 의한 원고등 채권의 소멸 여부와 그에 관한 판단의 승인공서위반: 둘째와 셋째 청구와 관련하여 645

1. 문제의 소재 645

2. 대상판결의 판단과 검토: 청구권협정에 의한 원고등 권리의 소멸 여부와 그에 관한 판단의 승인공서의 위반 646

Ⅶ. 원고등 채권의 소멸시효에 의한 소멸 여부와 그에 관한 판단의 승인공서위반: 둘째와 셋째 청구와 관련하여 647

1. 문제의 소재 647

2. 원고등의 채권의 소멸시효의 기산점과 그에 관한 판단의 승인공서위반 648

가. 원고등의 주장 648

나. 원심판결의 판단 648

다. 대상판결의 판단 649

라. 검토 651

3. 피고의 소멸시효 완성의 항변의 신의칙 위반 여부와 그에 관한 판단의 승인공서위반 654

가. 원고등의 주장 654

나. 원심판결의 판단 654

다. 대상판결의 판단 655

라. 검토 655

Ⅷ. 우리 법원 판결의 일본에서의 효력 658

Ⅸ. 맺음말 658

X. 餘論 ········· 660

[12] 강제징용사건의 준거법

대상판결: 대법원 2012. 5. 24. 선고 2009다22549 판결(미쓰비시 사건), 대법원 2012. 5. 24. 선고 2009다68620 판결(신일본제철, 정확히는 신일철주금 사건) ········· 665
Ⅰ. 머리말 ········· 665
1. 사안의 개요와 논점의 정리 ········· 665
가. 사안의 개요와 소송경과 ········· 665
나. 이 사건의 일차적 쟁점(일본판결의 승인 여부)과 대상판결의 의의 ········· 666
2. 준거법에 관한 논점: 이 글의 주제 ········· 667
3. 논의의 범위와 순서 ········· 669
Ⅱ. 시제법에 관한 쟁점 ········· 670
1. 저촉법상의 시제법 ········· 671
가. 문제의 소재 ········· 671
나. 원심판결의 판단 ········· 671
다. 대상판결의 판단 ········· 671
라. 대상판결에 대한 평가 ········· 672
2. 실질법상의 시제법 ········· 673
가. 문제의 소재 ········· 673
나. 원심판결의 판단 ········· 674
다. 대상판결의 판단 ········· 674
라. 대상판결에 대한 평가 ········· 674
Ⅲ. 불법행위의 준거법: 피고의 강제연행과 강제노동으로 인한 손해배상채권의 준거법 ········· 675
1. 문제의 소재 ········· 675
2. 원심판결의 판단 ········· 675
3. 대상판결의 판단 ········· 676
4. 대상판결에 대한 평가 ········· 677
가. 산재(散在)불법행위의 준거법 결정 ········· 677

나. 불법행위의 위법성과 준거법공서 위반: 국가총동원법과 강제징용령의 의미 ··· 679
다. 피고의 강제징용과 공동불법행위 ··· 683
5. 국제법에 근거한 손해배상청구권 ··· 683
Ⅳ. 원고등의 임금채권의 준거법: 근로계약의 준거법 ··· 685
1. 문제의 소재 ··· 685
2. 원심판결의 판단 ··· 685
3. 대상판결의 판단 ··· 686
4. 대상판결에 대한 평가 ··· 686
Ⅴ. 피고와 구 미쓰비시의 법인격의 동일성의 준거법 ··· 687
1. 문제의 소재 ··· 687
가. 법인격의 준거법 ··· 687
나. 공서위반—준거법공서의 제문제 ··· 687
2. 원심판결의 판단 ··· 688
3. 대상판결의 판단 ··· 688
가. 법인격의 준거법 ··· 688
나. 공서위반 ··· 688
4. 대상판결에 대한 평가 ··· 689
가. 법인격의 준거법 ··· 689
나. 준거법공서 위반 ··· 689
Ⅵ. 원고등의 권리의 소멸시효의 완성(또는 제척기간의 경과)에 의한 소멸 여부의 준거법 ··· 695
1. 문제의 소재 ··· 695
2. 원심판결의 판단 ··· 695
3. 대상판결의 판단 ··· 695
가. 소멸시효의 준거법 ··· 695
나. 공서위반 여부 ··· 696
4. 대상판결에 대한 평가 ··· 697
가. 소멸시효의 준거법 ··· 697
나. 공서위반 여부 ··· 697
Ⅶ. 관련문제 ··· 699
1. 대상판결은 한일병합조약이 유효하다고 본 것인가 ··· 699

2. 대상판결은 일제강점기 한국과 일본을 법이 분열된 단일국가로 본 것인가 ······ 700
Ⅷ. 맺음말 ······ 702
1. 시제법 ······ 702
2. 불법행위로 인한 원고등의 손해배상채권의 준거법 ······ 702
3. 원고등의 피고에 대한 임금채권의 준거법 ······ 703
4. 피고와 구 미쓰비스의 법인격의 동일성의 준거법 ······ 703
5. 원고등의 채권의 소멸시효의 완성(또는 제척기간의 경과) 여부와 항변의 준거법 ······ 704

제 8 장　남북한 법률관계

[13] 남북한 주민 간 법률관계의 올바른 규율: 광의의 준국제사법 규칙과 실질법의 특례를 중심으로

Ⅰ. 머리말 ······ 709
1. 논의의 배경 ······ 709
2. 이 글의 목적 ······ 710
Ⅱ. 국제사법과 준국제사법 ······ 711
1. 국제사법의 개념과 주제 ······ 711
2. 준국제사법 ······ 712
3. 북한에서 북한주민 간에 형성된 법상태 내지 법률관계의 효력(법률효과)의 인정 ······ 713
Ⅲ. 북한의 법적 지위와 남북한 주민 간의 법률관계를 바라보는 관점 ······ 714
1. 북한의 법적 지위 ······ 715
2. 남북한 주민 간의 법률관계를 바라보는 관점 ······ 716
가. 다양한 관점의 소개 ······ 716
나. 저자의 관점 ······ 718

Ⅳ. 재판관할(또는 준국제재판관할) ······ 722
1. 국제사법의 원칙 ······ 722
가. 재산법상의 사건 ······ 723
나. 가사사건 ······ 724
다. 국제사법의 개정작업 ······ 725
2. 남북가족특례법의 조문 ······ 725
Ⅴ. 다양한 법률관계에서 준거법의 결정과 실질법의 특례 ······ 727
1. 국제사법상 다양한 연결점 ······ 728
2. 북한주민의 국적과 국제사법상 연결점으로서의 국적 ······ 728
3. 협의의 준국제사법규칙의 정립 방향 ······ 729
4. 준국제사법적 접근방법을 명시한 남북가족특례법 초안의 규정 ··· 731
5. 신분, 친족관계와 상속의 준거법 ······ 735
가. 일반원칙 ······ 735
나. 혼인의 요건과 중혼의 효과의 준거법 ······ 735
다. 남북한 주민 간의 이혼의 준거법 ······ 736
라. 북한주민 간의 혼인의 효력의 준거법과 준거법의 변경 ······ 737
마. 상속의 준거법 ······ 738
6. 친족법과 상속법 분야의 실질법의 특례 ······ 739
가. 중혼에 관하여 남북가족특례법이 도입한 실질법의 특례 ······ 739
나. 남북한 주민 간의 이혼에 관하여 북한이탈주민법이 도입한 실질법의 특례 ······ 740
다. 상속에 관하여 남북가족특례법이 도입한 실질법의 특례 ······ 744
7. 지식재산권의 준거법 ······ 746
가. 국제사법의 규정 ······ 747
나. 제24조와 지식재산권에 관한 조약과의 관계 ······ 747
다. 우리 법원 판결의 태도 ······ 749
8. 법인 또는 단체의 준거법 ······ 751
가. 국제사법의 규정 ······ 751
나. 준국제사법규칙 ······ 752
9. 계약의 준거법 ······ 753
10. 불법행위의 준거법 ······ 754
11. 국제사법의 총론적 논점 ······ 755
가. 준거법에도 불구하고 법정지인 남한의 국제적 강행규정의 적용 ·· 755

나. 북한법이 준거법인 경우 공법적 성질을 가지는 북한의 국제적 강행규정의 적용 ······ 756

Ⅵ. 외국재판과 북한재판의 승인 및 집행 ······ 757
1. 민사소송법과 민사집행법의 규정 ······ 757
2. 북한법원 재판의 효력과 남북가족특례법 초안의 규정 ······ 758

Ⅶ. 민사사법공조 ······ 762
1. 국제민사사법공조법 ······ 762
2. 남북가족특례법 위원회 초안의 규정 ······ 763

Ⅷ. 맺음말 ······ 764

제9장 동아시아 국제사법 및 국제민사소송법의 통일

[14] 국제민·상사분쟁해결에 관한 동아시아법의 현황과 미래

Ⅰ. 머리말 ······ 769
1. 논의의 배경과 범위 ······ 769
2. 동아시아 역내 국제사법 입법의 현황 ······ 770
3. 논의의 순서 ······ 771

Ⅱ. 동아시아에서 국제사법규범의 통일 내지 조화의 필요성 ······ 771
1. 국제사법의 개념 ······ 771
2. 동아시아 협의의 국제사법규범의 통일 내지 조화의 필요성 ······ 772

Ⅲ. 동아시아 협의의 국제사법규범의 개관 ······ 774
1. 구조 ······ 775
2. 국제재판관할규칙의 포함 여부 ······ 776
3. 법원(法源) ······ 777
4. 접근방법의 동일성 ······ 778

Ⅳ. 동아시아 협의의 국제사법규범의 주요 유사점과 상이점 ······ 778
1. 성질결정 ······ 778

2. 신분, 가족법과 상속법의 연결점으로서의 상거소 778
3. 외국법의 조사와 증명 779
4. 국제적 강행규정 개념의 도입과 국제적 공서 780
5. 일반적 예외조항 782
6. 반정(反定 또는 反致. *renvoi*) 783
7. 법률의 회피(*fraude à la loi. fraus legis*) 783
8. 법인의 속인법 784
9. 동산물권의 준거법 785
10. 지식재산권(또는 지적재산권) 786
11. 통상의 계약 787
12. 소비자계약과 근로계약에 대한 특칙 789
13. 불법행위 790
가. 행위지법원칙과 그의 완화 790
나. 격지불법행위의 준거법 792
다. 특수불법행위의 특칙 792
라. 지식재산권침해의 준거법의 합의 793
14. 채권양도와 채무인수의 준거법 794
15. 혼인의 실질적 성립요건과 방식 794
16. 혼인의 일반적 효력과 부부재산제 795
17. 이혼 795
18. 친자 796
가. 친자관계의 성립과 친자관계의 효력의 준거법 796
나. 친자관계의 성립에서 혼인 중의 친자관계와 혼인 외의 친자관계의 구별 797
다. 탈취협약에의 가입 여부 797
라. 입양협약에의 가입 여부 798
19. 부양 798
20. 상속 800
21. 유언의 방식 801
Ⅴ. 동아시아 협의의 국제사법규범의 통일 내지 조화의 추진방향 801
1. 국제사법규범의 상호 이해를 위한 동아시아 역내 교류의

활성화 801
2. 동아시아 역내에서의 노력과 전 세계적 차원에서의 노력의 병행 추진 803
3. 동남아시아 국제사법에 대한 관심: 동아시아 국제사법 규범의 ASEAN으로의 확대 고려 805
Ⅵ. 동아시아 협의의 국제사법규범 통일 내지 조화의 한계와 극복방안: 국제거래 분쟁을 소송을 통하여 역내에서 해결하려는 노력 806
1. 역내 관할법원의 지정 806
2. 협의의 국제사법규범의 통일 내지 조화 807
3. 역내 법의 준거법 지정과 국제거래에 적용할 역내 법의 통일 내지 조화 807
Ⅶ. 동아시아에서 광의의 국제사법(또는 국제민사소송법)의 통일 내지 조화 808
1. 국제재판관할규칙 809
2. 외국재판의 승인 및 집행에 관한 규칙 810
3. 국제민사사법공조규칙: 한중일 삼자조약을 체결하는 방안 812
Ⅷ. 동아시아 국제상사중재규범의 통일 내지 조화 812
1. 현재의 상황 812
2. 장래의 과제 813
가. 역내 중재지의 지정 814
나. 중재에서 분쟁의 실체의 준거법을 지정하는 저촉규범의 통일 내지 조화 814
다. 역내 법의 준거법 지정과 국제거래에 적용할 역내 법의 통일 내지 조화 815
Ⅸ. 맺음말 815

[15] 한중 사법공조의 실천현황과 개선방안

Ⅰ. 머리말 819
Ⅱ. 한중사법공조의 법적 기초 822

1. 송달 ········ 823
2. 증거조사 ········ 826
3. 법정보제공 ········ 828
4. 외국재판의 승인 및 집행 ········ 829
Ⅲ. 한중사법공조의 실천현황 ········ 829
1. 송달 ········ 830
2. 증거조사 ········ 831
3. 법정보제공 ········ 833
4. 외국재판의 승인 및 집행 ········ 833
가. 외국재판의 승인 및 집행에 관한 한국법의 개관 ········ 833
나. 외국재판의 승인 및 집행에 관한 중국법의 개관 ········ 841
다. 외국재판의 승인 및 집행에 관한 한중법제의 비교 ········ 844
라. 한중법원의 판결: 중국판결을 승인한 서울지방법원 판결과 한국판결의 승인을 거부한 광동성 심천시 중급인민법원판결 ········ 845
마. 상호보증의 존재에 관한 한국판결과 중국판결에 대한 평가 ········ 848
Ⅳ. 한중사법공조의 개선방안 ········ 849
1. 송달 ········ 850
2. 증거조사 ········ 851
3. 법정보제공 ········ 852
4. 외국재판의 승인 및 집행 ········ 852
가. 해석론으로 해결하는 방안 ········ 853
나. 한중조약을 개정함으로써 해결하는 방안 ········ 853
Ⅴ. 맺음말: 장래 한중일사법공조조약의 체결을 포함하여 ········ 854
Ⅵ. 餘論: 장래 국제민사사법공조법의 적용범위의 확대 ········ 856

부록

[16] Regulation (EC) No 864/2007 of the European Parliament and of the Council of 11 July 2007 on the law applicable

to non-contractual obligations (Rome II) ······ 863

[17] 대한민국과 중화인민공화국간의 민사 및 상사사법공조조약
(국문본) ······ 879

참고자료

「國際私法과 國際訴訟」 제1권에 수록된 논문의 목록 ······ 887
「國際私法과 國際訴訟」 제2권에 수록된 논문의 목록 ······ 888
「國際私法과 國際訴訟」 제3권에 수록된 논문의 목록 ······ 889
「國際私法과 國際訴訟」 제4권에 수록된 논문의 목록 ······ 890
「國際私法과 國際訴訟」 제5권에 수록된 논문의 목록 ······ 891
國際商事仲裁法研究 제1권에 수록된 논문의 목록 ······ 892
國際商事仲裁法研究 제2권에 수록될 논문의 목록 ······ 893
國際私法과 國際訴訟 제1권-제6권과 國際商事仲裁法研究 제1권-제2권에
수록되지 않은 논문의 목록 ······ 894
「國際私法과 國際訴訟」 제1권-제5권 이외의 단행본 ······ 897
「國際私法과 國際訴訟」 제1권-제6권에 수록되지 않은 짧은 글의 목록 ······ 899

判例索引 ······ 901
우리말索引 ······ 908
外國語索引 ······ 915

제 1 장

국제사법 총론상의 논점

[1] 영국법이 준거법인 채권 간의 소송상 상계에 관한 국제사법의 제문제: 성질결정, 숨은 반정, 적응, 상계의 준거법 및 압류채권자와 상계를 주장하는 제3채무자의 우열의 준거법
[2] 편의치적에서 선박우선특권의 준거법 결정과 예외조항의 적용

[1] 영국법이 준거법인 채권 간의 소송상 상계에 관한 국제사법의 제문제: 성질결정, 숨은 반정, 적응, 상계의 준거법 및 압류채권자와 상계를 주장하는 제3채무자의 우열의 준거법

前　記

이 글은 저자가 "영국법이 준거법인 채권 간의 소송상 상계에 관한 국제사법의 제문제"라는 제목으로 서울대학교 법학 제57권 제1호(2016. 3.), 201면 이하에 게재한 글로서 오타와 오류를 제외하고는 원칙적으로 수정하지 않은 것이다. 다만 제목이 너무 일반적이었기에 여기에서는 부제를 추가하였고 가벼운 수정 부분은 밑줄을 그어 표시하였다. 성질결정의 문제는 이 책 [6] 논문과 연계하여 검토할 필요가 있다.

대상판결: 대법원 2015. 1. 29. 선고 2010다108764 판결,[1] 서울고등법원 2012. 10. 19. 선고 2012나23490 판결[2][3]

[사안의 개요][4]

원고(주식회사 한진해운)는 2010. 3. 12. 채무자인 선우상선 주식회사(이하 "선

1) [판례공보 2015. 3. 1.(461), 293]. 여기에서는 일단 위 대법원판결을 평석의 대상으로 삼는데, 대법원판결이 충분히 설시하지 않은 논점에 관하여는 원심판결을 보충적으로 논의한다.

2) 이 사건에서 저자는 원고 소송대리인인 법무법인(유한) 태평양의 요청에 따라 2013년 7월 대법원에 의견서를 제출한 바 있다. 이 글은 그 의견서에 기초하면서 대상판결과 다른 대법원판결들에 대한 소개도 추가하여 작성한 것이다. 피고 측에서는 이헌묵 교수의 의견서를 제출하였다.

3) 원심판결과 대상판결에 대하여 이헌묵, "국제적 상계에 대한 준거법", 국제거래법연구, 제18집 제1호(2009), 131면 이하; 이헌묵, "영국법상 상계제도와 영국법이 적용되는 채권의 상계와 관련한 국내법상의 문제", 저스티스, 통권 제142호(2014. 6), 41면 이하; 이헌묵, "영국법이 적용되는 채권에 대한 상계의 준거법", 법률신문, 제4328호(2015. 6. 22), 13면이 공간된 바 있고 이헌묵 교수는 2015. 11. 26. 개최된 한국해법학회와 한국국제사법학회의 공동학술대회에서도 이에 관하여 발표하였다.

4) 아래 사안의 개요는 여기에서의 논의를 위하여 단순화한 것이다.

우상선"이라 한다)가 제3채무자인 피고(주식회사 삼선로직스)[5]에 대하여 가지고 있는 회생채권인 이 사건 피가압류채권(이하 "이 사건 수동채권"이라 한다)을 민사집행법에 따라 가압류하였고, 가압류결정은 피고에게 2010. 3. 31. 송달되었다. 피고도 선우상선에 대하여 미지급용선료 채권 및 손해배상채권(이하 "이 사건 자동채권"이라 한다)을 가지고 있었는데 이 사건 자동채권은 위 가압류 전에 이미 변제기가 도래하였고, 피고는 그에 앞선 2010. 2. 12. 법원의 허가를 얻어 이 사건 회생채권액에 해당하는 채무에 대한 기한의 이익을 포기하고, 선우상선에 대한 이 사건 자동채권과 이 사건 수동채권을 대등액에서 상계하는 내용의 의사표시를 2010. 2. 17.과 2010. 2. 22. 선우상선에게 하였다. 피고와 선우상선은 선박용선계약서에서 분쟁을 런던 해사중재위원회 중재에 회부하기로 약정하였는데, 런던 해사중재위원회는 2010. 4.경 "관련 선박에 관하여 선우상선은 피고에 대하여 각 미지급 용선료 및 손해배상금 합계 미화 18,891,346.14달러를 지급할 채무가 있다"는 내용의 중재판정을 하였다.

그 후 원고는 선우상선에 대하여 승소판결을 받은 뒤 위 가압류를 본압류로 전이하고 추심명령을 받아서 제3채무자인 피고를 상대로 하여 추심금의 지급을 구하는 이 사건 소를 제기하였다. 피고는 피가압류채권 및 피압류채권(이하 가압류와 압류를 묶어 "(가)압류"라고 한다)이 상계에 의하여 소멸하였으므로 원고의 청구는 기각되어야 한다고 항변하였다. 원고는 피고의 위 항변은 상계의 준거법, 즉 자동채권과 수동채권의 준거법인 영국 보통법에 따르면 근거가 없다고 주장하였다.

[소송의 경과]

1. 제1심판결[6]

제1심에서 피고는 2011. 12. 15. 원고에 대하여, 선우상선에 대한 이 사건 자동채권을 자동채권으로, 선우상선의 피고에 대한 회생채권을 수동채권으로 하

5) 엄밀하게는 회생채무자 주식회사 삼선로직스의 관리인과 주식회사 삼선로직스를 구분해야 하나 여기에서는 편의상 양자를 혼용한다. 실제 피고는 회생채무자 주식회사 삼선로직스의 관리인의 소송수계인 주식회사 삼선로직스였다.

6) 서울중앙지방법원 2012. 2. 2. 선고 2011가합4761 판결.

여 예비적으로 상계의 항변을 하였다. 제1심법원은 피고의 상계로 인하여 이미 소멸하여 존재하지 않는 채권을 목적으로 한 이 사건 (가)압류 및 추심명령은 효력이 없다고 보아 원고의 청구를 기각하였다. 원고는 제1심판결에 불복하여 항소하였다.

2. 원심판결

원심은 2010. 2.경 상계에 대하여는 상계요건의 미비를 이유로 항변을 배척하였으나, 후자, 즉 2011. 12. 15. 예비적 상계의 항변을 받아들였다. 원심은 (1) 피고가 2011. 12. 15. 이 사건 자동채권과 이 사건 수동채권에 대하여 대등액에서 상계하는 의사표시를 할 당시에 양 채권이 모두 사법적으로 확정되었고 이행기에 이르러 상계적상에 있었으므로 상계의 요건을 갖추었다는 취지로 판단한 다음, (2) 원고가 민사집행법에 따라 이 사건 수동채권을 (가)압류 및 추심명령을 받고 이에 기하여 제3채무자인 피고에 대하여 추심금 청구를 하는 이 사건에서, 원고가 위 (가)압류로 피고의 상계 주장을 저지할 수 있는지 여부는 상계의 준거법인 영국법이 아니라 우리 민사집행법에 따라 결정되어야 한다고 판단하고, 대법원 2012. 2. 16. 선고 2011다45521 전원합의체 판결의 법리에 비추어 보면 2010. 3. 31. 이 사건 가압류 당시 이 사건 자동채권의 변제기는 도래한 반면 이 사건 수동채권은 회생계획에 따라 변제되는 회생채권에 해당하므로 피고는 상계로써 원고에게 대항할 수 있다는 취지로 판단하여, 이 사건 수동채권은 피고의 2011. 12. 15.자 상계로써 상계적상 시에 소급하여 모두 소멸하였다고 보아 원고의 추심금 청구를 기각한 제1심판결을 지지하고 원고의 항소를 기각하였다.

제1심판결과 비교할 때 원심판결은 준거법의 논점과 사법적 확정 등 영국 보통법상의 상계요건을 보다 치밀하게 검토하였다.

3. 대법원판결의 요지

대법원은 원심의 결론을 지지하고 상고를 기각하였는데 대법원판결의 요지는 아래와 같다.

[1] 영국법상의 상계 제도는 보통법상 상계(legal set-off, '법률상 상계'라고도 한다)와 형평법상 상계(equitable set-off)가 있는데, 그 중 보통법상 상계는 양 채권

사이의 견련관계를 요구하지 않는 등 형평법상 상계와 비교하여 상계의 요건을 완화하고 있지만 소송상 항변권으로만 행사할 수 있어 절차법적인 성격을 가진다고 해석된다. 그러나 영국 보통법상 상계 역시 상계권의 행사에 의하여 양 채권이 대등액에서 소멸한다는 점에서는 실체법적인 성격도 아울러 가진다고 할 것이므로 상계의 요건과 효과에 관하여 준거법으로 적용될 수 있다.

[2] 상계제도의 목적 및 기능, 채무자의 채권이 압류된 경우 관련 당사자들의 이익 상황 등에 비추어 보면, 민사집행법에 의하여 채권압류명령 또는 채권가압류명령(이하 채권압류명령의 경우만을 두고 논의하기로 한다)을 받은 제3채무자가 압류채무자에 대한 반대채권을 가지고 있는 경우에, 가압류의 효력 발생 당시에 대립하는 양 채권이 모두 변제기가 도래하였거나, 그 당시 반대채권(자동채권)의 변제기가 도래하지 아니한 때에는 그것이 피가압류채권(수동채권)의 변제기와 동시에 또는 그보다 먼저 도래하면, 상계로써 가압류채권자에게 대항할 수 있다.[7)]

[3] 외국적 요소가 있는 채권들 사이에서의 상계의 요건과 효과에 관한 법률관계가 상계의 준거법에 따라 해석 · 적용된다고 하더라도, 채권자가 대한민국의 민사집행법에 의하여 채권압류명령 및 추심명령을 받아 채권집행을 한 경우에, 채권압류명령을 받은 제3채무자가 채무자에 대한 반대채권을 가지고 상계로써 압류채권자에게 대항할 수 있는지는 집행절차인 채권압류의 효력과 관련된 문제이므로, 특별한 사정이 없는 한 대한민국의 민사집행법 등에 의하여 판단함이 원칙이고 상계의 준거법에 의할 것은 아니다.

7) 이는 대법원 2012. 2. 16. 선고 2011다45521 전원합의체 판결이 이미 설시한 견해로서 민법의 쟁점이므로 여기에서는 그에 대한 논의는 생략한다. 위 전원합의체 판결에 대한 평석은 이상주, "압류된 채권에 대한 상계의 허용요건—대법원 2012. 2. 16. 선고 2011다45521 전원합의체 판결—", 자유와 책임 그리고 동행: 안대희 대법관 재임기념(2012), 361면 이하; 정구태, "피압류채권을 수동채권으로 한 제3채무자의 상계권 행사의 허용범위—대법원 전원합의체 2012. 2. 16. 선고 2011다45521 판결—", 고려법학, 제66호(2012. 9), 381면 이하 참조. 양자는 모두 위 판결의 결론을 지지한다.

[연구]

Ⅰ. 문제의 제기

원고가 이 사건 소로써 추심금청구를 한 데 대하여 회생절차에 있는 피고의 관리인이 소송상(또는 재판상) 상계의 항변을 하였다. 자동채권과 수동채권의 준거법은 당사자의 합의에 의하여 선택된 정기용선계약의 준거법인 영국법이므로 상계의 준거법이 영국법이라는 점은 당사자 간에 다툼이 없었다.[8] 상계의 준거법이 상계의 요건과 효과(또는 효력. 이하 양자를 호환적으로 사용한다)를 규율하는 점은 널리 인정되고 있는데,[9] 이 사건은 영국 보통법상의 상계를 둘러싼 다양한 쟁점을 제기하는 흥미로운 사건이다.[10] 구체적인 쟁점은 아래와 같은데, 첫째 내지 셋째의 논점은 상계의 요건과 효과의 준거법의 문제이다.

첫째, 위 대법원판결의 설시처럼 영국 보통법상의 상계가 재판상으로만 주장할 수 있는 소송법상 제도임을 고려할 때, 국제사법상 통용되는 "절차는 법정지법에 따른다"는 법정지법원칙(*lex fori* principle)에 비추어 이 사건에서 절차적 성질을 가지는 영국 보통법이 상계의 준거법이 될 수 있는지, 또한 한국법으로의 '숨은 반정(hidden *renvoi*)'이 허용되는지. 이는 이 사건 상계의 준거법의 문제로 상계의 성질결정 및 숨은 반정의 허용 여부와 관련된다(아래 Ⅲ.).

둘째, 채무자의 도산절차 내에서 상계가 행해지는 경우에도 상계 자체는 '도산전형적 법률효과'에 속하는 사항이 아니어서 상계의 요건과 효과는 여전히 상계의 준거법에 따르고 "채무자회생 및 파산에 관한 법률"(이하 "채무자회생법"이라 한다)이 정한 상계의 제한이 그에 추가적으로 적용되는지. 이는 도산법정지법 원칙과 그 적용범위의 문제이다(아래 Ⅳ.).

---

8) 자동채권과 수동채권의 준거법이 상이한 경우 상계의 준거법에 관하여 학설이 나뉜다. 석광현, 국제사법 해설(2013), 434면 참조. 상계의 준거법에 관한 다양한 입법례와 그것이 로마Ⅰ에 어떻게 반영되었는지는 Michael Hellner, "Set-off", in Franco Ferrari/Stefan Leible (Eds.), Rome I Regulation: The Law Applicable to Contractual Obligations in Europe (2009), p. 253 이하 참조.

9) Christoph Reithmann/Dieter Martiny (Hrsgs.), Das Internationale Vertragsrecht, 8. Auflage (2015), Rz. 3.241 (Martiny 집필부분); Hellner(註 8), p. 258 이하 참조(양자는 로마Ⅰ의 맥락에서). 이호정, 국제사법(1983), 321면; 신창선·윤남순, 신국제사법(2014), 324면; 김연·박정기·김인유, 국제사법, 제3판 보정판(2014), 354면; 신창섭, 국제사법, 제3판(2015), 272면; 윤종진, 개정 현대 국제사법(2003), 424면도 동지. 다만 위 이호정을 제외한 우리 문헌들은 요건만 언급하는 경향이 있는데 이는 누적적용설을 취하기 때문에 효과에 관하여는 설명을 생략한 탓으로 짐작된다.

10) 석광현(註 8), 635면에서 이미 지적하였다.

셋째, 상계의 준거법이 영국 보통법인 이 사건에서 도산상황에서의 상계의 요건과 효과를 정한 영국 도산법(Insolvency Act 1986)과 도산규칙이 한국에서 진행되는 피고의 도산절차에서도 적용될 수 있는지(아래 V.).

넷째, 상계의 항변을 하는 제3채무자와 수동채권을 (가)압류함으로써 지급금지의 효력을 획득한 채권자와 간의 우열을 판단함에 있어서 상계의 준거법인 영국법에 따라야 하는지 아니면 민사집행법 등 한국법에 따라야 하는지. 대법원판결과 원심판결은 이 사건 상계의 준거법이 영국 보통법이라면서도 위 논점을 민사집행법과 민법 제498조 등 한국법에 의하여 판단하였는데 이것이 타당한가의 문제이다(아래 VI.).

위의 논점을 검토하기에 앞서 상계에 관한 주요 입법례와 영국법상의 상계를 간단히 소개한다(아래 Ⅱ.).

Ⅱ. 상계에 관한 입법례와 영국법상의 상계

1. 상계에 관한 주요 입법례

우리 민법상 상계라 함은 채권자와 채무자가 서로 동종의 채권·채무를 가지고 있는 경우에 그 채권·채무를 대등액에서 소멸시키는 당사자 일방의 일방적 의사표시를 말한다.[11] 이처럼 우리 민법상 상계의 의사표시는 재판 외에서 단독행위로써 할 수도 있고, 소송상 방어방법으로서 그 수동채권의 존재가 확정되는 것을 전제로 하여 일종의 예비적 항변으로서 할 수도 있다.[12] 그러나 프랑스는 상계적상에 있게 되면 당사자의 의사표시를 요하지 아니하고 당연히 상계의 효과가 발생하는 법정상계(당연상계)제도를 가지고 있다.[13] 이와 달리 영국법상의 상계는 절차적인 것으로 평가되고 있으나[14][15] 이는 보다 상세히 검토할 필

11) 지원림, 민법강의, 제14판(2016), [4-132].

12) 대법원 2011. 7. 14. 선고 2011다23323 판결 참조.

13) 프랑스 민법(제1290조). 이상주(註 7), 400면 이하도 참조.

14) 그러나 영국법상으로도 상계에 의하여 채무가 소멸하는 점에서 실체적 측면이 있음을 부정하지는 않는다. Rory Derham, Derham on The Law of Set-off, Fourth Edition (2010), paras. 2.34, 2.53-2.57. 이는 가장 큰 근거를 상계가 반소(counterclaim)가 아니라 항변(defence)이라는 점에서 구한다.

15) 따라서 실질법상 상계제도에는 프랑스의 당연상계제도, 일방적 의사표시에 의하는 독일식

요가 있으므로 항을 바꾸어 살펴 본다.

2. 영국법상의 상계

당사자가 도산에 들어가지 않은 통상의 경우, 영국법상 상계에는 ① ‘형평법상의 상계(equitable set-off)’[16]와, ② 1729년 및 1735년 상계법(Statute of Set-Off)에 의한 보통법[17]상의 상계, ‘독립적 상계 또는 법률상 상계(independent set-off or legal set-off)’가 있다.[18] 영국법상 전자는 동일한 거래로부터 발생하거나 견련관계(connection)가 있는 채권 간에 허용되는 실체법상의 제도인 데 반하여, 후자는 견련관계가 없는 채권 간에 허용되는 절차법상의 제도로 이해되고 있다.[19] 보통법상의 상계가 절차법상의 제도라는 것은 두 가지 의미를 가진다.[20] 첫째, 상계는 계속 중인 소송에서 항변의 형식으로 주장되어야 하고, 둘째, 당사자 일방의 의사표시만으로는 대립하는 채무의 소멸이라는 효과를 초래할 수 없고 법원의 재판(order)이 필요하다는 것이다.

나아가 영국법은 일방 당사자가 지불능력이 없는 상태에 빠진 경우에 도산법에 따른 ‘도산법상의 상계(insolvency set-off)’를 규정하는데 이는 요건과 효

상계제도와 절차적인 것으로 이해되는 영국의 상계제도로 구분하기도 하나, 영국식 상계의 경우에도 실체적 측면이 있으므로 이는 지나친 단순화이다. Christiana Fountoulakis, Set-off Defences in International Commercial Arbitration: A Comparative Analysis (2011), p. 124도 이 점을 지적한다.

16) 형평법상의 상계가 가능하기 위하여는 일정한 요건이 구비되어야 하나, 이 사건에서는 그러한 요건이 구비되지 않음은 당사자 간에 다툼이 없는 것으로 보인다.

17) 여기에서 ‘보통법’이라 함은 ‘형평법’과 대비되는 개념이다. 당초 영국의 상계는 1729년 제정된 상계법(Statute of Set-off 1729), 즉 「채무자의 구금에 관하여 채무자 구조를 위한 법률」(An Act for the Relief of Debtors with respect to the Imprisonment of their Persons)에 의하여 도입되었다. 이는 5년 동안의 한시적 법률이었는데 그 후 이를 영구적인 법률로 전환하고자 1735년 상계법이 제정되면서 몇 가지 해석상의 논란이 해소되었다. 위 법은 1879년에 폐지되었으나 그에 따른 상계권은 존속하는 것으로 해석되었다. Derham(註 14), paras. 2.04-2.06. 이헌묵, “영국법상 상계제도와 영국법이 적용되는 채권의 상계와 관련한 국내법상의 문제”, 저스티스, 통권 제142호(2014. 6), 42-43면도 참조.

18) Derham(註 14), para. 1.11.

19) Derham(註 14), paras. 2.34, 1.11; Fountoulakis(註 15), p. 114, p. 107.

20) Derham(註 14), paras. 2.38-2.39. 그 밖에 상계의 준거법을 논의함에 있어서도 그의 절차적 성격으로 인하여 법정지법이 준거법이 된다. Derham(註 14), para. 2.55; Fountoulakis(註 15), p. 140. 후자에 따르면, 과거에는 보통법상의 상계와 형평법상의 상계에 대하여 법정지법원칙이 타당하였으나 근자에는 보통법상의 상계와 형평법상의 상계를 구별해야 한다는 견해가 점차 유력해지고 있다고 한다.

과의 면에서 특색이 있다.[21] 이 사건에서 주된 쟁점이 영국 보통법상의 상계라는 점과, 그것은 영국법상 소송법상의 제도이므로 소송상 주장하여야 한다는 점에 관하여는 당사자 간에 다툼이 없었다. 다만 영국 도산법상의 상계가 이 사건에도 적용되는가는 당사자 간에 다툼이 있었는데 이 점은 아래(Ⅴ.)에서 논의한다.

Ⅲ. 이 사건 상계의 준거법: 영국 보통법상의 상계의 성질결정과 숨은 반정의 허용 여부

1. 쟁점의 정리

이 사건에서 우선 상계의 준거법을 결정할 필요가 있다. 그런데 영국 보통법상 상계는 재판상 항변으로만 사용할 수 있는 소송법상 제도라는 점을 고려하면, 한국에 계속중인 소송에서 피고가 소송상 상계의 항변을 한 경우 영국법을 적용할 수 있는지 아니면 법정지가 한국이므로 '숨은 반정'[22]의 법리에 의하여 한국 민법이 준거법이 되는가라는 의문이 제기된다. 이는 첫째, 영국 보통법상 상계를 어떻게 성질결정할 것인가와, 둘째, 한국에 계속중인 소송에서 피고가 상계의 항변을 한 경우 상계의 준거법이 영국법이라면 절차의 문제임에도 불구하고 영국법을 적용할지 아니면 '숨은 반정의 법리'에 의하여 한국법이 준거법이 되는지라는 문제이다. 이하 이를 차례대로 검토한다.

2. 영국 보통법상 상계의 성질결정

가. 실체로의 성질결정

상계를 실체의 문제로 이해하는 대륙법계와 달리 영국에서는 전통적으로 상계를 절차의 문제로 보았다. 따라서 우리 법원에 소가 계속된 경우 피고가 소송외에서 상계를 하였음을 주장하거나 또는 소송상 상계의 항변을 하는 경우에 만일 상계의 준거법이 영국법이라면 영국 보통법상의 상계의 성질결정의 문제가

---

21) Derham(註 14), para. 2.34.

22) 이를 '가정적 반정(hypothetische *renvoi*)'이라고 부르기도 한다.

제기된다.[23] 우리 법원에 계속중인 소송에서 피고가 소송상 상계의 항변을 하는 경우, 우리 법원은 상계의 준거법을 적용하는데, 이 사건에서처럼 준거법이 영국법인 경우 영국 보통법상 상계의 성질결정을 고려에 넣게 된다. 바꾸어 말하자면 만일 영국법상 보통법상의 상계가 실체의 문제라면 우리 법원으로서는 상계의 준거법인 영국 보통법을 적용하여 상계의 요건과 효력(또는 효과)[24]을 판단해야 하는 데 반하여, 만일 그것이 영국법상 절차의 문제라면 '절차는 법정지법에 따른다'(*forum regit processum*)는 국제사법원칙, 즉 '법정지법원칙(*lex fori* principle)'[25]의 결과 우리 법원으로서는 절차법의 성질을 가지는 영국 보통법상의 원칙을 적용할 수 없는 것이 아닌가라는 의문이 제기되기 때문이다. 이것은 국제사법상 '성질결정(characterization)', 그 중에서도 실체(substance)와 절차(procedure)의 구별의 문제이다.

단적으로 말하자면, 영국법상으로는 영국 보통법상의 상계가 절차의 문제이므로 영국이 법정지법인 경우 영국법에 따라 소송상 항변으로서만 주장해야 하지만, 그렇더라도 우리 법상으로는 이를 실체의 문제로 성질결정하여 영국 보통법을 적용해야 한다고 본다. 국제사법이론상 성질결정의 기준은 일응 법정지법인 한국법이기 때문이다. 즉, 성질결정을 함에 있어서는 법정지법으로부터 출발하되, 연결대상을 법정지법상의 체계개념이 아니라 비교법적으로 획득된 기능개념(Funktionsbegriff)으로 이해하면서 실질규범의 목적과 함께 당해 저촉규범의 기능과 법정책적 목적을 고려해야 한다는 것인데, 이것이 근자의 독일의 다수설인 '기능적 또는 목적론적 성질결정론(funktionelle oder teleologische Qualifikation)' 또는 우리나라에서 말하는 '신법정지법설'이다.[26] 우리 민법상 상계는 당사자 간에 존재하는 채권·채무를 채무자의 일방적 의사표시에 의하여 대등액에서 소멸시

23) 이 점은 석광현(註 8), 25면에서 지적하였다. 주의할 것은, 로마 I (제17조)은 상계는 수동채권의 준거법에 따르는 것을 명시하는데 이는 유럽연합에서 상계가 실체로 성질결정됨을 의미한다. Thomas Rauscher (Hrsg.), Europäisches Zivilprozess- und Kollisionsrecht: EuZPR/EuIPR Kommentar (2010), Art. 17 Rom I-VO Rn. 9 (von Hein 집필부분).

24) 민법 제493조의 용어를 고려하여 이하 양자를 호환적으로 사용한다.

25) 근거는 Reinhold Geimer, Internationales Zivilprozeßrecht, 6. Aulage (2009), Rz. 319ff.; Haimo Schack, Internationales Verfahrensrecht, 5. Auflage (2010), Rz. 48ff. 참조.

26) Jan Kropholler, Internationales Privatrecht, 6. Auflage (2006), S. 126ff. 석광현(註 8), 30면; 신창선·윤남순(註 9), 87면; 김연·박정기·김인유(註 9), 129면; 신창섭(註 9), 89-90면. <u>따라서 예컨대 우리 법상 무효인 동성혼이더라도 국제사법 목적상 혼인으로 성질결정되고, 우리 법상 무효인 어음이더라도 국제사법 목적상으로는 어음으로 성질결정된다.</u> [밑줄 부분은 이 책에서 새로 추가한 것이다.]

키는 실체법상의 제도로 구성되고 있고—즉, 소송 외에서 상계를 하는 것도 가능하며 그 효과도 소송과 관계없이 일방 당사자의 일방적 의사표시에 의하여 효력을 발생하고—, 국제사법상 이를 달리 성질결정할 근거가 없기 때문이다.[27]

이처럼 어떤 쟁점을 법정지법인 우리나라에서는 실체로 성질결정하는 데 반하여 준거법 소속국인 외국에서는 절차로 성질결정하는 경우 우리로서는 이를 실체법적으로 성질결정해야 한다는 점은 소멸시효의 준거법에 관한 '테네시주 어음사건'에서 잘 드러나고 있다. 미국 테네시주에서 발행되고 지급지가 테네시주인 약속어음의 소지인이 한국에서 어음금의 지급을 구하는 소를 제기한 데 대하여 피고가 소멸시효에 기한 항변을 한다고 가정하자. 이 경우 우리 법원은 어음금 청구를 국제어음법의 문제로 파악하여 약속어음의 지급지법인 테네시주법을 적용해야 하는데(국제사법 제54조 제1항), 테네시주법에 따라 소멸시효를 절차로 성질결정한다면 법원으로서는 테네시주법의 소멸시효를 적용할 수 없게 되어 결국 약속어음상의 권리는 소멸시효에 걸리지 않게 된다. 그러나 이런 결론이 부당함은 명백하므로 우리는 소멸시효를 실체로 성질결정하여 테네시주법의 소멸시효를 적용해야 한다는 것이다.[28]

이 점을 고려한다면, 이 사건에서 보통법상의 상계가 비록 영국법상으로는 절차의 문제로 이해되어 영국에서 소송이 계속한 경우 피고는 소송상 항변으로

27) 이헌묵(註 17), 55면은 절차법과 실체법의 성격이 중첩된 경우에는 원칙적으로 이를 실체법으로 처리하여 준거법을 적용하는 것이 타당하다고 한다(이헌묵, "법정지법의 적용에 있어서 절차와 실체의 구분", 민사소송, 제16권 제2호(2012. 11), 396면 이하도 참조). 그러나 저자는 성질결정이 애매하거나, 실체와 절차의 성질을 겸유하는 경우에는(그것을 분리하여 각각 성질결정하여 해결할 수 없는 범위 내에서는) 어느 것이 더 본질적인가를 고려하여 개개의 사안별로 해결해야 한다고 본다. 석광현, 국제사법과 국제소송, 제4권(2007), 163면 참조. 다만 이헌묵(註 17), 55면, 註 76은 이익형량에 의하여 예외를 인정할 필요성을 긍정한다. 거칠게 말하자면 실체법은 사적 법률관계의 존재, 내용과 유효성을 규율하고, 판결에 앞서서 그리고 판결과 관계없이 주관적 권리의 확정을 통하여 사적 자치의 범위를 결정하는 반면에, 절차법은 주관적 권리를 어떤 요건 하에서 어떤 방식으로 그리고 어떤 효력을 가지고 재판상 주장하고 국가의 조력을 받아서 관철할지를 규율하는 법이다. 이는 어떤 법체계 내에서 실체법과, 실체법의 실현에 봉사하는 기능을 가지는 법으로서의 절차법의 관계를 어떻게 파악할지의 문제인데, 독일에서는 실체법에 친화적인 성질결정을 하는 경향이 있다. Jürgen Basedow, "Qualifikation, Vorfrage und Anpassung", in Peter Schlosser (Hrsg.), Materielles Recht und Prozessrecht und die Auswirkungen der Unterscheidung im Recht der Internationalen Zwangsvollstreckung —Eine rechtsvergleichende Grundlagenuntersuchung— (1992), S. 136ff. 미국에서 절차와 실체의 성질결정에 관하여는 최공웅, 국제소송, 개정판(1994), 187면 이하 참조. [밑줄 부분은 이 책에서 조금 수정하였다.]

28) 상세는 이호정(註 9), 104면, 118면 참조. 이는 독일 1882. 4. 1.자 제국재판소 판결에서 문제된 사건이다.

서만 제기할 수 있더라도, 우리 법원으로서는 이를 절차의 문제로 보아 영국 보통법의 적용을 거부할 것이 아니라 실체의 문제로 성질결정하여 영국 보통법을 적용해야 한다는 것이다.[29)]

나. 성질결정에 수반되는 문제점

이 사건에서와 같이 채무자가 영국 보통법에 따라 우리나라에서 소송상 상계의 항변을 하는 경우에는 상계의 요건, 방법과 효과를 검토할 필요가 있다. 이는 영국 보통법상의 상계를 우리가 실체로 성질결정한다는 것이 가지는 함의(含意)는 무엇인가라는 문제이다. 이를 상론하면 아래와 같다.

첫째, 상계의 요건은 영국 보통법에 따라야 한다.[30)] 따라서 상호 대립하는 채권(debts)이 있어야 하고(mutuality), 이들은 동종의 것이어야 하며, 나아가 변제기가 도래하였어야 한다(due and payable)는 등의 요건이 구비되어야 한다.[31)] 주목할 것은, 원심판결도 인정하였듯이 영국 보통법상으로는 위 요건에 추가하여 '채권의 사법적 확정[32)]'이 필요하다는 점인데 이는 우리에게는 다소 생소한 것이다.[33)] 이는 양 채권이 주장할 당시에(at the time of pleading) "확정된 채권(liquidated debts)"[34)]이거나 또는 "즉시 그리고 어려움 없이 확인될 수 있는 금전상의 청구(money demands which can be readily and without difficulty ascertained)"에

29) Reithmann/Martiny/Martiny(註 9), Rz. 3.242도 동지. <u>Kropholler(註 26), S. 168도 결론은 같다.</u> [밑줄 부분은 이 책에서 새로 추가한 것이다.] 다만 상계의 경우에는 영국법상 절차로 취급되는 보통법상의 상계 외에 실체로 취급되는 형평법상의 상계가 있으므로 가사 우리 법원이 보통법상의 상계를 절차의 문제로 취급하더라도 영국법상 상계가 전면적으로 불가능한 것은 아니라는 점에서 테네시주 어음사건과는 다르다는 견해도 주장될 수 있다.

30) Matthias N. Kannengiesser, Die Aufrechnung im internationalen Privat- und Verfahrensrecht (1998), S. 128; 김상훈, "민사소송상 상계의 국제재판관할 및 그 준거법", 한림법학 FORUM, 제21권(2010), 91면(소송상 상계 일반에 관하여).

31) 영국 보통법상 상계요건은 Derham(註 14), para. 2.04 이하; Kannengiesser(註 30), S. 58ff. 참조. 여기에서 채권의 존재와 변제기의 도래 여부는 그 채권의 준거법에 따른다.

32) 임치용, "해사 분쟁 및 해운회사의 도산과 관련된 국제사법적 쟁점", 한국국제사법학회와 한국해법학회의 공동학술대회 자료집(2015. 11. 26), 13면은 '금전화'라고 한다.

33) 우리 민법상 자동채권은 구체적으로 확정되어야 한다는 견해도 있고, 이는 예컨대 당사자의 협의 또는 가정법원의 심판에 의하여 구체적인 청구권의 내용과 범위가 확정되기 전의 자(子)의 양육비의 지급을 구할 권리는 상계의 자동채권이 될 수 없다고 하나(지원림(註 11), [4-138]), 채권의 존재가 다투어지거나 금액이 명확하지 않더라도 상계를 부인할 것은 아니고 후에 확정된 내용으로 효력이 발생한다는 견해(양창수 · 김재형, 계약법, 제2판(2015), 338면)가 있다. 후자에 따르면 영국법과는 차이가 있다.

34) 여기에서는 'debt'를 편의상 '채권'이라고 번역하나 이는 '금전채권'에 가까운 것으로 보인다. <u>이호정, 영국 계약법(2003), 373면은 '정액금전채무', 375면은 '확정금전채무'라고 번역한다.</u> [밑줄 부분은 이 책에서 새로 추가한 것이다.]

관한 것이어야 한다는 취지로 Stooke v Taylor 사건 판결[35]에서 비롯된 것이다.[36] 이는 법원이 자동채권의 존재와 금액을 확정하는 데 오랜 시간이 소요됨으로써 소송절차가 지연되는 것을 막기 위한 것이므로 자동채권에 관하여 요구되는 것으로 보인다.[37] 보통법상 상계를 실체로 성질결정하는 이상 영국 보통법상 요구되는 상계의 요건 중 '사법적 확정'만을 분리하여 절차로 볼 근거는 없다.[38]

실제로 원심판결은 영국 보통법에 의하면, 특히 손해배상채권의 경우에는 법원이나 중재기관 등 사법기관에 의해 사법적 확정된 이후에야 상계가 가능하다고 판시하면서[39] 피고의 2010. 2.경의 상계에 대하여 피고의 자동채권 중 "사법적 확정 요건을 갖추지 못한 조기반선에 따른 손해배상채권은 상계가 허용되지 아니한다"고 판시하였다. 위 손해배상채권의 금액을 정한 영국 중재판정은 그 후 2010년 4월경에 내려졌기 때문이다.

둘째, 상계의 방법도 영국 보통법에 따라 반드시 소송상의 항변으로 해야 하는가, 아니면 소송 외에서 일방적 의사표시로써도 가능한가가 문제된다. 이에 관하여는 ❶ 준거법이 영국법인 이상 상계의 방법은 준거법에 따를 사항이고 따라서 보통법상의 상계는 소송상으로만 가능하다는 견해[40]와 ❷ 보통법상의 상계를 우리의 관점에서는 실체로 성질결정함으로써 소송상의 항변으로 할 것을 요구하지 않는 견해가 가능하다.[41] 전자는 성질결정의 함의를 제한적으로 받아들

35) [1880] 5. Q.B.D. 569, 575.

36) Derham(註 14), para. 2.15. 또한 Stein v Blake 사건 판결 [1996] 1 A.C. 243에서 Hoffmann 판사는 이를 "확정되었거나 또는 감정이나 평가 없이 확인가능한 금액일 것(either liquidated or in sums capable of ascertainment without valuation or estimation)"이라는 의미로 해석하였다. Derham(註 14), para. 2.15 참조.

37) Kannengiesser(註 30), S. 60.

38) Münchener Kommentar zum Bürgerlichen Gesetzbuch, 5. Auflage, Band 10 (2010), Rom I-VO, Art. 17, Rn. 20 (Ulrich Spellenberg 집필부분)(이하 "MünchKommBGB/집필자"로 인용한다)도 'liquide'의 문제, 즉 근거와 금액의 면에서 채권이 다툼이 없는지 또는 다툼의 여지가 없는지 나아가 판결이 내려졌어야 하는지는 상계의 준거법에 따를 사항이라고 한다. Hellner(註 8), p. 259도 동지.

39) Fountoulakis(註 15), p. 105; Derham(註 14), para. 2.16 참조.

40) 독일에도 이런 견해가 있다. MünchKommBGB/Spellenberg, Rom I-VO, Art. 17, Rn. 47; Schack(註 25) Rz. 402. Kannengiesser(註 30), S. 128, S. 131도 준거법이 영국법이더라도 독일법원의 판결에 의하여 상계의 효과가 발생한다고 본다. Kegel은 영국 보통법상의 상계를 실체의 문제로 성질결정함으로써 보통법의 절차법의 적용을 배제하면서도 (숨은 반정을 배제한다면) 소송상의 상계만을 허용한다. Gerhard Kegel, "Scheidung von Ausländern im Inland durch Rechtsgeschäft", IPRax (1983), S. 23; Reinhold Geimer, "EuGVÜ und Aufrechnung: Keine Erweiterung der internationalen Entschdidungs- zuständigkeit — Aufrechnungsverbot bei Abweisung der Klage wegen internationaler Unzuständigkeit", IPRax (1986), S. 211, Fn. 24.

41) Murad Ferid, Internationales Privatrecht, 3. Auflage (1986), §6-117은 상계를 실체법적으로

이는 데 반하여, 후자는 성질결정의 합의가 상계의 방법에도 미친다고 보는 것이다. 어느 견해를 따르든 간에 소송상 상계의 절차법적 측면, 예컨대 상계권의 행사가 재정기간을 넘기거나(민사소송법 제147조) 실기한 방어방법(민사소송법 제149조)으로 각하되는 점 등은 법정지법에 의하여 규율된다.[42] 이 사건에서 문제된 2011. 12. 15.자 예비적 상계항변에 관한 한, 피고는 실제로 소송상 상계의 항변을 하였으므로 상계의 방법은 문제되지 않았다. 그 밖에도 상계의 방법을 법률행위의 방식의 문제로 보아 국제사법 제17조에 따라 법률행위의 준거법인 영국법과 행위지법인 한국법에 선택적으로 연결하는 견해도 가능하다. 그러나 법원에의 신고처럼 의사표시를 법원에 대해 해야 하는가의 문제라면 법률행위의 방식일 수 있으나 여기에서는 재판상 상계해야 한다는 것이므로 절차의 문제이지 실체에 속하는 법률행위의 방식의 문제로 보기는 어렵다.[43]

셋째, 상계의 주된 효과는 대립하는 채권이 대등액에서 소멸하는 것인데, 우리가 보통법상의 상계를 실체로 성질결정한다면 상계의 효과도 영국 보통법에 따를 사항일 것이다. 다만 우리 민법상 상계는 상계적상 시로 소급하여 소멸하는 데 반하여, 영국 보통법상 상계의 효과는 판결 시에 비로소 발생하고 소급효가 없다.[44] 이 사건과 같이 준거법이 영국 보통법인 사안에서 피고가 우리 법원에서 소송상 상계를 하는 경우 상계의 효과 발생 시에 관하여는 견해가 나뉠 수 있다.

①설은 준거법이 영국법이라는 점에 충실한 견해로서, 영국 보통법상 상계의 효력은 법원 판결에 의하여 발생하므로, 이 사건 소송에서도 피고의 소송상

성질결정하고 법원판결을 요구하는 영국 절차법은 적용하지 않는다. Gäbel(註 13), S. 165도 동지. 이헌묵, "국제적 상계에 대한 준거법", 국제거래법연구, 제18집 제1호(2009), 147면도 재판 외의 상계를 허용한다.

42) Kannengiesser(註 30), S. 128.

43) 장준혁, "*法律行爲의 方式*과 *節次* 문제의 구별", 국제사법연구, 제12권(2006), 244면 이하 참조. 방식의 개념은 정의하기 어려우나, 유럽공동체의 1980년 "계약채무의 준거법에 관한 유럽공동체협약("로마협약")"의 보고서(Giuliano/Lagarde 보고서, Official Journal of the European Communities, 1980. 10. 31., No C 282/29)가 동 협약상 방식이라 함은 의사표시를 하는 자를 구속하기 위하여 필요하고 그것이 없으면 의사표시가 완전히 효력을 가지지 않게 되는 모든 외부적 표시(every external manifestation, jedes äußere Verhalten)라고 하는 점을 참고하더라도 그러하다.

44) Derham(註 14), para. 2.35; Fountoulakis(註 15), p. 108; Kannengiesser(註 30), S. 63. 형평법상의 상계도 판결에 의하여 효과가 발생하는 점에서 소급효가 없는 것으로 설명하나, 상계권을 행사하면 그 후 잔액에 대하여만 이자를 지급하면 되므로 실질적으로는 소급효가 있다고 설명하기도 한다. Fountoulakis(註 15), p. 117.

항변에 대하여 판단한 우리 법원의 판결에 의하여 효력이 발생한다고 보고 소급효를 부정한다. 상계의 방법에 관하여 소송상 항변만을 허용하는 ❶설은 효과의 점에서 자연스럽게 ①설과 연결된다.[45)46)]

②설은 성질결정에 충실한 견해로서, 영국 보통법상의 상계를 실체로 파악한다면 우리 법원의 판결을 기다릴 필요 없이 상계의 의사표시에 의하여 효력이 발생한다는 것이다. 상계의 방법에 관한 위의 논의에서 보았듯이 상계의 준거법이 영국 보통법이더라도 우리나라에서 일방적 의사표시로써 상계할 수 있다면 우리 법원의 판결을 요구할 이유는 없다. 즉 이는 상계의 효력에 대하여도 실체법적 성질결정을 관철하는데, 그렇더라도 우리 민법에 따른 상계처럼 소급효를 인정할 근거는 없으므로, 아래에서 보듯이 국제사법상 '적응 또는 조정(Anpassung, Adaptation. 이하 양자를 호환적으로 사용한다)의 법리'를 원용하여 해결방안을 도출한다.

③설은, ②설을 따라 상계의 효력에 대하여도 실체법적 성질결정을 관철하면서 우리 민법처럼 상계의 소급효를 인정하는 견해이다. 원심판결은 2011. 12. 15.자 상계로써 "위 상계시점에는 피고의 자동채권 전부가 사법적 확정이 되었고, 피고에 대한 회생개시결정 당시 이미 이행기가 도래하여 상계적상에 있었으므로, 선우상선의 위 수동채권은 위 상계로 인하여 상계적상 시에 소급하여 전부 소멸하였다"고 판시함으로써 ③설을 취하였다. 다만 그 근거는 제시하지 않았는데 아마도 민법에 따른 것으로 짐작된다. 제1심판결도 같은 결론이나 이런

---

45) 소송상 상계에 관하여 독일에서는 이 견해가 유력하다. Kannengiesser(註 30), S. 131. 만일 상계의 준거법인 외국법을 적용한 결과가 독일 법원이 알지 못하는 것이거나 독일 절차법의 강행규정에 반하는 때에는 외국법은 적용될 수 없음을 전제로, 독일법상 형성판결의 개념이 존재하므로 독일 법원이 판결에서 영국 보통법에 따른 소송상의 상계에 관하여 판단하는 데 문제가 없기 때문이다. 그러면서도 이 경우 양 채권의 소멸시기는 수동채권의 준거법에 따를 사항이라고 한다(MünchKommBGB/Spellenberg, Rn. 48). 소송상 상계만이 가능하다면서도 이 경우 독일 법원은 권리형성적으로 개입하는 것이 아니라 상계의 효력의 유무를 확정할 뿐이라는 견해도 있다. 위 Geimer(註 40), S. 211, Fn. 24. Jan Lieder, "Die Aufrechnung im Internationalen Privat- und Verfahrensrecht", Rabels Zeitschrift für Ausländisches und Internationales Privatrecht, Band 78 (2014), S. 830ff.는, 소송상 상계의 경우 상계의 준거법이 규율하는 사항과 법정지법이 규율하는 사항을 구분하여 설명하는데, 일반적으로 민사소송을 수행하지 않았더라면 제기되지 않았을 문제들만이 절차법적 문제로서 법정지법에 따른다고 한다.

46) 엄밀하게는 이는 우리 민사소송법상 소송상 상계의 법적 성질과도 관련된다. 만일 우리 민사소송법상 소송상 상계의 항변을 소송행위라고 본다면 상계의 효력은 법원의 판결에 의하여 발생한다고 볼 여지가 있을 것이나, 민사소송법학의 다수설에 따라 이를 사법상 행위와 소송행위의 병존으로 본다면 사법상의 효과는 민법에 따라 발생할 것이다(여기에서는 후자를 전제로 논의한다).

태도는 근거가 없다. 대법원판결은 소급효의 유무는 언급하지 않았다.

이렇듯 우리 법원에서 피고가 영국 보통법에 따라 소송상 상계를 하는 경우 상계의 방법과 그 효력의 발생근거와 시점은 논란의 여지가 많지만 이 사건에서 주된 쟁점은 아니었으므로[47] 그에 대한 더 이상의 상론은 생략한다. 이상의 논의를 표로 정리하면 다음과 같다.

〈표 1〉 우리 절차에서 하는 영국 보통법상 상계의 준거법

	우리 소송절차에서		우리 도산절차에서
요건	영국 보통법(사법적 확정 포함)		채무자회생법의 요건도 추가적으로 구비요
방법	❶설	소송상 항변만 허용	특칙 없음
	❷설	소송상 항변 또는 재판 외에서 가능	
효과	①설[48]	법원 판결에 의해 발생. 소급효 없음	특칙 없음
	②설	법원 판결에 의해 발생 또는 상계권 행사 시 / 소급효 없음	
	③설	상계적상 시로 소급하여 발생	

이와 관련하여 흥미로운 견해가 있어 소개한다. 이헌묵 교수는, 영국 보통법상 상계는 소송상 항변권으로만 행사될 수 있고, 상계의 효력도 판결이 선고될 때 발생하는 절차법적 성격을 갖고 있으므로 그 점에 관하여는 보통법의 적용을 배제하고, 그 경우 외국법의 내용이 확인될 수 없는 경우의 처리에 관한 대법원 2000. 6. 9. 선고 98다35037 판결을 원용하여, 외국법과 가장 유사하다고 생각되는 법이 조리의 내용으로 유추될 수 있으므로 보통법상 상계와 가장 유사한 형평법상 상계에 따라서 보통법상 상계를 재정립해야 한다고 하면서 상계의 행사시기, 행사방법, 그 효과에 관하여는 형평법상 상계에 따라야 한다고 주장한다.[49] 이를 전제로 이헌묵 교수는 우리 법원으로서는 상계의 요건 및 효과 등 실

47) 다만 이렇게 단정하기는 어려운 면이 있다. 아래(Ⅵ.)에서 다루는 논점, 즉 채권(가)압류 후의 상계로써 (가)압류의 효력을 다툴 수 있는지를 논의함에 있어서 상계가 소급효를 가지는지가 의미를 가지는지는 논란이 없지는 않지만 직접 관련은 없다고 본다. 원고 소송대리인은 소급효가 없다는 점이 중요한 의미가 있다고 강조하였다.

48) 방법의 ❶설은 효과의 ①설과 자연스럽게 연결된다.

49) 이헌묵(註 17), 56면.

체적인 측면은 보통법을 적용하되, 상계의 절차적 측면은 보통법의 적용을 배제하여 채권자가 재판 외에서 상계권을 행사한 시점에 상계의 효력을 부여할 것이라고 한다.[50] 그러나 이는 지지할 수 없다. 영국법상 형평법과 보통법 간에 가장 유사한 관계가 있다고 보기도 어렵거니와(만일 이 사건에 형평법을 적용하면 2011. 12. 15. 예비적 상계는 양 채권 간에 견련관계가 없어 허용되지 않는다), 위 사안은 외국법의 내용을 확인할 수 없어서 발생하는 문제가 아니므로 이 사안에서 외국법 불명 시의 처리방안을 도입할 것은 아니다. 다만 이 사건에서 피고가 소송 외에서 상계할 수 있다는 점과 상계의 효과가 상계를 할 때 발생한다는 결론은 저자의 아래 결론과 같다.

저자는 준거법에 충실한 ❶설도 불가능한 것은 아니지만, 아래의 이유로 ❷설이 더 설득력이 있다고 본다. 이 사건에서 우리 법원이 영국 보통법상 상계의 실체법적 측면을 적용하는 데는 문제가 없고, 절차적 측면도 실체로 파악할 수 있다. 이처럼 실체로 성질결정한다면, 상계의 방법에 관하여 반드시 소송상 상계해야 하는 것은 아니고, 상계의 효과 발생을 위하여 법원의 재판이 필요한 것은 아니다. 다만, 판결에 의하여 효력이 발생하는 점을 어떻게 처리할지는 문제인데, 준거법인 영국법에 충실하자면 우리 법원의 판결 시에 상계의 효과가 발생한다고 보아야 하나 이는 실체적 성질결정에 반한다(특히 재판외 상계의 경우). 우리 민법에 따라 소급효를 인정할 근거는 없으므로 결국 상계의 의사표시를 한 시점을 기준으로 삼는 것이 하나의 해결방안이다.[51] 저자는 이런 결론을 성질결정론 또는 "성질결정론 + 적응의 법리의 원용"을 통하여 도출하고자 한다. 적응이라 함은, 국제사법이 적용되는 사건에서 준거법의 모순 또는 저촉으로부터 발생하는 문제를 해결하기 위하여 법질서를 수정하여 적용하는 법리를 말한다.[52] 적응의 해결방안으로서 국제사법적 해결방안과 실질사법적 해결방안이 있는데,

---

50) 이헌묵(註 41), 147면.

51) 실질법적으로도 이것이 전혀 근거가 없는 것은 아니다. UNIDROIT의 국제상사계약원칙(제8.5조 제3항)과 유럽계약법원칙(제13:106조)은 상계의 소급효를 부정한다. Fountoulakis(註 15), p. 214도 이런 태도를 지지한다. <u>물론 우리 법원에서 소송상 상계를 하는 경우 그와 관련된 절차법적 문제는 우리 민사소송법에 따른다. 서울중앙지방법원 2018. 7. 4. 선고 2017가합521022 판결(서울고등 2018나2044068호로 항소심 계속중)은 "이 사건 상계의 경우 영국 보통법상의 상계를 준거법으로 적용하여야 하므로, 상계의 효과 또한 영국 보통법상 상계의 법리에 따라야 할 것인데, 영국 보통법상의 상계를 실체적인 것으로 파악하는 이상 상계의 효력은 상계의 의사표시를 한 시점에 발생한다고 보아야 할 것"이라고 판시함으로써 저자와 같은 견해를 채택하였다.</u> [밑줄 부분은 이 책에서 새로 추가한 것이다.]

52) 이호정(註 9), 123면.

구체적인 사건에서 이익형량을 통하여 법질서에 최소로 손을 대는 방안을 선택해야 한다.[53] 실질사법적 해결방안이라 함은 규정의 모순을 초래하는 저촉규범이 아니라, 준거법으로 지정된 실질사법들의 내용이 서로 모순되지 않도록 실질사법을 수정 내지 조정하는 해결방안이다.[54] 이 사건은 적응을 요하는 강학상의 전형적 사건은 아니지만,[55] 성질결정의 상위(相違)로 인하여 적응을 요하는 사건과 유사한 면이 있기에 동 법리를 원용하자는 것이다.[56]

3. 숨은 반정의 문제

가. 숨은 반정의 개념

반정(*renvoi*)이라 함은 외국적 요소가 있는 법률관계에 대하여 우리 국제사법이 어느 외국법을 적용할 것을 지정하고 있으나, 그 외국의 국제사법이 법정지법 또는 제3국법을 적용할 것을 규정하는 경우에 그 외국 국제사법규정에 따라 법정지법 또는 제3국법을 적용하는 것을 말한다. 국가에 따라 연결점이 상이하거나 법률관계의 성질결정을 달리 하기 때문에(예컨대 제조물책임을 불법행위로 성질결정할지 아니면 계약책임으로 성질결정할지) 반정이 발생하게 된다. 이처럼 외국의 국제사법규정이 반정하는 경우를 '명시적 반정'이라고 하는데, 이와 달리 외국의 국제재판관할규정 등에 숨겨져 있는 저촉법규정에 의하여 법정지법으로 반정하는 경우를 '숨은 반정(hidden *renvoi*)'이라 한다. 우리나라처럼 다양한 법률관계별로 정치한 연결원칙을 명정하지 않고 국제재판관할이 있는 경우 법정지법을 적용하는 경향이 있는 영미에서는 국제재판관할규칙 속에 저촉규정이 숨겨진 경우가 많다. 즉, 영미의 국제재판관할규칙은 어떤 경우 자국 법원이 국제재판관할을 가지는가만을 규정하고 관할을 가지는 경우 법정지법을 준거법으로 적용하는데, 이러한 국제재판관할규칙에는 법정지법이 준거법이라는 저촉규칙이 숨겨

53) 상세는 이호정(註 9), 123면 이하, 224면; 신창선 · 윤남순(註 9), 120면 이하 참조.

54) 이호정(註 9), 124면; 신창선 · 윤남순(註 9), 122면.

55) 적응의 법리가 적용되는 전형적 유형은 신창선 · 윤남순(註 9), 121면 이하 참조.

56) 다만 이런 실질사법적 해결을 한다면 어느 법제에도 존재하지 않는 결과가 발생하고, 전적으로 한국법 또는 영국법에 의하여 규율되는 순수한 국내사건과의 사이에 정당화하기 어려운, 의도하지 않은 차별이 발생하는 것이 아닌가라는 의문이 없지는 않다. Gerhard Dannemann, Die ungewollte Diskriminierung in der internationalen Rechtsanwendung: Zur Anwendung, Berücksichtigung und Anpassung von Normen aus unterschiedlichen Rechtsordnungen (2004)은 그런 의도하지 않은 차별이 발생하는 사안들을 총괄하여 'Anpassungslage(적응을 요하는 상황)'라고 부르면서 그 발생원인, 해결방안과 헌법적 논점 등을 체계적으로 다룬다.

져 있다는 것이다. 실제로 국제적 이혼사건에서 대법원 2006. 5. 26. 선고 2005므884 판결[57]은 국제사법 제9조를 유추적용하여 숨은 반정을 정면으로 허용한 바 있다.

나. 상계의 준거법과 숨은 반정의 허용 여부

문제는 이 사건에서 상계의 준거법인 영국법이 보통법상의 상계를 절차의 문제로 파악하므로 영국의 절차법이 법정지인 우리나라로 숨은 반정을 한 것으로 볼 수 있는가이다. 섭외사법 하에서 유력한 견해[58]는 우리 섭외사법이 영국법을 상계의 준거법으로 지정한 경우 영국법상 당해 상계가 소송상으로만 주장할 수 있는 보통법상의 상계라면 이는 영국의 절차법이 법정지법인 한국법으로 숨은 반정을 한 것으로 보았다. 국제사법의 해석론으로도 이를 지지하는 견해가 있다.[59]

그러나 위에서 본 것처럼 우리가 영국 보통법상의 상계를 '기능적 또는 목적론적 성질결정론'에 따라 실체의 문제로 성질결정한다면 우리 법원으로서는 영국 보통법상의 상계를 실체로 파악하고 영국 보통법을 적용해야 한다. 만일 우리 법원이 영국법에서 이를 절차로 성질결정한다는 이유로 숨은 반정을 허용한다면 실체적 성질결정은 의미를 상실하게 될 것이다.[60] 숨은 반정을 인정한 위 대법원 판결의 사안에서는 성질결정의 문제가 연루되지 않으므로 미국의 국제재판관할규칙에 저촉규범이 숨어 있다고 볼 여지가 있으나, 상계의 경우에는 일단 실체로 성질결정한다면 그와 별도로 숨은 저촉규범의 존재를 인정할 수 없다는 것이다. 더욱이 섭외사법과 달리 국제사법 하에서는 이 사건에서 숨은 반정을 인정할 여지는 없다. 국제사법 제9조는 제1항에서 협의의 반정, 즉 직접반정을 허용하면서도,[61] 제2항에서는 반정이 허용되지 않는 경우를 다음과 같이 명시하고 있기 때문이다.

---

57) 평석은 석광현, "2006년 국제사법 분야 대법원판례: 정리 및 해설", 국제사법연구, 제12호(2006), 594면 이하; 김시철, "주한 미국인 부부의 이혼 및 미성년자녀에 관한 양육처분 등에 관하여", 저스티스, 통권 제96호(2007. 2), 237면 이하 참조.

58) 이호정(註 9), 163면.

59) 김상훈(註 30), 106면; 최영덕, "국제소송에서 상계와 반소에 관한 법리구성: 국제재판관할과 준거법을 중심으로", 충남대학교 박사학위 논문(2006. 8) 141면.

60) MünchKommBGB/Spellenberg, Rn. 14는 로마 I 의 맥락에서 이 점을 명확히 지적하고 있다.

61) 제1항은 "이 법에 의하여 외국법이 준거법으로 지정된 경우에 그 국가의 법에 의하여 대한민국 법이 적용되어야 하는 때에는 대한민국의 법(준거법의 지정에 관한 법규를 제외한다)에 의한다"고 규정한다.

제9조(준거법 지정시의 반정(反定))
① 생략
② 다음 각호 중 어느 하나에 해당하는 경우에는 제1항의 규정을 적용하지 아니한다.
1. 당사자가 합의에 의하여 준거법을 선택하는 경우
2. 이 법에 의하여 계약의 준거법이 지정되는 경우
3.-6. 생략

즉 제9조 제2항에 따르면 당사자가 합의에 의하여 준거법을 선택하는 경우(제1호)와, 계약의 준거법이 지정되는 경우에는(제2호) 반정이 허용되지 않는다. 제1호는 당사자자치를 존중한 것이고, 제2호는 우리 국제사법이 대폭 수용한 유럽공동체의 로마협약이 통일적인 연결원칙을 도입하였음을 고려하여 우리도 반정을 허용하지 않는 것이 국제적 판단의 일치라고 하는 국제사법의 이상에 부합하기 때문이다.62)

이 사건에서 문제된 상계는 정기용선계약에서 당사자들이 선택한 준거법이자 동시에 계약의 준거법인 영국법에 의하여 규율되는 사항이므로 제9조 제2항 제1호와 제2호에 의하여 반정과 숨은 반정은 허용되지 않는다는 것이다. 우리 국제사법과 유사한 취지의 조문을 두고 있던 독일 구 민법시행법(EGBGB)63)의 해석으로도 상계의 경우 숨은 반정은 허용되지 않는다는 견해가 유력하였다. 즉 독일 구 민법시행법 제2장 제5절 제1관(제27조 내지 제37조)은 로마협약을 국내법으로 편입한 것인데 로마협약 제15조64)에 상응하는 동법 제35조는 반정을 금지하는 조항을 두었고,65) 유력한 견해는 제35조의 결과 상계에서 숨은 반정은 허용되지 않는다는 견해를 취하였다.66) 로마 I (제20조)의 해석상으로도 같다.67)

---

62) 석광현(註 8), 111면.

63) 독일의 구 민법시행법을 언급하는 이유는 2009년 12월 로마 I 이 시행되면서 계약의 준거법을 정한 관련 조문들이 삭제되었기 때문이다. 현재는 구 민법시행법이 아니라 로마 I 이 적용되나, 그 취지는 달라진 것이 없다.

64) 동 협약 제15조는 "반정의 배제"라는 제목 하에 "이 협약에 의하여 적용되는 어느 국가의 법은 이 국가에서 효력 있는 법규범 중 국제사법규범을 제외한 법규범을 의미한다"고 규정한다.

65) 독일 구 민법시행법(EGBGB) 제35조의 제1항은 "본관에 따라 적용될 어느 국가의 법은 그 국가에서 효력을 가지는 실질규정(Sachvorschriften)을 의미한다"고 규정하여 반정을 배제하였다. 실질규정이라 함은 저촉규정에 대비되는 개념이다. 로마협약의 태도는 이를 대체한 로마 I 규정(제20조)(2009. 12. 17. 발효)에서도 유지되고 있다.

66) MünchKommBGB/Spellenberg, Rn. 14; Kannengiesser(註 30), S. 130; Staudinger Kommentar zum Bürgerlichen Gesetzbuch, Art. 32 EGBGB, Rn. 65 (MünchKommBGB/Spellenberg, Rn. 14에서 재인용). 그러나 숨은 반정을 인정하는 견해도 있다. Gerhard Kegel/Klaus Schurig, Internationales Privatrecht, 9 Auflage (2004), S. 754; Schack(註 25), Rz. 402 참조.

67) Reithmann/Martiny/Martiny(註 9), Rz. 3.242.

이에 대하여는, 여기에서 문제되는 것은 상계계약이 아니라 단독행위인 일방적 상계의 준거법—구체적으로 자동채권 및 수동채권의 준거법— 일 뿐이므로, 이는 국제사법 제9조 제2항이 정한 당사자가 합의에 의하여 준거법을 선택하는 경우(제1호)도 국제사법에 의하여 계약의 준거법이 지정되는 경우(제2호) 중 어느 것도 아니라고 주장할지 모르겠다. 그런데 이 사건에서 자동채권과 수동채권의 준거법[68]은 당사자의 합의에 의하여 선택된 정기용선계약의 준거법이다. 따라서 가사 일반론으로 상계의 준거법이 영국법이 되는 경우 숨은 반정을 허용하더라도, 적어도 이 사건에서와 같이 상계의 준거법인 자동채권과 수동채권의 준거법이 당사자의 합의에 의하여 선택된 계약의 준거법이라면 숨은 반정은 허용되지 않는다는 것이다. 숨은 반정의 근거를 제9조의 '적용'에서 찾는다면 이는 당연한 것이고, 대법원판결처럼 제9조의 '유추적용'에서 찾더라도 결론은 마찬가지이다.

4. 소결: 대법원판결의 설시와 그에 대한 평가

요컨대 섭외사법 하에서도 여기에서 문제되는 사안은 성질결정의 문제로 해결해야 하고 숨은 반정이론이 적용될 여지가 없다.[69] 가사 섭외사법상 그리고 국제사법상 일반론으로 숨은 반정이 국제사법 제9조의 적용 내지 유추적용에 의하여 허용되더라도, 당사자의 합의에 의하여 선택된 계약의 준거법인 영국법이 상계의 준거법인 이 사건에서는 국제사법 제9조 제2항의 결과 숨은 반정은 허용될 수 없다.[70] 따라서 상계의 요건과 효과는 준거법인 영국법에 따라야 하고 우리 법, 특히 민법이 적용될 여지는 없다.[71]

대법원은 영국 보통법상 상계는 소송상 항변권으로만 행사할 수 있어 절차법적인 성격을 가진다면서도, 영국 보통법상 상계 역시 상계권의 행사에 의하여

---

68) 이 사건에서는 자동채권과 수동채권의 준거법이 모두 영국법이므로 어느 견해를 따르든 간에 상계의 준거법은 영국법이다.

69) Haimo Schack, "Was bleibt vom renvoi?", in Heinz-Peter Mansel, Internationales Privatrecht im 20. Jahrhundert (2014), S. 45는 테네시주 어음사건은 성질결정의 문제이고 반정의 문제는 아니라고 하여 동지임을 밝히고 있다.

70) 국제사법 제9조 제2항을 언급하지는 않으나, 이헌묵(註 41), 140면도 법률상 상계에 저촉규정이 숨어 있지 않다는 이유로 숨은 반정을 허용하지 않는다.

71) 다만 상계의 효과에 관하여 영국 보통법의 원칙이 관철될 수 있는지에 관하여 논란의 여지가 있음은 위에서 언급하였다.

양 채권이 대등액에서 소멸한다는 점에서는 실체법적 성격도 아울러 가지므로 상계의 요건과 효과에 관하여 준거법으로 적용될 수 있다고 판시하였다. 이는 저자처럼 국제사법상 영국 보통법상 상계를 실체로 성질결정한 것은 아니고, 영국 보통법상 상계에 실체적 측면이 있음을 인정한 데 불과하다. 제1심판결과 원심판결은 영국 보통법이 준거법이라고 보면서도 이 사건 상계의 소급효를 인정하였는데 이는 명백히 잘못이다. 그럼에도 불구하고 대법원이 그러한 잘못을 방치한 점은 이해할 수 없다. 대법원이 당면한 사건의 해결에 그치고 상고심으로서의 역할에 소홀했다는 인상을 지울 수 없다.[72] 한편 대법원판결은 숨은 반정에 대하여 언급하지 않았으나 영국법이 준거법이라고 보았으므로 숨은 반정을 부정한 것이라고 본다. 대법원판결과 원심판결이 숨은 반정의 문제를 정면으로 다루지 않은 점은 아쉽다. 과거 대법원 2006. 5. 26. 선고 2005므884 판결이 숨은 반정의 법리를 정면으로 허용하였음을 고려할 때 더욱 그러하다.

Ⅳ. 도산법정지법의 원칙과 도산법정지법에 따르는 사항의 범위

1. 쟁점의 정리

일반적으로 상계의 요건과 효과는 모두 '상계의 준거법'에 따라 결정할 사항이다. 그런데 채무자가 도산절차에 들어간 경우에도 이런 원칙이 타당한가라는 의문이 제기된다. 이를 해결하기 위하여는 첫째, 도산절차에서 통용되는 '도산법정지법 원칙'은 무엇인가, 그리고 도산법정지법 원칙이 규율하는 사항의 범위는 무엇인가와, 둘째, 상계의 요건과 효과가 도산법정지법 원칙이 규율하는 사항(즉, 도산전형적 법률효과)인지 아니면 통상의(즉, 도산절차 외에서의) 상계의 준거법이 규율하는 사항인지를 검토해야 한다. 만일 후자라면 그 경우 채무자회생법에 정한 상계의 제한요건이 가지는 의미는 무엇인가를 검토할 필요가 있다.

72) 만일 저자처럼 이 사건에서 영국 보통법에 따른 상계의 소급효를 부정한다면, 피고의 상계에 의하여 이 사건 가압류 또는 압류 및 추심명령이 피고에게 도달하기 이전에 이미 모두 소멸하였고, 따라서 존재하지 않는 채권을 목적으로 한 이 사건 가압류 또는 압류 및 추심명령은 효력이 없다는 제1심판결의 설시는 옳지 않다.

2. 도산법정지법 원칙과 도산전형적 법률 효과[73)]

도산절차에서 제기되는 다양한 쟁점의 준거법 결정 내지 협의의 국제사법적 쟁점, 즉 도산국제사법의 원칙에 관하여 우리 채무자회생법과 국제사법은 아무런 규정을 두고 있지 않다. 따라서 이는 채무자회생법의 특수성을 고려하면서 우리 국제사법의 기초를 이루는 원칙[74)]으로부터 도출해야 하는데, 그에 따르면 당해 법률관계와 가장 밀접한 관련이 있는 국가의 법이 준거법이 될 것이다.[75)] 국제사법은 예외조항에 관한 국제사법 제8조 제1항을 통하여 그러한 취지를 소극적으로 밝히고 있다. 도산국제사법에서도, 국제사법의 다른 영역에서와 마찬가지로 당사자이익, 거래이익과 질서이익 등을 교량해서 연결원칙을 정해야 하나,[76)] 도산절차에서는 채권자평등의 원칙과 국제도산절차에서 법적 안정성의 보장이라는 이익이 특히 강조된다.[77)] 이를 부연하면 다음과 같다.

채무자회생법은 절차법적 규정과 실체법적 규정으로 구성되므로 국제도산법도 일응 '국제도산절차법'과, 도산절차에서의 국제사법인 '도산저촉법(또는 도산국제사법)'으로 나눌 수 있다.[78)] 위에서 언급한 법정지법원칙(*lex fori* principle)은 국제도산법의 영역에서도 타당한데, 도산절차에서 법정지법이라 함은 '도산법정지법(*lex fori concursus*)' 또는 '도산절차개시국법'을 의미한다. 따라서 도산절차에서 국제도산관할, 도산절차의 개시, 관재인의 선임, 권한과 의무는 물론 도산채권의 신고, 확정, 배당 등 도산절차의 진행과 종료, 나아가 외국도산절차의 승인 등과 같은 절차법적 사항은 도산법정지법에 따르게 된다.

한편 외국관련이 있는 도산사건의 실체법적 사항도 도산법정지법이 준거법이 된다는 견해가 널리 인정되고 있다. 다만 이는 도산사건의 모든 실체법적 사

---

73) 이하는 석광현, "도산국제사법의 제문제: 우리 법의 해석론의 방향", 국제사법과 국제소송, 제5권(2012), 594면 이하에 기초한 것이다.

74) 이를 국제사법의 '조리'라고 부를 수도 있다.

75) Hans Hanisch, "Allgemeine kollisionsrechtliche Grundsätze im internationalen Insolvenzrecht, Michael Martinek/Jürgen Schmidt/Elmar Wadle (Hrsgs.) Festschrift für Günther Jahr zum siebzigsten Geburtstag (1993), S. 458.

76) 이는 이호정(註 9), 19면 이하 참조.

77) 河野俊行, "倒産國際私法", 山本克己=山本和彦=坂井秀行(編), 國際倒産法制の新展開 —理論と實務—, 金融·商事判例, 增刊号, No. 1112 (2001), 148면도 동지.

78) Peter Gottwald (Hrsg.), Insolvenzrechts — Handbuch, 4. Auflage (2010), §129 Rn. 12 (Peter Gottwald 집필부분); Geimer(註 25), Rz. 3363 이하. 물론 양자가 상호 얽혀 있어 구별이 쉽지만은 않고, 저촉법적 문제가 절차법에 의하여 해결되기도 한다.

항이 도산법정지법에 따른다는 취지는 아니므로 학설은 그 취지를 명확히 하기 위하여, 도산절차에 내재하는 구성요건에 의하여 발생하고, 또한 도산절차의 목적에 봉사하는 '도산전형적 법률효과(insolvenztypische Rechtsfolge)' 또는 '도산법에 특유한 효력(spezifisch insolvenzrechtlichen Wirkungen)'만이 도산법정지법에 따른다고 설명한다.79) 무엇이 그에 해당하는지는 결국 각국의 입법자가 도산법의 목적을 고려하여 입법정책적으로 결정할 사항이다. 그 구별이 항상 쉬운 것은 아니고 경계획정이 까다로운 쟁점도 있지만, 예컨대 매수인인 한국 기업과 매도인인 독일 기업 간에 국제물품매매계약이 체결된 뒤 우리나라에서 매수인의 파산선고가 있었고 우리 법원에서 분쟁이 다루어지고 있다면, 그 매매계약의 성립 및 효력의 문제는 우리 국제사법(제25조 이하)에 따라 결정되는 매매계약의 준거법에 따를 사항이지만, 매수인의 파산관재인이 쌍방미이행 쌍무계약임을 이유로 매매계약을 해제할 수 있는지는 도산전형적 법률효과의 문제로서 도산법정지인 한국의 채무자회생법에 따를 사항이라는 것이다. 이처럼 민·상법에 의하여 규율되는 매매계약의 성립 및 효력의 문제는 도산전형적 법률효과와 관련이 없는 사항으로서 도산절차에서도 통상의 국제사법의 연결원칙에 따른다.

도산사건의 실체법적 사항에 도산법정지법을 적용하는 근거는, 도산절차에서는 '절차'와 '실체'가 밀접하게 관련되어 있고, 도산법정지법을 적용함으로써 채권자들의 평등취급이라는 국제도산의 이념과 정의(正義)에 보다 충실할 수 있으며,80) 국제도산절차에서 법적 안정성을 보장할 수 있다는 데 있다.81) 이에 따르면 절차법적 및 실체법적 사항이 모두 도산법정지법에 따르므로 절차와 실체의 구별이라는 어려움을 피할 수 있다는 장점도 있다.82)

그러나 예외적으로 당해 법률관계의 특성을 고려하여 실체법적 사항 중에도 도산법정지법이 아니라 국제사법의 연결원칙에 따르는 사항들이 있을 수 있는

---

79) Alexander Trunk, Internationales Insolvenzrecht: Systematische Darstellung des deutschen Rechts mit rechtsvergleichenden Bezügen (1998), S. 89; Geimer(註 25), Rz. 3373; Münch-KommBGB/Kindler, 4. Auflage, Band 11 (2006) IntInsR, Rn. 948. 竹下守夫(編), 國際倒産法: 企業の國際化と主要國の倒産法(1991), 26면도 동지(다만 이를 공서로 설명하는 것은 부적절하다). 도산법규는 법정지의 절대적 강행법규(즉, 국제적 강행법규)임을 근거로 들기도 한다. 石黑一憲, 國際民事訴訟法(1996), 298-299면 참조. 그러나 도산실체법의 준거법은 국제사법 일반원칙에 따라 결정해야 한다는 견해도 있다. 전병서, 도산법, 제2판(2007), 538면.

80) Gottwald(註 78), §132 Rn. 6; Geimer(註 25), Rz. 3373.

81) Reithmann/Martiny/Hausmann(註 9), Rz. 7.624.

82) 영국에서도 전통적으로 절차와 실체가 모두 도산법정지법에 의한다. Ian F. Fletcher, Insolvency in Private International Law, Second Edition (2005), paras. 2.78, 2.79, 3.72.

데, 우리 법에는 이에 관한 명문의 규정이 없으므로 앞으로 이러한 사항을 해석론과 입법론에 의하여 구체화해야 한다.[83] 2002. 5. 31. 발효된 유럽연합의 "도산절차에 관한 이사회규정"[84](이하 "EU도산규정"이라 한다)[85](제4조 제2항)은 도산법정지법원칙을 선언하고 도산법정지법이 규율하는 사항을 예시적으로 열거하므로,[86] 우리 법의 해석론을 전개함에 있어서도 참고가 된다. 한국에서 도산절차가 개시된 경우 EU도산규정(제4조 제2항)에 열거된 사항은 대체적으로 채무자회생법에 따르는 것으로 해석할 수 있을 것이다. 그러나 EU도산규정은 제5조 이하에서 도산법정지국 외 국가의 당사자들의 정당한 기대와 거래의 확실성을 보호하기 위하여 다양한 예외를 규정하거나 동 원칙을 완화하고 있다. 다만 우리 채무자회생법과 국제사법에는 상응하는 규정이 없으므로 해석론으로서 EU도산규정과 같은 결론을 도출하는 데는 한계가 있을 수밖에 없다.[87]

---

83) 석광현, 국제민사소송법: 국제사법(절차편)(2012), 479면.

84) 이는 "Council Regulation (EC) No 1346/2000 on insolvency proceedings"를 말한다. 다만 도산규정 개정안(Regulation (EU) 2015/848 of the European Parliament and of the Council of 20 May 2015 on insolvency proceedings (recast))은 2015. 6. 5. 유럽연합 관보에 공표되었다. 이는 2015. 6. 25. 발효되었으나 2017. 6. 26. 이후 개시되는 도산절차에 적용되므로 여기에서는 구 규정을 언급한다.

85) 구 EU도산규정에 관하여는 우선 Christoph G. Paulus, Europäische Insolvenzverordnung Kommentar, 3. Auflage (2010); Klaus Pannen (Ed.), European Insolvency Regulation (2007) 참조. 우리 문헌은 석광현, 국제사법과 국제소송, 제3권(2004), 309면 이하 참조. 개정의 주요 착안점은 세 가지이다. 첫째, 국제재판관할에 관하여 COMI 개념을 구체화함으로써 forum shopping을 방지하고 —COMI의 개념을 정의하지 않는 우리는 이 점에 주목해야 한다—, 둘째, 이차적 도산절차의 범위를 회생절차를 포함하도록 확대하고 개시를 제한함으로써 이차적 절차가 주절차의 효율적이고 원활한 진행에 장애가 되지 않도록 하였으며, 셋째, 기업집단 국제도산에 대한 공조와 통신(cooperation and communication)(제56-60조) 및 조정(coordination)(제61-77조)에 관한 장(제5장)을 신설하여 '기업집단(group of companies)'의 개념을 도입하고 복수 국가의 도산절차를 유지하면서 공조와 절차조정을 통해 절차를 원활화하는 방식을 도입하였다. 소개는 Stefan Reinhard, The European Insolvency Regulation 2015, in YBPIL Vol. 17, p. 294 이하 참조. 이제정·민지현·심영진·김영석, "최근 EC도산규정의 주요 개정내용—Regulation (EU) 2015/848 of the European Parliament and of the Council of 20 May 2015 on insolvency proceedings(recast)", 국제규범의 현황과 전망—2015년 국제규범연구반 연구보고 및 국제회의 참가보고— (2016), 3면 이하; 김영석, "「유럽의회와 유럽연합이사회의 2015년 5월 20일 도산절차에 관한 2015/848(EU) 규정(재구성)」에 관한 검토—전문(Recital)에 관한 시역(試譯)을 중심으로—", 국제사법연구 제21권 제2호(2015. 12.), 285면 이하 참조. 상세는 Reinhard Bork & Kristin Van Zwieten (eds.), Commentary on the European Insolvency Regulation, Oxford University Press (2016) 참조.

86) 구 EU도산규정은 제4조 제1항에서 도산절차와 그의 효력은 도산법정지법에 의하여 규율된다는 원칙을 선언하고, 제4조 제2항에서 도산법정지법에 의하여 규율되는 특정한 사항 13가지를 예시하는데 그 안에는 '(d) 상계의 요건'이 포함되어 있다. 상계의 준거법에 관한 한 구규정(제4조 제2항 d호, 제6조)과 신 규정(제7조 제2항 d호, 제9조)은 차이가 없다.

87) 상세는 석광현(註 73), 606면 이하 참조.

주목할 것은, 근자에 준거법이 영국법인 정기용선계약의 해제와 관련하여 대법원 2015. 5. 28. 선고 2012다104526, 2012다104533(병합) 판결이 아래와 같은 추상적 법률론을 설시함으로써 도산법정지법 원칙을 정면으로 인정하면서 다만 동 원칙은 도산전형적 법률효과에 한정되는 점을 선언하고, 관리인의 이행선택 여부는 도산전형적 법률효과에 속하지만 계약의 해제·해지로 인한 손해배상의 범위는 그런 법률효과에 해당하지 않으므로 계약의 준거법에 따를 사항이라고 명확히 판시한 점이다. 이런 결론은 타당하다.

> "외국적 요소가 있는 계약을 체결한 당사자에 대한 회생절차가 개시된 경우, 그 계약이 쌍방미이행 쌍무계약에 해당하여 관리인이 이행 또는 해제·해지를 선택할 수 있는지 여부, 그리고 계약의 해제·해지로 인하여 발생한 손해배상채권이 회생채권인지 여부는 도산법정지법(倒産法廷地法)인 채무자회생법에 따라 판단되어야 하지만, 그 계약의 해제·해지로 인한 손해배상의 범위에 관한 문제는 계약 자체의 효력과 관련된 실체법적 사항으로서 도산전형적인 법률효과에 해당하지 아니하므로 국제사법에 따라 정해지는 계약의 준거법이 적용된다."88)

3. 상계의 요건과 효과는 도산전형적 법률효과인가?

위에서 보았듯이 우리 민법상 상계란 채권자와 채무자가 서로 동종의 채권·채무를 가지고 있는 경우에, 그 채권·채무를 대등액에서 소멸시키는 당사자 일방의 일방적 의사표시를 말하고, 민법(제492조 내지 제499조)은 상계의 요건, 방법과 효과 등을 규정하고 있다. 일방당사자는 재판 외에서는 물론 소송상 항변으로서도 상계를 할 수 있다.

한편 채무자회생법은 회생채권자 또는 회생담보권자의 상계권 행사기한을 채권신고기간 만료 전에 하도록 제한하고(제144조), 회생채권자 또는 회생담보권자가 회생절차 개시 후에 회생회사에 대하여 채무를 부담한 때 상계를 금지하는

88) 이런 견해는 석광현, 국제사법과 국제소송, 제1권(2001), 465면; 특히 석광현(註 73), 603면에서 이미 밝힌 바 있다. 참고로 과거 대법원 2001. 12. 24. 선고 2001다30469 판결은 준거법이 영국법인 차관계약상 우리나라 은행인 대주가 파산한 경우 파산관재인은 파산법 제50조에 따라 이행 여부를 선택할 수 있다고 하였던바, 이는 도산법정지법 원칙을 적용한 사례이다. 평석은 석광현(註 85), 543면 이하 참조. 근자에는 하급심판결들도 도산법정지법 원칙을 정면으로 인정하였다. 예컨대 서울중앙지방법원 2010. 1. 11.자 2009회확562 결정은 "회생절차에서 미이행쌍무계약의 이행 또는 해지의 선택은 도산전형적 법률효과를 가져오는 내용으로서 이에 관하여는 도산법정지법이 적용되어야 하는데…"라고 판시한 바 있다. 이에 대한 소개는 석광현(註 73), 620면 이하 참조.

등 일련의 상계금지 규정(제145조)만을 두고 있으며, 회생회사의 관리인이 상계를 하는 경우 법원의 허가를 받도록 제한하고 있다(제131조). 후자는 회생절차가 개시된 후에는 회생계획에 의하지 않고는 변제 등 회생채권 또는 회생담보권을 소멸시키는 행위를 할 수 없기 때문이다.

민법과 채무자회생법의 체계를 보면, 예컨대 국내 도산절차에서 채권자 또는 채무자가 상계를 하려면 민법이 정한 상계적상 등의 요건을 구비해야 하고, 상계권의 행사가 채무자회생법이 정한 제한 하에서 이루어져야 함을 쉽게 알 수 있다. 즉 채무자회생법이 그 목적을 달성하기 위하여 명시하는 상계의 금지 내지 제한은 '도산전형적 법률효과' 내지 '도산법에 특유한 효력'에 관한 사항이지만, 채무자회생절차 중에 상계를 하더라도 쌍방의 채권이 상계적상에 있어야 하는 등 민법이 정한 상계요건이 구비되어야 한다. 나아가 채무자회생법에 따른 상계의 경우에도 그 효과는 민법 제493조 제2항에 따라 상계적상에 놓인 때에 발생하고 그 시점에 소급하여 채권·채무가 소멸한다.[89]

달리 말하자면, 비록 채무자회생절차 중에서 상계를 하더라도 채무자회생법이 정한 사항이 아닌 통상적인 상계의 요건과 효과는 통상적인 상계에 적용되는 민법규정에 의할 사항이고, '도산전형적 법률 효과'나 '도산법에 특유한 효력'에 속하는 사항이 아니라는 것이다. 국내 도산사건에서는 이러한 해석이 자명한 것으로 이해된다. 이런 법리를 국제도산의 맥락에 대입하면, 상계의 요건과 효과는 '도산전형적 법률효과'나 '도산법에 특유한 효력'에 속하는 사항이 아니므로 통상의 '상계의 준거법'(즉, 민법 대신에)에 따라 결정되어야 하고, 그 준거법은 우리 국제사법의 해석론에 의하여 결정할 사항이며, 단지 채무자가 상계를 하기 위하여는 그에 추가하여 채무자회생법 제131조에 따른 법원의 허가를 받아야 하고 상계에 대한 제한에 저촉되지 말아야 한다. 따라서 이 사건에서 위에 언급한 상계의 요건, 즉 상호 대립하는 채권의 존재요건, 동종요건, 변제기 도래요건과 채권의 사법적 확정 등 영국 보통법에 따른 요건이 구비되어야 한다.[90][91] 이 사

89) 서울중앙지방법원 파산부 실무연구회, 회생사건실무(상), 제3판(2011), 344면.

90) 이헌묵(註 17), 60면은 "수동채권의 준거법이 영국법이라고 하더라도 일단 도산절차가 개시된 이상 상계의 요건이나 방법 그리고 그 효과는 한국법이 적용된다"고 하나 이는 지지할 수 없다. 여기의 한국법은 채무자회생법을 의미하는 듯하나 채무자회생법은 상계의 효과에 관한 특칙을 두지 않으므로 결국 한국 민법에 의하게 되는데 이는 준거법을 변경하게 되기 때문이다. 또한 이는 도산법정지법의 원칙이 미이행쌍무계약의 해제·해지로 인한 손해배상의 범위에는 미치지 않는다고 판시한 위 2015년 대법원 판결에도 반한다.

91) 주의할 것은 상계의 요건과 효과라고 해서 모두 그런 것은 아니고 도산절차의 목적을 달성

건 자동채권과 이 사건 수동채권이 유효하게 발생하여 존재하는지는 각 채권의 준거법에 따를 사항임은 물론이다. 참고로 독일 연방대법원의 1985. 7. 11. 판결[92]은 도산절차에서 상계의 실체법적 유효성과 효과는 상계의 준거법에 따르는 데 반하여, 상계의 허용성(또는 적법성. Zulässigkeit)은 도산법정지법에 따른다는 견해를 취하였고 다수설도 이를 지지하였다.[93] 이처럼 도산절차에서 상계를 할 경우 도산법정지법, 상계의 준거법과 각 채권의 준거법이 문제되는 점을 유의해야 한다.

4. 소결: 원심판결의 설시와 그에 대한 평가

비록 피고의 회생절차 내에서 상계가 행해지더라도 상계 자체는 도산전형적 법률효과나 도산법에 특유한 효력에 속하는 사항이 아니므로,[94] 채무자회생법이 특별히 정한 요건을 제외한 상계의 요건과 효과는 모두 국제사법에 의하여 결정되는 통상의 상계의 준거법에 따를 사항이다. 따라서 이 사건에서 상계의 요건과 효과의 준거법은 영국 보통법이고 우리 민법이 적용될 근거는 없다.[95] 다만 그 경우 준거법인 영국법에 따라 상계가 가능하더라도 제3채무자가 상계를 하기 위하여는 채무자회생법이 정한 제한에 저촉되지 않아야 한다.

원심판결이 "이 사건 상계의 요건은 영국 보통법에 따라 그 충족 여부를 판단하여야 한다 … 상계의 요건에 관하여는 영국 보통법상의 요건을 충족하는 이외에 추가로 채무자회생법 제131조에 따라 법원의 허가를 얻어야 한다"고 설시한 것은 타당하다. 그러나 원심판결이 "'도산법정지법의 원칙'에 따라 이 사건

하기 위하여 특정국가의 도산법이 그에 관하여 특칙을 두는 때에는 이는 '도산전형적 법률효과'나 '도산법에 특유한 효력'에 속하는 사항이 될 수 있으며, 여기의 논의는 민법상의 상계의 요건과 효과에 관하여 특칙을 두지 않는 우리 채무자회생법의 관점에서 타당한 것이라는 점이다. 따라서 도산법정지법이 상계의 효과를 규율한다고 할 때 그 의미도, 상계의 효과에 관하여 특칙을 두는 영국과 그렇지 않은 한국에서는 각각 다를 수밖에 없다. 임치용(註 32), 14면도 이런 취지를 지적하고 있다.

92) BGHZ 95, 256, 273.

93) Gottwald(註 78), §132 Rn. 72-73; Chrisoph Jeremias, Internationale Insolvenzaufrechnung (2005), S. 275f.와 Fn. 1535에 인용된 문헌들 참조. 저자는 이를 지지하였다. 석광현(註 73), 632면.

94) 이 사건에서 피고 소송대리인은 "본건 상계는 도산전형적 사항이므로 그 요건과 효과는 모두 국내법에 따라야 한다"는 취지의 주장을 하였으나 이는 옳지 않다.

95) 다만 상계의 효과에 관하여 영국 보통법의 원칙이 관철될 수 있는지에 관하여 논란의 여지가 있음은 위에서 언급하였다.

회생채권에 대한 상계의 절차 및 효과에 관하여는 국내법이 적용되므로"(밑줄은 저자가 추가)라고 판시한 부분은 옳지 않다. 상계의 절차(아마도 이는 상계의 방법을 말하는 것으로 보인다) 및 효과는 도산전형적 법률효과나 도산법에 특유한 효력에 속하는 사항은 아니기 때문이다. 통상의 경우 상계의 요건과 효과는 그 준거법에 따라 판단할 사항인데, 채무자가 회생절차에 들어갔다고 해서 그것이 채무자회생법에 따를 사항으로 변경될 이유는 없다.[96] 위에서 보았듯이 제1심판결과 원심판결은 이 사건 상계에 소급효를 인정하였는데 혹시 이 사건 상계의 절차 및 효과에 관하여는 국내법이 적용된다고 보았기 때문인지 모르겠으나, 영국보통법에 따른 상계에 우리 민법을 적용하여 소급효를 인정할 근거는 없다. 대법원이 이런 잘못을 바로잡지 않은 점은 유감이다.

이 사건에서 상계의 소급효를 인정하는 것은 영국법이 준거법이라고 한 이 사건 대법원판결의 결론과 상충될 뿐만 아니라, 도산법정지법이 규율하는 사항을 도산전형적 법률효과에 한정한 2015년 대법원판결에도 저촉된다.

V. 한국의 도산절차에서 상계에 관한 영국 도산법의 적용가능성

1. 쟁점의 정리

영국 도산법과 도산규칙이 정한 상계의 요건과 효과가 한국에서 진행 중인 도산절차에서 적용될 수 있는가라는 의문이 제기된다. 보다 정확히 말하자면, 이는 이 사건과 같이 한국에서 제3채무자인 피고의 도산절차가 진행중인 경우 상계의 준거법이 영국법이라면 영국 도산법이 상계의 준거법의 일부로서 적용될 수 있는가라는 의문이다.

이 사건에서 도산법정지법 원칙에 따라 도산의 절차는 물론이고, 실체법적 쟁점 중 도산전형적 법률효과나 도산법에 특유한 효력에 속하는 사항에 대해서

96) 이 사건에서 자동채권과 수동채권의 발생근거인 정기용선계약들이 계약으로서 성립하였는지와 그 유효성 등은 통상의 경우 그 계약의 준거법인 영국법에 따를 사항인데, 법원의 허가요건을 충족하고 채무자회생법에 따른 제한에 저촉되지 않는다면, 채무자가 회생절차에 들어갔다고 해서 그것이 갑자기 채무자회생법에 따를 사항이 되지 않는 것을 생각해보면 쉽게 이해할 수 있을 것이다.

는 도산법정지법인 한국의 채무자회생법이 적용되고, 그 밖에 상계의 요건과 효과는 상계의 준거법인 영국 보통법에 따를 사항이라는 점은 위에서 설명한 바와 같다.[97] 따라서 여기에서 검토하는 쟁점은 상계의 준거법이 영국법인 경우 그 영국법에는 영국 보통법만이 아니라 영국 도산법이 포함되는가라는 점이다. 원심판결과 대법원판결은 이 점을 쟁점으로 다루지는 않았으나 당사자들 간에 소송과정에서 이에 관한 논란이 있었고,[98] 특히 2015. 11. 26. 개최되었던 한국국제사법학회와 한국해법학회의 공동학술대회[99]에서 이헌묵 교수의 발표에 이어 토론을 맡았던 이안의 변호사는 영국 도산법을 적용할 여지가 있음을 시사하면서 그에 대한 발표자의 의견을 물었고 이에 대해 이헌묵 교수는 이를 부정하는 취지의 답변을 한 바 있으므로[100] 이 점을 논의한다.

2. 영국 도산법상의 상계

영국 도산법(Insolvency Act 1986)(제323조. Mutual credit and set-off)과 도산규칙(Insolvency Rules 1986)(제4.90조. Mutual credit and set-off in liquidation)(이하 양자를 포괄적으로 "영국 도산법"이라 한다)은 영국 보통법과 달리 상계의 요건을 대폭 완화하여 규정하는 점에 특색이 있다. 영국 도산법상의 상계의 경우 보통법상의 상계에서 요구되는 '채권의 사법적 확정'의 요건은 필요하지 않다. 나아가 도산법상의 상계는 도산절차 개시 시점에 소급하여 효력을 발생하는 점에도 특색이 있다.[101]

3. 상계의 준거법은 준거법 소속국의 도산법을 포함하는가: 상계에 관한 도산법정지법 원칙과 그 예외

위에서 본 것처럼 이 사건에서 문제되는 상계의 준거법은 영국 보통법이다.

---

97) 다만 상계의 효과에 관하여 영국 보통법의 원칙이 관철될 수 있는지에 관하여 논란의 여지가 있음은 위에서 언급하였다.

98) 이 사건에서 피고 소송대리인은 피고의 소송상 상계에 대하여는 영국 보통법이 아니라 영국 도산법이 적용된다고 주장하였다.

99) 학술대회의 대주제는 "해사 분쟁 및 해운회사의 도산과 관련된 국제사법적 쟁점"이었고 자료집이 배포되었으나 이 변호사의 토론문은 그곳에 포함되지 않았다.

100) 발표문은 이헌묵, "영국법이 적용되는 용선료 채권의 상계와 관련한 법적 문제점", 자료집(註 99), 53면 이하 참조. 이안의 변호사는 피고 소송대리인의 1인인 법률사무소 여산의 변호사이다.

101) Derham(註 14), para. 6.119 이하, 특히 para. 6.121 참조.

그런데 피고의 회생절차가 한국에서 개시되었으므로 '도산법정지법 원칙'에 따라 도산전형적 법률효과나 도산법에 특유한 효력은 우리 채무자회생법에 따라 규율될 사항이고, 그에 해당되지 않는 사항들, 예컨대 상계의 요건과 효과는 여전히 영국 보통법에 따를 사항이다. 영국 도산법이 이 사건 상계에 적용되지 않음은 도산법정지법 원칙의 당연한 결과이다.

논자에 따라서는 영국 도산법상의 상계 관련 규정은 실체에 관한 것이므로 이 사건에 적용된다고 주장할지 모르겠으나 이는 도산법정지법 원칙에 반한다. 영국 도산법처럼 도산절차에서 상계요건을 완화한 경우에는 그것이 영국의 일반적인 계약법에 대한 특칙으로 그에 우선하여 적용될 것이나, 그것은 도산법정지가 영국인 경우에 그런 것이지 도산법정지가 한국인 경우에까지 영국 도산법을 적용할 근거는 없다.

문제는 이 사건처럼 한국에서 피고의 회생절차가 진행 중인 경우, 상계의 준거법인 영국법의 일부로서 영국 도산법이 상계의 요건과 효과를 규율하는가, 바꾸어 말하면 이 사건에서 우리 법상 도산법정지법 원칙에 대한 예외를 인정하여 준거법의 일부로서 영국 도산법을 적용할 여지가 있는가이다. 결론을 먼저 말하자면 그런 근거는 없다. 다만 EU도산규정을 검토하는데, 이는 혹시 그로부터 다른 결론을 도출할 근거가 있는지를 보기 위함이다.

EU도산규정(제6조 제1항. 2015년 개정되어 2017. 6. 26.부터 적용되는(일부 조문은 예외) "도산절차에 관한 유럽의회 및 이사회 규정(recast)"("EU개정도산규정")에서는 제9조 제1항)은 도산채무자의 채권자를 보호하기 위하여 상계와 관련하여 도산법정지법 원칙에 대한 예외를 명시한다. 즉 EU도산규정에 따르면 상계의 허용 여부는 도산법정지법에 따를 사항이므로(제4조 제2항 d호) 도산법정지법상 상계가 허용되지 않으면 상계는 불가능한 것이 원칙이지만, 상계의 준거법[102]에 따라 상계가 허용된다면 도산절차에도 불구하고 채권자는 상계할 수 있다.[103] 이러한 예외를 인정하는 근거는, 상계의 준거법, 나아가 상계를 할 수 있는 지위에 대한 채권자(달리 말하자면 도산채무자의 채무자)의 신뢰를 보호하는 데 있다. 그러나 제6조가 적용되기 위하여는 도산절차 개시 전에 양 당사자의 채권이 발생하였어야

102) EU도산규정에 따르면 이는 채무자가 채권자에 대해 가지는 채권(즉, 채권자의 관점에서 수동채권)의 준거법이다.

103) 제4조에서 도산법정지법원칙을 규정하고, 제6조 제1항에서 통상적인 상계의 준거법에 의한 채권자의 상계권은 도산절차의 개시에 의하여 영향을 받지 않는다고 규정하는 점에서 제6조 제1항의 규정방식은 제5조와 동일하다.

하고, 채권자가 상계할 수 있는 상태, 즉 상계적상에 있어야 한다.[104] 주의할 것은, 제6조가 규율하는 것은 국제도산에서의 상계의 허용 여부이고, 도산 외에서의 상계적상의 존부는 통상의 상계의 준거법에 따를 사항이라는 점이다.[105] 다만 제6조 제1항에서 '채무자가 채권자에 대하여 가지는 채권의 준거법'이 일반법(즉 실체법)상의 상계의 준거법만인지, 그 국가의 도산법의 제한도 고려해야 하는지는 논란이 있다. 전자를 따르면 준거법 소속국의 도산법의 제한에도 불구하고 상계가 가능하여 채권자를 과도하게 보호하는 것이 되어 부당하고, 제6조 제1항도 채무자의 "채권의 준거법"이라고 하므로 도산법도 포함된다는 견해가 독일의 다수설이고 타당하다.[106] 결국 상계는 도산법정지법과 상계의 준거법(다만 이에는 일반법과 도산법이 포함된다) 중 상계에 더 호의적인 법에 의하여 가능하게 된다.

한편 우리 법의 해석상 상계의 허용 여부는 도산법정지법에 따를 사항이므로, 도산법정지법상 상계가 허용되지 않으면 상계는 불가능하다. 그러나 도산절차 개시 당시에 양 채권이 상계의 준거법(일반법과 도산법을 포함)에 따라 이미 상계적상에 있었다면, 채권자의 기대를 보호하기 위하여 도산절차에도 불구하고 상계를 허용해야 한다는 견해가 주장될 여지가 있다. 이는 EU도산규정 및 독일 도산법의 태도를 우리 법의 해석론상 도입하는 것이다.[107]

그러나 명문의 근거 없이 해석론으로 그러한 결론을 도출하기는 어렵다. 상계의 담보적 기능을 고려하면 담보권처럼 예외적 취급을 할 여지도 생각할 수 있으나 회생절차에서 채권자평등의 원칙을 깨뜨리는 것은 부당하기 때문이다.[108] 실제로 명문 규정이 없던 과거 독일의 통설·판례는 도산법정지법원칙을 따랐고,[109] 채권자를 두텁게 보호하는 현행 독일 도산법에 대하여도 입법론적 비판이 있다.[110] 더욱이 주의할 것은, ① EU도산규정에 관한 논의는 채권자(즉

---

104) MünchKommBGB/Kindler, 4. Auflage, Band 11 (2006) IntInsR, Rn. 285.

105) Dieter Eickmann et al. (Hrsgs.), Heidelberger Kommentar zur Insolvenzordnung, 3. Auflage (2003), §339 Rn. 5 (Guido Stephan 집필부분).

106) Jeremias(註 93), S. 259도 동지. 독일 학설은 Jeremias(註 93), S. 259, Fn. 1455 참조.

107) 이헌묵(註 41), 153면은 해석론으로 이런 견해를 주장하면서 다만 법적 안정성을 위하여 채무자회생법에 이를 명시할 것을 제안한다.

108) 상계에서 이러한 예외를 인정한다면 그와의 균형상 EU도산규정 제5조에서 보는 바와 같이 담보권자를 위한 예외도 인정해야 할 것이나 이는 해석론으로서는 무리라고 생각한다. 석광현(註 73), 610면.

109) 판례는 1985. 7. 11. 위에서 언급한 독일 연방대법원 판결(BGHZ 95, 256, 273) 참조.

110) Eberhard Braun (Hrsg.), Insolvenzordnung (InsO) Kommentar, 2. Auflage (2004), §351, Rz.

도산채무자의 채무자)의 상계를 전제로 한 것이지 이 사건에서처럼 도산채무자의 상계에 관한 것은 아니고, 또한 ② EU도산규정(제6조 제1항)에 따른 예외가 적용되기 위하여는 도산절차 개시 당시에 이미 상계적상에 있어야 하나 이 사건에서는 그 요건도 구비되지 않는다는 점이다.

따라서 채무자회생법의 해석상으로는 EU도산규정에서와 같은 예외를 인정하기는 어렵고, 위(Ⅳ.)에서 설명한 원칙에 따라야 하며, 가사 그런 예외를 인정하더라도 이 사건에서는 그 요건이 충족되지 않는다.

4. 소결

이 사건처럼 피고의 도산법정지가 한국인 사안에서 상계의 준거법이 영국법이라는 것은, 우리가 영국법, 특히 여기에서 문제되고 있는 영국 보통법을 적용해야 함을 의미한다. 영국 도산법이 한국에서의 회생절차에 적용될 근거는 없다. 따라서 상계의 요건은 위(Ⅳ.)에서 설명한 원칙에 따라 도산 외에서 상계를 규율하는 영국 보통법이다. 더욱이 이 사건에서는 회생절차에 들어간 채무자가 상계를 한 사안이므로 EU도산규정과 같은 예외가 적용될 여지도 없으며 예외를 적용하기 위한 요건도 구비되지 않았다. 원심판결과 대법원판결은 이에 대하여 판시하지 않았으나 영국 도산법을 적용하지 않았으므로 아마도 영국 도산법의 적용을 부정한 것이라고 짐작된다.

Ⅵ. 상계의 준거법이 영국법인 경우 (가)압류채권자와 상계를 하는 제3채무자의 우열을 결정하는 준거법

1. 쟁점의 정리

대법원판결은 이 사건 상계의 준거법이 영국 보통법이라고 하면서도 채권(가)압류명령을 받은 제3채무자가 채무자에 대한 반대채권을 가지고 상계로써

12 (Liersch 집필부분). 참고로 河野俊行(註 77), 153-154면은 도산법정지법원칙을 충실하게 따르는데 이것이 일본의 통설로 보인다. 그에 따르면 우리 도산절차에서 채권자가 상계를 하기 위하여는 상계의 준거법상 상계가 가능해야 하고 우리 채무자회생법상으로도 상계가 허용되어야 한다.

(가)압류채권자에게 대항할 수 있는지는 집행절차인 채권(가)압류의 효력과 관련된 문제이므로 특별한 사정이 없는 한 대한민국의 민사집행법 등에 의하여 판단함이 원칙이고 상계의 준거법에 의할 것은 아니라고 판시하였다. 여기에서는 이런 결론이 정당한지를 검토한다. 원심판결도 "사법적 확정은 자동채권을 가진 자가 상계를 할 수 있는 자격을 말하는 것일 뿐이고, 수동채권의 가압류에 대항할 수 있는지 여부는 2012년 대법원 전원합의체 판결의 법리에 따라 판단해야 한다"는 취지로 판시하였다.

2. 우리 민법 제498조의 규정과 해석

민법 제498조는 다음과 같이 규정함으로써 지급금지채권을 수동채권으로 하는 상계를 금지하고 있다.

> 第498조 (지급금지채권을 수동채권으로 하는 상계의 금지) 지급을 금지하는 명령을 받은 제삼채무자는 그 후에 취득한 채권에 의한 상계로 그 명령을 신청한 채권자에게 대항하지 못한다.

위 제498조를 반대해석하면, 제3채무자는 지급금지명령을 받기 전에 이미 취득하여 보유하고 있던 채권을 자동채권으로 하여 상계할 수 있는 것으로 보인다. 이렇게 본다면 그 채권이 제3채무자가 지급금지명령을 받을 당시에 이미 이행기가 도래하였는지 여부는 문제될 여지가 없다. 그러나 대법원 2012. 2. 16. 선고 2011다45521 전원합의체 판결의 다수의견은 다음과 같이 판시함으로써 제3채무자가 상계할 수 있는 범위를 제한하였다.

> "위 규정의 취지, 상계제도의 목적 및 기능, 채무자의 채권이 압류된 경우 관련 당사자들의 이익상황 등에 비추어 보면, 채권압류명령 또는 채권가압류명령(이하 채권압류명령의 경우만을 두고 논의하기로 한다)을 받은 제3채무자가 압류채무자에 대한 반대채권을 가지고 있는 경우에 상계로써 압류채권자에게 대항하기 위하여는, 압류의 효력 발생 당시에 대립하는 양 채권이 상계적상에 있거나, 그 당시 반대채권(자동채권)의 변제기가 도래하지 아니한 경우에는 그것이 피압류채권(수동채권)의 변제기와 동시에 또는 그보다 먼저 도래하여야 한다." (밑줄은 저자가 추가)

반면에 상계의 담보적 기능(또는 우선변제적 기능)을 중시하는 반대의견은 아래와 같이 판시하였다.

"이 규정[제496조]에 의하여 제3채무자의 상계가 금지되는 것은 제3채무자가 지급을 금지하는 명령을 받은 이후에 새롭게 취득한 채권을 자동채권으로 하여 상계하는 것뿐이고, 그 반대해석상 제3채무자가 그 이전에 이미 취득하여 보유하고 있던 채권을 자동채권으로 한 상계는 이 규정에 의하여 금지되지 아니하고 오히려 허용된다고 보는 것이 당연한 논리적 귀결이다. 그 채권이 제3채무자가 지급을 금지하는 명령을 받을 당시에 이미 이행기가 도래하였는지 여부는 문제될 여지가 없다. … 반대채권과 피압류채권 모두 또는 그 중 어느 하나의 이행기가 아직 도래하지 아니하여 상계적상에 놓이지 아니하였더라도 그 이후 제3채무자가 피압류채권을 채무자에게 지급하지 아니하고 있는 동안에 반대채권과 피압류채권 모두의 이행기가 도래한 때에도 제3채무자는 반대채권으로써 상계할 수 있고, 이로써 지급을 금지하는 명령을 신청한 채권자에게 대항할 수 있다." (밑줄은 저자가 추가)

독일 민법(제392조 후단)은 다수의견처럼 제3채무자의 채권이 압류 후에 비로소 변제기에 도달하는 경우에는 그 변제기가 피압류채권의 변제기보다 뒤인 때에는 상계할 수 없다고 명정하는데, 그 이유는 제3채무자가 자신이 부담하는 채무의 이행을 반대채권의 이행기까지 지체함으로써 상계의 권리를 얻어내는 것을 막으려는 데 있다.[111] 문언상 우리 민법은 변제기의 선후에 따라 구별하는 독일 민법(제392조 후단)과 다르고 일본 민법(제511조)과 거의 동일한 데도 불구하고, 다수의견이 해석론으로 문언에 더 충실한 일본 최고재판소의 결론이 아니라 독일 민법의 결론을 취한 점은 흥미로운데, 그것이 해석론의 한계를 넘는 것인지는 논란의 여지가 있다.

제498조는 상계의 요건을 규정하는데, 이 사건에서 만일 상계의 준거법이 한국법이라면, 우리 법원에 의하여 (가)압류가 된 수동채권에 관하여 피고가 상계할 수 있는지 여부는 위 다수의견에 따라 결정해야 한다. 그러나 이 사건에서 상계의 준거법이 영국법이므로, 수동채권에 대하여 우리 법원이 (가)압류한 이 사건에서 제3채무자인 피고가 상계로써 (가)압류채권자에게 대항할 수 있는지는 민법 제498조에 의할 사항인지 아니면 영국법에 따라 판단할 사항인지라는 의문이 제기된다.

3. 쟁점의 구분

여기에서 쟁점은 제3채무자가 상계로써 (가)압류채권자에게 대항할 수 있는지이므로 이는 채권(가)압류의 효력 및 상계 양자와 관련된 문제이다. 그러나 사

111) 위 전원합의체 판결 중 대법관 양창수의 다수의견에 대한 보충의견 참조.

견으로는 여기에서 두 가지 논점을 구분할 필요가 있다. 첫째는 (가)압류명령에 따른 지급금지의 효력과 그 준거법의 문제이고, 둘째는 채권(가)압류명령을 받은 제3채무자가 채무자에 대한 반대채권을 가지고 상계로써 (가)압류채권자에게 대항할 수 있는지와 그 준거법의 문제이다.

가. (가)압류명령에 따른 지급금지의 효력과 그 준거법

이 사건에서 우리 법원의 (가)압류명령이 있으므로 그의 효력은 당연히 우리 민사집행법에 따라 판단할 사항이다. 따라서 우리 민사집행법상 (가)압류명령의 결과 민사집행법에 따른 지급금지의 효력이 발생하는 점은 의문이 없다(민사집행법 제227조 제3항, 제291조). 이런 결론은 '절차는 법정지법에 따른다(*lex fori* principle)'는 국제사법의 법리상 당연한 것이다. 이는 전적으로 민사집행법이 규율하는 사항이다.

나. 채권(가)압류명령을 받은 제3채무자가 채무자에 대한 반대채권을 가지고 상계로써 (가)압류채권자에게 대항할 수 있는지와 그 준거법

이 사건의 쟁점은 우리 법원의 (가)압류명령의 결과 지급금지의 효력이 발생한 경우 제3채무자가 (가)압류가 부가된 그 채권을 수동채권으로 하여 상계할 수 있는지 또는 제3채무자가 채무자에 대한 반대채권을 가지고 상계로써 (가)압류채권자에게 대항할 수 있는지를 상계의 준거법인 영국 보통법에 따라 판단할지, 아니면 우리 법원이 (가)압류명령을 발하였으므로 우리 법, 특히 민사집행법과 민법 제498조에 따라 판단할지의 문제이다.

우리 법원의 채권(가)압류의 결과 지급금지의 효력이 발생하는가는 전적으로 민사집행법에 따를 사항이지만 지급금지의 효력이 발생한 경우, 제3채무자가 채무자에 대한 반대채권을 가지고 상계로써 (가)압류채권자에게 대항할 수 있는지는 상계의 준거법이 결정할 사항이다. 이와 같이 (가)압류의 효력을 규율하는 법질서와, 지급을 금지하는 명령이 부가된 채권을 수동채권으로 하여 상계할 수 있는지를 규율하는 법질서의 경계를 획정해야 한다. 물론 채권(가)압류명령을 받은 제3채무자가 채무자에 대한 반대채권을 가지고 상계로써 (가)압류채권자에게 대항할 수 있는지를 결정함에 있어서는 채권(가)압류명령이 영향을 전혀 미치지 않는 것은 아니지만 상대적으로 중요한 것은 채권(가)압류명령의 효력이라기보다는 상계의 담보적 기능 또는 우선변제적 기능이고 당사자들이 가지는 정당한 이익의 형량 내지 조정의 문제이므로 상계의 준거법인 영국법에 따라 판단할 사항이라는 것이다.

다. 영국법에 따를 경우의 영국 실질법상의 쟁점

당초 이 사건에서 제3채무자의 상계 요건의 충족 여부가 중요한 의미를 가졌던 이유는, 영국 보통법상 상계를 하기 위하여는 피고가 상계를 할 당시 자동채권의 사법적 확정이라는 요건이 구비되어야 하는데, 영국법상 우리 채권가압류에 기능적으로 상응하는 영국 민사소송규칙(Civil Procedure Rules. Rule 72.4 이하)의 'interim third party debt order'가 있는 경우[112] 자동채권의 '사법적 확정' 요건이 구비되어야 하는 시기가 제3채무자가 상계할 당시인지, 아니면 수동채권에 대한 가압류명령이 제3채무자에게 도달한 당시인지에 관하여 논란이 있었기 때문이다. 구체적으로 이 사건 자동채권인 조기반선에 따른 손해배상채권의 사법적 확정은 영국 중재판정이 내려진 2010년 4월경에 있었는데 이는 이 사건 가압류가 피고에게 송달된 2010. 3. 31. 이후이므로, 만일 상계 당시를 기준으로 하면 이 요건이 구비되지만 가압류명령의 송달 시를 기준으로 하면 구비되지 않는 결과 상계할 수 없게 되어 상이한 결과를 초래하기 때문이다.[113] 대법원과 원심은 이 문제가 한국법에 의할 사항이라고 판단하였으므로 이 쟁점을 논의하지 않았던 것으로 짐작된다. 그러나 민법 제498조에 관하여 자동채권의 변제기가 먼저 또는 동시에 도래할 것을 요구하는 다수의견을 보면, 영국법상 자동채권의 사법적 확정이라는 요건이 수동채권에 대한 가압류명령이 제3채무자에게 도달한 당시에 구비되어야 한다는 식으로 제한하는 것이 타당하다는 점은 쉽게 이해할 수 있다. 만일 이런 제한을 두지 않는다면 다수의견에 대한 보충의견이 지적한

112) 일부 논자는 "채권이 압류된 후에 제3채무자가 상계를 할 수 있는지에 관한 영국법의 내용은 영국법에 따른 압류의 효력을 전제로 하고 있으므로, 한국의 민사집행법에 따라서 이루어진 채권압류의 경우에도 위 영국법을 적용하는 것은 법적용의 전제가 잘못된 것"이라는 취지의 비판을 한다. 이헌묵, "영국법이 적용되는 채권에 대한 상계의 준거법", 법률신문, 제4328호(2015. 6. 22), 13면. 그러나 이는 잘못이다. 본문은 가압류채권자 또는 압류채권자와 제3채무자의 우열을 영국법에 따라 결정할 사항이라고 보는 것을 전제로 그에 대한 영국법의 태도를 알기 위하여 우리 법상 채권(가)압류에 기능적으로 상응하는 영국법상의 제도를 전제로 하는 것이지, 한국 민사집행법에 따라서 이루어진 채권압류에 영국법을 적용하는 것이 아니다. 이런 식의 비교는 상이한 법제를 비교할 때 흔히 이용되는 방법이다.

113) 이 점에 관한 영국법의 선례는 없는 것으로 보이나 원고 측에 의견을 제공한 영국 변호사는 채권양도에 관한 Tapp v Jones (1875) LR 10 QB 591 사건을 원용하여 위와 같은 결론을 도출하였다.

바와 같이, "채권(가)압류 당시 자동채권의 사법적 확정이라는 상계요건이 구비되지 않았음에도 불구하고 제3채무자가 자기 채무의 이행을 늦추고 있다가 후에 그 자동채권이 사법적으로 확정됨으로써 가능하게 된 상계를 가지고 (가)압류채권자에게 대항하여 자기 채권의 우선적 만족을 얻고 (가)압류채권자의 채권 실행을 좌절시킬 수 있게 되고 이는 상계의 담보적 기능을 지나치게 강조하는 것으로서 부당하기 때문"이다.

4. 소결: 대법원판결 및 원심판결의 판시와 그에 대한 평가

이 사건에서 대법원은 상계의 준거법이 영국법이더라도 채권(가)압류명령을 받은 제3채무자가 채무자에 대한 반대채권을 가지고 상계로써 (가)압류채권자에게 대항할 수 있는지는 집행절차인 채권(가)압류의 효력 내지 실효성과 관련된 문제이므로, 특별한 사정이 없는 한 우리 민사집행법 등에 의하여 판단함이 원칙이라고 판시하였다. 원심도 "사법적 확정은 자동채권을 가진 자가 상계를 할 수 있는 자격[114]을 말하는 것일 뿐이고, 수동채권의 가압류에 대항할 수 있는지 여부는 위 2012년 대법원 전원합의체 판결의 법리에 따라 판단해야 한다"는 취지로 판시하였다. 그러나 아래의 이유로 저자는 이런 결론을 지지하지 않는다.[115]

첫째, 여기에서 ① 집행절차인 채권(가)압류의 효력의 문제와 ② 채권(가)압류에 의하여 일단 지급금지의 효력이 발생한 경우 제3채무자와 (가)압류채권자 간의 우열의 문제를 구분해서 보는 것이 문제의 본질을 직시하는 데 도움이 된다. 전자, 즉 지급금지의 효력의 발생과 그 범위는 절차적 문제로서 전적으로 한국 민사집행법에 따를 사항이지만, 지급금지의 효력이 발생한 경우 (가)압류채권자에 대한 관계에서 상계권자인 제3채무자를 어디까지 보호할지라고 하는 후자는 채권의 준거법에 따른다. 즉, 한국에서 (가)압류명령이 있고 그에 따라 지급금지의 효력이 발생하는 경우 한국 절차법의 효력은 거기에서 그치고,[116] 제3채무자와 (가)압류채권자의 우열은 주로 실체의 문제라는 것이다. 물론 ②단계에서도 (가)압류의 효력을 무시할 수는 없으므로 "채권(가)압류의 효력과의 관련"성이

114) 이것이 상계적상에 있기 위한 요건과 어떻게 다른지는 잘 이해되지 않는다.

115) 임치용(註 32), 15면도 저자와 같은 견해이다.

116) 물론 우리 민사집행법이 가압류와 압류에 매우 강력한 효력을 인정해서 가압류채권자를 무조건 우선시키는 태도를 취한다면 모르겠으나 우리 민사집행법이 그런 태도를 취하지는 않기 때문이다.

있지만, 관건은 채권(가)압류의 효력의 강약이 아니라 상계의 담보기능(또는 우선변제적 기능) 내지는 관련 당사자들의 이익형량의 문제이고 이는 주로 실체법적 쟁점이라는 것이다. 2012년 대법원 전원합의체 판결이 제3채무자와 (가)압류채권자 간의 우열의 문제를 민사집행법이 아니라 민법 제498조의 문제로 파악한 점이나, 이 사건 대법원판결이 위 대법원 전원합의체 판결을 인용하면서 그 결론을 따른 것도 이런 견해가 정당함을 보여주는 것이다.

일부 논자는 수동채권이 한국의 민사집행법에 따라서 압류되었으므로 수동채권의 압류의 효력은 민사집행법에 따라서 결정되고, 이 법은 절차법이므로 준거법이 외국법인 사건에서도 여전히 적용됨을 전제로, 제3채무자가 자신의 자동채권을 가지고 압류된 수동채권과 상계할 수 있는지는 상계가능성의 문제로서 압류의 효력에 해당하므로 상계가능성은 준거법인 외국법이 아니라 법정지법인 한국의 민사집행법에 따라서 결정될 사항이라고 본다.[117] 그러나 상계가능성의 문제는 상계요건의 문제, 나아가 제3채무자가 상계로써 가압류채권자에게 대항할 수 있는가의 문제이므로 이는 위 ①의 문제가 아니라 주로 위 ②의 문제이다.

둘째, ②의 쟁점을 판단함에 있어서 중요한 것은, 상계에 관한 2012년 대법원 전원합의체 판결의 다수의견이 "민법 제498조의 취지, 상계제도의 목적 및 기능, 채무자의 채권이 압류된 경우 관련 당사자들의 이익상황 등"을 고려한 데서 보듯이, 지급금지의 효력이 있음에도 불구하고 상계할 수 있을 것으로 기대한 제3채무자의 이익을 (가)압류채권자에 대한 관계에서 보호할지라는 이익형량이지, (가)압류명령의 효력이 얼마나 강력한 것인지가 아니다. 그리고 제3채무자의 상계를 허용함으로써 어느 범위 내에서 채권자평등의 원칙에 대한 예외를 인정할 것인가의 문제도 주로 실체법적 고려사항이다. 그리고 이 때 제3채무자의 이익은 준거법 하에서 파악해야 한다. 상계권자가 가지는 상계에 대한 기대 내지 이익은 추상적으로가 아니라 구체적인 준거법 하에서 존재하는 것이므로 상계의 준거법이 영국법이면 제3채무자는 영국법에 따라 상계할 수 있을 것으로 기대하기 때문이다. 국제사법상 어떤 쟁점의 준거법을 결정함에 있어서는 당사자들의 정당한 기대의 보호, 결과의 확실성과 예견가능성 등의 요소를 고려해야 하는데[118] 그런 관점에서도 상계의 준거법이 우월하고, 자동채권과 수동채권의

117) 이헌묵(註 112), 13면.

118) The American Law Institute, Restatement of the Law Second: Conflict of Laws (1971), 제6조 참조.

준거법이 동일한 경우에는 더욱 그러하다.

일부 논자는, 이 사건에서 (가)압류채권자인 원고는 이 사건 수동채권의 법률관계의 당사자가 아닌데, 이러한 (가)압류채권자가 한국의 민사집행법에 따라서 채권을 압류한 후에, 느닷없이 자신과 관련이 없는 영국법상의 압류의 효력을 주장하거나 그러한 적용을 받게 되는 것은 법률적 근거가 없다고 주장한다.[119] 그러나 이는 옳지 않다. 제3채무자의 상계에 의하여 소멸하는 채권은 (가)압류채권자에 대한 채권이 아니라 채무자와 제3채무자 간의 대립하는 채권이고, 상계 가능 여부는 상계의 준거법에 따를 사항이므로 제3채무자가 그 준거법에 따른 상계가능성 여부를 고려하는 것은 오히려 당연한 것이다. 영국법에 따른 상계가능성을 염두에 두고 거래를 한 제3채무자가, 한국법원이 채권(가)압류를 했다는 우연한 사정 때문에 한국법의 적용을 주장하는 것은 근거 없다. 당사자들이 영국법을 용선계약의 준거법으로 선택했으니 그에 따른 이익과 불이익도 부담해야 한다는 것이 당사자자치(party autonomy)의 논리적 귀결이다. 한국에서 채권(가)압류를 했으니 상계를 넓게 허용해 달라는 주장은 아무런 근거가 없다.

셋째, 우리 민법(제498조)과 거의 동일한 일본 민법(제511조)의 해석상 일본의 다수설과 판례는 2012년 대법원 전원합의체 판결의 반대의견이 취한 견해(이른바 무제한설)를 취한다.[120] 이런 차이는 한일 간에 채권(가)압류의 효력이 다르기 때문이 아니라 주로 민법의 해석에 관한 차이로부터 발생한다. 한국 법원에서 채권(가)압류를 했으나 양 채권의 준거법(따라서 상계의 준거법)이 일본법인 경우를 상정해 보자. 이 경우 이 사건 대법원판결의 결론에 따르면 이는 한국법에 따를 사항이므로 변제기를 기준으로 제3채무자가 가지는 자동채권의 변제기가 먼저 도래하는 경우에 한하여 제3채무자가 보호되는 데 반하여, 사견에 따르면 이는 일본법에 따를 사항이므로 변제기에 관계없이 제3채무자는 상계로써 (가)압류채권자에게 대항할 수 있어 더 강력한 지위를 가진다. 대법원판결에 따르면 수동채권의 (가)압류를 어디에서 했는가라는 우연한 사정에 따라 법적 지위가 달라지게 되어 (가)압류 신청 시 법정지 쇼핑을 조장하게 되나, 사견에 따르면 상

119) 이헌묵(註 112), 13면.

120) 즉 일본 최고재판소 1970. 6. 24. 대법정 판결의 다수의견은 제3채무자는 그 채권이 압류 후에 취득한 것이 아닌 한 자동채권 및 수동채권의 변제기 전후를 묻지 않고 압류 후에 있어서도 상계적상에 이르면 그것을 자동채권으로 하여 상계를 할 수 있다고 판시하였다. 이상주(註 7), 406면, 410면; 김용담(편), 주석민법: 채권총칙(4), 제4판(2014), 652면(조용구 집필 부분).

계의 준거법에 의하므로 법정지 쇼핑을 막을 수 있다.[121)]

넷째, 이 사건 대법원판결이 "제3채무자가 … 압류채권자에게 대항할 수 있는지는 … 대한민국의 민사집행법 등에 의하여 판단함이 원칙"(밑줄은 저자가 추가)이라고 표현한 것은 아마도 이 쟁점이 민사집행법에 의하여 종국적으로 해결될 수 없고 민법 제498조에 의할 수밖에 없음을 표시한 것이라고 짐작된다. 즉, 순수한 국내사건을 상정한다면 우리 법상으로도 이는 민사집행법의 문제가 아니라 민법의 문제라는 것이다. 민사집행법이 중요한 듯이 보이지만 위에서 본 ①단계에서와 달리 ②단계에서 결정적 의미를 가지는 것은 민법이지 민사집행법이 아니다. 대법원이 ①단계와 ②단계를 구분하지 않은 결과 민사집행법의 영향을 과대평가한 것이다. 이 사건 대법원 판결도 "상계제도의 목적 및 기능, 채무자의 채권이 압류된 경우 관련 당사자들의 이익 상황 등에 비추어 판단해야 한다"는 취지로 판시하였는데, 이는 (가)압류명령의 효력이 결정적이지 않음을 보여준다. 원심판결은 "원고가 민사집행법에 따라 수동채권을 가압류 및 압류하여 추심명령을 받고 이에 기하여 … 추심금 청구를 하는 이 사건에 있어서 위 가압류가 피고의 상계주장을 저지할 수 있는 것인지 여부는 우리 민사집행법 및 민법에 따라 결정되어야 할 것"(밑줄은 저자가 추가)이라면서 민법을 언급하였는데 이것이 더 솔직한 태도이다.

이 사건 대법원판결과 원심판결을 보면, 제3채무자와 (가)압류채권자 간의 우열에 관하여 위 2012년 대법원 전원합의체 판결의 다수의견과 반대의견이 대립하는 이유가 민사집행법에 따른 채권(가)압류의 효력의 문제로 귀착되는 것처럼 보인다. 그러나 이는 옳지 않다. 관건은 제3채무자와 (가)압류채권자를 포함한 관련 당사자들의 이익을 어떻게 조정하고 형량할 것인가의 문제이고, 그 때 민사집행법보다는 민법, 절차법적 고려보다는 실체법적 고려가 더욱 중요한 의미를 가진다는 것이다.

---

121) 나아가 반대의 경우, 즉 양 채권의 준거법이 한국법인데 수동채권이 일본 법원에서 가압류 또는 압류된 사안도 상정해 보라. 저자의 견해에 따르면 그 경우 가압류채권자와 제3채무자의 우열은 한국법에 따를 사항이나, 이 사건 대법원판결에 따르면 일본법에 따를 사항이 된다. 따라서 제3채무자로서는 상대적으로 상계를 널리 허용하는 일본에서 (가)압류를 시도할 동기를 가지게 된다.

Ⅶ. 맺음말

이 사건은 피고가 우리 법원에서 영국 보통법에 따른 소송상 상계의 항변을 한 경우 제기되는 다양한 논점을 다룬 사건이다. 구체적으로 상계의 준거법, 영국 보통법상 상계의 성질결정, 숨은 반정의 허용 여부, 영국 보통법상의 상계요건의 구비 여부, 도산법정지법 원칙과 그 적용범위, 상계의 요건을 완화한 영국 도산법의 적용 여부와 제3채무자인 피고가 상계로써 가압류채권자 및 압류채권자인 원고에게 대항할 수 있는지의 준거법 등 다양한 논점을 제기하는 흥미로운 사건이다.

대법원은 영국 보통법상 상계의 절차법적 성격을 인정하면서도 채권의 소멸이라는 실체법적 성격도 가지므로 상계의 요건과 효과에 관하여 영국 보통법이 준거법으로 적용될 수 있다고 보았으나, 저자처럼 영국 보통법상 상계를 실체로 성질결정한 것은 아니다. 제1심판결과 원심판결은 아무런 근거 없이 이 사건 상계의 소급효를 인정하였는데 대법원이 이러한 잘못을 지적하지 않은 점은 유감이다. 나아가 대법원은 제3채무자가 영국 보통법에 따라 상계를 하는 경우 우리 법원에서 수동채권을 (가)압류한 채권자에게 대항할 수 있는지는 집행절차의 효력과 관련된 문제이므로 민사집행법 등에 의할 것이라고 판시하였는데, 이는 설득력이 없다. 위 쟁점은 채권(가)압류의 효력의 강약이 아니라 관련 이익의 형량과 조정의 문제이기 때문이다. 단적으로 2012년 대법원 전원합의체 판결의 견해 대립은 민사집행법에 따른 채권(가)압류의 효력의 강약에 기인하는 것이 아니다.[122]

종래 우리 법률가들은 국제거래에서 영국법이 가지는 중요성에도 불구하고 영국법에 대체로 무관심하다. 이 사건은 우리 법률가들이 영국법에 대해 더 큰 관심을 가져야 한다는 점을 보여주는 점에서도 의미가 있다. 우리 기업들의 거래는 물론 우리 법원에서도 영국법과의 접점이 점차 커지고 있는 근자의 실정을 고려하면 이 사건은 영국 보통법상의 상계에 관한 다양한 논점에 대해 판단함으로써 실무에 지침을 줄 수 있는 좋은 기회였는데, 대법원이 이를 살리지 못한 점은 아쉬운 일이다.

---

122) 이 사건과 유사한 국내사건을 상정해보자. 국내사건에서 이는 채권(가)압류의 효력이 결정할 문제가 아니라, 채권(가)압류에 따른 지급금지 효력이 있음을 전제로 하면서, 나아가 (가)압류채권자와 제3채무자의 이익형량을 통해 양자의 우열을 결정해야 하는데, 후자는 민법에 따라 해결할 사항이기 때문이다. 대법원판결은 마치 이를 민사집행법의 문제라고 판시한 것과 같다.

[2] 편의치적에서 선박우선특권의 준거법 결정과 예외조항의 적용

前 記

이 글은 저자가 국제거래법연구 제24집 제1호(2015. 7. 31.), 139면 이하에 게재한 글로서 오타와 오류를 제외하고는 원칙적으로 수정하지 않은 것이다. 가벼운 수정 부분은 밑줄을 그어 표시하였다. 참고할 사항은 말미의 후기에 적었다.

대상판결: 대법원 2014. 7. 24. 선고 2013다34839 판결

[사안의 개요]

아래 소개하는 원심판결과 제1심판결에 따르면 사실관계는 다음과 같다.

가. 파나마 법인인 에메랄드 라인 오버시즈 인코퍼레이션(EMERALD LINE OVERSEAS INC.)("에메랄드 라인")은 판결 별지 기재 선박(골던 에메랄드호. "이 사건 선박")의 소유자이고, 한국 법인인 퍼스트쉽핑 주식회사("퍼스트쉽핑")는 위 선박을 용선하여 해상운송업에 종사하였는데, 퍼스트쉽핑은 주식회사 신도꾸마린("신도꾸마린")과 위 선박에 필요한 선원을 송출하고 선원의 임금 및 수당을 퍼스트쉽핑을 대신하여 지급하기로 하는 내용의 대리점계약을 체결하였다.

나. 원고들은 신도꾸마린과 사이에 승선계약을 체결하고 이 사건 선박에 승선하였는데, 원고 곽OO는 2008. 5. 8.부터 2009. 1. 31.까지 기관장으로, 원고 김OO는 2008. 5. 27.부터 2009. 2. 5.까지 선장으로 각 근무하였다.

다. 한편 이 사건 선박에 관하여 소외 강OO 외 3인의 신청에 따라 2009. 9. 1. 부산지방법원에서 임의경매절차가 개시되었고, 원고들의 신청에 따라 같은 달 29. 부산지방법원에서 임의경매절차가 개시되었는데, 원고들의 신청에 따른 임의경매절차는 위 경매절차에 중복되었으며, 그 후 위 임의경매절차는 창원지방법원으로 이송되어 그곳에서 진행되었다("이 사건 임의경매절차").

라. 창원지방법원은 2010. 12. 24. 이 사건 임의경매절차의 배당기일에서 실제 배당할 금액 6,676,701,887원 중 6,339,792,267원을 근저당권자인 피고, 주식회사 하나은행에게 2순위로 배당하고, 원고들에게는 배당을 하지 않는 내용의 배당표를 작성하였다. 이는 파나마 상법에 따른 처리로 보인다.

마. 이에 원고들은 2010. 12. 24. 배당기일에서 피고의 배당액 중 원고들이 주장하는 임금채권액 각 24,816,820원(원고 곽OO), 27,276,890원(원고 김OO)에 관하여 이의를 제기하고, 위 배당표 중 피고에 대한 배당액을 6,287,698,557원으로, 원고 곽OO에 대한 배당액을 24,816,820원으로, 원고 김OO에 대한 배당액을 27,276,890원으로 각 경정할 것을 구하는 이 사건 배당이의의 소를 같은 달 29. 제기하였다.

바. 요컨대 이 사건은 파나마국에 편의치적되어 있는 이 사건 선박의 선장 등인 원고가 선박의 근저당권자인 피고를 상대로 '선박에 관한 임의경매절차에서 피고의 근저당권이 원고들의 임금채권보다 선순위임을 전제로 작성된 배당표'의 경정을 구한 사건이다.

[소송의 경과]

1. 제1심판결[1)]

제1심법원은, 국제사법 제60조 제1호와 제2호에 따르면 선박저당권과 선박우선특권의 준거법은 선적국법이지만, 이 사건에서 법률관계와 '가장 밀접한 관련'이 있는 법은 법정지법인 한국법이므로 국제사법 제8조 제1항에 따라 선적국법인 파나마법 대신 한국법을 적용해야 한다고 보아 원고들의 청구를 전부 인용하였다. 제1심판결의 취지는 아래와 같다.

"① 선주에 관한 기준으로서 실질적 선주가 누구인지, 즉 선주법인의 경우 그 주주와 임원의 국적 및 법인의 운영에 관한 내용, ② 선박의 운항지, 즉 영업본거지, 승무원의 국적 및 선박의 운항에 따른 항로 및 취항 빈도, ③ 외국법에의 접근가능성, ④ 선박우선특권에 따른 경매실행 절차가 이루어지는지 국가, ⑤

1) 창원지방법원 2012. 2. 21. 선고 2010가단58776 판결.

법률관계 당사자의 예견가능성 등이 기준이 된다. 국제사법은 선박물권의 경우 소재지법 대신 선적국법에 따르게 하는데, 편의치적선의 경우 선적국과 그 법률상 이해관계가 밀접하지 않은 경우가 많아 일률적으로 선적국법에 따르는 것이 부당할 수 있으며, 특히 법정담보물권인 선박우선특권의 준거법을 일률적으로 선적국법으로 지정하는 것은 피담보채권의 준거법을 무시할 가능성이 있고, 국제사법은 경직적인 준거법 적용에 따른 불합리를 시정하기 위하여 제8조 제1항을 도입하여 가장 밀접한 관련원칙을 채택하고 있으며, 담보물권의 우선순위는 논리적으로 선박에 관한 물권에 포함되는 사항이나, 선박우선특권이 한국에서 실행되는 경우 그 실행방법은 우리 절차법에 의하고, 담보물권의 우선순위의 문제는 선박경매로 인한 배당의 문제로서 절차적 영역에 해당된다고 볼 여지가 다분하며, 미국 등 많은 국가에서는 선박우선특권의 우선순위에 관한 문제를 절차적인 것으로 보아 법정지법을 적용하는바, 이런 사정 등을 종합해 보면, 편의치적선의 경우에 선적국법에 따른 선박저당권과 법정지법에 따른 선박우선특권 사이의 우선순위에 관하여 반드시 선박저당권의 준거법에 의하여야 할 논리적 필연성은 없으므로 그 우선순위에 관하여는 국제사법 제8조 제1항에 따라 제60조 제2호의 적용이 배제될 수 있다.

위의 법리에 비추어 살피건대, 다음과 같은 사정들, 즉 ① 피고를 포함하여 이 사건 임의경매절차에서 배당에 참가한 대부분의 채권자들은 모두 한국 법인(채권자 중 상해영은선무유한공사는 중국 법인인 것으로 보인다)이거나 한국 국민인 점, ② 이 사건 선박은 편의치적선이고, 실질적 영업본거지는 한국인 점, ③ 이 사건 임의경매절차는 선박 소재지인 한국에서 이루어지는 점, ④ 선박우선특권과 저당권의 우선순위의 문제는 선박경매로 인한 배당의 문제로서 절차적인 문제로 볼 여지가 충분하고 절차법의 경우 한국법을 적용해야 하는 점 등을 보면, 파나마국법에 따른 피고의 선박근저당권과 한국 상법에 따른 원고들의 선박우선특권에 관한 우선순위에 관하여 파나마국법은 근소한 관련성만이 인정될 뿐이고, 그와 관련된 가장 밀접한 관련이 있는 법은 한국 상법이므로, 피고의 근저당권과 원고들의 선박우선특권에 관한 우선순위는 국제사법 제8조 제1항에 의하여 상법을 적용하여 판단하여야 한다.”

2. 원심판결[2)]

원심판결은 원고들의 청구를 전부 인용하는 것이 타당하다고 보아 항소를 기각하였다. 그 논거는 다음과 같은 취지이다.

"1) 아래 사정을 고려하면 파나마국은 이 사건 선박이 편의상 선적을 둔 국가일 뿐이고 이 사건 선원근로계약과는 별다른 관련성이 없다.

① 이 사건 선박의 소유자인 에메랄드 라인은 편의치적을 목적으로 설립된 페이퍼컴퍼니에 해당하고, 파나마국과는 별다른 관련성이 없는 점, ② 원고들은 이 사건 선박의 선장과 기관장이고, 기타 선원들은 한국인이거나 동남아시아인들로 파나마국인은 존재하지 않는 점과 ③ 이 사건 선박이 파나마 내 항구를 거점으로 운항한 것으로 보이지 않는 점.

2) 모든 사정을 종합하면 이 사건 선박과 관련된 법률관계와 가장 밀접한 관련이 있는 법은 한국 상법이라고 할 것이므로, 국제사법 제8조 제1항에 따라 선박우선특권의 성립 및 원고들의 선박우선특권과 피고의 근저당권의 우선순위는 한국 상법을 적용하여 판단하여야 한다.

① 이 사건 선박의 실질적인 소유자는 한국 법인이자 이 사건 선박의 용선자인 퍼스트쉽핑이고, 퍼스트쉽핑의 대표이사와 임원진은 모두 한국인으로 선박법(제2조)상 한국 선박의 요건을 갖춘 점, ② 퍼스트쉽핑은 신도꾸마린과 선원공급계약을 체결하고 그에 기초하여 선원들을 공급받았는데, 당시 양 회사 간에 작성된 대리점계약서(선원고용계약서)에 의하면, 위 계약서 이외의 규정은 한국 선원법 및 근로기준법에 따른다고 규정되어 있으므로 이 사건에서는 당사자가 준거법을 한국법으로 선택한 특별한 사정이 있는 점, ③ 퍼스트쉽핑은 이 사건 선박을 이용하여 화물을 운송하였는데, 주로 한국에서 싱가포르 등 동남아시아 지역의 항해에 사용한 것으로 보이는 점과 ④ 선박회사가 선박국적제도를 남용하여 편의치적하는 데에는 선원근로계약과 관련한 각종 규제와 부담을 회피할 의도도 포함되어 있는 반면 경제적 약자인 선원들을 보호할 필요성이 큰 점."

---

2) 창원지방법원 2013. 4. 10. 선고 2012나5173 판결.

3. 상고이유의 요지

피고는 상고를 제기하였다. 저자는 상고이유를 보지 못하였으나 대상판결을 보면 피고는, 원심판결은 선박우선특권의 성립 여부와 그 준거법에 관한 법리 등을 오해하였다고 주장한 것으로 보인다.

4. 대상판결의 설시

대법원은 원심의 판단은 정당하다고 판단하고 상고를 기각하였다. 대상판결의 요지는 아래와 같다.

[1] 국제사법 제8조 제1항, 제60조 제1호, 제2호의 내용과 취지에 비추어 보면, 선원의 임금채권을 근거로 하는 선박우선특권의 성립 여부나 선박우선특권과 선박저당권 사이의 우선순위를 정하는 준거법은 원칙적으로 선적국법이라고 할 것이나, 선박이 편의치적이 되어 있어 그 선적만이 선적국과 유일한 관련이 있을 뿐이고, 실질적인 선박소유자나 선박 운영회사의 국적과 주된 영업활동장소, 선박의 주된 항해지와 근거지, 선원들의 국적, 선원들의 근로계약에 적용하기로 한 법률, 선박저당권의 피담보채권을 성립시키는 법률행위가 이루어진 장소 및 그에 대하여 적용되는 법률, 선박경매절차가 진행되는 법원이나 경매절차에 참가한 이해관계인 등은 선적국이 아닌 다른 특정 국가와 밀접한 관련이 있어 앞서 본 법률관계와 가장 밀접한 관련이 있는 다른 국가의 법이 명백히 존재하는 경우에는 다른 국가의 법을 준거법으로 보아야 한다.

[2] 선박우선특권의 성립 여부 등과 가장 밀접한 관련이 있는 법은 선적국인 파나마국법이 아니라 한국 상법이고, 국제사법 제8조 제1항에 따라 한국 상법을 적용하면 원고들의 임금채권이 선박우선특권 있는 채권으로서 피고은행의 근저당권보다 우선하므로, 위 배당표가 위법하다고 본 원심판단은 정당하다.

[연구]

Ⅰ. 문제의 제기: 일반적인 예외조항의 적용

주지하는 바와 같이 우리 국제사법 제60조는 선박의 소유권 및 저당권, 선박우선특권 그 밖의 선박에 관한 물권과, 선박에 관한 담보물권의 우선순위 등 다양한 쟁점을 선적국법에 연결한다. 이처럼 해상법 분야 쟁점의 준거법에 관하여 별도의 연결원칙을 국제사법의 별도의 장에 두는 것은 국제적으로는 보기 드문 입법례이다. 2001년 섭외사법을 개정하여 국제사법으로 전환하는 과정에서 이 부분을 유지할지, 아니면 물권, 불법행위 등으로 구분하여 각각 해당되는 곳으로 보낼지에 관하여 논란이 있었으나 이는 이미 한국 국제사법의 특색으로 자리 잡은 점과 실무상의 편리를 고려하여 유지하기로 하였다.[3]

이런 연결원칙은 종래 심각한 문제의식 없이 편의치적의 경우에도 적용되었다. 예컨대 대법원 2007. 7. 12. 선고 2005다39617 판결("2007년 대법원판결")은 세인트 빈센트 그래나딘(Saint Vincent and The Grenadines)에 편의치적된 선박에 관하여 별다른 논의 없이 국제사법 제60조를 적용하여 선적국법을 선박우선특권의 준거법이라고 판단하였다.[4] 저자는 위 대법원판결이 편의치적의 문제를 국제사법의 차원에서 어떻게 평가해야 하는지에 관하여 아무런 설시를 하지 않은 것은 아쉽다는 점을 지적한 바 있다.[5]

그런데 대상판결은, 파나마에 편의치적된 선박에 관하여 국제사법 제8조 제1항("예외조항")을 근거로 ① 선박우선특권의 성립과 ② 원고의 선박우선특권과 피고의 근저당권의 우선순위를 우리 상법에 따라 판단하였다. '선박우선특권'이라 함은 대체로 일정한 법정채권을 가지는 채권자가 선박과 그 부속물 등(예컨대 속구, 그 채권이 생긴 항해의 운임 및 그 선박과 운임에 부수한 채권)에 대하여 다른

3) 석광현, 2001년 개정 국제사법 해설(2001), 339면.

4) 2007년 대법원 판결 외에도 대법원 2012. 1. 19.자 2011마1821 결정(Sea Traderholdings Ltd.가 파나마국 법인 소유 선박에 유류를 공급하여 선박우선특권을 취득하였다고 주장한 사건), 대법원 2013. 1. 14.자 2012마2008 결정 등이 있다. 소개는 권혁준, "편의치적과 관련한 국제사법상 쟁점에 관한 연구", 국제사법연구 제21권 제1호(2015. 6.), 323면 이하 참조.

5) 석광현, "선박우선특권과 피담보채권(선원임금채권)의 준거법", 국제사법과 국제소송 제5권(2012), 319면. 이는 저자가 2008. 6. 4. 서울지방변호사회 판례연구회에서 발표한 원고를 수정·보완하여 서울지방변호사회 판례연구 제22집(1)(2008. 8.), 125면 이하에 게재한 원고를 다시 수정·보완한 것이다.

채권자보다 우선하여 변제를 받을 수 있는 해상법상의 법정 담보물권을 말하는데(상법 제777조 참조), 종래 우리나라에서는 선박우선특권의 준거법에 관하여 편의치적의 경우에도 원칙적으로 선적국법주의가 타당하나 일정한 경우 예외를 인정하자는 견해가 주장되었고 그 근거와 내용은 다양하였다. 특히 2001년 개정된 국제사법 제8조는 예외조항을 신설하여 연결대상인 법률관계와 가장 밀접한 관련이 있는 국가의 법(이하 편의상 "최밀접관련국법"이라 한다)[6]의 적용을 관철하고자 하므로 편의치적의 경우에도 선적국법을 적용하는 종래의 대법원판결이 유지될 수 있는지에 관하여는 강한 의문이 제기되었다. 대상판결은 국제사법 제8조 제1항을 적용한 최초의 대법원판결로 보이는데,[7] 편의치적의 경우 국제사법 제8조 제1항을 근거로 선적국법의 적용을 거부한 점에서 획기적 판결이다.

대상판결에 관하여는 이미 평석이 발표되었으므로[8] 여기에서는 일반적인 논점을 다루기보다는 대상판결이 제기하는 쟁점에 초점을 맞추어 논의한다. 구체적으로 편의치적(Ⅱ.), 예외조항의 도입배경과 적용요건(Ⅲ.), 예외조항 적용의 효력과 그 범위(Ⅳ.), 대상판결과 2007년 대법원판결의 정합성(Ⅴ.), 대상판결의 결론을 편의치적선에 일반화할 수 있는가(Ⅵ.), 편의치적에서 법인격부인의 의의(Ⅶ.), 대상판결이 국제선박금융에 미치는 영향과 대상판결에 대한 종합적 평가(Ⅷ.)와 예외조항에 의한 정규적 연결원칙의 배제와 추정의 복멸(번복)의 관계의 순서로 논의한다.

이 사건에서 파나마국 상법(제244조)에 따르면 원고들의 임금채권은 마지막 항차(또는 항해) 동안의 임금에 한하여 선박우선특권이 인정되고 그 범위 내에서 선박저당권에 우선하는 데 반하여,[9] 우리 상법에 따르면 원고들의 모든 임금채권에 대하여 선박우선특권이 인정되고(상법 제777조 제1항 제2호)[10] 그 선박우선

---

6) 이는 우리 국제사법의 문언에 따른 것이나 장래 non-State law가 준거법이 될 수 있다면 '최밀접관련법'이라고 해야 할 것이다. 스위스 국제사법 제15조는 국가의 법이라고 제한하지 않는다.

7) 저자는 일찍이 석광현(註 3), 79면에서 편의치적의 경우 제8조가 적용될 수 있음을 지적하였다. 이 점은 법무부, 국제사법 해설(2001), 43면도 같다. 이는 석광현, "改正 國際私法의 總論的 問題", 법조 통권 536호(2001. 5.), 23면에서 처음 지적하였다.

8) 김진권, "편의치적선의 준거법 결정에 관한 고찰—대법원 2014. 7. 24. 선고 2013다34839 판결 평석—", 한국해법학회지 제37권 제1호(2015. 4.), 51면 이하; 권혁준(註 4), 309면 이하 참조.

9) 정해덕, "개정 파나마법상의 선박우선특권(Maritime lien)", http://blog.joins.com/media/folderlistslide.asp?uid=hdjung12&folder=19&list_id=11601978 참조(2015. 6. 9. 방문). 이는 http://www.ksg.co.kr/database/data_law_view.jsp?pNum=67266&page=12에도 있다. 이하 전자를 인용한다. 파나마 상법은 2014년 10월 다시 개정되었는데 이는 아래에서 언급한다.

10) 조문은 아래와 같다.

특권 전부가 선박저당권에 우선한다(상법 제788조).[11] 이처럼 선박우선특권에 관하여 파나마 상법이 우리 상법과 다르지만 그렇더라도 파나마 상법의 적용이 우리 공서에 명백히 반하는 것은 아니다. 따라서 원고들의 선박우선특권의 준거법, 나아가 선박우선특권과 선박저당권의 우선순위의 준거법이 파나마법인지 한국법인지는 실제로 중요한 의미를 가진다.

Ⅱ. 편의치적[12]

1. 편의치적의 의의와 문제점

편의치적은 예컨대 한국인이 외국에서 선박을 매수하고도 한국에 등록하지 않고 등록절차, 조세부담, 금융편의에서 유리하고 선원 노임이 저렴하며 사회보장 및 안전규정이 상대적으로 느슨한 제3의 국가에 서류상의 회사(paper company)를 만들어 그 회사 소유의 선박으로 등록하는 것을 말한다.[13] 편의치적에 이용되는 국가로는 파나마, 라이베리아, 바하마, 온두라스, 벨리즈, 마샬아일랜드와 세인트 빈센트 등이 있는데, 실제로 편의치적국에 등록된 선박의 선적량이 세계 총 선적량의 약 50%에 이르고, 한국을 포함한 세계 주요 해운국의 보유 상선대 중 70% 이상이 편의치적국에 등록되어 있다고 한다.[14]

"제777조(선박우선특권 있는 채권) ① 다음의 채권을 가진 자는 선박·그 속구, 그 채권이 생긴 항해의 운임, 그 선박과 운임에 부수한 채권에 대하여 우선특권이 있다.

2. 선원과 그 밖의 선박사용인의 고용계약으로 인한 채권."

11) 상법 제788조는 "선박채권자의 우선특권은 질권과 저당권에 우선한다"고 규정한다. 파나마 상법(제244조)은 선박우선특권을 유형화하여 그 중 일부만이 저당권에 우선하고 다른 것은 저당권보다 후순위를 인정한다. 정해덕(註 8), 참조.

12) 이 부분은 석광현(註 5), 310면 이하의 논의를 축약하면서 보완한 것이다. 편의치적의 유래는 김인유, "편의치적선의 법적지위", 해사법연구 제20권 제3호(2008), 119면; 김진권(註 8), 68면 註 26 참조.

13) 헌법재판소 1998. 2. 5. 96헌바96 전원재판부 결정; 김진권, "海商法上의 準據法 決定에 관한 硏究", 한국해양대학교 대학원 법학박사학위논문(2003. 2.), 104면; 김진권, "해사국제사법상 편의치적에 관한 고찰", 한국해법학회지 제25권 제1호(2003. 4.), 67면 참조. 편의치적을 이용함으로써 실질적인 선박소유자는 다양한 이점을 누릴 수 있다. 윤윤수, "便宜置籍船(Ship under Flags of Convenience)", 외국사법연수논집[13] 재판자료 제73집(1996), 510면은 편의치적의 이점으로 ① 정치적, 경제적 및 군사적 목적에서의 정부간섭으로부터의 자유, ② 조세도피, ③ 선원비의 절감, ④ 안전 및 환경문제로 인한 규제로부터의 도피 등을 열거하고, 김인유(註 12), 119면 이하도 이런 4가지 외에 자금조달의 용이성을 든다.

국제적으로는 1958년 "공해에 관한 협약"은 국적부여 및 국기게양의 결정권을 각국에 인정하는 반면 새로이 기국과 선박 간에 '진정한 연계(genuine link)'의 존재를 요건으로 규정하였고(제5조), 또한 편의치적을 폐지할 목적으로 UN무역개발회의(Conference on Trade and Development: UNCTAD)의 주도 하에 1986년 "선박등록조건에 관한 유엔협약(United Nations Convention on Conditions for Registration of Ships)"을 채택하였는데 그에 의하면 선박과 선적 간에 진정한 연계가 있어야 하나,[15] 미국과 영국 등 주요 해운국들이 소극적 태도를 취하여 이는 발효되지 못하였다.[16] 대법원판결[17]은 편의치적을 "일정한 범위 내에서 용인되는 편법행위"라는 취지로 묘사하는데, 편의치적은 부적법한 것이라는 견해도 있으나,[18] 위에서 본 것처럼 실제로 편의치적은 빈번히 행해지고 있고, 국제사법에서도 편의치적이라는 이유만으로 선적이 연결점이 될 수 없는 것은 아니라는 주장이 유력하다.[19] 반면에, 다양한 해법상의 쟁점에 관하여 선적국법주의를 취하는 근거는 선적국이 그와 가장 밀접한 관계에 있다고 보기 때문인데, 과연 이런 근거가 편의치적의 경우에도 타당한가는 의문이다. 더욱이 국제사법이 제8조 제1항에 예외조항을 둠으로써 최밀접관련국법의 적용을 관철하고자 하므로 그러한 의문은 더욱 커진다.

---

14) 권혁준(註 4), 311면 이하. 이는 한국해양수산개발원 홈페이지와 UNCTAD에서 발간한 'Review of Maritime Transport 2014'를 인용한다. 김인현, 해상법 제3판(2011), 93면은 세계의 60% 정도의 선대가 편의치적되어 있다고 소개한다. 대부분 선주(船主)들은 자기 명의가 아니라 특수목적법인(SPC)을 만들어 선박을 주문한다. 선박치적의 형태와 편의치적의 현황에 관하여는 김규형·김상진·박찬재, 선박금융론(2011), 6면 이하 참조(김영주, "선박우선특권의 준거법—미국의 Triton Marine Fuels, Ltd. v. M/V PACIFIC CHUKOTKA 판결을 중심으로—", 한국해법학회지 제35권 제2호(2013. 11.), 205면 주 211에서 재인용).

15) 이호정, 국제사법(1983), 260면; 이한기, 국제법강의 신정판(1997), 461면. Genuine link의 의미에 관하여는 위 이한기, 462면. 텍스트는 http://unctad.org/en/PublicationsLibrary/tdrs conf23_en.pdf 참조. 1982년 "해양법에 관한 국제연합협약"(제91조)도 진정한 연계를 요구하나 이를 정의하지는 않는다. 편의치적의 국제법상 논점은 주동금, "국제법상 편의치적에 관한 연구", 연세대학교 대학원 법학박사학위논문(1988) 참조.

16) 윤윤수(註 13), 517면 이하; 최종현, 해상법상론 제2판(2014), 48면 이하.

17) 예컨대 대법원 1988. 11. 22. 선고 87다카1671 판결; 대법원 1989. 9. 12. 선고 89다카678 판결문 중에도 그런 표현이 나오나 엄밀하게는 이는 원심판결의 설시를 인용하는 부분이다.

18) 김인현(註 14), 93면.

19) Ulrich Drobnig/Jürgen Basedow/Rüdiger Wolfrum (Hrsg.), Recht der Flagge und „Billige Flaggen"—Neuere Entwicklungen im Internationalen Privatrecht und Völkerrecht (1990), S. 43ff. 참조.

2. 편의치적의 경우 선적국법주의의 관철 여부에 관한 종래 우리나라의 논의

섭외사법과 국제사법 하에서 편의치적의 경우 선적국법주의를 완화하려는 해석론이 제시되고 있다. 이는 국제사법 제60조가 적용되는 모든 연결대상에 타당하나 주로 문제되는 것은 제60조 제1호와 제2호의 연결대상이다.

가. 선적국법주의를 관철하는 견해

편의치적이더라도 선적국이 아닌 것은 아니므로 국제사법 조문에 충실하게 선적국법을 적용하는 견해이다.[20] 다만 선적국법의 적용이 우리나라의 공서에 명백히 반하는 때에는 그 적용이 배제되고(국제사법 제10조), 또한 준거법에도 불구하고 입법목적에 비추어 강행적으로 적용되어야 하는 법정지인 우리나라의 국제적 강행규정이 있으면 이는 준거법에도 불구하고 관철된다(국제사법 제7조). 나아가 절차에 관한 사항은 법정지법에 따른다.

나. 선적국법주의를 원칙으로 하되 예외를 인정함으로써 이를 완화하는 견해

반면에 유력설은 편의치적의 경우에도 원칙적으로 선적국법주의가 타당하지만 일정한 경우 그에 대한 예외를 인정하는데 그 근거와 내용은 다양하다.

(1) 근거

예외를 인정하는 근거로는 국제사법 제8조의 예외조항이나 '법률의 회피'를 든다.

> 제8조(준거법 지정의 예외)
> ① 이 법에 의하여 지정된 준거법이 해당 법률관계와 근소한 관련이 있을 뿐이고, 그 법률관계와 가장 밀접한 관련이 있는 다른 국가의 법이 명백히 존재하는 경우에는 그 다른 국가의 법에 의한다. …

첫째, 국제사법 제8조를 드는 견해는 아래와 같다.[21] 구체적인 사안에서 선

---

20) 위 2007년 대법원판결은 이러한 견해를 취한 것으로 보인다.
21) 석광현, 국제사법 해설 제2판(2003), 401면 이하, 103면 참조. 김동진, "선박우선특권", 부산법조 22호(2005. 부산지방변호사회), 210면도 동지.

적이 선적국과 유일한 관련인 때에는 국제사법 제8조에 의해 선적국법 대신 최밀접관련국법이 준거법으로 적용될 수 있다는 것이다. 즉 편의치적이라는 이유만으로 당연히 예외조항이 적용되는 것은 아니고 당해 사안에서 제8조가 정한 엄격한 요건이 구비되는지의 여부를 신중하게 검토해야 한다고 한다.[22)]

둘째, 국제사법이론상 인정되는 법률의 회피를 들기도 한다. 예컨대 당사자들이 국내법 또는 기타의 법을 회피하려는 목적으로 편의치적국법을 선적국법으로 채용한 때는 이를 무시할 수 있다거나,[23)] 외국회사 등의 채권자도 실질적인 지배선주 측과 거래를 하였다는 등의 특별한 사정이 인정되지 않는 한 선적국법을 적용하는 것이 원칙이나, 당사자에 의한 악의의 준거법 회피가 있다고 인정되는 경우 법정지법인 우리 법을 적용할 것이라고 한다.[24)]

(2) 구체적인 내용

선적국법주의의 예외를 인정할 경우 법정지법을 적용하는 견해가 유력하다.[25)] 여기에도 전면적으로 법정지법을 적용하자는 견해와, 제한적으로 법정지법을 적용하자는 견해가 나뉠 수 있다. 반면에, 원칙적으로 선적국법을 준거법으로 삼아야 하나, 선적국법주의의 단점을 감안한다면 국제사법 제8조를 적극적으로 해석하여 가장 밀접한 관련이 있는 국가의 법을 찾는 노력을 다해야 함을 전제로, 선박우선특권의 성립, 순위 및 실행과 관련하여 법정지에 어느 정도 연결고리가 있는 경우에는 원칙적으로 법정지법이 가장 밀접한 관련이 있는 법이라고 보는 적극적 해석도 가능하고, 선적국법은 당해 채권들이 모두 법정지 이외에서 발생하였고 이해관계인들도 대부분 법정지 이외에 있는 경우에 한정하여 적용하자는 견해도 있다.[26)] 이는 한국이 담보권의 실행지라는 이유만으로 법정지법을 적용하자는 것은 아니다.[27)]

---

22) 이태종, "선박우선특권의 준거법 결정에 관한 국제사법 제60조 제1, 2호에 대한 비판적 검토", 사법논집 제38집(2004), 164면은 제8조를 언급하지는 않지만 결론은 유사하다.

23) 이태종(註 22), 164면. 김진권(註 8), 75면도 법률의 회피에 대해 호의적인 태도를 보이면서도 저자의 비판적인 태도를 소개한다.

24) 윤윤수(註 13), 528면.

25) 윤윤수(註 13), 528면. 이는 섭외사법 하의 해석론이나 국제사법 하에서도 동일하게 주장될 수 있는데 국제사법 제8조가 있으므로 부담이 덜하다.

26) 김동진(註 21), 210면.

27) 그 밖에도 선박우선특권의 준거법을 법정지법으로 보지는 않더라도, 국제사법이 명시하는 사항을 제외하고 여타의 문제들, 선박우선특권이 양도된 경우의 효력, 선박우선특권의 포기가능 여부, 선박우선특권의 대위행사, 제척기간의 적용, 집행절차에 있어서 이의권 등에 대하여는 법정지법인 우리 법률을 원칙적으로 적용할 것이라는 견해도 있다. 김동진(註 21), 211면. 그러나, 선박우선특권의 성립과 효력의 준거법을 선적국법으로 보는 한 위 사항들은 동일한

(3) 사견

저자는 아래와 같은 사견을 피력한 바 있다.

(가) 법률의 회피를 근거로 제시하는 데 대하여

우리 국제사법이 선적국법주의를 명시하고 있음에도 불구하고 다른 법을 적용하기 위해 편의치적을 하는 것은 '법률의 회피'의 한 유형이다. 국제사법상 법률의 회피는 '법률사기'(*fraude à la loi*) 또는 '연결소(점)의 사기적 창설'(fraudulent creation of points of contact)이라고 하는데,[28] "사기는 모든 것을 부패시킨다(*fraus omnia corrumpit*)"는 원칙에서 유래하는 것으로 강학상 국제사법 총론에서 다루어진다. 이는 당사자가, 만일 회피가 없었더라면 적용되었을 준거법의 적용을 피할 의도를 가지고 연결점을 창설함으로써 다른 법이 준거법이 되게 하는 것이다. 그 경우 주요 쟁점은 첫째, 어떠한 경우 법률의 회피가 존재하는가라는 요건론과,[29] 둘째, 법률의 회피에 대해 어떻게 대처할 것인가라는 효과론이다. 프랑스에서는 법률의 회피를 독립적 제도로 보아 그에 대한 제재로서 그에 따른 국제사법적 효력을 부인함으로써 법률의 회피를 좌절시키고 법질서의 위신을 지키는 경향이 있다.[30] 반면에 독일에서는 이를 저촉규범의 합목적적 해석의 문제로 보면서 비교적 관대한 태도를 취하므로 그 결과 많은 경우 법률의 회피에 의해 당사자가 의도한 목적이 달성된다.[31] 저자는 편의치적의 경우 법률의 회피라는 이유로 선적국법주의를 배척하는 데 대하여는 부정적인 태도를 취하면서,[32] 특히 편의치적의 경우에만 법률의 회피를 인정할 것은 아니고, 법률의 회피 전반에 관한 치밀한 검토를 한 뒤에 결론을 내려야 한다고 본다.

준거법에 따를 사항이다.

28) 이호정(註 15), 197면.

29) 그 요건에 대한 설명은 다소 차이가 있는데, 이호정(註 15), 197면은 회피된 법규, 이용된 법규, 회피행위와 회피의도를 들고, 박기갑, 국제사법총론 — 法律衝突理論을 중심으로 — 1996), 235면은, 과거 저촉법규정의 의도적 이용, 법률의 강행적 성격을 회피하려는 의도의 존재와, 개인이 회피하려는 법이 자국법일 것이었으나 셋째 요건은 점차 완화되고 있다고 한다. Yvon Loussouarn/Pierre Bourel/Pascal de Vareilles-Sommière, *Droit International Privé, 10e édition* (2013), N. 412는 저촉규범의 의도적 이용, 법의 회피의도와 그 권한이 보호되는 법의 존재를 든다. Bernard Audit/Louis d'Avout, *Droit International Privé, 7e édition* (2013), N. 297 이하도 참조.

30) 독일, 프랑스와 스위스의 국제사법에서의 법률회피의 비교법적 검토는 Michael Rütten, Gesetzesumgehung im internationalen Privatrecht (2003), S. 97ff. 참조.

31) 이는 석광현(註 21), 403면에서 이미 지적하였다. 상세는 이호정(註 15), 195면 이하. 영국과 미국도 유사하다. 장문철, 국제사법총론(1996), 150면 이하 참조.

32) 편의치적은 비교적 해악의 정도가 낮아 공적으로 수인되는 법률의 회피의 한 예라고 한다. Jan Kropholler, Internationales Privatrecht, 6. Auflage (2006), S. 158.

(나) 편의치적에서 예외를 인정하는 경우 개별화의 필요성

저자는, 편의치적의 경우 예외조항을 적용할지를 판단함에 있어서는 일률적으로가 아니라 그 맥락을 고려하여 판단해야 한다는 점을 강조한다.[33] 예컨대 선박에 관한 물권변동처럼 등록을 전제로 하는 사항은 등록지에서만 등록이 가능하므로 선적국법주의를 배척하고 실질적인 선박소유자[34]의 소속국법인 한국법을 적용하는 것은 현실적으로 문제가 있다. 반면에, 선원근로계약의 준거법 결정 또는 공동해손의 경우와 같이 등록을 전제로 하지 않는 사항에 대해서는 실질적인 선박소유자의 법을 적용할 수 있고, 선박충돌의 경우 또는 해양사고구조의 경우에도 마찬가지이다.

이런 논리를 기초로 저자는 위 2007년 대법원판결에서 문제되었던 선박우선특권의 경우 편의치적임을 이유로 실질선주, 즉 실질적인 선박소유자의 법, 피담보채권의 준거법 또는 법정지법을 적용할 수 있는가를 검토한 뒤 편의치적이라는 이유만으로 실질적인 선박소유자의 법(예컨대 한국법)을 적용할 수는 없고, 예외조항을 적용하여 우리 법을 적용하기 위한 요건이 필요하며 그 요건의 구체화가 과제임을 지적하고, 단정적인 견해를 피력하기는 이르지만 아래의 경우 예외조항을 적용할 수 있을 것이라는 견해를 피력하였다.[35]

첫째, 우리나라에서 담보권을 실행하는데 실질적인 선박소유자의 국가도 한국인 경우와, 둘째, 문제된 선박우선특권의 피담보채권의 준거법이 법정지국법인 경우에는 예외조항을 적용하여 법정지법을 선박우선특권의 준거법으로 볼 여지도 있다. 즉, 편의치적에 의한 선적국도 선적국인 이상 일률적으로 이를 배제하고 법정지법을 선박우선특권의 준거법으로 볼 수는 없지만, 그 법정지법이 실질적인 선박소유자의 속인법 또는 피담보채권의 준거법과 일치하는 경우에는 제8조를 통하여 법정지법이 준거법이 될 가능성도 있다는 것이다. 이 사건도 그런 유형에 속하는 것이라고 할 수 있다.

다만 그러한 경우에도 등록을 전제로 하는 선박의 소유권, 저당권은 등록을 요하지 않는 선박우선특권과는 달라서 선적국법에 의하여야 할 것이다. 한편 저당권 기타 선박에 관한 담보물권의 우선순위에 대하여는 논란의 여지가 있다.

33) 석광현(註 21), 402면 이하.

34) 저자는 과거 이를 "실질선주"라고 하였으나(석광현(註 5), 315면, 322면) 여기에서는 대상판결의 표현을 따라 원칙적으로 "실질적인 선박소유자"라고 하되, 양자를 동일한 의미로 사용한다.

35) 석광현(註 5), 315면 이하.

당초 저자는 이 경우에도 우선순위는 여전히 선적국법에 의하여야 한다고 썼으나, 섭외사법개정연구반 초안[36]의 제2안과 제3안에서 보듯이 일의적인 기준을 제시하면 족하므로 선박우선특권과 선박에 관한 다른 담보물권의 우선순위도 법정지법에 의할 수 있을 것이라는 견해를 취하였다.[37]

Ⅲ. 예외조항의 도입배경과 적용요건[38]

1. 예외조항의 도입배경

국제사법의 개별조문이 일정한 연결대상에 대하여 규정하는 모든 연결원칙(이를 "정규적 연결원칙"이라고 부를 수 있다)은 당해 사안과 가장 밀접한 관련을 가지는 법을 지정하는 것이다. 그러나 국제사법의 조항을 적용한 결과가 구체적인 사건에서 그러한 원칙에 부합하지 않는 경우가 발생할 가능성이 있으므로 국제사법(제8조)은 그러한 경우에도 국제사법이 지향하는 올바른 연결원칙을 실현하기 위하여 '예외조항'을 도입하였다. 예외조항은 법률관계(더 정확히는 연결대상)와 최밀접관련국법을 준거법으로 지정하기 위한 것이다. 그런 예외를 명시하는 방법에는 ① 오스트리아 국제사법(제1조)처럼 원칙으로서 선언하는 방법, ② 구 독일 민법시행법처럼 법선택이 없는 경우 계약의 준거법(제28조 제5항), 근로계약(제30조 제2항), 계약외 채무(제41조)와 물권(제46조) 등에 관하여 각각 예외조항을 두는 방법[39]과 ③ 스위스 국제사법(제15조)[40]처럼 '일반적 예외조항(Ausnahmek-

---

36) 이는 법무부가 1999년 4월 구성한 섭외사법개정연구반이 작성한 국제사법의 개정시안이다. 문언은 석광현(註 21), 490면 이하 참조.

37) 석광현, "선박우선특권과 피담보채권(선원임금채권)의 준거법", 서울지방변호사회 판례연구 제22집(1)(2008. 8.), 149면; 석광현(註 5), 317면 이하.

38) 개관은 석광현, 국제사법 해설(2013), 152면 이하 참조.

39) 유럽연합의 "계약채무의 준거법에 관한 2008. 6. 17. 유럽의회 및 이사회의 No. 593/2008 규정"("로마 I")(제4조 제3항), "계약외채무(또는 법정채무)의 준거법에 관한 2007. 7. 11. 유럽의회 및 이사회의 No. 864/2007 규정"("로마Ⅱ")(제5조 제3항)과 "상속사건에 관한 재판관할, 준거법, 재판의 승인 및 집행과, 공서증서의 인정과 집행에 관한 그리고 유럽상속증명서의 창설에 관한 유럽의회 및 이사회의 No. 650/2012 규정"("EU상속규정")(제21조 제2항)도 이런 방법을 취한다. [밑줄 부분은 이 책에서 새로 추가한 것이다.]

40) 제15조는 "이 법률이 지정하는 법은, 사안이 동 법과 오직 근소한 관련만을 가지고 있고 오히려 다른 법과 훨씬 밀접한 관련을 가지고 있음이 전체적인 사정으로부터 명백한 경우에는, 예외적으로 적용하지 아니한다"고 규정한다.

lausel)'[41]을 두는 방법 등이 있다.[42] 스위스 국제사법의 방법을 '일반예외조항'이라고 하여 구 독일 민법시행법의 방법이 취하는 '특별예외조항'과 대비하기도 하는데,[43] 후자는 민법시행법이 단계적으로 개정된 점에 기인하는 것이므로, 우리는 결국 스위스의 규정방법을 따랐다.[44]

예외조항은 개별사안에서 정당한 연결원칙을 관철하려는 것인데, 여기에서 "정당한 연결"이라 함은 실질법적으로 보다 나은 법(better law)을 지향하는 것이 아니라 '밀접한 관련'이라는 연결체계의 유지를 의미한다.[45] 이와 달리 1971년에 간행된 미국의 Restatement (Second), Conflict of Laws에서 보듯이[46] 실질법을 적용한 결과를 포함하는 다양한 요소를 고려하여 가장 적절한 법을 준거법으로 지정하는 것은 우리 국제사법의 예외조항의 문언에 비추어 부적절하다. 만일 그런 취지로 예외조항을 적용한다면 상당한 혼란을 초래하게 될 것이다.

---

41) 'Ausweichklausel(회피조항)' 또는 'Berichtigungsklausel(교정조항)'이라고도 한다.

42) 2011년 4월 발효된 중국의 섭외민사관계법률적용법 제2조의 3문은 "… 본 법과 기타 법률에 섭외민사관계에 대한 법률적용에 대해 규정이 없는 경우에 그 섭외민사관계와 가장 밀접한 관련이 있는 법률을 적용한다"고 규정하나 이는 우리 식의 예외조항은 아니다.

43) 신창선·윤남순, 新國際私法(2014), 134면; 신창섭, 국제사법 제2판(2011), 124면. 독일에서는 일반예외조항에 대해서는 통설은 부정적인 태도를 취한다. 나아가 독일에서는 특별예외조항은 실질법적 지정이라고 보는 견해가 유력하다고 한다. Karsten Otte, "Betrachtungen zur Interessenlehre", in Heinz-Peter Mansel (Hrsg.), Internationales Privatrecht im 20. Jahrhundert (2014), S. 28.

44) 예외조항을 받아들이자는 입법론적 주장은 석광현, "涉外不法行爲의 準據法決定에 관한 小考—共通의 屬人法에 관한 대법원판결을 계기로 본 涉外私法의 적용범위와 관련하여—", 국제사법과 국제소송 제1권(2001), 212면 이하; 신창선, "國際私法상의 例外條項에 대하여", 국제사법연구 제6호(2001), 117면 이하 참조(이 글은 신창선·윤남순(註 43), 133면 이하와 유사하다).

45) Daniel Girsberger et al., Zürcher Kommentar zum IPRG, 2. Auflage (2004), Art. 15 Rn. 90 (Keller/Girsberger 집필부분)(이하 "Zürcher Kommentar/집필자"로 인용한다). Heinrich Honsell et al., Internationales Privatrecht (IPRG), 2. Auflage (2007), Art. 15, Rn. 8 (Monica Mächler-Erne/Susanne Wolf-Mettier 집필부분)(이하 "Basler Kommentar/집필자"로 인용한다). Better law approach에 따르면 법원은 경합하는 실질법의 내용을 고려하여 보다 나은 법을 적용해야 한다. Friedrich K. Juenger, Choice of Law and Multistate Justice (1993), p. 191 이하 참조.

46) 예컨대 계약의 객관적 준거법의 결정에 관하여 국제사법 Restatement 제188조 제2항은 일정한 요소들을 제6조에 정한 원칙에 따라 고려하여 가장 중요한 관계를 가지는 장소를 결정하도록 함으로써 '규칙(rules)'을 정하는 대신 '접근방법(approach)'만을 제시하고 있다. 그러한 요소들은 계약체결지, 협상지, 이행지, 계약목적물의 소재지, 당사자의 주소, 거소, 국적, 설립지와 영업소 소재지 등이고, 제6조의 원칙은 주제체계(州際體系)와 국제체계의 필요, 법정지의 관련 정책들, 이해관계 있는 타주(와 타국)들의 관련정책들과 특정한 쟁점의 결정에 있어서의 관련이익, 정당한 기대의 보호, 특정 법분야의 기초를 이루는 기본정책들, 결과의 확실성, 예견가능성과 통일성 및 적용될 법의 결정과 적용상의 용이성이다.

예외조항을 둘 경우 법적 안정성을 해한다거나 법관에게 과도한 부담을 줄 수 있는 것은 사실이나,[47] 예외조항을 둠으로써 국제사법이 규정하는 연결원칙의 경직화를 막을 수 있다는 장점이 있다.[48] 예외조항은, 법적 안정성을 중시하여 유형화된 법률관계별로 연결원칙을 규칙(rules)의 형식으로 규정하는 대륙법계의 전통을 따르면서도 개별사건에서 연결원칙의 경직성을 완화하여 보다 정치한 연결원칙을 반영한 나아가 구체적 타당성이 있는 결론을 도출하기 위해서는 불가피한 규정이다.[49] 즉, 여기에서 법적 안정성을 부분적으로 희생하는 것은 사실이나 이는 개별사건에서의 구체적 타당성과 유연성을 확보하기 위하여 우리가 지불하지 않으면 아니되는 대가라고 평가할 수 있다.

2. 예외조항의 적용요건

예외조항을 함부로 적용한다면 법적 안정성을 해할 것이므로, 국제사법은 예외조항의 적용요건을 엄격하게 규정한다. 즉, 예외조항이 적용되기 위해서는 ① 국제사법에 의하여 준거법이 지정되고, ② 국제사법에 의하여 지정된 준거법이 해당 법률관계[50]와 근소한 관련이 있을 뿐이고, ③ 그 법률관계[51]와 가장 밀접한 관련이 있는 다른 국가의 법[52]이 존재해야 하며,[53] ④ 위 ③이 명백해야

47) 또한 Kegel은 보다 밀접한 관련이라는 개념은 국제사법의 이념에 이미 반영되어 있으므로 예외조항은 '공허한 공식(Leerformel)'이라고 비판한다. Gerhard Kegel/Klaus Schurig, Internationales Privatrecht 9. Auflage (2004), S. 305, S. 308. 신창선 · 윤남순(註 43), 137면도 이를 소개한다.

48) 신창선 · 윤남순(註 43), 137면도 동지.

49) 만일 그 당시 이런 조항이 있었다면, 카타르 불법행위 사건 판결(대법원 1979. 11. 13. 선고 78다1343 판결)에서 대법원이 사안의 섭외사건성을 부정하지 않으면서도 공통의 속인법을 적용함으로써 한국법을 준거법으로 인정할 수 있었을 것이다. 그러나 저자는 예외조항이 없는 섭외사법의 해석론으로도 동일한 결과를 도출할 수 있다는 견해를 피력하였다. 석광현(註 38), 206면. 예외조항은 구체적 사건에서 타당한 연결원칙을 도입하기 위한 것이지만 이는 일반화할 수 있는 정치한 규범을 발견하기 위한 것이지 특정 개별사건에서의 구체적 타당성만을 추구하는 것은 아니라는 견해도 있으나, 독일에서는 예컨대 특별예외조항인 민법시행법 제46조의 맥락에서 구체적 타당성을 달성하는 것을 허용하는 견해도 있다. Staudinger/Heinz-Peter Mansel, Art. 46 Rn. 13, Rn. 78 (2015).

50) 정확히는 '연결대상'이다.

51) 정확히는 '연결대상'이다.

52) 엄밀하게는 국가의 법에 한정할 이유는 없다는 견해도 가능하다.

53) 섭외사법개정연구반 초안(제9조)의 문언은 "오히려 다른 법이 훨씬 더 밀접한 관계를 가지고 있음이 명백한 경우에는"이었으나 위원회 개정시안(제8조)은 위와 같이 수정되었다. 각 문언은 석광현(註 21), 491면, 504면 참조.

한다. 따라서 어느 법이 더 밀접한 관련이 있는지가 의문이 있는 정도만으로는 예외조항을 적용할 수 없다. ③의 요건은, 사안의 모든 사정을 종합적으로 판단하여 문제된 법률관계(보다 정확히는 연결대상)와 가장 밀접한 관련이 있는 다른 국가의 법이 존재하는 때에 충족된다. 이에는 다양한 사안이 있을 수 있는데 유력한 견해는 사안이 준거법 결정의 기준시점과 시차가 큰 경우, 장소적 차이가 있는 경우, 다른 법률관계와 밀접한 관련을 가지는 경우와 불통일적 연결을 수정하기 위하여 필요한 경우 등을 든다.[54] 법관은 구체적인 사안에서 만일 입법을 했었더라면 입법자도 국제사법에 따른 정규적 연결원칙 대신 법관이 결정한 연결원칙을 입법적으로 채택했을 것이라는 견해에 이르는 때에만 예외조항을 적용해야 한다.[55] 우리나라에서 예외조항의 적용이 문제될 수 있는 사례는 이미 지적했듯이 특수불법행위에 대해 국제사법 제32조의 정규적 연결원칙을 수정하는 것이다.[56] 논란이 있는 것은 불법행위의 준거법 결정 시 국제사법(제32조 제3항)이 정한 종속적 연결원칙을 예외조항에 의해 배제할 수 있는가이다. 예컨대 당사자가 근로계약의 준거법으로 당해 사안과 근소한 관련만 있는 편의치적국법을 지정한 경우에 계약관계에서 불법행위가 발생한다면 그 경우에도 종속적 연결을 할지 아니면 불법행위지법을 적용할지이다.[57]

한편 국제사법상 당사자자치가 허용되는 경우에는 당사자의 의사에 반해서까지 예외조항을 인정한다면 당사자자치의 원칙에 반하므로 그 경우에는 예외조항이 적용되지 않는다(제8조 제2항). 따라서 국제계약법 분야는 물론이고 국제친족법·국제상속법의 분야에서도 당사자자치가 인정되는 범위 내에서는 예외조항은 적용되지 아니한다.

---

54) 신창선·윤남순(註 43), 138면 이하. 국제사법의 이익의 하나인 질서이익을 구성하는 내적 판단의 일치와 외적(국제적) 판단의 일치는 예외조항의 적용 여부 판단 시 고려된다. Zürcher Kommentar/Keller/Girsberger, Art. 15, Rn. 62ff. 참조. 내적 판단의 일치와 외적 판단의 일치에 관하여는 이호정(註 15), 22면 이하 참조. 예외조항을 적용한 스위스 판례는 신창선·윤남순(註 43), 140면 이하 참조.

55) Zürcher Kommentar/Keller/Girsberger, Art. 15, Rn. 54.

56) 석광현(註 38), 155면.

57) 종속적 연결을 한다면 불법행위의 준거법은 계약준거법 소속국법이 되나, 예외조항을 적용한다면 불법행위지법이 불법행위의 준거법으로 될 수 있다. 김인호, "從屬的 連結에 의한 不法行爲의 準據法", 인권과 정의 통권 제392호(2009. 4.), 98면은 예외조항의 적용을 긍정하나, 저자는 그런 결과는 종속적 연결의 취지에 반하므로 종속적으로 연결해야 한다고 본다. 석광현(註 38), 399면 주 37 참조.

3. 대상판결의 판단과 그에 대한 평가

가. 대상판결의 판단

대상판결은 아래와 같은 취지로 판시하였다.

> 선원의 임금채권을 근거로 하는 선박우선특권의 성립 여부나 선박우선특권과 선박저당권 사이의 우선순위를 정하는 준거법은 원칙적으로 선적국법이라고 할 것이나, 선박이 편의치적이 되어 있어 그 선적만이 선적국과 유일한 관련이 있을 뿐이고, 실질적인 선박소유자나 선박 운영회사의 국적과 주된 영업활동장소, 선박의 주된 항해지와 근거지, 선원들의 국적, 선원들의 근로계약에 적용하기로 한 법률, 선박저당권의 피담보채권을 성립시키는 법률행위가 이루어진 장소 및 그에 대하여 적용되는 법률, 선박경매절차가 진행되는 법원이나 경매절차에 참가한 이해관계인 등은 선적국이 아닌 다른 특정 국가와 밀접한 관련이 있어 앞서 본 법률관계와 가장 밀접한 관련이 있는 다른 국가의 법이 명백히 존재하는 경우에는 다른 국가의 법을 준거법으로 보아야 한다.

나. 대상판결에 대한 평가

우선 이 사건에서 예외조항이 적용되기 위한 요건이 구비되는지를 본다. 이 사건에서 선박우선특권의 성립, 선박우선특권과 선박저당권 사이의 우선순위를 정하는 준거법은 국제사법 제60조 제1호와 제2호에 의하여 지정되므로 위 ①의 요건이 구비된다. 또한 이 사건 선박은 파나마에 편의치적이 되어 있는데, 제반 사정을 보면 파마나와는 선적 외에는 다른 관련이 없는 것으로 보이므로 위 ②의 요건도 구비되고 문제는 ③과 ④, 특히 ③이다.

⑴ 대상판결이 고려한 요소들

대상판결이 제8조에 따라 제60조가 정한 연결원칙에 대한 예외를 인정하기 위하여 고려한 요소는 ① 실질적인 선박소유자나 선박 운영회사의 국적과 주된 영업활동장소, ② 선박의 주된 항해지와 근거지, ③ 선원들의 국적, ④ 선원근로계약의 준거법, ⑤ 선박저당권의 피담보채권을 성립시키는 법률행위가 이루어진 장소, ⑥ 선박저당권의 피담보채권의 준거법, ⑦ 선박경매절차가 진행되는 법원과 ⑧ 경매절차에 참가한 이해관계인 등이다.

이러한 요소를 고려하는 것은 위 ③과 ④ 요건의 구비 여부를 확인하기 위한 것인데, 고려할 요소는 결국 연결대상이 무엇인가에 따라 달라진다. 이 사건에서 문제된 연결대상은 국제사법 제60조 제1호와 제2호가 정한 선박우선특권의 성립과, 선박우선특권과 선박저당권 사이의 우선순위이므로 위 요소들이 선정된 것이다. 대상판결의 판단은 대체로 설득력이 있으나 의문이 없지는 않은데 이를 요소별로 검토한다.

① 실질적인 선박소유자나 선박 운영회사의 국적과 주된 영업활동장소. 이 사건 선박의 실질적인 소유자는 한국 법인이자 이 사건 선박의 용선자인 퍼스트 쉽핑이다.[58] 여기에서 회사의 국적이라 함은 설립준거법을 말하는 것으로 보인다. 제1심판결은 실질적 선주가 누구인지 여부, 즉 선주법인의 경우 그 법인 주주의 국적이 어디인지 여부 및 법인의 임원의 국적 및 법인의 운영과 관련된 내용을 고려한 점에서 차이가 있다. 그러나 대상판결이 실질적인 선박소유자 외에 선박 운영회사의 국적과 주된 영업활동장소를 열거하는 것은 다소 의문이다.[59] 편의치적에서 명목상의 선박소유자와 선체용선계약(BBCHP, BBC)을 체결한 실질적인 선박소유자가 스스로 선박의 운영 주체가 되는 경우도 있으나, 정기용선계약(Time Charter) 또는 이와 유사한 선박임대차계약을 체결하고 선박 및 선원에 대한 관리를 별도의 선박 운영회사에게 맡기는 경우도 있는데, 후자의 경우 선박 운영회사의 국적과 주된 영업활동장소는 실질적 선박소유자의 판단에 영향을 미치는 것은 아니기 때문이다.[60]

② 선박의 주된 항해지와 근거지. 이는 그 의미가 다소 불분명하다. 종래 선박의 '본거항' 또는 '본적항(home port, Heimathafen)'은 선박이 상시 발항 또는 귀항하는 항해기지로서 기업경영의 중심이 되는 항을 말한다고 설명하는데,[61] 선

---

58) 그러나 판결문만으로는 명목상의 선박소유자의 주주 구성은 잘 드러나지 않는 것 같다.

59) 김진권(註 8), 87면은 이는 1986년 "선박등록조건에 관한 유엔협약"에서 시도한 기국과 선박 간의 '진정한 연계'(genuine link)와 관련된 핵심사항으로 이를 식별하기 위하여 제시된 선박의 소유권, 선박의 경영권, 선원(국적)의 3요소를 전부 검토한 것"이라고 평가한다. 나아가 김진권(註 8), 88면은 위 3요소를 비롯하여 선박소유자의 실제 국적, 선박소유자의 본거지 및 실질적 영업활동장소, 선적국법 등을 중요한 요소로 하고, 그 외 해당 법률관계에 대한 불법행위지, 피해자의 관련성 또는 주소지, 고용계약 체결지, 외국법원의 이용 곤란성 및 법정지법 등을 세부적 요소로 하여 판단할 것이라고 한다. 그러나 밑줄친 요소들은 이 사건에서 어떤 의미를 가지는지 의문이다. 한편 윤윤수(註 13), 513면 註 23은, UNCTAD가 요구하는 경제 3요소는 ① 일정비율의 기국선원의 승선, ② 기국에 설립되어 소재하는 소유회사와 관리사무소 또는 기국국민인 회사 상임 임원을 통한, 기국에 의한 운항·관리체제의 강화와 ③ 소유회사에 대한 적절한 수준의 기국 자본의 참가라고 하여 다소 차이가 있는 것으로 보인다.

60) 아래에서 보는 2007년 대법원판결의 사안에서도 선박을 나용선한 회사는 선박관리회사인 글래샬 피셔리즈 리미티드와 판매 및 대리점 관리에 관한 계약을 체결하였고, 글래샬 피셔리즈 리미티드는 소외 사피르 에이에게, 후자는 다시 소외 에르빅 마린 서비스에게 각 하도급 관리계약을 통하여 위 선박에 대한 관리·운영을 맡긴 결과 에르빅 마린 서비스가 최종적으로 선박에 대한 관리·운영을 맡았다. 석광현(註 5), 322면 참조.

61) 정병석, "해상법 분야에서의 국제사법적 고려", 법조 통권 536호(2001. 5.), 177면; 이호정

박의 근거지도 아마 그런 취지로 짐작된다.[62] 제1심판결에 따르면, 이 사건 선박은 주로 한국에서 싱가포르 등 동남아시아 지역의 항해에 사용하였고, 파나마국 내 항구를 거점으로 운항한 것은 아니라고 한다.

③ 선원들의 국적. 이 사건에서 선장과 기관장은 원고들인 한국인이고, 기타 선원들은 한국인이거나 동남아시아인들이며 파나마국인은 없다.

④ 선원근로계약의 준거법. 이는 이 사건에서 문제된 선박우선특권의 피담보채권인 임금채권의 준거법으로서 의미가 있다. 이 사건에서 선원근로계약의 준거법은 한국법이었다.[63] 그런데 피담보채권의 준거법을 선박우선특권의 준거법으로 보는 입법례[64]도 있으나 우리는 이런 접근을 하지 않고 선적국법을 적용하므로 선박우선특권의 피담보채권의 준거법은 큰 의미는 없다고 본다.

⑤ 선박저당권의 피담보채권을 성립시키는 법률행위가 이루어진 장소. 선박저당권의 피담보채권은 아마도 금융계약상의 채권일 것이므로 이는 계약체결지를 말하는 것으로 짐작되나, 이는 아래(⑥)에서 언급하는 선박저당권의 피담보채권의 준거법보다도 의미가 작다고 생각된다.

⑥ 선박저당권의 피담보채권의 준거법. 이 사건에서 문제된 연결대상의 하나가 선박우선특권과 선박저당권 사이의 우선순위이므로 이 요소가 고려된 것으로 짐작된다. 선박저당권의 준거법과 선박저당권의 피담보채권의 준거법은 상이할 수 있는데, 이 사건에서 선박저당권의 준거법은 파나마법일 것이나 선박저당권의 피담보채권의 준거법은 분명하지 않다. 저당권자가 한국의 은행인 피고(하

(註 15), 291면은 섭외사법 제47조의 선적국을 등록항 소재국이라고 본다. 그러나 이호정(註 15), 260면은 기국법을 선박등록지법이라고 한다. 선장의 대리권에 관한 대법원 1991. 12. 24. 선고 91다30880 판결은 미등록 선박의 선적항이 어디인가에 관하여, 선적항은 등록항의 뜻 외에 해상기업의 본거항의 뜻도 가지므로 미등록 선박의 경우 계선관리하고 있는 항구를 본거항으로 보았다.

62) 김진권(註 8), 87면은 이는 선박의 본거항에 대한 접근을 통하여 선박의 실질적인 활동범위를 파악하기 위한 것이라고 한다.

63) 아래에서 소개하는 대법원 2007. 7. 12. 선고 2005다39617 판결은 선원근로계약에 관하여는 선적국을 선원이 일상적으로 노무를 제공하는 국가로 볼 수 있어 선원근로계약에 의하여 발생하는 임금채권에 관한 사항에 대하여는 특별한 사정이 없는 한 국제사법 제28조 제2항에 의하여 선적국법이 준거법이 된다고 판시하였다. 저자는 편의치적의 경우 선원근로계약의 객관적 준거법은 선적국법이 아니라 가장 밀접한 관련이 있는 국가의 법으로 보아야 하고, 그 경우 실질선주(즉 여기에서 말하는 실질적인 선박소유자)의 법이 유력하다고 보았다. 석광현(註 5), 322면. 예외조항(제8조)과 제28조의 합리적 해석으로부터 그 근거를 찾을 수 있음은 이미 지적하였다. 석광현(註 21), 361면. 이 사건에서 당사자들은 선원근로계약의 준거법을 한국법으로 지정한 결과 가장 밀접한 관련이 있는 법과 동일하다.

64) 독일 민법시행법(제45조 제2항)의 입장이다.

나은행)였으므로 한국법일 가능성이 크나, 영국법일 수도 있다. 어쨌든 ⑤와 ⑥은 선박저당권 자체의 준거법보다는 의미가 작다고 본다.

⑦ 선박경매절차가 진행되는 법원. 실제로 예외조항의 적용이 문제되는 사안은 우리 법원이 법정지인 경우, 특히 선박경매절차가 진행되는 경우일 것이다.

⑧ 경매절차에 참가한 이해관계인 등. 이는 아마도 경매절차에 참가한 이해관계인의 국적(설립준거법) 또는 주된 영업활동장소를 말하는 것으로 짐작된다. 대상판결은 선박저당권자를 언급하지 않으나 선박저당권자가 이해관계인에 포함됨은 명백하다. 이 사건에서 원고들은 이 사건 선박에 승선한 한국인 선원들이었고, 선박근저당권자는 피고(하나은행)였다.

이 사건에서 위 요소들을 고려하면 위 연결대상과 가장 밀접한 관련이 있는 것은 한국법이라고 할 수 있고 그런 사실이 비교적 명백한 경우라고 평가할 여지도 있다. 다만 피고가 취득한 선박저당권의 준거법은 파나마법일 테고 이는 이 사건에 국제사법 제8조를 적용하더라도 움직일 수 없을 것이다.[65)]

⑵ 그 밖의 요소들

① 이해관계인, 특히 선박저당권자의 정당한 기대. 예외조항을 적용함으로써 법적 안정성이 일부 희생되는 것은 부득이하다. 그렇지만 대상판결이 언급한 경매절차에 참가한 이해관계인, 특히 선박저당권자인 피고의 정당한 기대—즉, 원고들의 선박우선특권이 인정되더라도 이는 파나마 상법에 따라 마지막 항차(또는 항해) 동안의 임금에 한정될 것이라는 기대—를 고려한다면 예외조항을 적용하기는 매우 조심스럽다.[66)] 정확한 사실관계는 알 수 없으나 아마도 피고는 선박금융을 제공하고 파나마법에 따라 선박저당권을 취득하였을 것이다. 그런데 사후적으로 원고들의 임금 전액에 대하여 선박우선특권이 발생하고 더 나아가 임금전액에 대한 선박우선특권이 저당권에 우선한다는 것은 선박의 담보가치를 기초로 선박금융을 제공하는 금융기관으로서는 예측할 수 없는 사정으로 금융기관에게는 재앙과 같다.[67)] 물론 선박금융을 제공하는 선박저당권자로서는 선박우

---

65) 당사자들은 아마도 선박저당권설정계약서에서 선박저당권의 준거법을 명시하였을 텐데, 당사자가 합의에 의하여 준거법을 선택한 경우에는 예외조항이 적용되지 않으므로(국제사법 제8조 제2항) 본문과 같이 쓴 것으로 생각할 수도 있다. 그러나 국제사법상 선박저당권의 준거법은 선적국법이고(제60조 제1호) 당사자자치는 허용되지 않으므로 선박저당권의 경우에도 제8조 제1항의 적용이 논리적으로 불가능한 것은 아니다. 다만 선박저당권은 등기에 의하여 공시되는 약정담보물권이므로 선적국법의 적용을 배제하기 어렵다는 것이다.

66) Zürcher Kommentar/Keller/Girsberger, Art. 15, Rn. 79는 주관적 기준, 즉 당사자의 정당한 기대가 예외조항을 적용하는 근거라는 점을 밝히고 있다.

67) 제1심판결이 고려요소로서 법률관계 당사자의 예견가능성을 언급하는 것도 이런 이유 때문

선특권의 발생이라는 실질법상의 불확실성을 감안해야 하지만, 그 범위마저 법정지법에 따라 결정함으로써 선박저당권자에게 저촉법상의 불확실성을 강요하는 것은 선박저당권자의 정당한 기대를 침해하는 것이다.

② 편의치적을 하는 목적의 좌절. 편의치적을 하는 이유 중의 하나가 선원을 상대적으로 두텁게 보호하는 우리 선원법과 근로기준법 등의 적용을 배제하기 위한 것인데, 이 사건에서는 선원근로계약의 준거법이 한국법이었던 점을 보면 그 점은 편의치적의 이유가 아니었던 모양이다. 그렇더라도 편의치적의 다른 이유, 즉 실질적인 선박소유자의 법인 한국법에 따른 세법과 공법상의 규제의 회피라는 점을 고려하면 대상판결처럼 그에 대해서도 한국법을 적용하면 실질적인 선박소유자로서는 편의치적을 하는 본래의 목적의 일부를 달성할 수 없게 된다.[68] 이런 이유로 과거 저자는 편의치적에서 법원이 예외조항을 적용하여 실질적인 선박소유자의 법을 적용하는 것은 업계의 실무에 미치는 파장이 매우 클 것이라는 우려를 표명한 바 있다.[69] 이런 관점에서 대상판결의 결론을 편의치적에 일반화할 수는 없다고 본다. 대상판결이 이에 대해 아무런 설시를 하지 않은 점은 다소 의외이다.

③ 선원의 보호의 필요성. 원심판결과 제1심판결은 경제적 약자인 선원들을 보호할 필요성이 큰 점을 고려요소의 하나로 열거하였다. 이는 어느 정도 수긍할 여지도 있고, 특히 원고들의 임금채권이 피고의 피담보채권과 비교하여 소규모라는 점에서 더욱 그렇지만[70] 그 한계가 어디인지는 검토해야 한다. 특히 (1) 예외조항은 원칙적으로 당해 법률관계 내지 법적 쟁점과 가장 밀접한 관련이 있는 국가의 법을 적용하기 위한 것이지 약자의 보호라는 실질법적 가치를 보호하는 것이 아니고,[71] (2) 국제사법 제28조도 근로자인 선원들의 이익보호라고 하는

이다. 제1심판결은 그 밖에도 외국법에의 접근가능성을 고려요소의 하나로 언급하였는데 그 취지가 다소 불명하나 외국법 적용의 어려움을 의미하는 것이라면 이는 적절하지 않다. 예외조항은 외국법 적용의 어려움을 피하기 위한 수단이 아니다. Zürcher Kommentar/Keller/Girsberger, Art. 15, Rn. 90 참조.

68) 김진권(註 8), 88면도 이 사건에서 그런 결과가 발생한다고 지적한다.

69) 석광현(註 5), 323면.

70) 김진권(註 8), 89면은 사회적·경제적 약자인 선원을 두텁게 보호하기 위해 선원의 임금채권에 대한 선박우선특권에 대하여 편의치적의 선적국법인 파나마법을 적용하였을 때 발생할 부당한 결과를 예외조항을 적용함으로써 거부하고 가장 밀접한 국가의 법을 적용함으로써 입법자의 의도에 충실하게 합당한 결과를 도출하였다고 평가한다.

71) Zürcher Kommentar/Keller/Girsberger, Art. 15, Rn. 90; 신창선·윤남순(註 43), 140면; 신창섭(註 43), 127면.

실질법적 가치를 고려하지만 이는 사용자에 대한 계약관계에 한정되는 것이지, 선원들의 임금채권을 보호하기 위한 선박우선특권의 문제가 제28조의 적용범위 내에 속하는 것은 아니며, (3) 특히 이 사건에서처럼 선원들의 이익과 선박저당권자의 이익이 정면으로 충돌하는 상황에서 선박저당권자의 이익을 해하고 선원들의 이익을 일방적으로 보호하는 것이 정당화될 수 있는지 의문이다. 원심판결 및 제1심판결과 달리 대상판결은 이런 요소를 예외조항을 적용함에 있어서 고려할 요소로 열거하지 않는다.

④ 선박우선특권의 성질결정. 제1심판결은 “선박우선특권이 우리나라에서 실행되는 경우 그 실행방법은 우리나라의 절차법에 의하여 규율되고, 담보물권의 우선순위의 문제는 선박경매로 인한 배당의 문제로서 절차적인 영역에 해당된다고 볼 여지가 다분하다”는 취지로 판시하였다. 영미에서는 선박우선특권을 실체로 파악한다.[72] 이는 선박우선특권의 성질결정의 문제인데 우리 상법상 선박우선특권은 실체법상의 권리로 파악되고 있고, 국제사법이론상 성질결정에 관한 유력설인 ‘기능적 또는 목적론적 성질결정론(funktionelle oder teleologische Qualifikation)’ 또는 ‘광의의 법정지법설’에 따른다면[73] 우리 법상으로는 이를 절차법상의 개념으로 성질결정할 근거가 없다. 이는 담보물권의 우선순위의 문제도 마찬가지이다. 이 점에서 제1심판결은 지나치게 나간 것이다.

⑤ 선박우선특권의 준거법 결정에 대한 비판적 태도. 대상판결은 국제사법 제8조에 근거한 것이나, 제1심판결과 일부 견해처럼[74] 종래 선박우선특권의 준거법으로서 선적국법을 적용하는 것 자체에 대한 불만이 있고 이들은 대체로 법정지법설을 지지하는데, 이런 태도가 이 사건의 결론을 내리는 데 고려되었을 수도 있다. 대상판결을 계기로 선박우선특권의 성립과 우선순위에 대하여 법정

---

72) 다만 그 범위는 정확히 파악할 필요가 있다. 櫻田嘉章 · 道垣內正人(編), 注釋國際私法 제1권(2012), 626면 주 175(增田史子 집필부분)에 따르면, 영미에서는 실체적인 권리의 제한과 절차문제에 속하는 책임액의 제한을 구별하여 전자는 기국법, 후자는 법정지법에 의한다고 한다.

73) 석광현(註 38), 30면 이하.

74) 정해덕, “船舶執行에 관한 研究”, 경희대학교 대학원 박사학위논문(2000), 132면; 서동희, “선적국법주의의 타당성”, 국제사법연구 제17호(2011), 405면; 권혁준(註 4), 332면 참조. 중국 해상법(제272조)도 법정지법을 적용한다. 정해덕, 국제해상소송 · 중재(2007), 518면은 입법론으로서 법정지법을 주장한다. 법정지법설은 법정지 쇼핑을 조장한다는 문제점이 있다. 섭외사법 개정과정에서의 논의는 석광현(註 38), 592면 이하 참조. 최성수, “외국선박 집행의 준거법에 관한 고찰”, 고려법학 제71호(2013. 12.), 90면은 제60조의 연결점을 변경하기보다는 국제사법 제8조를 적절히 활용하자고 한다.

지법을 적용해야 한다는 견해가 더욱 힘을 얻게 될 것으로 예상된다.

Ⅳ. 예외조항 적용의 효력과 그 범위

1. 예외조항 적용의 효력(또는 효과)

예외조항을 적용한 효력은 직접적 효력과 간접적 효력으로 구분할 수 있다.[75]

우선 예외조항을 적용하면 국제사법의 개별조문이 명시하는 정규적 연결원칙에 따라 결정된 준거법 대신에 최밀접관련국법이 적용된다. 즉 국제사법의 개별조문이 정한 정규적 연결원칙에 대신하여 최밀접관련국법이 준거법이 되는데, 이것이 예외조항 적용의 직접적 효력이다. 최밀접관련국이 법정지법인 한국법에 한정되지 않음은 명백하다. 저자는 2007년 대법원판결에 대한 평석에서, 편의치적의 경우 선원근로계약의 객관적 준거법은 선적국법이 아니라 최밀접관련국법을 준거법으로 보아야 하고, 그 경우 '실질선주의 법(Reedereisitz)'이 유력하다는 견해를 피력하였다.[76] 문제는 실질선주의 법이 무엇인가라는 점이다.

한편 예외조항을 적용함으로써 법관은 입법화된 저촉규범인 국제사법을 개량하는 법형성 기능을 하는데 이것을 간접적 효력이라고 할 수 있다.[77] 스위스의 유력설은 이런 의미에서 법관은, 정규적 연결로부터의 모든 이탈은 훗날 유사한 사안에서 선례로서의 효력을 발휘할 수 있는 (일반·추상적인) 법관의 법규칙으로서 정당화될 수 있어야 하고, 또한 장래 법개정 시 성문법으로 반영될 수 있어야 한다는 점을 주의해야 한다고 지적한다.[78]

---

75) Zürcher Kommentar/Keller/Girsberger, Art. 15, Rn. 111.

76) 석광현(註 5), 322면.

77) Zürcher Kommentar/Keller/Girsberger, Art. 15, Rn. 113.

78) Zürcher Kommentar/Keller/Girsberger, Art. 15, Rn. 113. 이처럼 예외조항은 구체적 사건을 해결하면서도 일반화할 수 있는 정치한 규범을 발견하기 위한 것이지 특정 개별사건에서 구체적 타당성만을 달성하려는 것은 아니라는 견해도 있으나, 위에서 언급한 것처럼 독일에서는 특별예외조항인 민법시행법 제46조의 맥락에서 구체적 타당성을 달성하는 것을 허용하는 견해도 유력하다.

2. 예외조항의 효력이 미치는 범위

국제사법 제60조가 선적국법에 의하도록 규정하는 연결대상은 아래와 같다.

1. 선박의 소유권 및 저당권, 선박우선특권 그 밖의 선박에 관한 물권, 2. 선박에 관한 담보물권의 우선순위, 3. 선장과 해원의 행위에 대한 선박소유자의 책임범위, 4. 선박소유자·용선자·선박관리인·선박운항자 그 밖의 선박사용인이 책임제한을 주장할 수 있는지 여부 및 그 책임제한의 범위, 5. 공동해손과 6. 선장의 대리권

제60조의 연결점에 대해 예외조항을 적용한다면 동조가 열거하는 모든 사항에 대해 선적국법 대신 법정지법을 적용해야 하나 아니면 기타 연결대상의 준거법은 어떻게 되는가라는 의문이 제기된다. 일단 등기라는 공시방법을 필요로 하는 선박소유권과 선박저당권 등은 법정지법으로 대체하기 어려워 그에 대하여는 여전히 선적국법을 적용해야 한다고 본다.[79] 즉, 모든 사항에 대해 법정지법을 적용해야 하는 것은 아니다. 그 밖의 연결대상에 대하여는 최밀접관련국법인 법정지법이 준거법이 될 가능성이 크나 단정하기는 어렵다.

3. 대상판결의 판단과 그에 대한 평가

가. 대상판결의 판단

대상판결은 “선원의 임금채권을 근거로 하는 선박우선특권의 성립 여부나 선박우선특권과 선박저당권 사이의 우선순위를 정하는 준거법은 원칙적으로 선적국법이라고 할 것이나, … 등은 선적국이 아닌 다른 특정 국가와 밀접한 관련이 있어 앞서 본 법률관계와 가장 밀접한 관련이 있는 다른 국가의 법이 명백히 존재하는 경우에는 다른 국가의 법을 준거법으로 보아야 한다”고 판시하였다. 즉 예외조항이 적용되는 연결대상은 제60조 제1호와 제2호가 열거한 사항 중 “선원의 임금채권에 기한 선박우선특권의 성립 여부와 선박우선특권과 선박저당권사이의 우선순위”라는 것이다.

79) 이런 취지는 석광현(註 5), 316면에서 이미 지적하였다.

나. 대상판결에 대한 평가

대상판결은 선원의 임금채권을 근거로 하는 선박우선특권의 성립 여부와 선박우선특권과 선박저당권 사이의 우선순위는 법정지법에 의한다고 판단하였을 뿐이고 다른 쟁점에 대하여는 견해를 밝히지 않았다. 이는 이 사건에서 다른 쟁점은 문제되지 않았기 때문일 것이다. 대상판결에 따라 선박우선특권의 준거법에 예외조항을 적용하더라도 선박소유권과 선박저당권, 특히 선박저당권의 성립과 효력, 즉 우선변제권이 미치는 효력 등은 파나마법에 의할 것이다. 대상판결이 선박우선특권의 준거법이 한국법이라고 보았다고 해서, 선박우선특권과 선박저당권 사이의 우선순위의 준거법이 자동적으로 한국법이 되는 것은 아니다. 아마도 선박우선특권의 준거법을 파나마법으로 본다면 원고들의 선박우선특권의 범위가 마지막 항차(또는 항해) 동안의 임금에 한정되므로 한국법을 적용함으로써 선박우선특권자인 원고들을 두텁게 보호하고자 했던 것으로 짐작된다. 그러나 위에서 본 것처럼 우선순위는 선적국법 또는 법정지법에 의할 수 있을 것으로 본다. 물론 담보물권의 준거법이 상이한 데 따르는 어려움이 발생할 수 있으나 일단은 일의적인 기준이 마련되면 족하기 때문이다.

4. 예외조항과 반정의 관계

이 사건에서는 예외조항을 적용하여 법정지법을 적용하였으므로 예외조항과 반정의 관계는 문제되지 않으나 사안에 따라서는 문제될 수 있다.[80]

Ⅴ. 대상판결과 2007년 대법원판결의 비교 분석

위에서 언급한 것처럼 대상판결 전에도 대법원이 선박우선특권의 준거법을 다룬 재판이 여럿 있었다. 여기에서는 그 중 대표적인 2007년 대법원판결과 대상판결 간에 정합성이 있는지를 논의한다.

---

80) 석광현(註 38), 157면 이하. 직접반정을 허용하는 국제사법 제9조를 유추적용하여 숨은 반정(hidden *renvoi*)을 최초로 허용한 대법원 2006. 5. 26. 선고 2005므884 판결은 당해 사건에서 예외조항의 적용을 부정하였다. 평석은 석광현, “2006년 국제사법 분야 대법원판례: 정리 및 해설”, 국제사법연구 제12호(2006), 594면 이하 참조.

1. 2007년 대법원판결의 사안과 대법원의 판시

2007년 대법원판결은, 그 사건 선박에 대하여 1순위 선박저당권을 취득한 원고(금융업에 종사하는 노르웨이 법인)가, 배당표상 선박우선특권자로 인정되어 원고에 앞서 배당을 받게 된 라브라도르(와 승계인인 피고)(편의상 "피고")에 대하여 선박우선특권의 부존재를 주장하여 배당이의의 소를 제기한 사건이다.

쟁점은, 그 사건 선박의 선적국인 세인트 빈센트 그래나딘("세인트 빈센트") 법상 피고의 선박우선특권의 취득 여부였다. 즉, 임금을 받지 못한 그 사건 선박의 선원들은 그 사건 선박에 대하여 선박우선특권을 취득하였는데, 세인트 빈센트 법원의 허가 없이 선원들에게 임금을 지급한 피고가 대위변제에 의해 선박우선특권을 취득하였는가였다. 원심인 부산고등법원 2005. 6. 2. 선고 2004나10602 판결("원심판결")은 이를 긍정하였으나 2007년 대법원판결은 부정하였다. 양자의 결론이 다른 이유는, 세인트 빈센트의 상선법상 피고가 대위변제에 의하여 선박우선특권을 취득하기 위한 전제로서 법원 허가가 필요한지에 대해 견해가 달랐기 때문이다.

그러나 원심판결과 2007년 대법원판결은 모두 당해 사건에서 선원들이 선박우선특권을 취득하였는지에 관하여는 국제사법 제60조 제1호와 제2호를 적용하여 선적국법인 세인트 빈센트의 상선법에 의할 사항이라고 판시하였다. 특히 2007년 대법원판결은 "국제사법 제60조 제1호, 제2호에서 선적국법에 의하도록 규정하고 있는 사항은 선박우선특권의 성립 여부, 일정한 채권이 선박우선특권에 의하여 담보되는지 여부, 선박우선특권이 미치는 대상의 범위, 선박우선특권의 순위 등"이라고 명확히 설시하였다.

2. 2007년 대법원판결에 대한 저자의 비판

저자는 2007년 대법원판결에 대하여 다음과 같이 아쉬움을 표시한 바 있다.[81)]

> [2007년 대법원판결]이 … 편의치적이 가지는 함의를 국제사법 차원에서 어떻게 평가해야 하는지에 관하여 아무런 문제의식도 보여주지 않은 것은 아쉽다. 이 사건은, 편의치적의

81) 석광현(註 36), 125면 이하; 석광현(註 5), 335-336면 참조. 김진권(註 8), 160면도 동지로 보인다.

함의를 선박우선특권의 준거법과 선원근로계약의 준거법의 결정이라는 두 가지 맥락에서 판단할 수 있는 좋은 기회였는데, 대법원이 이를 놓친 것 같아 아쉬움이 크다.

그러면서도 저자는 대법원의 태도를 선해하여 편의치적에 관하여 “대법원도 문제의식이 없었던 것은 아니겠지만, 편의치적이라는 이유로 실질선주의 법을 선원근로계약의 준거법으로 보는 것은 그 파급효과가 매우 크므로 선뜻 취하기는 쉽지 않았을 것”이라고 조심스럽게 추측하였다.

3. 대상판결과 2007년 대법원판결의 정합성

대상판결은 편의치적의 문제를 정면으로 다루어 예외조항을 적용했다는 점에서 2007년 대법원판결보다는 진일보한 것이다.[82] 2007년 대법원판결에 대해 아쉬움을 토로했던 저자로서는 대상판결의 당부에 대하여는 논란의 여지가 있음은 물론이지만, 대상판결이 까다로운 국제사법적 논점을 정면으로 판단하여 결론을 제시한 점을 높이 평가한다. 그러나 2007년 대법원판결을 선해하였던 저자로서는 선행판결들에서 아무런 고민을 보여주지 않았던 대법원이 대상판결에서 갑자기 국제사법 제8조를 적용한 것에 당혹감을 느낀다. 대상판결이 제8조를 적용하여 제60조의 연결원칙을 배척하면서도, 2007년 대법원판결 기타 과거 판례와 정합성이 있는지에 대한 고민을 전혀 설시하지 않았기 때문이다. 과거 사안들에서는 제8조의 요건이 결여되었기 때문일 수 있으나 이런 고민이 드러나 있지 않다. 예컨대 2007년 대법원판결의 사안에서는 편의치적이기는 하나 선적 이외의 연결점이 다양한 국가와 관련을 가지는 탓에 국제사법 제8조를 적용하여 선적국법에의 연결을 뒤집을 수 있는 사안은 아니었다는 식의 설명을 했었더라면 좋았을 것이다. 만일 이런 차이에 기인하는 것이라면 대상판결과 2007년 대법원판결의 정합성을 인정할 수 있을 것이다.

Ⅵ. 대상판결의 결론을 편의치적선에 일반화할 수 있는가

저자는 편의치적에서 예외를 인정하는 경우 이를 개별화할 필요가 있고, 다

82) 김진권(註 8), 86면도 동지.

양한 접근을 할 필요가 있음을 지적하였고 그에는 예외조항의 적용이 포함된다고 지적하였다.[83] 즉, 예외조항을 적용하는 경우에는 편의치적이라고 하여 일률적으로 판단할 것이 아니라 그 맥락을 고려할 필요가 있다는 것이었다.[84] 예컨대 선박의 소유권, 저당권과 그 밖의 선박에 관한 물권처럼 등록을 전제로 하는 사항의 경우 선적국법주의를 배척하고 실질적인 선박소유자의 소속국법인 한국법을 적용할 수는 없으나, 선원근로계약, 공동해손, 선박충돌 또는 해양사고구조의 경우처럼 등록을 전제로 하지 않는 사항에 대해서는 실질적인 선박소유자의 법을 적용할 수 있다고 지적하였다. 한편 선박우선특권에 관하여는 예외조항을 적용할 여지가 있으나, 편의치적이라는 이유만으로 당연히 예외조항이 적용되는 것은 아니며 당해 사안의 제반사정을 고려하여 제8조의 요건의 구비 여부를 신중하게 검토해야 한다는 것이다. 이는 연결점의 집중의 정도에 따라 판단할 사항이므로 공식화하기는 쉽지 않음을 인정하면서도 그러한 해석이 가능한 경우를 조심스럽게 구체화하기 위하여 노력하였다.[85]

대상판결도 다양한 요소를 열거하면서 조심스럽게 결론을 내리고 있는데 이는 결국 예외조항의 적용은 구체적인 사안에서 모든 사정을 고려하여 결론을 내려야 한다는 점을 보여주는 것이다. 다만, 저자도 대상판결의 이런 맥락을 충분히 이해하지만, 그러면서도 대법원이, 대상판결의 결론이 편의치적에 일반화할 수 있는 결론이 아니라 당해 사안에서 예외적으로 제8조를 적용한 것이라는 점을 분명히 설시했더라면 하는 아쉬움이 있다. 즉, 대법원이 편의치적선의 경우 예외조항을 적용함으로써 실무상 초래되는 파급효과를 최소화하기 위해 노력했어야 하고, 같은 맥락에서 대상판결의 결론은 편의치적선에 일반적으로 적용해서는 아니된다는 점을 분명히 했었더라면 좋았을 것이다.

솔직히 저자는 개인적으로 선박의 건조 또는 운영을 위한 선박금융을 가능하게 하자면, 선적국법에 따라 선박저당권을 취득한 선박저당권자가 있고, 제8조를 적용함으로써 그의 권리가 상당히 침해되는 경우에는 제8조를 적용하기가 어려운 것이 아닌가라는 의문이 있다. 이 사건에서는 선박저당권자가 한국의 하나은행이었다는 점이 제8조를 적용하는 데 크게 고려되었을 것이다. 선박저당권자

---

83) 그 밖에도 '절차는 법정지법에 따른다'는 원칙의 활용과 조약에의 가입을 들었다. 석광현(註 5), 315면 이하.

84) 이는 석광현(註 21), 402면 이하에서 이미 지적하였다.

85) 김진권, "*海商法上의 準據法 決定*에 관한 *硏究*", 한국해양대학교 대학원 법학박사학위논문(2003. 2.), 145면; 김진권(註 8), 88면도 이런 시도를 하고 있다.

가 외국금융기관이었다면 대법원으로서는 제8조를 적용하기를 주저했을 것이다. 그렇다면 앞으로는 선박금융을 제공하는 금융기관들로서는 대주단에 외국금융기관을 참여시키는 방안을 강구할지도 모르겠다.

Ⅶ. 편의치적에서 법인격부인의 의의

여기에서는 법인격부인론[86]을 상세히 검토하려는 것이 아니라 오히려 예외조항과 법인격부인의 차이를 간단히 지적하고자 한다.

1. 대상판결이 법인격부인론을 적용한 것인가

대상판결은 예외조항을 적용한 것이지 법인격부인론을 적용한 것은 아니다. 편의치적에서 예외조항을 적용하는 것은 법인격부인과는 구별해야 한다. 즉 편의치적의 경우 예외조항을 적용한다면 대상판결에서 보듯이 선적국법을 선박우선특권의 준거법이라고 보는 것이 아니라 최밀접관련국법으로서 실질적인 선박소유자의 법을 적용하게 되나, 법인격부인에 따르면 명목상의 선박소유자가 외형상 별개의 법인격을 가짐에도 불구하고 특정의 제3자 간의 문제된 법률관계에 한하여 명목상의 선박소유자의 법인격을 인정하지 아니하고 회사와 배후자를 동일시하여 회사의 책임을 배후자인 실질적인 선박소유자에게 묻는 것이다.[87] 즉, 종래 우리나라에서 논의되는 법인격부인론은 실질법상의 개념이다. 실질법상 우리나라에서는 근자에는 법인격형해화와 법인격남용으로 구분하는 견해가 유력하다.[88]

2. 예외조항의 적용과 법인격부인의 관계

준거법 결정의 맥락에서 법인격부인의 의미를 인정하자면 종래와 같은 실질법 차원의 법인격부인론이 아니라 오히려 저촉법 차원의 법인격부인론, 즉 국제

86) 대법원이 편의치적에서 법인격부인을 인정한 사례는 권혁준(註 4), 317면 이하 참조.
87) 이철송, 회사법강의, 제23판(2015), 46면.
88) 송옥렬, 상법강의 제5판(2015), 694면 이하 참조.

사법의 해석상 준거법 결정의 맥락에서 명목상의 선박소유자의 준거법(이것이 선적국법과 동일하다는 것을 전제로) 대신 실질적인 선박소유자의 준거법을 적용한다고 설명하고 그 요건을 구체화해야 할 것이다. 그 경우 저촉법적 차원에서 편의치적된 선적국법을 대신하는 연결점(실질적인 선박소유자의 설립준거법인지 아니면 다른 무엇인지)을 밝혀야 할 것이다. 즉, 예외조항의 적용을 굳이 법인격부인론으로 설명하자면 저촉법상(또는 국제사법상) 법인격부인이라는 이론구성이 필요하다는 것이다. 엄밀하게 말하자면, 이 사건에서 보듯이 자회사(명목상의 선박소유자)의 외형상 법인격에도 불구하고 배후자인 실질적 선박소유자의 법을 적용하는 것이 아니라 선적에도 불구하고 실질적인 선박소유자의 법을 준거법으로 삼는 것이므로 저촉법상의 법인격부인론도 정확한 것은 아니다. 이 사건에서 명목상의 선박소유자의 법과 선적국법이 파나마법으로서 동일하지만[89] 논리적으로는 다르기 때문이다. 우리 국제사법은 예외조항을 두고 있고 대상판결이 편의치적에서 이를 인정하였으므로 저촉법상의 법인격부인론은 불필요하다.

3. 실질법상의 법인격부인이 연결점에 미치는 영향

실질법상의 법인격부인을 논하는 경우에는 법인격부인 여부를 판단하는 준거법을 결정해야 한다. 종래 우리 대법원판례는 법인의 속인법을 고려하지 않았으나 서울중앙지방법원 2013. 8. 23. 선고 2012가합10763 판결과 서울고등법원 2013. 9. 6. 선고 2012나65098 판결도 법인격부인 여부는 회사의 설립준거법에 따를 사항이라고 판시하였다. 물론 법인격부인의 유형을 구분하여 유형별로 상이한 연결원칙을 적용할지를 검토할 필요가 있지만 법인의 배후자에게 책임추궁을 위한 유형의 법인격부인의 경우 속인법에 따를 사항이다.[90]

---

89) 명목상의 소유자의 설립지와 선적이 반드시 일치하는 것은 아니다. 정우영, "선박 금융의 실무 소개", 석광현·정순섭 편저, 국제금융법의 현상과 과제(제1권)(2009), 270면.

90) 석광현(註 38), 212면 참조. 저자의 문제제기를 계기로 상법학자들도 법인격부인의 준거법을 논의하고 있다. 이철송(註 87), 51면 참조. 대법원은 일제강점기 징용피해자들이 일본 회사들을 상대로 미지급임금과 손해배상을 청구한 사건에서 과거 구 회사가 전후에 설립된 신 회사와 동일한 법인인지를 판단하는 준거법은 설립준거법 또는 본거지법인 일본법이라고 판시하였다. 대법원 2012. 5. 24. 선고 2009다22549 판결(미쓰비시 사건 판결); 대법원 2012. 5. 24. 선고 2009다68620 판결(신일본제철 사건 판결). 김건식, "법인격과 법인격 부인법리—우리 판례를 중심으로—", BFL 제69호(2015. 1.), 33면; 김건식, 회사법(2015), 71-72면은 이를 법인격부인의 준거법을 일본법이라고 본 것이라고 평가하나, 이는 주주의 유한책임을 부인하는 법인격부인의 전형적 사안이 아니라 법인격을 전면적으로 부인하는 사안이라고 할 수 있

이와 관련하여 실질법상 법인격이 부인되는 때에는 당해 법인의 설립준거법인 선적국법을 연결점으로 적용할 근거가 상실된다는 견해가 있다.[91] 그러나 저자는 이를 지지하지 않는다. 우선 설립준거법과 선적국법은 개념적으로 구별해야 하므로 그런 주장은 근거가 없다. 또한 배후자인 사원이 회사의 채무에 대해 책임을 지는 법인격부인의 전형적인 사안에서는 법인격을 전면적으로 부인하는 것은 아니고, 문제된 특정사안에 한하여 제3자로 하여금 사원에게 회사 채무의 이행을 구할 수 있게 하는 것이다. 이런 이유로 '법인격의 제한적 부인'[92] 또는 '유한책임의 부인'[93]이라고 표현하기도 하는데, 그 경우 회사는 사원과 함께 채무를 부담한다. 그렇다면 그 경우에도 선박우선특권 등의 준거법은 여전히 선적국법이 되어야 하고 또한 될 수 있다고 본다.

다만 대법원 1988. 11. 22. 선고 87다카1671 판결[94]처럼 법인격을 전면적으로 부인하는 것으로 볼 여지가 있는 사안에서는 논란이 있을 수 있다. 이 사안에서 위 대법원판결은 실질적인 선박소유자와 선박수리계약을 체결한 채권자가 명목상 회사의 소유로 되어 있는 선박에 대하여 행한 가압류를 허용하고 명목상 회사가 제기한 제3자이의의 소를 배척하였다. 이 사안에서 실질적인 선박소유자의 법인격을 제한적으로 부인하여 명목상의 소유자도 채무를 부담한다고 보아 채권자는 명목상의 소유자인 회사의 재산에 대하여도 강제집행을 할 수 있게 된 것이라고 설명할 여지도 있다. 반면에 위 대법원판결이 문제된 회사들을 동일한 회사로 본 것이라고 이해한다면,[95] 이는 법인격의 전면적 부인이 된다. 후자처럼 이해한다면, 만일 설립준거법이 같은 법인들이 동일한 법인이라고 인정할지는 그 설립준거법에 따를 사항이고 그 법이 선적국법이 될 것이나, 설립준거법이 상이한 법인들이 동일한 법인이라고 인정되는 경우에는[96] 어느 법을 선적국법으

다. 이하 편의상 "법인격의 제한적 부인"(이것이 저자가 말하는 법인격 부인의 전형적 사안이다)과 "법인격의 전면적 부인"으로 구분하여 사용한다.

91) 김진권(註 13), 107면 참조. 김진권(註 8), 73면 註 40에서도 이를 유지한다.

92) 김건식, 회사법(2015), 69면.

93) 송옥렬(註 88), 693면.

94) 이 판결은 우리 대법원이 법인격부인론을 처음으로 인정한 판결이라고 평가되나 이를 부정하는 견해도 있다. 학설은 권혁준(註 4), 318면 참조.

95) 예컨대 김인현(註 14), 94면은 위 1988년 대법원 판결은 양 회사를 동일한 회사로 본 것이라고 단정한다. 송옥렬(註 88), 697면도 법인격부인의 역적용의 맥락에서 사해설립에 관한 대법원 판결이 "두 회사가 별개의 법인격을 갖고 있음을 주장하는 것은 신의성실의 원칙상 허용될 수 없다"고 설시한 것을 두 회사가 같다는 의미로 이해한다.

96) 제3자이의의 소가 제기된 대법원 1989. 9. 12. 선고 89다카678 판결의 사안에서 대법원은 원고 회사와 글로우회사가 동일한 법인이라고 본 것이라고 평가할 여지도 있는데, 전자는 키

로 적용할지가 문제될 수 있다.[97)]

Ⅷ. 대상판결이 국제선박금융에 미치는 영향과 대상판결에 대한 종합적 평가

이상의 논의를 기초로 대상판결이 국제선박금융에 미치는 영향을 간단히 살펴보고 대상판결을 종합적으로 평가하고자 한다.

1. 대상판결이 국제선박금융에 미치는 영향

선박금융에서는 흔히 특수목적회사가 사용된다. 해운업은 위험기업으로 선박소유에 따른 위험이 선사의 기타 자산에 확산되는 것을 막기 위해서이고 그에 따라 1선박 1선주 원칙이 해운업계에서 관행이다.[98)] 금융을 제공하는 대주는 담보수단으로서 커다란 가치를 가지는 선박에 대해 저당권을 취득한다. 선박저당권은 선박에 대한 등기부가 있는 국가에 등기되므로 선박저당권 설정계약의 준거법은 자연스럽게 선적국(내지는 기국법)이 된다. 우리 국제사법(제60조 제1호)도 이런 취지를 명시한다. 실무상 편의치적선을 위한 선박금융계약을 체결하면서 당사자들은 대체로 편의치적국법을 준거법으로 하여 선박저당권을 설정한다.[99)] 이처럼 금융기관이 선박저당권을 취득할 때 선박저당권의 우선순위는 담보가치에 결정적 영향을 미친다. 물론 선박저당권자로서는, 선박저당권 설정등기 후에도 선박저당권에 우선하는 담보권으로서 선박우선특권이 발생할 수 있음에 유념하고 그런 선박우선특권이 어떤 것인지 파악할 필요가 있다.[100)] 선박우선특권이

프러스 법인이고 후자는 리베리아 법인이었다. 설립준거법이 다른 법인들을 동일한 법인이라고 보려면 원칙적으로 두 개의 설립준거법의 요건을 모두 구비해야 하므로 설립준거법이 동일한 경우보다 상대적으로 어려울 것이다.

97) 엄밀하게는 이 때에도 선적국법 자체가 달라지는 것은 아니다.

98) 정우영(註 89), 271면.

99) 정우영·현용석·이승철, 해양금융의 이해와 실무(2판)(2012), 328면.

100) 정우영·현용석·이승철(註 99), 329면은 선박저당권에 우선하는 선박우선특권의 내용을 파나마 상법(제1507조)과 마샬아일랜드 해사법(제318조)으로 나누어 소개한다. 하지만 그 파나마법은 2008년 개정 전의 구법이다. 즉, 파나마에서 선박우선특권은 구 상법 제1507조, 제1510조, 제1511조에 의하여 규정되었고 제1507조는 우선특권의 종류와 순위를 규정하였는데 구 상법 중 해상편이 2008. 8. 6. 법률 제55호로 개정된 결과 선박우선특권의 종류와 순위는

인정되는 피담보채권의 범위와 선박우선특권의 내용은 법제에 따라 다르므로 그 준거법에 유념해야 한다. 근자에는 해운시장의 불황으로 인해 국내은행이 선박금융을 취급하는 사례가 많지 않아 대상판결이 시장에서 크게 주목을 받지는 않은 것으로 보인다.

2. 대상판결에 대한 종합적 평가

대상판결은 사안의 다양한 요소를 고려하여 국제사법 제8조 제1항을 적용함으로써 제60조가 정한 정규적 연결원칙의 경직성을 완화하고 구체적 사건에 타당한 준거법을 찾은 점에서 긍정적으로 평가할 여지도 없지는 않다.[101] 그러나 아래와 같은 문제점이 있다.

첫째, 대상판결의 결론은 기존의 편의치적에 관한 대법원판결들과 정합성이 없거나 부족하다. 적어도 편의치적선을 다루었던 선행 대법원재판들과의 정합성에 대해 어떤 설명을 할 필요가 있었다고 본다.

둘째, 대상판결은 선박저당권자가 가지는 법적 이익을 소홀히 취급하였다는 비판을 면할 수 없다. 선박저당권자가 선적국법에 따라 담보권을 취득하였음에도 불구하고 그 후 한국인 선원들이 선박우선특권을 취득하고 한국에서 경매절차가 진행된다는 이유로 선적국법이 아니라 한국법이 선박우선특권의 범위와 우선순위를 결정한다는 결론을 감수해야 하는지는 의문이다. 특히 선박저당권자가 한국법에 따라 설립된 은행이라는 사실을 그런 결론을 정당화하는 요소의 하나로 고려하는 데 대하여는 비판의 여지가 있다. 이 사건에서는 원고들의 채권액이 피고의 채권액과 비교할 때 상당히 소규모라는 점도 사실상 고려되었을 것이다.

셋째, 대상판결은 다양한 요소를 고려하여 결론을 내렸으나 일부 고려요소들(예컨대 선박 운영회사의 국적과 주된 영업활동장소, 선박저당권의 피담보채권을 성립

신법 제244조에 규정되어 있다. 내용은 정해덕(註 8) 참조. 선박저당권의 순위가 올라가기는 했으나, 여기에서 문제되는 선원의 임금채권에 기한 선박우선특권의 범위와 선박우선특권과 선박저당권의 우선순위는 달라진 것이 없는 것으로 보인다. 더욱이 파나마 상법은 2014. 10. 28. 법률 제27호로써 다시 개정되었는데 개정된 제244조에 따르면 선박우선특권이 인정되는 임금채권의 범위가 마지막 항차(항해)로 한정되지 않는다. 다만 개정법은 이 사건에는 적용되지 않는다.

101) 위에서 보았듯이 김진권(註 8), 89면은 대상판결은 선적국법에도 불구하고 예외조항을 통하여 한국법을 적용함으로써 합당한 결과를 도출하였다고 평가한다.

시키는 법률행위가 이루어진 장소와 선박저당권의 피담보채권의 준거법)에 큰 의미를 부여할 것은 아니다.

넷째, 대상판결이 편의치적의 경우에도 예외조항은 엄격한 요건 하에서만 적용될 수 있다는 점을 충분히 지적하지 않은 점은 아쉽다.

다섯째, 대상판결은 다양한 요소를 고려하여 타당한 연결원칙을 적용하였지만 이 사건에서 일반적 예외조항의 간접적 효력을 규칙화하기는 어렵다. 그 점에서 대상판결의 결론은 일반화할 수 있는 것은 아니라고 보는데, 대상판결이 이 점을 명확히 했더라면 하는 아쉬움이 있다.

여섯째, 저자는 대법원이 편의치적선의 경우 예외조항을 적용함으로써 국제금융과 기타 편의치적을 통해 일정한 장점을 누리고자 했던 해운업계에 미치는 영향 등을 최소화하기 위해 세심한 배려를 하고 그런 취지를 설시할 필요가 있었다고 생각한다. 이를 하지 않은 점은 아쉬운 점이다.

Ⅸ. 예외조항에 의한 정규적 연결원칙의 배제와 추정의 복멸(번복)의 관계

1. 국제사법의 정규적 연결원칙과 예외조항

주지하듯이 우리 국제사법의 거의 모든 조문은 다양한 연결대상에 대하여 입법자들이 적절하다고 판단하는 연결정책을 반영하는 연결점을 통하여 준거법을 지정하는 구조를 취한다. 이는 준거법 결정과정의 원칙이다. 그러나 실제로 발생하는 천차만별인 모든 사안에서 소수의 고정된 연결원칙을 적용한 결과가 항상 입법자가 의도하였던 최밀접관련국법의 지정으로 귀결되는 것은 아니다. 따라서 구체적 사건에서의 결과를 시정하는 도구로서 국제사법은 제8조에 예외조항을 두고 있다. 이러한 예외조항의 적용은 정규적 연결원칙을 뒤집는 것이므로 매우 신중하게 하지 않으면 아니된다. 국제사법 제8조가 엄격한 요건을 요구하는 것은 이런 이유 때문이다.

2. 국제사법에 따른 추정과 그의 복멸(또는 번복)

한편 국제사법에는 추정을 명시한 조문도 있다. 국제사법 제26조는 제1항에서 계약은 그와 가장 밀접한 관련이 있는 국가의 법에 의한다는 '최밀접관련국법원칙'을 선언하고, 제2항에서 최밀접관련국의 판단을 돕기 위한 추정규정을 둔다. 즉 계약은 제26조 제2항이 예시하는 특징적 이행을 해야 하는 당사자의 ① 상거소 소재지국법(당사자가 자연인인 경우), ② 주사무소 소재지국법(당사자가 법인 또는 단체인 경우) 또는 ③ 영업소 소재지국법(당사자가 직업 또는 영업활동으로 계약을 체결한 경우)과 가장 밀접한 관련이 있는 것으로 추정되고, 부동산에 대한 권리를 대상으로 하는 계약의 경우에는 부동산 소재지국법과 가장 밀접한 관련이 있는 것으로 추정된다(제26조 제3항). 이는 법률상의 추정이므로 이를 번복하기 위해서는 추정사실이 진실이 아니라는 적극적인 반대사실의 증거가 있어야 한다.[102)]

그러나 구체적 사안에서 전체적인 사정으로 보아 계약이 다른 국가와 보다 밀접한 관련을 가지는 때에는 추정은 깨어지고 제26조 제1항의 원칙으로 돌아가 최밀접관련국법이 준거법이 된다. 바꾸어 말하면 이 경우에도 제26조 제2항과 제3항의 추정이 적용되지만 결국 추정이 깨어지고 제1항의 원칙으로 돌아가게 된다. 주의할 것은, 그 경우 최밀접관련국법이 계약의 준거법이 되는 것은 국제사법 제26조 제1항에 따른 결과이지 국제사법 제8조를 적용한 결과는 아니라는 점이다.[103)] 왜냐하면 이 경우 최밀접관련성에 의하여 제26조 제2항의 추정이 깨어진 것이지 제26조 제1항이 정한 정규적 연결원칙인 최밀접관련국법 원칙이 깨어진 것은 아니기 때문이다.

저자는 예외조항에 의하여 원칙을 뒤집는 것은, 추정을 깨는 것보다 훨씬 더 높은 문턱(threshold)을 넘을 것을 요구하므로 전자는 후자보다 더 엄격한 요건 하에서 예외적으로만 허용되어야 한다고 본다. 요컨대 양자는 구별해야 한다는 것이다.[104)] 만일 일부 논자들처럼 "추정-추정의 복멸" 관계를 "원칙-예외" 관

---

102) 이시윤, 신민사소송법, 제8판(2014), 531면.

103) 여태식·서완석, "로마협약 제3조 및 제4조를 둘러싼 최근 유럽에서의 논의와 그 시사점에 관한 연구", 상사법연구 제26권 제1호(2007), 372면은 제8조와 관련하여 논의한다.

104) 저자가 석광현(註 38), 379면에서 로마 I (제4조)은 특징적 이행에 착안한 깨어질 수 있는 추정을 버리고 8개 유형의 계약에 대해 '고정된 규칙(fixed rules)'을 도입하였다고 쓴 것은 이런 이해에 근거한 것이다.

계와 다를 바가 없다고 본다면, 제8조(예외조항)를 두고 있는 우리 국제사법 하에서는 정규적 연결원칙을 정한 국제사법의 모든 개별조문은 추정규정으로 전락하는 부당한 결과가 된다.

Ⅹ. 맺음말

위에서 논의한 바와 같이, 국제사법 제8조 제1항을 적용한 최초의 대법원판결인 대상판결은 편의치적의 경우 예외조항을 적용하여 선적국법의 적용을 거부한 점에서 획기적 판결이다. 이 사건의 결론은 정당하다고 평가할 여지도 있으나 그러한 결론이 기존의 편의치적에 관한 대법원판결들과 정합성이 없고 그것이 예외적인 사안에 엄격한 요건 하에서만 적용될 수 있다는 점을 충분히 지적하지 않은 점 등 여러 가지 아쉬움을 남기는 것도 사실이다. 대상판결이 선고된 결과 앞으로는 국제사법이 정한 준거법에 불만이 있는 당사자는 예외조항을 원용하여 이를 배제하고자 시도할 것이다.[105] 예외조항은 준거법 결정과정에서 불확실성을 도입하는 것이 사실이나, 이는 국제사법 제8조의 도입 시 예상된 것으로 최밀접관련국법을 적용한다는 국제사법의 대원칙을 관철하기 위한 것으로 부득이하다. 다만 대상판결의 결론은 편의치적에 일반화할 수 있는 것은 아니다. 제8조 제1항의 예외적 성격을 충분히 고려하여 엄격한 요건 하에서만 예외를 허용해야 한다. 그와 병행하여 우리 국제사법이 정한 정규적 연결원칙이 계속하여 합리적인 것으로 평가받을 수 있도록 이를 개선하기 위해 꾸준히 노력해야 한다. 그렇게 함으로써 예외조항에 대한 과도한 의존을 줄일 수 있을 것이다. 파나마 상법이 2014년 10월 다시 개정됨으로써 선박우선특권이 인정되는 임금채권의 범위가 우리 상법과 유사하게 확대되었음도 주목할 만하다.

후 기

위 글에서는 참고하지 못하였으나 편의치적을 언급한 글로 아래가 있다. 물론

---

105) 예외조항은 다른 국제사법 조문처럼 법원이 직권으로 적용해야 한다. Zürcher Kommentar/Keller/Girsberger, Art. 15, Rn. 110도 동지.

망라적인 것은 아니다.

-김상만, “선박수출거래에서 환급보증(Refund Guarantee) 주요 조항의 법적 · 실무적 고찰”, 무역상무연구 제72권(2016. 12.), 35면, 註 37은 아래와 같이 쓴다. UNCTAD에 의하면, 2015. 1. 1. 기준 세계 상선의 대[의] 71%(중량톤수 기준)가 편의치적이고, 파나마, 라이베리아 및 마샬군도에 등록된 선박이 전체의 41.8%를 차지하고 있다. UNCTAD, Review of Marine Transport 2015, 2015, p. 41.

-김상만, “선박의 편의치적을 위한 SPC의 법인격부인(piercing the corporate veil or lifting the corporate veil)에 대한 고찰”, 홍익법학 제17권 제4호(2016. 12.), 597면 이하

제 2 장

국제계약 및 국제소비자계약의 준거법

[3] 영국법이 준거법인 한국 회사들 간의 선박보험계약과 약관규제법의 적용 여부
[4] 국제사법상 소비자계약의 범위에 관한 판례의 소개와 검토: 제27조의 목적론적 축소와 관련하여
[5] 해외직접구매에서 소비자의 보호: 국제사법, 중재법과 약관규제법을 중심으로

[3] 영국법이 준거법인 한국 회사들 간의 선박보험계약과 약관규제법의 적용 여부

> 前 記
> 이 글은 저자가 저스티스 통권 제149호(2015. 8.), 196면 이하에 게재한 글로서 오타와 오류를 제외하고는 원칙적으로 수정하지 않은 것이다. 가벼운 수정 부분은 밑줄을 그어 표시하였다. 참고할 사항은 말미의 후기에 적었다.

대상판결: 대법원 2015. 3. 20. 선고 2012다118846(본소), 2012다118853(반소) 판결

[사안의 개요]

대상판결이 확정한 사실관계는 다음과 같다.

가. 선박보험계약의 체결

한국 법인으로서 보험회사인 원고(메리츠화재해상보험 주식회사)는 2010. 4. 30. 역시 한국 법인으로서 선주인 피고(인성실업 주식회사)와 사이에 피고 소유의 제1인성호("이 사건 선박")에 대하여 선박보험계약("이 사건 선박보험")을 체결하였다. 이 사건 선박보험계약에는 협회기간약관(Institute Time Clauses)이 적용되고, '항해구역: 인도양 중 협회담보약관이 정한 구역 내에서 발생한 사고만 보험사고로 인정한다'는 담보특약이 포함되었으며, 적하, 운항, 항해구역, 예항, 구조작업 또는 출항일자에 관한 담보위반이 생겼을 경우에는 그 사실을 인지한 후 보험자에게 즉시 통보하고 보험자가 요구하는 조건의 변경과 추가보험료에 대한 합의가 이루어지는 경우에는 담보가 계속된다고 합의하였다.

* 개관은 손수호, "영국법을 준거법으로 정한 보험계약에 우리나라 '약관의 규제에 관한 법률'이 적용될 수 있는지", 서울지방변호사회보 참조. http://news.seoulbar.or.kr/news/articleView.html?idxno=431

나. 항해구역의 변경 합의

당사자들은 이 사건 선박의 남극어장에서의 조업을 위하여 한 달간 조업수역을 남위 65도까지 추가확장담보하고 대양을 태평양수역으로 변경하기로 합의하고, 그에 따라 원고는 제1차 선박배서장을 피고에게 발송하였다. 또한 당사자들은 이 사건 선박의 남극어장에서의 조업을 위하여 조업수역을 남위 67도까지 변경하고, 기간을 2010. 12. 2.부터 같은 달 10.까지로 하는 제2차 배서장을 피고에게 발송하였다.

다. 보험사고의 발생과 피고의 조업수역 변경요청 통지

이 사건 선박은 2010. 12. 13. 항해 도중 태평양쪽 남빙양에 해당하는 남위 63도 20분, 서경 160도 15분 지점(예상위치)에서 전복되어 침몰하였으며, 선박에 적재되어 있던 어획물이 멸실되었다. 피고는 이 사건 사고의 발생사실을 알고 2010. 12. 13. 05:45경 원고에게 팩스로 이 사건 선박의 남극어장에서의 조업을 위하여 앞으로 1달 동안 조업수역을 남위 67도까지 변경해줄 것을 요청하는 통지를 보냈다. 나아가 피고는 2010. 12. 14. 원고에게 이 사건 사고의 발생사실을 통보하였다.

라. 원고의 본소 제기와 피고의 반소 제기

피고는 보험금의 지급을 청구하였으나 원고는 피고가 항해구역 담보특약을 위반하였으므로 보험금 지급의무가 없다고 주장하면서 이 사건 본소인 채무부존재확인의 소를 제기하였고, 피고는 보험금의 지급을 구하는 반소를 제기하였다.

[소송의 경과]

1. 제1심판결[1]과 원심판결[2]

제1심법원은 원고의 본소청구와 피고의 반소청구를 일부 인용하였다.

한편 원심판결은 원고의 피고에 대한 보험금 지급채무는 모두 존재하지 아니하고 피고가 이를 다투는 이상 원고로서는 그 확인을 구할 이익이 있다고 보아 원고의 본소 청구를 전부 인용하고 피고의 반소청구를 기각하였다. 원심판결의 판단은 아래와 같이 국제사법적 논점에 관한 것과 실질법적 논점에 관한 것으로 구분할 수 있다. 실질법이라 함은 법적용규범(또는 간접규범)인 저촉법(또는 국제사법)에 대비되는 개념으로, 우리 민·상법과 같이 저촉법(또는 국제사법)에 의하여 준거법으로 지정되어 특정 법률관계 또는 쟁점을 직접 규율하는 규범을 말한다.[3] 아래에서는 이해의 편의를 위하여 원심판결의 내용을 정리하여 소개한다.

가. 국제사법적 논점

① 준거법은 영국법. 협회기간약관에서 이 사건 선박보험의 준거법을 영국법으로 정하였고, 특별한 사정이 없는 한 이러한 영국법 준거약관은 우리나라의 공익규정 또는 공서양속에 반하는 것이라거나 보험계약자의 이익을 부당하게 침해하는 것이라고 볼 수 없어 유효하므로, 이 사건 선박보험의 성립과 효력, 그로 인한 원고의 보험금 지급의무의 발생 여부 등 모든 법률관계에는 원칙적으로 당사자가 정한 바에 따라 영국의 법률과 관습이 적용된다.

② 준거법이 영국법인 경우 약관규제법의 적용 배제. 국제사법 제27조가 소비자 보호를 위하여 준거법 지정과 관련하여 소비자계약에 관한 강행규정을 별도로 마련해 두고 있는 점이나 약관규제법의 규정내용, 입법목적 등을 고려하면, 외국법을 준거법으로 하여 체결된 계약에 관하여 당연히 약관규제법을 적용할

---

1) 서울서부지방법원 2011. 12. 8. 선고 2011가합3602(본소), 2011가합12026(반소) 판결.

2) 서울고등법원 2012. 11. 22. 선고 2012나7207(본소), 2012나7214(반소) 판결. 평석은 김인현, "영국준거법하의 담보특약에 대한 약관규제법 적용여부—서울고법 2012. 10. 25. 선고 2012나7207판결—", 한국해법학회지 제35권 제2호(2013), 373면 이하; 서영화, "해상보험에서 담보의무 조항과 보험자의 설명의무", 한국해법학회지 제33권 제1호(2011), 7면 이하 참조.

3) 석광현, 국제사법 해설(2013), 4면.

수 있는 것은 아니고(대법원 2010. 8. 26. 선고 2010다28185 판결 참조), 달리 이 사건에서 약관규제법을 적용하여야 할 사정도 보이지 아니하므로, 이 사건 선박보험에는 약관규제법이 적용되지 아니한다.

나. 실질법적 논점

① 워런티 조항의 위반. 피고는 피고가 항해구역을 벗어난 것은 영국법상 워런티 조항 위반이 아니라고 주장하였으나 원심판결은 이를 배척하였다. 즉, 이 사건 선박이 남위 50도 이북의 인도양 해역을 항해하는 것은 영국법상의 워런티 조항이고 이 사건 1, 2차 배서장에 의하여 위 조항상의 항해구역이 2010. 12. 10. 또는 같은 달 11.을 종기로 하여 태평양쪽 남빙양의 남위 65도 또는 67도까지 확장되었으나 위 기간이 만료됨에도 새로운 조건변경에 대한 합의 없이 이 사건 선박이 위 워런티 조항이 정한 항해구역을 벗어나 항해를 하다가 사고가 발생한 것이므로 영국 1906년 해상보험법(Marine Insurance Act 1906)(이하 "해상보험법"이라 한다) 제33조 제3항에 의하여 원고는 이 사건 선박보험에 따른 보험금 지급채무를 부담하지 아니한다.

② 묵시적 합의에 의한 항해구역의 확장. 피고가 매년 11월경 그 때부터 다음 해 3~4월 정도까지 남빙양에서 조업을 한다는 점을 원고에게 통지하면서 매 1개월마다 확장담보 요청을 한 사실, 피고가 선박배서장에 기재된 기일까지 보험료를 납입하지 아니하더라도 최고장이 발송되거나 보험계약이 해지된 적은 없고, 보험료를 남빙양 조업이 완료된 4월경 한꺼번에 결산하기도 한 사실은 인정된다. 그러나 당사자 사이에 위 통지만으로 별도의 구체적인 기간과 범위를 정한 확장담보 요청이 없더라도 남빙양 조업이 종료될 때까지 항해구역을 그에 필요한 범위까지 확장하기로 하는 묵시적 합의가 존재하였다는 점은 인정할 수 없다.

③ 관행에 의한 항해구역의 확장. 당사자 사이에 종전의 확장담보기간이 종료한 후에 추가 확장담보 요청을 하더라도 선박보험에 관하여는 협회기간약관 제3조에 따라 계속담보가 이루어진 것으로 처리하고 추가보험료는 그 이후 정산하며 적하보험에 관하여는 별도의 추가보험료 없이 선박보험에 의한 계속담보가 이루어지는 경우 적하보험도 계속담보가 이루어지는 것으로 처리하는 관행이 있었으나, 이는 담보위반이 생긴 기간 동안 보험사고의 발생이 없었던 경우의 관행에 불과하고 보험사고가 발생한 경우에도 적용되는 관행이라고는 볼 수 없다.

피고는 이에 대해 상고를 제기하였다.

2. 상고이유의 요지와 대상판결의 요지

대상판결은 원심판결과 마찬가지로 이 사건에서 결국 보험자인 원고는 보험금지급 채무를 부담하지 않는다고 판단하고 피고의 상고를 기각하였다. 상고이유의 요지[4]와 대상판결의 요지는 국제사법 논점과 실질법의 논점으로 구분할 수 있다. 여기에서 문제되는 실질법은 영국의 해상보험법, 한국의 상법과 약관규제법 등이다. 아래에서는 이해의 편의를 위하여 대상판결의 내용을 정리하여 소개한다.

가. 국제사법 논점

상고이유의 요지는, 이 사건 선박보험계약에 약관규제법이 적용되고 따라서 원고는 설명의무를 부담함에도 불구하고 원심판결은 원고의 설명의무 위반이 있었는지 여부에 관하여 판단을 누락하였다는 것이었다.

이에 대해 대상판결은 아래와 같이 판단하였다.

① 준거법은 영국법. 이 사건 선박보험계약의 준거법을 영국법으로 지정하는 합의는 유효하므로 영국법이 이 사건 선박보험계약에 전면적으로 적용된다.

② 준거법이 영국법인 경우 약관규제법의 적용 배제. 피고는 원고가 영국법상 워런티 조항의 내용, 효력, 위반효과에 대한 설명의무를 위반하였으므로 협회담보약관은 이 사건 선박보험계약에 편입되지 않았다고 주장하였다. 그러나 대상판결은 이 사건 보험계약의 준거법이 영국법이므로 설명의무를 정한 약관규제법 제3조는 이 사건 선박보험계약에는 적용되지 않는다는 이유로 이를 배척하였다.

③ 순수한 국내계약과의 차이. 선박보험계약이 준거법 지정 외에 외국적 요소가 없는 순수 국내계약인 사안에 관한 대법원 2010. 9. 9. 선고 2009다105383 판결은 외국적 요소가 있는 이 사건에서 원용하기에 적절하지 아니하다.

나. 실질법 논점

① 워런티 조항의 위반. 피고는 피고가 항해구역을 벗어난 것은 영국법상 워런티 조항 위반이 아니라고 주장하였으나, 대법원은 이를 이 사건 선박보험에

---

4) 상고이유는 대법원 판결을 참고하였으나 전모를 알 수 없었다. 이 점에서 손수호(註 1의 위), 4면 이하를 참고하였다.

서의 워런티 조항 위반이라고 판단한 것은 정당하다고 판시하였다. 즉, 영국 해상보험법상 피고의 담보특약 위반으로 원고는 보험금지급채무를 면한다는 것이다.

② 묵시적 합의에 의한 항해구역의 확장. 피고는 피고가 매년 11월경 남빙양에서 조업을 한다는 점을 원고에게 통지하면 통지만으로 별도의 구체적인 기간과 범위를 정한 확장담보 요청이 없더라도 남빙양 조업이 종료될 때까지 항해구역을 그에 필요한 범위까지 확장하기로 하는 묵시적 합의가 있었고 선주인 피고가 원고에게 남빙양 조업개시 통지를 함으로써 묵시적 합의에 의하여 항해구역이 확장되었다고 주장하였다. 그러나 대법원은 그런 합의의 존재를 부정한 원심판결을 수긍하였다.

③ 관행에 의한 항해구역의 확장. 피고는 영국법상 선주가 선박이 항해구역을 벗어났다는 점을 보험자에게 신속히 통지하면 추가보험료 합의가 없더라도 협회기간약관(제3조)에 따라 계속담보가 성립하는 관행이 있음에도 불구하고 원심판결은 영국법상 계속담보의 통지에 관한 법리를 오해하였다고 주장하였다.

대상판결은, 영국법원의 판례에 의하면, 해난사고(a casualty)가 이미 발생한 경우라도 피보험자가 계속담보에 의해 보호받을 자격(entitlement to be held covered)을 발생시키는 사건(the events)을 그 해난사고 발생 시까지 알지 못하였을 경우에는 계속담보조항이 소급하여 적용된다고 해석하고 있으나, 피보험자가 워런티 위반이 예정되어 있는 사실을 알면서 이를 사전에, 나아가 그 워런티 위반이 실제로 발생한 후에도 통지하지 않고 있다가 해난사고가 발생한 후에 비로소 통지를 한 사안에서 계속담보가 성립하는지 여부에 관한 영국 법원의 판례나 해석기준을 알 수 있는 자료는 기록상 찾을 수 없다고 판시하였다. 나아가 대상판결은 문제된 피고의 통지가 계속담보가 성립하기 위한 유효한 통지인지 여부는 '피고가 워런티 위반사실을 인지한 후 즉각적인 통지를 한 것으로 평가될 수 있는가'에 달려 있다고 전제하고, 남위 60도 이남의 남빙양 조업은 위험이 현존하는 경우이므로 통지가 요구되는 합리적인 시간은 짧은 시간이 되어야 하고, 문제된 이 사건 선박의 항해구역 이탈은 조업방침상 예정된 것인 점 등을 고려하면, 통지는 앞선 확장담보기간이 경과하기 전에 이루어지거나 늦어도 2010. 12. 12.이 되자마자 지체없이 이루어졌어야 한다고 봄이 타당하다는 이유로 통지에 의한 계속담보 성립에 관한 피고의 주장을 배척한 원심의 결론은 정당하다 판단하였다.

[연구]

Ⅰ. 머리말

1. 논의의 배경

약관의 규제에 관한 법률(이하 "약관규제법"이라 한다)은 불공정한 내용의 약관을 규제하여 건전한 거래질서를 확립함으로써 소비자를 보호하는 것을 목적으로 한다(동 법 제1조). 약관은 국내거래에서만이 아니라 국제거래에서도 널리 사용되고 있다. 그럼에도 불구하고 과거 우리나라에서는 국제거래에서 약관의 사용과 관련된 국제사법적 논의는 적었기에 저자는 "國際去來와 약관의규제에관한법률의 적용"이라는 논문을 발표하여[5] 국제거래에서 약관의 사용에 따르는 국제사법적 쟁점을 논의하고 약관규제법의 규정은 국내적 강행규정일 뿐이고 국제적 강행규정은 아니라는 견해를 피력하였다. 그 후 약관규제법의 국제적 강행규정성을 부정한 최초의 대법원판결(대법원 2010. 8. 26. 선고 2010다28185 판결)에 대한 짧은 평석[6]에서 저자는 동 판결을 환영하지만 대단히 중요한 논점을 소홀히 취급한 데 대한 아쉬움을 토로하였다. 일부 견해는 후속 대법원 2010. 9. 9. 선고 2009다105383 판결이 2010년 8월 판결에 반한다는 비판을 하였으나,[7] 저자는 2010년 9월 판결의 사안은 준거법 지정을 제외하면 순수 국내계약이므로 동 판결의 결론은 타당하다며 대법원의 태도를 옹호하였다.[8][9] 그런데 대상판결은 약

---

5) 석광현, "國際去來와 약관의규제에관한법률의 적용", 국제사법연구 제9호(2003. 12.), 81면 이하. 저자는 이를 조금 수정·보완하여 국제사법과 국제소송 제3권(2004), 151면 이하에 게재하였다(이하에서는 후자를 인용한다).

6) 석광현, "약관규제법은 국제적 강행규정인가", 법률신문 제3920호(2011. 3. 21.), 13면. 이는 석광현, 국제사법과 국제소송 제5권(2012), 232면 이하에 수록되었다.

7) 예컨대 손경한, "분쟁해결합의에 관한 일반적 고찰", 법조 통권 제675호(제61권 제12호)(2012. 12.), 71면 주 90. 한창희, "선박보험계약에서의 영국법의 적용범위—대법원 2010. 9. 9. 선고 2009다105383 판결", 법률신문 제4009호(2012. 2. 20.), 12면도 "글로벌 스탠더드의 지위가 인정되는 영국 해상보험법상의 워런티의 효과를 약관규제법상의 설명의무의 대상으로 본 것은 해상보험의 국제성에 반하는 것으로 옳다고 할 수 없다"고 비판한다. 평석은 이정원, "영국법 준거약관과 보험자의 설명의무—대판 2010. 9. 9., 2009다105383의 평석을 중심으로—", 저스티스 통권 제122호(2011. 2.), 212면 이하; 서영화(註 2), 7면 이하; 한창희, "워런티 관련 대법원 2010. 9. 9. 선고 2009다105383 판결의 연구", 보험학회지 제92호(2012. 8.), 51면 이하 참조.

8) 저자는 대법원이 그런 논리를 따른 것으로 선해하였다. 석광현, "약관규제법은 국제적 강행규정인가", 국제사법과 국제소송 제5권(2012), 236면; 석광현(註 3), 302면. 이정원(註 7), 235

관규제법이 국제적 강행규정이 아님을 재확인하고, 2010년 9월 판결에 대한 저자의 이해가 타당한 것임을 판시함으로써 그 간의 논란을 해소하고 약관을 이용한 국제거래에 수반되는 법적 불확실성을 제거하였다. 이에 저자는 대상판결을 환영하면서 그것과 대법원 2010. 9. 9. 선고 2009다105383 판결의 의의를 분석하고 장래의 과제를 밝히고자 한다.

2. 대상판결의 주요 쟁점과 이 글에서의 논의의 범위

위에서 언급한 바와 같이 대상판결의 주요 쟁점은 국제사법상의 쟁점과 실질법상의 쟁점으로 구분할 수 있는데, 여기에서는 국제사법 논점, 그 중에서도 선박보험계약에서 발생하는 국제사법의 쟁점을 중심으로 논의한다.[10)]

이 사건에서 보험자인 원고가 영국 해상보험법(MIA)상 워런티 조항의 내용과 효력, 그 위반의 효과 등에 관하여 피보험자인 피고에게 설명하지 아니하였다면 협회담보약관이 이 사건 선박보험계약에 편입되지 않았는지가 문제된다. 왜냐하면 약관규제법(제15조)에 따르면 국제적으로 통용되는 약관이나 그 밖에 특별한 사정이 있는 약관으로서 대통령령으로 정하는 약관(이는 국제적으로 통용되는 운송업, 금융업 및 보험업과 무역보험법에 따른 무역보험)에 대하여는 제7조부터 제14조의 적용이 배제되나 약관의 작성·설명의무를 정한 제3조는 배제하지 않으므로 이 사건 보험계약의 준거법이 한국법이라면 당연히, 또는 준거법이 영국법이더라도 약관규제법 제3조가 국제적 강행규정이라면 국제사법 제7조에 따라

면도 동지.

9) 하지만 서영화(註 2), 24면이 지적하듯이, 해상적하보험계약에 관한 대법원 2001. 7. 27. 선고 99다55533 판결은 대상판결의 설시와 상충된다. 이는 한국 회사 간에 체결된 적하보험계약이기는 하나 외국적 요소가 있는 사안에 관한 판결이기 때문이다. 위 사안에서 외국적 요소가 있고, 보험증권상 야기되는 일체의 책임문제는 영국의 법률 및 관습에 따르기로 합의하였으므로 이를 전부지정으로 이해하는 대법원판례에 따르면 약관규제법은 적용되지 않아야 했으나, 대법원은 약관규제법이 적용되는 것을 당연한 전제로 논의하였다.

10) 대상판결의 사안에서는 선박보험계약과 적하보험계약이 모두 문제되었다. 선박보험계약의 영국법준거약관의 문언은 "이 보험은 영국의 법률 및 관례에 준거함"이므로 준거법의 전부지정이다. 한편 적하보험계약의 영국법준거약관의 문언은 "이 증권에 포함되어 있거나 또는 이 증권에 첨부되는 어떠한 반대되는 규정에도 불구하고 이 보험은 일체의 전보청구 및 결제에 관하여 영국의 법률과 관습에만 의한다"인데, 이는 준거법의 부분지정이라는 견해와 실질법적 부분지정이라는 견해가 있다. 상세는 석광현(註 3), 299면 참조. 주의할 것은 이 경우 전자의 견해를 따르더라도 계약의 성립과 유효성의 준거법은 객관적 준거법인 한국법일 수 있으므로 약관규제법에 따른 편입통제, 해석통제와 내용통제가 모두 가능하다.

약관의 작성·설명의무를 정한 약관규제법 제3조가 여전히 적용되고,[11] 만일 원고가 그에 따른 설명의무를 이행하지 않았다면 위 약관은 보험계약에 편입될 수 없게 되기 때문이다. 따라서 국제사법 논점은 크게 다음과 같이 정리할 수 있다.

첫째, 이 사건 선박보험계약의 준거법은 영국법인가. 여기에서 준거법의 지정, 즉 저촉법적 지정과 실질법적 지정의 구별과 실익이 문제된다. 둘째, 준거법이 영국법인 경우 약관규제법의 적용은 배제되는가. 이는 약관규제법 제3조가 국제사법 제7조가 정한 국제적 강행규정인가의 문제이다. 셋째, 외국적 요소가 있는 대상판결의 결론은 약관규제법 제3조의 적용을 긍정한 대법원 2010. 9. 9. 선고 2009다105383 판결과 충돌되는가. 여기에서 순수한 국내계약의 개념은 무엇이고, 국제사법 제25조 제4항의 취지와 그 효과는 무엇인지가 문제된다. 이러한 쟁점들을 해결하기 위하여 아래에서는 국제계약의 준거법 지정의 의의와 효력(Ⅱ.), 약관규제법은 국제적 강행규정인가(Ⅲ.), 순수한 국내계약과 외국법 준거법의 지정(Ⅳ.), 실질법상의 논점(Ⅴ.), 영국 해상보험법의 적용이 불합리한 결과를 초래하는 경우 이를 극복하기 위한 방안(Ⅵ.)과 대상판결의 법리는 약관에 포함된 국제재판관할합의(이하 "관할합의조항"이라 한다)에도 적용되는가(Ⅶ.)의 순서로 논의한다.

Ⅱ. 국제계약의 준거법 지정

1. 당사자자치의 원칙과 준거법 지정의 효력

국제사법 제25조는 국제계약의 준거법을 결정함에 있어서 당사자자치(party autonomy, Parteiautonomie)의 원칙을 명시한다. 당사자자치의 원칙은 상당 부분 당사자이익과 거래이익에 부합하고, 무엇보다도 국제거래에서 요청되는 당사자의 기대를 보호함으로써 법적 안정성에 기여한다는 장점을 가지고 있다. 우리 계약법상 사적자치를 허용하더라도 당사자는 우리나라의 국내적 강행법규(또는 강행규정. 이하 양자를 호환적으로 사용한다)를 배제할 수 없으나, 당사자가 외국법을 준

11) 다만 여객운송업, 전기·가스 및 수도사업, 우편업과 공중전화 서비스 제공 통신업의 약관에 대하여는 제3조 제2항의 의무가 면제된다(제3조 제2항). 한편 국제적으로 통용되는 특정업종의 약관에 제6조가 적용되는지는 논란이 있다. 상세는 석광현(註 5), 158면 이하 참조.

거법으로 지정하거나 선택한 경우 준거법을 지정하지 않았더라면 적용되었을 객관적 준거법(그것이 우리 법이더라도)의 국내적 강행법규를 배제할 수 있다.

제25조에 따른 준거법의 지정은 '저촉법적 지정'을 말하는 것이지 '실질법적 지정'은 준거법의 지정이 아니다. 후자는 당사자들이 계약의 내용을 구체적으로 규정하는 대신, 특정 외국법을 언급함으로써 그것을 계약의 내용으로 편입하는 것인데 이는 약관을 편입하는 것과 유사하다.[12] 따라서 후자의 경우, 당사자가 달리 준거법을 선택하지 않은 때에는 제26조에 따라 결정되는 객관적 준거법의 적용을 받으면서 그 준거법이 허용하는 범위 내에서 당사자들이 계약에 편입한 외국법이 당해 계약의 내용이 된다. 즉 실질법적 지정의 경우, 객관적 준거법의 강행법규에 의한 제한을 받는다는 점에서 준거법의 지정과 구별된다. 그러나 국제사법 제7조가 명시하듯이 외국법을 준거법으로 지정하더라도 법정지의 국제적 강행법규의 적용은 배제되지 않는다. 여기에 당사자자치의 원칙의 한계가 있다. 그 밖에도 양자는 다음과 같은 차이가 있다.[13]

첫째, 저촉법적 지정의 경우 계약체결 후 준거법이 개정되면 개정된 준거법이 적용되는 데 반하여,[14] 실질법적 지정의 경우 구 외국법이 계약에 편입되었으므로 외국법의 사후 개정은 계약 내용에 영향을 미치지 않는다. 둘째, 양자는 우리 법원이 준거법인 외국법을 직권으로 조사·적용해야 하는지와 관련하여 차이가 있다. 외국법이 준거법이라면 이를 긍정하나, 외국법이 계약에 편입된 것이라면 이는 계약의 내용이므로 당사자가 주장·입증해야 할 것이다. 구체적인 사안에서 양자 중 어느 것인지는 기본적으로 당사자의 의사가 결정한다.

---

12) 저촉법적 지정은 'kollisionsrechtliche Verweisung'을, 실질법적 지정은 'materiellrechtliche Verweisung'을 번역한 것이다. 후자를 '외국법의 실질법적 편입(materiellrechtliche Inkorporation ausländischen Rechts)'이라고도 한다. 영국과 프랑스에서는 대체로 전자를 'choice of proper law', '*chois de la loi applicable*', 후자를 'incorporation by reference', '*incorporation de la loi choisie dans le contrat*'라고 한다.

13) 이 점은 석광현, "國際契約의 準據法에 관한 몇 가지 논점 —涉外私法의 解釋論을 중심으로: 改正된 國際私法의 소개를 포함하여—", 국제사법과 국제소송 제1권(2001), 9면 이하에서도 지적하였다. Dicey, Morris & Collins, The Conflict of Laws, Fifteenth Edition (2012), para. 32-058도 유사하다.

14) 다만 그 경우에도 당사자들은 합의로써 준거법인 외국법을 특정시점의 그것으로 고정시킬 수 있는데 이것이 준거법의 '동결(Versteinerung)'이다. 그러나 이는 유효한 준거법 지정이 아니라는 견해도 유력하다. Dicey, Morris & Collins (註 13), para. 32-049; Peter Stone, EU Private International Law, 3rd Edition (2014), p. 295는 그 경우 동결조항은 무시되고 통상의 준거법 지정이 된다고 한다. 소개는 석광현, "FIDIC 조건을 사용하는 국제건설계약의 준거법 결정과 그 실익", 사법 제29호(2014. 6.), 12면 주 23 참조.

2. 대상판결의 판단과 그에 대한 평가

외국적 요소가 있는 이 사건에서 당사자들이 영국법을 이 사건 선박보험계약의 준거법으로 지정하였다. 특히 이 사건에서처럼 영국법이 보험계약의 준거법으로 지정되는 경우 이는 '전부지정'[15]이지 부분지정이 아니다. 따라서 이 사건 선박보험계약의 성립, 유효성, 효력과 해석은 모두 영국법에 의하고, 만일 준거법 선택이 없었더라면 적용되었을 우리나라의 국내적 강행규정의 적용도 배제된다. 그러나 준거법에 관계없이 적용되어야 하는 우리나라의 국제적 강행규정은 배제되지 않는다.

이 사건에서 피고는 이 사건 보험계약에 약관규제법 제3조가 적용되는 것을 전제로 원고가 이 사건 적하보험이 남빙양의 일부분만을 조업구역으로 삼고 있다는 점을 설명하지 않았으므로 조업구역 제한에 관한 규정이 약관규제법 제3조에 의하여 보험계약에 편입되지 않았다고 주장하였으나,[16] 준거법이 영국법인 이상 약관규제법의 적용은 배제된다.

대상판결도 이 사건 선박보험계약은 영국법을 준거법으로 지정하여 한국 회사 간에 체결된 계약이기는 하나 외국적 요소가 있으므로 국제사법 제25조 제4항은 적용되지 않고 따라서 우리나라의 강행규정인 약관규제법은 적용되지 않는다는 취지로 판시한 것이다. 이는 타당하다. 그런데 만일 약관규제법이 우리나라의 국제적 강행규정이라면 위 결론이 달라지므로 이를 검토할 필요가 있다. 이는 항을 바꾸어 아래(Ⅲ.)에서 논의한다.

Ⅲ. 약관규제법은 국제적 강행규정인가

결론을 먼저 말하자면 약관규제법은 국내적 강행규정일 뿐이고 국제적 강행규정은 아니다. 따라서 외국적 요소가 있는 사안에서 보험계약의 준거법이 영국

15) 물론 계약의 방식은 실질의 준거법 또는 계약 체결지법에 선택적으로 연결되나 그렇더라도 이는 전부지정이다.

16) 위에서 본 것처럼 보험약관에 대해 약관규제법의 일부조문의 적용을 배제하는 약관규제법 제15조도 제3조는 배제하지 않으므로 준거법이 한국법이라면 제3조가 적용된다. 이와 달리 제3조 제4항의 문언에 충실하게 그 경우에도 약관이 편입은 되지만 사업자가 계약의 내용으로 주장할 수 없을 뿐이라는 견해도 가능하다.

법이면 약관규제법은 적용되지 않는다(국제사법 제25조 참조). 다만 순수한 국내계약에서는 준거법이 외국법이더라도 약관규제법의 적용은 배제되지 않는데[17] 이는 국제사법 제25조 제4항이 그런 취지를 명시하기 때문이다.

1. 약관규제법에 의한 통제 — 국제적 강행규정

단순히 당사자의 합의에 의해 그 적용을 배제할 수 없는 강행규정은 국내적 강행규정이나, 당사자의 합의에 의해 그 적용을 배제할 수 없을 뿐만 아니라 그에 추가하여 준거법이 외국법이라도 그의 적용이 배제되지 않는 강행규정은 '국제적 강행규정(internationally mandatory rules)'이다. 국제사법 제7조는 국제사법에 의하여 외국법이 준거법으로 지정되더라도 예컨대 대외무역법, 외국환거래법, 독점규제 및 공정거래에 관한 법률("공정거래법")[18]과 문화재보호법 등 그의 입법목적에 비추어 준거법에 관계없이 적용되어야 하는 법정지인 한국의 강행법규는 여전히 적용된다는 점을 명시한다.[19] 국제적 강행규정을 '절대적 강행규정'이라고 부르기도 한다.[20]

다른 기회에 이미 지적한 바와 같이,[21] 약관규제법은 독일의 과거 약관규제

---

17) 독일에서도 민법에 편입된 약관규제법과의 관계를 이렇게 본다. StaudingerKomm/Magnus, EGBGB/IPR, Art 3 Rom Ⅰ-VO (2011), Rn. 146.

18) 판매점인 한국 회사인 원고는 공급자인 캐나다 회사들과 준거법이 온타리오 주법인 배급·판매대리계약을 체결하였다. 원고는 피고들이 위 계약과 관련하여 공정거래법을 위반하는 행위(불이익제공, 거래거절, 구입강제 등)를 하였으므로 동 법 제56조에 따라 손해배상의무가 있다고 주장하였다. 원심판결인 서울고등법원 2010. 2. 11. 선고 2009나31323 판결은 원고의 주장을 모두 배척하였으나 그 과정에서 공정거래법의 입법목적과 관련규정(문제된 것은 부당한 국제계약의 체결제한을 정한 제32조 제1항과 제34조)을 고려하여 동 법은 국제적 강행규정이라고 판단하였다. 대법원판결은 이를 논의하지는 않았으나 공정거래법이 적용됨을 전제로 하였다. 국제적 강행규정에 관한 판례는 석광현(註 3), 142면 이하; 김인호, "국제계약에서 강행규정에 의한 당사자자치의 제한", 선진상사법률연구 제60호(2012. 10.), 110면 이하 참조. 최근 서울고등법원 2014. 5. 12. 선고 2013나73560 판결은 피해자의 보험회사에 대한 직접청구권을 규정한 상법 제724조 제2항은 국제적 강행규정이 아니라고 판시하였다. 소개와 간단한 평석은 김인현, "2014년 중요 해상 판례평석", 한국해법학회지 제37권 제1호(2015. 4.), 347면 이하 참조. 대법원 2014. 9. 25. 선고 2014다37620 판결은 위 서울고등법원의 판결을 수긍하고 상고를 기각하였다.

19) 외국환거래법 또는 대외무역법 등 공법적 성질을 가지는 국제적 강행규정을 독일에서는 '간섭규범'(또는 '개입규범'. Eingriffsnorm), 프랑스에서는 '직접적용법(*lois d'application immédiate*)' 또는 '경찰법(*lois de police*)'이라고 한다

20) 안춘수, "국제사법상 절대적 강행규정의 처리 —이론의 전개와 국제사법 제6조, 제7조의 의미—", 법학논총 제23권 제2호(통권 제37호)(국민대학교 법학연구소, 2011. 2.), 189면 이하.

21) 석광현(註 5), 168면 이하.

법과 달리 일정한 요건 하에 외국법이 준거법임에도 불구하고 고려해야 한다거나 적용해야 한다는 조항을 두지 않고, 또한 국제적 맥락에서 자신의 적용범위를 명시하지 않으므로, 약관규제법을 국제적 강행규정으로 보기는 어렵다. 즉 약관규제법을 국제적 강행규정으로 보려면 준거법이 외국법이더라도 일정한 경우 동 법을 적용하려는 입법자의 의지를 읽을 수 있어야 하나 동 법상 이러한 의지가 표현되어 있지 않다.[22] 특히 국제사법 제27조가 동 조에 정한 요건을 구비하는 소비자계약의 경우에도 원칙적으로 준거법합의를 유효한 것으로 인정하고 제한된 범위 내에서만 소비자의 상거소지인 우리 법의 보호를 관철하는 데 그치고 있으므로, B2C 거래만이 아니라 B2B 거래에도 적용되는 약관규제법을 모든 국제적 약관거래에 대해 외국법이 준거법임에도 불구하고 강행적으로 적용하려는 것은 균형이 맞지 않는다.

또한 약관규제법을 국제적 강행규정으로 보는 경우에도 약관이 사용되는 모든 국제거래에 약관규제법을 적용할 수 없음은 명백하므로 그 적용범위를 제한하는 기준이 필요한데, 약관규제법의 해석으로부터 기준을 도출하기가 어렵다. 이러한 요건을 제시함이 없이 약관규제법은 국제적 강행규정이라고 주장하는 것은 매우 공허하다.[23] 약관규제법을 국제적 강행규정으로 보는 견해는 아마도 약관제안자(즉, 약관규제법상의 용어로는 사업자)의 상대방(즉 약관규제법의 용어로는 고객)이 한국인 또는 한국 법인일 것을 요건으로 요구할 것으로 짐작된다.[24] 그러나 약관을 이용한 B2B 간의 국제거래에서 약관제안자의 상대방이 한국 기업이라는 이유로 우리 약관규제법의 통제를 관철하는 것은 국제거래의 안전을 현저히 해하고 그 결과 우리 대기업이 약관에 의한 국제거래에 참여하는 것 자체가 어렵게 될 수도 있다.

---

22) 상세는 석광현(註 3), 150면 이하 참조. 그 글에서는 약관규제법 제15조가 가지는 국제사법적 함의도 분석하였다.

23) 예컨대 손경한(註 7), 70면은 법적 근거를 제시하지 않고 필요성을 강조하면서 당해 약관이 한국과 밀접한 관련이 있는 경우에는 준거법에 관계없이 약관규제법이 적용된다고 주장한다. "당해 약관이 한국과 밀접한 관련이 있는 경우"라는 요건은 독특한데 이는 약관제안자의 상대방이 한국인 또는 한국 회사라는 것과는 다를 것이나 그 취지가 불분명하다. 나아가 그에 따르면 준거법이 독일법인 한국 기업과 독일 기업 간의 거래에서 우리의 약관규제법과 독일 민법(약관규제법을 편입한)이 모두 적용될 수 있으므로 양자의 우열에 대한 기준을 제시할 필요가 있다.

24) 이에 따르면 예컨대 한국 회사(A)가 미국 뉴욕주 회사(B)와 계약을 체결하면서 B의 약관을 적용하기로 합의하였는데 그 준거법이 뉴욕주법이라면 약관규제법은 적용된다고 볼 것이다. 물론 이는 외국사업자도 약관규제법상의 사업자에 포함된다는 것을 전제로 한다. 만일 이런 전제를 부정한다면 그 이유만으로도 약관규제법은 외국사업자에게 적용되지 않는다.

그렇다면 일반원칙으로 돌아가 준거법이 외국법인 약관의 경우 우리 약관규제법은 적용되지 않으므로 약관규제법에 따른 편입통제, 내용통제와 해석통제는 모두 적용되지 않는다. 즉 약관의 명시·설명의무를 정한 제3조, 제6조와 제7조 내지 제14조도 모두 적용되지 않는다.[25] 따라서 준거법이 독일법이라면 우리 약관규제법이 아니라 독일 민법에 편입된 약관규제에 관한 조문들이 적용된다. 약관규제법의 적용 여부에 관하여 섭외사법 하에서는 논란의 여지가 있었지만, 국제사법이 제27조를 둔 결과 이제는 그의 반대해석에 의하여 그와 같이 해석하는 것이 설득력이 있다.

2. 대상판결의 판단과 그에 대한 평가

대상판결은 "국제사법 제27조에서 소비자 보호를 위하여 준거법 지정과 관련하여 소비자계약에 관한 강행규정을 별도로 마련해 두고 있는 점이나 약관규제법의 입법 목적을 고려하면, 외국법을 준거법으로 하여 체결된 모든 계약에 관하여 당연히 약관규제법을 적용할 수 있는 것은 아니다"고 판시하였는데, 이는 대상판결이 인용한 대법원 2010. 8. 26. 선고 2010다28185 판결의 논리를 따른 것이다. 이 글의 첫머리에 밝힌 것처럼 저자는 2003년 발표한 글에서 이미 이런 견해를 피력하였고, 2010년 판결의 선고 후에는 동 판결을 지지하는 견해를 피력한 바 있다.

앞에서 밝힌 것처럼 저자는 과거 대법원 2010. 8. 26. 선고 2010다28185 판결에 대한 평석에서 약관규제법의 국제적 강행규정성을 부정한 최초의 대법원판결이라는 점에서 환영하였지만 쟁점을 소홀히 취급한 탓에 아쉬움이 있다고 지적하였다. 대상판결은 과거 판결의 논리, 즉 국제사법이 소비자보호를 위한 규정

25) 준거법이 영국법이므로 영국법상의 설명의무가 문제된다. 유력설에 따르면, 영국 해상보험법과 보통법상, 보험자도 보험법의 기본원리인 최대선의의무를 이행할 책무를 지나 판례는 최대선의의무의 한 내용으로서 보험자의 설명의무를 인정하는 데는 신중한 태도라고 한다. 특히 보험계약자가 보험중개인 등 전문가의 조력을 받는 경우에는 보험자의 설명의무를 인정할 여지가 없다고 한다. 다만 이정원(註 7), 226면은 2000년 제정된 Financial Services and Markets Act (FSMA)에 의하면, 보험자는 보험계약자에게 보험약관의 주요한 내용과 정보를 적절한 방식으로 적절한 시기에 제공할 의무가 있고 이런 보험자의 실정법상 의무는 각종 벌칙과 제재에 의하여 이행이 강제되므로 해상보험계약에서도 보험자는 보험계약자에게 보험계약의 주요 내용을 설명할 의무가 있다고 하고 이를 전제로 한국 보험회사도 그에 따라야 하는 것처럼 설명한다. 그러나 이는 일종의 사업법이므로 영국에서 보험업을 영위하지 않는 한국 보험회사에도 적용되는지는 확인할 필요가 있다.

을 별도로 두는 점과 약관규제법의 입법목적만을 논거로 제시하는 데 그치는 점에서 역시 아쉬움을 남긴다. 예컨대 "계약채무의 준거법에 관한 2008. 6. 17. 유럽의회 및 이사회의 No. 593/2008 규정"("로마 I")(제9조 제1항)에서 보는 정도는 아니더라도 일응 국제적 강행규정의 개념을 정립하고자 시도하고, 그것이 주로 공법적 법률관계에 관한 규정에 한정되는지 아니면 당사자들 간의 유형적인 불균형상태의 조정, 예컨대 소비자와 근로자와 같은 약자의 보호를 목적으로 하는 특별사법도 포함할 수 있는지 등에 관하여도 보다 진전된 논의를 하였더라면 하는 아쉬움이 있다.

3. 약관에 의한 준거법 지정의 허용요건

위(3.)에서 본 것은, 약관에 의하여 외국법이 준거법으로 유효하게 지정되었음을 전제로 약관규제법에 따른 편입통제, 내용통제와 해석통제가 적용되는가의 문제이다. 그런데 그에 앞서 약관에 의하여 준거법을 지정하는 것 자체가 허용되는가의 문제가 있다. 이는 약관에 의한 준거법 지정의 허용요건(또는 적법요건)의 문제로 우리 국제사법의 해석의 문제이다. 종래 우리나라에서는 논의가 활발하지 않지만 대법원 판례를 보면 세 가지 견해가 보인다.

첫째, 전속관할에 관한 법리를 유추적용하는 견해. 국제재판관할합의에 관한 대법원 1997. 9. 9. 선고 96다20093 판결은 한국 법원의 관할을 배제하고 외국법원을 관할법원으로 하는 전속적인 국제재판관할합의는 현저하게 불합리하고 불공정한 경우에는 공서양속에 반하는 법률행위에 해당하는 점에서도 무효라고 판시하였던바, 이러한 취지를 준거법합의에도 유추적용하여 준거법합의가 현저하게 불합리하고 불공정한 경우 공서양속에 반하는 법률행위로서 무효라고 볼 수 있을 것이다. 실제로 대법원 2010. 8. 26. 선고 2010다28185 판결은 "이 사건 계약이 캐나다 온타리오주법을 준거법으로 정함으로써 현저하게 불합리하거나 불공정한 결과가 초래된다고 볼 근거가 없어 약관에 의한 준거법 약정은 유효하다"고 판단한 원심판결을 수긍하였다.[26] 저자도 이런 이론구성을 지지한 바 있다.[27]

---

26) 평석은 석광현, "약관규제법은 국제적 강행규정인가", 법률신문 제3920호(2011. 3. 21.), 13면 참조.

27) 석광현(註 3), 295면, 333면 주 17. 장문철, 국제사법총론(1996), 153면은 신의성실의 원칙을 정한 약관규제법 제6조나 면책조항을 금지하는 제7조를 이용하여 외국법준거약관을 규제할 수 있을 것이라고 하나, 약관규제법이 적용되는 근거는 제시하지 않는다.

둘째, 대상판결의 원심판결은 영국법 준거약관을 사용하는 것이 한국의 공익이나 공서양속에 반한다거나 피고의 이익을 부당하게 침해하는 것이라고 볼 수 없다고 판시하였다.

셋째, 대법원 1991. 5. 14. 선고 90다카25314 판결은 영국법 준거약관은 "합리적인 범위를 초과하여 보험계약자에게 불리한 경우에는 무효"라는 취지의 판시를 하였다. 이는 그 취지가 분명하지 않으나, 1971년에 공표된 미국법률협회(American Law Institute. ALI)의 Restatement (Second), Conflict of Laws(이하 "Restatement(Second)"라 한다)처럼[28] 일정한 경우 준거법조항 자체를 무효로 하는 접근방법을 취한 것이라고 볼 수도 있다.

Ⅳ. 순수한 국내사건과 외국법 준거법의 지정

이 사건 보험계약은 선박보험계약으로서 당해 선박의 항해구역이 남극어장이라는 점, 즉 부보대상인 선박 내지 위험의 소재지가 외국이라는 점을 고려하면 외국적 요소가 있는 국제계약이라고 볼 수 있다(분명하지 않으나 선적은 아마도 한국인 것으로 보인다). 반면에 대상판결이 언급한 대법원 2010. 9. 9. 선고 2009다105383 판결에서 선박보험계약은 준거법 지정 외에는 외국적 요소가 없는 순수한 국내계약이었다. 외국적 요소, 즉 국제성(international character)의 유무는 준거법 지정의 맥락에서 중요한 의미를 가지므로 아래 논점을 검토할 필요가 있다.

1. 국제계약에 관한 일반이론

국제사법의 관점에서 어떤 사건, 특히 어떤 계약의 국제성(외국적 요소가 있는 계약)을 논의하는 실익은 다음과 같다.[29]

첫째, 다수설에 따르면 국제계약에는 국제사법이 적용되는 데 반하여 국내

28) Restatement (Second) 제187조 Comment b는 부합계약(adhesion contract)에서 그에 포함된 준거법 선택을 인정한다면 사실상 협상의 가능성을 가지지 않는 약자에게 본질적으로(substantially) 부당하게 되는 때에는 법원은 그 조항의 적용을 거부할 수 있다고 한다.

29) 석광현, "한국인 간에 일본에서 체결된 근로계약의 준거법: 국제계약의 개념, 가정적 당사자자치와 준거법의 사후적 변경을 중심으로", 국제사법과 국제소송 제5권(2012), 9면.

계약에는 국제사법이 적용되지 않는다.[30] 다만 어느 견해를 취하건 간에, 준거법을 제외하고는 객관적으로 순수한 국내계약에도 국제사법 제25조 제4항이 적용되는 점은 같다. 국제계약에만 국제사법이 적용된다고 보면 제25조 제4항은 그에 대한 예외라고 볼 수도 있다.

둘째, 계약의 성립, 유효성, 효력과 해석 등을 규율하는 준거법의 결정원칙이 다르다. 즉, 많은 나라에서 국제계약의 당사자들은 자유롭게 외국법을 준거법으로 지정할 수 있으나 — 즉 당사자자치의 원칙이 타당하나, 국내계약의 당사자들은 외국법을 준거법으로 지정할 수 없거나(다만 실질법적 지정은 허용된다), 가사 지정할 수 있더라도 그 효력이 제한된다.

한편 실질법적 관점에서는 당사자는 준거법의 내용은 물론 당해 국제계약분야의 관행과 실무를 이해할 필요가 있다.

2. 무엇이 외국적 요소인가

우리 국제사법은 어떤 사안이 순수한 국내사건인지를 판단하는 요소에 관하여 아무런 기준을 제시하지 않으며[31] 국제계약의 개념을 정의하지도 않는다.[32] 저자는 국제사법의 적용단계와 개별적인 연결원칙의 적용단계를 구분하여, 전자에서는 통상의 연결점에서 외국적 요소가 있으면 일단 국제사법을 적용하고, 후자에서는 개별조문의 해석의 문제로 처리한다. 즉, 거래 당사자의 국적 · 주소, 물건 소재지, 행위지, 사실발생지 등이 외국과 관련이 있으면 외국적 요소가 있으므로 일응 국제사법을 적용해야 하고, 과연 그 경우 연결원칙을 정한 국제사법 개별조문에 포섭되어 그에 따라 준거법이 결정되는가는 개별조문의 해석의 문제

---

30) 순수한 국내적 사법관계에 대하여는 그 국가의 법을 적용한다는 국제사법의 원칙이 있고, 그런 법원칙이 의식되지 않을 뿐이지 부존재하는 것은 아니라는 소수설도 있다. 이호정, 국제사법(1983), 2면.

31) 반면에 중국의 섭외민사관계법률적용법에 따른 사법해석(제1조)과 베트남의 국제사법인 민법(제758조)은 외국적 요소가 있는 법률관계를 열거하나 양자는 다소 차이가 있다. 전자는 2013년 1월 공표된 것인데, 중국어 문언은 http:/www.chinacourt.org 참조. 국제성에 관한 논의는 석광현, "國際契約의 準據法에 관한 몇 가지 논점 —涉外私法의 解釋論을 중심으로: 改正된 國際私法의 소개를 포함하여—", 국제사법과 국제소송 제1권(2001), 7면 이하 참조.

32) 우리 실정법이 국제계약이라는 개념을 사용하는 예는 드문데 독점규제 및 공정거래에 관한 법률(제32조)은 이를 사용한다. 다만 이는 동 법 적용의 맥락에서 협상력이 약한 한국 기업의 보호가 문제되는 계약유형을 열거한 것이지 국제성을 판단할 수 있는 기준을 제시한 것은 아니다.

로 다루자는 것이다. 그러나 이는 일응의 추상적 기준이고 구체적 판단은 개별적으로 해야 한다. 즉, 계약의 국제성 판단은 계약유형에 따라 달라질 수 있다. 예컨대 보험계약에서는 위험(또는 목적물)의 소재지가 의미가 있으나,[33] 운송계약의 경우에는 출발지, 도착지와 중간기착지 등이 의미를 가진다.

여기의 논의는 국제사법의 맥락에서 국제계약의 정의이지 보편타당한 국제계약의 정의는 아니다.[34] 주지하듯이 1980년 "국제물품매매계약에 관한 국제연합협약"(United Nations Convention on Contracts for the International Sale of Goods)(CISG. "매매협약")은 국제계약에만 적용되는데 매매협약은 보편타당한 국제계약이 아니라[35] 동 협약의 목적상 국제계약을 정의한다. 즉, 매매계약의 국제성은 당사자들의 영업소가 서로 다른 국가에 있으면 충족된다(제1조 제1항).[36]

일부 견해는 선박보험계약은 대부분의 위험이 외국 재보험사에게 전가되는 점, 적하보험의 경우 복합운송의 일반화와 창고사이조항에 따라 국제적 성격을 본질로 하는 점 등에 비추어 국내계약으로 다룰 수 없다고 한다.[37] 그러나 외국으로의 출재, 즉 재보험의 필요성을 이유로 당해 사안이 국제성을 가지는 것은 아니다. 재보험 시 영국법을 보험계약의 준거법으로 지정하지 않는다면 현실적으로 재보험이 불가능하거나 한국의 원보험사의 입장에서 매우 불리하게 된다면 국제성이 없더라도 정책적으로 국제사법이나 보험 관련 법률에 특칙을 두어 국

33) 이런 이유로 저자는 외국에 등록되어 원양어업에 투입되는 선박에 대한 선박보험계약과, 한국에 등록되어 근해조업에 투입되는 선박에 대한 선박보험계약의 국제성을 달리 평가하고, 적하보험의 경우에도 수입 중의 적하와 국내 소재 적하를 구분한다. 로마 I 전문(제33항)과 로마 I (제7조 제6항)은 보험계약의 경우 위험소재지에 따라 적용 여부를 결정한다.

34) 전통적으로는 계약의 국제성을 결정하는 기준으로 당사자의 영업소, 국적, 주소 또는 상거소가 상이한 국가에 있거나, 계약체결지, 계약이행지 또는 계약목적물의 소재지가 외국이거나, 지급통화가 외국통화일 것과 같이, 계약이 둘 이상의 국가와의 관련을 가지고 있어야 한다는 의미에서 '사실적 객관적 기준(factual objective test)'을 요구하거나, 또는 경제적 기준, 법적 기준, 경제적 기준과 법적 기준을 결합하는 견해 등 다양한 견해가 주장되었다. 나아가 당사자가 외국법을 준거법으로 선택함으로써 국제계약이 된다는 '주관적 기준(subjective test)'을 제시하는 견해도 있다. 석광현(註 31), 7면 이하; Peter Nygh, Autonomy in International Contracts (1999), p. 48 이하 참조.

35) 마찬가지로 국제항공운송에 있어서의 일부 규칙의 통일에 관한 협약(1999년), 즉 몬트리올협약(제1조 제2항)은 동 협약의 목적상 국제운송이라 함은 당사자 간 합의에 따라 출발지와 도착지가 두 개의 당사국의 영역 내에 있는 운송, 또는 출발지와 도착지가 단일의 당사국 영역 내에 있는 운송으로서 합의된 예정 기항지가 다른 국가의 영역 내에 존재하는 운송을 말한다고 정의한다.

36) 석광현, 국제물품매매계약에 관한 계약의 법리: UN통일매매법(CISG) 해설(2010), 27-28면.

37) 한창희, "해상적하보험에서 영국법의 적용", 국민대학교 법학논총 제24권 제2호(2011. 10.), 64면.

제사법 제25조 제4항의 제한을 완화하는 것이 올바른 접근방법이지 이를 국제성의 문제로 해결하려는 것은 논리의 왜곡을 초래한다.

3. 우리 국제사법의 태도—해석론

국제사법은 위(1.)에서 논의한 두 가지 쟁점에 대하여 명시적인 규정을 두고 있다.

가. 외국적 요소가 있어야만(즉, 계약에서는 국제계약에만) 국제사법이 적용되나

국제사법 제1조는 "이 법은 외국적 요소가 있는 법률관계에 관하여 국제재판관할에 관한 원칙과 준거법을 정함을 목적으로 한다"고 규정한다. 문언상으로는 외국적 요소가 있어야만 국제사법이 적용된다는 것으로 보이나 학설은 나뉠 수 있다.[38] '외국적 요소'의 존부는 국제사법의 적용 여부를 결정하는 중요한 역할을 한다고 보는 다수설에 따르면 과연 무엇을 기준으로 외국적 요소의 유무를 판단할 것인가라는 까다로운 문제가 제기된다. 이는 아래(3.)에서 논의한다.

나. 순수한 국내계약에서 외국법 준거법의 지정: 국제사법 제25조 제4항

(1) 국제사법 제25조 제4항의 배경

국제사법 제25조 제4항은 "모든 요소가 오로지 한 국가와 관련이 있음에도 불구하고 당사자가 그 외의 다른 국가의 법을 선택한 경우에 관련된 국가의 강행규정은 그 적용이 배제되지 아니한다"고 규정한다. 외국법을 준거법으로 지정한 것을 제외한 다른 점에서는, 즉 객관적으로 외국적 요소가 없는 순수한 국내계약에서 당사자들이 외국법을 준거법으로 지정할 수 있는가에 관하여는 섭외사법 하에서는 논란이 있었고 '승인할 만한 이익(anerkennswertes Interesse)'이 있어야 한다는 이유로 부정설이 유력하였다.[39] 그러나 이에 따르면 국내 보험사와 국내 하주 또는 국내선주 간에 체결되는 국내보험계약에서 영국법준거약관을 사용하던 과거의 실무는 준거법 지정으로서의 효력이 의문시된다는 문제가 있었다. 이

38) 학설 대립은 섭외사법 제1조(本法은 大韓民國에 있어서의 外國人 및 外國에 있어서의 大韓民國國民의 涉外的 生活關係에 關하여 準據法을 定함을 目的으로 한다)의 해석론으로 전개되었으나 국제사법 하에서도 가능하다고 본다.

39) 이호정(註 30), 281면.

런 점을 고려하여 국제사법은 당사자자치를 존중하여 이를 원칙적으로 허용하면서도, 국내법의 강행규정이 적용됨을 명시함으로써 그로 인하여 발생할 수 있는 폐해를 방지한다(제25조 제4항).[40][41] 즉, 종래 계약의 국제성(international character)을 판단하는 기준에 관하여 논란이 있으나 준거법이 외국법으로 지정된 것 자체에 의하여 계약이 국제성을 가진다는 견해도 있고, 섭외사법 하에서 제기되었던 문제를 해결할 현실적 필요성이 있었기에 "계약상 채무의 준거법에 관한 1980년 유럽공동체 협약"(로마협약)(제3조 제3항)을 본받아 제25조 제4항을 둔 것이다. 외국법을 준거법으로 지정하고 나아가 외국법원을 관할법원으로 합의하더라도 제25조 제4항이 적용된다. 또한 외국적 요소의 존부는 '계약체결 시', 보다 엄밀하게는 '법의 선택 시'를 기준으로 판단해야 한다.[42] 따라서 계약체결 시에 외국적 요소가 없었다면 그 후에 사정의 변경으로 인하여(예컨대 채권양도 등에 의하여) 외국적 요소가 있게 되더라도 제25조 제4항은 여전히 적용된다.

달리 표현하자면, 이는 당사자들이 단지 강행규정을 배척할 목적으로 객관적으로 순수한 국내계약을 의제에 의하여 국제화하는 것을 막기 위한 것이다.[43] 영국의 금융시장법위원회는 법적 불확실성을 이유로 이의 삭제를 주장하였는데, 당사자가 명백히 준거법을 선택한 이상 당사자자치를 제한하지 말자는 것이었다.[44] 나아가 금융시장법위원회는 객관적 준거법의 최우선 강행규정에 한정할 것을 주장하였다.[45] 이는 국제계약의 준거법으로서 우월적 지위를 가지는 영국계약법의 위상을 유지하려는 영국 법률가들의 노력을 보여준다.

---

40) 국제사법은 외국적 요소가 있는 법률관계에만 적용된다는 견해에서는, 외국법을 준거법으로 지정한 것을 제외한 다른 점에서 외국적 요소가 전혀 없는 순수한 국내계약에 관한 제25조 제4항은 굳이 둘 이유가 없다고 주장할 수도 있다.

41) 이를 보여주는 사례가 대상판결이 언급한 대법원 2010. 9. 9. 선고 2009다105383 판결이다.

42) StaudingerKomm/Magnus(註 17), Art 3, Rn. 142.

43) Jonathan Harris, "Mandatory Rules and Public Policy under the Rome Ⅰ Regulation", in Franco Ferrari/Stefan Leible (Eds.), Rome Ⅰ Regulation: The Law Applicable to Contractual Obligations in Europe (2009), p. 335에 인용된 Boggiano의 견해. 영국의 1977년 불공정계약조건법(Unfair Contract Terms Act 1977. UCTA) 제27조 제2항은, 법원 또는 중재인이 판단하기에, 법선택조항을 부과하는 당사자가 전적으로 또는 주로 동 법의 적용을 회피하는 것을 가능하게 할 목적으로 법선택조항을 부과한 경우 준거법에도 불구하고 동법의 적용을 관철하는데 그도 이와 유사한 발상이다.

44) Harris(註 43), p. 335.

45) Harris(註 43), p. 336. 실제로 Guest, Anthony Gordon et al., Benjamin's Sale of Goods, 7th ed. (2006), para. 25-039은 로마협약의 해석론으로 그런 견해를 지지한다고 하나 이는 해석론으로서는 무리이다.

⑵ 외국법 준거법의 지정은 객관적으로 순수한 국내계약을 국제계약으로 전환시키는가

국제사법 제25조 제4항의 해석상, 객관적으로 순수한 국내계약에서 당사자가 외국법을 준거법으로 지정하면 그 계약이 국제계약으로 전환되는가에 관하여는 견해가 나뉠 수 있다. 이는 외국적 요소의 유무를 판단하는 통일적 기준이 없는 탓이다. 어느 견해를 취하는가에 따라 그 경우 준거법 지정의 효과가 달라질 수 있다(아래(3.) 참조).

① 부정설. 그 경우 외국적 요소는 없고 따라서 준거법의 지정은 단시 실질법적 지정으로서 의미를 가진다. 이에 따르면 제25조 제4항은 없어도 무방한 조문으로서 당연한 것을 확인하는 의미만을 가진다. 여기의 부정설은 아래(3.)에서 실질법적 지정설과 연결된다.

② 긍정설. 외국적 요소의 존재를 부정한다면 이를 둘 필요가 없는데 굳이 둔 것은 그 경우 외국적 요소의 존재를 긍정하기 때문이다. 다만 제25조 제4항은 이를 허용하되 그 효과를 제한한 것이다. 긍정설은 아래(3.)에서 제한된 저촉법적 지정설과 연결된다. 통상의 연결점에서 외국적 요소가 있으면 일응 국제사건이라고 보는 견해는, 계약의 연결점은 당사자의 의사이므로 긍정설과 자연스럽게 연결된다. 그렇더라도 국제사법 제25조 제4항의 적용을 부정할 수는 없다.

③ 절충설. 그 경우 외국적 요소의 존재를 전면 부정한다면 아예 국제사법이 적용되지 않겠지만 국제사법은 제25조 제4항을 적용할 것을 요구하는 점에서 부정설과 다르고, 반면에 외국적 요소의 존재를 전면 긍정한다면 제4항과 같은 제한을 둘 이유도 없겠지만 이런 제한을 두는 점에서 긍정설과는 다르므로 결국 절충설이라고 본다.[46] 절충설도 아래(3.)에서 제한된 저촉법적 지정설과 연결된다.

⑶ 국제사법 제25조 제4항에 따른 준거법 지정의 효과

㈎ 견해의 대립

제25조 제4항의 결과 당사자가 외국법을 준거법으로 지정하더라도 법정지인 한국의 강행규정,[47] 보다 정확히는 국내적 강행규정이 배제되지 않으므로 당사자자치의 효력이 제한되고 실질법적 지정의 경우와 유사한 효과를 가진다. 다

---

46) Mario Giuliano/Paul Lagarde Report, Official Journal of the European Communities, No C 282/18 (1980), p. 18은 로마협약(제3조 제3항)이 그 경우 준거법합의를 무효로 보는 견해와 그 경우에도 당사자자치를 허용하는 견해(영국대표단) 간의 타협의 산물이라고 한다.

47) 독일에서는 이를 'Einbettungsstaut'라고 부르기도 한다. StaudingerKomm/Magnus(註 17), Art 3, Rn. 145 참조.

만 이런 법적 효과를 설명하는 방법에는 ① 실질법적 지정설과 ② 효력이 제한된 준거법 지정설이 있을 수 있다.[48]

① 실질법적 지정설. 그 경우 당사자의 합의는 실질법적 지정으로 즉 외국법을 계약에 편입한 것에 불과하다고 본다.[49] 국제사법 제25조 제4항의 모델이 된 로마협약 제3조 제3항과 로마 I 제3조 제3항의 해석상 실질법적 지정설이 다수설이다.[50] 적어도 소송에서는 당사자자치의 원칙이라는 명목 하에 실질법상의 계약자유의 원칙의 한계를 잠탈하는 것을 허용할 것은 아니라는 점을 강조하면 이 견해가 자연스럽다. 특히 합리적 범위를 넘는 과도한 외국법의 적용에 반대한다면 실질법적 지정설이 설득력이 있다.[51]

② 효력이 제한된 준거법 지정설. 그 경우 효력이 제한된 준거법 지정(즉, 제한된 당사자자치)을 허용하는 것이라고 본다.[52] 이는 제25조 제4항의 입법취지를 당사자자치를 가급적 넓게 허용하려는 정책적 고려의 산물이라고 보고 그것이 당사자의 의사에도 부합한다고 본다. 아니면 당사자의 의사에 의해 외국적 요소가 있다고 보면서 그의 남용을 제한한 것이라고 볼 여지도 있다. 즉, 그 경우 객관적 준거법 소속국의 국내적 강행규정을 배제하지 못하는 점에서 그 효력이 제한되기는 하지만 여전히 저촉법적 지정이라는 것이다.

---

48) 국제사법(제25조 제4항)과 유사한 로마 I (제3조 제3항)의 해석상 독일에도 이를 실질법적 지정으로 보는 견해와 제한된 저촉법적 지정으로 보는 견해가 있다. Christoph Reithmann/Dieter Martiny (Hrsgs.), Internationales Vertragsrecht, 7. Auflage (2009), Rn. 135 참조. 이하 위 책을 "Reithmann/Martiny/집필자"로 인용한다.

49) 저자는 외국적 요소가 있는 보험계약에서 제한적인 문언을 사용한 경우 영국법준거약관의 법적 성질을 실질법적 지정으로 보나(석광현, "海上積荷保險契約에 있어 英國法 準據約款과 관련한 國際私法上의 問題點 —대법원 1991. 5. 14. 선고 90다카25314 판결에 대한 평석: 대법원 1998. 7. 14. 선고 96다39707 판결의 소개를 포함하여—", 국제사법과 국제소송 제2권(2001), 50면 이하 참조. 이는 당초 손해보험 1993년 12월호, 19면 이하에 게재한 글의 수정판이다) 많은 지지를 받지는 못하였다.

50) StaudingerKomm/Magnus(註 17), Art 3, Rn. 131; Reithmann/Martiny/Martiny, Rn. 135; Thomas Rauscher (Hrsg.), Europäisches Zivilprosess- und Kollisionsrecht EuZPR/EuIPR Kommentar, Art. 3 Rom I -VO (2011), Rn. 100 (Jan von Hein 집필부분). 우리 법의 해석상 신창선·윤남순, 新國際私法(2015), 284면; 안춘수, "국제사법상 당사자자치", 진산 김문환총장 정년기념논문집 제1권: 국제관계법의 새로운 지평(2011), 238면도 동지.

51) "당사자의 보험계약 체결 당시의 의사를 보면 영국 해상보험법을 적용할 의사만을 갖는 것이지 영국의 강행규정의 적용을 받으려는 의사는 없는 것"이라는 견해(김인현(註 2), 393면)는 아마도 실질법적 지정설을 지지할 것으로 보인다.

52) Patrick Fiedler, Stabilisierungsklauseln und materielle Verweisung im internationalen Vertragsrecht (2001), S. 202 (Reithmann/Martiny/Martiny, Rn. 135. Fn. 4에서 재인용). James Fawcett/Janeen M. Carruthers, Cheshire, North & Fawcett Private International Law, 14th edition (2008), p. 697도 동지로 보인다.

㈏ 양 견해에 따른 차이

위(Ⅱ.1.)에서 본 것처럼 양 견해는 아래와 같은 차이가 있다. 첫째, 제한된 준거법 지정설을 따르면 계약체결 후 준거법인 영국법이 개정된 경우 개정된 영국법이 적용되는 데 반하여, 실질법적 지정설을 따르면 계약 체결 후 영국법의 개정은 계약 내용에 영향을 미치지 않는다. 2015. 2. 12. 개정된 영국 해상보험법은 2016년 8월 발효되었는데 담보특약의 내용도 개정되었으므로[53] 이런 논의는 실익이 있다. 만일 실질법적 지정으로 보면서도 개정된 법이 적용된다고 보자면 적어도 약관의 변경을 위한 요건이 구비되어야 할 것이다. 둘째, 양자는 우리 법원이 준거법인 외국법을 직권으로 조사·적용해야 하는지와 관련하여 차이를 보일 수 있다.

4. 국제사법의 적용요건에 관한 기존 대법원 판례와 국제사법 제1조의 타당성

위 논점을 검토하는 것을 계기로 첫째, 국제사법의 적용요건으로 외국적 요소의 존재만으로는 부족하고 그에 추가하여 합리성을 요구하는 대법원 판례의 타당성과, 둘째, 문면상 외국적 요소의 존재를 요구하는 국제사법 제1조의 타당성을 검토할 필요가 있다.

가. 국제사법의 적용요건에 관한 기존 대법원 판례의 타당성

종래 대법원판례는 외국적 요소가 있다고 해서 국제사법을 적용하는 것이 아니라, 거래 당사자의 국적·주소, 물건 소재지 등이 외국과 밀접하게 관련되어 있어 곧바로 내국법을 적용하기보다는 국제사법을 적용하여 그 준거법을 정하는 것이 더 합리적이라고 인정되는 경우에 한하여 국제사법을 적용한다는 태도를 취한다.[54] 즉 국제사법을 적용하자면 사안의 외국적 요소 외에 국제사법을 적용할 합리성이 있어야 한다는 것이다. 저자는 이에 대해 비판적인데[55] 여기에서는

53) 개정 내용은 정완용, "해상보험법상 보험자 면책사유와 담보특약에 관한 고찰", 한국해법학회지 제37권 제1호(2015. 4.), 314면 이하 참조. 물론 영국 해상보험법의 경과규정을 우선 고려해야 할 것이다.

54) 대법원 2008. 1. 31. 선고 2004다26454 판결 등.

55) 그 논거는 첫째, 국제사법상 명문의 근거가 없는 점, 둘째, "국제사법을 적용하여 그 준거법을 정하는 것이 더 합리적이라고 인정되는가"를 판단하는 기준이 불분명한 점, 셋째, 합리성을 판단함에 있어서 법원의 자의(恣意)가 개입할 여지가 있는 점과 넷째, 카타르 사건(대법원

대상판결이 그러한 판례와 정합성이 있는가를 본다. 생각건대 기존 대법원 판례를 따르면서도, 순수한 국내계약에서 당사자가 외국법을 준거법을 지정한 사실에 착안하여 국제사법을 적용하여 그 준거법을 정하는 것이 더 합리적이라고 인정된다고 볼 수도 있으므로 대상판결이 기존 판례와 상충되는 것은 아니다. 저자처럼 외국적 요소가 있으면 국제사법을 적용해야 한다는 견해를 취하면서, 객관적으로 순수한 국내계약이더라도 외국법을 준거법으로 지정함으로써 외국적 요소가 있다고 본다면 일응 국제사법을 적용하고 그 경우 국제사법 제25조에 포섭되는지는 동 조의 해석의 문제로 파악하면서 제25조 제4항의 법적 효과에 관하여 효력이 제한된 저촉법적 지정설을 취할지 아니면 실질법적 지정설을 취할지를 판단하게 된다. 반면에, 그 경우 외국적 요소의 존재를 부정하거나, 이를 긍정하더라도 기존 판례처럼 합리성이 없다고 보아 국제사법의 적용을 부정한다면 제25조 제4항의 법적 효과로서 실질법적 지정설이 자연스럽다. 요컨대 대상판결로 인하여 기존 판례의 태도가 영향을 받는 것은 아니지만 양자의 관계를 음미할 필요는 있다는 것이다.

나. 외국적 요소를 명시하는 국제사법 제1조의 타당성

국제사법 제1조는 "이 법은 외국적 요소가 있는 법률관계에 관하여 국제재판관할에 관한 원칙과 준거법을 정함을 목적으로 한다"고 규정한다. 여기에서 국제사법은 외국적 요소가 있는 법률관계에만 적용되는가는 논란이 있는데,[56] 이를 요구한다면 외국적 요소가 무엇인가라는 어려운 문제가 제기된다.

이러한 어려움을 해소하는 방안으로 유럽연합의 규범은 외국적 요소를 요구하는 대신 법의 저촉을 수반하는 사안이라는 개념을 사용한다. 예컨대 계약채무의 준거법 결정에 관한 로마 I (제1조 제1항)은 적용범위를 "이 규정은 법의 저촉을 수반하는 모든 사안에서 민사 및 상사사건의 계약상 채무에 적용된다(This Regulation shall apply, in situations involving a conflict of laws, to contractual obligations in civil and commercial matters)"고 규정하고, "계약외채무(또는 법정채무)의 준거법에 관한 2007. 7. 11. 유럽의회 및 이사회의 No. 864/2007 규정"("로마 II")(제1조 제1항)도 유사한 규정을 둘 뿐이고 사안의 외국적 요소를 요구하지 않는다. 즉,

---

1979. 11. 13. 선고 78다1343 판결)이라는 나쁜 추억을 가지고 있는 우리에게는 이러한 태도는 국제사법의 적용을 사전에 차단하는 불필요한 사전검열로 보이는 점 등이었다.

56) 위에서 보았듯이 외국적 요소가 없더라도 국제사법이 적용된다는 소수설도 있다. 이호정(註 30), 2면.

양 규정은 국가의 법률 간의 선택을 수반하는 사안에 적용되는 것이지 국제적 사안에만 적용되는 것이 아니다.

사견으로는 국제사법의 입법론으로도 "외국적 요소가 있는 법률관계"를 "법의 저촉을 포함하는 법률관계"라고 하거나, 그것이 너무 급격한 변화라면 "외국적 요소가 있거나 법의 저촉을 포함하는 법률관계"라는 절충적 문언을 사용할 필요가 있다. 만일 국제사법을 그렇게 개정한다면 외국적 요소 + 합리성을 요구하는 대법원 2008. 1. 31. 선고 2004다26454 판결의 태도는 유지될 수 없을 것이다. 국제사법의 적용을 쉽게 인정하는 견해로부터 엄격한 요건 하에 인정하는 순서로 배열하면 아래와 같다.

법의 저촉(로마 I /로마 II) → 외국적 요소(국제사법) → '외국적 요소 + 합리성'(종래 판례)

5. 대상판결의 판단과 그에 대한 평가

대상판결은 이 사건에서 외국적 요소가 있음을 분명히 밝혔다. 원심판결은 이 사건 선박보험계약은 한국 회사 간에 체결되었으나 이 사건 선박은 조업을 위하여 인도양, 태평양, 남빙양 등을 항해하는 선박이고(실제 사고도 남빙양에서 발생하였다) 이 사건 보험계약의 준거법도 영국법으로 지정되었음을 적시하면서 외국적 요소가 있으므로 국제사법을 적용하여 그 준거법을 정하는 것이 더 합리적이라고 설시하였다.[57] 대상판결과 원심판결의 결론은 타당하다.[58]

한편 대상판결은, 대법원 2010. 9. 9. 선고 2009다105383 판결은 선박보험계약이 준거법 지정 외에 외국적 요소가 없는 순수한 국내계약인 사안에 관한 것이라는 점을 분명히 밝혔다. 후자의 사안에서 리스이용자인 한국회사는 한국보험회사와 (한국 선적의) 국내용 선박에 대해 보험계약의 준거법을 영국법으로 지정하였다. 그 사건에서 약관규제법상의 설명의무의 존부가 다투어졌는데 대법원은 이를 긍정하여 보험자는 보험계약자에게 영국 해상보험법상의 워런티의 의미 및 효과에 대하여 설명할 의무가 있다고 보았다.

57) 그러나 위 설시는 외국적 요소의 존재를 확인한 것이지 국제사법을 적용하여 준거법을 정하는 것이 더 합리적이라고 판단할 근거는 아니다.

58) 나아가 원심판결은 이 사건 각 보험증권과 약관 등이 모두 영어로 작성된 점과 이 사건 선박보험의 보험금이 미화로 정해진 점도 외국적 요소를 긍정하는 데 고려하였다. 이는 틀린 것은 아니지만 상대적으로 약한 요소이다.

6. 국제상사중재에서 국제사법(제25조 제4항)이 유추적용되나

국제상사중재에서 분쟁의 실체의 준거법 결정에 관하여는 국제사법에서처럼 '당사자자치의 원칙'이 널리 인정된다. 중재법(제29조 제1항 1문)도 UNCITRAL의 국제상사중재에 관한 모델법(제28조 제1항)을 따라 동 원칙을 명시한다. 여기에서 중재지가 한국인 상사중재에서 만일 문제된 계약이 객관적으로 순수한 국내계약인데 한국 회사인 당사자들이 외국법을 준거법으로 지정한다면 국제사법 제25조 제4항이 유추적용되는가라는 의문이 제기된다. 중재법(제29조 제1항)에 따르면 중재판정부는 당사자들이 지정한 법에 따라 판정을 내려야 하고, 그 경우 당사자는 국가의 법이 아닌 법의 규칙(rules of law)을 준거규범으로 지정할 수 있다고 보므로 객관적으로 순수한 국내계약에서도 외국법 내지 외국의 법의 규칙을 준거법으로 지정할 수 있고 그 경우 저촉법적 지정으로 보아야 한다는 견해도 주장될 수 있다. 이에 따르면 국제사법 제25조 제4항은 중재에는 유추적용되지 않는다는 것이 된다.

반면에 비국가법(non-State law)을 선택할 수 있는 광범위한 당사자자치의 원칙은 외국적 요소가 있는 사안에서 타당하고 순수한 국내계약에서는 허용되지 않는다고 볼 여지도 있다. 이는 국제사법 제25조 제4항은 중재에도 유추적용된다는 것이다.[59] 민법상 사적 자치의 원칙에 대한 한계를 생각하면, 순수한 국내계약에서 당사자가 외국법을 준거법으로 지정하거나 예컨대 UNIDROIT의 국제상사계약원칙을 적용하기로 합의하더라도 객관적 준거법인 한국법의 강행규정의 적용은 배제할 수 없다고 본다.[60]

참고로 대한상사중재원의 국제중재규칙(제25조 제1항)은 분쟁의 실체의 준거법에 관하여 당사자자치의 원칙을 규정하나, 국제중재규칙(제2조 제4호)에 따르면 순수한 국내계약에는 국제중재규칙 자체가 적용되지 않는다. 그렇지만 중재지가 한국이면 중재법이 적용되므로 순수한 국내적인 사건을 국제중재규칙에 따라 해결하기로 합의한 경우에도 위의 논의가 타당하다.

59) 석광현, 국제상사중재법 연구 제1권(2007), 148면, 주 14에서는 이런 견해를 피력하였다.
60) UNIDROIT, Principles of International Commercial Contracts (2010), p. 2 참조.

Ⅴ. 실질법상의 논점

1. 영국법상의 담보특약

주지하는 바와 같이 영국법상 'warranty'는 다양한 맥락에서 다양한 의미로 사용되는데[61] 영국 해상보험법에서 warranty라 함은 "피보험자가 특정한 사항이 행하여지거나 행하여지지 않을 것 또는 특정한 조건이 준수될 것을 약속하거나 또는 특정한 사실상태의 존재나 부존재를 보증하는 것"이라고 설명된다(제33조 제1항 참조).[62] 우리는 이를 '담보특약'이라고 번역하는데 담보특약 제도는 우리 상법에는 없는 영국법에 독특한 제도로, 영국 해상보험법(제33조)에 따르면 보험증권에 명시적으로 달리 규정되어 있지 않는 한 담보특약을 위반하면, 그것이 담보위험에 영향을 미쳤는지에 관계없이, 즉 담보특약의 위반과 손해발생 간의 인과관계를 묻지 아니하고,[63] 보험자는 위반일로부터 책임을 면하는 강력한 효과가 발생하는 점에 특색이 있다.[64] 피보험자가 담보특약을 위반한 경우, 보험계약이 자동적으로 효력을 상실하거나, 보험자가 계약을 해제할 권리를 취득하는 것이 아니라 보험자가 보험금지급의무를 면하게 된다.

이러한 담보특약은 보험자에게 유리하고 피보험자에게 매우 불리한데, 구체적으로 ① 보험자가 위험을 유발하지 않은 사소한 담보위반을 이유로 지급의무를 면할 수 있고, ② 피보험자는 담보위반을 치유할 수 없으며, ③ 담보위반의 효과로서 문제된 보험사고 유형과 관련된 책임만이 아니라 모든 책임에 대하여 보험자를 면책시키고, ④ 보험계약상의 기재내용이 소수의 보험계약자만이 이해할 수 있는 모호한 용어로 사용되어 담보특약으로 전환될 수 있다는 점에서 문

---

61) 일반적으로 영국법상 계약조항은 '조건(condition)', '보증'(또는 부수적 조항. warranty)과 '중간적 조항'(intermediate term)(또는 무명조항(innominate term))으로 구분되는데, 조건을 위반한 경우 피해당사자는 계약을 해제할 수 있는 데 반하여 보증위반의 경우 손해배상청구권만을 가질 뿐이고 계약을 해제할 수는 없다. 이호정, 영국계약법(2003), 453면 이하 참조. 그 밖에도 금융계약이나 M&A 관련 계약에서 "representations and warranties"도 흔히 사용된다. 미국 통일상법전 제2편은 우리 민법상의 담보책임을 '보증'(warranty)의 문제로 다룬다. 영국 물품매매법(제53조)은 이를 warranty 위반으로 취급한다.

62) 최종현, 해상법상론 제2판(2014), 631면; 김인현, 해상법 제3판(2011), 425면; 서동희, 사례별로 본 실무해상법·해상보험법(2007), 190면; 박세민, "해상보험에 있어서 영국법 준거법조항의 유효성 문제와 그 적용범위에 대한 비판적 고찰", 한국해법학회지 제33권 제1호(2011. 4.), 207면.

63) 이것이 '중요성 불문의 원칙(principle of non-materiality)'이다. 최종현(註 62), 632면.

64) 최종현(註 62), 631면; 김인현(註 62), 425면.

제가 있다는 비판을 받았다.[65]

2. 이 사건에서 영국 해상보험법상 담보특약 위반에 관한 논점

위에서 본 것처럼 이 사건에는 다양한 실질법적 쟁점, 특히 영국 해상보험법상 워런티에 관련된 논점들이 있다. 즉, 피고의 워런티의 위반이 있었는지, 나아가 이와 관련하여 당사자들의 묵시적 합의 또는 영국법상 관행에 의하여 항해구역이 확장되었는지 등이 다투어졌다. 저자는 해상법 전문가가 아니므로 이에 대한 논의는 생략한다.[66] 다만 국제사법 논점과 관련하여 영국 해상보험법의 개정이 의미를 가지므로 아래(3.)에서 이를 간단히 언급한다.

3. 영국 해상보험법의 개정과 담보특약에 관한 개정 내용

영국 해상보험법상 워런티의 부당성에 대한 반성으로 영국은 해상보험법을 개정하였는데, 주요 개정은 담보특약 위반의 효과로서 보험자의 자동면책을 폐지하고, 보험자의 책임이 담보특약 위반 시부터 중지되는 것으로 하며, 담보특약 위반에 대한 치유를 인정하는 점이라고 한다.[67] 개정된 영국 해상보험법(제10조)에 따르면 현재와 달리 담보특약 위반의 치유가 인정된다. 따라서 담보특약 위반이 있었다고 해서 보험자가 책임을 전적으로 면하는 것이 아니라 그것이 치유된 때에는 보험자는 여전히 책임을 진다.

만일 외국적 요소가 있는 사안에서 한국 회사들 간에 영국 해상보험법을 준거법으로 하는 선박보험계약을 체결한다면 현행법이 적용되겠지만 개정 영국 해상보험법이 발효된 2016년 8월 이후에 분쟁이 발생하면 개정의 발효 이후에는 개정된 법에 따르게 되어 담보특약 위반의 치유가 인정될 것임은 당연하다. 반면에, 만일 객관적으로 순수한 국내계약에서 한국 회사들 간에 영국 해상보험법을 준거법으로 하는 선박보험계약을 체결한다면 유사한 상황에서 과연 개정된 영국 해상보험법이 적용되는가라는 의문이 제기된다. 이는 위에서 본 것처럼 제25조 제4항의 법적 효과를 실질법적 지정으로 보는지(이 경우 구 법이 적용된다)

---

65) 정완용(註 53), 316면.
66) 실질법상의 논점에 대하여는 원심판결에 대한 평석인 김인현(註 2), 373면 이하; 서영화(註 2), 7면 이하를 참조.
67) 정완용(註 53), 317면.

효력이 제한된 저촉법적 지정으로 보는지(이 경우 개정법이 적용된다)에 따라 좌우된다.

이 사건의 쟁점은 영국법상 계속담보의 통지 등 워런티 조항 위반, 즉 담보특약 위반에 관한 것이기는 하나 담보특약위반의 치유가 문제되는 사안은 아니다. 하지만 순수한 국내계약에서 영국법을 준거법으로 지정하는 계약의 경우에는 장래 그 효력을 둘러싼 분쟁이 발생할 것으로 예상된다.

Ⅵ. 영국 해상보험법의 적용이 불합리한 결과를 초래하는 경우 이를 극복하기 위한 방안

보험계약의 준거법이 영국법이면 당해 보험계약의 성립, 유효성, 해석과 효력 등의 쟁점은 모두 영국법, 특히 영국 해상보험법에 의하여 규율된다. 그러나 담보특약 위반처럼 우리 법의 관점에서 볼 때 상당히 불합리한 결과를 초래하는 때에도 영국 해상보험법을 충실히 따라야 하는지, 나아가 영국법의 적용에 따른 과도한 불합리를 극복하는 방안은 없는지 고민할 필요가 있다.[68] 이는 해상보험법 전문가가 다룰 사항이므로 여기에서는 국제사법의 관점에서 일반론만 제시한다.

1. 영국 해상보험법의 합리적 해석

외국적 요소가 있는 법률관계에 관하여 적용될 외국법규의 내용을 확정하고 그 의미를 해석함에 있어서는 외국법이 그 본국에서 현실로 해석·적용되고 있는 의미와 내용에 따라 해석·적용하여야 하고, 그 본국에서 최고법원의 법해석에 관한 판단은 <u>특별한 사정이 없는 한</u> 존중하여야 한다(대법원 2007. 6. 29. 선고 2006다5130 판결 등 참조). 따라서 영국 해상보험법의 해석이 불합리하더라도 영국 최고법원의 해석을 따르는 것이 원칙이다.

그러나 영국 최고법원의 해석이 있음에도 불구하고 그의 합리성에 대해 상당한 의문이 제기되고 있는 상황이라면 우리 법원으로서도 최고법원의 해석을

68) 서영화(註 2), 27면은 대법원이 영국법준거약관 유효성을 인정한 결과 일부의 예외를 제외하면(한국해운조합 등의 해상보험) 상법의 해상보험에 관한 규범력은 사실상 없어지는 결과가 초래되었다고 한탄한다.

맹종할 것이 아니라 최고법원의 해석을 수정하기 위한 시도를 할 여지가 있다. 외국법의 적용은 지성의 희생을 의미하는 것은 아니다.[69] 영국 최고법원 해석의 합리성에 대해 상당한 의문이 있다면 이를 특별한 사정으로 보아 우리 법원이 그와 다른 판단을 할 수 있을 것이다. 우리나라의 유력설[70]도 영국법준거약관의 유효성을 인정하면서도 담보특약제도를 해석함에 있어 영국법상의 '합리적 해석의 원칙'과 '작성자불이익의 원칙'을 구체적 사건에 적극적으로 적용하여 보험자와 피보험자 간의 합리적인 이익균형을 도모해야 할 것이라고 하는데 이도 같은 취지라고 생각한다. 이 견해는 영국의 엄격한 해석, 특히 담보제도 및 묵시적 감항능력담보에 관한 영국의 판례와 해석을 그대로 받아들이는 것은 영국 해상보험법 제정 당시와 현격한 차이를 보이는 현재의 해상보험업계의 상황을 고려할 때 적지 않은 문제점을 야기시킬 수 있고, 특히 담보위반시 보험자가 자동적으로 면책되도록 한 The Good Luck 사건의 판결은 지나치게 보험자에게 유리한 해석이라 지적한다.[71] 물론 이러한 시도는 외국법 적용의 방법에 관한 국제사법의 일반이론과 정합성이 있어야 한다. 어쨌든 우리 법원은 영국의 하급심 법원보다는 보다 유연한 자세를 취할 수 있을 것인데, 이런 맥락에서 과거 우리 법원과 법률가들의 노력이 다소 부족했던 것은 아닌가 모르겠다.

2. 공서위반의 조심스러운 활용

예컨대 영국 해상보험법에 따른 담보특약의 효과를 인정하는 것이 우리의 공서에 위반된다면 그의 적용을 배제할 수 있다(국제사법 제10조). 주지하는 바와 같이 공서위반에서 말하는 공서는 민법 제103조의 국내적 공서가 아니라 '국제적 공서'를 말하는데, 공서에 위반됨을 이유로 준거법인 외국법의 적용을 배제하는 것은 국제사법 제10조가 명시하듯이 "외국법의 규정의 적용이 한국의 선량한 풍속 그 밖의 사회질서에 명백히 위반되는 때에" 한하여 허용된다. 따라서 이를 쉽게 인정할 수는 없고 인정해서도 아니된다. 대상판결도 이 사건 선박보험에서 해상보험업계의 일반적 관행에 따라 영국법 준거약관을 사용하고 있고 그것이 대한민국의 공익이나 공서양속에 반한다거나 피고의 이익을 부당하게 침해하는

69) 이호정(註 30), 210면.
70) 박세민, "해상보험법상 담보(warranty)의 개념과 영국 협회적하보험약관 제5조 및 상법 제706조 제1호(해상보험자 면책사유)에 관한 고찰", 한국해법학회지 제27권 제2호(2005), 146면.
71) 박세민(註 70), 145면.

것이라고 볼 수 없다고 판시한 원심판결을 정당하다고 수긍하였다. 이런 판단은 일응 타당하다. 더욱이 상법 제663조 단서가 해상보험에서 보험계약자 불이익변경금지의 원칙의 적용을 배제하므로 영국 보험약관상의 담보특약을 국내보험약관에 사용할 경우 가사 한국법이 보험계약의 준거법이더라도 그것이 유효하다고 본다면 이를 공서위반이라고 주장할 여지도 없을 것이나, 효력을 달리 보는 견해도 있는데[72] 그에 따르면 쉽지는 않지만 검토할 여지는 있다. 만일 이를 부정하더라도 공서원칙을 미세하게 적용할 여지는 없을까라는 의문이 든다. 즉, 신의성실의 원칙 위반을 활용하여 과도한 범위 내에서 영국법 적용을 배제하는 방안이 그것이다.[73] 다만 신의성실의 원칙에 반한다고 해서 항상 공서위반이 되는 것은 아니고 그것이 우리가 수인(受忍)할 수 있는 한계를 넘어야 한다. 특히 양당사자가 한국 회사인 사안에서는 내국관련성이 크다는 점에서 공서위반을 상대적으로 쉽게 인정할 여지가 있다.

3. 성질결정에 의한 해결[74]

민사소송법상 어떤 사실이 증명되었다고 하기 위하여는 법관의 의심을 완전히 배제할 수는 없지만 의심에 침묵을 명할 정도의 확신이 서야 하는데 법률가들은 이를 '고도의 개연성'의 확신이 필요하다고 설명한다. 그러나 영미의 민사소송에서 통상 요구되는 입증의 정도는 '증거의 우월(preponderance of evidence)'로서 족한데, 이에 따르면 원고와 피고 주장의 개연성을 형량하여 어느 것이 50%를 초과하면 법원은 이를 증명된 것으로 취급할 수 있다.[75] 즉, 우리 민사소송법

---

72) 김인현(註 2), 396면; 정완용(註 53), 326면은 유효하다고 보나 박세민(註 62), 213면은 이에 반대한다. 김인현(註 2), 395면은 이를 유효하다고 보면서도 약관규제법상 문제가 있음은 인정하나, 국제적으로 통용되는 보험약관이라면 대법원 판례를 따를 경우 약관규제법상의 내용통제는 의미가 없다.

73) 징용사건에서 미지급임금채권의 준거법은 일본법이었는데, 대법원판결은 원고들이 제소 시점인 2000. 5. 1.까지는 한국에서 객관적으로 권리를 사실상 행사할 수 없는 장애사유가 있었으므로 피고가 소멸시효의 완성을 주장하여 임금지급채무의 이행을 거절하는 것은 현저히 부당하여 신의성실의 원칙에 반하는 권리남용으로서 허용될 수 없다고 판시하였다. 저자가 주목하는 것은, 일본 법원이 원고들의 주장을 배척하였고 그 판결이 일본에서 확정되었음에도 불구하고 대법원이 신의성실의 원칙을 근거로 그와 달리 판단했다는 점이다. 즉, 대법원이 일본법을 일본 법원과 달리 해석한 것이다. 물론 이는 반인도적 행위인 징용사건이라는 특수한 사정에 근거한 것이나 신의성실의 원칙을 활용할 가능성을 보여준다.

74) 상세는 석광현, 국제민사소송법: 국제사법(절차편)(2012), 317면 이하 참조.

75) 다만 미국에서도 예외적인 경우 더 높은 정도의 입증을 요구하는데 'clear and convincing

이 통상의 민사소송에서 요구하는 입증의 정도는 영미의 그것보다 훨씬 높다. 문제는 입증의 정도의 준거법이다. 준거법이 영국법이면 증거의 우월에 의한 입증으로 충분하지만, 법정지법인 한국법이라면 고도의 개연성에 의한 확신이 필요하다. 독일에는 법정지법(*lex fori*)을 적용하는 절차법설과 문제된 당해 법률관계의 준거법(*lex causae*)을 적용하는 실체법설이 있다. 그런데 대법원 2001. 5. 15. 선고 99다26221 판결은 "이 사건 보험계약에 적용되는 영국 해상보험법 및 관습에 의하면, 보험의 목적에 생긴 손해가 그 부보위험인 해상고유의 위험으로 인하여 발생한 것이라는 점에 관한 입증책임은 피보험자가 부담하고, 그 증명의 정도는 '증거의 우월'(preponderance of evidence)에 의한 증명으로 충분하다"는 취지로 판시함으로써 실체법설을 취한 듯하다. 그러나 서로 밀접하게 관련된 법관의 확신의 형성과 확신의 정도를 상이한 법에 따르게 하는 것은 부적절하고, 법관에게 준거법에 따른 입증의 정도를 적용케 하는 것은 큰 부담이 된다는 실제적 근거를 들어 저자는 절차법설을 지지한다. 따라서 영국법을 적용함으로써 발생하게 될 부담을 절차의 문제로 성질결정함으로써 부분적으로 완화할 수 있다.

4. 입법적 해결: 상법의 개정론

우리 상법은 담보특약을 명시하지는 않으나 일정한 경우 해상보험자의 면책을 인정하는데, 그에는 법정면책사유와 약정면책사유가 있고, 전자에는 보험자 일반에 적용되는 법정면책사유(보험계약자 등의 고의 또는 중과실에 의한 보험사고)와 해상보험자에게 특유한 법정면책사유가 있다. 흥미로운 것은 근자에 영국 해상보험법상의 담보특약제도를 다소 수정하여 우리 상법에 반영하려는 노력이 있다는 점이다.[76] 2014년 구성되어 현재 작업중인 해상보험법 개정위원회의 개정안에도 담보특약 조항이 포함되어 있다고 한다.

해상보험법의 전문가가 아닌 저자가 개정안에 대해 코멘트할 것은 아니지

---

evidence'라는 개념이 바로 그것이다.

76) 예컨대 김인현(註 2), 397-398면이 소개하는 문언은 아래와 같다.

제706조의2(담보특약)

① 보험계약자 혹은 피보험자가 보험자에게 특정사항을 행하거나 행하지 않을 것 또는 특정사실의 존재 및 부존재를 약속한 담보특약은 그것이 해상위험에 중대한 영향을 미치는지 여부에 관계없이 반드시 정확하게 충족되어야 한다.

② 제1항의 담보특약의 위반이 있는 경우 보험자는 위반시점 이후의 손해를 보상할 책임이 없다. 다만, 위반된 담보특약과 보험사고 사이에 인과관계가 없는 경우에는 그러하지 아니하다.

만, 과거 "보험자의 책임문제를 제외한 문제에 관하여 우리 법을 준거법으로 하더라도 외국의 재보험시장에서 문제가 없도록 국내법의 내용을 영국의 법과 관습을 중심으로 형성된 해상적하보험계약에 관한 국제적인 기준(international standard)에 부합하도록 개정하는 방법도 고려할 수 있을 것"이라는 의견을 피력한 바 있는 저자로서는 기본적으로는 그러한 노력을 높이 평가한다.[77] 그러나 영국법의 체계에서 제정법은 보통법의 바다에 떠 있는 섬과 같은 의미를 가지는 것인데, 우리가 영국의 제정법인 해상보험법 그것도 일부만을 입법적으로 도입한다면 영국에서와 유사한 법률효과를 달성하는 데는 한계가 있다. 특히 우리가 영국 해상보험법을 일부 변형하여 도입한다면 당사자들이 한국법을 준거법으로 선택할 것이라는 보장도 없다. 따라서 우리는 우선 제정법인 영국 해상보험법이 보통법과의 관계에서 가지는 의미를 정확히 파악하고, 영국 해상보험법의 입법에 의한 도입은 보다 철저한 검토를 거친 후에 시도해야 한다. 더욱이 2016년 8월 발효할 영국 해상보험법의 개정 내용과 내용적으로 어떻게 수용할지는 더 고민해야 할 것이다.

5. 실무의 변경은 가능한가

실무상으로는 가급적 영국법을 보험계약의 준거법으로 지정하지 않는 것이 바람직하다. 물론 이는 우리 선주와 보험사에게 익숙한 한국법을 적용한다는 국제사법적 관점에서 그런 것이다. 차선책으로는 영국법을 보험계약의 준거법이 아니라 약관처럼 계약에 편입하는 방안을 고려할 수 있다. 저자는 분할지정문언의 경우 실질법적 분할지정으로 해석한다.[78] 이는 우리나라 강행규정의 적용을 관철하기 위한 것이다. 다만 분할지정을 하는 경우에는 연결대상을 명확히 획정해야 하는데 종래 적하보험계약에서 이용되는 분할지정문언은 문제가 많다. 이런 이유로 적하보험계약에도 부분지정문언 대신 선박보험에서 사용하는 전부지정문언을 사용하자는 제안도 있다.[79] 어쨌든 영국법준거약관을 실질법적 지정으

77) 박세민(註 70), 226면; 김진권·전해동, "해상보험계약상 영국법 준거약관에 관한 국제사법적 고찰", 해사법연구 제18권 제2호(2007), 133면도 동지.

78) 물론 이에 따르면 사안에 따라서는 어느 쟁점이 성립 또는 유효성의 문제인지, 아니면 효력의 문제인지와 같은 까다로운 성질결정의 문제가 제기된다. 이에 관한 해상보험법의 관점에서의 분석은 박세민(註 62), 203면 이하 참조.

79) 김진권·전해동(註 79), 133면. 이는 국제사법적 관점에서 명확성을 제고하는 방안이지만 영국법에의 종속을 심화시킨다는 문제가 있다.

로 본다면 객관적 준거법인 한국법의 국내적 강행규정인 약관규제법이 여전히 적용된다. 다만 이 경우에도 협회약관은 국제적으로 통용되는 보험업의 약관이므로 약관규제법 제15조와 시행령 제3조에 따라 약관규제법 제7조 내지 재14조는 적용되지 않는다. 그렇더라도 저자는 제6조는 적용된다고 본다. 이를 통해 내용의 불합리를 어느 정도 통제할 수 있을 것이다. 입법론으로서는 약관규제법의 통제를 기계적으로 배제하는 방안이 타당한가는 의문이다.[80]

물론 재보험 등의 필요성으로 인하여 실무상 이런 접근방법을 택할 수 없다면 이는 대안이 될 수 없다. 혹자는 현재의 실무는 재보험을 위해 부득이하다고 하나, 일부 한국보험사, Korea P&I와 한국해운조합 등이 한국법을 준거법으로 지정하여 체결하는 보험계약은 어떻게 가능한지 의문이다.

또한 만일 해상보험계약에 약관규제법의 편입통제를 적용하는 것이 문제라면 상법의 해상보험편에서 특칙을 도입하거나, 합리적인 수준의 편입통제를 명시하는 방안도 검토할 수 있을 것이다.

Ⅶ. 대상판결의 법리는 약관에 포함된 관할합의조항에도 적용되는가

우리 민사소송법은 소비자보호를 위한 관할을 규정하지 않지만, 약관규제법 제14조는 "고객에 대하여 부당하게 불리한 재판관할의 합의조항은 이를 무효로 한다"는 취지의 규정을 둠으로써 약관에 의한 관할합의를 규제한다. 이는 약관제안자(즉, 약관규제법상의 용어로는 사업자)의 상대방(즉 약관규제법의 용어로는 고객)이 가지는 법률상 관할을 가지는 법원에서 재판을 받을 권리를 보장하기 위한 것이다.

그런데 대상판결의 결론이 약관에 포함된 관할합의조항에도 동일하게 적용된다면 계약의 준거법이 외국법인 경우 약관규제법 제14조도 적용되지 않는다.[81] 국제적으로 통용되는 약관이 아니라서 제14조가 적용되는 관할합의조항이

80) 김진우, "금융거래에서의 약관에 대한 사법적 통제", 민사판례연구 제37집(2015), 1167면도 동지.

81) 근자에는 관할합의와 준거법합의를 묶어서 분쟁해결합의라는 형태로 논의하는 문헌이 늘고 있다. 예컨대 Adrian Briggs, Agreements on Jurisdiction and Choice of Law (2008) 참조. 우리나라에서는 손경한(註 7), 40면 이하; 김인호, "국제계약의 분쟁해결메커니즘의 구조와 상호

라면 그에 대한 통제의 준거법이 문제된다. 저자는 대상판결의 결론은 관할합의조항에 동일하게 적용되지는 않는다는 견해 —즉 주된 계약 및 관할합의의 준거법이 외국법이라고 해서 제14조의 적용이 배제되는 것은 아니라는 견해— 를 피력하였는데,[82] 대상판결을 계기로 이 점이 중요하게 부각되므로 이를 부연하고자 한다. 다만 약관규제법 제14조는 다소 막연한 조항이므로 실익은 제한적이다.[83]

1. 국제거래에서 약관에 포함된 관할합의의 허용요건(또는 적법요건)의 준거법

위에서 언급했듯이 약관에 의한 준거법 지정의 허용요건(또는 적법요건)의 문제는 우리 국제사법 자체의 문제이다. 그런데 국제사법은 국제거래에서 관할합의조항의 허용요건(또는 적법요건)에 관하여는 규정하지 않는다. 따라서 국제재판관할합의의 허용요건(또는 적법요건)의 준거법을 결정할 필요가 있다.

종래 다양한 견해가 있으나[84] 독일에서는 국제재판관할합의의 법적 성질에 관계없이, 남용에 대한 통제의 문제를 포함한 관할합의의 허용요건(적법요건), 방식과 효력은 법정지법에 의한다는 견해가 유력하고 저자도 이를 지지하였다.[85] 다만, 관할합의조항이 없었더라면 한국 법원이 국제재판관할을 가졌을 텐데도 불구하고 관할합의조항에 의해 관할이 배제되었다면 약관규제법이 적용되어야 한다. 만일 한국 당사자가 관할합의에도 불구하고 한국 법원에 제소하는 경우 관할합의의 효력이 문제되고, 또한 외국법원에서 승소판결을 받은 뒤 한국에서 그의 집행을 구하는 경우 관할합의조항의 효력이 다투어질 수 있는데 그 때 주된 계약의 준거법이 외국법이더라도 약관규제법 제14조는 법정지법으로서 적용되어야 한다는 것이다.[86][87]

작용", 국제거래법연구 제23집 제1호(2014. 7.), 221면 이하 참조.

82) 상세는 석광현(註 5), 175면 이하; 석광현(註 3), 347면 이하 참조. 중재합의에 관하여는 석광현(註 59), 509면 이하 참조.

83) 입법론적으로는 이를 개선할 필요가 있다.

84) 손경한, "국제재판관할합의에 대한 새로운 이해", 국제사법연구 제19권 제1호(2013. 6.), 425면 이하는 학설을 소개하나 정확한 분류라고 하기는 어렵다.

85) 한충수, "국제재판관할합의에 관한 연구", 연세대학교 대학원 박사학위논문(1997), 50면 이하도 대체로 같다.

86) 스위스 국제사법(제5조 제2항)은 "일방 당사자로부터 스위스법이 정하는 재판적이 부당하게 박탈되는 경우에는 재판적의 합의는 무효"라고 규정한다.

87) 다만 독일과 달리 우리 약관규제법(제14조)은 약관의 내용통제를 명시하므로, 당해 약관이

근자에는 관할합의에 관한 통일규범을 정하면서 관할합의의 성립과 유효성의 문제를 관할합의에서 지정된 국가의 법에 따르도록 하려는 경향이 보인다. 헤이그국제사법회의의 국제재판관할합의협약(제25조)과 브뤼셀 I bis(제25조 제1항)이 그러한 예이나, 여기에서 논의하는 허용요건(적법요건)의 문제는 그러한 관할합의의 성립과 유효성의 문제에 포함되는 사항이 아니다. 왜냐하면 그것은 통일규범 자체가 해결하기 때문이다.[88]

2. 기존 대법원판례의 태도

이에 관하여 대법원판례가 도움이 된다.

대법원 1997. 9. 9. 선고 96다20093 판결은 추상적 법률론으로, 한국 법원의 관할을 배제하고 외국법원을 관할법원으로 하는 한국 법인들 간에 체결된 전속적 국제재판관할합의가 유효하려면 ① 당해 사건이 한국 법원의 전속관할에 속하지 않고, ② 지정된 외국법원이 그 외국법상 당해 사건에 대하여 관할권을 가져야 하며, ③ 당해 사건이 그 외국법원에 대하여 합리적 관련성을 가져야 하고, ④ 전속적 관할합의가 현저하게 불합리하고 불공정하지 않을 것을 요구하면서 당해 사건의 관할합의조항의 효력을 부정하였다. 위 사안에서 복합운송증권의 이면약관(제24조)은 미국법을 준거법으로 지정하고, 뉴욕시 민사법원의 전속관할을 규정하되, 운송인은 다른 관할법원에 제소할 수 있다고 규정하였다.

또한 전형적인 국제적 사건에서 대법원 2004. 3. 25. 선고 2001다53349 판결[89]도 위와 유사한 취지로 판시하였다. 그 사안에서 선하증권의 이면약관 제27

약관규제법이 적용되는 업종의 약관이라면 유효성의 준거법이 한국법인 때에는 동조를 적용해야 한다는 견해도 가능하다. 이 점은 석광현(註 5), 176면 주 57에서 지적하였다.

88) 그러나 손경한(註 84), 427면은 우리 법의 해석론으로서 당사자자치를 허용하면서 관할합의의 방식, 효력 등에 대하여도 당사자가 관할을 부여한 국가의 법을 준거법으로 인정한다. 조약이나 EU규정은 방식과 효력을 통일적으로 규율하면서 기타 관할합의의 성립과 실질적 유효성의 준거법을 정하는 것이므로 그런 접근방법을 취할 수 있으나, 이런 법적 기초가 없는 우리는 관할합의 방식과 효력(예컨대 소의 각하)은 법정지법에 따르도록 해야지, 그에 관하여 당사자자치를 인정할 수는 없다. 예컨대 주된 계약과 관할합의의 준거법을 영국법으로 지정하고 영국법원에 부가적 관할을 부여한 경우에도 우리 법원에 소가 제기되면 우리 법원의 우리 법에 따라 방식요건을 판단해야 하고, 효력에 관해서도 우리 법에 따라야 하는 것이지 영국법원이 하듯이 관할이 있음에도 불구하고 소를 중지할 수는 없다(물론 이는 우리 법상 부적절한 법정지의 법리를 인정하지 않음을 전제로 한다).

89) 이에 대하여는 석광현, “專屬的 國際裁判管轄合意의 유효요건—지정된 법원과 당해 사건간의 합리적인 관련성—”, 국제사법과 국제소송 제3권(2004), 244면 이하 참조.

조는, "본 선하증권에 의하여 입증되거나 규정된 계약은 달리 정함이 없는 한 일본법에 의하여 규율되며, 운송인에 대한 어떠한 소송도 일본국 동경지방재판소에 제기되어야 한다"고 규정하였다. 대법원 2010. 8. 26. 선고 2010다28185 판결도 유사한 취지로 판시하였다. 그 사건에서 문제된 판매대리점 계약의 준거법은 캐나다 온타리오 주의 법이었다.

이러한 대법원판례를 보면 대법원은 관할합의의 준거법에 관계없이[90] 동일한 기준을 적용하고 있음을 알 수 있다. 대법원판례는 논거를 제시하지 않지만, 저자는 관할합의가 없었더라면 한국의 국제재판관할이 인정되었을 텐데 관할합의에 의하여 관할이 배제되었기 때문에 한국법을 적용한 것이라고 풀이하고 그런 결론을 지지한다.[91][92] 주의할 것은 대법원판결이 요구하는 요건은 관할합의의 허용요건(적법요건)의 문제이지, 관할합의의 통상적인 유효성의 문제[93]는 아니라는 점이다.[94] 특히 1997년 판결과 2004년 판결의 사안은 약관이었는데 대법원은 약관규제법은 전혀 고려하지 않은 것 같다. 어쩌면 당해 사건에서 문제된 약관이 국제적으로 통용되는 약관이라 약관규제법 제14조의 적용이 배제된다고 보았기 때문인지 모르겠으나 과연 그런지는 다소 의문이다.

Ⅷ. 맺음말

저자는 1993년에 쓴 논문에서 적하보험계약의 영국법준거약관이 가지는 국제사법상의 의미를 체계적으로 분석하였고,[95] 2003년 쓴 논문에서는 약관을 사

90) 위에서 언급한 준거법은 주된 계약의 준거법이나, 저자는 별도의 의사표시가 없는 한 주된 계약의 준거법을 관할합의의 준거법으로 하는 묵시적 합의가 있다고 해석한다. 이와 달리 관할이 부여된 국가의 법을 관할합의의 준거법으로 보더라도 위 사안에서 모두 외국법이다.

91) 위 사안과 달리 우리나라 법원에 전속적 관할을 부여하는 합의의 효력이 다투어진 사안에서 대법원 2011. 4. 28. 선고 2009다19093 판결도 동일한 취지로 판시하였다. 이는 당사자 간의 특허권양도계약에 따라 한국 회사가 일본인과 일본법인을 상대로 낸 특허권이전등록청구소송이 특허권 등록국인 일본의 전속관할에 속하는가였다. 그 사건에서 양도계약의 준거법이 한국법이었으므로 관할합의의 준거법도 한국법이었다고 본다.

92) 김인호(註 83), 228면은 대법원이 국제사법에 의하여 적용되는 준거법에 의한 규율을 부정한 것은 아닌 것으로 보인다고 하나 그 취지가 분명하지 않다. 국제사법이 그에 관하여 명시하는 바가 없기 때문이다.

93) 예컨대 의사표시의 하자와 같은 계약의 validity에 속하는 문제.

94) 후자에 관하여는 당사자자치가 허용되지만 전자에 관하여는 당사자자치는 허용되지 않는다.

95) 저자는 위 논문이 영국법준거약관의 법적 성질에 관한 우리나라의 논의를 본격화하는 계기

용하는 국제계약의 준거법으로 외국법이 지정되면 약관규제법은 적용되지 않으며, 그런 의미에서 약관규제법은 국제적 강행규정이 아니라는 견해를 피력하였다. 이제 약관규제법의 국제적 강행규정성을 부정한 최초의 대법원판결과 대상판결을 통하여 대법원이 저자와 같은 견해를 채택하였음을 확인한다. 이로써 약관을 이용한 국제거래에서 법적 불확실성은 상당부분 제거되었다.

국제약관규제법 분야에서 장래의 과제는 다음과 같다. 단기적으로는 국제사법상 약관에 의한 준거법 지정의 허용요건(또는 적법요건), 대상판결의 결론이 관할합의조항과 중재조항에는 어떻게 달리 적용되는지, 객관적으로 순수한 국내계약에서 국제사법(제25조 제4항)의 적용결과와 국제적 요소의 유무를 판단하는 객관적 기준 등이다. 또한 약관규제법에 따르면 일정한 경우 공정거래위원회가 공법적 규제를 할 수 있는데 그 맥락에서 약관규제법의 적용범위를 어떻게 파악해야 하는지도 더 고민해야 한다. 한편 장기적으로는 적하보험약관에서 제한적 영국법 준거약관의 법적 성질에 관한 대법원판례의 태도를 유지할지와 국제적 약관에 대한 약관규제법의 현행 규율방식을 유지하는 것이 적절한지를 고민해야 한다.

궁금한 것은 객관적으로 순수한 국내보험계약에서도 영국법을 준거법으로 지정할 필요가 있는가이다. 혹자는 재보험을 위해 부득이하다고 하나, 일부 한국보험사, Korea P&I와 한국해운조합 등이 한국법을 준거법으로 지정하여 체결하는 보험계약은 어떻게 가능한지 의문이다. 따라서 해상보험업계는 영국법을 준거법으로 지정하는 것이 현실적으로 불가피한지를 검토하고, 적하보험계약의 경우처럼 선박보험에서도 준거법을 분할할 수 있는지, 나아가 그것이 바람직한지 등을 검토하여 장래 실무의 방향을 정해야 한다.

영국 해상보험법의 개정소식을 접하면서 한편으로는 반갑지만 다른 한편으로는 착잡한 생각이 든다. 이제 영국이 해상보험법을 개정하였으니 우리는 이를 이해하고 영국 판례를 따라가면 족한가를 자문하지 않을 수 없다. 당사자자치가 허용되는 사법(私法)분야에서 법률가의 국제경쟁력은 법의 국제경쟁력과 그 법의 준거법으로서의 위상에 따라 좌우된다. 어떻게든 우리로서는 선박보험계약의 준거법으로서 영국법이 가지는 압도적 우위를 개선할 필요가 있다. 그럼에도 불구하고 우리가 국제보험계약에서 영국법을 준거법으로 적용할 수밖에 없다면 영국의 입법자와 법관들이 생산하는 영국법과 영국판례를 맹목적으로 추종하는 대신

가 되었다고 생각한다.

비판적 관점에서 창의적 태도를 취할 필요가 있다. 우리가 노력한다면 영국법의 불합리를 지적하면서 합리적인 방향으로 개정되도록 설득적 권위를 발휘할 수 있을 것이다.[96)]

현실적으로 일부 국가들처럼 당사자자치의 원칙을 제한하고 한국법의 적용을 강제할 수는 없다면, 국제거래에 관여하는 우리 기업들은 가급적 한국법을 준거법으로 하기 위해 노력해야 하고,[97)] 부득이 외국법을 준거법으로 지정하는 경우 그로 인하여 초래되는 엄중한 법적 효과를 충분히 인식하고 불이익을 받지 않도록 대응방안을 마련해야 한다.

후 기

계약 준거법이 외국법인 경우 약관규제법이 적용되는지 여부에 관하여는 대법원 판례가 일관성이 없다는 비판도 있다. 손경한, "계약적 채무의 준거법에 관한 한국 판례의 최근 동향", 국제사법 연구 제22권 제2호(2016. 12.), 130면. 이 글, 129면 이하는 약관규제법이 국제적 강행규정이라고 본 사례로 공정거래위원회의 의결[공정거래위원회 시정권고 제2007-019호(2007. 2. 26. 의결, 2007약관0421사건)]과 장경환, "주요 약관심결례의 쟁점분석", 경희법학 제42권 제2호(2007. 9.), 481면 이하의 평석을 소개한다. 위 의결의 당부에 대한 평가에 앞서 공정거래위원회가 국제적 강행규정에 대하여 적절한 문제의식을 가지고 있는지는 다소 의문이다.

96) 편의치적국으로 선호되는 파나마법에 대하여도 같다.

97) 물론 구체적인 사안에서 외국법이 상대적으로 유리할 수도 있다. 그러한 내용을 파악하고 있다면 의도적으로 외국법을 준거법으로 지정할 수도 있다.

[4] 국제사법상 소비자계약의 범위에 관한 판례의 소개와 검토: 제27조의 목적론적 축소와 관련하여

前 記

이 글은 저자가 국제사법연구 제22권 제1호(2016. 6.), 37면 이하에 게재한 글로서 오타와 오류를 제외하고는 원칙적으로 수정하지 않은 것이다. 다만 각주 64는 각주 37과 중복되어 삭제하고 대신 각주 65을 추가하였다. 가벼운 수정 부분은 밑줄을 그어 표시하였고, 참고할 사항은 말미의 후기에 적었다. 이 글을 쓰면서 한동안 잊고 지냈던 법학방법론에 관심을 가지게 되었다.

Ⅰ. 머리말

1. 국제거래에 참여하는 소비자를 보호하기 위한 국제사법 차원의 조치

오늘날 소비자 기타 사회·경제적 약자를 보호하는 실질법의 영역에서 계약자유의 원칙은 상당한 제한을 받게 되었다.[1] 이런 취지의 조문들은 당사자들이 합의로써 적용을 배제할 수 없는 강행규정이다. 그런데 만일 당사자들이 외국법을 준거법으로 지정함으로써 그런 제한을 회피할 수 있다면 실질법의 입법취지가 잠탈되므로 이들 약자를 보호하기 위한 저촉법적 차원의 고려가 요청된다. 따라서 다수의 국제사법은 국제거래에 참여하는 소비자를 보호하고자 일정한 소비자계약의 경우 국제계약 일반과 다른 특칙을 도입하고 있다. 이것이 '국제사법에서 약자보호'의 문제이다. 전통 국제사법이론은 국제사법적 정의(正義)와 실질법적 정의(正義)를 준별하는 것을 전제로 준거법으로 지정된 실질법의 내용에는 원칙적으로 관여하지 않았고[2] 구 섭외사법은 그런 토대 위에 서 있었다. 그러나

1) 권오승, 소비자보호법, 제5판(2005), 8면 참조.

2) 이런 원칙을 "국제사법적 정의는 실질사법적 정의에 우선한다"고 표현한다. Gerhard Kegel,

2001년 7월 발효된 국제사법은 유럽공동체의 1980년 "계약채무의 준거법에 관한 협약(Convention on the Law Applicable to Contractual Obligations)"("로마협약")을 본받아 이런 태도를 변경하고 제27조를 통하여 국제계약에 적용되는 일반원칙을 수정함으로써 약자의 보호라는 실질법적 정의를 저촉법적 차원에서 고려한다. '정보와 교섭력의 격차'로 인하여[3] 약자로 여겨지는 소비자를 보호할 필요성은 국제사법에서도 필요하기 때문이다. 한국에서도 근자에 해외직구(그와 함께 '해외역직구')의 비약적 증가에 따라 국제거래에서 소비자보호는 대중의 관심을 끌게 되었다. 이 때 이른바 B2C 거래인 소비자계약에 관한 국제사법의 특칙이 중요한 역할을 담당하나,[4] 국제소비자계약법에 대한 관심은 많이 부족한 것이 사실이다.

2. 문제의 제기: 이 글에서 다루는 논점들

로마협약은 소비자계약의 특칙을 규정하면서도 운송계약과, 소비자가 상거소를 가지는 국가 이외의 장소에서 용역이 배타적으로 제공되어야 하는 용역제공계약에 대하여는 소비자계약의 연결원칙을 정한 제5조의 적용을 배제하였다.[5] 로마 I (제6조)도 로마협약의 태도를 유지하면서 보다 정치하게 규정한다. 우리 국제사법은 로마협약의 영향을 크게 받아 소비자보호를 취한 연결규칙을 도입하면서도[6] 예외를 전혀 명시하지 않으므로 소비자 또는 소비자계약의 범위에 관하

Internationales Privatrecht, 6. Auflage (1987), S. 81; 이호정, 국제사법(1983), 16-18면 참조.

3) 櫻田嘉章 · 道垣内正人(編), 注釈国際私法 제1권(2012), 259면. 이를 소비자의 특징의 하나로 열거하기도 한다. 이호영, 소비자보호법(2010), 12면. 정보의 격차는 '정보비대칭(information asymmetries)'이라고도 한다. Giesela Rühl, "Consumer Protection in Choice of Law", 44 Cornell Int'l L.J. 569, 572 (2011). 권오승(註 1), 9면 이하는 사업자와 소비자의 비대칭성이라는 제목 하에 소비자측의 ① 정보면에 있어서 열등성, ② 기술조작에 있어서 열등성, ③ 부담전가에 있어서 열등성과 ④ 조직력과 시장지배력에 있어서 열등성을 열거한다. 실질법상 소비자 개념에 관한 소개는 이은영(편), 소비자법과 민법(2010), 17면 이하(이은영 집필부분) 참조.

4) 당사자들이 분쟁해결수단으로 소송을 선택하는 경우에는 국제사법을 통하여 소비자를 보호할 수 있는 데 반하여, 중재를 선택하는 경우에는 중재법에 적절한 조문이 없고 결국 약관의 규제에 관한 법률(이하 "약관규제법"이라 한다)로 해결해야 하는데 약관규제법은 명확한 기준을 제시하지 않는 점에서 문제가 있다. 저자는 2014년부터 추진 중인 중재법 개정과정에서 이런 경우 소비자를 보호하기 위한 조문의 신설을 제안하였으나 연구 부족을 이유로 장래의 과제로 미루어졌다.

5) 다만 그에 대한 예외로서 일괄가격을 대가로 하여 운송 및 숙박을 함께 제공하는 계약에는 제5조를 적용한다.

6) 다만 국제사법은 로마협약과 달리 소비자계약의 범위를 일반적으로 규정함으로써 확대하였는데, 2009년 발효된 로마 I 은 우리 국제사법과 같은 태도를 취한다.

여 의문이 제기된다. 즉 ① 소비자는 자연인에 한정되는지 아니면 법인도 포함하는지, 또한 소비자계약에 대한 특칙을 정한 제27조가 ② 무상계약, ③ 운송계약, ④ 소비자의 상거소지 외에서 전적으로(또는 배타적으로) 용역이 제공되는 계약(이하 "상거소지 외 용역제공계약"이라 한다)과 ⑤ 일부 금융 관련 계약에도 적용되는지는 논란의 여지가 있다.7) 그런데 준거법에 관한 대법원 2014. 8. 26. 선고 2013다8410 판결(에어프랑스 사건)은, 운송계약과 상거소지 외 용역제공계약에도 제27조가 적용된다고 판시하였고, 국제재판관할에 관한 서울중앙지방법원 2015. 10. 16. 선고 2014가합38116 판결(구글 사건)은 무상계약에도 제27조가 적용된다고 판시하였다. 위 판결들은 국제사법의 문언에는 충실하나, 목적론적 축소(또는 축소해석)8)를 통하여 제27조의 적용범위를 제한할 수 있는지를 검토할 필요가 있다.

아래에서는 국제사법 제27조의 적용범위를 개관한 뒤(Ⅱ.), 소비자는 자연인에 한정되는가(Ⅲ.), 무상계약인 소비자계약(Ⅳ.), 운송계약(Ⅴ.), 상거소지 외 용역제공계약(Ⅵ.)과 일부 금융 관련 소비자계약(Ⅶ.)의 순서로 제27조의 적용 여부를 논의하고, 이어서 법학방법론과 관련하여 제27조의 목적론적 축소(또는 축소해석)(Ⅷ.)를 다룬 뒤에 마지막으로 소비자보호와 일반적 예외조항인 제8조의 관계를 논의한다(Ⅸ.).9)

Ⅱ. 소비자계약의 특칙을 정한 국제사법 제27조의 적용범위의 개관

개별사건에 대한 검토에 앞서 소비자 내지 소비자계약의 적용범위를 개관한다.10)

---

7) 석광현, 2001년 개정 국제사법 해설(2001), 182면. 그 밖에 로마 I(제6조 제4항 c호)은 "94/47/EC 지침의 의미에 속하는 시분할방법에 의한 부동산 사용을 위한 권리에 관한 계약을 제외한 부동산에 대한 물권 또는 부동산의 임대차에 관한 계약"을 소비자보호에서 제외하므로 우리 국제사법의 해석상 동일한 결론을 도출해야 하는지라는 의문이 제기될 수 있다. [밑줄 부분은 이 책에서 새로 추가한 것이다.]

8) 아래(Ⅶ.) 소개하는 약속어음에 관한 1998년 대법원 전원합의체 판결의 반대의견에 따르면 이는 '목적론적 축소해석'이다. 이를 고려하여 이하 목적론적 축소해석을 축소해석과 함께 언급하나 저자는 목적론적 축소가 설득력이 있다고 본다. 축소해석은 '제한해석'이라고도 한다.

9) 또한 여기에서 논의하지는 않으나 로마 I (제6조 제4항 c호)은 부동산의 물권 또는 부동산의 임대차에 관한 계약(일부 제외)의 경우에도 소비자계약의 특칙을 적용하지 않는다는 점도 주목할 필요가 있다.

10) 소비자계약의 적용범위의 분류방식은 논자에 따라 다양하다. 예컨대 Kathrin Sachse, Der

1. 국제사법의 조문

제27조(소비자계약) ① 소비자가 직업 또는 영업활동 외의 목적으로 체결하는 계약이 다음 각호중 어느 하나에 해당하는 경우에는 당사자가 준거법을 선택하더라도 소비자의 상거소가 있는 국가의 강행규정에 의하여 소비자에게 부여되는 보호를 박탈할 수 없다.
1. 소비자의 상대방이 계약체결에 앞서 그 국가에서 광고에 의한 거래의 권유 등 직업 또는 영업활동을 행하거나 그 국가 외의 지역에서 그 국가로 광고에 의한 거래의 권유 등 직업 또는 영업활동을 행하고, 소비자가 그 국가에서 계약체결에 필요한 행위를 한 경우
2. 소비자의 상대방이 그 국가에서 소비자의 주문을 받은 경우
3. 소비자의 상대방이 소비자로 하여금 외국에 가서 주문을 하도록 유도한 경우

② 당사자가 준거법을 선택하지 아니한 경우에 제1항의 규정에 의한 계약은 제26조의 규정에 불구하고 소비자의 상거소지법에 의한다. (제3항 이하 생략)[11)]

주관적 준거법을 보면, 국제사법은 소비자계약에서도 당사자자치를 허용하되, 객관적 준거법(즉 소비자의 상거소지법 내지 소비자의 환경을 이루는 법)의 강행규정이 부여하는 보호를 관철한다. 이는 소비자계약에서 준거법의 선택을 아예 배제하는 스위스 국제사법(제120조)과 달리 로마협약(제5조)의 태도를 따른 것이다.[12)] 여기의 강행규정은 "당사자가 계약에 의하여 배제할 수 없는 법규", 즉 국내적 강행법규를 의미한다.[13)] 한편 개관적 준거법을 보면, 국제사법은 국제계약의 객관적 준거법의 결정에 관한 일반원칙을 정한 제26조에 따르는 대신 소비자의 상거소지법을 객관적 준거법으로 지정한다(제27조 제2항). 만일 제26조를 따른다면 소비자의 상대방(국제사법의 용어는 아니지만 소비자의 상대방을 이하 편의상 "사업자"라 한다)이 특징적인 이행을 하므로 사업자의 영업소 소재지법이 준거법

Verbrauchervertrag im Internationalen Privat- und Prozeßrecht (2006), S. 74ff.는 사항적 요소, 인적 요소, 활동적 요소와 목적적 요소로 분류하고, Christoph Wendelstein, Kollisionsrechtliche Probleme der Telemedizin: Zugleich ein Beitrag zur Koordination von Vertrag und Delikt auf der Ebene des europäischen Kollisionsrechts (2012), S. 217은 인적, 사항적 및 상황적 (situativer) 적용범위를 논의하며, MünchKommBGB/Martiny, Art 6, Rom Ⅰ-VO (2010), Rn. 6ff.는 인적 적용범위와 사항적 적용범위를 논의하고 계약체결의 상황을 다룬다.

11) 제3항은 소비자계약의 방식의 준거법을 정한 규정이고, 제4항부터 제6항은 국제재판관할에 관한 규정이다. 우리 국제사법의 특색의 하나는 준거법 결정과 국제재판관할 결정의 맥락에서 소비자와 소비자계약의 범위를 동일하게 규율하는 점이다.

12) Rühl(註 3), p. 586 이하는 소비자계약의 준거법 결정원칙을 ① 당사자자치를 아예 배제하는 입법(스위스 국제사법의 태도), ② 당사자자치로써 선택할 수 있는 법을 제한하는 입법(운송계약과 보험계약에 관한 로마 I 의 태도)과 ③ 당사자자치의 효력을 제한하는 입법(소비자계약에 관한 로마 I 의 일반원칙과 한국 국제사법 등)의 세 가지 분류하여 장·단점을 설명한다.

13) 그러한 예로는 방문판매등에 관한 법률, 할부거래에 관한 법률, 전자상거래등에서의 소비자보호에 관한 법률과 약관규제법 등을 들 수 있다.

이 될 개연성이 크기 때문에 그에 대한 특칙을 명시한 것이다. 나아가 소비자계약의 방식을 보면, 국제사법(제17조)이 정한 일반원칙이 아니라 소비자의 상거소지법이 준거법이 되는데, 이 또한 소비자를 보호하기 위한 것이다.

2. 소비자의 범위

제27조의 소비자는 '수동적 소비자(passive consumer)'에 한정되고 '능동적 소비자(active consumer 또는 mobile consumer)'는 포함하지 않는다. 수동적 소비자가 되기 위해서는 제27조 제1항이 정한 세 가지 조건 중 어느 하나가 구비되어야 한다. 제27조 제1항 제1호가 특히 문제가 되는데, 제1호의 소비자계약이 되기 위하여는 ㉠-1 사업자가 계약체결에 앞서 소비자의 상거소지 국가에서 광고에 의한 거래의 권유 등 직업 또는 영업활동을 행하거나, ㉠-2 그 국가 외의 지역에서 그 국가로, 즉 그 국가를 향하여 광고에 의한 거래의 권유 등 직업 또는 영업활동을 행하고, ㉡ 또한 소비자가 그 국가에서 계약체결에 필요한 행위를 한 경우여야 한다. 예컨대 외국의 사업자가 한국에서 광고에 의한 거래의 권유 등 영업활동을 하거나, <u>한국에서</u> 그러한 활동을 하지는 않았더라도 통신수단 또는 인터넷을 통하여 <u>한국을 향하여</u> 광고에 의한 거래의 권유 등 영업활동을 한 경우, 즉 통신판매나 인터넷에 의한 판매도 이에 해당될 수 있으나, 인터넷을 통한 거래의 경우 어느 범위 내에서 이 요건이 구비되는 것으로 볼지는 논란의 여지가 있다. 소비자가 한국에서 "계약체결에 필요한 행위를 한 경우"이면 족하므로 반드시 계약체결지가 한국이어야 하는 것은 아니다. 그러나 한국인이 스스로 외국에 여행을 가서 현지에서 기념품을 구입한 경우에는 제27조는 적용되지 않는다. 즉, 국제사법에서 소비자보호는 소비자의 환경을 이루는 법이 제공하는 보호를 관철함으로써 소비자의 기대를 적정한 범위 내에서 보호하는 것이다.[14] 이런 보호의 필요성은 준거법 결정의 맥락은 물론이고 국제재판관할의 맥락에서도 같다. 이 점을 고려하여 우리 국제사법은 양자의 맥락에서 동일한 소비자개념을 사용한다.[15]

---

14) Rühl(註 3), p. 573 이하는 소비자를 약자이기 때문이 아니라, 소비자는 준거법에 대해 잘 알지 못하고, 그에 관한 정보를 수집하는 데 투자할 동인이 없기 때문이라고 설명한다. 나아가 Rühl(註 3), p. 592 이하는 소비자보호에 대한 경제적 분석을 담고 있다. 예컨대 소비자의 상거소지법을 적용함으로써 정보비대칭으로 인하여 초래되는 이른바 '레몬시장'을 효율적으로 방지함으로써 소비자의 피해를 방지하고, 준거법의 결정에 수반되는 비용을 낮출 수 있다고 한다.

15) 일본은 특이하게도 준거법결정의 맥락과 국제재판관할의 맥락에서 상이한 소비자개념을 사

3. 소비자계약의 범위

국제사법 하에서는 특히 소비자계약의 범위가 문제된다. 로마협약(제5조 제1항)은 동산의 공급, 용역의 제공과 그러한 거래를 위하여 금융을 제공하기 위한 계약을 소비자계약이라고 하고, 스위스 국제사법(제120조 제1항)은 "소비자의 통상적인 소비의 급부(급여)에 관한 계약"이라고 하나, 국제사법은 이러한 정의를 두고 있지 않다. 따라서 국제사법상 소비자계약의 범위는 로마협약보다 넓게 해석된다.[16] 이런 차이는 우리 국제사법이 로마협약을 참고하였으나 그대로 따른 것은 아니라는 점을 잘 보여준다. 유럽연합은 로마협약을 대체하여 2009. 12. 17. 발효된 로마 I [17](제6조)에 이르러 비로소 우리 국제사법처럼 위와 같은 제한을 삭제하고 소비자계약의 범위를 확대하면서 예외를 명시한다.

참고로 소비자기본법(제2조 제1호)은 소비자를 "사업자가 제공하는 물품 또는 용역(시설물을 포함)을 소비생활을 위하여 사용(이용을 포함)하는 자 또는 생산활동을 위하여 사용하는 자로서 대통령령이 정하는 자"라고 정의한다. 동법 시행령 제2조는 물품 또는 용역(시설물 포함)을 생산활동을 위하여 사용(이용 포함)하는 자의 범위는 제공된 물품 또는 용역("물품등")을 최종적으로 사용하는 자(다만 제공된 물품등을 원재료(중간재를 포함), 자본재 또는 이에 준하는 용도로 생산활동에 사용하는 자는 제외한다)와 제공된 물품등을 농업(축산업을 포함) 및 어업활동을 위하여 사용하는 자(다만 해양수산부장관의 허가를 받아 원양어업을 하는 자는 제외)라고 규정한다. 학자들은 이를 '이론적(또는 본질적) 의미의 소비자'와 '정책적 의미의 소비자'로 구분하는데,[18] 후자는 사업자임에도 불구하고 정책적 차원에서 소비자로 인정되는 자이다. 요컨대 소비자기본법의 소비자는 자연인에 한정되지

용한다. 준거법결정의 맥락에서 법적용통칙법(제11조)은 수동적 소비자만을 보호하나, 국제재판관할의 맥락에서 민사소송법(제3조의7 제5호)은 모든 소비자를 보호한다. 물론 후자의 경우 특별한 사정(제3조의9)에 의하여 제한될 것이나 그 기준은 명확하지 않다.

16) 예컨대 로마협약상으로는 금융계약이 소비자계약이 되기 위해서는 동산의 공급 또는 용역의 제공을 위하여 금융을 제공하기 위한 계약이어야 한다. 따라서 동산의 공급 또는 용역의 제공과 관계가 없는 소비자금융의 제공은 소비자계약이 아니라고 본다. 그러나 국제사법상으로는 그렇게 제한적으로 해석할 것은 아니다.

17) 이는 로마협약을 대체한 "계약채무의 준거법에 관한 2008. 6. 17. 유럽의회 및 이사회의 No. 593/2008 규정"을 말한다.

18) 이호영(註 3), 4면; 최난설헌, "불공정조항지침 관련 최근 EU 판례 동향 및 시사점", 선진상사법률연구 통권 제74호(2016. 4.), 49면 참조. 권오승(註 1), 5면은, 입법론적으로는 소비자보호법(현재는 소비자기본법)상의 소비자의 개념을 전자에 한정하는 것이 바람직하다고 지적한다.

않는다. 그러나 국제사법 제27조는 소비자가 직업 또는 영업활동 외의 목적으로 체결하는 계약에 한하여 적용되므로, 소비자기본법의 위 정의 중 생산활동을 위하여 물품 또는 용역을 사용하거나 이용하는 경우에는 소비자계약의 범위에 포함되지 않을 것이다.

물품의 범위에 관하여 1980년 "국제물품매매계약에 관한 국제연합협약" (United Nations Convention on Contracts for the International Sale of Goods. CISG) 제2조 a호처럼 "개인용·가족용 또는 가정용으로 구입된 물품"에 한정된다는 견해도 있을지 모르나 여기에서는 그렇게 한정할 근거는 없다.[19] 따라서 개인의 사적 재산의 투자, 나아가 국제적 증권투자도 소비자계약에 포함될 수 있는데, 이익을 얻으려는 의사가 있다는 이유만으로 직업 또는 영업활동의 목적으로 체결하는 계약이 되는 것은 아니기 때문이다.[20] 로마 I 의 해석상 이런 결론은 금융관련 소비자계약을 제6조의 적용범위로부터 배제하는 제6조 제4항으로부터 추론할 수 있다. 다만 통일성 내지 대체성을 요구하는 일부 거래의 경우 성질상 제27조를 적용하기는 부적절한데, 로마 I (제6조 제4항 d, e호)은 이 점을 고려하여 일정한 예외를 명시한다. 요컨대 제27조의 소비자계약의 구체적인 범위는 국제사법상의 소비자의 보호라고 하는 제27조의 입법취지와 목적을 고려해서 합리적으로 판단해야 한다.

Ⅲ. 소비자는 자연인에 한정되는가

1. 문제의 소재

국제사법은 소비자를 정의하지 않으므로 그것이 자연인에 한하는지 아니면 법인도 포함하는지는 논란의 여지가 있다.

---

19) 다만 그 경계를 정확히 획정하기에는 어려운 점이 있다. Jonathan Hill, Cross-Border Consumer Contracts (2008), para. 1.12 이하.

20) MünchKommBGB/Martiny, Art 6, Rom Ⅰ-VO (2010), Rn. 8.

2. 로마협약과 로마Ⅰ의 태도

로마협약은 소비자를 자연인에 한정하지 않으나 통설은 이를 자연인에 한정하였다.[21] 반면에 로마Ⅰ(제6조 제1항)은 인적 적용범위에 관하여 자연인임을 명확히 함으로써 협약상의 논란에 종지부를 찍었다.[22]

3. 우리 국제사법의 해석론

국제사법이 명시하지 않으나 저자는 조문의 취지에 비추어 볼 때 여기의 소비자는 자연인에 한하고 법인은 포함되지 않는다고 본다. 그 근거는 아래와 같다.

첫째, 자연인은 사회·경제적 약자로서 저촉법상 보호의 대상이 되지만 법인은 상대적으로 그렇게 볼 근거가 약하다는 것이다. 즉 통상 법인은 다른 사업자가 제공하는 물품 또는 용역을 최종적으로 소비하더라도 그들이 받는 피해는 경제적인 것에 그치고 생명이나 신체의 안전이 침해되는 경우는 없으며, 경제적 피해에 대해서도 스스로 권리를 지킬 수 있는 능력이나 자위수단을 가지는 것이 보통이므로 자연인인 소비자와 같은 정도로 두텁게 보호할 필요는 없다는 것이다.[23] 둘째, 국제사법은 자연인에 대해서만 상거소라는 개념을 사용하고, 법인에 대하여는 주된 사무소라는 개념을 대비시켜 사용하는데,[24] 국제사법 제27조 제1항과 제3항 내지 제5항이 "소비자의 상거소가 있는 국가" 또는 "소비자의 상거소지법"이라는 문언을 사용하므로 그로부터 소비자는 자연인에 한정된다는 해석을 도출할 수 있다. 셋째, 제27조 제1항이 소비자의 '직업'이라는 문언을 사용하는 점도 자연인을 상정하고 있는 것으로 볼 근거가 된다. 넷째, 제27조 제1항

---

21) Christoph Reithmann/Dieter Martiny (Hrsgs.), Internationales Vertragsrecht, 8. Auflage (2015), Rn. 6.2271 (Martiny 집필부분). 이하 위 책을 "Reithmann/Martiny/집필자"로 인용한다. 유럽연합의 불공정소비자계약조건 지침의 해석상 소비자는 자연인에 한정된다는 유럽사법재판소 2001. 11. 22. Cape Snc 사건 재판(C-541/99)이 있다. 물론 로마협약은 'he'라는 표현을 사용하는 점에서 우리 국제사법과는 다른 면이 있다.

22) 일본의 법적용통칙법(제11조)은 소비자의 개념을 개인에 한정한다. 위 개념은 기본적으로 일본 소비자계약법 제2조를 따른 것으로 자연인을 말한다.

23) 권오승(註 1), 5-6면.

24) 예컨대 국제사법 제26조 제2항은 "당사자가 계약에 따라 다음 각호 중 어느 하나에 해당하는 이행을 행하여야 하는 경우에는 계약체결 당시 그의 상거소가 있는 국가의 법(당사자가 법인 또는 단체인 경우에는 주된 사무소가 있는 국가의 법)이 가장 밀접한 관련이 있는 것으로 추정한다"고 규정한다.

제3호가 "소비자의 상대방이 소비자로 하여금 외국에 가서 주문을 하도록 유도한 경우"라는 문언을 사용하는 점도 자연인을 상정하고 있는 것으로 볼 근거가 된다.25)

요컨대 소비자를 자연인에 한정하는 것은 국제사법의 문언의 범위를 넘는 것이 아니다. 왜냐하면 국제사법이 자연인일 것을 직접 명시하지는 않지만 '상거소가 있는 소비자'라거나 '소비자가 외국에 가서 주문한다'는 문언을 통하여 소비자가 자연인임을 전제로 하고 있음을 알 수 있기 때문이다. 따라서 소비자를 자연인으로 한정하는 것은 제27조의 문언해석으로부터 도출될 수 있고, 아래 (Ⅶ.)에서 논의하는 '목적론적 축소'나 축소해석은 아니라고 본다. 물론 명확성을 제고하기 위해 입법론적으로 조문에 자연인일 것을 명시하는 것은 고려할 수 있다.

4. 우리 국제사법의 입법론

입법론으로서는 로마 I 처럼 소비자를 자연인으로 명시하는 방안과 국제사법의 태도를 유지하는 방안을 고려할 수 있다. 우선 정책적으로 더 바람직한 방향을 결정한 뒤 그런 결론을 명확히 도출할 수 있는 방안을 채택해야 할 것이다. 만일 저자와 같이 해석론으로서도 소비자를 자연인에 한정한다면 로마 I 처럼 이를 명시하는 것이 바람직하나, 반대로 법인의 경우에도 보호의 필요성을 긍정하는 것이 타당하다면26) 소비자의 개념이 법인을 포함한다는 취지를 명시하는 것이 바람직하다.

Ⅳ. 사업자가 무상으로 용역을 제공하는 소비자계약

1. 문제의 소재

로마협약과 로마 I 은 소비자계약에 관한 특칙을 두면서도 그것이 유상계약인지 무상계약인지는 묻지 않는다. 이 점은 우리 국제사법도 같다. 따라서 문언

---

25) 물론 넷째 논거는 제3호에만 타당하고 제1호와 제2호의 경우에는 그렇지 않다고 주장할 여지가 있다.

26) Sachse(註 10), S. 226ff.(특히 S. 300)는 입법론으로 법인도 포함하자고 한다.

에 충실하자면 제27조는 무상계약에도 적용되어야 하나 이 점은 논란의 여지가 있다.

2. 로마협약과 로마 I 의 태도

무상의 소비자계약에 관하여는 로마협약과 로마 I 은 아무런 규정을 두고 있지 않다.[27] 이에 관한 논의는 많이 보지는 못하였으나, 로마 I 의 해석상 소비자가 무상으로 용역을 제공받는 경우에는 소비자계약의 개념에 포함되지 않는다는 견해가 보인다. 이는 소비자계약의 특칙을 둔 것은 사회·경제적 약자인 소비자를 보호하기 위한 것인데 소비자가 무상으로 용역을 제공받는 경우에는 소비자를 보호할 필요가 없고, 또한 사업자의 관점에서도 그 경우에까지 소비자를 보호하는 저촉법적 원칙의 적용을 기대할 수는 없다고 한다.[28] 그 경우 사업자가 당해 계약을 통하여 장래 매출을 촉진하는 효과를 기대하고 그 범위 내에서 경제적 목적을 추구하였더라도 다를 바가 없다고 한다.[29]

3. 우리 국제사법의 해석론

국제재판관할의 맥락에서 이 점이 다투어진 사건("구글 사건")이 있다.

사안은 다음과 같다. 미국 캘리포니아에 본사를 두고 있는 구글은, 지메일 이용약관에서 구글이 제공하는 서비스 약관 또는 서비스와 관련하여 발생하는 모든 소송은 미국 캘리포니아주 산타클라라 카운티의 연방 또는 주 법원이 전속적인 관할을 가진다는 전속관할조항을 두고 있는데, 한국의 구글 이메일(지메일, 무료) 가입자가 구글을 상대로, 개인정보 등을 제공한 내역을 밝히라는 이 사건 소를 서울중앙지방법원에 제기하였다. 피고는 전속관할조항을 근거로 한국법원에 국제재판관할이 없다고 주장하였다. 원고는 국제사법 제27조의 국제재판관할 규칙에 대한 특칙을 근거로 전속관할합의의 효력을 다투었다.

---

27) 일본의 법적용통칙법(제11조)에는 유상, 무상에 대한 언급은 없다.

28) Sachse(註 10), S. 157. <u>그러나 이견을 주장할 여지도 있다.</u> [밑줄 부분은 이 책에서 새로 추가한 것이다.] 한편 운송계약의 준거법을 정한 로마 I (제5조)의 해석상으로는 무상의 운송계약에도 제5조가 적용된다는 것이 통설이라고 한다. Franco Ferrari (ed.), Rome I Regulation, (2015), Art. 5, para. 25 (Tim W. Dornis 집필부분). 이하 "Ferrari/집필자"로 인용한다.

29) Sachse(註 10), S. 156.

이에 대해 서울중앙지방법원 2015. 10. 16. 선고 2014가합38116 판결[30]은 "국제사법 제27조가 보호하는 소비자계약이 반드시 소비자의 상대방이 유상으로 물품 또는 용역을 제공하는 경우로 한정된다고 볼 아무런 근거가 없으므로, 비록 소비자의 상대방인 피고 구글 Inc.가 구글 서비스와 같은 용역을 무상으로 제공한다고 하더라도 이를 국제사법 제27조가 보호하는 소비자계약의 범위에서 제외된다고 볼 수는 없다"면서 무상계약에도 국제사법 제27조가 적용된다고 판시하였다. 논란의 여지가 없지는 않으나—또한 구글이 당해 거래로부터 취득한 정보 등을 활용할 수 있으므로 과연 진정한 무상계약인지는 논란의 여지가 있고, 또한 일단 소비자가 구글 서비스를 사용하게 되면 이른바 '경로의존성'이 생겨서 쉽게 이를 변경하는 것은 쉽지 않다는 점에서 달리 보아야 한다는 생각도 들지만 [밑줄 부분은 이 책에서 새로 추가한 것이다]—, 진정한 무상계약이라면 소비자는 그에 따른 부담도 없고, 나아가 소비자의 계약 해제 또는 해지를 제한하지 않는다면 계약의 구속으로부터 벗어날 수 있으므로 소비자의 보호는 원칙적으로 문제되지 않는다고 본다. 따라서 소비자계약을 그 취지와 목적에 비추어 유상계약에 한정하는 것은 국제사법의 문언에는 반하지만 목적론적 축소(또는 축소해석)에 의하여 도출할 여지가 있을 것으로 본다.

4. 우리 국제사법의 입법론

입법론으로서는 예외를 명시하는 방안과 국제사법의 태도를 유지하는 방안을 고려할 수 있다. 우선 정책적으로 더 바람직한 방향을 결정한 뒤 그런 결론을 명확히 도출할 수 있는 방안을 채택해야 할 것이다. 만일 해석론으로 사업자가 무상으로 용역을 제공하는 소비자계약에서 예외를 인정하자면 이를 명시하는 것이 바람직한 데 반하여, 그런 예외를 인정할 필요가 없다면 현재 문언을 유지할 수 있을 것이다. 서울지방법원판결은 해석론을 제시한 것이지 입법론을 제시한 것은 아니므로 입법론에 직접 도움이 되지는 않는다.

30) 여기에서 다루는 논점, 즉 소비자계약인지에 관한 것은 아니지만 위 판결에 대하여는 간단한 평석이 있다. 김경환, "인터넷 환경에서의 개인정보권리 행사와 글로벌 사업자의 의무—서울중앙지방법원 2015. 10. 16. 선고 2014가합38116 판결(구글에 대한 개인정보제공내역 요청사건)—", 법률신문 제4369호(2015. 11. 26.), 11면 참조.

Ⅴ. 국제운송을 위한 소비자계약

1. 문제의 소재

로마협약은 운송계약에 대하여는 소비자계약의 특칙을 적용하지 않는다. 이 점은 로마 I 에서도 유지되고 있다. 그런데 우리 국제사법은 그에 상응하는 규정을 두지 않으므로 해석론상 논란의 여지가 있음은 일찍부터 지적되었다.[31] 근자에 아래 소개하는 에어프랑스 사건에서 대법원이 제27조의 적용을 긍정하는 판결을 선고하였으므로 그 타당성을 검토할 필요가 커졌다.

2. 로마협약과 로마 I 의 태도

로마협약(제5조 제4항)은 운송계약에 대하여는 제5조의 적용을 배제하였다. 로마 I (제6조 제4항 b.호)은 적용범위에 관한 로마협약의 이런 태도를 대체로 유지하면서도 보다 정치하게 규정한다.[32] 로마협약에 관한 Giuliano/Lagarde의 보고서는, 제5조가 정한 특별한 보호조치는 이런 유형의 계약을 규율하는 데는 적절하지 않다고 추상적으로 설명한다.[33] 이는 운송계약에 관하여 다수 고객들의 상거소지법을 적용할 수 없을 뿐만 아니라, 운송계약에 관한 다수 조약이 있음을 고려한 것이라고 한다.[34] 로마협약은 명시하지 않았으나 로마 I (제6조)은 운송계약의 예외는 여객운송계약과 물품운송계약에 모두 적용됨을 명시한다. 로마 I 의 이런 태도에 대하여는 비판적인 견해도 유력한데, 유력설은 운송계약에서 예외를 인정할 합리적 근거가 없다고 지적하고 이는 업계의 로비에 굴복한 결과라고 비판한다.[35]

---

31) 석광현(註 7), 182면.

32) 일본의 법적용통칙법(제11조)에는 로마 I 에 상응하는 제외조항은 없다.

33) Official Journal of the European Communities (1980. 10. 31.), No C 282/24.

34) Ferrari/Ragno, Art. 6, para. 15; MünchKommBGB/Martiny, Art 6, Rom I -VO (2010) Rn. 15 (통일법을 언급한다).

35) Ferrari/Ragno, Art. 6, para. 15. Reithmann/Martiny/Martiny, Rn. 6.1904도 이는 법정책적으로 정당화될 수 없다고 비판한다. 브뤼셀 I (제15조 제3항)은 소비자를 보호하기 위한 국제재판관할규칙을 두면서 운송계약을 배제한다. 로마 I 은 'contract of carriage'라고 하는 데 반하여 브뤼셀 I bis는 'contract of transport'라고 하여 상이한 표현을 사용한다.

3. 우리 국제사법의 해석론

저자는 2001년 섭외사법 개정 당시 국제사법에도 로마협약과 유사한 취지의 조항을 두자는 견해를 피력하였으나, 이는 개정연구반에서부터 채택되지 못하였다.[36] 그 이유는 국제운송계약에는 조약에 따른 통일규칙이 있는데 특칙을 둘 경우 그것이 조약에 미치는 영향을 정확히 파악하기 어렵고, 또한 스위스 국제사법(제120조)과 브뤼셀협약이 예외를 두지 않는 점을 고려한 결과이다. 국제사법 제27조는 소비자를 보호하는 브뤼셀협약과 로마협약을 묶어서 함께 규정한 것이기 때문이다. 그 결과 문제의 해결은 판례와 학설에 맡겨졌다. 저자는, 과거 국제사법의 해석상 운송계약에 대한 제27조의 적용 여부에 관하여는 견해가 나뉠 수 있음을 인정하면서도 제27조의 적용을 부정하는 견해를 지지하였다.[37] 그러나 대법원 2014. 8. 26. 선고 2013다8410 판결은 운송계약이더라도 소비자계약에 해당하는 경우에는 제27조가 적용된다고 판시하였다. 여기에서는 우선 대법원판결을 소개하고 검토한다.

가. 대법원 2014. 8. 26. 선고 2013다8410 판결(에어프랑스 사건)

(1) 사안

원고는 2011. 6. 24. 여행사를 통하여 항공요금 등을 지급하고 피고로부터 '서울-파리' 구간 비즈니스석 왕복항공권[38]을 구입하였다.[39] 항공운송계약에는 준거법에 관한 합의는 없었다. 그러나 원고는 항공편을 이용하지 못하였는데 경

36) 이는 석광현(註 7), 181면 이하에서도 지적하였다. 석광현, 국제사법과 국제소송 제2권 (2001), 34면도 참조.

37) 석광현(註 7), 182면 이래 이를 유지하였다. Frank Vischer/Lucius Huber/David Oser, Internationales Vertragsrecht, 2. Auflage (2000), Rn. 726은 운송계약에 관하여 우리 국제사법처럼 명문 규정이 없는 스위스 국제사법의 해석상 목적론적 축소(teleologische Reduktion)(또는 제한적 해석을 든다)에 의하여 저자와 동지다. 스위스에도 異論이 있다. 위 Vischer/Huber/Oser, Rn. 726, Fn. 20 문헌 참조.

38) 2011. 9. 10. 09:25(현지 시각. 이하 같음) 인천에서 출발, 같은 날 14:20 파리에 도착하는 에어프랑스(AF) 267편 / 2011. 9. 17. 21:00 파리에서 출발, 다음 날 14:50 인천에 도착하는 에어프랑스(AF) 262편(공동 운항으로 실제 운항기는 대항항공(KE) 902편).

39) 판결문에 따르면 원고는 웹사이트에서 항공권을 구입한 것으로 보이고 이티켓(e-Ticket)을 발급받았다는데 여행사의 역할은 불분명하다. 그 역할 및 계약체결 경위에 따라 국제사법 제27조 제1항 제1호(또는 제2호)가 적용되거나(대법원판결은 양자를 병기한다), 제27조의 적용대상이 아닐 수 있다(지향된 활동의 존재를 부정할 경우). 이 점은 다른 기회에 논의한다. 원고의 여행 목적은 불분명하나 직업 또는 영업활동 외의 목적이었던 것으로 짐작된다.

위는 아래와 같다.

피고는 공동운항사인 대한항공(KAL)으로부터 이 사건 항공편 중 일정 수의 좌석을 할당받아 발매하는 과정에서 비즈니스석 1석과 이코노미석 2석을 초과판매하였는데 최후로 탑승수속을 한 원고는 탑승하지 못하였다. 비즈니스석은 만석이었고 일등석 2석과 이코노미석이 남아 있었으나 일등석은 KAL 측의 이유로 제공할 수 없었다. 피고는 차액 환급과 이코노미석 이용을 권유하였으나 원고는 건강상의 이유로 거절하였다. 피고는 대체 항공편으로 도쿄 나리타 공항을 경유하여 환승하는 방법과, 다음날 오후 서울로 출발하는 항공편을 이용하는 방법을 제안하였다. 원고는 고령 및 개인 일정상의 이유로 이를 거절하고 2시간 후 출발하는 KAL 904편 일등석(비즈니스석은 없었음)을 요구하였으나 피고가 거절하자 KAL에 5,214.85유로(한화 약 836만원)를 지급하고 위 일등석을 구입하여 귀국하였다.

탑승 전 피고는 원고에게 탑승거절확인서를 발급하고, 탑승 거절된 승객에게 보상금의 즉시 지급을 명시한 유럽연합규정에 따라 600유로(한화 약 90만원)의 보상금 '바우처'[40]를 지급하였다. 탑승거절로 인한 피고의 미사용 항공권의 환불 예정금액은 2,221,100원인데, 피고는 위 바우처와 환불금을 원고에게 모두 지급하였다. 피고의 일반운송약관은 '초과예약으로 인한 탑승거절시 보상(Compensation for Denied Boarding in the event of Overbooking)'에 관하여 '비록 승객이 확정된 예약과 유효한 항공권을 소지하고 일정한 시간과 조건을 충족하여 탑승수속을 하였더라도, 정기 항공편의 초과예약으로 인하여 항공사가 승객에게 좌석을 제공할 수 없는 상황이라면 항공사는 현행법에 따라 보상금을 지급하여야 한다'고 규정한다(제9조 제3항).

원고는 서울중앙지방법원에 이 사건 소를 제기하여 다른 항공편을 이용함으로써 지급한 항공권 요금(5,214.85유로) 및 정신적 손해의 배상 합계금 10,360,000원과 이에 대한 이자를 청구하였으나, 피고는 위 유럽연합규정에 따라 파리-서울 구간의 항공권 요금을 환불하고 600유로의 보상금을 지급하였으므로 책임이 없다고 항변하였다. 제1심판결인 서울중앙지방법원 2012. 5. 10. 선고 2011가소2336515 판결은 청구를 기각하였는데 이는 소액사건이라 이유를 기재하지 않았다.

40) 이는 피고의 영업소에 제시하여 현지 화폐로 환산하여 환불 받거나 피고의 항공권 구입시 동액만큼 요금을 대신할 수 있는 전자문서 형태의 영수증이라고 한다.

⑵ 원심판결[41]

원심판결은, 국제사법 제26조 제1항과 제2항의 규정을 종합하면, 항공권 구매계약의 경우에는 그 항공편이 제공되는, 즉 항공기가 출발하는 공항이 위치한 나라의 법이 항공권 구매계약과 가장 밀접한 관련이 있는 국가의 법이라고 봄이 상당하므로, 이 사건 항공편이 제공된 샤를 드골 공항이 위치한 국가의 법, 즉 위 유럽연합규정이 이 사건 항공편 탑승거절로 인한 손해배상의 준거법이 된다고 판단하였다. 또한 원심판결은 원고는 국제사법 제27조에 의하여 원고의 상거소지인 한국 법률에 의한 보호를 박탈할 수 없다고 주장하나 국제사법의 해석상 로마협약(계약채무의 준거법에 관한 1980년 유럽공동체협약)과 마찬가지로 운송계약과 소비자의 상거소지 외에서 배타적으로 용역이 제공되는 계약의 경우에는 제27조의 적용이 배제된다고 해석되므로[42] 원고의 주장은 이유 없다고 판시하고 청구를 기각하였다.

⑶ 대법원판결

대법원판결은 다음과 같은 취지로 판시하고 원심판결을 파기환송하였다.

> "소비자가 직업 또는 영업활동 외의 목적으로 체결하는 계약(이하 '소비자계약'이라 한다)에서, 소비자의 상대방이 계약체결에 앞서 그 국가에서 광고에 의한 거래의 권유 등 직업 또는 영업활동을 행하거나 그 국가 외의 지역에서 그 국가로 광고에 의한 거래의 권유 등 직업 또는 영업활동을 행하고, 소비자가 그 국가에서 계약체결에 필요한 행위를 한 경우나(국제사법 제27조 제1항 제1호), 소비자의 상대방이 그 국가에서 소비자의 주문을 받은 경우(같은 항 제2호) 등에는, 당사자가 준거법을 선택하지 아니하였더라도 국제사법 제27조 제2항이 적용되어 소비자의 상거소지법이 준거법이 된다. 따라서 운송계약이나 소비자의 상거소지 외에서 용역이 제공되는 계약이라고 하더라도 소비자계약에 해당하는 경우에는 마찬가지로 보아야 한다."

⑷ 항공여객운송계약의 준거법

이 사건에서 당사자 간에 항공여객운송계약의 준거법에 관한 합의는 없었다.[43] 그렇다면 법원으로서는 도급계약인 항공여객운송계약의 준거법을 결정해

41) 서울중앙지방법원 2012. 12. 5. 선고 2012나24544 판결.
42) 원심판결은 친절하게도 여기에서 저자의 '2001년 개정 국제사법 해설' 제2판을 인용하였다.
43) 다수 항공사들은 항공운송에 조약이나 국내법이 대체로 강행적으로 적용되는 점을 고려하여 준거법을 명시하지 않고 단지 조약이나 국내법이 적용된다고만 규정하고 있는 것으로 보인다. 2014. 10. 1. 발행된 대한항공 국제여객운송약관(제18조 제2항) 참조.

야 한다. 1999년 "국제항공운송에 있어서의 일부 규칙 통일에 관한 협약"("몬트리올협약")이 적용된다면 그것이 규율하는 사항은 동 협약에 따르겠지만 그렇더라도 동 협약이 계약의 모든 측면을 규율하는 것은 아니므로 준거법을 결정할 필요성이 있다.[44] 원심판결은 항공권 구매계약을 언급하면서 그 항공편이 제공되는, 즉 항공기가 출발하는 공항이 위치한 나라의 법이 항공권 구매계약과 가장 밀접한 관련이 있는 국가의 법이라고 봄이 상당하므로, 항공편이 제공된 공항이 위치한 국가의 법, 즉 위 유럽연합규정이 이 사건 항공편 탑승거절로 인한 손해배상의 준거법이라고 판시하였으나 이는 잘못이다.[45] 당초 원고가 한국에서 에어프랑스로부터 왕복 항공권을 구입하였으므로 이 사건 항공여객운송계약상 특징적인 이행을 하는 당사자는 수급인인 에어프랑스이고, 따라서 용역을 제공하는 에어프랑스의 본점 소재지인 프랑스가 가장 밀접한 관련이 있는 국가로 추정되고 이를 뒤집을 만한 사정이 없기 때문에 준거법은 프랑스법이다. 피고는 한국에 영업소를 가지고 있으나 동 영업소는 이 사건 거래에 전혀 관여하지 않은 것으로 보인다.

나. 저자의 견해

대법원판결은 국제사법의 문언을 중시한 해석으로 나름 근거가 있고 소비자를 두텁게 보호하는 장점이 있지만[46] 저자는 여전히 부정설을 지지한다. 그 논거는 다음과 같다.

첫째, 소비자계약의 경우 제27조의 특칙과 조약의 관계가 분명하지 않다. 즉 조약은 통일규범으로서 조약의 적용범위에 속하는 범위 내에서는 국제사법에 대한 특칙으로서 적용될 것이므로 조약의 규정이 우선한다. 다만 항공운송이나 해상운송에 관한 조약은 대체로 운송계약의 모든 측면을 규율하는 것이 아니라 일부사항만을 규율한다. 따라서 조약이 규율하는 사항은 조약에 따르나, 조약이 규율하지 않는 사항은 보충적 준거법에 따라야 한다. 그 경우 보충적 준거법은 제27조가 아니라 제25조와 제26조에 의하여 결정된다는 것이다.

44) 준거법이 규율하는 사항은 아래에서 논의한다.

45) 정구태, "국제항공여객운송계약에서의 오버부킹과 약관규제법의 적용 여부", 외법논집 제39권 제4호(2015. 11.), 25면도 이 점을 적절히 지적한다.

46) 원심판결에 대한 평석은 정구태(註 45), 19면 이하 참조. 정구태 교수는 운송계약의 준거법, 약관규제법의 적용 여부와 동 법에 따른 설명의무를 논의하는데, 저자와 같이 위 사건에서 제27조의 적용을 부정한다.

《국제운송계약에서 준거규범의 결정》[47]

<table>
<tr><th></th><th>조약이 적용되지 않는 경우</th><th colspan="2">조약이 적용되는 경우(항공운송 · 해상운송 등)</th></tr>
<tr><td rowspan="3">사업자와의 계약</td><td rowspan="3">준거법 적용
제25조/제26조에 따라 결정</td><td>조약이 규율하는 사항</td><td>조약이 규율하지 않는 사항</td></tr>
<tr><td rowspan="2">조약 적용</td><td>보충적 준거법 적용</td></tr>
<tr><td>제25조/제26조에 따라 결정</td></tr>
<tr><td rowspan="3">소비자계약</td><td rowspan="3">준거법 적용
제27조에 따라 결정</td><td>조약이 규율하는 사항</td><td>조약이 규율하지 않는 사항</td></tr>
<tr><td rowspan="2">조약 적용</td><td>보충적 준거법 적용</td></tr>
<tr><td>제25조/제26조에 따라 결정(저자/원심판결)
제27조에 따라 결정(대판)[48]</td></tr>
</table>

둘째, 위 사건에서는 문제되지 않지만, 예컨대 항공사고가 발생한 경우 소비자계약의 준거법은 위의 원칙에 따르는데, 불법행위의 준거법이 어떻게 되는지도 고려할 필요가 있다. 위에 언급했듯이, 다수의 항공사들은 항공운송계약을 체결하면서 준거법을 명시하지 않고 단지 조약이나 국내법이 적용된다고만 규정하고 있다. 그런데 국제사법은 불법행위의 준거법에 관하여 불법행위지법에 우선하는 원칙으로서 종속적(또는 부종적) 연결원칙을 규정하므로 준거법을 지정하지 않는 통상의 경우[49] 소비자계약인 운송계약의 준거법이 승객별로 달라질 뿐만 아니라 종속적 연결의 결과 불법행위의 준거법도 승객별로 달라지게 된다. 이는 논리적으로 불가능하지는 않으나, 동일한 항공편을 이용하는 승객 상호 간의 형평성에 문제가 있고, 항공사의 관점에서는 승객과 위험의 관리에 불편과 불확실성을 초래하게 되어 거래비용을 상승시킬 위험이 있다. 국제재판관할의 맥락에서 대법원 2010. 7. 15. 선고 2010다18355 판결은, 탑승객의 국적과 탑승 근거가 다르다는 이유만으로 국제재판관할권을 달리하는 것은 형평성에 어긋나게 되어

47) 위 표는 불법행위의 준거법은 원칙적으로 포함하지 않는다. 물론 조약이 규율하는 사항은 불법행위이더라도 조약에 따른다.

48) 제27조를 적용할 경우 논리적으로는 위와 같은 차이가 있는데, 차이의 구체적 내용은 사안별로, 소비자의 상거소지국별로 검토해야 한다. 한국에서는 국제운송약관에는 약관규제법의 일부 조문이 적용되지 않지만 외국에서는 약관규제법을 고려해야 할 수도 있다.

49) 반면에 당사자들이 준거법을 지정하는 경우에는 이런 문제는 없다. 그 경우에도 일부 사항은 조약에 의해 통일적으로 규율되는데 그 때에도 종속적 연결을 할지는 논란이 있다. CISG의 맥락에서 석광현, 국제물품매매계약의 법리, 439면 참조. 김인호, "從屬的 連結에 의한 不法行爲의 準據法", 인권과 정의 통권 제392호(2009. 4.), 96면은 긍정설을 취한다.

부당하다고 판시한 바 있다.

한편 당사자들이 준거법을 지정하더라도 국제사법 제27조 제1항에 따르면 소비자상거소지법이 부여하는 보호를 박탈할 수 없으므로 소비자의 상거소지에 따라 승객들의 권리와 의무가 구구하게 된다. 사실 약관거래에 소비자계약의 특칙을 도입하면 동일한 약관에 따라 계약을 체결한 고객들의 권리와 의무가 구구하게 되나, 항공운송의 경우 동일한 항공편을 이용하는 승객들이라는 점에 특성이 두드러진다. 물론 몬트리올협약이 통일적으로 규율하는 책임의 제한은 동 협약에 따르겠지만, 승객의 사망 또는 신체상해를 이유로 불법행위에 기한 청구를 하는 경우 손해배상청구권자, 손해배상의 종류(위자료 등)와 범위의 준거법이 문제된다. 그것이 법정지법에 의한다는 점은 널리 승인되나, 그 법정지법이 법정지의 국제사법인지 실질법(민법 등)인지는 세계적으로 논란이 있다.[50] 만일 전자를 따르면 종속적 연결을 우선시켜야 하나, 후자를 따르면 법정지의 실질법을 적용할지(이 경우 청구권경합의 처리가 문제된다) 종속적 연결을 해야 할지는 불분명하다.

전문(前文)[51]이 명시하듯이, 로마 I 은 운송계약의 여객들과 보험계약자들을 보호하는 조항을 두므로 소비자계약에 관한 제6조를 적용하지 않는 것이나, 우리 국제사법은 그런 조항을 두지 않으므로 문언상으로는 제27조는 운송계약에도 적용되는 것처럼 보인다. 그러나 저자는 이상의 점을 고려하여 제27조는 운송계약에 적용하지 말자는 것이다.

위 대법원판결의 결과 준거법을 지정하지 않은 항공여객운송계약의 경우 소비자의 상거소지에 따라 운송계약의 준거법이 상이하게 되고, 항공사고 발생 시 불법행위의 준거법도 상이하게 될 텐데 장래 대법원이 이를 어떻게 처리할지 궁금하다. 국제사법이 시행된 2001년 7월 이후 항공기사고에 관한 종래 우리 판례가 불법행위의 준거법을 판단함에 있어서 소비자계약의 특칙을 고려한 적이 있

50) 석광현, "국제항공운송사고로 인한 손해배상과 국제사법적 사고의 빈곤", 법률신문 제3816호(2010. 2. 8.), 15면에서 국제사법설이 설득력이 있음을 지적하였다. 몬트리올협약(제33조)은 5개의 관할근거를 규정하므로 법정지가 다양할 수 있고 그에 따라 준거법이 구구하게 될 가능성이 확대된다. 소재선, "항공기사고 손해배상청구에 있어서 준거법의 결정에 관한 소고", 한국항공우주정책·법학회지 제25권 제2호(2010), 11면도 같다. 후자는 계약의 준거법을 논의하면서는 소비자계약을 전혀 언급하지 않고, 제조물책임의 준거법을 논의하면서는 불법행위의 준거법을 정한 국제사법 제32조를 언급하지 않는 점에서 국제사법의 해석론은 아닌데 그렇다고 입법론도 아닌 것 같다.

51) 전문 제32항.

는지 모르겠다.[52)]

실무적인 처리로서는 항공사는 운송계약의 준거법을 명시하는 편이 바람직하다. 그렇더라도 소비자 상거소지법의 개입을 차단할 수는 없지만, 종속적 연결을 통하여 동일 항공편에 탑승한 승객들 간에 불법행위의 준거법이 구구하게 되는 것은 막을 수 있고, 청구권경합 여부에 따른 불확실성을 제거할 수 있기 때문이다. 그렇지 않다면 에어프랑스 사건에서 문제된 유럽연합의 규정을 명시적으로 언급함으로써 약관처럼 계약에 편입해야 할 것이다.

이러한 결론은 제27조의 목적론적 축소(또는 축소해석)를 통해 가능하다고 본다.[53)] 운송계약, 특히 조약이 적용되는 운송계약을 소비자계약의 범위에서 배제하는 것은 국제사법의 문언의 범위를 넘는 것이고, 따라서 이는 아래에서 말하는 목적론적 축소(또는 축소해석)에 해당한다고 본다.

4. 우리 국제사법의 입법론

입법론으로서는 로마협약이나 로마 I 처럼 예외를 규정하는 방안과 국제사법의 태도를 유지하는 방안을 고려할 수 있다. 우선 정책적으로 더 바람직한 방향을 결정한 뒤 그런 결론을 명확히 도출할 수 있는 방안을 채택해야 할 것이다. 만일 저자와 같이 해석론으로서도 운송계약에서 예외를 인정하자면 이를 명시하는 것이 바람직한 데 반하여, 운송계약에서 예외를 인정할 필요가 없다면 현재 문언을 유지하는 것이 바람직하다. 대법원판결은 해석론을 제시한 것이지 입법론을 제시한 것은 아니므로 입법론에 직접 도움이 되지는 않는다.

Ⅵ. 상거소지 외에서 용역이 전부 제공되는 소비자계약

1. 문제의 소재

로마협약은 어떤 소비자계약이 그 적용범위에 속하더라도 당해 계약에 따른 용역이 소비자의 상거소지 외 용역제공계약에 대하여는 소비자계약의 특칙을 적

52) 어쩌면 법정지의 실질법을 적용함으로써 종속적 연결을 하지 않았던 것인지도 모르겠다.

53) 저자는 과거 국제사법의 합리적 해석을 통하여 이런 결론을 도출할 수 있다고 설명하였다.

용하지 않는다. 이 점은 로마 I 도 같다. 그런데 우리 국제사법은 그러한 규정을 두지 않으므로 해석론상 논란의 여지가 있음은 입법 당시부터 지적되었다.[54] 근자에 위 에어프랑스 사건에서 당해 사건의 쟁점이 아니었음에도 불구하고 대법원이 추상적 법률론으로 상거소지 외 용역제공계약에 대하여도 제27조가 적용된다는 취지로 판시하였다. 이를 계기로 이 점을 검토할 필요가 커졌다.

이와 관련된 사건이 있으므로 우선 이를 소개한다. 이는 대법원 2015. 7. 23. 선고 2014다230580 판결의 사안("대만인 사건")이다.[55]

대만인인 원고는 프랜차이즈 호텔을 운영하는 한국회사인 피고가 운영하는 호텔에 숙박하였다. 피고는 홈페이지를 운영하며 광고를 하였는데 그에 접속하여 'Chinese'를 선택하면 중국어 간체를 사용하여 호텔안내 화면으로 전환되고 대만에서도 홈페이지에 접속할 수 있다. 이를 통하여 피고 호텔 전용의 예약사이트는 아니지만 프랜차이즈 호텔을 예약할 수 있는 사이트가 링크된다. 이 사건에서 원고는 피고 홈페이지 광고를 통해 숙박계약을 체결한 것은 아니고 대만 여행사와 여행계약을 체결하고 숙박할 호텔의 선정을 의뢰하였으며 대만 여행사가 다시 한국 내 협력 여행사에 의뢰하여 피고 호텔을 예약하였다. 원고는, 피고 호텔 숙박 중 객실에 비치된 커피포트를 사용하다가 화상을 입었다면서, 이 사건 숙박계약이 피고가 한국에서 대만으로 광고를 함에 따라 체결된 소비자계약이므로 국제사법 제27조 제1항 제1호와 제2항에 의하여 원고의 상거소지인 대만법이 준거법이고 따라서 한국법과 달리 입증책임 전환 규정을 둔 대만의 소비자보호법이 적용되어야 한다고 주장하였다.

원심판결은 이 사건 숙박계약은 제27조가 적용되는 소비자계약이 아니라고 판시하였다. 즉 피고가 중국어 간체자로 작성된 홈페이지를 운영한 사실이 대만에 대한 호텔의 광고에 해당하더라도, 이 사건 숙박계약의 체결경위를 볼 때 원고가 피고의 홈페이지 광고에 따라 대만에서 이 사건 숙박계약을 위하여 필요한 행위를 한 경우에 해당한다고 보기 어렵고, 원고에 대한 보호는 위 대만의 여행사에 대한 관계에서 소비자로 보호하면 충분하다는 것이다. 위 대법원 판결도 이런 결론을 수긍하였다. 이 사건에서 원고가 직접 피고의 사이트에 접속하여 숙박계약을 체결한 것은 아니므로 이런 결론은 타당하다.[56]

---

54) 석광현(註 7), 182면.

55) 원심판결은 서울고등법원 2014. 10. 1. 선고 2013나2020326 판결이다.

56) 다만 중간에 개입한 대만 여행사와 한국 여행사의 역할에 따라 달리 평가할 여지도 있다. 즉 그들이 대리인인지 아니면 단순히 대행자인지, 숙박계약의 당사자가 누구인지는 검토할

문제는 만일 원고가 직접 피고의 사이트에 접속하여 숙박계약을 체결하였더라면 어떻게 되었을까라는 점인데 이는 아래(3.)에서 검토한다. 외국인 관광객의 증가와 인터넷의 활용의 증가를 고려할 때 앞으로 이 논점은 점차 그 실무적 중요성이 커질 것이다.

2. 로마협약과 로마 I 의 태도

로마협약(제5조 제4항)은 소비자의 상거소지 외 용역제공계약에 대하여는 제5조의 적용을 배제하였다. 로마 I (제6조 제4항 a호)도 로마협약과 동일한 규정을 두고 있다.[57] 로마협약에 대한 Giuliano/Lagarde의 보고서는, 호텔숙박계약과 어학 또는 스키교육과 같이 상거소지 외 용역제공계약의 경우에는 제5조가 정하는 특별한 조치들이 적절하지 않고, 소비자도 상거소지법이 적용될 것을 합리적으로 기대할 수 없다고 설명한다.[58] 제외조항을 둔 것은 다양한 국가의 소비자들과 거래하는 중소기업들로 하여금 다양한 외국법의 내용을 파악해야 하는 부담을 덜어주려는 측면도 있다.[59] 다만 그 범위가 분명하지 않다는 비판이 있는데, 우선 용역제공계약의 범위가 다소 불분명하고,[60] 예컨대 사업자가 전화로 컨설팅하는 경우처럼 용역 제공지의 결정이 어려운 사안이 있다는 것이고, 나아가

필요가 있다. 그 밖에 국제사법의 해석상 사업자의 지향된 활동과 소비자계약의 체결 간에 인과관계 또는 내적 관련이 필요한지는 논란이 있으나 저자는 필요하다고 본다. Rauscher/Heiderhoff, Art. 6, Rom I -VO, Rn. 34 참조. 그러나 소비자로서는 이를 증명하기 어려우므로 로마 I 의 해석상 그러한 사업과의 일반적 관련으로 충분하다고 한다. Gralf-Peter Calliess (Ed.), Rome Regulations: Commentary, 2nd edition (2015), Rome I, Art. 6, Rn. 56. 이는 국제사법과는 문언이 다소 상이한 로마 I 의 해석이나 참고가 된다.

57) 일본의 법적용통칙법에는 로마 I 에 상응하는 제외조항이 있으나 문언은 다소 차이가 있다. 는데, 즉 일본법 제11조 제6항은 제외조항을 두면서도 다시 그에 대한 예외를 둠으로써 다소 복잡하다. 단순화하자면, 사업자와 상거소지가 상이한 법역에 있는 경우에 소비자가 사업자의 사업소를 향하여 당해 소비자계약을 체결한 때(제1호) 또는 소비자가 사업자의 사업소에서 당해 소비자계약에 의한 채무의 전부의 이행을 받은 때에는(제2호) 소비자계약의 특칙을 적용하지 않는다. 다만 소비자가 사업자로부터 그러한 소비자계약의 체결에 대한 권유(제1호) 또는 채무 전부의 이행을 받는 것에 대한 권유를(제2호) 그 상거소지에서 받은 때에는 예외적으로 소비자계약의 특칙을 적용한다. 정확한 것은 조문을 참조.

58) Official Journal of the European Communities (1980. 10. 31.), No C 282/24.

59) Thomas Rauscher (Hrsg.), Europäisches Zivilprozess- und Kollisionrecht EuZPR/EuIPR Kommentar, Art 6, Rom I -VO (2011), Rn. 39 (Bettina Heiderhoff 집필부분).

60) 유럽연합에서는 특허권에 관한 라이센스계약이나 대출계약은 이에 해당하지 않는다는 견해가 유력한 것으로 보인다. Richard Plender/Michael Wilderspin, The European Private International Law of Obligations, Fourth Edition (2015), para. 9-201 참조.

사업자가 외국의 소비자를 유인하여 자신의 상거소지에서 용역을 제공함으로써 소비자보호를 회피할 수 있도록 하는 것은 부당하다는 비판이 있다.[61] 또한 브뤼셀체제에는 그에 상응하는 제외조항이 없으므로 로마 I 의 체제는 브뤼셀체제와 결론이 다르게 된다는 비판이 있다.[62]

3. 우리 국제사법의 해석론

2001년 섭외사법 개정시 국제사법에도 로마협약과 유사한 취지의 조항을 두자는 견해가 있었으나, 이는 개정연구반에서부터 채택되지 못하였다. 국제재판관할에 관하여 브뤼셀협약은 소비자를 보호하기 위한 관할규칙을 두면서도 상거소지 외 용역제공계약에 관한 예외를 규정하지 않은 점[63]과, 스위스 국제사법(제120조)이 예외를 두지 않는 점도 고려되었다. 그 결과 문제의 해결은 판례와 학설에 맡겨졌다. 위에서 언급한 것처럼 저자는, 과거 국제사법의 해석상 견해가 나뉠 수 있음을 인정하면서도 상거소지 외 용역제공계약에 대해 제27조의 적용부정설을 지지하였다. 그러나 위 에어프랑스 사건의 대법원 판결은 추상적 법률론으로 상거소지 외에서 용역이 제공되는 계약이라고 하더라도 소비자계약에 해당하는 경우에는 제27조가 적용된다고 판시하였다.[64] 이는 국제사법의 문언을 중시한 해석으로 나름 근거가 있고 소비자를 두텁게 보호하는 장점이 있다. 그러나 저자는 지금도 제27조의 적용을 배제하는 부정설을 지지한다. 그 이유는 아래와 같다.

첫째, 제27조의 특칙을 두어 소비자를 보호하는 근거는 소비자에게 친숙한 법, 즉 그의 환경을 이루는 법을 적용하는 것이다. 이런 이유로 국제사법은 보호의 대상을 수동적 소비자에게 한정한다. 그런데, 비록 수동적 소비자이더라도 소비자계약에 따른 용역이 전적으로 소비자의 상거소지국 외의 국가에서 제공된다

61) Ferrari/Ragno, Art. 6, para. 14.

62) Plender/Wilderspin, para. 9-020, Fn. 40; Ferrari/Ragno, Art. 6, para. 14.

63) 석광현(註 7), 182면 참조.

64) 항공여객운송계약이 도급계약으로서 용역제공계약이기는 하나 소비자의 상거소지 외에서 배타적으로 용역이 제공되는 계약은 아니다. 대법원판결이 위 점을 언급한 것은 그런 계약으로 볼 가능성을 고려했거나, 어쩌면 위에서 소개한 대만인 사건을 고려하고, 원심판결이 양자를 함께 언급하였기 때문인지 모르겠다. 원심판결은 "소비자의 상거소지 외에서 배타적으로 용역이 제공되는 계약에는 제27조는 적용되지 않는다"는 취지로 판시한 데 반하여, 대법원판결은 "소비자의 상거소지 외에서 용역이 제공되는 계약이라고 하더라도 소비자계약에 해당하는 경우에는 제27조가 적용된다"는 취지로 판시하여 '배타적'이라는 요건을 언급하지 않는다.

면 소비자가 그런 기대를 가진다고 보기 어렵고, 설사 소비자가 그렇게 기대하더라도 이를 보호하는 것은 사업자의 관점에서는 기대하기 어렵다. 특히 소비자가 사업자의 사이트에 인터넷으로 접속하여 계약을 체결한 경우에는, 사업자가 소비자의 상거소지국에서 실제로 물리적 활동을 한 경우와 비교할 때 사업자로서는 기대하기가 더욱 어려울 것이다. 나아가 그 경우에는 소비자가 능동적 소비자로서의 성격을 가진다고 설명하기도 한다.[65] 다만 여기에서 용역이 '배타적으로' 상거소지국 외에서 제공되는 경우에 한정해야 하는지는 문제인데, 이는 용역제공지 결정의 어려움과 결합하여 까다로운 경계획정의 문제를 야기한다.[66]

둘째, 위의 결론은 제27조의 목적론적 축소(또는 축소해석)를 통해 가능하다고 본다. 상거소지 외 용역제공계약을 소비자계약의 범위에서 배제하는 것은 국제사법의 문언의 범위를 넘는 것이고, 따라서 이는 아래에서 말하는 목적론적 축소(또는 축소해석)에 해당한다.

4. 우리 국제사법의 입법론

입법론으로서는 로마협약이나 로마 I 처럼 예외를 명시하는 방안과 국제사법의 태도를 유지하는 방안이 가능하다. 우선 정책적으로 더 바람직한 방향을 결정한 뒤 그런 결론을 명확히 도출할 수 있는 방안을 채택해야 할 것이다. 만일 저자와 같이 해석론으로서도 소비자의 상거소지 외 용역제공계약에서 예외를 인정하자면 이를 명시하는 것이 바람직하나, 그런 예외를 인정할 필요가 없다면 현재 문언을 유지하거나 보다 명확히 해야 할 것이다. 에어프랑스 사건의 대법원판결은 해석론을 제시한 것이지 입법론을 제시한 것은 아니므로 입법론에 직접 도움이 되지는 않는다.

주목할 것은, 여기에서 다룬 논점은 "의료 해외진출 및 외국인 환자 유치에 관한 법률"("의료해외진출법")과도 관련될 수 있다는 점이다.[67] 즉 어떤 외국인 환

65) 이병화, "국제소비자계약에 관한 국제사법적 고찰", 국제사법연구 제21권 제1호(2015. 6.), 343면, 註 13에 소개된 견해 참조.

66) Reithmann/Martiny/Martiny, Rn. 6.2298. 예컨대 외국 사업자가 한국의 소비자와 체결한 계약에 따라 전적으로 인터넷에 의하여 의무를 이행하는 경우에는 외국에서 전적으로 용역이 제공된다고 할 수 없다. Reithmann/Martiny/Martiny, Rn. 6.2296.

67) 위 법률은 2016. 6. 23. 시행되었다. 동 법상 "외국인환자 유치"란 외국인환자의 국내 의료기관 이용 증진을 위하여 진료예약·계약 체결 및 그 대리, 외국인환자에 대한 진료정보 제공 및 교통·숙박 안내 등 진료에 관련된 편의를 제공하는 활동을 말한다(제2조 제3호).

자가, 웹사이트를 개설하여 당해 외국에 광고하는 국내 의료기관과 진료계약을 체결하고 한국에 입국하여 당해 의료기관에서 진료를 받는다면, 그는 소비자이므로 국제사법 제27조에 따라 외국인 환자의 상거소지국의 소비자보호법이 적용되는지가 문제될 수 있기 때문이다.[68] 상황에 맞는 보다 정치한 연결원칙과 국제재판관할규칙을 고안하여 국제사법 제27조에 대한 특칙으로서 위 법률에 명시하는 방안을 고려할 필요가 있다.

Ⅶ. 금융 관련 소비자계약

1. 문제의 소재

우리 국제사법이 금융투자상품 기타 금융 관련 소비자계약에 관하여 특칙을 두지 않는 것과 달리, 로마 I 은 금융 관련 거래에 대하여 소비자계약에 관하여 특칙의 적용을 배제하는 규정을 두고 있다. 위(Ⅲ. 내지 Ⅴ.)의 다른 논점들과 달리 아직 이에 관한 우리 판례는 소개된 바 없으나, 우리나라에도 로마 I 과 유사한 제외조항을 국제사법에 신설하자는 제안[69]이 있으므로 국제사법의 해석론과 입법론을 검토할 필요가 있다.

---

68) Wendelstein(註 10), S. 206, S. 213 참고. MünchKommBGB/Martiny, Art 6, Rom I -VO (2010) Rn. 17도 용역계약의 예로 '의학적 치료(medizinische Behandlung)'를 언급한다. 이동진, "진료계약의 당사자 결정—미국·일본과의 비교를 겸하여—", 판례실무연구[XII](2017), 557면 이하는 '진료계약'을 논의하고, 대법원 2015. 8. 27. 선고 2012다118396 판결은 '의료계약'이라는 용어를 사용한다. 김병일, 의료계약법론(2006)도 참조. 저자가 전문한 바로는 "외국인 환자 유치는 점차 활성화되고 있지만, 아직 해외에서 환자가 직접 병원 웹사이트를 통하여 진료예약 등 진료계약을 체결하는 경우는 거의 없고, 실무적으로는 환자유치업체와 외국인 환자들이 외국에서 계약을 체결하고, 환자유치업체가 한국에서 병원들과 계약을 체결하는 것이 일반적인 형태라고 한다. 다만 장래에는 외국인 환자들이 해외에서 외국어로 된 병원 홈페이지에 접속하여 관련 정보를 본 후 직접 진료예약 하는 경우도 늘어날 수는 있을 것이다. [밑줄 부분은 이 책에서 새로 추가한 것이다.]

69) 윤남순, "EU법상 금융투자상품계약의 준거법", 국제사법연구 제19권 제2호(2013. 12.), 251면 이하는 로마 I 을 검토하고, 우리 국제사법에도 금융 관련 계약의 경우 소비자계약에 대한 특칙을 정한 로마 I (제6조 제4항 d호와 e호)과 유사한 조문을 제27-1조로 신설하거나(아마도 제27조의2를 의미하는 듯하다), 제27조 제4항으로 추가하는 방안을 제안하고 문안도 제시한다(289면).

2. 로마협약과 로마 I 의 태도

금융 관련 소비자계약에 대하여 특칙을 두지 않은 로마협약과 달리 로마 I (제6조 제4항 d호와 e호)은 일부 금융 관련 소비자계약에 대하여 제6조 제1항과 제2항의 적용을 배제한다. 로마협약은 소비자계약의 범위를 제한적으로 규정하므로 제외조항이 불필요하였으나,[70] 로마 I 은 이런 제한을 없애고 금융 관련 소비자계약의 범위를 확대하였으므로 제외조항을 두게 된 것이다.[71] 제6조 제4항 d호의 문언은 다소 모호하나 전문(Recital) 제28항과 묶어보면 아래(첫째부터 셋째)와 같은 취지로 이해된다.[72]

첫째, 금융투자상품(financial instrument)에 해당하는 권리와 의무. 금융투자상품은 유럽연합 지침[73](제4조)에 언급된 증권을 말하는데, 준거법 기타 사항에 관하여 동일한 조건을 가지는 점에서 '대체성(fungibility)'이 있고 이를 통해 거래가 가능하게 된다.[74] 그런 거래를 제외한 것은 그것이 대량거래이기 때문이 아니라, 만일 금융투자상품이 다양한 상거소지를 가지는 소비자들에게 발행되는 경우 소비자계약의 특칙을 적용하면 금융투자상품의 대체성을 상실시키고, 자본시장의 기능을 현저하게 저해할 우려가 있기 때문이다.[75] 더욱이 이런 상품은 상이한

---

70) 로마협약(제5조)은 소비자계약, 즉 소비자가 직업상의 또는 영업상의 활동에 속하지 아니하는 목적을 위하여 물품(또는 동산)을 구입하거나 용역을 제공받는 계약과 그러한 거래를 위하여 금융을 제공받는 계약에만 적용되는데, 이는 보험과 같은 용역의 제공에도 적용되나 유가증권의 매매에는 적용되지 않는다. 석광현, 국제사법과 국제소송 제1권(2001), 73면, 註 121 참조.

71) 일본의 법적용통칙법(제11조)은 금융 관련 계약에 관한 제외조항은 두지 않는다. 나아가 로마 I(제6조 제4항 c호)은 94/47/EC 지침의 의미에 속하는 시분할방법에 의한 부동산 사용을 위한 권리에 관한 계약 이외의 부동산에 대한 물권 또는 부동산의 임대차에 관한 계약을 소비자보호의 대상에서 제외한다. [밑줄 부분은 이 책에서 새로 추가한 것이다.]

72) 상세는 Matthias Lehmann, "Financial Instrument", in Franco Ferrari/Stefan Leible (Eds.), Rome I Regulation: The Law Applicable to Contractual Obligations in Europe (2009), p. 85 이하 참조. 우리 문헌은 윤남순(註 70), 251면 이하 참조. Rauscher/Heiderhoff, Art. 6, Rom I -VO, Rn. 11은 이런 예외의 유추가능성을 부정한다.

73) Directive 2004/39/EC of the European Parliament and of the Council of 21 April 2004 on markets in financial instruments amending Council Directives 85/611/EEC and 93/6/EEC and Directive 2000/12/EC of the European Parliament and of the Council and repealing Council Directive 93/22/EEC. 지침 제4조 17)호에 따르면 금융투자상품은 Annex I, Section C에 정한 상품을 말한다. 그에는 집합투자기구의 수익권도 포함된다. 위 지침은 MiFID (Markets in Financial Instruments Directive)라고 불리는데 이는 개정될 예정이다(MiFID Ⅱ).

74) Lehmann(註 73), p. 93.

75) 전문 제28항; Rauscher/Heiderhoff, Art. 6, Rom I -VO, Rn. 45; Lehmann(註 73), p. 93. 다만 공모개념이 적용될 수 없는 장외파생상품에는 이런 제한이 적용되지 않을 것이다.

국가에 있는 소비자들에게 양도될 수 있다.[76)]

둘째, 양도가능한 증권의 공모(즉 모집과 매출) 및 공개매수[77)]를 규율하는 조건으로부터 발생하는 권리와 의무.[78)] 이러한 조건들은 약관에 해당하는데 그런 약관에 따라 모집 또는 매출이 행해지고 그 조건을 소비자가 승낙함으로써 체결되는 계약에는 소비자계약에 관한 제6조 제1항과 제2항이 적용되지 않는다는 것이다. 그 근거는 전문 제28항이 명시하듯이, 양도가능한 증권의 모집 또는 매출 및 공개매수 조건의 통일성을 보장할 필요가 있는데 소비자의 상거소지국법을 적용하게 되면 이를 달성할 수 없기 때문이다. 즉 일부 투자자가 그들의 상거소지국법에 따라 다른 투자자에 비하여 더 유리한 권리를 가진다면 그 목적을 달성할 수 없다.

셋째, 집합투자기구의 수익권의 설정(또는 인수)과 환매(subscription and redemption of units in collective investment undertakings)를 규율하는 조건으로부터 발생하는 권리와 의무, 즉 양도가능증권의 집합투자기구(undertaking for collective investment in transferable securities)(UCITS) 또는 투자펀드의 수익권에 대하여도 둘째의 경우와 동일한 논의가 적용된다. 전문 제29항은 수익권을 증권의 모집 또는 매출 및 공개매수와 함께 언급한다. 예컨대 준거법이 영국법인 수익증권을 발행하는 경우 소비자가 이를 인수하더라도 소비자의 상거소지국가에 따라 소비자의 인수계약상의 권리와 의무가 달라진다고 볼 것은 아니라는 것이다.[79)]

주의할 것은, 제6조 제4항 d호가 명시하는 바와 같이, 위 첫째부터 셋째의 경우에, 사업자의 활동이 금융용역의 제공에 해당하는 경우에는 그러한 제외가

76) Plender/Wilderspin, para. 9-033. 다만 이 경우에도 수동적 소비자의 요건은 구비되어야 할 것이다.

77) 공개매수는 "자본시장과 금융투자업에 관한 법률"("자본시장법")(제133조 제1항)이 정한 바와 같이 불특정 다수인에 대하여 의결권 있는 주식, 그 밖에 대통령령으로 정하는 증권(이하 "주식등"이라 한다)의 매수의 청약을 하거나 매도의 청약을 권유하고 증권시장 밖에서 그 주식등을 매수하는 것을 말한다. 따라서 윤남순(註 70), 289면처럼 이를 '공개매수공시'라고 하는 것은 의문이다.

78) 문언상으로는 "양도가능한 증권의 모집 또는 매출 및 공개매수를 규율하는 조건에 해당하는 권리와 의무"이나 이는 부정확하다. Lehmann(註 73), p. 95는 이를 적절히 지적한다. 그럼에도 불구하고 "2. 양도가능증권의 공모 및 공개매수공시를 규율하는 조건을 구성하는 권리와 의무"라고 규정하자는 윤남순(註 70), 289면의 제안은 지지하기 어렵다.

79) 셋째의 취지는 다소 애매하나 저자는 집합투자증권의 설정(또는 인수)과 환매를 규율하는 조건으로부터 발생하는 권리와 의무라고 이해하였기에 위와 같이 쓴 것이다. 윤남순(註 70), 275면도 '설정 및 환매'라고 한다. 저자는 당초 'subscription'을 '인수'라고 번역하였으나, 국내에서는 신탁형인 집합투자기구가 압도적 다수이기 때문에 실무상 '설정'이라는 표현을 사용한다는 익명의 심사위원의 권유에 따라 위와 같이 수정하였다. 이에 감사드린다.

적용되지 않고 소비자보호의 원칙으로 돌아가 제6조 제1항과 제2항이 적용된다는 점이다. 그러나 그런 용역의 제공은 증권의 판매와 중개 등을 하는 금융기관이 하는 것이지, 금융투자상품 자체나, 증권의 공모(즉 모집과 매출) 및 공개매수를 규율하는 조건으로부터 발생하는 권리와 의무는 그런 용역에 해당하지 아니한다. 즉 입법자들의 의도는 중개기관들이 제공하는 용역을 명확히 하는 것이었으나, 그런 용역은 제6조 제4항 d호가 상정한 거래에 포함되지 않으므로 이는 불필요하다.[80)]

넷째, 제6조 제4항 e호는, 제4조 제1항 h호의 범위에 속하는 다자간체계(multilateral system) 내에서 체결되고 하나의 법에 의하여 규율되는 계약(대표적인 사례는 거래소에서 체결되는 계약이다)[81)]을 제6조 제1항과 제2항의 적용범위에서 제외한다. 이는 전문 제28항이 설명하는 바와 같이, 소비자의 상거소지국법이 거래소와 같은 다자간체계 내에서 체결된 계약 또는 그러한 체계의 운영자와 사이에 체결된 계약에 적용되는 준거법에 간섭하지 않도록 하기 위한 것이다. 이런 제외는 논리적으로 타당할 수 있으나, 실제로는 소비자는 다자간체계에 참가하여 계약을 체결할 수 있는 자가 아니므로 불필요하다.[82)]

요컨대 로마 I 이 상정하는 4가지 예외 중 넷째는 국제사법에 도입할 필요는 없고 첫째(채권적 권리를 표창하는 경우만), 둘째와 셋째는 도입하는 것을 고려할 수 있다. 저자는 첫째, 둘째와 셋째를 명시하지 않아도 목적론적 축소(또는 축소해석)에 의하여 동일한 결론을 도출할 수 있다고 보나, 법적 확실성을 제고하기 위하여 이를 명시하는 데는 반대하지 않는다.[83)]

---

80) 이런 취지의 비판(Lehmann(註 73), p. 97)은 타당하다.

81) 윤남순(註 70), 289면은 이를 "거래소에서 체결된 금융투자상품계약"이라 하나, "거래소에서 체결된 금융투자상품의 매매계약"이 적절할 것이다. 자본시장법도 금융투자상품계약이라는 개념은 사용하지 않는다.

82) Lehmann(註 73), p. 97; Rauscher/Heiderhoff, Art. 6, Rom I -VO, Rn. 46. 금융 관련 소비자계약을 다룬 로마 I 의 제6조 제4항을 검토하면서 그 문언이 엉성함은 의외였다. 브뤼셀의 관료들이 주도한 탓인지 모르겠다.

83) 소비자계약이 아니라 계약의 객관적 준거법의 문제이나, 윤남순(註 70), 289면의 제안과 달리 로마 I (제4조 제1항 h호)에 상응하는 조항을 국제사법에 신설할 필요는 없다. 거래소와 같은 다자간체계에서 금융투자상품의 매매 그 밖의 거래를 위한 계약을 체결하는 경우 대체로 준거법을 명시적으로 지정하고, 가사 없더라도 묵시적 합의를 통하여 또는 그것이 아니더라도 가장 밀접한 관련이 있는 국가의 법은 거래소가 개설되어 운영되는 국가의 법일 것이므로 동일한 결론에 이를 것이기 때문이다. 이 점은 도산국제사법의 맥락에서도 지적하였다(석광현, "도산국제사법의 제문제: 우리 법의 해석론의 방향", 국제사법과 국제소송 제5권(2012), 629면 註 136). 굳이 규정한다면 금융투자상품의 거래소에 한정할 것이 아니라 상품거래소 등도 포함하는 것이 적절하다. Lehmann(註 73), S. 91; Andrea Isabell Dicke, Kapitalmarkt-

3. 우리 국제사법의 해석론

우리 국제사법의 문언에 충실하자면 명문의 규정이 없으므로 로마 I 이 제외하는 유형의 금융 관련 소비자계약의 경우에도 제27조가 적용될 것이다. 만일 그렇다면 한국회사가 준거법이 영국법인 유로채를 발행할 때 외국 소비자의 상거소지국의 강행규정이 적용될 것이나 이는 바람직하지 않다. 따라서 비록 제외조항이 없더라도 해석론으로서 제27조는 로마 I 에서 검토한 첫째 내지 셋째의 유형의 소비자계약에는 적용되지 않는다고 보아야 할 것이다. 이를 부연하면 아래와 같다.

첫째 예외인 일정한 금융투자상품에 해당하는 권리와 의무에 관하여는 동일한 준거법을 적용할 필요성이 크므로 우리도 이런 예외를 인정할 필요가 있다.[84] 주식과 같은 사원권증권은 소비자계약에 해당하지 않지만, 채권적 권리를 표창하는 사채권이나 집합투자증권[85]의 경우에는 소비자계약의 특칙을 적용하는 것은 부적절하기 때문이다. 즉 이런 예외를 인정하지 않으면 투자자에게 발행한 사채권이 표창하는 권리가 상이할 수 있다. 예컨대 준거법이 영국법인 유로채(또는 수익증권)를 발행하는 경우 국제사법의 문언에 따르면 소비자의 상거소지국의 강행규정이 부여하는 보호를 박탈할 수 없다고 볼 여지가 있으나, 투자 대상이 표준화된 권리를 표창하는 증권이라는 점과, 사채권자의 집단적 처리를 고려한다면 그렇게 볼 것은 아니다. 이런 해석론은 목적론적 축소(또는 축소해석)로 설명할 수 있다. 입법론적으로 국제사법에 이를 명시하는 데는 반대하지 않는다.

둘째 예외인 양도가능한 증권의 공모 및 공개매수를 규율하는 조건으로부터 발생하는 권리와 의무에 관하여는 우리도 이런 예외를 인정할 필요가 있다.[86]

---

geschäfte mit Verbrauchern unter der Rom I-VO (2015), S. 371.

84) Hill(註 19), para. 12.65. 위의 논리는 타당하지만, 금융투자상품에 해당하는 권리와 의무는 로마 I 의 적용범위에 속하지 않으므로 위 제외는 불필요하다는 비판이 있다. Lehmann(註 73), p. 93 이하. 이는 "유가증권으로부터 발생하는 채무를 로마 I 의 적용범위로부터 제외하는데 이는 그 채무가 유가증권적 성질로부터 발생하는 경우에 한하기 때문이다(제1조 제2항 d호). 사채권으로부터 발생하는 권리, 의무를 모두 제외한다면 Lehmann의 견해가 타당하나, 만일 그 범위를 제한하여 유통성으로부터 발생하는 사항에 한정하고 나머지 권리·의무는 로마 I 의 적용을 받는다고 본다면 사채권에는 로마 I 이 적용될 것이다. 석광현, 국제사법과 국제소송 제1권(2001), 61면; 국제사법과 국제소송 제3권(2004), 84면, 註 9 참조.

85) 집합투자증권 또는 수익증권이 표창하는 권리는 집합투자기구가 회사형, 조합형 또는 신탁형인지에 따라 사원권, 계약상의 권리이거나 수익권일 수도 있다. 수익권은 채권적 성질을 가질 수도 있고 물권적 성질을 가질 수도 있다.

86) Lehmann(註 73), p. 95는 나아가 제6조 제4항 d호는 제6조 제1항과 제2항을 제외할 뿐이고

예컨대 발행회사가 준거법이 영국법인 유로채를 공모하는 경우 개인투자자인 소비자가 이를 인수하더라도 소비자의 상거소지국가에 따라 인수계약상의 소비자의 권리와 의무가 달라진다고 볼 것은 아니다.[87] 이런 해석론은 목적론적 축소(또는 축소해석)로 설명할 수 있다. 입법론적으로 국제사법에 이를 명시하는 데는 반대하지 않는다.

셋째 예외인 집합투자기구의 수익권의 설정(또는 인수)과 환매를 규율하는 조건으로부터 발생하는 투자자의 권리와 의무에 관하여는 우리도 이런 예외를 인정할 필요가 있다. 이런 해석론은 목적론적 축소(또는 축소해석)로 설명할 수 있다. 입법론적으로 국제사법에 이를 명시하는 데는 반대하지 않는다. 다만 우리로서는 이런 제외조항에 대한 예외를 명시할 필요는 없다.

넷째 예외인 다자간체계 내에서 체결되고 하나의 법에 의하여 규율되는 계약에 관하여는, 소비자는 그런 거래의 당사자가 될 가능성이 없으므로 우리는 이런 제외조항을 명시할 필요는 없다고 본다.

《소비자계약에 대한 제27조의 적용 여부》

		국제사법[88]		로마 I
		문언	목적론적 축소 (또는 축소해석)	
금융관련계약	금융투자상품 자체	적용	제외	제외(예외 있음)
	증권 모집/매출과 공개매수	적용	제외	제외(예외 있음)
	집합투자증권 인수/환매	적용	제외	제외(예외 있음)
	다자간체제 매매계약	적용	제외	제외

전문 제29항이 약속한 것을 명시하지 않음으로써 통일적 준거법을 제시하지 않는다는 점을 비판한다.

87) 다만 우리 자본시장법상 공모는 균일한 조건으로 이루어질 것을 요구하지 않는데, 이는 예컨대 발행가격이나 청약기간을 달리 하는 편법을 사용하여 공시의무를 회피하는 것을 배제하려는 것이다. 김건식·정순섭, 자본시장법, 제3판(2013), 177면. 즉 이는 공모조건을 비균일화하여 각각의 집합을 공모대상에서 제외하려는 시도를 방지하는 데 목적이 있는 것이지 다수 투자자들에게 공모하는 증권의 권리와 의무를 투자자들의 상거소지국별로 달리 구성하는 것을 상정한 것은 아니다.

88) 로마협약의 경우 금융계약의 범위가 제한되므로 국제사법과는 차이가 있다.

4. 우리 국제사법의 입법론

위에서 본 것처럼 윤남순 교수는 우리 국제사법에도 로마 I 제6조 제4항 d호 및 e호에 상응하는 조문을 신설하자고 제안한다. 그러나 아래에서 논의하는 운송계약과 상거소지 외 용역제공계약과 달리 금융과 관련해서는 경우를 나누어 보아야 한다. 제6조 제4항 d호 중 첫째부터 셋째의 경우는 입법론적으로 고려할 수 있으나, 넷째, 즉 e호에 상응하는 제외조항은 불필요하다. 나아가 조문을 두더라도 유력설이 지적하듯이 로마 I 의 입법은 기술적으로 허점이 많으므로 적절히 수정해야 한다.[89] 그 밖에도 유럽연합은 금융관련 규범들을 두므로 그것이 국제사법규칙에 어떤 영향을 미쳤는지도 검토해야 한다.

나아가 윤남순 교수는 준거법의 논점만 다룬 뒤 국제사법의 개정을 제안하나, 국제사법에 조문을 넣을 경우 동일한 규칙(즉 일정한 금융 관련 소비자계약의 경우 소비자보호를 배제하는 규칙)이 국제재판관할에도 도입되는 결과가 된다. 그러므로 국제재판관할의 맥락에 대한 검토 없이 그런 개정을 제안하는 것은 다소 성급하다. 현재로서는 로마 I 에는 위에서 본 제외조항이 있으나 브뤼셀 I bis에는 운송계약 외에는 제외조항이 없다. 물론 그렇다고 해서 브뤼셀 I bis에 상응하는 조항을 넣지 않기로 하는 결정이 있었음을 의미하지는 않지만 국제재판관할의 맥락에 대해 치밀한 검토 후에 결정해야 할 것이다. 우리 국제사법은 준거법과 국제재판관할의 맥락에서 동일한 소비자개념을 사용하기 때문에 더욱 그러한데, 근자에 규칙이 점차 정치하게 변화하는 현상을 보면 양자의 병행을 계속 유지해야 하는지도 적절한 시기에 재검토해야 할 것이다. 소비자계약과 근로계약에서 관할과 준거법의 병행은 소비자 국가의 법원이 법정지법을 적용할 수 있도록 함으로써 인터넷 시대에 저렴한 비용으로 분쟁을 효율적으로 해결할 수 있게 하는 장점이 있다. 이런 이유로 소비자계약과 근로계약의 경우 그러한 병행이

89) 간단히 언급하면 아래와 같다. 금융투자상품을 구성하는 권리와 의무(제1호)를 보면, 사채권의 경우는 그럴 수도 있으나, 주식의 경우에는 주주와 발행회사 간에 소비자계약의 전제가 되는 채권계약이 존재하는 것도 아니므로, 첫째는 "금융투자상품을 구성하는 권리와 의무"가 아니라 "채권적 권리를 표창하는 금융투자상품(또는 증권 또는 파생상품)"에 한정하는 것이 적절하다. 둘째는 "양도가능한 증권의 공모 및 공개매수를 규율하는 조건으로부터 발생하는 권리와 의무"로, 셋째는 "집합투자증권의 발행 및 환매를 규율하는 조건으로부터 발생하는 권리와 의무"로 각각 수정하는 것이 적절하다. 넷째는 규정할 필요가 없으나 만일 규정한다면 "거래소에서 체결된 금융투자상품(또는 더 넓게 상품)의 매매 그 밖의 거래에 관한 계약"이라고 수정할 필요가 있다.

중요하다고 한다. Jürgen Basedow, "Eine Einleitende Orientierung", in Jan von Hein & Giesela Rühl (eds.), Kohärenz im Internationalen Privat- und Verfahrensrecht der Europäischen Union (2016), S. 16. [밑줄 부분은 이 책에서 새로 추가한 것이다.]

Ⅷ. 국제사법 제27조에 따른 소비자계약의 목적론적 축소(또는 축소해석)

위에서 저자는 국제사법 제27조가 정한 소비자계약의 범위를 '목적론적 축소(또는 축소해석)'를 통해 적절한 범위로 제한할 수 있다는 견해를 피력하였다. 위 개념은 법학방법론에서 다루어지는데, 저자는 아직 그에 정통하지 않으므로 간단히 소개하는 데 그친다.[90]

1. 목적론적 축소와 축소해석의 개념

독일의 법학방법론에 따르면 법관의 법획득(Rechtsgewinnung)에는 두 가지 방법, 즉 법발견(Rechtsfindung)과 법형성(Rechtsfortbildung)이 있는데, 전자는 법문언(또는 법문. 이하 양자를 호환적으로 사용한다)의 '가능한 의미(möglicher Wortsinn)' 안에서 법률로부터 해당 사안에 적용할 법을 찾아내는 해석인 데 반하여, 후자는 규율되어야 할 사안에 대한 법적 기준이 존재하지 않는 법률의 흠결을 보충하는 것이다.[91] 축소해석(restriktive 또는 einschränkende Auslegung)은 "법문의 가능

90) 법학방법론에 관한 저자의 질문에 친절하게 답변해 주시고 본문(Ⅷ.)의 초안에 대해 귀중한 코멘트를 주신 한양대학교 법학전문대학원의 김영환 교수님께 감사드리고, 이 분야를 깊이 천착하신 데 대해 경의를 표한다. 남아 있는 오류는 저자의 책임이다. 법학방법론에 관하여는 우선 한국법철학회 김도균 엮음, 한국 법질서와 법해석론(2013) 수록 논문들 참조.

91) 김영환, "법학방법론의 관점에서 본 유추와 목적론적 축소", 법철학연구 제12권 제2호(2009. 8.), 9면(이 글은 김도균 엮음(註 90), 347면 이하에도 수록되어 있다). 법흠결은 유추와 목적론적 축소 이외에 법원리에 의해서도 보충되는데, 법학방법론의 전반적 체계는 김영환, "법학방법론의 이론적 체계와 실천적 의의—소위 GS 칼텍스 사건을 중심으로—", 법철학연구 제17권 제3호(2014. 12.), 21면, 23면 참조. Ernst A. Kramer, Juristische Methoden- lehre, 4. Auflage (2013), S. 194ff.는 해석론적으로 문제되는 법률흠결을 '법문 안의(*intra verba legis*)' 흠결, '법문 밖의(*praeter verba legis*)' 흠결과 '법문에 반하는(*contra verba legis*)' 흠결로 3분한다고 한다. 양창수, "법발견의 다양한 양상 또는 실정법학자의 법학방법론—크라머의 법학방법론을 읽고—", 서울대학교 법학 제41권 제3호(2000. 9.), 190면 참조.

한 의미" 안에 들어가는 해석, 즉 법발견이므로 당연히 허용되는 데 반하여, 목적론적 축소(teleologische Reduktion)[92]라는 법형성은 법률에 은폐된 흠결[93]이 존재하는 것을 전제로, 해당 법률의 목적(*ratio legis*)을 고려할 때 지나치게 넓게 파악된 법문을 그 목적에 맞게 줄이는 방식에 의하여, 결국 법문에는 반하지만 법률을 통해서 법률의 목적을 실현하는 것으로, 축소해석과 달리 별도로 그 정당성 여부를 확인한 뒤 허용 여부를 결정해야 한다.[94] 즉 목적론적 축소에 의하여 해당사례에 대해 법규범이 적용되지 않도록 구성함으로써 법문과 정반대의 결과를 가져오게 되는데, 법률에 구속되는 법관이 법률에 반하거나 그를 통한 결정을 하는 것은, 법적 안정성과 권력분립[95]이라는 법치주의(또는 법치국가)의 원칙(이는 헌법상의 기본원칙이다)을 해할 위험성이 있어 정당화될 수 있는 경우에 한하여 허용되므로 목적론적 축소를 통한 법흠결의 보충, 특히 그의 허용범위와 한계는 법학방법론상 까다로운 문제이다.[96]

반면에 우리나라에는, 형법에서와 달리 사법(私法)의 영역에서는 법해석과 흠결보충은 기능적 측면에서 동일한 작업으로 양자는 엄격히 구분되지 않으며 양자의 뚜렷한 한계를 그을 수 없다며 법형성을 법해석의 연장으로 보는 견해도 있고 달리 분류하기도 한다.[97] 그러나 비록 형법과 비교할 때 사법(私法)의 영역

92) 'teleologische Restriktion'이라고도 부른다. '목적론적 축소'는 "다른 것은 다르게!"라는 원칙에 따라 해당규범의 적용범위를 축소하는 데 반하여, 유추는 "같은 것은 같게!"라는 원칙에 따라 해당규범의 적용범위를 확대한다. 상세는 Karl Larenz, Methodenlehre der Rechtswissenschaft, 6. Auflage (1991), S. 392; 김영환(註 91)(GS 칼텍스 사건), 19면, 23면; 남기윤, 법학방법론: 기초이론·방법론의 역사·비교법학방법론·한국 사법에 대한 유형론적 방법론의 적용(2014), 780면; 아래 소개하는 대법원 1998. 4. 23. 선고 95다36466 전원합의체 판결의 반대의견 참조. 심헌섭, "법철학적 법학방법론", 서울대학교 법학 제24권 제1호(1983. 3.), 12면은 이를 '목적론적 환원'이라고 한다.

93) 이는 "입법자의 계획(또는 구상)에 반하는 불완전성"을 의미하는 것으로, "법정책적인 결함"과는 구별해야 한다. Larenz(註 93), S. 391; 김영환(註 91)(유추), 11-12면.

94) 김영환(註 91)(유추), 22면 이하; 라렌츠(김영환 역), "방법론적인 문제로서 법관의 법형성", 한양대학교 법학논총 제25집 제1호(2008. 6.), 10면; Kramer(註 92), S. 224ff.는 이를 '예외적 흠결'이라고 한다.

95) 목적론적 축소는 법문의 명백한 문언에 반하는 법률정정(또는 법률수정)(Gesetzesberichtigung)을 초래하므로 사법과 입법의 경계에 관한 문제를 제기한다. 김영환, "한국에서의 법학방법론의 문제점 —법발견과 법형성: 확장해석과 유추, 축소해석과 목적론적 축소 간의 관계를 중심으로—", 법철학연구 제18권 제2호(2015. 8.), 147면; Reinhold Zippelius, Enführung in die juristische Mehtodenlehre (1971), S. 91; 라인홀트 치펠리우스/김형배(역), 법학방법론(1990), 115면.

96) 김영환(註 91)(GS 칼텍스 사건), 22-23면.

97) 심헌섭(註 92), 10-11면(라렌츠의 견해를 인용하면서); 오세혁, "한국에서의 법령해석 —우리나라 법원의 해석방법론에 대한 비판적 고찰", 법철학연구 제6권 2호(2003. 8.), 136면 등이

에서 양자의 구별 실익이 상대적으로 작기는 하지만,98) 개념적인 구별이 불가능하거나 실익이 없는 것은 아니다.

2. 약속어음 사건의 대법원 판결의 소개: 목적론적 축소인가 축소해석인가

주목할 것은 대법원 1998. 4. 23. 선고 95다36466 전원합의체 판결이다. 어음법(제75조)은 약속어음의 필요적 기재사항으로 발행지의 기재를 요구하는데, 어음법은 국내어음과 국제어음을 구별하지 않으므로 모든 약속어음은 발행지가 기재되어야 한다. 그럼에도 불구하고 위 전원합의체 판결의 다수의견은 어음면의 기재 자체로 보아 '국내어음'으로 인정되는 어음에는 발행지의 기재가 없어도 유효하다고 판시하였다. 즉 발행지 기재요건은 국제어음에만 요구된다는 것이다. 반대의견은, 다수의견은 법원이 어음법에도 없는 단서 조항을 신설하는 것이어서 명문의 규정에 반하는 법형성 내지 법률수정을 도모하는 것으로서 법원의 법률해석권의 범위를 명백하게 일탈한 것이라고 비판하고, 재판할 사항에 대

그런 예이다(이 글은 김도균 엮음(註 90), 3면 이하에도 수록되어 있다). 예컨대 "오랫동안 법학방법론에서 표준적인 입장으로 통용되었"던 라렌츠의 견해에 대해 비판적인 에써의 새로운 법발견 이론도 참조. 이는 김형석, "법발견에서 원리의 기능과 법학방법론—요제프 에써의 원칙과 규범을 중심으로—", 서울대학교 법학 제57권 제1호(2016. 3.), 7면과, 30면의 소개(이는 "… 법관이 개별사안해결에서 발견하는 법원칙 및 법관직분·법관윤리에 반영되어 있는 평가기준에 의지한다는 점에서 법해석과 법형성은 실질에서 동일한 작업이며, 흠결보충과 보충적 해석 역시 보통의 법해석과 다르지 않다"고 한다) 참조. 나아가 김용담(편), 주석민법 총칙 1(2010), 99면 이하(윤진수 집필부분)는 목적론적 해석을 법률의 문언에 어긋나는 법형성과 구별하면서도, "目的論的縮小(teleologische Reduktion)도 목적론적 해석의 일종이라고 할 수 있다"고 하고, 다른 한편으로는 (흔히 목적론적 축소와 대비되는) 유추는 엄밀한 의미에서 법의 해석에는 속하지 않는다고 한다. 한편 김대휘, "법관의 법발견의 3단계—특히 법률수정의 문제—", 사법연구자료 제13집(1986), 7-8면은 법률에 따른 법발견, 법률보충적인 법발견(또는 흠결보완)과 법률에 반하는 법형성(또는 법률수정)으로 구분한다.

98) 즉 형법에서 유추는 금지된다. 참고로 형사사건인 대법원 1994. 12. 20. 선고 94모32 전원합의체 결정을 계기로 형법 해석의 한계에 관한 신동운, 김형환, 이상돈 교수 등의 논쟁이 있었다. 위 결정의 다수의견은 "… 이렇게 해석한다고 하더라도 그것이 법규정의 가능한 의미를 벗어나 법형성이나 법창조행위에 이른 것이라고는 할 수 없어 죄형법정주의의 원칙상 금지되는 유추해석이나 확장해석에 해당한다고 볼 수는 없을 것"이라고 판시하였으나, 반대의견은 "… 형벌법규의 해석은 문언해석으로부터 출발하여야 하고, 문언상 해석 가능한 의미의 범위를 넘어서는 것은 법창조 내지 새로운 입법행위 바로 그것이라고 하지 아니할 수 없으며, 이는 죄형법정주의의 중요한 내용인 유추해석의 금지원칙상 쉽게 허용되어서는 안 될 것"이라고 판시하였다. 논쟁의 소개는 양천수, "형법해석의 한계—해석논쟁을 중심으로 하여—", 인권과 정의 제379호(2008. 3.), 144면 이하 참조.

하여 적용할 법규가 있고 그 의미 내용 역시 명확하여 달리 해석할 여지가 없는 경우에는 법원으로서는 모름지기 국회의 입법 작용에 의한 개정을 기다려야지 명문의 효력규정의 적용 범위를 무리하게 벗어나거나 제한하는 해석을 하여서는 아니됨을 전제로 하면서, 다만 다른 것을 다르게 취급하여야 한다는 정의의 요청(목적론적 축소해석의 경우)에 의하여, 그 법규의 적용범위를 예외적으로 제한하여 해석할 필요가 있는 등의 특별한 사정이 있는 경우에는 예외를 인정할 수 있으나 이 사건에서는 특별한 사정을 인정할 수 없다는 취지로 판시하였다(밑줄은 저자가 추가).

유력설은 위 대법원 전원합의체 판결의 반대의견에 대하여, 법학방법론적인 관점에서 볼 때 이 판결은 '목적론적 축소해석'이 아니라 '목적론적 축소'를 동원하는 것인데도 불구하고, 반대의견은 '축소해석'과 '목적론적 축소'를 구별하지 못하는 잘못을 저질렀다고 비판한다.[99][100] 유력설은 "해석, 유추와 목적론적 축소를 구별하여 정확히 사용해야만, 축소해석과 확장해석[101]이라는 법발견과, 목적론적 축소와 유추라는 법형성이 두 가지 상이한 법획득과정으로서 상이한

99) 김영환(註 91)(유추), 27면. 김영환, 법철학의 근본문제, 제3판(2012), 322면 이하는 형법상 자수의 개념에 관하여 목적론적 축소해석을 원용한 대법원 1997. 3. 20. 선고 96도1167 전원합의체 판결에 대하여도 그것은 '목적론적 축소'라는 취지로 비판한다.

100) 김용담/윤진수(註 98), 92면은 위 판결은 "법률의 명백한 문언을 법관 자신의 정의관념으로 대체시키려는 유혹에 넘어가는 것으로서 허용될 수 없는 것"이라고 통렬하게 비판한다. 이는 설득력이 있다. 그에 더하여 아래와 같은 비판을 할 수 있다. 첫째, 다수의견에 따르면 국제어음의 경우에만 발행지 기재요건이 요구되나, 사실 대법원 판결이 말하는 국제어음의 경우 발행지 기타 어음요건은 우리 어음법이 아니라 서명지법에 따를 사항이었으므로(섭외사법 제36조 제1항) 전원합의체 판결이 의도한 바는 준거법이 한국법인 국제어음일 것이다. 그 점에서 전원합의체 판결은 부정확하고, 대법원판결이 말하는 국제어음의 개념도 부정확하다. 섭외사법상 외국적 요소가 있으면 국제어음이기 때문이다. 둘째, 우리 어음법은 1930년 제네바에서 채택된 "환어음과 약속어음에 관한 통일협약"("제네바어음법통일협약" 또는 "제네바통일어음협약". '협약' 대신 '조약'이라고도 한다)을 수용한 것인데 협약이 추구하는 통일성을 깨면서까지 협약과 달리 해석할 이유도 없다. 즉 제네바어음법통일협약은 국제어음만이 아니라 국내어음도 규율하는 점에 특색이 있고, 이 점에서 국제어음만을 (그것도 국제환어음 또는 국제약속어음이라고 명시한 경우에 한하여) 규율하는 국제연합의 1988년 "국제환어음 및 국제약속어음에 관한 협약"과 다르다. 이런 적용범위의 차이는 국제거래규범의 통일 내지 조화라는 관점에서는 매우 중요한 착안점으로서 법원이 쉽게 무시할 사항은 결코 아니다. 그런데 다수의견은 발행지에 관한 한 이를 부정하고 제네바어음법통일협약과 달리 국내어음과 국제어음을 구별하는 결과를 초래한다.

101) 유추와 구별되는 개념으로 확장해석(extensive Auslegung)이 있음은 쉽게 이해되나 '목적론적 확대(teleologische Extension)'의 개념도 있다고 한다. 김영환(註 91)(유추), 19면 참조. 약관규제법에 관한 대법원 1999. 12. 10. 선고 98다9038 판결은 이런 맥락에서 검토할 필요가 있다. 유럽연합에서는 과거 Gran Canaria 사건을 계기로 로마협약상 소비자계약의 특칙을 유추할 수 있는지 논란이 있었다. Rauscher/Heiderhoff, Art. 6, Rom I -VO, Rn. 11.

기준에 의해 정당화된다는 점이 분명해지고, 올바른 개념사용이 법관의 법률에의 구속이라는 법치국가적 원칙을 실현하는 데 기여할 수 있다고 지적한다.[102] 하지만 위 대법원판결뿐만 아니라 종래 법학방법론을 다뤄온 일부 논자들도 'teleologische Reduktion'을 '목적적 축소해석',[103] 또는 '목적론적 축소해석'[104]이라고 번역하는 것을 보면 우리나라에서는 정치한 독일 법학방법론의 개념과 용어가 아직 정착되지 않은 것 같다. 사실 법률가들은 필요에 따라 해석을 통하여 법문의 적용범위를 제한하거나 확장하곤 하지만, 그것이 항상 법학방법론의 인도 하에 이루어지는 것은 아니고, 저자를 비롯한 법률가들에게 법학방법론에 관한 문제의식이 부족한 것이 현실이다. 가사 문제의식이 있더라도 법원의 실무는 아마도 판결을 더 쉽게 정당화하고, 더 법률에 충실하다는 인상을 주기 위해 목적론적 축소를 축소해석으로 판시하기도 한다.[105] 그러나 가능한 법문의 의미를 기준으로 법률해석과 법형성 간의 경계를 삼는다면,[106] 위 대법원판결의 다수의견이 의도하고, 소수의견이 사용하는 '목적론적 축소해석'은, 정확히 말하자면 축소해석이 아니라 목적론적 축소라는 비판은 설득력이 있다.[107] 더욱이 우리나라에서도 목적론적(또는 목적적) 해석은 법률해석 방법의 하나로 인정되는데,[108]

---

102) 김영환(註 95), 161-162면.

103) 양창수(註 91), 190면 이하는 '목적적 축소해석'이라는 표현을 일관되게 사용하면서도 "물론 여기서 크라머가 쓰는 Analogieschluss라는 용어를 「유추해석」이라고 번역하나, 본문에서 말한 바에서 이미 분명한 대로, 이는 엄밀한 의미에서는 고유한 해석에 해당하지 아니하며, 法官에 의한 法定立의 한 모습인 것이다. 이는 「목적적 축소해석」의 경우도 마찬가지"라고 밝히고 있다. 양창수(註 91), 191면 註 30. 그렇다면 '유추'와 '목적적 축소'라고 번역하지 않은 이유는 무엇인지 궁금하다.

104) 박철, "법률의 문언을 넘은 해석과 법률의 문언에 반하는 해석", 법철학연구 제6권 제1호(2003. 5.), 186면(이 글은 김도균 엮음(註 90), 56면 이하에도 수록되어 있다); 반면에 예컨대 김용담/윤진수(註 98), 88면, 임미원, "법관의 법형성에 관한 일고찰: <구 조세감면규제법> 한정위헌 결정과 관련하여", 공법연구 제41집 제1호(2012), 178면과 최봉경, "편집상의 오류", 서울대학교 법학 제48권 제1호(2007. 3.), 358면은 '목적론적 축소'라고 번역한다.

105) 김영환(註 95), 150면; Larenz(註 92), S. 391.

106) Larenz(註 92), S. 391; Zippelius(註 95), S. 78; 치펠리우스/김형배(역)(註 95), 101면.

107) 그와 대비되는 상황에서 동원되는 '추론방식에 의한 법흠결의 보충수단'인 'Analogie'를 '유추해석'이 아니라 유추라고 번역하는 것도 같은 논리이다. 김영환(註 95), 155면. 목적론적 축소와 축소해석의 관계는, (개별)유추와 확장해석의 관계와 유사하다. Larenz(註 92), S. 391. 그러나 대법원판결은 '유추해석'이라는 표현을 종종 사용한다. 대법원 2003. 1. 10. 선고 2002도2363 판결 등은, 형벌법규는 문언에 따라 엄격하게 해석·적용하여야 하고 피고인에게 불리한 방향으로 지나치게 확장해석하거나 유추해석하여서는 아니되지만, 형벌법규의 해석에서도 법률문언의 통상적인 의미를 벗어나지 않는 한 그 법률의 입법취지와 목적, 입법연혁 등을 고려한 목적론적 해석이 배제되는 것은 아니라고 판시하였다.

108) 심헌섭(註 92), 5면 이하; 김영환(註 99), 288면. 오세혁(註 97), 128면 이하.

만일 '목적(론)적 축소해석'이라는 개념을 사용한다면 이는 마치 목적론적 해석인 것처럼 오도함으로써 그것이 정당화를 필요로 하는 법흠결의 보충 내지 법형성임을 간과하게 하는 폐단이 있음을 부인할 수 없다.[109)]

만일 위 어음사건에서 법문상의 어음을 국제어음으로 축소한 다수의견의 결론이 타당하다면 그것이 목적론적 축소인지 아니면 (목적론적) 축소해석인지를 구분하는 기준은 무엇인가라는 의문이 제기된다. 흔히 목적론적 축소는 "다른 것을 다르게 취급하여야 한다는 정의의 요청에" 따른 것이라고 하나 그 허용범위에 관한 명쾌한 기준을 제시하기는 어렵다.[110)] 몇 가지를 예시하면, 합리적인 이론과 전제탐색적인 발견술로서의 토픽적(문제중심적) 사고에 의해 작성된 '관점목록(Topoikatalog)'에서 구해야 한다는 견해,[111)] 명백한 문언을 원용하는 것이 법남용(rechtsmissbräuchlich)인 것으로 보이는 경우에만 조심스럽게 허용된다는 견해,[112)] 법률이 지배적 정의관념과 모순되어 법률이 법적 문제를 정당하게 해결할 수 있는 기능을 발휘하지 못하는 경우에 허용된다는 견해,[113)] 또는 법률의 문언을 적용할 때에는 명백히 불합리한 결과가 나오거나 실현불가능한 경우에 허용된다는 견해[114)] 등이 보인다.[115)] 위 어음 사건의 경우 은폐된 흠결의 존재를 인정하고, 그 결론이 법문에 반하는 점에서 이는 목적론적 축소에 해당하는 것

---

109) 물론 목적론적 축소를 목적론적 해석의 일종으로 보는 견해는 이에 동의하지 않을 것이다.

110) 김대휘(註 97), 22면은 '목적론적 축소'에 해당하는 경우를 널리 '제한해석'(이는 축소해석을 의미한다)이라 부르는 것이 보통이고, 그 한계기준인 '개념의 핵'이란 반드시 명확하지는 않으므로 개별적인 경우에 그것이 제한해석인지, 목적론적 축소인지 의문시되는 경우가 있다고 지적하지만, 개념적으로는 양자를 구별한다.

111) 심헌섭(註 92), 12면. 이는 구체적인 예로 법적 안정성의 확보, 평화의 구축, 사회적 복지, 생존배려, 인도성(人道性), 거래상의 요청과 신뢰보호, 형평, 정의, 평등, 사물의 본성과 법윤리적 원리 등을 열거한다.

112) Kramer(註 91), S. 228.

113) Zippelius(註 95), S. 91; 치펠리우스/김형배(역)(註 95), 115면.

114) 김용담/윤진수(註 97), 91면.

115) 박철(註 104), 232면은 법률의 문언을 넘거나 문언에 반하는 해석이 가능한 네 가지 경우, 즉 ① 법률에 흠결이 있는 경우, ② 법률의 내용이 상호 모순적이거나 충돌하는 경우, ③ 법률에 명백한 실수가 있는 경우, ④ 법률의 내용이 심하게 비합리적이거나 반도덕적인 경우와 ⑤ 사회변화로 규범상황이 변한 경우를 열거한다. 김재형, "황금들녘의 아름다움: 법해석의 한 단면", 民法論Ⅳ(2011), 174면은 이를 인용하면서, 다만 이는 매우 예외적인 경우로 한정해야 함을 지적한다. 박철(註 104), 208면 이하는 제정법의 규정을 문언대로 사건에 적용할 경우 터무니없는 결론(absurd result, odd result)에 도달하게 되고 의회가 그런 결과를 의도하였을 리 없다고 판단되는 경우 법원은 그 제정법의 문언 그대로의 의미에 구속되지 않는다는 영미의 'absurd result principle'도 그런 맥락에서 검토한다. 이를 '불합리한 결과의 원리'라고도 번역한다. 오세혁, "사법부의 해석방법론에 대한 비판", 법과 사회 제27호(2004), 202면, 註 29 참조.

으로 보인다.116)117) 대법원판결의 반대의견은 '목적론적 축소해석'이라는 용어를 사용하였으나 정확히 말하자면 '목적론적 축소'를 의도한 것이라고 생각한다.

3. 문언해석 또는 목적론적 축소(또는 축소해석)를 통한 소비자계약의 범위의 획정

국제사법 제27조의 '소비자가 … 체결하는 계약"이라는 문언에도 불구하고, 저자는 이를 '자연인인 소비자가 체결하는 유상계약으로 이해하면서, 다만 상거소지국 외 용역제공계약, 운송계약(특히 조약이 적용되는)과, 거래의 성질상 소비자보호를 관철하기에 부적절한 일정 범위의 금융 관련 계약을 제외하는 식으로 예외를 도입하여 소비자계약의 범위를 축소하는 것이 타당하고, 이런 결론을 법

116) 일반적으로 법문의 가능한 의미의 한계를 벗어나는지 여부에 따라 '확장해석-유추'와 '축소해석-목적론적 축소'를 구별한다. 그런데 이는 적용범위를 확장하는 전자에서는 쉽게 이해되나, 축소하는 후자에서는 이해하기 어렵다. 유력설은 이에 대해 독일의 '세 가지 영역이론(Drei-Bereiche-Modell)'의 개념을 빌려 설명한다. 즉 목적론적 축소에서는 "법문의 가능한 의미" 안에 들어가는 하나의 '적극적 후보자'를 '소극적 후보자'로 규정함으로써 법문의 가능한 의미를 벗어난다는 것이다. 예컨대 어음법의 법문은 어음이라고 규정하므로 그 개념 안에는 국내어음도 당연히 포함된다(적극적 후보자). 그런데 입법자는 국제어음이라고 규정했어야 함에도 불구하고 법문에서 어음이라고 규정한 결과 은폐된 흠결이 있으므로 법문의 목적에 따라 국내어음을 더 이상 어음이라는 개념에 포섭시키지 않음으로써(소극적 후보자) 법문의 적용범위는 국제어음으로 제한된다는 것이다. 반면에 '축소해석'은, 법률이 적용되는 대상을 적극적 후보자에 한정함으로써 중립적 후보자(그 개념이 모호해서 법률의 해당개념에 포섭될 수 있는지 여부가 불분명한 것)를 법적용으로부터 배제하는 것이지 예외를 도입하는 것은 아니라는 것이다. 바꾸어 말하면 축소해석은 법률의 목적에 따라 법문의 가능한 의미 안에서 법규범의 적용범위를 축소하는 것이지만, 목적론적 축소는 법률의 목적을 제대로 실현하기 위해 법문언의 의미를 벗어나 법문에 반하여 법규범의 적용범위를 축소하는 것이다. 김영환(註 95), 156면 이하; Kramer(註 91), S. 64ff. 참조. 요컨대 유추에서는 문언상 소극적 후보자가 적극적 후보자로, 목적론적 축소에서는 문언상 적극적 후보자가 소극적 후보자로 각각 재규정된다. 양자는 방향은 반대이지만 '법문의 가능한 의미라는 경계'를 넘어 재규정된다는 점에서 공통점이 있다.

117) 참고로 강학상 약관법의 맥락에서 말하는 'geltungserhaltende Reduktion'을 민법학자들은 대체로 '효력유지적 축소해석'(양창수·김재형, 계약법 제2판(2015), 168면) 또는 '효력유지적 축소'(김진우, "불공정조항의 내용통제에 관한 몇 가지 법적 문제점—유럽 및 독일계약법과의 비교를 중심으로—", 외법논집 제36권 제1호(2012. 2.), 169면)라고 번역하는데, 예컨대 약관규제법 제8조에 의하여 무효이더라도 약관조항 중 동조에 위반되는 질적 또는 양적 일부만을 무효로 하고 나머지 부분의 효력을 유지되도록 하는 효력유지적 축소의 허용 여부는 논란이 있다. 약관법에서는 법학방법론에서처럼 문제의식이 있는 것은 아니지만 그것이 축소해석인지 목적론적 축소인지는 논란이 있고, 이는 해석의 문제가 아니라 내용통제의 범위를 한정하는 것이라는 견해도 있다. 지원림, 민법강의, 제14판(2016), [5-11] 참조. 상세는 지원림, "위약금에 관한 약간의 고찰—위약금의 법적 성질 및 위약벌의 감액을 중심으로—", 인권과 정의 통권 제430호(2012. 12.), 39면 이하 참조.

형성의 방법인 목적론적 축소(또는 축소해석)를 통하여 도출하고자 한다. 물론 위 전원합의체 판결이 이런 결론을 정당화하는 것은 아니고 이를 정당화할 수 있는 근거가 필요하다. 법학방법론은 문제의 성질을 파악하여 법획득의 방법을 제시함으로써 판단의 합리성을 담보하는 기능을 하나, 결국 소비자계약의 범위의 목적론적 축소가 정당화될 수 있는지는 국제사법 제27조의 문언의 취지와 동조가 추구하는 목적을 분석함으로써 달성해야 한다. 즉 결론의 정당성은 법학방법론으로부터가 아니라 국제사법의 취지와 목적으로부터 도출된다는 점에서 법학방법론의 도구적 성격과 한계가 드러난다. 저자는 저촉법적 차원에서 사회·경제적 약자인 소비자를 보호하려는 제27조의 의미와 목적을 고려한 결과 위에서 제시한 바와 같이 그런 결론을 도출한다. 즉 위에서 논의한 소비자계약의 범위를 둘러싼 논점들 중 첫째(이는 문언해석에 의한다)를 제외한 네 개의 경우 모두 문언에 충실한 해석을 할 수도 있으나, 저자처럼 모두 축소할 여지도 있고, 아니면 논점별로 구별하여 달리 취급할 여지도 있다. 이상의 논의를 정리하면 아래와 같다.

《제27조의 문언해석, 목적론적 축소 또는 축소해석 여부》

소비자와 소비자계약	국제사법 제27조			
	문언	법학방법론	판례	입법론
법인인 당사자(Ⅲ.)	적용	제외(정확한 문언해석)118)	-	명시 가능
무상계약(Ⅳ.)	적용	제외(목적론적 축소 또는 축소해석)	적용(제1심)	명시 가능
운송계약(Ⅴ.)	적용	제외(목적론적 축소 또는 축소해석)	적용(대법원)	정책결정 후 명시 가능
상거소지 외 용역제공계약(Ⅵ.)	적용	제외(목적론적 축소 또는 축소해석)	적용(대법원)	정책결정 후 명시 가능
일부 금융 관련 계약(Ⅶ.)	적용	제외(목적론적 축소 또는 축소해석)	-	명시 가능

118) 로마협약상 통설이었다. Reithmann/Martiny/Martiny, Rn. 6.2271.

Ⅸ. 소비자보호와 일반적 예외조항인 제8조의 관계

1. 제27조가 적용되는 소비자계약에서 국제사법 제8조의 적용 여부

소비자보호를 위한 특칙, 즉 국제사법 제27조와 일반적 예외조항인 국제사법 제8조의 관계가 문제된다. 즉 당사자가 소비자계약의 준거법을 정한 경우에는 제8조 제2항에 따라 예외조항의 적용이 배제되나, 당사자들이 준거법을 지정하지 않은 경우에는 제8조 제1항의 적용이 배제되지 않는다. 따라서 소비자계약의 경우 제27조 제2항에 따라 소비자의 상거소지법이 소비자계약의 준거법이 되는 경우에 그 준거법이 제8조 제1항에 의하여 배제될 수 있는가가 문제된다. 제8조 제1항에 따르면 국제사법에 의하여 지정된 준거법이 해당 법률관계와 근소한 관련이 있을 뿐이고, 그 법률관계와 가장 밀접한 관련이 있는 다른 국가의 법이 명백히 존재하는 경우에는 그 다른 국가의 법에 의하기 때문이다.

제8조는 소비자계약에 관하여 예외를 명시하지 않는다. 문언에 충실하게 해석한다면 당사자가 준거법을 지정하지 않은 소비자계약의 경우에는 논리적으로는 제8조 제1항이 적용될 여지가 있게 된다. 2001년 국제사법의 개정작업과정에서 이를 배제하는 방안을 고려하였다. 즉, 연구반초안은 소비자보호를 위한 조항, 즉 국제사법(제27조)에 의해 준거법이 지정된 경우 일반적 예외조항의 적용이 배제됨을 명시하는 방안을 제1안으로 제시하였으나[119] 이는 학설에 맡기자는 이유로 삭제되었다. 그러나 제27조는 예외조항이 추구하는 가장 밀접한 관련이 있는 국가의 법의 적용보다는 사회·경제적 약자인 소비자의 보호라는 실질법적 가치를 고려한 것이므로, 명시적 조항이 없더라도 그 경우 소비자보호를 포기하고 가장 밀접한 관련이 있는 다른 국가의 법을 적용하는 것은 적절하지 않다고 본다.[120] 다만 가장 밀접한 관련이 있는 다른 국가의 법이 소비자에게 더 유리한 경우에는 그 법을 적용할 여지가 있을 것이다.

---

119) 연구반초안 제9조 제2항 참조. 연구반초안해설, 27면.

120) 석광현(註 7), 80면; 석광현, 국제사법 해설(2013), 156면. 스위스에서는 그 법이 더 강한 보호를 한다면 적용을 긍정하는 견해가 보인다. Honsell, Heinrich et al. (Hrsg.), Internationales Privatrecht: Basler Kommentar, 3. Auflage (2013), Art. 120, Rn. 44 (Brunner 집필부분).

2. 에어프랑스 사건에서 제8조의 적용 여부

에어프랑스 사건을 보면, 당사자들이 준거법을 지정하지 않았으므로 제26조에 따른 객관적 준거법은 프랑스법일 가능성이 크다. 그러나 소비자를 보호하는 국제사법 제27조에 따르면 승객의 상거소지법인 한국법이 준거법이 된다. 그런데 제8조 제1항에 따르면, 만일 한국법이 해당 법률관계와 근소한 관련이 있을 뿐이고, 프랑스법이 그 법률관계와 가장 밀접한 관련이 있는 국가의 법이라는 점이 명백하다면 프랑스법이 준거법이 될 가능성이 있다. 위에서 언급한 것처럼 저자는 소비자계약에서 제8조 제1항을 적용하는 것은 적절하지 않다고 본다. 그러나 대법원 판결처럼 문언에 충실하자면 추상적으로는 에어프랑스 사건에서 제8조 제1항에 의하여 프랑스법이 준거법이 될 가능성을 부정할 수 없다.[121)]

그렇더라도 제8조가 적용되기 위해서는 ① 국제사법에 의하여 준거법이 지정되고, ② 국제사법에 의하여 지정된 준거법이 해당 법률관계와 근소한 관련이 있을 뿐이고, ③ 그 법률관계와 가장 밀접한 관련이 있는 다른 국가의 법이 존재해야 하며, ④ 위 ③이 명백해야 하는데,[122)] ②와 관련하여 한국법이 해당 법률관계와 근소한 관련이 있을 뿐이라고 보기도 어렵고, 또한 ④와 관련하여 프랑스법이 그 법률관계와 가장 밀접한 관련이 있는 국가의 법이라는 점이 명백한 것도 아니므로 제8조 제1항의 요건이 구비된다고 보기는 어려운 탓에 제8조 제1항을 적용하지 않은 결론은 타당하다. 하지만 제8조 제1항을 언급하지 않은 것은 다소 아쉽다고 볼 여지가 있다.

Ⅹ. 맺음말

소비자보호를 위한 특칙을 규정한 제27조의 적용범위를 둘러싸고 근자에 몇 개의 판결이 선고되었다. 이를 계기로 이 글에서는 소비자는 자연인에 한정되는

---

121) 근자에 대법원은, 선원의 임금채권을 근거로 하는 선박우선특권의 성립 여부나 선박우선특권과 선박저당권 사이의 우선순위에 대하여 국제사법 제60조에 따라 선적국법인 파나마법을 준거법으로 적용해야 함에도 불구하고, 편의치적국이라는 등의 이유로 국제사법 제8조 제1항을 근거로 한국법을 적용하였다. 대법원 2014. 7. 24. 선고 2013다34839 판결. 비판적인 평석은 석광현, "편의치적에서 선박우선특권의 준거법 결정과 예외조항의 적용", 국제거래법연구 제24집 제1호(2015. 7. 31.), 139면 이하 참조.

122) 제8조의 요건은 석광현(註 121), 151면 이하 참조.

가(Ⅲ.), 무상계약인 소비자계약(Ⅳ.), 운송계약(Ⅴ.), 상거소지 외 용역제공계약(Ⅵ.)과 금융 관련 소비자계약(Ⅶ.)의 순서로 제27조의 적용범위를 검토하였다. 근자의 판결은 제27조의 문언에는 충실하나, 저자는 목적론적 축소(또는 축소해석)를 허용할 수 있다는 견해를 피력하였다.[123] 이상의 논의는 국제사법의 맥락에서 법학방법론의 효용과 한계를 보여준다.[124]

과거 섭외사법 하에서는 입법의 불비가 명백하였고 세계적으로도 국제사법은 성문법의 불비로 인하여 '학설법'이라고 불리웠으며[125] 그런 이유로 국제사법 교과서에서는 학설사에 대한 논의가 빠지지 않는다. 2001년 개정을 통하여 이제는 국제사법이 과거와 같은 정도로 학설법이라고 할 수는 없지만 국제사법은 고도로 추상화된 법률이고,[126] 민법이나 상법처럼 오랜 세월에 걸쳐 정비되어 온 법전과 비교할 때 흠결이 더 많으므로[127] 그의 해석과 적용에서는 법원의 적극

123) 저자는 국제어음에 관한 대법원판결과 비교할 때 여기에서 논의한 사례들이 목적론적 축소를 정당화하기가 상대적으로 쉽다고 본다.

124) 1999년에 국제사법 개정안을 성안하면서 소비자계약에 관한 특칙을 둘 때만 해도 과연 그 조항이 실제로 적용될 사례가 있을지 확신할 수 없었고, 실제로 이는 불필요한 조문이라는 비판도 있었다. 그러나 저자는 급증하는 전자상거래를 고려하면 소비자계약에 관한 특칙이 의미가 있다는 견해를 피력하였는데, 여기에서 소개한 판결들을 통해 후자가 옳았음을 확인한다.

125) 예컨대 서희원, 신고판 國際私法講義(1992), 28면은 "국제사법은 중세이래 學說法으로서 수세기에 걸쳐서 점진적으로 발전해 왔지만"이라고 기술하면서 학설의 중요성을 강조한다. 松岡 博, 現代国際私法講義(2008), 11면도 같다.

126) 법률에서 추상적 개념의 형성과 특히 점차 높아지는 추상단계의 형성은, 그로 인하여 내용이 더 공허하게 되기는 하지만, 보다 쉽게 개관가능성을 고도화한다. 왜냐하면 그런 개념의 도움으로 상이한 유형의 다양한 현상들에서 공통분모를 형성하고 동일한 형식으로 규율할 수 있기 때문이다. Larenz(註 92), S. 456; 라렌츠·카나리스/허일태(역), 법학방법론(2000), 371면 참조. 사견으로는 이런 현상은 국제사법의 체계개념에서 현저하다. 왜냐하면 국제사법은 적은 조문만으로 여러 분야의 다양한 법률관계를 규율하고, 더욱이 그 조문에서 정하는 연결대상은 실질법적 체계개념으로 표현되지만, 그것보다 더욱 추상화된 것으로서 비교법적으로 획득된 기능개념으로 이해해야 하기 때문이다. 석광현(註 121), 30면.

127) 예컨대 국제사법의 중요한 총론적 논점인 성질결정과 선결문제에 관하여는 우리를 포함한 많은 나라의 국제사법이 규정을 두고 있지 않다. 일본 국제사법학에서 연결원칙의 근거로 조리를 원용하는 것도 이런 이유 때문이다. 우리는 일본처럼 널리 조리를 적용하지는 않지만 준거법인 외국법 불명 시 '조리 적용설'이 있다. 신창선·윤남순, 新國際私法 제2판(2016), 171면 이하 참조. 과거 대법원 2000. 6. 9. 선고 98다35037 판결도 "… 적용될 외국법규에 흠결이 있거나 … 그 내용의 확인이 불가능한 경우 법원으로서는 법원(法源)에 관한 민사상의 대원칙에 따라 외국관습법에 의할 것이고, 외국관습법도 그 내용의 확인이 불가능하면 조리에 의하여 재판할 수밖에 없는바, 그러한 조리의 내용은 가능하면 원래 적용되어야 할 외국법에 의한 해결과 가장 가까운 해결방법을 취하기 위해서 그 외국법의 전체계적인 질서에 의해 보충 유추되어야 하고, 그러한 의미에서 그 외국법과 가장 유사하다고 생각되는 법이 조리의 내용으로 유추될 수도 있을 것"이라는 취지로 판시하였다(밑줄은 저자가 추가함). 비판은 석광현(註 120), 131면 이하 참조.

적 역할이 요청된다. 법원이 필요한 경우 민법 및 다른 법률을 적용함에 있어서는 목적론적 축소(또는 축소해석)를 도입하면서도 국제사법에 관하여 소극적 태도를 보인 것은 아쉽다. 다만 비록 저자가 에어프랑스 사건의 대법원판결의 결론을 지지하지는 않지만 그것이 틀렸다고 비판하는 것은 아니다.128) 에어프랑스 사건과 구글 사건에서 법원의 결론은 국제사법 제27조의 문언에 충실한 것으로 소비자를 두텁게 보호하는 것이라고 높이 평가할 수 있으나, 대법원이 목적론적 축소(또는 축소해석)의 가능성을 고려하지 않은 점에서 아쉬움이 있다는 것이다. 저자의 생각으로는, 대법원이 목적론적 축소(또는 축소해석)를 인정한 어음사건과 비교할 때 여기에서 다룬 사안에서 오히려 목적론적 축소(또는 축소해석)를 인정할 여지가 더 크다. 일반론으도 국제사법에서는 다른 법률과 비교할 때 목적론적 축소(또는 축소해석)의 가능성을 더 적극적으로 검토할 필요가 있다. 운송계약(Ⅳ.)과 상거소지 외 용역제공계약(Ⅴ.)에서 문언에 충실한 해석을 지지한 대법원이 무상계약(Ⅲ.)과 금융계약(Ⅵ.)에서 어떤 태도를 취할지, 그리고 준거법의 지정이 없는 항공여객운송계약에서 사고발생 시 승객별로 불법행위의 준거법을 결정할지 궁금하다. 여기에서 잊지 말아야 할 것은, 위에서 논의한 목적론적 축소(또는 축소해석)의 가능성을 고려함과 동시에, 만일 그것이 허용되지 않는다면 입법의 필요성을 검토해야 한다는 점이다. 즉 변화하는 상황에 대응할 수 있도록 국제사법의 입법론에 관심을 가져야 하고, 타당한 입법을 확보함으로써 목적론적 축소(또는 축소해석)에 호소할 필요성 자체를 줄여나가야 한다. 로마 I 은 이런 입법의 중요성을 보여주는 사례이다. 국제사법 연구자가 근소한 우리나라에서는 이 대목이 특히 취약함을 지적하지 않을 수 없다.

후 기

구글 사건에 관하여는 서울고등법원 2017. 2. 16. 선고 2015나2065729 판결이 나왔는데 무상의 소비자계약에도 적용된다는 점은 제1심판결과 같다. 간단한 소개와 평석은 서종희, “2017년도 소비자법 판례 회고”, 소비자법연구 제4권 제1호(2018. 3.), 40면 이하 참조.

---

128) 저자는 국제사법의 개정 직후부터 견해가 나뉠 수 있음을 지적하면서 사견을 피력하였는데 대법원판결이 나왔다고 해서 견해를 바꿀 생각은 없다. 대법원판결은 제27조의 문언만을 언급할 뿐이기 때문이다.

위 글을 발표한 뒤에 아래의 문헌이 간행되었다. 물론 망라적인 목록은 아니다.

-이헌묵, "국제사법 제27조에 의해 보호되는 소비자계약의 범위와 수동적 소비자가 되기 위한 요건의 분석", 소비자문제연구 제49권 제2호(2018. 8.), 207면 이하

-최성수, "국제사법 제27조의 해석론 및 관련 판례에 대한 평가", 국제사법연구 제22권 제2호(2016. 12.), 3면 이하

-한승수, "글로벌 인터넷 기업과의 계약에 있어서의 약관규제법의 적용 가능성에 관한 소고—서울중앙지방법원 2015. 10. 16. 선고 2014가합38116 판결의 검토", IT와 법연구(13)(2016. 8.), 147면 이하. 이 글은 유상과 무상을 구별하지 않는다(179면).

-손유정, "인터넷 서비스 제공자와 국내 이용자의 전속적국제관할합의의 효력 및 이에 대한 행정규제—구글 약관, 페이스 북 약관을 중심으로—", Technology & Law, 제13권 제3호(2017. 5.), 52면 이하. 이 글은 구글 사건의 경우 진정한 무상계약이 아니라고 보면서, 동지의 파리법원 판결을 소개한다.

-손경한, "계약적 채무의 준거법에 관한 한국 판례의 최근 동향", 국제사법 연구 제22권 제2호(2016. 12.), 190면 이하에도 간단한 논의가 있다.

[5] 해외직접구매에서 소비자의 보호: 국제사법, 중재법과 약관규제법을 중심으로

前 記

이 글은 저자가 서울대학교 법학 제57권 제3호(2016. 9.), 73면 이하에 게재한 글로서 오타와 오류를 제외하고는 원칙적으로 수정하지 않은 것이다. 다만 당초 제목은 "해외직접구매에서 발생하는 분쟁과 소비자의 보호"였으나 위와 같이 수정하였다. 가벼운 수정 부분은 밑줄을 그어 표시하였고, 참고할 사항은 말미의 후기에 적었다.

Ⅰ. 머리말

근자에 개인들, 즉 한국에 상거소(常居所. habitual residence)[1]를 둔 소비자(이하 "한국 소비자"라 한다)들이 인터넷을 이용하여 아마존이나 알리바바와 같은 해외 인터넷쇼핑몰(이하 "해외판매자"라 한다)로부터 직접 물품을 구매하거나 용역(또는 서비스)을 제공받는 이른바 해외직접구매(이하 "해외직구" 또는 "해외직접구매"라 한다)[2]가 빠른 속도로 증가하고 있다.[3] 또한 이와 반대로 "천송이 코트"로 일컬어지는 역직구[4]를 활성화함으로써 수출을 촉진하려는 노력도 행해지고 있

1) 유력설은 국제사법상 상거소를 '생활의 중심지'로 이해하면서, 생활의 근거가 되는 곳으로서 '정주의사(animus manendi)'를 요구하지 않는 객관주의에 따른 민법(제18조)상 주소개념과 원칙적으로 동일하다고 본다. 석광현, 국제사법 해설(2013), 35면 참조.

2) 해외직구의 대상을 넓게 파악하면 소비자가 인터넷을 통하여 외국의 사업자로부터 물품을 구매하는 것만이 아니라 용역을 제공받는 경우도 포함한다. 한국 소비자가 인터넷을 통하여 체결하는 외국항공사와의 항공운송계약, 외국기관과의 어학연수를 위한 계약 또는 외국 호텔과의 숙박계약 등이 그런 사례이다. '전자상거래 등에서의 소비자보호에 관한 법률' 제2조 제2호에 따르면, 통신판매는 우편·전기통신 등에 의하여 재화 또는 용역의 판매에 관한 정보를 제공하고 소비자의 청약을 받아 재화 또는 용역을 판매하는 것을 말한다. 한편 "전자상거래"란 전자거래('전자문서 및 전자거래 기본법' 제2조 제5호에 따른 전자거래를 말한다. 이하 같다)의 방법으로 상행위(商行爲)를 하는 것을 말한다(위 법률 제2조 제1호).

3) 해외직구가 급증하면서 백화점 매출에 부정적인 영향을 미치자 백화점들은 수입품을 해외직구와 비슷한 가격에 판매하는 '오프라인 직구 매장'을 늘림으로써 대응하였다고 한다. 2014. 10. 21.자 한국경제 기사 참조. 해외직구의 장단점은 강명수, "해외 직구의 법적 쟁점", 유통법연구, 제2권 제1호(2015), 12면 이하 참조.

4) 엄밀하게 말하자면 이는 '역직구'라기보다는 '직매(직접 매도)' 또는 '직판(직접 판매)'이다.

다. 해외직구가 급성장한 이유는 최근 정보통신기술의 발전에 따라 인터넷을 통한 전자상거래 환경이 편리해진 덕인데, 2020년에는 해외직구 시장 규모가 최소 65억 달러에 이를 것이라는 예측도 있다.[5] 해외직구계약은 외국법이 규율하는 경우가 많고, 그로부터 발생하는 분쟁을 외국에서 소송 또는 중재에 의하여 해결하기로 정하는 경우가 빈번하다. 따라서 해외직구에서 소비자의 보호는 이론적으로나 실무적으로 매우 중요함에도 불구하고 종래 우리나라에서는 그에 관한 충분한 논의가 부족하다.[6] 이는 국제사법(國際私法)과 국제상사중재법에 대한 우리의 관심과 연구가 부족하기 때문이다. 여기에서는 한국 소비자가 해외판매자로부터 물품을 구입하는 해외직구에서 발생하는 소비자보호의 문제를 논의한다. 첫째, 소송의 경우, 한국의 국제사법 하에서 국제재판관할(international jurisdiction to adjudicate)과 준거법(governing law 또는 applicable law)의 맥락에서 소비자 보호를 다루고, 둘째, 중재의 경우, 한국의 약관의 규제에 관한 법률(이하 "약관규제법"이라 한다)과 중재법 하에서 소비자의 보호를 논의한다. 구체적인 논의 순서는 아래와 같다. 해외직접구매의 유형과 계약관계(Ⅱ.), 해외직접구매에서 국제사법상 보호되는 소비자의 개념(Ⅲ.), 해외직접구매계약에서 국제재판관할과 소비자보호: 소송의 경우(Ⅳ.), 해외직접구매계약에서 준거법의 결정과 소비자보호: 소송의 경우(Ⅴ.), 해외직접구매계약에서 중재합의와 소비자보호(Ⅵ.)와 맺음말이 그것이다(Ⅶ.). 소송의 맥락에서 국제사법을 통한 소비자의 보호는 다른 기회에 논의하였으므로 다소 중복되나, 여기에서는 근자의 우리 판례를 소개하고 또한 중재와 대비하여 설명할 실익이 있으므로 국제사법을 통한 소비자의 보호(Ⅳ.와 Ⅴ.)를 중재에 앞서 논의한다. 해외직구에서 소비자보호의 문제는 일반적인 국제거래에

---

5) 2015. 11. 16.자 조선일보 기사 참조. 외교부에서 인용한 통계청의 최근 자료에 따르면 우리나라가 온라인쇼핑 거래액 세계 1위 국가라고 한다. 판매 측면에서는 중국(3,732억 원) > 미국(350억 원) > 일본(317억 원) 순이고, 구입 측면에서는 미국(2,669억 원) > EU(792억 원) > 중국(332억 원) 순이라고 한다. https://www. facebook.com/mofakr.kr/photos/a.119948104732589.17457.114737585253641/1223054594421929/?type=3&theater (2016. 9. 24. 최종방문) 참조. 온라인쇼핑이라고 하므로 아마도 B2C를 말하는 것처럼 보이나 분명하지는 않다.

6) 해외직구에서는 다양한 논점이 제기된다. 예컨대 관세법상의 문제와, 식품위생법, 전파법과 특허법 등의 문제가 있는데 이에 관하여는 우선 강명수(註 3), 16면 이하 참조. 규제법적 측면은 예컨대 박상철, "국경을 넘는 전자상거래의 법적 쟁점과 정책적 시사점 —소위 "해외직구"와 "역직구"를 중심으로—", 유통법연구, 제2권 제1호(2015), 127면 이하 참조. 더욱이 우리 헌법 제124조가 '소비자보호'라는 제목 하에, "국가는 건전한 소비행위를 계도하고 생산품의 품질향상을 촉구하기 위한 소비자보호운동을 법률이 정하는 바에 의하여 보장한다"고 명시함으로써 소비자보호를 헌법상의 과제로 제고하고 있음도 주목할 필요가 있다. [밑줄 부분은 이 책에서 새로 추가한 것이다.]

서 소비자보호의 문제의 한 유형이나 해외직구는 전자상거래, 즉 인터넷에 의하여 이루어지는 점에 특색이 있다. 해외직구에는 B2C만이 아니라 B2B도 있으나 여기에서는 B2C를 다룬다. 또한 여기에서는 해외직구 기타 전자상거래에 대한 규제법적(행정법적 또는 공법적) 측면이 아니라 사법적(私法的) 측면만을 다룬다. 달리 표현하면 이는 우리 법의 적용범위의 문제라고 할 수 있다.[7]

결론을 요약하면 2001년 7월부터 시행된 우리 국제사법은 국제재판관할[8]과 준거법[9]에 관하여 소비자보호를 위한 특칙을 도입하였으므로 해외직구에서도 소송의 경우에는 소비자보호를 위한 법적 기초를 구비하고 있다.[10] 반면에 중재의 경우에는 그런 법제를 구비하지 못한 탓에 소비자보호를 약관규제법에 맡기고 있는 실정인데 여기에는 커다란 법적 불확실성이 존재하므로 이를 개선할 필요가 있다. 2016년 중재법의 개정과정에서도[11] 이를 개선하기 위한 시도가 있었으나 성사되지 못하였음은 아쉬운 일이다.[12]

---

7) 전자상거래와 관련된 국제재판관할과 준거법에 관하여는 우선 석광현, 국제사법과 국제소송, 제2권(2001), 111면 이하; 위 석광현, 152면 이하 참조. 안제우, "국제전자상거래에서의 재판관할과 준거법—미국, 유럽연합, 한국간의 비교·검토를 중심으로—", 무역학회지, 제28권 제4호(2003. 9), 549면 이하도 있다.

8) 우리 법의 국제재판관할규칙은 브뤼셀체제와 헤이그예비초안을 참조한 것이다. 전자는 2000년 공포된 "민사 및 상사사건의 재판관할과 재판의 집행에 관한 유럽연합의 이사회규정"("브뤼셀 I" 또는 "브뤼셀 I 규정")을 말한다. 상세는 석광현, 국제사법과 국제소송, 제3권(2004), 368면 이하 참조. 후자는 헤이그국제사법회의에서 작성한 "민사 및 상사사건의 국제재판관할과 외국재판에 관한 협약"의 1999년 예비초안을 말한다. 상세는 석광현, 국제사법과 국제소송, 제2권(2001), 396면 이하 참조.

9) 우리 법의 계약에 관한 준거법결정규칙은 유럽공동체의 '로마협약'을 각 참조한 것이다. 로마협약은 1980년의 "계약채무의 준거법에 관한 협약(Convention on the Law Applicable to Contractual Obligations)"을 말한다. 상세는 석광현, 국제사법과 국제소송, 제1권(2001), 53면 이하 참조. 로마협약은 2009년 12월 "계약채무의 준거법에 관한 2008. 6. 17. 유럽의회 및 이사회의 No. 593/2008 규정"("로마 I")으로 대체되었다. 후자는 2009. 12. 17. 발효되었다(덴마크는 제외).

10) 참고로 법무부는 국제사법에 정치한 국제재판관할규칙을 도입하기 위하여 2014. 6. 30. 국제사법개정위원회를 구성하고 2015년 말까지 국제사법 개정안의 성안을 의욕적으로 추진하였으나 유감스럽게도 아직 작업을 완료하지 못하였다. 소비자계약에 관하여도 현행 국제사법을 조금 개선하기로 하였는데 이는 아래 관련된 부분에서 간단히 소개한다.

11) 중재법은 법률 제14176호에 의하여 2016. 5. 29. 일부개정되었고, 개정된 중재법은 2016. 11. 30. 시행될 예정이다. 저자도 중재법 개정을 위한 위원회에 위원으로 참여하였다.

12) 현재 UNCITRAL에서 국제전자상거래 온라인분쟁해결(Online dispute resolution for cross-border electronic commerce transactions)(ODR)을 위한 작업을 추진하고 있으므로 그에도 관심을 가져야 한다. 김도년, "해외 직접구매 소비자분쟁해결방법으로서 ODR", 2014년 한국소비자원·한국소비자법학회 공동학술대회 <해외 사업자로부터 직접구매와 소비자보호> 발표자료(2014. 8. 21), 25면 이하; 이병준, "국제전자상거래 분쟁해결을 위한 절차규칙에 관한 UNCITRAL의 논의와 그 평가—제26차 실무작업반의 논의를 중심으로—", 중재연구, 제23권

Ⅱ. 해외직접구매의 유형과 유형별 계약 당사자

여기에서는 해외직접구매의 유형과 유형별 계약 당사자와 계약관계를 살펴본다.[13)]

1. 해외직접구매의 유형[14)]

해외직접구매는 한국 소비자가 해외 인터넷쇼핑몰과 같은 해외판매자나 구매대행사이트를 통하여 해외물품을 구매한 후 한국으로 배송받는 거래형태를 의미한다. 일반적으로 해외직구는 세 가지 형태로 구분된다. 다만 이처럼 해외직구를 광의로 사용하기도 하나 해외직접배송만을 해외직구라고 부르기도 한다.[15)]

○ (해외직접배송) 소비자가 중간 유통업체를 거치지 않고 해외판매자로부터 직접 물품을 구매하고 이를 국내로 직접 전달받는 형태

○ (해외배송대행) 해외직구 시 국내로 직접 배송받기 어려운 물품을 배송대

제1호(2013. 3), 133면 이하; 신군재, “ODR을 통한 해외직구 분쟁해결방안”, 중재연구, 제25권 제1호(2015. 3), 9면; 성준호, “국경넘은 소비자 분쟁에 있어서 ODR”, 중재연구, 제25권 제1호(2015. 3), 25면 이하; 근자의 자료는 http://www.uncitral.org/uncitral/commission/working_groups/3Online_Dispute_Resoluti on.html 참조. 국내자료는 송유림, “UNCITRAL ODR 제31차 실무작업반 회의 결과보고서”, 국제규범의 현황과 전망 —2015년 국제규범연구반 연구보고 및 국제회의 참가보고— (2016), 57면 이하 참조. 그러나 위 작업반은 2016년 Technical Note만 채택하고 작업이 종료되었다고 한다. 논의 결과는 남유선, “ODR 규범 제정을 위한 UN의 노력 및 결과”, 2016년 국제거래법연구단 국제회의 참가 연구보고서(법무부, 2017), 83면 이하 참조. [밑줄 부분은 이 책에서 새로 추가한 것이다.]

13) 관세청은 해외직구 활성화를 통한 수입가격 인하 등 소비자 편의를 높이기 위해 전자상거래 관련 고시를 개정하고 있다. 해외직구 관련 통계는 우선 “최근 5년간 전자상거래 수입(해외직구) 동향” 참조. 건수나 금액상 미국 판매자가 압도적이다. 관세청 홈페이지(http://www.customs.go.kr) 참조.

14) 다음 유형과 그림은 대체로 한국소비자원, 2014. 3. 5.자 보도자료에서 온 것이다. 배윤성, “해외직구 이용실태 및 개선방안”, 2014년 한국소비자원·한국소비자법학회 공동학술대회 <해외 사업자로부터 직접구매와 소비자보호> 발표자료(2014. 8. 21), 2면 이하; 권대우, “해외직접 구매계약에서의 당사자의 권리의무”, 2014년 한국소비자원·한국소비자법학회 공동학술대회 <해외 사업자로부터 직접구매와 소비자보호> 발표자료(2014. 8. 21)[권대우 교수의 발표문은 별도로 배포되었다], 2면; 김현수, “국경 간 전자상거래에서의 소비자계약과 분쟁해결”, 소비자문제연구, 제46권 제2호(2015. 8), 193면 이하도 동일한 분류방법을 따른다.

15) 이병준, “전자상거래를 통한 해외구매 대행서비스와 관련된 소비자법 및 국제사법상의 쟁점”, 성균관법학, 제26권 제4호(2014. 12), 419면. 강명수(註 3), 10면도 유사하다. 전자는 당초 2014. 8. 21. 개최된 2014년 한국소비자원·한국소비자법학회 공동학술대회 <해외 사업자로부터 직접구매와 소비자보호> 발표자료에 수록된 논문을 수정한 것이다.

행자를 이용하여 해외 배송대행지를 거쳐 다시 국내 주소로 배송받는 형태

○ (해외구매대행) 해외직접구매의 구매절차, 언어 등에 어려움을 느끼는 소비자가 구매대행사이트(즉 구매대행자)를 이용하여 해외 물품을 구매하고 배송받는 형태

* 위 세 가지 유형 이외의 다른 유형도 있을 수 있다. 예컨대 국내 사업자가 해외판매자의 매장이나 웹사이트에서 물품을 구매해서 한국 소비자에게 판매(전매)하는 유형이다. 이는 엄밀하게는 해외직구가 아니라 전매의 형태이다. <u>그러나 논자에 따라서는 여기에서 말하는 다른 유형도 구매대행에 포함시키면서 이러한 유형을 '쇼핑몰형' 구매대행, 위에서 본 진정한 구매대행을 '위임형' 구매대행이라고 부르는 것으로 보여 다소 혼란스럽다.</u> [밑줄 부분은 이 책에서 새로 추가한 것이다.]

2. 해외직접구매의 유형별 계약 당사자

가. 해외직접구매와 해외직접배송

한국소비자원의 보도자료는 위 세 가지 유형을 모두 해외직접구매라고 부른다. 여기에서는 일단 위 용어를 따른다. 그러나 사견으로는 해외구매를 ① 해외직접구매와 ② 해외구매대행으로 구분하고, 전자를 다시 ①-1 직접배송방식과

①-2 배송대행방식으로 세분하는 것이 이해하기 쉽다. 후자에는 ②-1 구매대행과 배송대행을 하는 방식(위 표의 설명)과, 위 자료에는 없으나 ②-2 구매대행만 하고 배송은 한국 소비자에게 직접 이루어지도록 하는 방식도 가능하다. 용어의 문제로서 위 자료는 해외구매대행을 '대리구매'와 배송대행의 결합으로 표시하나, '구매대행'과 배송대행으로 표시하는 것이 더 적절하다.

해외직접배송의 경우 한국 소비자가 직접 구매계약(또는 매매계약. 이하 양자를 호환적으로 사용한다)의 당사자가 되는 데 반하여, 구매대행의 경우 대행자가 중간에 개입한다. 구매대행은 실제적인 필요에 따라 형성된 거래구조인데, 대행자가 한국 사업자라면 구매대행과 배송대행을 통하여 국제거래가 국내거래로 전환되는 셈이다.[16] 구매대행과 배송대행자는 통상은 한국 소비자의 대리인은 아니기 때문이다.

해외직접배송의 경우 한국 소비자와 해외판매자 간에 구매계약이 체결된다(예컨대 저자가 아마존의 웹사이트에 들어가 구매계약을 체결하고 서울의 주소지로 배송을 받는 경우). 주의할 것은, 그 경우 구매계약의 목적물이 물품이더라도 대체로 "국제물품매매계약에 관한 국제연합매매협약"(CISG)("매매협약")이 적용되지 않는다는 점이다. 매매협약(제2조 a호 본문)은 개인용·가족용 또는 가정용으로 구입된 물품의 매매에 대하여는 매매협약의 적용을 배제하기 때문이다. 이는 오늘날 사회·경제적 약자인 소비자를 보호하기 위하여 각국이 다양한 유형의 입법을 가지고 있고, 그런 입법은 대체로 강행법규의 성질을 가지고 있으므로 그 경우 매매협약의 적용을 배제함으로써 국내법의 효력을 침해하지 않기 위한 것이다. 다만 예외적으로 그런 거래에도 매매협약이 적용될 수 있는데, 매매협약의 적용을 원하는 매도인은 개인용 등의 목적을 알지 못하였고 알지 못한 데 대하여 과실이 없음을 입증하여야 하고, 매매협약의 적용배제를 원하는 매수인은 개인용 등의 목적을 입증하여야 한다.[17]

---

16) Jürgen Basedow, The Law of Open Societies — Private Ordering and Public Regulation of International Relations: General Course on Private International Law, *Recueil des Cours*, Vol. 360 (2013), para. 177 이하는 이처럼 대행업자라는 일종의 중개기관(엄격하게 법적 의미에서 대리가 아닌)이 개입함으로써 국제거래를 준국내거래화하는 현상에 주목한다. Basedow는 이를 점증하는 국제거래에 내재하는 다양한 문제점들을 극복하기 위하여 사인들이 고안해 낸 다양한 수단의 하나, 그 중에서도 사인 간의 '비국가적 약정(anational private arrangement)'을 이용함으로써 국제사법적 쟁점을 회피하는 방법이라 하고, 이를 국제관계에서 국가가 아니라 사인이 사회적 규범을 형성하는 'private ordering'의 사례로 설명한다. 위 Basedow, para. 136.

17) 석광현, 국제물품매매계약의 법리: UN통일매매법(CISG) 해설(2010), 39-40면.

매매협약이 적용되지 않는 매매계약(소비자계약을 포함하여)의 준거법은, 소송의 경우에는 법정지의 국제사법에 의하여 지정되고, 중재의 경우에는 관련 중재규칙 또는 중재법이 정하는 준거법 결정원칙에 의하여 지정된다.

나. 해외구매대행에서 제기되는 기본적인 논점

(1) 계약 당사자의 특정

해외구매대행의 경우 해외판매자와 체결하는 매매계약의 당사자는 누구인가에 관하여 다소 논란이 있다. 즉 당사자가 구매대행자라고 보는 견해[18]와 한국의 소비자라고 보는 견해가 있는데, 후자는 구매대행자를 소비자의 대리인이라고 파악한다.[19] 전자라면, 위에서 언급한 것처럼 한국 소비자와 해외판매자 간에 직접적 계약관계는 형성되지 않으므로 소비자 보호의 문제는 해외판매자와 한국 소비자 간이 아니라 오히려 구매대행자와 한국 소비자 간에 발생한다. 그 경우 구매대행자가 한국 회사라면 국제사법적 문제는 없고 우리 민·상법이 적용되나, 외국 회사라면 구매대행자와 소비자 간에 국제사법에 따른 소비자보호의 문제가 제기된다.

(2) 구매대행자와 한국 소비자 간에 체결되는 계약의 성질

한국 소비자와 구매대행자 간에 체결되는 계약이 용역제공계약, 즉 서비스계약인지 매매인지 다소 논란이 있다. 이는 계약의 내용에 따라 결정될 것이나 대체로 전자일 것이다. 그 경우 이는 상법상의 위탁매매에 해당하고 구매대행자는 위탁매매인이 될 것이다.[20] 위탁매매에서와 같이 타인의 계산으로 그러나 자기 이름으로 법률행위를 하고, 그 효과는 행위자 자신에게 발생하되 나중에 그가 취득한 권리를 내부적으로 타인에게 이전하는 관계가 이른바 '간접대리'이다. 대행자가 구매대행을 하는 대신 물품을 매수하여 그 물품의 소유권을 일단 취득하고 이를 다시 소비자에게 이전하는 것이라면 이는 구매대행이 아니다. 위탁자와 위탁매매인 간에는 위탁계약이 체결되는데 이는 민법상 위임계약의 성질을 가진

---

18) 권대우(註 14), 8면은 구매대행자가 매수인의 지위를 가진다는 점을 명확히 밝히고 있다. 지정토론자인 고형석 교수가 구매대행에서 계약당사자가 누구인가를 질문한 데 대해 한국소비자원의 배윤성 팀장도 이는 매수인이라고 답하였다.

19) 이병준(註 15), 425면.

20) 자기명의로써 타인의 계산으로 물건 또는 유가증권의 매매를 영업으로 하는 자가 위탁매매인이다(상법 제101조). 저자는 2014. 11. 18. 워크숍에서 발표할 당시, 민법 학자들이 이를 위탁매매로 설명하지 않는 점은 다소 의아하다는 지적을 한 바 있는데, 이병준(註 15), 424면도 이제는 이를 위탁매매인이라고 설명한다.

다.[21] 다만 이례적이기는 하나 구매대행자가 소비자의 대리인으로서 행위를 하는 경우도 있을 수 있다.[22] 구매대행자가 소비자의 대리인으로서 행위하는 경우에는 매매계약의 당사자가 국제사법 제27조가 정한 소비자에 해당하는가는 구매대행자가 아니라 매매계약의 법률효과가 귀속되는 본인을 기준으로 판단해야 한다.[23]

Ⅲ. 해외직접구매에서 문제되는 소비자의 개념[24]

소비자의 개념은 소비자보호 관련 법, 약관규제법과 국제사법을 구분하여 살펴볼 필요가 있다. 이는 현재 소비자의 개념이 법률마다 다르기 때문인데, 장기적으로 통일된 소비자 개념을 도입할 수 있는지는 추후 더 검토할 과제이다.[25]

---

21) 송옥렬, 상법강의, 제6판(2016), 159면; 권대우(註 14), 7면. 위탁매매인이 위탁자로부터 받은 물건 또는 유가증권이나 위탁매매로 인하여 취득한 물건, 유가증권 또는 채권은 위탁자와 위탁매매인 또는 위탁매매인의 채권자 간의 관계에서는 이를 위탁자의 소유 또는 채권으로 본다(상법 제103조). 구매대행자는 물건을 수입하여 소유권을 취득한 뒤 이를 소비자에게 전매하는 것이 아니므로 소비자가 구매대행자에게 물건의 결함을 주장하여 제조물책임을 물을 수는 없다. 서울중앙지방법원 2017. 10. 24. 선고 2017가단5026235 판결도 동지. 법률신문 제4554호(2017. 11. 16.), 4면 참조. [밑줄 부분은 이 책에서 새로 추가한 것이다.]

22) 이병준 교수는 2014. 8. 21. 개최된 2014년 한국소비자원·한국소비자법학회 공동학술대회에서 배포한 자료에서는 대리인인 경우를 원칙적인 경우로 기술하였으나, 실제 발표 시에는 소비자가 계약당사자인 경우와 구매대행자가 계약당사자인 사안이 있다는 취지로 설명하였고 이병준(註 15), 424면 이하에서는 후자의 취지로 쓰고 있다.

23) Kathrin Sachse, Der Verbrauchervertrag im Internationalen Privat- und Prozeßrecht (2006), S. 123; Bettina Heiderhoff, "Zum Verbraucherbegriff der EuGVVO und des LugÜ", IPRax (2005), Anm. S. 230도 동지. 이것이 독일의 통설이라고 한다. Heinrichts, Palandt BGB §13 Rn. 2. 2004. 7. 20. OLG Hamburg 판결과 2004. 6. 23. OLG Nürnberg 판결도 동지. 이병준(註 15), 428면 이하; 김현수(註 14), 198면도 동지. 1993. 1. 19. 유럽사법재판소 판결(Shearson Lehmann v. TVB Treuhandgesellschaft-C-89/91)도 같다. Thomas Rauscher, Brussels I-VO, Art. 5, Rn. 2도 동지다. [밑줄 부분은 이 책에서 새로 추가한 것이다.] 그러나 고형석, "해외구매계약에서의 소비자보호에 관한 연구", 민사법의 이론과 실무, 제18권 제1호(2014. 12), 129면 이하는 대리인을 기준으로 소비자계약성을 판단할 것이라고 한다.

24) 소비자와 소비자계약 일반에 관한 논의는 석광현, "國際去來에서의 消費者保護—改正 國際私法을 중심으로—", 이십일세기 한국상사법학의 과제와 전망(心堂宋相現先生 華甲紀念論文集, 2002), 701-734면; 석광현, 국제사법과 국제소송, 제5권(2012), 193면 이하 참조.

25) 익명의 심사자는 "해외직구와 관련하여 보호 필요성이 인정되는 소비자의 개념을 먼저 명확히 하고, 이를 기준으로 국제사법 또는 약관규제법의 적용 여부를 검토하는 것이 바람직해 보"인다는 흥미로운 견해를 피력하였다. 만일 우리나라가 소비자를 보호하기 위하여 해외직구에 관한 단행법을 제정한다면 그런 가능성을 고려할 수 있으나 현재로서는 수용하기 어렵다. 원칙적으로 외국적 요소가 있는 법률관계에 적용되는 국제사법과 주로 국내거래를 염두에 둔 약관규제법상 통일된 소비자 개념을 도입하기는 곤란하다. 또한 국제사법의 소비자계약은 B2C를 전제로 하나, 약관규제법은 제1조를 제외하면 소비자라는 개념을 사용하지도 않

1. 소비자보호 관련 법상의 소비자의 개념

소비자기본법(제2조 제1호)은 소비자를 "사업자가 제공하는 물품 또는 용역(시설물을 포함한다)을 소비생활을 위하여 사용(이용을 포함한다)하는 자 또는 생산활동을 위하여 사용하는 자로서 대통령령이 정하는 자"라고 정의한다. 동법 시행령 제2조는 물품 또는 용역(시설물 포함)을 생산활동을 위하여 사용(이용 포함)하는 자의 범위는 제공된 물품 또는 용역("물품등")을 최종적으로 사용하는 자[26]와 제공된 물품등을 농업(축산업을 포함) 및 어업활동을 위하여 사용하는 자[27]라고 규정한다. 학자들은 양자를 '이론적(또는 본질적) 의미의 소비자'와 '정책적 의미의 소비자'로 구분하는데,[28] 후자는 사업자임에도 불구하고 정책적 차원에서 소비자로 인정되는 자이다. 소비자기본법상의 소비자는 자연인에 한정되지 않는다. 그러나 아래에서 보는 바와 같이, 국제사법의 문언해석상 소비자는 자연인에 한정된다고 본다.[29] 입법론으로는 소비자기본법상의 소비자의 개념을 전자에 한정하는 것이 바람직하다는 견해도 있다.[30]

2. 약관규제법상의 소비자

약관규제법은 제1조 외에서는 '소비자'라는 용어를 사용하지 않고 '고객'이라는 용어를 사용한다. 약관규제법 제2조 제3호에 따르면 "고객"이란 "계약의 한쪽 당사자로서 사업자로부터 약관을 계약의 내용으로 할 것을 제안받은 자"를 말한다. 즉 이는 약관제안자인 사업자의 상대방이므로 그가 자연인인지 법인인지, 소비자 관련 법상의 소비자인지는 묻지 아니한다. 따라서 전형적인 사업자도 고객으로서 약관규제법의 보호를 받을 수 있다. 따라서 B2C만이 아니라 B2B에서도 약관규제법이 적용된다.

고 더욱이 B2B와 B2C에 공히 적용되는 점에 차이가 있다.

26) 다만 제공된 물품등을 원재료(중간재를 포함한다), 자본재 또는 이에 준하는 용도로 생산활동에 사용하는 자는 제외한다.

27) 다만 해양수산부장관의 허가를 받아 원양어업을 하는 자는 제외한다.

28) 이호영, 소비자보호법(2010), 4면; 최난설헌, "불공정조항지침 관련 최근 EU 판례 동향 및 시사점", 선진상사법률연구, 통권 제74호(2016. 4), 49면 참조.

29) 석광현(註 1), 327면. 석광현, "국제사법상 소비자계약의 범위에 관한 판례의 소개와 검토: 제27조의 목적론적 축소와 관련하여", 국제사법, 제22권 제1호(2016. 6), 44면 이하.

30) 권오승, 소비자보호법, 제5판(2005), 5면.

약관규제법 제15조와 동법 시행령 제3조는 국제적으로 통용되는 운송업, 금융업 및 보험업의 약관 등에 대하여는 약관규제법의 일부조항(제7조부터 제14조)의 적용을 배제한다.[31] 여기에서 논의하는 해외직구는 그런 예외에 해당하지 않을 것이므로 약관규제법이 적용됨을 전제로 한다.

3. 국제사법상 보호되는 소비자의 개념: 수동적 소비자[32]

섭외사법은 국제거래에서의 소비자보호를 위하여 특칙을 두지 않았으나 2001. 7. 1. 시행된 국제사법은 특칙을 둔다. 입법과정에서, 그런 규정을 둘 경우 우리 소비자만이 아니라 외국 소비자도 보호하게 되어 우리 기업의 대외 영업활동을 제약할 수 있다는 신중론이 있었지만, 외국에서 영업활동을 하는 우리 기업도 소비자보호를 규정한 외국법의 요건을 구비해야 한다는 이유로 규정을 두었다. 국제사법 제27조는 소비자, 나아가 소비자계약을 다음과 같이 규정한다.

제27조(소비자계약) ① 소비자가 직업 또는 영업활동 외의 목적으로 체결하는 계약이 다음 각호중 어느 하나에 해당하는 경우에는 당사자가 준거법을 선택하더라도 소비자의 상거소가 있는 국가의 강행규정에 의하여 소비자에게 부여되는 보호를 박탈할 수 없다.

1. 소비자의 상대방이 계약체결에 앞서 그 국가에서 광고에 의한 거래의 권유 등 직업 또는 영업활동을 행하거나 그 국가 외의 지역에서 그 국가로 광고에 의한 거래의 권유 등 직업 또는 영업활동을 행하고, 소비자가 그 국가에서 계약체결에 필요한 행위를 한 경우
2. 소비자의 상대방이 그 국가에서 소비자의 주문을 받은 경우
3. 소비자의 상대방이 소비자로 하여금 외국에 가서 주문을 하도록 유도한 경우

국제사법에서 보호의 대상이 되는 소비자는 직업 또는 영업활동 외의 목적으로 계약을 체결하는 소비자로서 '수동적 소비자(passive consumer)'에 한정되고 '능동적 소비자(active consumer 또는 mobile consumer)'는 포함되지 않는다. 엄밀하게 말하자면 기술적으로는, 직업 또는 영업활동 외의 목적으로 계약을 체결하는 자를 '소비자'라고 정의하고, 국제사법상 보호의 대상이 되기 위하여는 수동적 소비자여야 한다고 함으로써 '소비자'의 개념과 '수동적 소비자'의 개념을 구분하는 것이 정확하다. 그러나 이하 국제사법의 맥락에서는 수동적 소비자를 편의

31) 다만 그 경우 배제되는 조문의 범위에 관하여는 논란이 있다. 상세는 석광현, 국제사법과 국제소송, 제3권(2004), 158면 이하 참조.

32) 상세는 석광현(註 1), 326면 이하 참조.

상 '소비자'라 부른다. 수동적 소비자가 되기 위해서는 첫째, 당해 계약이 소비자가 직업 또는 영업활동 외의 목적으로 체결하는 계약이어야 하고,[33] 둘째, 제27조 제1항에 규정된 세 가지 조건 중 어느 하나가 구비되어야 한다.

가. 제1호의 요건: 사업자의 지향된 활동과 소비자의 행위

제27조 제1항을 적용함에 있어서는 제1호가 특히 문제가 되는데, 예컨대 외국의 사업자가 한국에서 광고에 의한 거래의 권유 등 영업활동을 하거나, 한국에서 그러한 활동을 하지는 않았더라도 통신수단을 통하여 한국을 향하여(또는 지향하여) 광고에 의한 거래의 권유 등 영업활동을 한 경우, 즉 통신판매에 의한 판매를 한 경우에도 이에 해당될 수 있다.

(1) 사업자의 지향된 활동

국제사법 제27조 제1항 제1호에 따르면, 동 조의 특칙이 적용되는 소비자계약이 되기 위하여는 위에서 본 바와 같이 ㉠-1 소비자의 상대방이 계약체결에 앞서 소비자의 상거소지 국가(예컨대 한국 소비자의 경우에는 한국)에서 광고에 의한 거래의 권유 등 직업 또는 영업활동을 행하거나, ㉠-2 그 국가 외의 지역에서 그 국가로, 즉 소비자의 상거소지 국가를(예컨대 한국을) 향하여 광고에 의한 거래의 권유 등 직업 또는 영업활동을 행하고, 또한 ㉡ 소비자가 그 국가에서 계약체결에 필요한 행위를 하여야 한다. 위 ㉠-2의 요건은 인터넷에 의하여 체결되는(또는 전자거래에 의한) 거래형태를 고려한 것으로 소비자의 상거소지 국가를 향한 "targeted activity criterion"(지향된 활동기준)을 도입한 것이다. 2018년 국제사법 전부개정법률안(제43조 제1항 제1호)은 브뤼셀 I 의 태도를 받아들여 ㉡ 요건을 수정함으로써 소비자의 범위를 일부 능동적 소비자로 확대하였다. [밑줄 부분은 이 책에서 새로 추가한 것이다.]

그에 따르면 예컨대 소비자가 웹사이트에 들어가 클릭함으로써 주문할 수 있는 상호작용적 웹사이트를 개설한 것은 특정국가를 지향한 영업활동을 한 것으로 볼 수 있다. 그렇다면 한국에 상거소를 가지는 소비자가 스스로 사업자의 웹사이트를 방문하여 인터넷을 통하여 계약을 체결한 경우 능동적 소비자의 요소가 있기는 하지만 제27조의 보호를 받을 수 있다는 것이 된다. 즉 제27조 제1항 제1호의 해석상 단순히 광고만을 게재하고 소비자가 접속할 수 있는 수동적

---

33) 따라서 국제사법상의 소비자는 소비자기본법에서 정한 본질적 의미의 소비자 중의 일부인 수동적 소비자에 한정되고, 정책적 소비자는 포함하지 않는다.

웹사이트를 개설한 것만으로는 영업활동의 '지향'(directing)에 해당하지는 않지만, 소비자가 들어가 클릭함으로써 주문할 수 있는 상호작용적 웹사이트를 개설한 것은 특정국가를 지향한 광고 기타 영업활동을 한 것으로 볼 수 있다는 것이다.[34] ㉠-2가 규율하고자 하는 목적을 고려하면 이런 견해가 타당하다.[35] 다만 '인터넷의 遍在性(Ubiquität des Internets)'을 고려하면 이 경우 전 세계 모든 국가의 관할에 복종하거나 모든 국가를 지향한 활동을 한 것이 되어 소규모 온라인 사업자에게는 예측불가능한 결과가 발생할 수 있다.[36]

이와 관련하여 대법원 2014. 8. 26. 선고 2013다8410 판결("에어프랑스 사건")은 주목할 만하다. 위 사건에서 한국 소비자인 원고는 2011. 6. 24. 여행사를 통하여 항공요금 등을 지급하고 피고인 에어프랑스로부터 '서울-파리' 구간 비즈니스석 왕복항공권을 구입하였다. 피고는 공동운항사인 대한항공(KAL)으로부터 일정 수의 좌석을 할당받아 발매하는 과정에서 초과판매(over-booking)를 하였는데 최후로 탑승수속을 한 원고는 탑승하지 못하였다.

원고는 서울중앙지방법원에 소를 제기하여 다른 항공편을 이용함으로써 지급한 항공권 요금 및 정신적 손해의 배상 합계금과 그에 대한 이자를 청구하였으나, 피고는 유럽연합의 규정에 따라 파리-서울 구간의 항공권 요금을 환불하고 600유로의 보상금을 지급하였으므로 책임이 없다고 항변하였다. 항공운송계약에는 준거법에 관한 합의는 없었는데, 쟁점은 위 항공운송계약에 국제사법 제27조가 적용되는지 여부였다. 원심판결[37]은, 원고는 국제사법 제27조가 적용된다고 주장

34) 알리바바처럼 한국어로 된 웹사이트를 개설한 경우에는 한국을 지향하여 활동하였다는 점은 별 의문이 없을 것이다. 장준혁, "사이버거래에서의 국제분쟁과 준거법", 국제사법연구, 제8호(2003), 128면은 제1호가 너무 광범위하게 규정되었다고 지적하면서 "상당한 정도로" 또는 "상당한 양에 이르도록"이라고 하는 문언을 추가함으로써 제한하자고 제안한다. 장준혁, "계약상 채권관계 등의 준거법지정규칙의 개정에 관한 연구", 법조, 제541호(2001. 10), 150면 이하 참조. 간단한 논의는 장준혁, "인터넷과 준거법", 남효순·정상조 공편, 인터넷과 법률 Ⅱ (2005), 883면 참조.

35) 이병준(註 15), 436면; 김현수(註 14), 197면 이하; 이병화, "국제소비자계약에 관한 국제사법적 고찰", 국제사법연구, 제21권 제1호(2015. 6), 384면도 동지. 그러나 고형석(註 23), 119면은 반대한다. 광고 이메일 같은 것이 먼저 소비자에게 왔으면 몰라도 그렇지 않으면 능동적 소비자라고 한다.

36) 유럽의 학설은 Christoph Wendelstein, Kollisionsrechtliche Probleme der Telemedizin: Zugleich ein Beitrag zur Koordination von Vertrag und Delikt auf der Ebene des europäischen Kollisionsrechts (2012), 222ff. 참조. 고형석(註 23), 143면은 국제사법 제27조가 전자상거래에 적용됨을 명확히 하는 방안을 모색할 필요가 있다고 지적하면서, 로마 I 에 관한 유사한 제안(당사자가 계약을 체결할 때, 사업자가 웹사이트를 통하여 소비자의 상거소지를 의도적으로 목표로 한 경우)을 인용하나 그로써 얼마나 구체화되는지는 다소 의문이다.

37) 서울중앙지방법원 2012. 12. 5. 선고 2012나24544 판결.

하나 국제사법의 해석상 로마협약(계약채무의 준거법에 관한 1980년 유럽공동체협약)과 마찬가지로 운송계약과 소비자의 상거소지 외에서 배타적으로 용역이 제공되는 계약의 경우에는 제27조가 적용되지 않는다고 해석하고 원고의 청구를 기각하였다. 그러나 대법원판결은 제27조의 문언에 충실하게 위 계약에도 제27조가 적용된다고 판단하였다. 위 사건의 직접적인 쟁점은, 국제사법의 해석상, 조약에 의하여 상당부분 규율되는 항공운송계약에 대하여 제27조를 적용하는 것이 타당한지였는데 대법원판결은 이를 긍정한 것이다. 여기에서는 그 쟁점이 아니라,[38] 위 사건이 제27조 제1항 중 제1호와 제2호 중 어느 것에 해당하는가에 주목한다.

위 사건에서 원고는 웹사이트에서 항공권을 구입한 것으로 보이고 이티켓(e-Ticket)을 발급받았다는데 여행사의 역할은 불분명하다. 여행사의 역할 및 계약체결 경위에 따라 국제사법 제27조 제1항 제1호 또는 제2호가 적용될 수도 있고, 아예 제27조의 적용대상이 아닐 수 있다(지향된 활동의 존재를 부정할 경우). 위 사건에서 피고는 한국에 영업소를 가지고 있으나 동 영업소는 그 사건 거래에 전혀 관여하지 않은 것으로 보인다. 만일 소비자가 인터넷을 통하여 직접 에어프랑스로부터 이티켓을 구매하였다면, 위 대법원판결은 에어프랑스가 인터넷에 의하여 한국으로 지향된 활동을 하였다는 근거로 제1호의 요건이 구비되었다고 인정한 것으로 평가할 수 있다.[39] 그러나 만일 대리점을 피고의 사무소라고 볼 수 있다면 피고가 한국에서 주문을 받은 경우로서 제1항 제2호에 해당한다고 볼 여지가 있으므로 대리점이 어떤 지위에서 어떤 역할을 하였는지를 보다 충실하게 심리할 필요가 있었다.[40] 원심과 대법원의 판결문상으로는 이 점이 불분명하

38) 그 쟁점에 대하여는 석광현(註 29)(논문), 49면 이하에서 다루었다.

39) 만일 그렇다면 위 대법원판결은 저자의 견해와 같다. 나아가 서울중앙지방법원 2015. 10. 16. 선고 2014가합38116 판결은 “구글 Inc.는 각종 구글 서비스를 국내 이용자들도 이용할 수 있도록 국내 이용자들을 위한 별도의 도메인 주소를 운영하면서 한국어로 된 특화된 서비스를 제공하고 있고, 대한민국 외의 지역에서 인터넷 등을 통하여 대한민국을 향하여 구글 서비스에 관한 광고를 하는 등의 방법으로 구글서비스 이용계약 거래의 권유를 비롯한 영업활동은 물론, 국내에서 활동하는 기업이나 개인들로부터 광고를 수주하는 등의 방법으로 수익을 얻는 영업활동을 영위하고 있는바, 피고 구글 Inc.의 위와 같은 행위는 국제사법 제27조 제1항 제1호에서 정한 ‘소비자의 상대방이 그 국가 외의 지역에서 그 국가로 광고에 의한 거래의 권유 등 직업 또는 영업활동을 행한 경우’에 해당한다고 할 것이다”고 판시한 바 있다.

40) 원심판결에 대한 평석인 정구태, “국제항공여객운송계약에서의 오버부킹과 약관규제법의 적용 여부”, 외법논집, 제39권 제4호(2015. 11), 22면도 사실관계에 따라 제1호 또는 제2호가 적용될 수 있다고 한다. 이는 피고가 한국 여행사를 통하여 한국에서 원고의 주문을 받았으므로, 제27조 제1항 제2호의 요건이 충족된 것으로 보인다고 하나 한국 여행사가 어떤 지위에서 행위하였는지에 대한 검토가 부족하다.

고, 위 대법원 판결은 제1호와 제2호를 병기한다. 법원이 이 점을 보다 치밀하게 설시하지 않은 것은 아쉬운데 문제의식이 부족한 것은 아니었는지 모르겠다. 앞으로 국제사법 제27조의 정치한 해석론을 정립해야 하고, 필요하다면 입법적으로 개선할 여지가 있다.

(2) 소비자 상거소지국에서 계약체결에 필요한 소비자의 행위

제27조 제1항 제1호에 따르면, 브뤼셀협약(제13조)처럼 소비자계약의 경우 소비자가 상거소를 가지는 국가에서 계약체결에 필요한 행위를 해야 한다. 소비자가 그 국가에서 사업자의 웹사이트에 접속하여 계약체결에 필요한 전자적인 의사표시를 발송하거나 클릭하였다면 이 요건을 구비한다. 즉 그와 같은 행위를 하면 족하지 사실상 또는 법률상 계약체결지가 반드시 한국이어야 하는 것은 아니다. 반면에 한국인이 자발적으로 외국에 여행을 가서 현지에서 기념품을 구입한 경우에는 한국법이 적용될 여지가 없다. 하지만 전자거래에서는 소비자는 상거소지 국가 외의 국가에서도 컴퓨터를 통하여 계약을 체결할 수 있고, 그 경우에도 소비자를 보호할 필요성이 있으므로 "소비자가 상거소를 가지는 국가에서 계약체결에 필요한 행위를 할 것"이라는 위 요건의 타당성에 대해서는 비판이 제기되었다.[41] 또한 인터넷에 의한 거래의 경우 소비자가 계약의 체결을 위하여 필요한 조치를 취한 곳의 결정이 어렵거나 불가능한 경우가 있고 또한 소비자의 상거소지(또는 주소지)와 계약과의 연계를 창설하기 위한 요건으로서 이는 중요성이 없다.

이러한 비판을 고려하여 2002. 3. 1. 개정된 브뤼셀 I 은 국제재판관할의 맥락에서 'targeted activity criterion(지향된 활동기준)'을 도입하면서 위 요건을 폐기함으로써 소비자를 위한 '보호적 관할(protective jurisdiction)'이 일정한 요건 하에 '능동적 소비자' 또는 '이동소비자(mobile consumer)'에도 적용되도록 개선하였다. 즉 브뤼셀 I (제15조 제1항 c호)에 따르면, ㉠-1 그 계약이 소비자의 주소지 국가(브뤼셀체제는 이처럼 상거소가 아니라 주소를 연결점으로 사용한다)에서 상업적 또는 직업적 활동을 추구하거나, ㉠-2 어떠한 수단에 의하여든 그 국가 또는 그 국가를 포함한 수개의 국가를 지향하여 그러한 활동을 행하는 자와 체결되고, ㉡ 또한 그 계약이 그러한 활동의 범위 내에 포함되는 경우, 즉 사업자가 소비자의 주소지 국가를 지향하여 상업적 또는 직업적 활동을 한 경우 소비자가 사업자 소

41) 석광현, 국제사법과 국제소송, 제3권(2004), 380면.

재지 또는 어디에서든 계약을 체결하면 족한 것으로 그 범위가 확대되었다는 것이다.[42] 이에 대하여는 전자거래업계의 반발이 있었으나 받아들여지지 않았는데, 그 이유는 소비자에게 절차적인 보호를 부여함으로써 오히려 소비자들은 전자거래에 더 참여할 의사를 가지게 되기 때문이다.

나아가 2009년 12월 시행된 로마 I (제6조 제1항 b호)은 준거법의 맥락에서 "어떠한 수단에 의하여든 그러한 활동을 그 국가 또는 그 국가를 포함하는 복수의 국가로 지향하고, 그 계약이 그러한 활동의 범위 내에 속하는 경우" 소비자의 상거소지법이 소비자계약의 준거법이 되고, 나아가 당사자가 준거법을 합의한 경우 그 준거법은 소비자의 상거소지법의 강행법규가 부여하는 보호를 박탈하지 못한다고 규정함으로써[43] 브뤼셀 I 과 유사한 기준을 도입하였다.

요컨대 국제사법(제27조 제1항 제1호)은 'targeted activity criterion'(지향된 활동기준)을 도입한 것이기는 하나 소비자가 상거소지 국가에서 "계약체결에 필요한 행위를 할 것"을 요구함으로써 그 의미를 반감시키고 있다는 비판을 면하기 어렵다. 따라서 일정한 요건 하에서 능동적 소비자를 포함하도록 국제사법을 개정할 필요가 있다. <u>이러한 필요성을 인정하여 2018년 작성된 국제사법 전부개정법률안(제43조 제1항 제1호)도 그러한 취지의 개정을 담고 있다.</u>[44]

⑶ 지향된 활동과 계약 체결 간의 인과관계

국제사법의 해석상 사업자의 한국으로 지향된 활동과 소비자계약의 체결 간에 인과관계(또는 내적 관련)가 필요한지는 논란의 여지가 있다. 즉 비록 소비자가 소비자계약을 체결하였고 사업자가 한국을 지향하여 활동을 하였더라도

---

42) 그 결과 현실공간에서도 그 적용범위가 확대되어 '수동적 소비자'만이 아니라 스스로 외국에 가서 계약을 체결한 능동적 소비자도 보호의 대상이 되는데, 물론 그 전제로서 사업자가 통신수단 또는 인터넷을 통하여 소비자 상거소지 국가인 한국을 향하여 광고에 의한 거래의 권유 등 영업활동을 할 것이 필요하고, 인과관계를 요구하는 견해는 그의 존재도 요구한다.

43) 제6조 제1항은 아래와 같다.

"제5조와 제7조에 영향을 미치지 아니하고, 그의 영업 또는 직업에 속하지 않는 것으로 간주될 수 있는 목적을 위하여 자연인("소비자")이 영업 또는 직업을 영위하는 다른 사람("사업자")과 체결한 계약은 다음의 요건을 구비한 경우에는 소비자가 상거소를 가지는 국가의 법에 의하여 규율된다.

(a) 사업자가 소비자가 상거소를 가지는 국가에서 상업적 또는 직업적 활동을 추구한 경우, 또는

(b) 사업자가 어떠한 수단에 의하여든 그러한 활동을 그 국가 또는 그 국가를 포함하는 복수의 국가로 지향하고, 그 계약이 그러한 활동의 범위 내에 속하는 경우."

44) 소개는 석광현, "국제사법 개정안 소개: 2018년 국제사법 개정안에 따른 국제재판관할규칙", 국제사법 전부개정법률안 공청회 자료집, 15면 이하 참조. [본문의 밑줄 부분과 이 각주는 이 책에서 새로 추가한 것이다.] 그에 따라 아래 각주 번호를 수정하였다.

당해 소비자가 사업자의 지향된 활동과 관계없이 계약을 체결한 것이라면 그 때에도 소비자계약의 특칙이 적용되는지가 문제된다. 이 점은 로마협약, 로마 I 과 브뤼셀 I 의 맥락에서 논란이 있는데 견해가 나뉠 수 있으나[45] 저자는 인과관계가 필요하다고 본다. 이는 외국의 피고가 한국 내에 영업소를 가지고 있다는 이유만으로 피고에 대한 모든 소에 대해 재판관할을 인정할 것이 아니라, 당해 영업소의 업무에 관한 소에 한하여 재판관할을 인정해야 한다는 것과 마찬가지이다.[46][47]

나. 제2호의 요건: 사업자의 소비자 상거소지 국가에서의 주문 수령

제27조 제1항 제2호의 전형적인 사례는 예컨대 한국에 있는 사업자의 영업소가 한국 소비자로부터 주문을 받거나, 사업자의 대리인이 한국에서 소비자로

45) 국제재판관할의 맥락에서 Peter Mankowski, “Muss zwischen ausgerichteter Tätigkeit und konkretem Vertrag bei Art. 15 Abs. 1 lit. c EuGVVO ein Zusammenhang bestehen?”, IPRax (2008), S. 335는 불요라고 하나, Thomas Rauscher (Hrsg.), Europäisches Zivilprozess- und Kollisionsrecht: EuZPR/EuIPR Kommentar (2011), Art 15, Rn. 18 (Staudinger 집필부분)은 요구한다. 브뤼셀협약의 해석상 Jan Kropholler, Europäisches Zivilprozeßrecht, 5. Auflage (1996), Art. 13, Rn. 15는 인과관계를 요구하지 않았다. 로마 I 의 논의는 Rauscher/Bettina Heiderhoff, Art. 6, Rom I-VO, Rn. 34 참조. 그러나 소비자로서는 이를 증명하기 어려우므로 로마 I 의 해석상 그러한 사업과의 일반적 관련으로 충분하다고 한다. Gralf-Peter Calliess (Ed.), Rome Regulations: Commentary, 2nd edition (2015), Rome I, Art. 6, Rn. 56.

46) 물품 판매는 아니지만 대법원 2015. 7. 23. 선고 2014다230580 판결은 참고할 만하다. 대만인인 원고는 한국회사인 피고가 운영하는 호텔에 숙박하였다. 피고는 홈페이지를 운영하며 광고를 하였는데 그에 접속하여 ‘Chinese’를 선택하면 중국어 간체로 표기된 호텔안내 화면으로 전환되고 대만에서도 홈페이지에 접속할 수 있다. 위 사건에서 원고는 피고 홈페이지 광고를 통해 숙박계약을 체결한 것은 아니고 대만 여행사와 여행계약을 체결하고 숙박할 호텔의 선정을 의뢰하였으며 대만 여행사가 다시 한국 내 협력 여행사에 의뢰하여 피고 호텔을 예약하였다. 원심판결(서울고등법원 2014. 10. 1. 선고 2013나2020326 판결)은 위 사건 숙박계약은 제27조가 적용되는 소비자계약이 아니라고 판시하였다. 즉 피고가 중국어 간체자로 작성된 홈페이지를 운영한 사실이 대만에 대한 호텔의 광고에 해당하더라도, 위 사건 숙박계약의 체결경위를 볼 때 원고가 피고의 홈페이지 광고에 따라 대만에서 위 사건 숙박계약을 위하여 필요한 행위를 한 경우에 해당한다고 보기 어렵다는 것이다. 대법원 판결도 이런 결론을 수긍하였다. 제27조의 적용이 부정된 직접적인 이유는 원고가 숙박계약을 위하여 필요한 행위를 대만에서 한 것이 아니라는 점이었으나, 광고와 계약 체결 간에 인과관계가 없음을 지적한 것으로 볼 여지도 있다.

47) 이에 관하여 브뤼셀 I 의 맥락에서 선고된 유럽사법재판소의 2013. 10. 17. Emrek v. Sabranovic 사건 판결(C-218/12)이 참고가 된다. 사안은 중고차 판매자였던 공급자가 웹사이트를 통하여 해외 활동을 의도하였는데 소비자가 공급자의 영업소를 웹사이트가 아니라 지인을 통하여 알게 되어 계약을 체결한 사안이다. 유럽사법재판소는 웹사이트와 같은 소비자 주소지인 회원국에 대한 상업적 직업적 활동을 의도하게 한 수단과 계약 체결 간에 반드시 인과관계(causal link)를 필요로 하는 것은 아니나, 인과관계의 존재는 계약과 그러한 활동 사이의 관련성에 대한 증거가 될 수 있다고 판시한 결과 기준이 다소 애매하다.

부터 주문을 받은 경우이다. 제2호의 경우 공급자가 한국에서 주문을 받았는지가 중요한데, 예컨대 미국 사업자가 미국 서버를 통해 미국에서 웹사이트를 개설하고, 한국 소비자가 그에 접속하여 주문을 한 경우 사업자는 미국에서 주문을 받았다고 보아야 할 것이므로 제2호의 요건이 구비되었다고 보기 어렵다. 다만 전자상거래의 경우 주문 수령지의 결정이 어려울 수 있다. 다만 제1호가 광범위한 내용을 담고 있으므로 제2호가 별도로 필요한지는 의문이 제기될 수 있다. [밑줄 부분은 이 책에서 새로 추가한 것이다.]

다. 제3호의 요건

제3호는 "소비자의 상대방이 소비자로 하여금 외국에 가서 주문을 하도록 유도한 경우"를 규정하는데 이는 이른바 'border-crossing excursion-selling (국경을 넘는 유람판매)'을 규율하기 위한 규정으로 해외직구와 별로 관련이 없다. 다만 제1호가 광범위한 내용을 담고 있으므로 제2호가 별도로 필요한지는 의문이 제기될 수 있다. [밑줄 부분은 이 책에서 새로 추가한 것이다.]

라. 소비자 범위의 결정기준

요컨대 제27조의 소비자계약의 구체적인 범위는 국제사법상의 소비자의 보호라고 하는 입법취지와 목적을 고려해서 판단해야 한다. 특히 우리 국제사법은 유럽연합(브뤼셀 I bis와 로마 I)이나 일본(법적용에 관한 통칙법(이하 "법적용통칙법"이라 한다))과 달리 국제재판관할과 준거법의 맥락에서 동일한 소비자 개념을 사용하는 점을 유념할 필요가 있다.

마. 광범위한 소비자보호에 대한 해외판매자의 대처 방안

위에서 본 것처럼 인터넷상에 광고를 하고 그를 통하여 전자상거래를 한 경우 소비자들이 컴퓨터를 통하여 그에 접속할 수 있는 모든 국가에서 광고를 한 것으로 보아 소비자를 보호한다면, 사업자는 모든 국가, 즉 전 세계에서 제소당하거나 전 세계 소비자보호법이 적용될 위험에 노출된다. 이러한 경우 사업자가 그의 위험을 합리적으로 통제하는 방안으로서 생각할 수 있는 것이 원하지 않는 특정국가 소비자와의 거래를 배제하는 취지의 '부인문구(disclaimer)'이다. 그러나 사업자가 웹사이트에 단순히 부인문구를 표시한 것만으로는 부족하다. 또한 해외직접구매에서 사업자는 배송지를 제한함으로써 외국 소비자법의 적용을 피할 수 있다는 견해도 있으나,[48] 그것만으로는 부족하고, 그에 더하여 사업자가 배제한 특정한 국가로부터 웹사이트에 접속하는 것을 차단하기 위한 기술적인 조치(예컨대 여과(filtering)와 차단(blocking))를 취하거나(또는 기술적 장치의 설정), 계약의 체결 전에 소비자의 상거소(또는 주소)를 확인할 수 있도록 거래구조를 짜기 위한 조치 등을 취하여야 한다.[49] 다만 소비자가 그러한 차단장치를 무력화하거나(예컨대 한국으로부터의 접속을 차단하고 있는데 이를 기술적으로 우회하여 접속한 경우), 거짓정보를 제공함으로써 사업자를 기망하였다면 보호를 받을 수 없다.[50] 한국 소비자가 상거소(또는 주소)를 한국으로 기재하고 배송지만을 외국으로 기재한 것이 아니라 마치 상거소(또는 주소)가 외국 배송지에 있는 것처럼 기재하였다면 그때에는 거짓정보를 제공한 경우가 될 것이다.

참고로 일본의 법적용통칙법(제11조 제6항)은 소비자계약의 특칙을 두면서도 "소비자계약의 체결 당시에, 사업자가 소비자의 상거소를 알지 못하고 또한 알지 못한 것에 대하여 상당한 이유가 있거나, 사업자가 그 상대방이 소비자가 아니라고 오인하고 또한 오인한 것에 대하여 상당한 이유가 있는 때"에는 특칙의 적용을 배제한다(제3호와 제4호).[51] 따라서 그에 따르면 소비자가 거짓정보를 제공한 결과 사업자가 소비자의 상거소를 알지 못하였거나 소비자가 아니라고 오인하고 그에 상당한 이유가 있는 때에는 특칙이 적용되지 않는다.

그러나 소비자가 단지 배송지를 사업자 소재지의 특정장소로 기재하였다면 그것이 소비자의 상거소(또는 주소)에 관한 거짓정보에 해당된다고 볼 수는 없다. 즉 해외직구를 하는 한국(또는 일본) 소비자가 자신의 상거소(또는 주소)를 외국으로 허위기재하고 그곳에서 배송을 받음으로써 사업자가 한국(또는 일본)의 소비자와 거래하는 것을 인식하지 못하게 하였다면 그때에는 한국 국제사법 제27조

48) 이병준, 2014. 8. 21. 발표문, 8면에서는 판매사업자로서는 배송지를 제한함으로써 특정국가의 소비자보호법의 적용범위를 배제할 수 있다는 견해를 피력하였다.

49) 이 점은 석광현, 국제사법과 국제소송, 제5권(2012), 422-423면에서 지적하였다. 이병준(註 15), 433면도 동지. 국제재판관할의 맥락에서 여과와 차단에 관하여는 김성진, "국제전자상거래상 소비자계약분쟁의 국제재판관할권에 관한 연구—미국의 타깃팅 재판관할권이론을 중심으로—", 국제거래법연구, 제18집 제1호(2009. 7), 120면 이하 참조. 노태악, "전자거래의 재판관할과 준거법", 정보법학, 제5권(2001), 19면도 인터넷상의 웹사이트에서 특정 언어를 사용하여 특정 국가 또는 특정 지역만을 상대로 한다는 문언을 두거나(targeting), 특정 국가 또는 지역을 제외한다는 문구(disclaimer)를 둔 것만으로 당연히 관할배제의 효과가 생긴다고 보기는 어려울 것이라고 한다.

50) Rauscher/Heiderhoff, EuZPR/EuIPR (2011), Rom I, Art. 6 Rn. 40도 동지. 이병준(註 15), 435도 동지다.

51) 일본 법적용통칙법상의 소비자보호에 관하여는 이병화(註 35), 340면 이하 참조.

(또는 일본 법적용통칙법 제11조)의 보호를 받을 수 없지만, 소비자가 자신의 상거소(또는 주소)를 한국(또는 일본)으로 기재하고 단순히 배송지를 외국으로 기재한 경우에는 한국 국제사법(또는 일본 법적용통칙법)의 보호를 받을 수 있다는 것이다. 물품이 소비자의 상거소지로 인도되는 것은 국제사법 제27조(또는 일본 법적용통칙법 제11조)가 적용되기 위한 요건이 아니기 때문이다.[52)]

나아가 우리 국제사법의 해석상으로도 해외판매자가 상대방이 소비자인 줄을 몰랐고 그에 상당한 이유가 있다면 그때에는 소비자보호를 주장할 수 없을 것이나, 그 경우 증명책임을 누가 지는지와 해외판매자에게 과실이 있는 경우의 처리에 관하여는 논란의 여지가 있다.

4. 중재법상 보호되는 소비자의 개념

중재법은 소비자를 보호하는 별도의 조문을 두고 있지 않다. 따라서 중재법상 보호되는 소비자의 개념은 존재하지 않는다. [밑줄 부분은 이 책에서 새로 추가한 것이다.]

Ⅳ. 해외직접구매계약에서 국제재판관할과 소비자보호: 분쟁해결수단이 소송인 경우

1. 서설

토지관할을 규정한 우리 민사소송법은 소비자보호를 위한 특칙을 두지 않는다. 다만 약관규제법 제14조는 "고객에게 부당하게 불리한 재판관할의 합의조항은 이를 무효로 한다"는 취지의 규정을 둠으로써 약관에 의한 관할합의를 규제하고 있다. 우리나라에서도 일반적으로 국제재판관할합의의 남용으로부터 상대방을 보호할 필요가 있음은 널리 인정되나, 약관규제법 제14조가 국제재판관할합의와 관련하여 가지는 의미에 관하여는 논의가 부족하다. 한편 국제사법 제27

52) 이병준 교수는 2014. 8. 21. 발표문, 7면에서 한국 소비자가 해외직구를 하면서 배송대행의 방법을 이용하여 외국으로 배송하게 하는 경우에는 배송지가 해외 현지에 있으므로 소비자는 국제사법 제27조에 따른 보호를 받을 수 없다는 견해를 피력하였으나 그에 대해 저자는 그것은 근거가 없다고 지적하였다. 이제 이병준(註 15), 434면은 저자와 同旨이다.

조는 국제재판관할의 맥락에서 소비자를 보호하기 위하여 특칙을 두고 있다. 이것이 보호적 관할이다. 해외직구의 경우 외국사업자의 약관에는 대체로 국제재판관할합의에 관한 조항("관할조항" 또는 "관할합의조항". 이하 양자를 호환적으로 사용한다)이 있으므로[53] 국제재판관할규칙에 관한 일반론보다 국제재판관할합의가 문제된다. 아래에서는 이를 중심으로 논의한다.

여기에서도 우리 법의 적용범위가 우선 문제되는데, 소송에서 국제재판관할은 국제사법에 의하여 결정되고 우리 국제사법은 법정지가 한국인 때에 적용된다.

2. 국제재판관할합의

가. 일반원칙

우리 국제사법은 국제재판관할합의에 관하여는 규정을 두지 않는다. 우리 민사소송법(제29조)은, 당사자들이 일정한 법률관계로 말미암은 소에 관하여 관할합의를 할 수 있음을 명시하고 합의의 방식에 관하여 서면에 의할 것을 규정하는데, 이는 토지관할에 관한 것이지만 국제재판관할에 관한 합의도 허용됨은 의문이 없다. 국제재판관할 합의는 계약의 일부로서 이루어지거나 별도로 이루어질 수 있으나 전형적인 것은 국제계약의 일부로서 이루어지는 경우이다. 국제재판관할합의에서도 서면요건이 필요하나 국제거래의 특수성을 고려해야 하므로 민사소송법의 서면요건보다 유연하게 해석할 필요가 있다. 전자적 통신수단도 당연히 포함된다.

나. 국제사법상 소비자계약에 대한 특칙

(1) 일반이론

소비자를 보호하기 위하여 국제사법(제27조 제6항)은 국제재판관할합의에 관하여 아래와 같은 특칙을 두고 있다. 이런 특칙은 관할합의의 유효요건(또는 허용요건)[54]의 문제이므로 법정지가 한국인 경우에 적용된다.

---

53) 예컨대 알리바바의 경우 한국 소비자에 대하여는 홍콩법원이 전속관할을 가지고 홍콩법이 적용된다. 문언은 아래와 같다(Terms of Use 제12.7조).

If you are from outside of mainland China, The Terms shall be governed by the laws of Hong Kong without regard to its conflict of law provisions and the parties to the Terms agree to submit to the exclusive jurisdiction of the courts of Hong Kong.

문언은 https://rule.alibaba.com/rule/detail/2041.htm 참조.

54) 여기의 유효요건은 착오, 사기 기타 통상적인 계약의 유효성(validity)과는 구별되는 관할합

제27조(소비자계약) ⑥ 제1항의 규정에 의한 계약의 당사자는 서면에 의하여 국제재판관할에 관한 합의를 할 수 있다. 다만, 그 합의는 다음 각호 중 어느 하나에 해당하는 경우에 한하여 그 효력이 있다.
1. 분쟁이 이미 발생한 경우
2. 소비자에게 이 조에 의한 관할법원에 추가하여 다른 법원에 제소하는 것을 허용하는 경우

제27조는 부당한 재판관할합의를 막기 위해 원칙적으로 당사자 간의 사후적 합의만을 허용하고, 사전 합의일 경우 소비자에게 유리한 추가적 합의만을 예외적으로 인정한다. 국제사법개정위원회도 이런 태도를 유지하기로 합의하였다.

관할조항의 효력이 문제되는 것은 여러 장면이 있을 수 있는데 첫째, 외국법원에 전속관할을 부여하는 약관조항이 있음에도 불구하고 한국 소비자가 외국사업자를 상대로 한국 법원에 제소하는 경우이다. 이 경우 외국사업자는 관할조항을 근거로 항변을 제기할 것이므로 우리 법원으로서는 그 관할합의가 유효한지를 판단해야 한다. 둘째, 외국사업자가 한국 소비자를 상대로 외국법원에서 제소한다면 그에 따라 재판절차가 진행될 텐데, 만일 그 절차에서 외국사업자가 승소하였음에도 불구하고 한국 소비자가 패소판결을 자발적으로 이행하지 않는다면 외국사업자는, 물론 금액이 소규모인 경우에는 다소 비현실적이지만, 외국판결을 한국에서 집행하고자 할 것이다.

국제사법 제27조 제6항의 결과 국제재판관할의 맥락에서는 해외판매자가 외국에서 소를 제기할 수 있도록 허용하는 관할조항은, 우리 법의 관점에서는 효력이 없다. 따라서 위에서 본 알리바바의 약관에 포함된 관할조항은 무효이고, 그 대신 국제사법 제27조 제4항과 제5항이 적용된다.

⑵ 약관규제법과 국제재판관할합의

제27조 제6항이 적용되는 경우에는 소비자는 그에 의하여 보호되므로 약관규제법의 적용 여부는 별로 문제되지 않는다. 따라서 약관규제법의 적용 여부는 제27조 제6항이 적용되지 않는 경우에 주로 문제된다. 즉 제27조의 소비자계약은 아니지만 약관규제법이 적용되는 업종의 약관인 경우이다.

약관규제법 제14조는 약관에 의한 재판관할합의를 규제한다. 여기에서 문제는 약관에 포함된 관할조항 자체에 대한 통제이다.[55] 약관규제법 제14조는 관할

의에 특유한 유효요건을 말한다. 독일에서는 이를 “Zulässigkeitsvoraussetzung”이라고도 부르는데, 오해를 피하기 위해 이를 ‘허용요건’ 또는 ‘적법요건’이라고 부를 수도 있다.

55) 그 밖에 계약의 준거법이 외국법인 경우 약관에 대한 통제(편입통제, 해석통제와 내용통제

합의의 허용요건(또는 적법요건)의 문제이므로 그 허용요건의 준거법이 한국법이면 적용된다. 그런데 저자는 국제재판관할합의의 법적 성질에 관계없이, 관할합의의 허용요건, 방식과 효력은 법정지법에 의한다고 보는데,[56] 해외직구의 경우 관할합의조항이 없었더라면 한국 법원이 국제재판관할을 가졌을 것인데도 불구하고 약관에 포함된 관할합의조항에 의해 한국 법원의 국제재판관할이 박탈되므로 당해 계약의 준거법이 외국법이더라도 약관규제법 제14조가 적용된다. 즉 해외직구계약에서 약관에 포함된 유효한 준거법조항이 뉴욕주법을 규정하면 약관의 내용통제에 관한 한 약관규제법(제14조 이외)은 적용되지 않지만, 뉴욕주법원의 국제재판관할을 규정한다면 그 때에는 한국의 국제재판관할이 배제되므로 약관규제법(제14조)이 적용된다는 것이다. 약관에 의하여 계약을 체결한 경우 저자는 이와 같이 준거법이 외국법이라면 약관규제법의 내용통제는 적용되지 않는다고 보면서도, 국제재판관할의 맥락에서는 다른 기준을 적용한다. 즉 약관규제법의 적용 여부를 논의함에 있어서 다른 약관조항과 관할합의조항을 구별한다.[57]

다만 약관규제법 제14조가 적용되더라도 이는 고객에게 부당하게 불리한 재판관할의 합의조항은 무효로 한다는 추상적 조항이므로 실익은 크지 않다.[58] 이 때 당사자 간에 얼마나 불공평한지를 구체적으로 판단하여 결정할 것이라는 견해가 유력한데, 이는 아마도 다소의 불공평은 허용되지만 한도를 넘어서는 아니된다는 취지로 짐작되나, 구체적 기준을 제시하지 못하는 점에서 미흡하다. 해외직구계약에 포함된 관할합의조항의 문제점을 정확히 파악하자면, 우선 계약의 준거법과 약관규제법의 적용 여부, 만일 준거법이 외국법인데도 약관규제법 제

가 있다)의 문제가 있으나 이는 주된 계약의 준거법에 따른다.

56) 관할합의의 성립과 (실질적) 유효성은 법정지의 소송법이 별도의 규정을 두지 않는 한, 통상의 국제계약과 마찬가지로 법정지의 국제사법이 지정하는 준거법에 의할 사항이다. 관할합의가 주된 계약의 일부를 이루는 경우, 즉 관할조항으로 포함되는 통상적인 경우 주된 계약의 준거법이 관할합의의 성립과 (실질적) 유효성의 준거법이 된다. 이는 당사자들이 명시적 또는 묵시적으로 지정한 준거법을 말한다. 석광현, 국제민사소송법(2012), 118면 참조.

57) 이 점은 석광현, 국제사법과 국제소송, 제3권(2004), 175면 이하 참조. 그러나 저자가 이렇게 구별하는 점을 다른 분들이 인식하지 못하는 것 같아(예컨대 손경한, "분쟁해결합의에 관한 일반적 고찰", 법조, 제61권 제12호(통권 제675호)(2012. 12), 70면 참조), 저자는 근자에 도 이를 부연하였다. 석광현, "영국법이 준거법인 한국 회사들 간의 선박보험계약과 약관규제법의 적용 여부", 저스티스, 통권 제149호(2015. 8), 228면 이하. 다만 약관규제법은 관할에 관한 조문을 명시하므로 계약의 준거법이 한국법인 때에도 우리 약관규제법이 적용되어야 한다고 주장할 여지가 있다.

58) 이에 대하여는 "약관규제법 제7조 내지 제14조는 제6조의 신의칙에 의한 불공정성의 판단기준을 보다 구체화하여 법적 명확성과 안정성을 부여하는 기능이 미흡하다"는 비판이 있다. 장경환, "약관의 불공정성 판단", 權五乘 편, 公正去來法講義 II (2000), 502면.

14조가 적용된다면 그 근거, 약관규제법 제14조의 "부당하게 불리한"의 의미, 상인의 경우와 비상인인 소비자의 경우의 적용상의 차이 등을 체계적으로 이해해야 한다. 위 논의를 정리하면 다음과 같다.

《준거법이 외국법인 해외직구계약에서 국제재판관할합의조항과 약관규제법의 적용 여부》

구 분	약관규제법이 적용되는 업종(통상의 해외직구)의 약관
第27조의 소비자계약인 경우	- 국제사법(제27조 제6항)의 보호로 충분 - 약관규제법(제14조)[59]의 적용여부는 관할합의의 허용요건(적법요건)의 준거법에 따라 결정
第27조의 소비자계약이 아닌 경우	- 국제사법(제27조 제6항) 적용 없음. 따라서 약관규제법의 보호가 중요 - 약관규제법(제14조)의 적용 여부는 관할합의의 허용요건(적법요건)의 준거법에 따라 결정

⑶ 소비자보호 관련 법률의 관할규정과 국제재판관할

방문판매등에 관한 법률(이하 "방문판매법"이라 한다) 제53조[60]와 할부거래에 관한 법률(이하 "할부거래법"이라 한다) 제44조[61]는 소비자인 매수인의 주소 또는 거소를 관할하는 지방법원의 전속관할을 인정한다. 만일 이것이 국제재판관할규칙이라면 매우 강력한 소비자보호를 달성할 수 있다. 그러나 이러한 특별법 조항은 국제거래나 국제재판관할을 고려한 것은 아니고 단지 토지관할을 규정한 조항이라고 본다. 특히 '전자상거래등에서의 소비자보호에 관한 법률'(이하 "전자상거래소비자보호법"이라 한다) 제36조는 통신판매업자와의 거래에 관련된 소에 대하여는 제소 당시 소비자의 주소를 관할하는 지방법원의 전속관할을 규정하나 이 역시 토지관할규칙이라고 본다. 따라서 위 조문들은 국제재판관할의 맥락에서는 별 의미가 없다. 논자에 따라서는 위 전속관할 규정이 소비자보호를 위한 강행규정으로서 준거법이 외국법인 경우에도 적용될 수 있다고 주장할지 모르나

59) 물론 저자의 견해에 따르면 여기에서 약관규제법 제14조만이 아니라 제6조도 고려할 필요가 있으나 이는 더 추상적이므로 논의를 생략한다.

60) 제53조(전속관할) 특수판매와 관련된 소(訴)는 제소 당시 소비자 주소를, 주소가 없는 경우에는 거소를 관할하는 지방법원의 전속관할로 한다. 다만, 제소 당시 소비자의 주소 또는 거소가 분명하지 아니한 경우에는 민사소송법의 관계 규정을 준용한다.

61) 제44조(전속관할) 할부거래 및 선불식 할부거래와 관련된 소(訴)는 제소 당시 소비자의 주소를, 주소가 없는 경우에는 거소를 관할하는 지방법원의 전속관할로 한다. 다만, 제소 당시 소비자의 주소 및 거소가 분명하지 아니한 경우에는 민사소송법의 관련 규정을 준용한다.

저자처럼 이를 토지관할규정이라고 본다면 그것은 국제재판관할에는 직접 영향을 미치지 않는다. 외국이 국제재판관할을 가진다면 토지관할은 그 외국의 법에 따라 결정될 것이므로 소비자의 한국 내 상거소지(또는 주소지)의 토지관할은 의미가 없다는 것이다.

Ⅴ. 해외직접구매계약에서 준거법의 결정과 소비자보호: 분쟁해결수단이 소송인 경우

1. 서설

해외직접구매계약에서 준거법을 논의하는 실익은 무엇인가. 이는 계약의 준거법이 수행하는 기능을 보면 알 수 있다. 계약의 준거법은 다음과 같은 2가지 기능을 수행한다.

첫째, 당사자의 계약상의 권리와 의무를 정확히 이해하기 위하여 필요하다. 즉 당사자가 약관 등에 의하여 계약의 내용을 아무리 정치하게 규정하더라도 완벽할 수는 없으므로 법이 나머지 부분을 보충하게 되는데 그 법이 바로 준거법이다. 둘째, 당사자가 약관을 통하여 권리의무를 명시하더라도 강행규정에 위반하는 범위 내에서는 당사자의 합의, 즉 약관의 효력이 부정될 수도 있다. 그 경계를 설정하는 것이 바로 준거법이다. 특히 소비자계약인 해외직접구매계약에서는 강행규정이 많으므로 이 점이 실무적으로 중요하다. 따라서 해외직접구매계약에서 당사자의 권리와 의무는 준거법에 따라 달라진다는 점을 분명히 인식해야 한다. 물론 실무적으로는 여러 계약에 공통된 내용이 있겠지만 정확히 말하자면 그것이 준거법에 따라 달라질 여지가 있음을 알아야 한다는 것이다.

문제는 해외직구계약의 실무에서 준거법을 외국법으로 지정하는 경우가 흔하다는 점이다.[62] 여기에서도 법의 적용범위의 문제가 제기되는데, 소송에서 준거법은 국제사법에 의하여 결정되고 우리 국제사법은 법정지가 한국인 경우에 적용된다.

---

62) 위에서 본 것처럼 알리바바의 경우 한국 소비자에 대하여는 홍콩법을 준거법으로 지정하고 있고(Terms of Use 제12.7조), 아래(Ⅵ.)에서 보듯이 아마존의 경우 워싱턴주법이 준거법이다. 다만 후자의 경우 중재를 하게 되어 있다.

2. 준거법합의

가. 일반원칙

국제사법은 국제계약의 준거법에 관하여 '당사자자치(party autonomy)'의 원칙을 선언하고(제25조 제1항), 주관적 준거법에 관하여 준거법의 분열, 준거법의 사후적 변경, 국내계약에 대한 외국 준거법 지정의 가부, 준거법 합의의 성립과 유효성에 대한 준거법 등 관련 논점들에 대하여 명문의 규정을 둔다. 제26조는 객관적 준거법의 결정방법을 규정하는데, 로마협약의 태도를 받아들여 계약과 가장 밀접한 관련(또는 최밀접관련)이 있는 국가의 법을 준거법으로 지정한다. 이는 국제적으로 널리 인정되는 연결원칙이다. 제26조는 '특징적 이행(characteristic performance)'에 기초한 깨어질 수 있는 추정규정을 둔다. 나아가 국제사법은 사회·경제적 약자인 소비자를 보호하기 위한 특칙을 제27조(소비자계약)에 두고 있다. 즉 소비자계약의 경우 준거법의 주관적 결정과 객관적 결정 모두에서 통상의 계약에 대한 특칙이 인정된다.

나. 소비자계약의 특칙

⑴ 특칙이 적용되는 소비자계약의 범위

국제사법 제27조에 따른 소비자계약의 범위는 위(Ⅲ.)에서 보았고, 이를 개선하기 위한 입법론은 국제재판관할규칙에 관한 논의(위 Ⅳ.)에서 보았다. 이는 준거법의 맥락에서도 타당하다고 본다.

⑵ 국제사법의 조문과 당사자자치의 제한

국제사법 제27조는 준거법에 관하여 다음과 같이 규정한다.

> 제27조(소비자계약) ① 소비자가 직업 또는 영업활동 외의 목적으로 체결하는 계약이 다음 각호 중 어느 하나에 해당하는 경우에는 당사자가 준거법을 선택하더라도 소비자의 상거소가 있는 국가의 강행규정에 의하여 소비자에게 부여되는 보호를 박탈할 수 없다. [⋯]
> ② 당사자가 준거법을 선택하지 아니한 경우에 제1항의 규정에 의한 계약은 제26조의 규정에 불구하고 소비자의 상거소지법에 의한다.
> ③ 제1항의 규정에 의한 계약의 방식은 제17조 제1항 내지 제3항의 규정에 불구하고 소비자의 상거소지법에 의한다.

국제사법은 소비자계약의 경우에도 당사자자치를 허용하나 당사자의 법의 선택은, 당사자가 준거법을 선택하지 않는 경우에 적용될 객관적 준거법, 즉 소비자의 상거소지법의 강행규정이 소비자에게 부여하는 보호를 박탈할 수 없다(제1항). 준거법 합의에도 불구하고, 소비자의 환경을 이루는 법의 강행규정이 부여하는 보호를 '최소한의 보호(minimum protection)'로서 관철시키는 것이다.[63] 여기의 '강행규정'은 "당사자가 계약에 의하여 배제할 수 없는 법규", 즉 '국내적 강행규정'을 말한다. 소비자의 보호를 위한 강행규정은, 준거법에 관계없이 적용하고자 하는 입법자의 의도가 명백하게 표시되지 않는 한 국내적 강행규정인데, 이를 "보호적 강행규정"이라고 부르기도 한다. 국내적 강행규정의 예로는 방문판매법, 할부거래법, 전자상거래소비자보호법과 약관규제법 등을 들 수 있다.

요컨대 준거법의 맥락에서는 약관이 비록 외국법을 준거법으로 지정하더라도 국제사법 제27조 제1항에 따라 한국의 국내적 강행규정이 한국 소비자에게 부여하는 보호는 그것이 준거법보다 유리한 때에는 여전히 관철된다. 즉 법원은 소비자계약의 준거법과 소비자의 상거소지법을 비교하여 어느 것이 소비자에게 더 유리한지를 판단해야 한다. 소비자의 청약 철회권은 계약의 준거법이 규율하는 사항이므로,[64] 예컨대 전자상거래인 통신판매계약의 준거법이 소비자에게 청약철회를 허용하면서 전자상거래소비자보호법이 부여하는 기간(7일)[65]보다 긴 기간(예컨대 10일)을 허용한다면 철회기간은 10일이 되지만, 만일 준거법이 더 짧은 기간(예컨대 3일)을 허용한다면 그 때에는 전자상거래기본법이 부여하는 보호(즉 7일의 철회기간)가 관철된다.[66] 다만 소비자가 두 개의 법으로부터 논점별로 자기에게 유리한 요소들을 추출하여 이를 누적적으로 적용하여 최대의 보호를

---

63) Giesela Rühl, "Consumer Protection in Choice of Law", 44 Cornell Int'l L.J. 569, 572, 573 (2011)은 소비자가 약자이기 때문이 아니라, 소비자는 준거법에 대해 잘 알지 못하고, 그에 관한 정보를 수집하는 데 투자할 동인이 없기 때문이라고 설명한다. 나아가 위 Rühl, p. 592 이하는 소비자보호에 대한 경제적 분석을 담고 있다. 예컨대 소비자의 상거소지법을 적용함으로써 정보비대칭으로 인하여 초래되는 이른바 '레몬시장'을 효율적으로 방지함으로써 소비자의 피해를 방지하고, 준거법의 결정에 수반되는 비용을 낮출 수 있다고 한다.

64) 참고로 박상철(註 6), 131면은 청약 철회권을 규제법의 영역에 속하는 사항처럼 다루고 있으나 이는 부적절하다. 청약 철회는 계약 성립의 문제로서 계약의 준거법이 규율한다.

65) 전자상거래소비자보호법 제17조(청약철회등) 제1항 제1호에 따르면, 통신판매업자와 계약을 체결한 소비자는 계약내용에 관한 서면을 받은 날부터(다만 서면을 받은 때보다 재화의 공급이 늦은 경우에는 재화를 공급받거나 그 공급이 시작된 날부터) 7일(거래당사자가 더 긴 기간으로 약정한 경우에는 그 기간) 이내에 청약을 철회할 수 있다.

66) 그 밖에도 전자상거래소비자보호법 제13조 제2항에 따른 계약내용에 관한 서면(전자문서 포함)은 계약의 방식의 문제이므로 한국 소비자와 체결하는 해외직구계약의 경우 그 요건이 구비되어야 한다(국제사법 제27조 제3항).

받을 수는 없다. 특정 논점에 관하여 입장이 상이한 경우에는 판단이 용이하지만, 어느 사안에서 소비자에게 상이한 권리와 구제수단을 인정하는 경우에는 그의 판단이 어려울 수 있다. 이러한 비교의 어려움과 법원의 부담을 고려한다면 스위스 국제사법(제120조)[67]처럼 소비자의 상거소지법을 준거법으로 지정하는 방안이 보다 현실적일 수 있다.

준거법을 지정하지 않은 경우에는 소비자의 상거소지법이 준거법이 된다. 위에서 본 것처럼 소비자의 상거소지 국이 국제재판관할을 가지므로 법원으로서는 법정지법을 적용하게 되어 법의 적용이 용이하고 외국법을 조사하는 데 수반되는 어려움과 비용부담을 피할 수 있다. [밑줄 부분은 이 책에서 새로 추가한 것이다.]

⑶ 해외직구와 약관규제법의 적용

국제사법이 소비자보호를 위한 규정을 두고 있으므로 국제거래에서 소비자보호, 특히 약관의 사용과 관련한 소비자보호의 문제를 체계적으로 검토할 필요가 있다. 약관에 대한 통제는 첫째, 약관에 포함되어 있는 준거법합의, 즉 준거법조항 자체에 대한 통제와, 둘째, 계약에 편입되는 약관에 대한 통제(그에는 편입통제, 해석통제와 내용통제가 있으나 내용통제가 가장 중요하다)로 나뉘는데 후자가 실무상 중요한 의미를 가진다. 이에 관하여는 다른 기회에 상세히 논의하였으므로[68] 여기에서는 상론을 피하고 준거법이 외국법으로 지정되는 해외직구를 중심으로 결론만 정리한다.

첫째, 준거법조항 자체에 대한 통제. 약관에 포함된 준거법조항은 특별한 사정이 없으면 유효하다. 다만 예외적으로 준거법합의가 고객에게 현저하게 불합리하고 불공정한 경우 공서양속에 반하는 법률행위로서 무효이다.[69] 만일 준거

---

67) 석광현, 국제사법과 국제소송, 제1권(2001), 484면 참조. 조문번역은 551-552면 참조.

68) 상세는 석광현, 국제사법과 국제소송, 제3권(2004), 151면 이하 참조.

69) 대법원 2010. 8. 26. 선고 2010다28185 판결은, 당해 사건 계약이 캐나다 온타리오주법을 준거법으로 정함으로써 현저하게 불합리하거나 불공정한 결과가 초래된다고 볼 근거가 없어 그 준거법 약정은 유효하다고 본 원심판결을 지지하였다. 이는 한국 법원의 관할을 배제하고 외국법원을 관할법원으로 하는 전속적인 국제재판관할합의는 현저하게 불합리하고 불공정한 경우에는 공서양속에 반하는 법률행위로서 무효라고 판시한 대법원 1997. 9. 9. 선고 96다20093 판결의 연장선상에 있다. 본문은 이런 대법원 판결의 논리를 따른 것이다. 그러나 위 2010년 대법원 판결의 사안은 소비자계약이 아니므로 소비자계약의 경우에는 준거법조항에 대해 약관규제법에 따라 더 강력히 통제해야 한다는 견해도 가능하다. 다른 한편으로는 약관규제법은 준거법조항에 대해 제14조와 같은 별도 조문을 두지 않으므로 결국 고객에게 부당하게 불리한 준거법조항이 무효가 된다(제6조). 준거법을 외국법으로 지정하는 것은 고객에게 불리하다고 볼 수 있으나 문제는 그것이 '부당하게 불리한'지이다. '부당하게 불리한' 경우에 해당하는지를 판단함에 있어서는 관할조항에 관한 논의가 참고가 될 것이다. 위 2010년 대법

법조항이 유효하다면 해외직구계약이 준거법을 외국법으로 지정하는 경우 준거법은 당해 외국법이 되고 한국법인 약관규제법은 적용되지 않는다. 다만 약관규제법이 국제적 강행규정(이를 "절대적 강행규정"이라고도 부른다)이라면 법정지가 한국인 경우 적용되므로 이 점을 검토한다. 이는 약관규제법(특히 그에 포함된 私法的 規定)이 국제적 강행규정인가의 문제인데, 저자는 종래 이를 부정한다. 따라서 위에서 확인한 결론이 타당하다. 서울고등법원 2007. 10. 12. 선고 2007나16900 판결(확정)도 약관규제법의 국제적 강행법규성을 부정하였고, 대법원 2010. 8. 26. 선고 2010다28185 판결도 같은 취지로 판단하였다. 즉 후자는 "국제사법 제27조에서 소비자 보호를 위하여 준거법 지정과 관련하여 소비자계약에 관한 강행규정을 별도로 마련해 두고 있는 점이나 약관규제법의 입법목적을 고려하면, 외국법을 준거법으로 하여 체결된 모든 계약에 관하여 당연히 약관규제법을 적용할 수 있는 것은 아니"라고 판시하였다. 후자의 대법원 판결은 국제거래에서 약관규제법이 준거법이 외국법임에도 불구하고 적용되는지를 정면으로 다룬 최초의 대법원판결로서 타당하지만,[70] 동 판결이 이 쟁점을 비중 있게 다루지 않은 점은 아쉽다.

이와 달리 준거법에 관계없이 당해 약관이 한국과 밀접한 관련이 있는 경우에는 우리 약관규제법이 적용된다는 견해도 있으나[71] 이는 근거가 없고, 예컨대 한국 대기업이 당사자가 되는 대부분의 B2B 거래에도 우리 약관규제법을 국제적 강행규정으로 적용하자는 것은 국제계약을 심하게 저해하는 비현실적 주장이다. 일부 논자는 그런 견해를 지지한 사례로 대법원 2010. 9. 9. 선고 2009다105383 판결을 들고 있으나, 이미 지적한 바와 같이 동 판결의 사안은 준거법 지정 외에는 순수 국내계약이므로 그 결론을 일반화해서는 아니 된다. 근자에 대법원 2015. 3. 20. 선고 2012다118846(본소), 2012다118853(반소) 판결[72]도 약

원 판결이 약관의 특수성 내지 약관규제법상의 통제를 고려한 것인지는 의문이다. 아직 이 점을 고려한 대법원 판결은 잘 보이지 않는다.

70) 이병준, "해외 소셜 네트워크 서비스이용관의 약관규제법에 의한 내용통제 가능성: Facebook 게시물이용약관의 유효성을 중심으로", 소비자문제연구, 제41호(2012. 4), 197면; 이병화(註 35), 380면, 註 108도 동지. 간단한 평석은 석광현, "약관규제법은 국제적 강행규정인가", 법률신문, 제3920호(2011. 3. 21), 13면 참조. 저자가 아는 바로는 석광현, "國際去來와 약관의 규제에관한법률의 적용", 국제사법연구, 제9호(2003. 12), 81면 이하가 이 점을 처음으로 체계적으로 논증한 논문이다. 그러나 이것이 소비자보호 관련 법이 모두 국제적 강행규정이 될 수 없다는 것은 아니다. 이병화(註 35), 370면 이하도 同旨.

71) 손경한(註 57), 70-71면. 이는 관할의 맥락에서 쓰고 있으나 이런 견해로 보인다.

72) 이에 대한 평석은 석광현, "영국법이 준거법인 한국 회사들 간의 선박보험계약과 약관규제

관규제법이 국제적 강행규정이 아니라는 점을 재확인하고, 위 대법원 2010. 9. 9. 판결을 일반화할 것이 아니라는 점을 명확히 함으로써 법적 불확실성을 제거하였다. 주의할 것은, 이런 논의는 약관규제법(특히 그의 私法的 規定)이 외국사업자에게도 적용됨을 전제로 한다. 만일 약관규제법(제2조 제2호)이 정의하는 사업자가 한국 사업자만을 의미한다면 외국사업자가 외국법을 준거법으로 지정하여 약관을 사용하는 경우 준거법을 논의할 필요 없이 외국사업자라는 이유만으로도 적용이 배제된다.[73)]

둘째, 편입되는 약관에 대한 통제. 위에서 본 것처럼 준거법이 외국법인 해외직구계약에는 약관규제법(제14조 이외)은 적용되지 않으므로 편입통제, 해석통제와 내용통제(제14조 이외)는 모두 적용되지 않는다. 다만 한국 소비자가 국제사법 제27조의 소비자라면 제27조에 의하여 약관규제법상의 보호를 받을 수 있다. 위 논의를 정리하면 다음과 같다.

《준거법이 외국법인 해외직구계약에서 약관규제법의 적용 여부와 동법상의 보호 부여 여부》

구　분	약관규제법이 적용되는 업종(통상의 해외직구)의 약관
제27조의 소비자계약인 경우	- 약관규제법 부적용 - 다만 국제사법 제27조에 의하여 약관규제법상의 보호 부여
제27조의 소비자계약이 아닌 경우	- 약관규제법 부적용 - 약관규제법상의 보호 부여되지 않음

⑷ 소비자보호 관련 기타 법률의 국내적 강행규정과 국제적 강행규정

약관규제법 외에도 국내적 강행규정의 예로는 방문판매법, 할부거래법과 전자상거래소비자보호법 등이 있음은 위에서 언급하였다. 문제는 위 법률 중의 일부가 국제적 강행법규에 해당하는가이다. 예컨대 방문판매법 제52조는 제7조부터 제10조, 제16조부터 제19조, 제30조부터 제32조의 규정 중 어느 하나를 위반

법의 적용 여부", 저스티스, 통권 제149호(2015. 8), 196면 이하 참조.

73) 다만 이런 결론을 약관규제법의 행정적 규제에도 동일하게 적용할지는 논란의 여지가 있다. 석광현, 국제사법과 국제소송, 제5권(2012), 236면 참조. 전자상거래소비자보호법에서도 유사한 문제가 제기된다. 국회가 이런 논점에 대한 충분한 검토 없이 사법적(私法的)(또는 거래법적) 규정과 행정적(또는 사업법적) 규정을 포괄하는 각종 '(사)업법'을 계속 제정하는 것은 문제가 있다.

한 계약으로서 소비자에게 불리한 것은 효력이 없다고 규정하고, 할부거래법 제43조는 제6조부터 제13조, 제15조, 제16조, 제22조의2, 제23조부터 제26조의 규정을 위반한 약정으로서 소비자에게 불리한 것은 효력이 없다고 규정하며, 나아가 전자상거래소비자보호법 제35조는 통신판매업에 관한 제17조(청약철회등), 제18조(청약철회등의 효과)와 제19조(통신판매중개자의 고지 및 정보제공 등)의 규정을 위반한 약정으로서 소비자에게 불리한 것은 효력이 없다고 규정한다.[74)]

이러한 규정들이 국내적 강행규정임은 별로 의문이 없으나 이들을 국제적 강행규정이라고 보기는 어렵다. 무엇보다도 위 법률들은 국제거래에 대한 적용은 특별히 고려하고 있지 않고, 나아가 준거법에도 불구하고 위 조항들의 적용을 관철하려는 입법자의 의지(또는 의사)를 간취할 수 없으므로 일반원칙에 따라야 할 것이기 때문이다.

Ⅵ. 해외직접구매계약에서 중재합의와 소비자보호: 분쟁해결 수단이 중재인 경우

1. 실제 사례와 문제의 소재

아마존의 홈페이지[75)]를 보면 소비자와의 분쟁은 워싱턴주법에 따르고, 분쟁은 워싱턴주 시애틀에서 American Arbitration Association (AAA)의 중재규칙에 의하여 해결하도록 되어 있다. 구체적인 문언은 아래와 같다(Conditions of Use).

74) 전통적인 통신수단에 의한 통신판매도 가능하므로 통신판매가 항상 전자상거래는 아니지만 인터넷에 의해 이루어지는 해외직구는 통신판매일 것으로 생각된다. 고형석, 소비자보호법(2003), 175면은 소비자가 사이버몰을 직접 방문하여 재화 등에 관한 계약을 체결한 경우에는 전자상거래에 해당하지만 통신판매에는 해당되지 않는다고 하고, 일반적으로 전자상거래가 통신판매의 일유형은 아니지만, 통신판매의 과정에서 당사자가 전자문서를 이용한다면 통신판매이자 전자상거래가 되므로 전자상거래의 일부가 통신판매의 일유형에 해당한다고 본다. 고형석, "전자상거래소비자보호법상 전자상거래와 통신판매와의 관계에 관한 연구", 인터넷법률, 제47호(2009. 7), 19면; 고형석, "전자상거래 분야에서의 소비자보호에 관한 법률 상호간의 정합성에 관한 연구", 가천법학, 제6권 제3호(2013. 9), 149면도 같다. 그러나 양자의 관계는 논란이 있는 것으로 보이므로 그 관계를 분명히 정리할 필요가 있다.

75) https://www.amazon.com/gp/help/customer/display.html?nodeId=508088 참조.

DISPUTES

Any dispute or claim relating in any way to your use of any Amazon Service, or to any products or services sold or distributed by Amazon or through Amazon.com will be resolved by binding arbitration, rather than in court, except that you may assert claims in small claims court if your claims qualify. The Federal Arbitration Act and federal arbitration law apply to this agreement.

There is no judge or jury in arbitration, and court review of an arbitration award is limited. However, an arbitrator can award on an individual basis the same damages and relief as a court (including injunctive and declaratory relief or statutory damages), and must follow the terms of these Conditions of Use as a court would.

[이하에서는 중재신청 방법, 중재규칙, 비용에 관한 정보와 배심재판 포기 등을 담고 있다.][76]

APPLICABLE LAW

By using any Amazon Service, you agree that the Federal Arbitration Act, applicable federal law, and the laws of the state of Washington, without regard to principles of conflict of laws, will govern these Conditions of Use and any dispute of any sort that might arise between you and Amazon.

이처럼 해외직구에서 중재합의가 이용되고 있으므로 약관에 포함된 중재조항으로부터 소비자를 보호하는 것은 시급한 문제이다. 위에서 본 것처럼 국제사법(제27조)은 국제재판관할과 준거법의 맥락에서 국제거래의 당사자가 되는 소비자를 보호하기 위한 특칙을 둔다. 분쟁해결수단으로 중재합의를 하는 해외직구의 경우에도 소비자를 보호할 필요성이 있음은 물론이나 우리 국제사법과 중재법에는 이를 위한 규정이 없다.

중재합의의 효력은 여러 장면에서 문제될 수 있다. 첫째, 위와 같은 약관조항이 있음에도 불구하고 한국 소비자가 아마존을 상대로 한국 법원에 제소하는 경우이다. 이 경우 아마존은 약관에 포함된 중재조항을 근거로 항변을 제기할 것이므로 우리 법원으로서는 그 중재합의가 유효한지를 판단해야 한다(이것이 항변단계이다). 둘째, 아마존이 한국 소비자를 상대로 AAA에 중재신청을 한다면 그에 따라 중재절차가 진행될 텐데(이것이 중재단계이다), 만일 그 절차에서 아마존이 이겼음에도 불구하고 한국 소비자가 중재판정을 자발적으로 이행하지 않는다면 아마존은, 물론 금액이 소규모인 경우에는 다소 비현실적이지만, 미국 중재

76) 생략된 부분에 "The arbitration will be conducted by the American Arbitration Association (AAA) under its rules, including the AAA's Supplementary Procedures for Consumer-Related Disputes."라는 문언이 포함되어 있다.

판정을 한국에서 집행하고자 할 것이다(이것이 중재판정의 승인 및 집행단계이다).[77]

근자에 우리나라에서 해외직구가 급증함에 따라 그에 대한 사회적 관심이 커졌음에도 불구하고 여기에서 다룬 논점에 대해서는 문제의식조차 별로 없음은 이해하기 어렵다.[78] 이는 우리 사회가 거래의 경제적 측면에는 큰 관심을 가지는 데 반하여 당장 드러나지는 않지만 분쟁 발생 시 소비자에게 큰 영향을 미치는 분쟁해결에 대해 사전에 대처방안을 마련하는 데는 무관심하기 때문이다. 예방법학의 중요성에 대해 무지한 법학계와 법조계도 크게 다르지 않다. 아래에서는 약관규제법과 중재법의 해석론과 입법론을 간단히 논의한다.

2. 약관규제법과 중재법의 해석론

가. 쟁점의 소개

위의 사례에서는 다음과 같은 쟁점들이 제기된다.

첫째, 소비자계약상의 분쟁은 중재가능성(arbitrability)이 있는가(아래 나.).

둘째, 약관인 소비자계약에 포함된 중재조항은 유효한가. 이는 중재조항 자체에 대한 통제로서 약관규제법 제14조의 문제이다(아래 다.).

셋째, 중재판정부는 약관인 소비자계약에 포함된 준거법을 적용해야 하는가. 나아가 준거법을 적용하는 과정에서 소송에서 본 바와 같은 소비자보호의 기제가 작동하는가. 이는 중재에서 분쟁의 실체의 준거법에 대한 통제(편입통제, 해석통제와 내용통제)의 문제이다(아래 라.).

넷째, 소비자계약상의 분쟁은 상사사건인가. 이는 한국도 가입한 "외국중재판정의 승인 및 집행에 관한 1958년 국제연합협약"(이하 "뉴욕협약"이라 한다)에

---

77) 중재법의 논점을 검토함에 있어서는 이처럼 중재단계, 항변단계와 집행단계를 구분할 필요가 있다. 여기에서 더 이상 논의하지 않지만, 한국의 소비자보호 관련 법률을 적용하지 않은 외국중재판정의 승인 및 집행이 우리 공서에 위반되는지가 문제될 수 있다. 한국의 소비자보호 관련 법률을 적용하지 않음으로써 소비자에게 상대적으로 불리한 내용이 되었다는 이유만으로 그 중재판정의 승인 및 집행이 공서위반이 되는 것은 아니나, 소비자보호 관련 법률 중 일부는 국제적 강행규정일 수 있고 그의 적용을 배제한 중재판정의 승인 및 집행은 사안에 따라 공서위반이 될 가능성은 있을 것이다. [밑줄 부분은 이 책에서 새로 추가한 것이다.]

78) 국내소비자중재를 다룬 이병준, "약관을 통한 소비자중재합의와 그 유효성", 중재연구, 제24권 제1호(2014. 4), 129면은 "소비자중재가 아직 우리 현실에 실무적으로 존재하지 않지만"이라고 기술하나 이는 부적절하다. 왜냐하면 실제로 국제거래에서 소비자중재합의는 무수히 체결되고 있기 때문이다. 김광수, "국제소비자분쟁의 해결방안", 계간 중재(2008년 봄), 29면 이하도 국제소비자분쟁의 실태와 사례 등을 소개한다.

따른 상사유보와의 관계에서 의미가 있다(아래 마.)

그 밖에도 집단소송에서 보듯이 소비자들이 집단중재를 이용할 수 있는지도 문제되고, 소비자가 한국의 소비자보호기구를 통해서 또는 국내외 소비자보호기구 간의 협력을 통한 구제를 받는 방안도 고려할 필요가 있으나 이에 대한 논의는 생략한다.

나. 소비자계약상 분쟁의 중재가능성

위에서 본 것처럼 국제사법은 사회·경제적 약자를 보호하기 위한 국제사법상의 조치로서 소비자계약에서 소비자의 상거소 소재지국에 국제재판관할을 긍정하고 그 밖에 소비자에게 불리한 관할합의를 제한한다. 만일 국제사법 제27조를 국제상사중재에 유추적용한다면, 아래(다. (3))에서 보는 바와 같이, 약관에 포함된 중재조항은 중재지가 소비자의 상거소 소재지인 경우에만 허용된다고 볼 여지는 있으나 그로부터 소비자계약 분쟁의 중재가능성을 부정할 수는 없다. 특히 우리 중재법은 국제연합이 1985년 채택한 "국제상사중재에 관한 모델법(Model Law on International Commercial Arbitration)"(이하 "모델중재법"이라 한다)을 기초로 하면서 그 범위를 상사에 한정하지 않고 민사도 포함시켰으므로 소비자중재에도 적용된다. 참고로 독일 민사소송법은 소비자와 체결하는 중재합의는 당사자들이[전에는 당사자 중 1인이라고 잘못 적었기에 바로 잡았다] 자필서명한 서면에 포함될 것을 요구할 뿐이고(제1031조 제5항) 달리 규정하지 않는데, 이 또한 소비자계약상의 분쟁이 중재가능성이 있음을 당연한 전제로 하는 것이다. 더욱이 미국 연방대법원은 소비자중재가 가능함을 여러 차례 선언한 바 있는데, 1989. 5. 15.의 *Rodriquez de Quijas v. Shearson/American Express, Inc* 사건 판결이 그러한 예이다.[79)]

79) 490 U.S. 477 (1989). 근자의 미국의 논의는 박은옥, "소비자 중재합의의 유효성 —미국판례를 중심으로—", 무역상무연구 제77권(2018. 2.), 43면 이하; 안건형, "미국소비자금융보호위원회(CFPB)의 2015년 「중재연구 의회보고서」의 내용과 시사점, 무역상무연구 제77권(2018. 2.), 69면 이하 참조. Gralf-Peter Callies and Simon Johannes Heetkamp, Online dispute resolution, Encyclopedia of Private International Law, Vol. 2 (2017), p. 1322는 미국은 전통적으로 소비자중재에 대해 호의를 가지고 있다고 한다. [밑줄 부분은 이 책에서 새로 추가한 것이다.]

다. 약관에 포함된 중재조항 자체에 대한 통제(약관규제법 제14조와 중재법의 문제)

(1) 중재합의의 준거법

여기에서는 우리 약관규제법과 중재법의 적용 여부를 판단해야 하므로 중재조항의 형식으로 이루어지는 중재합의의 준거법을 결정해야 한다. 이에는 첫째, 중재합의의 성립 및 (실질적) 유효성[80]의 준거법, 둘째, 중재합의의 (절차법적) 효력의 준거법, 셋째, 중재합의의 방식의 준거법과 넷째, 중재합의의 허용요건(또는 적법요건 또는 중재합의에 특유한 유효요건)의 준거법이 문제된다.[81] 주의할 것은 뉴욕협약이 적용되는 범위 내에서는 그를 우선 적용해야 한다는 점인데, 실제로 위 논점의 상당부분에 대하여 뉴욕협약이 규정을 두고 있다.[82]

뉴욕협약은 약관의 내용통제에 관하여 규정하지 않으므로 약관규제법 제14조의 적용 여부는 뉴욕협약이 아니라 준거법인 국내법에 따른다.[83] 한국 소비자가 해외직구계약을 체결하는 경우 약관에 포함된 중재조항(외국을 중재지로 지정하는 중재합의)이 허용되는지는 중재합의의 허용요건(또는 적법요건)의 준거법에 따를 사항인데, 뉴욕협약이 별도의 규정을 두지 않는 범위 내에서는, 이는 중재합의의 방식 및 (절차법적) 효력과 함께 법정지법에 따른다.[84] 만일 중재조항이

---

80) 여기의 실질적 유효성은 통상 착오, 사기 또는 강박에 의한 의사표시의 하자, 공서양속위반과 강행법규위반 등을 말하는 것으로 형식적 유효성인 방식의 문제와 구별되고, 아래에서 말하는 허용요건과도 구별된다.

81) 석광현, 국제상사중재법연구, 제1권(2007), 104면 참조. 독일의 개관은 Münchener Kommentar zur BGB, 6. Auflage (2015), Vor Art. 1 Rom I-VO, Rn. 89ff. (Martiny 집필부분) 참조.

82) 석광현(註 81), 121면. 다만 우리나라는 뉴욕협약에 가입하면서 상사유보를 하였으므로 만일 소비자계약분쟁이 상사가 아니라면 뉴욕협약은 적용되지 않는다. 이 점은 아래(VI. 2. 마.)에서 논의한다.

83) 반면에 약관의 편입통제에 관하여는, 뉴욕협약이 적용되는 범위 내에서는 통일규범인 뉴욕협약에 따라야 하고 우리 약관규제법을 적용할 것은 아니다. 뉴욕협약은 집행단계에서만 중재합의의 준거법을 명시하는데, 저자는 항변단계와 중재단계에도 이를 유추적용하나 이는 논란의 여지가 있다.

84) 저자는 종래 이처럼 국제중재합의에도 국제재판관할합의에 대한 것과 유사한 법리를 적용하여, 약관규제법상의 내용통제 일반은 계약의 유효성의 문제이지만 제14조는 유효요건의 문제로 파악한다. 석광현(註 81), 115면 이하. 이와 달리 제14조도 중재합의의 유효성의 문제로 성질결정할 여지도 있다. 독일에는 중재조항은 의외조항이라서 민법 제305c조에 따라 무효라는 견해도 있다. 그러나 Jürgen Samtleben, "Schiedsgerichtsbarkeit und Finanztermingeschäfte — Der Schutz der Anleger vor der Schiedsgerichtsbarkeit durch §37h WpHG", IPRax (2011), S. 473은 뉴욕협약의 서면요건은 그보다 엄격한 국내법을 적용한 편입통제를 불허한다는 이유로 그에 반대한다. 우리 법상 의외조항은 편입통제의 문제인데 이는 뉴욕협약이 적용되는 경우에는 동 협약에 따를 사항이다.

없었더라면 우리 법원이 재판할 수 있었음에도 불구하고 중재조항의 결과 재판할 수 없게 되었다면, 우리 법원에서 중재합의가 유효한지가 항변단계 또는 집행단계에서 제기되는 경우에는, 중재합의의 허용요건을 정한 약관규제법 제14조가 법정지법으로서 적용되고 따라서 그에 의하여 중재조항의 효력이 부정될 수 있다. 약관규제법 제14조를 적용한 결과는 항을 바꾸어 아래 (2)에서 논의한다.

(2) 약관규제법에 의하여 중재조항 자체를 통제하는 방안

약관규제법 제14조는 고객에게 부당하게 불리한 소제기의 금지조항을 무효라고 규정한다. 약관에 포함된 중재조항은 '소제기의 금지조항'에 포함되므로 고객에게 불리한 중재합의는 무효이다. 주의할 것은 고객에게 불리한 소제기의 금지조항이 전면적으로 무효인 것은 아니고 단지 고객에게 "부당하게" 불리한 중재조항만이 무효라는 점인데, 문제는 '부당하게'라는 기준이 매우 추상적이라는 점이다.[85]

어쨌든 여기에서 우리의 관심은 해외판매자와 고객인 한국 소비자 간에 체결되는 약관에 의한 중재합의(즉 중재조항)가 유효한가이다. 이에 대해 유효설, 무효설과 제한적 무효설이 있으나 이는 주로 국내 소비자중재를 염두에 둔 것이다. 학설의 상세는 아래와 같다.[86]

① 소비자에게 중재에 관한 정보제공만 충분히 한다면, 즉 소비자중재에 의해 재판받을 권리가 상실되는 점 등을 충분히 고지한다면 중재합의는 유효라는 견해,[87] ② 소비자중재는 재판받을 권리를 박탈하기 때문에 무효라는 견해[88]—소비자계약의 경우 중재합의는 항상 소비자에게 "부당하게 불리한 조항"이라는 취지로 보인다— 와, ③ 다소 제한적으로 중재조항 등이 소비자의 재판청구권을 본질적으로 또는 현저하게 훼손하는 경우나 ODR 조항이 난해하여 소비자가 그 의미

85) 중재합의의 방식에 관하여는 약관규제법도 아무런 특칙을 두지 않는다. 특히 국제사법(제27조)에서 보듯이 수동적 소비자에 대하여 실효적인 보호를 부여하는 것이 국제거래에서 소비자보호의 방향임에도 불구하고, 약관규제법은 고객이 소비자인가를 묻지 않고 '약관의 사용'이라는 거래형태에 착안하여 매우 느슨한 보호를 부여한다.

86) 학설은 이병준(註 78), 117면 이하; 양석완, "약관에 의한 중재조항의 효력", 비교사법, 제21권 제2호(통권 제65호)(2014. 5), 928면 이하 참조.

87) 정선주, "소비자중재에서 소비자보호의 문제", 서울대학교 법학, 제49권 제1호(통권 제146호)(2008. 3), 243면.

88) 손경한, "소비자금융 분쟁의 중재", 중재, 제291호(1999), 78-79면(이병준(註 78), 118면, 註 20에서 재인용). 이은영, 약관규제법(1997), 357면은 무효로 추정된다고 한다. 손경한, "중재계약", 계약법의 특수문제(1983), 132면은 대등하지 않은 당사자 간에서는 그 효력을 긍정하는 것이 형평에 어긋난다고 판단될 경우에 효력을 부정한다.

를 이해하기 힘든 경우에 한하여 무효라는 견해[89]가 있다. ③은 나름 설득력이 있으나 이는 단순한 예시이지 그에 한정할 것은 아니라는 점에서 애매하다는 비판을 면하기 어렵고, 재판청구권을 본질적으로 또는 현저하게 훼손하는지를 판단하기 위한 명확한 기준을 제시해야 한다. 이런 이유로 저자는 어느 견해도 지지하지 않으며 아래에서 보듯이 약관규제법에 충실한 해석론에 따라야 한다고 생각하나[90] 이는 많이 미흡하므로 장래에는 입법론적 해결을 도모해야 한다. 구체적으로 저자의 견해는 아래와 같다.

첫째, 중재조항의 형태로 된 중재합의는 '소제기의 금지조항'에 해당한다. 따라서 약관에 포함된 중재조항에는 약관규제법 제14조가 적용된다.[91]

둘째, 약관규제법은 약관제안자의 상대방(즉 고객)에게 부당하게 '불리한 경우'에 한하여 소제기의 금지조항(예컨대 중재조항)이 무효라고 규정하고 있지 소제기의 금지조항이라고 해서 당연히 무효라고 규정하지는 않는다. 즉 중재조항이 약관에 포함되었다는 이유만으로 당연히 무효가 되는 것은 아니다.[92]

셋째, 고객에게 불리한지를 판단하는 기준은 고객이 사업자인지, 소비자인지에 따라 다르다. 특히 국제거래의 경우 그러한데 이는 국제사법 제27조의 적용 여부에 따라 기준이 달라지기 때문이다. 따라서 양자에 동일한 잣대를 적용할 것은 아니다. 예컨대 해외판매자가 한국 소비자와 중재지를 외국으로 합의하는 경우는 소비자에게 불리하지만(국제사법에 따르면 이 경우 소비자는 한국에서 재판받을 권리를 가지므로), 한국 사업자와 동일한 중재합의를 하는 경우에는 한국 사업자에게 당연히 불리한 것은 아니다. 즉 법문에 충실하게 평가의 여지를 남겨두어야 한다.

넷째, 고객에게 불리하더라도 당연히 무효가 되는 것은 아니고 '부당하게'

---

89) 김선정, "온라인 상사분쟁해결방법의 법적 과제", 경영법률, 제17집 제1호(2006), 581면.

90) 약관규제법 제14조에 따른 검토를 해야 함을 지적하는 점에서는 이병준(註 78), 129면은 저자의 견해와 유사한 듯하나, 그러면서도 무효설, 그 중에서도 고객에게 불리한 때에는 무효로 추정하는 견해로 보인다.

91) 그러나 손경한(註 57), 69-70면은 약관규제법 제14조를 약관에 포함된 중재조항에도 유추적용한다.

92) 국내 민간건설공사에는 국토해양부가 고시한 '민간건설공사 표준도급계약 일반조건'이, 정부 등의 도급공사에는 기획재정부 예규인 '정부도급공사 표준도급계약서'가 사용되고 있는데 이런 약관도 중재조항을 두고 있다. 또한 우리나라의 건설회사가 외국의 발주자와 건설계약을 체결하면서 중재조항을 포함하는 FIDIC 표준약관을 적용하기로 합의한다면 그에 의한 중재합의는 약관규제법 제14조에도 불구하고 특별한 사정이 없는 한 유효하다. FIDIC 표준약관은 국제엔지니어링컨설팅연맹(FIDIC)이 작성한 건설계약을 위한 표준계약조건을 말한다. 요컨대 B2B 간의 이런 중재합의가 당연히 또는 일반적으로 무효가 되는 것은 아니다.

불리한 경우에 한하여 무효이므로, 약관에 포함된 중재조항이 그에 해당하는지를 판단하여야 한다.[93] 부당한지 여부를 판단하는 획일적 기준은 없고 결국 개별사건의 사정을 고려하여 사건 별로 판단할 수밖에 없다.[94] 예컨대 외국사업자가 한국 소비자와 외국에서 중재하기로 합의하는 경우, 특히 소비자가 중재지인 외국에 물리적으로 출석해서 외국어로 중재절차를 진행해야 한다면[95] 소비자에게 부당하게 불리하다고 볼 수 있으나 ODR에서 보는 바와 같이 인터넷상으로만 중재절차의 진행이 가능하고, 언어장벽을 최소화하는 장치들(예컨대 계약체결에 사용된 언어로 질문과 답변을 유형화함으로써 클릭을 통하여 소비자가 자신의 권리를 행사할 수 있는 등)을 도입한다면 달리 볼 여지도 있을 것이다. 또한 이례적이겠지만 외국사업자가 한국 소비자의 상거소지인 한국에서 한국법에 따라 중재하기로 합의한다면 소송과 비교할 때 중재가 항상 소비자에게 불리하다고 단정할 수 있는지 의문이고,[96] 가사 불리하다고 하더라도 '부당하게' 불리한 것은 아닐 것이다.[97]

---

93) 이 점은 이병준(註 78), 129면도 동지.

94) 약관의 내용통제에서 개별사건의 구체적 사정을 고려할 수 있는지는 논란이 있다. 윤진수, "한국법상 약관규제법에 의한 소비자보호", 民法論攷 VI (2015), 360면, 註 85는 이를 허용하면 동일한 약관조항의 효력이 고객에 따라 다르게 판단될 수 있어서 약관규제법 제5조 제1항(약관은 … 고객에 따라 다르게 해석되어서는 아니 된다)이 정한 약관의 객관적 해석(또는 통일적 해석) 원칙에 어긋난다고 비판한다. 그러나 김진우, "금융거래에서의 약관에 대한 사법적 통제", 민사판례연구, 제37권(2015), 1120면 이하는 약관을 해석함에 있어서 개별적 사안의 구체적 사정을 고려하지 말아야 한다는 견해에 반대한다. 대법원 2008. 12. 16.자 2007마1328 결정; 대법원 2013. 2. 15. 선고 2011다69053 판결과 이철송, 상법총칙·상행위, 제13판(2015), 54면도 같다.

95) 중재인은 통상 심리 내지 회합을 포함한 중재절차를 중재지에서 진행하지만 반드시 그곳에서 심리, 증거조사 등의 활동을 할 필요는 없고 중재판정을 그곳에서 작성해야 하는 것도 아니므로 결국 중재지는 중재판정에 중재지라고 기재된 장소에 불과하다. 이 점에서 중재지는 '중재의 형식적인 법적 주소 또는 본거' 또는 '순전히 법적인 개념(purely legal concept)'이라고 할 수 있다. 석광현(註 81), 24면 참조.

96) 현재는 모르겠으나, 만일 소비자중재를 전문으로 하는 기구를 설립하여 전문성을 확보하여 저렴한 비용으로 신속하게 분쟁을 해결할 수 있게 된다면 소비자에게 소송이 중재보다 항상 유리하다고 단정할 수는 없을 것이다.

97) Samtleben(註 84), S. 473은 약관에서 중재합의를 한다고 불합리하게 불리한 것은 아니라고 명백히 지적하면서 독일 연방대법원 판결들(BGH 10. 10. 1991, BGHZ 115, 324; BGH 13. 1. 2005, BGHZ 162, 9, 16)을 인용한다. 이병준(註 78), 124면 이하는 소비자 중재에 관한 후자의 판결과 BGH, 1. 3. 2007, JZ 2008, 358ff.를 소개하고, 127면 이하에서 학설의 상황을 소개한다. 내용통제를 정한 독일 민법 제307조에 근거하여 중재조항은 고객에게 부당하게 불리한 것으로서 원칙적으로 무효이고 약관 제안자에게 특별한 이익 내지 중재의 필요성이 존재하는 경우에 한해서 예외적으로 유효라는 유력설도 있다. 소비자에게 공간적으로 멀리 떨어진 외국 중재지에 중재를 하라는 것은 내용통제에 걸릴 수 있으나 연방대법원(BGH 26. 6. 1986, BeckRS 1986, 31070067)은 약관 제안자의 본거지의 중재합의는 원칙적으로 허용된다고 판단하였다고 소개한다. 그러나 이는 고객이 상인인 사안이다. 윤진수(註 94), 360면도 중재조항이 반드시 고객에게 부당하게 불리한 것이라고 보기는 어렵다고 한다.

즉 법문에 충실하게 평가의 여지를 남겨두어야 한다.

고객에게 '부당하게 불리한지'를 판단함에 있어서 도움이 되는 대법원 재판이 있다. 즉 대법원 2008. 12. 16.자 2007마1328 결정은 변호사와 위임인 사이의 계약에서, "사업자와 고객 사이에서 사업자의 영업소를 관할하는 지방법원으로 전속적 관할합의를 하는 내용의 약관조항이 고객에 대하여 부당하게 불리하다는 이유로 무효라고 보기 위해서는 그 약관조항이 고객에게 다소 불이익하다는 점만으로는 부족하고, 사업자가 그 거래상의 지위를 남용하여 이러한 약관조항을 작성·사용함으로써 건전한 거래질서를 훼손하는 등 고객에게 부당하게 불이익을 주었다는 점이 인정되어야 한다. 그리고 전속적 관할합의 약관조항이 고객에게 부당한 불이익을 주는 행위인지 여부는, 그 약관조항에 의하여 고객에게 생길 수 있는 불이익의 내용과 불이익 발생의 개연성, 당사자들 사이의 거래과정에 미치는 영향, 관계 법령의 규정 등 제반 사정을 종합하여 판단하여야 한다"고 판시하고(밑줄은 저자가 추가), 당해 사건에서 제반사정을 고려하여 대구지방법원에 관하여 전속적 관할합의를 하는 내용의 위 사건 관할합의조항이 건전한 거래질서를 훼손하는 것으로서 재항고인에게 부당하게 불이익을 주는 약관조항에 해당한다고 보기는 어렵다고 판시하였다.[98)99)] 대법원 2009. 11. 13.자 2009마1482 결정도 유사한 취지이다. 유력한 학설은 부당성의 판단기준으로 계약자유의 내재적 한계, 임의법규, 공서양속(강행규정)과 신의성실의 원칙이라는 네 가지 기준을 제시한다.[100)]

한편 약관제안자인 해외판매자의 관점에서는 소비자에 따라 복수의 국가 법원이 국제재판관할을 가지는 것을 막기 위해 관합합의를 통하여 관할을 집중하고, 나아가 중재가 가지는 장점(신속하고 경제적인 최종적 분쟁해결)[101)]을 활용하기

98) 반면에 국내 약관에 관한 대법원 1998. 6. 29.자 98마863 결정은 "대전에 주소를 둔 계약자와 서울에 주영업소를 둔 건설회사 사이에 체결된 아파트 공급계약서상의 "본 계약에 관한 소송은 서울민사지방법원을 관할법원으로 한다"는 관할합의 조항은 약관규제법 제2조 소정의 약관으로서 민사소송법상의 관할법원 규정보다 고객에게 불리한 관할법원을 규정한 것이어서 사업자에게는 유리할지언정 원거리에 사는 경제적 약자인 고객에게는 제소 및 응소에 큰 불편을 초래할 우려가 있으므로 약관규제법 제14조 소정의 '고객에 대하여 부당하게 불리한 재판관할의 합의조항'에 해당하여 무효"라고 판시하였다. 그러나 이는 당해 약관이 고객에게 불리하다는 점만을 판단하였을 뿐이고 그것이 "부당한지"라는 요건을 소홀히 취급한 것이다.

99) 윤진수(註 94), 360면, 註 85는 위 판례대로라면 동일한 약관조항의 효력이 고객에 따라 다르게 판단될 수 있어서 약관의 객관적 해석 원칙에 어긋난다고 비판하고, 김진우(註 94), 1120면 이하가 그에 반대함은 위에서 언급하였다.

100) 이은영, 약관규제론(1984), 138면 이하 참조. 이는 약관규제법이 제정되기 전의 이론이다.

101) Jeffrey Golden and Carolyn Lamm (Eds.), International Financial Disputes: Arbitration and

위해 중재합의를 할 동인이 있다. 약관제안자로서는 중재조항을 통하여 예측가능성과 위험관리수단을 확보함으로써 거래비용을 낮출 수 있어 결과적으로 다수의 소비자에게 보다 유리한 조건으로 물품을 공급할 수 있다고 주장할 여지도 있다. 미국에서 아래 언급하는 중재공정성법(Arbitration Fairness Act)의 입법이 번번이 좌초하는 데는 이런 이유도 있고,[102] 또한 위에 언급한 것처럼 소비자 분쟁도 중재에 의하여 해결할 수 있고 소비자계약상의 중재합의가 유효하다고 판시한 연방대법원의 판결들도 있기 때문일 것이다.

요컨대 저자는, 해외직구에서 해외판매자가 외국에서 중재하기로 하는 중재조항은 한국 소비자에게 불리하나, 그렇다고 해서 그것이 항상 무효인 것은 아니고 소비자에게 부당하게 불리한 때에 한하여 무효가 된다고 본다. 대법원판결의 기준에 따르면, 그 중재조항이 고객에게 다소 불이익하다는 점만으로는 부족하고, 사업자가 그 거래상의 지위를 남용하여 이러한 중재조항을 작성·사용함으로써 건전한 거래질서를 훼손하는 등 고객에게 부당하게 불이익을 주었다는 점이 인정되어야 하고, 중재조항이 고객에게 부당한 불이익을 주는지 여부는, 그 중재조항에 의하여 고객에게 생길 수 있는 불이익의 내용과 불이익 발생의 개연성, 당사자들 사이의 거래과정에 미치는 영향, 관계 법령의 규정 등 제반 사정을 종합하여 판단하여야 하므로 일률적으로 판단할 수는 없고 개별사건마다 판단해야 한다는 것이다. 특히 대법원판결처럼 사업자가 그 거래상의 지위를 남용하여 당해 약관조항을 작성·사용함으로써 건전한 거래질서를 훼손할 것을 요구한다면 해외판매자의 지위에 따라 달라진다는 것인데 그 타당성은 의문이다.[103] 만일 우리가 국제사법이 국제소송에서 소비자에게 부여하는 수준의 보호를 국제중재에서도 부여해야 한다면, 사업자의 주된 사무소 소재지를 중재지로 지정하는 통상적인 해외직구계약의 중재조항은 무효가 될 것이다. 문제는 우리가 그런 결론을 따를지, 아니면 중재의 특수성을 고려하여 이를 완화할지와, 만일 완화한다면 어느 정도까지 완화할지에 있다. 어쨌거나 명확한 기준이 없는 현재로서는, 해외판매자는 약관에서 소비자에게 소송과 중재를 제시하면서 소비자가 클릭하

Mediation (2015), para. 9.75 (Judith Gill and James Freeman 집필부분).

102) 텍사스 등의 주 차원에서는 그런 입법이 이루어진 바 있으나 이는 연방중재법에 반하는 것으로서 강제할 수 없다는 지적이 있다. Gill/Freeman, in Golden and Lamm (Eds.)(註 101), para. 9.73 참조.

103) 거래상 지위의 남용은 공정거래법(예컨대 제23조 제1항 제4호: 자기의 거래상의 지위를 부당하게 이용하여 상대방과 거래하는 행위)에서는 익숙하나 약관규제법의 맥락에서는 다소 생소하다.

여 선택할 수 있게 하고, 소비자가 중재를 선택할 경우 법원(그것도 소비자 상거소지국의 법원)에서 재판을 받을 권리가 상실된다는 등의 불이익을 고지하고,[104] 소비자보호 전문기구 등을 중재기관으로 지정하는 등의 조치를 취한다면 그 중재조항이 소비자에게 부당하게 불리한 것으로서 무효가 될 가능성을 상당히 낮출 수 있을 것이다.

⑶ 중재법에 의하여 중재조항 자체를 통제하는 방안

우리 중재법은 중재지가 한국인 경우에 적용된다(중재법 제2조 제1항). 더욱이 중재법에는 소비자보호에 관한 규정이 없으므로 중재법으로써 해외직구계약에 포함된 중재조항을 통제할 수는 없다. 다만 국제사법 제27조의 국제재판관할규칙을 중재에도 유추적용하는 견해가 주장될 여지가 있으나 이는 중재지가 한국인 경우에만 가능한 견해이다. 그 경우 구체적 내용은 논란의 여지가 있다. 첫째, 소비자의 상거소지국에 전속관할을 부여하는 분쟁 발생 전의 합의는 무효이므로(제27조 제6항) 분쟁 발생 전에 체결된 중재조항은 무효라는 견해도 가능하나,[105] 둘째, 소비자 상거소지국의 국제재판관할은 허용되므로 소비자의 상거소

104) 이는 위에서 본 아마존의 약관도 제공한다.

105) 유럽에서는 Unfair Terms in Consumer Contracts Directive 93/13/EC, Annex 1(q) 상 분쟁 발생 전에 체결한 중재합의는 무효라고 한다. 이는 Directive 2011/83/EU of the European Parliament and of the Council of 25 October 2011 on consumer rights amending Council Directive 93/13/EEC and Directive 1999/44/EC of the European Parliament and of the Council and repealing Council Directive 85/577/EEC and Directive 97/7/EC of the European Parliament and of the Council에 의하여 대체되었다. 일반적으로 소비자중재의 경우 유럽연합에서는 사전적 중재합의는 무효임을 전제로, 미국에서는 유효임을 전제로 UNCITRAL의 ODR 협상에 임하는 것으로 소개되고 있다. ODR 예컨대 이병준(註 78), 113면; 송유림(註 12), 62면. 프랑스에서는 민법(제2061조)상 상인만이 중재를 할 수 있으므로 중재조항에 의한 소비자의 중재합의는 무효이다. Christophe Seraglini/Jérôme Ortscheidt, *Droit de l'arbitrage interne et international* (2013), N. 134; 정선주, 소비자중재와 근로자중재의 제문제, 법무부 용역보고서(2013. 11. 15), 43면. 그러나 프랑스에서도 국제중재에서는 판례(파기원 1999. 1. 5. Zanzi 판결)가 이를 허용하였고 학설은 이를 지지하나 현재는 논란의 여지가 있다. 위 Seraglini/Ortscheidt, N. 640. 지침은 각 회원국이 그에 따른 입법을 해야 의미가 있는데 독일의 경우 그 국내법적 근거는 불분명하다. 지침에 관한 논의는 Alexander J. Bělohlávek, B2C Arbitration: Consumer Protection in Arbitration (2012), p. 69 이하 참조. 유럽연합에서는 소비자 ADR을 규율하기 위한 다양한 노력이 행해지고 있고 그 과정에서 지침들을 제·개정하고 있다. 예컨대 Directive 2013/11/EU of the European Parliament and of the Council of 21 May 2013 on alternative dispute resolution for consumer disputes and amending Regulation (EC) No 2006/2004 and Directive 2009/22/EC (Directive on consumer ADR) 등. Gill/Freeman, in Golden and Lamm (Eds.)(註 101), para. 9.74. 소비자 ADR에 관하여는 Michael Stürner, Fernando Gascón Inchausti and Remo Caponi (eds.), The Role of Consumer ADR in the Administration of Justice: New Trends in Access to Justice under EU Directive 2013/11 (2014)에 수록된 논문들 참조.

지국을 중재지로 합의하는 것은 허용된다는 온건한 견해도 주장될 수 있다.[106] 물론 분쟁 발생 후 체결하는 중재부탁계약에는 이런 제한은 없다.

만일 중재조항이 무효라면 당사자 간에는 중재합의와 국제재판관할합의가 없으므로 결국 위에 설명한 국제재판관할의 일반원칙에 의하게 된다. 그 경우 각국의 국내법원칙에 따라 국제재판관할이 결정되는데, 한국에서는 국제사법 제27조 제4항과 제5항[107]이 적용되어 한국 소비자는 해외판매자를 상대로 한국에서도 제소할 수 있고, 해외판매자는 한국 소비자를 상대로 한국에서만 제소할 수 있게 된다. 하지만 위의 견해를 따르더라도 중재지가 외국인 경우 중재판정부가 우리 국제사법의 국제재판관할규칙을 유추적용할 가능성은 거의 없으므로[108] 여기에서 논의하는 사안, 즉 한국에 상거소지를 가지는 한국 소비자에 관한 한 이러한 논의는 실익이 없다.

라. 국제중재에서 분쟁의 실체의 준거법에 대한 통제

위에서 보았듯이 국제사법은 소비자를 보호하기 위한 조치로서 소비자계약의 준거법 결정에 있어서 국제계약 일반에 적용되는 원칙에 대한 특칙을 두고 있다.[109] 반면에 중재법은 소비자계약에서 분쟁의 실체의 준거법에 대한 통제(준거법 합의 자체에 대한 통제와 편입되는 준거법을 적용하는 과정에서 약관에 대한 편입통제, 내용통제와 해석통제)를 규정하지 않는다. 그렇다면 국제상사중재에서 분쟁의 실체의 준거법에 대한 통제에서는 다음의 의문이 제기된다.

첫째, 중재판정부가 약관인 소비자계약에 포함된 준거법을 적용해야 하는가. 여기에서는 국제사법 제27조를 유추적용할 수 있는지가 주로 문제된다(아래 1).

106) 독일에도 브뤼셀협약 및 브뤼셀Ⅰ의 해석상 유사한 견해가 있었다. 브뤼셀협약의 국제재판관할규칙을 적용하는(또는 유추적용하는) 견해이다. 후자는 브뤼셀협약은 중재에는 적용되지 않으므로 이를 유추적용한다. 이에 따르면 소비자관할을 배제하고 외국중재합의를 하는 합의는 무효이다. Samtleben(註 84), S. 473, Fn. 30 참조. 그러나 Samtleben은 중재합의가 무효라면 뉴욕협약에 따라 중재합의의 효력을 부정할 수는 있으나 이는 중재합의의 준거법에 따라야지 법정지법에 따를 근거는 없다고 반박한다.

107) 조문은 아래와 같다.
"제27조(소비자계약) ④ 제1항의 규정에 의한 계약의 경우에 소비자는 그의 상거소가 있는 국가에서도 상대방에 대하여 소를 제기할 수 있다.
⑤ 제1항의 규정에 의한 계약의 경우에 소비자의 상대방이 소비자에 대하여 제기하는 소는 소비자의 상거소가 있는 국가에서만 제기할 수 있다."

108) 물론 중재지법상 어떤 구제가 가능한지를 별도로 검토해야 할 것이다.

109) 즉 주관적 준거법에 관하여는 당사자자치를 허용하되 소비자 상거소지국의 강행규정의 보호를 관철하고, 객관적 준거법에 관하여는 소비자 상거소지국법을 준거법으로 지정한다.

둘째, 준거법을 적용하는 과정에서 소송에서와 같은 소비자보호의 기제, 즉 약관에 대한 통제가 작동하는가. 이는 약관규제법에 따른 통제(제14조 이외)의 적용 여부의 문제이다(아래 2).

(1) 국제사법 제27조의 준거법결정규칙을 유추적용하여 준거법 합의를 통제하는 방안

중재에서는 국제사법 제27조의 준거법결정규칙은 적용되지 않는다.[110] 중재판정부는 중재지의 국제사법에 구속되지 않기 때문이다. 그렇다면 문제는 중재에서 국제사법 제27조를 유추적용할 수 있는지인데 이는 중재지에 따라 다르다. 즉 중재지가 외국인 경우 중재판정부가 우리 국제사법을 유추적용할 가능성은 거의 없고,[111] 중재지가 한국인 경우에 이를 고려할 수 있으나, 그렇더라도 중재인은 중재지의 국제사법을 적용하거나 유추적용할 의무는 없으므로 부정설이 설득력이 있다.[112] 그렇다면 소비자계약에 관한 중재에서는 중재법(제29조)이 정한 당사자자치 원칙이 전면적으로 적용된다. 이를 정리하면 아래와 같다.

《중재에서 국제사법 제27조의 준거법결정규칙의 유추적용 여부》

	중 재 지	
	한국	외국
27조 유추적용 여부	논란 여지 있으나 저자는 부정	부정 [통상의 해외직구의 경우]

(2) 준거법을 적용하는 과정에서 약관규제법에 따른 통제(제14조 이외)를 적용하는 방안

국제중재에서 분쟁의 실체에 관한 약관규제법(제14조 이외)에 따른 통제는

110) 독일에서는 중재법이 정한 당사자자치의 원칙이 타당한지 아니면 국제사법의 특칙이 여전히 적용되어야 하는지에 관하여 견해가 나뉜다. Karl Heinz Schwab/Gerhard Walter, Schiedsgerichtsbarkeit, 7. Auflage (2005), Kapitel 55, Rn. 6 참조. Rolf A. Schütze, Schiedsgericht und Schiedsverfahren, 4. Auflage (2007), Rn. 197은 중재법이 특칙을 언급하지 않으므로 국제사법의 특칙은 적용되지 않는다고 한다.

111) 물론 중재지법상 어떤 구제가 가능한지를 별도로 검토해야 할 것이다.

112) Christoph Reithmann/Dieter Martiny, Internationales Vertragsrecht, 8. Auflage (2015), Rn. 8.425 (Hausmann 집필부분)는 적용은 부정하지만 유추적용을 인정한다. 석광현, "중재법의 개정방향: 국제상사중재의 측면을 중심으로", 서울대학교 법학, 제53권 제3호(통권 제164호)(2012. 9), 574면 참조.

주된 계약의 준거법이 한국법인 경우에는 가능하다.[113] 이는 중재지에 관계없이 약관규제법이 준거법의 일부로서 적용되기 때문이다.[114] 경우를 나누어 보면 아래와 같다.

《준거법 적용과정에서 약관규제법에 따른 통제의 적용 여부》

		중 재 지	
		한국	외국
준거법	한국법	적용	적용
	외국법	부적용	부적용 [통상의 해외직구의 경우]

마. 소비자계약상의 분쟁은 상사사건인가

(1) 뉴욕협약에 따른 상사유보의 의미

해외직구에서 발생하는 것과 같은 소비자계약상의 분쟁이 뉴욕협약에 따른 상사유보에서 말하는 상사(또는 상사사건. 이하 양자를 호환적으로 사용한다)인가는 논란의 여지가 있다.[115] 뉴욕협약은 외국중재판정의 승인 및 집행에 적용됨은 물론이고(집행단계), 그 명칭과 달리 중재합의에도 적용된다(항변단계와 중재단계). 따라서 한국 소비자가 아마존 또는 알리바바를 상대로 우리 법원에 소를 제기하는 경우에도 뉴욕협약이 적용되고, 그 경우 법원은 뉴욕협약 제2조와 중재법 제9조에 따라 피고의 항변이 있으면 소를 각하해야 한다. 그러나 만일 소비자계약 분쟁이 상사사건이 아니라면 뉴욕협약 제2조는 적용되지 않는다. 물론 그렇더라도 중재법 제9조가 적용되므로 결론은 동일할 것이나, 중재합의의 제문제를 뉴

113) Samtleben(註 84), S. 473은 준거법이 독일법이면 내용통제는 가능하나 외국중재에서 준거법이 독일인 사례는 드물 것이라고 지적한다. 중재합의의 성립의 준거법이 아니라 중재합의의 허용요건의 준거법에 따를 사항이라고 보는 저자와는 다르다.

114) 만일 약관규제법이 국제적 강행규정이라면 외국법이 준거법이더라도 일정한 경우 고려되거나 영향을 미칠 수 있으나 국제적 강행규정성은 부정되므로 이는 기대할 수 없다. 약관규제법을 국제적 강행규정이라고 본다면 중재인이 이를 적용해야 하는지는 논란이 있다. 석광현, "국제분쟁해결의 맥락에서 본 국제상사중재", 서울대학교 법학, 제55권 제2호(2014. 6), 249면; 정홍식, "국제중재에서 국제적 강행법규의 적용가능성", 중재연구, 제23권 제4호(2013. 12), 3면 이하; 이헌묵, "국제적 강행법규에 대한 중재가능성", 국제거래법연구, 제22집 제2호(2013. 12), 21면 이하 참조.

115) 뉴욕협약의 맥락에서 이 점은 석광현(註 81), 257면 이하에서도 언급하였다.

욕협약이 아니라 한국법에 따라 판단하게 된다는 차이가 있다.

뉴욕협약(제1조 제3항 후단)은, 어떠한 국가든지 유보선언을 한 국가의 국내법상 상사(commercial)라고 인정되는 법률관계로부터 발생하는 분쟁에 한하여 뉴욕협약을 적용할 것을 선언할 수 있다고 규정함으로써 상사유보를 허용하는데 우리나라는 상사유보를 선언하였다.[116] 뉴욕협약은 '상사법률관계'의 범위를 유보선언을 하는 체약국의 국내법에 일임하였기 때문에 상사법률관계인지의 여부를 예측하기는 어렵고, 상사의 개념에 관하여 상이한 이해를 가진 국가들 간에는 그의 성질결정이 용이하지 않지만, 종래 대부분의 국가들이 '상사'의 개념을 넓게 해석하고 있으므로 실제로 큰 문제는 없다고 한다. 마치 국내공서에는 반하더라도 국제공서에는 반하지 않는다고 보는 것과 유사하게, 집행국의 국내법상으로는 상사에 해당하지 않더라도 뉴욕협약상으로는 상사로 볼 수 있을 것이라고도 한다.

우리 법상 상사에 해당하지 않는 것으로는 가사상의 법률관계와 행정사건을 들 수 있다. 근로관계와 통상적인 소비자계약관계에 관하여는 논란의 여지가 있으나 저자는 이는 상사가 아니라는 견해를 지지한다. 민사와 상사의 구별은 맥락에 따라 다를 수 있으나, 우리나라가 상사유보선언을 하였으니 그에 의미를 부여하자면 뉴욕협약의 맥락에서는 근로관계와 통상적인 소비자계약에 관한 중재는 상사가 아닌 민사로 보자는 것이다.[117] 즉 근로관계와 통상적인 소비자계약관계에 관한 분쟁의 중재가능성을 부정하는 것보다는 이를 긍정하되 민사로 본다. 물론 논리적으로는 일방적 상행위인 소비자계약도 상사로 볼 수 있는데, 상사의 범위를 넓게 보는 견해는 소비자계약과 근로계약관계도 상사에 포함시킨다.[118] 만일 우리도 소비자계약과 근로계약에도 뉴욕협약을 적용하고자 한다면

---

116) 미국과 중국도 같다. 뉴욕협약이 상사유보를 허용한 이유는, 제네바의정서(제1조 제2항)에 유사한 규정이 있었고, 중재법상 상사와 비상사(또는 민사)를 구별하는 일부 대륙법계 국가들이 상사에 한하여 뉴욕협약을 적용하겠다고 주장하였기 때문에 가급적 많은 국가의 가입을 유도하기 위한 것이다.

117) Howard M. Holtzmann and Joseph E. Neuhaus, A Guide To The UNCITRAL Model Law On International Commercial Arbitration: Legislative History (1989), p. 34(이는 모델중재법에 관한 논의이나 뉴욕협약에 관하여도 타당하다고 본다). Manja Epping, Die Schiedsvereinbarung im internationalen privaten Rechtsverkehr nach der Reform des deutschen Schiedsverfahrensrechts (1999), S. 121과 Reithmann/Martiny/Hausmann(註 112), Rn. 8.338도 同旨로 보인다. 하지만 모델중재법의 주석은 상사를 넓게 해석할 것이라고 하면서 항공, 철도 또는 도로에 의한 물품 또는 여객의 운송(carriage of goods or passengers by air, sea, rail or road)도 상사에 포함시킨다. 제1조의 註 2.

118) Gary B. Born, International Commercial Arbitration, Vol. I (2009), p. 271. 다만 이는 중재

상사유보를 철회하는 방안을 고려해야 할 것이다.

(2) 중재법상 상사사건의 의미

소비자계약분쟁이 상사사건인가라는 논점은 뉴욕협약만이 아니라 우리 중재법의 문제이기도 하다. 우리나라는 원래 상사에만 적용되는 모델중재법을 받아들이면서 민사에까지도 확대하였다. 따라서 입법자로서는 모델중재법은 상정하지 않은 사항, 즉 민사에 속하는 소비자와 근로자의 보호를 고려한 조항을 추가했어야 한다는 주장도 가능하다. 아래에서 소개하는 독일 민사소송법(제1031조 제5항)은 이 점을 고려한 것이라고 한다.[119] 나아가 우리나라는 1973년 뉴욕협약에 가입하면서 상사유보를 하였지만, 그 후 1999년 모델중재법을 받아들이면서 민사도 함께 규율하기로 결정하였으므로 지금이라도 뉴욕협약상의 상사유보를 철회하는 것이 일관성이 있다고 할 수 있다. 특히 민사사건에도 적용되는 중재법에서 외국중재판정의 승인 및 집행에 관하여 뉴욕협약이 적용되는 상사사건의 외국중재판정에 대하여만 동 협약을 적용하도록 하는 것은 부자연스러운 면이 있다. 따라서 우리도 상사유보를 철회하는 방안을 검토할 필요가 있는데, 물론 그러한 방안을 실행하기에 앞서 우리가 이해하는 상사사건의 개념을 명확히 해야 할 것이다.

3. 국제중재에서 소비자보호를 위한 중재법의 개정방향

현재로서는 저자가 이에 관한 구체적인 제안을 할 처지에 있지는 않다. 따라서 여기에서는 종래의 논의상황과 장래의 개정방향만을 간단히 언급하고 상세는 다른 기회로 미룬다.

가. 종래의 논의상황

위에서 언급한 바와 같이 독일 민사소송법(제1031조 제5항)은 "소비자가 관련된 중재합의는 반드시 당사자들의 자필서명이 있는 문서에 포함되어야 한다"고 규정함으로써 소비자의 보호를 위하여 중재합의의 방식에 관한 특칙을 두고

가능성을 부정할 여지를 언급한다. 최기원, "한국기업의 해외진출에 따른 국제간의 분쟁의 해결을 위한 국제상사중재제도에 관한 연구", 서울대학교 법학 제19권 제1호(통권 제39호)(1978. 8.), 216면도 일방적 상행위를 포함시킨다. [밑줄 부분은 이 책에서 새로 추가한 것이다.]

119) Münchener Kommentar zur ZPO, 4. Auflage (2013), §1031, Rn. 44 (Munch 집필부분).

있다. 또한, 일본 중재법은 사회·경제적 약자인 소비자를 보호하기 위한 특칙을 두어, 소비자가 체결한 중재합의를 해제할 수 있도록 규정한다(부칙 제3조). 다만 이는 일본 중재법 시행 후 소비자가 장래의 분쟁을 해결하기 위하여 체결한 중재합의에 적용되는 것으로 관련 법제가 정비될 때까지의 잠정적 조치라고 하나[120] 지금도 유지되고 있다.

약관에 포함된 중재조항의 남용으로부터 소비자를 보호함에 있어 약관규제법과 중재법은 미흡하므로 국내거래와 국제거래를 모두 고려해서 적절한 규제의 수준과 방법을 강구할 필요가 있다. 종래 우리나라에서도 이에 관한 논의가 없는 것은 아니다. 예컨대 정선주 교수는 영국과 독일의 입법례를 소개하면서 중재합의의 시기, 중재합의의 방식, 정보제공의무와 소비자보호입법의 배제의 관점에서 소비자보호 방안을 검토한다.[121] 그러나 이는 국내중재에 관한 논의이고 국제중재에 대한 고려는 부족하다.

저자는 중재법의 맥락에서 소비자와 근로자의 보호의 필요성을 지적한 바 있다.[122] 2016년 중재법의 개정작업을 위하여 법무부가 구성한 중재법개정위원회에 위원으로 참여한 저자는 회의 시에도 소비자와 근로자를 보호하기 위한 특칙을 두자고 제안한 바 있다. 그러한 제안에 따라 중재법개정위원회 차원의 논의가 있었고, 깊이 있는 논의를 위하여 법무부는 소비자계약에 관한 용역을 발주하였으며 정선주 교수가 "소비자중재와 근로자중재의 제문제"에 관한 용역보고서(2013. 11. 15.)[123]를 제출하였다. 그러나 유감스럽게도 위 보고서는 국제거래와 국제중재에 관하여 충분한 논의를 담고 있지 않았기에 중재법개정위원회는 법무부를 통하여 누락된 논점의 보완을 요구하도록 요청하였으나 어떤 이유에서인지 개선되지 않았다. 이는 매우 유감스러운 일이다. 저자도 중재법개정위원회에서 소비자보호를 위한 중재법 개정의 필요성을 제기하고 큰 방향은 제시하였지만 구체적 방향이나 문언을 제시하지는 못하였다. 그 결과 2016. 11. 30. 시행된 개정 중재법에서는 근로자나 소비자를 보호하기 위한 입법적 개선은 이루어지지 못하였고, 이는 장래의 과제로 남게 되었다.

---

120) 상세는 近藤昌昭 외 4인, 仲裁法コンメンタール(2003), 305면 이하 참조. 일본 중재법은 개별근로관계 분쟁에 관하여 근로자가 체결한 중재합의를 무효라고 규정한다(부칙 제4조).

121) 정선주(註 87), 236면 이하; 송민수/윤민섭/나광식, 소비자중재의 법제화에 관한 연구, 한국소비자원 정책연구 13-13 (2013) 참조. 김광수(註 78), 29면 이하는 국제소비자분쟁의 실태와 사례 등을 소개하나 국제소비자중재에 특유한 쟁점을 다루지는 않는다.

122) 석광현(註 81), 98면; 석광현(註 112), 572면은 유사한 제안을 담고 있다.

123) 정선주(註 105) 참조.

나. 장래 중재법의 개정방향

중재법을 개정함에 있어서는 소비자보호와 중재의 활성화라는 목표를 달성하고 두 가지 이익을 형량할 수 있어야 한다. 개정방향에 관한 컨센서스는 우리나라에서나 외국에서도 아직 보이지 않는다. 저자가 생각하는 중재법 개정의 대체적인 방향은 아래와 같다.

저자의 생각으로는 소비자분쟁의 중재가능성(arbitrability)을 아예 배제할 것은 아니고, 일정한 요건 하에 허용하는 것이 바람직하다. 구체적으로 중재합의의 방식을 제한하고, 소송과 중재 간의 선택권을 부여하며, 중재 선택 시 발생하는 법률효과(법원에서 재판받을 권리의 상실, 단심제, 중재판정부의 구성, 중재지와 준거법에 관한 설명 등)에 관한 일정한 범위의 정보를 제공해야 한다. 장기적으로는 소비자보호기구에 의한 중재의 선택 가능성을 보장할 필요가 있다. 다만 2016년 시행되는 중재법의 개정과정에서 소비자중재에 관한 특칙을 두지 못하였으므로 우리 중재법을 다시 개정하는 것은 당분간 어려울 것이다. 그렇다면 전자상거래소비자보호법에 전자상거래에 따른 소비자중재를 규정하는 방안도 생각할 수 있으나,[124] 그 경우 온라인분쟁해결(ODR)을 고려해야 한다.

참고로 미국에서는 2015년에도 중재공정성법(Arbitration Fairness Act of 2015)의 법률안이 의회에 제출되었다.[125] 이는 연방중재법이 일반적으로 대등한 협상력을 가진 기업 간의 분쟁을 대상으로 하기 때문에 소비자나 근로자처럼 협상력에 제한을 가진 주체에 대해 적용하기에는 적절하지 않음에도 불구하고 미국 연방대법원이 소비자중재나 근로자중재에 대해서도 연방중재법을 그대로 적용하는 것은 문제라는 인식에 기초한 것이다. 위 법률안은 소비자중재와 근로자중재에서는 사전중재합의(pre-dispute arbitration clauses)를 인정하지 않음으로써 소비자와 근로자의 권리를 강화하고자 한다. 위 법률안은 2007년 이래 미국 의회에 제출되고 있지만 비판적인 목소리도 높은 탓에 아직 입법화되지 못하고 있는 것으로 보인다.[126] <u>우리도 2016년 중재법에서 개정 모델법을 수용하여 방식요건을 완화</u>

---

124) 근자에는 금융소비자를 위한 중재를 활성화하자는 논의도 있다.

125) 이전 법률안과 미국 판례의 태도는 Sarah Rudolph Cole, "On Babies and Bathwater: The Arbitration Fairness Act and the Supreme Court's Recent Arbitration Jurisprudence", 48 Hous. L. Rev. 457 (2011); 정선주(註 105), 40면 이하 참조(위 법률안의 2013년도 제안 설명).

126) 반면에 하충용, "소비자중재합의에서의 'VKI 법리'에 대한 고찰", 중재연구, 제21권 제3호 (2011. 12), 175면 註 52는 "소비자 중재에 따른 법률적 위험으로 인하여 미국에서는 소비자중재를 어떠한 형태로든 제한해야 한다는 주장이 제기되었고 매우 제한적인 입법이 이루어졌

하였는데 그때 소비자에 대한 예외를 두는 것이 바람직하지 않았을까라는 의문이 든다. [밑줄 부분은 이 책에서 새로 추가한 것이다.]

Ⅶ. 맺음말: 해외직접구매의 유형에 따른 소비자보호에 관한 논의의 정리

지금까지 해외직구에서 발생하는 분쟁과 소비자의 보호의 문제를 국제사법, 중재법과 약관규제법을 중심으로 검토하였다. 여기에서는 위 법리가 해외직접구매에 어떻게 적용되는지를 정리하고 입법론을 간단히 제시한다.

1. 국제사법, 중재법과 약관규제법의 해석론

해외직접구매를 포함한 국제거래에서 당사자의 권리와 의무를 정확히 이해하자면 국제사법 논점(국제재판관할과 준거법)을 알아야 함은 당연하다. 그 밖에 약관규제법과 중재법에 따른 보호도 이해하여야 한다. 다만 국제사법은 법정지가 우리나라인 경우에, 중재법은 중재지가 우리나라인 경우에 적용되므로 그 적용 여부가 명확한 데 반하여, 약관규제법의 적용범위는 복잡하므로—저자는 한국 소비자가 체결하는 직구계약의 준거법이 외국법이면 약관규제법(제14조 이외)의 통제는 적용되지 않지만, 제14조는 여전히 적용된다고 본다—, 그 적용 여부를 먼저 판단해야 한다. 해외직접구매의 유형별로 이상의 논의를 정리하면 아래와 같다.

가. 해외직접배송: 직접구매와 직접배송

이 경우에는 해외판매자와 한국 소비자 간에 해외직구계약이 체결된다. 따라서 동 계약이 소비자계약이라면, 당사자가 분쟁해결수단으로서 재판관할합의를 한 때에는, 한국에서 소가 제기되는 경우 한국 소비자는 국제재판관할과 준거법의 맥락에서 국제사법 제27조에 따른 보호를 받는다. 국제재판관할의 맥락에서는, 해외판매자가 외국에서 소를 제기할 수 있도록 관할을 부여하는 약관조

다"고 하면서 Arbitration Fairness Act of 2007, S. 1782를 인용하나 위 법률안이 채택된 것은 아니다.

항은 효력이 없고, 그 대신 국제사법 제27조 제4항과 제5항이 적용된다. 한편 준거법의 맥락에서는, 약관이 비록 외국법을 준거법으로 지정하더라도 국제사법 제27조 제1항에 따라 한국의 강행규정(예컨대 약관규제법과 전자상거래소비자보호법 등)이 한국 소비자에게 부여하는 보호는 그것이 준거법의 그것보다 유리한 경우에는 관철된다.

반면에 당사자가 분쟁해결수단으로서 중재합의를 한 때에는, 중재지가 한국이라면 한국 소비자의 보호는 중재법과 약관규제법에 따라야 한다. 중재법을 보면, 중재지가 한국인 경우에는 국제사법을 유추적용할 가능성을 생각할 수 있으나 이를 긍정하기는 어렵고, 외국을 중재지로 하는 경우에는 그렇지 않으므로 결국 중재법에 따른 보호수단은 거의 없게 된다. 한편 약관규제법에 따르면 고객에게 부당하게 불리한 중재조항만이 무효인데, 해외직구계약에 포함된 중재조항이 과연 그에 해당하는지도 논란이 있고, 더욱이 약관규제법 자체가 적용되는지의 판단도 쉽지 않으므로 불확실성이 존재한다(만일 그에 해당하면 중재조항은 무효가 되어 결국 소송으로 돌아가므로 한국 소비자는 국제사법 제27조에 의하여 보호된다).

나. 해외배송대행: 직접구매와 배송대행

이 경우에도 해외판매자와 한국 소비자 간에 해외직구계약이 체결되므로 동 계약이 소비자계약이라면 당사자가 분쟁해결수단으로서 재판관할합의를 한 때에는 한국에서 소가 제기되는 경우 한국 소비자는 국제재판관할과 준거법의 맥락에서 국제사법 제27조가 정한 보호를 받게 된다. 이 점은 위 해외직접배송의 경우와 같다. 가사 해외배송대행에 따른 배송지가 해외 현지 주소지인 경우에도 한국 소비자는 국제사법 제27조에 따른 보호를 받을 수 있다. 다만 한국 소비자가 자신의 상거소(또는 주소)에 관한 거짓정보를 제공한 경우에는 예외이다.

중재의 경우에는 위 해외직접배송에 관한 설명이 타당하다.

한편 한국 소비자와 배송대행업자의 관계에서는 그가 해외사업자라면 배송대행업자와 한국 소비자 간에 체결되는 계약도 소비자계약이 될 수 있고 소송에서 동 계약상 한국 소비자는 국제재판관할과 준거법의 맥락에서 국제사법 제27조가 정한 보호를 받게 된다.

중재의 경우에는 배송대행업자와의 관계에서는 위 해외직접배송에 관한 설명이 타당하다.

경우에 따라서는 한국 소비자—해외판매자 간의 분쟁해결수단과 한국 소비자— 해외배송대행업자 간의 분쟁해결수단이 상이할 수 있다(예컨대 전자는 중재이고 후자는 소송 또는 그 반대의 경우). 이처럼 분쟁해결수단인 소송과 중재가 착종하는 경우나, 양 분쟁을 중재로 해결하는 경우에도 다수당사자 간의 분쟁을 일거에 해결하기는 어렵다. 반면에 양자의 분쟁해결수단이 소송인 때에는, 특히 동일한 국가의 법원이 재판을 하는 경우에는 소송인입(訴訟引入), 보조참가 또는 소송고지 등의 방법을 통하여 그런 어려움을 부분적으로 완화할 수 있을 것이다.

다. 해외구매대행: 구매대행과 배송대행

이 경우에는 해외판매자와 한국 소비자 간에 계약관계가 존재하지 않고, 해외판매자와 구매대행자 간에 구매계약이 체결된다. 이 경우 구매대행자는 상법상의 위탁매매인이 된다. 따라서 만일 구매대행자가 한국에 있는 한국 회사라면 해외판매자와 구매대행자 간의 매매계약에는 당자자가 배제하지 않는 한 매매협약이 적용된다. 한편 구매대행 및 배송대행자가 해외 사업자라면 대행자와 한국 소비자 간에 체결되는 계약도 소비자계약이 될 수 있고, 당사자가 분쟁해결수단으로서 재판관할합의를 한 때에는 한국에서 소가 제기되는 경우 동 계약상 한국 소비자는 국제재판관할과 준거법의 맥락에서 국제사법 제27조가 정한 보호를 받게 된다.

중재의 경우에는 한국 소비자와 구매대행자의 관계에서는 위 해외직접배송에 관한 설명이 타당하다.

2. 국제사법, 중재법과 약관규제법의 입법론

전자상거래가 정확히 언제부터 이용되었는지는 논란이 있으나 전자상거래는 전통적인 유통업의 혁명을 가져왔다는 평가를 받고 있다. 전자상거래의 효율성을 보면, 소비자들은 더 싼 값에 더 좋은 재화 또는 용역을 제공받을 수 있으므로 소비자보호를 지나치게 강조함으로써 거래의 효율성을 저해해서는 아니 된다는 주장도 설득력이 있다. 그렇지만 고객의 편의를 지향한다는 전자상거래 사업자가 상대방인 소비자의 보호를 부정하거나 외면하는 것은 정도(正道)가 아니다. 장기적으로는 전 세계적 차원에서 합리적 수준의 소비자보호를 관철함으로써 국제 전자상거래를 더욱 활성화해야 할 것이다. 이런 관점에서 보면 장래 우리 입법론의 방향은 아래와 같다.

2001년 개정된 국제사법은, 해외직구에서 요청되는 소비자보호의 문제를 어느 정도 적절히 해결하고 있다. 다만 전자상거래를 고려하여 제27조 제1항의 요건을 더욱 구체화할 필요가 있는지를 검토해야 한다. 반면에 중재법은, 2016년 개정과정에서 소비자 보호를 위한 개선방안을 도입하지 못하였기에 소비자보호의 문제를 약관규제법에 맡기고 있는 실정이다. 그러나 약관규제법의 모호성으로 인하여 국내중재에서도 불확실성이 존재하거니와, 국제중재에서는 모호한 약관규제법의 통제가 어느 경우에 적용되는지도 불확실하므로 모호함이 가중된다. 따라서 중재법과 약관규제법을 개정하여 그 내용과 적용 여부를 명확히 해야 하고,[127] 그것이 힘들다면 전자상거래에서 소비자를 보호하기 위하여 중재 관련 조문을 전자상거래소비자보호법에 두는 방안도 고려해야 한다. 사견으로는 소비자계약에서 사전중재합의를 전면 불허하고 분쟁 발생 후의 중재합의만을 허용하기보다는,[128] 다양한 소비자분쟁조정제도의 장점을 살리면서 그와 연계하여 적정 수준의 소비자보호를 제공함과 동시에 중재제도가 가지는 장점을 살릴 수 있는 합리적인 소비자중재제도를 만들어 가는 것이 바람직하다. 우선 국내 소비자계약을 염두에 두고 소비자중재제도를 설계하면서, 그를 기초로 국제 소비자중재의 특수성을 반영한 국제소비자중재제도를 설계해야 한다. 이를 위해서는 더욱 체계적이고 깊이 있는 연구가 절실히 요구되는데,[129] 가까운 장래에 그에 관한 국제적 컨센서스가 이루어지기를 기대해 본다. ODR에 관한 UNCITRAL의 작업도 이런 관점에서 지켜볼 필요가 있다.

그 과정에서 유념할 것은 소비자 개념의 정립이다. 즉 국제사법상 보호의 대상인 수동적 소비자의 개념은 점차 확대되고 있는데, 장차 중재법과 약관규제법에서는 소비자의 개념과 범위를 어떻게 설정할 것인지를 고민해야 한다. 국제사법과 중재법상 소비자의 개념 간의 관계도 고민해야 한다. 즉 국제사법상 보호되는 소비자의 범위를 수동적 소비자에 한정한다면 중재법상으로도 동일한 소비자 개념을 사용하자는 견해가 가능하나 이는 국내중재에서는 타당하지 않다.

127) 과거 약관규제법 제14조는 관할합의와 중재합의에 공통적으로 적용되었다. 그러나 국제소비자계약상의 분쟁을 보면, 관할합의에 대하여는 국제사법 제27조가 명확히 규정하는 탓에 이제는 이를 중재합의와 통일적으로 규율할 수 없게 되었다. 따라서 중재합의를 위한 맞춤형(tailor-made) 규율방안을 도입해야 한다는 것이다.

128) 위에서 본 것처럼 국제사법(제27조)은 소비자계약의 경우 분쟁발생 후의 재판관할합의를 허용하고, 사전적 관할합의는 소비자에게 추가적인 선택권을 주는 경우에만 허용한다.

129) 2016년 중재법 개정 시 이를 반영하지 못한 것은 연구의 부족이었다.

따라서 국내중재와 국제중재를 구별하여 소비자 개념 내지 범위를 이원화하는 방안도 검토해야 한다.[130] 이는 장래의 과제로 남긴다.

3. 여기에서 다룬 쟁점의 실무적 중요성과 기타 소비자보호 방안

적어도 한국 소비자가 해외판매자를 상대로 우리 법원에 제소한 경우에는 알리바바의 관할조항은 무효이고 홍콩법의 선택은 유효할 수 있는데 반하여, 아마존의 중재조항의 효력은 논란의 여지가 있으나 무효라는 견해도 있다. 이런 논의를 이해하기 위해서는 국제사법과 중재법을 알지 않으면 아니 된다. 많은 한국 소비자들이 일상적으로 해외직구를 하고 있고 그 규모가 증가하는 현실을 고려하면 해외직구로부터 발생하는 국제분쟁에서 한국 소비자의 보호는 시급한 현안이지만, 한국소비자원과 소비자단체들은 여기에서 다룬 논점에 대해서는 관심이 부족하다. 또한 역직구는 인터넷을 통해 해외 소비자들에게 물품을 판매하거나 서비스를 제공하려는 많은 우리 기업들의 관심의 대상이다. 하지만 우리나라에는 해외직구의 맥락에서 국제사법의 중요성을 깨닫고 이를 연구하는 사람은 별로 없고 그에 대한 관심도 크지 않다. 우리 사회 특히 기업들은 원래 그렇다고 치부하더라도[131] 법조계와 심지어 법학계조차 국제화가 심화되는 현실 속에서 국제사법과 국제상사중재법의 중요성을 인식하지 못하는 점은 심각한 문제이다. 근자에 국제상사중재에 대한 대형로펌과 우리 사회의 관심은 상당히 커졌으나 이는 B2B에 관한 것이고 B2C에는 별로 관심이 없는 것으로 보인다.

다만 해외직구로부터 발생하는 분쟁을 모두 소송이나 중재로 해결해야 하는 것은 아니므로, 소비자를 보호하기 위한 위의 노력에 더하여, 한국 소비자들의 집단 또는 단체적 권리행사를 가능하게 하고,[132] 또한 한국의 소비자보호기구를 통하거나 더 나아가 관련국의 소비자보호기구 간의 공조를 통한 분쟁해결을 가능하게 하는 등 다양한 수단을 모색할 필요가 있다. 이 글이 해외직구로부터 발

130) 해외직구와 관련하여 보호할 필요가 있는 소비자의 개념을 먼저 명확히 하자는 의견에 대하여는 위에서 논의하였다.

131) 역직구에 관심을 가진 우리 기업들은 소비자 국가의 국제사법 기타 소비자보호 관련 법에도 관심을 가져야 한다. 일부 대기업을 제외하면 이는 기대하기는 어려운 일이다.

132) 집단중재에 관하여는 우선 한충수, "소비자 집단분쟁해결 수단으로서의 집단중재의 도입가능성 고찰", 국제사법연구, 제17호(2011. 12), 475면 이하 참조.

생하는 분쟁에서 한국 소비자를 보호함에 있어서 현행법(국제사법, 약관규제법과 중재법)의 해석론을 정확히 파악하는 데 조금이나마 도움이 되기를 희망한다. 현재 법상태를 정확히 파악한 뒤에야 비로소 바람직한 입법론을 정립할 수 있을 것이다.

4. 관련 논점: 해외직구와 용역제공계약

모두에 밝힌 것처럼 여기에서는 물품의 해외직구만을 다루었으나, 이상의 논의는 계약 목적물의 성질에 따른 차이를 제외하면 용역을 제공하기로 하는 계약에도 대체로 타당하다. 다만 한국 소비자가 외국 사업자로부터 용역을 제공받기로 하는 계약의 경우에 용역제공이 전적으로 소비자의 상거소지 외에서 일어나는 경우[133]에도 국제사법 제27조가 적용되는지는 종래 논란이 있다. 로마 I(제6조 제4항)[134]은 그 경우 소비자보호를 적용하지 않는다. 우리 국제사법의 해석론으로는 논란이 있으나, 대법원 2014. 8. 26. 선고 2013다8410 판결(에어프랑스 사건)은 다소 애매하기는 하나 그 경우에도 국제사법 제27조가 적용된다고 판시한 것으로 생각된다.[135]

후 기

위 글을 발표한 뒤인 2016년 11월 공정거래위원회는 해외직구와 관련된 표준약관을 제정하였으나 이는 외국회사에는 적용하지 않는다고 한다. 표준약관의 적용범위를 결정함에 있어서는 우선 준거법이 어느 법인지를 보아야 하고, 나아가 소송을 전제로 한다면 국제사법 제27조의 맥락에서 검토해야 한다.

위 글을 발표한 뒤에 아래의 문헌이 간행되었다. 물론 망라적인 목록은 아니다.

-김도년 · 이동하, “소비자피해구제제도로서 소비자중재에 관한 연구”, 중재연구

133) 전형적 사례는 호텔투숙이다. Rauscher/Heiderhoff, EuZPR/EuIPR (2011), Rom I, Art. 6 Rn. 40.

134) 제6조 제4항은 “제1항과 제2항은 소비자에 대한 용역이 소비자가 그의 상거소를 가지는 국가 이외의 장소에서 배타적으로 제공되어야 하는 경우의 용역의 제공을 위한 계약에는 적용되지 아니한다”는 취지로 규정한다.

135) 위 판결은 소비자의 상거소지국 이외의 국가에서 전적으로 용역이 적용되는 경우를 다루지는 않았기 때문이다. 어쨌든 저자는 위 판결에 대해 비판적인 견해를 피력하였다. 석광현(註29)(논문), 60면 이하 참조.

제28권 제2호(2018. 6.), 67면 이하가 있으나 국제소비자분쟁을 주로 염두에 둔 것은 아니다.

-한나희 · 하충룡 · 강예림, “소비자중재조항과 집단중재(Class Arbitration)에 관한 미국법원의 판결동향”, 중재연구 제28권 제2호(2018. 6.), 91면 이하가 있다.

제3장

부당이득의 준거법

[6] 가집행선고의 실효로 인한 가지급물 반환의무의 준거법: 성질결정, 법정지법원칙, 국제사법의 법원(法源)에 관한 논점을 포함하여

[6] 가집행선고의 실효로 인한 가지급물 반환의무의 준거법: 성질결정, 법정지법원칙, 국제사법의 법원(法源)에 관한 논점을 포함하여

前　記

이 글은 저자가 전북대학교 법학연구 통권 제51집(2016. 11.), 507면 이하에 게재한 글로서 오타와 오류를 제외하고는 원칙적으로 수정하지 않은 것이다. 다만 제목이 다소 일반적이었기에 여기에서는 부제를 추가하였고, 가벼운 수정 부분은 밑줄을 그어 표시하였다. 성질결정의 문제는 이 책 [1] 논문과 연계하여 검토할 필요가 있다.

대상판결: 대법원 2015. 2. 26. 선고 2012다79866 판결[1)]

[사안의 개요]

선박건조계약의 당초 발주자(한국의 주식회사 선우해운)로부터 선박건조계약상의 포괄적 지위를 이전받음으로써 발주자의 지위를 승계한 소외 수보람 쉬핑 에스에이(외국의[2)] Suboram Shipping S.A. 이하 "수보람")는 원고들(한국의 주식회사 신한은행과 신한캐피탈 주식회사)로부터 선박건조자금(미화 1,260만 달러)을 대출받으면서 그에 대한 담보로 수보람이 건조자(한국의 주식회사 동방조선)와 체결한 선박건조계약상 가지는 모든 권리와, 피고(한국의 그린손해보험 주식회사)가 발행한 선수금환급보증으로부터 가지는 모든 권리를 원고들에게 양도하였다. 그의 일부로 대주인 원고들은 수보람이 피고에 대하여 가지는 선수금환급보증채권도 취득

1) 여기에서 다루는 대상판결의 국제사법적 논점에 대하여는 판례평석이 있다. 이헌묵, "외국법이 적용되는 소송에서 가지급물반환의무의 준거법과 관련한 몇 가지 문제점 —대법원 2015. 2. 26. 선고 2012다79866 판결을 중심으로—", 국제사법연구 제22권 제1호(2016. 6.), 93면 이하 참조. 이헌묵 교수는 가집행선고의 실효로 인한 가지급물 반환의무를 실체로 성질결정하고, 대상판결도 동일한 취지로 이해한다. 반면에 저자는 이를 절차로 성질결정하고, 대상판결도 동일한 취지로 이해하면서 대상판결에 대해 비판적인 평석을 한다.

2) 판결문 상으로는 수보람의 설립준거법은 잘 보이지 않는다.

하였다. 그 후 원고들은 동방조선에 대하여 채무불이행을 이유로 선박건조계약을 해지 또는 취소한다고 통보하고 선수금의 지급을 요구하였으나, 동방조선이 응하지 않자 피고에게 보증서에 따라 선수금의 반환을 요구하였다. 피고가 이를 거절하자 원고들은 피고를 상대로 선수금의 반환을 청구하는 이 사건 소를 제기하였다.

이를 표로 정리하면 아래와 같다.

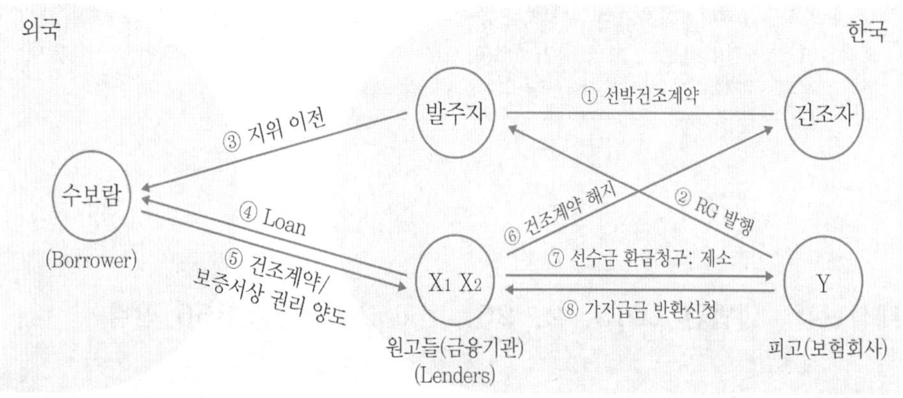

[소송의 경과]

1. 제1심판결[3)]

원고들은 선수금 전액(미화 7,783,800 달러)의 환급과 그에 대하여 변제기 이후부터 이 사건 소장 부본 송달일까지는 연 5%의 비율에 의한 약정 이자 내지 지연손해금과, 소장 부본 송달일 다음날부터 다 갚는 날까지 '소송촉진 등에 관한 특례법'(이하 "특례법"이라 한다) 제3조 제1항에서 정하는 법정이율(당시 연 20%)에 따른 지연손해금의 지급을 청구하였다. 원고들은 제1심에서 전부 승소하였는데 판결에는 가집행선고가 붙어 있었다. 즉 제1심법원은 피고는 원고들에게

3) 서울중앙지방법원 2011. 6. 9. 선고 2009가합131561 판결.

일정금원을 지급할 것을 명하면서 그에 대하여 소장 송달일까지는 연 5%, 그 다음날부터 다 갚는 날까지 특례법이 정한 연 20%의 각 비율로 셈한 돈을 지급할 것을 명하였다.

2. 원심판결[4)]

원고들은 제1심 판결의 가집행선고에 기하여 2011. 6. 10. 피고로부터 제1심 인용금액(미화 11,266,250.7 달러)(이하 "가지급금액"이라 한다)을 지급받았다.

원고들과 피고는 항소를 제기하였고, 원고들은 청구취지를 확장하여 약정에 따른 이자에 대한 지연손해금을 청구하였다. 원심법원은, 변제기 이후부터 제1심 판결 선고일까지는 연 5%의 비율에 의한 약정 이자 내지 지연손해금과, 그 다음 날부터 다 갚는 날까지는 특례법 제3조 제1항에서 정하는 법정이율이 아니라 채권의 준거법인 영국법이 정한 이율(연 8%)에 따른 지연손해금의 지급을 명하였다. 이는 확립된 기존 대법원판례에 따른 것이다.

한편 피고는 원심에서 가지급물(또는 지급물. 이하 양자를 호환적으로 사용한다)의 반환과 그에 대한 지연이자의 지급을 신청하였다. 항소심에서 인용금액이 다소 감액되고 원고들의 청구가 일부 기각됨에 따라 항소심은 원고들에게 가지급금액 중 항소심에서 인용한 금액을 초과하는 금액을 피고에게 반환할 것을 명하고 그에 대해 지급일부터 원심판결 선고일까지는 민법에 따른 연 5%의, 그 다음 날부터 완제 시까지는 특례법에 따른 연 20%의 비율로 계산한 지연손해금의 지급을 명하였다. 원고들은 원심에서 위 지연손해금 비율에 관하여 국제사법 제31조 단서에 따라 영국법이 적용되어야 한다고 주장하였다. 그러나 원심판결은, 위 가지급물은 그 성질이 당사자 간의 법률관계에 기하여 행하여진 이행으로부터 발생한 경우가 아니라 법원의 가집행선고부 판결에 기한 것이므로 위 가지급물의 반환채무에 관하여는 국내법이 적용되어야 한다며 원고들의 주장을 배척하였다.

4) 서울고등법원 2012. 7. 20. 선고 2011나60300 판결.

3. 대법원판결

대법원은 원심의 결론을 지지하고 상고를 기각하였다. 원고들의 상고이유에 대한 대법원판결의 요지는 아래와 같다.

[1] 원고들이 반환청구한 선수금에 대한 지연손해금 이율의 준거법

지연손해금은 채무의 이행지체에 대한 손해배상으로서 본래의 채무에 부수하여 지급되는 것이므로, 본래의 채권채무관계를 규율하는 준거법에 의하여 결정되어야 한다. 한편 특례법 제3조 제1항에서 정하는 법정이율에 관한 규정은 비록 소송촉진을 목적으로 소송절차에 의한 권리구제와 관련하여 적용되는 것이기는 하지만 절차법적인 성격을 가지는 것이라고만 볼 수는 없고 그 실질은 금전채무의 불이행으로 인한 손해배상의 범위를 정하기 위한 것이므로, 본래의 채권채무관계의 준거법이 외국법인 경우에는 위 특례법 규정을 적용할 수 없다고 해석함이 상당하다.

원심이 이 사건 보증서를 규율하는 준거법이 영국법이므로 이 사건 보증서에 기한 채무의 불이행으로 인한 손해배상금도 영국법에 의하여 결정되어야 한다고 판단한 것은 위와 같은 법리에 따른 것으로서 정당하다.

[2] 가집행선고의 실효에 따른 가지급물 반환의무의 준거법

가집행선고부 제1심판결에 기하여 금원을 지급하였다가 다시 상소심판결의 선고에 의해 그 가집행선고가 실효됨에 따라 금원의 수령자가 부담하게 되는 원상회복의무는 성질상 부당이득의 반환채무이지만(대법원 2005. 1. 14. 선고 2001다81320 판결 참조), 이러한 원상회복의무는 가집행선고의 실효가 기왕에 소급하는 것이 아니기 때문에 본래부터 가집행이 없었던 것과 같은 원상으로 회복시키려는 공평의 관념에서 민사소송법이 인정한 법정채무이므로, 국제사법 제31조 단서에 정한 '부당이득이 당사자 간의 법률관계에 기하여 행하여진 이행으로부터 발생한 경우'에 해당한다고 볼 수 없다.

[3] 피고가 반환신청한 가지급금에 대한 지연손해금 이율의 준거법

원심이 가지급물은 그 성질이 당사자 간의 법률관계에 기하여 행하여진 이행으로부터 발생한 경우가 아니라 법원의 가집행선고부 판결에 기한 것이라는 이유로 이 사건 가지급물 반환신청의 지연손해금 비율에 관하여 영국법이 적용되어야 한다는 원고들의 주장을 배척하고 특례법 제3조 제1항을 적용한 조치는 정당하고, 거기에 국제사법 제31조에 관한 법리를 오해한 위법이 없다.

[연구]

Ⅰ. 문제의 제기

대상판결에서는 국제사법 논점 외에도 국제거래에서 사용되는 독립적 보증과 관련한 논점이 있으나,[5] 여기에서는 위 대법원판결의 요지에서 언급한 세 가지 국제사법 논점을 차례대로 다룬다. 다만 그에 앞서서 이 사건이 외국적 요소가 있는 사건(이하 "섭외사건" 또는 "국제사건"이라 한다)인지를 논의하고, 이어서 한국 민사소송법상 가집행제도를 개관한다. 구체적인 논의 순서는 아래와 같다.

첫째, 이 사건에는 외국적 요소가 있는가(Ⅱ.)

둘째, 원고들이 반환청구한 선수금에 대한 지연손해금의 이율의 준거법(Ⅲ.)

셋째, 한국 민사소송법상 가집행제도의 개관(Ⅳ.)

넷째, 가집행선고의 실효에 따른 가지급물 반환의무의 준거법(Ⅴ.)

다섯째, 피고가 반환신청한 가지급금에 대한 지연손해금의 이율의 준거법(Ⅵ.)

Ⅱ. 이 사건에는 외국적 요소가 있는가

원고들은 피고에 대하여 선수금환급보증서에 따른 선수금의 반환을 청구하였다. 항소심에서 피고들은 원고에게 가지급물의 반환을 청구하였다. 이 사건은 섭외사건인가. 이는 국제사법의 적용범위와 관련하여 검토할 필요가 있다.

1. 국제사법 적용요건으로서 외국적 요소의 존재[6]

국제사법 제1조는 "국제사법은 외국적 요소가 있는 법률관계에 관하여 국제재판관할에 관한 원칙과 준거법을 정함을 목적으로 한다"고 규정하므로 국제사

5) 피고는 이 사건에서 문제된 선수금환급보증서(refund guarantee)는 독립적 보증이 아니므로 주채무자의 변경으로 보증채무가 소멸하였다는 등의 항변을 하였다. 이 점이 위 사건의 주된 쟁점이었다. 그 논점은 김인현, "2015년 중요해상판례", 한국해법학회지 제38권 제1호(2016. 4.), 343면 이하 참조.

6) 석광현, 국제사법 해설(2013), 51면 이하 참조.

법이 외국적 요소가 있는 법률관계에 적용됨은 명백하다. 다만 한국에서는, 외국적 요소가 없는 순수한 국내적 법률관계에도 국제사법이 적용되는지는 논란이 있다. 다수설은 이를 부정하나, 소수설은 순수한 국내적 사법관계에 대하여는 그 국가의 법을 적용한다는 국제사법 원칙이 있고, 순수한 국내적 사법관계에서 그러한 법원칙이 의식되지 않을 뿐이지 부존재하는 것은 아니라고 한다.[7] 다수설에 따르면 '외국적 요소'의 존부는 국제사법의 적용 여부를 결정하는 중요한 역할을 하는데, 과연 무엇을 외국적 요소라고 볼 것인지가 문제된다.

종래 섭외적 생활관계의 개념을 외국적 요소가 포함된 모든 사법적 생활관계 또는 외국관련이 있는 사법관계(私法關係)를 의미하는 것으로 넓게 이해하는 견해(광의설)와, 단순히 외국적 요소를 포함하고 있는 것만으로는 부족하고 외국적 성격이 상당한 정도에 이르러 그 관계에 막연히 국내법을 적용함은 부당하고 국제사법을 적용하는 것이 합리적이고 타당하다고 할 경우에만 섭외적 생활관계를 인정할 수 있다고 하여 좁게 파악하는 견해(협의설)[8]가 있다. 대법원 판결은 협의설을 따른다.[9]

저자는, 일반적으로 국제사법이론상 연결점으로 승인되는 당사자의 국적, 주소, 거소, 상거소, 행위지, 이행지, 불법행위지, 물건의 소재지, 등록지, 법인의 본거지 등의 점에서 외국관련이 있는 때에는 일단은 '외국적 요소'가 있는 섭외사건으로 보면서, 그러한 섭외사건이 구체적인 연결원칙을 정한 국제사법 개별 조문의 적용대상이 되는가를 판단하는 것은 당해 조문의 해석의 문제로서 그러한 외국적 요소가 의미 있는가(relevant한가)의 여부를 판단해야 한다는 견해를 취하고 있다.[10]

대법원 판례 내지 협의설에 대하여는 다음과 같은 비판이 가능하다. 첫째, '합리성 기준'의 도입은 국제사법상 근거가 없다. 둘째, "국제사법을 적용하여

7) 이호정, 국제사법(1983), 2면; Gerhard Kegel/Klaus Schurig, Internationales Privatrecht, 9. Aufage (2004), S. 6ff.; Günther Jahr, "Internationale Geltung nationalen Rechts, Zur Relevanz internationalrechtlicher Fragestellungen für Praxis und Theorie des Rechts", Rabels Zeitschrift Band 54 (1990), S. 502-504.

8) 학설 대립은 석광현, 국제사법과 국제소송 제1권(2001), 203면 참조.

9) 예컨대 대법원 2008. 1. 31. 선고 2004다26454 판결; 대법원 2014. 12. 11. 선고 2012다19443 판결 등 참조.

10) 석광현(註 6), 202면 이하 참조. 이는 1설에 가까우나 그로 인한 결론의 부당성은 개별조문에의 포섭으로 해결하자는 절충적 견해이다. 이헌묵(註 1), 108면도 외국적 요소를 넓게 해석할 것이라면서 그로 인해 사안과 관련이 없거나 사소한 관련만 있는 국가 법이 준거법으로 지정될 위험은 '가장 밀접한 관련성'의 기준에 의해 배제될 수 있을 것이라고 한다.

그 준거법을 정하는 것이 더 합리적이라고 인정되는가"를 판단하는 기준이 불분명하다. 셋째, 합리성 기준을 판단함에 있어서 법원의 자의(恣意)가 개입할 여지가 있다. 특히 법원이 '합리성 기준'을 카타르 사건(대법원 1979. 11. 13. 선고 78다1343 판결)과 같은 결론을 정당화하는 도구로 사용할 우려를 불식할 수 없다.11) 넷째, 위 대법원판결이 국제사법을 적용하는 것이 합리적이지 않다고 판단하는 사안은 결국 준거법이 한국법인 사안이다. 그렇다면 법원은 국제사법을 적용해서 준거법이 한국법이라고 판단하면 충분하지, 다른 기준에 의하여 한국법이 적용된다고 먼저 판단하고 국제사법을 적용하여 준거법을 정하는 것이 더 합리적이라고 인정되지 않는다는 결론을 도출할 이유가 없다. 솔직히 말하자면 법원이 실제로는 국제사법을 참조하여 준거법이 한국법이라는 결론을 알아낸 뒤 역으로 국제사법을 적용할 필요가 없다고 하는 것은 아닌지 모르겠다.

2. 이 사건에서 외국적 요소의 존부

이 사건은 원고들이 선수금환급보증서에 따라 피고에게 선수금의 환급을 청구한 사건인데, 원고들과 피고는 모두 한국 회사이고 선수금환급보증서의 준거법은 영국법이다. 이 사건에서 쟁점은 아니었지만 아래 이유로 외국적 요소의 존재를 긍정할 수 있다.12)

첫째, 이 사건은 선수금환급보증, 즉 계약에 기한 청구인데 그 계약의 준거법이 영국법이므로 외국적 요소의 존재를 긍정할 수 있다. 한국 국제사법 제25조 제4항의 결과 순수한 국내계약에서 당사자들이 외국법을 준거법으로 선택한 경우 한국의 국내적 강행규정의 적용은 배제되지 아니한다.13)

둘째, 이 사건에서 원고들은 외국 회사인 수보람에게 선박금융을 제공하고 그에 대한 담보로 수보람이 피고에 대하여 가지는 선수금환급보증채권을 취득하

---

11) 이는 카타르에서 근무 중이던 한국 근로자가 초래한 교통사고로 인하여 피해를 입은 동료 근로자가 사용자인 한국회사를 상대로 사용자책임을 물은 사건이다. 대법원은 당해 사건의 섭외사건성을 부정하고 당해사건에서 불법행위의 준거법은 한국법이라고 보았다.

12) 이헌묵 교수도 同旨. 이헌묵 교수는 이를 기초로 이 사건에는 부당이득의 준거법에 관한 제31조 본문이 적용된다고 보면서, 대상판결이 제31조 본문에 따른 준거법을 확정하지 아니하고 바로 단서를 적용한 점에서 오류가 있고, 가사 상고이유에 포함되지 않았기에 대법원이 그에 대해 판단하지 않았더라도 판결이유에서는 제31조 본문을 적용한 준거법에 관하여 설시했어야 한다고 비판한다. 이헌묵(註 1), 109면 참조.

13) 다만 그 경우 외국법 지정이 준거법의 지정(즉 저촉법적 지정)인지, 아니면 영국법을 계약의 내용으로 편입한 것인지(incorporation by reference. 즉 실질법적 지정)는 논란이 있다.

였는데, 만일 수보람이 제소하였더라면 그 사건은 섭외사건이 되었을 것이다. 문제는 수보람으로부터 권리를 양도받은 한국 회사인 원고들이 제소하는 경우 외국적 요소 유무의 판단이 달라지는가이다. 저자는 외국적 요소의 존재를 넓게 해석하므로 그 경우에도 외국적 요소의 존재를 인정한다.[14] 원고들이 선수금의 반환을 청구하는 이 사건은 섭외사건이므로 가지급 반환신청도 외국적 요소가 있다. 그러나 원심판결은 가지급물 반환의무에 대해 국제사법에 따라 준거법을 결정하는 과정을 밟지 않고 곧바로 한국법을 적용한 뒤,[15] 국제사법 제31조 단서가 적용된다는 원고들의 주장을 배척하였다.

3. 2012년 중국 사법해석의 태도

한편 중국의 섭외민사관계법률적용법(제1조)은 섭외민사관계의 법률적용을 명확히 하고, 섭외민사분쟁을 합리적으로 해결하며, 당사자의 합법적 권익을 보호하는 것을 목적으로 한다고 명시하는 것으로부터 알 수 있듯이 외국적 요소가 없는 법률관계에는 적용되지 않는 것으로 보인다. 흥미로운 것은 섭외민사관계를 열거하는 2012년 중국 사법해석(1)[16] 제1조이다. 그에 따르면 민사관계가 다음의 사항을 갖춘 경우에는 인민법원은 섭외민사관계로 인정할 수 있다.

“① 당사자 일방 또는 쌍방이 외국의 공민, 외국법인 또는 기타 조직이거나 무국적자인 경우, ② 당사자 일방 또는 쌍방의 상거소지가 중국 영토 밖에 소재하는 경우, ③ 목적물이 중국 영토 밖에 소재하는 경우, ④ 민사관계를 발생, 변경 또는 소멸시키는 법률사실이 중국 영토 밖에서 발생한 경우와 ⑤ 섭외민사관계로 인정할 수 있는 기타의 경우”가 그것이다.[17] 이 사건은 ① 내지 ④에 해당

---

14) 반대의 경우는 어떤가. 당초 순수한 국내적 법률관계에서 당사자들이 준거법을 외국법으로 선택한 뒤 만일 채권자가 채권을 외국인에게 양도하거나, 일방 당사자가 외국으로 기업의 본거지를 옮긴 때에는 외국적 요소가 발생하는가. 이헌묵(註 1), 105면은 후자의 경우 외국적 요소가 생기는 것으로 본다. 외국적 요소를 널리 해석하면 그 경우에도 외국적 요소를 긍정한다.

15) 아래에서 논의하듯이, 원심판결이 이 사건에서 외국적 요소의 존재를 부정하였기 때문이 아니라 법정지법인 한국법이 규율할 사항이라고 보았기 때문이라고 짐작된다.

16) 이는 “最高人民法院关于适用《中华人民共和国涉外民事关系法律适用法》若干问题的解释(一)(2012年12月10日最高人民法院审判委员会第1563次会议通过)”를 말한다.

17) 이는 기존 사법해석의 입장을 유지하면서 국적 외에 상거소지도 기준으로 인정하였고, 법관의 재량에 따라 섭외성을 가지는 것으로 판단할 수 있도록 하였다. 김현아, “중국 국제사법상 계약의 준거법 결정”, 이화여대 법학논집 제19권 제4호(2015. 6.), 469면.

하지 않으므로 ⑤에 해당하는지가 관건이다. 아마 중국에서도 이 사건이 섭외민사관계라고 긍정할 것으로 짐작되나, ⑤에 해당하는지를 판단하는 기준이 무엇인지 궁금하다.

Ⅲ. 원고들이 반환청구한 선수금에 대한 지연손해금 이율의 준거법: 판결요지[1]

금전채무의 지급을 지체한 경우 그에 대하여는 지연손해금을 지급해야 한다. 과거에도 금전채권의 준거법이 외국법인 경우에도 특례법이 정한 법정 이율에 따른 지연손해금의 지급을 명할 수 있는지가 다투어졌으나, 이는 채권의 준거법에 따를 사항이라는 것이 판례에 의하여 확립되었다. 이에 반대하는 견해도 있다. 여기에서는 과연 종래의 판례가 정당한 것인지를 간단히 소개한다. 이는 아래(Ⅵ.)에서 다루는 논점, 즉 피고가 반환신청한 가지급금에 대한 지연손해금 이율의 준거법과 관련해서도 검토할 필요가 있다.

1. 특례법의 조문과 취지

'법정이율에 관한 특례'를 정한 특례법 제3조는 아래와 같다.

> 제3조(법정이율) ① 금전채무의 전부 또는 일부의 이행을 명하는 판결(심판을 포함한다. 이하 같다)을 선고할 경우, 금전채무 불이행으로 인한 손해배상액 산정의 기준이 되는 법정이율은 그 금전채무의 이행을 구하는 소장(訴狀) 또는 이에 준하는 서면(書面)이 채무자에게 송달된 날의 다음 날부터는 연 100분의 40 이내의 범위에서 「은행법」에 따른 은행이 적용하는 연체금리 등 경제 여건을 고려하여 대통령령으로 정하는 이율에 따른다. 다만, 「민사소송법」 제251조에 규정된 소(訴)에 해당하는 경우에는 그러하지 아니하다.
> ② 채무자에게 그 이행의무가 있음을 선언하는 사실심(事實審) 판결이 선고되기 전까지 채무자가 그 이행의무의 존재 여부나 범위에 관하여 항쟁(抗爭)하는 것이 타당하다고 인정되는 경우에는 그 타당한 범위에서 제1항을 적용하지 아니한다.

2. 금전채무의 이행지체로 인한 지연손해금 이율의 준거법에 관한 종래의 판례[18)]

가. 대상판결과 기존 대법원판례의 태도

대상판결은 판결요지[1]에서 본 바와 같이, 확립된 대법원 판례를 따라 본래의 채권채무관계의 준거법이 외국법인 경우에는 특례법 제3조는 적용할 수 없다고 판시하였다. 그 이유는 법정이율에 관한 특례법 제3조 제1항의 실질은 금전채무의 불이행으로 인한 손해배상의 범위를 정하기 위한 것이기 때문이라고 한다.

나. 기존 대법원판례에 대한 비판

특례법의 입법목적에 관하여 헌법재판소 2000. 3. 30. 97헌바49 전원재판부 결정은 아래와 같은 취지로 판시하였다.

> 구 특례법 제3조 제1항의 입법목적은 법정이율을 현실화함으로써 채권자에 대하여는 소송을 제기한 이후부터라도 이행지체로 인한 실손해를 배상받을 수 있도록 하는 한편, 채무자에 대하여는 법정이율이 현실이자율보다 낮은 것을 이용하여 악의적으로 채무이행이나 소송을 지연시키고 상소권을 남용하는 것을 막고, 사실심판결 선고 후 채무의 신속한 이행을 확보하려는 데에 있다.

이에 대해 저자는 종래 대법원판례를 지지하지 않고 이는 채권의 준거법에 관계없이 법정지가 한국이고 동법이 정한 요건을 구비하는 한 적용되어야 한다는 견해를 유지하고 있다. 그 근거는 다음과 같다.[19)]

첫째, 헌법재판소의 결정이 판시한 것처럼 특례법의 입법목적은 실체법적 측면과 절차법적 측면이 있다. 즉 채권자에 대하여 이행지체로 인한 실손해를 배상받을 수 있도록 하는 것은 실체법적 측면이다. 한편, 채무자에 대하여 악의적으로 채무이행이나 소송을 지연시키고 상소권을 남용하는 것을 막고, 사실심판결 선고 후 채무의 신속한 이행을 확보하는 것은 절차법적 측면이다. 이렇듯 양면성이 있으므로, 특례법의 규정을 절차법적 성격을 가지는 것이라고만 볼 수

18) 중국에서 배포한 발표문에는 중국도 가입한 국제물품매매협약에 관한 한국 판례를 중국 학자들에게 소개하고자 "3. 국제물품매매협약이 적용되는 사건의 처리"를 포함시켰으나 여기에서는 삭제하였다.

19) 석광현, 국제사법과 국제소송 제3권(2004), 207면; 석광현, 국제민사소송법(2012), 28면 이하 참조. 이헌묵(註 1), 99면도 同旨.

없다는 대법원의 판단은 타당하다. 대법원판례는 판시하지 않았지만, 특례법의 규정을 실체법적 성격을 가지는 것이라고만 볼 수 없음도 역시 타당하다.

둘째, 문제는 준거법의 맥락에서 어느 측면을 우선시킬 것인가인데 저자는 절차적 측면을 중시한다.[20] 즉 저자는 특례법이 양면성을 가지는 점을 인정하면서도, 특례법상의 지연손해금은 한국에서의 소송을 촉진하기 위한 소송정책적 고려에 기하여 부과하는 소송상의 제도라는 점을 중시하여, 그것이 비록 실체와 관련되기는 하지만, 법정지가 한국이라면 동법의 요건이 구비되는 한 적용된다고 본다. 만일 대법원판결처럼 지연손해금을 본안판결의 기초가 된 채권(이하 "본래채권"이라 한다)의 준거법에 따를 사항이라고 본다면, 가사 한국 법정에서 피고가 부당한 항쟁으로 소송을 지연하더라도 특례법을 적용할 수 없게 되어 헌법재판소가 판시한 특례법의 두 가지 입법목적을 모두 달성할 수 없게 된다.

셋째, 비근한 예로 변호사보수 등 소송비용을 생각해보자. 소송비용은 급부의 내용에 관한 것이므로 실체와 관련된다. 만일 이를 실체로 성질결정한다면, 예컨대 원고가 피고의 계약위반을 이유로 손해배상을 청구하는 경우 소송비용(특히 법정지법에 의하여 원고가 상환받을 수 없는 소송비용)은 손해배상의 범위의 문제로서 계약의 준거법에 따를 사항이 된다. 그러나 소송비용의 부담은 사법정책적 고려에 기초하여 소송법에 따를 사항이라는 것이 널리 인정되고 있다. 즉 패소한 당사자가 상대방에 대해 소송비용상환의무를 부담하는지와 그 범위는 사법정책적 고려에 기초하여 법정지인 한국법에 따른다는 것이다. 반면에 미국이 법정지라면 'American rule'에 따라 승소한 당사자도 자신의 변호사비용을 부담해야 하고 패소한 상대방으로부터 상환 받을 수 없는 것이 원칙이다.

넷째, 그러면서도 저자는 소송촉진을 이유로 연 25%(그 후 20%로 낮추어졌다가 현재는 15%)라는 과도한 지연손해금을 부과하는 사례는 국제적으로 흔하지 않고 그 타당성은 의문이므로 준거법이 외국법인 사건에서 특례법의 적용은 매우 신중히 해야 한다고 본다.[21] 즉 이로써 특례법 적용의 부당성을 완화하자는 것이다.

---

20) 이와 달리 독일에서는 소송계속 이후의 이자를 실체의 문제로 이해한다. Reinhold Geimer, Internationales Zivilprozessrecht, 6. Auflage (2009), Rn. 354. 그러나 특례법에 따른 지연손해금은 소송계속으로 인하여 당연히 발생하는 것이 아니라 채무자가 그 이행의무의 존재 여부나 범위에 관하여 부당하게 항쟁한 경우에만 허용되므로 그 요건의 구비 여부를 판단해야 한다.

21) 국내사건의 맥락에서도 특례법상 고율의 이자는 첫째, 과거 은행예금금리가 연 30% 정도이던 고금리·고인프레 시대의 한시적 조치이고, 둘째, 글로벌 스탠다드에 반하며, 셋째, 당초 입법취지와 달리, 패소자의 상소를 어렵게 하여 상소심에서 재판받을 권리를 위협하고 채권자가 고리를 계속 챙기려고 소송·강제집행을 지연키는 등 폐해가 나타나고 있으므로 폐기해

Ⅳ. 한국 민사소송법상 가집행제도의 개관: 판결요지[2][22)]

한국 민사소송법상의 가집행제도는 독일 민사소송법(현재는 제708조 이하)과 일본 민사소송법(현재는 제259조 이하)의 영향을 받은 것이다. 이런 가집행제도는 중국 민사소송법(제107조)이 규정하는 '先予執行'과 유사한 것으로 보인다.

1. 가집행제도의 취지

원래 판결은 확정되어야 강제집행을 할 수 있다. 가집행선고는, 본안판결의 확정 전에 미리 강제집행을 허용함으로써, 승소한 당사자의 신속한 권리실현에 기여하고, 소송지연을 위한 상소를 방지하며, 당사자들이 제1심에서 최선을 다하여 소송을 수행하게 유도함으로써 제1심에 심리를 집중할 수 있게 한다.[23)] 환언하면 이는 패소 당사자의 상소에 의한 이익과 승소 당사자의 조기집행에 의한 이익을 조정함으로써 양자를 공평하게 보호하기 위한 제도이다.[24)] 가집행선고는 미확정 종국판결에 집행력을 부여하는 재판으로 형성적 재판이다.[25)]

2. 가집행선고의 요건, 절차와 방식

가집행선고의 대상은 재산권의 청구에 관한 판결로 집행할 수 있는 것이어야 한다. 가집행선고는 원칙적으로 종국판결에 한한다. 법원은 원칙적으로 가집행을 선고해야 하고, 가집행선고를 붙이지 아니할 상당한 이유가 있는 경우에는 예외적으로 붙이지 않을 수 있다. 법원은 직권으로 가집행선고를 하는 것이 원칙이다. 가집행선고는 판결주문에 표시한다(제213조 제3항). 가집행선고 후 상소심에서 판결이 취소 또는 변경되면 채무자가 손해를 입게 되므로 법원은 손해를 담보하기 위하여 원고로 하여금 담보를 제공하게 할 수 있는데 이것이 '담보부

야 한다는 비판이 있다. 이시윤, "비싼 소송이자와 싼 공탁금이자", 대한변협신문 제610호 (2016. 10. 17.), 9면 참조.

22) 저자가 중국에서 발표할 때에는 가집행선고제도에 익숙하지 않은 중국 학자들을 위하여 이 부분을 더 상세히 다루었으나 여기에서는 간단히 논의한다.

23) 이시윤, 신민사소송법 제8판(2014), 665면; 호문혁, 민사소송법 제13판(2016), 603면; 한충수, 민사소송법(2016), 592면; 민일영/김능환(편), 주석민사소송법(Ⅲ), 제7판(2012), 311면(강승준 집필부분). 이하 "민일영/김능환/집필자"로 인용한다.

24) 민일영/김능환/강승준, 311면.

25) 이시윤(註 23), 665면; 호문혁(註 23), 603면.

가집행선고'이다. 법원은 가집행선고를 하면서 직권으로 또는 당사자의 신청에 따라 채권전액을 담보로 제공하고 가집행을 면제받을 수 있음을 선고할 수 있다(제213조 제2항).

3. 가집행선고의 소송법적 효력

가집행선고는 판결의 선고와 동시에 효력이 발생하므로 원고는 집행문을 부여받아 이를 집행할 수 있다(민사집행법 제30조). 본안판결이 이행판결이면 바로 집행권원이 된다(민사집행법 제56조 제2호). 상급심에서 가집행선고가 붙은 판결이 취소되면 가집행선고는 효력을 상실한다. 즉 가집행선고의 소송법적 효력은 상소심에서 그 가집행의 선고 또는 본안판결이 취소되는 것을 해제조건으로 하여 발생한다.[26)]

4. 가집행선고의 실효

가집행선고는 상소심에서 가집행선고 자체 또는 본안판결이 바뀌는 한도에서 효력을 상실한다(제215조 제1항). 가집행선고가 실효되면, 집행은 개시될 수 없고 이미 집행이 개시되었더라도 그의 정지 및 취소를 구할 수 있으며(민사집행법 제49조 제1호, 제50조), 원고는 피고에 대하여 원상회복의무와 손해배상의무를 부담한다(제215조 제2항).[27)][28)] 원상회복은 가집행의 결과 피고가 원고에게 지급한 금전이나 교부한 물건을 반환하는 방법에 의하는데 이것이 '가지급물의 반환'이다. 가지급물에는 강제집행의 결과 원고에게 지급된 것과, 가집행을 피하기 위하여 피고가 원고에게 지급한 것이 포함한다.[29)] 원상회복의 법적 성질은 부당이득의 반환이므로 그 범위는 부당이득에 관한 민법의 일반원칙에 따른다.[30)] 한편

---

26) 대법원 1962. 7. 12. 선고 62다229 판결 등. 이시윤(註 23), 668면; 호문혁(註 23), 606면; 한충수(註 23), 596면. 가집행제도의 연혁은 민일영/김능환/강승준, 312면 이하; 한충수, "가집행선고의 실효와 부활", 민사소송 제11권 제1호(2006. 5.), 211면 이하 참조. MünchKomm-ZPO, 4. Auflage (2012), Band 2, §708, Rn. 4 (Götz 집필부분).

27) 독일 민사소송법(제717조)도 가집행선고가 실효된 경우 원고의 손해배상의무(제2항)와 원상회복의무(제3항)를 규정한다.

28) 실효에 따른 원고의 책임을 일종의 불법행위책임이라고 하는 일원설과, 부당이득반환의무와 불법행위책임이라고 설명하는 이원설이 있다. 민일영/김능환/강승준, 337면.

29) 대법원 1995. 6. 30. 선고 95다15827 판결.

30) 대법원 2011. 8. 25. 선고 2011다25145 판결. 상사채권에 기하여 가지급금이 지급되었더라

여기의 손해배상책임은 불법행위책임으로 원고의 고의 또는 과실을 요구하지 않는 무과실책임이다.[31] 손해배상의 범위는 불법행위에 관한 민법의 일반원칙에 따른다. 다만 가집행으로 인한 손해 및 가집행을 면하기 위하여 입은 모든 손해를 배상해야 한다는 견해[32]와, 손해배상책임이 무과실책임인 점과 법원의 직권선고를 원칙으로 하는 점에서 과도한 배상은 바람직하지 않다는 이유로 정신적 손해를 제외하는 견해[33]가 있다.

5. 가집행선고에 따른 가지급의 실체법적 효력

가집행선고가 있는 경우 채무자는 본안에 관하여 항복하지 않으면서 채권자의 강제집행을 피하고자 한다. 가집행선고에 따라 금전지급이 이루어지더라도 채무변제의 효과는 발생하지 않으므로, 항소심 법원은 가지급 여부를 고려함이 없이 청구의 당부를 판단한다.[34] 확정판결에 따른 지급이 이루어지면 채권이 확정적으로 소멸하지만, 하급심의 종국판결에 따라 채무자가 가지급하는 경우—집행절차를 통하거나 또는 집행을 피하기 위해 피고가 임의로 채권자에게 변제를 하든 간에—, 그에 따른 변제의 효과는 판결 확정 시 비로소 발생한다.[35] 즉 변제의 효과는 판결 확정을 정지조건으로 하여 발생한다.[36] 민법상 조건은 통상

도 원상회복에 대하여는 민법 소정의 법정이율이 적용된다. 대법원 2004. 2. 27. 선고 2003다52944 판결.

31) 민일영/김능환/강승준, 342면; 대법원 1979. 9. 25. 선고 79다1476 판결; 헌법재판소 2017. 5. 25. 2014헌바360 결정도 동지. 민사소송법 제215조 제2항이 위헌이라는 주장에 대하여 위 헌법재판소 결정은 가집행으로 인한 손해배상과 관련하여 심판대상조항은 무과실책임으로 정하고 있으나, 그렇다고 배상할 손해가 무제한적으로 확대되는 것이 아니라 상당인과관계 있는 범위로 한정되고, 가집행채무자의 과실이 있는 경우 과실상계 규정을 준용하여 가집행채권자의 손해배상책임 및 그 금액을 정함에 있어 이를 참작하여야 한다고 판시하고 합헌이라고 판단하였다. [밑줄 부분은 이 책에서 새로 추가한 것이다.]

32) 대법원 1979. 9. 25. 선고 79다1476 판결 등; 호문혁(註 23), 607면; 한충수(註 23), 599면; 민일영/김능환/강승준, 341면; 대법원 1979. 9. 25. 선고 79다1476 판결.

33) 이시윤(註 23), 670면.

34) 대법원 2009 3. 26. 선고 2008다95953, 95960 판결 등.

35) 민일영/김능환/강승준, 321면; 대법원 1995. 6. 30. 선고 95다15827 판결. 따라서 대상판결과 대법원 2000. 7. 6. 선고 2000다560 판결 등이 "가집행으로 인한 변제의 효력은 확정적인 것이 아니고 어디까지나 상소심에서 그 가집행의 선고 또는 본안판결이 취소되는 것을 해제조건으로 하여 발생하는 것"이라고 판시하는 것은 잘못이다(밑줄은 저자가 추가). 민일영/김능환/강승준, 321면은 이 점을 적절히 지적한다.

36) 독일 통설도 같다. MünchKommZPO/Götz, §708, Rn. 6. 소수설은 가집행에 따른 변제의 실체법적 효력은 실체법(즉 독일 민법 제362조)이 결정할 사항이라고 본다. Christian Berger et al., Stein/Jonas ZPO Kommentar zur Zivilprozessordnung, 22. Auflage, Band 7 (2002), §708,

'법률행위'의 부관이나 변제에도 조건을 붙일 수 있다고 본다. 즉 가지급의 실체법적 효력은 절차와 실체의 접점에 있는 문제인데, 가지급으로 인해 변제의 효과가 발생하지 않는다는 것은 이를 소송법적으로 파악한 결과이고, 그런 결론은 우리 민법상 변제의 법리에 의해서도 정당화된다고 본다.[37][38]

6. 본래채권의 준거법이 외국법인 경우 가집행선고에 관한 준거법

우리 법원이 가집행선고를 하기 위한 요건과 효력, 절차와 방식, 가집행선고의 실효와 실효 시의 법률관계도 모두 민사소송법이 정한 바에 따를 사항이다. 가집행이 실효된 경우에 가지급을 받은 원고가 이를 반환해야 하는데, 문제는 그 경우 반환의무, 특히 그에 대한 지연손해금의 준거법이 무엇인가라는 점이다. 마찬가지로 가집행의 실효로 인한 손해배상의무의 준거법도 문제될 수 있다.

Rn. 5ff. (Münzberg 집필부분).

37) 다만 이는 변제와 이행지체에 관한 실체법상의 규칙과 상용되기 어렵다는 지적도 있다. Wolfgang Krüger, "Die Leistung zur Abwendung der Zwangsvollstreckung im Span- nungsfeld zwischen materiellem und formellem Recht", NJW (1990), S. 1208 참조. 실체법적 효력을 부정하면 채무자는 가집행 후에도 여전히 이행지체로 인한 지연손해금을 지급해야 한다는 것이 되나 이는 지지할 수 없다. MünchKommZPO/Götz, §708, Rn. 6, Fn. 17도 동지. 상세는 위 Krüger, S. 1211f. 참조. 대법원 1995. 6. 30. 선고 95다15827 판결도 "가집행이 붙은 제1심 판결을 선고받은 채무자가 선고일 약 1달 후에 … 원리금을 추심 채권자에게 스스로 지급하기는 하였으나 … 항소를 제기하여 … 다투었다면, 그 채무자는 … 확정적 변제행위로 추심 채권자에게 그 금원을 지급한 것이 아니라, 제1심 판결이 인용한 지연손해금의 확대를 방지하고 … 가집행 선고에 기한 강제집행을 면하기 위하여 그 금원을 지급한 것으로 봄이 상당"하다고 판시하였다(밑줄은 저자가 추가).

38) 변제의 법적 성질에 관한 한국 민법학계의 통설인 준법률행위설이나 소수설인 현실적(또는 사실적) 급부실현설(이는 독일의 통설인 'Theorie der realen Leistungsbewirkung'이다. 상세는 김용담(편), 주석민법: 채권총칙[4] 제4판(2014), 45면 이하 참조(정준영 집필부분))에 따르면 의무를 부담하는 급부와 명백히 합치되는, 급부행위에 의한 결과의 실현만 있으면 변제가 이루어지고 변제계약은 불필요하다. 지원림, 민법강의, 제14판(2016), [4-67]; 양창수 · 김재형, 계약법 제2판(2015), 301면. 이 견해에 따르면, 가집행선고에 따라 채무자가 채권자에게 가지급물을 지급하면 마치 급부가 실현되어 변제의 효과가 발생하는 것처럼 보인다. 하지만 통상적으로 현실적 급부실현에 의하여 변제의 효과가 발생하더라도, 변제자는 유보를 함으로써 현실적 급부실현에도 불구하고 변제의 효과를 배제할 수 있고, 가집행선고에 따른 강제집행 또는 강제집행의 압박 하에서 채무자가 이를 피하기 위해 급부행위를 한 경우에도 피고는 채무를 변제하려는 것이 아니라 소송관계(Streitverhältnisse)를 잠정적으로 규율하려는 것이므로 판결 확정 시에 변제의 효과가 발생한다. MünchKommZPO/Götz, §708, Rn. 6; Vorwerk/Wolf, Beck'scher Online-Kommentar, ZPO §708, 21. Edition (2016), Rn. 8 (Ulrici 집필부분). 이는 독일 민법의 설명이나 우리 민법상으로도 타당하다고 본다.

Ⅴ. 가집행선고의 실효에 따른 가지급물 반환의무의 준거법: 판결요지[2]

1. 논점의 정리

이 사건에서 쟁점은 가집행선고의 실효로 인한 원고들의 가지급물 반환, 보다 정확히는 가지급물 반환의무와 반환범위의 준거법이다. 여기에서 가지급물 반환의 문제가 절차(procedure)와 실체(substance) 중 무엇으로 성질결정되는지라는 의문이 제기된다.

만일 이를 절차로 성질결정한다면 다음과 같은 부수적 논점들이 제기된다.

① 절차로 성질결정하는 근거는 무엇인가. ② 절차로 성질결정한다면 법원은 법정지법원칙(*lex fori* principle)에 따라 법정지법을 적용할 텐데 동 원칙을 정당화하는 근거는 무엇인가. ③ 성문법인 한국 국제사법은 법정지법원칙을 명시하지 않는데 만일 그 원칙이 국제사법의 해석론으로 도출된다면 그 법적 근거는 무엇인가. 이는 법정지법원칙이 국제사법상 관습법 또는 條理인가의 문제이고, 국제사법의 법원으로서 한국 민법 제1조가 어떤 의미를 가지는가와 관련된다. 나아가 ④ 만일 대상판결이 절차로 성질결정한 것이라면 이는 특례법에 따른 지연손해금을 실체로 성질결정하는 기존 대법원판례와 정합성이 있나.[39]

반면에 만일 이를 실체로 성질결정한다면 다음과 같은 부수적 논점들이 제기된다.

① 대상판결은 제31조 본문을 적용하여 부당이득의 준거법을 결정한 것인가. 만일 그렇지 않다면 대상판결이 가지급물의 반환의무에 한국법을 적용한 근거는 무엇인가. ② 대상판결이 국제사법 제31조 단서의 적용을 배척한 것은 타당한가.

여기에서는 첫째, 가집행선고의 실효로 인한 가지급물 반환의무의 성질결정(아래 2.), 둘째, 대상판결의 태도(3.)와 셋째, 대상판결에 대한 평가(4.)의 순서로 논의한다.

---

39) 위 ④의 쟁점은 아래(Ⅵ.)에서 별도로 논의한다.

2. 가집행선고의 실효로 인한 가지급물 반환의무의 성질결정

가. 가집행선고의 실효로 인한 가지급물 반환의 절차법적 성질결정

민사소송법은 가집행선고의 요건, 절차, 방법과 그의 효력 및 가집행선고의 실효로 인한 법률관계를 규율한다. 이러한 사항들은 대체로 절차로 성질결정된다. 문제는 가집행선고의 실효로 인한 법률관계 중 이 사건에서 쟁점이 된, '가지급물 반환의무의 유무와 범위'를 국제사법에서 어떻게 성질결정할지이다. 가지급금에 대한 지연손해금은 가지급물 반환의무의 준거법에 따를 사항이다. 결론을 먼저 말하자면, 저자는 아래의 이유로 이헌묵 교수와 달리 이를 절차의 문제로 성질결정한다. 보다 정확히 말하자면 실체와 관련되지만 절차와도 관련되므로 사법정책적 고려에 기하여 절차에 준하여 법정지법인 한국법을 적용하자는 것이다.

첫째, 가집행선고의 요건, 절차, 방법과 그의 소송법적 효력 및 가집행선고의 실효에 따른 부당이득반환의무의 존재와 손해배상의무의 존재는 한국 민사소송법이 규율하므로 법정지가 한국이라면 당연히 그에 따른다. 더욱이 대상판결이 판시한 것처럼 가지급물 반환의무는 민사소송법이 인정한 법정채무이므로 그 내용도 민사소송법에 따르는 것이 타당하다.

둘째, 한국 민사소송법이 가집행선고의 실효로 인한 부당이득반환의무와 손해배상의무의 범위를 직접 규율하지 않으므로 그것을 분리하여 별도로 부당이득의 준거법과 불법행위의 준거법에 따르도록 하는 견해도 주장될 수 있다. 그러나 저자는 이를 지지하지 않는다. 가집행선고의 요건, 절차, 방법과 그의 소송법적 효력과 가집행선고의 실효에 따른 부당이득반환의무의 존재와 손해배상의무의 존재는 한국 민사소송법이 규율하므로, 그와 밀접하게 관련되는 쟁점, 즉 그러한 부당이득반환의무의 범위와 손해배상의무의 범위도 한국법, 즉 한국 민법이 규율한다고 보는 것이 정책적으로도 바람직하다.[40][41]

---

40) 만일 이렇게 하지 않고 별도로 연결한다면 준거법의 분열되어 연결대상 간의 경계획정 문제와 적응(adaptation, Anpassung)에 따른 어려움이 발생할 수 있다.

41) 이 사건에서는 쟁점이 아니지만 가집행선고의 실효로 인한 손해배상의무의 준거법도 문제될 수 있다. 통설과 판례가 이런 손해배상책임을 민사소송법상의 특별한 법정책임 내지 위험책임으로 이해하므로 이는 절차적 성격이 강하다고 본다. 이는 가지급물 반환의무의 준거법을 법정지법인 한국법에 따르도록 하는 것과 일관성이 있다. 그러나 이와 달리 민사소송법이 규율하는 사항은 절차의 문제로서 민사소송법에 따르고, 민사소송법이 규율하지 않는 사항은 국내사건이라면 민법이나 특례법에 따를 사항이나, 외국적 요소가 있는 사건에서는 불법행위

만일 민사소송법이 가집행선고 실효 시의 법률관계에 관하여 아무런 규정을 두지 않았더라면 가집행선고 실효 시 가지급물의 반환의무의 준거법은 부당이득의 준거법을 정한 국제사법 제31조에 의하여 결정되었을 것이다.[42] 그러나 민사소송법이 부당이득의 성질을 가지는 원상회복의무를 명시하므로 그 연장선상에서 그 반환의무의 범위도 한국법에 따른다는 것이다. 즉 한국법이 규정한 요건에 따라 가집행선고를 하고 그것이 실효된 경우 한국법에 따라 가지급물은 반환할 의무를 부담한다면, 더 나아가 그 반환범위도 한국법에 따르는 것이 논리적으로 자연스럽고, 당사자들의 국적과 본래 채권의 준거법에 관계없이 일률적으로 처리할 수 있다는 장점이 있다. 즉 가지급물 반환의무의 유무와 범위는 법정지가 한국이라면, '절차는 법정지법에 따른다(*forum regit processum*)'는 법정지법 원칙(*lex fori* principle)에 따라 한국법, 즉 한국 민사소송법에 따른다. 그 결과 가지급물 반환의무의 유무와 범위는 민사소송법과 특례법이 정한 바에 따른다. 채무자가 집행을 피하기 위해 채권자에게 지급하더라도 변제의 효과는 판결 확정 시에 비로소 발생하는 점으로부터 가지급은 채무의 변제와는 구별됨을 알 수 있으므로 이러한 해석론이 자연스럽다.

법리적으로도 무엇이 실체로서 준거법에 맡길 사항이고 무엇이 절차로서 법정지법에 맡길 사항인지는 일차적으로 법정지법이 결정할 사항이기 때문이다.[43] 즉, 민사소송법이 규율하는 사항 중에는 순전히 절차에 관한 사항도 있으나, 그 밖에도 비록 성질은 실체이지만 절차적 성질을 겸유하고 있고[44] 특히 사법정책

의 준거법에 따른다는 견해도 주장될 수 있다. 하지만 그 경우 준거법이 분열되어 연결대상 간의 경계획정의 문제와 적응에 따른 어려움이 발생할 수 있다. 반면에 이를 실체로 성질결정한다면 준거법은 국제사법 제31조 이하에 따르는데 실제로는 많은 경우 불법행위지는 한국일 것이다. 가집행선고 실효 시 가집행채권자가 지급해야 하는 손해배상의 범위는 가집행과 상당인과관계에 있는 모든 손해를 포함하는데(대법원 1979. 9. 25. 선고 79다1476 판결), 만일 불법행위의 준거법이 외국법이 된다면 손해배상의 범위도 그 외국법에 따르게 된다.

42) 이헌묵(註 1), 99면은, 가지급물 반환의무는 가집행판결에 의하여 발생한 상태를 원상으로 회복시키기 위한 것으로서 당사자 사이의 이해관계를 조정하기 위한데 목적이 있지, 중대한 공공의 이익이나 절차적 이익을 보호하기 위한 데 그 목적이 있다고 볼 수 없다며 이를 실체로 분류한다.

43) Haimo Schack, Internationales Zivilverfahrensrecht, 5. Auflage (2010), Rn. 52.

44) 문제는 이처럼 실체와 절차의 성질을 겸유하는 사항들의 준거법 결정이다. 이헌묵, "영국법상 상계제도와 영국법이 적용되는 채권의 상계와 관련한 국내법상의 문제", 저스티스, 통권 제142호(2014. 6), 55면은 절차법과 실체법의 성격이 중첩된 경우에는 원칙적으로 이를 실체법으로 처리하여 준거법을 적용하는 것이 타당하다고 한다. 그러나 저자는 성질결정이 애매하거나, 실체와 절차의 성질을 겸유하는 경우에는(그것을 분리하여 각각 성질결정하여 해결할 수 없는 범위 내에서는) 어느 것이 더 본질적인가를 고려하여 개개의 사안별로 해결한다. 석

적 고려에 따라 민사소송법이 규율하는 사항도 있으므로 후자에 대해서도 법정지법원칙을 적용하자는 것이다. 이를 민사소송법이 실체에 대하여 특칙을 둔 것으로 이해할 수도 있을 것이다.

반면에 실체로 성질결정한다면 가지급물 반환의무의 범위는 부당이득의 준거법에 따를 것이다(다만 그 때에도 가지급물 반환의무의 존재는 민사소송에 따라야 한다). 그 경우 이득지가 한국이라면 절차로 성질결정하는 견해와 동일하게 한국법이 준거법이 되나, 만일 이득지가 외국이라면(예컨대 지급 받은 곳이 외국인 경우) 가지급물 반환의무의 범위(나아가 지연손해금도)는 외국법에 따른다. 이 사건에서는 지연손해금의 법정이율만이 쟁점이 된 것으로 보이나, 준거법의 상위는 가지급물 반환범위에 차이를 초래할 수 있다.

나. 법정지법원칙은 국제사법 원칙인가와 그 타당근거

종래 국제사법상 절차의 문제는 법정지법원칙에 따라 법정지법에 의한다. 절차와 실체를 구별하는 실익은 바로 여기에 있다.[45] 즉 어떤 쟁점이 절차로 성질이 결정되면 법정지법에 따르는 데 반하여, 실체로 성질이 결정되면 나아가 그것이 계약인지, 불법행위인지 라는 식으로 구체적인 성질결정을 하고 준거법을 결정할 필요가 있다.[46] 법정지법원칙은 가장 오래되고 다툼이 가장 적은 국

광현, “영국법이 준거법인 채권 간의 소송상 상계에 관한 국제사법의 제문제”, 서울대학교 법학 제57권 제1호(2016. 3.), 210면, 註 27 참조.

45) James Fawcett/Janeen Carruthers/Peter North, Cheshire, North & Fawcett: Private International Law, 14th edition (2008), p. 75. 이는 실체와 절차의 구분을 ‘권리(right)’와 ‘구제수단(remedy)’의 구분과 동일시한다.

46) 절차와 실체의 성질결정 시, 국제사법에서 문제되는 통상의 성질결정(예컨대 계약인지 불법행위인지의 문제)과 동일한 원칙을 적용하는 것이 다수설(예컨대 Jürgen Basedow, “Qualifikation, Vorfrage und Anpassung”, in Peter Schlosser (Hrsg.), Materielles Recht und Prozessrecht und die Auswirkungen der Unterscheidung im Recht der Internationalen Zwangsvollstreckung —Eine rechtsvergleichende Grundlagenuntersuchung— (1992), S. 135ff.)이나 양자를 구별하는 소수설도 있다. Wolfgang Hau, “Proceedings, Law governing”, Encyclopedia of Private International Law, Vol. 2 (2017), p. 1409도 참조. 통상의 성질결정에서는 연결대상을 법정지법상의 체계개념이 아니라 비교법적으로 획득된 기능개념으로 이해한다. Jan Kropholler, Internationales Privatrecht, 6. Auflage (2006), S. 126ff.; Kegel/Schurig(註 7), S. 346ff. 통상의 성질결정의 기준에 관하여 중국 섭외민사관계법률적용법(제8조)은 섭외민사관계의 성질결정은 법정지법에 의한다고 명시한다. 한국에서는 ‘기능적 또는 목적론적 성질결정론’ 내지 ‘신법정지법설’이 유력하다. 석광현(註 6), 30-31면. 소수설은 예컨대 법정지국은 원하는 모든 사항을 소송법에 따를 사항으로 결정할 수 있다는 점에서 ‘소송법의 우위(Primat des Prozessrechts)’를 인정한다. Schack(註 43), Rn. 52. Geimer(註 20), Rn. 314은 어떤 규범이 절차인지 실체인지는 독일법에 따라 성질결정을 해야 한다면서도, 방법론으로서는 국제사법학에서 발전된 기능적 성질결정에 따를 것이라고 한다. [밑줄 부분은 이 책에서 새로 추가한

제사법규칙의 하나로서 전 세계적으로 널리 인정되고 있다.[47)]

과거에는 법정지법원칙의 이론적 근거를 '절차법의 속지주의', '공법적 성격' 또는 '추상성'과 '장소는 행위를 지배한다'는 국제사법원칙 등에서 구하였으나, 근자에는 외국절차법 적용에 따른 어려움을 피하기 위한 실무적 필요성, 효율적 소송수행이라는 실용적 명령과 법적 안정성의 요청 등을 고려한 합목적성 또는 소송경제 등에서 구하는 견해가 유력하다.[48)49)]

우리 대법원은 법정지법원칙의 근거를 논의한 적은 없으나 이를 당연한 원칙으로 받아들이고 있다.[50)] 그러나 독일에서는 법정지법원칙에 대한 다양한 예외가 인정되는 결과 동 원칙은 영광스러운 보편타당성을 이미 상실하였다는 견해도 유력하다.[51)] 독일의 일부 논자는 국제사법은 실체의 준거법결정원칙만을

것이다.]

47) Dagmar Coester-Waltjen, Internationales Beweisrecht: Das auf den Beweis anwendbare Recht in Rechtsstreitigkeiten mit Aulslandsbezug (1983), Rn. 102; Kegel/Schurig(註 7), S. 1055ff.; Geimer(註 20), Rn. 319; Schack(註 43), Rn. 45.; Heinrich Nagel/Peter Gottwald, Internationales Zivilprozessrecht, 6. Auflage (2007), §1 Rn. 42 참조. Dicey, Morris & Collins, The Conflict of Laws, Fifteenth Edition (2012), Rule 19, paras. 7.001 이하; Fawcett/ Carruthers/North (註 45), p. 75. 그러나 Dieter Leipold, Lex fori, Souveränität, Discovery: Grundfragen des Internationalen Zivilprozeßrechts (1989), S. 25는 이를 국제민사소송법의 원칙이라고 보는 것 같다.

48) Schack(註 43), Rn. 48; Geimer(註 20), Rn. 319ff.; Nagel/Gottwald(註 47), §1 Rn. 42; 장준혁, "法律行爲의 方式과 節次 문제의 구별", 국제사법연구 제12권(2006), 249면 이하 참조. Bernd von Hoffmann/Karsten Thorn, Internationales Privatrecht, 9. Auflage (2007), Teil 1, Rn. 7ff.은 그것만으로는 부족하다며 원칙적으로 본안재판의 결과에 영향을 미치지 않는다는 절차법의 중립적 성격을 부가한다. 상세는 Coester-Waltjen(註 47), Rn. 103ff. 참조. 일부 논자는 실체법과 달리 소송법은 법원의 조직과 관련되고, 효율적인 소송절차의 진행을 가능하게 하기 위하여 통일성과 추상성(또는 보편성)을 요구한다고 하고, 법정지법원칙은 한편으로는 실효적인 권리보호를 부여하고, 다른 한편으로는 소송당사자 평등의 준수에 기여한다고 한다. Leipold(註 47), S. 28f. 하지만 이에 대하여는, 외국적 요소가 있는 사건을 소송절차의 측면에서 순수한 국내사건처럼 취급하는 것은 다른 것을 같게 취급하는 것이 되어 부당하다는 비판도 있다. Schack(註 43), Rn. 46. Hau(註 46), p. 1409는 법정지법원칙은 실용성(practicability)만으로는 정당화하기 어렵고 그와 함께 절차법의 중립성(neutrality)에서 근거를 찾아야 한다고 강조한다. [밑줄 부분은 이 책에서 새로 추가한 것이다.]

49) 참고로 일본 櫻田嘉章·道垣內正人(編), 注釈国際私法 제1권(有斐閣, 2012), 32면(横溝 大 집필부분)은 국가가 자국재판제도의 운영에 관하여 가지는 공적 이익과 절차법이 공법이라는 데서 그 근거를 구한다. 石黑一憲, 国際民事訴訟法(1996), 299면은 법정지 절차법은 절대적 강행법규(즉 국제적 강행법규)라고 한다.

50) 예컨대 대법원 1988. 12. 13. 선고 87다카1112 판결도 "재판의 소송절차에 관하여는 당연히 국내의 재판절차법규가 적용되는 것"이라고 판시하였고, 대법원 1997. 5. 9. 선고 95다34385 판결도 판결문 중에서 "섭외사건에 있어서 절차에 관하여는 법정지법에 의한다"는 취지로 판시하였다.

51) Coester-Waltjen(註 47), Rn. 6, Rn. 83ff.; Schack(註 43), Rn. 45; Rolf A. Schütze, Deutsches

정한 것이고, 절차의 준거법결정원칙을 정한 것은 아니라고 본다.[52] 이렇게 본다면 법정지법원칙은 국제사법으로부터 도출되는 것이 아니라는 것이 된다. 그러나 독일과 달리 한국 국제사법은 국제재판관할규칙도 함께 규정하므로 절차에 관한 원칙을 국제사법으로부터 도출하는 데 문제는 없다. 다만 한국 국제사법이 절차의 문제를 다루더라도 절차의 준거법을 정한 것은 아니므로 그런 질문은 한국법에서도 유의미하다고 주장할 여지도 있다. 반면에 중국 섭외민사관계법률적용법은 절차문제를 다루지 않으므로 중국에서는 '절차는 법정지법에 따른다'는 법정지법원칙을 섭외민사관계법률적용법으로부터 도출하기는 어려운 것으로 보이는데 이에 관한 중국 학자들의 견해가 궁금하다.

다. 한국 국제사법상 법정지법원칙의 도출근거와 한국 국제사법의 法源

한국 국제사법에는 법정지법원칙을 명시한 조문이 없음에도 불구하고 동 원칙을 도출한다면 그 해석론적 근거는 무엇인가. 이는 법정지법원칙은 국제사법상 관습법인가, 조리인가, 아니면 법원리인가의 문제이다. 이는 보다 근본적으로 한국 국제사법의 法源은 무엇인가, 나아가 민법 제1조가 국제사법 맥락에서 어떤 의미를 가지는가의 문제이다. 국제사법은 그의 흠결을 보충하는 방법을 명시하지 않지만, 아마도 그 경우 法源을 정한 민법 제1조를 유추적용할 수 있을 것이다.[53] 즉 성문법인 한국 국제사법에 흠결이 있는 때에는 관습법과 조리 등이 이를 보충할 수 있다는 것이다.[54] 물론 법원에 관한 한국법의 태도를 다른 법질서에도 일반화할 수는 없으며 국가별로 검토해야 한다.[55] 한국 국제사법상 흠결

Internationales Zivilprozessrecht unter Einschluss des Europäischen Zivilprozessrechts (2005), Rn. 51 참조. 상세는 Leipold(註 47), S. 25ff. 참조. 영국에서는 법정지법원칙이 더 확고한 지위를 가지는 것으로 보인다. Cheshire/North/Fawcett(註 45), p. 75.

52) Schütze(註 51), Rn. 4.

53) 한국 민법 제1조는 法源이라는 제목 하에 "민사에 관하여 법률에 규정이 없으면 관습법에 의하고 관습법이 없으면 조리에 의한다."라고 규정한다. 다만 조리가 法源인가는 논란이 있으나 부정하는 견해가 유력하다.

54) 김연 외, 국제사법, 제3판 보정판(2014), 51면도 同旨. Kegel/Schurig(註 7), S. 205도 독일 성문법이 규율하지 않는 영역에서는 불문법이 타당한데, 충분한 사안을 통해 형성된 관습법(Gewohnheitsrecht)과, 그 밖에 판례와 문헌에 의하여 발전된 규칙들이 그에 해당한다고 한다. Hoffmann/Thorn(註 48), Teil 1, Rn. 45ff.는 法源으로서 성문법 외에 관습법과 법관법(지속적 판례. Richterrecht)을 소개하고, 독일에서 국제회사법의 본거지법원칙은 법관법이라고 한다. 법관법은 관습법과 구별된다. 안춘수, 국제사법(2017), 61면 참조. 법관법의 개념에 관하여는 이계일, "법관법의 법원성에 대한 유형적 탐구—독일 학계의 논의를 중심으로", 법철학연구 제19권 제2호(2016), 33면 이하 참조. [밑줄 부분은 이 책에서 새로 추가한 것이다.]

55) 예컨대 실질법의 맥락에서, 영미에서는 커먼로가 관습법이라는 견해도 없지 않으나, 관습법

의 전형적 사례는 법정지법원칙 외에도, 채권자대위권과 채권자취소권의 준거법의 문제를 들 수 있고, 예컨대 신탁을 통일적으로 연결한다면 신탁의 준거법도 그에 해당할 것이다.

(1) 국제사법의 관습법

국제사법에 관한 것은 아니나 대법원 1983. 6. 14. 선고 80다3231 판결에 따르면, 관습법이란 사회의 거듭된 관행으로 생성한 사회생활규범이 사회의 법적 확신과 인식에 의하여 법적 규범으로 승인·강행되기에 이르른 것으로, 관습법은 바로 法源으로서 법령과 같은 효력을 갖는 관습으로서 법령에 저촉되지 않는 한 법칙으로서의 효력이 있고, 당사자의 주장 입증을 기다림이 없이 법원이 직권으로 확정하여야 한다. 따라서 국제사법 영역에서도 준거법 결정에 관한 사회의 관행이 법적 확신을 획득하면 관습법이 존재할 수 있다. 그러나 국제사법규칙의 존재는 결국 소송과정에서 법관을 통해서 확인되므로 국제사법에서는 관습법이 별로 없다고 평가된다.[56] 이는 국제사법은 전문가들만이 인식하는 것으로서 사회의 법적 확신의 존재를 인정하기는 어렵다는 취지로 보인다. 참고로 독일에서는 민법시행법에 조문이 신설되기 전 과거 독일 국제계약법은 대부분 관습법(Gewohnheitsrecht)이라는 견해[57]가 유력하였고, 스위스에서는 '장소는 행위를 지배한다(*locus regit actum*)'는 원칙을 때로는 관습법이라고 보았다고 한다.[58]

은 법원이 아닌 것으로 보인다. 미국의 경우 최소한 연방헌법, 연방법률, 연방행정규칙, 연방조약, 연방법원의 판결, 주헌법, 주법률, 주행정규칙과 주법원판결의 9종을 法源으로 열거할 수 있고, 주헌법에 근거를 둔 국민발안 또는 국민표결에 의해 채택된 법률을 독립된 法源으로 추가할 수 있다고 한다. 안경환, "영국법과 미국법의 비교연구(Ⅳ) — 법원의 정립과 구체적 적용—", 서울대학교 법학 제33권 제2호(통권 제90호)(1992), 227면. 반면에 영국의 법원은 제정법, 위임입법과 판결의 3종류뿐이라고 한다. 위 안경환, 226면. 그러나 이상윤, 英美法(2001), 85면은 영미법의 法源으로 관습법을 열거한다. 伊藤正己/田島 裕, 英美法(1985), 319면은 관습법은 일반적으로 이차적 법원이지만 법영역에 따라서는 주요한 법원일 수 있다고 한다.

56) 이호정(註 7), 75면. 물론 이 견해도 장래에 판례에 의해 관습법이 형성될 수 있을 것이라고 한다.

57) Erik Jayme, "Richterliche Rechtsfortbildung im internationalen Privatrecht", in Gert Reinhart (Hrsg.), Richterliche Rechtsfortbildung: Erscheinungsformen, Auftrag und Grenzen; Festschrift der Juristischen Fakultät zur 600-Jahr-Feier der Ruprecht- Karls-Universität Heidelberg (1986), S. 586; MünchKommBGB/Martiny, Band 7 (1983), vor Art. 12 Rn. 2.

58) Daniel Girsberger et al., Zürcher Kommentar zum IPRG, 2. Auflage (2004), Art. 124, Rn. 11. 반면에 장기간에 걸쳐 형성되어 어디에서나 타당한 저촉규범의 예가 있으나, 각국은 그러한 저촉규범을 폐지하거나 수정할 수 있으므로 그것은 구속력이 없어 국제법(아마도 관습국제법)이 아니라는 견해도 있다. Murad Ferid, Internationales Privatrecht, 3. Auflage (1987), S. 52; 안춘수, "외국법적용의 근거에 관하여", 국제사법연구 제3호(1998), 547-548면. 그러한 예로 Ferid는 법률행위의 방식에 관하여 "장소는 행위를 지배한다(*locus regit actum*)"는 원칙과 부동산물권에 관한 소재지법원칙을 언급한다. [밑줄 부분은 이 책에서 새로 추가한 것이다.]

(2) 국제사법에서의 조리 또는 법원리

만일 법정지법원칙이 관습법이 아니라고 하더라도 이는 '조리'로서 적용될 수 있다. 독일의 법학방법론에 따르면 법관의 법획득에는 두 가지 방법, 즉 법발견(Rechtsfindung)과 법형성(Rechtsfortbildung)이 있는데, 전자는 법문언의 '가능한 의미(möglicher Wortsinn)' 안에서 법률로부터 해당 사안에 적용할 법을 찾아내는 해석인 데 반하여, 후자는 규율되어야 할 사안에 대한 법적 기준이 존재하지 않는 법률의 흠결을 보충하는 것이다.

법률의 흠결은 유추, 목적론적 축소와 법원리(Rechtsprinzipien)에 의하여 보충되는데, 법원리에는 법의 일반원칙, 지배층의 가치평가, 자연법과 사물의 본성, 정당한 목적을 위한 정당한 수단 등이 있다.[59] 여기의 사물의 본성은 조리를 의미하는 것으로 볼 수 있다. 따라서 법정지법원칙은 '법관에 의한 법형성(richterliche Rechtsfortbildung)'에 해당하는 사례의 하나라고 할 수 있다.

(3) 소결

절차의 준거법을 결정하자면 우선 국제사법을 적용해야 하는데 우리 국제사법에는 조문이 없으므로 흠결이 있다.[60] 따라서 한국 민법 제1조를 유추적용하여 관습법에 의하고, 만일 관습법이 없으면 조리에 의하여 흠결을 보충하는데, 그에 따라 결국 법정지법원칙이 적용될 수 있다. 다만 그것이 현재 관습법인지 아니면 조리인지는 논란의 여지가 있다. 저자의 생각으로는, 국제적으로 별로 다툼이 없는 범위, 즉 절차임이 확실한 사항에 대해 적용되는 법정지법원칙의 핵심은 국제사법상 관습법의 지위를 획득했다고 볼 여지도 있으나,[61] 그 외의 사항이라서 법정지법원칙이 타당한지가 논란이 있는 절차에 관하여는 법정지법원칙을 관습법으로 보기는 어렵고 법관에 의한 법형성의 사례, 즉 법정지의 조리 내지 법원리라고 볼 수 있다. 물론 법정지법원칙에 대해 회의적인 견해는 그것이 절차법의 일부 영역에서 타당할 수는 있지만 모든 절차법 영역에서 타당한 원칙은 아니라고 본다.[62]

---

59) 김영환, "법학방법론의 이론적 체계와 실천적 의의—소위 GS 칼텍스 사건을 중심으로—", 법철학연구 제17권 제3호(2014. 12.), 21면, 23면 참조.

60) 만일 이와 달리 법정지법원칙을 최밀접관련원칙으로부터 도출할 수 있다면 국제사법 제8조를 원용할 여지가 있다. 다만 본문의 설명과 최밀접관련원칙이 반드시 상호 배타적 관계에 있는지는 논란의 여지가 있다.

61) Schack(註 43), Rn. 45. <u>註 58에 언급한 Ferid와 안춘수는 이를 부정한다.</u> [밑줄 부분은 이 책에서 새로 추가한 것이다.]

62) Coester-Waltjen(註 47), Rn. 144.

3. 대상판결의 태도

여기에서는 첫째, 대상판결이 가지급물 반환의무를 어떻게 성질결정한 것인가와, 둘째, 대상판결은 국제사법 제31조 본문을 적용한 것인가의 쟁점을 다룬다.

가. 대상판결은 가지급물 반환의무를 어떻게 성질결정한 것인가

원심판결은 “가지급물은 법원의 가집행선고부 판결에 기한 것이므로 위 가지급물의 반환채무에 관하여는 국내법이 적용되어야 한다”고 판시하였다. 한편 대법원은 별도로 판단하지 않은 채 단지 “가집행선고부 제1심판결에 기하여 금원을 지급하였다가 다시 상소심판결의 선고에 의해 그 가집행선고가 실효됨에 따라 금원의 수령자가 부담하게 되는 원상회복의무는 성질상 부당이득의 반환채무이지만, 이러한 원상회복의무는 가집행선고의 실효가 기왕에 소급하는 것이 아니기 때문에 본래부터 가집행이 없었던 것과 같은 원상으로 회복시키려는 공평의 관념에서 민사소송법이 인정한 법정채무”라고 판시하고 원심의 결론을 인용하였다.

이러한 태도는 가집행선고의 요건, 절차와 효과가 모두 한국 민사소송법이 정하는 사항인 것처럼 가집행선고의 실효로 인한 가지급물 반환(즉 가지급물 반환의무의 유무와 범위)도 민사소송법에 의할 사항이라고 본 것이라고 평가할 수 있다. 즉 원심법원과 대법원은 가지급물 반환의무를 절차로 성질결정하고 법정지법을 적용하였다는 것이다. 통설과 판례가 가지급물 반환의무를 민사소송법상의 법정채무라고 이해하므로 절차적 성질결정이 자연스럽다. 만일 법원이 이를 실체로 성질결정하였다면 당연히 국제사법을 적용하여 그 준거법을 결정했었을 텐데, 원심판결과 대상판결이 그런 과정을 전혀 거치지 않은 채 한국법을 적용한 점과, 국제사법 제31조 본문을 전혀 언급하지 않은 점은 이러한 평가를 뒷받침한다.[63)]

---

63) 아마도 원심법원으로서는 가지급물 반환의무는 한국 민사소송법이 인정한 법정채무이므로 한국에서 소송절차가 진행되는 한 적용되어야 한다고 생각하고 한국법을 적용한 것 같다. 가지급물 반환의무에 대한 지연손해금을 결정하는 과정에서도 법정지법인 특례법을 적용하였다고 설명할 수 있다. 그렇다면 원심판결은 일관되게 절차적 성질결정을 했다고 볼 수 있다. 문제는 원심법원이 국제사법 제31조 단서의 적용 여부를 판단한 탓에 발생하는데, 이는 원고들이 이를 주장했기 때문에 부차적으로 한 판단이고 성질결정과는 관련이 없는 것으로 보인다. 즉 원심법원으로서는 제31조 단서의 문언에 착안하여 그의 적용대상이 아니라는 결론을 도출했기에 쉽게 이를 배척하였을 뿐이라는 것이다.

나. 대상판결은 국제사법 제31조 본문을 적용한 것인가

⑴ 국제사법 제31조 본문에 따른 부당이득의 준거법: 이득지법

부당이득의 준거법을 정한 국제사법 제31조는 아래와 같다.

> 제31조(부당이득) 부당이득은 그 이득이 발생한 곳의 법에 의한다. 다만, 부당이득이 당사자간의 법률관계에 기하여 행하여진 이행으로부터 발생한 경우에는 그 법률관계의 준거법에 의한다.

위에서 본 것처럼 만일 가집행선고의 실효로 인한 가지급물 반환의무를 절차로 성질결정한다면 그 범위도 법정지법원칙에 따라 한국법에 의하고, 국제사법 제31조를 적용해서 준거법을 결정할 필요는 없다. 그 경우에는 제31조 단서와 본문 모두 적용되지 않는다.

반면에 만일 가집행선고의 실효로 인한 가지급물 반환의무를 실체로 성질결정한다면 이 사건에서 부당이득의 준거법은 제31조 본문에 따라 부당이득지법이 된다. 원심판결을 보면 “피고는 원고 주식회사 신한은행의 계좌로 위 돈을 송금하였으나 원고들이 위 돈을 지급받았다는 점에 관하여 당사자 사이에 다툼이 없다”고 하므로 아마도 이득지는 한국일 테고 따라서 한국법이 준거법이 된다. 원심판결과 대상판결이 제31조 단서의 적용 여부를 논의하고 이를 부정한 것은, 논리적으로 제31조 본문의 적용을 전제로 하고, 이는 다시 가집행선고의 실효로 인한 가지급물 반환의 문제를 실체로 성질결정하는 것을 전제로 한다.[64)]

> ① 제31조 단서의 적용 배척 → ② 제31조 본문의 적용 전제 → ③ 실체적 성질결정 전제

만일 원심판결과 대상판결이 실체로 성질결정했다면 국제사법 제31조 본문을 적용하여 이 사건에서 준거법을 결정하고, 그에 대한 예외로서 종속적 연결원칙을 규정한 제31조 단서의 적용 여부를 논의했어야 한다. 그러나 원심판결과 대상판결은 제31조 본문을 적용하지 않은 채 제31조 단서의 적용을 배척하였을 뿐이다. 이헌묵 교수도 지적한 바와 같이 이런 식의 설시는 이해할 수 없다.

---

64) 실제로 이헌묵(註 1), 95면, 99면은 그런 견해를 취한다.

(2) 부당이득의 준거법과 종속적 연결

국제사법 제31조 단서는 예외적으로 부당이득이 당사자 간의 법률관계에 기하여 행하여진 이행으로부터 발생한 경우 그 법률관계의 준거법을 부당이득의 준거법으로 규정한다. 예컨대 당사자가 계약에 기한 의무를 초과하여 이행한 경우 계약의 준거법이 부당이득의 준거법이 된다는 것으로, 이는 '종속적 연결'을 수용한 것이다. 그 경우 부당이득은 이행의 근거가 된 계약 자체의 준거법, 보다 정확히는 그 준거법 소속국의 부당이득법에 따른다.

종속적 연결의 근거는, 급부부당이득의 기능이 무산된 채권관계를 청산하는 데 있으므로 그 채권관계와 동일한 준거법에 따르게 함으로써 상이한 법질서의 적용으로 인한 긴장을 회피하는 것이 합목적적이기 때문이다.[65]

참고로 중국 섭외민사관계법률적용법(제47조)은 "부당이득 ... 은 당사자가 협의로 선택한 법에 의한다. 당사자가 선택하지 아니한 경우에는 당사자의 공동의 상거소지 법률을 적용하고, 공동의 상거소지가 없는 경우에는 부당이득 ... 발생지 법률에 의한다"고 규정한다. 그러나 종속적 연결을 명시하지는 않는데, 그 경우 최밀접관련원칙을 정한 제2조[66]에 의하여 종속적 연결이 가능한지는 논란의 여지가 있다.[67] 국제사법의 명시적 연결규칙을 배제할 수 있는 한국 국제사법(제8조)[68]과 달리, 제2조는 문면상 섭외민사관계법률적용법에 명문의 법선택규칙이 없는 경우에 사용되는 흠결의 보충수단으로 보이기 때문이다.

나아가 독일 민법시행법(제38조)은 부당이득을 기능적 차이에 따라 급부부당이득, 침해부당이득과 기타의 부당이득으로 나누어(이른바 유형론) 준거법을 달리 규정한다.[69] 그러나 실질법인 한국 민법이 부당이득의 발생원인 내지 유형을 단

---

65) 그렇게 하지 않는다면, 만일 계약과 부당이득의 준거법이 상이하고 양자가 상호 저촉되는 결론을 요구하는 경우에는 매우 까다로운 적응(또는 조정)의 문제가 발생할 것이다.

66) 제2조는 아래와 같다.
"섭외민사관계에 적용할 법률은 본 법의 규정에 따라 확정한다. 기타 법률이 섭외민사관계에 대한 법률적용에 대해 다른 특별한 규정이 있는 경우 그 규정에 의한다. 본 법과 기타 법률에 섭외민사관계에 대한 법률적용에 대해 규정이 없는 경우에 그 섭외민사관계와 가장 밀접한 관련이 있는 법률을 적용한다."

67) 黃軔霆, 中国国際私法の比較法的研究(2015), 22면 이하 참조.

68) 제8조 제1항은 아래와 같다.
"이 법에 의하여 지정된 준거법이 해당 법률관계와 근소한 관련이 있을 뿐이고, 그 법률관계와 가장 밀접한 관련이 있는 다른 국가의 법이 명백히 존재하는 경우에는 그 다른 국가의 법에 의한다."

69) 구체적으로 급부부당이득반환청구권은 급부와 관련된 법률관계에 적용되는 법에 의하고, 침해부당이득반환청구권은 침해발생지법에 의하며, 그 밖의 부당이득반환청구권은 부당이득발생

일화하고 통일적 원칙 하에 이를 파악하고 있음(이른바 통일설)을 고려하여, 국제사법에서는 부당이득을 유형화하여 각각 연결원칙을 규정하는 대신 부당이득 전반에 관하여 일원적인 연결원칙을 규정하고, 다만 가장 밀접한 관련을 가진 준거법을 지정한다는 취지에서 급부와 관련된 경우에만 종속적 연결을 인정하였고(단서), 그 경우에도 급부부당이득이라는 표현을 사용하지는 않았다.

(3) 부당이득의 준거법과 공통의 속인법

불법행위에 관한 한국 국제사법 제32조와는 달리 부당이득의 준거법을 정한 제31조는 공통의 속인법을 준거법으로 하는 규정을 두지 않는다. 그렇더라도 제31조와 준거법지정의 예외조항(제8조 제1항)을 결합함으로써 동일한 결론을 도출할 수 있다.[70] 따라서 이 사건에서 가사 이득지가 외국이더라도 원고들과 피고의 주된 사무소 소재지가 한국이므로 공통의 속인법으로서 한국법이 부당이득의 준거법이 될 것이다. 다만 아래에서 논의하는 종속적 연결을 한다면 종속적 연결은 공통의 속인법에 우선한다.

4. 대상판결에 대한 평가

가. 가지급물 반환의무의 성질결정에 관하여

단정할 수는 없지만, 저자는 원심판결과 대상판결이 가집행의 실효로 인한 가지급물 반환의무의 유무와 그 내용(지연손해금을 포함하여)을 절차의 문제로 성질결정하였다고 이해한다.[71] 이를 전제로 대상판결의 결론을 지지한다. 그렇게 이해하는 근거는 다음과 같다.

첫째, 민사소송법에서 정한 가집행선고의 취지에 비추어 가집행선고의 요건,

지법에 의한다고 규정한다. 부당이득의 유형은 논자에 따라 다르나 급부부당이득과 비급부부당이득으로 양분하고 후자를 침해부당이득, 비용지출부당이득과 구상부당이득으로 구분하는 견해가 유력하다. 김형배, 사무관리 · 부당이득(2003), 67면 이하. 최흥섭, "비계약적 채무관계 및 물건에 대한 새로운 독일국제사법규정의 성립과정과 그 내용", 국제사법연구 제5호(2000), 136면은 조금 다르다. 상세는 안춘수, "국제부당이득법 小考", 비교사법 제19권 제1호(통권 제56호)(2012. 2.), 144면 이하 참조.

70) 석광현(註 6), 388면. 부당이득 발생 후 당사자들은 법정지법인 한국법을 준거법으로 합의할 수도 있다(제33조).

71) 이와 달리 원심판결과 대상판결이 가집행선고의 실효로 인한 반환의무를 실체의 문제로 성질결정한 것으로 이해할 수도 있다. 이헌묵(註 1), 95면, 99면은 그렇게 이해하면서 대상판결의 성질결정을 지지하는데, 대상판결이 가지급물 반환의무에 대하여 국제사법 제31조 단서가 적용되는지 여부를 검토한 것은 가지급물 반환의무가 실체법이란 점을 간접적으로 보여주는 것이라고 한다.

절차, 방법과 그의 소송법적 효력과 실체법적 효력 및 실효 시의 가지급물 반환은 모두 한국법에 따른다는 것이다. 이처럼 가집행의 효력이 절차의 문제로서 한국법에 따른다면 가집행선고의 실효에 따른 반환의무, 즉 그의 반환의무의 유무와 범위(그에 대한 지연손해금 포함)도 마찬가지로 한국법에 따른다고 보는 것이 자연스럽다.

둘째, 이러한 결론은 가지급에 의한 변제의 효과(즉 실체법적 효력)를 부정하는 학설 및 판례와도 자연스럽게 연결된다.[72]

셋째, 대상판결이 가집행선고의 실효로 인한 원상회복의무는 민사소송법이 인정한 '법정채무'라고 판시하였는데, 이는 원상회복의무의 존부와 내용은 민사소송법에 따라 판단해야 함을 판시한 것이고, 아마도 민사소송법은 법정지법원칙에 의하여 적용됨을 전제로 하는 것이라고 생각된다.

넷째, 원심판결과 대상판결은 국제사법 제31조 본문을 적용하지 않은 채 가지급물 반환의무의 준거법이 한국법이라고 판단하였다. 이는 그것이 순수한 국내사건이어서 국제사법을 적용할 필요가 없거나, 아니면 절차로 성질결정되는 경우에 가능하다. 그런데 이 사건에서 외국적 요소를 부정할 수 없으므로 후자로 보아야 한다.[73]

다만 이러한 결론을 도출하는 데는 몇 가지 문제점 내지 의문이 제기된다.

첫째, 이러한 절차적 성질결정은 위에서 본 지연손해금에 관하여 확립된 대법원판례 및 원고들이 반환청구한 선수금에 대한 지연손해금 이율의 준거법에 대한 대상판결의 결론(판결요지[1])과 충돌된다.

둘째, 절차적 성질결정이라고 본다면 국제사법 제31조 단서의 적용은 문제되지 않는다. 그러나 대상판결은 제31조 단서의 적용을 배척하였는데, 위에 적은 바와 같이 이는 제31조 본문의 적용을 전제로 하고 이는 다시 실체적 성질결정을 전제로 하는 점에서 충돌된다.

---

72) 국제사법 제31조 단서는 문면상 마치 유효한 법률관계(예컨대 계약)의 존재를 전제로 하는 것처럼 보이나, 계약에 기하여 이행이 행해졌는데 계약이 무효이거나 또는 취소 또는 해제되는 경우에도 적용되는 점(석광현(註 6), 386면)을 고려하면, 유효한 변제의 효과가 발생하는 경우에만 종속적 연결이 가능한 것은 물론 아니지만, 가지급을 절차적으로 바라보면 종속적 연결과 더 멀게 느껴진다.

73) 원심판결과 대상판결이 절차적 성질결정을 명확히 하지 않은 것은, 원고들이 반환청구한 선수금에 대한 지연손해금과 관련하여 대법원이 종래 실체로 성질결정해 왔기 때문인지 모르겠다. 이헌묵(註 1), 110면은 "가지급물 반환의무가 절차법인 민사소송법 제215조 제2항에 규정되어 있기 때문에 그 절차법적 성질을 끝내 놓지 못한 것[인] 아닌지 추측된다"고 쓰고 있다. [밑줄 부분은 이 책에서 새로 추가한 것이다.]

하지만 가집행선고의 요건, 절차, 방법과 그의 효력이 절차의 문제로서 법정지법에 따를 사항이라는 점은 명백한데, 대상판결이 실체로 성질결정한 것이라고 본다면 이를 설명할 수 없게 된다. 아니면 가집행선고의 요건, 절차, 방법과 그의 효력은 절차의 문제이나, 가집행선고의 실효 시 가지급물 반환의무의 유무 및 내용은(또는 그 내용만) 실체라는 절충설을 주장할 지도 모르겠다.

요컨대 대상판결이 실체적 성질결정을 하였다는 견해가 있으나, 저자는 절차적 성질결정으로 이해할 여지도 있다고 본다. 위에 적은 바와 같이 저자는 가지급물 반환의 문제를 절차로 성질결정하는 것이 옳다고 생각하지만, 성질결정에 관한 대상판결의 태도를 어떻게 이해해야 하는지는 솔직히 판단하기 어렵다.

만일 대상판결이 절차적 성질결정을 한 것이라면 저자는 그런 결론을 지지한다.

위(Ⅲ.)에서 논의한 원고들이 반환청구한 선수금에 대한 판결 선고 후 지연손해금과, 여기(Ⅴ.)에서 논의한 가지급금에 대한 지연손해금의 성질결정에 관한 대상판결의 태도와 학설을 표로 정리하면 아래와 같다.

《판결 선고 후 지연손해금과 가지급물 반환의무의 성질결정과 준거법에 관한 견해》

	[1] 원고들이 반환청구한 선수금에 대한 판결선고 후 지연손해금(의무와 범위)	[2] 피고들이 반환신청한 가지급금 반환의무 및 지연손해금(의무와 범위)
대법원	실체(실체의 준거법)	절차인지 실체인지 불명 (종속적 연결 부정)
이헌묵	절차(한국법)	실체(실체의 준거법: 종속적 연결 긍정)
저 자	절차(한국법)	절차(한국법) 가사 실체이더라도 종속적 연결 부정

나. 국제사법 제31조 본문의 적용 여부에 관하여

원심판결과 대상판결이 이 사건에서 가지급물 반환의 준거법을 판단함에 있어서 국제사법 제31조 본문을 적용한 것인지는 논란의 여지가 있다. 판결들이 제31조 본문을 직접 언급하지 않았으므로 이를 부정할 수도 있고, 그렇지만 제31조 단서의 적용 여부를 논의한다는 것은 논리적으로 본문의 적용을 전제로 하는 점에서 긍정설을 주장할 여지도 있다. 그러나 저자와 같이 대상판결이 절차적 성질결정을 한 것으로 이해한다면 그렇게 단정할 수도 없다. 원심판결과 대상판결이 제31조 본문이 적용된다고 판시한 바도 없고, 이득지가 한국이라는 점에 대해 판시한 바도 없기 때문이다.

다. 국제사법 제31조 단서의 적용 배척은 타당한가: 실체적 성질결정을 전제로

대상판결은 가집행실효로 인한 가지급물 반환의무는 가집행선고의 실효가 기왕에 소급하는 것이 아니기 때문에 본래부터 가집행이 없었던 것과 같은 원상으로 회복시키려는 공평의 관념에서 민사소송법이 인정한 법정채무이므로, 국제사법 제31조 단서에 정한 '부당이득이 당사자 간의 법률관계에 기하여 행하여진 이행으로부터 발생한 경우'에 해당한다고 볼 수 없다는 이유로 제31조 단서의 적용을 배척하였다. 원심판결도 동일한 결론을 취하였다.

원고들이 반환해야 하는 가지급금에 대한 지연손해금 비율에 관하여 국제사법 제31조 단서에 따라 영국법이 적용되어야 한다고 주장한 이유는 특례법이 정한 고율(당시 연 20%)의 적용을 방지하고 영국법이 정한 저율(연 8%)[74]을 적용하기 위한 것이었다.

저자처럼 가집행선고의 실효로 인한 가지급물 반환의무를 절차로 본다면 국제사법 제31조의 적용은 문제되지 않지만, 이를 실체로 성질결정한다면 제31조 본문과 단서의 적용 여부를 검토해야 한다. 저자는 아래 이유로 본문의 적용은 긍정하나 단서의 적용은 부정한다.

첫째, 원심판결과 대상판결이 판시하였듯이 "가지급물은 그 성질이 당사자 간의 법률관계에 기하여 행하여진 이행으로부터 발생한 경우가 아니라 법원의 가집행선고부 판결에 기한 것"이다. 피고의 가지급이 당사자 간의 법률관계와

---

74) 대상판결은 영국법에 따라 판결 선고일까지는 연 5%, 그 이후에는 8%의 이율을 적용하였는데 근거는 아래와 같다.

"영국법상 금전채무의 불이행으로 인한 지연손해금은 판결 선고일 이후에는 연 8%로 정해져 있고, 판결 선고일까지는 계약에서 특별히 정한 바가 있다면 그에 따르고, 그렇지 않다면 채권자의 선택에 따라 채무불이행으로 인한 손해배상을 청구하거나 법정이율에 따른 지연손해금을 청구하는 방식에 따르며, 위 법정이율은 법원이 재량으로 정할 수 있는바, 이 사건 보증에서 보증채무의 불이행으로 인한 지연손해금을 따로 정하지 않았고 원고들이 법정이율에 따른 지연손해금을 청구하므로, 판결 선고일 이후의 지연손해금 비율은 연 8%를 적용하고, 판결 선고일까지의 지연손해금 비율은 재량으로 정하기로 한다."

무관한 것은 물론 아니지만, 대상판결의 판시처럼, 가집행선고의 실효로 인한 원상회복의무는 '민사소송법이 인정한 법정채무'이다. 즉 피고가 선수금 지급의무를 이행하고자 선수금을 지급했는데 그의 법적 기초가 소멸한 탓에 원상회복하는 것이 아니라, 가집행선고라는 별개 원인에 기하여 잠정적인 소송관계를 형성하고자 가지급을 하였으나 가집행선고가 실효된 탓에 원상회복하는 것이다. 따라서 가사 종속적 연결을 하더라도 본래채권의 준거법인 영국법이 아니라 가지급의 법적 기초인 한국 민사소송법(그에 따른 반환의무와 민법이 정한 범위의 부당이득 반환)에 연결해야 한다.

둘째, 만일 우리 민사소송법의 해석상 가집행선고에 따른 가지급의 실체적 효력으로서 선수금 변제의 효과가 즉시 발생하고 선수금 지급채무가 소멸한다면 선수금환급 채권의 준거법에 종속적으로 연결할 여지가 있다. 그러나 위에서 본 것처럼 실체법적 효력을 부정한다면 가지급물 반환의무의 준거법은 부당이득의 준거법에 따를 사항이라고 하더라도 종속적 연결을 부정하는 것이 설득력이 있다.

이렇게 보면 가사 실체로 성질결정하더라도, 국제사법 제31조 단서의 적용을 배척한 원심판결과 대상판결의 결론이 타당하다는 것이다.

반면에 이헌묵 교수는 종속적 연결원칙의 근거를 상세히 검토한 뒤, 가지급은 당사자 사이의 법률관계와 밀접한 관련을 갖고 있고, 그 법률관계와 가지급물 반환의무도 밀접한 관련이 있으므로 법원으로서는 종속적 연결을 했어야 한다고 비판한다.[75] 가집행선고에 따라 가지급이 이루어졌더라도 가지급에 따른 가지급물 반환의무에 대하여는 종속적 연결원칙의 근거인 법리적 이유·정책적 이유·당사자의 기대가 그대로 유지된다는 것이다.[76] 저자는 이를 지지하지 않지만, 만일 한국 민사소송법의 해석상 가지급물 반환의무를 실체로 성질결정하고 또한 가집행에 따른 변제의 효과를 긍정한다면 종속적 연결을 받아들이기가 상대적으로 쉬울 것이다. 즉 실체로 성질결정하는 경우에는 절차로 성질결정하는 경우보다 종속적 연결에 상대적으로 호의적인 태도를 취하게 되나 결론은 다를 바 없다는 것이다.

75) 이헌묵(註 1), 111면 이하.
76) 이헌묵(註 1), 113면.

Ⅵ. 피고가 반환신청한 가지급금에 대한 지연손해금의 이율: 판결요지[3]

1. 논점의 소개

가집행선고의 실효로 인하여 원고는 이미 수령한 가지급물을 반환해야 한다. 이에 대해 가지급물 수령일로부터 지연손해금을 지급해야 하는데 그 경우 이율의 준거법이 문제된다. 특히 특례법이 정한 고율을 적용해야 하는지가 문제된다. 만일 준거법이 영국법이라면 특례법을 적용할 근거가 없으나 준거법이 한국법이라면 이를 적용할 수 있다.

2. 대상판결의 판단

대상판결은 아래와 같이 설시하고 특례법을 적용하는 것이 타당하다고 보았다.

> "원심이 가지급물은 그 성질이 당사자 간의 법률관계에 기하여 행하여진 이행으로부터 발생한 경우가 아니라 법원의 가집행선고부 판결에 기한 것이라는 이유로 이 사건 가지급물 반환신청의 지연손해금 비율에 관하여 영국법이 적용되어야 한다는 원고들의 주장을 배척하고 특례법 제3조 제1항을 적용한 조치는 정당하고, 거기에 국제사법 제31조에 관한 법리를 오해한 위법이 없다."

3. 대상판결은 기존 대법원 판결의 태도 및 자신의 태도와 정합성이 있나

위에서 본 것처럼, 저자는 가집행선고의 실효로 인한 가지급물 반환을 실체와 관련된 것이기는 하지만 우리 민사소송법이 규율하는 사항이므로 결국 절차의 문제로 성질결정하고 법정지법인 한국법에 따를 사항이라고 본다. 이렇게 본다면 가지급물 반환에 따른 지연손해금의 이율에 대해 특례법을 적용하는 것은 자연스러운 논리적 귀결이다. 저자는 원심판결과 대상판결도 동일한 근거에서 특례법을 적용한 것으로 이해한다. 그렇다면 판결요지[3] 자체는 타당하다. 문제는 판결요지[3]은, 만일 그것이 절차적 성질결정에 기초한 것이라면, 대상판결의 판결요지[1]과 충돌된다는 점이다. 판결요지[1]은 이 사건 보증서에 기한 채무의 불이행으로 인한 손해배상금을 실체로 성질결정하고 영국법을 적용하였기 때문이다.

대상판결이 절차적 성질결정을 한 것이라면 저자는 그런 결론을 지지한다. 나아가 장래에는 대법원이 판결요지[1]과 판결요지[3]의 충돌을 해소하기를 기대한다. 즉 대법원이 금전채무에 대한 판결 선고 후 지연손해금에 관한 기존 판례를 변경함으로써 특례법의 요건이 구비되는 경우 법정지가 한국이라면 채권의 준거법에 관계없이 특례법에 따른 이율을 적용하라는 것이다. 이 사건에서 가지급금에 대한 지연손해금을 절차로 파악하여 특례법을 적용한다면 그 밖의 금전채무에 대한 판결 선고 후 지연손해금도 동일하게 취급할 수 있기 때문이다.

반면에 가집행선고의 실효로 인한 가지급물 반환을 실체의 문제로 성질결정한다면 결론이 달라지는지가 문제된다. 위에서 본 확립된 대법원판례는, 본래의 채권채무관계의 준거법이 외국법인 경우에는 위 특례법 규정을 적용할 수 없다고 판시하였기 때문이다. 물론 그렇더라도 이 사건에서 준거법이 한국법이므로 특례법을 적용해야 한다고 볼 수 있다. 따라 대상판결의 결론은 타당하나, 대상판결은 금전채무의 준거법을 판단했어야 한다는 것이다.

Ⅶ. 맺음말

지금까지 가집행선고의 실효로 인한 가지급물 반환의 준거법을 다룬 대상판결을 검토하였다. 그 결과 원심판결과 대상판결은 가지급물 반환을 절차로 성질결정한 것으로 이해할 수도 있고, 반면에 실체로 성질결정한 것으로 볼 수도 있음을 확인하였다. 실체적 성질결정을 전제로, 대상판결이 그런 태도라고 이해하고 다만 본래의 채권의 준거법인 영국법에 종속적으로 연결해야 한다는 평석도 있으나, 저자는 절차적 성질결정설을 지지하는 입장에서 대상판결과 실체적 성질결정설이 노정하는 문제점을 지적하였다. 아쉬운 것은, 판결 이유의 미비로 인하여 원심판결과 대상판결이 어떻게 성질결정한 것인지가 불분명하다는 점이다.[77]

77) 아마도 원심법원은 가지급물 반환의무는 한국 민사소송법이 인정한 법정채무이므로 한국에서 소송절차가 진행되는 한 적용되어야 한다고 보고 한국법을 적용한 것으로 짐작된다. 만일

이 사건에서는 지연손해금의 이율만이 쟁점이 된 것으로 보이나, 성질결정은 가지급물 반환의무의 범위에도 영향을 미칠 수 있다.[78] 다만 어느 견해를 취하든 가집행선고의 요건, 절차, 방법과 그의 (소송법적 및 실체법적) 효과 및 가집행선고의 실효에 따른 원상회복의무의 존재는 법정지인 한국 민사소송법에 의하여 규율된다. 그렇다면 한국 민사소송법이 직접 규율하지 않는다는 이유로 부당이득반환의무의 범위만을 분리하여 별도로 부당이득의 준거법에 따르게 하는 것보다는, 이를 한국 민법에 따르게 하는 것이 법리적으로 가능하고 정책적으로 바람직하다.

이 사건에서 원심법원과 대법원은 가지급물 반환의무에 대한 지연손해금을 특례법이 정한 이율로 산정하는 것이 타당하다고 판시하였다. 이러한 태도는, 이 사건에서 대상판결이 절차적 성질결정을 한 것이라면, 금전채무에 대한 지연손해금을 실체의 문제라고 판시해 온 종래 대법원판례 및 대상판결 자체와도 정합성이 없다. 따라서 저자는 대법원이 금전채권에 대한 지연손해금 이율에 관하여 종래의 대법원판례를 변경하고 법정지법원칙에 따라 특례법을 적용하기를 기대한다. 물론 실체로 성질결정한 것이라면 그런 기대를 할 이유가 없다.

여기까지만 판시했었더라면 원심판결이 절차적 성질결정을 했다고 보는 데 의문이 없었을 것이다. 그런데 원고가 국제사법 제31조 단서의 적용을 주장한 탓에 원심법원으로서는 그에 대해 판단하는 과정에서, 제31조 단서의 문언에 착안하여 그에 해당하지 않는다는 결론에 이르렀기에, 다른 논점을 검토할 필요 없이 제31조 단서의 적용을 배척한 것이 아닌가 모르겠다. 즉 원심법원은 제31조의 적용은 실체적 성질결정을 전제로 한다는 점에 별로 신경을 쓰지 않았던 것 같다. 대법원도 마찬가지다.

78) 성질결정은 가집행의 실효로 인한 손해배상책임의 범위에도 영향을 미칠 수 있다.

제 4 장

계약외채무의 준거법에 관한 유럽연합규정(로마Ⅱ)

[7] 계약외채무의 준거법에 관한 유럽연합 규정(로마Ⅱ)
로마Ⅱ(국문試譯)

[7] 계약외채무의 준거법에 관한 유럽연합 규정(로마 II)

前 記
이 글은 저자가 서울대학교 법학 통권 제160호(제52권 제3호)(2011. 9.), 245면 이하에 게재한 게재한 글로서 오타와 오류를 제외하고는 원칙적으로 수정하지 않은 것이다. 다만 EMPG 초안을 CLIP 원칙으로 대체하고 가벼운 수정 부분은 밑줄을 그어 표시하였으며 참고할 사항은 말미의 후기에 적었다.

I. 머리말

1. 논의의 배경과 순서

"계약외채무[1](또는 법정채무, 비계약채무. 이하 편의상 계약외채무를 사용한다)의 준거법에 관한 2007년 7월 11일 유럽의회 및 이사회[2]의 No 864/2007 규정"(ROME II)[3](이하 "로마II"또는 "로마II규정"이라 한다)은 2009년 1월 11일 덴마크를 제외한 유럽연합에서 발효되었다. 그 결과 계약외채무의 준거법 결정에 관한 한 대부분 유럽연합 국가의 국제사법규범은 상당 부분 통일되었다.[4] 로마II는 유럽연합 주요 국가들의 전통적 연결원칙을 발전적으로 수용한 것으로서 유럽 국제사법규칙의 진화를 보여주고 있다.[5] 우리는 아래의 이유로 로마II에 관

1) 로마II의 독어본은 'außervertragliche Schuldverhäaltnisse'라는 표현을 사용하나, 영어본과 불어본은 'non-contractual obligations'와 'obligations non contractuelles'라는 표현을 사용한다.
2) 우리나라에서는 이를 '각료이사회'라고 부르기도 한다.
3) Regulation (EC) No 864/2007 of the European Parliament and of the Council of 11 July 2007 on the law applicable to non-contractual obligations.
4) 그와 함께 로마협약을 대체한 "계약채무의 준거법에 관한 2008년 6월 17일 유럽의회 및 유럽이사회의 (EC) No 593/2008 규정"(Rome I)(로마 I. Regulation of the European Parliament and of the Council on the law applicable to contractual obligations)은 2009년 12월 17일부터 발효되었으므로(덴마크 제외) 그로써 유럽연합의 국제채권(무)법의 입법은 완성되었다.
5) 로마II를 '유럽국제사법의 혁명'이라고 묘사하기도 하나(Johan Meeusen, "Instrumentalisation of Private International Law in the European Union: Toward a European Conflicts Revolution?",

심을 가져야 한다.

첫째, 로마Ⅱ에 채택된 연결원칙은 계약외채무의 준거법 결정에 관한 유럽공동체 국제사법의 입법과 학설의 최근 동향을 보여주는 점에서 우리 국제사법의 해석론과 입법론에 크게 참고가 된다. 2001년 7월 1일자로 개정된 국제사법 중 계약외채무법 분야는 로마Ⅱ와는 직접 관련 없이 제정되었지만 그 당시 유럽에서의 논의동향을 참고한 것이므로 로마Ⅱ의 연구는 우리에게도 중요한 의미가 있다. 더욱이 특수불법행위의 연결원칙을 두고 있지 않은 우리 국제사법과 달리 로마Ⅱ는 조항을 두고 있으므로 그로부터 우리는 시사점을 도출할 수 있다.

둘째, 로마Ⅱ는 유럽연합 회원국의 법원에 의하여 그 적용대상에 속하는 모든 계약외채무에 적용되므로 유럽연합 회원국의 법원에서 재판을 받는 우리 기업과 개인에 대하여도 영향을 미칠 수 있다. 따라서 그러한 기업과 개인에게 실무적인 정보를 제공할 수 있다. 특히 2011년 7월 한-EU FTA의 발효에 따라 우리나라와 유럽 기업 간에 거래와 분쟁이 증가하고 그 결과 우리 기업이 유럽에서 재판을 받을 가능성도 커질 것임을 주목할 필요가 있다.

따라서 과거 저자가 로마협약을 체계적으로 소개했던 것[6]과 마찬가지로 우선 로마Ⅱ를 소개하고 우리 법에의 시사점을 논의한다.[7] 다만 지면 관계상 여기에서는 주로 불법행위를 다루고, 부당이득, 사무관리와 계약체결상의 과실은 다른 기회로 미룬다.[8] 보다 구체적으로 로마Ⅱ의 성립경위와 기본적 사항(Ⅱ.), 적

---

9 Eur. J. Migr. & L. 287 (2007). Symeon C. Symeonides, "Rome Ⅱ and Tort Conflicts: A Missed Opportunity", 56 Am. J. Comp. L. (2008), 173, 174 Fn. 6에서 재인용) 이는 국제사법규칙의 '유럽화'(Europeanization) 또는 연방화라는 점에서 그렇다는 것이지 로마Ⅱ의 내용이 그렇다는 것은 아니다. Jan von Hein, "Europäisches Internationales Deliktsrecht nach der Rom Ⅱ-Verordnung", Zeitschrift für Europäisches Privatrecht (2009), S. 9. 이 점은 특히 회피조항(제4조 제3항)에 관한 입법과정의 논의를 보면 분명하다. 위 글의 개요는 Symeon C. Symeonides, "Rome Ⅱ: A Centrist Critique", Yearbook of Private International Law Vol. Ⅸ (2007), p. 149 이하 참조. 위 책을 "Yb. PIL"이라 인용한다.

6) 법조 제43권 제3호-제5호(1994. 3.-5.)과, 국제사법과 국제소송 제1권(2001), 53면 이하 참조.

7) 로마Ⅱ를 소개한 우리 문헌으로는 최광준, "새로운 유럽공동체법(Rome Ⅱ Regulation)상 불법행위에 관한 준거법", 재산법연구 제26권 3호(2010), 133면 이하; 김용진, "Rome Ⅱ-법상 특별연결규정에 관한 분석과 한·EU FTA에 미치는 영향—제조물책임소송에의 준거법을 중심으로—", 인권과 정의 제417호(2011. 5.), 76면 이하가 있다.

8) 로마Ⅱ의 개관은 Thomas Kadner Graziano, Das auf außervertragliche Schuldverhäaltnisse anzuwendende Recht nach Inkrafttreten der Rom Ⅱ-Verordnung, Rabels Zeitschrift, Band 73 (2009), S. 1ff. 참조. 좀더 상세한 것은 Thomas Kadner Graziano, Europäisches Internationales Deliktrecht (2003) 참조. 쟁점별 개관은 Yb. PIL, p. 1 이하 논문들 참조. 전자를 "Graziano"라고 인용한다. 주석서로는 우선 MünchKommBGB/Junker, 5. Auflage, Band 10 (2010) Rome Ⅱ-VO를 참조. 위 책을 "MünchKommBGB/Junker"라 인용한다. 영국 문헌으로는 Andrew

용범위(Ⅲ.), 불법행위의 준거법(Ⅳ.), 특수불법행위의 유형별 준거법(Ⅴ.), 준거법의 선택(Ⅵ.), 공통규칙(Ⅶ.), 기타 규정과 최종규정(Ⅷ.)을 차례대로 검토하고, 마지막으로 우리 법에의 시사점(Ⅸ.)을 논의한다.

2. 로마Ⅱ의 구성

로마Ⅱ는 아래와 같이 前文(recitals)[9]과 7개 장으로 구분된 32개의 조문으로 구성된다.

前文 40개 제Ⅰ장 범위(제1조-제3조) 제Ⅱ장 불법행위(제4조-제9조) 제Ⅲ장 부당이득, 사무관리와 계약체결상의 과실(제10조-제13조)	제Ⅳ장 선택의 자유(제14조) 제Ⅴ장 공통규칙(제15조-제22조) 제Ⅵ장 기타 규정(제23조-제28조) 제Ⅶ장 최종규정(제29조-제32조)

Ⅱ. 로마Ⅱ의 성립경위, 법적 기초와 법 형식 및 해석

1. 로마Ⅱ의 성립경위[10]

1967년 9월 8일 베네룩스 3국은 유럽공동체 이사회와 다른 회원국에게 공동체 내의 통일된 국제사법규범 제정을 제안하였다. 이사회는 이를 받아들였고 그 보조기관인 상주대표위원회는 1970년 전문가들의 작업반에게 '계약상 및 계약외채무의 준거법'을 포함하여 특히 중요하다고 판단되는 몇 가지 항목에 관하

Dickinson, The Rome Ⅱ Regulation: The Law Applicable to Non-Contractual Obligations (2008)와 Richard Plender/Michael Wilderspin, The European Private International Law of Obligations, Third Edition (2009)를 참조했다(후자는 많이 참조하지 못했다). 전자를 "Dickinson", 후자를 "Plender /Wilderspin"이라 인용한다. 계약체결상의 과실의 준거법에 관한 우리 문헌으로는 우선 최흥섭, "국제사법에서 「계약체결상의 과실」의 준거법", 법학연구, 15권 3호(2012), 527면 이하 참조. [밑줄 부분은 이 책에서 새로 추가한 것이다.]

9) 독일어 텍스트(Erwägungsgrund)를 기초로 이를 '입법이유(서)'라고 번역하기도 한다.

10) 이는 주로 James Fawcett/Janeen M. Carruthers, Cheshire, North & Fawcett Private International Law, 14th edition (2008), pp. 770-771을 참고한 것이나 상세는 위원회 Explanatory Memorandum, p. 2 이하 참조. 전자를 "C/N/Fawcett"라 인용한다.

여 우선 처리하도록 수권하였다. 작업반은 1972년 "계약채무 및 계약외채무의 준거법에 관한 협약안"(Draft Convention on the Law Applicable to Contractual and Non-Contractual Obligations)을 제출하였다. 그 후 작업반은 1978년 3월 협약의 범위를 계약채무에 한정하기로 하고 다음 해 이사회에 "계약채무의 준거법에 관한 협약"을 제출하였으며 마침내 동 협약은 1980년 6월 19일 로마에서 서명되었다.[11] 그 후 별 진전이 없다가 계약외채무의 준거법에 관한 통일규칙 제정을 위하여 1996년 이사회의 작업반이 구성되었다. 2002년 5월 유럽연합 위원회(Commission)[12]는 예비초안[13]을 제안하면서 녹서(Green Paper)를 제출하였고, 2003년 7월 22일 "계약외채무의 준거법에 관한 유럽의회와 이사회 규정 초안"(Proposal for a Regulation of the European Parliament and the Council on the law applicable to non-contractual obligations(이하 "위원회 초안"이라 한다))[14]을 발표하였다. 한편 유럽의회의 법사위원회는 2005년 6월 27일 그에 대한 보고서[15]를 발표하였고 유럽의회는 이를 기초로 독자적 제안을 담은 입법 결의안[16]을 채택하였다. 2006년 2월 21일 위원회는 "계약외채무의 준거법에 관한 유럽의회와 이사회규정 초안을 위한 유럽의회와 위원회 수정초안(Amended proposal for a European Parliament and Council Regulation on the law applicable to non-contractual obligations(이하 "위원회 수정초안"이라 한다)[17]을 제시하였다. 이사회는 2006년 9월 공동입장(Common Position)을 채택하였고 유럽의회는 그에 대해 수정의견을 제시하였으며 타협안으로서 2007년 7월 현재의 로마Ⅱ가 채택되었다. 협상 과정 중 가장 논란이 되었던 세

11) 상세는 석광현, 국제사법과 국제소송 제1권(2001), 55면 이하 참조.

12) 우리나라에서는 이를 '집행위원회'라고 부르기도 한다.

13) 이는 "preliminary draft proposal for a Council regulation on the law applicable to a non-countractual obligations"를 말한다. 그에 대한 검토의견은 Hamburg Group for Private International Law, "Comments on the European Commission's Draft Proposal for a Council Regulation on the Law Applicable to Non-Contractual Obligations", Rabels Zeitschrift, Band 67 (2003), S. 1ff. 참조. 이는 http://www.mpipriv.de/de/data/pdf/commentshamburggroup. pdf에서 볼 수 있다. 이를 "HG 의견"이라 하고 pdf file의 면수를 인용한다.

14) COM(2003) 427 final. 여기에는 각 조문의 취지를 설명한 Explanatory Memorandum이 포함되어 있는데 이는 로마Ⅱ의 해석에 도움이 된다. 이를 "Memorandum"이라 인용한다.

15) Report on the proposal for a Regulation of the European Parliament and of the Council on the law applicable to non-contractual obligations (A6-0211/2005). 보고자는 영국의 Diana Wallis였다.

16) European Parliament legislative resolution on the proposal for a regulation of the European Parliament and of the Council on the law applicable to non-contractual obligations ("Rome Ⅱ")(COM(2003)0427-C5-0338/2003-2003/0168(COD). 유럽의회 문서 P6_TA(2005)0284.

17) COM(2006) 83 final.

개의 쟁점, 즉 프라이버시(*vie privé*, Privatsphäre)와 명예훼손을 포함하는 인격권의 침해로 인한 계약외채무의 준거법, 도로교통사고에서 국경 너머에 있는 피해자의 지위와 각 회원국에서 외국법의 취급은 결국 타협에 이르지 못하였고 위원회가 로마Ⅱ의 심사절차의 일환으로서 보고서를 제출하기로 확약하는 선에서 타협을 보았다(로마Ⅱ 제30조 참조).

2. 로마Ⅱ의 법적 기초, 법 형식 및 해석

1999년 5월 1일 발효된 암스테르담조약은 유럽연합에게 국제사법의 영역에서 Regulation (Règlement, Verordnung. 규정)[18]의 형식으로 입법을 할 수 있는 권한을 부여하였고, 2003년 2월 1일 발효된 니스조약은 조약 제251조가 정한 바에 따라 위원회와 유럽의회의 공동결정절차(co-decision procedure)를 요구하게 되었다. 이에 따라 유럽연합은 기존 협약의 법형식을 공동체법으로 전환하면서 새로운 입법을 하였다. 로마Ⅱ는 바로 그러한 입법의 하나로 유럽연합의 2차적 법원에 해당한다.[19] 암스테르담조약이 발효된 이래 저촉법규칙의 법적 기초는 유럽공동체설립조약과 유럽연합조약(The Treaty Establishing the European Community and the Treaty on European Union)(제Ⅳ장) 특히 제61조 c호에 있는데, 이는 자유, 안전 및 정의의 영역을 점진적으로 확립하기 위하여 이사회가 제65조에 규정된 바와 같은 국경을 넘는 함의를 가지는 민사사건의 사법공조의 영역에서 조치를 채택할 것을 요구한다. 여기에서 제65조 b호는 특히 "회원국들에서 저촉법(즉 준거법)과 재판관할에 관하여 적용되는 규칙의 양립가능성의 증진"(promoting the compatibility of the rules applicable in the Member States concerning the conflict of laws and of jurisdiction)을 언급하는데 그런 조치는 역내시장의 적절한 기능을 위하여 필요한 범위 내에서 허용된다. <u>위 제Ⅳ장은 그 후 유럽공동체설립조약의 후신인 'EU기능조약(The Treaty on the Functioning of the European Union. TFEU)'에 의하여 제Ⅴ장이 되면서 제목도 '자유, 안전 및 정의의 영역'으로 변경되었고, 그 결과 현재의 EU기능조약은 민사사건에서의 사법공조에 관한 별도의 절(제3절)에서 제81조를 두고 있다.</u> [밑줄 부분은 이 책에서 새로 추가한 것이다.] 역내시장이 적절히 기

18) 우리나라에서는 regulation을 그 밖에도 '명령' 또는 '규칙'이라고 번역하기도 한다. 규정이라고 할 때에도 '規程'과 '規定' 중 어느 것이 적절한지 생각해볼 필요가 있다.

19) 유럽공동체설립조약 등 각종 조약이 제1차적 法源이고 그에 기초하여 제정된 규정, 지침과 결정이 제2차적 法源이다.

능하기 위하여는, 소송 결과의 예견가능성과 준거법에 관한 안전성 및 판결의 자유로운 이동을 개선하기 위하여, 어떤 국가의 법원에 소송이 제기되는지에 관계없이 회원국들의 국제사법규칙들이 동일한 국내법을 지정할 필요가 있고(전문 제6항), 지정된 준거법에 관계없이 적용되는 통일적 규칙들은 공동체 소송당사자들 사이의 경쟁이 왜곡될 수도 있는 위험의 회피를 가능하게 한다(전문 제13항).[20] 로마Ⅱ에 의하여 계약외채무의 준거법 결정원칙을 통일하면 법정지에 관계없이 동일한 실질법의 적용이 보장된다.

로마Ⅱ의 법형식은 유럽의회 및 이사회의 규정이다. 규정이라는 법형식은 협약과 비교할 때 첫째, 규범의 수정이 보다 용이하고, 둘째, 규범이 모든 회원국들에서 동시에 발효되며, 셋째, 새로운 회원국이 유럽연합에 가입하는 경우에도 모든 체약국들이 가입협약을 체결하고 이를 비준할 필요가 없다는 점에서 장점이 있다.[21]

로마Ⅱ는 유럽공동체설립조약과 유럽연합조약(제Ⅳ장)에 따라 채택된 공동체법이므로 유럽법원은 그의 해석에 관하여 선결적 결정을 할 권한이 있다. 즉 유럽공동체설립조약[22]에 따르면 회원국의 최상급법원은 계속중인 사건에서 재판을 하기 위하여 로마Ⅱ의 해석의 문제에 대한 판단이 필요한 경우 유럽법원에 선결적 결정을 신청할 의무가 있다. 또한 유럽연합의 이사회, 위원회 또는 회원국도 로마Ⅱ와 같은 유럽공동체설립조약(제Ⅳ장)에 기초한 부차적 공동체법의 해석문제에 관하여 유럽법원에 선결적 결정을 신청할 수 있는 권한이 있다.[23] 이는 사건의 계속을 전제로 하지 않는 추상적인 해석절차로서, 그 경우 유럽법원의 결정은 이미 기판력이 발생한 회원국 법원의 재판에는 적용되지 아니한다.

---

20) 그러나 C/N/Fawcett, p. 772는 로마Ⅰ의 근거는 로마협약의 근거로 제시되었던 사항, 즉 브뤼셀Ⅰ규정과 로마협약의 연장이라는 점을 지적한다.

21) 브뤼셀Ⅰ규정에 관한 Jan Kropholler, Europäisches Zivilprozeßrecht: Kommentar zu EuGVO, Lugano-Übereinkommen und Europäischem Vollstreckungstitel, 8. Auflage (2005), Einleitung Rz. 15 참조. 이는 로마Ⅰ규정에도 타당하다.

22) 제68조 제1항, 제234조.

23) 유럽공동체설립조약과 유럽연합조약(제68조 제3항).

Ⅲ. 로마Ⅱ의 적용범위

1. 기본원칙

로마Ⅱ는 법의 저촉을 포함하는 상황에 있는 민사 및 상사사건의 계약외채무에 적용된다(제1조 제1항 1문). 이를 부연하면 아래와 같다.

가. 민사 및 상사사건

로마Ⅱ는 "민사 및 상사사건"의 개념을 정의하지 않는데 이에 관하여는 "민사 및 상사사건에서 관할권과 판결의 승인 및 집행에 관한 2000. 11. 22. 이사회 규정"(즉, 브뤼셀Ⅰ 또는 브뤼셀Ⅰ규정)과 그의 선구자인 브뤼셀협약에 관하여 축적된 유럽법원과 각 회원국 법원의 판례가 도움이 된다. 제2장은 불법행위(torts/delicts)에, 제3장은 부당이득, 사무관리와 계약체결상의 과실에 적용된다. 어떤 채무가 불법행위로 인한 것인지, 부당이득, 사무관린 또는 계약체결상의 과실로 인한 것인지는 성질결정(characterization)의 문제이다. 성질결정은 각 회원국의 규칙이 아니라 규율대상과 로마Ⅱ(전문 제7항)를 고려하여 독자적으로 행해져야 하는데, 전문 제7항은, 로마Ⅱ의 실질적인 범위 및 조항들은, 브뤼셀Ⅰ과 "계약채무의 준거법에 관한 유럽공동체협약"(로마협약)과 일관성이 있어야 한다고 규정하므로 양자를 참조할 필요가 있다.

나아가 제1조 제1항 2문은, 로마Ⅱ는 특히 조세, 관세 또는 행정사건 또는 국가권한의 행사 과정에서의 작위 및 부작위(즉, 국가의 주권적 행위(*acta jure imperi*))에 대한 국가의 책임에는 적용되지 않는다고 명시한다. 주권적 행위로부터 발생하는 채권은, 국가를 대표하여 행동하는 공무원들에 대한 채권과 공적으로 임명된 공무원들의 책임을 포함하여 공공기관들의 행위에 대한 책임을 포함한다(전문 제9항). 이는 망라적인 것은 아니다.

나. 계약외채무

로마Ⅱ는 계약외채무의 개념을 정의하지 않는데 그 개념은 회원국마다 다르므로 이는 로마Ⅱ의 목적에 따라 독자적인 개념으로 이해되어야 한다(전문 제11항). 그에는 불법행위(불법행위 일반과 로마Ⅱ가 열거하는 특수불법행위), 부당이득과 계약체결상의 과실책임이 포함된다. 제2장이 적용되는 불법행위(torts/delicts)라 함은, 회원국의 국내법상 불법행위를 포함하고 제조물책임, 부정경쟁, 경쟁제한, 환경손해, 지적재산권 침해와 쟁의행위를 포함한다. 이는 나아가 충실의무(fiduciary duty) 위반과 부정직하게 충실의무위반을 유도 또는 방조하는 행위를 포함하는 형평법상의 의무(equitable obligations)를 포함하므로 신뢰의 비계약적 위반은 그것이 비밀정보 보호와 관련되는 때에는 제2장의 적용범위에 속한다고 한다.[24] 로마Ⅱ는 이미 발생한 손해만이 아니라 발생할 것 같은 손해에 대하여도 적용된다(제2조 제2항). 이는 브뤼셀 I 규정(제5조 제3호)과 마찬가지로 불법행위를 예방하기 위하여 일정한 행위의 금지를 구하는 가처분도 포함하기 위한 것이다.[25]

다. 법의 저촉을 포함하는 상황

법의 저촉이라 함은 준거법의 결정 또는 '법의 선택', 즉 상이한 국가들의 법 간의 선택이 문제되는 상황을 의미한다.[26] 즉, 이는 국내적 사회생활에 하나 이상의 외국적인 요소가 있어서 복수 법체계의 적용을 초래할 수 있는 상황을 말한다.[27]

2. 제외되는 사항들

로마Ⅱ(제1조 제1항 2문과 제1조 제2항)은 로마Ⅱ가 규율하지 않는 사항을 열거한다. 이는 대체로 로마 I 의 적용대상에도 속하지 않는 사항들이다. 위원회는 이런 사항들은 엄격하게 해석되어야 한다고 본다.[28]

가. 가족관계 및 그와 유사한 관계로부터 발생하는 계약외채무(a호)

이는 가족관계 및 부양의무를 포함하여 가족관계에 적용되는 준거법에 따라 그와 유사한 효과를 가지는 것으로 간주되는 관계로부터 발생하는 계약외채무를 말한다. 가족관계는 친자, 혼인, 인척 및 방계 혈족을 포함한다(전문 제10항). 가족관계에서 계약외채무가 발생하는 사례는 드물지만 부양의무의 연체로부터 발

24) C/N/Fawcett, p. 791.
25) Memorandum, p. 11.
26) C/N/Fawcett, p. 775. 다만 법의 저촉(conflict of laws)이라는 표현은 준거법의 선택(choice of law)만이 아니라 재판관할과 외국판결의 승인 및 집행을 포함하는 개념이기 때문에 영미법계 법률가들에게는 혼란스럽다고 한다.
27) Memorandum, p. 8.
28) Memorandum, p. 9.

생하는 채무와 같이 전혀 없는 것은 아니다.[29] 그러나 남편의 운전상의 과실로 인하여 부인이 남편을 상대로 하는 손해배상청구는, 불법행위로 인한 것이지 가족관계로부터 발생하는 계약외채무는 아니므로 그에 대하여는 로마Ⅱ가 적용된다.[30]

제1조 제2항에서 혼인 및 다른 가족관계에 상응하는 효력을 가지는 관계에 대한 언급은, 소가 계속한 회원국의 법에 따라 해석되어야 한다(전문 제10항). 여기의 회원국의 법은 회원국의 실질법을 가리키는 것으로 해석된다.[31]

나. 부부재산제 및 유언과 상속으로부터 발생하는 계약외채무(b호)

이는 부부재산제 및 그에 적용되는 준거법에 따라 혼인과 유사한 효과를 가지는 것으로 간주되는 관계로부터 그리고 유언과 상속으로부터 발생하는 계약외채무를 말한다. 이는 위(가.)에서 본 것과 같은 이유로 적용범위로부터 제외된다.[32] 혼인과 유사한 효과를 가지는 것으로 간주되는 관계가 소가 계속한 회원국의 실질법에 따른다는 점은 위(가.)의 경우와 같다.[33] 유언과 상속에 관한 분쟁은 브뤼셀협약(브뤼셀Ⅰ)과 로마협약의 적용범위로부터도 제외된다.[34]

다. 유가증권으로부터 발생하는 계약외채무(c호)

이는 환어음, 수표, 약속어음과 기타 유가증권으로부터 발생하는 계약외채무를 말한다. 이를 제외한 이유는 로마Ⅱ에 규정된 준거법 결정원칙은 확정적 채무를 표창하는 유가증권에는 적합하지 않고, 회원국들 중 다수가 제네바협약[35] 등 국제조약의 당사국이고 일부 회원국은 그에 가입하지 않은 데 있다.[36] 로마Ⅱ의 적용범위에서 배제되는 것은 유가증권성으로부터 발생하는 채무에 한정된다(c호). 투자설명서에 따른 책임(Prospekthafung)이 배제되는가는 논란이 있으나, 이는 유가증권성으로부터 발생하는 것은 아니므로 로마Ⅱ의 적용대상이다.[37]

---

29) Memorandum, p. 8.
30) C/N/Fawcett, p. 781.
31) C/N/Fawcett, p. 781.
32) Memorandum, p. 8.
33) C/N/Fawcett, p. 782.
34) 브뤼셀협약(브뤼셀Ⅰ) 제1조 제1호와 로마협약 제2조 제1항 b호.
35) 이는 "환어음과 약속어음에 관한 법률저촉의 해결을 위한 1930년 6월 7일자 제네바협약"과 "수표에 관한 법률저촉의 해결을 위한 1931년 3월 19일자 제네바협약"을 말한다.
36) Memorandum, p. 9.
37) MünchKommBGB/Junker, Art. 1 Rn. 33ff. 영국은 자본시장책임을 로마Ⅱ의 적용범위로부터

라. 회사법 기타 단체법으로부터 발생하는 계약외채무(d호)

이는 등록 또는 기타 방법에 의한 설립, 법적 능력, 내부조직 또는 해산과 관련한 회사와 기타 법인 또는 비법인단체의 법으로부터 발생하는 계약외채무와, 회사 또는 단체의 의무에 관한 임원 및 사원의 개인적 책임과 회계서류의 법령상 감사에서 회사 또는 그 사원에 대한 감사의 개인적 책임을 말한다. 감사의 책임을 포함한 것은 로마협약(제1조 제2항 e호)보다도 넓다. 이는 회사 또는 그 사원이 감사에 대해 책임을 묻는 소송을 포함한다. d호에 기재된 사항은 회사 및 기타 법인이거나 비법인단체의 법률에 의하여 규율되는 문제이다.

마. 임의신탁의 위탁자, 수탁자, 수익자 간의 관계로부터 발생하는 계약외채무(e호)

이를 제외한 이유는 신탁은 독자적 성질을 가지는 제도(a *sui generis* institution)라는 점에 있다.[38] 로마협약(제1조 제2항 g.호)은 신탁의 설정과 위탁자, 수탁자 및 수익자 간의 관계를 모두 적용범위로부터 제외하나 로마Ⅱ의 적용범위로부터 제외되는 것은 그보다 제한적이고 임의신탁에 한정된다.

바. 원자력손해로부터 발생하는 계약외채무(f호)

이를 제외한 이유는, 문제가 되는 경제적 및 국가적 이익의 중요성과, 1960년 7월 29일 파리협약, 1963년 1월 31일 브뤼셀 추가협약, 1963년 5월 21일 비엔나협약, 1997년 9월 12일 보충적 배상에 관한 협약과 1988년 9월 21일 의정서에 의해 확립된 국제적 원자력책임체제의 존재를 고려한 것이다.[39] 그러나 조약이 통일적 규범을 두지 않은 범위 내에서는 로마Ⅱ가 적용될 수 있다.[40]

배제하자고 제안했으나 수용되지 않았다. 따라서 로마Ⅱ는 자본시장책임에도 적용되는 것으로 해석되나 로마Ⅱ는 자본시장법의 특수성을 반영하지 못하고 있다. 해석론으로는 시장지법을 적용하는 견해도 있고, 회피조항을 통해서 회사의 설립준거법을 적용하는 견해도 있다. Alexander Hellgardt/Wolf-Georg Ringe, "Internationale Kapitalmarkthaftung als Corporate Governance", Zeitschrift für das gesamte Handelsrecht und Wirtschaftsrecht (2009), S. 822f. 참조.

38) Memorandum, p. 9.

39) Memorandum, p. 9.

40) MünchKommBGB/Junker, Art. 1 Rn. 42.

사. 프라이버시와 인격권의 침해로부터 발생하는 계약외채무(g호)

여기에서 제외되는 것은 프라이버시의 침해와 인격권의 침해로 인한 계약외채무인데, 후자는 명예훼손을 포함한다.[41] 위원회는 로마Ⅱ의 심사절차의 일환으로서 보고서를 제출하기로 확약하였다(로마Ⅱ 제30조 참조). 따라서 이는 현재로서는 위 쟁점은 각 회원국의 국제사법규칙에 의하여 결정되는 준거법에 따른다. 이와 관련하여 기업이 경쟁자의 평판을 떨어뜨리는 행위가 명예훼손인지 부정경쟁인지는 논란의 여지가 있으나 후자에 해당한다고 한다.[42]

아. 증거 및 절차

로마협약(제1조 제2항 h호)과 마찬가지로 로마Ⅱ는 증거 및 절차에는 적용되지 않음을 명시한다. 다만 로마Ⅱ는 증거의 문제를 완전히 협약의 범위에서 배제하지는 않고 제21조와 제22조에서 규정을 두어 일정범위 내에서는 로마Ⅱ의 원칙에 따르도록 하고 있다. 제21조는 방식에 관한 규정이고 제22조는 입증책임에 관한 규정이다.

절차의 문제는 법정지의 국제사법원칙에 따라 규율되며, 대체로 법정지법(*lex fori*)에 따른다. 절차와 실체의 구별은 국가에 따라 상이하므로 절차의 개념은 로마Ⅱ의 적용을 배제하는 회피수단으로서 사용될 수 있는바, 무엇이 절차인가라는 성질결정의 문제는 로마Ⅱ의 독자적 해석에 의하여 결정해야 한다.[43] 따라서 종래의 영국법의 태도와 달리 손해배상의 산정도 그것이 법의 규칙에 의한 것인 한 실체의 문제이고, 또한 책임의 제한도 실체의 문제이다.[44]

3. 로마Ⅱ의 보편적 적용

로마Ⅱ에 의하여 지정된 법은 회원국 법인지 아닌지에 관계없이 적용된다(제3조). 즉 법정지가 유럽연합의 회원국 내인 한, 로마Ⅱ는 불법행위의 발생지가

41) 영국법상으로는 대륙법계에서 인정되는 바와 같은 프라이버시의 침해라는 개념은 없다. 대신에 '신뢰 침해라는 위법행위(wrong of breach of confidence)'를 확대하여 사적 정보의 남용(misuse of private information)(공표에 의한)에도 적용한다고 한다. C/N/Fawcett, p. 784 참조.

42) C/N/Fawcett, p. 785.

43) C/N/Fawcett, p. 786.

44) C/N/Fawcett, p. 787.

역내이든 역외이든 간에 계약외채무에 적용되고, 그 사안이 공동체와 어떤 관련이 있는가를 묻지 않는다(제1조 참조).[45] 로마Ⅱ는 이처럼 계약외채무의 준거법 결정에 관한 회원국들[46]의 법을 전면적으로 대체하는 것인데, 이는 회원국들 간의 분쟁(intra-Community cases)에 적용되는 원칙과 비회원국들과의 분쟁(extra-Community cases)에 적용되는 원칙을 달리 정하는 것은 의제적이고 불필요하게 문제를 복잡하게 하기 때문이다.[47] 또한 만일 그렇지 않다면 각 회원국은 두 개의 국제사법규칙을 가져야 하게 되어 법률관계가 복잡하게 된다.[48] 이런 점에서 로마Ⅱ는 비회원국과의 관계에서까지 국제사법규범을 통일하는 '통일법'(*loi uniform*)으로서 의미를 가진다.

Ⅳ. 불법행위의 준거법

불법행위의 준거법을 규정한 제Ⅱ장은 불법행위 일반의 준거법을 정한 제4조와, '특수불법행위'(special torts 또는 specific torts), 즉 제조물책임, 부정경쟁과 경쟁제한행위, 환경손해, 지적재산권 침해와 쟁의행위의 준거법을 정한 제5조-제9조로 구성된다.

1. 일반규칙

제4조는 불법행위의 일반원칙으로서 결과발생지법 원칙을 정한 제1항, 공통 상거소지국법(또는 공통 상거소지법. 이하 양자를 호환적으로 사용한다) 예외를 정한 제2항과 명백히 더 밀접하게 관련된 국가법 예외(이하 '밀접관련국법 예외' 또는 '밀접관련국법 회피조항'이라 한다)[49](이하 양자를 호환적으로 사용한다)인 제3항으로

45) 이 점에서 브뤼셀Ⅰ과 다르다. 브뤼셀Ⅰ의 관할규칙은 피고의 상거소가 회원국 내에 있을 것을 요구한다(제4조). 그러나 전문 제23항은 조약 제81조와 제82조(현재는 제101조와 제102조) 또는 회원국의 법에 의하여 금지되는 행위(prohibited by Articles 81 and 82 of the Treaty or by the law of a Member State)만을 염두에 두는 듯한 인상을 준다. [밑줄 부분은 이 책에서 새로 추가한 것이다.]

46) 다만 덴마크는 제외된다. 제1조 제4항은 이를 명시한다.

47) C/N/Fawcett, p. 788.

48) Memorandum, p. 10.

49) C/N/Fawcett, p. 799.

구성된다.

가. 결과발생지법 원칙

주지하듯이 거의 모든 회원국이 행위지법원칙(principle of the *lex loci delicti commissi*)을 채택하고 있지만, 행동지(place of conduct)와 결과발생지(place of injury)가 수개국에 흩어져 있는 복잡한(complex) 불법행위의 경우 행위지법원칙의 적용은 어려움을 초래하며, 회원국에 따라 행위지법원칙의 실제적 영향은 다양한 형태로 나타나므로 준거법에 관한 불확실성을 초래하고 있다(전문 제15항).[50]

불법행위의 준거법은, 손해를 초래하는 사건이 발생한 국가에 관계없이 그리고 그 사건의 간접적 결과가 발생한 국가에 관계없이 손해가 발생한 국가의 법, 즉 결과발생지법이다(제4조 제1항).[51] 로마Ⅱ가 결과발생지법을 선택한 이유는 첫째, 통일규칙은 법원판결의 예측가능성을 제고하고, 둘째, 손해가 있다고 주장된 자와 손해를 입은 자의 이익 간에 합리적 균형을 보장하며, 셋째, 민사책임법은 과거 반세기 동안 과실에 의한 행위를 벌하였으나, 오늘날에는 무과실 엄격책임의 확산에서 보듯이 민사책임법의 핵심은 보상기능(compensation function)에 있기 때문이다.[52] 즉 위 원칙은 현대 민사책임의 접근방법과 엄격책임 체제의 발전을 반영한 것이다.[53]

행동지와 결과발생지가 상이한 국가에 소재하는 격지불법행위의 준거법에 관하여는 행동지법(오스트리아), 결과발생지법(영국, 스위스)을 채택하는 국가와, 양자에 선택적으로 연결하는 '遍在主義'(독일, 이탈리아)를 취하는 국가가 있다.[54]

---

50) Memorandum, p. 5.

51) 문면상 손해발생지법처럼 보이나 이는 결과발생지(또는 법익침해지)를 의미한다. Graziano, S. 36 Fn. 114; Gerhard Wagner, "Die neue Rom Ⅱ-Verordnung", IPRax (2008), S. 4; Gerhard Hohloch, "Place of Injury, Habitual Residence, Closer Connection and Substantive Scope: The Basic Principles", Yb. PIL, p. 7 참조. 즉 프랑스법계의 책임법에는 '법익침해'라는 개념이 일반적으로 사용되지 않으므로 덜 정확하지만 손해발생지라는 개념을 사용했다고 한다. 저자는 당초 발표한 글에서 '*lex loci damni*'를 손해발생지라는 의미로 사용하였으나 이를 결과발생지의 의미로 사용하는 논자들도 많이 있다. [밑줄 부분은 이 책에서 새로 추가한 것이다.]

52) 전문 제16항 참조.

53) 전문 제16항 참조. 환언하면 현대 불법행위법에서는 '법익의 보호'(Rechtsgüterschutz)가 '행위의 불법'(Handlungsunrecht)보다 우선하므로 결과발생지를 우선시키는 것은 설득력이 있다.

54) 이는 1999년 6월 1일부터 개정된 독일 민법시행법이 시행되기 전의 상황이다. 개정 독일 민법시행법(제40조 제1항)은 행동지법을 원칙으로 하고, 피해자에게 결과발생지법의 적용을 요구할 수 있는 선택권을 인정한다. 遍在主義를 '到處主義'라고 번역하기도 한다.

그러나 제4조 제1항은 행동지와 간접적 결과발생지에 관계없이 결과발생지법이 격지불법행위의 준거법임을 명시한다. 이는 타당하다는 평가를 받고 있다. 위원회는 피해자에게 유리한 법을 선택하게 하는 태도(遍在主義와 有利의 원칙의 결합)는 피해자의 정당한 기대를 넘는 것이고 법적 불확실성을 도입하게 될 것이라는 이유로 채택하지 않았다.[55] 가해자의 입장에서 외국에서 결과가 발생하는 경우 가해자는 그 국가의 책임수준에 맞추어야 하고, 피해자의 입장에서는 그의 생활환경을 이루는 국가, 즉 결과가 발생하는 국가의 책임수준을 신뢰하기 때문이다.[56]

여기의 불법행위에는 별도의 특칙이 있는 특수불법행위(즉, 제조물책임, 부정경쟁과 경쟁제한행위, 환경손해, 지적재산권 침해와 쟁의행위)는 포함되지 않는다.

여기에서 말하는 손해는 '간접손해'(indirect damage)가 아니라 '직접손해'를 의미한다. 따라서 간접손해는 의미가 없고 직접손해가 중요하므로 피해자가 다른 국가에서 입은 직접손해에 이어서 재산적 손해(financial damage)를 입은 곳이나 정신적 고통을 받은 곳은 여기의 손해발생지에 포함되지 않는다.[57] 그러나 여기의 손해는 실제로 발생한 손해만이 아니라 발생할 것 같은 손해를 포함한다(제2조 제3항 b호).

나. 결과발생지의 결정

제4조 제1항은 결과발생지, 즉 직접손해발생지를 특정할 수 있음을 전제로 한다. 인적 또는 물적 손해가 발생한 경우 결과발생지의 결정은 용이하다. 독일에서는 결과발생지를 불법행위 당시 법익의 소재지라고 표현한다. 그러나 결과발생지의 결정이 항상 용이한 것은 아니다.

(1) 격지불법행위의 경우

격지불법행위의 경우 결과발생지법이 준거법이 됨은 위에서 보았다.

(2) 散在不法行爲(확산형불법행위)

제4조 제1항에 따라 결과발생지법을 적용한다면 결과발생지가 복수 국가에 존재하고 그것이 특정될 수 있는 경우, 즉 '산재불법행위'(Streudelikt 또는 Multi State Delikt)의 경우 각 국가에서 발생한 결과에 대해 각각 그 결과발생지법을 적

---

55) Memorandum, pp. 11-12. 이는 제4조 제1항의 태도는 행동지법의 적용과 피해자에게 선택권을 부여하는 제도의 타협이라고 한다.

56) Graziano, S. 36.

57) Memorandum, p. 11.

용하는 배분적 연결을 따르게 된다.[58] 독일에서는 이를 '모자이크방식'이라고 부른다.[59]

⑶ 순수한 재산적 손해

과실에 의한 불실진술의 경우처럼 순수한 재산적 손해만 있는 경우 결과발생지의 결정은 어렵다. 이러한 경우에는 사안에 따라 아래 밀접관련국법에 기한 회피조항을 적용하는 것이 더 쉬울 수도 있다는 견해도 있다.[60]

2. 공통의 속인법(상거소지법) 예외

제4조 제2항은 상거소에 기초한 공통의 속인법 예외를 규정한다. 동항에 따르면, 책임이 있다고 주장된 자와 손해를 입은 자가 손해발생 시에 그들의 상거소를 동일한 국가에 가지고 있는 경우에는 결과발생지법이 아니라 그 국가의 법이 적용된다. 이는 거의 모든 회원국들이 채택하고 있는 해결방안이고 양 당사자의 정당한 기대를 반영한다.[61] 그러나 제4조 제2항처럼 엄격한 규칙을 도입하는 것보다 공통 상거소를 일반규칙을 배제할 수 있는 근거가 되는 하나의 요소로서 제4조 제3항에 규정하는 편이 바람직하다는 비판이 있다.[62]

3. 밀접관련국법에 기한 회피조항

제4조 제3항은 사안의 모든 상황에 비추어 불법행위가 결과발생지 또는 공통의 상거소 소재지(또는 상거소지. 이하 양자를 호환적으로 사용한다)가 아닌 국가와 명백히 더 밀접한 관련이 있음이 분명한 경우에는 그 다른 국가의 법에 의하도록 한다. 이는 일종의 '회피조항'(escape clause)이다. 다른 국가와의 명백히 더 밀접한 관련은 특히 문제된 불법행위와 밀접한 관련이 있는 계약과 같은 당사자간에 존재하는 법률관계에 근거할 수 있으므로(제4조 제3항 2문) 이는 종속적(또

58) Memorandum, p. 11; Graziano, S. 37. Wagner(註 51), S. 4.

59) Memorandum, p. 11.

60) C/N/Fawcett, p. 797. 위 책은 이를 'economic tort'라고 부른다. 학설은 Matthias Lehmann, "Vorschlag für eine Reform der Rom Ⅱ-Verordnung im Bereich der Finanzmarktdelikte", Iprax (2012), S. 400 참조. [밑줄 부분은 이 책에서 새로 추가한 것이다.]

61) Memorandum, p. 12.

62) Dickinson, para. 4.82는 공통의 상거소지법의 적용이 당사자들의 합리적 기대에 부합할 수 있지만 항상 그런 것은 아니라고 한다.

는 이차적) 연결(secondary connection, akzessorische Anknüpfung)[63]을 도입한 것이다. 다만 제3항은 제2항과 달리 당사자 간에 계약관계가 있고 그것이 불법행위에 의해 침해된다고 해서 불법행위를 계약관계의 준거법에 종속적으로 연결하는 엄격한 규칙을 도입하는 대신, 계약관계의 존재를 일반규칙을 배제할 수 있는 밀접한 관련을 인정할 수 있는 하나의 요소로서 규정한다.[64] 제4조 제3항이 언급하는 계약관계는 하나의 예시이므로 부부관계 또는 운전자와 호의동승자 간의 관계(a guest host relationship)도 그에 포함될 수 있다.

"명백히"라는 요건이 시사하듯이 불법행위가 제4조 제1항 또는 제2항에 의하여 지정된 국가 이외의 다른 국가와 더 밀접한 관련이 있다는 것만으로는 부족하며, 이는 제3항의 예외적 성격을 보여준다.[65]

종속적 연결은 당사자의 정당한 기대를 존중하고 건전한 사법운영의 필요성에 부응한다.[66] 특히 종속적 연결을 함으로써 계약책임과 불법행위책임이 경합하는 사안에서 성질결정의 어려움을 완화할 수 있다.[67] 종속적 연결을 할 경우 준거법이 규율하는 사항 전부가 더 밀접한 관련이 있는 법에 의하여 규율되는 것이지 그 중 일부 쟁점에 대해서만 더 밀접한 관련이 있는 법을 적용할 수는 없다.[68]

소비자계약(또는 근로계약)의 경우 계약의 준거법에 종속적으로 연결하면 소비자와 근로자의 보호가 달성되지 못할 우려가 있다.[69] 위원회는 이런 문제점을 인지하였고, 기존관계가 소비자계약(또는 근로계약)이고 그 계약이 객관적 준거법[70] 이외의 법을 준거법으로 지정하는 조항을 포함하는 경우, 종속적 연결은 약자가 적용받을 수 있었던 법에 의한 보호를 박탈해서는 아니된다고 보았다. 그러나 로마Ⅱ는 이를 명시하지 않는데 그 이유는 이는 로마협약의 보호적 규칙에 이미 묵시적으로 포함되어 있다는 것이다. 만일 종속적 연결이 계약외채무에 관하여 당사자의 선택을 유효하다고 인정하면서 그들의 계약에 관하여는 선택이 일부 무효라고 본다면, 로마협약 제5조와 제6조의 목적에 어긋나게 되기 때문이

63) Memorandum, p. 12.
64) 이는 독일 민법시행법(제41조)과 거의 같다.
65) Memorandum, p. 12.
66) Memorandum, pp. 12.
67) Memorandum, pp. 12-13.
68) MünchKommBGB/Junker, Art. 4 Rn. 47.
69) 아래의 논의는 Memorandum, p. 13 참조.
70) 이는 소비자의 상거소지법, 근로계약의 경우 일상적인 노무제공지법 또는 예외적으로 그를 고용한 영업소 소재지법을 말한다.

다. 그런 결론이 타당하다는 점은 옳지만 로마Ⅱ의 해석상 그런 결론이 의문 없이 도출되는지는 논란의 여지가 있으므로 종속적 연결을 제한하는 규정을 두는 편이 좋았을 것이다.[71]

흥미로운 것은, 회피조항의 내용에 관하여 로마Ⅱ는 사비니의 전통에 따르고 있으나, 유럽의회 초안(제4조 제3항)은 미국의 영향을 받아 실질법을 고려한 쟁점별 접근방법을 도입하고자 하였다는 점이다.[72] 그러나 회피조항을 미국화하려는 유럽의회의 제안은 배척되었다. 회피조항의 목적은 실질법적인 better law를 탐구하는 것이 아니다.[73]

Ⅴ. 특수불법행위의 준거법

여기에서는 불법행위의 준거법을 정한 제4조가 적용되지 않는 '특수불법행위'(special torts)의 유형(즉 제조물책임, 부정경쟁과 경쟁제한행위, 환경손해, 지적재산권 침해와 쟁의행위)의 준거법을 검토한다. 다섯 가지 유형의 특수불법행위에 관한 특칙을 둔 것은 그 경우 일반규칙이 문제된 이익들 간의 합리적 균형을 달성하지 못하기 때문이다(전문 제19항). 주의할 것은, 특수불법행위에 대하여는 제5조-제9조가 적용되고 그 당해 조문이 제4조의 적용을 허용하거나 그와 동일한 문언을 사용하는 경우에만 제4조에 호소할 수 있고, 그렇지 않으면 전적으로 제5조-제9조에 의해 규율된다는 점이다.[74] 광범위한 적용대상을 가지고 있는 불법행위 일반에 대한 연결원칙의 경우 당사자자치, 공통의 속인법 예외와 밀접관련국법에 기초한 예외조항이 적용되어 상대적으로 유연성이 인정될 가능성이 큰데 반하여 특수불법행위의 연결원칙은 좀더 엄격한데 이는 입법자들이 특별한

71) HG 의견, p. 39; C/N/Fawcett, p. 801도 동지. 그러나 Peter Mankowski, "Ausgewählte Einzefragen zur Rom Ⅱ-VO: Internationales Umwelthaftungsrecht, internationales Kartellrecht, renvoi, Parteiautonomie", IPRax (2010), S. 402는 입법적 변경은 불요라고 본다.

72) Jan von Hein, "Of Older Siblings and Distant Cousins: The Contribution of the Rome Ⅱ Regulations to the "Communitarisation of Private International Law", Rabels Zeitschrift Band 73 (2009), p. 483; Jan von Hein, "Die Ausweichklausel im europäischen Internationalen Deliktsrecht, Die richtige Ordnung", Festschrift für Jan Kropholler zum 70. Geburtstag (2008), S. 559f. 참조.

73) 이는 우리 국제사법 제8조의 해석에서도 같다. 석광현, 2001년 개정 국제사법 해설 제2판 (2003), 101면 참조.

74) Hohloch(註 51), p. 15도 동지.

연결원칙에 반영된 연결정책의 관철에 더 큰 관심을 가지기 때문이다.[75] 다만 특수불법행위의 연결원칙 간에도 엄격성의 정도는 그 유형에 따라 상이하다.

1. 제조물책임의 준거법(제5조)

유럽연합의 제조물책임은 제조물책임지침[76]에 의해 조화되었으나 저촉법적 문제는 여전히 남아 있다. 전세계적인 차원에서는 더욱 그러하다. 헤이그국제사법회의에서 성안한 "제조물책임의 준거법에 관한 1973년 10월 2일 협약"(Convention on the Law Applicable to Products Liability)[77](이하 "헤이그제조물책임협약"이라 한다)이 발효되었으나 6개 유럽연합 회원국에서 발효되었을 뿐이고, 위원회는 제조물책임협약보다 간단한 연결원칙을 선호했기 때문에 그와 다른 연결원칙을 제안하였다.[78] 양자는 연결점과 그들의 조합상으로도 차이가 있다.

가. 적용범위

로마 II는 제조물책임을 정의하지 않는다. 제5조는 제조물에 의하여 초래된 손해로부터 발생하는 계약외채무에 적용되는데, 제조물책임지침은 손해와 제조물을 정의하므로 제조물책임도 동 지침에 따라 해석해야 한다.[79] 다만 제조물책임지침은 엄격책임을 전제로 하나 제5조에 따른 제조물책임은 과실에 기한 경우에도 적용된다.[80]

위원회 초안(제4조)은 제조물책임지침에 따라서 'damage caused by a defective product'라고 하여 '결함 있는' 제조물로 인한 손해에 한정하였으나 이는 삭제되었다. 즉 만일 결함을 요구한다면, 담배나 무기처럼 원래부터 위험하거나 해롭지만 유럽연합의 제조물책임지침이 규정한 의미에서는 결함이 있다고 말할 수는 없는 경우 손해배상책임이 배제될 여지가 있었으나, 제5조는 '결함 있는'이란

---

75) MünchKommBGB/Junker, Art. 4 Rn. 48.

76) 1985년 7월 25일 Council Directive (EEC) No. 85/374, OJ 1985 L 210.

77) 헤이그제조물책임협약의 소개는 김선이, "제조물책임의 준거법에 관한 헤이그조약", 국제사법연구 제3호(1998), 723면 이하 참조.

78) Peter Huber/Martin Illmer, "International Product Liability under Rome II: A Commentary on Article 5 of the Rome II Regulation", Yb. PIL, 47; Martin Illmer, "The New European Private International Law of Product Liability — Steering Through Troubled Waters", Rabels Zeitschrift, Band 73 (2009), S. 311.

79) Memorandum, p. 13.

80) C/N/Fawcett, p. 807.

문언을 삭제하였으므로, 위의 경우와 기타 엄격책임이나 위험을 경고하지 않은 데 따른 책임이 문제되는 상황에서도 제조물의 판매에 관련된 사람의 책임을 포함시키기가 보다 용이하다.[81]

제5조와 제7의 관계에 관하여는, 예컨대 제조물의 결함으로 공해가 발생한 경우 양자가 경합할 수 있으나, 환경침해(또는 환경손해)의 피해자에게 유리하고 환경보호에 관한 EC의 정책실현에 기여한다는 점에서 제7조가 적용되어야 한다는 견해가 유력하다.[82]

나. 연결원칙

(1) 단계적 연결원칙

제5조 제1항은 제조물책임의 준거법에 관하여 아래 4개의 단계적 연결원칙[83]을 규정한다.

첫째, 피해자의 상거소지국법[84]

둘째, 제조물의 취득지국법[85]

셋째, 결과발생지국법

넷째, 책임이 있다고 주장된 자[86]의 주된 영업소 소재지국법

---

81) Dickinson, para. 5.15.

82) Dickinson, para. 5.17.

83) 이를 '폭포(식)연결'(cascade connection)이라고도 부른다.

84) 즉 제조물이 그 국가에서 판매된 것을 전제로, 손해를 입은 자가 손해 발생 시에 그의 상거소를 가지고 있는 국가의 법이다. 종래의 통설은 취득자와 제3자를 구별했으나, 피해자의 상거소지법에의 연결은 양자를 일원적으로 연결하는 장점이 있는데, 이는 혁신적인 것으로 유럽에는 선례가 없다고 한다. Graziano, S. 40. 피해자의 상거소지는 손해발생지일 필요는 없다.

85) 즉, 제조물이 그 국가에서 판매된 것을 전제로 제조물이 취득된 국가의 법이 준거법이 된다. 격지매매의 경우 취득지는 로마Ⅱ의 독자적 해석에 따라야 할 사항인데, 로마Ⅱ의 적용상의 일관성을 달성하고 법적 확실성을 제고한다는 측면에서 취득자가 제조물의 물리적 지배를 획득한 곳이다. MünchKommBGB/Junker, Art. 5 Rn. 29; Dickinson, para. 5.38. 한편, 피해자가 제조물을 취득한 바 없는 경우에는 b호에 해당되지 않고 다음 단계로 넘어가는데, 왜냐하면 이 경우 국외자(bystander)인 피해자의 손해발생지(c호)가 제3자의 취득지보다 훨씬 더 강한 연결점이기 때문이다. Dickinson, para. 5.40. 이는 취득자가 반드시 피해자일 것을 요구하지 않는다는 취지이다. 물론 그 국외자가 취득자와 밀접한 관련이 있는 때에는(예컨대 가족이 취득한 경우) 제5조 제2항에 의하여 그 밀접한 관련이 있는 국가법이 적용된다. 취득이 반드시 상거래에 기초해야 하는지 아니면 선물, 사적 대여, 심지어는 절도도 가능한지가 문제되는데, 마케팅 개념과의 조화를 고려하면 상업성의 요소를 필요로 한다고 보이나 양자 간에 필연적 관련은 없다는 견해도 있다. Dickinson, para. 5.39.

86) 통상은 제조자일 것이나 수입자나 도매상 등이 될 수도 있다. 다만 소송상으로는 누구든지 될 수 있고 실제로 제조물책임을 지는가는 실질법에 따라 판단할 사항이다.

(2) 예견가능성

다만 첫째–셋째의 연결원칙은 모두 당해 국가에서 제조물이 '판매된'(marketed) 것, 즉 유통경로를 통하여 그 국가에서 이용가능하게 되는 것(Inverkehrbringen)을 전제로 한다.[87] 여기에서 판매 대상이 손해를 야기한 당해 제조물인지 동종 제조물(product of the same type)인지 논란이 있는데, 동일 제조물로 보는 것은 제조물책임을 져야 할 자에게 유리하고 동종 제조물이라고 보면 피해자에게 유리하다. 로마Ⅱ가 이를 명확히 규정하지 않은 것은 유감인데, 아래의 이유로 문면과 달리 이를 동종 제조물이라고 보는 유력설이 타당하다.[88]

첫째, 제5조 제1항 2문은 예견가능성에 관하여 명시적으로 동종 제조물을 포함하는데, 판매와 예견가능성은 동일한 것을 가리켜야 한다는 것이다. 만일 판매의 요건을 구비하지 못한다면 동종 제조물의 예견가능성을 언급할 필요도 없다.[89] 둘째, 당해 제조물의 판매를 요구하는 것으로 해석한다면 취득지법인 제5조 제1항 b호만이 연결원칙이 될 수 있고 a호와 c호는 사실상 연결원칙이 될 수 없어 단계적 연결을 규정한 제5조 제1항의 체제에 반한다.[90]

만일 그런 국가에서 당해 제조물이나 동종 제조물이 판매되지 않았거나, 혹시 판매되었더라도 판매되리라고 합리적으로 예견될 수 없었던 경우에는 넷째의 연결원칙이 적용된다. 예컨대 제조물이 책임이 있다고 주장된 자의 동의 없이 다른 국가로 판매된 경우가 이에 해당한다. 이는 제조자의 예견가능성을 높여 주어 판매망에 대한 통제력을 갖게 함과 동시에 피해자의 정당한 이익도 고려하는데,[91] 피해자는 일반적으로 상거소지국에서 적법하게 판매된 제품을 취득했을 것이기 때문이다.[92] 피해자가 그의 상거소가 아닌 다른 국가에서 제품을 취득한 경우(예컨대 여행 중에 취득한 경우)에도 제조물이 피해자의 상거소지국에서도 판매되는 것이라면 제조자가 이미 그 나라에서 시행 중인 법령의 척도에 따라 자신의 행위가 평가될 수 있다는 점을 예견하였으므로 상거소 소개지국법을 적용

87) 판매 요건에 관한 상세는 Plender/Wilderspin, para. 19-102 이하 참조. 다만 인터넷에 의한 판매의 경우 판매지의 결정이 어려울 수 있다. [밑줄 부분은 이 책에서 새로 추가한 것이다.]

88) Wagner(註 51), S. 7; Plender/Wilderspin, para. 19-101. 학설 대립은 Plender/Wilderspin, para. 19-087 이하; MünchKommBGB/Junker, Art. 5 Rn. 26 이하 참조. [본문의 밑줄 부분은 이 책에서 새로 추가한 것이다.]

89) Huber/Illmer(註 78), p. 42; Illmer(註 78), p. 292.

90) Huber/Illmer(註 78), p. 42; Illmer(註 78), S. 292.

91) 이런 의미에서 예견가능성은 판매에 관여한 자와 제조물에 의하여 손해를 입은 자의 이익 간에 합리적 균형을 맞추기 위한 것이다. Dickinson, para. 5.34.

92) Memorandum, p. 15.

하는 데 문제가 없다.93)

'판매'는 판매망을 통하여 제조물을 매도하는 행위를 포함한다. 문제되는 국가의 잠재적 최종수요자/소비자들이 판매를 목적으로 하는 광고의 타겟이 되는 경우라면 인터넷을 통한 광고를 포함한 광고도 마케팅에 해당된다.94)

영국의 유력설은 동종 제조물이 되기 위하여는 적어도 ① 제조물을 제조하거나 제조의 책임을 지는 기업, ② 제조물의 목적, ③ 제조물의 가격, ④ 제조물의 타겟 시장과 ⑤ 제조에 사용된 기술이라는 점에서 양 제조물 간에 실질적인 동일성이 있어야 한다고 하나, 독일에서는 그보다도 안전에 관한 특성(safety features)이 중요한 기준이 된다고 본다.95)

⑶ 단계적 연결에 우선하는 연결원칙: 연결원칙의 완화

위 4개의 연결원칙에 우선하는 3개의 연결원칙이 있다. 그것은 첫째, 준거법의 합의(제14조 제1항), 둘째, 밀접관련국법 예외(제5조 제2항), 셋째, 공통의 상거소지 국법 예외(제5조 제1항)이다. 따라서 결과적으로 로마Ⅱ에 따른 제조물책임의 연결원칙은 모두 7개의 연결단계를 규정하는 셈이다.96) 그의 단계구조는 ① 준거법의 합의(제14조 제1항), ② 밀접관련국법 예외(제5조 제2항), ③ 공통의 상거소지국법, ④ 피해자의 상거소지국법, ⑤ 제조물의 취득지국법, ⑥ 결과발생지국법과 ⑦ 책임이 있다고 주장된 자의 주된 영업소 소재지국법 순이다.

다. 헤이그제조물책임협약과의 관계

위에서 본 것처럼 헤이그제조물책임협약은 6개 유럽연합 회원국97)에서 발효되었다. 그러한 회원국 법원에서는 헤이그제조물책임협약이 적용되고 다른 21개 회원국 법원에서는 로마Ⅱ가 적용된다. 이런 현상은 바람직하지 않고 유럽연합 내의 계약외채무의 준거법결정원칙을 통일하려는 로마Ⅱ의 목적에도 반한다. 이런 상황을 개선하자면 헤이그제조물책임협약에 가입한 회원국들이 동 협약을 폐기해야 할 것이나 그들은 이를 거부한 바 있다. 결국 이는 로마Ⅱ 제30조 제1항

93) Memorandum, p. 15. 반면에 피해자가 상거소지 국가에서 적법하게 판매되고 있지 않은 제조물을 해외에서 구입한 경우에는 당사자의 어느 누구도 그 상거소지국법의 적용을 예상하지 못할 것이므로 이를 적용하지 않는다.

94) Dickinson, para. 5.20.

95) Dickinson, para. 5.35.

96) Graziano, S. 38

97) 이는 핀란드, 프랑스, 룩셈부르그, 네덜란드, 슬로베니아와 스페인이다.

에서 정한 공동심사 과정을 통해 해결되어야 할 것이다.[98]

2. 부정경쟁과 경쟁제한행위로 인한 책임의 준거법(제6조)

제6조는 부정경쟁행위(제1항, 제2항)와 경쟁제한행위(제3항)로 구분하여 연결원칙을 규정한다.[99] 부정경쟁행위의 목표는 경쟁의 위작(falsification)을 억제하는 것이고, 경쟁제한의 목표는 경쟁의 자유를 보장하고자 하는 것이므로 양자는 상호 배타적이라고 보는 견해도 있으나[100] 양자의 중첩은 어느 정도 부득이하다.[101] 양자는 구별되는 개념이므로 별도의 조문에서 다루는 것이 적절하다는 비판도 있다.

가. 부정경쟁행위의 준거법(제6조 제1항)

(1) 경쟁관계 또는 소비자의 집단적 이익이 영향을 받은 경우

㈎ 적용범위

부정경쟁을 제한하는 규칙의 목적은 모든 참가자들로 하여금 동일한 규칙에 의하여 게임을 하도록 함으로써 공정한 경쟁을 보호하는 데 있다.[102] 따라서 그런 규칙은 예컨대 수요에 영향을 미치고자 하는 행위(오해를 유발하는 광고, 강요된 매매 등), 경쟁적 공급을 방해하는 행위(경쟁자의 인도를 교란하는 행위와 경쟁자의 직원을 유인하는 행위, 보이콧)와 경쟁자의 가치를 부당하게 이용하는 행위(passing off 등)를 금지한다.[103] 또한 현대 경쟁법은 경쟁자(수평적 차원)만이 아니라, 소비자와 일반 공중(수직적 관계)까지 보호하는데 이러한 경쟁법의 '3차원적 기능'(three-dimensional function of competition law)은 현대 국제사법에도 반영되어야 한다는 것이다.[104] 그러나 부정경쟁이라는 개념은 대륙법계 국가에서는 익숙하지만 영미법계 국가에서는 그러하지 않다.[105] "산업재산권 보호를 위한 파리

---

98) Huber/Illmer(註 78), p. 47; Illmer(註 78), p. 312.

99) 위원회 초안(제5조)에는 경쟁제한행위에서 발생하는 계약외채무의 준거법에 관한 규정은 없었다. 위원회 수정초안(제7조)도 마찬가지였다.

100) Dickinson, para. 6.31은 양자가 경합하는 때에는 경쟁제한법을 우선시켜야 할 것이라고 한다.

101) Michael Hellner, "Unfair Competition and Acts Restricting Free Competition: A Commentary on Article 6 of the Rome Ⅱ Regulation", Yb. PIL, p. 69.

102) Memorandum, p. 15.

103) Memorandum, p. 15.

104) Memorandum, p. 15.

105) 영국법에는 부정경쟁으로 인한 불법행위 개념은 없다. C/N/Fawcett, p. 809; Hellner(註 101), p. 67. 유럽연합차원에는 Unfair Commercial Practices Directive가 있으나 이는 기업-소비자 관

협약"(Paris Convention for the Protection of Industrial Property) 제10조의2는 부정경쟁 행위를 정의하고 사례를 들고 있다.106) 세계지적재산권기구(World Intellectual Property Organization, WIPO)의 부정경쟁 방지를 위한 모델규정은 제1조에서 부정경쟁행위를 '산업적 혹은 상업적 행위에서 공정한 업무에 반하는 모든 행위 또는 실무'라 정의하고, 제2조 내지 제6조에서 그러한 행위의 유형을 열거하는데 그 범위는 매우 넓다.

다만 특정 경쟁자의 이익에만 영향을 미치는 불공정한 경쟁행위에 따른 계약외채무(제6조 제2항), 경쟁제한에 따른 계약외채무(제6조 제3항)와 지적재산권 침해에 따른 계약외채무(제8조)에 대하여는 별도 규정이 있으므로 제6조 제1항은 적용되지 않는다.

㈏ 연결원칙

부정경쟁행위로부터 발생하는 계약외채무의 준거법은, 그곳에서 경쟁관계 또는 소비자의 집단적 이익이 영향을 받거나 또는 영향을 받을 것 같은 국가의 법이나(제6조 제1항), 부정경쟁행위가 전적으로 특정한 경쟁자의 이익에 영향을 미치는 경우 제4조를 적용한다(제6조 제2항). 경쟁제한으로부터 발생하는 계약외채무를 영향을 받거나 받을 것 같은 시장지법에 연결하는 제6조 제3항과 달리 제1항은 '영향을 받은 시장'(affected market)이라는 개념을 사용하지는 않지만 시장지와 동일시하는 견해가 다수설로 보인다.107) 위원회 초안은 그곳에서 경쟁적 관계 또는 소비자의 집단적 이익이 "직접적이고 실질적으로(directly and substantially)" 영향을 받거나 또는 영향을 받을 것 같은 국가의 법이라고 규정하였으나 밑줄 부분이 삭제되었다.108)

계에만 적용된다. Plender/Wilderspin, para. 20-025 이하 참조.

106) http://www.wipo.int/treaties/en/ip/paris/trtdocs_wo020.html(Dickinson, para. 6.19에서 재인용). 그에 따르면 다음 행위가 부정경쟁행위에 해당한다.
"(a) 여하한 방법에 의함을 불문하고 경쟁자의 영업소, 산품 또는 공업상 혹은 상업상의 활동과 혼동을 일으키게 하는 모든 행위
(b) 거래의 과정에 있어 경쟁자의 영업소, 산품 또는 공업상 혹은 상업상의 활동에 관하여 신용을 해하게 할 허위의 주장
(c) 거래의 과정에 있어 산품의 성질, 제조방법, 특징, 용도 또는 수량에 대하여 공중을 오도할 표시 또는 주장."

107) Memorandum, p. 15와 MünchKommBGB/Drexl, 6. Auflage, Band 11 (2010) IntUnlWettbR, Rn. 132; Hellner(註 101), p. 56은 동일시한다. 전자를 "MünchKommBGB/Drexl"이라고 인용한다.

108) Memorandum, p. 16은 직접적이고 실질적인 영향을 받은 시장으로 제한하는 것이 일반적으로 학계에서 승인되고 있다고 한다.

부정경쟁사건의 국제사법규칙은 경쟁자, 소비자와 일반공중을 보호하고 시장경제가 적절히 기능하도록 보장하여야 하는데, 그곳에서 경쟁관계 또는 소비자의 집단적 이익이 영향을 받거나 영향을 받을 것 같은 국가의 법이 이런 목표를 일반적으로 충족한다.[109] 제6조의 특칙은 제4조 제1항의 일반규칙에 대한 예외가 아니라 오히려 그것을 명확히 한 것이다.[110]

만일 연결점에 의해 특정된 지리적 영역이 둘 이상의 국가의 영역을 포함하는 경우 어떻게 해야 하는가는 문제이다. 제3항은 경쟁제한에 관하여 그러한 상황을 상정하고 있으나 제1항은 규정을 두지 않는다. 부정경쟁에 관하여도 동일한 결과를 인정해야 한다는 견해도 있으나,[111] 그와 달리 배분적 연결을 해야 할 것이라는 견해도 있다.[112]

㈐ 연결원칙의 완화

경쟁관계 또는 소비자의 집단적 이익이 영향을 받은 부정경쟁행위의 경우 공통의 속인법 예외(제4조 제2항)와 밀접관련국법에 기한 회피조항(제4조 제3항)은 적용되지 않고,[113] 당사자자치도 허용되지 않는다. 즉, 제6조 제4항은 제6조가 적용되는 사안 모두에 대해 제14조에 따른 당사자자치를 명시적으로 배제한다. 부정경쟁사건은 경쟁자, 소비자와 일반공중을 보호하고 시장경제가 적절히 기능하도록 보장하는 것으로 실질법상 사적 자치가 허용되지 않는 영역이므로 그의 저촉법적 표현인 당사자자치가 허용될 여지가 없다고 한다.[114]

⑵ 전적으로 특정 경쟁자의 이익이 영향을 받은 경우[115]

㈎ 적용범위

부정경쟁행위가 전적으로 특정한 경쟁자의 이익에 영향을 미치는 경우라 함은 특정한 경쟁자가 타깃이 되는 경우로서 경쟁자의 영업에 대한 부당한 간섭(예컨대 경쟁자의 직원을 유인하여 떠나게 하는 행위, 뇌물을 주는 행위(corruption), 산업스파이, 영업비밀의 침해 또는 계약위반의 유인 등)을 포함한다.[116]

---

109) 전문 제21항.

110) 전문 제21항. 그러나 Dickinson, para. 6.11은 제6조와 제4조의 관계는 그와 같이 간단한 것이 아니라고 한다.

111) Wagner(註 51), S. 8.

112) Dickinson, para. 6.57은 이를 전제로 그런 해석은 부적절하다고 비판한다.

113) Dickinson, para. 6.13도 동지.

114) Th. M. de Boer, "Party Autonomy and its Limitations in the Rome Ⅱ Regulation", Yb. PIL, p. 24.

115) 독일에서는 이런 행위를 '쌍방적 경쟁행위(bilaterales Wettbewerbsverhalten)'라고 부른다.

116) Memorandum. p. 16.

(나) 연결원칙

부정경쟁행위가 전적으로 특정한 경쟁자의 이익에 영향을 미치는 경우 일반원칙을 정한 제4조가 적용된다(제6조 제2항). 따라서 결과발생지가 연결점이 되는데 그의 결정이 용이하지 않으나, 직접손해는 경쟁자의 경쟁적 지위의 손상을 말하므로 그의 영업소 소재지라고 보는 견해가 유력하다.117) 그 경우에는 완화된 연결원칙이 적용될 수 있다.

(다) 연결원칙의 완화

이 경우에는 제4조가 적용되므로 제4조 제2항과 제3항 역시 적용된다. 이 경우 제4조가 적용되므로 그 경우에는 당사자자치가 허용되어야 할 것이나 제6조 제4항은 당사자자치를 전면 불허한다.118)

나. 경쟁제한행위의 준거법(제6조 제3항)

(1) 적용범위

전문 제23항에서 보듯이, 제6조 제3항의 경쟁제한(acts restricting free competition, antitrust, 또는 restrictive trade practices)의 대상은 첫째, 회원국 또는 역내시장에서의 경쟁의 금지, 제한 또는 왜곡을 목표로 하거나 그런 효력을 가지는 기업간의 합의, 둘째, 그러한 목표 또는 효력을 가지는 기업단체에 의한 결정과 셋째, 그러한 목표 또는 효력을 가지는 공동관행과 넷째, 회원국 또는 역내 시장에서의 지배적 지위의 남용이다. 다만 이는 그러한 합의, 결정, 공동관행 또는 남용이 유럽연합조약(제81조와 제82조, 현재는 제101조와 제102조) 또는 회원국 법률에 의하여 금지될 것을 전제로 한다.119) 유럽연합에서 경쟁법위반이 있으면 위원회가 필요한 조치를 취할 텐데 이러한 소송은 민사 또는 상사사건이 아니므로 로마Ⅱ의 적용대상이 아니지만, 경쟁법위반행위로 인하여 손해를 입은 개인과 회사가 위원회의 조치에 이어 손해배상을 구하는 소120)를 제기할 경우 이는 로마Ⅱ의 적용대상이다.

117) MünchKommBGB/Drexl, Rn. 157. 스위스 국제사법(제136조 제2항)도 전적으로 특정 경쟁자의 이익이 영향을 받은 경우에 특칙을 두어 경쟁자의 영업소지법을 적용한다.

118) Boer(註 114), p. 24도 이를 비판한다. 최광준(註 7)은 당사자자치가 가능하다고 본다.

119) 다만 제3국의 경쟁제한법을 위반한 경우도 포함하는지는 논란이 있다. Plender/Wilderspin, para. 20-041은 포함한다고 본다.

120) 이를 'follow-on damages actions'이라고 부른다고 한다. Hellner(註 101), p. 60.

(2) 연결원칙

경쟁제한으로부터 발생하는 계약외채무의 준거법은 시장이 영향을 받거나, 받을 것 같은 국가의 법이다(제6조 제3항 a호). 이는 경쟁법의 영토적 적용범위에 관한 이른바 영향이론(또는 효과주의)을 반영한 것이다.[121] 유력설은, 여기에서 시장이라 함은 대체로 "침해를 입은 사람이 그의 제품의 공급 또는 서비스의 제공에 있어서 영향을 받은 법역"이고, 이는 통상적으로 잠재적 고객이 있는 국가라고 한다.[122] 나아가 이 견해는 경쟁법의 영역과 로마Ⅱ의 맥락에서 상이한 시장 개념을 사용하는 것은 바람직하지 않다고 지적하고, 실제로 경쟁제한으로 인한 계약외채무의 준거법이 문제되는 사적 소송은 경쟁법에 관한 감독당국의 규제적 조치에 이어서 제기되는데 그 경우 감독당국이 이미 관련시장에 대하여 시장 분석을 했을 것이고 이는 국내법원을 구속할 수도 있다는 것이다.[123]

스위스 국제사법(제137조 제1항)은 "경쟁방해에 기한 청구권은 그 국가의 시장에서 피해자가 방해에 의하여 직접 영향을 입은 국가의 법에 의한다"고 규정하여 직접적인 영향을 받았을 것을 요구하고, 미국의 경쟁법과 독일의 경쟁법도 직접적이고 실질적이며 예견가능한 영향이 있을 것을 요구한다.[124] 또한 제6조가 복수 국가에서 경쟁제한이 발생한 경우를 규율하는 제3항 b호에서만 직접적이고 실질적으로 영향을 받은 시장이라는 표현을 사용하므로 제6조 제3항 a호의 경우 이런 요건이 불필요한 것으로 반대해석할 여지도 있다. 그러나 제6조 제3항 a호의 경우에도 "직접적이고 실질적인 영향"이 있어야 한다는 견해도 유력하다.[125]

제6조 제3항은 경쟁제한이 복수 국가에 걸치는 복수의 시장에서 발생한 경우에 각 시장지법을 적용하는 대신 모든 시장지에서의 손해에 대해 법정지법을 적용할 수 있도록 함으로써 준거법의 단일화를 도모한다. 즉 원고가 피고의 주소지국(이는 회원국이어야 함)에서 소를 제기하고, 그 주소지가 시장 소재지이며, 그 국가의 시장이 계약외채무의 근거가 된 경쟁제한행위에 의하여 직접적이고

---

121) Plender/Wilderspin, para. 20-058. 영향이론(또는 효과주의)에 관하여는 장준혁, "法廷地 獨占禁止法의 屬地的 適用範圍 —美國判例의 比較硏究—", 서울대학교 대학원 법학박사학위논문(2002), 54면 이하 참조.

122) Hellner(註 101), p. 59 참조.

123) Hellner(註 101), p. 60. Plender/Wilderspin, para. 20-056은 기본적으로 이를 지지한다.

124) Hellner(註 101), p. 61.

125) Hellner(註 101), p. 62는 국가의 입법관할권(또는 규율관할권)에 대한 국제공법상의 제한을 근거로 든다. 상세는 Plender/Wilderspin, para. 20-060 이하 참조. 특히 소비자가 간접적인 영향을 근거로 소를 제기하는 경우 문제된다.

실질적으로 영향을 받은 시장 중의 하나라면 원고는 경쟁제한행위 전체에 대해 법정지법을 선택할 수 있다.[126] 나아가 이러한 준거법의 단일화는 원고가 관할에 관한 준거규칙[127]에 따라 그 법원에서 2인 이상의 피고에 대하여 소를 제기하는 경우에도 가능하다. 다만 이때에는 각 피고에 대한 청구의 기초가 된 경쟁제한이 그 법정지 시장에서 직접적이고 실질적으로 영향을 미치는 경우여야 한다.[128] 이처럼 법정지법을 적용하게 되면 forum shopping의 폐해가 발생하는 것을 막을 수 없게 되는 문제가 있는데, 특히 위반행위를 한 자가 먼저 소를 제기함으로써 자기에게 유리한 법정을 선택하고 그곳의 법을 적용하게 할 가능성이 있다.[129]

⑶ 연결원칙의 완화

경쟁제한행위의 경우 공통의 속인법 예외(제4조 제2항)와 밀접관련국법에 기한 회피조항(제4조 제3항)은 적용되지 않는다.[130] 제6조 제4항은 제6조가 적용되는 사안 모두에 대해 제14조에 따른 당사자자치를 허용하지 않으므로 경쟁제한행위의 경우도 당사자자치는 허용되지 않는다.

3. **환경손해의 준거법**(제7조)

제7조는 환경손해 또는 환경침해(이하 양자를 호환적으로 사용한다)로 인한 계약외채무의 준거법을 규정한다. 유럽연합 차원에서 실질법의 점진적 조화가 이루어지고 있으나 아직 부족하므로 국제사법규칙이 필요하고 세계적 차원에서는 더욱 그러하다. 이런 이유로 헤이그국제사법회의도 환경침해로 인한 민사책임에 관한 국제재판관할, 준거법과 사법 및 행정공조에 관한 협약의 성안을 어젠다에 올려놓고 있다.[131] 국제법적 성질을 가지는 환경침해로 인한 국가의 책임과 권

126) 그러나 이에 따를 경우 민사책임의 준거법은 단일화되지만 공법상 책임의 준거법은 단일화될 수 없게 되어 양자의 준거법이 상이하게 되는 문제가 발생한다. 이 각주는 이 책에서 새로 추가한 것이다. 따라서 이하 각주 번호를 조정하였다.

127) 이는 브뤼셀I(제6조 제1항)에 따른 관할규칙을 포함한다.

128) 제6조 제3항과 브뤼셀 I 과의 상호작용은 Illmer(註 78), p. 65 이하 참조.

129) Jürgen Basedow, "Jurisdiction and Choice of Law", Jürgen Basedow (ed.), Private Enforcement of EC Competition Law (2007), p. 248 이하는 이 점을 지적한다. 이 각주는 이 책에서 새로 추가한 것이다. 따라서 이하 각주 번호를 조정하였다.

130) Dickinson, para. 6.13도 동지.

131) Council on General Affairs and Policy of the Conference. Conclusion 2(b) 2007년 7월 예비문서 번호 2와 2000년 5월 상설사무국 예비문서 번호 8 참조.

리는 국제법에 의하여 규율된다.[132]

가. 적용범위

제7조는 첫째, 환경 자체에 대한 침해와 둘째, 그로 인하여 사람 또는 재산에 발생하는 침해를 규율하는데 이는 실질법의 최근 발전을 반영한 것이다. 여기에서 "환경침해"는 물, 토지 또는 공기와 같은 자연자원의 해로운 변화, 다른 자원 또는 공중의 이익을 위하여 그 자원이 수행하는 기능의 침해 또는 생물(living organisms) 간의 변화성의 침해를 의미하는 것으로 이해되어야 한다(전문 제24항).[133] 다만 그것은 인간의 활동으로 인한 것이어야 한다.[134] 그러나 핵 손해로부터 발생하는 계약외채무는 환경침해로부터 제외되는데(제1조 제2항 f호) 그 이유는 위에서 본 바와 같다.

나. 연결원칙

환경침해로 인한 계약외채무의 준거법은[135] 원칙적으로 결과발생지법이지만(제4조 제1항) 손해배상을 구하는 자는 손해를 야기한 사건이 일어난 국가의 법을 선택할 수 있다. 이는 결국 遍在主義를 취한 것이다.

(1) 결과발생지법 원칙

환경 침해의 준거법은 원칙적으로 결과발생지법이 된다. 결과발생지법을 준거법으로 지장하는 것은 첫째, 엄격책임을 지지하는 경향을 보이는 최근의 환경보호정책의 목적에도 부합한다.[136] 둘째, 그렇게 함으로써 환경보호의 기준이 낮은 국가로 시설을 이전하여 가동하는 자도 기준이 높은 인접국가의 법을 준수하도록 할 수 있어 기준이 낮은 국가에 시설을 설치하려는 유인을 제거함으로써 예방정책에 기여하는 장점이 있다.[137] 셋째, 따라서 위 규칙은 일반적인 환경보호수준을 제고하는 데 기여한다.[138]

---

132) MünchKommBGB/Junker, Art. 7 Rn. 16. 그 밖에도 로마Ⅱ에 우선하여 적용되는 국제조약이 있다. MünchKommBGB/Junker, Art. 7 Rn. 17f. 참조.

133) 위 정의는 유럽연합의 환경책임에 관한 2004년 지침을 따른 것이나 지침에 포함된 정의는 좀더 자세하고 범위가 좁다고 한다. Dickinson, para. 7.09.

134) Memorandum, p. 19.

135) 환경손해에 관한 회원국의 저촉법규칙은 다양하다. 소개는 Memorandum, p. 19 참조.

136) Memorandum, p. 19.

137) Memorandum, p. 19; C/N/Fawcett, p. 813.

138) 이는 법정책적으로 잘못이라는 비판도 있다. MünchKommBGB/Junker, Art. 7 Rn. 3 참조.

인적 또는 재산상 손해의 경우, 손해 발생 국가는 각각 상해를 입거나 재산이 손상된 국가지만, 환경침해의 경우 "환경손해"는 물, 토지 또는 공기와 같은 자연자원의 해로운 변화를 의미하므로 그런 해로운 변화가 발생한 모든 곳이 손해 발생지가 된다(전문 제17항).

결과발생지에서 침해 발생에 대한 피고의 예견가능성 유무는 문제되지 않는다. 환경침해의 경우 그 결과가 다른 곳에 미칠 수 있음은 당연히 예견가능하고, 지구 온난화가 세계적으로 문제되고 있는 상황에서 예견가능성은 더 이상 쟁점이 될 수 없기 때문이다.[139]

제7조는 환경손해 또는 환경손해로부터 사람 또는 재산에 발생하는 손해로 인한 계약외채무를 결과발생지법에 따르도록 하고 있을 뿐이고 구제수단이 손해배상인지 침해금지인지를 구별하지 않으므로 제7조에 의하여 결정되는 준거법은 보상(compensation)과 침해금지(injunction)의 양자에 적용된다.

(2) 피해자의 행동지법의 선택 가능성

제7조는 원고에게 행동지법을 선택할 수 있도록 허용하는데 그 근거는 아래와 같다.[140]

"결과발생지법 원칙을 배타적으로 적용할 경우 보호수준이 낮은 국가에 소재하는 피해자는 인접국가의 높은 수준의 보호를 향유할 수 없게 되므로, 환경문제에서 피해자의 정당한 이익을 존중할 뿐만 아니라[141] 일반적인 환경보호 수준을 제고하는 정책목적을 설정하려는 유럽연합의 일반적 목적에 반하게 된다. 환경손해를 야기한 자는 다른 불법행위의 경우와 달리 그의 해로운 활동으로부터 경제적 이익을 창출하기 때문이다. 즉 결과발생지법원칙을 배타적으로 적용한다면 시설운영자로 하여금 국경지대에 오염시설을 설치하여 유해물질을 강에 투기하고 인접국가의 완화된 규칙의 이익을 향유하도록 할 유인을 제공하게 되는데, 이런 해결방법은 유럽연합의 환경실질법의 기본철학과 "오염자 지불 원칙"에 반한다."

원고가 행동지법을 선택할 수 있는 권리를 행사할 수 있는 최종시한은 소가

---

139) Thomas Kadner Graziano, "The Law Applicable to Cross-Border Damage to the Environment: A Commentary on Article 7 of the Rome Ⅱ Regulation", Yb. PIL, p. 73.

140) Memorandum, pp. 19-20.

141) 환경손해에 관하여는, 예방원칙과 예방조치를 취해야 한다는 원칙에 근거한 고도의 보호를 부여해야 한다고 규정하는 유럽공동체조약 제174조, 원천에서의 시정조치 우위의 원칙과 오염자 지불 원칙(polluter pays principle)은 손해를 입은 자를 우대하는 차별원칙의 사용을 충분히 정당화한다(전문 제25항).

계속한 각 회원국 법이 정할 사항이다(전문 25항).[142]

원고만이 선택권을 가지는데, 이는 행동지법이 결과발생지법보다 피해자에게 더 큰 보호를 부여하는 경우 원고에게 더 강력한 보호를 부여하기 위함이다.[143] 이처럼 준거법의 선택권을 원고에게 부여하는 태도는 재판관할규칙에서 원고에게 행동지와 결과발생지 중 선택할 수 있게 하는 브뤼셀규정(제5조 제3호)과 일치한다. 그러나 원고는 동일한 환경침해행위로부터 발생한 구제수단을 분할하여 각각 상이한 준거법에 따르도록 선택권을 행사할 수는 없다.[144]

(3) 안전과 행위에 관한 규칙의 고려

제17조는 "책임이 있다고 주장된 자의 행위를 평가함에 있어서는, 책임을 발생시키는 사건이 행해진 장소와 시간에 그곳에서 시행중인 안전과 행위에 관한 규칙을 사실의 문제로서 그리고 적절한 범위 내에서 고려하여야 한다"고 규정한다.[145] 국내법상 환경침해를 야기하는 산업 및 기타 과정에 대한 광범위한 규제를 고려하면 제17조는 환경책임의 경우에 특히 의미가 있다.[146] 그러나 공법적 성질을 가지는 행동지의 안전과 행위규칙을 준수했더라도 그것이 준거법인 결과발생지의 법에 위반한 것이라면 가해자는 여전히 책임을 진다.[147] 즉 여기에서 "고려한다"는 것은 "적용한다"는 의미는 아니고,[148] 다만 법원은 손해배상의 범위를 산정하는 과정에서 가해자의 과실의 경중을 평가함에 있어서 이를 사실의 문제로서 고려해야 한다.[149] 이 과정에서 법원은 이익형량을 할 여지가 있다.[150] 그러나 이는 법적 불확실성을 초래하는 것으로서 바람직하지 않다는 비판이 있다.[151]

다. 연결원칙의 완화

공통의 속인법 예외와 밀접관련국법에 기초한 회피조항은 환경책임의 경우

142) Memorandum, p. 20.
143) Memorandum, p. 19.
144) MünchKommBGB/Junker, Art. 7 Rn. 30; Graziano(註 139), p. 77.
145) 이러한 요소를 'local data'라고 부른다. MünchKommBGB/Junker, Art. 17 Rn. 2.
146) Memorandum, p. 20.
147) C/N/Fawcett, p. 814.
148) Memorandum, p. 25.
149) Memorandum, p. 25.
150) MünchKommBGB/Junker, Art. 7 Rn. 33.
151) Mankowski(註 71), S. 390f.는 일정한 요건 하에 외국정부 인가의 승인이라는 법리의 도입을 제안한다.

적용되지 않는다. 제7조가 제4조 제1항만을 언급하고 제4조 제2항과 제3항은 언급하지 않기 때문이다. 다만 당사자자치는 허용된다. 환경손해의 경우 결과발생지법원칙이 적절히 기능하므로 로마Ⅱ의 태도가 타당하다고 하나,[152] 환경책임의 경우에도 부정경쟁에 못지않게 국가의 공익에 관계되므로 당사자자치를 제한했어야 한다는 비판도 있다.[153]

4. 지적재산권 침해의 준거법(제8조)

제8조는 지적재산권 침해의 준거법을 정하고 있다.

가. 적용범위

로마Ⅱ가 적용되는 '지적재산권'이라 함은 예컨대 저작권, 인접권, 데이터베이스의 보호를 위한 독자적 권리와 산업재산권을 의미한다(전문 제26항).[154] 제8조는 지적재산권의 침해로부터 발생하는 계약외채무에 적용된다. 지적재산권의 최초귀속, 성립, 등록, 유효성 또는 양도 등의 문제에 대하여는, 그것이 주된 문제로 제기되는 경우는 물론이고 가사 선결문제로 제기되는 경우에도 제8조는 적용되지 않는데, 그런 문제들은 로마Ⅱ의 실질적 적용범위 밖의 문제들이기 때문이다.[155]

나. 연결원칙: 보호국법주의의 채택

제8조 제1항은 지적재산권의 침해로부터 발생하는 계약외채무의 준거법은 그에 대하여 보호가 주장되는 국가의 법(the law of the country for which protection is claimed)이라고 규정함으로써 '보호국법주의'(principle of *lex loci protectionis*)를 취한다. 즉 로마Ⅱ(제4조)는 불법행위 일반에 관하여 결과발생지법원칙을 취하면서도 지적재산권의 침해에 대하여 보호국법주의를 명시하는 특칙을 둔다. 보호국이란 "그의 영토에 대하여 지적재산권의 보호가 청구되고 있는 국가"(country for which [또는 for whose territory] protection is claimed")를 의미한다. 이를 간단히

---

152) C/N/Fawcett, p. 813.

153) Boer(註 114), p. 25.

154) 지적재산권 개념의 상세는 MünchKommBGB/Drexl, IntIMMGR, Rn. 152f. 참조.

155) MünchKommBGB/Drexl, 6. Auflage, Band 11 (2010) IntIMMGR, Rn. 164; Dickinson, para. 8.18도 동지. 이견도 있다.

'보호국'(Schutzland, protecting country), 즉 "그의 영토 내에서 문제가 된 지적재산권을 어떠한 형태로든 사용하거나, 제3자에 대해 방어하고자 하는 국가"를 의미한다. 지적재산권 침해의 경우 "보호가 청구되고 있는 국가"는 표현상으로는 마치 소를 제기함으로써 보호를 구하는 국가, 즉 법정지국처럼 들리지만 이는 법정지국이 아니라 특허권이 그 곳에서 침해되었다고 주장함으로써 그 곳에서의 보호를 요구하는 국가, 즉 침해지국을 말한다.

그러나 통일적인 공동체 지적재산권(a unitary Community intellectual property right)의 침해로부터 발생하는 계약외채무는, 관련된 공동체 문서에 의하여 규율되지 않는 한 침해행위가 행해진 국가의 법이다(제8조 제2항). 이 경우에도 보호국법주의를 취한다면 유럽공동체의 회원국 모두가 보호국이가 될 것이기 때문에 무의미하다는 것이다.[156)]

다. 연결원칙의 완화

주목할 것은, 지적재산권 침해에 대하여는 공통 상거소지법 예외(제4조 제2항)와 밀접관련국법에 기한 회피조항(제4조 제3항)을 인정하지 않는 점이다. 또한 로마Ⅱ는 이 경우 당사자자치도 배제된다는 점을 명시한다(제8조 제3항). 이는 지적재산권의 침해에 관하여 보편적으로 승인되고 있는 보호국법원칙이 보존되어야 한다거나(전문 제26항), 지적재산권의 경계획정에 대하여 보호국이 가지는 공적 이해관계가 매우 크기 때문이라고 설명한다.[157)] 그러나, 아래 언급하는 "지적재산의 국제사법에 관한 유럽 막스플랑크 그룹(EMPG)"[158)]이 2011년 3월 공표한 "지적재산권의 국제사법 원칙"의 최종안(이하 "CLIP 원칙"이라 한다)(제3:606조 제2항)은 기존 법률관계를 규율하는 준거법에로 종속적 연결을 명시한다.

나아가 지적재산권 침해의 경우 지적재산권 자체의 존재, 범위와 기간 등에 대하여는 당사자자치를 허용하지 않지만 책임을 져야 할 자, 책임의 범위와 분담 등에 관한 준거법 합의는 허용할 수 있다는 견해도 유력하다.[159)] 스위스 국제

---

156) 최광준(註 7), 153면.

157) MünchKommBGB/Drexl, 6. Auflage, Band 11 (2010) IntIMMGR, Rn. 230. Dickinson, 8.54는 당사자자치를 배제하는 근거로 첫째, 중요한 경제정책 목표와 둘째, 지적재산권의 속지주의에 비추어 보호국법이 아닌 국가의 법을 선택할 경우 법적 진공을 초래하게 될 것이라는 점을 든다.

158) EMPG는 European Max-Planck Group on Conflict of Laws in Intellectual Property로서 독일 막스 플랑크 연구소(MPI)를 중심으로 한 국제사법 전문가그룹을 말한다.

159) Boer(註 114), p. 28; Nerina Boschiero, "Infringemen of Intellectual Property Rights: A

사법(제110조 제2항)은 이를 명시하고, 미국법률협회(American Law Institute)가 2007년 5월 공표한 "지적재산권: 초국가적 분쟁에서의 관할권, 준거법 및 재판을 규율하는 원칙"(이하 "ALI 원칙"이라 한다)[160](제302조)과 CLIP 원칙(제3:606조 제1항)은 지적재산권 침해의 경우 당사자자치를 허용한다.[161] ALI 원칙은 그 근거를, 그들의 행위에 의하여 통상 어떠한 금전적 결과가 초래될지를 결정하는 법을 합의하도록 허용함으로써 효율성이라는 이익에 보다 충실하게 봉사할 수 있기 때문이라고 설명한다.[162]

이처럼 로마Ⅱ는 연결원칙의 완화를 허용하지 않으므로 아래(마.)에서 보듯이 지적재산권의 편재적 침해를 해결하기가 어렵다는 단점이 있다.[163]

라. 조약과의 관계

로마Ⅱ의 성안과정에서 베른협약 등 지적재산권에 관한 조약이 저촉규범을 두고 있는지, 그렇다면 어떤 연결원칙을 두고 있는지가 논란이 되었다. 이미 국제규범이 있다면 로마Ⅱ의 규정은 불필요하다는 비판이 있고 이런 전제 위에서 로마Ⅱ의 규정은 기존규범이 없는 경우에만 의미가 있다는 견해도 있다.[164]

마. 遍在的 侵害에 관한 ALI 원칙과 EMPG 원칙(안)의 유연성

ALI 원칙과 EMPG 원칙(안)은 인터넷에 의한 저작물의 불법배포와 같은 遍在的 侵害(ubiquitous infringement)에 대해 특칙을 두고 있음은 주목할 만하다. 이는 로마Ⅱ에 비하여 진일보한 것이다. 로마Ⅱ는 편재적 침해에 대해 예외를 인

Commentary on Article 8 of the Rome Ⅱ Regulation", Yb. PIL, p. 108 참조.

160) 이 원칙은 지적재산권과 관련한 국제재판관할, 준거법과 외국 판결의 승인과 집행에 관한 규칙을 규정한다. American Law Institute, Intellectual Property: Principles Governing Jurisdiction, Choice of law and Judgments in Transnational Disputes 2007 (American Law Institute Publishers, 2008) 참조. ALI 원칙과 EMPG 원칙(안)의 소개는 석광현, "국제지적재산권분쟁과 國際私法: ALI 원칙(2007)과 CLIP 원칙(2011)을 중심으로", 민사판례연구 제34집(2012), 1065면 이하 참조. [밑줄 부분은 이 책에서 새로 추가한 것이다.]

161) 영문명칭은 "Principles for Conflict of Laws in Intellectual Property"이다. 최종안은 2011년 3월 공표되었다. 텍스트는 http://www.cl-ip.eu/ 참조. 최종문언은 2012년 주석과 함께 공표될 예정이라고 한다. CLIP 원칙(제3:606조)은 당사자자치의 범위를 지적재산권의 침해로 인한 구체수단에 한정하고 있고, ALI 원칙(제302조 제2항)도 지적재산권의 존재, 내용, 양도가능성과 기간 등에 대하여는 당사자자치를 허용하지 않는다.

162) ALI 원칙 제302조, Reporters' Note, p. 216.

163) MünchKommBGB/Drexl, IntImmGR, Rn. 230도 제9조에 대해 비판적이다.

164) Boschiero(註 159), p. 94.

정하지 않으므로 그의 해석상 편재적 침해의 경우에도 적용되어야 할 텐데, 보호국법주의를 관철한다면 법원은 각 국가에서 발생한 지적재산권 침해 부분에 대하여 보호국법주의에 따라 각각 준거법을 결정하여 적용하는 배분적 연결을 하게 되나, 이는 현실적으로 불가능하거나(모든 침해국을 특정할 수 없는 경우) 바람직하지 않다.[165] 따라서 이러한 상황에 대처하기 위한 별도의 연결원칙이 필요한데 이는 준거법을 어떻게 단일화 또는 단순화할지의 문제이다. 그 경우 예컨대 저작권 침해 전체에 대하여 가장 밀접한 관련이 있는 법을 적용하고, 가장 밀접한 관련이 있는 국가를 결정하기 위하여 필요한 요소들을 예시적으로 열거하는 방안을 고려할 수 있다.[166]

5. 쟁의행위로 인한 책임의 준거법(제9조)

제9조는 쟁의행위(industrial action, *fait de grève ou de lock out*, Arbeitskampfmaßnahmen)로 인하여 야기된 손해에 대한 근로자 등의 책임에 관한 계약외채무의 준거법을 규정한다. 이는 당초 위원회 초안에는 없었으나 유럽의회가 2005년 6월 27일 간행한 보고서에서 처음 제안된 것으로 그의 채택은 전적으로 유럽의회의 발의에 따른 것이다.[167] 이는 각 회원국의 입법, 국제조약과 공동체 입법에서도 전례가 없는 규칙이라고 한다.[168]

가. 적용범위

제9조의 적용범위에 관하여는 행위의 주체, 쟁의행위, 그로 인한 계약외채무의 개념을 살펴볼 필요가 있다. 우선 쟁의행위의 주체는 근로자뿐만 아니라 사용자와 근로자 또는 사용자의 직업적 이익을 대표하는 조직도 포함한다. 제9조

---

165) ALI 원칙, §321에 대한 Reporter's Notes 참조. Boschiero(註 159), p. 110 이하. James J. Fawcett and Paul Torremans, Intellectual Property and Private International Law, 2 edition (2011), para. 15.46은 해석론으로는 배분적 연결을 해야 하고, 침해 전체에 대해 가장 밀접한 관련이 있는 법을 적용하는 것은 입법론이라고 한다.

166) ALI 원칙(제321조), CLIP 원칙(3:603조)과 지적재산권에 관한 국제사법원칙(한일공동제안) 제306조가 도움이 된다. 한일공동제안의 조문과 해설은 국제사법연구 제17권(2011), 570면 이하 참조. [밑줄 부분은 이 책에서 새로 추가한 것이다.]

167) Guillermo Palao Moreno, "The Law Applicable to a Non-Contractual Obligation with respect to an Industrial Action: A Commentary on Article 7 of the Rome Ⅱ Regulation", Yb. PIL, p. 116.

168) Moreno(註 167), p. 117.

는 쟁의행위의 개념을 로마Ⅱ의 독자적 개념으로서 정의하지 않는다. 다만 전문 제27항은 쟁의행위에 해당하는 예로 근로자에 의한 파업과 사용자에 의한 직장폐쇄(lock-out)를 열거하면서, 파업 또는 직장폐쇄와 같은 쟁의행위의 정확한 개념은 회원국마다 다르고 각 회원국의 국내규칙에 의하여 규율되고, 따라서 노동자와 고용자의 권리와 의무를 보호하기 위하여 쟁의행위가 일어난 국가의 법이 적용된다는 일반원칙을 전제로 한다. 결국 로마Ⅱ의 독자적 쟁의행위 개념은 존재하지 않는다는 것이다.

제9조의 쟁의행위에 관한 특칙은 국내법에 따라 쟁의행위를 하는 데 관련된 조건에 영향을 미치지 아니하고, 또한 회원국의 법률에 규정된 바에 따른 노동조합 또는 근로자들의 대표조직의 법적 지위에 영향을 미치지 아니한다(전문 제28항). 즉 이러한 사항들은 회원국의 국내법에 따라 규율될 사항이다. 이는 바람직한 것은 아니지만 종래 각 회원국법의 상이함과 공동체법의 부재를 고려하고, 또한 그것이 쟁의행위의 정당성과 단체행동권과 관련되는 쟁점으로서 전통적으로 속지적인 성격을 가진다는 점에서도 부득이하다고 한다.[169)]

나. 연결원칙

진행중이거나 완료된 쟁의행위에 의해 야기된 손해에 대하여 근로자, 고용자, 또는 그들의 직업적 이익을 대변하는 조직의 자격에서 지는 책임에 관한 계약외채무에 적용되는 준거법은, 쟁의행위가 발생하거나 이미 발생한 국가 법이 된다(제9조). 즉 쟁의행위에 대하여 쟁의행위지법(*lex loci acti*)을 적용하는데 이는 행동지법의 일종이다. 이는 노동자와 고용자의 권리와 의무를 보호하고(전문 제27항), 국내에서의 쟁의행위에 대해 외국법이 적용되는 것을 피하기 위한 것이다.[170)] 즉 이 연결원칙은 노동쟁의가 행해진 국가의 법을 선호하는데 이 장소는 통상적으로 노무제공지(place of work)와 동일하다.[171)] 로마Ⅱ 제4조가 결과발생지법을 우선시키면서도 쟁의행위로 인한 계약외채무에 관하여 행동지법을 선택한 법정책적 기초는, 노사관계의 세계화를 고려할 때 쟁의행위의 결과발생지 결정이 어렵다는 점과, 그 경우 손해배상보다도 쟁의행위가 행해지는 동안에 보전처분의 형태로서 금지명령을 구하는 것이 큰 의의를 가지기 때문이다.[172)] 나아

169) Moreno(註 167), p. 118.
170) Wagner(註 51), S. 10.
171) Moreno(註 167), p. 117.
172) MünchKommBGB/Junker, Art. 9 Rn. 2f.

가 이에 대하여는 쟁의행위로 인하여 재산상 손실(financial loss)만이 발생한 경우 그 손실은 기업의 설립지에서 발생하므로 쟁의행위는 A국에서 행해졌지만 그로 인한 손해가 B국에서 발생한 경우 B국은 국제사법적 관점에서 아무런 이해관계를 가지지 않는다고 보는 것은 불합리하다는 비판도 있다.[173]

다. 연결원칙의 완화

쟁의행위의 경우에도 당사자는 준거법을 합의할 수 있다(제14조).[174] 제14조 제1항 b호에서 보듯이 불법행위 전의 준거법 합의는 당사자들이 상업활동을 추구하는 경우에만 허용된다. 그런데 근로자의 쟁의행위는 상업활동의 추구가 아니므로 쟁의행위에 관한 한 근로계약 또는 단체협약에 포함된 사전합의는 허용되지 않는다.[175] 또한 제9조는 제4조 제2항에 영향을 미치지 않음을 명시하므로 쟁의행위에도 공통 상거소지법 예외가 적용된다. 반면에 제9조는 밀접관련국법 회피조항을 규정하지는 않는데 이는 의외이다.[176] 쟁의행위가 복수 국가에서 발생하는 경우 제9조를 적용하면 결국 모자이크 방식이 되므로 준거법의 파편화가 발생하는 문제가 있는데, 이 경우 제4조 제3항이 있었더라면 좋았을 것이라는 견해도 있다.[177]

6. 프라이버시 침해와 인격권 침해

유럽연합의 기본권헌장(The Charter of Fundamental Rights of the European Union)에는 프라이버시와 표현과 정보의 자유에 관한 별도 조항이 있으며 이는 언론자유와 다원주의를 포함하므로 프라이버시 침해와 인격권 침해에 대하여는 불법행위의 일반규칙이 적절하지 않다. 또한 그에 관한 회원국 국제사법 원칙의 다양성과 불확실성을 고려할 때[178] 통일된 국제사법규칙이 요구되므로, 위원회 초안(제6조)은 일반규칙에 따라 결과발생지법이 준거법이 됨을 전제로 그것이 표현의 자유에 관한 법정지국의 공서에 반하는 경우 법정지법을 적용한다는 취지

173) Moreno(註 167), p. 124.

174) 그러나 쟁의행위의 경우에도 부정경쟁에 못지않게 국가의 사회·경제적 이익에 관계되므로 당사자자치를 제한했어야 한다는 비판도 있다. Boer(註 114), p. 25.

175) Moreno(註 167), p. 121 참조.

176) Dickinson, para. 9.32도 동지.

177) Moreno(註 167), p. 124 이하.

178) 회원국의 입법례는 다양하다. Memorandum, p. 17 참조.

의 규정을 두었다.179) 그러나 유럽의회 초안(제5조 제1항)은 프라이버시 또는 명예훼손 등 인격권의 침해로 인한 계약외채무의 준거법은 손해의 가장 특징적인 요소가 발생하였거나 발생하였을 것으로 예상되는 국가의 법에 의한다고 규정하고 그처럼 예상되는 국가는 출판물 또는 방송의 배포 또는 수신이 주로 지향된 국가라고 규정한 뒤 이것이 불분명한 경우 편집권이 행사된 국가의 법에 의한다고 규정하였다. 이는 언론단체의 강한 로비의 결과 기원국 원칙(country of origin rule)을 채택한 것이라는 비판을 받았다.180)

그 후 위원회와 유럽의회의 타협의 결과 위원회 초안 제6조는 삭제되고 유럽의회는 제안을 철회하여 결국 프라이버시와 인격권 침해로 인한 계약외채무의 준거법은 장래의 과제로 남겨지게 되었고, 위원회는 로마Ⅱ의 심사절차의 일환으로서 2008년 12월 31일까지 보고서를 제출하기로 확약하는 선에서 해결되었다(로마Ⅱ 제30조 참조).181)

Ⅵ. 준거법의 선택(제Ⅳ장 제14조)

1. 당사자자치의 도입

당사자는 계약외채무를 그들이 선택하는 법률에 복종하도록 합의할 수 있다

179) 제2항은 반론권 또는 그에 상응하는 조치에 관한 준거법은 방송인 또는 발행인의 상거소지법으로 한다는 취지의 규정을 두었다. 당초 위원회의 예비초안은 피해자의 상거소지법을 준거법으로 규정하였다.

180) C/N/Fawcett, p. 785 Fn. 169. 그러나 유럽의회 초안은 손해발생지 원칙을 채택하였다는 견해도 있다.

181) 채택되지는 않았으나 과거 유럽의회는 아래와 같은 내용의 제5조a(프라이버시와 인격권)를 추가할 것을 제안한 바 있었다. 이는 프라이버시와 인격권 침해의 경우 피해자의 권리가 직접적이고 실질적으로 영향을 받았거나 받을 가능성이 있는 국가의 법을 원칙적인 준거법으로 지정하고, 다만 책임이 있다고 주장된 자가 그의 행위의 실질적 결과가 위 국가에서 발생할 것을 예견할 수 없었던 경우에는 예외적으로 그의 상거소지법을 준거법으로 지정한다(제1항). 그러한 권리 침해가 복수국가에서 발생하는 경우 피고의 주소지국에서 제소한 경우에는 원고는 법정지법의 적용을 선택할 수 있다(제2항). 반론권에 대하여는 방송인 또는 출판인의 상거소지법을 적용한다(제4항). 위 원칙에 대하여 당사자의 합의로 이를 배제할 수 있다(제4항). http://conflictoflaws.net Rome Ⅱ Defamation에 관한 논의 참조. 근자의 명예훼손에 관한 영국법의 진전에 관하여는 이철원, “EU에서의 명예훼손에 대한 국제재판관할권, 준거법 논의”, 2018. 8. 23. 개최된 한국국제사법학회 정기연구회 발표자료 참조. 이 각주는 대부분 이 책에서 새로 추가한 것이다.

(제14조 제1항). 이는 당사자자치의 원칙을 존중하고 법적 안정성을 제고하기 위한 것이다(전문 제31항). 전문은 당사자자치의 원칙을 존중해야 하는 이유를 설명하지 않으나 실질법상의 사적 자치를 국제사법 차원에 전이시킨 것이라고 한다.[182] 로마Ⅱ가 종속적 연결을 명시하므로 준거법의 사전합의를 별도로 허용할 필요가 없다는 의견도 있었으나 채택되지 않았다.

합의는 ① 손해를 발생시키는 사건 후에 체결된 합의, 또는 ② 모든 당사자들이 상업활동을 추구하는 경우에는 손해를 발생시키는 사건 전에 자유롭게 협상된(또는 교섭된, freely negotiated) 합의로 가능하다(제14조 제2항). 선택은 명시적이거나 또는 사안의 상황에 의하여 합리적 확실성을 가지고 표시되어야 하며(전문 제31항) 제3자의 권리를 해할 수 없다. 합의의 존재를 판단할 때 법원은 당사자들의 의도를 존중해야 한다(전문 제31항). 합리적 확실성이라는 요건은 로마협약(제3조 제1항)의 기준과 동일하나 로마Ⅰ(제3조 제1항)은 기준이 애매하다는 이유로 "계약의 조항들 또는 사안의 제사정으로부터 명백하게(clearly) 표시될 것을 요구하는 결과 로마Ⅰ과 로마Ⅱ 간에 불일치가 발생하였다. [밑줄 부분은 이 책에서 새로 추가한 것이다.] 준거법 합의를 논의함에 있어서 '합의'의 개념은 EC법에 따른 독자적 개념으로 보아야 한다.[183]

이처럼 준거법의 선택을 널리 인정함에 따라 불법행위의 기본적 연결원칙을, 국제계약의 준거법의 경우와 마찬가지로 준거법의 선택이 없는 경우에 비로소 적용되는 객관적 연결이라고 부르기도 한다.[184]

사후적인 준거법을 선택하는 데는 커다란 어려움이 없다. 당사자는 중립적인 제3국법을 선택할 수도 있다. 사전적인 준거법의 선택을 허용할 경우 장래에 발생할지도 모르는 불법행위의 준거법을 미리 알 수 있게 되는 장점이 있다. 특히 당사자 간에 계약관계가 있는 경우 불법행위의 준거법과 계약의 준거법의 일치시킬 수 있다. 다만 사전합의는 당사자들이 동등한 협상력을 가지지 못하는 경우 남용될 우려가 있고, 특히 사회·경제적 약자인 소비자와 근로자를 보호하기 위하여 제14조는 상업활동을 추구하는 당사자에게 한정하고, 준거법합의가 자유롭게 협상된 합의에 의하여 이루어질 것을 요구한다.[185] 따라서 일방이 작

182) Boer(註 114), p. 22.
183) MünchKommBGB/Junker, Art. 14 Rn. 27.
184) Graziano, S. 13.
185) 전문 제31항은, 당사자들이 선택을 하는 데에 특정 조건을 부과함으로써 보다 약한 당사자들을 보호하여야 함을 명시한다. 아래에서 보듯이 우리 국제사법(제33조)은 사후적 합의만을

성한 약관에 의한 사전적 합의는 허용되지 않는다는 것이 다수설이지만,[186] 준거법조항에 관하여 별도로 개별적으로 확인을 하였다면 문제가 없을 것이므로 약관에 있는 사전적 합의도 만일 상대방이 그 조문에 대하여 별도로 서명을 하는 때에는 위 요건을 구비할 수 있다고 보는 견해도 있다.[187]

2. 선택할 수 있는 법과 준거법의 분열의 가부

비국가적 법(또는 법의 규칙)의 선택이 가능한지도 문제된다. 이는 예컨대 당사자들이 유럽불법행위법원칙에 따르도록 합의할 수 있는가의 문제인데 제14조 제2항과 제24조가 "the country whose law has been chosen"(그의 법이 선택된 국가)이라는 문언을 사용하는 것으로 보아 비국가법의 선택은 허용되지 않는다고 본다.[188] 단일한 계약외채무에 대한 준거법의 분열(또는 분할)이 가능한지는 논란이 있으나 독일의 유력설은 로마Ⅱ의 실질적인 범위 및 조항들은, 로마협약과 일관성이 있어야 한다고 명시한 전문 제7항을 근거로 이를 허용한다.[189]

3. 순수한 국내사건에서 외국법 선택의 효력

손해를 초래하는 사건 발생 당시 상황에 관련되는 모든 요소들이 준거법 국가 이외의 다른 나라에 소재할 경우에는, 당사자들의 법 선택은 당사자들이 합의에 의해 배제할 수 없는 그 다른 나라의 법조항의 적용에 영향을 미치지 아니한다(제14조 제2항). 계약외채무에 관한 회원국법이 강행규정이라면 이 조항이 매우 중요한 의미를 가질 것이나 적어도 독일에서는 이는 원칙적으로 강행규정은 아니다.[190]

4. 순수한 역내사건에서 역외국법 선택의 효력

손해를 초래하는 사건 발생 당시 상황에 관련되는 모든 요소들이 회원국에

허용한다. [밑줄 부분은 이 책에서 새로 추가한 것이다.]

186) Graziano, S. 8; Mankowski(註 71), S. 400.

187) Graziano, S. 8.

188) von Hein(註 72), p. 490.

189) MünchKommBGB/Junker, Art. 14 Rn. 37. 그러나 Dickinson, para. 13.20은 부정설을 취한다.

190) Wagner(註 51), S. 14.

소재할 경우에는, 당사자들이 회원국 법 이외의 법을 선택하더라도 강행적인 공동체법 조항의 적용은 영향을 받지 않는데, 그 때 적용되는 강행규정은 법정지에서 시행되는 바의 공동체법이다(제14조 제3항).[191] 이는 공동체를 마치 하나의 국가처럼 취급하여 공동체의 강행규정의 중요성을 강조한 것이다.[192] 입법론적으로는 그 경우 법정지법을 적용할 것이 아니라 객관적 준거법(즉 모든 요소들이 소재하는 당해 회원국법)을 적용해야 한다는 지적이 있으나 공동체법이 적어도 조화되어 있을 것이므로 이는 외국법 적용에 따른 비용을 고려한 입법으로서 수긍할 수 있다는 반론도 있다.[193]

5. 당사자자치가 허용되지 않는 특수불법행위의 유형

제14조의 규정은 부정경쟁·경쟁제한이나 지적재산권 침해로부터 발생하는 계약외채무에 대하여는 적용되지 않는다. 로마Ⅱ 제6조 제4항과 제8조 제3항은 이 점을 명시한다.

Ⅶ. 공통규칙(제Ⅴ장)

공통규칙을 담은 제Ⅴ장은 제Ⅱ장-제Ⅳ장에 공통적으로 적용되는 규칙을 두고 있다.

1. 준거법이 규율하는 사항의 범위(제15조)

법적 안정성에 대한 일반적 우려를 고려하여 제15조는 지정된 준거법에 광범위한 사항을 규율하는 기능을 부여하는데[194] 이는 대체로 로마협약(제10조)을 수용한 것이다.[195] 조문에서 보듯이, 로마Ⅱ에 따라 결정되는 계약외채무의 준거

191) 이는 로마Ⅰ규정(제3조 제4항)에 상응한다.

192) 그러나 회원국의 법이 공동체법을 포함하므로 제14조 제2항과 별도로 제3항을 규정할 실제적인 필요가 있는지에 대해 의문을 표시하는 견해도 있다. C/N/Fawcett, p. 840.

193) von Hein(註 72), p. 488.

194) 이처럼 불법행위의 모든 쟁점을 준거법에 따르도록 하는 점에서 로마Ⅱ는 미국식의 쟁점별 접근방법 대신 유럽대륙법의 스타일을 따른 것이라고 한다. Hohloch(註 51), p. 17.

195) Memorandum, p. 23.

법이 규율하는 사항으로서 제15조가 열거하는 사항은 망라적이 아니라 예시적인 것이다. 또한 일부 특정한 사항에 대하여는 제18조 내지 제22조가 별도로 규정을 두고 있다. 제15조가 예시적으로 열거하는 사항은 다음과 같다.

가. 책임의 근거 및 범위(a호)

책임의 근거는 책임의 내재적 요소(intrinsic factors of liability)에 관한 것으로 엄격책임인가 귀책사유에 기한 과실책임인가라는 책임의 성질, 귀책사유의 개념, 손해를 야기하는 사건과 손해 간의 인과관계를 포함한다.[196] 한편 책임의 범위는 책임한도와 같은 책임의 법정최고한도, 책임 있는 자들의 기여와 그가 행한 행위에 대하여 책임질 사람의 결정 및 공동행위자들 간의 책임의 분담을 포함한다.[197]

나. 책임면제의 근거, 책임제한 그리고 책임의 분담(b호)

이는 세 가지 책임의 외재적 요소를 규정한다. 책임면제의 근거는 자연재해, 제3자의 후발적 행위, 적어도 보통법국가에서 잘 알려진 책임면제의 근거(예컨대 호의동승법, 배우자간 면책법)를 포함하고,[198] 나아가 불가항력, 긴급피난, 제3자의 귀책사유, 피해자의 귀책사유(영국법상으로는 피해자의 기여과실) 등을 포함한다.[199] Memorandum은 책임의 면제(또는 제한)의 다양한 근거를 언급하면서도 계약상의 책임면제(또는 제한) 조항은 언급하지 않는데, 유력설[200]은 이도 포함된다고 본다. 책임의 분담(division of liability, *partage de responsabilité*, Mitverschulden)은 공동과책, 즉 우리 개념으로는 과실상계를 말한다.[201]

다. 손해의 존재, 성질과 산정 및 또는 주장된 구제수단(c호)

이에 포함되는 것은 손해가 인적 손해, 물적 손해와 정신적 손해, 금전적 손해, 기회의 상실과 일실이익을 포함하는가, 손해의 원격성(remoteness), 위자료의 배상 여부 즉 손해의 항목 등이다.[202] 징벌배상이 허용되는가도 c호가 규율하는

196) Memorandum, p. 23.
197) Memorandum, p. 23.
198) C/N/Fawcett, p. 842.
199) Memorandum, p. 23.
200) C/N/Fawcett, p. 843.
201) MünchKommBGB/Junker, Art. 15 Rn. 12.
202) C/N/Fawcett, p. 844.

사항이나 이는 공서위반(제26조)과 관련하여 검토할 필요가 있다.[203)]

나아가 손해의 산정도 준거법에 따를 사항임을 명시한다.[204)] 이는 로마협약(제10조 제1항 c호)과 동일한 태도로서 다수의 회원국법이 취하고 있는 태도이다. 구제수단(remedy, réparation, Wiedergutmachung)은 금전배상 외에 원상회복이 허용되는가를 포함한다.[205)]

라. 법원이 손해의 예방 및 종료 또는 배상의 제공을 보장하기 위하여 취할 수 있는 조치(d호)

d호가 규정하는 것은 두 가지 조치이다. 하나는 지적재산권 침해에 대하여 금지명령(injunction)을 구하는 경우와 같이 손해의 발생을 예방하거나 이미 발생한 손해가 계속하여 발생하는 것을 막기 위해서 취하는 조치이다. 다른 하나는 손해배상을 보장하기 위한 조치인데 그 취지는 애매하나, 영국의 유력설은 이는 예컨대 손해배상으로서 정기금과 일시금 중 어느 것의 지급을 명할지의 문제를 포함한다고 한다.[206)] 다만 양자는 모두 법원이 절차법에 따라 부여받은 권한의 범위 내에 한정된다.

마. 손해배상 또는 구제수단을 청구할 수 있는 권리의 양도가능성(e호)

손해배상 기타 구제수단을 청구할 수 있는 권리는 양도 또는 상속에 의하여 이전될 수 있는데 그의 양도가능성과 상속가능성은 계약외채무의 준거법에 의하여 결정된다. 그러나 누가 상속권자인지는 물론이고 피해자의 상속인이 피해자

---

203) C/N/Fawcett, p. 844.

204) 그러나 도로교통사고의 경우 외국에 상거소를 가지는 자가 국내에서 도로교통사고로 인하여 상해를 입은 경우 상거소지법을 적용하는 것이 바람직한 경우가 많으므로 이런 취지를 반영하고자 유럽의회는 수정안을 제안하였으나 채택되지 않았다. 그러나 유럽의회는 단기적 조치로서 피해자의 상거소지 이외의 국가에서 사고가 발생한 경우에 인적 손해로 인한 손해배상의 범위를 산정할 때에는, 수소 법원은 특히 사후 몸조리와 의료간호로 인한 실제의 손실과 비용을 포함한 특정한 피해자의 모든 관련된 실제의 상황을 고려해야 한다는 취지의 문언을 추가하였고(전문 제33항), 장기적 조치로서 위원회로 하여금 문제점을 검토하여 2008년 말까지 보고서를 제출하도록 하였다. 나아가 다수의 유럽연합 국가들이 "교통사고의 준거법에 관한 1971년 5월 4일 헤이그협약"(이하 "헤이그교통사고협약"이라 한다)에 가입하였는데 그들은 로마Ⅱ가 아니라 동 협약을 적용하게 되므로 양자의 관계를 검토할 필요가 있다. 따라서 위원회는 2011년 8월 20일 이전에 헤이그교통사고협약에 관하여 미치는 영향에 대한 연구를 포함하는 보고서를 제출해야 한다(제30조 제1항).

205) C/N/Fawcett, p. 846 참조.

206) C/N/Fawcett, p. 847; Plender/Wilderspin, para. 16-068.

가 입은 손해에 대하여 손해배상 기타 구제수단을 청구할 수 있는지는 상속의 준거법이 결정할 사항이다.[207] 양도의 경우, 그러한 권리가 양도가능한지와 양도인과 채무자 간의 관계는 계약외채무의 준거법에 따를 사항이다.[208]

바. 손해배상청구권자(f호)

이는 제3자(직접피해자)에 대하여 가해진 손해로 인하여 자신이 손해를 입었음을 이유로 손해배상을 청구할 수 있는 자가 누구인가, 즉 간접피해자의 문제이다.[209] 이는 예컨대 남편(또는 아버지)의 사망에 따라 처(또는 자녀)가 그들이 입은 금전적 손실에 대해 배상을 청구할 수 있는가 또는 어떤 사람이 타인에게 가해진 신체적 상해를 목도함으로써 정신적 고통을 받았음을 이유로 손해배상을 청구할 수 있는가 등을 포함한다.[210]

사. 다른 사람이 한 행위에 대한 책임(g호)

이는 사용자책임이나 자녀의 행위에 대한 부모의 책임과 같은 대위책임(vicarious liability)의 문제에 관련된다.[211]

아. 채무를 소멸시킬 수 있는 방법과 시효 및 권리상실의 규칙들(h호)

이는 로마협약(제10조 제1항 d호)과 유사한데 첫째, 채무의 변제, 부당이득의 반환, 포기 등처럼 채무를 소멸시키는 방법과 관련되고,[212] 둘째, 시효기간 및 권리상실 기간의 개시, 중단, 정지에 관한 규칙 등을 포함한 시효(prescription, *prescription*, Verjährung) 및 권리상실(limitation, *déchéance*, Rechtsverluste)의 규칙들과 관련된다. 피해자를 두텁게 보호하기 위해 불법행위 준거법 또는 피해자의 본국법에 선택적으로 연결하자는 견해는 채택되지 않았다.[213]

자. 책임능력

제15조는 준거법이 규율할 사항으로서 책임능력을 열거하고 있지 않지만 전

207) Memorandum, p. 24.
208) Memorandum, p. 24.
209) Memorandum, p. 24.
210) C/N/Fawcett, pp. 847-845.
211) Memorandum, p. 24.
212) 이는 화해도 포함한다. MünchKommBGB/Junker, Art. 15 Rn. 25.
213) MünchKommBGB/Junker, Art. 15 Rn. 25.

문 제12항은 준거법은 불법행위의 책임능력의 문제도 규율하여야 한다고 규정함으로 이를 명시한다.

2. 최우선강행규정(제16조)

로마Ⅱ의 어떤 조항도 계약외채무의 준거법에 관계없이 사안을 강행적으로 규율하는 법정지법규의 적용에 영향을 미치지 아니한다(제16조).[214] 그런 강행법규는 과거 '국제적 강행규정'(internationally mandatory rules)이라고 불리웠으나 로마Ⅰ(제9조)은 이를 최우선강행규정이라 하고[215] 로마Ⅱ도 같다. 로마Ⅰ은 최우선강행규정을 "그의 정치적, 사회적, 또는 경제적 조직과 같은 국가의 공익을 보호하기 위하여 그를 존중하는 것이 결정적인 것으로 간주되는 결과, 로마Ⅰ규정상 달리 계약에 적용되는 준거법에 관계없이, 그의 범위에 속하는 모든 상황에 적용되는 규정"이라고 정의하고 있는데 이는 로마Ⅱ에서 사용될 수 있다.[216]

로마Ⅱ는 로마Ⅰ(제9조 제3항)과 달리 제3국의 국제적 강행규정에 효력을 부여할 수 있다는 취지의 조문을 두지 않는다. 위원회 초안에는 그런 취지의 조문이 있었으나 입법과정에서 삭제되었으므로 입법의 흠결이 있다고 보기는 어렵다. 로마Ⅰ과 달리 로마Ⅱ에서 조문이 결여되어 있다는 사실은 제3국의 강행법규에 효력을 부여하는 것을 차단하는 효력이 있다는 견해도 있으나,[217] 유력설은 과거 독일처럼 로마협약 제7조 제1항에 대해 유보를 한 국가에서도 제3국의 국제적 강행법규에 효력을 부여할 수 있었음을 지적하면서 로마Ⅱ에서도 그렇게 해석하거나, 로마Ⅰ의 제9조 제3항을 유추적용하거나, 실체법의 일반조항(우리 민법 제103조에 상응하는 조항)을 통하여 제3국의 국제적 강행법규를 존중할 수 있다고 본다.[218]

---

214) 이는 로마Ⅰ(제9조 제2항)에 상응한다.

215) 영어로는 "overriding mandatory provisions", 독어로는 'Eingriffsnormen', 불어로는 '*lois de police*'라 한다.

216) 전문 제7항 참조. 위 정의는 유럽법원이 1999. 11. 23. 선고한 형사사건인 Arblade 사건 판결의 정의를 따른 것이다.

217) 김용진(註 7), 88면은 이 견해를 따른다.

218) MünchKommBGB/Junker, Art. 16 Rn. 25ff; von Hein(註 5), S. 24. 국제적 강행규정은 카르텔법에서 주로 문제된다고 한다. MünchKomm/Junker, Art. 16 Rom II-VO, Rn. 7.

3. 안전 및 행위규칙(제17조)

책임이 있다고 주장된 자의 행위를 평가함에 있어서는, 책임을 발생시키는 사건이 행해진 장소(즉 행동지)와 시간에 그곳에서 시행중인 안전과 행위에 관한 규칙을 사실의 문제로서 그리고 적절한 범위 내에서 고려하여야 한다(제17조).

제17조가 환경책임의 경우에 특히 의미가 있음은 위에서 보았다. 그러나 제17조가 환경책임의 경우에 한정되는 것은 아니며, 이는 로마Ⅱ의 제4조-제12조와 제14조가 규율하는 모든 계약외채무의 법적 효과의 측면에서 적용된다.[219] 이는 격지불법행위에서 결과발생지법이 준거법이 되는 경우, 그리고 행동지가 아닌 국가의 법이 공통의 속인법으로 불법행위의 준거법이 되는 경우[220] 큰 의미가 있다. 전문 제34항은 "다른 국가의 법이 준거법으로 지정되는 경우에도, 가해행위가 일어난 국가에서 시행중인 안전과 행위규칙들은 적절한 범위 내에서 고려되어야 한다"고 규정함으로써 이를 명확히 한다. 여기에서 "안전과 행위규칙"은 가령, 교통사고에서의 도로안전규칙처럼, 안전 및 행위와 관련되는 모든 규정을 포함한다(전문 제34항).

4. 책임 있는 자의 보험자에 대한 직접 소송(제18조)

불법행위의 피해자를 두텁게 보호하기 위하여 일부 국가는 피해자가 손해배상 의무자의 책임보험회사에 대해 직접 보험금을 청구할 수 있도록 허용한다. 문제는 보험계약의 준거법과 불법행위의 준거법 중 어느 것이 직접적 청구권을 규율하는가인데, 이는 불법행위준거법과 보험준거법의 접점에 있는 쟁점인 탓에 논란이 많았다.[221] 제18조는 이를 계약외채무의 준거법과 보험계약의 준거법에 선택적으로 연결함으로써 독일 민법시행법(제40조 제4항)이나 스위스 국제사법(제

---

219) MünchKommBGB/Junker, Art. 17 Rn. 6.

220) 전형적인 사례는 독일인 2인이 휴가중 자동차를 몰고 영국에서 운전하던 중 일방이 영국에서 요구되는 좌측운전을 준수하지 않아서 충돌사고가 난 경우이다. 이 경우 준거법은 독일법이지만 좌측운전을 해야 한다는 영국의 도로교통법은 제17조에 따라 준수되어야 한다는 것이다. MünchKommBGB/Junker, Art. 17 Rn. 1.

221) 이는 우리나라에서도 같다. 박영준, "책임보험의 제3자 직접청구권(直接請求權)에 관한 고찰(考察) ―법적 성질과 관련문제점을 중심으로―", 상사법연구 28권 4호(2010), 223면 이하; 서영화, "해상의 책임보험과 피해자의 직접청구권―소위 Pay First Clause와 관련하여―", 한국해법학회지 제28권 제1호 (2006년), 43면 이하 참조. 저자는 석광현(註 73), 297면에서 우리 법의 해석론으로 선택적 연결이 가능하다고 하였다.

141조)처럼 피해자를 두텁게 보호한다. 법원은 직권으로 유리한 법을 선택하여 적용하여야 한다.[222] 이에 대해 영국이 이의했지만 이사회 차원에서는 조기단계에서 합의가 되었는데,[223] 그 이유는 관련 당사자들의 이익을 적절히 형량한 것이기 때문이었다.[224]

직접청구권의 존재와 그 태양은 선택적으로 연결되나, 보험자의 의무의 범위는 보험계약의 준거법에 따른다.[225] 다만 이런 설명이 보험자의 항변권 배제에도 타당한지, 즉 보험자가 피보험자에 대하여 가지는 항변을 직접청구하는 피해자에 대하여도 주장할 수 있는지는 논란이 있다.[226] 예컨대 영국법상 유효한 'pay to be paid' clause, 즉 피보험자가 보험금을 청구하기 위해서는 피해자에게 우선 배상금을 지급해야 한다는 조항의 효력도 그러한 문제의 하나이다.

5. 대위(제19조)

어떤 사람(채권자)이 다른 사람(채무자)에 대하여 계약외채권을 가지고 있고 제3자가 채권자를 만족시킬 채무를 부담하고 있거나 이러한 채무에 기하여 실제로 채권자를 만족시킨 경우에는, 제3자가 채무자에 대한 채권자의 권리를 채권자와 채무자의 관계를 규율하는 법에 따라 전부 또는 일부 행사할 수 있는지 여부와 그 범위는 채권자가 제3자에 대하여 가지고 있던 채권의 준거법이 결정한다(제19조).

6. 복수의 책임(제20조)

채권자가 동일한 채권에 대하여 책임이 있는 복수 채무자를 상대로 채권을 가지고 있고, 그 채무자들 중 한 명이 그 채권의 전부 또는 일부를 이미 만족시킨 경우에는, 위 채무자가 다른 채무자들에게 보상을 요구할 수 있는 권리를 가지는지는, 이행을 한 그 채무자의 계약외채무의 준거법에 의하여 규율된다(제20

222) MünchKommBGB/Junker, Art. 18 Rn. 12.

223) Dickinson, para. 14.88.

224) Memorandum, pp. 25-26 참조.

225) Memorandum, p. 26.

226) MünchKommBGB/Junker, Art. 18 Rn. 13. 상세는 Marianne Micha, Der Direktanspruch im europäischen Internationalen Privatrecht (2011), S. 169ff. 참조.

조). 따라서 예컨대 가해자의 손해보험자가 피해자에게 보험금을 지급한 경우 구 채권자와 신 채권자의 법률관계를 규율하는 준거법, 즉 보험계약의 준거법이 대위 여부를 결정한다. 이전된 계약외채무는 여전히 불법행위의 준거법에 따른다. 공동불법행위의 경우 격지불법행위가 아니라면 통상은 불법행위의 준거법은 모두 동일한 결과발생지법이 될 것이나 그 중 어느 불법행위자의 일인의 불법행위에 대하여 공통의 상거소지법이 준거법이 될 수도 있다.[227]

7. 방식(제21조)

로마Ⅱ의 맥락에서 계약외채무의 발생과 관련하여 방식의 문제가 제기되는 경우는 드물 것이나 일방 당사자의 행위에 의하여 발생할 수도 있으므로[228] 제21조는 로마협약 제9조 제1항을 모델로 하여 법률상 효과를 갖도록 의도되고 계약외채무에 관련되는 일방행위는, 계약외채무의 준거법 또는 행위지법의 요건을 충족하는 때에는 형식상 유효하다고 규정한다. 이는 그러한 행위의 유효성을 촉진하기 위하여 선택적 연결원칙을 취한 것이다. 그러나 이는 별로 실익이 없는 조문이라고 생각된다.

8. 증명책임(제22조)

이 규정에 따라 계약외채무에 적용되는 준거법은, 계약외채무가 문제된 사안에 대하여 법률상 추정규정을 두고 있거나 증명책임을 분배하는 한도 내에서 적용된다(제22조 제1항). 법적 효력을 가지도록 의도된 행위는 법정지의 법이나 방식을 규율하는 제21조에 의한 법에서 인정된 증거방법에 의하여 입증될 수 있다. 다만, 그러한 증거방법은 법정지의 법원에 제출될(administered) 수 있는 것이어야 한다(제22조 제2항).

227) Wagner(註 51), S. 16.
228) Memorandum, p. 26.

Ⅷ. 기타 규정과 최종규정(제Ⅵ장 및 제Ⅶ장)

1. 기타 규정(제Ⅵ장)

가. 상거소(제23조)

로마Ⅱ의 목적상 회사와 기타 법인격이 있거나 없는 기구의 상거소는 경영중심지이고, 지점, 대리점, 기타 다른 영업소의 운영중에 손해를 초래한 사건이 행해지거나 손해가 발생하는 경우, 지점, 대리점 기타 다른 영업소의 소재지가 상거소지로 취급된다. 로마Ⅱ의 목적상, 영업활동 중에 행위를 하는 자연인의 상거소는 그의 주된 영업소이다(제2항).

나. 반정의 배제(제24조)

로마Ⅱ에 의하여 지정된 어느 국가의 법은 국제사법규칙 이외의 그 국가에서 시행중인 법, 즉 실질법의 규칙을 의미한다. 즉 로마Ⅱ에 의하여 계약외채무의 준거법이 지정된 경우 반정은 배제된다.

다. 복수 법제를 가지는 국가(제25조)

어느 국가가 계약외채무에 관하여 고유한 법규범을 가지는 수개의 영토적 단위를 포함하는 경우, 로마Ⅱ에 따른 준거법을 정함에 있어서 각 영토적 단위는 하나의 국가로 간주된다(제1항). 계약외채무에 관하여 고유한 법규범을 가지는 수개의 영토적 단위를 포함하는 회원국은, 이러한 영토적 단위들 간의 법의 저촉에 대하여 로마Ⅱ를 적용할 의무가 없다(제2항).

라. 법정지의 공서(제26조)

로마Ⅱ에 의하여 지정된 어느 국가의 법의 조항의 적용은 그의 적용이 법정지의 공서와 명백히 양립될 수 없는 경우에 한하여 거부될 수 있다. 위원회 초안(제24조)은 제26조에 상응하는 규정 외에 비보상적 손해배상에 관한 조문을 두어 로마Ⅱ에 의하여 지정된 법의 적용은, 그것이 전보배상이 아닌 본보기적 또는 징벌적 손해배상(exemplary or punitive damages)을 인용하는 효과를 가지는 경우 법정지의 공서에 반한다고 규정하였다. 그러나 징벌배상을 허용하는 영국의 반대로 입법자들은 이를 포기하고 전통적 공서조항을 두는 데 그쳤으나,[229] 위 조문의 취지는 완화된 형태로 전문 제32항에 남아 있다.

마. 다른 공동체법 조항과의 관계(제27조)

유럽연합의 공동체법이 증가함에 따라 공동체문서(community instrument)에 국제사법규칙(또는 저촉법규칙)이 포함되는 사안이 증가하고 있는데 그러한 경우 로마Ⅱ가 규율하는 계약외채무의 준거법에 관한 규칙이 포함될 가능성도 있다. 이런 이유로 전문 제35항은 특히 로마Ⅱ가 물품과 서비스의 자유로운 이동을 제한해서는 아니된다는 점을 강조하고, 제27조는 로마Ⅱ는 특정한 사항에 관하여 계약외채무와 관련된 국제사법규칙들을 정한 공동체법의 규정의 적용에 영향을 미치지 아니한다고 규정한다.

바. 기존 국제협약과의 관계(제28조)

로마Ⅱ는 채택 당시 1개국 이상의 회원국이 당사자로 가입한 국제협약이나, 계약외채무와 관련된 국제사법규칙들을 정한 국제협약의 적용에 영향을 미치지 아니한다(제1항). 그러나 로마Ⅱ는, 그러한 협약이 로마Ⅱ에 의하여 규율되는 사건에 관련되는 한, 전적으로 2개국 이상의 회원국들 간에 체결된 협약보다는 우선적으로 적용된다(제2항).

2. 최종규정(제Ⅶ장)

가. 협약의 목록(제29조)

회원국들은 2008년 7월 11일까지 위원회에 제28조 제1항에 언급된 협약들을 고지하고, 그 후 위원회에 모든 협약들의 폐기통고를 고지해야 하며(제1항), 위원회는 고지를 받은 날로부터 6월 이내에 그런 협약들의 목록과 폐기통보를 유럽연합 관보에 공표해야 한다(제2항).

나. 심사조항(review clause)(제30조)

미해결된 일부 쟁점에 대하여 위원회는 보고서를 작성하여 2011년 8월 20일 이전에 유럽의회, 이사회와 유럽경제사회위원회에 제출해야 하는데 이는 외

229) Graziano, p. 73.

국법의 취급과,[230] 제28조가 헤이그교통사고협약에 미치는 영향에 대한 연구이다. 또한 위원회는 2008. 12. 31.까지 매체(media)에서의 언론 및 표현의 자유에 관련되는 규칙 등의 국제사법적 쟁점들을 고려하면서, 프라이버시 및 인격권 침해로부터 발생하는 계약외채무의 준거법에 관한 연구보고서를 제출해야 한다.

다. 적용시기(제31조)와 적용일자(제32조)

로마Ⅱ는 발효일 이후에 일어난, 손해를 초래하는 사건에 적용된다. 로마Ⅱ는 협약 목록의 고지 및 폐기통고에 관한 제29조를 제외하고는[231] 2009년 1월 11일부터 발효된다.

Ⅸ. 우리 법에의 시사점

여기에서는 불법행위의 준거법에 관한 우리 국제사법의 규정을 개관하고, 해석론과 입법론의 관점에서 우리가 로마Ⅱ로부터 도출할 수 있는 시사점을 살펴본다. 다만 좀더 구체적인 논의는 다음 기회로 미룬다. 다만 우리 법과의 비교를 위해 로마Ⅱ의 연결원칙을 정리해둔다.

1. 로마Ⅱ에 따른 연결원칙의 정리

위에서 본 로마Ⅱ의 연결원칙은 아래와 같이 정리할 수 있다.

구분	연결원칙	연결원칙의 완화		
		공통 속인법	밀접관련국법	당사자자치(제14조)
불법행위일반(제4조)	결과발생지	가능	가능	가능
제조물책임(제5조)	단계적 연결	가능	가능	가능

230) 이에 관하여는 마드리드원칙("Principles for a Future EU Regulation on the Application of Foreign Law")이 있다. 소개는 석광현, 국제사법 해설(2013), 135-136면, 각주 39 참조. 이 각주는 이 책에서 새로 추가한 것이다. 따라서 이하 각주 번호를 조정하였다.

231) 이는 2008. 7. 11.부터 적용된다.

<table>
<tr><td rowspan="2">부정경쟁</td><td>일반적인 경우
(제6조 제1항)</td><td>영향을 받은 국가
(시장지법)</td><td>불가</td><td>불가</td><td>불가</td></tr>
<tr><td>특정경쟁자만 영향
(제6조 제2항)</td><td>결과발생지</td><td>가능</td><td>가능</td><td>불가</td></tr>
<tr><td colspan="2">경쟁제한(제6조 제3항)</td><td>시장지법</td><td>불가</td><td>불가</td><td>불가</td></tr>
<tr><td colspan="2">환경손해(제7조)</td><td>편재주의</td><td>불가</td><td>불가</td><td>가능</td></tr>
<tr><td colspan="2">지적재산권 침해(제8조)</td><td>보호국법</td><td>불가</td><td>불가</td><td>불가</td></tr>
<tr><td colspan="2">쟁의행위(제9조)</td><td>쟁의행위지법</td><td>가능</td><td>불가</td><td>가능</td></tr>
</table>

2. 우리 국제사법의 불법행위의 일반규칙

국제사법은 불법행위의 연결원칙으로 불법행위지법원칙을 규정하고 있으나 이는 다양한 원칙에 의하여 완화된다. 즉 준거법의 사후적 합의(제33조)가 가장 우선하고, 그 다음으로 종속적 연결(제32조 제3항)과 공통의 속인법(제32조 제2항) 순으로 적용되고 이런 특칙이 적용되지 않는 경우 비로소 불법행위지원칙(제32조 제1항)이 적용된다. 또한 제8조에 따라 사후적 합의 이외의 연결원칙이 배제될 수 있다. 여기에서는 위 로마Ⅱ의 체제에 따라 제32조 제1항-제3항을 살펴보고 준거법 합의는 아래(4.)에서 별도로 논의한다.

가. 불법행위지법원칙

국제사법(제32조 제1항)은 불법행위지법(또는 행위지법)과 법정지법을 누적적용하는 섭외사법의 절충주의를 폐지하고 불법행위지법원칙을 일원화하였다. 다만 행동지와 결과발생지가 상이한 '격지불법행위'의 준거법에 관하여 별도로 규정하지 않으므로 이는 판례와 학설에 의해 해결되어야 한다. 주목할 것은, 대법원 1983. 3. 22. 선고 82다카1533 전원합의체 판결[232]이 원인된 사실이 발생한 곳(즉, 불법행위지)은 행동지뿐만 아니라 손해의 결과발생지도 포함한다고 판시한 점이다.[233] 이처럼 행동지와 결과발생지를 모두 연결점으로 인정한다면 양자, 특히 결과발생지가 복수 존재하는 경우(예컨대 인터넷상의 불법행위) 결과발생지가 전세계에 존재할 수 있게 되어 준거법이 지나치게 확산될 수 있다. 이 경우 배분

232) 대법원 1985. 5. 28. 선고 84다카966 판결도 동지.
233) 다만 그 정확한 취지는 불분명하다.

적 연결원칙을 적용하는 것으로는 합리적인 분쟁해결이 어렵다. 따라서 어떻게 준거법을 단순화할지도 문제된다.

결과발생지라 함은 보호되는 법익이 불법행위에 의하여 직접 침해된 장소, 환언하면 법익침해 당시 당해 법익의 소재지를 말하고,[234] 손해가 발생한 장소인 손해발생지(Schadensort)와는 구별된다. 그리고 여기의 결과발생지는 직접적인 법익침해지만을 말하는 것이지 그로부터 파생되는 이차적인 또는 간접적인 결과발생지는 포함하지 않는다. 이차적 결과발생지는 우연적이고, 이를 포함할 경우 결과발생지가 부당하게 확장될 수 있기 때문이다.

흥미로운 것은 도메인이름에 관한 대법원 2008. 4. 24. 선고 2005다75071 판결이다. 위 사건은 피고가 분쟁해결기관의 조정결과에 따라 버지니아주 등록기관을 통하여 등록된 도메인이름을 이전등록해감으로써 원고가 한국에서 도메인이름을 사용하지 못하게 된 사건인데, 결과발생지의 정의에 따르면 도메인이름이라는 법익 소재지가 결과발생지여야 하나 대법원은 도메인이름의 사용수익권을 상실하게 되는 법익침해가 한국에서 일어났으므로 준거법이 한국법이라고 보았다. 도메인이름 등록인의 주된 권리가 도메인이름의 등록·사용권이고, 위 사용권은 등록료를 납입하는 한 계속적인 권리임을 감안하면, 도메인이름의 사용이 원고의 주소지이자 주된 사무소 소재지인 한국을 중심으로 일어나고 있기 때문이라는 것이다.[235] 도메인이름의 법적 성질은 좀더 검토할 사항이지만, 위 판결은 사실상 불법행위로 인하여 경제적 손실을 입게 된 이차적 또는 간접적 결과발생지를 결과발생지에 포함시킨 것이다.[236] 대법원판결은 한국법을 적용하여, 피고가 분쟁해결정책에 따라 분쟁해결기관에 분쟁조정신청을 하고 그 조정결과에 따라 도메인이름을 이전받은 행위는 적법하다고 보아 불법행위의 성립을 부정하였다.

나. 연결원칙의 완화 — 공통의 속인법과 종속적 연결

불법행위 당시 가해자와 피해자가 동일한 국가에 상거소를 가지는 때에는 그 국가의 법이 준거법이 된다(제32조 제2항). 이는 공통의 속인법을 준거법으로 인정하는 것인데 국제사법은 국적이 아니라 상거소를 기준으로 한다. 국제사법

234) Jan Kropholler, Internationales Privatrecht, 6. Auflage (2006), §53 Ⅳ 1 b.

235) 김운호, "UDRP에 의한 조정결정에 따른 도메인 강제이전과 부당이득의 성립 여부", 대법원 판례해설 제75호(2008년 상권), 444면.

236) 김운호(註 235), 443-444면은 법익침해지가 한국이라고 한다.

(제32조 제3항)은 종속적 연결(akzessorische Anknüpfung)을 규정한다. 따라서 예컨대 당사자 간에 계약관계가 있는데 불법행위가 계약관계를 침해하는 때에는 불법행위책임과 함께 채무불이행책임이 인정될 것이나, 이 경우 불법행위는 계약의 준거법 소속국법에 따른다. 그 결과 계약과 불법행위의 준거법이 동일 국가법이 되므로 실질법의 모순 또는 저촉으로 인한 어려움을 피할 수 있다. 이 경우 청구권경합 여부는 종속적 연결에 의하여 결정된 준거법 소속국의 실질법이 결정한다. <u>여기에서 공통의 속인법이 지정된 경우에도 제8조의 예외조항을 통하여 다시 불법행위지법으로 갈 수 있는지가 문제될 수 있다. 논란의 여지가 있으나 예외적으로 이를 인정할 수 있을 것이다.</u> [밑줄 부분은 이 책에서 새로 추가한 것이다.]

3. 우리 법상 특수불법행위의 준거법

한편 2001년 국제사법 개정을 위한 입법과정에서 특수불법행위를 위한 특칙을 둘지에 대하여 논란이 있었으나 당시로서는 연구의 부족으로 연결원칙을 명문화하기 어렵고, 국제사법 제8조가 예외조항을 두고 있기 때문에 필요한 경우 제32조와 제8조를 결합함으로써 적절한 연결원칙을 도출할 수 있으므로 특칙을 두지 않더라도 무방하다고 보아 이를 두지 않았다.[237] 따라서 국제사법 하에서 불법행위지법을 적용하는 것이 부적절한 사안에서는 제32조와 제8조를 활용함으로써 적절한 연결원칙을 도입해야 하는데, 아래에서는 그 방향을 간단히 논의한다.

가. 제조물책임

섭외사법 하의 것이지만, 월남전에 참전했던 우리 군인들이 미국의 다우케미칼과 몬산토를 상대로 제조물의 하자로 인한 손해배상을 구한 사안(고엽제소송)에서 제조물책임의 준거법에 관한 하급심판결이 있다. 즉 서울지방법원 2002. 5. 23. 선고 99가합84123 판결은 섭외사법 제13조 제1항의 해석론으로서 불법행위지는 "불법행위를 한 가해행위지뿐만 아니라 손해의 결과발생지도 포함하고, 특히 불법행위의 특수한 유형인 제조물책임 소송에 있어서 가해행위지는 생산

---

237) 법무부, 국제사법 해설(2001), 120-121면. 그러나 국제사법에는 지적재산권 침해(제24조)와 선박충돌에 관한 조항(제61조)이 있고, 그 후 공정거래법(제2조의2)과 자본시장과 금융투자업에 관한 법률(제2조)에 민사책임의 준거법에 관한 조항이 신설되었다.

지, 취득지, 시장유통지뿐만 아니라 사용지까지 모두 포함하는 개념이라고 봄이 상당하므로 당해 사건의 준거법은 가해행위지법으로서 생산지법인 미합중국법, 사용지법인 월남법, 결과발생지법으로서 대한민국법이라 할 것"이라고 판시하고, 나아가 "준거법이 복수로 지정된 경우에는 … 각 준거법을 적용하였을 때 원고가 다른 준거법을 적용할 때보다 더 유리한 판결을 받을 수 있는 준거법이 있다면 그 법률을 적용할 수 있고, 그 유리·불리의 여부는 법원이 아닌 원고가 판단하여야 한다"는 취지로 판시하였다. 서울고등법원 2006. 1. 26. 선고 2002나32662 판결도 대체로 동지로 판시하였으나, 원고가 복수의 준거법이 적용될 수 있는 상황에서 특정한 준거법이 시행되는 국가를 법정지로 선택한 것은 특별한 사정이 없는 한 그 법정지의 법률을 적용받고자 하는 의사를 표시한 것으로 해석함이 합리적이라는 이유로 한국법을 준거법으로 판단한 점에서 차이가 있다.[238]

국제사법은 제조물책임의 준거법을 명시하지 않으므로 수입 물품의 경우 일응 취득지법인 한국법을 준거법으로 보는 견해가 유력할 것이나, 피해자를 보호하고자 법원이 제조지인 외국법을 적용할 여지도 있고 그 과정에서 고엽제 사건 판결의 법리를 원용할 수도 있다. 로마Ⅱ는 제조자 등 제조물책임을 져야 하는 당사자와 피해자의 이해관계를 형량하여 나름대로 설득력 있는 연결원칙을 제시한 것으로 보인다. 그러나 로마Ⅱ, 일본, 중국과 스위스의 입법[239]이 각기 다른 데서 보듯이 제조물책임의 올바른 연결원칙의 도출은 쉽지 않으므로 우리로서는 정치한 해석론과 입법론의 정립을 위하여 좀더 고민할 필요가 있다. 다만 그 경우 연결원칙의 완화는 쉽게 인정할 수 있을 것이다.

나. 경쟁법

(1) 부정경쟁행위

종래 우리나라에서는 부정경쟁방지 및 영업비밀보호에 관한 법률("부정경쟁방지법") 위반으로 인한 사건은 있지만 준거법은 별로 논의되고 있지 않은 것 같다. 실질법상으로는 우리나라에서 상표권으로 등록되지 않아 상표권으로서 보호

---

238) 로마Ⅱ를 고엽제소송에 적용해보면, 미국 제조사들이 한국(정부)에 동종의 고엽제를 판매했는가에 따라 한국법이 준거법이 될 수도 있고 아닐 수도 있다.

239) 스위스 국제사법(제135조)은 헤이그제조물책임협약을 따르지 않고 별도의 연결원칙을 규정한다. 석광현, 국제사법과 국제소송 제1권(2001), 479면 이하 참조. 중국법의 태도는 김현아, "중국 국제사법상 제조물책임의 준거법", 국제사법연구 제20권 제2호(2014. 12.), 183면 이하 참조. [밑줄 부분은 이 책에서 새로 추가한 것이다.]

받을 수 없는 경우에도 부정경쟁방지법에 의한 보호를 받을 수 있는데, 실무상으로는 섭외적 요소가 있는 경우에도 국제사법적 고려없이 우리 부정경쟁방지법을 적용하는 것으로 보인다. 그러나 외국적 요소가 있다면(예컨대 원고가 외국인이거나 외국회사라면) 부정경쟁행위는 불법행위로 성질결정하고 준거법을 결정해야 하는데, 그 경우 불법행위지법에 따를지, 아니면 국제사법의 이념에 비추어 더 적절한 연결원칙(예컨대 시장지 또는 경쟁관계 또는 소비자의 집단적 이익이 영향을 받은 곳)을 적용할지가 문제이나, 로마Ⅱ의 연결원칙을 해석론과 입법론으로서 도입할 여지도 있다. 해석론으로서 국제사법 제33조, 제32조와 제7조에 의하여 연결원칙을 완화할 수 있는가는 논란의 여지가 있다.

⑵ 경쟁제한행위

흑연전극봉 사건에서 대법원 2006. 3. 24. 선고 2004두11275 판결은 명시적 규정이 없는 구 공정거래법의 해석론으로 외국기업이 외국에서 한 부당공동행위에 동 법의 역외적용을 최초로 긍정하였는데, 동 사건의 대법원 계속 중 국회는 "이 법은 국외에서 이루어진 행위라도 국내시장에 영향을 미치는 경우에는 적용한다"고 제2조의2로 신설함으로써 구 공정거래법의 역외적용을 명시하였다. 이는 공정거래위원회에 의한 행정규제(예컨대 시정명령과 과징금의 납부명령)를 주로 염두에 둔 것으로 보이나, 로마Ⅱ(제6조 제3항)에서 보듯이 공정거래법 위반으로 인한 민사책임의 문제가 있다.[240] 이는 일방적(또는 일면적) 저촉규정의 형식을 취하는 공정거래법 제2조의2와, 불법행위의 준거법을 정한 국제사법(제32조 이하)의 관계를 어떻게 볼 것인가라는 문제이다. 특히 역외적용이 문제되는 사안은 '격지불법행위'에 해당하는데 그 경우 준거법의 결정에 관하여 종래 논란이 있기 때문이다. 저자는 민사책임에 관한 한 제2조의2를 국제사법의 특칙이라고 볼 수 있다는 견해를 피력한 바 있다.[241] 문제는 그 경우 해석론으로서 국제사법 제33조, 제32조와 제7조에 의하여 연결원칙을 완화할 수 있는가인데 이는 논란의 여지가 있다. 입법론적으로 제2조의2의 취지를 더 명확히 하고 양면적 저촉규정으로 전환하여 국제사법에 둘지와 그 경우 제2조의2를 어떻게 개정할지는 더 검토할 문제이다.[242]

240) 대표적인 예가 '국제카르텔사법'의 문제이다.

241) 상세는 석광현, "독점규제 및 공정거래에 관한 법률의 域外適用", 서울지방변호사회 판례연구 제21집 (2)호(2007. 12), 9면 이하; <u>석광현, 국제사법과 국제소송 제5권(2012), 155면 이하</u> 참조. [밑줄 부분은 이 책에서 새로 추가한 것이다.]

242) 나아가 복수의 시장지가 있는 경우 우리 국제사법상의 처리는 어떤가. 시장별로 상이한 법

다. 환경손해

우리나라의 경우 지리적 위치로 인해 국제적 환경손해가 발생하는 것은 쉽지 않지만 불가능한 것은 아닐 것이다. 어쨌든 국제사법의 해석상 로마Ⅱ 제7조가 취하는 편재주의를 도출할 수 있고 국제사법 제33조, 제32조와 제7조에 의한 연결원칙의 완화도 가능하다고 본다. 다만 입법론은 좀더 검토할 사항이다.

라. 지재권침해

국제사법 제24조는 지적재산권의 침해에 관하여 보호국법주의를 명시한다. 제24조의 결과 지적재산권의 침해에 대하여는 통상의 불법행위의 경우 불법행위지법이 적용되는 것과는 달리 침해지법이 준거법이 된다.[243] 따라서 지적재산권에 기한 손해배상과 침해금지를 모두 지적재산권 침해의 문제로 일원적으로 성질결정하고 보호국법에 의하여 해결해야 한다.[244] 제24조는 문면상 지적재산권 침해를 중심으로 보호국법주의를 규정하고 있으나 이는 지적재산권 전반에 관하여 보호국법주의를 선언한 조항으로 본다.[245] 문제는 인터넷에 의한 지적재산권의 편재적 침해에 대처하기 위해 제24조를 개정할 필요가 있는가이다. 우선은 해석에 의한 해결을 모색해야 할 것이나 장기적으로는 CLIP 원칙과 ALI 원칙을 참고하여 입법적으로 해결함으로써 법적 안정성을 확보하는 것이 바람직하다고 본다.

지적재산권 침해는 불법행위의 성질도 가지므로 제24조와 불법행위의 연결원칙을 정한 제32조 및 제33조의 관계가 문제된다. 불법행위의 준거법에 관하여 행위지법원칙을 정한 제32조 제1항은 제24조에 배치되므로 적용될 수 없음은 명백하고,[246] 또한 그 성질이 명백히 피해자의 적절한 배상을 위한 것이 아니거나

을 적용하거나(모자이크방식), 경우에 따라서는 따라 제8조를 원용하여 준거법을 단일화할 수도 있을 것이다. 만일 결과발생지인 한국법을 적용하거나 제2조의2에 따라 한국법을 기계적으로 적용하는 대신에 행동지인 외국법을 적용한다면 단일화가 가능할 것이다.

243) 지적재산권의 속지주의에 비추어 행동지와 결과발생지는 원칙적으로 동일하다.

244) 우리 국제사법 하에서는 서울중앙지법 2008. 3. 13. 선고 2007가합53681 판결처럼 일본 법례 하에서 최고재판소 2002. 9. 26. 카드리더 사건 판결의 결론을 따르는 것은 잘못이다. 석광현, "國際知的財産權法에 관한 小考—최근 일부 하급심판결들에 대한 유감을 표시하며", 법률신문 제3656호(2008. 6. 9.), 14면 참조.

245) 이런 취지를 분명히 하기 위해 국제사법 제24조를 좀더 명확히 하는 것이 바람직하다.

246) 석광현(註 73), 193면; 강영수, "國際 知的財産權侵害訴訟에 있어서 國際私法的 問題에 관한 硏究—屬地主義 原則의 限界 및 그 修正을 중심으로—", 서울대학교 대학원 박사학위논

또는 그 범위가 본질적으로 피해자의 적절한 배상을 위하여 필요한 정도를 넘는 경우 제32조 제4항에 따라 손해배상의 범위를 제한할 수 있다고 본다.[247] 문제는 지적재산권 침해의 경우에도 국제사법 제33조, 제32조와 제8조에 의하여 연결원칙을 완화할 수 있는가인데, 로마Ⅱ는 이를 모두 부정하나, 우리 국제사법의 해석론으로는 견해가 나뉠 수 있다는 점은 지적한 바와 같다.[248] 따라서 입법적으로 해결하는 것이 바람직한데, 그 경우 국제사법 제33조, 제32조와 제8조에 의하여 연결원칙을 완화할 수 있음을 명시하는 것이 좋을 것이다.

마. 쟁의행위

이에 관하여는 우리나라에서는 논의가 없는 것으로 보이나 현재로서는 국제사법 제32조의 해석에 의하여 해결해야 할 것이다. 앞으로 검토할 과제이다.

4. 우리 법상 준거법의 합의와 공서

가. 준거법의 합의

당사자들은 불법행위의 발생 후 법정지법인 한국법을 불법행위의 준거법으로 합의할 수 있다(제33조). 일방 당사자가 법정에서 한국법의 적용을 주장하는데 대해 상대방이 이의를 제기하기 않고 변론하는 경우 묵시적 합의가 성립할 수 있다. 로마Ⅱ는 일정한 요건 하에 사전적 합의를 허용하고 당사자가 선택할 수 있는 법을 제한하지 않으나 우리 법은 사후적 합의만 허용하면서 선택할 수 있는 대상도 법정지법으로 제한한다. 다만 우리 법상 특수불법행위의 경우 당사자자치가 어느 범위 내에서 허용될지는 분명하지 않다. HG 의견은 공익이 관련되거나 관련될 수 있는 경우에는 당사자자치가 허용되지 않으므로 경쟁법위반, 지적재산권 침해와 환경손해의 경우에는 당사자자치를 허용할 수 없다고 한다.[249] 그러나 로마Ⅱ도 환경손해의 경우는 당사자자치를 허용한다.

나. 공서

국제사법은 제10조에 일반적 공서를 규정하는 외에 제32조 제4항에서 특별

문(2005), 214면.

247) 석광현(註 73), 194면.

248) 법무부(註 237), 87-88면.

249) HG 의견, p. 38.

공서를 규정한다. 즉 불법행위의 효력인 손해배상액의 산정은 준거법에 따를 사항이나 외국법에 따른 손해배상의 성질이 명백히 피해자의 적절한 배상을 위한 것이 아니거나, 또는 그 범위가 본질적으로 피해자의 적절한 배상을 위하여 필요한 정도를 넘는 때에는 이를 인정하지 아니한다. 전자의 예로는 미국에서 인정되는 징벌적 손해배상을, 후자의 예로는 지나치게 과도한 손해배상(grossly excessive damages)을 들 수 있다. 이는 입법과정에서 고려되었다가 삭제된 위원회 초안(제24조)과 유사하다.

다. 반정

국제사법(제9조)은 원칙적으로 우리 법으로의 직접반정을 허용하면서 예외적으로 반정이 허용되지 않는 사례를 열거한다. 불법행위의 경우는 그러한 예외에 해당하지 않으므로 국제사법상 외국법이 준거법으로 지정된 경우 우리 법으로의 직접반정은 원칙적으로 허용된다.[250]

5. 우리 법상 불법행위의 연결원칙의 정리

로마Ⅱ의 체제에 따라 불법행위에 관한 우리 현행법의 연결원칙을 정리하면 아래와 같다.

구분	연결원칙	연결원칙의 완화		
		공통 상거소지법(제32조 제2항)	종속적 연결(제32조 제3항)[251]	당사자자치(제33조)
불법행위 일반	불법행위지(제32조 제1항)[252]	가능	가능	가능

250) 국제사법 제9조 제2항 제6호가 정한 "그 밖에 제1항의 규정을 적용하는 것이 국제사법의 지정 취지에 반하는 경우"의 사례로 종속적 연결을 들 수 있다. 석광현(註 73), 114면 이하 참조.

251) 우리 국제사법은 종속적 연결과 별도로 최밀접관련국법을 준거법으로 정한 제8조를 두고 있다.

252) 자본시장과 금융투자업에 관한 법률(제2조)은 공정거래법 제2조의2와 유사한 연결원칙을 두고 있으나 동 조의 국제사법의 특칙으로서의 가치는 의문이다. 이에 관하여는 우선 석광현·정순섭, "국제자본시장법의 서론적 고찰—역외적용 및 역외투자자문업자등의 특례를 중심으로—", 증권법연구 제11권 제2호(2010), 51면 이하 참조. 나아가 우리 국제사법에는 해상에 관한 제9장이 불법행위에 해당하는 선박충돌에 관한 특별규정(제61조)을 두고 있음을 기억해야 한다. [밑줄 부분은 이 책에서 새로 추가한 것이다.]

제조물책임		특칙 없다	가능할 것	가능할 것	가능할 것
부정경쟁	일반적인 경우	특칙 없다	불명	불명	불명
	특정경쟁자만 영향	특칙 없다	불명	불명	불명
경쟁제한		시장지법(공정거래법 제2조의2)	불명	불명	불명
환경손해		특칙 없다	가능할 것	가능할 것	가능할 것
지적재산권 침해		보호국법(제24조)	불명	불명	불명
쟁의행위		특칙 없다	불명	불명	불명

국제사법은 행위지법원칙을 완화하기 위하여 그에 우선하는 연결원칙으로 당사자자치, 종속적 연결과 공통의 상거소지법을 도입하였으므로 우리에게 로마Ⅱ의 연결원칙이 그리 낯설지 않다.[253] 국제사법이 특수불법행위의 연결원칙을 두지 않지만, 지적재산권 침해에 대하여는 제24조에서 로마Ⅱ 제8조와 같이 보호국법원칙을 명시하고, 공정거래법에서 로마Ⅱ 제6조와 유사한 연결원칙을 두고 있으므로, 상대적으로 중요성이 떨어지는 환경손해와 쟁의행위에 관한 규정을 제외하면 우리 법에 명문의 규정이 없는 특수불법행위는 제조물책임이다. 따라서 우선 그 준거법을 좀더 면밀히 검토할 필요가 있다. 또한 국제사법(제8조)은 최상위의 연결원칙으로 일반적 예외조항을 두고 있으므로 모든 특수불법행위의 연결원칙에 대해 예외를 인정할 수 있으나, 로마Ⅱ는 일부 특수불법행위의 경우(부정경쟁과 경쟁제한, 지적재산권 침해 등) 밀접관련국법을 적용하는 회피조항을 적용하지 않음은 주목할 만하다. 요컨대 로마Ⅱ는 특수불법행위에 관하여 정치하면서도 확고한 연결원칙을 둠으로써 준거법 결정 맥락에서 당사자의 예측가능성과 법적 안정성을 제고하는 데 반하여, 우리 국제사법은 그렇지 못하므로 위 표에서 보는 바와 같이 불확실성이 있는 것은 사실이다. 따라서 현재로서는 우리 법원의 역할이 중요하나, 일부는 입법적으로 해결하는 것이 바람직할 것으로 생각된다.

---

253) 다만 양자가 동일한 연결원칙을 선택하더라도 반정을 허용하지 않는 로마Ⅱ와 달리 우리 국제사법(제9조)은 직접반정을 허용하므로 결과가 다를 수 있다.

Ⅹ. 맺음말

이상에서 로마Ⅱ 중 불법행위를 중심으로 계약외채무의 준거법결정원칙을 검토하였다. 로마협약에 이어 로마Ⅱ가 2009년 1월 발효됨으로써 유럽연합은 1967년 개시했던 국제채권(무)법의 준거법 통일작업을 완성하였고 이어 2009년 12월 로마협약이 개정되면서 법형식이 로마Ⅰ로 변경되었다. 로마Ⅱ를 검토하는 과정에서 로마Ⅱ는 대륙법계 전통 국제사법의 진화된 모습을 담고 있는 것으로 그 연결원칙이 우리에게 그리 낯설지 않음을 확인하였다. 물론 몇 가지 쟁점들(프라이버시와 인격권의 침해, 도로교통사고 등)이 미결로 남아 있지만, 로마Ⅱ는 유럽연합 내에서는 현대적이고 균형 잡힌 규범체계로서 상당한 정도의 법적 안정성을 창설함과 동시에 법적용자들에게 필요한 정도의 자유와 유연성을 허용할 것이라는 점에서 호평을 받았다.[254] 이어서 로마Ⅱ가 주는 우리 법에의 시사점을 보았는데 로마Ⅱ는 우리의 해석론과 입법론을 위하여 유용하다. 이제 우리도 특수불법행위의 준거법 결정 시 법적 안정성을 제고하기 위하여 입법론으로서 특수불법행위의 연결원칙을 정비할 필요가 있는데, 그 과정에서 우선 로마Ⅱ를 철저히 분석하고, 또한 인접 동북아 국가들의 국제사법규범[255]도 충분히 검토해야 한다.[256] 또한 우리는 과도기적 조치만 취하고 장래로 미루어둔 국제재판관할규칙을 정비할 필요가 있으므로 이제 우리도 국제사법 개정을 위한 작업을 시작할 필요가 있다. 저자는 광의의 국제사법학이 유독 척박한 한국의 법률가로서, 근자에 로마Ⅱ를 비롯한 유럽연합 국제사법의 발전상과, 특히 국제사법의 중요성에 대한 인식 하에 유럽연합 회원국의 전문가들이 다양한 의견을 교환하고 의견을 수렴해 나가는 과정을 선망의 눈으로 바라보고 있다. 솔직히 저자로서는 이제 유럽연합 국제사법의 변화를 따라가는 것조차 힘에 부친다. 로마Ⅱ의 특수불법행위의 연결원칙을 검토하면서 특히 공정거래법과 지적재산권법 등 실질법에 대한 지식 부족으로 인하여 어려움을 겪었다. 우리나라에서도 다양한 실질법 분야의 전문가들이 당해 분야의 국제사법 쟁점에 관심을 가져 줄 것을 다시 한 번 촉구한다.

---

254) Wagner(註 51), S. 17; Graziano, p. 75 및 주 268에 인용된 문헌들 참조.

255) 근자에 개정(또는 제정)된 일본, 중국과 타이완 국제사법은 특수불법행위에 관한 규정을 둔다.

256) 국제사법이론은 전통적으로 비교법적 방법에 크게 의존하고 있고, 국제사법은 국제적인 법공동체의 표현이라고도 할 수 있으므로 외국의 국제사법규범의 연구는 필수불가결하다. Bernhard Grossfeld, Macht und Ohnmacht der Rechtsvergleichung (1984), S. 45-53.

후 기

투자설명서에 따른 책임에 관하여는 불법행위책임으로 성질결정하고 로마Ⅱ를 적용하는 견해가 유력하나 구체적인 연결원칙에 관하여는 다양한 견해가 보인다. 결과발생지법을 적용하는 견해, 기원국법을 적용하는 견해, 시장지법을 적용하는 견해(이에 따르면 동시상장의 경우 시장지를 명확히 정할 수 있는 기준이 필요하다), 투자설명서 발행의무를 부과하는 법에 종속적으로 연결하는 견해와 예외조항(제4조 제3항)을 적용하는 견해 등도 보인다. 소개는 우선 Konrad Uhink, Internationale Prospekthaftung nach der Rom II-VO (2016), S. 95ff. 참조. Christoph Reithmann/Dieter Martiny, Internationales Vertragsrecht, 8. Auflage (2015), Rn. 6.567 (Freitag 집필부분)은 투자설명서 책임은 계약외책임으로 성질결정되므로 로마Ⅱ에 따를 것이라고 하고, 나아가 이를 협의와 광의의 투자설명서책임으로 구분하면서 전자에 관하여는 시장지법이 통설이라고 한다. 이 책 논문[8]의 후기에 소개한 Dorothee Einsele, "Kapitalmarktrecht und Internationales Privatrecht", Rabels Zeitscrhift, Band 81 (2017), S. 781ff. 도 참조.

한편 투자설명서에 따른 책임의 국제재판관할에 관하여는 유럽사법법원의 Kolassa 판결(C-375/13)이 선고되었다. 평석은 Matthias Lehmann, "Prospectus Liability and Private International Law: Assessing the Landscape after the CJEU's Kolassa Ruling (Case C-375/13)", Journal of Private International Law, Vol. 12, No. 2 (2016), *et seq.* 참조.

위 글을 발표한 뒤에 아래의 문헌이 보인다. 물론 망라적인 목록은 아니다.

-권종걸, "법정채무의 준거법에 관한 EU 규정 분석—미국 국제사법에 중점을 둔 비판—", 중앙법학 제14집1호(2012. 3.), 227면 이하

-김인호, "일반 불법행위 및 제조물책임과 환경손해의 특수 불법행위에 관한 국제사법 규정의 입법적 검토", 법제연구 제43호(2012. 12.), 173면 이하

-위에 인용한 James Fawcett/Janeen M. Carruthers, Cheshire, North & Fawcett Private International Law, 14th edition (2008)의 개정판, 즉 Paul Torremans (ed.), Cheshire, North & Fawcett Private International Law, 15th Edition (2017)이 간행되었다.

국문試譯[1)]

계약외채무의 준거법에 관한 2007. 7. 11. 유럽의회 및 이사회의 No 864/2007 규정 (ROME Ⅱ)

유럽의회와 유럽연합의 이사회는

유럽공동체설립조약, 그 중에서도 특히 제61조 제3항과 제67조를 고려하고

위원회의 제안을 고려하며

유럽 경제·사회 위원회의 의견을 고려하여 [1]

2007. 6. 25. 조정위원회에 의하여 승인된 공동문서에 비추어 조약 제251조에 명시된 절차에 따라 행위를 함으로써 [2]

전문

(1) 공동체는 스스로에게 자유·안전·정의의 영역을 유지하고 발전시키려는 목적을 설정하였다 그러한 영역을 점진적으로 확립하고자 공동체는 역내시장이 적절히 제 기능을 다할 수 있도록 하기 위하여 필요한 한도 내에서, 민사사건에서 사법공조에 관하여 국경을 넘는 효과를 갖는 조치를 취하고자 한다.

(2) 조약 제65조 제2항에 따르면, 이러한 조치들은 준거법과 관할권의 충돌과 관련하여 회원국들에서 적용되는 규칙들 간의 상호 양립가능성을 촉진하는 조치를 포함한다.

(3) 1999. 10. 15.부터 16.까지 Tampere에서 열린 유럽이사회 회합은 판결과 사법당국의 다른 재판의 상호승인 원칙이 민사사건에서 사법공조의 초석임을 지지하고, 이사회와 위원회로 하여금 상호승인 원칙을 시행하기 위한 조치의 프로그램을 채택하도록 권유하였다.

(4) 2000. 11. 30. 이사회는 민사 및 상사사건에 관한 재판의 상호승인 원칙의 시행을 위한 '위원회와 이사회' 공동 프로그램을 채택하였다 [3]. 그 프로그램은 국제사법규칙들의 조화에 관한 조치들이 재판의 상호승인을 촉진하는 조치라는 점을 밝히고 있다.

(5) 2004. 11. 5. 유럽이사회에서 채택된 헤이그 프로그램은 [4], 계약외채무에 관한 국제사법규칙들(ROMEⅡ)에 대한 작업을 활발하게 수행하도록 요청하였다.

(6) 역내시장이 적절하게 기능하자면, 소송 결과의 예견가능성, 준거법에 관한 확실성 및 판결의 자유로운 이동을 개선하기 위하여, 어떤 국가의 법원에 소가 제기되는지에 관

1) 오래 전에 로마Ⅱ의 번역작업을 도와준 김영석 판사께 감사드린다.

계없이 회원국들의 국제사법규칙들이 동일한 국내법을 지정할 필요가 있다.

(7) 이 규정의 실체적 범위와 조항들은, 민사 및 상사사건에서 관할권과 판결의 승인 및 집행에 관한 2000. 11. 22. 이사회 규정(EC) No 44/2001 [5](브뤼셀Ⅰ), 계약채무의 준거법을 다루는 문서와 일관성이 있어야 한다.

(8) 이 규정은 소송이 계속한 법원 또는 재판소의 성질에 관계없이 적용되어야 한다.

(9) 주권적 행위로부터 발생하는 채권[2]은, 국가를 대표하여 행위하는 공무원들에 대한 채권과, 공적으로 임명된 직위 보유자들의 책임을 포함하는 공공기관들의 행위에 대한 책임을 포함하여야 한다. 따라서 이런 사건들은 이 규정의 범위로부터 배제되어야 한다.

(10) 가족관계는 친자, 혼인, 인척 및 방계 혈족을 포함한다. 제1조 제2항에서 혼인 및 다른 가족관계에 상응하는 효력을 가지는 관계에 대한 언급은, 소가 계속한 회원국의 법에 따라 해석되어야 한다.

(11) 계약외채무의 개념은 회원국마다 다르다. 그러므로 이 규정의 목적상 계약외채무는 독자적인 개념으로 이해되어야 한다. 이 규정에 명시된 국제사법규칙들은 엄격책임으로부터 발생하는 계약외채무도 포함하여야 한다.

(12) 준거법은 또한 불법행위책임능력의 문제도 규율하여야 한다.

(13) 지정된 준거법에 관계없이 적용되는 통일적인 규칙들은 공동체 소송당사자들 사이의 경쟁왜곡 위험을 피할 수 있다.

(14) 법적 안정성의 요건과 개별사건에서 정의를 실현할 필요성[3]은 사법(司法) 영역에서 본질적 요소이다. 이 규정은 이러한 목표들을 달성하는 데 가장 적절한 연결소를 규정한다. 따라서 이 규정은 일반규칙을 규정할 뿐만 아니라 특칙을 함께 규정하고, 일정한 규정에서는 사안의 모든 사정으로부터 불법행위가 다른 국가와 명백히 더 밀접한 관련이 있음이 분명한 경우에 이런 규칙으로부터 이탈을 허용하는 "회피조항"을 규정한다. 이런 일련의 규칙은 따라서 국제사법규칙의 유연한 틀을 창설한다. 마찬가지로 그것은 소가 계속한 법원이 개별사건을 적절한 방법으로 다루는 것을 가능하게 한다.

(15) 불법행위지법원칙(principle of the *lex loci delicti commissi*)은 거의 모든 회원국에서 계약외채무를 해결하는 데 실질적으로 사용되는 기본적인 해결방안이다. 그러나 사안의 구성요소가 여러 나라에 분산되어 있는 경우에는 위 원칙의 실제적인 적용은 다르다. 이러한 상황은 준거법에 대한 불확실성을 야기한다.

(16) 통일적인 규칙은 법원 판결의 예측가능성을 제고하고, 책임이 있다고 주장된 자와 손해를 입은 자의 이익 간에 합리적 균형을 보장해야 한다. 직접적 손해가 발생한 국

---

2) claims arising out of acta iure imperii, Les actions fondés sur des actes accomplis dans l'exercice de la puissance publique («acta iure imperii»), Forderungen aufgrund von „acta iure imperii".

3) The requirement of legal certainty and the need to do justice in individual cases, L'exigence de sécurité juridique et la néessité de rendre la justice en fonction de cas individuels, Das Erfordernis der Rechtssicherheit und die Notwendigkeit, in jedem Einzelfall Recht zu sprechen.

가[4](손해발생지법(lex loci damni))와의 연결은 책임이 있다고 주장된 자와 손해를 입은 자의 이익 간에 공정한 균형을 가져오고, 또한 민사책임에 대한 현대적 접근방법과 엄격책임 체제의 발전을 반영한다.

(17) 준거법은 간접적 결과가 발생할 수 있는 국가 또는 국가들에 관계없이 결과가 발생하는 국가를 기초로 결정되어야 한다. 따라서 인적 손해 또는 재산상 손해의 경우, 손해가 발생하는 국가는 각각 상해를 입은 국가 또는 재산이 훼손된 국가가 되어야 한다.

(18) 이 규정에서 일반원칙은 제4조 제1항에서 규정된 손해발생지법(*lex loci damni*)이 되어야 한다. 제4조 제2항은 당사자들이 동일한 국가에 상거소를 가지고 있을 때 특별한 연결을 만들어 내는 것으로 일반원칙에 대한 예외라고 보아야 한다. 제4조 제3항은 모든 사정으로 보아 불법행위가 다른 국가와 명백히 더 밀접한 관련이 있음이 분명한 경우에 적용되는 것으로 제4조 제1항과 제2항에 대한 '회피조항'[5]으로 이해되어야 한다.

(19) 일반규칙으로는 문제된 이익 간의 합리적 균형을 잡을 수 없는 특수불법행위[6]를 위해서는 특별한 규칙을 정해야 한다.

(20) 제조물책임 사건의 국제사법규칙은 현대 첨단기술사회에 내재한 위험의 공평한 분산, 소비자 건강의 보호, 혁신의 자극, 왜곡되지 않은 경쟁의 확보와 무역의 촉진이라는 목표를 충족시켜야 한다. 예견가능성 조항과 함께 연결요소들의 단계적 체제를 창설한 것은 이러한 목표와 관련하여 균형 잡힌 해결방안이다. 손해 발생 시에 제조물이 피해자의 상거소 소재지 국가에서 판매되었다면, 처음으로 고려할 요소는 그 상거소 소재지국의 법이다. 만약 제조물이 당해 국가에서 판매되지 않았다면 단계에 따라 다른 요소들이 고려되는데, 이 때에도 제4조 제2항과, 다른 국가와 명백히 더 밀접한 관련이 있을 가능성은 영향을 받지 아니한다.

(21) 제6조의 특칙은 제4조 제1항의 일반규칙에 대한 예외가 아니라 오히려 그것을 명확히 한 것이다. 부정경쟁 사건에서, 국제사법규칙은 경쟁자, 소비자와 일반 공중을 보호하고 시장경제가 적절히 기능하도록 보장하여야 한다. 그곳에서 경쟁관계 또는 소비자의 집단적 이익이 영향을 받거나 영향을 받을 것 같은 국가의 법에 연결하는 것이 이런 목표를 일반적으로 충족한다.

(22) 제6조 제3항에 규정된 경쟁제한으로부터 발생하는 계약외채무는 국내 및 공동체 경쟁법 침해의 양자를 포함해야 한다. 그러한 계약외채무에 적용되는 법은, 시장이 영향을 받거나 받을 것 같은 국가의 법이 되어야 한다. 영향을 받거나 받을 것 같은 시장이 둘 이상의 국가에 있는 경우에는 원고는 어떤 상황에서는 소가 계속한 법원의 법을 선택해서 그의 청구의 근거로 삼을 수 있어야 한다.

(23) 이 규정의 목적상, 경쟁제한의 개념은 그러한 합의, 결정, 공동관행 또는 남용이 조

---

4) the country where the direct damage occurred, pays du lieu où le dommage direct est survenu, Staat, in dem der Schaden selbst eingetreten ist.

5) escape clause, clause dérogatoire, Ausweichklausel.

6) special torts/delicts, les faits dommageables, besondere unerlaubte Handlungen.

약 제81조와 제82조 또는 회원국의 법률에 의하여 금지되는 경우, 회원국 또는 역내시장 내에서의 지배적 지위의 남용에 대한 금지와 회원국 또는 역내시장 내에서 경쟁의 금지, 제한 또는 왜곡을 목표로 하거나 그러한 효력을 가지는, 기업 간의 합의, 기업단체에 의한 결정과 공동관행에 대한 금지를 포함하여야 한다.

(24) "환경손해"는 물, 토지 또는 공기와 같은 자연자원의 해로운 변화, 다른 자원 또는 공중의 이익을 위하여 그 자원이 수행하는 기능의 침해, 또는 살아 있는 유기체 간의 가변성의 침해를 의미하는 것으로 이해되어야 한다.

(25) 환경손해에 관하여, 조약 제174조는 예방 원칙, 예방조치를 취해야 한다는 원칙, 오염원에서의 시정조치의 원칙과, 오염자가 지불해야 한다는 원칙에 기초하여 높은 수준의 보호가 이루어져야 한다고 규정하고 있는데, 이는 피해자에게 유리한 차별적 원칙을 사용하는 것을 충분히 정당화한다. 배상을 구하는 자가 언제 준거법을 선택할 수 있는지의 문제는 소송이 계속한 회원국의 법에 따라 결정되어야 한다.

(26) 지식재산권의 침해에 관하여는, 보편적으로 승인되고 있는 보호국법원칙이 보존되어야 한다. 이 규정의 목적상 '지식재산권'[7]이라는 용어는 예컨대 저작권, 인접권, 데이터베이스의 보호를 위한 독자적 권리와 산업재산권을 의미하는 것으로 해석되어야 한다.

(27) 파업, 직장폐쇄 같은 쟁의행위의 정확한 개념은 회원국마다 다르고 각 회원국의 국내규칙에 의해서 규율된다. 따라서 이 규정은 노동자와 고용자의 권리 · 의무를 보호하기 위하여 쟁의행위가 행해진 국가의 법이 적용된다는 일반원칙을 전제로 한다.

(28) 제9조의 쟁의행위에 관한 특칙은 국내법에 따라 그러한 행위를 하는 데 관련된 조건에 영향을 미치지 아니하고, 또한 회원국의 법에 규정된 바에 따른 노동조합 또는 근로자들의 대표조직의 법적 지위에 영향을 미치지 아니한다.

(29) 부당이득, 사무관리와 계약체결상의 과실과 같이 불법행위가 아닌 행위에 의하여 손해가 야기된 경우를 다루는 특별한 규칙을 위한 규정을 두어야 한다.

(30) 이 규정의 목적상 계약체결상의 과실은 독자적인 개념이고 따라서 반드시 국내법상 의미의 범위 내에서 해석되어서는 아니 된다. 그것은 개시의무의 위반과 계약 협상의 파기를 포함한다. 제12조는 계약 체결에 선행하는 협상과 직접 연계를 제시하는 계약외채무에만 적용된다. 이는 만일 계약이 협상되는 동안에 어떤 사람이 인적 손해를 입는 경우에는 이 규정 제4조 또는 기타 관련 규정이 적용되어야 함을 의미한다.

(31) 당사자자치의 원칙을 존중하고 법적 안정성을 제고하기 위하여, 당사자들은 계약외채무의 준거법에 관하여 선택할 수 있도록 허용되어야 한다. 이러한 선택은 사안의 상황에 따라 명시적으로 표현되거나 합리적 확실성을 가지고 나타나야 한다. 합의의 존재를 증명할 때 법원은 당사자들의 의사를 존중하여야 한다. 선택에 대해 특정 조건을 부과함으로써 보다 약한 당사자들을 보호하여야 한다.

---

7) '지적재산권'이라고 번역할 수도 있다.

(32) 공익을 고려하는 것은, 회원국 법원이 예외적인 상황에서 공서조항 및 최우선강행규정에 근거한 예외를 적용하는 것을 정당화한다. 특히 이 규정에 의하여 지정된 것으로서 비전보적 본보기적 또는 징벌적 손해배상을 인용하는 효과를 가지는 법 규정의 적용은, 사안의 상황과 법정지 회원국의 법질서에 따라서는 법정지의 공서에 반하는 것으로 간주될 수 있다.

(33) 도로교통사고의 피해자에게 부여되는 보상에 관한 현재의 국내규칙에 따르면, 사고가 피해자의 상거소 소재지 이외의 국가에서 발생한 경우에 인적 손해로 인한 손해배상의 범위를 산정할 때에는, 소가 계속한 법원은 특히 실제의 손실 및 사고 후 몸조리와 치료[8]로 인한 비용을 포함한 특정한 피해자의 모든 관련된 실제의 상황을 고려하여야 한다.

(34) 당사자들 간의 합리적인 균형을 맞추기 위하여, 비록 다른 국가의 법이 준거법으로 지정되는 경우에도 가해행위가 저질러진[9] 국가에서 시행 중인 안전과 행위 규칙들은 적절한 범위 내에서 고려되어야 한다. "안전과 행위 규칙"이라는 용어는 가령 교통사고에서 도로안전규칙을 포함하여 안전 및 행위와 관련되는 모든 규정을 언급하는 것으로 해석되어야 한다.

(35) 국제사법규칙들이 여러 개의 문서들에 산재하고 그들 간에 차이가 존재하는 상황은 피해야 한다. 그러나 이 규정은 특정한 사건에 관한 공동체법 규정 중에 계약외채무와 관련된 국제사법규칙이 포함될 가능성을 배제하지 않는다.
이 규정의 규칙에 의하여 지정된 법과 함께 적용될 수 없는 범위 내에서는, 이 규정은 역내시장의 적절한 기능에 기여하도록 예정된 국제사법규칙을 정한 다른 문서들의 적용에 영향을 미쳐서는 아니 된다. 이 규정에 의하여 지정된 준거법 규정의 적용은, 정보사회서비스 특히 역내시장에서 전자상거래분야에서의 특정한 법적 측면에 관한 2000. 6. 8. 유럽의회와 이사회의 2000/31/EC 지침(전자상거래 지침)와 같은 공동체문서에 의하여 규율되는 바의 물품과 용역의 자유로운 이동을 제한하여서는 아니 된다 [6].

(36) 회원국들이 가입한 국제적 약정을 존중한다는 것은, 이 규정이 이 규정 채택 당시 하나 이상의 회원국들이 당사국인 국제협약에 영향을 미쳐서는 아니 된다는 것을 의미한다. 그 규칙에 더욱 쉽게 접근할 수 있도록 하기 위하여 위원회는 회원국들로부터 제공받은 정보에 근거하여 유럽연합의 관보에 관련 협약들의 목록을 공표해야 한다.

(37) 위원회는 계약외채무에 적용되는 준거법 조항을 포함하여 분할된 분야를 다루는 개별적이고 예외적인 사건에 관하여, 어떤 회원국이 자신을 위하여 제3국과 협상하고 협정을 체결할 권한을 가지는지를 규율하는 절차와 조건에 관한 제안을 유럽의회와 이사회에 제출할 것이다.

---

8) after-care and medical attention, traitement et des soins méicaux, Nachsorge und medizinische Versorgung.

9) the country in which the harmful act was committed, dans le pays où l'acte dommageable a été commis, in dem die schäigende Handlung begangen wurde.

(38) 이 규정의 목적은 회원국에 의하여는 충분히 달성될 수 없고, 이 규정의 규모와 효력에 비추어 공동체 차원에서 더 적절하게 달성될 수 있기 때문에 공동체는 조약 제5조에 규정된 보충성원칙에 따른 조치를 취할 수 있다. 그 조문에 규정된 비례의 원칙에 따라 이 규정은 그 목적을 달성하기 위하여 필요한 범위를 넘지 않는다.

(39) 유럽연합조약 및 유럽공동체설립조약에 부속된 영국과 아일랜드의 지위에 관한 의정서 제3조에 따라 영국과 아일랜드는 이 규정의 채택 및 적용에 참가한다.

(40) 유럽연합협약 및 유럽공동체설립조약에 부속된 덴마크의 지위에 관한 의정서 제1조와 제2조에 따라 덴마크는 이 규정의 채택에 참여하지 않고, 이 규정에 구속되거나 그 적용 대상이 되지 않는다.

이 규정을 채택하였다.

제Ⅰ장 범위

제1조 범위

1. 이 규정은 법의 저촉을 포함하는 상황에 있는 민사 및 상사사건의 계약외채무에 적용된다. 그것은 특히 조세, 관세 또는 행정사건 또는 국가 권한의 행사 과정에서의 작위 및 부작위(주권적 행위)에 대한 국가의 책임에는 적용되지 아니 한다.
2. 이 규정은 다음 사항에는 적용되지 아니 한다.
   (a) 가족관계와, 부양의무를 포함하여 가족관계에 적용되는 준거법에 따라 그에 상응하는 효력을 가지는 것으로 간주되는 관계로부터 발생하는 계약외채무
   (b) 부부재산제와, 그에 적용되는 준거법에 따라 혼인에 상응하는 효력을 가지는 것으로 간주되는 관계로부터 그리고 유언과 상속으로부터 발생하는 계약외채무
   (c) 환어음, 수표, 약속어음과 기타 유가증권으로부터 발생하는 계약외채무. 다만, 기타 유가증권의 경우 그의 유가증권성으로부터 발생하는 채무에 한한다.
   (d) 등록 또는 기타 방법에 의한 설립, 법적 능력, 내부조직 또는 해산과 관련하여 회사 및 기타 법인이거나 비법인인 단체의 법으로부터 발생하는 계약외채무와, 회사 또는 단체의 의무에 관한 임원 및 사원의 개인적 책임과 회계서류의 법령상 감사에서 회사 또는 그 사원에 대한 감사의 개인적 책임
   (e) 자발적으로 성립한 신탁의 위탁자, 수탁자와 수익자 간의 관계로부터 발생하는 계약외채무
   (f) 원자력 손해로부터 발생하는 계약외채무
   (g) 프라이버시와 명예훼손을 포함하여 인격에 관한 권리에 대한 위반으로부터 발생하는 계약외채무
3. 이 규정은 증거 및 절차에 적용되지 않는다. 다만, 제21조와 제22조에는 영향을 미치지 아니한다.

4. 이 규정의 목적상 "회원국"은 덴마크를 제외한 다른 모든 회원국을 의미한다.

제2조 계약외채무

1. 이 규정의 목적상 손해는 불법행위, 부당이득, 사무관리 또는 계약체결상의 과실로부터 발생하는 모든 결과를 포함한다.
2. 이 규정은 발생할 것 같은 계약외채무에도 적용된다.
3. 이 규정에서
   (a) 손해를 초래하는 사건[10]에 대한 언급은 발생할 것 같은 손해를 초래하는 사건을 포함하고,
   (b) 손해에 대한 언급은 발생할 것 같은 손해를 포함한다.

제3조 보편적 적용

이 규정에 의하여 지정된 법은 그것이 회원국의 법인지 아닌지에 관계없이 적용된다.

제Ⅱ장 불법행위

제4조 일반규칙

1. 이 규정에 달리 규정되어 있지 않으면, 불법행위로부터 발생하는 계약외채무의 준거법은, 손해를 초래하는 사건이 발생한 국가에 관계없이 그리고 그 사건의 간접적 결과가 발생한 국가에 관계없이 손해가 발생한 국가의 법이다.[11]
2. 그러나 책임이 있다고 주장된 자와 손해를 입은 자가 손해 발생 시에 그들의 상거소를 동일한 국가에 가지고 있는 경우에는 그 국가의 법이 적용된다.
3. 사안의 모든 상황에 비추어 불법행위가 제1항 또는 제2항에 의하여 지정된 국가 이외의 다른 국가와 명백히 더 밀접한 관련이 있음이 분명한 경우에는 그 다른 국가의 법이 적용된다. 그 다른 국가와의 명백히 더 밀접한 관련은 특히 문제된 불법행위와 밀접한 관련이 있는 계약과 같은 당사자 간에 이미 존재하던 관계에 근거할 수 있다.

제5조 제조물책임

1. 제조물에 의하여 초래된 손해로부터 발생하는 계약외채무의 준거법은 다음과 같다. 다만 이는 제4조 제2항에 영향을 미치지 아니한다.
   (a) 만약 제조물이 그 국가에서 판매된 경우에는, 손해를 입은 자가 손해 발생 당시

---

10) an event giving rise to damage, d'un fait générateur de dommage, ein schadensbegründendes Ereignis.

11) … the law of the country in which the damage occurs irrespective of the country in which the event giving rise to the damage occurred and irrespective of the country or countries in which the indirect consequences of that event occur, … celle du pays où le dommage survient, quel que soit le pays où le fait générateur du dommage se produit et quels que soient le ou les pays dans lesquels des conséuences indirectes de ce fait surviennent, … das Recht des Staates anzuwenden, in dem der Schaden eintritt, unabhägig davon, in welchem Staat das schadensbegrüdende Ereignis oder indirekte Schadensfolgen eingetreten sind.

상거소를 가지고 있던 국가의 법, 그것이 없는 경우에는

(b) 만약 제조물이 그 국가에서 판매된 경우에는, 제조물이 취득된 국가의 법, 그것이 없는 경우에는

(c) 만약 제조물이 그 국가에서 판매된 경우에는, 손해가 발생한 국가의 법

그러나 (a),(b),(c)호에 따른 준거법 소속 국가에서 당해 제조물이나 동종의 물건이 판매되리라고 합리적으로 예견할 수 없었던 경우에는, 준거법은 책임이 있다고 주장된 자의 상거소 소재지법이다.

2. 사안의 모든 정황에 비추어 불법행위가 제1항에서 지정된 국가 이외의 다른 국가와 명백히 더 밀접한 관련이 있음이 분명한 경우에는, 그 다른 국가의 법이 적용된다. 그 다른 국가와의 명백히 더 밀접한 관련은 특히 문제된 불법행위와 밀접한 관련이 있는 계약과 같은 당사자 간에 이미 존재하던 관계에 근거할 수 있다.

제6조 부정경쟁과 경쟁제한행위

1. 부정경쟁행위로부터 발생하는 계약외채무의 준거법은, 그곳에서 경쟁적 관계 또는 소비자의 집단적 이익이 영향을 받거나 또는 받을 것 같은 국가의 법이다.
2. 부정경쟁행위가 전적으로 특정한 경쟁자의 이익에 영향을 미치는 경우에는 제4조를 적용한다.
3. (a) 경쟁제한으로부터 발생하는 계약외채무의 준거법은 시장이 영향을 받거나 또는 받을 것 같은 국가의 법이다.

   (b) 시장이 두 개 이상의 국가에서 영향을 받거나 받을 것 같은 경우에는, 피고의 주소지 법원에서 손해배상을 구하는 소를 제기하는 자는 그 대신 소가 계속한 법원의 법[12]을 선택하여 그의 청구의 근거로 삼을 수 있다. 다만 그 회원국의 시장이 청구의 근거가 된 계약외채무를 초래하는 경쟁제한행위에 의하여 직접적이고 실질적으로 영향을 받은 시장 중의 하나여야 한다. 원고가 관할에 적용되는 규칙에 따라 그 법원에서 2인 이상의 피고에 대하여 소를 제기하는 경우에는, 그는 만일 각 피고에 대한 청구의 근거가 된 경쟁제한이 그 법원의 회원국 시장에서 직접적이고 실질적으로 영향을 미친다면 오로지 그 법원의 법을 선택하여 그의 청구의 근거로 삼을 수 있다.
4. 이 조 하의 준거법은 제14조에 따른 합의에 의하여 배제될 수 없다.

제7조 환경손해

환경손해 또는 그러한 손해의 결과로 입은 인적 또는 물적 손해로부터 발생하는 계약외채무의 준거법은, 만약 손해배상을 구하는 자가 손해를 야기한 사건이 발생한 국가의 법을 선택하여 자신의 청구의 근거로 삼지 않는다면, 제4조 제1항에 의하여 결정되는 준거법이다.

---

12) the law of the court seised, la loi de la juridiction saisie, das Recht des Mitgliedstaats des angerufenen Gerichts.

제8조 지식재산권 침해

1. 지식재산권의 침해로부터 발생하는 계약외채무의 준거법은 그에 대하여 보호가 주장되는 국가의 법이다.
2. 통일적인 공동체 지식재산권의 침해로부터 발생하는 계약외채무의 경우, 관련된 공동체 문서에 의하여 규율되지 않는 문제의 준거법은 침해행위가 저질러진 국가의 법이다.
3. 이 조 하의 준거법은 제14조에 따른 합의에 의하여 변경될 수 없다.

제9조 쟁의행위[13)]

진행 중이거나 완료된 쟁의행위에 의해 야기된 손해에 대하여 근로자, 고용자 또는 그들의 직업적 이익을 대표하는 조직의 책임에 관한 계약외채무의 준거법은 쟁의행위가 행해지거나 이미 행해진 국가의 법이다. 다만, 이는 제4조 제2항에 영향을 미치지 아니한다.

제III장 부당이득, 사무관리와 계약체결상의 과실

제10조 부당이득[14)]

1. 잘못 수령된 금액의 지급을 포함한 부당이득으로부터 발생하는 계약외채무가, 계약 또는 불법행위로부터 발생하는 것처럼 당사자 간에 존재하는 관계에 관련되고 그 부당이득과 밀접하게 관련된 때에는, 부당이득은 그 관계를 규율하는 법에 의하여 규율된다.
2. 제1항에 기초하여 준거법을 결정할 수 없고 당사자들이 부당이득을 발생시키는 사건이 발생한 때에 동일한 국가에 상거소를 가지는 경우에는 그 국가의 법이 적용된다.
3. 제1항 또는 제2항에 기초하여 준거법을 결정할 수 없는 경우에는 준거법은 부당이득이 발생한 국가의 법이 된다.
4. 사안의 모든 상황으로부터 부당이득으로부터 발생하는 계약외채무가 제1항, 제2항과 제3항에 표시된 국가 이외의 국가와 명백히 더 밀접한 관련이 있음이 분명한 경우에는 그 다른 국가의 법이 적용된다.

제11조 사무관리[15)]

1. 적당한 권한 없이 다른 사람의 일을 함으로써 발생하는 계약외채무가, 계약 또는 불법행위로부터 발생하는 것과 같이 당사자 간에 이미 존재하던 관계와 관련되고 그 관계가 계약외채무와 밀접하게 관련된 때에는, 그 계약외채무는 그 관계를 규율하는 법에 의한다.
2. 제1항에 기초하여 준거법을 결정할 수 없고, 당사자들이 손해를 초래하는 사건이 발생할 당시에 동일한 국가에 상거소를 가지는 때에는 그 국가의 법이 적용된다.

---

13) Industrial action, Responsabilité du fait de grève ou de lock out, Arbeitskampfmaßnahmen.
14) Unjust enrichment, Enrichissement sans cause, Ungerechtfertigte Bereicherung.
15) Negotiorum gestio, Gestion d'affaires, Geschätsfürung ohne Auftrag.

3. 제1항 또는 제2항에 기초하여 준거법을 결정할 수 없는 경우에는 준거법은 행위가 행해진 국가의 법이다.
4. 사안의 모든 상황에 비추어, 권한없이 다른 사람의 일을 함으로써 발생하는 계약외채무가 제1항, 제2항 및 제3항에 따른 국가 이외의 국가와 명백히 더 밀접한 관련이 있음이 분명한 경우에는 그 국가의 법이 적용된다.

제12조 계약체결상의 과실[16)]

1. 계약이 실제로 체결되었는지 여부와 관계없이, 계약체결 전의 거래로부터 발생하는 계약외채무의 준거법은, 계약에 적용되는 준거법 또는 만약 계약이 체결되었더라면 적용되었을 법이다.
2. 제1항에 기초하여 준거법을 결정할 수 없는 경우에는 이하의 법이 적용된다.
   (가) 손해를 초래하는 사건이 발생한 국가와 그 사건의 간접적 결과가 발생한 국가들에 관계없이 손해가 발생한 국가의 법; 또는
   (나) 손해를 초래하는 사건이 발생했을 때, 당사자들이 동일한 국가에 상거소를 가지고 있는 경우에는 그 국가의 법, 또는
   (다) 사안의 모든 상황에 비추어, 계약 체결 전의 거래로부터 발생하는 계약외채무가 (가), (나)호에 따른 국가 이외의 국가와 명백히 더 밀접한 관련이 있음이 분명한 경우에는, 그 국가의 법

제13조 제8조의 적용가능성

본 장의 목적상, 제8조는 지식재산권의 침해로부터 발생하는 계약외채무에 적용된다.

제Ⅳ장 선택의 자유

제14조 선택의 자유

1. 당사자는 계약외채무를 (a) 손해를 초래하는 사건 후에 체결된 합의 또는 (b) 모든 당사자들이 상업활동을 추구하는 경우에는 손해를 초래하는 사건 전에 자유롭게 협상된 합의에 의하여도 그들이 선택하는 법에 복종하도록 합의할 수 있다.
   선택은 명시적이거나 또는 사안의 상황에 의하여 합리적 확실성을 가지고 표시되어야 하며 제3자의 권리를 해할 수 없다.
2. 손해를 초래하는 사건 발생 당시 상황에 관련되는 모든 요소들이 준거법 국가 이외의 다른 나라에 소재하는 경우에는, 당사자들의 선택은 당사자들이 합의에 의해 배제할 수 없는 그 다른 나라의 법 규정의 적용에 영향을 미치지 아니한다.
3. 손해를 초래하는 사건 발생 당시 상황에 관련되는 모든 요소들이 회원국에 소재하는 경우에는, 당사자들의 회원국 법 이외의 법 선택은 적절한 경우 법정지에서 시행되는 바와 같은 법정지의 법으로서 당사자의 합의에 의하여 배제할 수 없는 공동체법 규정의 적용에 영향을 미치지 아니한다.

---

16) *Culpa in contrahendo*, «*Culpa in contrahendo*», Verschulden bei Vertragsverhandlungen.

제Ⅴ장 공통규칙

제15조 준거법의 범위

이 규정에 따라 계약외채무에 적용되는 준거법은 특히 다음과 같은 사항을 규율한다.

(a) 그가 행한 행위에 대하여 책임을 질 수 있는 자의 결정을 포함하여 책임의 근거 및 범위

(b) 책임 면제의 근거, 책임제한과 책임의 분할

(c) 손해의 존재, 성질과 산정 또는 주장된 구제수단

(d) 법원이 그의 절차법에 따라 부여받은 권한의 범위 내에서, 상해 또는 손해의 예방 또는 종료 또는 보상의 제공을 보장하기 위하여 취할 수 있는 조치

(e) 상속에 의한 것을 포함하여, 손해배상 또는 구제수단을 청구할 수 있는 권리의 양도가능성

(f) 직접 입은 손해의 배상을 받을 수 있는 권리자

(g) 다른 사람이 한 행위에 대한 책임

(h) 채무를 소멸시킬 수 있는 방법과 소멸시효 또는 제척기간의 개시, 중단, 정지에 관한 규칙 등을 포함한 소멸시효와 제척기간의 규칙들

제16조 최우선강행규정

이 규정의 어떤 조항도, 달리 계약외채무의 준거법에 관계없이 어떤 상황에서 강행적인 법정지의 법 규정의 적용을 제한하지 아니한다.

제17조 안전 및 행위규칙

책임이 있다고 주장된 자의 행위를 평가함에 있어서는, 책임을 초래하는 사건의 시간과 장소에서 시행 중인 안전과 행위에 관한 규칙을 사실의 문제로서 그리고 적절한 범위 내에서 고려하여야 한다.

제18조 책임 있는 자의 보험자에 대한 직접 소송

손해를 입은 자는 계약외채무의 준거법 또는 보험계약의 준거법이 그렇게 규정하는 경우에는, 책임 있는 자의 보험자를 상대로 직접 청구를 할 수 있다.

제19조 대위

어떤 사람(채권자)이 다른 사람(채무자)에 대하여 비계약채권을 가지고 있고 제3자가 채권자를 만족시킬 채무를 부담하고 있거나 이러한 채무에 기하여 실제로 채권자를 만족시킨 경우에는, 제3자가 채무자에 대한 채권자의 권리를 채권자와 채무자의 관계를 규율하는 법에 따라 전부 또는 일부 행사할 수 있는지 여부와 그 범위는 채권자가 제3자에 대하여 가지고 있던 채권의 준거법이 결정한다.

제20조 복수의 책임

채권자가 동일한 채권에 대하여 책임이 있는 복수의 채무자를 상대로 채권을 가지고 있고, 그 채무자들 중 한 명이 그 권리의 전부 또는 일부를 이미 만족시킨 경우에는, 위 채무자가 다른 채무자들에게 구상을 요구할 수 있는 권리를 가지는지는, 채무자의

채권자에 대한 계약외채무의 준거법에 의하여 규율된다.

제21조 방식

법률상 효과를 갖도록 의도되고 계약외채무에 관련되는 일방적 행위는, 계약외채무를 규율하는 법 또는 행위가 행해진 국가의 법이 요구하는 요건을 충족하는 때에는 형식상 유효하다.

제22조 증명책임

1. 이 규정에 따라 계약외채무에 적용되는 준거법은, 그것이 문제된 계약외채무의 사안에서 법률상 추정을 규정하거나 증명책임을 분배하는 한도 내에서 적용된다.
2. 법적 효력을 가지도록 의도된 행위는 법정지의 법이나 방식을 규율하는 제21조에 의한 법에서 인정된 증거방법에 의하여 입증될 수 있다. 다만, 그러한 증거방법은 법정지의 법원에 제출될 수 있는 것이어야 한다.

제Ⅵ장 기타 규정

제23조 상거소

1. 이 규정의 목적상 회사와 기타 법인격이 있거나 없는 단체[17]의 상거소는 경영중심지[18]이다.
   지점, 대리점, 기타 다른 영업소의 운영 과정에서 손해를 초래하는 사건이 발생하거나 손해가 발생하는 경우에는 지점, 대리점 기타 다른 영업소의 소재지가 상거소지로 취급된다.
2. 본 규정의 목적상, 영업활동 과정에서 행위를 하는 자연인의 상거소는 그의 주된 영업소지이다.

제24조 반정의 배제

이 규정에 의하여 지정된 어느 국가의 법의 적용은 국제사법규칙 이외의 그 국가에서 효력이 있는 법의 규칙의 적용을 의미한다.

제25조 복수 법제를 가지는 국가

1. 어느 국가가 계약외채무에 관하여 고유한 법규범을 가지는 수개의 영토적 단위를 포함하는 경우, 이 규정에 따른 준거법을 정함에 있어서 각 영토적 단위는 하나의 국가로 간주된다.
2. 계약외채무에 관하여 고유한 법규범을 가지는 수개의 영토적 단위를 포함하는 회원국은, 단지 이러한 영토적 단위들 간의 법의 저촉에 대하여는 이 규정을 적용할 의무가 없다.

---

17) companies and other bodies, corporate or unincorporated, *sociéé association ou personne morale*, Gesellschaften, Vereinen und juristischen Personen.

18) the place of central administration, *le lieu où elle a éabli son administration centrale.* der Ort ihrer Hauptverwaltung.

제26조 법정지의 공서

이 규정에 의하여 지정된 어느 국가의 법의 조항의 적용은 그의 적용이 법정지의 공서와 명백히 양립될 수 없는 경우에 한하여 거부될 수 있다.

제27조 다른 공동체법 조항과의 관계

이 규정은 특정 사건과 관련하여, 계약외채무에 관련된 국제사법규칙을 규정하는 공동체법 조항의 적용에 영향을 미치지 아니한다.

제28조 기존 국제협약과의 관계

1. 이 규정은 채택 당시 하나 이상의 회원국들이 당사자인 국제협약으로서 계약외채무와 관련된 국제사법규칙을 규정한 국제협약의 적용에 영향을 미치지 아니한다.
2. 그러나 이 규정은, 그러한 협약이 본 규정에 의하여 규율되는 사건에 관련되는 한, 전적으로 둘 이상의 회원국들 사이에 체결된 협약보다 우선적으로 적용된다.

제Ⅶ장 최종규정

제29조 협약의 목록

1. 2008. 7. 11.까지 회원국들은 위원회에 제28조 제1항에 언급된 협약들을 고지해야 한다. 그 날 후에 회원국들은 위원회에 그러한 협약들 전부의 폐기를 고지해야 한다.
2. 위원회는 고지를 받은 날로부터 6월 이내에 유럽연합의 관보에 다음 사항을 공표해야 한다.
   (i) 제1항에 언급된 협약들의 목록
   (ii) 제1항에 언급된 폐기들

제30조 심사조항

1. 위원회는 2011. 8. 20. 이전에 유럽의회, 이사회와 유럽경제사회위원회에 이 규정의 적용에 관한 보고서를 제출해야 한다. 만일 필요하다면, 보고서는 이 규정을 조정하기 위한 제안과 함께 제출되어야 한다. 보고서는 다음을 포함해야 한다.
   (i) 상이한 법역에서 외국법이 취급되는 방법이 미치는 영향과, 회원국의 법원이 이 규정에 따라 실무상 외국법을 적용하는 범위에 관한 연구서
   (ii) 이 규정의 제28조가 교통사고의 준거법에 관한 1971. 5. 4. 헤이그협약에 미치는 영향에 대한 연구서
2. 위원회는 늦어도 2008. 12. 31.까지 미디어에서의 언론의 자유 및 표현의 자유에 관련되는 규칙들, 개인정보의 처리에 관한 개인의 보호 및 정보의 자유로운 이동에 관한 1995. 10. 24. 유럽의회 및 이사회의 95/46/EC 지침에 관한 국제사법적 쟁점들을 고려하면서, 프라이버시 및 인격권의 침해로부터 발생하는 계약외채무에 적용되는 준거법 분야의 상황에 관한 연구서를 유럽의회, 이사회와 유럽경제사회위원회에 제출해야 한다 [7].

제31조 적용시기

이 규정은 그 발효일 후에 발생한 손해를 초래하는 사건에 적용된다.

제32조 적용일자

이 규정은 2008. 7. 11. 부터적용되는 제29조를 제외하고는 2009. 1. 11.부터 적용된다.

이 규정은 그 전부가 유럽공동체설립조약에 따라 회원국에서 구속력이 있고 직접적으로 적용된다.

2007. 7. 11. 스트라스부르에서 행해짐.
유럽의회를 대표하여
회장 H.-G. Pöttering
이사회를 대표하여
의장 M. Lobo Antunes

[1] OJ C 241, 28.9.2004, p. 1.

[2] 2005. 7. 6. 유럽의회 의견(OJ C 157 E, 6.7.2006, p. 371), 2006. 9. 25. 이사회 공동입장(OJ C 289 E, 28.11.2006, p. 68) 그리고 2007. 1. 18. 유럽의회 의견(그러나 아직 관보에 공표되지 않음). 2007. 7. 10. 유럽의회 입법결의와 2007. 6. 28. 이사회 결정

[3] OJ C 12, 15.1.2001, p. 1.

[4] OJ C 53, 3.3.2005, p. 1.

[5] OJ L 12, 16.1.2001, p. 1. (EC) No 1791/2006 규정에 의해 마지막으로 수정된 규정(OJ L 363, 20.12.2006, p. 1).

[6] OJ L 178, 17.7.2000, p. 1.

[7] OJ L 281, 23.11.1995, p. 31.

심사조항에 관한 위원회 진술(제30조)

위원회는 "ROME Ⅱ" 규정 제30조의 프레임 내의 유럽의회와 이사회의 권유에 따라 2008년 12월 이전에 프라이버시 및 인격에 관련되는 권리의 위반으로부터 발생하는 계약외채무의 준거법 분야에 관한 연구서를 제출할 것이다. 그 위원회는 상황의 모든 측면을 고려하고 만일 필요하다면 적절한 조치를 취할 것이다.

도로 사고에 관한 위원회 진술

위원회는 도로교통사고의 피해자들에게 부여되는 보상의 수준에 관한 회원국들의 상이한 관행을 인식하면서, 당사자들의 상거소인 회원국이 아닌 회원국에서의 도로교통사고에 연루된 유럽연합 거주자들에 대하여 초래되는 특정한 문제를 검토할 준비가 되어 있다. 이를 위하여 위원회는 2008년 말까지 보험의 측면을 포함하여 국경을 넘는 피해자들의 지위를 개선하기 위한 모든 선택지에 관한 연구서를 유럽의회와 이사회에

제공할 것이고, 이는 궁극적으로 Green Paper를 위한 길을 열어줄 것이다.

외국법의 취급에 관한 위원회 진술

위원회는 외국법의 취급에 관하여 회원국들이 취하는 상이한 관행을 인식하면서, 헤이그 프로그램의 목적을 고려하여, 늦어도 ROME Ⅱ 발효 후 4년 내에 그러나 어떤 경우에든 민사·상사사건에서 회원국 법원들의 외국법 적용에 관한 수평적 보고서가 이용가능하게 되면 그 즉시 동 연구서를 공표할 것이다. 만일 필요하다면, 적절한 조치를 취할 수 있도록 준비도 되어 있다.

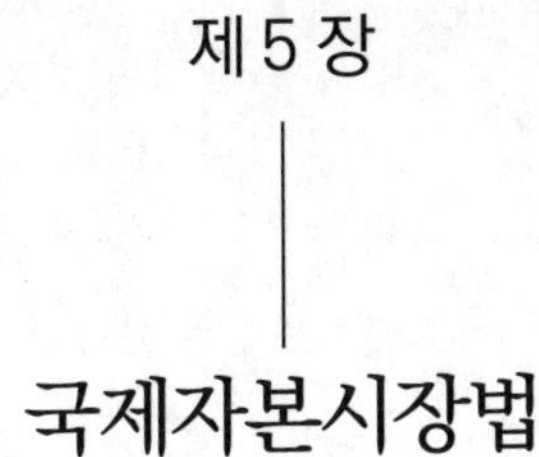

제5장

국제자본시장법

[8] 동시상장 기타 자본시장 국제화에 따른 국제사법 문제의 서론적 고찰

[補論] 상장회사에 관한 상법의 특례규정과 國際私法的 思考의 빈곤: 외국회사를 중심으로

[8] 동시상장 기타 자본시장 국제화에 따른 국제사법 문제의 서론적 고찰

前 記

이 글은 저자가 국제사법연구 제20권 제2호(2014. 12.), 29면 이하에 게재한 글을 일부 수정·보완한 것이다. 다소 야심적인 제목을 붙인다면 "국제자본시장법 서설"이라고 할 수 있을 것이다. 수정 부분은 대체로 밑줄을 그어 표시하였고, 참고할 사항은 말미의 후기에 적었다. 법률신문에 별도로 발표한 상장회사에 관한 짧은 글은 보론으로 추가하였다.

Ⅰ. 머리말

우리나라는 1981년 외국인전용수익증권을 발행하는 방법으로 증권투자신탁을 통하여 국내증권에의 간접투자를 허용함으로써 자본시장의 자유화를 시작하였고, 1984년에는 국내 증권투자를 목적으로 미국법에 따라 Korea Fund를 설립하였다. 한편 외국인의 국내증권에 대한 직접투자는, 1992년 일정 한도 내의 주식투자를 먼저 허용하였고 1994년부터 단계적으로 채권에 대한 직접투자를 허용하였으며 그 범위를 점차 확대하여 현재는 자본시장의 국제화가 상당히 심화되었다. 근자에는 외국회사가 한국 내에서 증권—주권 또는 증권예탁증권(KDR)(이하 "KDR"이라 한다)— 을 발행하여 한국거래소에 상장하기에 이르렀고, 최근에는 전자증권의 도입을 위한 논의를 하고 있는데 머지않아 도입될 것이다 "주식·사채 등의 전자등록에 관한 법률"("전자증권법") 제정안이 국회 본회의를 통과하여 법률 제14096호(2016. 3. 22.)로 제정되었고, 동법은 공포 후 4년을 넘지 아니하는 범위에서 대통령령으로 정하는 날부터 시행되는데 2019년 9월 중 시행될 예정이라고 한다. [밑줄 부분은 이 책에서 새로 추가한 것이다.] 다양한 국제증권거래 중 주요한 유형들과 각각의 경우 제기되는 국제사법적 논점은 아래와 같다.

[1] 국제적 증권의 발행과 상장. 이에는 첫째, 국내회사가 외국에서 증권을 발행하는 경우와 둘째, 외국회사가 한국에서 증권을 발행하는 경우가 있다. 근자

에 외국회사가 원주 또는 KDR을 발행하여 한국거래소에 상장하는 사례가 증가하고 있는데, 원주발행 시에는 ① 국제회사법, ② 국제자본시장법, ③ 상장기준을 정한 거래소의 상장규정과 ④ 주식 양도와 관련하여 국제(유가)증권법의 문제가 제기된다. 투자설명서의 거짓 기재로 인하여 발생하는 투자설명서책임의 준거법이 문제되는데[1] 이는 ②에 속한다. 이 경우 "자본시장과 금융투자업에 관한 법률"(이하 "자본시장법"이라 한다) 제2조가 정한 역외적용이 문제된다.

[2] 한국거래소 상장증권에 관하여 외국인이 외국에서 내부자거래, 시세조종, 부정거래행위 등 불공정거래행위를 하는 경우 민사책임의 준거법이 문제되는데 그 경우 불법행위의 준거법을 정한 국제사법(제32조)의 적용 여부가 문제된다. 자본시장법 위반에 따른 민사책임의 준거법 결정이라는 국제사법의 한 분야를 '국제자본시장법(또는 국제증권거래법)'이라 할 수 있다.[2)3)] 여기에서 자본시장법 제2조가 준거법 결정 시 가지는 의미가 문제된다.[4]

[3] 유가증권(또는 증권. 자본시장법 제4조 제1항은 '증권'이라는 개념을 사용하나 여기에서는 증권과 '유가증권'을 호환적으로 사용한다), 특히 간접보유증권의 국제적 담보제공 기타 처분. 오늘날 투자자는 간접보유증권의 형태로 증권을 보유하는

---

1) 이는 주로 발행시장에서의 공시의무의 문제이다.

2) 국제자본시장법을 광의로 사용하면 자본시장법의 국제적 적용범위를 다루는 법으로 볼 수 있으나, 협의로는 국제사법의 한 분야라고 할 수 있는 것에 제한된다. 본문에서는 협의로 사용한 것이다. 참고로 과거 국제자본시장법의 연결원칙에 관하여는 독일에는 통일적 연결을 시도하는 견해(예컨대 Daniel Zimmer, Internationales Gesellschaftsrecht (1996), S. 45ff.; Kiel, 208ff.)와 사안유형에 따라 다양한 연결원칙을 도입하려는 견해(Andreas Spahlinger/Gerhard Wegen, Interantionales Gesellschaftsrecht in der Praxis (2005), Rn. 583ff.) 등이 있었다. 이런 논점을 다룬 과거 국내 문헌으로는 안문택, 證券去來法體系(1985), 제5장 이하; 이갑수, "증권의 국제거래와 적용법률", 증권조사월보 (1986. 2.), 5면 이하 등이 있다. 이 각주는 이 책에서 새로 추가한 것이다.

3) 우리 자본시장법은 증권의 예탁결제(또는 대체결제)도 규율하므로 국제증권예탁결제 또는 국제증권대체결제도 자본시장법의 문제라고 볼 여지도 있으나 이는 성질상 구별된다. 과거 일본이 대체결제에 관한 규정을 증권거래법이 아니라 '株券等の保管及び振替に関する法律'에 규정하였음을 생각하면 이를 쉽게 이해할 수 있다. 따라서 여기에서는 이를 국제자본시장법(또는 국제증권거래법)의 문제가 아니라 국제물권법 또는 그와 유사한 국제(유가)증권법의 문제로 취급한다.

4) 그 밖에도 국제적 기업인수의 경우 국내회사와 외국회사 간의 국제적 합병, 국제적 영업양도 또는 국제적 주식매수(공개매수를 포함) 등의 거래형태가 이용되므로 다양한 국제사법의 문제가 제기된다. 또한 국제도산법의 문제가 있고 그에는 'equitable subordination'의 문제와 자본시장법에 특유한 문제로 제65조(외국 금융투자업자의 특례) 등이 있으나 그에 대한 논의는 생략한다. 근자의 독일 국제회사법의 논의는 Marc-Philippe Weller, "Das autonome Unternehmenskollisionsrecht", IPRax (2017), S. 167ff. [밑줄 부분은 이 책에서 새로 추가한 것이다.]

데 증권에 대한 담보권의 준거법 결정이 문제된다. 이는 장래 전자증권이 도입되면 더욱 중요하게 될 것이다.

[4] 국제증권거래와 복수예탁결제제도의 연계. 증권에 대한 국제적 투자에는 첫째, 외국투자자의 국내증권투자와 둘째, 국내투자자의 외국증권투자가 있다. 이 경우 투자자가 증권 발행국의 중개기관에 직접 계좌를 개설하고 거래를 하는 경우(개별이용방식, 즉 단일예탁결제제도 개입 시)에는 문제가 없으나, 자신의 소재지국 중개기관에 계좌를 개설하고 양국 중개기관을 통하여 거래하는 경우(집중예탁제도 이용방식 즉, 복수예탁결제제도 연계 시)에는 복수예탁결제제도의 충돌에 따른 문제가 발생하므로 이를 해결할 필요가 있다. 이는 상이한 또는 異種의 간접보유증권법리가 충돌(interface)하는 경우에 특히 문제된다.

[5] 외인법의 문제. 이는 우리 상법과 자본시장법이 어느 범위 내에서 한국거래소에 주권을 상장한 외국회사에 적용되는지의 문제이다.

여기에서는 우리나라 자본시장의 국제화에 따라 제기되는 국제사법 문제에 대한 서론적 고찰로서 사법적(私法的) 법률문제의 준거법을 중심으로 살펴본다.[5][6] 이를 통해 독자들이 우리 자본시장의 국제화에 따른 국제사법의 실천적 의의를 깨닫기를 희망한다. 우선 국제사법이론의 기초를 제공하기 위해 국제사법의 다양한 분야를 소개하고(Ⅱ.), 국제적 증권의 발행과 상장(Ⅲ.), 자본시장법 위반에 따른 민사책임의 준거법과 국제자본시장법(Ⅳ.),[7] 유가증권, 특히 간접보유증권의 국제적 처분의 준거법, 즉 국제증권법(Ⅴ.), 국제증권거래와 복수예탁결제제도의 연계(Ⅵ.)와 외인법(Ⅶ.)의 순서로 논의한다.

---

5) 저자는 과거 정순섭 교수와 "국제자본시장법의 서론적 고찰—역외적용 및 역외투자자문업자등의 특례를 중심으로—"라는 글을 발표하면서 장래의 과제로 미뤘는데(석광현·정순섭, "국제자본시장법의 서론적 고찰—역외적용 및 역외투자자문업자등의 특례를 중심으로—", 증권법연구 제11권 제2호(2010), 27면 이하 참조), 이 글은 그 후속작업의 일환이라 할 수 있다. 위 글을 이하 "석광현·정순섭"이라 인용한다. [밑줄 부분은 이 책에서 새로 추가한 것이다.]

6) 아래에서 보듯이 행정규제와 형사규제에 대한 논의는 제외한다. 증권법률은 공법적 색채로 인해 강행적으로 적용되므로 외국 기업의 상장에 따른 국제사법 문제는 별로 없다는 견해도 있다. 장영수, "외국기업의 국내공모 및 상장에 따른 제반 법률문제", BFL 제42호(2010. 7.), 65면. 물론 국제사법만으로 모든 문제를 해결할 수 없고 준거법인 실질법을 이해해야 함은 물론이나 위 지적은 옳지 않다. 이 글이 그 증거이다.

7) 국제회사법과 국제자본시장법 기타 외국회사의 상장과 관련된 국제사법의 제문제에 관하여는 우선 Francisco J. Garcimartín Alférez, "Cross-Border Listed Companies", in *Recueil des Cours, Tome* 328 (2007), p. 9 이하가 유용하다. 보다 상세한 내용은 Herbert Kronke/Werner Melis/Anton Schnyder (Hrsg.), Handbuch Internationales Wirtschaftsrecht (2005), Teil L Rn. 69ff. (Kronke/Haubold 집필부분). 이하 전자를 "Garcimartín", 후자를 "Kronke/Haubold"라고 인용한다.

Ⅱ. 국제사법이론의 기초: 국제사법의 다양한 분야

여기에서는 우리 국제사법의 체계에 따라 다양한 분야를 소개하는데, 이는 아래(Ⅲ. 이하)에서 다루는 개별적 논점의 체계상의 지위를 이해하고, 준거법 결정의 전제가 되는 성질결정(characterization)을 제대로 하기 위한 것이다. 인터넷환경에서 적절히 수정하거나 변용할 필요성은 있지만, 아래의 법리는 인터넷시대에도 원칙적으로 타당하다.[8] 국제적 자본시장 내지 증권거래에서 발생하는 법률문제를 이해하자면 실질법[9]의 논점은 물론 다양한 국제사법적 논점을 이해해야 한다. 이에는 ① 국제회사법, ② 국제계약법, ③ 국제자본시장법 내지 국제불법행위법, ④ 국제증권법 내지 국제물권법—여기에는 증권 실물과 간접보유증권의 처분이 있다— 과 ⑤ 국제증권거래와 복수예탁결제제도의 연계 — 상이한 간접보유증권법리의 충돌(내지 interface) 등이 있다.

1. 국제회사법[10]

회사의 준거법은, 회사의 설립과 사원의 권리와 의무 및 사원권의 양도 기타 회사에 관련된 다양한 논점[11]을 규율한다. 회사의 속인법 결정에 관하여는 세계적으로 견해가 나뉘나 우리 국제사법(제16조)은 설립준거법설을 원칙으로 삼고 예외적으로 본거지법설을 따른다. 제16조 단서는 내국거래의 불안정을 예방하고, 발기인들이 규제가 느슨한 외국법에 따라 회사를 설립하고 한국에서 주된 영업을 하는 것을 근본적으로 막는 일반예방적 위하를 달성하려는 것이다.[12] 제

8) 놀랍게도 허항진, 국제증권시장의 법과 실무(2009), 308면은 "오늘날의 인터넷시대에서는 사비니 이론에 근거한 준거법 결정이론이 더 이상 작동하지 않게 되었다"고 하나 이는 옳지 않다. 예컨대 지적재산권 관련 준거법 결정을 위한 ALI 원칙(제321조), CLIP 원칙(3:603조)과 한일공동원칙(제3:602조)은 인터넷에 의한 지적재산권 침해에 대하여 일반원칙이 적용됨을 전제로 하면서 특칙을 두고 있다. 석광현, "국제지적재산권분쟁과 國際私法: ALI 원칙(2007)과 CLIP 원칙(2011)을 중심으로", 민사판례연구 제34집(2012), 1107면 이하 참조. 인터넷의 특수성을 고려한 준거법 결정원칙 일반은 석광현, 국제사법과 국제소송 제2권(2001), 152면 이하 참조.

9) 실체법은 절차법에, 실질법은 국제사법(또는 저촉법)에 각각 대비되는 개념이다.

10) 상세는 석광현, 국제사법 해설(2013), 201면 이하 참조. 그 밖에 예컨대 자회사의 모회사 주식취득을 금지하는 상법 제342조의2 제1항이 외국회사인 자회사에게도 적용되는가와 같은 국제콘체른법의 문제도 제기된다. 이는 위 석광현, 215면 이하 참조.

11) 나아가 회사의 속인법은 회사의 권리능력의 유무와 범위, 행위능력, 조직과 내부관계(즉 회사의 지배구조), 합병 등 회사의 설립부터 소멸까지 회사의 모든 사항을 규율한다.

12) Peter Behrens, "Das Internationale Gesellschaftsrecht nach dem Überseeing-Urteil des EuGH

16조 단서의 결과 만일 국내기업들이 외국의 조세피난처에 외국법에 따라 특수목적회사를 설립하고 그 회사가 한국에서 주된 영업을 한다면 법인격이 인정될 수 없고,[13] 우리 법상으로는 민법상의 조합 또는 설립중의 회사로 취급되거나, 만일 사단의 실체를 구비한다면 권리능력 없는 사단으로 취급될 것이다.[14] 따라서 한국거래소에 상장하기 위해 한국거래소 또는 한국예탁결제원(이하 "예탁결제원" 또는 "KSD"라 한다)과 계약을 체결하는 외국회사의 회사법적 쟁점은 원칙적으로 그 설립준거법에 의해 규율된다.

2. 국제계약법[15]

계약의 준거법은 국제계약의 성립, 해석, 유효성과 효력을 규율한다. 우리 국제사법(제25조 이하)은 국제계약의 준거법에 관하여 '당사자자치의 원칙'을 채택하고, 당사자가 준거법을 지정하지 않은 경우 계약과 가장 밀접한 관련이 있는 국가의 법에 의하도록 규정하면서, 법관의 판단을 돕기 위해 유럽공동체의

und den Schlussanträgen zu Inspire Art", IPRax (2003), S. 194.

13) 이는 (전통적) 본거지법설의 논리적 귀결이다. 김연 · 박정기 · 김인유, 국제사법 제3판(2012), 258면도 동지. 프랑스 판결도 이런 태도를 취한다고 한다. Paschalis Paschalidis, Freedom of Establishment and Private International Law for Corporations (2012), para. 2.43 이하. 그러나 2002. 7. 1. 독일 연방대법원 판결(BGHZ 151, 204 = NJW 2002, 3539)은 이를 완화하여 의사외국회사의 법인격(당해 사건에서 당사자능력)을 인정하면서 사안에 따라 이를 독일 민법상의 조합 또는 인적회사로 보아 권리능력과 당사자능력을 인정하였는데, 외국회사를 인적회사로 취급한다면 사원은 책임의 제한을 주장할 수 없고 회사 이름으로 행한 행위에 대해 채무를 부담한다. 이를 '신본거지법설'이라고도 하는데 그 당부에 대하여는 논란이 있다. Andreas Spahlinger/Gerhard Wegen, Internationales Gesellschaftsrecht in der Praxis (2005), Rn. 41ff. 참조. 학설 중에도 그런 회사와 거래한 상대방을 보호하기 위해 권리외관이론을 원용하여, 존재하지 않는 회사를 상대로 청구를 허용하거나, 법인격부인의 법리를 적용하는 경우와 유사하게(설립준거법에 따라 법인격을 부인할 사안은 아니더라도) 사원 또는 실제 행위자에게 책임을 묻는 견해도 있다. Jan Kropholler, Internationales Privatrecht, 6. Auflage (2006), S. 573. 요컨대 신본거지법설을 따르면 회사의 법인격은 유지될 수 있으나 사원은 유한책임을 주장할 수 없게 된다. [밑줄 부분은 이 책에서 새로 추가한 것이다.]

14) 미국의 다수 회사는 델라웨어주법에 따라 설립되는데 미국에서는 설립준거법설을 따르므로 다른 주 법원들은 회사법상의 쟁점에 관하여 델라웨어주법을 적용하나, 캘리포니아주 회사법(제2115조)은 다른 주에서 설립된 회사가 일정요건을 구비하여 캘리포니아에서 중대한 영업접촉을 확립하는 때에는 캘리포니아주가 그 회사의 내부사항을 규율할 권리가 있음을 명시한다. 이것이 'outreach statute'이다. 석광현(註 10), 207면의 'overreach statute'는 오기(誤記)이다. 근자에 천경훈, "상법상 외국회사 규정의 몇 가지 문제점: 2011년 개정의 분석과 비판을 겸하여", 상사법연구 제32권 제4호(통권 제81호)(2014. 2.), 265면은 설립준거법설을 지지하면서 제16조 단서를 삭제하고 본문만 두자는 견해를 피력한다.

15) 상세는 석광현(註 10), 292면 이하 참조.

1980년 "계약채무의 준거법에 관한 협약(로마협약)"을 본받아 '특징적 이행(또는 급부)(characteristic performance)'에 기초한 추정을 도입하였다. 국제계약법은 증권 발행과 관련한 각종 계약, 사채, 상장 관련 계약, 증권회사와 체결하는 계좌약정, 주식예탁계약(deposit agreement), 증권보관계약, 투자자문계약 및 투자일임계약 등과 관련하여 중요하다. 한국거래소나 예탁결제원이 외국회사와 체결하는 각종 계약의 준거법을 한국법으로 지정하는 것은 당사자자치의 원칙에 근거한 것이다.[16] 자본시장과 관련해서 특히 의미 있는 것은 사채 발행과 투자자 보호의 문제이다. 사채의 준거법을 논의함에 있어서는 사채권이 표창하는 권리의 준거법과 사채권 자체에 대한 물권의 준거법을 구별해야 하는데, 전자는 계약의 준거법에 따를 사항이다. 우리 상법은 사채권자의 보호를 위한 조문을 두고 있으나 이는 회사의 조직이나 경영에 관한 사항은 아니므로 속인법의 일부로서 적용되지는 않는다. 자본시장에서 사채권을 취득하였거나 취득하고자 하는 투자자의 보호의 문제와 관련하여 상법 조문과 자본시장법 조문의 중첩적용이 있을 수 있다.

3. 국제자본시장법

대부분의 국제사법은 자본시장법 쟁점의 연결원칙을 명시하지 않는다.[17] 그 이유는 자본시장법의 규율대상이 다양하고 그 법리가 충분히 발전되지 않은 탓이다. 그러한 쟁점은 성질결정에 따라 불법행위 등 전통적 연결원칙에 의하여 연결해야 하나, 근자에 유럽에서는 대상을 유형화하여 각각 연결원칙을 정립하려고 노력하는 중인데[18] 일부 영역(내부자거래나 공개매수 등)에서는 통일적 연결원칙이 도입되었다. 그런데 우리 자본시장법(제2조)은 역외적용을 명시하므로 그것이 준거법의 결정에서 가지는 의미를 분석할 필요가 있다.

---

16) 그러나 투자자가 국제사법(제27조)이 정한 소비자라면 소비자계약에 대한 특칙이 적용됨을 주의해야 한다. 국내 거주자가 역외투자자문업자 또는 역외투자일임업자와 체결하는 투자자문계약 및 투자일임계약(자본시장법 제100조)에 대하여는 자본시장법이 명문의 규정을 두고 있는데 그것과 소비자계약의 관계를 검토할 필요가 있다. 우선은 석광현 · 정순섭, 67면 이하; 석광현(註 10), 340면과 351면 참조. 자본시장에서의 금융소비자보호와 관련하여 국제사법만으로 족한지도 검토할 필요가 있다.

17) 스위스 국제사법은 제156조에서 규정을 두고 있다.

18) Herbert Kronke, Capital Markets and Conflict of Laws, in *Recueil des Cours, Tome* 286 (2000); Kronke/Haubold, Teil L Rn. 69ff.; MünchKommBGB/Schnyder, Band 11 Einführungsgesetz, Internationales Privatrecht 5. Auflage (2010), IntKapMarktR Rn. 28ff. 참조.

가. 자본시장법의 국제적 적용범위

자본시장법은 공법적 성질을 가지는 '자본시장질서법'(또는 '자본시장조직법')과 사법적 성질을 가지는 '자본시장거래법'으로 구분된다.[19] 자본시장거래법에는 거래소 내외에서 행해지는 거래가 포함되고 이는 대체로 국제사법규칙에 따라 결정되는 준거법에 의해 규율된다. 또한 자본시장규제는 그 성질에 따라 ① 공법적 규제를 내용으로 하는 행정규제—상장의 허용 여부도 이에 해당한다—, ② 행정규제 기타 자본시장법 위반으로 인한 민사책임을 규율하는 민사규제와 ③ 행정규제 위반에 대한 형사처벌을 내용으로 하는 형사규제로 구성되는데,[20] 대체로 ①과 ③은 자본시장질서법에, ②는 자본시장거래법에 속한다. 그런데 적용범위의 결정에 있어 각 분야는 상이한 원리를 따르므로 자본시장법의 국제적 적용범위와, 역외적용을 명시한 자본시장법 제2조가 가지는 의미[21]도 분야별로 논의해야 한다. 여기에서는 주로 ②에 해당하는 국제자본시장법의 문제를 논의한다.[22]

---

19) 독일에서는 이런 분류가 통용된다. MünchKommBGB/Schnyder, Band 11, IntKapMarktR Rn. 22ff. 참조. Garcimartín, para. 72도 같다. 천창민, "외국주식의 상장과 투자자 보호에 관한 고찰", 민사판례연구 제35집(2013), 1043면은 전자를 '자본시장제도법'이라 부른다.

20) 자본시장거래법은 회사법, 계약법과 불법행위법과 같은 일반사법에 대한 특칙을 규정한 특별사법이라고 할 수 있는데, 민사규제도 그에 속한다. Garcimartín, paras. 69, 106.

21) 이지은, "외국법인의 국내상장에 관한 법적 쟁점", BFL 제52호(2012. 3.), 117면은 증권규제법의 공법적 특성상 대부분 국가가 속지주의를 채택하여 큰 충돌은 없을 것이라고 하나 자본시장법(제2조)을 고려하면 이런 설명은 의외이다.

22) 원칙적으로 행정규제는 공법의 국제적 적용범위에 관한 원칙에 따르고 형사규제는 동 원칙과 형법총칙의 명문규정에 따른다. 석광현, "클라우드 컴퓨팅의 규제 및 관할권과 준거법", Law & Technology 제7권 제5호(2011. 9.), 23면 이하 참조. 자본시장법의 행정규제에는 진입규제, 영업행위규제, 불공정행위규제와 공시규제 등이 있다. 김건식 · 정순섭, 자본시장법 제3판(2014), 834면 이하 참조(이하 이를 "김건식 · 정순섭"이라 인용한다). 각국이 각자 국제거래를 규제한다면 거래비용, 감독비용의 증가와 규제의 적극적 또는 소극적 저촉을 초래하는 문제가 있으므로 국제증권감독기구(IOSCO)는 각국의 증권규제의 역외적용의 효율적 집행을 위한 국제 증권감독기관의 공조 및 규제 차이의 해소를 위해 노력하고 있다. 그런 목적 하에 2013년 6월 설치된 IOSCO Task Force on Cross Border Regulation은 2014년 11월 Consultation Report를 발표하였다. 이는 국제 증권거래에 관한 각국의 규제를 대체로 3개의 범주, 즉 National Treatment, Recognition과 Passporting으로 유형화하고 그 장 · 단점을 설명한다. 정성구, "자본시장법의 국제적 적용범위와 국제증권거래—외국금융투자업자에 대한 진입규제문제를 중심으로—", 국제거래법학회 산하 국제금융법연구회 2015. 8. 14. 발표자료, 5면. IOSCO의 홈페이지(https://www. iosco. org/library/pubdocs/pdf/IOSCOPD466.pdf) 참조. 승인에는 일방적 승인과 상호승인이 있다. 후자에 관하여는 이진, "금융규제의 상호인증(Mutual Recognition) 관련 국제적 동향과 시사점", 증권법연구 제15권 제1호(통권 제32호)(2014. 4.), 333면 이하 참조. 참고로 유럽연합은 2014. 7. 23. 안전하고 효율적이며 원활한 결제를 증진하고자 유럽연합 내 금융증권의 결제를 위한 통일적 요건과 중앙예탁기관의 조직과 운영에 관한 규칙을 명시하는 규정(번호 909/2014)을 공표하였다. 초안은 간접보유증권의 처분 등 물권적 측

나. 자본시장법 위반에 따른 민사책임과 자본시장법 제2조

자본시장에서는 다양한 민사책임이 발생한다. 예컨대 한국 회사가 외국에서 국제채를 발행하면서 증권신고(필요시) 또는 투자설명서에 거짓의 기재 기타 증권거래에서의 불공정행위에 따른 책임(제125조),[23] 증권 발행 후 단기매매차익의 반환의무(제172조), 내부자거래에 따른 손해배상책임(제174조, 제175조), 시세조종행위에 따른 손해배상책임(제176조)[24] 등과 같은 자본시장법 위반에 따른 민사책임도 문제된다.[25] 자본시장법은 이러한 의무나 책임이 성립하기 위한 구체적 요건을 규정하는데 이는 대체로 자본시장에 상장된 증권에 관한 행위이므로 자본시장법의 적용에 관한 한 요건의 구비 여부를 판단하여 적용범위를 획정하면 족할 것으로 보인다.[26] 한편 자본시장법 위반으로 인한 일부 민사책임이 불법행위로 성질결정된다면[27] 그 준거법은 국제사법(제32조 제1항)이 정한 불법행위지법원칙에 의하여 결정되는데, 그 과정에서 자본시장법의 특수성을 어떻게 고려할지[28]와, 나아가 불법행위지법원칙과 자본시장법 제2조의 관계가 문제된다.

면의 준거법을 명시하였으나 이는 삭제되었다. 설성재, “유럽연합의 입법행위와 CSD Regulation의 주요내용”, 해외증권예탁결제동향, Vol. 47 (2014), 14면 참조. 이 글은 위 규정을 소개하는데 ‘준거법’이라고 해야 할 것을 ‘관할법률’이라고 부른다. [밑줄 부분은 이 책에서 새로 추가한 것이다.]

23) 자본시장법 제125조의 책임과 민법상의 불법행위책임은 서로 배척하는 것이 아니라 경합적으로 적용된다는 것이 통설이고 판례이다. 대법원 1997. 9. 12. 선고 96다41991 판결. 김건식·정순섭, 229면. 또한 상법(제401조)은 이사의 제3자에 대한 책임을 명시한다. 증권신고서와 투자설명서의 작성에 관여한 이사의 자본시장법에 따른 손해배상책임은 상법상의 책임과 유사하다.

24) 유럽연합의 내부자거래지침(EU Directive on Insider Trading) 제10조는 각 회원국은 자국 내에서 행해진 행위 또는 자국 내 소재하는 규제된 시장에서 거래되는 금융증권(financial instrument)에 관하여 외국에서 행해진 행위에도 적용되므로, 이는 시장의 완결성과 공정성에 대한 신뢰를 보호하려는 것이고 결국 국내시장에 영향을 미치는 역외적 행위에 대해 국내법을 적용하는 것이라고 한다. Garcimartín, para. 107 참조. MünchKommBGB/Schnyder, Band 11, IntKapMarktR Rn. 257ff.; Kronke/Haubold, Teil L Rn. 653ff.

25) Garcimartín, para. 107은 자본시장의 규제를 3개의 범주, 즉 공시의무, 사기 및 조종행위의 금지와 내부자거래의 금지로 구분한다.

26) 자본시장법의 이런 조문은 당해 거래의 준거법에 관계없이 적용되는 점에서 국제적 강행법규라고 한다. Garcimartín, para. 106 참조.

27) 자본시장법 제172조 제1항에 따른 내부자의 단기매매차익 반환의무는 자본시장법이 내부자에게 특별히 부과한 법정의무이므로 불법행위로 성질결정하기는 어렵다.

28) Garcimartín, para. 106.

4. 국제증권법

(유가)증권의 국제적 처분의 준거법이 문제되는데, 이는 ① 증권의 실물을 처분하는 경우와 ② 부동화 또는 무권화된 증권, 즉 간접보유증권을 처분하는 경우로 구분할 수 있다. 후자의 경우 복수 중개기관이 관여하는 때에는 복수예탁결제제도의 연계가 발생한다.

가. 증권 실물 거래: 화체된 권리의 준거법과 증권 자체의 준거법의 구별

국제사법은 명시하지 않지만 유가증권의 준거법은 '증권에 화체된 권리의 준거법'과 '증권 자체의 준거법'을 구별해야 한다. 전자는 증권의 종류(무기명증권인지 등)와 증권에 화체된 권리의 내용 등을 규율하고(국제사법 제23조 참조), 후자는 증권 자체에 대한 물권을 규율하므로 증권소재지법(lex cartae sitae)에 의한다. 다만 무기명증권의 경우 증권과 화체된 권리를 동일시할 수 있으므로 양자 모두 증권소재지법에 의한다(국제사법 제21조).

나. 간접보유증권의 담보제공 기타 처분: 복수예탁결제제도의 개입

오늘날 투자자는 증권 실물을 가지는 대신 이를 중앙예탁기관에 집중예탁하고 계좌간 대체 또는 장부상의 기재에 의해 권리를 양도하는 것이 일반적이다. 이를 증권의 간접보유라고 하고 투자자는 '간접보유증권'을 가진다고 한다. 무기명증권이든 아니든 간에 그 경우 증권 처분의 준거법으로 증권소재지법은 부당하므로 그 준거법이 문제된다. 이를 해결하고자 헤이그국제사법회의는 2002년 12월 "중개기관에 보유하는 증권에 관한 일부 권리의 준거법에 관한 협약"("헤이그증권협약")[29]을 채택하였고 이는 미국, 스위스와 모리셔스에서 2017. 4. 1. 발효되었다. 우리는 국제사법의 해석론과 입법론을 정립해야 하는데 이는 전자증권 도입 시 더욱 중요하다.

---

29) 협약의 영문 명칭은 "Convention on the Law Applicable to Certain Rights in respect of Securities held with an Intermediary"이다. UNIDROIT가 2009년 10월 채택한 "중개된 증권을 위한 실질법규칙에 관한 협약(Convention on Substantive Rules for Intermediated Securities)"(제네바증권협약)은 실질법규칙을 조화시키려는 것이다. 저자는 2005. 5. 8.부터 16. 사이에 개최된 UNIDROIT 회의에 예탁결제원 지원으로 참석하였으나 보고서를 공간하지는 못한 것은 유감이다.

다. 복수예탁결제제도의 연계: 상이한(異種의) 간접보유증권법리의 충돌(interface)

증권에 대한 국제적 투자는 방향에 따라 첫째, 외국투자자의 한국증권에 대한 투자(inbound)와 둘째, 한국투자자의 외국증권에 대한 투자(outbound)로 구분할 수 있다. 이에는 개별이용방식처럼 하나의 중개기관만이 관련되는 경우도 있으나, 복수 중개기관이 관여하는 경우도 있는데 후자의 경우 복수예탁결제제도의 연계가 발생한다. 한국투자자가 외국증권에 투자하기 위해 KSD와 현지보관기관 또는 국제보관기관을 이용하거나 외국의 중앙예탁기관(national CSD. 이하 "CSD") 연계방식을 사용하는 경우가 그 예이다.[30] 이 경우 상이한(또는 異種의) 간접보유증권법리의 충돌(내지 interface)에 따른 문제가 발생한다. 특히 연계의 접점에 있는 CSD의 권리와, 투자자가 취득하는 권리의 준거법 결정과 법적 성질이 문제된다.

5. 외인법

외인법은 외국인을 내국인과 달리 취급하는 법규의 총체를 말한다.[31] 상법(제3편 제6장)은 외국회사에 관한 규정을 두어 일정범위 내에서 상법을 적용하는데 이것이 외인법의 예이다. 특히 근자에는 한국거래소에 증권을 상장한 외국회사들에 대하여 상법과 자본시장법이 어느 범위 내에서 적용되는가를 둘러싸고 논란이 있다. 즉 외국회사에 대하여 ① 상법의 적용 문제 —여기서는 ①-1 상법(제3편 제6장)이 외국회사에 어떻게 적용되는지와, ①-2 상장법인에 관한 상법의 특례조항인 제3편 제4장 제13절(제542조의2-제542조의12)의 적용 여부를 검토할 필요가 있다— 와, ② 자본시장법의 적용 문제가 있다.

---

30) 종래 우리나라에서는 현지보관기관 또는 국제보관기관을 이용하고 있고 중앙예탁기관 연계방식은 별로 사용되지 않는 것 같다. 한국예탁결제원, 증권예탁결제제도 전정3판(2014), 562면 이하 참조.

31) 이호정, 국제사법(1983), 14면.

Ⅲ. 국제적인 증권의 발행과 상장

이에는 국내회사가 해외증권을 발행하는 경우(outbound)(아래 1.)와 외국회사가 한국 내에서 증권을 발행하는 경우(inbound)(아래 2.)가 있다.

1. 국내회사의 해외증권 발행과 상장

가. 증권신고와 자본시장법의 역외적용

자본시장법상 금융위원회에 증권신고서를 제출하여 수리되지 아니하면 증권의 모집 또는 일정한 규모 이상의 매출을 할 수 없는데(제119조 제1항), 발행인이 증권신고서를 제출하지 아니한 때에는 금융위원회는 제125조 제1항 각 호에 정한 자에 대해 일정한 범위에서 과징금을 부과할 수 있고(제429조 제1항 제2호), 제119조를 위반하여 증권을 모집 또는 매출한 자는 5년 이하의 징역 또는 2억원 이하의 벌금에 처한다(제444조).

여기에서 한국회사가 유로채 기타 해외증권을 발행하는 경우 자본시장법에 따른 증권신고를 해야 하는지가 문제된다. 종래 증권신고를 하지 않는 것이 실무인데, 증권거래법/자본시장법은 국내의 증권시장/자본시장에서 증권을 모집, 매출하는 경우에만 적용되고 해외에서 증권을 발행하는 경우에는 적용이 없다는 것을 근거로 하였다.[32] 저자는 오래 전부터 미국의 Regulation S와 같은 기준을 정하여 증권신고서를 요구하는 해외발행의 범위를 명확히 규정할 것을 제안한 바 있으나 아직 실현되고 있지 않다.[33]

그런데 자본시장법이 역외적용을 명시함으로써 문제의 양상이 다르게 되었다. 즉 2009. 2. 4. 시행된 자본시장법 제2조는 아래와 같이 규정한다.

> 제2조(국외행위에 대한 적용) 이 법은 국외에서 이루어진 행위로서 그 효과가 국내에 미치는 경우에도 적용한다.

32) 석광현, "국내기업의 해외사채 발행의 실무와 법적인 문제점 —유로채(Eurobond) 발행시 우리 법의 적용범위에 관한 문제를 중심으로—", 국제사법과 국제소송 제1권(2001), 626면; 정성구, "해외원주상장과 관련한 국내법상의 문제점", 석광현·정순섭 편저, 국제금융법의 현상과 과제(제1권), BFL 총서 4(2009) 191면도 동지. 구 증권거래법 하에서 대법원 2004. 6. 17. 선고 2003도7645 전원합의체 판결도 "증권거래법 제8조 제1항에 의한 유가증권발행신고서 제출의무는 국내 발행시장에서 모집에 응하는 투자자를 보호하기 위한 것"이라고 판시하였다. [밑줄 부분은 이 책에서 새로 추가한 것이다.]

33) 석광현(註 32), 626면.

제2조는 그 경우 우리나라에 입법관할권이 있음을 전제로 하면서, 우리 입법자가 이 문제를 적극적으로 규율하려는 것이다. 유력설은 위에서 "그 효과가 국내에 미치는 경우"라 함은 ① 국내자본시장의 신뢰성과 안정성에 영향을 미치는 경우와 ② 국내투자자보호에 영향을 미치는 경우를 주로 의미하고, ①의 예로는 외국에서 행해진 행위가 국내자본시장에서 가격형성의 공정성을 저해하는 등의 방법으로 시장을 교란하는 경우를 들 수 있고, ②는, 국내투자자를 상대방으로 하여 금융투자상품의 판매권유를 하거나 사기적 방법에 의한 거래로 결과적으로 국내소비자에게 손해를 입힐 가능성이 있는 경우를 말한다고 설명한다.[34] ②의 경우 문언은 국내투자자에 대해 지향된(targeted-at) 활동요건을 요구하지 않으므로 예컨대 국내투자자가 어떤 경로를 통해서든 증권을 취득하면 그에 해당할 수 있는 것으로 보인다. 여기에서 아래의 의문이 제기된다.

첫째, 한국회사가 유로채와 같은 해외증권을 발행하는 경우 만일 한 명이라도 한국의 투자자가 있다면 국내투자자보호에 영향을 미치므로 제2조가 적용되는 결과 발행인인 한국회사는 금융위원회에 증권신고서를 제출해야 한다고 주장할 여지가 있다. 다만, 2009년 7월 개정된 "증권의 발행 및 공시 등에 관한 규정"(제2-2조의2 제2항)은 해외에서 증권을 발행하는 경우에도 발행 당시 또는 발행일로부터 1년 이내에 해당 증권이 거주자에게 양도될 수 없도록 조치를 취하는 등 일정한 요건을 갖춘 경우 전매기준에 해당되지 않는 것으로 간주하여 모집에서 제외함으로써 자본시장법의 역외적용을 제한한다.

둘째, 이와 관련하여 외국회사의 외국에서의 증권발행과 우리 자본시장법의 역외적용이 문제된다. 예컨대 미국의 발행인이 미국에서 다수의 미국 투자자들을 상대로 증권을 공모발행하는 경우에 만일 한 명이라도 한국의 투자자가 있다면 국내투자자보호에 영향을 미치는 것이 되어 미국의 발행인은 한국의 금융위원회에 증권신고를 해야 하는가의 문제이다. 그런 경우 미국 발행인은 한국인에 대한 판매제한을 규정하지 않을 것이다. 그렇다면 만일 한국 투자자가 개입하기만 하면 전세계 증권시장에서 행해지는 증권의 공모발행에 대해 우리 금융위원회의 감독권이 미친다는 엉뚱한 결과가 되나 이는 입법자의 의도가 아닐 것이다. 그 경우 미국 발행인의 증권 공모발행의 효과가 한국 내에 미치지만 한국 자본시장에 미치는 것은 아니므로 자본시장법은 적용되지 않는다고 주장할지 모르겠

34) 김건식 · 정순섭, 833면.

으나, 유력설은 국내투자자보호에 영향을 미치는 경우(위 ②)를 국외에서 이루어진 행위의 효과가 국내에 미치는 경우의 예로 설명하므로 그렇게 볼 수도 없다. 제2조의 신설에 앞서 역외적용을 명시한 공정거래법 제2조의2("이 법은 국외에서 이루어진 행위라도 국내시장에 영향을 미치는 경우에는 적용한다")와 다르게 규정하는 것은 의도적인 것이라고 생각되기 때문이다. 그렇다면 "증권의 발행 및 공시 등에 관한 규정"에 조문을 추가하여 자본시장법의 과잉규제를 해소하는 것이 바람직하다.[35)]

여기의 역외적용은 공법적 규제와 관련된 역외적용의 문제이나, 민사규제(즉 민사책임)에 관한 자본시장법의 역외적용도 문제된다. 이런 점에서 역외적용이 국제법의 문제이고 동시에 국제사법의 문제이기도 하다. 즉 공법적 규제라는 측면에서는 국가관할권 내지 입법관할권의 한계라는 국제법적 측면이, 민사책임의 문제에서는 국제사법적 측면이 부각된다. 이는 아래(Ⅳ.)에서 별도로 논의한다.

나. 투자설명서책임[36)]

(1) 자본시장법의 규정

자본시장법에 따르면, 제119조에 따라 증권을 모집하거나 매출하는 경우 발행인은 투자설명서를 증권신고의 효력발생일에 금융위원회에 제출하여 일정장소

---

35) 다만 대법원 2014. 5. 16. 선고 2012두13655 판결은, "공정거래법 제2조의2가 국외행위에 관하여 공정거래법을 적용하기 위한 요건으로 '국내시장에 영향을 미치는 경우'라고만 규정하고 있으나, 국가간의 교역이 활발하게 이루어지는 현대 사회에서는 국외에서의 행위라도 그 행위가 이루어진 국가와 직·간접적인 교역이 있는 이상 국내시장에 어떠한 형태로든 어느 정도의 영향을 미치게 되고, 국외에서의 행위로 인하여 국내시장에 영향이 미친다고 하여 그러한 모든 국외행위에 대하여 국내의 공정거래법을 적용할 수 있다고 해석할 경우 국외행위에 대한 공정거래법의 적용범위를 지나치게 확장시켜 부당한 결과를 초래할 수 있는 점 등을 고려하면, 공정거래법 제2조의2에서 말하는 '국내시장에 영향을 미치는 경우'는 문제된 국외행위로 인하여 국내시장에 직접적이고 상당하며 합리적으로 예측 가능한 영향을 미치는 경우로 제한 해석해야 한다"고 판시하였는데(밑줄은 저자가 추가함), 자본시장법 제2조에 관하여도 유사하게 제한적으로 해석해야 할 것이다. 그렇게 해석한다면 본문의 우려를 일부는 덜 수 있을 것이다. 공정거래법 제2조의2가 가지는 국제사법적 의미는 석광현(註 10), 411면 이하 참조. 대법원 2014. 5. 16. 선고 2012두13269 판결; 대법원 2014. 12. 24. 선고 2012두6216 판결도 동지이다. [말미의 밑줄 부분은 이 책에서 새로 추가한 것이다.]

36) 독일에서는 'Prospektushaftung'이라는 용어가 널리 사용되는데 우리나라에서는 투자설명서책임이라는 용어가 일반화되어 있지 않은 것으로 보인다. 참고로 유럽연합에는 "Regulation (EU) 2017/1129 of the European Parliament and of the Council of 14 June 2017 on the prospectus to be published when securities are offered to the public or admitted to trading on a regulated market, and repealing Directive 2003/71/ECText with EEA relevance"가 채택되었다. 이 각주는 이 책에서 새로 추가한 것이다.

에 비치하고 일반인이 열람할 수 있도록 해야 하고(제123조 제1항), 증권을 취득하고자 하는 자에게 적합한 투자설명서를 미리 교부하지 아니하면 그 증권을 취득하게 하거나 매도하여서는 아니 된다(제124조 제1항). 투자설명서 중 중요사항에 관하여 거짓의 기재 또는 표시가 있거나 중요사항이 기재 또는 표시되지 아니함으로써 증권의 취득자가 손해를 입은 경우에는 일정한 자는 손해배상책임이 있다(제125조 제1항).[37] 이를 위반한 경우 금융위원회는 과징금을 부과할 수 있고(제429조 제1항) 벌칙을 부과할 수 있다(제444조 제13호). 이는 투자자에게 투자판단에 필요한 정보를 제공하기 위한 것이다.

(2) 투자설명서책임의 준거법

각국은 증권의 공모발행에 대하여 투자자를 보호하고 효율적인 증권시장의 운영을 위하여 일정한 규제를 하는데, 자국의 기준과 통제에 따르는 공모의 개념과 범위를 결정함으로써 적용범위를 일방적으로 결정한다.[38] 그 결과 규제의 과잉이 발생할 가능성이 크다.

우리 기업이 해외에서 유로채 발행 시 투자설명서에 거짓 기재를 한 결과 손해를 입은 투자자는 외국 또는 한국에서 제소할 텐데, 그 경우 법원은 투자설명서의 거짓 기재로 인한 책임의 성질결정에 따라 국제사법을 적용하여 준거법을 결정한다. 우리 법원이 이를 불법행위로 본다면 국제사법(제32조 제1항)에 규정된 '불법행위지'의 결정이 문제가 된다. 투자설명서책임(prospectus liability)의 준거법에 관하여 조문이 없는[39] 우리 국제사법상 그의 성질결정에 관한 논의는 별로 없으나 ① 불법행위로 보는 견해—이는 행동지와 결과발생지에 연결하거나 시장지를 연결점으로 볼 수도 있다—,[40] ② 자본시장법의 조문을 국제적 강행규정으로 보는 견해와 ③ 독립적 연결대상으로 보아 시장지를 연결점으로 보는 견해 등을 생각할 수 있다.[41] ③은 국제사법 제32조와 제8조를 결합하여, 또

---

37) 여기에서 관심은 발행자의 손해배상책임이고 금융투자업자의 손해배상책임은 아니다.

38) Garcimartín, para. 88.

39) 스위스 국제사법(제156조)은 투자설명서 등에 의한 출자증권과 채권의 공모발행에 기한 청구권을 단체의 준거법 또는 발행지 국가의 법에 선택적으로 연결함으로써 일반불법행위와 다른 원칙을 명시한다.

40) 석광현, 국제사법과 국제소송 제1권(2001), 627면에서는 불법행위의 준거법의 문제로 논의하였는데, 이런 접근방법을 취한다면 아래에서 언급하는 targeted-at test를 적용할 여지가 있다. Garcimartín, para. 94. Kronke(註 18), p. 310도 시장지법을 불법행위의 준거법으로 본다.

41) 이는 독일의 논의를 참고한 것이다. Christoph Benicke, "Prospektpflicht und Prospekthaftung bei grenzüberschreitenden Emission", Festschrift für Erik Jayme Band 1 (2004), S. 33. Philip Denninger, Grenzüberschreitende Prospekthaftung und Internationales Privatrecht (2015),

는 역외적용을 명시한 자본시장법 제2조를 근거로 삼을 수 있을 것이다.[42)]

①처럼 불법행위지에 연결할 경우 행동지는 거짓 정보를 담은 투자설명서의 작성지와 배포지 등이 될 것이고[43)] 결과발생지는 그로 인한 법익 침해가 발생할 당시 법익의 소재지일 것이나, 투자설명서책임의 경우처럼 순수한 경제적 손실(pure economic loss)만이 발생한 경우 그 장소를 결정하기가 어렵다.[44)45)] 유럽에

S. 143ff.는 불법행위책임, 계약책임 또는 계약체결상의 과실책임으로 보는 견해를 검토하고 유럽연합 차원에서는 로마Ⅱ 제4조 이하의 불법행위로 성질결정한다. Christoph Reithmann/Dieter Martiny, Internationales Vertragsrecht, 8. Auflage (2015), Rn. 6.567 (Freitag 집필부분)은 투자설명서 책임은 계약외책임으로 성질결정되므로 로마Ⅱ에 따를 것이라고 하고, 나아가 이를 협의와 광의의 투자설명서책임으로 구분하면서 전자에 관하여는 시장지법이 통설이라고 한다. [밑줄 부분은 이 책에서 새로 추가한 것이다.]

42) 투자설명서에 한정된 것은 아니나, 흥미롭게도 허항진(註 8), 350면은 자본시장에서 민사책임에 관하여 증권법의 역외적용범위의 분석을 통하여 속인주의 및 속지주의와 조합하여 연결원칙을 제시한다. 그러나 이는 행정규제와 형사규제의 맥락에서는 혹시 몰라도 사법적(私法的) 법률관계의 준거법을 정하는 맥락에서는 매우 거친 恣意的 견해일 뿐만 아니라 성문법인 국제사법에도 정면으로 반한다. 그런 민사책임의 준거법을 정하자면 국제사법에 따라 우선 연결대상의 성질결정을 하고 불법행위로서 준거법을 정하거나, 필요하면 새로운 연결원칙을 도입해야 한다. 나아가 가해자와 피해자의 공통의 속인법을 적용하더라도 이는 국제사법(제32조 제2항)에 따라 상거소에 착안해야지 국적에 따를 근거는 없다. 또한 박준선, "미국 연방증권거래법 Section 10(b)에 기한 사적소송과 그 역외적용에 관한 고찰", 상사법연구 제33권 제2호(통권 제83호)(2014. 8.), 321면 이하도 유사한 발상에서 국제사법을 도외시하고, 우리 자본시장법의 해석론으로서 미국 연방증권거래위원회(이하 "증권거래위원회"라 한다)의 연구보고서에 의하여 수정된 형태의 거래기준을 적용하자고 제안하나 이도 부당하다. 미국식 역외적용이론의 과도한 영향 하에 그와 대립되는 속지주의를 원칙으로 삼고 국제사법과 절연된 채 속지주의를 적당히 수정하려는 접근방법은 국제사법에 반한다. 더욱이 격지행위에서 속지주의도 주관적 속지주의와 객관적 속지주의로 나뉘는 점은 주지하는 바이다. 석광현(註 22), 17면 참조. 요컨대 사법적(私法的) 법률관계의 준거법은 정치한 연결원칙을 정한 국제사법에 의해 결정할 사항이지 속인주의, 속지주의나 그에 대한 예외인 역외적용 등의 조합으로 처리할 수 있는 것이 아니다. 그런 견해를 피력하자면 국제사법 제32조를 정확히 이해하는 것을 전제로 자본시장법 제2조를 국제사법 제32조에 대한 특칙으로 파악하면서 정치한 논리를 전개해야 할 것이다. [밑줄 부분은 이 책에서 새로 추가한 것이다.]

43) 그러나 투자설명서의 작성에 복수의 자들이 관여한 경우 그들 각자의 행동지가 모두 행동지가 될 수 있는지가 문제된다, Jan von Hein, "The European Private International Law on Investor Protection and its Impact on Relations with Third Parties", 2011. 10. 23. Private International Law in the Context of Globalization: Opportunities and Challenges라는 주제로 북경에서 개최된 국제사법포럼 발표자료, Vol. 1, p. 154.

44) 참고로 유럽연합에서는 이에 관한 다양한 논의가 있다. 관할의 맥락이기는 하나, 침해된 재산이 이체된 신소재지에 착안하는 견해와, 피해자의 재산적 이익의 중심지(그의 본거지)에 착안하는 견해 등이 있다. 유럽사법재판소(ECJ)의 2004. 6. 10. Kronhofer 사건 판결(C-168/02)은 오스트리아인인 원고가 독일인인 피고의 기망으로 인하여 런던증권거래소에서 투기적인 콜옵션을 매수하고 상당한 금원을 독일의 계좌로 이체한 사안에서, 브뤼셀Ⅰ 제5조 제3호가 정한 불법행위지, 보다 정확히는 결과발생지는 독일이라고 판단하였다. 그러나 이에 대하여는 피해자인 원고가 기망을 당하여 재산을 이전하기로 결정하였다면 금원을 어디로 이체했는가에 관계없이 결과발생지는 피해자가 행위한 곳이라는 반론도 있다. von Hein(註 42), p. 161.

서는 근자에 시장지를 연결점으로 보는 유력설이 주장되고 있다.[46] 유럽연합에서는 투자설명서책임은 로마Ⅱ가 정하는 불법행위의 준거법에 따를 사항인데, 그 경우 통상의 불법행위로서 결과발생지에 따르는 대신 로마Ⅱ(제4조 제3항)의 예외조항을 이용해서 영향을 받은 시장에 연결하려는 견해가 주장되고 있다.[47] 비교법적 관점에서 보면 대부분의 법제는 유사한 접근방법을 취하는데 이는 연결점으로서 발행이 향하여진 자본시장을 연결점으로 삼는 데서 출발한다고 한다.[48] 이를 '지향기준(targeted-at test)'이라고 하는데,[49] 그에 따르면 증권의 공모발행 시 청약이 행해지거나 지향된 '시장지법(*lex mercatus*)'을 적용하고, 동법이 투자자에게 제공해야 할 정보와 제공 수단, 증권 및/또는 발행인과 관련된 요건과 제공한 정보를 정정하고 갱신할 의무 등을 규율한다.[50] 증권거래, 특히 자본시장에 상장된 증권거래의 경우 시장은 발행인과 투자자들이 만나는 장소이고 그곳을 중심으로 거래가 이루어지며, 각국은 투자자를 보호하고 효율적인 자본시장의 운영을 위하여 일정한 법적 규제를 행하므로 시장지를 연결점으로 삼는 것은 나름대로 설득력이 있다.

⑶ 시장지법에 대한 의문과 기타 견해

그러나 시장지법에 대한 비판적인 견해도 있다.

첫째, 복수국가에서 증권을 발행하는 global offering의 경우(또는 증권이 복수시장에 상장된 경우) 시장지에 착안하면 준거법이 상이하게 된다. 더욱이 대상증권이 복수시장에 상장되어 거래되는 경우 거짓 정보에 기하여 증권거래를 하는 사람은 거짓 정보가 매도/매수 결정에 영향을 미칠 당시 그의 거래가 행해질 시

독일 연방대법원은 2010. 7. 13. 판결(XI ZR 57/08; ZIP 2010, 2004)에서 사기적 행위가 이미 피해자의 주소지에서 행해지고 그 주소지로부터 가해자에게 돈이 이체되었다면 피해자의 주소지가 결과발생지라고 판단하였다. 투자자는 대체로 그의 주소지로부터 돈을 이체할 것이므로 이는 투자자에게 유리한 결과가 된다. von Hein(註 42), p. 161; Jan von Hein, "BGH: Internationale Zuständigkeit bei Schädigung eines Kapitalanlegers; Anmerkung", LMK 2010, 308395 참조.

45) 유통시장에서 거짓 정보에 의하여 증권의 시장가격이 부당하게 높게 결정되었다면 시장이 결과발생지라는 견해도 주장될 수 있다. 독일 Frankfurt 항소법원 2010. 8. 5. 판결(ZIP 2010, 2217) 참조.

46) 예컨대 Kronke(註 18), p. 245 이하.

47) von Hein(註 42), p. 162 이하 참조.

48) Garcimartín, para. 88.

49) 이는 IOSCO Report on the Securities Activity on the Internet, 1998, pp. 34-36에서 유래하는 것이라고 한다. Garcimartín, para. 88, Fn. 174.

50) Garcimartín, para. 89. 이는 각국은 자국의 발행시장을 보호하기 위해 이를 일방적으로 결정한다는 점을 지적한다.

장을 미리 예견할 수 없다.[51] 점증하는 자본시장의 국제적 통합 경향을 고려할 때, 특히 동시상장(cross-listing)의 경우 관련시장을 어떻게 정확히 파악할 것인가라는 어려움이 제기된다.[52]

둘째, 투자설명서에 거짓 기재가 있는 경우 증권사기를 주장하는 투자자는 그를 신뢰하였을 것이 전제가 된다. 미국 판례는 원고의 신뢰에 대한 입증책임을 상당히 완화하는 추정의 법리를 발전시켰는데 이것이 '시장사기이론(fraud-on-the-market theory)'이다.[53] 시장사기이론은 '개방적이고 개발된 증권시장(open and developed securities market)'에 적합한데 모든 시장이 그렇지는 않으므로[54] 시장지에 연결하는 데 대해 거부감을 표시하고 개별 투자자가 거래의 의사결정을 한 곳이 더 적절하다는 취지의 견해도 있다.[55]

그 밖에도 투자설명서 작성의무에 종속적으로 연결하는 견해도 있고, 법적 안정성을 위하여 명시적 규정이 필요하다는 견해도 있다.[56] 또한 근자에는 투자설명서의 부실기재에 따른 책임 기타 발행인의 책임에 대해서도 설립준거법설을 적용해야 한다는 견해도 있다.[57]

로마Ⅱ의 해석상 다양한 견해가 주장되고 있고 유럽연합사법재판소의 판결

51) 특히 소비자인 투자자가 best execution을 위탁하는 경우에는 더욱 그러하다.

52) Junker, Rom II-Verordnung; Internationales Deliktsrecht; Reformbedarf, RIW 2010, 257, 264; von Hein(註 42), p. 174.

53) 미국의 지도적 판결은 Basic Incorporated v. Levinson, 485 U.S. 223, 241-42 (1988) 사건 판결이고 근자에 이를 다듬은 것은 Dura Pharmaceuticals, Inc. v. Broudo, 544 U.S. 336 (2005) 사건 판결이다. 우리 문헌은 김병연, "미국 판례법상 시장사기이론(The fraud on-the-market theory)과 증권거래법상 損害賠償責任에 있어서 因果關係의 문제", 비교사법 제11권 제1호(통권 24호)(2004. 3.), 227면 이하; 이준범, "미국 연방대법원의 시장사기이론—연방대법원의 Halliburton Co. v. Erica P. John Fund Inc. 판결—", BFL 제68호(2014. 11.), 68면 이하; 김화진, 자본시장법 이론(2014), 41면 참조.

54) 실제로 독일 연방대법원은 일련의 판결에서 독일 민법 제826조(양속위반의 고의적 가해)에 따른 손해배상청구를 함에 있어서는 시장의 완결성(market integrity)에 대한 신뢰만으로는 부족하고 원고는 그릇된 정보와 그의 증권거래, 즉 그로 인해서 당해 증권을 매수(또는 매도)하기로 하는 결정 간의 인과관계를 입증해야 한다고 판시함으로써 미국 이론을 배척했다고 한다. von Hein(註 42), p. 163. 우리 법은 거래인과관계와 손해인과관계를 요구한다. 김주영, "자본시장법상 불공정거래행위에 따른 손해배상청구의 청구인적격에 관한 검토", 증권법연구 제15권 제1호(2014. 4.), 231면.

55) von Hein(註 42), p. 163, p. 175.

56) von Hein(註 42), p. 174.

57) Wolf-Georg Ringe & Alexander Hellgardt, "Transnational Issuer Liability after the Financial Crisis: Seeking a Coherent Choice of Law Standard", Duncan Fairgrive/Eva Lein (eds.), Extraterritoriality and Collective Redress (2012), para. 22.01 이하 참조. 더 나아가 각국의 규제권한을 모두 증권거래소 등 자율규제기관에게 이양해야 한다는 과격한 견해도 있다. 김화진(註 52), 28면 참조.

(예컨대 투자설명서책임을 불법행위로 성질결정한 2015. 1. 28. Kolassa 사건 판결(Case C-375/13) 참조)도 나오고 있으나 현재의 조문으로 해결하는 데는 한계가 있고 결국 금융불법행위에 대한 특칙을 도입할 필요가 있다고 생각된다. 실제로 이미 그런 제안이 있다.[58]

2. 외국회사의 한국 내 증권발행과 상장

외국회사가 한국 내에서 증권을 발행하는 경우에는 외국회사가 원주나 KDR을 발생하는 경우와 사채[59]를 발행하는 경우 등이 있다. 여기에서는 근자에 주로 문제되는 원주 발행에서 제기되는 국제사법 논점을 검토한다.

외국회사가 한국거래소에 주권을 상장하는 경우,[60] ① 회사법, ② 자본시장법과 ③ 상장기준(listing standards)을 정한 거래소의 상장규정이 적용되는데 대부분의 국가는 이처럼 3층으로 구성된 규범을 잘 결합함으로써 소기의 목적을 달성하고 그들 간의 상호 저촉과 중첩을 피하도록 설계한다.[61] 따라서 복수국가에서 상장되는 경우 상장기준의 조화가 필요하다. ④ 그 밖에도 현재 실무처럼 우리나라에서 주권을 발행하는 경우 주식의 양도와 관련하여 유가증권법(내지 물권법)이 적용되므로 각 쟁점이 속하는 영역을 판단하고 그 준거법에 따라 해결해야 한다.[62] 이처럼 외국회사의 상장은 다양한 국제사법 분야(국제회사법, 국제계약

---

58) Mathias Lehmann, "Proposition d'une règle spéciale dans le Règlement Rome II pour les délits financieres", Revue critique de droit international privé (2012), p. 485 et seq. 참조. Kolassa 사건 판결에 대한 평석은 Matthias Lehmann, "Prospectus Liability and Private International Law: Assessing the Landscape after the CJEU's Kolassa Ruling (Case C-375/13)", Journal of Private International Law, Vol. 12, No. 2 (2016), p. 318 *et seq*. 참조. [본문의 밑줄 부분과 이 각주는 이 책에서 새로 추가한 것이다.]

59) 이런 사채에는 '아리랑본드'와 '김치본드'가 있다. 아리랑본드는 외국법인이 원화표시채권으로 한국 내에서 발행하여 한국 내외에서 유통시키는 점에서 외국 또는 국내 기업이 한국 내에서 발행하는 외화표시채권인 김치본드와 다르다. 외국법인이 해외에서 외국투자자들을 상대로 원화로 표시된 채권을 발행하는 경우는 '유로원채'이다. 허항진(註 8), 191면 참조.

60) 외국기업의 국내상장 현황은 한국거래소의 기업공시시스템인 KIND에서 상장법인목록 부문(http://kind.krx.co.kr/corpgeneral/corpList.do?method=loadInitPage)을 참조. 참고로, 2014년 5월 말 현재 15개(유가증권시장 4개, 코스닥시장 11개)의 외국기업이 한국거래소에 상장되어 있다.

61) Ian MacNeil and Alex Lau, "International Corporate Regulation: Listing Rules and Overseas Companies", 50 International and Comparative Law Quarterly (2001), p. 787 이하 참조. 상장규정에 의한 통제로 인하여 상장을 원하는 회사들이 정관을 개정하기도 하는 반면에 상장을 유치하기 위해 거래소가 상장규정을 개정하기도 한다. 예컨대 적대적 M&A에 맞선 기업의 경영권 방어수단인 차등의결권을 규정한 샤오미의 상장을 유치하고자 홍콩거래소는 2018년 월 상장규정을 개정하였다고 한다. [밑줄 부분은 이 책에서 새로 추가한 것이다.]

법, 국제자본시장법 내지 국제불법행위법과 국제유가증권법(국제물권법))의 논점과 외인법의 논점을 제기한다. 우리나라에서는 외국회사의 원주상장을 계기로 실무현장의 전문가들이 연구성과를 발표하였고[63] 그에 기초하여 실무가 이루어지고 있는 것으로 보이나 아직 체계적 연구는 부족하다. 여기(2.)에서는 우리나라에서 원주를 발행하여 우리나라에서만 상장이 이루어지는 '일차상장(primary listing)'의 경우 제기되는 국제사법 논점을 논의하고, 동시상장의 경우 복수예탁결제제도의 연계, 즉 상이한 간접보유증권법리의 충돌로부터 제기되는 논점은 아래(VI.)에서 논의한다.

가. 원주의 발행, 상장 및 유통

(1) 원주의 발행, 상장 및 유통과 그 준거법

한국거래소에 주권 상장 시 외국회사에 일괄예탁제도를 선택하지 않을 수 있도록 규정하는 자본시장법(제309조 제5항)에도 불구하고 실무상 외국회사는 예외없이 일괄예탁을 선택하고 예탁결제원을 명의인으로 하여 주권의 실물을 발행하여 이를 우리나라에 보관하는 것으로 보인다.[64] 한편 한국거래소에 상장된 외국회사의 주권은 국내주권과 마찬가지로 증권예탁결제제도에 의하여 양도 내지 유통된다. 이는 외국회사이더라도 그 주권이 한국에서 발행되어 예탁결제원에 예탁되고 자본시장법이 정한 증권대체결제제도에 따라 양도될 수 있기 때문이다.

준거법을 보면, 종래 우리나라에서는 주권의 발행과 유통을 구분하여 전자는 회사의 속인법에 따르고, 후자는 유통지법인 우리 법, 즉 자본시장법에 따른다고 설명한다.[65] 이는 대체로 타당하기는 하나 그 취지와 법적 근거를 보다 명

62) 이는 석광현(註 10), 222면에서도 지적했다.

63) 그 중에서도 허항진(註 8)은 외국기업의 국내증권 발행과 상장을 포함한 국제자본시장법의 다양한 논점을 체계적으로 다룬 선구적 업적이라는 점에서 높이 평가하나, 그 책이 제시하는 해결방안들은 더 면밀하게 검토할 필요가 있다.

64) 허항진(註 8), 207면 이하; 서울대학교 금융법센터, KDR 및 외국주권 발행 선진화를 위한 조사연구(2012), 18면. 외국기업의 증권발행 및 상장절차는 허항진(註 8), 198면 이하 참조.

65) 장영수(註 6), 65-66면; 허항진, "외국법을 준거법으로 발행한 포괄사채권(Global Certificate)의 사채권자와 사채권의 행사주체 —대법원 2010. 1. 28. 선고 2008다54847 판결—", 상사판례연구 제23집 제3권(2010. 9.), 247면. Garcimartín, para. 28도 같다. <u>투자자가 사채를 간접보유하는 경우 발행회사에 대한 관계에서 누가 사채권자인지 다투어진 사건이 있다. 대법원 2010. 1. 28. 선고 2008다54587 판결 참조. 평석은 위 허항진, 171면 이하; 심인숙, "회사분할 시 유로본드 투자자의 법적 지위", 민사판례연구 제32집(2010), 697면 이하(이는 원심판결의 평석이다); 오영준, "유럽포괄사채권이 발행된 기명식 해외전환사채에 관한 법률관계 —대상판결: 대법원 2010. 1. 28. 선고 2008다54587 판결—", BFL 제44호(2010. 11.), 85면 이하; 천창</u>

확히 할 필요가 있다. 그 근거는 아래와 같다. 담보제공의 준거법은 아래(V.)에서 별도로 논의한다.

첫째, 증권에 화체된 권리의 준거법과 증권 자체의 준거법의 구별.

국제사법에 조문은 없지만, 유가증권의 준거법 논의시 '유가증권에 화체된 권리의 준거법(Wertpapierrechtsstatut)'[66]과 '유가증권 자체의 준거법(Wertpapier-sachstatut)'을 구별해야 한다.[67] 전자는 증권의 종류와 증권에 화체된 권리의 내용 등을 규율하는 준거법으로 화체된 권리가 무엇인가에 따라 속인법(주식의 경우)[68] 또는 계약에 적용되는 준거법결정원칙(債權의 경우)에 따른다.[69] 한편 후자는 유가증권 자체에 대한 소유권 기타 제한물권 등의 취득 및 상실의 준거법으로 동산에 준하여 증권소재지법이다.[70] 다만 무기명증권의 경우 증권과 그에 화체된 권리를 동일시할 수 있으므로 화체된 권리와 증권이 모두 증권소재지법에 의한다. 국제사법 제21조는 이 점을 명시한다.[71]

따라서 주권의 실물을 어디에 보관하는가에 관계없이 원주가 표창하는 권리, 즉 주식의 내용은 회사의 속인법인 외국법이 결정할 사항이다(국제사법 제16조). 주권의 발행 요부와 기재사항 등은 원칙적으로 회사의 속인법에 따르나,[72]

민, "외화증권 예탁법리의 정립 방향에 관한 고찰: 대법원 2010. 1. 28. 선고 2008다54587 판결에 대한 평석을 겸하여", 국제사법연구 제20권 제2호(2014. 12.), 123면 이하 참조. [밑줄 부분은 이 책에서 새로 추가한 것이다.]

66) 이를 'Hauptstatut'라고도 한다.

67) 석광현(註 10), 252면 주 4. 이 점은 일찍이 석광현, 2001년 개정 국제사법 해설(2001), 148면 주 217에서도 밝힌 바 있다. 다만 간접보유증권의 경우에도 이런 구별이 필요한지는 논란이 있다. 독일의 다수설은 이를 인정하나(그렇더라도 종이 자체가 없으면 후자의 의미는 변형된다) 이런 구별을 부인하고 통일적으로 증권예탁준거법(Wertpapierdepotstatut)에 연결하는 견해도 보인다. MünchKommBGB/Wendehorst, Band 11, 5. Auflage (2010), Art. 43 Rn. 214ff. 참조. 다수설은 증권의 성질과 권리의 내용과 변경 등을 판단함에 있어서는 여전히 의미가 있다고 본다. 예컨대 StaudingerBGB/Stoll, Int SachenR (1996), Rn. 415 참조. Garcimartín, para. 122도 이를 긍정하면서 어떤 조건 하에서 기명식 또는 무기명식으로 발행될 수 있는지와 장부기재에 의하여 표창될 수 있는지를 결정한다고 한다.

68) 이 점은 국제사법 제16조가 명시하는 바이므로, 외국회사가 우리 자본시장에 주권을 상장한 경우 주주의 권리의무에 관하여 국제사법에 명시적 규정이 없다는 장영수(註 6), 65면의 지적은 옳지 않다.

69) 화체된 권리가 신탁의 수익권인 경우에는 당사자자치가 허용된다고 본다.

70) MünchKommBGB/Wendehorst(註 65), Band 11, Art. 43 Rn. 194; StaudingerBGB/Stoll(註 65), Rn. 412ff. 참조.

71) 장영수(註 6), 66면은 국제사법은 무기명증권의 경우의 득실변경의 준거법은 명시하지만 주식과 같은 기명증권의 득실변경에 대해서는 침묵하고 있다고 하나 이는 부정확하다. 기명증권에 대하여는 국제사법 제23조가 적용되기 때문이다.

72) 따라서 외국회사에 관한 상법 조문과의 충돌이 발생할 수 있다. 예컨대 상법 제618조의 적용을 피하기 위해서는 일본처럼 주권을 외국에 보관하는 것이 바람직하다는 견해가 있다. 서

상장지의 자본시장법이 추가적 요건을 요구할 수 있다.73) 주식의 양도와, 주주의 의결권의 주체와 그 행사방법 등도 속인법에 따를 사항이다. 따라서 의결권의 직접행사는 물론이고 지시에 의해 행사하는 경우에도 불통일행사는 속인법이 허용하지 않으면 불가능하다.74)

둘째, 위에 적은 바와 같이 국제사법상 주식, 즉 사원권의 양도는 속인법에 따르나 그 법에 따라 주권의 인도가 필요하다면 후자는 증권 자체의 준거법, 즉 주권소재지법에 따른다.75) 따라서 국내 상장된 외국회사의 주식을 취득한 투자자가 주권의 실물을 이용하여 양도하는 경우에는 주식의 양도는 속인법인 외국법에 따를 사항이지만, 그 법에 따라 주권의 인도가 필요하다면 후자(인도방법 등)는 주권소재지법인 한국법에 따른다. 계좌대체를 이용하는 경우에도 주식의 양도는 속인법인 외국법에 따를 사항이지만, 그 법에 따라 주권의 인도가 필요하다면 후자(인도방법 등)는 주권소재지법인 한국법에 따르는데, 우리 상법이 아니라 자본시장법에 의하여 계좌대체를 함으로써 주권을 인도한 것이 된다.76) 후자는 전통적인 국제물권법의 문제로서 해결된다. 그 근거는 주권 실물이 한국에 있기 때문이라고 설명할 수도 있고, PRIMA(아래에서 언급하는 관련중개기관 소재지 접근방법)에 의하여 설명할 수도 있다.77) 국내투자자가 거래소에서 주식을 매도하고 계좌대체를 통해 이를 주식을 양도하는 경우에도 매매계약의 준거법78)은

울대 금융법센터(註 62), 18면 이하. 일본에서는 외국주식 상장이 본격화된 1973년 이래 현재까지 외국기업의 주권은 일본 내로 반입하지 않고, 해당 외국기업의 본국 중앙예탁기관 등에 보관시킨 후 일본 내에서는 혼장예탁과 수권이론을 조합하여 계좌간 대체에 의해서만 외국주를 유통시킨다고 한다. 천창민(註 19), 1034면.

73) 주권의 기재사항은 아니지만 우리 실무상 외국회사는 한국에서 주주총회를 개최할 것을 정관에 정해야 한다고 한다. 허항진(註 8), 209면. 이는 정관에 규정이 있으면 주주총회를 외국에서 개최하는 것이 가능함을 전제로 한다.

74) Garcimartín, para. 130/131(131은 번호가 누락된 것으로 보인다).

75) 이와 달리 증권의 준거법에 따라 증권을 취득한 자가 그에 화체된 권리를 취득하는지는 화체된 권리의 준거법에 따른다고 설명하기도 한다. 장근영, "외화증권 예탁법제에 관한 개선방안", 증권법연구 제13권 제3호(2012), 244면.

76) 즉 이때에는 우리 상법이 아니라 자본시장법이 적용된다. 상법 제618조는 주식의 양도에 관한 상법 제335조(주식의 양도성), 제336조(주식의 양도방법), 제337조(기명주식 이전의 대항요건) 등을 한국에서의 외국회사의 주권의 발행에 준용하고, 이는 증권거래의 안전·신속을 기하고 권리귀속을 명확하게 함으로써 이해관계자의 이익을 보호하려는 것이다. 정찬형, 상법강의(상) 제12판(2009), 1140면. 그러나 한국회사가 거래소에 주권을 상장하여 유통시키는 경우에는 위 조문은 적용되지 않으며, 이는 거래소에 주권을 상장한 외국회사의 경우에도 마찬가지인데, 이는 실질법의 문제이다. 한국상사법학회(편), 주식회사법대계 Ⅲ(2013), 800면(김연미 집필부분); 장영수(註 6), 66면.

77) 천창민(註 19), 1040면은 PRIMA로 설명한다.

78) 엄밀하게 말하면 거래소에서 주식매매계약의 당사자는 증권회사이지 국내투자자는 아니다.

거래소의 소재지인 한국법이고, 주권의 교부는 증권소재지법에 따른다고 보는데, 이는 당해 거래가 우리 증권예탁결제체제만을 이용해서 이루어지는 경우라면 국내투자자가 예탁결제원에 예탁된 주권에 대해 공유지분을 가지고 그것을 계좌대체를 통하여 인도하기 때문이다.[79]

(2) 실질주주의 문제점: 회사의 속인법

외국회사의 상장을 담당하는 한국거래소는 외국회사에 대하여 자본시장법이 정한 실질주주 개념을 수용하도록 정관개정을 요구하는데, 실질주주제도가 외국회사에도 원칙적으로 적용되어야 한다는 것이 실무라고 한다.[80] 그런 실무의 근거는 자본시장법 제320조 제2항 단서로 보인다. 원주를 한국에서 발행한 일차상장외국법인의 경우에는 실질주주에 관한 조문을 적용하지 않는 것이 원칙이나 (제320조 제2항 본문) 그 외국법인이 요청하는 때에는 이를 적용할 수 있는데 상장외국법인은 예외없이 그 적용을 신청하기 때문이다.[81]

제320조 제2항
제309조 제5항,[82] 제314조 제4항부터 제6항까지, 제315조, 제316조 및 제318조[83]는 예탁증권등[84]의 발행인이 외국법인등인 경우에 적용하지 아니한다. 다만, 그 외국법인등이 그 적용을 요청하는 경우에는 그러하지 아니하다.

실제로 자본시장법 제320조 제2항이 외국법인에 대해 특례규정을 두어 일괄예탁제도, 실질주주의 권리행사, 실질주주명부 작성·비치, 실질주주증명서 등 국제적 정합성이 미흡한 국내 고유의 증권예탁결제제도의 적용을 배제하는 취지

79) 허항진(註 8), 225면은 증권시장에서 증권예탁결제제도를 이용한 거래를 행할 경우에 그 거래의 사법상 효력 및 해당증권의 권리관계 등의 규제는 회사법의 영역에 해당하는 사항이므로 외국법인의 본국법이 우선 적용되고 우리 자본시장법은 그에 저촉되지 않는 범위 내에서 적용된다고 하나 이는 부정확하다. 거래의 사법상 효력은 거래의 성질에 따라 다르지만 채권계약이라면 준거법인 한국법에 의하여 규율되고, 증권의 권리관계는 화체된 권리의 문제인지 아니면 증권 자체의 문제인지에 따라 결정되는 준거법에 의하여 규율되며, 증권의 인도는 자본시장법에 의하여 규율되기 때문이다.

80) 장영수, "증권시장의 국제화와 예탁결제원의 역할", 증권예탁 제74호(2010. 8.), 77면; 이지은(註 21), 121면. 주요 정관개정사항은 장영수(註 6), 78면 이하 참조.

81) 서울대 금융법센터(註 62), 15면.

82) 이는 제309조(예탁결제원에의 예탁 등)에 관한 조항이다.

83) 제315조는 실질주주의 권리 행사 등에 관한 조항, 제316조는 실질주주명부의 작성 등에 관한 조항이고, 제318조는 실질주주증명서에 관한 조항이다.

84) 예탁증권등은 자본시장법(제309조 제3항 제2호)이 정의하는 용어로서 예탁결제원이 예탁받은 증권등을 말한다. 이는 자본시장법(제4조 제8항)이 정의하는 증권예탁증권(DR)과는 다르다.

는 중앙예탁기관간 업무연계를 통해 복수상장된 경우를 염두에 둔 것이고, 우리나라에만 일차상장된 외국회사에는 실질주주제도를 비롯한 우리나라의 예탁결제제도의 적용이 사실상 강제된다는 견해가 있다.[85]

생각건대 한국거래소에 주권을 상장한 외국회사의 경우 한국거래소에서 주식의 유통을 가능하게 하기 위하여는 우리나라 예탁결제제도에의 참여가 사실상 강제되는 것은 사실이다. 그러나 국내거래소에서의 주식 유통을 가능케 하기 위하여 예탁결제제도에 참여한다고 해서 주주가 누구인지와 주식의 내용을 우리 자본시상법이 정할 수 있는 것은 아니다.[86] 국제회사법의 법리상 누가 주주인지와 주식의 내용은 회사의 속인법이 결정할 사항이기 때문이다. 가사 외국회사가 정관에 실질주주에 관한 규정을 두고 실질주주명부를 작성하더라도, 속인법에 근거가 없으면 한국투자자가 자본시장법이 정한 바와 같은 실질주주, 더 나아가 주주로서의 지위를 가질 수는 없다.[87] 당해 외국회사가 한국투자자를 실질주주 내지 주주로 취급하겠다고 약속한 것일 수는 있으나 그의 허용 여부도 그의 속인법에 따라 검토해야 한다.

자본시장법은 투자자 보호를 위해 그리고 국내자본시장의 효율성을 제고하기 위해 상장을 원하는 외국회사에 대해 합리적인 요구를 할 수 있지만 실질주주, 나아가 주주의 지위를 변경할 수는 없다. 거듭 말하거니와 누가 주주인지는 회사의 속인법이 결정할 사항이다. 실제로도 그 경우 한국거래소에서 유통되는 주식의 주주는 예탁결제원이고 국내투자자들은 증권회사와 예탁결제원을 통하여 간접적으로 권리를 행사하면 충분하지, 굳이 실질주주 내지 주주로서 권리를 행사해야 하는 것은 아니다. 즉, 실무적인 해결방안으로서 외국회사의 정관변경이나 계약으로 문제를 해결할 수 있으나 이는 준거법의 강행규정에 반하지 않는 범위 내에서만 허용되므로 우선 준거법을 특정하고 그 내용을 정확히 알아야 한다는 것이다.

---

85) 허항진(註 8), 208면; 장영수(註 6), 77-78면.

86) 이런 취지는 석광현, "상장회사에 관한 상법의 특례규정과 國際私法的 思考의 빈곤: 외국회사를 중심으로", 법률신문 제3895호(2010. 12. 9), 13-14면에서 이미 밝혔다. 천창민(註 19), 1054면도 동지. 후자는 나아가 일차상장 시 실질주주제도가 필수적이면, 중앙예탁기관간 계좌계설을 통한 업무제휴가 있는 경우에도 동일한 실질주주제도의 필요성이 있음을 지적한다. 즉 일차상장과 이차상장을 구별할 근거가 없다는 것이다.

87) 자본시장법 제314조에 따르면 주주명부 및 주권에 관한 권리는 예탁결제원이 행사하지만, 의결권과 이익배당청구권 기타의 주주권은 실질주주가 직접 행사할 수 있다. 이 점에서 실질주주는 주식에 대한 경제적 이익의 주체를 넘는 지위를 가진다.

이에 대해서 실제 사례를 들어 반대하는 견해가 있다. 즉, 미국 법인인 뉴프라이드 상장 시 실질주주제도를 도입하도록 정관개정을 하였고 그에 관하여 미국 변호사의 법률의견서를 받는 데 어려움이 있었지만, 상장 후 개최된 주주총회에서 실질주주가 자본시장법(제314조 제5항)에 따라 직접 또는 의결권 위임을 통해 결의를 하였으므로 실질주주개념을 존중한 것으로 볼 수 있다는 것이다.[88)]

하지만 실질주주의 법리를 모르는 외국회사가 정관에 실질주주제도를 도입했다면 외국회사가 한국투자자를 실질주주로 대우할 것을 약속한 것일 수는 있지만 그렇더라도 한국투자자가 그 속인법상 주주가 되어 직접 권리를 행사할 수는 없다. 예컨대 회사의 존부, 그 기관의 결정의 유·무효 등에 관한 소에 대해서는 설립준거법 소속국이 전속적 국제재판관할을 가지는데,[89)] 실질주주의 개념을 모르는 외국에서 한국투자자가 주주로서 제소하여 권리를 행사할 수는 없다. 그렇다면 뉴프라이드의 경우 주주총회의 결의가 법적으로 유효한지, 나아가 실질주주가 미국에서 소수주주권을 행사할 수 있는지 등은 여전히 의문이다.

요컨대 실질주주제도를 알지 못하는 외국회사에 대하여는 동 회사의 요청이 있더라도 제320조 제2항 단서를 적용할 수는 없다. 제320조 제2항을 개정해서 그 취지를 보다 명확히 할 필요가 있다. 나아가 한국투자자들에게도 외국회사의 주주권의 행사방법 등 주식의 내용이 한국회사의 그것과 다르다는 점을 적절히 알리는 것이 정도(正道)일 것이다.

(3) 원주의 한국 내에서의 담보제공: 화체된 권리의 준거법과 유가증권 자체의 준거법[90)]

한국거래소에 주권을 상장한 외국회사의 주권을 가지는 국내투자자가 이를 국내채권자에게 담보로 제공하는 경우에도 그 준거법이 문제된다. 이에는 첫째, 증권의 실물을 이용하여 담보제공하는 경우와, 둘째, 우리나라의 증권예탁결제제도 하에서 계좌이체에 의하여 담보를 제공하는 경우—즉, 간접보유증권에 대한 담보제공이기는 하나 우리나라의 증권예탁결제제도만이 이용되는 경우—가 있다.[91)]

위에서 언급한 것처럼 국제사법에 조문은 없지만, 유가증권의 준거법 논의

88) 이지은(註 21), 121면.

89) 석광현, 국제민사소송법(2012), 130면 참조.

90) 상세는 석광현(註 10), 251면 이하 참조.

91) 반면에 담보제공자인 투자자의 간접보유증권의 실체를 파악하는 단계에서(예컨대 투자자가 KSD를 통하여 외국에 상장된 주식을 담보제공하는 경우) 또는 담보설정단계에서(예컨대 담보취득자가 외국에 개설된 계좌를 통해 담보를 취득하는 경우)처럼 다른 나라의 증권예탁결제제도가 개입하는 경우는 위의 법리에 의할 수 없는데 이는 아래(V. 2.)에서 논의한다.

시 '유가증권에 화체된 권리'의 준거법과 '유가증권 자체의 준거법'을 구분해야 한다. 전자는 화체된 권리의 준거법에 따라 결정되고 후자는 증권소재지법이다. 그런데 주식과 이를 표창하는 주권을 대상으로 하는 약정담보물권은 담보대상인 권리의 준거법에 의하므로(국제사법 제23조) 결국 회사의 속인법이 주식과 주권의 약정담보물권의 준거법이 된다. 그러므로 한국거래소에 상장된 원주를 담보제공하는 경우 그 담보권의 준거법은 화체된 권리의 준거법인 외국법이 되고, 원주에 대해 설정할 수 있는 담보권의 종류, 성립요건과 효력은 모두 당해 외국법에 따른다. 다만 담보권의 성립을 위하여 주권의 인도가 필요하다면 이는 자본시장법이 정한 계좌대체에 의하여 이루어질 수 있다.[92] 그렇다면 현행법상 한국거래소에 상장된 외국회사 주권의 양도는 주권소재지법이나 PRIMA(아래에서 언급하는 관련중개기관 소재지 접근방법)로 설명할 수 있으나, 그에 대한 담보제공의 준거법을 한국법으로 할 근거는 없다.

(4) 원주에 대한 제권판결의 가부

외국회사가 한국에서 주권을 발행하고 이를 거래소에 상장한 경우 한국 내에서 주주가 주권을 분실한 경우 법원의 제권판결을 받아 주권을 무효화할 수 있는지가 문제된다.[93] 종래 유력한 견해는 준거법에 대한 고려 없이 현실적 필요성을 강조하면서 가능하다고 한다.[94]

제권판결의 가부를 규율하는 준거법을 보면,[95] 독일에는 ① 유가증권에 화체된 권리와 증권의 결합은 화체된 권리의 준거법에 의할 것이므로 제권판결의 가부는 그러한 권리의 준거법에 의할 것이라는 견해와, ② 유가증권 분실의 경

92) 이에 대하여는 상법 제618조는 주식의 입질에 관한 제338조(기명주식의 입질), 제339조(질권의 물상대위), 제340조 제1항(기명주식의 등록질)의 규정을 한국에서의 외국회사의 주권 발행과 그 주식의 입질에 준용하므로, 국제사법의 법리에도 불구하고 상법 제618조 및 그에 의해 준용되는 조문에 의하여 그 예외를 인정할 수 있다는 견해도 가능하나 지지하기 어렵다. 해석론상 이를 피하는 방안은 상법 제618조 등은 주권의 발행지 또는 담보제공지가 한국이고 나아가 담보권의 준거법이 한국법인 경우로 한정하는 것이다. 한국상사법학회(편)/김연미(註 74), 798면. 실무적 해결은 주권을 한국에서 발행하지 않고 외국에서 발행하는 방안인데 일본의 실무는 그렇다고 한다. 서울대 금융법센터(註 62), 21면.

93) 국제사법 제58조는 환어음, 약속어음 및 수표의 상실 또는 도난의 경우 지급지법에 따라 제권판결을 받을 수 있음을 명시하나 유가증권 일반에 관하여는 규정을 두지 않는다.

94) 저자는 국제적으로 유통되는 유로채 및 선하증권에 관한 제권판결의 문제를 간단히 논의하였다. 전자는 석광현, 국제사법과 국제소송 제1권(2001), 621면 이하; 후자는 석광현, 국제사법과 국제소송 제2권(2001), 102면 참조.

95) 그 밖에도 우리 법원이 제권판결을 할 수 있는 국제재판관할을 가지는지와 우리 법원에서 선고한 제권판결이 외국에서 승인될 수 있는가라는 문제가 있다.

우 권리행사를 위하여 공시최고, 제권판결을 요하는가의 여부는 권리행사 내지는 의무이행의 방법의 문제이므로 증권상의 의무이행지법에 의할 것이라는 견해 등이 있다.[96] 여기에서는 상세한 논의는 생략하나, 우리 법상으로도 유사하게 견해가 나뉠 수 있다(주권의 경우 의무이행지보다는 권리행사의 필요성을 고려할 수 있을 것이다). 실무상으로는 회사 정관에 "주권 재발급에 필요한 절차나 법원의 결정이 요구되는 경우 이를 경료하였음을 증빙할 자료를 제공하여 이사회에 필요한 면책과 증빙을 제공하여야 한다"는 내용을 추가하거나, 민사소송법이 정한 방식을 거치되 공시최고기간에 제3자의 이의가 없는 경우 제권판결절차 없이 이사회 결의를 거쳐 신주권을 발행하는 방향으로 정관을 개정하여 해결한다고 한다.[97]

나. KDR의 발행, 상장 및 유통[98]

한국거래소에 KDR을 상장하려는 외국회사는 자본시장법상 유일한 KDR 예탁기관인 예탁결제원[99]과 예탁계약을 체결하고, KDR 예탁기관은 외국회사가 발행한 원주의 보관과 권리행사를 위하여 외국에 있는 원주보관기관을 선임하고 그 기관과 원주보관계약을 체결한다.[100] 한국 내에서 유통되는 KDR은 준거법이 한국법인 자본시장법(제4조 제2항 제6호)상 증권이고 예탁결제원에 예탁되므로 KDR의 유통에 대하여는 당연히 자본시장법이 적용된다. KDR이 채권을 화체하는지 수익권을 화체하는지는 논란이 있으나 어느 견해를 취하든 간에[101] 기본적

96) 독일의 논의는 Staudinger/Stoll (1996), Int SachenR, Rn. 419 참조. 독일 민사소송법(제1005조 제1항)은 우리 민사소송법(제476조 제2항)과 유사하다.

97) 상세는 천창민(註 19), 1043면, 주 151 참조. 천창민(註 19), 1043면은 실무적인 대안으로 외국주권에 대해 1장의 포괄증권을 사용하는 것이 바람직하다고 한다.

98) 외국기업의 KDR 발행 · 상장 · 예탁 · 결제 및 권리행사 전반에 관하여는 우선 허항진(註 8), 211면 이하; 이준섭, "국제증권예탁관계에 있어 예탁법의 적용", 경영법률 제15권 제1호(2004), 160면 이하 참조.

99) 자본시장법(제298조 제2항)상 예탁결제원만이 KDR 발행 및 예탁업무를 수행할 수 있다.

100) 이 경우 원주는 유통을 전제로 하는 것이 아닌데, 원주에 관한 사항은 외국회사의 설립준거법에 따른다. 이지은(註 21), 117면은 원주의 발행 및 유통에 대해서는 '설립준거지' 혹은 외국회사의 '준거지법'이 적용된다고 하나 동지로 보인다. 이지은(註 21), 121면은 '설립지국' 회사법이라는 용어를 사용하는데 이도 설립준거법을 가리키는 것으로 보인다.

101) 저자는 과거 우리 기업이 외국에서 발행하는 DR의 법적 성질에 관하여 주권예탁증권 소지인을 수익자로 하고 예탁기관(또는 예탁자. 이는 depositary)을 수탁자로 하여 원주를 신탁하는 것이므로 신탁법이 정한 신탁의 대항요건을 구비하여야 예탁기관이 파산하더라도 주권예탁증권 소지인의 권리가 보호될 수 있다는 견해를 피력하였다. 석광현, 국제사법과 국제소송 제3권(2004), 586면. 뉴욕주법을 준거법으로 하는 예탁계약과 달리 영국법을 준거법으로 하는 예탁계약은 실제로 'bare trust'의 설정을 명시하기도 한다. 저자는 이를 '수동신탁'이라 불렀으나 수동신탁은 'passive trust'이고 'bare trust'는 명의신탁에 가깝다거나 명의신탁이라는 설

으로 당사자자치의 원칙에 따라 한국법이 준거법이 될 수 있다. 실무적으로도 한국법을 KDR의 준거법으로 선택하고,102) KDR은 한국에서 상장 및 유통되므로 KDR 자체의 발행, 상장 및 유통과 관련된 국제사법 논점은 많지 않다. 그렇더라도 논리적으로는 KDR의 발행은 그의 준거법에 따르고, 상장과 유통은 상장지와 계좌소재지인 한국법에 의한다고 이해하는 것이 옳다. 즉 모두 한국법이 규율하는 사항이기는 하나 그 논리적 근거는 상이하다는 것이다.103)

Ⅳ. 자본시장법 위반에 따른 민사책임의 준거법과 국제자본시장법

1. 자본시장법의 국제적 적용범위

위에 적은 것처럼 자본시장법상의 증권규제는 그 성질에 따라 ① 행정규제, ② 행정규제 위반 또는 기타 자본시장법 위반으로 인한 민사책임을 규율하는 민사규제와 ③ 행정규제 위반에 대한 형사처벌을 내용으로 하는 형사규제로 구성

명도 있다. 이중기, 신탁법(2007), 244면; 한민 · 박종현, "신탁과 도산법 문제", BFL 제17호(2006. 5), 23면 참조. 참고로 독일에서도 ADR을 신탁으로 보는 견해가 유력하다. Müller/Rödder, Beck'sches Handbuch der AG, 2. Auflage 2009, Rn. 80(Harrer 집필부분); Hartwin Bungert/Nikolaos Paschos, "American Depositary Receipts: Gestaltungspotentiale, kollisionsrechtliche und aktienrechtliche Aspekte", DZWiR (1995), S. 229. DR 발행의 근거가 되는 예탁계약상의 예탁은 자본시장법에 따라 예탁결제원에 하는 증권의 혼장보관인 예탁과는 법적 성질이 다른데, KDR의 경우에도 기본적으로 신탁으로 파악하는 것이 적절하다고 본다. 정부가 2012. 8. 6. 국회에 제출되었던 자본시장법 개정안(제319조의3)은 증권예탁증권이 신탁의 수익증권임을 전제로 하였다(그러나 위 개정안은 19대 국회임기만료로 폐기되었다). 이는 KDR 발행 시 [원주 발행인-예탁결제원-증권예탁증권 투자자]를 각각 [위탁자-수탁자-수익자]로 구성하여 투자자의 권리를 명확히 한다. 김건식 · 정순섭, 85면, 각주 67. 위 저자들은 나아가 그런 규정이 없더라도 KDR의 법률관계는 동일하게 해석할 수밖에 없다고 한다. ADR을 위한 예탁계약과 관련된 국제사법 논점은 우선 위 Bungert/Paschos, S. 225ff. 참조.

102) 이는 당사자자치의 결과이다. 과거 우리 기업이 발행한 DR의 경우에서도 실제로 뉴욕은행이나 시티은행처럼 미국계은행이 예탁기관(또는 예탁자)이 되더라도 예탁계약의 준거법은 뉴욕주법일 수도 있고 영국법일 수도 있는데 그 경우 DR이 표창하는 권리도 동일한 준거법에 따른다. 따라서 "외국의 예탁기관이 발행하는 DR의 경우에는 당해 DR의 발행(엄격하게는 공모)이 이루어지는 곳의 법, 즉 당해 외국법에 따라 발행되는 것이고 또한 동 법률의 적용범위내의 거래행위가 이루어지기 때문에 예탁의 법률관계도 그곳의 법률이 적용됨이 당연하다"는 설명(이준섭(註 96), 164면)은 이론적으로 옳지 않고 실무에도 반한다.

103) 따라서 KDR 발행 및 유통에 대해서는 상장지인 한국법이 적용된다는 식의 설명(이지은(註 21), 117면)은 다소 부정확하다.

되는데, 국제적 적용범위를 결정함에 있어서 각 분야는 상이한 원리를 따르므로 자본시장법의 국제적 적용범위를 논의함에 있어서도 세 가지 분야를 구분하여 논의할 필요가 있다. 아래에서는 자본시장법 위반에 따른 민사책임의 준거법을 결정하는 원칙, 즉 '국제자본시장법'을 중심으로 논의한다. 공정거래법의 역외적용은 주로 공정거래위원회의 행정규제 가능성에 중점이 있었지만, 자본시장법의 역외적용은 행정규제는 물론 그러한 행정규제 위반에 따른 민사책임을 염두에 둔 것이다. 즉 자본시장법의 역외적용은 금융업자의 진입규제, 건전성규제 및 영업행위규제와 공시규제 등을 포함한 국내금융시장의 신뢰성 확보와 국내투자자 보호라는 자본시장규제의 목적을 달성하기 위한 필수적인 제도적 전제로서 도입된 것이다.[104)]

2. 미국에서 증권관련법의 역외적용

종래 미국에서는 증권관련법의 역외적용이 활발히 논의되었는데,[105)] 그의 맥락에서 'foreign-cubed 증권소송',[106)] 즉 외국시장에서 이루어진 증권거래에서 사기적 행위를 이유로 외국투자자가 외국발행인을 상대로 제기하는 손해배상청구의 소에 대하여 1934년 증권거래(소)법(제10조 b항)과 증권거래위원회(SEC) 규칙(제10b-5조)의 사기금지조항(antifraud provision)의 역외적용 여부가 논의되었다. 이에 대해 과거 미국 연방항소법원의 판례는 '효과기준'과 '행위기준'을 종합적으로 고려하여 증권거래소법의 역외적용 여부를 결정하였는데[107)] 자본시장법 제

104) 상세는 석광현 · 정순섭, 30면 이하 참조.

105) 미국 증권관련법의 역외적용은, 첫째 미국 외의 국제적 증권발행과 유통에 대하여 1933년 미국 증권법상의 등록 · 공시요건이 어느 범위 내에서 적용되는가, 둘째 유통시장에서 1934년 증권거래(소)법과 미국 증권거래위원회의 Rule 10b-5의 사기금지조항이 어느 범위 내에서 적용되는가라는 두 가지 방향에서 논의된다. 전자에 관하여는 증권거래위원회(SEC)의 Regulation S와 Rule 144A가 제시한 기준이 중요하나, 후자에 관하여는 명확한 기준이 없는 탓에 연방법원의 판례가 중요하다. 김건식 · 송옥렬, 미국의 증권규제(2001), 496면 이하; 장근영, "증권공시규정의 역외적용—Banque Paribas 사례를 중심으로", 한양대학교 법학논총 제22집 제1호(2005), 235면 이하 참조.

106) 이를 '3면적 외국관련소송'이라고 번역하기도 한다. 김용진, "미국증권법의 역외적 적용에 관한 최근 동향과 미국 증권집단소송에 대한 국내기업의 대응전략", 동아법학 제52호(2011. 8.), 747면.

107) 효과기준(effects test)은 사기행위가 미국 외에서 행해졌더라도 그 행위가 미국 증권시장 또는 미국 투자자에게 예견가능하고 실질적인 해(forseeable and substantial harm)를 입히는 경우 미국법이 적용된다는 원칙이고, 행위기준(conduct test)은 사기로 인한 결과는 미국 증권시장 또는 미국 투자자와 아무런 관련이 없더라도 그 사기행위가 미국 내에서 행해진 경우 미

2조는 그 영향을 받은 것이다. 그러나 미국 연방대법원은 2010. 6. 24. foreign-cubed class action인 *Morrison v. National Australia Bank Ltd.* 사건 판결[108]에서 미국법의 사기금지조항의 역외적용에 대하여 제한적 태도를 취하였다. 즉 연방대법원은 '반역외적용추정(presumption against extraterritoriality)의 원칙'으로부터 출발하여 1934년 증권거래(소)법 제10조 및 증권거래위원회(SEC) 규칙 제10b-5조의 적용범위를 (1) 미국 증권거래소에 상장된 증권의 거래나 (2) 미국 내에서의 다른 증권의 거래로 한정하고 당해 사건에서 미국법의 역외적용을 부정하였다.[109] 이는 효과기준이나 행위기준과 달리 '거래기준(transactional test)'을 도입한 것으로 평가되고 있다.[110] 그러나 어느 경우에 과연 다른 증권의 거래가 미국내에서 행해진 것인지를 판단하는 기준은 분명하지 않다.[111]

그런데 종래 우리나라에서도 특히 증권법 전문가들이 미국의 영향을 받아 자본시장법의 역외적용의 문제를 논의해 왔지만, 그것이 ―특히 자본시장법위반에 따른 민사책임의 적용에 관한 한―[112] 준거법결정의 문제, 즉 국제사법의 문제라는 점에 대한 인식이 매우 부족한데, 이는 아래 이유에 기인하는 것으로 짐작된다.

첫째, 일부 미국 판례의 영향을 받아 증권법의 역외적용의 문제를 준거법이 아니라 우리 법은 알지 못하는 사물관할권(subject matter jurisdiction)[113]의 한계의 문제로 이해하는 탓이다.[114] 둘째, 우리나라에서는 준거법을 결정함에 있어서 성

국법이 적용된다는 원칙이다.

108) 130 S.Ct. 2869 (2010).

109) 130 S.Ct. 2869, 2884 (2010).

110) 우리 문헌은 박준선(註 41), 302면; 김용진(註 104), 754면 이하, 기타 문헌은 김화진(註 52), 25면, 註 80 이하 참조.

111) Morrison 판결 후 입법적 대응인 Dodd-Frank법의 제정과 미국 연방법원 판결의 소개는 우선 박준선(註 41), 305면 이하 참조.

112) 물론 자본시장법 위반에 따른 행정규제와 형사규제의 문제는 국제사법의 문제가 아니다.

113) 사물관할권이라 함은, 연방법원과 주법원이라는 이원적인 독립된 법원제도를 가지고 있는 미국에서, 연방법원이 상이한 주적(州籍)을 가지는 당사자들 간의 사건을 재판할 수 있는 권한과 같이 당사자와 법정지 간의 관계를 고려함이 없이, 일정한 유형 또는 범주의 사건을 재판할 수 있는 법원의 권한을 말하고 주로 연방법원과 주법원의 관할의 分掌을 말한다. 석광현(註 87), 153면 이하 참조. 미국 법원은 사물관할권이 없으면 재판할 수 없는데 이는 특히 연방법원에서 문제된다.

114) 예컨대 임재연, 미국증권법(2009), 144면 이하가 재판관할권과 사물관할권을 혼용하거나, 김화진(註 52), 25면이 위 사건에서 연방대법원이 거래기준이 충족된 경우에만 미국법원이 관할권을 행사할 수 있다고 판결하였다고 설명하는 것은 사물관할권에 대한 오해에 기인하는 것으로 보인다. 위 연방대법원 판결은 미국 연방법원이 사물관할권이 있음을 전제로 본안에 관하여 미국법의 적용을 배척한 것이지 사물관할권을 부정한 것은 아니다. 위 판결은 미국 연

문법인 국제사법에 따라 법률관계로부터 출발하여 그 본거를 탐구하는 사비니의 접근방법을 취하면서 양면적 저촉규정을 원칙으로 삼는 데 반하여,[115] 미국의 국제사법에 관한 논의, 특히 증권법의 역외적용에 관한 논의는 과거 법규분류학설처럼 법으로부터 출발하여 자국법의 적용범위를 획정하면서 일면적 저촉규정의 형식을 취하므로[116] 이에 익숙하지 않은 우리 법률가들은 이를 준거법 결정의 문제로 인식하기 어려운 면이 있다. 셋째, 공정거래법의 역외적용처럼 공정거래위원회의 행정적 규제에 일차적 관심을 가진 일부 우리 법률가들은 자본시장법의 맥락에서도 역외적용이 가지는 사법적(私法的) 측면을 간과하고 이를 단지 국가관할권 내지 입법관할권의 한계라는 국제법 문제로만 인식하는 경향이 있다. 넷째, 우리 자본시장법과 국제사법에는 자본시장법 위반에 따른 민사책임의 준거법을 지정하는 조문이 없는 탓에 우리 법률가들은 국제자본시장법의 연결원칙에 대한 관심과 문제의식이 별로 없다.

3. 국제자본시장법과 국제불법행위법의 관계

투자설명서책임의 준거법에 관하여는 위에서 논의하였으므로 여기에서는 다른 자본시장법 위반에 따른 민사책임의 준거법을 논의한다. 이는 국제사법의 한 분야로서의 국제자본시장법의 논점이다. 국제자본시장법의 맥락에서 역외적용이 문제되는 사안 중 일부는 불법행위, 그 중에서도 특히 행동지와 결과발생지가

방법원의 사물관할권을 부정한 제2순회구 연방항소법원 판결(547 F.3d 167 (2008))의 잘못을 지적하고 있다. 미국 연방대법원 판결에 의하면, 미국에서는 증권법의 역외적용이 사물관할권과 입법관할권(즉 준거법)의 문제일 수 있으나, 우리 법의 관점에서는 준거법의 문제가 된다. 역외적용의 소송법적 성질에 관한 논의는 김용진(註 104), 752면 이하 참조. 박권의, "미국 증권관련법상 사기금지조항의 역외적용—연방대법원의 Morrison v. National Australia Bank Ltd. 판결", BFL 제43호(2010); 124면 이하는 미국 하급심 판결이 물적 관할을 부정하였다고 정확히 소개하나, 문만석, "자본시장법 역외적용에 관한 소고", 금융법연구 제11권 제3호(2014. 12.), 97면은 연방항소법원이 재판관할권(또는 사법관할권)을 부정했다고 잘못 소개한다. 나아가 위 문만석, 95면은 종래 역외적용의 문제가 재판관할권의 문제로 인식되었다고 설명하는데 위에서 본 바와 같이 이는 잘못이다. [밑줄 부분은 이 책에서 새로 추가한 것이다.]

115) 물론 사비니도 절대적 강행법규의 예외를 인정하였다.

116) 다만 다른 국가의 경우에도 자본시장법의 경우 국제사법의 다른 분야에서처럼 양면적 접근방법이 적절하지 않다는 점은 일부 인정한다. 즉 자본시장법의 기능에 비추어 각국의 입법자는 자국의 국내자본시장의 적절한 보호를 보장하는 방향으로 자본시장을 조직하는 데 관심이 있고, 국제자본시장법의 연결점 결정에서는 실질법적 가치를 고려해야 하므로 일면적 접근방법이 자연스럽고 그 결과 자국법의 역외적용이 문제되고, 복수국 자본시장법의 적극적 및 소극적 충돌이 발생하므로 그의 해결이 중요하다는 것이다. Garcimartín, para. 76 이하 참조.

상이한 법역에 있는 격지불법행위로 성질결정되는 사안이다.117) 격지불법행위의 준거법 결정에 관하여 국제사법의 해석상 논란이 있으나, 대법원판결118)은 피해자의 선택권을 인정하는데 이는 피해자를 두텁게 보호하려는 것이다.

여기에서 우리의 관심사는 자본시장법 위반에 따른 민사책임에 관하여 제2조를 국제사법의 특칙이라고 볼 것인가이다.119) 이는 민사책임과 행정규제를 통일적으로 연결할지의 문제이다.120) 1설은 제2조를 국제사법의 특칙으로 보는 견해로, 제2조를 근거로 민사책임의 연결원칙을 행정규제의 연결원칙과 통일적으로 구성한다(물론 단기매매차익반환에서와 같이 반환규정만 있고 행정규제는 없는 경우는 제외). 이에 따르면 행정규제에 관하여 우리 자본시장법이 역외적용되는 사안에서는 민사책임에 대하여도 우리 자본시장법이 준거법이 된다.121)122) 제2설은 민사책임의 연결원칙을 행정규제의 연결원칙과 별개로 구성하는 견해로, 제2조는 행정규제에 한하여 적용하고, 민사책임에 관하여는 종래의 국제사법의 해석론에 따라 불법행위 또는 부당이득 등의 법률관계로 성질결정하고 국제사법에 따라 준거법을 결정한다(다만 이 경우 예외조항을 근거로 시장지를 연결점으로 볼 여지도 있는데 그렇다면 결과적으로 제2조가 아무런 의미가 없는 것은 아니고 1설과는 다

---

117) 자본시장과 관련한 불법행위의 행동지와 결과발생지 결정의 어려움은 위에서 언급하였다.

118) 강제징용사건에 관한 대법원 2012. 5. 24. 선고 2009다22549 판결(미쓰비시 사건 판결)은 행동지와 결과발생지가 복수국가에 소재하는 경우 피해자가 자신에게 유리한 법을 불법행위의 준거법으로 선택할 수 있다고 보았다.

119) 이 점은 석광현(註 10), 412면 이하에서 언급하였다. 국제불법행위법의 상세는 석광현(註 10), 389면 이하 참조.

120) 상세는 석광현 · 정순섭, 52면 이하 참조.

121) 이렇게 보면 자본시장법 분야에서는 다른 분야와 달리 일면적 접근방법을 취하게 된다. 자본시장법의 기능에 비추어 각국의 입법자는 자국의 국내자본시장의 적절한 보호를 보장하는 방향으로 자본시장을 조직하는 데 관심이 있고, 국제자본시장법의 연결점을 결정함에 있어서는 실질법적 가치를 고려하지 않을 수 없으므로 일면적 접근방법이 자연스럽고 그 결과 자국법의 역외적용이 문제되고, 복수국 자본시장법의 적극적 및 소극적 충돌이 발생하므로 그의 해결이 문제된다는 견해도 있다. Garcimartín para. 76 이하 참조. 이 각주는 이 책에서 새로 추가한 것이다.

122) 만일 행정규제와 민사책임을 통일적으로 연결하는 1설을 더 밀고 나간다면 행정규제에 관하여 우리 자본시장법이 적용 내지 역외적용되는 사안에서는 민사책임에 대하여도 우리 자본시장법이 적용되므로 행정규제가 적용되는 범위를 결정하기 위해 국제행정법의 법리만을 발전시키면 족하고 국제사법적 고려는 도외시해도 무방하다고 주장할 여지도 있다. 각주 42에서 언급한 허항진과 박준선의 견해가 이런 결론을 택한 것일 수도 있으나 추론과정을 생략한 탓에 진의는 알 수 없다. 가사 그런 접근방법을 취하더라도 단기매매차익반환에서와 같이 반환규정만 있을 뿐 행정규제는 없는 경우도 있고, 더욱이 중층구조의 채택은 국가에 따라 차이가 있으므로 통일적인 처리를 관철하기에는 어려움이 있다. 이 각주는 이 책에서 새로 추가한 것이다.

른 뜻에서 국제불법행위법의 연결원칙에 대한 특칙으로서 의미를 가진다고 볼 여지도 있다). [밑줄 부분은 이 책에서 새로 추가한 것이다.]

구체적으로 양자의 관계를 어떻게 이해할지에 관하여는 견해가 나뉠 수 있다. 자본시장법상 민사책임이 문제되는 경우는 예컨대 공시규제 위반에 따른 손해배상책임(제119조 이하),[123] 단기매매차익반환의 경우(제172조), 내부자거래에 따른 손해배상책임(제174조)과 시세조종행위에 따른 손해배상책임(제176조) 등이다. 위 조문들을 보면, 우리 자본시장법은 매우 구체적인 요건을 규정하고 있으므로 적어도 자본시장법의 적용에 관한 한 그 요건의 구비 여부를 판단하면 족할 것으로 보이고, 특별히 국외에서 이루어진 행위의 효과가 국내에 미치는지를 논의할 실익이 별로 없어 보이기도 한다. 자본시장법 위반에 따른 민사책임에 관하여 제2조를 국제사법의 특칙이라고 보면서, 더 나아가 이를 양면적 저촉규범이라고 볼 수 있다면(이는 논란의 여지가 있다), 민사책임에 관한 한 자본시장법은 '효과가 미치는 곳' 또는 시장지를 연결점으로 삼고 있다고 주장할 가능성도 있다.[124] 그러나 제2조는 그 효과가 국내에 미치는 경우라고만 하므로, 위에서 언급한 공정거래법 제2조의2에 관한 대법원 2014. 5. 16. 선고 2012두13655 판결을 감안하더라도, 제2조가 '지향기준(targeted-at test)'을 도입하였다고 보기는 어렵다. 요컨대 국제자본시장법의 문제는 일률적으로 판단할 것이 아니라 자본시장법의 조문의 법적 성질 내지 각 책임의 유형별로 성질결정을 하고 그것이 추구하는 정책을 고려하여 기존의 국제사법의 연결원칙과, 제2조를 근거로 하는, 시장지에 착안한 새로운 연결원칙의 적용 가능성을 검토해야 한다.[125] 나아가 동시상장 또는 복수상장(multi-listing)이 이루어지고 어떤 행위로 인해 복수의 자본시장에 효과가 미치는 경우에는 준거법의 결정이 어렵게 된다.

만일 자본시장법 제2조를 국제불법행위법에 대한 특칙으로 본다면 불법행위지법원칙에 우선하는 국제사법의 종속적 연결원칙(국제사법 제32조 제3항), 공통의 속인법(국제사법 제32조 제2항)과 사후적 합의(국제사법 제33조)의 적용 여부도 문제된다.

---

123) 위에서 논의한 투자설명서책임은 이에 속한다.

124) 자본시장법은 공정거래법(제2조의2)과 달리 시장이라는 표현을 사용하지 않으므로 비판이 가능하다.

125) Garcimartín, para. 75 참조.

4. 자본시장법의 행정규제와 형사규제의 역외적용

자본시장법 제2조는 행정규제, 민사규제와 형사규제를 구분하지 않은 점에서 문제가 있다.[126] 즉, 공법의 국제적 적용범위는 법규로부터 출발하여 그 적용범위를 획정해야 하는 데 반하여, 사법의 적용 여부는 원칙적으로 법률관계로부터 출발하여 가장 밀접한 관련이 있는 법을 탐구하는 방향으로 검토해야 하고,[127] 형사에 관하여는 형법이 명시적인 규정(제2조, 제3조와 제8조)을 두고 있으므로 그러한 특수성을 고려하여 이를 각각 검토해야 함에도 불구하고 제2조는 역외적용이라는 하나의 잣대에 의하여 해결하기 때문이다.

5. 회사의 준거법과 자본시장의 준거법의 관계[128]

회사법과 자본시장법을 구별하듯이 국제사법의 맥락에서도 회사의 준거법과 자본시장의 준거법을 구별해야 한다. 이는 국제회사법과 국제자본시장법의 경계 획정 내지 성질결정의 문제이다. 그 경계 설정에 있어서는, 기본적으로 회사법은 회사라는 형태의 조직과 경영을 규율하는 법이고, 자본시장법은 투자자를 보호하고 금융투자업을 육성하며 자본시장(capital market)[129]의 공정성 · 신뢰성 및 효율성을 높여 이를 발전시키는 것을 목적으로 하는 점(자본시장법 제1조)에서 단서를 찾을 수 있다. 예컨대 주식의 내용, 표창방법 등은 회사의 준거법이 규율하나, 거래소에서의 주식의 유통과 거래는 자본시장법이 규율한다.[130] 한편, 우리 법상 증권에 관한 공시(disclosure)는 상법과 자본시장법이 규율하는데, 전자는 회사의 적절한 기능을 보장하고 주주와 기관의 권리를 보호하기 위한 것이고, 후자는 투자자의 권리를 보호하는 것이라는 점에 차이가 있다.[131] 그렇다면 공시는 회사법의 문제이자 동시에 자본시장법의 문제이므로 회사는 이중공시체제에 따르게 된다.[132]

---

126) 자본시장법의 제정과정에서 제2조의 적용범위를 행정규제에 한정할지 아니면 현재와 같이 자본시장법 전반으로 확대할지에 관하여는 논란이 있었다.

127) 다만 국제자본시장법에서는 자국법으로부터 출발하여 그 적용범위를 정하는 경향이 있음은 위에서 언급한 바와 같다.

128) 양자를 구별해야 함은 석광현(註 87), 13-14면에서 이미 지적하였다.

129) 통상 '자본시장'은 '증권시장'과 같은 의미로 사용된다. 김건식 · 정순섭, 33면.

130) Garcimartín, para. 110도 유사하다.

131) 양자의 차이는 김건식 · 정순섭, 168면.

132) Garcimartín, paras. 108, 118. Garcimartín, para. 118은 지배구조의 문제도 일부는 회사법의 문제이고 일부는 자본시장법의 문제라고 지적한다.

또한 국제적 공개매수는 회사에 대한 지배권의 취득이라는 회사법적 요소와 지배권 취득 시장에서 관련된 정보의 공시 및 평등한 기회 부여를 통해 투자자를 보호하고자 하는 자본시장법적 요소를 함께 가지고 있다.[133] 이처럼 회사법과 자본시장법이 중첩적으로 적용되는 쟁점의 준거법 결정은 어려운 문제를 제기하는데,[134] 이는 앞으로 더 검토할 논점이다.

Ⅴ. 유가증권의 국제적 처분의 준거법: 국제유가증권법

국제(유가)증권법, 그 중에서도 증권의 국제적 처분의 준거법을 논의함에 있어서는 ① 증권 실물을 거래하는 경우와 ② 실물을 발행하여 묻어두고(부동화. immobilization) 또는 실물 없이 계좌이체에 의하여 거래하는 경우(무권화. dematerialization) —전자증권은 무권화의 사례이다[135]— 를 구별할 필요가 있다. 양자는 상이한 법리에 따르기 때문이다. ②는 '간접보유증권(securities held with an intermediary 또는 intermediated securities)'의 문제이다. 우리나라에서는 자본시장법이 증권의 예탁결제를 규율하므로 간접보유증권의 처분의 준거법 결정을 국제자본시장법의 문제로 보기 쉬우나 이는 국제자본시장법과는 성질을 달리 한다.

---

133) 천창민(註 19), 1061면. 공개매수의 준거법은 Garcimartín Alférez, para. 136 이하; 천창민(註 19), 1059면 이하 참조.

134) Garcimartín Alférez, para. 113 이하는 이를 국제사법에서 말하는 '이중성질결정(double characterization)'의 문제로 파악하고 국제사법의 적응(adaptation)의 법리를 이용하여 4단계 접근방법을 취한다.

135) 상법상 주식의 양도와 입질은 주권의 교부에 의한다(제336조 제1항 및 제338조 제1항). 우리나라는 2011년 4월 상법을 개정하여 회사가 정관으로 정한 경우 전자등록을 통해 주식, 사채 및 신주인수권 등을 발행할 수 있는 법적 근거를 마련하였고(제356조의2, 제478조 제3항, 제420조의4와 제516조의7), 2011년 7월 "전자단기사채 등의 발행 및 유통에 관한 법률"을 제정하여 이는 2013년 1월 15일부터 시행되었다. 동 법률은 박철영, "전자단기사채제도의 법적 쟁점과 과제", 상사법연구 제34권 제3호(2013), 9면 이하 참조. 동 법률은 일본법에 크게 의존하였는데 전자증권 법제는 후자의 법리를 기초로 할 것으로 예상된다. 전자증권에 관하여는 한국예탁결제원(註 30), 762면 이하; 정순섭, "전자증권법(안) 주요내용 및 자본시장에 미치는 영향", 2014년 4월 21일 개최된 국회공청회 발표자료 참조. 대안으로서 2010년부터 시행된 스위스의 간접보유증권법(Bucheffektengesetz)을 고려하자는 의견도 있다. 천창민, "스위스 간접보유증권법(Bucheffektengesetz)에 관한 고찰", 증권법연구 제13권 제1호 (2012. 5.), 215면 이하 참조.

1. 유가증권 실물에 의한 또는 그에 준하는 담보제공의 준거법

이에 관하여는 위(Ⅲ.2.가.(3))에서 논의하였다.

2. 간접보유증권의 담보제공 기타 처분의 준거법: 복수예탁결제제도의 개입

국내투자자가 간접보유하는 한국 주식을 담보제공하고 담보권을 국내중개기관에 개설된 계좌에 기재할 경우에는 민법에 따르면 되고 별 문제는 없다. 그러나 국내투자자가 간접보유하는 한국 주식을 외국 채권자에게 담보제공하고 이를 외국중개기관에 개설된 계좌에 기재하거나, 국내투자자가 외국중개기관과의 연계를 통하여 보유하는 간접보유증권을 담보제공하는 경우, 즉 상이한(또는 異種의) 증권예탁결제제도가 개입하는 경우에는 준거법 결정이 어렵다.

무기명증권의 부동화의 경우에는 마치 동산처럼 취급된다는 무기명증권의 특성이 사장되고, 증권의 소재지가 결정적인 의미를 갖지 않으므로 제21조가 적용되지 않는다고 본다. 또한 기타 유가증권이 부동화 또는 무권화된 경우 증권의 처분의 준거법으로 증권소재지법을 적용할 근거가 없다. 이처럼 간접보유증권의 처분의 준거법이 문제되는데, 이에 대하여는 담보권자의 권리가 기재되는 계좌소재지법(*lex conto sitae*) 또는 중개기관소재지법이 된다는 견해가 유력하다. 이것이 'place of the relevant intermediary approach(관련중개기관 소재지 접근방법)'—'PRIMA'이고 유럽연합이 취한 태도이다. 헤이그증권협약의 예비초안은 PRIMA를 따랐으나 최종안은 통일상법전의 접근방법처럼 계좌약정의 준거법을 적용한다.[136] 이러한 태도를 '계좌약정접근방법(account agreement approach. AAA)'

---

136) 예비초안에 관하여는 석광현, "國際的인 證券擔保去來의 準據法—PRIMA와 관련하여—", 증권법연구 제3권 제1호(2002), 97면 이하를, 협약에 대하여는 석광현, 국제사법과 국제소송 제4권(2007), 277면 이하; 천창민, "국제적 유가증권거래의 준거법—헤이그유가증권협약을 중심으로—", 국제사법연구 제10호(2004. 12.), 233면 이하; 천창민, "간접보유증권의 국제재판관할과 준거법—간접보유증권에 관한 국제사법상 연결규칙의 신설을 제안하며—", 국제사법연구 제19권 제1호(2013. 6.), 501면 이하; 허항진, "국제적 증권거래의 준거법 결정원칙에 대한 고찰", 증권법연구 제8권 제2호(2008. 8.), 64면 이하 참조. 헤이그협약의 문제점과 유럽의 논의는 Francisco J. Garcimartín Alférez, in Thomas Keijser (ed.), Transnational Securities Law (2014), para. 10.66 이하 참조. 당초 2003년 EU 위원회는 헤이그협약의 서명을 제안하였으나, 2006년 유럽의회가 서명에 따른 문제점을 지적하고 포괄적인 영향연구를 요구하자 2009년 위 제안을 철회하였다. Garcimartín은 장래 선택지로서 ① EU가 헤이그협약을 비준하는 방안,

이라 한다.

우리 국제사법의 해석론으로도 간접보유증권의 처분의 준거법에 관하여 PRIMA를 지지하는 견해가 유력하나,137) 그 경우에도 실물증권의 처분과 동일한 연결원칙에 따르는 견해도 있다.138) 입법론으로서 우리가 국제사법을 개정하여 연결원칙을 도입할지 국제사법에 어떤 규정을 둘지를 검토할 필요가 있다. 이는 전자증권의 도입과 관련하여 더욱 중요한 의미를 가지게 될 것이다.139) 우리나라에서는 실질법의 개정 없이 국제사법규칙만의 도입에 반대하는 견해도 있으나,140) 국제사법규칙만의 도입이 가능하다는 것이 종래 유력한 견해이고, 근자에는 실제로 PRIMA 또는 이를 다소 수정한 연결원칙을 명시하자는 입법론도 제시된 바 있다.141) 실질법의 개정 없이 국제사법규칙만의 도입이 불가능한 것은 아니라는 점은 유럽연합의 사례에서 이미 보는 바와 같다.142) 전자증권은 결국 계좌기재를 마치 과거의 증권발행과 같이 보는 것, 즉 계좌기재를 권리를 발생시키고 표창하는 새로운 방법으로 보고 그러한 권리를 계좌이체에 의하여 양도하는 것이므로, 저촉법적으로도 PRIMA로 가는 것이 자연스럽다.

---

② EU가 기존 지침을 확대하는 방안, ③ 헤이그협약을 개정하여 예비초안의 모습을 부분적으로 복원하는 방안과 ④ 계좌의 소재지에 따라 구분하여, EU 중개기관이 보유하는 증권에는 EU 지침을 적용하고, non-EU 중개기관이 보유하는 증권에는 헤이그협약을 적용하는 방안(즉 이원적 접근방안)을 제시한다. 위 Garcimartín, para. 10.98 이하 참조. [밑줄 부분은 이 책에서 새로 추가한 것이다.]

137) 석광현, "國際的인 證券擔保去來의 準據法 —PRIMA와 관련하여—", 증권법연구 제3권 제1호(2002), 125면; 석광현(註 10), 255면 이하; 천창민, "간접보유증권의 국제재판관할과 준거법 —간접보유증권에 관한 국제사법상 연결규칙의 신설을 제안하며—", 국제사법연구 제19권 제1호(2013. 6.), 526면 참조.

138) 윤남순, "간접보유증권의 준거법결정", 상사판례연구 제24집 제2권(2011. 6.), 563면 이하.

139) 국제사법은 증권의 간접보유방식을 예견하지 못한 듯하다는 지적도 있으나(장영수(註 6), 66면) 이는 옳지 않다. 예컨대 국제사법의 개정 직후 간행된 석광현(註 65), 142면 이하와 149면은 간접보유증권의 처분의 준거법을 논의하고 있다. 간접보유증권의 처분의 준거법에 관한 국내 연구가 부족했음은 사실이지만, 이를 국제사법에서 규정하지 않은 더 큰 이유는 그에 관한 국제적 컨센서스를 기다려야 했기 때문이다.

140) 김이수, "證券間接保有法理의 再構成에 관한 硏究", 서울대학교 박사학위논문(2003. 2.), 196-197면은 직접보유자에게는 증권소재지법주의를, 간접보유자에게는 계좌소재지법주의를 적용하는 것은 모순이라고 하면서 실질법상 투자자의 법적 지위에 대한 재구성을 수반하지 않는 국제사법만의 개정에 반대한다.

141) 간결한 입법론적 제안은 석광현(註 10), 258면 이하(이 중 발행인에 대한 권리의 준거법은 더 검토를 요한다); 상세한 제안은 천창민(註 19), 527면 이하 참조.

142) 예컨대 유럽연합의 1998. 5. 19. "지급 및 증권결제제도에서의 결제최종성에 관한 지침"과 2002. 6. 6.의 "금융담보약정에 관한 지침". 그리고 전자를 국내법화한 독일의 1999년 증권예탁법(Depotgesetz) 제17a조 참조.

Ⅵ. 국제증권거래와 복수예탁결제제도의 연계

국제증권거래는 방향에 따라 첫째, 외국투자자의 한국증권투자와 둘째, 한국투자자의 외국증권투자로 구분할 수 있다.

1. 외국투자자의 한국증권투자

외국투자자가 직접 한국 증권회사에 계좌를 개설하고 증권거래를 하는 경우에는 외국투자자는 국내증권예탁결제체제에 편입되므로 증권예탁결제에 관한 한 국내 투자자가 증권거래를 하는 경우와 다를 바 없고 특별할 것이 없다.[143)]

2. 한국투자자의 외국증권투자

개별이용방식, 즉 한국투자자(예컨대 금융투자업자)가 직접 외국 증권회사에 계좌를 개설하고 증권거래를 하는 경우에는 한국투자자는 외국증권예탁결제체제에 편입되므로 증권예탁결제에 관한 한 당해 외국 투자자가 증권거래를 하는 경우와 다를 바 없다.

3. 복수예탁결제제도의 연계: 상이한 간접보유증권법리의 충돌[144)]

오늘날 대부분의 투자자는 간접보유증권을 가지는데, 각국 국내법은 간접보유증권의 법리구성에 있어 다양한 접근방법을 취한다. 예컨대 간접보유증권을 보유하는 투자자는 ① 한국에서는 예탁된 주권에 대해 공유지분을 가지지만, ② 미국에서는 증권권리(security entitlement)를 가지며,[145)] ③ 영국에서는 신탁 수익

143) 다만 이 경우에도 중개기관과 외국투자자간 계좌약정의 준거법이 외국법이라면 어려운 논점이 있다. 현재는 그런 계좌약정의 준거법은 채권적 법률관계만을 규율하나 헤이그증권협약에 따르면 그 준거법이 간접보유증권의 처분 기타 물권적 쟁점에도 미치게 되기 때문이다. 예컨대 그 경우 외국투자자가 자본시장법상의 실질주주인가도 논란이 있다. 석광현, 국제사법과 국제소송 제4권(2007), 352면; 허항진(註 8), 465면은 이를 부정하나, 천창민, "국제적 유가증권거래의 준거법 —헤이그유가증권협약을 중심으로—", 국제사법연구 제10호(2004. 12.), 282면은 이를 긍정한다.

144) 이 부분은 저자가 단순화한 거래유형을 상정한 것이므로 실제 거래의 흐름과는 차이가 있을 수 있다.

145) 증권권리는 증권중개기관을 통하여 유가증권 또는 기타 금융자산을 보유하는 자의 권리와

권을 가진다(이는 영국 판례가 금융중개기관을 수탁자로 하고 투자자를 수익자로 하는 신탁적 구성을 취하기 때문이다). 그런데 예컨대 한국투자자가 집중예탁제도 이용방식을 취하는 경우에는 자본시장법 제320조 제1항이 상정하는 복수예탁결제제도의 연계[146]가 이루어지므로, 그들의 간접보유증권법리의 법리가 상이하다면 충돌이 발생한다.[147] 이 경우 일국의 간접보유증권법리가 상이한(또는 異種의) 법리를 취하는 타국에까지 관철될 수는 없고,[148] 특히 연계의 접점에 있는 CSD와 그 하위 중개기관 및 투자자가 취득하는 권리의 법적 성질이 문제된다.

결론을 먼저 말하자면, inbound 투자 시(아래 가.) 미국 CSD가 KSD나 한국의 보관기관에 계좌를 개설할 경우 한국법상 CSD는 권리를 취득할 수 없으므로 제320조 제1항을 개정하고 입법적인 해결방안을 고려할 필요가 있고, outbound 투자 시 KSD가 미국 CSD나 보관기관에 계좌를 개설하는 경우에는(아래 나.) KSD가 연계의 접점에서 미국의 주법에 따라 증권권리를 취득할 여지가 있으나, 그 경우에도 예탁자와 투자자의 권리를 명확히 하기 위해 입법적인 해결방안을 고려할 필요가 있다.

여기에서 주의할 것은, 간접보유증권의 국제거래에서 투자자가 가지는 권리의 인식과 법적 성질의 문제는 어느 일국의 국내법만으로 완전히 해결할 수 없고 외국법에 의존할 부분이 있음을 인정하면서, 국내법에 의해 최대한 투자자의

재산권을 말하고, 이는 증권중개기관에 대한 대인적 권리의 패키지와 증권중개기관이 보유하는 재산에 대한 권리의 양자이나, 증권중개기관이나 그를 통하여 금융자산을 보유하는 청산기구가 보유하는 어떠한 금융자산에 대한 특정한 재산권은 아니다. 통일상법전 § 8-102(a)(17)와 주석(comment) 참조. 증권권리에 관하여는 김이수(註 140), 154면 이하; 김이수, "UCC상 證券權利(security entitlement)의 槪念", 증권법연구 제5권 제1호(2004), 1면 이하 참조. 김이수(註 140), 156면은 증권권리를 "증권중개기관에 대한 권리 및 당해 증권중개기관이 소유하고 있는 금융자산에 대한 비례적 물권의 총합"이라고 한다.

146) 이에는 현지대리인, 국제보관기관, ICSID, 중앙예탁기관간 연계방식 등이 있다. 허항진(註 8), 244-245면 참조.

147) 연계되는 간접보유증권의 법리가 동일하다면(예컨대 한국과 독일) 일국의 법리를 국경을 넘어 관철할 여지가 있다. 실제로 독일 예탁법 제5조 제4항은 일정한 요건이 충족되는 것을 전제로 이를 허용한다. 한국증권법학회, 국제예탁결제법제 개선 관련 연구, 한국예탁결제원 연구용역 보고서(2012. 8.), 97면; 장근영(註 73), 253면.

148) 그러나 뜻밖에도 이준섭(註 96), 167면은 그 경우에도 우리 증권거래법상의 예탁법리가 원칙적으로 적용된다고 한다. 나아가 이준섭(註 96), 167면, 184면, 189면은 자본시장법처럼 일정한 경우를 열거하여 적용배제규정을 두는 방식보다는 양 예탁기관 간의 자율적이고 임의적인 예탁계약의 내용에 의해 해결하는 방식이 바람직하며 그 경우 사안별 검토가 필요하다고 주장하나, 간접보유증권의 법리의 충돌은 계약으로 극복할 수 있는 성질의 문제가 아니다. 위 글은 DR 발행의 근거가 되는 주식예탁계약(deposit agreement)상의 예탁과 자본시장법에 따른 혼장보관으로서의 예탁을 동일한 평면에서 다루고 있어 혼란스럽고, '준거법'보다는 '적용법' 또는 '적용법률'이라는 생소한 용어를 주로 사용하는 탓에 아쉬움을 남긴다.

권리를 보호하기 위한 법적 장치를 두어야 한다는 점이다.[149)]

가. 외국투자자의 한국증권 취득-자본시장법 제320조 제1항의 문제

첫째, inbound 증권투자와 관련하여 “외국예탁결제기관 등의 예탁 등에 관한 특례”를 정한 자본시장법 제320조 제1항(특히 단서)이 적절한지를 검토할 필요가 있다. 즉 외국투자자가 외국의 중개기관과 CSD 및 KSD를 통하여 한국 주식을 취득한 경우[150)] 그의 권리의 득실을 어떻게 인식하고 규율하는가의 문제이다. 달리 말하자면, 우리나라의 예탁결제법리 또는 간접보유증권법리를 외국예탁결제기관, 나아가 외국법인에게도 적용할 수 있는가의 문제이다. 자본시장법 제320조 제1항은 아래와 같이 규정한다.

제320조 제1항
제310조, 제313조, 제314조 제4항부터 제6항까지, 제315조 및 제316조 제3항은 외국예탁결제기관에 적용하지 아니한다. 다만, 외국예탁결제기관이 그 적용을 요청하는 경우에는 그러하지 아니하다.[151)]

Inbound 투자, 예컨대 증권 발행국이 한국인데, 미국 투자자가 미국 중개기관에 계좌를 개설하고 CSD 또는 보관기관과의 연계를 통하여 한국증권에 투자하는 경우 미국의 간접보유증권의 법리가 관철될 수 없다. KSD 또는 보관기관과의 연계의 접점에 있는 미국 CSD가 한국법에 따라 공유지분을 취득하더라도,[152)] 미국 CSD의 하위에 있는 증권회사와 투자자는 미국 CSD가 가지는 권리에 기초한 증권권리를 가질 수 있을 뿐이지 중개기관을 투시하여 KSD에 있는 주권에 대한 공유지분을 가질 수는 없다. 그렇더라도 실제로 계좌기재와 그에 기초한 거래가 실제로 이루어지고, 외화증권으로부터 파생되는 권리 행사와 경

149) 森下哲郎/김이수(역), “국제증권결제법제의 전개와 과제”, BFL 제3호(2004. 1.), 108면.

150) 실제 거래구조는 한국예탁결제원(註 33), 599면 이하 참조.

151) 제320조 제1항은 1997년에 유로클리어가 KSD에 계좌를 열 수 있도록 하기 위해서 추가된 것이고, 2000년 하반기 유로클리어와 클리어스트림이 이에 근거하여 예탁결제원에 계좌를 개설한 바 있다고 한다. <u>근자의 조문은 아래와 같다. 제310조, 제313조, 제314조 제6항, 제315조 및 제316조 제3항은 외국예탁결제기관에 적용하지 아니한다. 다만, 외국예탁결제기관이 그 적용을 요청하는 경우에는 그러하지 아니하다.</u> [밑줄 부분은 이 책에서 새로 추가한 것이다.]

152) 이 경우 우리 간접보유증권법리에 따르면 중개기관은 아무런 권리를 취득하지 못하므로, CSD는 고객의 계산으로 취득하는 증권에 대하여 공유지분을 취득할 수는 없다는 주장도 가능하나 누군가의 권리 취득을 인정해야 할 것이므로 이를 인정해야 할 것이다.

제적 이익 향유에 관심을 가지는 투자자는 외국예탁결제기관을 통하여 간접적으로 권리를 행사할 수 있으므로 실무상 문제는 없겠지만 법리는 그렇다는 것이다. 이처럼 외국투자자가 주권에 대한 공유지분을 취득할 수 없다면 그는 실질주주가 될 수 없다.[153)]

나아가 제320조 제1항은 제311조(투자자계좌부와 예탁자계좌부에 기재된 자가 각각 증권을 점유하는 것으로 본다는 취지의 계좌부 기재의 효력 규정)와, 제312조(예탁자의 투자자와 예탁자는 각각 투자자계좌부와 예탁자계좌부에 기재된 증권의 종류·종목 및 수량에 따라 예탁증권에 대한 공유지분을 가지는 것으로 추정한다는 취지의 권리추정 규정)가 복수예탁결제제도의 연계 시에도 배제되지 않는 것으로 규정하나, 미국 투자자는 미국의 간접보유증권법리상 증권권리를 취득할 수는 있어도 공유지분을 가질 수는 없다. 따라서 제320조 제1항과 기타 관련된 조항은 개정해야 하고, 별도 규정을 두어 중개기관의 권리취득을 전제로 하는 간접보유증권법리를 취하는 국가 CSD가 공유지분을 취득할 수 있도록 해야 하는데[154)] 그 경우 CSD에 수탁자의 지위를 인정하는 것이 자연스럽다.[155)]

나. 한국투자자의 외국증권[156)] 취득-자본시장법 제320조의2 신설 제안

한편 outbound 투자, 예컨대 증권 발행국이 미국이라면, 한국 투자자가 한국 중개기관(즉 투자중개업자)에 계좌를 개설하고 CSD 또는 보관기관과의 연계를 통하여 미국증권에 투자하는 경우에는[157)] 우리의 간접보유증권의 법리가 관철될 수 없다. inbound의 경우와 달리 그 경우에 관하여는 자본시장법이 규정을 두고 있지 않으나 KSD가 한국 투자자를 위하여 취득하는 권리와 한국 투자자의 권리

153) 자본시장법(제315조 제1항)은 실질주주를 예탁증권등 중 주식(정확히는 주권)의 공유자라고 정의한다.

154) 외국법이 그 경우 CSD가 어떤 권리를 취득하는 것으로 구성할 수도 있으나 PRIMA를 생각한다면 이는 우리 법이 해결할 사항이다.

155) 이와 달리 우리나라처럼 중개기관을 투시하는 간접보유증권법리를 취하는 독일과의 연계 시에는 공유지분의 연쇄를 다른 국가에까지 상호 확장하거나, 아니면 그 경우에도 연계의 접점에 있는 중개기관에 공유지분을 가지도록 할 필요가 있다.

156) 여기에서 외국증권은 외국에 예탁되고 간접보유되는 증권을 말하는 것으로 외화증권과는 구별되나 편의상 호환적으로 사용할 수 있다. 자본시장법(제61조 제2항)은 외화증권을 독자적으로 정의하는 대신 외국환거래법의 정의를 차용하는데, 외국환거래법(제3조 제1항 제8호)에 따르면 "외화증권"이란 외국통화로 표시된 증권 또는 외국에서 지급받을 수 있는 증권을 말한다. 외화증권의 예탁에 관하여는 천창민, "외화증권 예탁법리의 정립 방향", 2014. 8. 28. 개최된 한국국제사법학회 제117회 정기연구회 발표자료 참조. 이는 이 글과 함께 국제사법연구 제20권 제2호(2014. 12.)에 게재될 것이다.

157) 실제 거래구조는 한국예탁결제원(註 33), 588면 이하 참조.

의 법적 성질이 무엇인가라는 의문이 제기된다. 미국 CSD 또는 보관기관과의 연계의 접점에 있는 KSD는 미국 간접보유증권법리에 따라 증권권리를 취득하는데, 그렇더라도 KSD의 하위에 있는 증권회사와 투자자는 KSD의 권리에 기초한 어떤 권리를 가질 수 있을 뿐이지, 한국 자본시장법이 알지 못하는 증권권리를 공유할 수는 없고,[158] 증권 실물은 미국에 있을 것이므로 우리 물권법에 따라 증권의 소유권에 대한 공유지분을 가질 수도 없다.

그런데 준거법의 결정에 관하여 계좌소재지법원칙 내지 PRIMA에 따른다면 미국 중개기관에 계좌를 개설한 KSD는 증권권리를 취득하고, KSD의 하위에 있는 증권회사와 투자자는 한국에 계좌를 개설하였으므로 공유지분을 취득한다는 주장을 할 여지가 있는 것처럼 보인다. 실제로 일부 논자는 중앙예탁기관 연계방식을 이용하여 미국에서 상장된 미국회사가 한국에서 이차상장을 하는 경우 KSD는 통일상법전상의 증권권리를 취득하는 데 반하여 한국투자자들은 자본시장법(제312조)에 따라 공유지분권을 취득한다는 견해를 취한다.[159]

그러나 KSD가 취득하는 권리가 증권권리라면 KSD의 하위에 있는 증권회사와 투자자는 KSD가 취득한 권리에 상응하는 권리를 취득할 수 있을 뿐이지, KSD도 취득하지 못하는 권리인 증권에 대한 공유지분권을 취득할 수는 없다.[160][161] 한국증권법학회의 보고서도 저자와 같은 취지로 지적하면서[162] 아래 조문의 신설을 제1안으로 제안하고 있다.[163] 이에 대하여는 더 상세한 검토가 필

158) 저자는 과거 이 점을 지적하면서 증권거래법에 명확한 적극적인 규정을 두어야 하고 그 경우 독일의 "Gutschrift in Wertpapierrechnung"이 참고가 될 것이라고 적었다. 석광현, 국제사법과 국제소송 제4권(2007), 345면, 註 8(이와 관련하여 스위스가 도입한 Bucheffekten을 참조할 수 있을 것이다. 천창민(註 135), 228면 참조).

159) 허항진(註 8), 224면. 장근영(註 73), 251면도 유사하나 이는 외화증권 예탁 및 결제에 관한 규정(제10조 제3항)이 공유지분법리를 모든 외화증권에 일괄적으로 적용하지 않음을 지적하고, 자본시장법에 명문의 규정을 두어 해결할 것을 제안한다.

160) 임중호, 독일증권예탁결제제도(1996), 360면도 동지. 이는 국제증권거래로 인하여 증권을 외국에 예탁하는 경우에는 국내예탁과 달리 예탁고객이 증권에 대해서 단독소유권이나 공유권을 취득하는 것이 아니고 단지 경제적으로 소유자의 지위를 취득한다고 설명한다.

161) 위 결론은 계좌소재지법을 적용하더라도 극복되지 않는 실질법상의 한계가 있다는 것인데, 그렇다면 우리나라의 헤이그증권협약 가입만으로는 해결되지 않는 문제가 있다는 것이 된다. 다만 이는 연계의 접점에서 제기되는 문제를 해결하면 되는 것이지 실질법상 투자자의 법적 지위를 재구성해야 하는 것은 아니다.

162) 한국증권법학회(註 147), 91면과 95면.

163) 한국증권법학회(註 147), 87면 이하 참조. 장근영(註 75), 255면은 대체로 유사하지만 다소 차이가 있는 제안을 한다. 나아가 한국증권법학회는 제1안의 도입이 부담스럽다면 "외화증권 예탁 및 결제에 관한 규정"(제10조 제3항)을 자본시장법으로 승격시키고 필요한 내용을 보완한 제2안을 제안한다. 한국증권법학회(註 147), 96면.

요하나 우선 몇 가지 논점만 언급한다.

> 제320조의2 (외화증권에 대한 권리)
> ① 투자자는 외국보관기관을 통해 관리되는 외화증권을 계좌부에 증가기재를 한 때에 취득한다.
> ② 외화증권 투자자는, 적용되는 준거법 및 관행하에, 예탁자 및 예탁결제원이 해외보관기관을 통해 보유하는 권리에 상응하는 권리를 보유한다.
> ③ 외화증권의 양도나 질권설정은 외화증권의 투자자계좌부 또는 예탁자계좌부에 외화증권에 관한 권리의 양도를 목적으로 계좌 간 대체의 기재를 하거나 질권설정을 목적으로 질물인 뜻과 질권자를 기재한 때에 효력이 생긴다.

이 경우 제2항이 규정하듯이 외화증권 투자자는, 적용되는 준거법 및 관행하에, 예탁결제원이 해외보관기관을 통해 보유하는 권리에 상응하는 권리를 보유한다는 것은 적절하다. 예탁결제원은 수탁자의 지위에서 권리를 취득한다고 보는 것이 자연스럽다. 문언상으로는 투자자가 그러한 권리에 대한 공유지분을 가지는지, 신탁의 수익권을 가진다는 의미인지는 분명하지 않으나, 해설에 따르면 예탁자 및 KSD가 보유하는 것과 동일한 권리를 취득하는 것으로 보인다.[164] 그러나 가령 1인의 한국투자자만이 외화증권을 취득했다고 가정할 경우 KSD, 예탁자와 투자자가 동일한 권리를 가질 수는 없을 것이다. 수탁자인 KSD가 예탁자를 수익자로 하여 권리를 취득하고, 수익권을 취득한 예탁자가 투자자를 위해 이를 신탁하는 것으로 볼 수 있을 것이다.[165] 요컨대 공유지분에 기초한 국내증권의 예탁법리를 외화증권 예탁에 그대로 적용할 수는 없고 양자는 결국 상이한 법리를 따를 수밖에 없다.

흥미로운 것은 독일의 접근방법인데, 독일 증권예탁법은 외국보관증권의 예탁결제에 관한 법제를 이원화하여 ① 공유지분을 기초로 하는 예탁법제를 가지는 국가와는 일정요건이 구비되는 경우 혼장보관에 기초한 국제증권대체거래를 이용하고, ② 이를 이용할 수 없는 국가의 중앙예탁기관과는 '유가증권계정 증가

164) 한국증권법학회(註 147), 97면. 장근영(註 75), 251면.

165) 대법원 2002. 7. 26. 선고 2000다17070 판결은 사채의 발행회사와 사채원리금 지급대행계약을 체결하고 그에 따라 발행회사로부터 사채원리금을 인도받은 경우 그 사채원리금 지급자금은 신탁재산에 해당하므로 그 지급자금의 반환채권을 수동채권으로 하여 자신의 발행회사에 대한 채권과 상계하는 것은 신탁의 법리상 허용되지 않는다고 판시하였다. 이는 묵시적 신탁을 인정한 것인데(실질적으로 의제신탁을 인정한 결과라는 비판도 있다. 임채웅, "묵시신탁과 의제신탁의 연구", 신탁법연구(2009), 59면, 63면) 위 판결을 고려하면 본문처럼 볼 가능성이 커진다.

기재(Gutschrift in Wertpapierrechnung)'166)라는 개념을 사용한다.167) 이는 복수예탁결제제도가 연계되는 경우 양국의 간접보유증권법리가 同種인가 아니면 異種인가에 따라 구별하는 것이다. 후자는 독일 중개기관들의 유가증권거래 특별약관(Sonderbedingungen für Wertpapiergeschäfte)에 근거한 것인데, 이 경우 투자자가 가지는 권리는 신탁 수익권과 유사하다.168) 우리 자본시장법도 이원화를 상정하고는 있으나 그 취지를 정확히 입법하지는 못한 상태인데, 장래 입법 시 독일의 접근방법도 참고할 필요가 있다. 주의할 것은, 우리나라에는 자본시장법 기타 계약에도 명시적 조문이 없으므로, 현재로서는 우리나라의 복수예탁결제제도와 同種의 외국의 복수예탁결제제도가 연계되더라도 우리의 간접보유증권법리가 외국에까지 관철될 수는 없다는 것이다.

Ⅶ. 외인법

외인법은 외국인을 내국인과 달리 취급하는 법규의 총체를 말한다.169)170) 상법(제3편 제6장)은 외국회사에 관한 별도의 규정을 두어 일정범위 내에서 상법을 적용하는데 이것이 바로 외인법의 예이다. 근자에는 한국거래소에 증권을 상장한 외국회사들이 있으므로 상법과 자본시장법이 외인법으로서 어느 범위 내에서 그들에게 적용되는가를 둘러싸고 논란이 있다.

---

166) 임중호(註 160), 357면은 이를 "유가증권계정상의 대변기재", 한국증권법학회(註 147), 73면은 "유가증권계정 대변기재", 장근영(註 73), 254면은 "유가증권계정 증가기재", 森下哲郎/김이수(역)(註 149), 107면은 "유가증권계정지분"이라고 번역한다.

167) 장근영(註 75), 253면 이하도 참조.

168) 예탁은행은 그 경우 외국에 보관하는 증권에 대한 소유권 또는 물권을 스스로 취득하고 투자자에게는 WR-Gutschrift를 부여하는데, 투자자의 권리는 신탁법상의 청구권이라고 한다. 다만 Einsele는 독일 신탁법의 직접성원칙에 비추어 법원이 이를 신탁으로 인정할지는 의문이라고 한다. 위 개념에 대하여는 많은 비판이 있다.

169) 상법의 외국회사에 관한 규정은 원칙적으로 외국회사가 한국에서 영업을 하자면 준수해야 하는 것이다. 그러나 외국회사가 한국 내에서 증권을 발행하는 경우 외국회사가 영업을 하지 않더라도 일부 조항을 준수해야 한다.

170) 이호정(註 31), 14면. 신창선·윤남순, 신국제사법(2014), 25면은 광의의 외인법(내국에서의 외국인에 관한 사항을 정한 법)과 협의의 외인법(내국에서의 외국인의 지위, 즉 외국인의 권리의 향유에 관한 정한 법률)을 구분한다.

1. 외국회사에 대한 상법의 적용

가. 외국회사에 관한 조항

상법(제3편 제6장)은 외국회사에 관한 별도의 규정을 두어 한국에서 영업을 하거나, 증권을 발행하는 외국회사에 대해 일정한 범위 내에서 상법을 적용한다. 이를 둘러싸고 다양한 해석상의 논점이 제기된다. 과거 이에 관하여는 논의가 드물었으나, 일본 회사법의 영향을 받아 2011년 제6장이 개정된 것을 계기로 근자에는 그에 관한 주석과 논문이 발표되었다.[171] 여기에서는 그에 대한 상세한 논의는 생략하나, 제6장의 일부조문은 준거법을 충분히 고려하지 않은 것이라는 점을 지적해둔다. 상법 제618조 제1항은 상법 제335조-제338조, 제340조 제1항, 제355조-제357조, 제478조 제1항, 제479조와 제480조의 규정을 한국에서의 외국회사의 주권 또는 채권의 발행과 그 주식의 이전이나 입질 또는 사채의 이전에 준용한다. 주식의 내용은 발행회사의 속인법이 정할 사항이고 그에는 주식의 양도나 입질의 방법과 이를 회사에 대항하기 위한 절차 등이 포함되므로, 제618조에서 준용하는 상법 조항들을 적용하는 경우 발행회사의 속인법과 충돌이 발행한다. 이런 이유로 외국회사가 한국 상법을 준거법으로 국내에서 발행하는 증권에 한정하여 제618조를 적용할 것이라는 견해가 있다.[172] 이는 설득력이 있으나 입법자의 의도인지는 의문이며, 그 경우에도 범위를 보다 명확히 할 필요가 있다.

나. 상장법인에 관한 특례조항

상법은 상장회사에 관한 특례규정을 제3편 제4장 제13절(제542조의2부터 제542조의12까지)에서 규정하는데 그 표제를 보면 적용범위, 주식매수선택권, 주주총회 소집공고 등, 이사·감사의 선임방법, 소수주주권, 집중투표에 관한 특례, 사외이사의 선임, 주요주주 등 이해관계자와의 거래, 상근감사, 감사위원회와 그 구성 등으로서 이는 상장회사의 지배구조에 관한 규정임을 알 수 있다. 문제는 이러한 특례규정이 우리나라에 주권을 상장한 외국회사에 적용되는가이다. 상장회사인 한 상법의 특례규정은 회사의 속인법에 관계없이 적용된다는 견

171) 한국상사법학회(편)/김연미(註 74), 상법 제614조 이하 외국회사에 대한 해설(782면 이하); 천경훈(註 14), 237면 이하 참조.

172) 한국상사법학회(편)/김연미(註 74), 798면. 실제로 국내회사의 해외증권 발행 시 해당국의 법을 발행증권의 준거법으로 지정하는 예가 적지 않다. 이와 달리 위 조문은 준거법에 관계없이 적용되는 조문이라는 견해도 있을 수 있다.

해[173]도 있으나 저자는 아래 이유로 부정설을 피력하였다.[174] ① 상법의 특례규정은 지배구조에 관한 조항인데, 지배구조는 원칙적으로 회사의 속인법에 따를 사항이므로[175] 외국회사에는 적용되지 않는다. ② 외국회사에 관한 제6장이 외국상장회사에 대해 달리 규정하지 않으므로 원칙에 따라야 한다. ③ 특례규정의 취지는, 비상장회사에 대하여는 상법의 일반원칙이 적용되지만 상장회사에 대하여는 예외로서 특례규정이 적용된다는 것인데, 외국회사에 대하여는 상법의 일반원칙이 적용되지 않으므로 특례규정도 적용되지 않는다.

한국거래소는 상장회사에 관한 상법의 특례규정과 상장규정에서 정한 제반 상장요건 등을 반영하여 상장예정 외국기업의 정관개정사항을 표준화하여 시장에 제시하고 있고, 실제로 주식, 사채, 주주총회, 이사 및 이사회, 감사(감사위원회) 및 회계에 관한 사항과, 그 밖에 회사정관상의 특이사항을 포함하는 외국기업 정관 등 체크리스트를 작성하여 활용하고 있다고 하는데, 다른 기회에 지적했듯이,[176] 그 과정에서 상법의 특례조항이 원칙적으로 외국회사에는 적용되지 않는다는 점을 유의해야 할 것이다.

2. 외국회사에 대한 자본시장법의 적용

자본시장법은 상법과 달리 외국회사에 관한 별도의 장을 두지 않는다. 나아가 자본시장법(제165조의2)은 외국회사에 대하여는 상장회사의 특례규정 대부분을 적용하지 않고 주권상장법인 재무관리기준과 주권상장법인에 대한 조치를 규정한 제165조의16과 제165조의18만을 적용한다.[177] 다만 사업보고서 등의 제출에 관한 특례를 정한 자본시장법 제165조처럼 제159조부터 제161조까지의 규정에 불구하고 외국법인 등의 경우에는 일정 기준 및 방법에 따라 제출의무를 면제하거나 제출기한을 달리하는 등 그 적용을 달리할 수 있음을 명시하는 조문을 두고 있다. 제165조의2 제2항은, 주권상장법인에 대한 특례를 정한 자본시장법 제3장의2는 주권상장법인에 관하여 상법 제3편에 우선하여 적용됨을 명시한다.

이처럼 자본시장법은 외국회사에 대한 고려를 하고 있는데, 문제는 그것이

---

173) 김연미, "상법상 외국 회사의 지위", BFL 제42호(2010. 7.), 10면.
174) 석광현(註 87), 13-14면.
175) 항상 그런 것은 아니고 자본시장법이 중첩적으로 규율할 수도 있다.
176) 석광현(註 87), 13-14면.
177) 제3장의2 주권상장법인에 대한 특례에 있는 자본시장법 제165조의2 제1항 제1호.

적절한가라는 점이다. 자본시장법의 목적을 달성하기 위하여 필요한 규정을 두어야 함은 물론이지만, 우리나라에 주권을 상장한 외국회사에 관하여는 속인법인 외국 회사법의 요구와 우리 자본시장법의 요구의 충돌을 조정할 필요가 있다는 점만 우선 지적해둔다.[178]

Ⅷ. 맺음말: 장래의 과제

위에서는, 외국회사가 한국에서 원주를 발행하여 상장하고(동시상장 포함), 또한 국내투자자들이 국내외 중개기관들의 연계를 통하여 외화증권에 투자하는 데서 보는 것처럼 자본시장의 국제화가 상당히 진전된 현실에서 제기되는 다양한 국제사법적 논점을 검토하였다.

국제사법의 다양한 분야를 소개한 부분(Ⅱ.)에서는 자본시장의 국제화와 관련된 국제사법 논점이 국제사법의 여러 분야에 걸쳐 있음을 확인하였다. 국제적인 증권의 발행과 상장을 논의한 부분(Ⅲ.)에서는 외국회사의 한국 내 원주상장과 관련하여 국제회사법, 국제계약법, 국제증권법(국제물권법), 국제불법행위법의 문제는 물론, 현재 발전도상에 있는 국제자본시장법의 문제와 외인법의 문제가 있음과, 그런 논의에 자본시장법 제2조가 영향을 미치는 점을 확인하였고, 자본시장법 제2조는 과잉규제를 초래하므로 적절히 제한할 필요가 있음을 보았으며 외국회사에게 실질주주제도를 도입하도록 하는 것은 문제가 있음을 보았다. 즉, 한국거래소의 실무는 국제사법적 사고의 빈곤을 보여준다는 것이다. 자본시장법 위반에 따른 민사책임의 준거법과 국제자본시장법을 논의한 부분(Ⅳ.)에서는 국제자본시장법의 규칙을 정립해야 한다는 점, 그 과정에서 국제불법행위법과의 관계를 검토해야 한다는 점과 그 경우에 자본시장법 제2조의 함의를 검토해야 함을 확인하였다. 증권 처분의 준거법을 논의한 부분(Ⅴ.)에서는, 입법론적으로 PRIMA를 반영한 원칙을 국제사법에 도입할 필요가 있음을 보았다. 국제증권거래와 복수예탁결제제도의 연계를 논의한 부분(Ⅵ.)에서는 복수예탁결제제도가 연계되어 상이한(異種의) 간접보유증권법리의 충돌(interface)이 발생하는 사안을 규

178) 이에 관하여는 우선 정준우, "자본시장법상 상장법인 특례규정의 정합성 검토(I) —특례규정의 내용적 정합성을 중심으로—", 선진상사법률연구 통권 제61호(2013. 1.), 132면 이하; 정준우, "자본시장법상 상장법인 특례규정의 정합성 검토(Ⅱ) —특례규정의 내용적 정합성을 중심으로—", 선진상사법률연구 통권 제62호(2013. 4.), 3면 이하 참조.

율하기에는 현행 자본시장법이 미비하며, 한국증권법학회의 제안도 더 다듬을 필요가 있음을 보았다. 마지막으로 외인법을 논의한 부분(Ⅶ.)에서는 상세는 생략하였지만 상법 조문을 개선할 필요가 있음을 확인하였다.

요컨대 실질법인 자본시장법이 발달한 미국의 국제사법원칙은 아직 혼란스럽지만, 유럽에서는 다양한 자본시장법의 쟁점별로 국제사법원칙을 단계적으로 정립해가는 중이다. 그러나 우리나라에서는 자본시장의 국제화에 대처하기 위한 실질법과 국제사법에 대한 연구는 매우 부족하다. 하지만 우리도 자본시장법이 규율하는 대상의 다양성을 충분히 인식하면서 적절한 연결원칙을 도입하기 위해 노력해야 하는데, 그 과정에서 자본시장법 전문가와 국제사법 전문가의 협력이 긴요하다고 본다. 전자증권의 도입을 앞둔 현재 그것이 제기하는 국제사법적 논점에 대한 충분한 검토 없이 제도개혁을 추진하는 것은 위험하다. 각 논점별로 준거법을 정확히 결정하고 그 준거법의 내용을 파악한 연후에 비로소 외국적 요소가 있는 당사자들의 법률관계를 정확히 이해할 수 있다. 따라서 여기의 논의가 우리 자본시장의 국제화에 수반하여 점차 중요해진다는 점을 깨달아야 한다. 이 글을 계기로 이 분야에 대한 실무가와 학계의 관심이 커지기를 기대한다. 저자는 일찍이 해상법분야를 국제사법적 논점의 보고라고 지적하였으나, 여기의 논의를 통하여 자본시장법분야도 국제사법적 논점의 보고임을 깨닫게 되었다. 저자의 연구와 자본시장 실무에 대한 이해가 부족한 탓에 잘못이 있을 것이므로 독자들의 질정을 기대한다.

후 기

위 글의 간행 후 유럽연합에서도 자본시장거래에서 발생하는 국제사법 논점에 관하여 많은 논문이 간행되었다. 몇 개만 언급한다.

-Dorothee Einsele, “Kapitalmarktrecht und Internationales Privatrecht”, Rabels Zeitscrhift, Band 81 (2017), S. 781ff. 이 글에서 Einsele는 투자설명서책임을 포함하여 자본시장법 규정 위반 시 어느 법질서가 적용되는가를 다루는데 그 과정에서 위에서 본 행정규제와 민사책임의 준거법의 관계와 유사한 논의를 한다. 로마Ⅱ 제17조는 “책임이 있다고 주장된 자의 행위를 평가함에 있어서는, 책임을 초래하는 사건이 행해진 장소와 시간에 그곳에서 시행 중인 행위규칙을 사실의 문제로서 그리고 적절한 범위 내에서 고려하여야 한다”고 규정하므로, 위 Einsele, S. 810ff.는 민사책

임을 그러한 행위규칙의 준거법에 종속적으로 연결해야 하는가의 문제를 논의하면서 긍정설과 부정설을 소개하고 부정설을 따른다. 나아가 위 Einsele, S. 796ff.는 이를 독점규제법의 적용과 비교한다.

-Simon Schwarz, Globaler Effektenhandel (2016)

[補論]

상장회사에 관한 상법의 특례규정과 國際私法的 思考의 빈곤: 외국회사를 중심으로[1)]

Ⅰ. 머리말

과거 증권거래법은 상장회사에 관한 특례규정을 두었으나 정부는 이를 이원화하여 지배구조에 관한 것은 상법에, 재무에 관한 것은 자본시장과 금융투자업에 관한 법률("자금법")에 각각 규정하는 방식으로 입법을 추진한 결과 상장회사에 관한 특례규정이 상법(제3편 제4장 제13절 제542조의2 이하)과 자금법(제3편 제3장의2 제165조의2 이하)으로 나뉘었다. 상장회사에 관한 특례규정을 이원화하여 각각 다른 법률에 편입시키는 것이 적절한지는 의문이지만, 어느 법에 있든 우리 상법에 따라 설립된 상장회사에 적용됨은 명백하므로 한국 회사에 관한 한 어느 법에 있는지는 별로 문제되지 않는다. 그러나 외국회사라면 이야기가 다르다. 실제로 자금법(제165조의2)은 외국회사에 대하여는 상장회사의 특례규정 대부분을 적용하지 않고 주권상장법인 재무관리기준과 주권상장법인에 대한 조치를 규정한 제165조의16과 18만을 적용한다. 그런데 상법은 그런 규정을 두지 않으므로 상장회사인 외국회사에도 상법 특례규정이 적용되는지가 문제된다. 2007년 8월 케이만아일랜드의 3노드디지털이 코스닥시장에 주권을 상장한 이래 외국회사의 상장이 증가하는 현실에서 이는 이론상 및 실무상 중요하다. 여기서는 상법의 특례규정을 중심으로 논의한다.

1) 이는 당초 법률신문 3895호(2010. 12. 9.), 13-14면에 수록한 글이다. 괄호 안의 주를 각주로 전환하였다.

Ⅱ. 국제회사법과 국제자본시장법(또는 국제증권법)

증권거래소에서의 상장과 증권거래를 규율하는 국내규범에는 대체로 회사법, 자본시장법(또는 증권거래법)과 거래소 상장규정이 있는데, 각 국가는 이처럼 3층으로 구성된 규범을 적절히 결합함으로써 소기의 목적을 달성하고 그들 간의 상호 저촉과 중첩을 피하도록 설계한다. 국제적 맥락에서 보면 상장규정의 적용범위는 그 자체에 의하여 명확히 규정된다. 즉 외국회사이더라도 상장을 하거나 이를 유지하기 위해 한국거래소가 정한 상장규정을 준수해야 한다(우리 상장규정이 외국회사를 염두에 두고 있음은 명백하다).

회사법과 자본시장법의 적용범위는 각각 국제회사법과 국제자본시장법의 법리에 의하여 결정되므로 양자의 경계를 획정할 필요가 있다. 국제사법(제16조)에 따르면 회사의 속인법은 원칙적으로 회사의 설립준거법이다. 따라서 상법의 회사편은 우리 상법에 따라 설립된 회사에만 적용되는 것이 원칙이고, 외국회사에 대하여는 외인법에 관한 규정(제3편 제6장)에 따라 적용되거나 준용된다. 한편 우리 국제사법은 국제자본시장법에 관하여는 규정하지 않지만, '시장'이 중요한 의미를 가지는 국제자본시장법의 법리상 한국에 주권을 상장한 회사에 대하여는 자금법이 정한 상장(또는 상장회사) 관련 규정이 적용되어야 한다. 자금법 제165조의2 제1항은 이를 전제로 하되 다만 외국회사에 대하여는 상장회사의 특례규정 중 제165조의16과 18만이 적용됨을 명시한다. 따라서 상장회사인 외국회사에 대하여 자금법의 특례규정의 적용 여부는 그에 의해 결정된다. 문제는 상장회사에 관한 상법의 특례규정이다. 자금법도 문제가 없지는 않다(예컨대 제165조의18은 외국회사에도 적용되는데 정작 동조가 열거한 조문 중에는 외국회사에 적용되지 않는 것도 있다. 그 경우 제165조의18을 외국회사에도 적용한다는 것은 공허하다).

Ⅲ. 상장회사에 관한 상법의 특례규정과 외국회사

1. 특례규정의 내용

상법은 상장회사에 관한 특례규정을 제3편 제4장 제13절(제542조의2부터 제542조의13)에서 규정하는데 그 표제를 보면 적용범위, 주식매수선택권, 주주총회

소집공고 등, 이사·감사의 선임방법, 소수주주권, 집중투표에 관한 특례, 사외이사의 선임, 주요주주 등 이해관계자와의 거래, 상근감사, 감사위원회와 그 구성[과 준법통제기준 및 준법지원인] 등으로서 이는 상장회사의 지배구조에 관한 규정임을 알 수 있다. 괄호 안은 2011년 신설됨.

2. 외국회사에 대한 특례규정의 적용 여부

상법의 특례규정이 증권시장에 주권을 상장한 외국회사에도 적용되는지에 관하여는 세 가지 견해가 가능하다.

첫째는, 상법은 외국회사에 관한 제6장을 제외하면, 한국 회사에만 적용되고 외국법에 따라 설립된 외국회사에는 적용되지 않는다고 본다. 근거는 아래와 같다. ① 상법의 특례규정은 지배구조에 관한 조항들인데, 지배구조에 관한 조항은 회사의 속인법이 규율할 사항이므로 외국회사에는 적용되지 않는다. ② 외국회사에 관한 제6장이 외국상장회사에 대해 달리 규정하지 않으므로 원칙에 따라야 한다. ③ 상법의 특례규정의 취지는, 비상장회사에 대하여는 상법의 일반원칙이 적용되지만 상장회사에 대하여는 예외로서 특례규정이 적용된다는 것인데, 외국회사에 대하여는 상법의 일반원칙이 적용되지 않으므로 특례규정 또한 적용될 여지가 없다. 이에 따르면 상법(제3편 제4장 제13절)이 외국회사에 대해 별도 규정을 두지 않은 것은 당연한 것이다. 이에 대하여는 자금법의 특례규정도 대체로 상법에 대한 특례인 데도 불구하고 외국회사에도 적용된다는 반론이 가능하다.

둘째는, 상법상 상장회사에 해당하는 한 상법의 특례규정은 회사의 속인법에 관계없이 적용된다고 본다.[2] 그것이 적용범위를 정한 상법 제542조의2의 문언에 충실하고, 상법의 특례규정은 원래 증권거래법에 있던 것으로 속인법에 관계없이 적용되는 것으로 인식되었으므로(쟁점은 아니었지만) 상법에 편입되었다고 해서 달라질 것은 아니다. 이에 대하여는 자금법도 특례규정은 대부분 외국회사에 적용되지 않는다고 규정하는데 상법의 특례규정 전부가 외국회사에 적용된다는 것은 부당하다는 반론이 가능하다.

셋째는, 특례규정의 적용 여부를 일률적으로 판단할 것이 아니라 상법의 특례조항의 개별조문의 취지에 따라 각각 검토해야 한다고 본다.

2) 김연미, BFL 제42호(2010. 7.), 10면.

3. 사견

입법자들의 의도는 애매하나 증권거래법에 있었던 점을 고려하면 둘째 견해일 수 있다. 그러나 만일 그렇다면 입법론상 상법 제3편 제4장 제13절이나 외국회사 편(제6장)에 그 취지를 명시했어야 한다. 특히 상법 제618조는 외국회사의 한국 내 주권 발행을 상정하므로 그 곳에서 제13절을 언급할 수 있었다. 입법자들이 특례규정을 상법에 편입하면서 아무런 규정을 두지 않으므로 해석론으로는 첫째 견해가 설득력이 있다. 국제회사법의 법리상 상법(외국회사 편을 제외한)은 속인법이 한국법인 경우에 적용되기 때문이다. 셋째 견해도 설득력이 있으나 특례규정을 보면 달리 보아야 할 조항이 별로 없어 보인다. 사견은, 특례규정이 상법에 있기 때문에 외국회사에 적용되지 않는다는 취지는 아니고, 위 특례규정은 지배구조에 관한 것으로 회사조직이라는 내부사항(internal affairs)에 관한 것이므로 외국회사에 적용되지 않는다고 본다. 둘째 견해를 관철하자면 이제라도 상법에서 이를 명시할 필요가 있다.

Ⅳ. 한국거래소의 실무와 의문

1. 한국거래소의 실무

외국회사의 상장을 담당하는 한국거래소는 외국회사에도 상법의 특례규정이 적용된다는 둘째 견해를 따르는 것으로 보인다. 한국거래소는 상장회사에 관한 상법의 특례규정과 상장규정에서 정한 제반 상장요건 등을 반영하여 상장예정 외국기업의 정관개정사항을 표준화하여 시장에 제시하고 있다고 한다.[3] 실제로 한국거래소는 주식, 사채, 주주총회, 이사 및 이사회, 감사(감사위원회) 및 회계에 관한 사항과, 그 밖에 회사정관상의 특이사항을 포함하는 외국기업 정관 등 체크리스트를 작성하여 활용하고 있다. 또한 변호사들은 외국회사의 상장 준비 초기단계부터 자금법 기타 상장 관련 한국법에 대하여, 보다 구체적으로 외국회사의 상장을 위한 지배구조 정비, 정관 등 내부규정 개정, 상장관련 서류 및 증권

---

3) 장영수, BFL 제42호(2010. 7.), 78면.

신고서 검토, 법률의견서 발급 등 상장과 관련하여 조언하고 있다.

2. 한국거래소의 실무에 대한 의문

만일 실무가 외국회사에게 속인법의 강행규정이 허용하는 범위 내에서 상장규정을 통하여 상법을 준수하도록 권고하는 수준이라면 모르겠지만, 이를 넘는다면 문제가 있다.

첫째 견해를 따르면 그런 실무는 법적 근거가 없고, 둘째 견해를 따르더라도 이는 과도하다. 물론 외국회사가 한국거래소에 주권을 상장할 경우, 속인법이 규율하는 사항이 우리 기준에 미달할 때는 투자자들을 보호하기 위하여 필요한 범위 내에서 상장규정을 통하여 일정기준의 준수를 요구하고 그것이 충족되지 않을 때는 상장을 불허할 수 있으나 이는 합리적인 범위 내로 한정되어야 한다. 외국회사의 속인법이 합리적으로 규율하는 사항에 대해서까지 상법의 준수를 과도하게 요구하는 것은 근거도 없고 상장 저해 요인만 될 뿐이다. 우리 투자자도 법적으로 외국회사 주식은 우리 주식과 같지 않음을 인식하고 일정 부분 위험을 인수해야 한다. 더욱이 외국회사가 복수국 거래소에 상장할 경우를 고려하면 우리 기준만을 고집할 수 없음은 명백하다. 예컨대 상법 제542조의7은 집중투표에 관한 특례를 두는데, 이는 제382조의2에 따라 집중투표의 방법에 의한 이사 선임을 전제로 하므로 동조가 적용되지 않는 외국회사에게 제542조의7을 적용하는 것은 무리다.

한편 상법과 자금법의 특례규정의 문제는 아니지만, 한국거래소가 외국회사에게 설립준거법이 모르는 실질주주 개념을 수용하도록 정관 개정을 요구하는 사례도 있다는데 이는 무리다. 국제회사법의 법리상 누가 주주인지와 주식의 내용은 회사의 속인법이 결정할 사항이다. 가사 외국회사가 정관에 실질주주에 관한 규정을 두고 실제로 실질주주명부를 작성하더라도, 속인법에 근거가 없으면 실질주주가 주주의 지위를 가질 수는 없다. 외국회사가 한국에서 주권을 발행하여 한국예탁결제원에 예탁한 경우 자금법에 따라 계좌이체를 통해 주권에 대한 권리를 양도할 수 있지만(다만 자금법 제320조 특례가 있다), 실질주주가 주주로서 권리를 가지는가는 속인법이 결정한다. 외국회사가 우리나라에 주식을 일방상장할 경우 실질주주제도가 사실상 강제된다는 견해도 있으나 동의하지 않는다. 실질주주제도를 수용할 수 없는 외국회사는 원주 대신 KDR을 발행함으로써 문제를 피할 수 있다.

Ⅴ. 맺음말

외국회사에 상법의 특례규정이 적용되는가는 입법으로 해결했어야 하나 입법자들은 문제의식이 없었던 것 같다. 외국회사의 문제를 인식한 자금법의 기초자들과 달리 상법의 기초자들은 그렇지 않았다면 이는 뜻밖이다. 이는 입법 단계에서 국제사법적 사고의 빈곤과 입법의 불실을 보여준다. 상장회사인 외국회사에 대해 자금법의 특례규정 중 일부만을 적용하면서, 상법의 특례규정을 전면 적용하는 것은 균형에도 맞지 않고 국제회사법의 법리에도 반한다. 한국거래소가 외국회사들에게 상법 또는 자금법의 특례규정을 과도하게 적용하는 것은 국제사법에 대한 인식이 부족한 탓이다. 중요한 것은, 상법의 특례조항을 개정하여 외국회사에 적용되는지에 관한 합리적 기준을 명시하고, 자금법의 특례규정(및 기타 규정)의 합리성도 재검토해야 한다는 점이다. 그 과정에서 국제사법이 규정하는 국제회사법과 국제증권법은 물론이고, 규정하지 않는 국제자본시장법과 국제증권예탁결제법에 대한 이해가 필수적이다.

제6장

국제민사소송법

[9] 한국의 국제재판관할규칙의 입법에 관하여
[補論] 2018년 국제사법 개정안에 따른 국제재판관할규칙
[별첨] 국제사법 전부개정법률안
[10] 국제사법학회의 창립 20주년 회고와 전망: 국제재판관할과 외국판결의 승인 및 집행에 관한 입법과 판례

[9] 한국의 국제재판관할규칙의 입법에 관하여

前 記

이 글은 저자가 2012. 9. 1. 개최된 한국국제거래법학회와 일본 국제경제법학회의 공동학술대회에서 발표한 자료를 수정·보완하여 국제거래법연구 제21집 제2호(2012), 143면 이하에 게재한 글로서 최소한으로 수정·보완한 것이다. 가벼운 수정 부분은 밑줄을 그어 표시하였다. 2018년 국제사법 전부개정법률안의 배경을 더 정확히 파악하는 자료로서 의미가 있기에 여기에 수록한다. 또한 2018년 2월 말 개최된 국제사법개정안에 관한 공청회자료(2018년 국제사법 개정안에 따른 국제재판관할규칙)와 국제사법 전부개정법률안을 보론으로 수록하고, 참고할 사항은 말미의 후기에 적었다.

Ⅰ. 머리말

2001년 7월 1일 발표한 국제사법은 제1장(총칙)에서 과거 대법원판례가 취해 온 입장[1]을 반영하여 국제재판관할에 관한 일반원칙을 규정하고(제2조), 각칙인 제5장(채권)에서 사회·경제적 약자인 소비자와 근로자를 보호하기 위한 특칙을 두고 있다(제27조 제4항-제6항, 제28조 제3항-제5항). 그 밖에도 국제사법은 실종선고(제12조), 한정치산·금치산(제14조)과 등 비송사건에 관하여 국제재판관할에 관한 규정을 두고 있다. 궁극적으로는 국제사법이 규율하는 모든 법률분야에 관하여 정치한 국제재판관할규칙을 국제사법에 두어야 할 것이지만, 이는 현실적으로 매우 어렵고 섭외사법 개정 당시 진행중이던 헤이그국제사법회의 차원의 작업을 좀더 지켜볼 필요가 있었기에 국제사법의 기초자들과 입법자들은 과도기적인 조치로서 단편적인 규정만을 두었다. 그러나 헤이그국제사법회의의 작업이 "관할합의에 관한 협약(Convention on Choice of Court Agreements)"(이하 "관할합의협약"이라 한다)[2]을 성안하는 데 그쳤으므로 이제 뒤로 미루어 두었던 작업을 재개

1) 재산법상의 사건에 관하여 과거 대법원 판결들은 국제재판관할의 결정에 관한 법리를 4단계 구조로 설시하였다. 대법원 1992. 7. 28. 선고 91다41897 판결과 대법원 1995. 11. 21. 선고 93다39607 판결 등 참조. 이는 일본 판례의 태도를 따른 것이다.

2) 관할합의협약의 소개와 국문시역은 석광현, "2005년 헤이그 재판관할합의협약의 소개", 국제사법연구 제11호(2005), 192면 이하 참조.

할 필요가 있다. 즉 국제사법에 정치한 국제재판관할규칙을 도입하는 것은 법적 안정성과 당사자의 예측가능성을 제고하기 위한 것으로서 1999년 개정 작업 당시부터 예정된 과제이며, 그 연장선상에 있는 것이다.

여기에서는 국제사법을 개정하여 정치한 국제재판관할규칙을 두기 위하여 필요한 논점을 검토하는데, 이는 국제재판관할규칙의 정립 방향(Ⅱ.), 국제재판관할규칙의 체제(Ⅲ.)와 국제사법에 담을 구체적인 국제재판관할규칙의 내용(Ⅳ.)이다.

정치한 국제재판관할규칙을 둠에 있어서는 국제적 정합성을 고려할 필요가 있다. 이를 위하여 1968년 "민사 및 상사사건의 재판관할과 재판의 집행에 관한 유럽공동체협약"(이하 "브뤼셀협약"이라 한다), 이를 개정한 "민사 및 상사사건의 재판관할과 재판의 집행에 관한 유럽연합의 이사회규정"(이하 "브뤼셀Ⅰ"이라 한다)과 헤이그국제사법회의의 1999년 "민사 및 상사사건의 국제관할과 외국재판에 관한 협약의 예비초안"(Preliminary Draft Convention on Jurisdiction and Foreign Judgments in Civil and Commercial Matters adopted by the Special Commission on 30 October 1999)(이하 "예비초안"이라 한다)[3] 등을 검토할 필요가 있다. 특히 브뤼셀체제는 당초 대륙법계의 국제재판관할규칙으로 출발한 것이라 우리에게 친숙하다. 또한 일본은 "민사소송법 내지 민사보전법의 일부를 개정하는 법률"을 통하여 민사소송법과 민사보전법에 정치한 국제재판관할규칙을 도입하였고 이는 2012년 4월 1일부터 발효되었으므로 이도 참조할 필요가 있다. 이하 편의상 국제재판관할을 '재판관할' 또는 '관할'이라고도 한다.

Ⅱ. 국제재판관할규칙의 정립 방향

국제사법 제2조는 국제재판관할 결정의 대원칙을 선언하고 있다. 그 후에 선고된 대법원 2005. 1. 27. 선고 2002다59788 판결은 이를 좀더 구체적으로 다음과 같이 판시하였다.

> 국제재판관할을 결정함에 있어서는 당사자 간의 공평, 재판의 적정, 신속 및 경제를 기한다는 기본이념에 따라야 할 것이고, 구체적으로는 소송당사자들의 공평, 편의 그리고 예측

3) 2001년의 改正 문언도 참고할 필요가 있다.

가능성과 같은 개인적인 이익뿐만 아니라 재판의 적정, 신속, 효율 및 판결의 실효성 등과 같은 법원 내지 국가의 이익도 함께 고려하여야 할 것이며, 이러한 다양한 이익 중 어떠한 이익을 보호할 필요가 있을지 여부는 개별 사건에서 법정지와 당사자와의 실질적 관련성 및 법정지와 분쟁이 된 사안과의 실질적 관련성을 객관적인 기준으로 삼아 합리적으로 판단하여야 할 것이다.

위의 법리는 해석론으로서 전개된 것이나 입법론에도 타당하다.[4] 정치한 국제재판관할규칙은 국제사법 제2조를 구체화한 細則이어야 하는데, 민사소송법은 제2조-제25조에서 토지관할규칙을 두고 있으므로 정치한 국제재판관할규칙을 신설함에 있어서도 토지관할규칙을 참작할 필요가 있다.[5] 그러나 토지관할규칙을 맹종해야 하는 것은 아니다.[6] 즉 모든 토지관할규칙에 동등한 가치를 부여할 것이 아니라 이를 ① 곧바로 국제재판관할규칙으로 삼을 수 있는 것, ② 적절히 수정함으로써 국제재판관할규칙으로 삼을 수 있는 것과 ③ 국제재판관할규칙으로 삼을 수 없는 것으로 분류해야 한다. 나아가 ④ 토지관할규칙이 망라적인 것은 아니므로 기타 국제재판관할의 근거를 검토할 필요가 있다(예컨대 피고의 활동에 기한 국제재판관할과 가사사건에서 국적에 기한 국제재판관할을 고려할 필요가 있다). 저자는 국제사법의 해석론으로 이런 방향을 제시하였으나[7] 이는 입법론의 맥락에서도 타당하다.

---

4) 위 설시는 과거 저자가 밝힌 국제재판관할배분의 이념과 국제재판관할의 이익과 대체로 유사하다. 석광현, 국제사법과 국제소송 제4권(2007), 85면 이하 참조.

5) 일본 개정 민사소송법은 이러한 접근방법을 보여준다. 일본 개정 민사소송법은 제3조의2(피고의 주소 등에 의한 관할권), 제3조의3(계약상의 채무에 관한 소 등의 관할권), 제3조의4(소비자계약 내지 노동관계에 관한 소의 관할권), 제3조의5(관할권의 전속), 제3조의6(병합청구에서의 관할권), 제3조의7(관할권에 관한 합의), 제3조의8(응소에 의한 관할권), 제3조의9(특별한 사정에 의한 소의 각하), 제3조의10(관할권이 전속하는 경우의 적용제외), 제3조의11(직권증거조사)와 제3조의12(관할권의 표준시)를 두고 있고 改正 민사보전법은 제11조(보전명령사건의 관할)를 두고 있다. <u>일본법의 국문번역은 국제사법연구 제18호(2012. 12.), 541면 이하; 석광현 국제사법 해설(2013), 717면 이하 참조.</u> [밑줄 부분은 이 책에서 새로 추가한 것이다.]

6) 예컨대 국제사법은 근로자를 보호하기 위한 국제재판관할규칙을 두고 있으므로 근무지의 특별재판적(제7조)에 상응하는 국제재판관할규칙은 불필요하고, 지식재산권 등에 관한 특별재판적(제24조)은 전적으로 토지관할에 관한 것이므로 그에 상응하는 규칙도 불필요하다. 부동산이 있는 곳의 특별재판적(제20조)과 등기·등록에 관한 특별재판적(제21조)에 상응하는 규정은 전속관할의 맥락에서 검토할 필요가 있다.

7) 국제재판관할에 관한 국제사법의 해석론은 석광현, 국제민사소송법: 국제사법(절차편)(2012), 67면 이하 참조.

Ⅲ. 국제재판관할규칙의 체제

여기에서는 국제사법 제2조와 장래의 국제재판관할규칙의 체제를 살펴본다. 국제재판관할규칙을 민사소송법과 민사보전법에 둔 일본과 달리[8] 국제재판관할규칙을 국제사법에 두는 우리로서는[9] 아래와 같은 국제사법의 체제문제를 검토할 필요가 있다.[10]

1. 총칙(제1장)에 둘 사항

국제사법에 정치한 국제관할규칙을 둘 경우 다양한 개별 법률관계에 공통적으로 적용되는 국제재판관할규칙을 총칙에 둘 필요가 있다. 그 경우 국제사법 제1장(총칙)을 여러 개의 절로 나누어야 한다. 예컨대 제1절을 적용범위로 하고, 제2절에 국제재판관할규칙을 두며, 현재 총칙에 있는 조항들은 제3절에 준거법이라는 제목으로 묶을 필요가 있다.[11] 제2절에는 총칙의 성질을 가지는 관할규칙과, 국제사법이 규율하는 다양한 법률관계의 전부 또는 일부에 공통적으로 적용되는 관할규칙과 어느 하나에 귀속시키는 것이 부적절한 관할규칙만을 두고, 각 법률관계별로 적용되는 특별관할규칙은 관련되는 각장에 둔다.[12] 그 때 아래

8) 물론 일본도 반소에 관한 규정을 어디에 둘지를 검토했을 것이다. 일본 개정 民事訴訟法 제146조 참조.

9) 우리나라에서도 국제재판관할규칙을 민사소송법에 두는 것도 논리적으로는 가능하다. 그러나 국제재판관할규칙을 국제사법에 두기로 한 것은 2001년 국제사법 개정 시 이루어진 입법적 결단이다. 준거법 결정원칙만을 규정하기 위하여 2007년 1월 발효한 "法의 適用에 관한 通則法"이라는 작은 집을 지은 일본으로서는 국제재판관할규칙을 그에 담을 수 없지만, 우리는 '국제사법'이라는 큰 집을 지어 국제재판관할규칙을 그 안에 담고 있으므로 정치한 국제재판관할규칙을 국제사법에 담는 것은 당연하다. 이제 와서 시계를 거꾸로 돌려 일본의 입법방식을 추종할 이유는 없다. 아쉽게도 한충수, "국제민사소송의 국제적인 흐름과 우리의 입법과제 —일본의 국제재판관할 관련 민사소송법 개정법률안을 중심으로—", 민사소송 제14권 제2호(2010), 112면은 국제재판관할규칙을 민사소송법에 두자고 한다. 저자는 그에 반대하나, 만일 민사소송법에 둔다면 일본처럼 국제재판관할규칙이 토지관할규정 앞에 와야 옳다. 이 점은 석광현(註 7), 150면에서 지적하였다.

10) 체제 문제는 당초 석광현, "國際裁判管轄에 관한 硏究", 서울대학교 박사학위논문(2000), 249면 이하(석광현, 국제재판관할에 관한 硏究(서울대학교출판부, 2001), 309면 이하)에서 다루었고 좀더 구체적으로는 석광현, "중간시안을 중심으로 본 국제재판관할에 관한 일본의 입법 현황과 한국의 입법 방향", 한양대학교 국제소송법무 제1호(2010. 9.), 32면 이하에서 논의하였다. 이 글은 그 연장선 상에 있는 것이다.

11) 외국판결의 승인 및 집행에 관한 규정을 국제사법에 둔다면 이를 제4절에 둘 수 있다.

12) 위와 같이 조문을 추가하면 기존 조문의 번호가 크게 변경된다. 이를 피하기 위하여 제1장 제2절에 둘 국제재판관할에 관한 규정을 제2조, 제3조, 제4조 … 라는 식으로 정리하는 대신

(마.)에서 보듯이 각 장별로 현재의 규정을 제2절로 하여 준거법이라는 제목으로 묶고, 국제재판관할에 관한 제1절을 신설하여 관할규칙을 두면 된다. 스위스 국제사법은 바로 그러한 규정방식을 취한다.13) 이렇게 하더라도 국제재판관할규칙과 준거법규칙이 완전히 일대일 대응이 되는 것이 아님은 물론이다. 이에 따르면 제1장 총칙은 아래와 같이 된다.

국제사법

제1장 총칙14)

제1절 목적과 적용범위

제1조 현행 국제사법 제1조에 스위스 국제사법 제1조에 상응하는 조항 신설. 양자를 통합하여 규정할 수도 있음

제2절 국제재판관할15)

일반관할, 영업소 소재지 관할, 영업활동에 근거한 관할, 재산소재지 관할, 관할합의, 변론(응소)관할, 전속관할, 공동소송, 객관적 병합, 반소의 관할, 보전처분의 관할, [금지관할,]16) 긴급관할(만일 둔다면), 관할권행사의 유보 가능성, 국제적 소송경합 등

제3절 준거법

현행 국제사법 제3조-제10조를 여기에 규정

국제사법에 이처럼 정치한 국제재판관할규칙을 신설한다면 ① 과거 대법원이 채택한 특별한 사정이론의 처리방안, ② 부적절한 법정지의 법리에 기한 관할권행사의 유보 가능성과 ③ 국제사법 제2조의 존치 여부를 검토할 필요가 있

제2조의2, 제2조의3, 제2조의4 … 라는 방식으로 정리할 수도 있다. 그와 같이 제1장 제2절, 또는 제2장에 국제재판관할에 관한 장을 신설하여 국제재판관할규칙을 통합규정하는 것도 논리적으로는 가능하나(일본 민사소송법은 위치는 다르지만 이런 방식이라고 할 수 있다) 바람직하지 않다. 그 경우 실종선고, 한정치산, 소비자계약과 근로계약에 관한 관할규칙을 그대로 둘지 아니면 이들도 분리하여 앞으로 옮길지를 고민해야 한다. 아직 국제사법의 조문이 많지 않으므로 전자의 방식을 따를 수 있다고 본다. 이와 달리 만일 국제재판관할규칙을 묶어서 앞에 규정하려면 차라리 1995년 개정된 이탈리아 국제사법처럼 현재의 총칙 중 준거법에 관한 조항을 제3장 제1절로 보내고, 그에 앞선 제2장에서 국제재판관할규칙을 통합하는 방식이 나을 것이다. 그 경우 제1조와 기타 필요한 조항을 제1장에 둘 수 있을 것이다.

13) 스위스 국제사법은 나아가 총칙과 각장 또는 각절에서도 외국판결의 승인 및 집행도 함께 규율하고 있으나 우리는 그렇게까지 할 필요는 없다.

14) 여기에서는 상세히 논의하지 않지만 만일 외국판결의 승인 및 집행에 관한 조문도 국제사법에서 규정한다면 제1장에 "제4절 외국판결의 승인 및 집행"을 추가하면 될 것이다.

15) 스위스 국제사법 제1장(공통규정) 제1절은 적용범위를 정하고 있고, 제2절은 관할에 관한 조문들을 두고 있다.

16) 금지관할에 관한 규정을 둘지는 제2조의 존치 여부와 관련된다.

다. 나아가 준거법만을 규정한 국제사법의 각장을 어떻게 재편할지와 국제재판관할규칙의 규정방식을 어떻게 구성할지를 검토할 필요가 있다.

2. 특별한 사정이론의 처리

정치한 국제재판관할규칙을 도입할 경우 특별한 사정이론의 처리에 관하여는 두 가지 가능성이 있다. 첫째는 정치한 국제재판관할규칙을 정립한 이상 그에 대한 예외를 전혀 인정하지 않는 것이고, 둘째는 정치한 국제재판관할규칙을 정립하고 그에 따르면 국제재판관할이 있음에도 불구하고 구체적인 사안에서 우리 법원이 국제재판관할을 행사하는 것이 적절하지 않은 예외적인(또는 특별한) 사정이 있는 경우 그의 행사를 거부할 수 있도록 허용하는 것이다. 후자는 아래 (3.)에서 논의하는 부적절한 법정지(*forum non conveniens*)의 법리를 수용하는 것이다.[17]

근자의 법원 판결을 보면, 아직 단정하기는 좀 이르나 2001년 개정된 국제사법이 관할규칙을 도입한 결과 이제는 특별한 사정이론은 배척되고 있는 것으로 보인다. 즉 과거 판례가 인정하는 특별한 사정이론은 이제 더 이상 허용되지 않는 것으로 보이기도 한다. 또한 국제사법 하에서는 법원이 '실질적 관련'이라는 탄력적인 개념을 이용하여 토지관할규칙에 얽매이지 않고 정치한 국제재판관할규칙을 정립할 수 있으므로 조야한 원칙을 적용한 결론을 수정하기 위한, 즉 개별적 조정을 위한 도구로서 의미를 가졌던 특별한 사정이론은 굳이 필요하지도 않다. 즉 특별한 사정이 있는 상황이라면 대부분 실질적 관련이 없고 따라서 법원은 국제재판관할이 없다고 판단할 것이기 때문이다.[18] 나아가 국제재판관할권에 관한 입법을 함에 있어서도 특별한 사정 중 원칙화할 수 있는 것은 원칙에 관한 조문에 반영하여 정치한 국제재판관할규칙을 정립해야지, 조야한 국제재판관할규칙을 두고, 결과의 부당성을 모두 특별한 사정에 의해 조정하는 것은 법원에 과도한 재량을 부여할 뿐만 아니라 당사자의 예측가능성을 해하는 것으로서 결코 바람직하지 않다.

그러나 일본의 개정 민사소송법(제3조의9)은 정치한 국제재판관할규칙을 명

17) 저자는 엄격한 요건 하에 후자를 지지한 바 있다. 석광현, 國際裁判管轄에 관한 研究(2001), 188면 이하 참조.

18) 예컨대 중국 승무원의 손해배상청구소송에서 제1심판결인 부산지방법원 2009. 6. 17. 선고 2006가합12698 판결은 이러한 태도를 보여주고 있다.

시하면서도 여전히 특별한 사정이론을 채택하고 있다. 그에 따르면 일본법원은 국제재판관할을 가지는 경우에도, 사안의 성질, 응소에 의한 피고의 부담의 정도, 증거의 소재지 그 밖의 사정을 고려하여, 일본법원이 심리 및 재판을 하는 것이 당사자 간의 형평을 해하거나 또는 적정 또한 신속한 심리의 실현을 방해하게 되는 특별한 사정이 있다고 인정하는 때는 소의 전부 또는 일부를 각하할 수 있다. 그런데 그 경우 일본의 국제재판관할이 없기 때문에 각하하는 것인지 아니면 국제재판관할이 있음에도 불구하고 각하함으로써 행사하지 않는 것인지가 불분명하고, 나아가 일본 법원에게 재량을 인정한 것인지도 분명하지 않다.[19] 가장 큰 문제는 동조가 매우 예외적인 사안에서 제한적으로 적용되어야 한다는 점이 조문상 명시되어 있지 않다는 점이다. 따라서 특별한 사정을 고려함으로써 일본의 국제재판관할을 부정하는 종래 일본 법원의 실무가 유지될 가능성도 완전히 배제할 수는 없을 것 같다.

3. 부적절한 법정지의 법리에 기한 관할권행사의 유보 가능성

가. 해석론

주의할 것은, 국제사법에 명시된 국제재판관할규칙에 따라 우리나라에 국제재판관할이 인정되더라도 외국에 더 적절한 대체법정지가 있고, 모든 사정을 고려할 때 그곳에서 재판하는 것이 훨씬 더 적절한 경우, 현행법의 해석상 우리 법원이 소송절차를 중지함으로써 관할의 행사를 거부할 수 있는가이다. 우리나라에서는 아직 이에 관한 논의가 별로 없지만,[20] 사견으로는 이처럼 국제재판관할의 존부 판단과 그 행사 여부의 판단을 구별하는 부적절한 법정지의 법리를 매우 엄격한 요건 하에 제한적으로 활용한다면 혹시 있을지도 모르는 국제재판관할규칙의 경직성을 완화함으로써 구체적 사건에서 국제재판관할 배분의 정의를 보다 충실하게 구현할 수 있을 것이다. 달리 표현하자면 이는 유연성의 요소를 도입하여 구체적 타당성을 기하기 위한 것이다. 즉 국제사법이 정한 관할규칙에 따라 우리나라에 국제재판관할이 있더라도 외국에 더 적절한 대체법정지가 있

19) 이 점은 青山善充ほか "「行事記錄第46回」シソポジウム國際裁判管轄民事訴訟法改正をうけて」", ノモス 제30호(2012), 176면(김문숙, "일본법원의 국제재판관할권에 대하여 —2011년 개정민사소송법을 중심으로—", 국제사법연구 제18호(2012), 324면에서 재인용). 이 각주는 이 책에서 새로 추가한 것이다.

20) 다만 도메인이름에 관한 대법원 2005. 1. 27. 선고 2002다59788 판결은 주목할 만하다.

고, 모든 사정을 고려할 때 그곳에서 재판하는 것이 훨씬 더 적절하고 그것이 명백하다면 우리 법원이 소송절차를 중지함으로써(경우에 따라 각하도 가능) 관할의 행사를 거부할 수 있다는 것이다.[21] 물론 이러한 예외를 인정하더라도 그 요건은 엄격하고 인정은 매우 신중해야 한다. 그렇지 않으면 유연성 내지 구체적 타당성의 도입이라는 미명 하에, 국제재판관할규칙을 둠으로써 달성하고자 하는 법적 안정성이 훼손될 우려가 있기 때문이다.

만일 이를 명시한다면 그 위치는 제2조와 같은 총칙규정을 두는가에 달려 있다. 만일 총칙규정을 둔다면 그와 함께 규정할 수 있고, 반대로 이를 두지 않는다면 제2절의 말미에 두면 될 것이다. 실제로 1999년 섭외사법의 개정작업 과정에서 부적절한 법정지의 법리를 규정할지를 검토하였고 연구반초안(제2조 제안 3항)은 이를 명시적으로 규정하였으나[22] 많은 논란이 있어 명문의 규정을 두지 않기로 하였다. 따라서 국제사법 하에서 이 문제는 학설, 판례에 맡겨진 것인데, 저자는 국제사법의 해석상 이것이 가능하다고 본다.

흥미로운 것은, 도메인이름에 관한 대법원 2005. 1. 27. 선고 2002다59788 판결이다. 동 판결은 대법원이 국제사법에 따른 국제재판관할규칙에 관한 추상적 법률론을 정립한 판결인데, 동 판결은 "… 재판관할이라는 것은 얼마든지 중첩적으로 인정될 수 있는 것이고, … 분쟁의 실질적인 내용 기타 … 제반 사정에 비추어 볼 때 대한민국이 이 사건 분쟁에 관하여 국제재판관할을 행사하기에 현저히 부적절한 법정지국이라고 인정되지도 아니한다"고 판시하였다. 이는 부적절한 법정지의 법리를 도입한 것은 아니나 장래 도입가능성을 열어둔 것이라고 본다.[23] 우리 법원이 부적절한 법정지의 법리에 대해 어떤 태도를 취할지는 좀더 두고 보아야 할 것이다.

---

21) 이는 마치 준거법의 결정에 있어서 국제사법 제8조 제1항이 "국제사법에 의하여 지정된 준거법이 해당 법률관계와 근소한 관련이 있을 뿐이고, 그 법률관계와 가장 밀접한 관련이 있는 다른 국가의 법이 명백히 존재하는 경우에는 그 다른 국가의 법에 의한다"라는 취지의 예외조항을 두고 있는 것과 일맥상통한다. 즉 양자는 규칙을 둠으로써 발생할지 모르는 경직성을 완화함으로써 개별사건에서 구체적 타당성을 확보하기 위한 것이기 때문이다.

22) 조문은 아래와 같았다.

"③ 법원은 전2항의 각 규정에 따라 국제재판관할권을 가지더라도 대한민국이 국제재판관할권을 행사하기에 부적절하고 국제재판관할권을 가지는 다른 국가가 분쟁을 해결하는 데 보다 적절하다는 예외적인 사정이 명백히 존재한다고 판단하는 때에는 본안에 관한 최초 변론기일 이전의 피고의 신청에 의하여 소송절차를 중지할 수 있다."

23) 평석은 석광현(註 4), 115면 이하 참조.

나. 입법론

그렇다면 국제사법을 개정하여 정치한 국제재판관할규칙을 둘 경우 위에서 언급한 바와 같이 엄격한 요건 하에 부적절한 법정지의 법리에 기한 관할권행사의 유보 가능성을 명시적으로 도입하는 방안을 검토해야 한다. 저자는 이를 명시하는 방안을 지지한다. 조문을 둔다면 위에서 언급한 연구반초안(제2조 제안 3항)처럼 제2조에 또는 별도의 조문으로 둘 수 있는데 위 2005년 대법원 판결의 취지를 반영하고 중지 후의 처리 등을 보완할 필요가 있다. 다만 당사자들이 국제재판관할합의를 한 경우에는 예측가능성을 제고하기 위하여 부적절한 법정지의 법리의 적용을 배제하는 것이 바람직하다. 전속관할합의에 한하여 그렇게 할 것이라는 견해도 주장될 여지가 있다.[24)]

4. 제2조의 존치 여부

국제사법에 정치한 국제재판관할규칙을 망라적으로 완벽하게 둘 수 있다면 국제사법 제2조는 삭제하는 것이 옳다. 그러나 국제재판관할규칙이 불충분하다면 국제사법 제2조를 존치할 필요가 있다. 예컨대 만일 물권에 관하여는 특별관할규칙을 두면서 친족(제6장)에 관하여는 특별관할규칙을 두지 않는다고 가정한다면, 국제재판관할규칙을 두는 장(예컨대 물권에 관한 제4장)과 그렇지 않은 장(예컨대 친족에 관한 제6장)을 구분할 필요가 있다. 후자에 관한 한 제2조는 여전히 필요하다. 문제는 전자인데, 국제재판관할규칙을 둔 경우 그에 반하는 관할의 인정은 원칙적으로 허용되지 않아야 하는데,[25)] 이 점을 국제사법에 명문으로 규정할지를 검토할 필요가 있다. 국제사법에 더 많은 국제재판관할규칙을 둘수록 제2조 특히 제2항의 의미는 감소한다. 이런 취지를 반영하면, 특별관할규칙을 두는 법률관계에 관하여는 제2조를 적용하지 않고 특별관할규칙을 두지 않은 법률관계에 관하여만 제2조를 적용하는 것이 바람직하다. 또한 제2조의 기능을 고려하면 그 제목을 현재의 '국제재판관할'로부터 '국제재판관할 결정의 대원칙'으로 수정하는 것이 적절하다. 이를 반영한 문언은 아래와 같다.

---

24) 원칙적으로 전속관할합의에 적용되는 관할합의협약(제5조 제2항)은 부적절한 법정지의 법리를 배제한다. 그러나 체약국은 상호선언에 의하여 비전속적 관할합의에도 협약을 적용할 수 있다(협약 제22조).

25) 물론 긴급관할의 가능성은 열어 둘 필요가 있다.

제2조 (국제재판관할 결정의 대원칙)
① 이 법에서 달리 정한 경우를 제외하고,[26] 이 법에서 특별관할규칙을 두지 않은 법률관계에 관하여는 법원은 당사자 또는 분쟁이 된 사안이 대한민국과 실질적 관련이 있는 경우에 국제재판관할권을 가진다. 이 경우 법원은 실질적 관련의 유무를 판단함에 있어 국제재판관할 배분의 이념에 부합하는 합리적인 원칙에 따라야 한다.
② 제1항의 경우 법원은 국내법의 관할 규정을 참작하여 국제재판관할권의 유무를 판단하되, 제1항의 규정의 취지에 비추어 국제재판관할의 특수성을 충분히 고려하여야 한다.

이러한 대원칙은 두 가지 기능을 한다.

첫째, 국제사법이 특별관할규칙을 두지 않은 법률관계에서 독자적으로 법원의 국제재판관할을 인정할 수 있는 근거가 된다. 예컨대 개정 국제사법에 신분사건의 경우 국적에 근거한 국제재판관할을 명시한다면 모르겠지만 만일 그렇지 않다면 사안에 따라 대원칙에 근거하여 국적에 근거한 국제재판관할을 인정할 수 있다.

둘째, 근거가 다소 약한 특별관할규칙의 경우에 다른 요건과 결합하여 법원의 국제재판관할을 인정할 수 있는 요건으로서 기능한다. 즉 일반관할규칙은 물론이고 불법행위사건의 관할과 영업소의 관할 등 국제사법에 규정된 특별관할규칙은 대원칙을 구체화한 것으로서 그 자체로서 의문의 여지가 별로 없는 관할규칙이다. 반면에 일부 특별관할규칙의 경우 그 자체로서 대원칙을 충족시키는지에 관하여 의문이 있으므로 그 경우 특별관할규칙이 정한 요건이 구비되고 그럼으로써 국제재판관할을 인정하는 것이 대원칙에 부합하는 경우에만 국제재판관할을 인정하자는 것이다. 그러한 예로는 ① 피고의 활동에 근거한 관할, ② 주관적 병합, ③ 객관적 병합, ④ 반소의 일부 경우와 ⑤ 매매계약과 용역제공계약 이외의 계약사건의 경우를 들 수 있다. 이런 분류를 도입한다면 전자를 '완전한 국제재판관할규칙', 후자를 '불완전한 국제재판관할규칙'이라고 부를 수 있을 것이다. 다만 불완전한 국제재판관할규칙을 너무 넓게 인정하는 것은 바람직하지 않다. 개별 특별관할규칙의 기능을 약화하기 때문이다. 불완전한 국제재판관할규칙과 대원칙을 결합하여 국제재판관할을 인정한 경우에도 부적절한 법정지의 법리를 사용하는 것은 논리적으로 가능하지만 실제로는 활용빈도가 낮을 것이다.

---

26) 이는 전속관할에 관한 규정을 고려한 것이다.

5. 국제사법 제2장 이하 각칙에 둘 사항

위 방안에 따라 각장에 특별관할규칙을 두면 예컨대 제9장의 구성은 다음과 같다.

제9장 해상
제1절 국제재판관할 : 관할규칙 신설 / 제2절 준거법 : 현행 국제사법의 준거법조항을 규정

제4장(물권)에서 지적재산권[27]에 관한 제24조는 별도의 장으로 편제할 필요가 있으므로 제4장은 다음과 같이 된다.

제4장 물권
제1절 국제재판관할 : 관할규칙 신설 / 제2절 준거법 : 현행 국제사법의 준거법조항을 규정
제5장 지적재산권
제1절 국제재판관할 : 관할규칙 신설 / 제2절 준거법 : 현행 국제사법의 준거법조항을 규정

제2장 사람은 현재와 같이 자연인과 법인 기타 단체를 묶은 채 둘 수도 있고 아니면 양자를 구분하여 별도의 장으로 규정할 수도 있을 것이다. 한편 계약(통상의 계약, 소비자계약과 근로계약), 부당이득과 불법행위를 규정하는 제5장의 경우에도 마찬가지이다(①안).[28] 이런 접근방법을 취함으로써 국제사법이 준거법 결정원칙을 두고 있는 친족(제6장)과 상속(제7장)에 관한 가사소송과 비송사건절차 등에 관한 국제재판관할규칙도 자연스럽게 국제사법에 통합하여 규정할 수 있다. 실종선고, 금치산 및 한정치산과 관련된 비송사건에 관하여는 국제사법이

---

27) 여기에서는 편의상 '지적재산권'과 '지식재산권'을 혼용한다.

28) 이와 달리 편제를 개편하여 제5장을 제1절 계약, 제2절 부당이득, 제3절 불법행위라는 식으로 세분하고 각 절에서 국제재판관할과 준거법을 열거할 수도 있다(②안). 어느 방안을 취할지는 기술적 문제이다. 스위스 국제사법은 이처럼 다양한 법률관계별로 관할규칙을 두면서 위 ②안을 따른다. 이러한 논의는 제6장 친족법의 경우에도 같다. 즉 그 경우에도 국제재판관할에 관한 제1절과 준거법에 관한 제2절을 둘 수도 있고(①안), 아니면 제1절 혼인, 제2절 친자, 제3절 부양, 제4절 후견이라는 식으로 세분하고 각 절에서 국제재판관할과 준거법을 열거할 수도 있다(②안). 즉, 국제재판관할규칙과 준거법규칙을 같은 장에 제1절과 제2절로 규정하자는 저자의 제안에 따르면 현재 국제사법 중 제2장(사람), 제4장(물권)(이는 물권에 관한 장과 지적재산권에 관한 장으로 구분한다), 제5장(채권), 제6장(친족), 제7장(상속), 제8장(어음·수표)과 제9장(해상)에는 특별관할규칙을 둘 수 있다. 이 경우 제27조와 제28조에 포함된 소비자계약과 근로계약의 관할규칙도 준거법규칙과 분리하여 제1절로 옮길 필요가 있다.

이미 (예외적인) 관할규칙을 두고 있으므로(제12조, 제14조) 이러한 접근방법을 쉽게 수용할 수 있다. 다만 현행 조문은 관할과 준거법을 묶어서 규정하므로 양자를 분리하는 방향으로 체제를 변경할 필요가 있다.

6. 국제재판관할규칙의 규정방식: 일면적 규정 v. 양면적 규정

국제사법에 정치한 국제재판관할규칙을 둔다면 우리 법원이 국제재판관할을 가지는 경우만을 규정할지, 아니면 조약에서처럼 중립적 규정을 둘지가 문제된다. 국제사법 제2조는 우리 법원이 국제재판관할을 가지는 경우만을 규정하나 제27조와 제28조는 우리 법원과 외국 법원이 국제재판관할을 가지는 경우를 함께 규정한다. 저촉규범의 분류에 관한 용어를 빌리면, 제2조는 일면(방)적 규정이고 제27조와 제28조는 양면(방)적 규정이다. 그렇게 규정한 이유는 제2조의 경우 적용범위가 매우 광범위하므로 전면적으로 규정하기가 어려운 데 반하여 제27조의 경우 적용범위가 제한되므로 그렇게 규정하는 것이 쉽고, 만일 한국의 소비자만을 보호하는 규정을 둘 경우에는 마치 이들만을 외국의 소비자와 차별적으로 보호하는 듯한 인상을 줄 우려가 있었기 때문이다. 우리 국제사법이 외국 법원의 국제재판관할을 규정하더라도 외국 법원이 그에 구속되지 않음은 물론이며 이는 외국판결의 승인 및 집행의 맥락에서 의미가 있다. 입법례를 보면 국제조약 기타 국제규범의 경우 당연히 중립적 규정을 두고 있으나, 스위스 국제사법(제1조 제1항, 제2조-제11조, 제51조, 제59조, 제86조 등), 이탈리아 국제사법(제1조, 제3조-제11조)과 일본 민사소송법(제3조의2-제3조의12를 정한 제1편 제2장 제1절의 제목이 '일본의 재판소의 관할권'이다)은 모두 자국 법원이 국제재판관할을 가지는 경우만을 규정한다. 이는 외국법원의 국제재판관할을 규정함으로써 외국의 재판관할권에 간섭하는 듯한 인상을 주는 것을 우려했기 때문인 것으로 짐작된다.

그러나 외국의 국제재판관할을 정하는 것은 간접관할의 맥락에서만 의미가 있음을 명확히 한다면, 중립적 규정방식을 취하는 것도 가능할 것이다. 그렇게 함으로써 자국의 과도한 국제재판관할을 규정하고자 하는 경향을 스스로 억제할 수 있다는 장점도 있다. 다만 이렇게 규정하는 것이 부담스럽다면 우선 우리 법원이 국제재판관할을 가지는 경우만을 규정하고, 국제사법의 국제재판관할규칙은 간접관할의 맥락에서도 타당하다는 취지의 별도의 조문을 둘 수도 있다. 이것이 기술적인 측면에서 작업하기가 용이하다. 그렇게 한다면 국제사법 제27조와 제28조도 일면적 규정으로 전환할 필요가 있다.

Ⅳ. 구체적인 국제재판관할규칙의 내용

국제사법에 정치한 국제재판관할규칙을 둘 경우 가장 중요한 것은 그 안에 담을 구체적인 내용이다. 여기에서는 중요한 국제재판관할의 근거만을 논의한다. 주의할 것은 여기에서 논의한다고 해서 모두 각칙에 들어가는 것은 아니고 일부는 총칙에 들어가야 한다는 점이다.

국제재판관할규칙을 국제사법에 명시함에 있어서는 가급적 정치한 국제재판관할규칙을 둠으로써 법적 안정성을 제고하기 위해 노력해야 하나 그것이 완벽한 것일 수는 없다. 따라서 구체적인 사건에서 국제재판관할배분의 정의를 실현하기 위한 수단으로서 부적절한 법정지의 법리를 제한적으로 이용하자는 것이다. 이는 마치 민사소송법(제35조)상 토지관할의 맥락에서 법원의 재량에 의한 이송되는 것과 같은 취지이다.

1. 일반관할[29)]

민사소송법 제2조는 보통재판적'이라는 표제 하에 "소는 피고의 보통재판적(보통재판적)이 있는 곳의 법원이 관할한다"고 규정한다. 민사소송법은 이처럼 원고는 피고의 재판적 소재지의 법원에 소를 제기하여야 한다는 원칙을 정하고 있는데, 이는 '원고는 피고의 법정지를 따른다'는 로마법 이래 대륙법의 원칙을 수용한 것이다.

대륙법계 국가에서는 국제재판관할, 특히 일반관할의 배분에 있어 위 원칙을 당사자의 공평 내지는 이익형량의 출발점으로 삼는다. 이러한 원칙을 전제로 민사소송법 제3조는 자연인의 경우, 원칙적으로 주소에 의하여 보통재판적을 정하고, 대한민국에 주소가 없거나 주소를 알 수 없는 때에는 거소에 의하며, 거소가 없거나 거소를 알 수 없는 때에는 최후의 주소에 의하여 보통재판적을 정한

29) 일반관할에 관한 제논점은 석광현(註 17), 209면 이하 참조.

다. 한편 민사소송법 제5조 제1항은 법인, 그 밖의 사단 또는 재단의 경우, 원칙적으로 그 주된 사무소 또는 영업소에 의하여 보통재판적을 정하고, 그러한 사무소와 영업소가 없는 때에는 그 주된 업무담당자의 주소에 의하여 보통재판적을 정한다. 이러한 토지관할규칙은 그대로 국제재판관할규칙으로 사용할 수 있는 것, 즉 ①의 유형에 속하는 토지관할규칙이라고 할 수 있다.

그에 추가하여 자연인의 경우 피고의 상거소지에 일반관할을 인정할지, 또한 법인의 경우 정관상의 본거지와 법인의 설립준거법 소속국의 일반관할도 인정할 수 있는지는 논란의 여지가 있으나 전향적으로 고려할 수 있을 것이다.

2. 계약사건의 의무이행지의 관할

민사소송법 제8조는 '거소지 또는 의무이행지의 특별재판적'이라는 표제 하에 "재산권에 관한 소를 제기하는 경우에는 거소지 또는 의무이행지의 법원에 제기할 수 있다"고 규정한다. 의무이행지 재판적은 독일의 계약재판적을 확장하여 널리 재산권에 관한 소에 대하여 의무이행지의 특별재판적을 인정한 것이다. 민사소송법은 명시하지 않지만,[30] 여기에서 의무라 함은 '문제가 된 의무' 또는 '청구의 기초가 된 의무'를 의미한다. 대법원 1972. 4. 20. 선고 72다248 판결은 섭외적 요소가 있는 사건에서도 구 민사소송법 제6조(민사소송법 제8조에 상응)를 적용하여, 중개보수를 지급할 채무가 지참채무이므로 그 이행지인 채권자 주소지가 한국이라는 이유로 한국법원의 국제재판관할을 인정하였다. 그러나 종래 의무이행지에 근거한 국제재판관할은 여러 가지 비판을 받고 있다.[31]

첫째, 이행지에 관한 합의가 없는 경우 우선 의무이행지의 결정이 문제된다. 위 1972년 대법원판결은 법정지인 우리나라 섭외사법을 적용하여 문제된 계약의 준거법을 지정하고 그에 따라 채무의 이행지를 결정하였으나 국제민사소송법상의 이념에 따라 합리적으로 의무이행지를 결정할 것이라는 견해가 유력하다.[32] 실체법상 의무이행지에서 제소할 수 있도록 함으로써 실체법상의 이행지와 소송

30) 독일 민사소송법 제29조와 브뤼셀 I 제5조 제1호는 이를 명시한다.

31) 상세는 석광현, "개정루가노협약에 따른 계약사건의 국제재판관할", 서울대학교 법학 제49권 제4호(통권 149호)(2008. 12.), 422면 이하; 장준혁, "계약사건에서의 의무이행지관할", 진산 김문환총장정년기념논문집 제1권: 국제관계법의 새로운 지평(2011), 456면 이하 참조.

32) 전자는 '저촉법을 통한 우회공식'을 따르는 견해이고, 후자는 국제민사소송법 독자의 관점에서 이행지를 결정하는 견해이다.

법상의 이행지를 일치시키려는 것으로 이해한다면 이런 접근이 자연스러우나 그에 대하여는 비판이 강하다. 둘째, '문제가 된' 또는 '다툼 있는' 의무의 이행지에 재판관할을 인정한다면, 누가 어느 채무에 기하여 소를 제기하는가에 따라 제8조에 따른 국제재판관할이 달라질 수 있다. 셋째, 채권자인 원고는 피고의 보통재판적 소재지에 제소하는 대신 의무이행지의 법원에 제소할 수 있으므로 의무이행지관할은 사실상 '*forum actoris*'(원고의 법정지)가 되어 부당하다.

흥미로운 것은 최근의 대법원판결이다. 전형적인 계약사건에서 대법원 2008. 5. 29. 선고 2006다71908, 71915 판결[33]은 의무이행지 관할규칙을 따르지 않고 가장 실질적 관련이 있는 법원은 청어의 인도지이자 최종 검품 예정지인 중국 법원이라고 보면서도 실질적 관련에 근거하여 한국의 국제재판관할을 긍정하였다. 동 판결이 의무이행지 관할규칙과 결별하고 실질적 관련만에 기하여 국제재판관할을 인정한 것인지는 애매하다.[34]

의무이행지관할의 가장 큰 문제는 과연 그것이 통상적인 모든 계약에 타당한가라는 점이다. 특히 예비초안(제6조)은 의무이행지관할을 물품공급계약과 용역제공계약에 따라 실제로 이행이 행해진 곳으로 제한함을 주목할 필요가 있다.[35] 현재로서는 의무이행지관할을 어떻게 수정할지에 관하여 만족할 만한 대안이 없는 것 같다. 청구의 기초가 된 의무의 이행지에 착안할지 아니면 계약의 특징적 의무에 착안할지를 정할 필요가 있다.

이상의 논의를 보면 계약사건의 국제재판관할에 관하여는 다음과 같은 선택지가 가능하다. ① 의무이행지 관할규칙을 폐기하는 방안, ② 종래와 같이 실체법상의 의무이행지에 착안하는 방안(일본 개정 민사소송법 제3조의3 제1호),[36] ③ 일부 계약에 한정하여 국제민사소송법상의 의무이행지에 착안하는 방안(예비초안)과 ④ ②와 ③을 결합하는 방안(브뤼셀 I)이 그것이다. 그 밖에 ④의 변형으로

---

33) 평석은 석광현, "계약사건의 국제재판관할에서 의무이행지와 실질적 관련", 법률신문 제3792호(2009. 11. 12.), 14면; 장준혁(註 31), 462면 이하 참조.

34) 위 판결의 결론은 계약의 특징적 급부의무를 중시한 점에서 브뤼셀 I 및 예비초안과 유사하다.

35) 의무이행지관할에 대한 비판은 석광현(註 17), 276면 이하 참조. 브뤼셀 I (제5조 제1호)은 여전히 계약에 관한 사건의 경우 '소의 기초가 된 채무'의 이행지의 법원의 관할을 인정한다. 다만 물품 매매계약과 용역제공계약의 경우 이행지의 개념을 독자적으로 정의하고, 소의 기초가 된 채무에 관계없이 통일적인 이행지를 정한다.

36) 일본 개정 민사소송법은 계약 사건의 범위를 명확히 하고, 의무이행지를 결정하는 과정에서 당사자의 예견가능성을 제고하고자 노력한 것이나 여전히 문제된 의무의 실체법상의 이행지에 착안하여 국제재판관할을 결정한다.

서 예비초안과 실체법상의 의무이행지를 결합하는 방안도 가능하다. 즉 전형적인 물품매매계약과 용역제공계약의 경우 특징적 급부에 착안하여 통일적인 이행지를 정함으로써 통일적인 관할을 규정하고, 그 밖의 계약의 경우는 문제된 의무이행지에 착안하되 그것이 국제재판관할 결정의 대원칙에 부합하는 경우에만 관할을 인정하는 방안이다.[37)]

3. 불법행위사건의 관할

민사소송법 제18조는 '불법행위지의 특별재판적'이라는 표제 하에 "불법행위에 관한 소를 제기하는 경우에는 행위지의 법원에 제기할 수 있다"고 규정하는데 불법행위지의 재판관할은 국제소송에도 타당한 것으로 이해되고 있다. 다만 불법행위지의 개념은 민사소송법의 그것과 달리 국제민사소송법의 독자적인 입장에서 국제소송의 적정, 공평, 신속이라는 관점에서 합리적으로 결정할 것이라는 견해가 유력하다. 격지불법행위의 경우 '불법행위지'라 함은 행동지와 결과발생지의 양자 모두를 의미하고 원고는 어느 곳에서나 제소할 수 있다.

특히 문제되는 것은 제조물책임의 국제재판관할인데, 그 경우 결과발생지의 국제재판관할을 인정함에 있어서는 가해자가 예측할 수 있는 지역인가 등을 합리적으로 고려해야 한다는 견해가 유력하다. 실제로 간접관할에 관한 대법원 1995. 11. 21. 선고 93다39607 판결은, 제조물책임소송에 있어서 손해발생지(엄밀하게는 결과발생지)의 외국법원에 국제재판관할이 있는지 여부는, 제조자가 당해 손해발생지에서 사고가 발생하여 그 지역의 외국법원에 제소될 것임을 합리적으로 예견할 수 있을 정도로 제조자와 손해발생지와의 사이에 실질적 관련이 있는지 여부에 따라 결정함이 조리상 상당하다고 전제하고, 당해 사건에서는 피고가 자신이 제조한 상품의 하자로 인한 사고가 플로리다주에서 발생하여 이에 관한 소송이 그 지역의 외국법원에 제소될 것을 합리적으로 예견할 수 있을 정도로 피고회사와 플로리다주와의 사이에 실질적 관련이 있다고 보기 어렵다는 이유로

---

37) 이 경우 의무이행지를 결정함에 있어서 Tessili 공식을 이용할지도 법원의 판단에 맡길 수 있다. Tessili 공식은 의무이행지를 결정함에 있어서 법정지의 국제사법에 의하여 준거법을 정하고 그 준거법에 따르는 방법, 즉 '저촉법을 통한 우회방법'을 말한다. 이는 유럽법원이 1976. 10. 6. 브뤼셀협약의 해석에 관하여 Tessili v. Dunlop 사건 판결(C-12/76)에서 취한 태도이다. 스위스의 2009년 개정 국제사법 제113조는 특징적 급부에 착안한다. 상세는 장준혁, "계약관할로서의 의무이행지관할의 개정방안", 국제거래법연구 제23집 제2호(2014. 12.), 353면 이하 참조. [밑줄 부분은 이 책에서 새로 추가한 것이다.]

플로리다주의 국제재판관할을 부정하였다.[38] 따라서 입법론적으로도 결과발생지의 국제재판관할을 인정함에 있어서는 피고가 그곳에서 제소될 것에 대한 합리적 예견가능성을 요구하고 예견불가능성에 대한 입증책임을 피고에게 부과하는 것이 타당하다.[39]

문제는 복수의 결과발생지가 존재하는 경우 결과발생지의 재판관할을 양적으로 제한할 것인가이다. 신문에 의한 명예훼손 사건에서 브뤼셀협약의 해석상 유럽법원은 1995년 3월 7일 Fiona Shevill and a.c. v. Presse Alliance S.A. 사건 판결에서 결과발생지의 국제재판관할을 양적으로 제한하였는데[40] 이런 태도를 수용할 것인가의 문제이다.[41] 이를 따른다면 그 부당성을 시정하고자 피해자의 주소 또는 상거소지에서는 손해 전체에 대하여 국제재판관할을 인정하는 견해가 설득력이 있다.[42] 유럽법원도 2011. 10. 25. eDate Advertising 사건과 Martinez 사건에 대한 판결[43]에서, 인터넷에 의하여 명예가 훼손된 당사자가 책임을 묻는 소송을 제기할 경우 Shevill 사건 판결의 결론을 적용하였으나 피해자의 이익 중심지가 있는 회원국(the Member State in which the centre of his interests is based)에 전 손해에 대한 관할을 인정함으로써 Shevill 사건 판결의 부당성을 시정하고 있다. 그러나 유럽사법재판소는 인터넷에 의한 저작권침해가 문제된 2015. 1. 22. Pez Hejduk v. Energie Agentur. NRW GmbH 사건 판결(C-441/13)에서 결과발생지의 관할을 인정하면서도 모자이크방식을 여전히 고수하였다. 그러나 손해를 어떻게 양적으로 분할할 수 있을지는 의문이다. [밑줄 부분은 이 책에서 새로 추가한 것이다.]

한편 특허권이나 저작권의 침해에 기한 손해배상청구소송의 국제재판관할에 대하여는 원칙적으로 통상의 불법행위에 관한 논의가 타당하다. 불법행위지의 특별관할과 관련하여 문제되는 것은, 가상공간에서의 저작권의 침해의 경우 웹

38) 그러나 위 사건의 결론은 많은 비판을 받았다.

39) 예비초안(제10조 제1항)도 동지다. 일본 개정 民事訴訟法 제3조의3 제8호는 불법행위지의 관할을 긍정하면서, 다만 외국에서 행해진 가해행위의 결과가 일본국 내에서 발생한 경우 일본국 내에 있어서 그 결과의 발생이 통상 예견할 수 없는 경우는 제외한다.

40) C-68/93. 그에 따르면 피고의 소재지와 결과발생지의 재판관할을 모두 인정하나, 전자에서는 모든 손해배상에 대해 재판관할이 있지만 후자에서는 당해 국가에서 발생한 손해배상에 대하여만 재판관할이 있게 된다.

41) 만일 양적으로 제한한다면 객관적 병합을 기계적으로 허용해서는 아니 된다. 일본 改正 민사소송법은 이런 제한을 하지 않는다.

42) 예비초안(제10조 제4항)도 동지.

43) eDate Advertising GmbH v X (C-509/09) and Olivier Martinez and Robert Martinez v MGN Limited (C-161/10). 석광현(註 7), 139면 참조.

사이트에 접속할 수 있는 전세계 200개국이 잠재적 결과발생지가 될 수 있다는 점이다. 그 경우 모든 결과발생지에 국제재판관할을 인정한다면 극심한 forum shopping이 발생할 수 있다. 따라서 여기에서도 유럽법원의 Shevill 사건 판결과 같은 견해가 주장될 여지도 있다. 문제는 그렇게 되면 피해자는 침해자의 주소지(또는 상거소지)에서 제소하지 않는 한 침해가 발생한 복수의 국가에서 소송을 수행하도록 강제하게 되는 결과('소송의 단편화(fragmentation of litigation)') 피해자에게 너무 부담스러워 그의 이익을 부당하게 침해하고 사실상 불법행위지의 국제재판관할을 폐지하는 것이라거나, 그 경우 특별관할이 쪼개지는 것은 원·피고 모두 기대할 수 없는 것이고, 법원에도 전손해 중 당해 국가에서 발생한 손해를 산정해야 하는 어려움이 있다는 점이다. 따라서 유비쿼터스 미디어에 의한 지적재산권 침해의 경우 일정한 요건 하에 침해지 관할을 확대할 필요가 있고[44] 관할을 통합하거나 사건을 병합할 수 있도록 할 필요가 있다. 즉 지적재산권 침해에서 결과발생지의 특별관할을 인정함에 있어서는 Shevill처럼 양적 제한을 하되 유비쿼터스적인 침해에 한하여 그에 대한 예외를 인정한다.

입법론적으로는 일본 개정 민사소송법처럼 결과발생지의 관할을 인정함에 있어서 예견가능성을 명시하는 데는 별 이견이 없다. 문제는 복수의 결과발생지가 있는 경우 결과발생지의 국제재판관할을 양적으로 제한할지와 만일 제한한다면 그에 대한 예외를 어느 범위 내에서 규정할지, 그리고 지적재산권 침해의 경우에도 일반원칙을 적용할지 나아가 유비쿼터스적 침해의 경우 예외를 어느 범위 내에서 인정할 것인가이다.

4. 피고의 영업소 소재에 근거한 관할

민사소송법 제5조(제1항, 제2항)의 문면에 의하면 외국법인은 한국에 있는 사무소 또는 영업소 소재지에 보통재판적을 가지는 것으로 보인다.[45] 한편 민사소

44) 유비쿼터스 침해의 경우 모든 침해에 대해 관할을 가지는 법원을 인정하는 점은 CLIP 원칙과 ALI 원칙이 유사하다. 전자는 지적재산의 국제사법에 관한 유럽 막스플랑크 그룹이 2011년 8월 공표한 "지적재산의 국제사법원칙"(Principles for Conflict of Laws in Intellectual Property)을 말하고, 후자는 미국법률협회(ALI)가 2007년 5월 공표한 "지적재산: 초국가적 분쟁에서의 관할권, 준거법 및 재판을 규율하는 원칙"(Intellectual Property: Principles Governing Jurisdiction, Choice of law and Judgments in Transnational Disputes)을 말한다. 상세는 석광현, "국제지적재산권분쟁과 국제사법: ALI 원칙(2007)과 CLIP 원칙(2011)을 중심으로", 민사판례연구 제34집(2012), 1065면 이하 참조.

45) 이 조문은 문면상으로는 일반관할의 근거인 미국의 'doing business test'(영업활동기준)를

송법 제12조는 "사무소 또는 영업소가 있는 사람에 대하여 그 사무소 또는 영업소의 업무에 관한 소를 제기하는 경우에는 그 사무소 또는 영업소가 있는 곳의 법원에 제기할 수 있다"고 규정한다. 문면상 제5조는 보통재판적을, 제12조는 특별재판적을 정한 것으로 보이는데 만일 제5조와 제12조를 국제재판관할에 관하여도 적용 또는 유추적용한다면 양자의 관계가 문제가 된다.

학설로는 민사소송법 제5조를 국제재판관할의 근거로 볼 것은 아니라는 견해가 유력하나, 대법원 2000. 6. 9. 선고 98다35037 판결은 민사소송법 제5조를 근거로 일반관할을 인정하였다. 특히 동 판결은 "… 증거수집의 용이성이나 소송수행의 부담 정도 등 구체적인 제반 사정을 고려하여 그 응소를 강제하는 것이 민사소송의 이념에 비추어 보아 심히 부당한 결과에 이르게 되는 특별한 사정이 없는 한, 원칙적으로 그 분쟁이 외국법인의 대한민국 지점의 영업에 관한 것이 아니라 하더라도 우리 법원의 관할권을 인정하는 것이 조리에 맞는다"는 취지로 판시하였다.[46] 대법원은 그 후에도 이런 태도를 유지하는 것으로 보인다.[47]

위 대법원 판결의 제1심판결(서울지방법원 1997. 7. 31. 선고 96가합4126 판결)도 한국법원의 일반관할을 인정하였는데, " … 외국에 주된 사무소를 두고 있는 외국법인이 한국에 그 밖의 사무소를 두고 있는 경우에는 <u>그 외국법인은 한국에서 지속적이고도 조직적인 영업활동을 영위하는 것</u>[48]<u>이어서 비록 사건이 그 사무소 등의 업무에 관한 것이 아니더라도 한국의 재판권에 복종시키는 것이 합리적이고도 정당하고</u>, 또 외국법인으로서도 한국법원에 제소될 것임을 합리적으로 예견할 수 있을 정도로 그 영업소 등의 소재지와의 사이에 실질적 관련이 있다고 보이며 한편 <u>최근 기업은 고도의 조직과 통제력을 가지고 지점과 영업소를 관리해 본점의 지시하에 지점이나 영업소가 자신과는 무관한 업무에 관한 소송을 수행하더라도 어려움이 없는 것이 보통</u>"이라고 판시하였다.[49]

방불케 하는 규정이다.

46) 위 판결에 대한 비판은 석광현(註 17), 236면 이하 참조.

47) 중국승무원이 중국 항공사를 상대로 제기한 손해배상청구사건에서도 위 대법원 2010. 7. 15. 선고 2010다18355 판결은 이 사건에서 피고 회사의 영업소가 한국에 존재하고 피고 회사 항공기가 한국에 취항하며 영리를 취득하고 있는 이상, 피고 회사가 그 영업 활동을 전개하는 과정에서 한국 영토에서 피고 회사 항공기가 추락하여 인신사고가 발생한 경우 피고 회사로서는 한국 법원의 재판관할권에 복속함이 상당하고, 피고 회사 자신도 이 점을 충분히 예측할 수 있다고 보아야 한다. 따라서 개인적인 이익 측면에서도 한국 법원의 재판관할권이 배제된다고 볼 수 없다고 한다.

48) 이는 일반관할의 근거인 'doing business'를 적용하기 위하여 미국 판례가 요구하는 "continuous and systematic activities"를 연상시킨다.

49) 항소심판결인 서울고등법원 1998. 6. 12. 선고 97나42160 판결은 1심판결을 그대로 인용하

저자는 종래부터 위 판결에 대해 비판적인 견해를 취한다. 특히 제5조를 정당화하는 근거로 원용될 수 있는 미국의 '영업활동'(doing business)에 기한 일반관할은 세계적으로 과잉관할의 전형적인 예로 비판되고 있다.[50] 요컨대 제5조를 근거로 일반관할을 허용하는 것은 부적절하며, 영업소가 있는 경우 제12조를 근거로 특별관할을 인정하는 것이 적절하다. 독립한 법인격을 가지는 자회사는 통상은 제12조의 사무소 또는 영업소에 해당하지 않으나, 예외적으로 법인격을 부인할 수 있는 경우 또는 마치 자회사가 모회사의 사무소 또는 영업소인 것과 같은 권리외관(Rechtsschein)을 형성한 경우에는 동 조가 적용된다고 볼 수 있고 법인격의 유무가 결정적 기준이 되지는 않는다.[51] 입법론으로서는 국제재판관할의 맥락에서 제12조에 따른 특별관할을 인정하되 제5조에 따른 일반관할은 부정하는 것으로 제5조와 제12조의 관계를 명확히 정리할 필요가 있다. 이런 태도를 명시한 일본 개정 민사소송법[52]의 태도는 바람직하다. 특히 이는 일본 최고재판소 1981. 10. 16. 말레이시아 사건 판결[53]의 결론을 배척한 것으로서 일본의 입법에서는 이례적인 것으로 보인다.

5. 피고의 영업(활동)에 근거한 관할

가. 해석론

우리나라를 포함한 대륙법계의 경우 피고의 활동과 관련된 특별관할에 관한 종래의 논의는 계약과 불법행위를 나누고 각각에 관하여 이루어졌으므로 국제재판관할의 유무를 판단하기 위해서는 우선 어떠한 법률관계의 성질결정을 해야 하고 피고의 영업(활동) 그 자체에 근거한 특별관할은 인정될 여지가 없었다. 그러나 당사자가 어느 국가 내에서 영업[54](활동)을 통하여 이득을 얻고 있다면 그

였을 뿐이다. 또한 서울지방법원 1998. 1. 15. 선고 95가합105237 판결과 서울지방법원 1999. 11. 5. 선고 99가합26523 판결도 위 1심판결과 유사한 설시를 한 바 있다.

50) 예비초안과 2001년 초안 제18조 제2항 e)호는 이를 금지되는 관할로 열거한다.

51) 유럽법원의 1987년 12월 9일 SAR Schotte GmbH v. Parfums Rothschild SARL 사건 판결(C-218/86) 참조.

52) 일본 개정 민사소송법(제3조의3 제4호)은 사무소, 영업소 등을 가지는 자에 대한 소에서 그 사무소 또는 영업소에 있어서 업무에 관한 것에 대해 당해 사무소 또는 영업소가 일본국 내에 있은 때에는 일본의 관할을 규정하나, 영업소 소재를 근거로 외국법인에 대한 일본의 일반관할을 인정하는 조문을 두지 않는다.

53) 民集35巻7号, 1224면.

54) 이하 편의상 '영업'을 '사업'과 호환적으로 사용한다.

러한 영업(활동)으로부터 발생하거나 그와 관련된 소송에 대해서는 당해 국가의 특별관할을 인정하는 것이 반드시 불합리한 것은 아니다. 이러한 관할이 피고의 '활동에 근거한 관할'(activity based jurisdiction)이다. 만일 이를 인정한다면 그 경우 피고의 어떠한 성질, 빈도 또는 양의 활동이 있어야 하는지의 판단이 용이하지 않으므로 매우 사소한 관련을 근거로 국제재판관할이 부당하게 확대될 위험성이 존재한다. 이러한 개념은 미국으로부터 연원한 것인데, 미국의 판례는 최소한의 접촉(minimum contact)의 핵심적 개념인 '의도적 이용'(purposeful availment)을 인정하기 위한 요건으로 행위 내지는 활동에 착안하였으므로 피고의 활동에 기한 국제재판관할을 자연스럽게 인정할 수 있었다. 그러나 이러한 전통을 가지고 있지 않은 한국으로서는 미국과 같은 접근은 쉽지 않다.[55)]

국제사법의 해석론으로는 관할을 인정하는 것이 국제재판관할 배분의 이념에 부합하고 합리적이면 피고의 활동에 근거한 특별관할을 인정할 수 있다. 특히 피고의 활동에 기한 특별관할의 인정 여부는 전자상거래와 관련하여 중요하다.[56)] 문제는 해석론상 인터넷상의 영업의 특수성을 고려할 수 있는가이다.

---

55) 놀랍게도 의도적 이용이라는 개념은 대법원 1995. 11. 21. 선고 93다39607 판결에 등장하였다. 위 판결은, 한국회사가 수출한 무선전화기의 결함으로 인해 손해를 입은 미국의 피해자들이 미국의 수입자를 상대로 소를 제기하고, 수입자는 한국회사를 제3자소송인수참가에 의해 피고로 참가시킨 뒤, 수입자와 제조물책임보험을 체결한 미국의 보험회사가 피해자들에게 손해를 일단 배상하고 한국회사를 상대로 승소판결을 받아 한국법원에서 집행판결을 구한 사안에 관한 것인데 대법원은 플로리다주의 국제재판관할(간접관할)을 부정하였다. 위 판결은 "물품을 제조하여 판매하는 제조자의 불법행위로 인한 손해배상 책임에 관한 제조물책임 소송에 있어서 손해 발생지의 외국 법원에 국제재판관할권이 있는지 여부는 제조자가 당해 손해 발생지에서 사고가 발생하여 그 지역의 외국 법원에 제소될 것임을 합리적으로 예견할 수 있을 정도로 제조자와 손해 발생지와의 사이에 실질적 관련이 있는지 여부에 따라 결정함이 조리상 상당하고, 이와 같은 실질적 관련을 판단함에 있어서는 예컨대 당해 손해 발생지의 시장을 위한 제품의 디자인, 그 지역에서의 상품광고, 그 지역 고객들을 위한 정기적인 구매상담, 그 지역 내에서의 판매대리점 개설 등과 같이 당해 손해 발생지 내에서의 거래에 따른 이익을 향유하려는 제조자의 의도적인 행위가 있었는지 여부가 고려될 수 있다"고 판시하였다. 위 판결은 당해 사건에서의 결론도 부당하다는 비판을 받았고, 논리 전개에 있어서도 미국판례에 지나치게 의존한 것으로서 부적절하다는 비판을 받았다. 뜻밖에도 서울고등법원 2012. 1. 19. 선고 2011나6962 판결은 전기압력밥솥의 제조회사인 피고에 대해 미국의 홈쇼핑 사업 등을 하는 회사인 원고가 소비자들에게 손해배상금을 지급하고 피고를 상대로 제기한 구상금 청구소송에서 위 1995년 판결과 유사한 취지로 설시하고 뉴욕주의 국제재판관할을 부정하였다. 상고심인 대법원 2015. 2. 12. 선고 2012다21737 판결은 후자의 결론을 인용하였다. [밑줄 부분은 이 책에서 새로 추가한 것이다.]

56) 최근 미국의 판결들이 현실공간의 관할이론을 가상공간에 접목하여, 웹사이트를 운영하는 유형을 세 가지로 분류함으로써 그 운영자에 대한 다른 주의 대인관할권의 유무를 결정하는 경향이 있음은 주목할 만하다. 이는 Zippo Manufacturing Co. v. Zippo Dot Com, Inc. 사건 판결에 의해 제시된 원칙이다. 952 F. Supp. 1119 (W.D. Pa. 1997).

소비자계약 사건에 관한 국제사법(제27조 제1항)[57]은 'targeted activity criterion'(指向된 활동기준)에 근거한 국제재판관할을 인정한다. 이는 전자상거래를 염두에 둔 것이다. 그러나 명문 규정이 없는 비소비자계약 사건 또는 불법행위 사건에서는 해석론상 한국을 지향한 영업활동에 근거한 국제재판관할을 인정하기는 어렵다. 즉, 해석론상 인터넷상의 영업의 특수성을 고려할 수는 있으나 소비자계약 사건에서와 동일한 정도의 보호를 부여하는 결론을 내리기는 어렵다.

나. 입법론

입법론적으로도 영업(활동)에 근거한 관할을 규정하는 방안을 적극적으로 검토할 필요가 있다. 일본 개정 민사소송법(제3조의3 제5호)은 일본에서 사업을 행하는 자(일본에 있어서 거래를 계속하여 하는 외국회사, 즉 일본 회사법 제2조 제2호에 규정한 외국회사를 포함한다)에 대한 소에 관하여 일본에서의 업무와 관련된 것에 대하여 일본의 국제재판관할을 인정한다.[58] 여기에서 '법정지국가에서 영업(활동)을 할 것'이라는 요건을 명확히 할 필요가 있다. 예컨대 ① 외국회사가 '한국 내에서 영업(활동)을 할 것', ② 외국회사가 '한국 내에서 영업(활동)을 계속할 것', ③ 외국회사가 '한국 내에서 또는 한국을 지향하여 영업(활동)을 할 것', ④ 외국회사가 '한국 내에서 영업(활동)을 하거나, 외국에서 영업(활동)을 하더라도 그 실질적 효과가 한국 내에서 나타날 것' 등의 선택지를 고려할 필요가 있다.

또한 비인터넷 거래와 인터넷 거래에 대한 규칙을 이원화할 지도 고려할 필요가 있다. 이는 비인터넷 거래의 경우에는 한국 내에서를 요구하면서 인터넷 거래에서는 한국 내에서 또는 한국을 지향하는 것으로 이원화할지의 문제이다. 특히 국제사법 제27조 제1항 제1호는 이미 인터넷 거래를 고려하여 사업자가 소비자의 상거소지 국가 외의 지역에서 그 국가로, 즉 그 국가를 지향하여 광고에 의한 거래의 권유 등 직업 또는 영업활동을 행한 경우를 명시하므로 소비자계약

---

57) 다음의 경우 소비자는 수동적 소비자가 된다.
1. 소비자의 상대방이 계약체결에 앞서 그 국가에서 광고에 의한 거래의 권유 등 직업 또는 영업활동을 행하거나 <u>그 국가 외의 지역에서 그 국가로 광고에 의한 거래의 권유 등 직업 또는 영업활동을 행하고</u>, 소비자가 그 국가에서 계약체결에 필요한 행위를 한 경우

58) 저자는 국제사법의 해석상 종래 이에 대해 호의적이나, 일본에서 이를 받아들인 것은 다소 의외다. 이는 국내에 영업소를 두지 않고 사업을 행하는 외국기업에 대해 일본의 특별관할을 긍정하는 것인데, 나아가 외국의 모회사가 일본에 자회사를 두고 자회사를 통하여 사업을 행하는 경우에도 적용될 수 있다.

이 아닌 경우 어느 범위까지 영업(활동)에 근거한 관할을 인정할지가 문제이다. 소비자계약에서와 마찬가지로 가는 것이 옳은지,[59] 소비자계약에서와 유사한 요건을 요구한다면 이 경우는 계약사건에 한정되지 않으므로 범위가 더 넓어지게 되는 탓에 이를 적절히 제한하는 것이 옳은지, 만일 제한한다면 어떻게 제한할지는 까다로운 문제이다.

나아가 기술적 사항이기는 하나 외국회사의 영업소 등에 대한 관할과 영업(활동)에 근거한 관할을 통합규정하는 것은 바람직한가도 검토할 필요가 있다. 예비초안(제9조)은 양자를 통합하여 규정하는 방식을 취한다.[60] 나아가 위에서 언급한 바와 같이, 피고의 활동에 근거한 관할을 인정하는 것이 대원칙에 부합하는 경우에만 국제재판관할을 인정하는 방안도 고려할 수 있다. [밑줄 부분은 이 책에서 새로 추가한 것이다.]

6. 재산소재에 근거한 관할[61]

민사소송법 제11조에 의하면 한국에 주소가 없는 사람에 대하여 재산권에 관한 소를 제기하는 경우에는 청구의 목적 또는 담보의 목적이나 압류할 수 있는 피고의 재산소재지의 법원에 제기할 수 있다. 여기에서 문제되는 것은 청구와 관련이 없음에도 불구하고 압류할 수 있는 피고의 재산소재지라는 근거로 국제재판관할을 긍정할 수 있는가이다. 대법원 1988. 10. 25. 선고 87다카1728 판결은 당해 사건에서는 국내에 재산이 없으므로 국제재판관할을 인정할 수 없다고 보았으나, 추상적인 법률론으로서는 구 민사소송법 제9조(민사소송법 제11조에 상응)의 취지는 재산권상의 소의 피고가 외국인이라 할지라도 압류할 수 있는 재산이 국내에 있을 때에는 그를 상대로 승소판결을 얻으면 이를 집행하여 재판의 실효를 거둘 수 있기 때문에 특히 국내법원에 그 재판관할권을 인정한 것이라고 하면서, 구 민사소송법 제9조를 근거로 재산소재지의 국제재판관할을 인정할 수

59) 물론 상거소지 국가일 것을 요구하지 않는 점과 그 국가에서만 관할을 인정하지 않는 점은 다를 것이다.

60) 제9조 Branches [and regular commercial activity]

A plaintiff may bring an action in the courts of a State in which a branch, agency or any other establishment of the defendant is situated, [or where the defendant has carried on regular commercial activity by other means,] provided that the dispute relates directly to the activity of that branch, agency or establishment [or to that regular commercial activity].

61) 재산소재지 관할에 관한 상세는 석광현(註 17), 245면 이하 참조.

있다고 판시하였다.[62)]

그러나 재산소재를 근거로 당해 재산에 관한 소송에 대한 특별관할이 아니라 널리 '재산권에 관한 소'에 대해 특별관할을 인정하는 것은 전형적인 과잉관할(exorbitant jurisdiction)로 세계적으로 비판받는 것으로 그 타당성은 매우 의문이다. 단순한 재산소재를 일반관할 내지는 광범위한 특별관할의 발생근거로 인정할지에 관하여는 ① 브뤼셀협약과 이를 대체한 브뤼셀Ⅰ 또는 그에 대한 병행협약인 1988년 루가노협약(각 제3조 제2항)이나 미국 연방대법원의 Shaffer v. Heitner 사건 판결[63)]처럼 이를 아예 배제하는 견해, ② 독일의 유력설처럼 거의 아무런 제한 없이 인정하는 견해와 ③ 절충적인 견해로서 일정한 제한 하에 인정하는 견해가 있다. ③에는 첫째, 재산가액이 청구금액을 상회할 것을 요구하거나, 청구금액에 상당하는 재산이 국내에 어느 정도 계속적으로 소재할 것을 요구하는 견해[64)]와 둘째, 독일 연방대법원의 1991. 7. 2. 판결[65)]처럼 재산의 소재에 추가하여 '법적 쟁송의 충분한 내국관련'을 요구하는 견해 등이 있다.[66)] 저자는 ①을 지지하였으나(해사분쟁의 경우 예외 인정) 가사 재산소재에 근거한 재판관할을 긍정하더라도 ③처럼 제한할 필요가 있다. 입법론으로는 어떤 태도를 취할지와 만일 ③을 따른다면 이를 어떻게 제한할지를 명시할 필요가 있다.

만일 ③을 따른다면, 사견으로는 재산소재지에 추가하여 ① 압류할 수 있는 피고의 재산가액이 현저하게 낮지 않을 것을 요구하고(이 점은 일본 개정 민사소송법과 같다) 또한 ② 당사자 또는 당해 사안이 재산의 한국내 소재 및 그에 대한 가압류 이외의 내국관련성이 있을 것을 요구하는 것이 바람직하다.[67)] 이에 더하여 법원의 국제재판관할을 인정하는 것이 국제재판관할 결정의 대원칙에 부합할 것을 요구할 여지도 있다. ③ 다만 해사채권에 기하여 선박을 (가)압류한 경우는 예외적으로 내국관련성을 요구하지 않는 것이 바람직하다. 해사채권에 대한 예

62) 평석은 최공웅, "국내재산의 소재와 국제재판관할", 사법논집 제20집(1989), 597면 이하 참조.

63) 433 U.S. 186 (1977).

64) 고엽제소송에서 서울고등법원 2006. 1. 26. 선고 2002나32662 판결은 재산소재지에 따른 국제재판관할을 인정하기 위해서는 ① 피고의 재산이 국내에 일정기간 동안 계속적으로 소재하고 있다든가 혹은 한국 법률에 따른 일정한 절차를 거쳐 국내에서 인정받고 있어야 하고 또한 ② 판결의 실효성을 위하여 그 재산의 가액이 청구금액이나 승소가 예상되는 금액에 상당하다는 등의 사정이 인정되는 경우에만 한국 법원에 국제재판관할이 인정된다고 판시하였다.

65) BGHZ 115, 90 = NJW 1991, 3092 = IPRax 1992, 160.

66) 상세는 석광현(註 17), 247면 이하 참조.

67) 일본 개정 민사소송법(제3조의3 제3호)은 금전지불을 청구하는 재산권상의 소일 것을 요구하고, 압류할 수 있는 피고의 재산가액이 현저하게 낮은 때에는 예외적으로 관할을 부정한다.

외를 인정하는 것이 종래 우리 실무[68] 및 조약[69]의 태도와 부합한다.

이처럼 내국관련성을 요구한다면 재산권상의 소이면 되고 이를 금전지급을 구하는 소에 한정할 필요는 없다. 내국관련성을 요구한다면 예컨대 한국과 아무런 관련이 없는 사건에서 원고인 영국인이 피고인 독일인이 한국에 재산을 소유한다는 이유만으로(비록 그 재산을 가압류하였더라도) 한국에서 소를 제기할 수는 없게 된다.

7. 소비자계약의 관할

국제사법 제27조는 소비자를 보호하기 위하여 준거법과 국제재판관할의 맥락에서 특칙을 둔다. 그러나 여기에서 보호대상인 소비자의 범위는 '수동적 소비자'(passive consumer)에 한하고 능동적 소비자(active or mobile consumer)는 제외된다.

국제사법 제27조 제1항 제1호의 소비자계약이 되기 위하여는 ㉠ 소비자의 상대방이 계약체결에 앞서 소비자의 상거소지 국가에서 광고에 의한 거래의 권유 등 직업 또는 영업활동을 행하거나, ㉡ 그 국가 외의 지역에서 그 국가로, 즉 그 국가를 향하여 광고에 의한 거래의 권유 등 직업 또는 영업활동을 행하고, ㉢ 또한 소비자가 그 국가에서 계약체결에 필요한 행위를 한 경우여야 한다. ㉡은

68) 종래 우리나라에서는 실무상 해사사건에서 외국법인 소유 선박이 우리 항구에 기항하면 채권자가 이를 가압류한 뒤 그 외국법인을 상대로 제소하면 법원은 재산 소재를 근거로 국제재판관할을 긍정하는 경향이 있다. 다만 최종현, 해상법상론(2009), 594면은 해사사건의 특수성을 인정하지 않고 위와 같은 관할은 국제사법 하에서는 허용되지 않으므로 해운실무의 관행은 변경되어야 한다고 한다.

69) 우리나라는 가입하지 않았지만 광범위한 해사채권(maritime claim)(제1조 제1항 참조)에 적용되는 1999년 "선박의 가압류/압류에 관한 국제협약"(International Convention on Arrest of Ships)(2011년 9월 발효)의 태도와도 부합하는 것으로 보인다. 위 협약(제7조 제1항과 제2항)은 원칙적으로 선박을 압류/가압류한 국가 법원에 본안에 대한 국제재판관할을 긍정하면서 다만 ① 당사자들이 다른 국가의 법원에 국제재판관할을 부여하기로 합의하거나 중재합의를 한 경우와 ② 선박을 압류/가압류한 국가 법원이 자국법에 따라 국제재판관할권의 행사를 거부할 수 있고 다른 국가의 법원이 국제재판관할을 인정하는 경우 예외를 허용한다. 이는 이른바 가압류법정지(foum arresti)를 인정하는 것이다. 재산의 소재를 근거로 재판관할을 인정하는 것이 아니라 재산에 대해 일단 가압류를 하고 그것을 근거로 본안소송에 대한 재판관할을 인정하는 것을 말하고, 이 경우 재판관할은 가압류된 재산의 가액에 한정된다. 물론 민사소송법 제14조에 따르면, 선박채권(船舶債權), 그 밖에 선박을 담보로 한 채권에 관한 소를 제기하는 경우에는 선박이 있는 곳의 법원에 제기할 수 있고 이는 국제재판관할의 근거가 될 수도 있으나 해사채권의 범위는 선박채권 그 밖에 선박을 담보로 한 채권보다 넓다. 해사채권의 범위는 명확히 할 필요가 있다. [밑줄 부분은 이 책에서 새로 추가한 것이다.]

인터넷에 의하여 체결되는(또는 전자거래에 의한) 소비자계약을 고려한 것으로 '지향된 활동기준'(targeted activity criterion)을 도입한 것이다.

제27조의 해석상 단순히 광고만을 게재하고 소비자가 접속할 수 있는 수동적 웹사이트를 개설한 것만으로는 영업활동의 '지향'(Ausrichtung)에 해당하지는 않겠지만, 소비자가 그에 들어가 클릭함으로써 주문할 수 있는 상호작용적 웹사이트를 개설한 것은 특정국가를 지향한 영업활동을 한 것으로 보아야 할 것이다. 하지만 제27조는 소비자가 상거소지 국가에서 계약체결에 필요한 행위를 할 것을 요구함으로써 능동적 소비자를 보호하기에는 부족하다.

요컨대 국제사법 제27조의 입법론으로 그 적용범위를 확대하여 일정한 요건하에 능동적 소비자를 포함하도록 수정할 필요가 있다.[70] 그러나 일본 개정 민사소송법(제3조의4)처럼 모든 능동적 소비자를 포함시킬 것은 아니다. 실제로 브뤼셀 I (제15조)은 소비자의 상대방이 소비자의 주소지 국가에서 상업적 또는 직업적 활동을 추구하거나, 어떠한 수단에 의하여든 그 국가 또는 그 국가를 포함한 수개의 국가를 지향하여 그러한 활동을 행하고, 그러한 활동의 범위 내에 속하는 계약이 체결된 경우 그를 근거로 소비자를 위한 국제재판관할을 규정함으로써 수동적 소비자만이 아니라 일정한 범위의 능동적 소비자도 보호의 대상에 포함시킨다. [밑줄 부분은 이 책에서 수정한 것이다.]

8. 개별근로계약의 관할

소비자계약에 관한 제27조와 마찬가지로 사회·경제적 약자인 근로자를 보호하기 위한 국제사법적 차원의 조치로서 국제사법(제28조)은 근로자를 보호하고자 근로계약에 관하여 약자보호관할규칙을 둔다(제3항-제5항). 제28조의 관할규정은 예비초안, 브뤼셀협약(제5조), 보다 정확히는 브뤼셀 I 제5장(제18조-제21조)과 병행협약인 루가노협약(제8조)을 고려한 것이다. 국제사법의 태도는 유지할 수 있다.

가. 근로자가 제기하는 소(제3항)

근로자가 어느 한 국가에서 일상적으로 노무를 제공하는 경우에는 현재의

70) 제27조의 해석론으로도 제1호의 요건을 좀더 구체화하고 사업자의 시각에서 이를 어떻게 적절히 제한할 수 있는지도 검토할 필요가 있다.

노무제공지에서도 사용자에 대한 소를 제기할 수 있고, 현재 그러한 노무제공지가 없는 경우에는 최종 노무제공지에서도 사용자에 대한 소를 제기할 수 있다.[71] 반면에 근로자가 일상적으로 어느 한 국가 안에서 노무를 제공하지 아니하거나 아니하였던 경우에는 근로자는 사용자가 그를 고용한 영업소가 있거나 있었던 국가에서도 사용자에 대하여 소를 제기할 수 있다.

이는 제2조에 따라 정립되는 관할규칙에 따른 다른 관할에 추가적인 것이다. 따라서 근로자는 제3항에서 정한 노무제공지 또는 그를 고용한 영업소 소재지 외에 사용자에 대해 일반관할을 가지는 국가에서 소를 제기할 수 있고, 사건의 유형에 따라 계약에 관한 사건에 대해 특별관할을 가지는 국가, 또는 사무소나 영업소의 업무에 관한 소송에 대해 특별관할을 가지는 국가의 법원에서도 소를 제기할 수 있다.

나. 근로자를 상대로 제기하는 소(제4항)

한편 사용자가 근로자를 상대로 하는 소는 근로자의 상거소지 또는 일상 노무제공지에서만 제기할 수 있다. 즉 사용자는 근로자의 상거소지 국가와 노무제공지 국가에서만 소를 제기할 수 있을 뿐이고 예컨대 의무이행지의 관할을 주장할 수는 없다. 브뤼셀 I (제20조)은 근로자의 주소지에만 관할을 인정하나, 예비초안(제8조 제1항 b호)은 상거소지와 노무제공지의 국제재판관할을 인정한다.[72]

근로자가 제기하는 소(제3항)의 경우, 일상적으로 노무를 제공하는지의 여부에 따라 차이를 두고 있고, 과거의 일상적인 노무제공지에서도 소를 제기할 수 있으나, 사용자가 제기하는 소(제4항)의 경우에는 단지 현재의 노무제공지에서만 소를 제기할 수 있도록 규정한다.

다. 관할합의(제5항)

제5항은 부당한 재판관할합의를 막기 위하여 당사자 간의 재판관할합의는 원칙적으로 사후적 합의만을 허용하고, 예외적으로 사전 합의일 경우 근로자에게 유리한 추가적 합의만을 인정한다. 이는 계약에 관한 사건에서 일반적으로

71) 최종 노무제공지에서도 제소할 수 있도록 하는 점은 브뤼셀 I 규칙(제19조 제2항)과 같다.

72) 우리 민사소송법 제7조는 "근무지의 특별재판적"이라는 표제 하에 "사무소 또는 영업소에 계속하여 근무하는 사람에 대하여 소를 제기하는 경우에는 그 사무소 또는 영업소가 있는 곳을 관할하는 법원에 제기할 수 있다"고 규정하므로 노무제공지의 관할을 인정하는 데는 별 어려움이 없다.

국제재판관할합의가 허용됨을 당연한 전제로 한다.

9. 국제재판관할의 합의

민사소송법 제29조는 당사자들이 일정한 법률관계로 말미암은 소에 관하여 관할합의를 할 수 있음을 명시하고 서면에 의할 것을 요구하는데, 국제재판관할에 관한 합의도 허용됨은 의문이 없다.[73] 국제재판관할의 합의는 주된 계약에 포함되거나 별도로 이루어질 수 있고, 일정한 법률관계로 말미암은 소이면 족하고 계약에 관한 사건에 한정되는 것은 아니나 가장 전형적인 것은 국제계약의 일부로 이루어지는 경우이다.

주목할 것은 대법원 1997. 9. 9. 선고 96다20093 판결[74]인데, 동 판결은, 한국 법원의 국제재판관할이 인정되는 사건에서 한국 법원의 관할을 배제하고 외국법원을 관할법원으로 하는 전속적 국제재판관할의 합의가 유효하기 위해서는 ① 당해 사건이 한국 법원의 전속관할에 속하지 아니하고, ② 지정된 외국법원이 그 외국법상 당해 사건에 대하여 관할권을 가져야 하며, ③ 당해 사건이 그 외국법원에 대하여 합리적인 관련성을 가질 것이 요구된다고 하고, 나아가 ④ 전속적 관할합의가 현저하게 불합리하고 불공정한 경우에는 그 관할합의는 공서양속에 반하는 법률행위에 해당하는 점에서도 무효라고 판시하고, 당해 사건에서 관할합의는 사건이 그 지정된 외국법원에 대하여 합리적인 관련성을 결여한 것으로서 무효라고 판시하였다. 위 판결이 제시한 위 ③의 요건은 많은 비판을 받고 있고[75] 국제적으로도 전속적인가의 여부를 불문하고 관할합의 시 법정지와 당해 사건 간의 합리적 관련성을 요구하지 않는 견해가 유력하므로[76] 해석론상 이를 폐지하는 것이 바람직하다. 입법론으로서도 국제재판관할합의에 관한 규칙을 두면서 합리적 관련성을 요구하지 않는 것이 바람직하다.[77]

근자에 한국에서는 순수한 국내거래에서 당사자들이 준거법을 외국법으로

---

73) 대법원 1992. 1. 21. 선고 91다14994 판결; 대법원 1997. 9. 9. 선고 96다20093 판결 참조.

74) 이에 관하여는 석광현, 국제사법과 국제소송 제3권(2004), 212면 이하 참조.

75) 국제적으로도 합리적인 관련을 요구하지 않는 견해가 유력하다. 예비초안 제4조.

76) 예비초안과 2001년 초안 각 제4조.

77) 관할합의협약 제19조에 따르면 어떤 국가든지, 선택된 법원의 장소를 제외하고는 그 국가와 당사자들 또는 분쟁 간에 아무런 관련이 없는 경우, 그의 법원들은 전속적 관할합의가 적용되는 분쟁을 재판하는 것을 거부할 수 있다는 선언을 할 수 있다. 만일 우리가 관할합의협약에 가입한다면 제19조에 대해 이의할지는 본문의 문제와 관련하여 검토할 필요가 있다.

지정하고 외국법원의 관할을 합의하는 사례가 있다. 이러한 관할합의는 한국의 국제재판관할을 부당하게 배제하는 것으로서 효력을 부정해야 할 것이다. 그러나 다른 나라에 대해서까지 그런 관할합의의 효력을 부정할 것을 요구하기는 어려우므로 우리는 그런 합의관할에 근거한 외국의 재판을 승인하지 않겠다는 취지를 명시하는 데 그칠 수밖에 없다.78)

또한 가급적 관할합의의 서면요건을 완화할 필요가 있다. 전자서면이 서면요건을 충족한다는 데는 이견이 없으나 그 밖의 경우 어느 정도로 서면요건을 완화할지는 좀더 검토할 필요가 있는데 일응 예비초안 제3조 c호가 적절한 것으로 보인다.79) 나아가 관할합의의 결과 합의된 법원이 전속적 관할을 가지는 것으로 추정하는 것이 법적 안정성의 측면에서 바람직하다고 본다.80) 저자는 현행법의 해석론으로서는 이를 지지하지는 않는다.81)

10. 변론관할(응소관할)

민사소송법 제30조는 '변론관할'이라는 표제 하에 "피고가 제1심 법원에서 관할위반이라고 항변하지 아니하고 본안에 대하여 변론하거나 변론준비기일에서 진술하면 그 법원은 관할권을 가진다"고 규정한다. 국제재판관할에서도 변론관할을 인정할 수 있다. 이는 피고의 복종(submission)에 기초한 관할이기 때문이다.

---

78) 이는 관할합의협약 제20조에 따른 유보선언과 같은 취지이다. 즉 제20조에 따르면 어떤 국가든지, 당사자들이 승인국에 거주하고, 선택된 법원의 장소 이외에 당사자들의 관계와 분쟁에 관계된 그 밖의 모든 요소들이 승인국에만 관련된 경우에는, 그의 법원들은 다른 체약국의 법원의 재판의 승인 또는 집행을 거부할 수 있다는 선언을 할 수 있다. 제20조는 법원의 선택 외에는 승인국의 순수한 국내사건에 대해 외국법원이 선고한 판결의 승인 및 집행을 거부할 수 있도록 하기 위한 것이다. 만일 이런 선언을 하지 않으면 순수한 국내사건이더라도 승인을 거부할 수 없다. 따라서 우리나라가 만일 관할합의협약에 가입한다면 제20조의 선언을 할 필요가 있다.

79) 일본 개정 민사소송법은 제3조의7에서 관할합의를 규정하는데 일정한 법률관계에 기한 소일 것과 방식으로서 서면요건을 요구하고, 관할합의가 그 내용을 기록한 전자적 기록(전자적 방식, 자기적 방식, 기타 사람의 지각에 의해서는 인식할 수 없는 방식으로 작성된 기록으로서 전자계산기에 의한 정보처리의 이용에 제공된 것을 말한다)에 의해 행해진 때에는 서면요건을 충족한 것으로 본다.

80) 1999년 예비초안과 2001년 초안(각 제4조 제1항)에 따르면, 당사자들이 명시하지 않은 경우 합의된 법원은 전속적 관할을 가지며, 브뤼셀협약(제17조)과 브뤼셀 I 규정(제23조)도 관할합의를 원칙적으로 전속적 합의로 본다. 그러나 영미의 전통은 비전속적 합의로 추정하는 것이라고 한다.

81) 해석론은 석광현(註 7), 117-118면 참조.

그러나 전속관할에 반하는 경우에는 그러하지 아니하다. 변론관할을 묵시적 관할합의로 보는 견해도 있으나 양자는 구별해야 한다. 따라서 묵시적 관할합의의 성립 등에 관하여 그 준거법에 따른 판단은 불필요하며 법정지법에 따라 변론관할이 성립하는지를 판단하면 족하다.[82] 피고가 국제재판관할을 다투기 위한 출석, '특별출석(special appearance)'을 한 경우에는 가사 예비적으로 본안에 관하여 변론을 하더라도 변론관할이 발생하지 않는다.[83] 이 점을 법률에 명시할지는 논란의 여지가 있다.[84]

11. 지적재산권에 관한 사건[85]

특허, 상표 등 지적재산권의 부여, 등록, 유효성 및 범위에 관한 분쟁에 대해서는 등록이 청구된 국가 또는 등록국이 전속적 국제재판관할을 가지는 것으로 이해된다. 이는 특허권과 같은 지적재산권은 등록국법에 의하여 발생하는 권리로서 권리를 부여한 당해 국가에서만 효력을 가진다고 하는 속지주의적 성격에서 비롯된 것이라고 한다.[86] 나아가 법원은 다른 국가의 특허권 부여라는 행위에 대해 간섭하거나, 그 행위의 유효성에 대해 판단할 수 없음을 근거로 들기도 한다. 그 결과 부동산에 대한 물권에 관한 분쟁에 대해 부동산 소재지의 전속관할을 인정하는 것과 유사하게 된다. 이처럼 특허권의 등록국에 전속관할을 인정하는 것은 국제적으로도 널리 인정되는데, 예컨대 브뤼셀협약과 루가노협약(각 제16조 제4호)과 브뤼셀규정(제22조)은 이를 명시하고 스위스 국제사법도 유사하다.[87]

---

82) Heinrich Nagel/Peter Gottwald, Internationales Zivilprozeßrecht 4. Auflage (1997), §3 Rn. 388.

83) Nagel/Gottwald(註 84), §3 Rn. 389.

84) 참고로 일본 개정 민사소송법(제3조의8)은 이런 취지의 규정을 두지 않는다.

85) 상세는 석광현, "한국에 있어서 지적재산권분쟁의 국제재판관할, 국제사법과 국제소송 제4권(2007), 591면 이하 참조. 비교법적 고찰은 木棚照一(編), 國際知的財産侵害訴訟の基礎理論(2003) 참조.

86) 특허법상 특허법원의 관할은 전속관할이다(제186조 제1항, 제187조). 그러나 아래(12.) 전속관할에서 논의하는 바와 같이 이러한 국내법의 규정으로부터 전속적인 국제재판관할의 원칙이 곧바로 도출되는 것은 아니다.

87) 민사소송법 제21조는 "등기·등록에 관한 소를 제기하는 경우에는 등기 또는 등록할 공공기관이 있는 곳의 법원에 제기할 수 있다"고 규정하는데, 여기의 등록에 관한 소에는 특허권 등 공업소유권의 이전, 변경 소멸 등에 필요한 등록에 관한 소가 포함된다. 김상원·박우동·이시윤·이재성(편집대표), 주석민사소송법(Ⅰ)(박우동 집필부분)(1997), 149면 참조. 특허권은

다만 계약에 따라 특허권의 이전등록을 구하는 소송에서는 특허가 등록된 나라가 전속관할권을 가지는지는 논란이 있으나 이를 부정하는 것이 설득력이 있다. 서울중앙지방법원 2007. 8. 23. 선고 2006가합89560 판결도 특허권의 이전을 구하는 소송에서는 특허가 등록된 나라가 전속관할권을 가진다는 취지로 판시하였으나[88] 서울고등법원 2009. 1. 21. 선고 2007나96470 판결은 전속관할을 부정하고 이를 취소하였다. 그러한 전속적 국제재판관할에 반하는 합의는 허용되지 않는다.[89]

당사자 간의 특허권양도계약이 정한 전속관할합의에 따라 한국 회사가 일본인과 일본법인을 상대로 낸 특허권이전등록청구소송이 특허권 등록국인 일본의 전속관할에 속하는가가 다투어진 사건이 있었다. 이에 대해 대법원 2011. 4. 28. 선고 2009다19093 판결은, 외국 법원의 전속관할에 속하는지 여부와 관련하여, 특허권은 등록국법에 의하여 발생하는 권리로서 법원은 다른 국가의 특허권 부여행위와 그 행위의 유효성에 대하여 판단할 수 없으므로 등록을 요하는 특허권

설정등록에 의하여 발생하고(특허법 제87조), 당사자가 특허의 무효를 주장하기 위해서는 통상 법원에 소를 제기할 수 없으며, 우선 특허심판원에 무효심판청구를 한 뒤 특허법원에 소를 제기할 수밖에 없다. 우리 법은 이와 같이 특허권의 무효를 주장하기 위해 민사소송 또는 행정소송과 구별되는 특별한 심판제도를 두는 점에 특색이 있다. 특허법원의 관할은 전속관할이다(제186조 제1항, 제187조).

88) 취지는 아래와 같다.

"특허권에 관한 속지주의의 원칙은 각국의 특허권이 그 성립, 이전, 효력 등에 관해서 해당 국가의 법률에 따라 정해지고, 특허권의 효력이 해당 국가의 영역 안에서만 인정되는 것을 의미한다. 즉, 각국은 그 산업정책에 기초해서 발명에 관해 어떠한 절차로 어떠한 효력을 부여할 것인지를 각국의 법률에 따라 규율하고 있고, 우리나라에 있어서는 우리나라 특허권의 효력이 우리나라의 영역 안에서만 인정되는 데 불과하다. 따라서 국가의 심사와 등록이라는 절차에 의해 발생하는 특허권의 부여, 등록이나 유효·무효에 관한 소송에 관해서는 해당 등록국의 전속관할이라고 해석함이 옳다. 이는 특허권의 경우에 동일한 발명에 관한 것이라고 하더라도 각국에서 행정처분에 따라 다른 권리가 각각 부여되고 있고, 당해 권리의 등록국이 그 권리의 성립과 효력 및 이전에 관하여 판단함에 있어 가장 밀접한 관련성을 갖고 있으며 그 등록국에서 판단하는 것이 재판 진행의 편의성 측면이나 집행 등을 통한 재판의 실효성 측면에서 가장 유리하고, 그 권리의 등록은 등록국의 전권적 행위이므로 그 권리의 성립과 효력 및 이전에 관한 최종적 확정 권한을 당해 등록국에 귀속시키는 것이 상당하기 때문이다."

89) 위 중앙지방법원판결도 이러한 취지로 판단하였다. 특허권의 등록 또는 유효성을 목적으로 하는 소에 대하여 등록이 행해진 체약국과 회원국의 법원에 각각 전속관할을 규정한 브뤼셀협약(제16조 제4호)과 브뤼셀규정(제22조 제4호)의 해석상 '양도계약에 기한 분쟁'은 등록국의 전속관할에 속하지 않는다. Reinhold Geimer/Rolf A. Schütze, Europäisches Zivilverfahrensrecht, 3. Auflage (2009), A.1 Art. 22 Rn. 229; Ulrich Magnus/Peter Mankowski (eds.), Brussels I Regulation (2007), Art. 22 note. 64; Thomas Rauscher (Hrsg.), Europäisches Zivilprozess- und Kollisionrecht EuZPR/EuIPR (2011), Art 22 Rn. 41. 그러나 '양도계약에 기한 분쟁'이 계약에 따라 특허권의 이전등록을 구하는 소송을 포함하는지는 분명하지 않다.

의 성립에 관한 것이거나 유·무효 또는 취소 등을 구하는 소는 일반적으로 등록국 또는 등록이 청구된 국가 법원의 전속관할에 속하는 것으로 볼 수 있으나, 그 주된 분쟁 및 심리의 대상이 특허권의 성립, 유·무효 또는 취소와 관계없는 특허권 등을 양도하는 계약의 해석과 효력의 유무일 뿐인 그 양도계약의 이행을 구하는 소는 등록국이나 등록이 청구된 국가 법원의 전속관할에 속한다고 볼 수 없다고 판시하였다(밑줄은 저자가 추가함).

위 사건에서 쟁점은 외국의 특허권 부여행위의 유효 여부가 아니라 특허권 이전등록을 할 계약상 의무의 유무라는 점에서 대법원의 설시와 결론은 설득력이 있다.[90] 입법에서는 이러한 전향적인 태도를 반영해야 한다.

한편 통상 등록을 전제로 하지 않는 저작권의 성립과 유효성에 관한 분쟁에 대하여는 그러한 전속적인 국제재판관할을 인정할 필요는 없다.

또한 특허권의 침해에 기한 손해배상과 침해금지를 구하는 소송의 국제재판관할에 대하여는 원칙적으로 통상의 불법행위에 관한 논의가 타당하고 등록국의 전속관할을 인정할 것은 아니다.[91] 이러한 법리는 저작권침해의 경우도 마찬가지이다. 다만 특허권의 침해를 이유로 손해배상을 구하는 소송에서, 유효한 특허권의 존재가 선결문제로 다투어지는 경우 침해소송에 대해 국제재판관할을 가지는 법원이 특허권의 존재에 대해 판단할 수 있는가라는 문제가 제기된다. 이에 대해 특허침해소송을 담당하는 우리 법원은 ① 소송절차를 중지해야 한다는 견해, ② 특허권의 유효성에 대해 스스로 판단하고 재판할 수 있다는 견해와 ③ 원칙적으로는 판단할 수 없으나, 신규성이 없는 경우에는 예외적으로 판단할 수 있다는 견해 등이 주장될 수 있다. 사견으로는 ②의 견해가 타당하고, 가사 그에 반대하더라도 대법원 1983. 7. 26. 선고 81후56 전원합의체 판결과 대법원 2012. 1. 19. 선고 2010다95390 전원합의체 판결을 고려한다면 적어도 ③의 견해가 일관성이 있다고 본다.

다만 저작권의 경우 저작권의 유효성에 관한 분쟁에 대해 특정 국가의 전속

---

90) 일본 개정 민사소송법에 따르면 위 사건에 대하여 일본의 전속관할이 인정될 것이나 위 사건에는 동 법은 적용되지 않는다. 이는 등록을 명하는 것이나 결국 당사자에게 의사표시를 명하는 판결이다. 이 경우 집행판결이 필요한지는 논란의 여지가 있다. 우리나라에서는 엄밀한 의미에서는 집행이 아니지만 실무상 그 등기, 등록 등을 하기 위하여는 집행판결을 필요로 한다고 한다. 김능환·민일영, 주석민사집행법(Ⅱ) 제3판(2012), 123면(이원 집필부분).

91) 석광현, 국제사법과 국제소송 제2권(2001), 558면. 김용진, 지적재산권의 침해와 재판관할에 관한 연구, 한국법제연구원 디지털경제법 [10](2001)도 참조. [본문의 밑줄 부분은 이 책에서 새로 추가한 것이다.]

관할이 인정되지 않으므로 저작권 침해소송을 다루는 법원은 당연히 저작권의 유효성에 대해 판단할 수 있다.

이와 관련하여 주목할 것은, 인터넷 기타 유비쿼터스적인 지적재산권침해의 경우 관할의 집중 내지 단순화를 위한 특칙을 고려할 필요는 있다는 점이다. 즉 인터넷과 같은 유비쿼터스 미디어에 의한 침해와 관련한 분쟁의 경우에는 침해지 국가의 법원은 다른 국가에서 발생한 침해에 대하여도 관할을 인정할 필요가 있다. 그렇지 않으면 피해자는 침해자의 주소지(또는 상거소지)에서 제소하지 않는 한 침해가 발생한 복수의 국가에서 소송을 수행하도록 강제되는 결과 피해자에게 너무 부담스럽기 때문이다. 이 점을 고려하여 유비쿼터스 미디어에 의한 지적재산권 침해의 경우 일정한 요건 하에 침해지 관할을 확대한다. 유비쿼터스 침해의 경우 모든 침해에 대해 관할을 가지는 법원을 인정하는 점은 CLIP 원칙과 ALI 원칙이 유사하나,[92] CLIP 원칙은 유비쿼터스 침해를 제외하고는 양적 제한에 대한 예외를 인정하지 않으므로 인터넷에 의한 경우가 아니면 일반관할을 가지는 피고의 상거소지국 외에서는 양적 제한이 불가피하다. 이는 국제재판관할의 맥락에서만이 아니라 준거법의 맥락에서도 문제되므로 동일한 고려를 양자의 맥락에서 일관성 있게 고려할 필요가 있다.

12. 전속적 국제재판관할

소송의 대상인 분쟁의 성질상 특정국가에 전속적 국제재판관할을 인정해야 할 경우가 있다. 우리 국제사법이나 민사소송법은 규정을 두지 않으나 브뤼셀협약(제16조), 브뤼셀 I (제22조)과 예비초안과 이를 수정한 2001년 초안(각 제12조)은 대체로 다음의 경우 전속적 국제재판관할을 인정한다.[93]

---

92) 다만 CLIP 원칙은 유비쿼터스 침해를 전제로 법정지에서의 침해자의 행동 또는 결과발생이 실질적일 것을 요구하는 데 반하여, ALI 원칙은 유비쿼터스 침해를 전제로 하지 않으며 침해자의 행동이 실질적인 경우에만 이를 허용한다.

93) 일본 개정 민사소송법 제3조의5는, 회사법 제7편 제2장에 규정된 소 기타 일본 법령에 의하여 설립된 사단 또는 재단에 관한 소(제1호), 등기·등록에 관한 소(제2호)와 지적재산권 중 설정의 등록에 의해 발생하는 것의 존부 또는 효력에 관한 소(제3호)에 대해 전속관할을 규정한다. 그러나 부동산에 관한 소는 그것이 부동산 물권에 관한 것이더라도 부동산 소재지의 전속관할을 인정하지 않는데(제3조의3 제11호 참조) 이 점은 다소 의외이다. 근자의 자료는 이필복, "전속적 국제재판관할(국제적 전속관할) 개관", 국제사법연구 제24권 제1호(2018. 6.), 299면 이하 참조. [밑줄 부분은 이 책에서 새로 추가한 것이다.]

① 부동산에 대한 물권 또는 임대차를 목적으로 하는 소에 대해서는 부동산 소재지
② 법인의 존부, 그 기관의 결정의 유·무효 등에 관한 소에 대해서는 법인의 설립준거법 소속국
③ 공적 장부상의 기재의 유·무효를 목적으로 하는 소에 대해서는 공부를 관리하는 국가
④ 지적재산권의 등록, 유효성에 관한 소에 대해서는 등록지
⑤ 재판의 집행을 목적으로 하는 절차에 대해서는 집행이 행해지거나 행해질 국가

우리나라에서도 대체로 유사한 견해가 있으나[94] 그 정확한 범위는 면밀하게 검토할 필요가 있다. 우리나라의 전속관할에 속하는 사건에 대해서는 당사자들이 합의에 의하여 이를 배제할 수 없다. 여기에서 '전속관할'이라 함은 전속적 국제재판관할을 말한다. 따라서 우리 법이 전속적 토지관할을 규정하였더라도 그로부터 당연히 전속적 국제재판관할이 도출되는 것은 아니다. 국제사법에도 전속관할에 관한 규정을 두는 것이 바람직하다.

문제는, 특허권의 양도 나아가 양도등록에 관련된 것이지만 쟁점이 계약상의 의무의 존부인 경우에도 등록국의 전속관할에 속하는가인데, 이에 관하여는 주목할 만한 대법원 판결이 있음은 위(11.)에서 언급한 바와 같다.

13. 공동소송

관련재판적에 관한 민사소송법(제25조 제2항)은 "소송목적이 되는 권리나 의무가 여러 사람에게 공통되거나 사실상 또는 법률상 같은 원인으로 말미암아 그 여러 사람이 공동소송인으로서 당사자가 되는 경우에는 제1항의 규정을 준용한다"고 하여 공동소송의 경우 관련재판적을 인정한다. 이는 1990년 1월 13일 구 민사소송법 개정 시 통상의 공동소송의 경우 중 공동소송인 사이의 관련이 상대적으로 밀접한 구 민사소송법 제61조[95] 전문의 경우에만 관련재판적을 인정하고, 제61조 후문의 경우에는 이를 제외하여 구 민사소송법상 다수설이던 절충설을 입법화한 것이다. 따라서 예컨대 공동소송인 상호 간에 소송연대성이 강력한

94) 이인재, "국제적 관할합의", 사법논집 제20집(1989), 641면; 한충수, "국제재판관할합의에 관한 연구", 연세대학교 대학원 박사학위논문(1997), 118-121면.
95) 이는 민사소송법 제65조, 즉 "소송목적이 되는 권리나 의무가 여러 사람에게 공통되거나 사실상 또는 법률상 같은 원인으로 말미암아 생긴 경우에는 그 여러 사람이 공동소송인으로서 당사자가 될 수 있다. 소송목적이 되는 권리나 의무가 같은 종류의 것이고, 사실상 또는 법률상 같은 종류의 원인으로 말미암은 것인 경우에도 또한 같다"에 상응한다.

필수적 공동소송의 경우 관련재판적이 인정된다. 문제는 국제재판관할의 경우에도 민사소송법의 규정 또는 그의 유추적용에 기하여 공동소송인 간의 '관련관할' 또는 '관련성에 근거한 관할'을 인정할 수 있는지이다. 이를 '주관적 병합에 따른 관련관할'이라고 부를 수 있다.

독일에서는 원칙적으로 각 공동소송인에 대해 독립적으로 독일 민사소송법(제12조 이하)의 규정에 따라 국제재판관할이 존재해야 한다고 함으로써 공동피고인의 이익을 보호한다. 브뤼셀 I (제6조 제1호)은 "청구들이 매우 밀접하게 관련되어 있어서 별개의 소송절차로부터 저촉되는 판결이 생길 위험을 피하기 위하여 그들을 함께 심리, 재판할 필요가 있는 경우여야 공동피고에 대한 소는 공동피고들 중 1인이 주소를 가지는 법원에 제기할 수 있다"고 규정하며, 예비초안은 보다 구체적인 요건 하에서 공동소송을 인정하는 점과, 무엇보다도 민사소송법의 규정을 그대로 국제재판관할규칙화할 경우 공동피고에게 매우 불리하게 되므로 이를 전혀 인정하지 말거나, 만일 인정한다면 상당히 제한적인 요건하에 이를 인정하는 것이 타당한데 예비초안이 설득력이 있어 보인다. 이를 고려하면 ① 법정지가 어느 피고의 상거소 소재지 국가의 법원일 것, ② 그 피고와 다른 피고들에 대한 청구가 매우 밀접하게 관련되어 있어서 저촉되는 판결이 선고될 [중대한][96] 위험을 피하기 위하여 함께 재판해야 할 것[97]과 ③ 당해 국가에 상거소를 가지지 않는 각 피고에 관하여 그 국가와 그 피고에 관한 분쟁 간에 어떤 관련이 있을 것이라는 요건이다.[98][99]

이와 달리 위 ②와 ③의 요건을 묶어 ② 그 피고와 다른 피고들에 대한 청구가 매우 밀접하게 관련되어 있어서 다른 피고들에 대하여 법원의 국제재판관할을 인정하는 것이 제2조 제1항이 정한 국제재판관할 결정의 대원칙에 부합할

96) '중대한'을 둘지는 검토할 필요가 있다.

97) ②의 요건은 소송의 목적인 권리 또는 의무가 수인에 대해 공통인 때 또는 동일한 사실상 및 법률상 원인에 기초한 때와 대동소이할 것이나 토지관할과 다른 표현을 사용하고, 법원의 유연한 판단을 가능하게 하는 점에서 예비초안이 바람직하다고 본다.

98) 예비초안 제14조 제1항은 셋째 요건으로 "당해 국가에 상거소를 가지지 않는 각 피고에 관하여 그 국가와 그 피고에 관한 분쟁 간에 실질적 관련이 있을 것"을 요구한다. 이는 우리 국제사법 제2조에서 보는 바와 같은 관할의 적극적 근거가 될 정도의 실질적 관련이 아니라, 관할의 소극적 근거가 없다는 의미의 실질적 관련으로서 상대적으로 낮은 정도의 관련이다. 이를 반영하기 위해 본문에서와 같이 문언을 다소 수정하였다.

99) 일본의 개정 민사소송법 제3조의6은 일본 민사소송법 제37조 전단이 규정하는 관련재판적의 요건 즉, 소송의 목적인 권리 또는 의무가 수인에 관하여 공통인 때 또는 동일한 사실상 및 법률상 원인에 기초한 때에(우리 민사소송법 제25조 제2항의 요건에 상응) 일본 법원은 모든 병합된 청구에 대해서도 국제재판관할을 가진다는 취지로 규정한다.

것을 요구할 수도 있다. 이는 법원에게 좀더 유연한 판단을 가능하게 하는 견해이다. 즉 다른 피고들에 대한 사건만 떼어 놓고 본다면 국제사법 제2조의 대원칙을 충족할 수 없지만, 법정지 국가에 상거소를 가지는 피고에 대한 사건과의 밀접한 관련성이 있는 결과 그와 함께 고려한다면 제2조의 대원칙을 인정할 수 있는 경우에는 법원이 '주관적 병합에 따른 관련관할'을 인정할 수 있도록 하자는 것이다.[100]

다만, 관할을 발생시킬 목적으로 본래 제소할 의사가 없는 당사자를 공동소송인으로 하여 함께 제소하는 경우에는 관련재판적에 기한 국제재판관할을 인정할 수는 없다. 토지관할의 맥락에서 대법원 2011. 9. 29.자 2011마62 결정은 관할만을 발생시킬 목적으로 본래 제소할 의사가 없는 청구를 병합한 것이 명백한 경우 이는 관할선택권의 남용으로서 신의칙에 위반하여 허용될 수 없고 이 경우 민사소송법 제25조는 적용이 배제된다고 판시하였다. 이런 법리는 국제재판관할의 맥락에서도 타당한데 이를 명문으로 규정할지는 논란의 여지가 있으나 굳이 규정할 필요는 없을 것이다.

14. 객관적 병합

민사소송법 제25조 제1항은 "하나의 소로 여러 개의 청구를 하는 경우에는 제2조 내지 제24조의 규정에 따라 그 여러 개 가운데 하나의 청구에 대한 관할권이 있는 법원에 소를 제기할 수 있다"고 규정하여 청구의 객관적 병합의 경우 관련재판적을 규정한다. 문제는 동 항의 원칙을 국제재판관할에도 적용 내지 유추적용할 수 있는가이다. 이를 '객관적 병합에 따른 관련관할'이라고 부를 수 있다.

참고로 독일 민사소송법[101]과 브뤼셀 I (브뤼셀협약도 같다)은 이러한 조항을 두지 않는데, 그런 취지의 규정을 두자는 입법론이 있었으나 채택되지 않았으며, 독일 연방대법원과 유럽법원은 독일 민사소송법과 브뤼셀 I 의 해석론으로서 그

100) 다음과 같은 사례를 들어 이를 비유적으로 설명할 수 있을 것이다. 가령 회원들만이 출입할 수 있는 시설이 있는데 Y2는 회원이 아니라서 혼자서는 출입할 수 없지만, 만일 Y2가 회원인 Y1과 밀접한 관련이 있다면(예컨대 친척인 경우) 그 때는 Y2도 Y1과 함께라면 시설에 출입할 수 있다는 것이다.

101) 독일 민사소송법 제25조와 제26조는 특정한 경우에 한정하여 객관적 병합을 규정하나 이는 우리 민사소송법 제25조 제1항처럼 청구병합 일반에 관한 것은 아니다. 오정후, "판례에 나타난 국제재판관할에 대한 이해에 관한 소고", 서울대학교 법학 제48권 제1호(통권 제142호), 76면 참조.

러한 주장을 배척하였다. 신소송물이론을 취하는 독일에서는 동일한 사실관계에 기하여 계약책임과 불법행위책임을 묻는 경우 우리와 달리 하나의 청구만이 존재한다고 보면서도, 특별재판적을 근거로 한다면 의무이행지와 불법행위지가 일치하지 않는 한, 각 국제재판관할을 가지는 국가의 법원에서 별도로 재판할 수 밖에 없다는 견해가 통설이다.[102)]

생각건대 청구의 객관적 병합의 경우 관련재판적을 근거로 국제재판관할을 인정하는 것이 전혀 근거가 없는 것은 아니지만, 브뤼셀 I (브뤼셀협약) 및 그와 유사한 1999년 초안 및 2001년 초안의 태도를 고려할 때, 적어도 민사소송법 제25조 제1항을 국제재판관할에도 곧바로 적용하여 병합된 청구에 대해 국제재판관할을 인정하는 것은 주저된다. 그러나 청구의 객관적 병합 일반에 대하여가 아니라, 동일한 사실관계로부터 발생하는 불법행위와 채무불이행의 청구권경합의 경우 객관적 병합을 근거로 국제재판관할을 허용할 여지가 있다. 이 경우 ① 청구 간에 매우 밀접한 관련이 있어서 저촉되는 판결이 선고될 중대한 위험을 피하기 위하여 함께 재판해야 할 것을 요구하는 방안도 고려할 수 있으나 이는 너무 엄격한 것으로 보인다. 그렇다면 ② 소송의 목적인 권리 또는 의무가 동일한 사실상 및 법률상 원인에 기초한 때로 규정하거나, ③ 단순히 청구 간에 밀접한 관련이 있을 것을 요구하거나,[103)] ④ 청구간의 밀접한 관련이 있어서 법원의 국제재판관할을 인정하는 것이 제2조 제1항이 정한 국제재판관할 결정의 대원칙에 부합할 것을 요건으로 고려할 수 있다.[104)] 참고로 한국 국민인 원고들이 일제강점기 태평양전쟁 발발 시 피고(미쓰비시중공업주식회사)의 전신인 구 미쓰비시중공업 주식회사에 의하여 강제징용되어 강제노동기간 동안의 미지급 임금과 강제징용 등 불법행위로 인한 손해배상의 지급을 구한 사건에서 대법원 2012. 5. 24. 선고 2009다22549 판결은 당해 사안의 제반사정을 고려하고 또한 불법행위로 인한 손해배상청구와 미지급임금 지급청구 사이에는 객관적 관련성이 인정되는 점을 들어 우리 법원의 국제재판관할을 인정하였다. 이런 태도는 위 ②, ③ 또는 ④의 어느 것으로도 설명할 여지가 있다.

---

102) Haimo Schack, Internationales Zivilverfahrensrecht, 5. Auflage (2010), Rn. 395.

103) 일본 개정 민사소송법(제3조의6)이 이런 태도이다.

104) 참고로, 위에서 언급한 복수국가에서의 지적재산권 침해 사안을 생각해보자. 만일 그 경우 Shevill 사건처럼 모자이크방식을 따른다면 그에 따르면 결과발생지에서는 당해 국가에서 발생한 손해배상에 대하여만 재판관할이 있게 된다. 이 경우 원고는 객관적 병합에 따른 관련관할을 인정할 수 있는지가 문제된다. 이를 긍정하는 결론은 부당하므로 위에서 정립한 '객관적 병합에 따른 관련관할규칙'의 타당성을 이러한 결론에 비추어 검증할 필요가 있다.

15. 반소

민사소송법 제269조 제1항에 따르면, 피고는 소송절차를 현저히 지연시키지 아니하는 경우에 한하여 변론종결 시까지 본소가 계속된 법원에 반소를 제기할 수 있으나, 다만 소송의 목적이 된 청구가 다른 법원의 관할에 전속되지 아니하고, 본소의 청구 또는 방어의 방법과 서로 관련이 있어야 한다. 방어방법과 관련이 있기만 하면 족하고 굳이 반소가 본소의 기초가 된 거래 또는 사건으로부터 발생한 것일 필요는 없다. 예컨대 피고는 본소 청구와 아무런 관련이 없는 반대청구에 기하여 상계의 항변을 할 수 있는데 우리 민사소송법에 따르면 그 경우 상계항변 후 남은 채권에 기한 반소의 관할이 인정된다.

하지만 예비초안 제15조는 "협약의 조항에 따라 어느 소에 대하여 관할을 가지는 법원은 본소의 기초가 된 거래 또는 사건으로부터 발생하는 반소에 대하여도 재판할 관할을 가진다"고 규정하고, 브뤼셀Ⅰ 제6조 제3호도 "본소와 동일한 계약 또는 사안에 기한 반소의 경우에 한하여 관할을 긍정한다는 점을 주목할 필요가 있다. 일본 개정 민사소송법은 제146조 제3항을 신설하여 "일본 법원이 반소의 목적인 청구에 관하여 관할권을 가지지 않는 경우에는, 피고는, 본소의 목적인 청구 또는 방어방법과 밀접한 관련이 있는 청구를 목적으로 하는 경우에 한하여 제1항의 규정에 의한 반소를 제기할 수 있다. 다만 일본의 법원이 반소의 목적인 청구에 관하여 관할권을 가지지 않는 때에는 그러하지 아니하다"는 취지로 규정한다. 이는 반소의 토지관할에 관한 조항을 기초로 하되 '밀접한' 관련이 있을 것을 요구하는 점에서 차이가 있다.

사견으로는 반소 피고가 가지는 국제재판관할상의 이익을 고려할 때 반소에 기한 재판관할의 범위를 확대하는 것은 주저된다. 따라서 예비초안을 따라 제1항에서는 본소의 기초가 된 거래 또는 사건으로부터 발생하는 반소에 대하여도 국제재판관할을 인정하고, 제2항에서는 그 밖에 반소청구가 본소청구 또는 방어방법과 밀접한 관련이 있어서 법원의 국제재판관할을 인정하는 것이 제2조 제1항이 정한 국제재판관할 결정의 대원칙에 부합하는 때에는 관할을 인정하는 방안을 고려할 수 있다. 즉 전자는 완전한 국제재판관할규칙, 후자는 불완전한 국제재판관할규칙으로 규정하자는 것이다.

16. 가사사건

위에서 본 것처럼 재산법상의 사건에 관하여 과거 대법원 판결은 국제재판관할에 관한 4단계 구조를 정립하였으나 가사사건에 관하여는 달리 접근하였다. 예컨대 피고주소지주의를 확립한 것으로 평가되는 대법원 1975. 7. 22. 선고 74므22 판결은 외국인 간의 이혼심판청구사건에서 피고주소지관할을 원칙으로 하고, 다만 이혼청구의 상대방이 행방불명 기타 이에 준하는 사정이 있거나 상대방이 적극적으로 응소하여 그 이익이 부당하게 침해될 우려가 없다고 보여 그들에 대한 심판의 거부가 오히려 외국인에 대한 법의 보호를 거부하는 셈이 되어 정의에 반한다고 인정되는 경우에는 예외적으로 원고의 주소지국의 관할을 인정하는 견해를 취하였고[105] 이는 대법원 1988. 4. 12. 선고 85므71 판결 등에 의하여 유지되었다. 즉 대법원판례는 가사사건에서 가사소송법 등 국내법의 관할규정을 기초로 하면서 특별한 사정에 의하여 이를 수정하는 방식이 아니라, 예외적인 사정이 있는 경우 곧바로 원고의 주소지관할을 인정할 수 있다고 판시한 것이다.

그런데 국제사법 시행 후에 선고된 대법원 2006. 5. 26. 선고 2005므884 판결은 곧바로 국제사법 제2조에 따라 실질적 관련의 유무에 관한 판단으로 들어가 실질적 관련의 존재를 긍정하고, 나아가 원·피고의 본국법인 동시에 종전 주소지를 관할하는 미주리 주의 법에 비추어 대물소송(action *in rem*)에 해당하는 이혼청구와 대인소송(action *in personam*)에 해당하는 친권자 및 양육자지정 청구 등을 구분하여 모두 우리나라에 재판관할권이 있는지를 긍정함으로써 국제사법 제2조 제2항에 규정된 '국제재판관할의 특수성'을 충분히 고려하더라도 우리나라에 재판관할권이 있다고 판단한 점을 주목할 만하다. 이는 논리전개상 과거의 대법원판결과는 다르다. 그러나 대상판결의 설시도 도메인이름에 관한 대법원 2005. 1. 27. 선고 2002다59788 판결의 설시와는 상이하므로 위 대법원 판결이 대법원의 정립된 태도라고 볼 수는 없다. 이런 이유로 혼인관계사건의 국제재판관할에 관한 우리 판례의 태도를 1975년 전후로 양분할 수는 있으나, 그 후를 다시 2006년 판결의 전후로 나누어 3개의 시기로 구분하는 견해에는 동의하기 어렵다.[106] 국제사법에 국제재판관할규칙을 둔다면 가사사건도 유형화하여 각각

105) 최공웅, 국제소송(1994), 674면 이하 참조.
106) 장준혁, "離婚訴訟의 國際管轄: 1975년까지의 법원실무", 성균관법학 제21권 제3호(2009.

에 대해 합리적인 국제재판관할규칙을 명시해야 할 것이다. 다만 이에 대해 단기간 내에 망라적 입법[107]을 할 수 없다면 우리가 조약에 가입하고자 하는 아동탈취와 아동입약과 관련된 국제재판관할규칙 기타 우선 입법이 가능한 법률관계에 관한 국제재판관할규칙을 둘 필요가 있다. 다만 가사사건의 국제재판관할과 관련한 특색을 언급하자면, 첫째, 가사사건은 사람의 신분과 생활 전반에 중대한 영향을 미치므로 재산관계사건에서보다는 원고의 구제에도 더 유념해야 하고, 둘째, 대등하지 않은 당사자 간의 다툼에서는 예컨대 아동과 같은 약자를 보호해야 하며, 셋째, 가사사건은 재산관계사건보다 공익성이 강하기 때문에 당사자의 임의처분이 제한되는 경향이 있고(예컨대 관할합의의 제한), 넷째, 국가는 자국민의 신분관계 및 신분등록에 관하여 당연히 이해관계를 가지므로 당사자의 국적에 기한 국제재판관할을 인정할 필요성이 있다는 점 등을 들 수 있다.[108]

그 밖에 비송사건에 관한 국제재판관할규칙에 대하여도 검토해야 한다.

17. 긴급관할

국제사법에 명시된 국제재판관할규칙에 따라 우리나라에 국제재판관할이 인정되지 않으면 우리나라는 국제재판관할이 없다. 그러나 그 경우 어떠한 사정에 의하여 외국에서도 제소할 수 없어 구체적 사건에서 결과적으로 '재판의 거부'(denial of justice)[109]가 된다면 예외적으로 우리나라의 국제재판관할을 인정할 필요가 있다. 이런 보충적 관할을 '긴급관할'(forum of necessity, Notzuständigkeit)이라 하는데 이를 인정하더라도 매우 예외적인 경우로 한정해야 한다. 과거 대법원 1988. 4. 12. 선고 85므71 판결 등이 가사사건에서 그들에 대한 심판의 거부가 오히려 외국인에 대한 법의 보호를 거부하는 셈이 되어 정의에 반한다고 인정되는 경우 예외적으로 원고 주소지관할을 인정할 수 있다고 한 것은 긴급관할과 유사한 고려를 한 것으로 볼 수 있다. 국제사법에 긴급관할을 명시하는 취지의

12.), 1065-1108면; 또는 장준혁, "한국 국제이혼관할법 판례의 현황: 국제사법 제2조 신설 후의 판례를 중심으로", 민사소송 제13권 제1호(2009. 5.), 33-83면 참조. [본문의 밑줄 부분과 이 각주는 이 책에서 새로 추가한 것이다.]

107) 참고로 독일에서는 과거 구 민사소송법에서 가사사건의 국제재판관할에 관하여 단편적인 규정을 두었으나 이는 2009년 9월 1일부터 "가사 및 비송사건절차법"(FamFG)에 의해 대체되었다. FamFG, §§98-106 참조.

108) 松岡 博(編), 國際關係私法入門, 제3판(2012), 317-318면 이하 참조.

109) 이를 '정의의 거부'라고 번역하기도 한다.

조문을 둘지를 검토할 필요가 있다.[110] 긴급관할에 관한 규정을 둔다면 이는 총칙에 둘 사항인데, 제2조에 함께 규정할 수도 있고 별도의 조문에 규정할 수도 있다.

Ⅴ. 맺음말

지금까지 국제재판관할규칙의 입법론을 검토하였다. 우리 법원이 제2조 하에서 해석론에 의하여 올바른 국제재판관할규칙을 정립해가고 있다면 굳이 입법을 서두를 필요는 없다고 볼 수도 있으나 법적 안정성과 당사자의 예측가능성을 제고하자면 조속한 입법적 해결을 도모할 필요가 있다. 이 글에서 저자는 입법론으로서 정치한 국제재판관할규칙을 제안하였는데, 그 중 일부에 관하여는 논란의 여지가 있으므로 불완전한 국제재판관할규칙으로 규정하자는 방안을 제안하였다. 즉 국제적으로 널리 인정되는 일반관할규칙과 일부 특별관할규칙은 국제사법에 완전한 국제재판관할규칙으로 명시한다. 불법행위사건의 관할, 피고의 영업소 소재에 근거한 관할, 소비자계약의 관할, 개별근로계약의 관할, 국제재판관할의 합의, 변론관할(응소관할) 등에 관한 규칙이 그러한 예이다. 따라서 한국의 국제재판관할이 완전한 국제재판관할규칙에 근거한 때에는 한국은 국제재판관할을 가진다. 반면에 만일 한국의 국제재판관할이 불완전한 국제재판관할규칙에 근거한 때에는, 그것에 추가하여 당해 사건에서 한국의 국제재판관할을 인정하는 것이 국제재판관할 결정의 대원칙(현행 국제사법 제2조에 규정된 원칙에 상응)에 부합하는 경우에만 국제재판관할을 인정하자는 것이다. 예컨대 피고의 활동에 근거한 관할, 주관적 병합, 객관적 병합, 반소의 일부 경우와 매매계약 및 용역제공계약 이외의 계약사건의 경우가 그에 해당한다. 가사 저자의 제안처럼 이와 같은 완전한 국제재판관할규칙과 불완전한 국제재판관할규칙의 구별을 입법에 반영하지 않더라도, 양자의 구별은 국제재판관할규칙 간에는 그 타당성에 차이가 있음을 보여주는 것으로서도 의미가 있다고 본다. 다만 불완전한 국제재판관할규칙을 너무 넓게 규정할 것은 아니다. 나아가 국제사법에 정치한 국제재판관할규칙을 두더라도 개별사건에서 구체적 타당성을 기하기 위한 방편으로서 부

110) 일본의 개정 민사소송법은 긴급관할에 관한 규정을 두지 않는다.

적절한 법정지의 법리를 엄격한 요건 하에 도입할 필요가 있다. 저자가 아직 견해를 정립하지 못한 쟁점들과 기타 여기에서 다루지 않은 국제재판관할규칙[111)]에 대하여는 앞으로 더 검토하여 보다 구체적인 제안을 하고자 한다.

후 기

법무부는 2014. 6. 30 국제사법 개정위원회를 구성하여 국제사법 개정작업을 추진하였으나 작업이 지체되었고 개정위원회는 2015. 12. 31. 임기 만료시까지 개정안을 성안하지 못하였다. 그 후 법무부는 저자를 포함한 일부 개정위원들의 도움을 받아 국제사법 전부개정법률안을 성안하였다. 저자는 2018. 2. 27. 법무부가 개최한 국제사법 전부개정법률안 공청회에서 조문 순서에 따라 개정안의 국제재판관할규칙을 개관하는 발표를 하였다. 발표문은 법무부, 국제사법 전부개정법률안 공청회 자료집, 15면 이하[이 글 말미에 補論으로 수록하였다] 참조. 발표문에서는 여기에서 논의한 저자의 제안과 개정안을 비교하였다.

위 공청회 뒤에 아래의 문헌이 간행되었다. 물론 망라적인 목록은 아니다.

-석광현, “2018년 국제사법 전부개정법률안에 따른 국제재판관할규칙: 총칙을 중심으로”, 동아대학교 국제거래와 법 제21호(2018. 4.), 41면 이하

-석광현, “2018년 국제사법 전부개정법률안에 따른 국제재판관할규칙: 각칙을 중심으로”, 동아대학교 국제거래와 법 제23호(2018. 10.), 41면 이하

-이필복, “전속적 국제재판관할 개관”, 국제사법연구 제24권 제1호(2018. 6.), 299면 이하

-국제사법 전부개정법률안에 대한 소송법적 검토, 2018. 6. 2. 개최된 2018년 제2회 한국민사소송법학회 학술대회 발표자료

---

111) 상속사건, 어음·수표사건과 해사사건, 보전처분사건 등에 관한 국제재판관할규칙이 그러한 예이다.

민사소송법(발췌)

제1장 법원

제1절 관할

제2조 (보통재판적) 소(訴)는 피고의 보통재판적(普通裁判籍)이 있는 곳의 법원이 관할한다.

제3조 (사람의 보통재판적) 사람의 보통재판적은 그의 주소에 따라 정한다. 다만, 대한민국에 주소가 없거나 주소를 알 수 없는 경우에는 거소에 따라 정하고, 거소가 일정하지 아니하거나 거소도 알 수 없으면 마지막 주소에 따라 정한다.

제4조 (대사·공사 등의 보통재판적) 대사(大使)·공사(公使), 그 밖에 외국의 재판권 행사대상에서 제외되는 대한민국 국민이 제3조의 규정에 따른 보통재판적이 없는 경우에는 이들의 보통재판적은 대법원이 있는 곳으로 한다.

제5조 (법인 등의 보통재판적) ① 법인, 그 밖의 사단 또는 재단의 보통재판적은 이들의 주된 사무소 또는 영업소가 있는 곳에 따라 정하고, 사무소와 영업소가 없는 경우에는 주된 업무담당자의 주소에 따라 정한다.

② 제1항의 규정을 외국법인, 그 밖의 사단 또는 재단에 적용하는 경우 보통재판적은 대한민국에 있는 이들의 사무소·영업소 또는 업무담당자의 주소에 따라 정한다.

제6조 (국가의 보통재판적) 국가의 보통재판적은 그 소송에서 국가를 대표하는 관청 또는 대법원이 있는 곳으로 한다.

제7조 (근무지의 특별재판적) 사무소 또는 영업소에 계속하여 근무하는 사람에 대하여 소를 제기하는 경우에는 그 사무소 또는 영업소가 있는 곳을 관할하는 법원에 제기할 수 있다.

제8조 (거소지 또는 의무이행지의 특별재판적) 재산권에 관한 소를 제기하는 경우에는 거소지 또는 의무이행지의 법원에 제기할 수 있다.

제9조 (어음·수표 지급지의 특별재판적) 어음·수표에 관한 소를 제기하는 경우에는 지급지의 법원에 제기할 수 있다.

제10조 (선원·군인·군무원에 대한 특별재판적) ① 선원에 대하여 재산권에 관한 소를 제기하는 경우에는 선적(船籍)이 있는 곳의 법원에 제기할 수 있다.

② 군인·군무원에 대하여 재산권에 관한 소를 제기하는 경우에는 군사용 청사가 있는 곳 또는 군용 선박의 선적이 있는 곳의 법원에 제기할 수 있다.

제11조 (재산이 있는 곳의 특별재판적) 대한민국에 주소가 없는 사람 또는 주소를 알 수 없는 사람에 대하여 재산권에 관한 소를 제기하는 경우에는 청구의 목적 또는 담보의 목적이나 압류할 수 있는 피고의 재산이 있는 곳의 법원에 제기할 수 있다.

제12조 (사무소 · 영업소가 있는 곳의 특별재판적) 사무소 또는 영업소가 있는 사람에 대하여 그 사무소 또는 영업소의 업무와 관련이 있는 소를 제기하는 경우에는 그 사무소 또는 영업소가 있는 곳의 법원에 제기할 수 있다.

제13조 (선적이 있는 곳의 특별재판적) 선박 또는 항해에 관한 일로 선박소유자, 그 밖의 선박이용자에 대하여 소를 제기하는 경우에는 선적이 있는 곳의 법원에 제기할 수 있다.

제14조 (선박이 있는 곳의 특별재판적) 선박채권(船舶債權), 그 밖에 선박을 담보로 한 채권에 관한 소를 제기하는 경우에는 선박이 있는 곳의 법원에 제기할 수 있다.

제15조 (사원 등에 대한 특별재판적) ① 회사, 그 밖의 사단이 사원에 대하여 소를 제기하거나 사원이 다른 사원에 대하여 소를 제기하는 경우에는 그 소가 사원의 자격으로 말미암은 것이면 회사, 그 밖의 사단의 보통재판적이 있는 곳의 법원에 소를 제기할 수 있다.

② 사단 또는 재단이 그 임원에 대하여 소를 제기하거나 회사가 그 발기인 또는 검사인에 대하여 소를 제기하는 경우에는 제1항의 규정을 준용한다.

제16조 (사원 등에 대한 특별재판적) 회사, 그 밖의 사단의 채권자가 그 사원에 대하여 소를 제기하는 경우에는 그 소가 사원의 자격으로 말미암은 것이면 제15조에 규정된 법원에 제기할 수 있다.

제17조 (사원 등에 대한 특별재판적) 회사, 그 밖의 사단, 재단, 사원 또는 사단의 채권자가 그 사원 · 임원 · 발기인 또는 검사인이었던 사람에 대하여 소를 제기하는 경우와 사원이었던 사람이 그 사원에 대하여 소를 제기하는 경우에는 제15조 및 제16조의 규정을 준용한다.

제18조 (불법행위지의 특별재판적) ① 불법행위에 관한 소를 제기하는 경우에는 행위지의 법원에 제기할 수 있다.

② 선박 또는 항공기의 충돌이나 그 밖의 사고로 말미암은 손해배상에 관한 소를 제기하는 경우에는 사고선박 또는 항공기가 맨 처음 도착한 곳의 법원에 제기할 수 있다.

제19조 (해난구조에 관한 특별재판적) 해난구조(海難救助)에 관한 소를 제기하는 경우에는 구제된 곳 또는 구제된 선박이 맨 처음 도착한 곳의 법원에 제기할 수 있다.

제20조 (부동산이 있는 곳의 특별재판적) 부동산에 관한 소를 제기하는 경우에는 부동산이 있는 곳의 법원에 제기할 수 있다.

제21조 (등기 · 등록에 관한 특별재판적) 등기 · 등록에 관한 소를 제기하는 경우에는 등기 또는 등록할 공공기관이 있는 곳의 법원에 제기할 수 있다.

제22조 (상속 · 유증 등의 특별재판적) 상속(相續)에 관한 소 또는 유증(遺贈), 그 밖에 사망으로 효력이 생기는 행위에 관한 소를 제기하는 경우에는 상속이 시작된 당시 피상속인의 보통재판적이 있는 곳의 법원에 제기할 수 있다.

제23조 (상속 · 유증 등의 특별재판적) 상속채권, 그 밖의 상속재산에 대한 부담에 관한 것으로 제22조의 규정에 해당되지 아니하는 소를 제기하는 경우에는 상속재산의 전부

또는 일부가 제22조의 법원관할구역안에 있으면 그 법원에 제기할 수 있다.

제24조 (지식재산권 등에 관한 특별재판적) 지식재산권과 국제거래에 관한 소를 제기하는 경우에는 제2조 내지 제23조의 규정에 따른 관할법원 소재지를 관할하는 고등법원이 있는 곳의 지방법원에 제기할 수 있다.

제25조 (관련재판적) ① 하나의 소로 여러 개의 청구를 하는 경우에는 제2조 내지 제24조의 규정에 따라 그 여러 개 가운데 하나의 청구에 대한 관할권이 있는 법원에 소를 제기할 수 있다.

② 소송목적이 되는 권리나 의무가 여러 사람에게 공통되거나 사실상 또는 법률상 같은 원인으로 말미암아 그 여러 사람이 공동소송인(共同訴訟人)으로서 당사자가 되는 경우에는 제1항의 규정을 준용한다.

…

제29조 (합의관할) ① 당사자는 합의로 제1심 관할법원을 정할 수 있다.

② 제1항의 합의는 일정한 법률관계로 말미암은 소에 관하여 서면으로 하여야 한다.

제30조 (변론관할) 피고가 제1심 법원에서 관할위반이라고 항변(抗辯)하지 아니하고 본안(本案)에 대하여 변론(辯論)하거나 변론준비기일(辯論準備期日)에서 진술하면 그 법원은 관할권을 가진다.

제31조 (전속관할에 따른 제외) 전속관할(專屬管轄)이 정하여진 소에는 제2조, 제7조 내지 제25조, 제29조 및 제30조의 규정을 적용하지 아니한다.

제32조 (관할에 관한 직권조사) 법원은 관할에 관한 사항을 직권으로 조사할 수 있다.

제33조 (관할의 표준이 되는 시기) 법원의 관할은 소를 제기한 때를 표준으로 정한다.

제34조 (관할위반 또는 재량에 따른 이송) ① 법원은 소송의 전부 또는 일부에 대하여 관할권이 없다고 인정하는 경우에는 결정으로 이를 관할법원에 이송한다.

② 지방법원 단독판사는 소송에 대하여 관할권이 있는 경우라도 상당하다고 인정하면 직권 또는 당사자의 신청에 따른 결정으로 소송의 전부 또는 일부를 같은 지방법원 합의부에 이송할 수 있다.

③ 지방법원 합의부는 소송에 대하여 관할권이 없는 경우라도 상당하다고 인정하면 직권으로 또는 당사자의 신청에 따라 소송의 전부 또는 일부를 스스로 심리·재판할 수 있다.

④ 전속관할이 정하여진 소에 대하여는 제2항 및 제3항의 규정을 적용하지 아니한다.

제35조 (손해나 지연을 피하기 위한 이송) 법원은 소송에 대하여 관할권이 있는 경우라도 현저한 손해 또는 지연을 피하기 위하여 필요하면 직권 또는 당사자의 신청에 따른 결정으로 소송의 전부 또는 일부를 다른 관할법원에 이송할 수 있다. 다만, 전속관할이 정하여진 소의 경우에는 그러하지 아니하다.

제36조 (지식재산권 등에 관한 소송의 이송) ① 법원은 지식재산권과 국제거래에 관한 소가 제기된 경우 직권 또는 당사자의 신청에 따른 결정으로 그 소송의 전부 또는 일부를 제24조의 규정에 따른 관할법원에 이송할 수 있다. 다만, 이로 인하여 소송절차

를 현저하게 지연시키는 경우에는 그러하지 아니하다.

② 전속관할이 정하여져 있는 소의 경우에는 제1항의 규정을 적용하지 아니한다.

제37조 (이송결정이 확정된 뒤의 긴급처분) 법원은 소송의 이송결정이 확정된 뒤라도 급박한 사정이 있는 때에는 직권으로 또는 당사자의 신청에 따라 필요한 처분을 할 수 있다. 다만, 기록을 보낸 뒤에는 그러하지 아니하다.

제38조 (이송결정의 효력) ① 소송을 이송받은 법원은 이송결정에 따라야 한다.

② 소송을 이송받은 법원은 사건을 다시 다른 법원에 이송하지 못한다.

제39조 (즉시항고) 이송결정과 이송신청의 기각결정(棄却決定)에 대하여는 즉시항고(卽時抗告)를 할 수 있다.

제40조 (이송의 효과) ① 이송결정이 확정된 때에는 소송은 처음부터 이송받은 법원에 계속(係屬)된 것으로 본다.

② 제1항의 경우에는 이송결정을 한 법원의 법원서기관·법원사무관·법원주사 또는 법원주사보(이하 "법원사무관등"이라 한다)는 그 결정의 정본(正本)을 소송기록에 붙여 이송받을 법원에 보내야 한다.

[補論]

2018년 국제사법 개정안에 따른 국제재판관할규칙

[2018. 2. 27. 개최된 국제사법 개정안 공청회 발표자료]

Ⅰ. 머리말

국제재판관할(권)이라 함은 국제민사사건에서 제기되는 법적 쟁송에 대하여 어느 국가의 법원이 재판할 권한을 가지는가, 또는 재판임무를 어느 국가(또는 주)에 배당할 것인가의 문제이다. 국제사법 제2조가 규율하는 국제재판관할(권)은 국제법에서 말하는 국가관할권 중 재판관할권의 문제이므로 '국제재판관할' 또는 '재판관할'이라 한다.

국제사법을 개정하여 정치한 국제재판관할규칙을 두고자 법무부는 2014. 6. 30. 1년 예정으로 국제사법개정위원회("위원회")를 구성하였고, 1년 경과 후 임기를 연장함으로써 위원회는 2015. 12. 31.까지 국제사법의 개정안을 성안하기 위한 작업을 진행하였다. 그러나 유감스럽게도 위원회는 개정안을 채택하지 못하였다. 2017년에 이르러 법무부는 일부 위원들의 도움으로 정치한 국제재판관할규칙을 담은 개정 국제사법 초안("개정안")을 성안하여 2018. 1. 19. 입법예고를 하였다.

여기에서는 조문 순서에 따라 개정안의 주요내용을 소개한다.[1)] 구체적인 논

* 이 글은 저자가 2018. 2. 27. 법무부가 개최한 공청회에서 발표한 자료로 자료집, 15면 이하에 수록된 것이다. 이는 저자의 개인적 의견이고 법무부 또는 개정위원회의 공식적 의견이 아니다.

1) 국제사법에 정치한 국제재판관할규칙을 둘 필요성과 개정방향은 석광현, "중간시안을 중심으로 본 국제재판관할에 관한 일본의 입법 현황과 한국의 입법 방향", 한양대학교 국제소송법무 제1호(2010. 9.), 32면 이하; 석광현, "한국의 國際裁判管轄規則의 입법에 관하여", 국제거래법연구 제21집 제2호(2012. 12.), 146면 이하 참조. 국제재판관할에 관한 한국의 입법과 판례의 변천은 석광현, "국제재판관할과 외국판결의 승인 및 집행—입법과 판례", 국제사법

의순서는 첫째, 국제재판관할규칙의 입법적 해결의 필요성, 정립의 지침과 편제(Ⅱ.), 둘째, 국제재판관할에 관한 총칙: 개정안 제1장 제2절(Ⅲ.), 셋째, 국제재판관할에 관한 각칙: 개정안 제2장 이하의 국제재판관할규칙(Ⅳ.), 넷째, 법원의 국제재판관할의 조사와 판단의 표준시기(Ⅴ.), 다섯째, 개정안에 따른 정치한 국제재판관할규칙 도입의 실천적 의미(Ⅵ.), 여섯째, 국제사법의 개정과 관련된 장래의 과제(Ⅶ.)이다. 이 자리는 국제사법 개정안 공청회라는 점을 고려하여 다양한 쟁점에 대한 이론적인 논의는 간략하게 취급하고 개정안의 조문을 중심으로 설명하고자 한다.

Ⅱ. 국제재판관할규칙의 입법적 해결의 필요성, 정립의 지침과 편제

1. 현행 국제사법의 체제: 과도기적 입법

섭외사법과, 2002년 7월 분리되기 전의 구 민사소송법은 국제재판관할규칙을 두지 않았기에 한국에서 국제재판관할의 법리는 주로 판례에 의해 발전되었으나,[2] 2001년 7월 개정된 현행 국제사법(또는 "현행법")이 국제재판관할에 관한 조항을 신설함으로써 우리는 국제재판관할에 관한 입법을 가지게 되었다. 국제사법은 제1장(총칙)에서 과거 대법원판례가 취해 온 입장[3]을 개선하여 국제재판관할에 관한 일반원칙을 규정하고(제2조), 각칙인 제5장(채권)에서 사회·경제적 약자인 소비자와 근로자를 보호하기 위한 특칙을 둔다(제27조와 제28조). 그 밖에도 국제사법은 실종선고(제12조), 한정후견개시·성년후견개시 심판 등(제14조)[4] 비송사건에 관하여 국제재판관할에 관한 규정을 두고 있다. 국제사법이 규율하는 모든 법률분야에 관하여 정치한 국제재판관할규칙을 두는 것이 바람직하지

제20권 제1호(2014. 6.), 6면 이하 참조. 현행법의 해석론은 석광현, 국제사법 해설(2013), 57면 이하; 석광현, 국제민사소송법(2012), 67면 이하.

2) 2001년 섭외사법 개정 후의 판례는 한애라, "국제재판관할과 관련된 판결의 추이 및 국제사법의 개정방향—국제재판관할의 판단구조 및 법인에 대한 일부 과잉관할의 쟁점과 관련하여—", 민사판례연구 제35집(2013), 1090면 이하와 1167면 이하 표 참조.

3) 이른바 '4단계 구조'를 말한다. 석광현, 국제재판관할에 관한 연구(서울대학교출판부, 2001), 159면 이하 참조.

4) 과거에는 "한정치산·금치산"이었다.

만, 이는 현실적으로 매우 어렵고 1999년 섭외사법 개정 작업 당시 진행 중이던 헤이그국제사법회의의 작업을 더 지켜볼 필요가 있었기에 입법자들은 과도기적 조치로서 단편적인 규정만을 두었다. 그러나 포괄적 이중협약을 성안하기 위한 위 작업이 실패하고 2005년 "관할합의에 관한 협약(Convention on Choice of Court Agreements)"("관할합의협약")을 성안하는 데 그쳤으므로[5] 우리도 미뤘던 작업을 재개할 필요가 있게 되었다. 그 사이에 일본은 민사소송법과 민사보전법에 정치한 국제재판관할규칙을 도입하였고 이는 2012년 발효되었다.[6]

2. 국제사법 하에서 판례의 태도와 입법적 해결의 필요성[7]

가. 재산법상의 사건[8]

재산법상의 사건에 관하여 과거 우리 법원은 일본 판례를 따라 4단계 접근방법을 취하였으나, 국제사법 제2조의 신설을 계기로 독자노선을 걷기 시작하였다. 그런 태도를 정립한 것은 아래(3.)에서 소개하는 도메인이름에 관한 2005. 1. 17. 대법원판결이다. 동 판결은 새로운 추상적 법률론을 정립하였고 이후 법원은 이를 따르고 있다. 그 결과 대법원은 재산소재지의 특별관할과, 영업소 소재지의 일반관할을 인정했던 과거의 태도와 결별하고, 이를 재판관할을 인정하기 위한 요소의 하나로 고려하는데 이런 변화는 「국제재판관할규칙 = 토지관할규칙」이라는 공식을 거부한 것으로서 긍정적인 변화이다. 그러나 전형적인 계약사건인 청어대금사건에서 대법원 2008년 판결이 거의 전적으로 실질적 관련에 근거하여 한국의 국제재판관할을 긍정함으로써 대법원의 태도가 무엇인지에 관하여 혼란을 초래하였다. 그 후 중국항공사 사건에서 2010년 대법원판결이 "실질적 관련의 유무를 판단함에 있어서 민사소송법상 토지관할권 유무가 여전히 중요한 요소가 됨을 부인할 수 없다"고 선언한 것은 그나마 균형을 잡은 것이었다. 그러나

---

5) 관할합의협약은 2015. 10. 발효하였다. 위 프로젝트는 재개되어 Judgment Project라는 이름으로 현재 진행 중이나 직접관할은 규정하지 않을 예정이다. 소개는 정홍식, "헤이그 국제사법회의의 외국재판의 승인 및 집행에 관한 협약—2017년 2월 협약수정안 소개—", 국제거래법연구 제26집 제2호(2017, 12,), 1면 이하 참조.

6) 일본 개정 민사소송법 중 국제재판관할규칙의 국문번역은 국제사법연구 제18호(2012. 12.), 541면 이하; 석광현, 국제사법 해설(2013), 717면 이하 참조. 상세는 장준혁 외, 일본과 중국의 국제재판관할 규정에 관한 연구(2017), 9면 이하 참조.

7) 상세는 석광현, "국제재판관할과 외국판결의 승인 및 집행—입법과 판례", 국제사법 제20권 제1호(2014. 6.), 31면 이하 참조.

8) 이를 '재산권상의 사건', '재산상의 사건' 또는 '재산사건'이라고 한다.

전형적 계약사건인 재일교포 대여금사건에서 2014년 대법원판결은 다시 청어대금사건에 가까운 접근을 하였다. 2005년, 2008년과 2014년 대법원판결은 토지관할에 대한 적절한 고려 없이 모든 사정을 종합하여 실질적 관련성을 판단하였고, 2010년 대법원판결은 토지관할을 존중하면서 실질적 관련성을 판단하였다.

결국 국제재판관할의 유무는 누구도 예측하기 어려운 쟁점이 되었다. 국제사법 제2조를 신설한 결과, 우리는 법원이 일본 법원처럼 「토지관할규칙=국제재판관할규칙」이라는 공식을 신봉하면서 필요할 때마다 특별한 사정이론에 과도하게 의지하여 그 결론을 뒤집는 대신에, 정치한 국제재판관할규칙을 정립해 나갈 것으로 기대하였다. 그러나 대법원은 제2조 제1항을 기초로 사안의 모든 사정을 고려하는 '사안별 분석(case-by-case analysis)'을 거쳐 원하는 결론을 내리고 있으며, 그 과정에서 토지관할규정은 아예 배제되거나 법원이 고려할 요소 중 하나로 전락하였다. 이는 국제재판관할규칙이 주는 법적 안정성과 당사자의 예측가능성을 훼손하는 것으로 제2조 제2항의 취지에 명백히 반한다. 법원으로서는 토지관할규정 등 국내관할규정을 참작하여 정치한 국제재판관할규칙을 정립해야지, 다양한 사정만을 열거하고 원하는 결론을 내려서는 아니 된다. 그것은 국제사법 제2조 제1항과 실질적 관련을 법원의 자의적(恣意的) 결론을 정당화하는 도구로 사용하는 것이기 때문이다. 이런 우려를 불식하는 방법은 결국 정치한 국제재판관할규칙을 국제사법에 도입하는 것이다. 이런 배경 하에서 한국국제사법학회는 정치한 국제재판관할규칙을 국제사법에 도입할 것을 촉구하였고,[9] 법무부는 이를 받아들여 2014년 6월 위원회를 구성함으로써 국제사법 개정작업에 착수하게 되었다.[10]

나. 가사사건

여기에서 '가사사건'은 개정안 제7장과 제8장이 정한 친족사건과 상속사건을 포괄하는 개념으로,[11] 전자만은 '협의의 가사사건'으로 사용한다. 대법원은 재산법상의 사건에서는 4단계 접근을 하였으나 가사사건에서는(주로 혼인관계사건) 그와 다른 접근방법을 취하였다. 예컨대 피고주소지주의를 확립한 과거 대법

9) 한국국제사법학회, 국제사법개정촉구결의문, 국제사법연구 제18호(2012), 551면 이하.

10) 이런 과정에서 한국국제사법학회는 법무부의 요청에 따라 용역보고서를 제출하였고 이는 법무부에서 단행본으로 간행되었다. 이것이 손경한 외, 국제사법 개정 방안 연구(2014)이다.

11) 가사소송법(제2조 제1항)은 동항 각 호의 사항을 '가사사건'이라고 정의하고 그에는 일부 상속 관련 사건도 포함되나 여기의 개념과 정확히 일치하는 것은 아니다.

원 1975. 7. 22. 선고 74므22 판결과 대법원 1988. 4. 12. 선고 85므71 판결 등을 보면, 대법원은 가사사건(특히 혼인관계사건)에서 피고 주소지관할을 원칙으로 하면서도 예외적인 경우에는 원고의 주소지관할을 인정할 수 있다는 취지로 판시하였다. 우리 판례의 이런 태도는 일본 최고재판소의 판례를 따른 것이었으나 2001년 국제사법(제2조)이 발효된 후 대법원 판례의 태도는 분명하지 않다. 대법원은 가사사건의 국제재판관할에 관하여 지침을 제시하지 못한 결과 하급심 판결의 혼란을 야기하였고 상당한 법적 불안정성을 초래하였다. 상세는 아래(Ⅳ.5.)에서 논의한다.

3. 정치한 국제재판관할규칙 정립의 지침

가. 정립의 지침

⑴ 국제사법 제2조와 대법원 판례의 구체화

국제사법 제2조는 국제재판관할 결정의 대원칙을 선언하고 있다. 대법원 2005. 1. 27. 선고 2002다59788 판결은 이를 더 구체적으로 다음과 같이 판시하였다.

> 국제재판관할을 결정함에 있어서는 당사자 간의 공평, 재판의 적정, 신속 및 경제를 기한다는 기본이념에 따라야 할 것이고, 구체적으로는 소송당사자들의 공평, 편의 그리고 예측가능성과 같은 개인적인 이익뿐만 아니라 재판의 적정, 신속, 효율 및 판결의 실효성 등과 같은 법원 내지 국가의 이익도 함께 고려하여야 할 것이며, 이러한 다양한 이익 중 어떠한 이익을 보호할 필요가 있을지 여부는 개별 사건에서 법정지와 당사자와의 실질적 관련성 및 법정지와 분쟁이 된 사안과의 실질적 관련성을 객관적인 기준으로 삼아 합리적으로 판단하여야 할 것이다.

개정안에 둘 국제재판관할규칙은 국제사법 제2조를 구체화한 細則이어야 하는데, 민사소송법은 제2조 내지 제25조에서 토지관할규칙을 두고 있으므로 정치한 국제재판관할규칙을 신설함에 있어서도 토지관할규칙을 참작할 필요가 있다. 다만 모든 토지관할규칙에 동등한 가치를 부여할 것이 아니라 이를 ① 곧바로 국제재판관할규칙으로 삼을 수 있는 것, ② 적절히 수정함으로써 국제재판관할규칙으로 삼을 수 있는 것과 ③ 국제재판관할규칙으로 삼을 수 없는 것으로 분류해야 한다. 나아가 ④ 토지관할규칙이 망라적인 것은 아니므로 기타 국제재판관할의 근거를 검토할 필요가 있는데, 예컨대 피고의 활동에 기한 국제재판관할과 가사사건에서 국적에 기한 국제재판관할을 고려할 필요가 있다. 저자는 국제사법의 해석론으로 이런 방향을 제시하였으나 이는 입법론에서도 타당하다. 그 과정에서 인터넷의 활용도 고려해야 한다. 이를 고려하여 개정안은 targeted activity를 염두에 두고 "…를 향하여"라는 문구를 제4조 제2항(활동에 근거한 관할), 제40조 제1항(지식재산권 침해), 제43조 제1항(소비자계약)과 제45조(불법행위)에서 사용한다.

⑵ 국제재판관할 판단에서 법적 안정성과 유연성의 조화

국제재판관할 결정의 대원칙을 선언한 국제사법 제2조 제1항은 개방적인 규정으로 유연성을 확보하는 데 장점이 있다. 동시에 제2조 제2항이 국내법의 관할규정을 참작하되 국제재판관할의 특수성을 충분히 고려하라고 한 것은 법적 안정성을 보장함으로써 유연성과 법적 안정성의 균형을 잡기 위한 조치였다. 그러나 아래에서 보듯이 대법원은 제2조 제2항을 무시한 채 제2조 제1항을 기초로 사안의 모든 사정을 고려하는 '사안별 분석'을 거쳐 원하는 결론을 내리고 있으며, 그 과정에서 토지관할규정은 배제되거나 법원이 고려할 요소 중 하나로 전락하였다. 따라서 개정안에서는 법적 안정성과 유연성 간의 균형 내지 조화를 달성할 필요가 있다. 이에 따라 개정안은 한편으로는 정치한 국제재판관할규칙을 도입함으로써 법적 안정성을 제고하고, 다른 한편으로는 제2조의 일반원칙을 존치함과 동시에 예외적 사정에 의한 재판관할권 불행사의 법리를 도입함으로써 구체적 사건에서 유연성을 확보하고자 한다.

⑶ 국제적 정합성의 고려

정치한 국제재판관할규칙을 도입함에 있어서는 국제적 정합성을 고려해야 한다. 재산법사건에서는 1968년 "민사 및 상사사건의 재판관할과 재판의 집행에 관한 유럽공동체협약"("브뤼셀협약"), 이를 개정한 "민사 및 상사사건의 재판관할과 재판의 집행에 관한 유럽연합의 이사회규정"("브뤼셀 I "과 "브뤼셀 I recast" (또는 브뤼셀 I bis))과 헤이그국제사법회의의 1999년 "민사 및 상사사건의 국제관할과 외국재판에 관한 협약의 예비초안"("예비초안")과 2001년 수정안 등을 고려해야 한다. 브뤼셀체제는 1968년 대륙법계의 국제재판관할규칙으로 출발한 것이라 우리에게 친숙하다. 또한 일본이 민사소송법과 민사보전법에 도입한 국제재판관할규칙과, 중국의 국제재판관할규칙[12]을 참조할 필요가 있다.

12) 중국의 국제재판관할규칙은 충분히 정립되지 않은 것으로 보인다. 소개는 장준혁 외(註 6),

한편 가사사건에서는 유럽연합의 브뤼셀Ⅱ bis, 2008년 "부양사건의 재판관할, 준거법과 재판의 승인 및 집행과, 공조에 관한 이사회규정"("부양규정"), 2012년 "상속사건에 관한 재판관할, 준거법, 재판의 승인 및 집행과, 공정증서의 인정과 집행 그리고 유럽상속증명서의 창설에 관한 규정"("상속규정")(로마Ⅳ)과 2016년 부부재산제규정과, 헤이그국제사법회의의 아동 보호를 위한 협약들(1980년 "국제적 아동탈취의 민사적 측면에 관한 협약"("아동탈취협약"), 1993년 "국제입양에서 아동보호 및 협력에 관한 협약"("아동입양협약")과 1996년 "부모책임 및 아동의 보호조치와 관련한 관할, 준거법, 승인, 집행 및 협력에 관한 협약"("아동보호협약")[13]과 2000년 "성년자의 국제적 보호에 관한 협약"("성년자보호협약")등의 국제재판관할규칙을 고려할 필요가 있다.

나. 국제재판관할규칙의 규정방식: 일면적 규정 v. 양면적 규정

국제사법에 정치한 국제재판관할규칙을 둔다면 우리 법원이 국제재판관할을 가지는 경우만을 규정할지, 아니면 조약에서처럼 중립적 규정을 둘지가 문제된다. 국제사법 제2조는 우리 법원이 국제재판관할을 가지는 경우만을 규정하나 제27조와 제28조는 우리 법원과 외국법원이 국제재판관할을 가지는 경우를 함께 규정한다. 저촉규범에 관한 용어를 빌리면, 제2조는 일면적 규정이고 제27조와 제28조는 양면적 규정이다. 국제사법이 외국법원의 국제재판관할을 규정하더라도 외국법원이 그에 구속되지 않음은 물론이며 이는 외국재판의 승인 및 집행의 맥락에서 의미가 있다.

입법례를 보면 조약 기타 국제규범의 경우 당연히 중립적 규정을 두나, 스위스 국제사법(제1조 제1항, 제2조-제11조, 제51조, 제59조, 제86조 등), 이탈리아 국제사법(제1조, 제3조-제11조)과 일본 민사소송법(제3조의2-제3조의12를 정한 제1편 제2장 제1절의 제목이 '일본 재판소의 관할권'이다)은 모두 자국 법원이 국제재판관할을 가지는 경우만을 규정한다. 이는 외국법원의 국제재판관할을 규정함으로써 외국의 재판관할권에 간섭하는 듯한 인상을 주는 것을 우려했기 때문일 것이다. 위원회는 원칙적으로 우리 법원이 국제재판관할을 가지는 경우만을 규정하고, 예외적인 경우(예컨대 관할합의 경우) 양면적 관할규칙을 두기로 하였다.

169면 이하 참조. 한국국제사법학회는 위원회의 작업과정에서 당시 초안을 기초로 2015. 9. 22. 제1회 한일국제사법공동학술대회와 2015. 10. 31. 제5회 한중 국제사법학회 공동학술대회를 통하여 일본학자들 및 중국학자들의 의견을 듣는 자리를 마련하였다.

13) 근자에는 2007년 아동부양협약을 포함시킨다.

4. 국제재판관할규칙의 편제

가. 국제사법에 통합규정하는 방식

2001년 섭외사법 개정 전에는 논리적으로 국제재판관할규칙을 국제사법이나 민사소송법에 둘 수 있었으나 저자는 전자를 선호하였고 입법자도 전자를 선택하였다. 따라서 이제 정치한 국제재판관할규칙을 국제사법에 두는 것은 당연한 논리적 귀결이다. 이는 특히 가사소송사건과 가사비송사건에 관한 국제재판관할규칙을 국제사법에 묶어서 규정할 수 있는 장점이 있다. 특히 국제사법은 준거법에 관하여 소송만이 아니라 비송사건에도 공히 적용되는 준거법 결정원칙을 두고 있으므로 이렇게 함으로써 재판관할과 준거법의 병행이 가능하게 된다. 즉 국제재판관할과 준거법이 정확히 일대일 대응은 되지 않더라도 유기적 관련성을 확보할 수 있게 된다.[14] 만일 민사소송법에 국제재판관할규칙을 둔다면 가사소송과 가사비송에 관한 국제재판관할규칙은 가사소송법에, 기타 비송사건에 관한 국제재판관할규칙은 비송사건절차법에 각각 두어야 할지 모르나[15] 이는 재판관할규칙 간의 유기적 관련성을 해할 우려가 있다.

나. 국제사법 내의 체제

국제재판관할규칙을 신설하는 경우 국제사법의 편제를 정해야 한다. 위원회에서는 두 개의 견해가 제시되었는데 1안은 제2조에 이어 제2조의2, 제2조의3, … 라는 방식으로 가지번호를 부여하는 방안이고, 2안은 국제관할규칙 중 총칙은 제2장에 두고 특별관할규칙은 각 장에 배치하는 방안이다. 논의 결과 위원회는 2안을 채택하였다. 즉 국제사법 제1장(총칙)을 3개 절로 구분하여 제1절을 목적으로 하고, 제2절에 국제재판관할규칙을 두며, 현재의 총칙 조문들은 제3절에 준거법으로 묶는다. 제2절에는 총칙의 성질을 가지는 관할규칙과, 다양한 법률관

---

14) 개정안처럼 재판관할과 준거법을 함께 규정하는 방법의 장점은 Thomas Kadner Graziano, "Gemeinsame oder getrennte Kodifikation von IPR und IZVR", in Jan von Hein & Giesela Rühl (Hrsgs.), Kohärenz im Internationalen Privat- und Verfahrensrecht der Europäischen Union (2016), S. 44ff. 참조.

15) 한국의 가사소송법은 가사소송, 가사비송과 가사조정절차를 모두 규율한다. 그러나 일본은 가사소송절차는 인사소송법(2004. 4. 1. 시행)에서, 가사비송절차와 가사조정절차는 가사사건수속법(2013. 1. 1. 시행)에서 각각 규율한다. 따라서 현재 추진 중인 일본의 국제재판관할입법은 인사소송법과 가사사건수속법에 각각 국제재판관할규칙을 신설하는 방식을 취한다. 일본의 人事訴訟法等の一部を改正する法律案 참조. <u>일본의 위 법률들은 2018. 4. 18. 공표되었고 2019. 4. 1. 시행될 예정이다.</u> [밑줄 부분은 이 책에서 새로 추가한 것이다.]

계에 공통적으로 적용되는 탓에 특정한 장에 편입하는 것이 부적절한 관할규칙을 둔다. 이에 따르면 제1장의 편제는 아래와 같다.

현행 조문		개정안의 편제		
제1장	총칙(§§1-10)	제1장	제1절	목적
				제1조 기존조문(§1) 다소 수정
			제2절	국제재판관할
				일반원칙, 일반관할, 사무소(영업소) 소재지 및 영업활동 관할, 재산소재지 관할, 관련사건 관할(객관적 병합/공동소송), 반소관할, 합의관할, 변론관할, 전속관할, 국제적 소송경합, 국제재판관할권의 불행사, 적용 제외, 보전처분, 비송사건에 관한 조문 신설
			제3절	준거법
				준거법에 관한 기존조문(§§3-10) 移記

2안은 각 법률관계별로 적용되는 특별관할규칙을 관련되는 각 장에 둔다. 즉 제2장 내지 제9장에는 제1절을 신설하여 특별관할규칙을 두고, 기존의 준거법 관련 조문은 각 장 제2절로 옮긴다.[16] 다만 제3장에는 특별관할규칙이 없으므로 그대로 두고, 1999년 개정시 1개의 조문만 있어 물권의 장에 편입되었던 제24조는 별도의 장으로 독립시켜 제1절과 제2절로 구분한다. 2안에 따른 제2장 이하의 편제는 아래와 같다.

현행 조문		개정안의 편제		
제2장	사람(§§11-16)	제2장	제1절	관할에 관한 신설조문
			제2절	준거법에 관한 기존조문 移記
제3장	법률행위(§§17-18)	제3장	수정 없음	
제4장	물권(§§19-23)	제4장	제1절	관할에 관한 신설조문
			제2절	준거법에 관한 기존조문 移記
제4장	지식재산권의 보호(§24)	제5장	제1절	上同
			제2절	

16) 스위스 국제사법은 바로 그러한 규정방식을 취한다. 스위스 국제사법은 나아가 총칙과 각 장 또는 각 절에서 외국판결의 승인 및 집행도 함께 규율하나 우리는 그렇게 할 필요는 없다.

제5장	채권(§§25-35)	제6장	제1절	관할에 관한 신설조문
			제2절	준거법에 관한 기존조문 移記: 다만 관할과 준거법이 결합된 일부 조문 분리
제6장	친족(§§36-48)	제7장	제1절	관할에 관한 신설조문
			제2절	준거법에 관한 기존조문 移記
제7장	상속(§§49-50)	제8장	제1절	上同
			제2절	
제8장	어음 · 수표(§§51-59)	제9장	제1절	上同
			제2절	
제9장	해상(§§60-62)	제10장	제1절	上同
			제2절	

다만 이 경우 제27조와 제28조에 포함된 소비자계약과 근로계약의 관할규칙은 준거법규칙과 분리하여 제1절로 옮길 필요가 있다. 개정안은 그런 방식을 취한다.

2안은, 첫째, 준거법규칙과 관할규칙을 체계적으로 파악할 수 있게 하고 준거법 결정과정에서 정립된 성질결정론 등을 이용할 수 있으며, 둘째, 관할규칙 상호 간의 관계를 체계적으로 파악할 수 있게 하는 장점이 있다. 다만 2안을 따르면 조문번호를 새로 부여하는 단점이 있으나, 개정안은 35개 조문을 신설하므로 새 번호를 부여할 충분한 이유가 있고, 더욱이 2001년 국제사법의 개정과정에서 그것이 과도기적 조치였음을 밝혔으므로 이제 입법작업을 완성하는 단계에서 새 번호를 부여하는 것을 정당화할 수 있을 것이다.

Ⅲ. 국제재판관할에 관한 총칙: 개정안 제1장 제2절

개정안은 제1장 총칙에 일반원칙(제2조), 일반관할(제3조), 영업소 소재지 및 영업활동에 근거한 특별관할(제4조), 재산소재지의 특별관할(제5조), 관련사건 관할(객관적 병합, 공동소송)(제6조), 반소관할(제7조), 합의관할(제8조), 변론관할(제9조), 전속관할(제10조), 국제적 소송경합(제11조), 국제재판관할권의 불행사(제12조), 적용 제외(제13조), 보전처분사건(제14조)과 비송사건(제15조)에 관한 조문을 둔다. 이는 성질상 총칙에 포함할 조문으로서, 특정한 장이 아니라 모든 장 또는 복수의 장에 공통되는 규칙을 담은 것들이다.

1. 일반원칙: 제2조의 존치와 수정

개정안에 일반원칙을 정한 제2조를 존치할지 아니면 삭제할지에 관하여는 논란이 있었다. 개정안은 제2조를 존치하면서 아래 밑줄 친 부분에서 보듯이 문언을 수정하였다.

> 제2조 (일반원칙)
> ① 대한민국 법원(이하 달리 특정하지 아니하는 한 "법원"이라고만 한다)은 당사자 또는 분쟁이 된 사안이 대한민국과 실질적 관련이 있는 경우에 국제재판관할권을 가진다. 이 경우 법원은 실질적 관련의 유무를 판단함에 있어 당사자 간의 공평, 재판의 적정, 신속 및 경제를 기한다는 국제재판관할 배분의 이념에 부합하는 합리적인 원칙에 따라야 한다.
> ② 이 법이나 그 밖의 대한민국의 법령 또는 조약에 국제재판관할에 관한 규정이 없는 경우 법원은 국내법의 관할 규정을 참작하여 국제재판관할권의 유무를 판단하되, 제1항의 규정의 취지에 비추어 국제재판관할의 특수성을 충분히 고려하여야 한다.

현행법 제2조 제1항 2문은 법원은 실질적 관련의 유무를 판단함에 있어 국제재판관할 배분의 이념에 부합하는 합리적인 원칙에 따라야 한다고 규정할 뿐이고 국제재판관할 배분의 이념을 명시하지 않는다. 반면에 개정안의 제1항 2문은 "당사자 간의 공평, 재판의 적정, 신속 및 경제를 기한다는 국제재판관할 배분의 이념"이라고 하여 국제재판관할 배분의 이념을 구체적으로 열거하는데 이는 도메인이름에 관한 2005년 대법원판결 이래 판례의 추상적 법률론을 따른 것이다. 저자는 개정안이 대법원판례를 따른 점에서 반대하지는 않으나 이를 명시하지 않는 것이 바람직하다고 본다.

2. 일반관할(개정안 제3조)

가. 일반관할규칙

민사소송법 제2조는 '보통재판적'이라는 표제 하에 "소는 피고의 보통재판적이 있는 곳의 법원이 관할한다"고 규정한다. 이는 '원고는 피고의 법정지를 따른다(‘*actor sequitur forum rei*’)’는 로마법 이래 대륙법의 원칙을 수용한 것이다. 대륙법계 국가에서는 국제재판관할, 특히 일반관할의 배분에 있어 위 원칙을 당사자의 공평 내지는 이익형량의 출발점으로 삼는다. 민사소송법 제3조와 제5조 제1항의 토지관할규칙은 그대로 국제재판관할규칙으로 사용할 수 있는 것이다. 따라서 개정안도 이를 국제재판관할규칙으로 명시하되, 준거법결정원칙으로서 상거소를 사용하는 점과, 국제재판관할규칙에서의 국제적 정합성을 고려하여 주소 대신 상거소를 연결점으로 선택하였다. 우리 민사소송법과 가사소송법은 ‘주소’를 연결점으로 사용하나 이는 정주의사(*animus manendei*)를 요구하지 않는 객관주의에 따른 주소개념이므로 이를 상거소로 대체할 수 있고, 특히 국제적 정합성을 고려하면 상거소가 연결점으로서는 더 설득력이 있다.

개정안(제3조)은 법인 또는 단체의 경우 민사소송법 제5조 제1항이 정한 주된 사무소(또는 영업소)만이 아니라 정관상의 본거지, 경영의 중심지와 법인 또는 단체의 설립준거법 소속국을 기준으로 우리 법원의 일반관할을 규정한다. 범위가 확대되는 데 대한 우려가 없지 않았으나 예비초안(제3조 제2항) 등을 참조하여 그렇게 하였다.

나. 일반관할의 적용범위

조문의 체계상 개정안(제3조)은 “대한민국에 상거소(常居所)를 가지는 사람에 대한 소에 관하여는 우리 법원의 일반관할을 명시하므로 이는 국제사법이 적용되는 모든 법률관계에 대해 그것이 소송인지 비송인지에 관계없이 적용되는 것으로 보인다. 그러나 과연 그런 결론이 타당한지는 앞으로 개별적으로 검토할 필요가 있다.

가사사건, 즉 제7장과 제8장이 적용되는 사건에서도 일반관할에 관한 제3조가 적용된다. 가사비송사건은 비송사건에 관한 조문(개정안 제15조)에 따라 어느 정도 해결될 것이고, 가사소송사건에 대하여는 개정안이 전면적으로 적용된다.

3. 피고의 영업소 소재지 또는 영업활동에 근거한 특별관할(개정안 제4조)

이는 특별관할이기는 하나 가사사건 이외의 여러 장에 공통되는 것이므로 제1장에 규정하고, 또한 당해 사업소(또는 영업소)의 업무(또는 영업)에 관한 한 일반관할과 유사한 기능을 하는 측면이 있으므로 민사소송법(제12조)과 달리 개정안은 이를 일반관할에 이어서 규정한다(편의상 '영업소'와 '영업활동'만 언급한다).

가. 피고의 영업소 소재에 근거한 특별관할(개정안 제4조 제1항)

민사소송법 제5조(제1항, 제2항)에 의하면 외국법인은 한국에 있는 사무소 또는 영업소 소재지에 보통재판적을 가지는 것처럼 보인다. 한편 민사소송법 제12조는 "사무소 또는 영업소가 있는 사람에 대하여 그 사무소 또는 영업소의 업무에 관한 소를 제기하는 경우에는 그 사무소 또는 영업소가 있는 곳의 법원에 제기할 수 있다"고 규정한다. 문면상 제5조는 보통재판적을, 제12조는 특별재판적을 정한 것처럼 보이는데 만일 제5조와 제12조를 국제재판관할에도 유추적용한다면 양자의 관계가 문제가 된다.

종래 학설로는 민사소송법 제12조를 특별관할의 근거로 보는 데는 이견이 없으나, 제5조를 일반관할의 근거로 볼 것은 아니라는 견해가 유력하였는데, 대법원 2000. 6. 9. 선고 98다35037 판결은 민사소송법 제5조를 근거로 일반관할을 인정하였다. 그러나 중국승무원이 중국항공사를 상대로 제기한 손해배상청구사건에서 대법원 2010. 7. 15. 선고 2010다18355 판결은 그보다 진일보한 판시를 하였다. 위 사건에서 중국항공사인 피고가 한국에 영업소를 두고 있었으므로 위 2000년 대법원판결의 태도를 따랐다면 당연히 한국의 일반관할을 인정했을 것이나 2010년 판결은 그 점을 포함한 다양한 요소를 고려한 뒤에 한국의 국제재판관할을 긍정하였기 때문이다.[17] 이는 국제사법 제2조의 시행이 초래한 변화이다.

저자는 종래부터 위 2000년 대법원판결에 대해 비판적이다. 특히 제5조를 일반관할의 근거로 삼는 근거로 원용될 수 있는 미국의 '영업활동'(doing business)에 기한 일반관할은 세계적으로 과잉관할의 전형적인 예로 비판을 받고 있다.[18] 요컨대 제5조를 근거로 일반관할을 허용하는 것은 부적절하며, 영업소가 있는 경우 제12조를 근거로 특별관할을 인정하는 것이 적절하다. 저자는 입법론으로서는 국제재판관할의 맥락에서 제12조에 따른 특별관할을 인정하되 제5조에 따

---

17) 위 대법원 판결은 피고 회사의 영업소가 한국에 존재하고 피고 회사 항공기가 한국에 취항하며 영리를 취득하는 이상, 피고 회사가 그 영업 활동을 전개하는 과정에서 한국 영토에서 피고 회사 항공기가 추락하여 인신사고가 발생한 경우 피고 회사로서는 한국 법원의 재판관할권에 복속함이 상당하고, 피고 회사도 이를 충분히 예측할 수 있다고 보아야 하므로 개인적인 이익 측면에서도 한국 법원의 재판관할권이 배제된다고 볼 수 없다고 판시하였다.

18) 예비초안과 2001년 초안 제18조 제2항 e)호는 이를 금지되는 관할로 열거한다.

른 일반관할은 부정하는 것으로 제5조와 제12조의 관계를 명확히 정리할 필요가 있음을 지적하고 그런 태도를 취한 일본 개정 민사소송법을 지지한 바 있다.[19)]

위원회는 영업소 소재지는 특별관할의 근거가 될 수 있을 뿐이고 일반관할의 근거가 될 수는 없다고 보았다.[20)] 그에 따라 개정안은 영업소 소재지를 특별관할의 근거로만 규정하고 이를 일반관할의 근거로 규정하지는 않는다. 그로부터 위와 같은 결론이 도출된다. 일본 개정 민사소송법(제3조3 제4호)[21)]도 동일한 태도를 취한다.

나. 피고의 영업활동에 근거한 특별관할(개정안 제4조 제2항)

(1) 해석론

한국 기타 대륙법계국가의 경우 피고의 영업활동과 관련된 특별관할에 관한 종래의 논의는 계약과 불법행위를 나누고 각각에 관하여 이루어졌으므로 국제재판관할의 유무를 판단하기 위해서는 우선 문제된 법률관계의 성질결정을 하고 피고의 영업활동 그 자체에 근거한 특별관할은 인정되지 않았다. 그러나 당사자가 어느 국가 내에서 영업활동을 통하여 이득을 얻고 있다면 그로부터 발생하거나 그와 관련된 소송에 대해서는 당해 국가의 특별관할을 인정하는 것이 불합리한 것만은 아니다. 이것이 피고의 '활동에 근거한 관할'(activity based jurisdiction)이다. 이러한 개념은 미국으로부터 연원하였는데, 미국 판례는 최소한의 접촉(minimum contact)의 핵심적 개념인 '의도적 이용(purposeful availment)'을 인정하기 위한 요건으로 행위 내지는 활동에 착안하였으므로 피고의 활동에 기한 국제재판관할을 자연스럽게 인정할 수 있었다. 그러나 이러한 전통을 가지고 있지 않은 한국으로서는 미국과 같은 접근은 쉽지 않다. 이를 인정한다면 피고의 어떠

---

19) 석광현, "한국의 國際裁判管轄規則의 입법에 관하여", 국제거래법연구 제21집 제2호(2012. 12.), 158면 참조.

20) 주목할 것은 근자의 미국의 변화이다. 2014. 1. 14. 미국 연방대법원은 Daimler AG v. Bauman, 571 U.S. ___ (2014) 사건 판결에서, 미국 법원이 법인에 대하여 일반관할권을 가지는 것은 ① 법인의 설립지, ② 법인의 주된 영업소 소재지 또는 ③ 법인이 계속적이고 체계적인 일반 영업활동을 하고 합리적으로 본거지라고 생각되는 장소가 미국 내에 존재하는 경우인데, 특히 위 ③은 매우 예외적인 상황에서만 적용할 수 있음을 강조하였다. 그 결과 미국이 수십 년 간 유지해온 선례를 뒤집었으며 공식적으로 "영업활동 관할"의 종말을 선언한 것으로 평가되고 있다.

21) 일본 개정 민사소송법은 영업소 소재를 근거로 외국법인에 대한 일본의 일반관할을 인정하는 조문을 두지 않는다. 이는 일본 최고재판소 1981. 10. 16. 말레이시아 사건 판결(民集35卷 7号, 1224면)의 결론을 입법에 의하여 배척한 것이다.

한 성질, 빈도 또는 양의 활동이 관할근거가 되는지의 판단이 어려우므로 사소한 관련을 근거로 국제재판관할이 확대될 위험성이 존재한다. 현행법의 해석론으로는 관할을 인정하는 것이 국제재판관할 배분의 이념에 부합하고 합리적이면 피고의 활동에 근거한 특별관할을 인정할 수 있다. 특히 피고의 활동에 기한 특별관할의 인정 여부는 전자상거래와 관련하여 중요하다.[22] 저자는 현행 국제사법의 해석론상 피고의 활동에 기한 특별관할을 인정할 수 있으나, 국제사법(제27조 제1항)이 명시적으로 'targeted activity criterion'(지향된 활동기준)에 근거한 재판관할을 규정하는 소비자계약의 경우와 동일한 정도로 광범위한 보호를 부여할 수는 없다고 보았다.

(2) 저자의 과거 입법론과 개정안

저자는 종래 입법론으로 영업활동에 근거한 관할을 규정하는 방안을 적극적으로 검토할 필요가 있음을 지적하였다. 일본 개정 민사소송법(제3조의3 제5호)은 일본에서 사업을 행하는 자(일본에 있어서 거래를 계속하여 하는 외국회사, 즉 일본 회사법 제2조 제2호에 규정한 외국회사를 포함한다)에 대한 소에 관하여 일본에서의 업무와 관련된 것에 대하여 활동에 근거한 관할을 도입하였다. 외국회사가 한국 내 대리상을 통하여 제품 판매와 같은 영업을 하는 경우 영업소를 가지는 것은 아니므로 영업소 소재지 관할을 인정하기는 어려우나,[23] 영업활동에 근거한 관할을 인정할 여지는 있다.

저자는 입법 시 외국회사가 한국에서 '영업활동을 할 것'이라는 요건을 명확히 해야 하는데 구체적으로 ① 한국 내에서 영업활동을 할 것, ② 한국 내에서 영업활동을 계속할 것, ③ 한국 내에서 또는 한국을 지향하여 영업활동을 할 것, ④ 한국 내에서 영업활동을 하거나, 외국에서 영업활동을 하더라도 그 실질적 효과가 한국 내에서 나타날 것 등 또는 ⑤ 영업활동에 근거한 관할이 재판관할의 대원칙에 부합하는 것을 요구하는 방안을 선택지로 고려할 수 있고, 또한 비인터넷 거래와 인터넷 거래에 대한 규칙을 이원화할지도 고려할 필요가 있음을 지적하였다.

개정안은 이 점을 고려하여 영업활동이 대한민국에서 또는 대한민국을 향하여 "계속적이고 조직적"으로 이루어질 것을 요구하는 방향으로 요건을 다소 강

---

22) Zippo Manufacturing Co. v. Zippo Dot Com, Inc. 사건 판결(952 F. Supp. 1119 (W.D. Pa. 1997)) 참조.

23) 법무부, 국제사법 개정 방안 연구(2014), 76면이 소개하는 유럽사법법원 1981. 3. 18. Blanckaert & Willems PVBA v Luise Trost 판결(Case 139/80) 참조.

화하였다.[24] 이는 위 ③을 기초로 하되 보다 엄격한 요건을 요구하는 것이다.

4. 재산소재에 근거한 특별관할(개정안 제5조)

민사소송법(제11조)에 의하면, 한국에 주소가 없는 사람에 대하여 재산권에 관한 소[25]를 제기하는 경우에는 청구의 목적 또는 담보의 목적이나 압류할 수 있는 피고의 재산소재지의 법원에 제기할 수 있다. 이 중 청구와 무관함에도 불구하고 압류할 수 있는 피고의 재산소재지라는 근거로 국제재판관할을 긍정할 수 있는지가 논란이 되었다. 과거 대법원 1988. 10. 25. 선고 87다카1728 판결은, 당해 사건에서는 국내 재산이 없다는 이유로 한국의 국제재판관할을 부정하였으나, 추상적 법률론으로는 승소판결을 받아 집행함으로써 재판의 실효를 거둘 수 있다는 근거로 재산소재지의 국제재판관할을 인정할 수 있다고 판시하였다.[26]

그러나 재산의 소재를 근거로 당해 재산에 관한 소송이 아니라 '재산권에 관한 소' 일반에 대해 널리 특별관할을 인정하는 것은 전형적인 과잉관할(exorbitant jurisdiction)이라는 이유로 전 세계적으로 비판을 받았다. 즉 재산소재를 당해 재산과 관련되지 않은 사건의 일반관할 내지 넓은 특별관할의 근거로 인정할지에 관하여는 ① 브뤼셀체제와 1988년 루가노협약(각 제3조 제2항)이나 미국 연방대법원의 Shaffer v. Heitner 사건 판결[27]처럼 부정하는 견해, ② 독일의 유력설처럼 제한 없이 인정하는 견해와 ③ 일정한 제한 하에 인정하는 절충설이 있는데, 절충설에는 ③-1, 재산가액이 청구금액을 상회할 것 또는 청구금액에 상당하는 재산의 어느 정도 계속적인 국내 소재를 요구하는 견해[28]와 ③-2, 독일 연방대법원의 1991. 7. 2. 판결처럼 '법적 쟁송의 충분한 내국관련'을 요구하는 견해 등이 있다.

---

24) 이는 과거 미국에서 일반관할의 근거로 인정되었던 "지속적이고 조직적인 활동(continuous and systematic activities)"을 연상시킨다.

25) 민일영/김능환(편), 주석민사소송법(Ⅰ), 제7판(2012), 172면(김상준 집필부분)은 '재산권에 관한 소'라 함은 성질상 금전적 가치나 경제적 이익을 기초로 한 권리나 법률관계에 관한 소를 말한다고 설명한다. 민일영/김능환(편), 주석민사소송법(Ⅲ), 제7판(2012), 313면(강승준 집필부분)은 '재산권의 청구'라 함은 금전적으로 평가할 수 있는 권리에 대한 청구를 말한다고 한다.

26) 평석은 최공웅, "국내재산의 소재와 국제재판관할", 사법논집 제20집(1989), 597면 이하 참조.

27) 433 U.S. 186 (1977).

28) 고엽제소송에서 서울고등법원 2006. 1. 26. 선고 2002나32662 판결 참조. 일본 민사소송법 제3조의2 제3호도 유사한 태도를 취한다.

흥미로운 것은 재일교포 대여금사건의 대법원 2014. 4. 10. 선고 2012다7571 판결이다. 원심 판결[29]은 당해 사건 소가 민사소송법 제11조의 재산권에 관한 소이고 원고가 가압류를 집행한 피고 소유의 부동산 소재지가 한국이지만, 한국과 당사자 또는 분쟁이 된 사안 사이에 실질적 관련성이 없다는 이유로 한국 법원의 국제재판관할을 부정하였다. 대법원판결은 반대로 한국의 국제재판관할을 긍정하였는데, 재산소재지라는 이유만으로가 아니라 대출금 별로 실질적 관련성을 검토하였다.[30]

개정안은 청구 또는 담보의 목적인 재산이 한국에 있는 경우 한국의 특별관할을 인정한다.[31] 나아가 개정안은 압류할 수 있는 피고의 재산이 한국에 있는 경우에는 당해 재산에 관한 분쟁이 아니더라도 재산소재지의 특별관할을 인정하되, 다만 분쟁이 된 사안이 한국과 아무런 관련이 없거나 근소한 관련만 있는 경우 또는 그 재산의 가액이 현저하게 적은 경우에는 이를 부정한다.[32] 이는 ③-1을 조금 변형한 방안이다. 개정안은 소극적 요건으로 "분쟁이 된 사안이 대한민국과 아무런 관련이 없거나 근소한 관련만 있는 경우"에는 국제재판관할이 없음을 규정하는데, 이는 실질적 관련까지는 요구하지 않지만 근소한 관련만으로는 부족하다는 취지이다.

개정안(제10장)은 재산의 가압류에 근거하여 본안에 대한 관할을 인정하는, 이른바 '가압류관할'을 규정하나 이는 해사사건에서 선박을 가압류한 경우에만 한정한다.[33]

---

29) 서울고등법원 2011. 12. 8. 선고 2011나43329 판결.

30) 저자는 원칙적으로 ①을 지지하였으나, 만일 재산소재에 근거한 재판관할을 긍정한다면 ③을 따라 (i) 압류할 수 있는 피고의 재산가액이 현저하게 낮지 않을 것(일본 개정 민사소송법의 태도)과 (ii) 당사자 또는 당해 사안의 내국관련성이 필요하다고 보면서, (iii) 다만 해사채권에 기하여 선박을 (가)압류한 경우는 예외적으로 내국관련성을 요구하지 않는 것이 바람직하다는 견해를 피력하였다. 석광현(註 19), 162면 이하 참조. 이처럼 내국관련성을 요구한다면 재산권상의 소이면 되고 금전지급을 구하는 소에 한정할 필요는 없다고 보았다.

31) 일본 개정 민사소송법(제3조의3 제3호)은 일본국 내에 있는 재산이 청구의 목적인 경우에만 이를 인정하고 담보의 목적인 경우는 제외한다.

32) 일본 개정 민사소송법(제3조의3 제3호)은 금전지불을 청구하는 재산권상의 소일 것을 요구하고, 압류할 수 있는 피고의 재산가액이 현저하게 낮은 때에는 관할을 부정한다.

33) 이러한 '재산관할(*forum patrimonii*)'은 재산의 소재를 근거로 가지는 재판관할을 가리키고 그 경우 재판관할은 재산의 가액에 한정되지 않는다. 반면에 '가압류관할(*forum arresti*)'은 재산소재가 아니라 재산에 대한 가압류를 근거로 본안소송에 대하여 재판관할을 인정하는 것을 말하고 이 경우 재판관할은 가압류된 재산의 가액에 한정된다. Lawrence Collins, Essays in International Litigation and the Conflict of Laws (Oxford: Clarendon Press, 1994), p. 17. 민사소송법상 재산소재지 특별재판적은 가압류재판적에서 유래한다고 한다. 민일영/김능환/김

5. 관련사건의 국제재판관할(개정안 제6조)

특정한 청구 또는 피고에 대해 국제재판관할이 없더라도 다른 청구 또는 공동피고와의 관련성에 근거해서 관할이 인정되는 경우도 있다. 이는 민사소송법(제25조)이 '관련재판적'에 관한 규정을 두는 점으로부터 쉽게 짐작할 수 있는데, 그와 유사하게 이를 '관련관할'이라고 부를 수 있다. 문제는 그 요건을 어떻게 합리적으로 규정할 것인가이다. 그러한 관련관할이 인정될 여지가 있는 경우에도 관련사건인 다른 청구 또는 다른 공동 피고에 대한 청구가 외국의 전속관할에 속하는 경우에는 이는 허용되지 않는다(제10조 제2항).

가. 청구의 객관적 병합과 관련관할

민사소송법(제25조 제1항)은 "하나의 소로 여러 개의 청구를 하는 경우에는 제2조 내지 제24조의 규정에 따라 그 여러 개 가운데 하나의 청구에 대한 관할권이 있는 법원에 소를 제기할 수 있다"고 규정하여 청구의 객관적 병합의 경우 관련재판적을 규정한다. 이를 '객관적 병합에 따른 관련관할' 또는 '병합청구의 재판관할'이라고 부를 수 있다. 문제는 동 항의 원칙을 국제재판관할에도 적용 내지 유추적용할 수 있는가이다.

청구의 객관적 병합의 경우 관련재판적을 근거로 국제재판관할을 인정하는 것이 전혀 근거가 없지는 않지만, 브뤼셀 I (브뤼셀협약), 그와 유사한 예비초안 및 2001년 초안의 태도를 고려할 때, 민사소송법(제25조 제1항)을 국제재판관할에도 곧바로 적용하여 병합된 청구에 대해 국제재판관할을 인정하는 것은 주저된다. 병합되는 청구에 관한 피고의 관할이익을 부당하게 침해할 우려가 있기 때문이다. 그러나 청구의 객관적 병합 일반에 대하여가 아니라, 동일한 사실관계로부터 발생하는 불법행위와 채무불이행의 청구권경합의 경우에는 객관적 병합을 근거로 국제재판관할을 허용할 여지가 있다.

① 청구 간에 매우 밀접한 관련이 있어서 저촉되는 판결이 선고될 중대한 위험을 피하기 위하여 함께 재판해야 할 것을 요구하는 방안도 고려할 수 있으나 이는 너무 엄격하다. 따라서 저자는 ② 소송의 목적인 권리 또는 의무가 동일한 사실상 및 법률상 원인에 기초한 때로 규정하거나, ③ 단순히 청구 상호 간에

상준, 181면. Forum arresti를 '은폐된 재산관할'이라고도 한다.

밀접한 관련이 있을 것을 요구하거나,[34] ④ 청구 간의 밀접한 관련이 있어서 법원의 국제재판관할을 인정하는 것이 제2조 제1항이 정한 국제재판관할 결정의 대원칙에 부합할 것을 요건으로 고려할 수 있다는 견해를 피력한 바 있다.[35] 우리 판례의 태도는 분명하지 않다.

개정안(제6조 제1항)은 재산법상의 사건에 관하여 위 ③을 채택하였다.

반면에 가사사건의 경우 특수성이 있다. 예컨대 가사소송인 이혼소송에는 가사비송인 재산분할, 친권자 및 양육자 지정, 양육비, 면접교섭권청구 등과 같은 부수적 효과에 관한 청구를 병합하여 청구하는 경우가 많고, 경우에 따라 위자료 청구도 병합된다. 따라서 이혼사건에 대하여 국제재판관할을 가지는 법원에 이러한 부수적 효과에 관한 소송에 대하여도 관할을 인정할 필요가 있다. 브뤼셀Ⅱbis(제12조)에 따르면, 이혼사건에 대해 관할을 가지는 법원이, 일정한 요건 하에 친권의 문제(양육자 지정 등)에 대해 관할을 가진다. 이혼사건에 대해 관할을 가지는 법원은 부양료청구에 대하여도 관할을 가지는데, 이는 유럽연합의 부양규정(제3조 c호)이 명시한다. 가사소송법(제14조)도 토지관할의 맥락에서 이 점을 명시한다.[36] 독일 FamFG(제98조 제2항)은 제1항에 의한 독일법원들의 관할은 이혼사건과 효과사건의 병합의 경우에는 효과사건에도 미친다는 점을 더욱 명확히 규정한다. 이혼사건에서 관련성에 근거한 관할을 이혼의 부수적 효과에 관한 소송에까지 확장하는 것은, 재산법상의 소송에서 '객관적 병합에 따른 관련관할'에 대해 부정적인 견해를 취하거나 엄격한 요건 하에서 인정하려는 것과는 달리 별 거부감 없이 인정된다. 다만 개정안(제61조)은 부양사건에서 부양권리자의 상거소지 관할을 인정하는데, 그를 기초로 이혼사건 기타 관련사건을 병합하는 것을 허용하는 것은 주저되고, 가사소송법도 가사소송사건을 중심으로 관련재판적을 인정하지만 가사비송사건을 중심으로 관련재판적을 인정하지는 않는다.

이 점을 고려하여 개정안(제6조 제3항)은 가사사건에서 예컨대 이혼, 파양 등 주된 청구에 대해 재판관할을 가지는 법원에 이혼효과에 관한 부수적 청구(친권자 및 양육자 지정, 부양료 등)에 대한 관련사건의 관할을 인정하지만, 반대의 경우 관련사건의 관할을 인정하는 것은 아니라는 취지를 명시한다. 위와 같은 예시는

34) 일본 개정 민사소송법(제3조의6)이 이런 태도이다.
35) 석광현(註 19), 172면.
36) "관련 사건의 병합"을 정한 제14조 제1항 참조.

별 문제가 없지만 주된 청구와 부수적 청구의 경계와 범위가 항상 분명한 것은 아니다.

나. 공동소송과 관련관할

민사소송법(제25조 제2항)은 "소송목적이 되는 권리나 의무가 여러 사람에게 공통되거나 사실상 또는 법률상 같은 원인으로 말미암아 그 여러 사람이 공동소송인으로서 당사자가 되는 경우에는 제1항의 규정을 준용한다"고 하여 공동소송의 경우 관련재판적을 인정한다. 이는 1990. 1. 13. 구 민사소송법 개정 시 통상의 공동소송의 경우 중 공동소송인 사이의 관련이 상대적으로 밀접한 구 민사소송법 제61조[37] 전문의 경우에만 관련재판적을 인정하고, 제61조 후문의 경우에는 이를 제외하여 구 민사소송법상 다수설이던 절충설을 입법화한 것이다. 따라서 예컨대 공동소송인 상호 간에 소송연대성이 강력한 필수적 공동소송의 경우 관련재판적이 인정된다. 이를 '주관적 병합에 따른 관련관할'이라고 부를 수 있다. 문제는 동 항의 원칙을 국제재판관할에도 적용 내지 유추적용하여 공동소송인 간의 '관련관할' 또는 '관련성에 근거한 관할'을 인정할 수 있는지이다.

독일에서는 원칙적으로 각 공동소송인에 대해 독립적으로 독일 민사소송법(제12조 이하)의 규정에 따라 국제재판관할이 존재해야 한다고 함으로써 공동피고인의 이익을 보호한다. 브뤼셀 I (제6조 제1호)은 "청구들이 매우 밀접하게 관련되어 있어서 별개의 소송절차로부터 저촉되는 판결이 생길 위험을 피하기 위하여 그들을 함께 심리, 재판할 필요가 있는 경우여야 "공동피고에 대한 소는 공동피고들 중 1인이 주소를 가지는 법원에 제기할 수 있다"고 규정하며, 예비초안(제14조)은 더욱 구체적 요건 하에 공동소송을 인정한다. 무엇보다도 민사소송법의 규정을 그대로 국제재판관할규칙화할 경우 끌려 들어가는 공동피고에게 매우 불리하게 되므로 이를 전혀 인정하지 말거나, 만일 인정한다면 상당히 제한적인 요건 하에 이를 인정하는 것이 타당하다. 보다 구체적으로 저자는 ① 법정지가 어느 피고의 상거소 소재지 국가의 법원일 것, ② 그 피고와 다른 피고들에 대한 청구가 매우 밀접하게 관련되어 있어서 모순된 재판이 선고될 [중대한] 위험을 피하기 위하여 함께 재판해야 할 것과 ③ 당해 국가에 상거소를 가지지 않는 각 피고에 관하여 그 국가와 그 피고에 관한 분쟁 간에 어떤 관련이 있을 것이라는

37) 이는 민사소송법 제65조에 상응한다.

요건을 요구하거나, 위 ②와 ③의 요건을 묶어 ④ 그 피고와 다른 피고들에 대한 청구가 매우 밀접하게 관련되어 있어서 다른 피고들에 대하여 법원의 국제재판관할을 인정하는 것이 제2조 제1항이 정한 국제재판관할 결정의 대원칙에 부합할 것을 요구할 수도 있다는 견해를 피력하였다.[38]

개정안은 위 ①과 ②의 요건을 요구하나 '중대한'이라는 요건은 규정하지 않는다. 다만 관할을 발생시킬 목적으로 본래 제소할 의사가 없는 당사자를 공동소송인으로 하여 함께 제소하는 경우에는 관련재판적에 기한 국제재판관할을 인정할 수는 없다.[39]

6. 반소의 국제재판관할(개정안 제7조)

민사소송법(제269조 제1항)에 따르면, 피고는 소송절차를 현저히 지연시키지 아니하는 경우에 한하여 변론종결 시까지 본소가 계속된 법원에 반소를 제기할 수 있으나, 다만 소송의 목적이 된 청구가 다른 법원의 관할에 전속되지 아니하고, 본소의 청구 또는 방어의 방법과 서로 관련이 있어야 한다. 방어방법과 관련이 있기만 하면 되고 반소가 본소의 기초가 된 거래 또는 사건으로부터 발생한 것일 필요는 없다. 예컨대 피고는 본소 청구와 아무런 관련이 없는 반대청구에 기하여 상계의 항변을 할 수 있는데 민사소송법에 따르면 그 경우 상계항변 후 남은 채권에 기한 반소의 재판관할이 인정된다.

하지만 예비초안(제15조)은 "협약의 조항에 따라 어느 소에 대하여 관할을 가지는 법원은 본소의 기초가 된 거래 또는 사건으로부터 발생하는 반소에 대하여도 재판할 관할을 가진다"고 규정하고, 브뤼셀 I (제6조 제3호)도 "본소와 동일한 계약 또는 사안에 기한 반소의 경우에 한하여 관할을 긍정한다. 일본 개정 민사소송법은 제146조 제3항을 신설하여 "일본 법원이 반소의 목적인 청구에 관하여 관할권을 가지지 않는 경우에는, 피고는, 본소의 목적인 청구 또는 방어방법과 밀접한 관련이 있는 청구를 목적으로 하는 경우에 한하여 제1항의 규정에 의한 반소를 제기할 수 있다. 다만 일본의 법원이 관할권 전속에 관한 규정에 의하

38) 석광현(註 19), 170면 이하 참조. 일본의 개정 민사소송법(제3조의6) 참조.

39) 토지관할의 맥락에서 대법원 2011. 9. 29.자 2011마62 결정은 관할만을 발생시킬 목적으로 본래 제소할 의사가 없는 청구를 병합한 것이 명백한 경우 이는 관할선택권의 남용으로서 신의칙에 위반하여 허용될 수 없고 이 경우 민사소송법 제25조는 적용이 배제된다고 판시하였다. 이런 법리는 국제재판관할에서도 타당하나 이는 굳이 규정하지 않아도 될 것이다.

여 반소의 목적인 청구에 관하여 관할권을 가지지 않는 때에는 그러하지 아니하다"는 취지로 규정한다. 이는 반소의 토지관할에 관한 조항을 기초로 하되 더 엄격하게 '밀접한' 관련이 있을 것을 요구한다.

개정안은 민사소송법(제269조 제1항)의 토지관할규칙을 국제재판관할규칙으로 수용함으로써 일본법과 유사한 태도를 취한다. 물론 반소의 목적인 청구가 외국법원의 전속관할에 속하는 경우에는 그러하지 아니하다(개정안 제10조 제2항).

7. 합의관할(개정안 제8조)

민사소송법(제29조)은 당사자들이 일정한 법률관계로 말미암은 소에 관하여 관할합의를 할 수 있음을 명시하고 서면에 의할 것을 요구하는데, 국제재판관할에 관한 합의도 허용됨은 의문이 없다.[40] 국제재판관할의 합의는 주된 계약에 포함되거나 별도로 이루어질 수 있고, 일정한 법률관계로 말미암은 소이면 족하고 계약에 관한 사건에 한정되는 것은 아니나 가장 전형적인 것은 국제계약의 일부로 이루어지는 경우이다.

개정안은 관할합의협약의 내용을 가급적 반영한 조문을 도입하였다. 다른 조문과 달리 이는 관할합의의 결과 한국이 국제재판관할을 가지는 경우만이 아니라 외국법원이 관할을 가지는 경우도 함께 규율하는 양면적인 성질을 가진다. 다만 제5항은 외국법원을 위한 전속관할합의만을 규율한다.

당사자는 일정한 법률관계로 말미암은 소에 관하여 국제재판관할합의를 할 수 있으나, 다음 각호의 경우에는 그 합의는 효력이 없다. 이런 무효사유는 관할합의협약(제6조)을 도입한 것으로 첫째, 합의로 지정된 국가의 법(준거법의 지정에 관한 법규를 포함한다)[41]에 따르면 그 합의가 효력이 없는 경우, 둘째, 합의를 한 당사자가 합의를 할 능력이 없었던 경우, 셋째, 그 소가 제10조 제1항 그 밖의 대한민국의 법령 또는 조약에 따라 합의로 지정된 국가가 아닌 다른 국가의 국제재판관할에 전속하는 경우와 넷째, 합의의 효력을 인정한다면 소가 계속한 국가의 선량한 풍속 그 밖의 사회질서에 명백히 위반되는 결과를 가져오는 경우이다(제8조 제1항).

저자는 예비초안(제3조 c호)에 준하여 관할합의의 서면요건을 완화하는 것이

---

40) 대법원 1992. 1. 21. 선고 91다14994 판결; 대법원 1997. 9. 9. 선고 96다20093 판결 참조.

41) 이는 관할합의협약의 해석론과 브뤼셀 I bis(제25조 제1항)의 태도를 따른 것이다.

바람직하다는 견해를 피력하였는데,[42] 개정안(제8조 제2항)은 중재법(제8조)[43]에 준하여 "서면은, 전보(電報), 전신(電信), 팩스, 전자우편 또는 그 밖의 통신수단에 의하여 교환된 전자적(電子的) 의사표시를 포함한다"고 규정한다.

합의된 법원이 전속관할을 가지는지는 당사자가 결정할 사항이나 분명하지 않은 경우 전속적인 것으로 추정함이 법적 안정성 측면에서 바람직하므로,[44] 개정안(제8조 제3항)은 그런 취지를 명시한다. 또한 개정안(제8조 제4항)은 관할합의 조항을 포함하는 주된 계약 중 다른 조항의 효력은 관할합의조항의 효력에 영향을 미치지 아니한다고 규정함으로써 '관할조항의 독립성'을 명시한다. 나아가 개정안(제8조 제5항)에 따르면, 외국법원을 선택하는 전속관할합의가 있는 경우 법원은 원칙적으로 소를 각하해야 하나 합의로 지정된 국가의 법원이 사건을 심리하지 않기로 하거나 그 합의가 제대로 이행될 수 없는 명백한 사정이 있는 경우에는 그러하지 아니하다.

주목할 것은, 종래 우리 대법원 판례[45]는, 한국 법원이 국제재판관할을 가지는 사건에서 한국 법원의 관할을 배제하고 외국법원을 관할법원으로 하는 전속적 국제재판관할의 합의가 유효하기 위해서는 ① 당해 사건이 한국 법원의 전속관할에 속하지 아니하고, ② 지정된 외국법원이 그 외국법상 당해 사건에 대하여 관할권을 가져야 하며, ③ 당해 사건이 그 외국법원에 대하여 합리적인 관련성을 가져야 하고, ④ 전속적 관할합의가 현저하게 불합리하고 불공정한 경우에는 그 관할합의는 공서양속에 반하는 법률행위에 해당하는 점에서도 무효라고 판시한 점이다. 위 ③의 요건은 많은 비판을 받았는데 해석론상 이를 폐지해야 하고 입법론으로도 이를 요구하지 말아야 한다는 것이 유력한 견해였다. 개정안은 위 ③의 요건을 요구하지 않는다.

앞으로는 국제거래의 증가와 거래 당사자들의 분쟁에 대한 인식제고에 따라 관할합의는 실무적으로 더욱 중요하게 될 것이다. 특히 전속적 관할합의의 경우에도 법원과 당해 사건 간의 합리적 관련성의 요건을 배제하고(개정안 제8조), 나아가 아래에서 보듯이 관할합의의 경우 부적절한 법정지의 법리의 적용도 배제

42) 일본 개정 민사소송법(제3조의7) 참조.

43) 중재법 제8조는 2006년 UNCITRAL 개정 모델중재법을 2016년에 수용한 것이다.

44) 1999년 예비초안과 2001년 초안(각 제4조 제1항) 그리고 브뤼셀협약(제17조)과 브뤼셀 I 규정(제23조)도 같다. 그러나 영미의 전통은 비전속적 합의로 추정하는 것이라고 한다.

45) 예컨대 대법원 1997. 9. 9. 선고 96다20093 판결 등. 위 판결에 관하여는 석광현, 국제사법과 국제소송, 제3권(2004), 212면 이하 참조.

하기 때문이다(개정안 제12조 제1항).

소비자계약(개정안 제43조)과 근로계약(개정안 제44조)의 맥락에서 관할합의에 관하여는 종전과 마찬가지로 소비자계약과 근로계약에 관한 조문에서 개정안 제8조에 대한 특칙을 둔다.

8. 변론관할(응소관할)(개정안 제9조)

민사소송법(제30조)은 '변론관할'이라는 제목 하에 "피고가 제1심 법원에서 관할위반이라고 항변하지 아니하고 본안에 대하여 변론하거나 변론준비기일에서 진술하면 그 법원은 관할권을 가진다"고 규정한다. 이는 피고의 복종(submission)에 기초한 관할이므로 국제재판관할에서도 변론관할을 인정할 수 있다. 그러나 전속관할에 반하는 경우에는 그러하지 아니하다. 변론관할을 묵시적 관할합의로 보는 견해도 있으나 양자는 구별해야 한다. 따라서 묵시적 관할합의의 성립 등에 관하여 그 준거법에 따른 판단은 불필요하며 법정지법에 따라 변론관할이 성립하는지를 판단하면 족하다.[46]

개정안(제9조)은 변론관할을 명시한다. 즉 국제사법에 따라 법원에 국제재판관할이 없는 경우에도 피고가 국제재판관할이 없음을 주장하지 아니하고 본안에 대하여 변론하거나 변론준비기일에서 진술하면 법원에 그 사건에 대한 변론관할이 인정된다. 종래 해석론상 피고가 국제재판관할을 다투기 위한 출석, '특별출석(special appearance)'을 한 경우에는 가사 예비적으로 본안에 관하여 변론을 하더라도 변론관할이 발생하는지는 논란이 있는데 개정안은 이를 명시하지 않는다.[47]

9. 전속적 국제재판관할(개정안 제10조)

가. 전속관할에 관한 논의의 배경

소송의 대상인 분쟁의 성질상 특정국가에 전속적 국제재판관할(또는 전속관할)을 인정하는 것이 적절한 경우가 있다. 당해 분쟁과 밀접한 관련이 있는 특정

46) Heinrich Nagel/Peter Gottwald, Internationales Zivilprozeßrecht 7. Auflage (2013), §3 Rn. 486.

47) 일본 개정 민사소송법(제3조의8)은 이런 취지의 규정을 두지 않는다.

국가의 법원에 전속관할을 인정함으로써 법률관계를 획일적으로 처리할 필요가 있기 때문이다.[48] 우리 국제사법과 민사소송법은 전속적 국제재판관할을 규정하지 않으나 브뤼셀협약(제16조), 브뤼셀 I (제22조)과 예비초안(제12조)과 2001년 초안(제12조)은 대체로 다음의 경우 전속적 국제재판관할을 인정한다.[49]

① 부동산에 대한 물권 또는 임대차를 목적으로 하는 소에 대해서는 부동산 소재지
② 법인의 존부, 그 기관의 결정의 유·무효 등에 관한 소에 대해서는 법인의 설립준거법 소속국
③ 공적 장부상의 기재의 유·무효를 목적으로 하는 소에 대해서는 공부를 관리하는 국가
④ 지적재산권의 등록, 유효성에 관한 소에 대해서는 등록지
⑤ 재판의 집행에 관한 소에 대해서는 그 재판의 집행이 행해지거나 행해질 국가

우리나라에도 대체로 유사한 견해가 있으나[50] 그 정확한 범위는 논자에 따라 다소 다르다. 우리 법이 전속적 토지관할을 규정하더라도 그로부터 당연히 전속적 국제재판관할이 도출되지는 않는다. 한국의 전속적 국제재판관할에 속하는 사건에 대해서는 당사자들이 합의에 의하여 이를 배제할 수 없다.

나. 전속관할규칙의 위치

위원회에서는 전속관할에 관한 규정을 총칙에 묶어서 규정할지 아니면 각 관련되는 장에서 규정할지에 관하여 논란이 있었다. 위원회에서는 이를 각 장에서 개별적으로 규정하는 방안이 유력하였으나 법무부는 후속작업 과정에서 이를 총칙(제10조)에 묶어서 규정하기로 하였다. 예컨대 개정안(제10조 제1항 제1호)이 정한 “한국의 공적 장부의 등기 또는 등록에 관한 소”는 물권만이 아니라 친족과 법인에도 관련되는 탓에 어느 장에 귀속시키는 것이 부적절하기 때문이다. 이처럼 총칙에 규정하는 김에 어느 장에 귀속시키기가 어려웠던 집행에 관한 조문도 두기로 하였다(제10조 제1항 제5호).

---

48) Jürgen Basedow, “Das Prinzip der gegenseitigen Anerkennung im internationalen Wirtschaftsverkehr”, in FS Martiny (2014), S. 246.

49) 일본 개정 민사소송법 제3조의5 참조. 부동산 물권에 관한 소이더라도 부동산 소재지의 전속관할을 인정하지 않는다(제3조의3 제11호 참조).

50) 이인재, “국제적 관할합의”, 사법논집 제20집(1989), 641면; 한충수, “국제재판관할합의에 관한 연구”, 연세대학교 대학원 박사학위논문(1997), 118-121면.

다. 개정안(제10조)에 포함된 전속관할규칙

(1) 공적 장부의 등기 또는 등록에 관한 소

개정안(제1호)은 한국의 공적 장부의 등기 또는 등록에 관한 소에 대하여는 한국의 전속관할을 규정한다. 이는 위 ③을 반영한 것이나 그보다는 범위가 조금 넓다. 이는 공익성이 큰 공시제도와 밀접한 관련을 가지기 때문이다. 당초 위원회는 이를 주로 물권에 관한 공적 장부로 이해하여 이를 물권에 관한 장에 규정하는 것을 선호하였다. 그러나 여기의 공적 장부는 부동산등기부만이 아니라 법인등기부, 가족관계등록부와 선박등기부도 포함할 수 있으므로 이를 물권에 관한 장에 포함시키는 것은 부적절하다.

(2) 한국법에 의하여 설립된 법인 또는 단체의 설립 무효 또는 그 단체 기관의 결의의 유효성에 관한 소

개정안(제2호)은 한국법에 의하여 설립된 법인이나 단체의 설립 무효, 해산 또는 그 법인이나 단체의 기관의 결의의 유효성에 관한 소에 대하여는 한국 법원의 전속관할을 인정한다. 이는 위 ②를 반영한 것이다.

(3) 부동산에 대한 물권 또는 등기된 임대차를 목적으로 하는 소

개정안(제3호)은 한국에 있는 부동산에 대한 물권 또는 부동산의 사용을 목적으로 하는 권리로서 공적 장부에 등기나 등록이 된 것에 관한 소에 대해서는 한국의 전속관할을 인정한다. 이 점에 관하여는 위원회에서 논란이 있었다. 브뤼셀체제[51]는 전속관할을 규정하는 데 반하여 일본 민사소송법(제3조의3 제11호)은 전속관할을 규정하지 않는다. 위원회에서는 부동산에 관한 물권에 관한 소에 대하여 부동산소재지의 전속관할을 인정하지 않는 견해와 전속관할을 인정하는 견해가 있었다. 법무부는 후속작업 과정에서 국제적 정합성을 고려하여 이를 전속관할로 규정하기로 하였다. 현재 진행 중인 헤이그국제사법회의 재판프로젝트도 간접관할의 맥락에서 부동산소재지의 전속관할로 규정하고자 하므로 그와의 정합성도 고려하였다. 따라서 예컨대 매매계약에 기하여 소유권을 이미 취득하였음을 주장하는 경우 이는 부동산 물권에 관한 소이므로 부동산소재지국이 전속관할을 가진다. 반면에 매매계약에 기하여 이전등기청구를 하는 경우에는 부동산상의 물권에 관한 소가 아니라 부동산에 관한 채권의 소이므로[52] 전속관할에

---

51) 브뤼셀협약 제16조 제1호, 브뤼셀 I Recast 제24조 제1호.

52) 토지관할의 맥락에서 민일영/김능환/김상준, 201면.

속하지 않는다. 다만 이도 등기에 관한 소이므로 제1호에 따른 전속관할을 인정할 여지가 있으나 단서에 의하여 전속관할에 속하지 않는다.

(4) 등록지식재산권의 성립, 유효성 및 소멸에 관한 소

특허권, 상표권 기타 등록 또는 기탁에 의하여 권리가 창설되는 지식재산권("등록지식재산권")의 성립, [등록], 유효성 및 범위에 관한 소에 대해서는 등록이 청구된 국가 또는 등록국이 전속적 국제재판관할을 가진다는 점이 널리 인정된다. 이는 특허권처럼 등록을 요하는 지식재산권은 등록국법에 의하여 발생하는 권리로서 권리를 부여한 당해 국가에서만 효력을 가진다는 속지주의적 성격에서 비롯된 것이라고 설명한다. 또한 법원은 다른 국가의 특허권 부여라는 행위에 대해 간섭하거나, 그 행위의 유효성에 대해 판단할 수 없음을 근거로 들기도 한다. 우리 민사소송법(제21조)은 토지관할규칙만을 두고 있으나,[53] 브뤼셀협약, 루가노협약(각 제16조 제4호)과 브뤼셀 I (제22조)은 일정한 사건의 전속적 국제재판관할을 명시한다. 대법원 2011. 4. 28. 선고 2009다19093 판결도, 특허권은 등록국법에 의하여 발생하는 권리로서 법원은 다른 국가의 특허권 부여행위와 그 행위의 유효성에 대하여 판단할 수 없으므로 등록을 요하는 특허권의 성립에 관한 것이거나 유·무효 또는 취소 등을 구하는 소는 일반적으로 등록국 또는 등록이 청구된 국가 법원의 전속관할에 속한다고 판시하였다.

이 점을 고려하여 개정안(제4호)은 등록 또는 기탁에 의하여 창설되는 지식재산권이 한국에 등록되어 있거나 그 등록이 신청된 때 그 지식재산권의 성립, 유효성 또는 소멸에 관한 소에 대하여는 한국의 전속관할을 규정한다.

(5) 한국에서 집행하고자 하는 경우 재판의 집행에 관련된 소

개정안(제5호)은 한국에서 집행을 하고자 하는 경우 재판의 집행에 관련된 소에 대하여는 한국의 전속관할을 명시한다. 이는 법무부가 전속관할규칙을 제1장에 두기로 함에 따라 포함되었다. 이는 브뤼셀체제를 참고한 것으로 브뤼셀협약(제16조 제5호), 브뤼셀 I (제22조 제5호)과 브뤼셀 I Recast(제24조 제5호)는 이를 명시한다. 재판의 집행에 관련된 소에는 집행문 부여에 관한 소, 청구이의의 소와 제3자이의의 소 등이 포함되나 통상의 소송절차를 따르는 집행판결 청구의 소는 포함되지 않는다고 본다.

53) 민사소송법 제21조는 "등기·등록에 관한 소를 제기하는 경우에는 등기 또는 등록할 공공기관이 있는 곳의 법원에 제기할 수 있다"고 규정하는데, 등록에 관한 소에는 특허권 등 공업소유권의 이전, 변경 소멸 등에 필요한 등록에 관한 소가 포함된다. 김상원·박우동·이시윤·이재성(편집대표), 주석민사소송법(I)(박우동 집필부분)(1997), 149면 참조.

라. 전속관할에 대한 예외

그러나 개정안은 두 가지 점에서 위에서 본 전속관할규칙에 대한 예외를 규정한다.

⑴ **전속관할에 속하는 사항이 계약상의무인 경우**

계약에 따라 특허권의 이전등록을 구하는 소송에서 등록국이 전속관할을 가지는지는 종래 논란이 있었다. 그런데 당사자 간의 특허권양도계약이 정한 전속관할합의에 따라 한국 회사가 일본인과 일본법인을 상대로 낸 특허권이전등록청구소송이 특허권 등록국인 일본의 전속관할에 속하는가가 다투어진 사건에서 대법원은 부정설을 취하였다. 만일 일본이 전속관할을 가진다면 그에 반하는 합의는 허용되지 않는다. 즉 위 대법원 2011년 판결은, 일본이 전속관할을 가지는지와 관련하여, 등록을 요하는 특허권의 성립에 관한 것이거나 유·무효 또는 취소 등을 구하는 소는 등록국 또는 등록이 청구된 국가 법원의 전속관할에 속하나, 그 주된 분쟁 및 심리의 대상이 특허권의 성립, 유·무효 또는 취소와 관계없는 특허권 등을 양도하는 계약의 해석과 효력의 유무일 뿐인 그 양도계약의 이행을 구하는 소는 등록국이나 등록이 청구된 국가 법원의 전속관할에 속하지 않는다는 취지로 판시하였다. 위 사건에서 쟁점은 외국의 특허권 부여행위의 유효 여부가 아니라 특허권이전등록을 할 계약상 의무의 유무라는 점에서 대법원의 결론은 타당하다는 평가를 받았다.

위 대법원판결의 전향적 태도를 수용하여 개정안(제10조 제1항 단서)은, 제1호(공적 장부의 등기 또는 등록에 관한 소)와 제4호(등록 지식재산권의 성립 등에 관한 소)는 당사자 간의 계약에 따른 이전 그 밖의 처분에 관한 소의 경우에는 적용하지 아니한다. 하지만 제4호의 경우는 제1호와 달리 등록지식재산권의 이전 또는 처분에 관한 소가 해당될 수 있는지 다소 의문이다.

⑵ **전속관할에 속하는 사항이 선결문제로 제기되는 경우**

예컨대 등록을 요하는 특허권에 관한 라이센스계약에 근거한 소송 또는 특허권의 침해를 이유로 손해배상을 구하는 소송에서, 유효한 특허권의 존재가 선결문제로 다투어지는 경우 계약소송 또는 침해소송에 대해 재판관할을 가지는 법원이 선결문제를 판단할 수 있는가라는 문제가 제기된다.[54] 이에 대해 특허권

---

54) 반면에 저작권의 경우 저작권의 유효성에 관한 분쟁에 대해 특정 국가의 전속관할이 인정되지 않으므로 저작권 침해소송을 다루는 법원은 저작권의 유효성에 대해 판단할 수 있다.

에 관한 계약소송 또는 특허침해소송을 담당하는 우리 법원은 ① 소송절차를 중지해야 한다는 견해, ② 특허권의 유효성에 대해 재판할 수 있다는 견해와 ③ 원칙적으로 판단할 수 없으나, 신규성 또는 진보성이 없는 경우에는 예외적으로 판단할 수 있다는 견해 등이 가능하다.

이런 취지를 고려하여 개정안(제10조 제3항)은 전속관할에 속하는 등록지식재산권의 성립 등이 본문제가 아니라 선결문제로서 제기된 경우에는 전속관할을 인정하지 않는 것으로 명시한다. 따라서 일본 특허권의 유무효가 주된 분쟁 및 심리의 대상인 경우에는 일본이 전속관할을 가지나, 그 특허권의 침해소송이 한국 법원에 계속 중 피고가 일본 특허권이 무효라는 항변을 하는 경우 한국 법원은 일본 특허권의 유무효를 선결문제로서 판단할 수 있다.

개정안은 이런 원칙을 전속관할에 속하는 다른 사항에 대하여도 적용한다. 예컨대 어떤 회사의 이사회결의 자체를 본문제로 다루는 소송이라면 이는 당해 회사의 설립준거법 소속국의 전속관할에 속하는 사항인 반면에, 회사에 대해 계약에 따른 의무이행을 구하는 소에서 그 이사회결의의 유무효가 선결문제로서 다투어지는 경우 이는 당해 회사의 설립준거법 소속국의 전속관할에 속하지 않는다. 예비초안(제12조 제6항)은 이런 취지를 명시한다.[55)]

마. 전속관할규칙의 경우 일부 조문의 적용 제외

개정안(제10조 제2항)은, 한국의 법령 또는 조약에 따른 국제재판관할의 원칙상 외국법원의 국제재판관할에 전속하는 소에는 한국의 일반관할(제3조), 사무소·영업소 소재지 등의 특별관할(제4조), 재산소재지의 특별관할(제5조), 관련사건의 관할(제6조), 반소관할(제7조)과 변론관할(제9조)을 적용하지 않음을 명시한다. 이는 민사소송법 제31조가 토지관할의 맥락에서, 전속관할이 정하여진 소에는 제2조, 제7조 내지 제25조, 제29조 및 제30조의 규정을 적용하지 아니한다는 것과 같은 취지이다. 다만 합의관할에 관하여는 개정안(제8조 제항1항 제3호)이, 그 소가 제10조 제1항 그 밖의 한국의 법령 또는 조약에 따라 합의로 지정된 국가가 아닌 다른 국가의 국제재판관할에 전속하는 경우에는 관할합의가 무효라고 별도로 규정하므로 여기에서 언급하지 않은 것이다.

---

55) 다만 이는 특별위원회의 최종적인 문언은 아니라 괄호 안에 들어 있다. 취지는 Peter Nygh & Fausto Pocar, Report of the Special Commission, Preliminary Document No. 11 of August 2000, p. 70 참조.

10. 국제적 소송경합(개정안 제11조)

가. 종래의 논의

국내민사소송에서 당사자는 어느 법원에 계속중인 사건에 대하여 다시 소를 제기하지 못한다. 민사소송법 제259조는 이러한 중복제소금지의 원칙을 명시하여 이 문제를 해결한다. 그런데 국제적 분쟁의 증가하는 결과 동일한 소송물에 대하여 동일 당사자간에 복수의 국가에서 소송이 제기될 가능성이 커지고 있고, 나아가 외국에서 이행소송을 제기당할 가능성이 있는 당사자가 장래 국내에서의 집행을 저지하기 위한 소송전략으로 국내에서 먼저 채무부존재확인소송을 제기하는 결과 국제적 소송경합이 발생할 가능성이 점증하고 있다. 이것이 '국제적 소송경합'(*lis alibi pendens*), '국제적 중복제소' 또는 '국제적 중복소송'의 문제이다.[56] 이는 실제로 중복소송을 수행함으로써 복수의 판결을 받겠다는 것이 아니라 상대방에게 부담을 주어 압력을 행사함으로써 타협을 강요하는 수단으로 활용되고 있다.

종래 우리나라에서는 국제적 소송경합에 관한 논의가 활발하지는 않지만 ① 국제적 소송경합을 허용하는 견해, 즉 규제소극설, ② 국제재판관할이론에 의하여 해결하는 견해, ③ 승인예측설[57]이 주장되었고, ④ 저자는 ②와 ③을 결합한 절충설을 주장하였다.[58] 정치한 토지관할규정을 두고 있는 민사소송법(제35조)상으로도 예외적인 경우 법원의 재량에 의한 이송이 허용되는데, 국제소송에서도 그에 상응하는 사유가 있다면 이송을 할 필요가 있으나 국제소송에서는 이송이 불가능하므로 대신 소송을 중지할 수 있도록 하자는 것이다. 위 ④는 대체로 예비초안(제21조)을 따른 것으로 제한적 범위 내에서 부적절한 법정지의 법리를 도

---

56) 영미에서는 적극적인 국제 소송전략으로 상대방이 외국에서 제소하거나 소송을 수행하는 것을 선제적으로 차단하기 위한 수단으로 소송유지명령(anti-suit injunction)을 활용한다. 석광현, 국제사법과 국제소송, 제5권(2012), 650면 이하 참조. 우리나라에도 이에 관한 입법적 미비를 보완하자는 견해도 있으나 그에 앞서 위 제도에 대한 연구가 선행되어야 한다.

57) 대법원판결은 보이지 않고 하급심 판결은 나뉘나 승인예측설을 취한 판결들이 많은 것으로 보인다. 예컨대 서울지방법원 2002. 12. 13. 선고 2000가합90940 판결은 원고피고공통형(또는 병행형)의 국제적 소송경합을 정면으로 다루면서 '승인예측설'을 취하여 동일한 사건에 관한 한국의 후소를 부적법 각하하였다. 평석은 석광현(註 56), 169면 이하 참조.

58) 사견은 ③을 원칙으로 하되, 전소가 제기된 법원이 항상 우선하는 것이 아니라, 예컨대 한국에서 전소가 제기되고 외국에서 후소가 제기되었더라도 외국이 명백히 보다 더 적절한 법정지이고 우리 법원에서 재판하는 것이 국제재판관할 배분의 이념에 비추어 현저히 부당하다는 예외적 사정이 있는 때에는 우리 법원이 소송절차를 중지할 수 있다는 것이다. 학설은 석광현(註 56), 176면 이하 참조.

입하는 것이다.

나. 개정안의 내용

위원회는 국제적 소송경합에 관한 규정을 두기로 하였고, 개정안(제11조)은 이에 따라 규정을 둔다. 개정안(제11조)은 기본적으로 전소를 존중하는 우선주의와 승인예측설을 결합한 것이나 그에 추가하여 부적절한 법정지의 법리를 가미한 것이다. 즉 개정안(제1항)은 동일 당사자 사이에 외국법원에 계속 중인 사건과 동일한 소가 법원에 다시 제기된 경우 외국법원이 내릴 재판이 법원에서 승인될 것으로 예상되는 경우에는 직권 혹은 당사자의 신청에 따라 법원은 결정으로 소송절차를 중지할 수 있도록 하는 점에서 승인예측설과 유사하나, 우리 법원이 당해 사건을 처리하는 것이 외국법원에서 처리하는 것보다 더 적절함이 명백한 경우에는 예외를 인정하는 점에서(제1항 제2호) 승인예측설과 차이가 있다. 이는 개정안(제12조)이 정하는 부적절한 법정지의 법리와 궤를 같이 하는 것으로 법원의 유연한 처리를 가능하게 하려는 것이다. 개정안(제11조 제1항 제1호)은 전속적 국제재판관할합의에 따라 우리 법원에 국제재판관할이 있는 경우에는 국제적 소송경합의 법리의 적용을 배제하나, 우리 법원에 전속적 국제재판관할이 있는 경우에는 그것이 관할합의에 기한 것이든 다른 이유에 기한 것이든 외국 재판이 승인될 수 없으므로 제1항 제1호의 요건은 명시할 필요는 없다.

한편 여기에서 사건의 동일성, 즉 당사자와 소송물의 동일성에 관한 종래의 논의는 여전히 타당하다. 제1항은 심판형식의 동일성을 요구하지 않으므로 이행의 소와 확인의 소가 동일한 소송물인지가 문제된다. 주지하듯이 외국에서 소가 제기되었거나 제기가 임박한 경우 피고 또는 피고가 될 자가 자국법원에 채무부존재의 확인을 구하는 소극적 확인의 소를 제기함으로써 외국소송의 진행 내지는 장래 외국에서 선고될 판결의 승인 및 집행을 차단하기 위한 소송전략으로 악용된다. 이것이 크게 문제된 것은 유럽연합에서 '어뢰소송'(torpedo litigation)으로 알려진 소극적 확인의 소의 폐해 때문이다.[59] 즉 만일 선행하는 소극적 확인의 소와 후의 이행의 소를 동일한 청구라고 보면, 외국에서 제소당할 가능성이 있는 채무자가 소송의 진행이 매우 느린 국가에서 채권자에 앞서 소극적 확인의 소를 제기하면, 가사 몇 년 후에 국제재판관할의 결여로 인하여 소가 각하되더

59) 이규호, "선제타격형 국제소송에 대한 연구", 민사소송 제14권 제2호(2010. 11.), 117면 이하 참조.

라도 그 때까지 우리 법원이 소송을 중지해야 한다면 자신의 권리를 실현하기 위해 몇 년을 기다려야 하는 채권자에게 자포자기 또는 화해를 강요할 수 있게 된다. 예비초안은 이런 폐해를 막기 위한 장치를 두고 있고, 저자는 입법론으로서 이에 따른 조문을 국제사법에 둘 것을 제안한 바 있으나[60] 개정안에 채택되지는 않았다. 따라서 이 점은 논란의 여지가 있다.

개정안(제2항)은 우리 법원의 소송절차 중지 결정에 대하여는 즉시항고를 허용하는데, 이는 법원에 국제재판관할이 있음을 고려하고 원고의 이익을 보호하기 위한 것이다. 법원은 소송절차를 중지한 뒤 우리 법령 또는 조약에 따른 승인요건을 구비한 외국 재판이 제출된 때에는 제1항의 소를 각하하여야 한다(제3항). 이는 민사소송법(제217조)이 정한 외국재판 승인의 법리가 아니라 국제적 소송경합의 법리에 따르라는 취지이다. 외국재판 승인의 법리에 따르면 누가 승소를 했는가에 따라 소를 각하하거나 청구를 기각해야 할 것이나 여기에서는 소의 각하를 명시하기 때문이다.

법원이 국제적 소송경합을 이유로 국내소송절차를 중지하였음에도 불구하고 국제재판관할을 가지는 외국법원이 본안에 대한 재판을 하기 위하여 필요한 조치를 취하지 않거나, 합리적인 기간 내에 본안에 관하여 재판을 선고하지 않거나 선고하지 않을 것으로 예상되는 때에는 법원은 당사자의 신청에 따라 사건의 심리를 계속할 수 있다(제4항).

이처럼 개정안은 우선주의를 존중하므로 소송의 전후가 중요한 의미를 가지는데, 이를 판단함에 있어 개정안(제5항)은 소를 제기한 때를 표준으로 삼는다. ‘소를 제기한 때’는 소송계속의 시기가 아니라 각각 소가 제기된 국가의 법에 따라 소장이 법원에 제출된 때를 기준으로 삼는 것처럼 보이나 그런 취지가 명확한지는 의문이다.[61][62]

---

60) 석광현(註 3), 322면 이하 참조.

61) 소송계속의 시기가 기준이 된다면 국가에 따라 다르다. 석광현, 국제사법과 국제소송, 제4권 (2007), 189면 참조.

62) 개정안은 외국법원에 전소가 계속한 경우만을 상정하고 한국에 전소가 계속한 경우를 상정하지 않는다. 저자는 우리 법원에 전소가 계속 중이더라도 외국법원이 더 적절한 법정지인 때에는 법원이 소송절차를 중지할 가능성을 열어둘 필요가 있음을 지적하고 이를 명시할 것을 제안하였으나 채택되지 않았다. 그러나 아래(11.)에서 보듯이 개정안(제12조)은 부적절한 법정지의 법리를 도입하였으므로, 그런 조문이 없더라도 예외적 사정에 의한 재판관할권 불행사의 법리를 적용하는 과정에서 법원은 소송이 경합한 사실, 내국소송과 외국소송의 진행 정도 등을 고려하여 제12조에 따라 한국에 전소가 계속한 경우에도 내국 소송절차를 중지할 여지가 있을 것이다.

종래 민사소송법상 법원이 소송절차를 중지할 수 있는지는 논란이 있다. 부정설은 법원으로서는 소송기일을 추후지정(또는 추정)하는 방법으로 사실상 소송절차를 중지한 것과 동일한 결과를 달성할 수 있다고 보았다. 개정안(제11조)이 시행되면 법원이 소송절차를 중지할 수 있음은 의문의 여지가 없을 것이다.[63]

11. 예외적 사정에 의한 재판관할권 불행사(개정안 제12조)

가. 현행법상 특별한 사정이론의 배척과 부적절한 법정지의 법리에 관한 해석론

재산법상의 사건에 관하여 과거 대법원 판결들은 4단계 구조로 설시하였다. 그러나 2001년 개정된 국제사법이 관할규칙을 도입한 후 법원은 더 이상 특별한 사정이론을 사용하지 않는 것으로 보인다. 국제사법 하에서 법원은 '실질적 관련'이라는 탄력적 개념을 이용하여 토지관할규칙에 얽매이지 않고 국제재판관할의 유무를 판단할 수 있으므로 개별적 조정을 위한 도구로서 의미를 가졌던 특별한 사정이론은 불필요하다.[64]

1999년 섭외사법의 개정작업 과정에서 연구반초안(제2조 제3항)은 부적절한 법정지의 법리를 명시하였으나 결국 삭제되었다. 따라서 국제사법 하에서 이 문제는 학설, 판례에 맡겨진 것으로 논란의 여지가 있으나 저자는 이것이 가능하다고 보았다.

나. 개정안의 부적절한 법정지의 법리의 제한적 도입

국제사법이 국제재판관할규칙을 명시하는 경우 가급적 정치한 국제재판관할규칙을 둠으로써 법적 안정성을 제고해야 하나 그것이 완벽할 수는 없다. 따라서 구체적인 사건에서 국제재판관할배분의 정의를 실현하기 위한 수단으로서, 위원회는 국제사법이 정한 국제재판관할규칙에 따르면 우리 법원에 국제재판관할이 있더라도 당해 사안에서 우리 법원이 국제재판관할을 행사하는 것이 적절

---

63) 가사소송의 경우 특히 파행적 법률관계의 방지와 가사판결의 효력 확장에 따른 제3자의 절차적 보호라는 점이 중요하며, 또한 제척기간이 정해져 있는 경우가 많으므로 내국의 후소를 각하하기보다는 소송절차를 중지하는 것이 적절하다는 의견이 있다. 김원태, "가사소송의 국제적 경합", 비교사법 제16권 제3호(통권46호)(2009. 9.), 624면.

64) 그러나 일본의 개정 민사소송법(제3조의9)은 정치한 국제재판관할규칙을 명시하면서도 여전히 특별한 사정이론을 채택하였다.

하지 않은 예외적인 사정이 있는 경우 법원이 재량으로 관할권의 행사를 거부할 수 있는 영미의 부적절한 법정지(*forum non conveniens*)의 법리를 제한적으로 수용하였다. "국제재판관할권의 불행사"라는 제목을 가진 개정안(제12조)이 그것이다. 이는 민사소송법(제35조)상 토지관할의 맥락에서 법원의 재량에 의한 이송을 허용하는 것과 같은 취지이고, 준거법의 결정에서 국제사법 제8조(예외조항) 제1항처럼 구체적 타당성을 보장하기 위한 것이다.[65]

과거 대법원 판례의 특별한 사정이론은 국제재판관할의 유무만을 판단하는 데 반하여, 개정안의 부적절한 법정지의 법리는 국제재판관할의 유무판단과 행사여부 판단을 구별한다. 즉 예외적인 사정이 있는 경우 한국의 국제재판관할이 부정되는 것이 아니라 한국에 국제재판관할이 있음에도 불구하고 법원이 관할권을 행사하지 않는 것이다.

개정안(제1항)에 따라 법원이 위 법리를 적용하기 위하여는 ① 국제사법에 따라 법원에 국제재판관할이 있을 것, ② 외국에 국제재판관할이 있는 대체법정지가 있을 것, ③ 모든 사정을 고려할 때 우리 법원이 국제재판관할권을 행사하기에 부적절하고 당해 외국의 법원이 분쟁을 해결하는데 보다 적절할 것, ④ 그런 예외적 사정의 존재가 명백할 것, ⑤ 본안에 관한 최초 변론기일 이전의 피고의 신청이 있을 것, ⑥ 법원이 당사자의 합의에 의하여 관할을 가지는 경우가 아니어야 한다.

③의 요건은 외국법원이 우리 법원과 비교하여 국제재판관할권을 행사하기에 조금이라도 비교 우위에 있다고 바로 인정되는 것이 아니라, 우리 법원이 부적절하고 당해 외국의 법원이 더욱 적절한 것이 명백한 경우에 비로소 충족된다. 개정안은 위 ③을 판단함에 있어서 법원이 고려할 요소를 명시하지 않는다. 결국 법원은 개별사안의 모든 사정을 고려해야 하는데 그 과정에서 미국 연방대법원이 판시한 공익적 요소와 사익적 요소를 고려해야 한다. 이 경우 준거법이 한국법인지 아니면 외국법인지도 고려할 필요가 있을 것이다. 일본 민사소송법(제3조의9)은, 일본 법원이 고려할 요소로서 "사안의 성질, 응소에 의한 피고의 부담의 정도, 증거의 소재지 그 밖의 사정"을 열거한다. 이처럼 법원이 고려할 사정을 예시할 수도 있으나 큰 의미는 없다. 다만 법원이 "모든 사정을 고려하여"라

---

65) 제2조는 국제재판관할의 유무만을 규정하고, 그 행사 여부는 제12조에 의하여 별도로 규율된다. 체계상 양자를 분리하여 규정하는 것이 바람직한지는 논란의 여지가 있다. 2001년 개정을 위한 연구반초안 제2조 참조.

는 문언을 넣는 편이 좋다고 본다.

논란이 있었던 것은 위 ⑥의 요건이다. 부적절한 법정지의 법리에 대한 거부감은 그로 인하여 법적 불확실성이 도입될 가능성이 커지기 때문이다. 이를 고려하여 개정안은 우리 법원이 당사자의 합의에 의하여 관할을 가지는 경우에는 당사자의 예측가능성과 법적 안정성을 제고하기 위하여 예외적 사정에 의한 재판관할권 불행사의 법리의 적용을 제한한다.[66] 이 경우 우리 법원이 당사자의 관할합의에 의하여 국제재판관할을 가지면 족하고 반드시 그것이 전속관할이어야 하는 것은 아니다. 다만 구체적 운용에서는 다를 수 있다. 즉 당사자들이 한국 법원에 전속관할을 부여하는 합의를 한 경우에는 그것이 유효하다면 재판관할의 행사를 거부할 수 없음은 당연하다.[67] 그때에는 대체법정지가 없을 것이기 때문이다. 따라서 이런 예외를 두는 실익은 부가적 관할합의를 한 경우이다.

다. 법원의 소송절차 운영

위의 요건이 구비되면 법원은 결정에 의하여 소송절차를 중지하거나 소를 각하할 수 있고, 원고는 법원의 결정에 대하여 즉시항고할 수 있다(제1항, 제3항). 법원은 재량권 행사에 확신이 강한 경우에는 소를 각하하고, 확신이 약하거나 외국에 다시 제소할 경우 소멸시효가 완성된다는 등의 사정이 있는 때에는 소송절차를 중지할 수 있을 것이다. 법원은 결정에 앞서 원고에게 피고의 신청을 다툴 기회를 부여하여야 한다(제2항).

예외적 사정에 의한 재판관할권 불행사의 법리는 국제재판관할규칙의 경직성을 완화함으로써 구체적 사건에서 국제재판관할 배분의 정의를 보다 충실하게 구현하려는 것인데, 법원으로서는 재량을 행사함에 있어 신중해야 한다. 잘못하면 유연성 내지 구체적 타당성의 도입이라는 미명 하에 국제재판관할규칙이 추구하는 법적 안정성을 훼손할 우려가 있다.

부적절한 법정지의 법리에 대한 거부감의 또 다른 이유는 원고의 국적 또는 상거소지에 따른 차별 가능성이다. 법원은 내국 원고에 대해서는 위 법리를 적

---

66) 국제사법이 준거법의 맥락에서 예외조항(제8조)을 두어 최밀접관련 원칙을 관철하면서도 당사자가 합의에 의하여 준거법을 선택하는 경우에는 예외조항의 적용을 배제하는데 이는 당사자의 예측가능성을 보장하기 위한 것이고, 개정안이 당사자의 관할합의가 있는 경우 부적절한 법정지의 법리를 배제하는 것도 마찬가지이다.

67) 일본 민사소송법(제3조의10)은 일본법원이 법령에 기하여 전속관할을 가지는 경우에는 특별한 사정에 의한 각하를 배제한다.

용하지 않으면서 외국 원고에 대해 쉽게 이를 적용하여 재판을 거부할 가능성이 크다는 것이다. 실제로 미국 법원이 그런 경향을 보였기에 예비초안(제22조 제3항)은 원고의 국적에 따른 차별을 명시적으로 금지하였다. 개정안은 이를 명시하지 않으나 법원이 그렇게 운영해서는 아니 될 것이다.

나아가 부적절한 법정지의 법리에 기하여 법원이 소를 각하하거나 중지하는 경우 조건을 붙일 필요성이 있다. 전형적인 조건은 ① 피고가 대체법정지의 재판관할권에 동의할 것, ② 피고가 시효 또는 제소기간이 경과되었다는 항변을 포기할 것, ③ 대체법정지의 판결을 이행하는 데 동의할 것과 ④ 대체법정지의 규칙에 따르면 입수할 수 없을지도 모르는 증거를 제공하는데 동의할 것 등이다. 종래 우리 민사소송법상 조건의 부과가 가능한지는 논란의 여지가 있으나, 개정안(제12조)의 취지를 충분히 살리고 법원의 유연한 처리를 위해서는 이를 전향적으로 고려함으로써 운영의 묘를 살려야 한다.

12. 가사사건 등에서의 적용 제외(개정안 제13조)

총칙의 규정을 가사사건에 전면 적용하는 것은 부적절하다. 특히 합의관할과 변론관할에 관한 규정은 가사사건에는 적절하지 않다는 견해가 지배적이었다. 이에 따라 개정안(제13조)은 가사사건에 관하여 적용 제외라는 제목 하에 "제8조 및 제9조는 제24조, 제7장(친족) 제1절, 제8장(상속) 제1절 및 제90조가 적용되는 사건에는 적용되지 아니한다. 다만, 이 법에 다른 규정이 있는 경우에는 그러하지 아니하다."라고 규정한다. 즉 합의관할과 변론관할에 관한 조문은 친족, 상속에 관한 사건에는 원칙적으로 적용되지 않으나 당해 장에 별도의 명시적 조문이 있는 경우에는 적용된다. 그 밖에 관할합의가 부적절한 사건, 예컨대 실종선고 등 사건(제24조)과 선박소유자등의 책임제한사건(제90조)의 경우에도 제8조와 제9조는 배제된다.

13. 보전처분의 국제재판관할(개정안 제14조)

종래 해석론으로는 민사집행법의 보전처분에 관한 토지관할 규정을 참조하여 국제재판관할을 도출하므로, 가압류와 가처분의 경우 공히 본안관할을 가지는 국가의 법원에 보전처분에 대한 재판관할을 긍정하고, 나아가 가압류의 경우

가압류 목적물 소재지에, 가처분의 경우 예외적으로 다툼의 대상이 있는 곳(계쟁물 소재지)의 국제재판관할을 긍정하는 견해가 유력하다(민사집행법 제278조 및 제303조 참조). 개정안(제14조 제1항)은 이런 취지를 반영하여 "보전처분에 대하여는 법원에 본안에 관한 국제재판관할이 있거나 보전처분의 대상이 되는 재산이 대한민국에 있는 경우 법원에 국제재판관할이 있다."고 명시한다.

위원회는 이에 추가하여 긴급한 필요가 있는 경우에는 한국에서만 효력을 가지는 보전처분을 할 수 있는 특별관할을 명시하기로 하였다(개정안 제14조 제2항). 이는 예비초안(제13조 제3항)을 참조한 것인데 그것이 어떤 경우를 상정한 것인지 분명하지 않았기에 과연 적절한지 의문이 제기되었다. 그러나 가사사건에서 예컨대 아동보호협약은 신속관할(제11조)과 당해 국가에서만 효력을 가지는 임시적 명령을 위한 관할(제12조 제1항)을 명시하고, 성년자보호협약(제11조 제1항)도 성년자 또는 그 재산소재지 체약국에 당해 국가에서만 효력을 가지는 임시적 명령을 위한 관할을 인정하는 점을 고려하여[68] 규정을 두기로 하였다.

민사집행법 제21조는 동법에서 정한 모든 관할은 전속관할이라고 규정하므로 국제재판관할의 맥락에서도 위 관할이 전속관할이라는 견해도 가능하나 그렇게 볼 것은 아니다. 따라서 당사자들은 보전처분을 위하여 관할합의를 할 수도 있다. 나아가 본안에 관하여 어느 국가의 법원을 위한 전속관할합의가 있더라도 다른 국가의 법원은 보전처분에 대해 재판관할을 가질 수 있다(물론 이 경우 다른 국가가 본안관할에 근거하여 보전처분에 관한 재판관할을 가질 수는 없을 것이다). 이는 중재법(제10조)상 중재합의가 있어 법원의 재판관할권이 배제되더라도 법원이 보전처분을 할 수 있는 것과 같다.

14. 비송사건의 국제재판관할(개정안 제15조)

가. 비송사건의 국제재판관할에 관한 입법론

개정 국제사법이 비송사건의 국제재판관할규칙도 담아야 한다는 데는 위원회에서 별 이견이 없었다. 국제재판관할규칙은 비송사건에서 우리 법원이 직접관할을 가지는지를 결정하고, 외국 비송재판의 승인의 맥락에서도 의미가 있다. 다만 비송사건은 다양한 유형의 분쟁을 포괄하므로 정치한 국제재판관할규칙을

68) 윤진수(편), 주해친족법 제2권(2015), 1782면(석광현 집필부분) 이하 참조.

성안하기가 어렵다는 현실적 한계가 있었다. 특히 한국에서는 비송사건의 국제재판관할규칙에 관한 연구가 매우 부족한 터라 위원회는 일본 甲南大의 김문숙 교수를 초빙하여 연구보고를 듣는 기회를 마련하였다.[69] 저자가 아래의 논의를 작성함에 있어서도 그 연구보고의 도움을 받았다.

⑴ 준거법과 국제재판관할의 병행주의의 부정

비송사건의 국제재판관할을 정함에 있어서 비송사건에서 실체법과 절차법의 밀접관련성을 고려하여 준거법과 국제재판관할의 병행주의를 채택할 것인가를 둘러싸고 논란이 있으나, 병행주의를 부정하고 양자를 별개로 검토하는 것이 설득력이 있고, 특히 모든 비송사건에 대해 일률적으로 병행주의를 인정할 것은 아니다.[70] 이런 전제 하에서 개정안은 비송사건에서도 소송사건에서와 마찬가지로 준거법과 별개로 국제재판관할을 규율한다.

⑵ 소송사건과 비송사건의 구분 필요성

김문숙 교수는 발표 당시 "비송사건에는 상대방이 없는 사건도 적지 않고, 그 경우에는 민사소송법의 규정을 그대로 적용할 수 없는 점, 또한 사건에 따라 정도의 차가 있더라도 법원의 후견적 관여의 필요성 등 통상의 소송사건과는 다른 요소가 존재하는 점, 현행의 국내 토지관할규정도 이러한 사정도 고려하여 관할에 대하여 개별적으로 특칙을 두는 것이 일반적인 점 등을 참작하면 소송사건의 국제재판관할규정과는 별개의 기준을 검토할 필요가 있다"는 견해를 피력하였다.[71] 이는 설득력이 있으나 조심스럽게 접근할 필요가 있다. 특히 브뤼셀 I 과 특히 브뤼셀 II bis는 소송사건과 비송사건에 공히 적용되고, 또한 아동보호협약도 소송사건과 비송사건을 도식적으로 구분하지 않는다. 이런 이유로 저자는 소송과 비송을 도식적으로 구분하기보다는 이혼, 친자, 부양과 성년자후견 등을 유형화하여 각 분야별로 적절한 정치한 국제재판관할규칙을 도출하자는 견해를 피력하였다.[72]

---

69) 김문숙 교수는 2015. 2. 24. 민사비송사건 및 상사비송사건의 국제재판관할이라는 제목으로 발표를 하였다. 김문숙 교수는 일본 법무성의 위탁으로 일본에서 "非訟事件에 관한 国際裁判管轄등에 관한 外国法制等의 調査研究業務報告書"의 작성에 참여한 바 있다. 그 후 위 발표문은 아래 각주에 인용된 논문으로 국제사법학회지에 수록되었다.

70) 병행주의에 대한 비판은 김문숙, "비송사건의 국제재판관할에 관한 입법론", 국제사법연구 제21권 제2호(2015. 12.), 133면 참조.

71) 소송사건과 비송사건의 규율방안은 김문숙(註 70), 134면 이하 참조. 비송사건의 구체적인 국제재판관할규칙의 제안은 김문숙(註 70), 137면 이하 참조.

72) 석광현, "이혼 기타 혼인 관계 사건의 국제재판관할에 관한 입법론", 국제사법연구 제19권 제2호(2013. 12.), 138면 이하 참조.

위원회는 결국 소송사건과 비송사건의 도식적 구분은 하지 않으면서도 재산법상의 사건과 가사사건에 차이를 두는 절충적 접근방법을 채택하였다. 상세는 아래(나.)와 같다.

나. 개정안의 내용

국제사법의 국제관할규칙을 비송사건의 국제재판관할에 준용하되 성질상 준용할 수 없는 경우에는 그러하지 아니하다는 취지로 규정하자는 데는 위원회에서 이견이 없었다. 다만 이를 더 명확히 규정하고자 개정안은 다음과 같이 경우를 나누어 규정한다.

첫째, 개정안은, 제1장(총칙) 제2절의 규정은 성질에 반하지 않는 범위 내에서 비송사건에도 준용한다(제1항). 이를 더 구체화하는 것은 쉽지 않았기에 추상적인 규정을 둘 수밖에 없었다. 예컨대 일반관할에 관한 제3조 제1항을 보면, 이는 대심적 소송구조를 취하는 한, 즉 상대방이 있는 한 가사비송사건에도 적용될 것이나, 대심적 소송구조를 취하지 않는 가사비송사건에서는 적용하기 어려울 것이다.

둘째, 인사비송사건과, 가사비송사건의 경우에는 소송사건과 비송사건을 묶어서 규정함으로써 원칙적으로 양자에 공통된 관할규칙을 둔다. 즉 그 경우 "…에 관한 소"가 아니라 "…에 관한 사건"이라는 식으로 규정하여 국제사법의 국제재판관할규칙이 비송사건에 대하여도 직접 적용되므로 그에 따르면 되고(제2항) 비송사건에 관한 특칙을 두지는 않는다. 개정안(제15조 제2항)은 "제24조, 제7장(친족) 제1절, 제8장(상속) 제1절 및 제90조가 규율하는 비송사건의 관할은 각각 그 규정에 따른다."고 명시한다.

셋째, 재산 관련 비송사건(정확히는 인사비송사건과 가사비송사건을 제외한 사건을 말한다)의 특별관할의 취급(제15조 제3항). 개정안은 원칙적으로 소에 대해 국제재판관할을 규정하므로 이를 비송사건에 준용하자는 견해도 있었으나(이에 따르면 제3항과 제1항을 묶을 수 있다) 개정안(제15조 제3항)은 국제사법 제2조에 따르자는 견해를 채택하였다.[73] 재산 관련 비송사건의 유형은 매우 다양한데, 재산관련 소송에 관하여 개정안에서는 국제재판관할규칙이 제한적이므로 이를 준용함으로써 다양한 비송사건에 적절한 관할규칙을 도출할 수 있는지는 의문이다. 반

73) 이는 김문숙(註 70), 138면의 제1안의 태도이다.

면에 비송사건절차법은 민사비송사건(제2편)과 상사비송사건(제3편)에 관하여 상세히 규정하면서 토지관할규칙도 규정한다. 따라서 국제사법 제2조 제2항에 따라 비송사건절차법의 관할규칙을 참작하여 국제재판관할규칙을 도출하는 것이 적절하다는 것이다.

다. 현행법과 개정안의 비교 및 장래의 과제

현행법은 비송사건을 모두 제2조에 따라 처리하도록 하는 반면에, 개정안은 인사비송사건과 가사비송사건에 대하여는 각 관련 조문에 따르도록 하고, 제1장 제2절의 총칙은 성질에 반하지 않는 범위 내에서 비송사건에 준용하며, 특별관할규칙에 관하여는 제2조에 따르도록 조금은 구체화한다. 그러나 이는 여전히 추상적이다. 따라서 더욱 정치한 규칙을 도입할 필요가 있는데 이는 장래의 과제이다.

15. 긴급관할

국제사법에 따라 한국의 국제재판관할이 인정되지 않으면 한국은 국제재판관할이 없다. 그러나 그 경우 구체적 사건에서 어떤 사정으로 외국에서도 제소할 수 없어 결과적으로 '재판의 거부(denial of justice)'[74]가 된다면 예외적으로 한국의 국제재판관할을 인정할 필요가 있다. 이런 의미의 보충적 관할을 독일에서는 '긴급관할'(forum of necessity, Notzuständigkeit), 미국에서는 'jurisdiction by necessity'라고 하는데, 이를 인정할 여지가 있으나 그렇더라도 이는 매우 예외적인 경우로 한정해야 한다. 과거 대법원 1988. 4. 12. 선고 85므71 판결 등이 가사사건에서 그들에 대한 심판의 거부가 오히려 외국인에 대한 법의 보호를 거부하는 셈이 되어 정의에 반한다고 인정되는 경우 예외적으로 원고 주소지관할을 인정할 수 있다고 한 것은 긴급관할과 유사한 고려를 한 것으로 볼 수 있다.

위원회는 국제사법에 긴급관할을 명시하는 조문을 둘지를 검토하였으나 결국 두지 않기로 하였다. 예외적인 사안에서 긴급관할의 필요성은 인정할 수 있고 특히 가사사건의 경우에 그러한 필요성이 상대적으로 클 수 있으나, 강력한 지지가 없었고 긴급관할의 요건을 명확히 하는 것이 쉽지 않았기 때문이기도 하

74) 이를 '정의의 거부'라고 번역하기도 한다.

다.[75] 하지만 가사 그런 규정이 없더라도 꼭 필요한 사안에서는 개정안 제2조 등을 근거로 긴급관할을 인정할 여지가 전혀 없지는 않을 것이다.

16. 총칙 조문의 순서

총칙에 두는 조문의 순서는 일반적인 원칙을 앞에 두고 특별하거나 예외적인 규칙을 뒤에 배열한다는 기준에 따랐다. 그 과정에서 재판적에 관한 민사소송법의 조문과 예비초안의 조문 순서도 참고하였다.

Ⅳ. 국제재판관할에 관한 각칙: 개정안 제2장 이하의 국제재판관할규칙

국제재판관할의 각칙을 규정하는 각 장의 제1절에서는 각장의 규율대상인 소 또는 사건에 특유한 특별관할규칙을 둔다. 각 장의 규율대상인 소 또는 사건이 제기되는 경우 당해 소 또는 사건의 국제재판관할은 당해 장의 특별관할규칙과 총칙에 의하여 해결하는 것이 바람직하다. 제2장 이하의 국제재판관할규칙은 특별관할규칙이 대부분이나 합의관할 등을 포함하므로 일부 조문의 경우 제목에서 단지 '관할'이라고만 표현한다.

1. 사람에 관한 사건의 특별관할(개정안 제2장 제1절)

개정안은 자연인에 관하여는 비송사건인 실종선고와 부재자의 재산관리에 관한 사건의 특별관할을 명시하고, 법인과 단체에 관하여는 내부관계에 관한 소의 특별관할을 규정한다.

가. 실종선고와 부재자의 재산관리(개정안 제24조)

실종선고는 권리능력의 소멸에 관한 문제이므로 원칙적으로 당사자의 본국법에 의하고, 당사자의 본국이 원칙적으로 국제재판관할을 가지는 것으로 보았

75) 일본의 개정 민사소송법은 긴급관할에 관한 규정을 두지 않는다.

다. 그러나 본국에서 실종선고를 하지 아니하거나 또는 본국에 실종선고제도가 없는 경우에 실종된 외국인의 신분상 및 재산상의 법률관계가 불확정한 상태로 방치되는 것은 곤란하므로 우리나라가 예외적으로 외국인에 대한 실종선고를 할 수 있도록 예외적 관할을 인정할 필요가 있다. 현행 국제사법(제12조)은 외국인의 본국에 실종선고를 할 수 있는 원칙적 관할이 있음을 전제로 하되 이를 명시하지는 않고, 다만 우리 법원이 예외적으로 관할을 가지는 경우만을 규정한다. 이는 성질상 비송사건이므로 국제사법이 비송사건의 국제재판관할을 직접 규정하는 사례이다.

개정안(제24조 제1항)은 실종선고에 관한 사건에 대하여 ① 부재자가 한국인인 경우, ② 부재자의 마지막 상거소가 한국에 있는 경우 또는 ③ 부재자의 재산이 한국에 있거나 한국법에 의하여야 하는 법률관계가 있는 경우 ④ 그 밖에 정당한 사유가 있는 경우 한국의 국제재판관할을 인정한다. 다만 ③의 경우 한국의 관할은 당해 재산 및 법률관계에 한정된다. ①은 현행법이 전제로 하는 국적관할을 명시한 것이고, ②는 그 경우 한국이 당해 사건을 다룰 이익이 있으므로 정당화되는데, ③과 ④는 현행법에도 있는 것이다. 다만 ③의 경우 한국의 국제재판관할은 그 재산 및 법률관계에 한한다.

개정안(제24조 제2항)은 부재자의 재산관리를 실종선고와 구분하면서, 부재자 재산관리 사건에 대하여는 부재자의 마지막 상거소 또는 재산이 한국에 있는 경우 우리 법원의 국제재판관할을 인정한다. 그 경우에 우리 법원이 개입할 필요가 있기 때문이다.

나. 법인 또는 단체에 관한(사원 등에 대한) 소의 특별관할(개정안 제25조)

민사소송법(제15조부터 제17조)은 ① 회사, 그 밖의 사단이 사원에 대하여 소를 제기하거나 사원이 다른 사원에 대하여 소를 제기하는 경우, ② 사단 또는 재단이 그 임원에 대하여 소를 제기하거나 회사가 그 발기인 또는 검사인에 대하여 소를 제기하는 경우, ③ 회사, 그 밖의 사단의 채권자가 그 사원에 대하여 소를 제기하는 경우와 ④ 회사, 그 밖의 사단, 재단, 사원 또는 사단의 채권자가 그 사원·임원·발기인 또는 검사인이었던 사람에 대하여 소를 제기하는 경우와 사원이었던 사람이 그 사원에 대하여 소를 제기하는 경우 등에 관하여 회사, 그 밖의 사단의 보통재판적 소재지 법원의 특별재판적을 규정한다.

일본 민사소송법(제3조의3 제7호)은 우리 민사소송법에 상응하는 토지관할규칙을 두고 있고, 나아가 이에 상응하는 국제재판관할규칙을 두고 있다. 그러나 위원회에서는 이에 상응하는 국제재판관할규칙을 둘지에 관하여 전혀 논의하지 않았다. 이 점은 다소 의외인데 이는 아마도 어느 위원도 이를 챙기지 않았기 때문이지 이를 배척할 의사를 가지고 있었던 것은 아니라고 본다.

법무부는 위 특별재판적에 상응하는 국제재판관할규칙을 국제사법에 도입하기로 하였으나, 그 범위를 일본처럼 토지관할규칙을 전면적으로 수용할지 아니면 제한할지가 문제되었다. 우리 민사소송법(제15조부터 제17조)에 상응하는 독일 민사소송법(제22조)이 우리 민사소송법보다 토지관할규칙을 제한적으로 규정하는 점, 브뤼셀체제와 예비초안이 일본 민사소송법에 상응하는 국제재판관할규칙을 두지 않는 점과 독일에서도 그에 상응하는 국제재판관할규칙에 대한 비판이 있는 점—이는 결국 원고관할을 인정하게 되어 부당하고, 특히 소수주주에게 불리한 관할규칙이라는 것이다—[76]을 고려하여 개정안(제25조)에서는 이를 법인 등의 내부적인 분쟁(즉 법인-사원[77]과 사원-사원 간의 분쟁)에 한정하기로 하였다.[78] 개정안에 따르면 일반관할이 있는 국가가 확대된 점도 제한적인 태도를 취하는 하나의 이유가 되었다. 개정안에 따르면 법인 또는 단체에 관한 소의 특별관할은 주주가 회사를 대신하여 임원에게 책임을 묻는 주주대표소송에서는 별로 도움이 되지 않을 것이다. 사원과 관련된 다른 토지관할규칙을 참작하여 국제사법 제2조를 통하여 국제재판관할을 인정하는 것은 원칙적으로 허용되지 않는다고 본다.

2. 물권에 관한 소의 특별관할(개정안 제4장 제1절)

개정안(제33조)은 다음 두 가지 관할규칙을 둔다.

첫째, 동산 물권에 관한 <u>소에 관하여는</u> 제5조 제1호(즉 청구의 목적 또는 담보의 목적인 재산이 대한민국에 있는 경우)에 의하여 재산소재지 관할이 인정된다(제33조 제1항).

---

76) Jan Kropholler, Handbuch des Internationalen Zivilverfahrensrecht Band Ⅰ, Kapitel Ⅲ Internationale Zuständigkeit (1982), Rn. 411. EU는 이를 따르지 않았다.

77) 사원이 법인에 대하여 제기하는 소의 경우 일반관할이 인정되므로 별도의 특별관할규칙은 불필요하다.

78) 일본 민사소송법은 제3조의3 제7호에 규정을 둔다.

둘째, 부동산에 대한 물권 또는 임차권과 같이 부동산의 사용을 목적으로 하는 권리로서 등기된 것에 근거한 소에 대하여 개정안은 유럽연합의 태도를 따라 전속관할을 규정한다(제33조 제2항, 제10조 제1항 제2호).

이는 독자적인 특별관할규칙이 아니고 동산 물권에 관한 소의 특별관할과, 부동산 물권에 관한 소의 전속관할을 확인하는 것이다. 이런 규정방식은 다소 이례적이나 수범자의 편의를 위한 조치이다.

3. 지식재산권에 관한 소의 특별관할(개정안 제5장 제1절)

개정안은 지식재산권의 성립 등에 관한 소의 전속관할, 지식재산권 계약에 관한 소의 특별관할과 지식재산권 침해에 관한 소의 특별관할을 규정한다. 첫째는 제1장 제2절에서, 둘째와 셋째는 제5장 제1절에서 각각 규정한다.

가. 지식재산권의 성립 등에 관한 소의 전속관할(개정안 제10조)

위에서 본 것처럼 등록지식재산권의 성립, 유효성 및 범위에 관한 소에 대해서는 등록이 청구된 국가 또는 등록국이 전속적 국제재판관할을 가진다는 점이 널리 인정된다. 따라서 개정안은 한국에 등록된 지식재산권의 성립, 유효성과 소멸에 관한 소의 경우 한국의 전속관할을 인정하되, 대법원판결의 전향적 태도를 수용하여 등록지식재산권의 이전 또는 처분이 계약에 따른 것인 경우에는 예외를 인정한다. 개정안(제10조 제1항 제4호)은 이런 전속관할을 총칙에서 통합하여 규정한다.

나. 지식재산권 계약에 관한 소의 특별관할(개정안 제39조)

저자는 종래 지식재산권에 관한 계약사건의 경우에도 통상의 계약사건에 대한 재판관할규칙이 적용된다는 견해를 피력하였다.[79] 그러나 개정안(제39조 제1항)은 "지식재산권의 양도, 담보권 설정, 사용허락 등의 계약에 관한 소는 그 지식재산권이 대한민국에서 보호, 사용 또는 행사되는 경우 법원에 제기할 수 있다. 지식재산권에 관한 권리가 대한민국에서 등록되는 경우에도 같다."고 규정한다. 이는 지식재산권 계약에 특유한 관할규칙을 도입한 것으로, 지식재산권의 보

---

79) 석광현, 국제사법과 국제소송, 제2권(2001), 551면. CLIP 원칙(제2:201조)도 같다.

호, 사용, 행사 또는 등록에 착안하면서, 청구의 기초가 무엇인지에 관계없이 통일적인 관할규칙을 정하는 점에 특색이 있다.

이렇게 할 경우 제5장(지식재산권)과 제6장(통상의 계약에 관한 소의 특별관할)의 관계를 정리할 필요가 있다. 즉 계약에 관한 소의 특별관할규칙을 정한 개정안(제42조)은 물건공급계약의 경우에는 물건인도지에, 용역제공계약의 경우에는 용역제공지에 각각 특별관할을 인정하고, 다른 유형의 계약의 경우 청구의 기초인 의무이행지 관할을 제한적으로 허용한다. 그러나 지식재산권 계약에 관하여는 제5장이 특칙을 두므로 그 때에는 제6장의 적용을 배제하는 것이 간명하다. 따라서 개정안(제39조 제2항)은 지식재산권 계약에 관한 소에는 제42조의 적용을 배제한다. 예컨대 라이센스계약에 관한 소의 특별관할은 전적으로 제5장 제1절에 따르고 제6장 제1절의 적용은 배제된다.

기술적인 문제로, 제39조의 제목은 “지식재산권 계약사건에 관한 소의 특별관할”이나 이를 “지식재산권 계약에 관한 소의 특별관할”이라고 수정하는 것이 일관성이 있다.

다. 지식재산권 침해에 관한 소의 특별관할(개정안 제40조)

지식재산권의 침해에 기한 손해배상과 침해금지 등을 구하는 소의 국제재판관할에 대하여는 종래 원칙적으로 통상의 불법행위의 경우처럼 불법행위지의 관할을 인정하는 것이 타당하고 등록국의 전속관할을 인정할 것은 아니다.

저자는 불법행위지는 지식재산권의 침해지인데, 지식재산권에 적용되는 속지주의 원칙상 행동지와 결과발생지는 원칙적으로 일치한다고 본다. 다만, 가상공간에서의 저작권, 기타 지식재산권 침해의 경우 전 세계 200개국이 잠재적 결과발생지로서 재판관할을 가지게 되어 극심한 포럼쇼핑이 발생할 수 있으므로 그 경우 유럽법원의 Shevill 사건 판결처럼 결과발생지의 재판관할을 양적으로 제한할 여지가 있다. 문제는 양적 제한을 도입할 경우 피해자는 침해자의 상거소지에서 제소하지 않는 한 침해가 발생한 복수국에서의 소송을 강제당하는 결과 너무 부담스럽고, 그 경우 초래되는 ‘소송의 단편화(fragmentation of litigation)는 당사자들에게 기대를 넘는 것이며, 법원에게도 당해 국가에서 발생한 손해를 산정해야 하는 어려움을 부과하는 단점이 있다. 따라서 遍在的(유비쿼터스적) 침해의 경우 일정한 요건 하에 침해지 관할을 확대하고 재판관할을 통합하거나 사건을 병합할 수 있도록 할 필요가 있다. 요컨대 지식재산권 침해에서 결과발생지의 특별관할에 대해 양적 제한을 도입한다면 그와의 균형상 편재적(유비쿼터스적) 침해에 한하여 예외를 인정할 필요가 있다.[80]

개정안의 태도는 저자의 견해와 조금 다른데 그 특색은 아래와 같다.

첫째, 지식재산권 침해에 관한 소의 경우에도 원칙적으로 행동지와 결과발생지의 관할을 인정하고, 침해행위가 한국을 향하여 행하여지는 경우에도 같다(제40조 제1항 본문).

둘째, 결과발생지의 경우 그곳에서 발생하는 결과에 관하여만 관할을 양적으로 제한한다(이를 '모자이크방식'이라고 한다). 그런데 개정안(제6조 제1항)은 청구의 객관적 병합의 경우 관련성에 근거한 재판관할을 인정하나 이는 재판관할의 양적 제한과는 논리적으로 모순된다. 따라서 개정안(제40조 제1항 단서)은 양적 제한을 하는 경우 제6조 제1항의 적용을 배제한다.

셋째, 개정안(제40조 제2항)은 주된 행동지의 경우(편재적 침해인지에 관계없이) 관할에 대한 양적 제한을 하지 않고 침해행위로 인한 모든 결과에 대해 관할을 인정한다. 반면에 단순 행동지의 경우 관할을 양적으로 제한한다. 이는 한일공동제안 제203조 제1항[81]에 기초한 것이다.

넷째, 지식재산권 침해의 경우 불법행위 일반의 경우(개정안 제45조 단서)와 달리 예견가능성을 요구하지 않는데 이에 대해서는 일관성이 부족하다는 비판이 있을 수 있다.

다섯째, 제5장 제1절의 특별관할규칙과 제6장 제1절이 정한 불법행위에 관한 소의 특별관할규칙의 관계가 문제된다. 개정안(제40조 제3항)은 제40조가 적용되는 소에는 제45조의 적용을 배제한다. 즉 지식재산권 침해에 관한 소의 특별관할은 전적으로 제40조에 따르고 통상의 불법행위에 관한 소의 관할을 정한 제45조는 적용되지 않는다.

기술적인 문제로, 제40조의 제목은 "지식재산권 침해사건에 관한 소의 특별관할"이나 이를 "지식재산권 침해에 관한 소의 특별관할"이라고 수정하는 것이 일관성이 있다.

---

80) 예외는 지적재산의 국제사법에 관한 유럽 막스플랑크 그룹이 2011년 8월 공표한 "지적재산의 국제사법원칙"(CLIP 원칙)과 미국법률협회(ALI)가 2007년 5월 공표한 "지적재산: 초국가적 분쟁에서의 관할권, 준거법 및 재판을 규율하는 원칙"(ALI 원칙) 참조. 석광현, "국제지적재산권분쟁과 국제사법: ALI 원칙(2007)과 CLIP 원칙(2011)을 중심으로", 민사판례연구 제34집(2012), 1065면 이하 참조.

81) 이는 주된 침해행위에 착안한다. 木棚照一 編著, 知的財産の国際私法原則研究—東アジアからの日韓共同提案 (早稲田大学比較法研究所叢書 40)(2012), 72면 이하 참조.

라. 지식재산권 관련 사건의 준거법에 관한 보호국법원칙의 일부수정

현행법(제24조)은 지식재산권의 침해에 관하여만 보호국법주의를 규정하는데, 국제사법을 개정하여 지식재산권에 관한 국제재판관할규칙을 신설하고 별도의 장으로 독립시키는 김에 준거법결정원칙을 보다 정치하게 규정하는 조문을 신설하는 것이 바람직하다. 위원회에서는 그런 제안이 있었으나 금번 개정작업의 과제는 국제재판관할규칙의 도입에 있고 위원회의 임무도 그에 한정된다는 이유로 이는 채택되지 않았다.

4. 채권에 관한 소의 특별관할(개정안 제6장 제1절)

가. (통상의) 계약에 관한 소의 특별관할(개정안 제42조)

민사소송법(제8조)은 '거소지 또는 의무이행지의 특별재판적'이라는 제목 하에 "재산권에 관한 소를 제기하는 경우에는 거소지 또는 의무이행지의 법원에 제기할 수 있다"고 규정한다. 민사소송법은 명시하지 않지만,[82] 여기에서 의무라 함은 '문제가 된 의무' 또는 '청구의 기초가 된 의무'를 의미한다. 대법원 1972. 4. 20. 선고 72다248 판결은 섭외적 요소가 있는 사건에서도 구 민사소송법 제6조(민사소송법 제8조에 상응)를 적용하여, 중개보수를 지급할 채무가 지참채무이므로 그 이행지인 채권자 주소지가 한국이라는 이유로 한국 법원의 국제재판관할을 인정하였다. 그러나 종래 의무이행지에 근거한 국제재판관할은 많은 비판을 받고 있다.

첫째, 이행지에 관한 당사자의 합의가 없는 경우 의무이행지의 결정이 문제된다. 위 1972년 대법원판결은 법정지법인 우리 섭외사법을 적용하여 문제된 계약의 준거법을 지정하고 그에 따라 채무의 이행지를 결정하였으나, 국제민사소송법상의 이념에 따라 합리적으로 의무이행지를 결정해야 한다는 견해가 유력하다.[83] 실체법상 의무이행지에서 제소할 수 있도록 함으로써 실체법상의 이행지와 소송법상의 이행지를 일치시키는 이런 접근이 자연스러우나 그에 대하여는 비판이 강하다. 둘째, '문제가 된' 또는 '다툼 있는' 의무의 이행지에 재판관할을

82) 독일 민사소송법 제29조와 브뤼셀Ⅰ 제5조 제1호는 이를 명시한다.
83) 전자는 '저촉법을 통한 우회공식'을 따르는 견해이고 후자는 국제민사소송법 독자의 관점에서 이행지를 결정하는 견해이다.

인정한다면, 누가 어느 채무를 근거로 제소하는가에 따라 제8조에 따른 국제재판관할이 달라질 수 있다. 셋째, 채권자인 원고는 피고의 보통재판적 소재지에 제소하는 대신 의무이행지의 법원에 제소할 수 있으므로 의무이행지 관할은 사실상 '*forum actoris*'(원고관할)가 되어 부당하다.

흥미로운 것은 전형적 계약사건인 냉동청어사건의 대법원판결이다. 즉, 대법원 2008. 5. 29. 선고 2006다71908, 71915 판결은 의무이행지 관할규칙을 따르지 않고 가장 실질적 관련이 있는 법원은 청어의 인도지이자 최종 검품 예정지인 중국 법원이라고 보면서도 실질적 관련에 근거하여 한국의 국제재판관할을 긍정하였다. 동 판결이 의무이행지 관할규칙과 결별하고 실질적 관련만에 기하여 국제재판관할을 인정한 것인지는 불분명하다. 의무이행지 관할의 가장 큰 문제는 과연 그것이 통상적인 모든 계약에 타당한가라는 점이다. 특히 예비초안(제6조)은 의무이행지 관할을 물품공급계약과 용역제공계약에 따라 실제로 이행이 행해진 곳으로 제한하는 점에 주목할 필요가 있다.[84] 현재로서는 의무이행지 관할을 어떻게 수정할지에 관하여 만족할 만한 대안이 없는 것 같다.

이런 상황을 고려하여 저자는 계약사건의 재판관할에 관한 입법론으로서 다양한 선택지를 제시하였다. ① 의무이행지 관할규칙을 폐기하는 방안, ② 종래와 같이 실체법상의 의무이행지에 착안하는 방안(일본 개정 민사소송법 제3조의3 제1호),[85] ③ 물품매매계약과 용역제공계약과 같은 일부 전형적 계약에 한정하여 국제민사소송법상의 의무이행지에 착안하는 방안(예비초안), ④ ②와 ③을 결합하는 방안(브뤼셀 I)과 ⑤ ④의 변형으로서 물품매매계약과 용역제공계약의 경우 특징적 급부에 착안하여 통일적 재판관할을 규정하고, 기타 계약의 경우는 문제된 의무이행지에 착안하되 그것이 국제재판관할 결정의 대원칙에 부합하는 경우에만 관할을 인정하는 방안이다. ⑥ 그 밖에 2009년 개정되어 2011년 1월 발효된 스위스 국제사법(제113조)처럼 모든 계약에 대해 특징적 급부에 착안하는 방안도 있다.

여러 방안이 장단점이 있어 결정이 쉽지 않았으나 위원회는 ③을 선호하였

84) 브뤼셀 I (제5조 제1호)은 계약사건에서 '소의 기초가 된 채무'의 이행지의 법원의 관할을 인정한다. 다만 물품매매계약과 용역제공계약의 경우 이행지의 개념을 독자적으로 정의하고 통일적인 이행지를 규정한다. 이 점은 브뤼셀 I recast(제7조 제1호)도 같다.

85) 일본 개정 민사소송법은 계약 사건의 범위를 명확히 하고, 의무이행지를 결정하는 과정에서 당사자의 예견가능성을 제고하고자 노력한 것이나 여전히 문제된 의무의 실체법상의 이행지에 착안하여 국제재판관할을 결정한다.

다. 여기에서 몇 가지 문제가 발생한다. 첫째, ③은 예비초안(제6조)의 태도인데 그 후 재개된 Judgment Project는 종전의 태도에서 후퇴하였으므로 이는 설득력이 약화되었다. 둘째, ③을 따르면, 그에 열거된 유형 이외의 계약의 경우 제2조에 기초하여 의무이행지 관할을 인정할 수 있는가라는 의문이 있다. 이를 긍정하면서 적절히 제한하지 않을 경우 위 냉동청어사건에서처럼 제2조 제1항을 근거로 법원이 제반사정을 고려하여 한국의 국제재판관할을 인정할 가능성이 확대될 우려가 있다.

결국 법무부는 계약에 관한 소의 특별관할에 관한 논의가 충분하지 않다고 판단하고 ④를 채택하되 의무이행지 관할을 다소 제한하기로 하였다. 개정안(제42조 제1항)은 ③의 접근방법을 취한다. 즉 물품공급계약에 관한 소는 물품인도지가, 용역제공계약에 관한 소는 용역제공지가, 물품인도지와 용역제공지가 복수이거나 물품공급과 용역제공이 결합된 계약에 관한 소는 의무의 주된 부분의 이행지가, 각각 한국에 있는 경우 법원에 제기할 수 있다. 개정안(제42조 제2항)은 의무이행지 관할을 인정하는 범위를 청구의 기초인 의무가 실제로 이행된 곳 또는 당사자가 합의한 이행지에 한정하고, 당사자가 이를 합의하지 않아 준거법에 따라 이행지를 결정해야 하는 상황에서는 의무이행지 관할을 인정하지 않는다.

나. 소비자계약에 관한 소의 특별관할과 합의관할(개정안 제43조)

현행 국제사법(제27조) 제1항

1. 소비자의 상대방이 계약체결에 앞서 그 국가에서 광고에 의한 거래의 권유 등 직업 또는 영업활동을 행하거나 그 국가 외의 지역에서 그 국가로 광고에 의한 거래의 권유 등 직업 또는 영업활동을 행하고, 소비자가 그 국가에서 계약체결에 필요한 행위를 한 경우

개정안(제43조) 제1항

1. 소비자의 상대방(직업 또는 영업활동을 하는 자를 말한다. 이하 '사업자'라 한다)이 계약체결에 앞서 소비자의 상거소지국에서 광고에 의한 거래의 권유 등 직업 또는 영업활동을 행하거나 그 국가 외의 지역에서 소비자의 상거소지국을 향하여 광고에 의한 거래의 권유 등 직업 또는 영업활동을 행하고, 그 계약이 그 직업 또는 영업활동의 범위 내에 속하는 경우

현행 국제사법(제27조)은 '수동적 소비자'를 보호하기 위하여 준거법과 국제재판관할의 맥락에서 특칙을 둔다. 개정안에서는 현행법의 태도를 유지하면서 소비자의 범위를 다소 확대한다. 즉 제1항 제1호가 정한 수동적 소비자가 되기

위하여는 ㉠-1 소비자의 상대방이 계약체결에 앞서 소비자의 상거소지 국가에서 광고에 의한 거래의 권유 등 직업 또는 영업활동을 행하거나, 또는 ㉠-2 그 국가 외의 지역에서 그 국가로, 즉 그 국가를 향하여 광고에 의한 거래의 권유 등 직업 또는 영업활동을 행하고, ㉡ 또한 소비자가 그 국가에서 계약체결에 필요한 행위를 해야 한다. ㉠-2는 인터넷에 의하여 체결되는(또는 전자거래에 의한) 소비자계약을 고려한 것으로 '지향된 활동기준'(targeted activity criterion)을 도입한 것이다.[86]

반면에 현행법(제27조 제1항 제1호)은 ㉡ 소비자가 상거소지 국가에서 계약체결에 필요한 행위를 할 것을 요구함으로써 능동적 소비자를 보호하기에는 부족하다. 이를 고려하여 개정안은 그 적용범위를 확대하여 일정한 요건 하에 능동적 소비자를 포함하도록 규정한다. 브뤼셀 I (제15조)은 소비자의 상대방이 소비자의 주소지 국가에서 상업적 또는 직업적 활동을 추구하거나, 어떠한 수단에 의하여든 그 국가 또는 그 국가를 포함한 수 개의 국가를 지향하여 그러한 활동을 행하고, <u>그러한 활동의 범위 내에 속하는 계약이 체결된 경우</u> 그를 근거로 소비자를 위한 국제재판관할을 규정하는데, 개정안(제43조 제1항 제1호)은 이런 태도를 받아들인 것이다.[87] 개정안은 그 밖에는 현행 국제사법의 태도를 유지하나 국제재판관할규칙과 준거법 연결원칙을 분리하기 위하여 조문을 나누었다.

다. 근로계약에 관한 소의 특별관할과 합의관할(개정안 제44조)

제27조와 마찬가지로 사회·경제적 약자인 근로자를 보호하기 위하여 현행 국제사법(제28조)은 근로계약에 관하여 특칙을 둔다(제3항-제5항). 제28조의 관할 규정은 예비초안(제8조), 브뤼셀협약(제5조), 보다 정확히는 브뤼셀 I 제5장(제18조-제21조)과 병행협약인 루가노협약(제8조)을 고려한 것이다.

개정안은 현행법의 태도를 유지하나, 관할규칙과 준거법 연결원칙을 분리하기 위하여 조문을 나누었을 뿐 내용적인 변경은 의도하지 않는다.

---

86) 상세는 석광현, "해외직접구매에서 발생하는 분쟁과 소비자의 보호: 국제사법, 중재법과 약관규제법을 중심으로", 서울대학교 법학 제57권 제3호(2016. 9.), 73면 이하 참조.

87) 그러나 모든 능동적 소비자를 포함시킨 것은 아니므로 일본 개정 민사소송법(제3조의4)과는 다르다.

라. 불법행위에 관한 소의 특별관할(개정안 제45조)

(1) 종래의 논의

민사소송법(제18조)은 "불법행위에 관한 소를 제기하는 경우에는 행위지의 법원에 제기할 수 있다"고 규정하는데, 이러한 불법행위지의 재판관할은 국제소송에도 타당하다. 다만 불법행위지의 개념은 민사소송법의 그것과 달리 국제민사소송법의 독자적인 입장에서 국제소송의 적정, 공평, 신속이라는 관점에서 합리적으로 결정할 것이라는 견해가 유력하다. 한편 격지불법행위의 경우 '불법행위지'는 행동지와 결과발생지의 양자 모두를 의미하고 원고는 어느 곳에서나 제소할 수 있다는 것이 종래의 통설이다.

문제는 제조물책임의 국제재판관할인데, 그 경우 결과발생지의 국제재판관할을 인정함에 있어서는 가해자가 예측할 수 있는 지역인지 등을 합리적으로 고려해야 한다는 견해가 유력하다. 간접관할에 관한 대법원 1995. 11. 21. 선고 93다39607 판결은, 제조물책임소송에 있어서 손해발생지의 외국법원에 국제재판관할이 있는지 여부는, 제조자가 당해 손해발생지에서 사고가 발생하여 그 지역의 외국법원에 제소될 것임을 합리적으로 예견할 수 있을 정도로 제조자와 손해발생지와의 사이에 실질적 관련이 있는지 여부에 따라 결정함이 조리상 상당하다고 전제하고, 당해 사건에서는 피고가 상품의 하자로 인한 사고가 플로리다주에서 발생하여 이에 관한 소송이 플로리다주에서 제소될 것을 합리적으로 예견할 수 있을 정도로 피고회사와 플로리다주와의 사이에 실질적 관련이 있다고 보기 어렵다는 이유로 플로리다주의 국제재판관할을 부정하였다.

근자의 불법행위사건으로서 주목할 만한 것은 항공사고로 인한 손해배상사건에 관한 대법원 2010. 7. 15. 선고 2010다18355 판결이다. 이는 한국에서 발생한 항공사고를 이유로 한국에 영업소를 두고 있는 중국항공사의 승무원의 유족(부모)이 중국 항공사를 상대로 우리나라에서 계약위반 및 불법행위에 기한 손해배상청구의 소를 제기한 사건이다. 제1심판결[88]은 한국의 토지관할을 긍정하면서도 다양한 요소를 고려하여 한국의 국제재판관할을 부정하였다.[89] 반면에 대법원 2010. 7. 15. 선고 2010다18355 판결은 ① 실질적 관련의 유무를 판단함에

88) 부산지방법원 2009. 6. 17. 선고 2006가합12698 판결.

89) 원심판결인 부산고등법원 2010. 1. 28. 선고 2009나10959 판결은 별다른 설시 없이 제1심판결을 지지하였다.

있어서 토지관할권 유무가 여전히 중요하고, ② 개인적인 이익 측면에서도 한국 법원의 재판관할권이 배제된다고 볼 수 없으며, ③ 법원의 이익 측면에서도 한국 법원에 재판관할권을 인정할 여지가 충분하고, ④ 국제재판관할권은 주권의 범위에 관련되므로, 자국의 재판관할권을 부당하게 넓히는 것은 부당하나, 부차적 사정을 들어 이를 스스로 포기하는 것도 신중해야 하며, ⑤ 탑승객의 국적과 탑승 근거가 다르다는 이유만으로 국제재판관할권을 달리하는 것은 형평성에 어긋난다는 점 등을 들어 한국의 국제재판관할을 인정하였다. 대법원 판결은 다양한 사정을 열거하고 결론을 내리는 대신 2005년 도메인이름에 관한 대법원판결이 도입한 개인적 이익, 법원의 이익을 구체적으로 검토하고 다양한 이익을 형량하여 결론을 내린 점에서 보다 진전된 것이다.

⑵ 입법론적 논점과 개정안의 내용

종래 입법론적인 논점은 아래와 같다.

첫째, 행동지의 관할을 인정하는 데는 별 거부감이 없으나, 결과발생지의 국제재판관할을 인정함에 있어서는 피고가 그곳에서 제소될 것에 대한 합리적 예견가능성을 요구하고 예견불가능성에 대한 입증책임을 피고에게 부과하는 것이 타당하다. 일본 개정 민사소송법(제3조의3 제8호)도 결과발생지의 관할을 인정함에 있어서 예견가능성을 명시한다.[90] 개정안은 행동지와 결과발생지의 관할을 모두 인정하면서, 다만 결과발생지의 경우 그곳에서 결과가 발생할 것에 대한 예견가능성을 요구한다.

둘째, 결과발생지가 복수인 경우 결과발생지의 재판관할을 양적으로 제한할지와 만일 제한한다면 그에 대한 예외를 인정할지이다 브뤼셀협약의 해석상 유럽법원은 신문에 의한 명예훼손 사건인 1995. 3. 7. Fiona Shevill and a.c. v. Presse Alliance S.A. 사건 판결(C-68/93)에서 결과발생지의 국제재판관할을 양적으로 제한하였다. 만일 양적 제한을 한다면 그 부당성을 시정하고자 피해자의 상거소지(또는 주소지)에서는 손해 전체에 대하여 국제재판관할을 인정하는 견해가 설득력이 있다. 그러나 손해의 양적 분할은 쉽지 않고, 금지청구의 경우 그것이 어려울 수 있다.

위의 논의를 고려하여 개정안(제45조)은 "불법행위에 관한 소는 대한민국에

90) 불법행위가 있은 장소가 일본국내에 있는 경우(외국에서 행해진 가해행위의 결과가 일본국내에서 발생한 경우에, 일본국내에서 그 결과의 발생이 통상 예견할 수 없었던 경우를 제외한다).

서 그 행위가 행하여지거나 그 결과가 발생하는 경우 법원에 제기할 수 있다(행위가 대한민국을 향하여 행하여지는 경우에도 같다). 다만, 그 결과가 대한민국에서 발생할 것을 예견할 수 없었던 경우에는 그러하지 아니하다."라고 규정한다. 그러나 개정안은, 지식재산권침해의 소와 달리 결과발생지의 경우에도 양적 제한을 하지 않는다. 법원으로서는 예외적 사정에 의한 재판관할권 불행사의 법리를 활용하여 그 폐해를 최소화해야 할 것이다.

(3) 준거법에 관한 조문의 수정

개정안(제45조)이 불법행위에 관한 소의 특별관할을 정하면서 행동지와 결과발생지를 명시하므로, 불법행위지법을 준거법으로 정한 조문의 처리가 문제되었다. 종래 판례가 준거법의 맥락에서 불법행위지를 행동지와 결과발생지를 포함하는 것으로 보면서 피해자에게 선택권을 인정하는 방향으로 처리하는 것으로 이해되는데,[91] 개정안(제45조)을 신설하면서 준거법 조문을 그대로 둔다면 그것이 격지불법행위의 처리시 다른 결론을 지시하는 것으로 오해될 여지가 있기 때문이었다. 이런 오해를 피하고자 개정안은 준거법 조문(제53조 제1항)을 수정하여 "불법행위는 그 행위가 행하여지거나 그 결과가 발생하는 곳의 법에 따른다"고 명시한다. 다만 피해자에게 선택권을 부여할지 아니면 법원이 선택해야 하는지에 관하여는 명시하지 않고 판례에 맡긴다.

5. 협의의 가사사건(가사소송사건과 가사비송사건)의 특별관할(개정안 제7장 제1절)

가. 섭외사법 하의 대법원판례의 태도: 혼인관계사건을 중심으로

대법원판결은 재산법상의 사건에 관하여는 4단계 접근을 하였으나, 가사사건에서는(주로 이혼관련사건) 다른 접근방법을 취하였다. 예컨대 피고주소지주의를 확립한 대법원 1975. 7. 22. 선고 74므22 판결[92]과 대법원 1988. 4. 12. 선고 85므71 판결 등을 보면, 대법원은 가사사건(특히 이혼관련사건)에서 피고 주소지

---

91) 서울고등법원 2006. 1. 26. 선고 2002나32662 판결. 상고심인 대법원 2013. 7. 12. 선고 2006다17539 판결은 원심의 판단은 정당하다고 판시하였으나 명시적으로 피해자가 준거법을 선택할 수 있다고 설시하지는 않았다.

92) 과거 1950년대와 1960년대 우리 하급심판결은 부의 보통재판적을 가진 지(地)의 전속관할을 정한 당시 인사소송수속법(제1조)을 기초로 부의 본국에 원칙적인 관할을 긍정하고 예외적으로 주소지관할을 인정하였으나 위 1975년 대법원판결이 외국인 간의 이혼심판청구사건에서 피고주소지주의라는 새로운 기준을 확립하였다. 최공웅, 국제소송 개정판(1994), 674면 이하.

관할을 원칙으로 하면서도 예외적인 경우[93] 원고 주소지관할을 인정할 수 있다고 판시하였다. 즉 법원이 가사소송법(제22조)의 관할규정을 기초로 하면서 특별한 사정에 의하여 이를 수정하는 방식이 아니라, 예외적인 사정이 있는 경우 곧바로 원고의 주소지관할을 인정할 수 있다고 판시하였다.

나. 현행 국제사법 제2조의 시행과 그에 따른 판례의 태도

국제사법 하에서 가사사건의 국제재판관할에 관한 가장 큰 논점은 재산법상의 사건과 통일적인 법리를 적용할 것인가이다. 왜냐하면 재산법상의 사건을 주로 염두에 둔 국제사법 제2조가 과연 가사사건에도 타당한지는 불분명하였기 때문이다. 더욱이 과거 우리 판례는 재산법상의 사건과 가사사건(특히 혼인관계사건)에서 상이한 국제재판관할규칙을 정립하였기 때문이다. 저자는 가사사건의 국제재판관할규칙도 국제사법 제2조의 대원칙으로부터 도출해야 하지만 그 구체적인 내용에는 차이가 있을 수 있음을 긍정하면서, 해석론과 입법론으로 이를 구체화해야 한다고 지적하였다. 그러나 대법원은 가사사건의 국제재판관할에 관하여 지침을 제시하지 못한 결과 하급심의 혼란을 초래하였다.

우선 주목할 것은 대법원 2006. 5. 26. 선고 2005므884 판결이다. 이는 미국인인 원고(남편)와 한국인인 피고(부인) 사이의 이혼사건인데, 대법원판결은 "원·피고는 한국에 상거소를 가지고 있고, 혼인이 한국에서 성립되었고 혼인생활의 대부분이 한국에서 형성되었다는 점까지 고려한다면, 이 사건 이혼청구 등은 한국과 실질적 관련이 있으므로 한국 법원은 재판관할권을 가진다"고 판시하였다. 위 대법원판결은 ①, ②단계에 대한 설시 없이 국제사법 제2조에 따라 실질적 관련의 존재를 긍정한 뒤, 원·피고의 본국법인 동시에 종전 주소지인 미주리주의 법에 비추어도 이혼청구와 친권자 및 양육자지정 청구 등 모두 한국에 재판관할권이 인정되므로 '국제재판관할의 특수성'을 고려하더라도 한국에 재판관할권이 있다고 판단하였다. 이런 결론은 타당하나, 위 대법원판결은 1975년 대법원판결이 정립한 추상적 법률론이 국제사법 하에서도 유지되는지, 도메인이름에 관한 2005년 대법원판결이 정립한 추상적 법률론이 가사사건에도 타당한지에 관하여 지침을 제공하지 못한 점에서 아쉬움을 남겼다.

한편 하급심의 실무를 보면 2006년 대법원판결 후에도 여전히 ① 과거 대법

93) 위에서 소개한 대법원 1988. 4. 12. 선고 85므71 판결 참조.

원판결의 설시를 따른 판결도 있으나,[94] ② 이와 달리 국제사법 제2조 및 이를 구체화한 대법원의 추상적 법률론에 기초하여 사안별 분석을 하는 판결도 있다.[95][96] 법원이 이처럼 개별 사건에서 사안별 분석을 기초로 국제재판관할 유무를 판단하는 것은 법적 안정성과 당사자의 예측가능성을 해할 우려가 있다. 특히 가사사건의 경우 국제재판관할규칙에 관한 논의가 부족한 탓에 법원의 판단에 자의(恣意)가 개입할 여지가 더 크다. 이런 이유로 저자는 해석론으로 국제사법 제2조를 기초로, 관할을 정한 가사소송법 제13조(통칙), 제22조(혼인관계소송), 제26조(친생자관계)와 제30조(입양·친양자 입양관계)를 참작하되 국제재판관할의 특수성을 충분히 고려하여 국제재판관할규칙을 도출해야 한다는 견해를 피력하였다. 결국은 국제사법에 정치한 국제재판관할규칙을 도입함으로써 입법적으로 해결하는 것이 바람직한데 금번 개정안은 바로 이러한 시도이다.

다. 협의의 가사사건의 국제재판관할의 특색과 국제재판관할규칙의 정립방향

저자는 협의의 가사사건의 국제재판관할과 관련한 특색을 다음과 같이 언급하였다.[97] 첫째, 가사사건은 사람의 신분과 생활 전반에 중대한 영향을 미치므로 재산관계사건에서보다는 원고의 구제에도 더 유념해야 하고, 둘째, 대등하지 않은 당사자 간의 다툼에서는 예컨대 아동 또는 부양권리자와 같은 약자를 보호해야 하며, 셋째, 가사사건은 재산관계사건보다 공익성이 강하기 때문에 당사자의 임의처분이 제한되는 경향이 있고(관할합의의 제한 등), 넷째, 국가는 자국민의 신분관계 및 신분등록에 관하여 당연히 이해관계를 가지므로 당사자의 국적관할을

---

94) 예컨대 서울가정법원 2005. 9. 28. 선고 2004드합9787 판결 참조.

95) 한국 국적과 스페인 영주권을 가진 원고가 스페인 국적을 가진 피고를 상대로 한국에서 이혼 및 위자료, 재산분할 등을 구한 사건에서, 서울고등법원 2013. 2. 8. 선고 2012르3746 판결은 국제사법 제2조 제1항과 2005년 대법원판결의 추상적 법률론을 기초로 다양한 논거를 들어 한국의 국제재판관할을 긍정하였다. 상고심에서 대법원 2014. 5. 16. 선고 2013므1196 판결은 위 2005년 대법원판결의 추상적 법률론을 설시하고 원심의 판단이 정당하다고 결론을 내렸을 뿐이고 이혼사건의 국제재판관할규칙에 관하여 구체적 지침을 제시하지 않았다. [밑줄 부분은 이 책에서 수정한 것이다.]

96) 친자관계에 관한 사건으로는 친생자관계존부확인에서 국제사법의 실질적 관련에 착안하여 한국의 국제재판관할을 인정한 서울가정법원 2016. 7. 15. 선고 2015드단50524 판결과 인지청구에서 한국의 국제재판관할을 인정한 서울가정법원 2016. 9. 7. 선고 2016드단317453 판결 등이 있다.

97) 석광현(註 72), 130면; 이는 松岡 博(編), 國際關係私法入門, 제3판(2012), 317-318면 이하를 참조한 것이다.

인정할 필요성이 있다는 점 등이 그것이다. 문제는 각 사건의 유형별로 국적관할을 어느 정도 인정할지와 그들 간에 일관성을 어떻게 유지할지이다.

가사사건에 관한 국제재판관할규칙의 입법론으로는 혼인,[98] 친자,[99] 부양, 후견[100] 등 가사사건의 유형별로 적절한 관할규칙을 국제사법에 두는 것이 바람직하다. 유형별로 이익상황이 다르기 때문이다. 한편 국제비송사건의 경우 비송사건절차법과 가사소송법(가사비송사건의 경우)의 관할규정을 참조하여 유형별로 적절한 관할규칙을 정립할 필요가 있다. 특히 비대심적 비송사건의 경우 피고주소지원칙을 적용하는 것은 적절하지 않다.

독일은 과거 민사소송법에서 혼인사건과 친자사건에 관하여 국제재판관할규칙을 두었으나 2009. 9. 1.부터는 가사 및 비송사건의 국제재판관할은 "가사 및 비송사건절차법"(FamFG. 제 98조-제 106조)에서 규율한다. FamFG(제98조-제104조)은 가사소송만이 아니라 가사비송에도 적용되는 것으로 보이고, 기타 절차에 관한 제105조도 비송사건만이 아니라 예컨대 소송사건인 부양사건에도 적용되는 것으로 보인다. 그렇다면 FamFG는 소송과 비송을 도식적으로 구분하여 상이한 국제재판관할규칙을 규정하는 것은 아니다. 우리도 FamFG와 기타 헤이그협약들도 참고할 필요가 있다.

라. 개정안에 따른 협의의 가사사건(가사소송 및 가사비송사건)의 국제재판관할규칙

이하에서는 개정안의 조문 체계에 따라 혼인관계사건, 친자관계사건, 부양사건과 성년후견관계사건과 가사조정사건으로 구분하여 개정안을 소개한다.

주의할 것은, 제7장은 특별관할(경우에 따라 합의관할과 변론관할도)을 규정하므로 그에 추가하여 개정안(제3조)이 정한 일반관할이 인정된다는 점이다. [밑줄 부분은 이 책에서 새로 추가한 것이다.]

(1) 혼인관계사건의 특별관할에 관한 개정안(제57조)의 태도

혼인관계사건의 국제재판관할규칙은 현대사회에서 자연인의 이동성 증가를

98) 혼인관계 사건에 대한 국제재판관할규칙의 입법론은 석광현(註 72), 138면 이하 참조. 상세는 이승미, "혼인관계사건의 국제재판관할에 관한 연구", 아주대학교 대학원 법학박사학위논문(2014. 7.), 153면 이하 참조.

99) 친자관계 사건에 대한 국제재판관할규칙의 입법론은 권재문, "가사사건에 관한 국제재판관할규칙", 국제사법연구 제19권 제2호(2013. 12.), 3면 이하 참조.

100) 후견관계 사건에 대한 권재문, "친자관계의 성립과 효력, 성년후견, 부재와 실종에 관한 국제재판관할", 국제사법연구 제21권 제1호(2015. 6.), 34면 이하 참조.

고려함과 동시에 충분한 법적 안정성, 특히 피고를 위한 법적 안정성을 확보할 수 있어야 한다.[101] 이를 고려하여 개정안은 다양한 관할근거를 명시한다. 개정안(제57조)은 혼인관계에 관한 사건에 대하여는 다음 각 호의 어느 하나에 해당하는 경우 법원의 특별관할을 인정한다.

1. 부부 일방의 상거소가 대한민국에 있고 부부의 마지막 공동 상거소가 대한민국에 있었던 경우
2. 원고와 미성년 자녀 전부 또는 일부의 상거소가 대한민국에 있는 경우
3. 부부 모두가 대한민국 국민인 경우
4. 한국 국민으로서 대한민국에 상거소를 둔 원고가 혼인관계해소만을 목적으로 제기하는 사건의 경우[102]

(가) 원고관할(*forum actoris*)의 허용(제1호, 제2호 및 제4호)

가사사건은 사람의 신분과 생활 전반에 중대한 영향을 미치므로 재산사건과 비교하여 원고의 구제에도 더 유념해야 한다. 따라서 이혼처럼 쟁송성이 강한 소송에서도 국제재판관할의 결정에서는 피고주소지원칙만이 아니라 원고 측의 사정을 고려해야 한다.

토지관할의 맥락에서 가사소송법은 브뤼셀Ⅱbis와 같은 원고관할(즉, 제소 직전 1년 이상 유지된 원고 상거소지 또는 제소 직전 6월 이상 유지된 원고 상거소지(원고가 그 국가 국민인 경우)의 관할)은 인정하지 않으나 브뤼셀Ⅱbis(제3조 제1항 제5호와 제6호)는 일정한 요건 하에 원고관할을 인정하며, 독일 FamFG(제98조 제1항 제4호)은 국적 또는 상거소에 근거한 원고관할을 인정한다.[103] 저자는 원고의 상거소가 한국 내에 있다는 것만으로는 부족하지만, 예컨대 브뤼셀Ⅱbis처럼 일정한 기간 동안의 상거소의 유지 또는 국적과 결합한 원고관할을 인정할 여지가 있다는 견해를 피력하였다.

개정안(제57조 제1항 제1호, 제2호와 제4호)은 일종의 원고관할을 채택한 것이다.

---

101) Thomas Rauscher (Hrsg.), Europäisches Zivilprozess- und Kollisionsrecht: EuZPR/EuIPR Kommentar (2010), Art. 3, Rn. 1 (Rauscher 집필부분).

102) 개정안(제57조 제2항)은 부부 모두를 상대로 하는 혼인관계에 관한 사건에 대하여는 다음 각 호의 어느 하나에 해당하는 경우 법원의 국제재판관할을 인정한다. 이런 구분은 가사소송법의 태도를 반영한 것이다.
1. 부부 중 한쪽의 상거소가 대한민국에 있는 경우, 2. 부부 중 한쪽이 사망한 때에는 생존한 다른 한쪽의 상거소가 대한민국에 있는 경우, 3. 부부 모두가 사망한 때에는 부부 중 한쪽의 마지막 상거소가 대한민국에 있었던 경우, 4. 부부 모두가 대한민국 국민인 경우

103) 다만 후자의 경우 예외가 있다.

개정안(제1호)은 부부의 마지막 공동 상거소가 한국에 있었고 원고가 상거소를 한국에 유지하고 있는 경우에는 한국의 국제재판관할을 인정한다. 피고의 상거소가 한국에 있는 경우에는 일반관할이 인정되므로 제1호는 별 실익이 없다.

개정안(제2호)은 당시 가사소송법 개정안(2018년 1월 현재 법제처에서 심사 중인 개정안 제37조에 상응)을 고려하여 원고와 미성년 자녀 전부 또는 일부의 상거소가 한국에 있는 경우를 관할근거로 규정한다. 그에 대하여는 일단 혼인관계사건의 관할을 판단하고 친자관계에 관하여는 부대사건으로서 관할을 인정하면 족하지, 자녀의 상거소를 혼인관계사건의 관할근거로 삼을 이유는 없다는 비판도 있었다.

나아가 개정안(제4호)은 한국 국민으로서 한국에 상거소를 둔 원고가 혼인관계해소만을 목적으로 제기하는 사건의 경우에도 한국의 특별관할을 인정한다. 이는 외국인과 혼인 후 외국인의 소재불명 등으로 재판할 수 없는 사안을 고려하여 혼인관계해소만을 위한 것이라면 한국의 관할을 인정함으로써 가족관계등록부를 정리할 수 있게 하기 위한 것이다.

㈏ 국적관할의 허용(제3호)

종래 우리 판례는 가사사건에서 국적관할을 인정하는 데 인색하다. 그러나 당사자가 가까운 법원에서 소송을 하는 데 대하여 가지는 당사자이익을 고려한다면 이를 인정할 수 있고, 또한 국가도 가족관계부를 정리함으로써 신분관계를 정확히 공시할 필요가 있으므로 이는 국가이익에도 부합한다.[104] 또한 국제사법이 혼인의 일반적 효력(제37조), 부부재산제(제38조)와 이혼(제39조)에 대해 부부의 동일한 본국법을 제1차적 준거법으로 지정하므로 준거법과 국제재판관할이 병행할 가능성이 커진다. 다만 국적관할은 사안 내지 증거와의 근접성이라는 관점에서 취약할 수 있다.

개정안(제3호)은 보수적으로 부부 모두가 한국인인 경우에만 국적관할을 인정한다.

㈐ 합의관할과 변론관할의 불허(개정안 제13조)

현행법상 국제가사사건에서 합의관할과 변론관할이 허용되는가는 논란이 있으나,[105] 입법론으로는 아래 이유로 부정하는 것이 타당하다. 첫째, 협의의 가사

104) 독일에는 국적관할은 국민의 재판청구권(Justizgewährungsanspruch)에 근거한 것으로 보는 견해가 유력하다. Reinhold Geimer, Internationale Freiwillige Gerichtsbarkeit, in Festschrift für Erik Jayme, Band Ⅰ (2004), S. 259.

105) 가사소송법(제22조)은 토지관할의 맥락에서 혼인관계소송의 관할을 전속관할로 규정한다.

사건은 재산사건과 비교하여 공익성이 강하므로 당사자의 임의처분이 제한되어야 한다. 둘째, 혼인관계사건에 대하여 다양한 관할근거를 인정한다면, 다른 국가에 국제재판관할을 부여하는 합의관할과 변론관할을 인정할 실제적 필요성도 별로 없다. 셋째, 브뤼셀Ⅱbis도 합의관할과 변론관할을 인정하지 않는다.

이러한 논의를 고려하여 개정안(제13조)은 합의관할과 변론관할은 인정하지 않는다.

㈑ 가사소송과 가사비송의 통합규정방식

친권에 관한 소 기타 보호조치에 대해 아동보호협약과 브뤼셀Ⅱbis는 아동의 상거소지국의 관할을 인정하고, 아동탈취협약은 아동의 양육권 본안에 관한 소에 대해 아동의 상거소지국의 관할을 전제로 하면서 소송과 보호조치, 즉 비송사건을 도식적으로 구별하지 않는다. 저자는 소송과 비송을 기계적으로 구분하기보다 혼인, 친자, 부양과 성년자후견 등을 유형화하여 각 분야별로 적절한 정치한 관할규칙을 정립하고 가급적 그 규칙을 소송사건과 비송사건에 공히 적용하자는 견해를 피력하였다.[106]

이런 논의를 고려하여 개정안은 이혼, 친자, 부양과 후견 등을 유형화하여 각 분야별로 소송사건과 비송사건에 공히 적용되는 관할규칙을 규정한다.

㈒ 부부재산제에 관한 특별관할규칙의 미도입

부부재산제에 관하여 별도의 특별관할규칙을 둘지는 논란이 있었으나 두지 않았다. 별도의 관할규칙은 결국 관할합의를 허용하기 위한 것이었다. 당시 유럽연합에서는 "부부재산제의 국제재판관할, 준거법과 판결의 승인 및 집행에 관한 규정"을 성안하는 작업이 진행 중이라는 점도 고려하였다.[107] 별도 관할규칙을 두지 않는다면 혼인관계사건에 관한 관할규칙이 부부재산제와 관련된 사건에도 적용된다.

106) 일부 견해는 ① 소송과 비송을 도식적으로 구별하고, 나아가 ② 비송을 대심구조인지와 쟁송성의 유무에 따라 구분하는 경향이 있다. 예컨대 소송과 달리 법원의 후견적 역할과 합목적적·재량적 권한행사가 기대되는 비송사건에서는 신분관계 소송사건에서 형성된 국제재판관할규칙이 직접 타당할 수는 없고, 비송사건에 관한 국제재판관할규칙의 일반론으로서는 국제비송법의 이념에 비추어 "보호되어야 할 이익"의 소재지에 관할을 인정하는 견해가 유력하나, 대심구조를 취하는가, 즉 쟁송성의 유무에 따라 구분하기도 한다. 김원태, "섭외가사소송에서의 국제재판관할에 관한 연구", 경성법학 제5호(1996. 9.), 231면과 그에 인용된 일본 문헌 및 김문숙(註 70), 134면 이하 참조.

107) 이는 그 후 2016. 6. 24. 채택되었는데, 준거법과 병행하는 당사자자치를 허용하면서 방식요건을 규정한다(제7조).

⑵ **친생자관계에 관한 사건의 특별관할**(개정안 제58조)

아래(4.)에서 소개하는 아동보호협약은 국제친권사건, 즉 친권자(또는 양육자)의 결정, 아동의 신상감호, 아동의 재산관리, 기타 친권의 효력 및 소멸 등의 국제재판관할을 규정하면서 원칙적으로 아동의 상거소지국에 관할을 인정한다. 그 이유는 당국의 신속한 개입을 가능하게 하고, 절차로 인한 아동의 부담을 줄이며, 증거 근접성과 아동 및 청년원조제도와의 근접성을 확보할 수 있기 때문이다. 이는 국제적으로 널리 인정된다. 그러나 동 협약은 친자관계의 성립 또는 다툼(contesting)에는 적용되지 않는다(제4조 a호). 이는 아동보호의 문제라기보다는 아동의 신분 내지 지위에 관한 문제이기 때문이다. 따라서 이는 참고가 되지 않고 달리 참고가 되는 국제규범이 잘 보이지 않는다.

개정안(제58조)은 친생자관계사건, 즉 친생자관계의 성립 및 해소에 관한 사건에 대하여는 ① 자녀의 상거소가 한국에 있는 경우 한국의 국제재판관할을 인정한다.[108] 또한 ② 개정안(제58조)은 국적관할로서 자녀 및 피고가 되는 부모 중 한쪽이 한국인인 경우 국제재판관할을 인정한다. 여기에서 국적관할을 당사자 역할(즉 피고일 것)과 결합한 것은 다소 이례적이다.[109]

⑶ **양친자관계에 관한 사건의 특별관할**(개정안 제59조)

입양재판의 경우 아동의 주소지국(또는 상거소지국)과 양친될 자의 주소지국(또는 상거소지국)의 국제재판관할이 큰 어려움 없이 인정될 수 있으나, 다른 유형의 입양 관련 소송사건이나 비송사건의 국제재판관할규칙은 분명하지 않다. 일방의 국적에 근거한 관할을 인정할 수 있는지는 논란의 여지가 있다. 우리 법상 입양재판은 비송사건[110]에 해당하는데, 국제사법과 기타 법률에서 비송사건의 국제재판관할에 관하여는 명확한 규정을 두지 않기 때문이다. 따라서 이를 입법적으로 정비할 필요가 있다.

개정안(제59조 제1항)은 이런 전제 하에 입양의 성립에 관한 사건은 양자 또는 양친이 되려는 사람의 상거소가 한국에 있는 경우 특별관할을 가지는 것으로

108) 스위스 국제사법(제66조)은 그에 추가하여 모 또는 부의 주소지의 재판관할을 인정하나 개정안은 이를 받아들이지 않았다. 다만 모 또는 부가 피고가 된다면 일반관할을 인정할 수 있으므로 차이는 완화된다.

109) 위의 논의에서 대리모 사안은 고려되지 않았다. 대리모의 경우 캘리포니아주법은 정치한 국제재판관할을 규정한다. Family Code 7962 (e) 참조.

110) 그러나 입양의 무효는 가류 가사소송사건이고(제2조 제1항 가호 1목 5), 입양과 파양의 취소, 재판상파양, 친양자 입양의 취소와 친양자의 파양은 나류 가사소송사건이다(제2조 제1항 가호 2목 10-14).

규정한다. 다만 개정안(제59조 제2항)은 양친자관계의 존부확인, 입양의 취소 또는 파양에 관한 사건은 친생자관계의 성립 및 해소에 관한 사건에 준하는 것으로 보아 위에서 본 그에 대한 관할규칙을 준용한다. 아동입양협약은 국제재판관할의 문제를 직접 다루지 않으므로 한국이 아동입양협약을 비준하더라도 이런 특별관할규칙은 여전히 적용된다. 아동입양협약도 아동의 상거소지국과 양친될 자의 상거소지국의 국제재판관할을 가지는 것을 전제로 한다.

⑷ **친자간의 법률관계 등에 관한 사건의 특별관할**(개정안 제60조)

개정안(제60조)의 제목은 친자간의 법률관계에 관한 사건이라고 하므로 이는 친권과 부양의무가 규율대상이 될 것이나, 개정안은 미성년 자녀에 대한 부양의무(양육비 포함)에도 별도의 조문을 두므로 결국 제60조는 조문이 명시하는 바와 같이, 친권, 양육권 및 면접교섭권 등에 관한 사항들을 규율한다. 국제친권사건, 즉 친권자(또는 양육자)의 결정, 아동의 신상감호, 아동의 재산관리, 기타 친권의 효력 및 소멸 등의 국제재판관할을 논의하는 이유는 예컨대 부모의 양육권 박탈 기타 아동의 최대복리(the best interests. 또는 최선의 이익)를 보호하기 위한 조치를 취할 법원 기타 당국의 소속국을 결정하는 데 있다.

㈎ 현행법의 해석론

현행법은 국제친권사건의 국제재판관할에 관하여는 규정을 두지 않는다. 해석론으로는 크게 2가지 견해를 생각할 수 있다.111)

제1설. 이는 국제사법 제2조에 따라 가사소송법의 관할규정을 참조하여 분쟁의 유형별로 아동의 주소지국 또는 상대방의 보통재판적 소재지국에 관할을 인정하는 견해이다. 가사소송법의 관련조문을 참조하면, 친권에 관한 사건은 유형별로 아동의 주소지국(라류 가사비송사건) 또는 상대방의 보통재판적 소재지국(마류 가사비송사건)이 국제재판관할을 가진다.112) 이에 따르면 국제친권사건은 분쟁의 유형이 라류와 마류 중 어디에 속하는지에 의하여 국제재판관할이 다르게 된다.

제2설. 이는 국제사법 제2조의 실질적 관련에 착안하고 아동보호협약의 취지를 참고하여 아동의 상거소지국에 국제재판관할을 인정하는 견해이다. 저자는

111) 저자는 친권에 기한 아동의 보호조치와 아동후견의 유사성에 비추어 후견에 관한 국제사법(제48조 제2항)의 관할규칙을 친권사건에도 유추적용하는 견해를 제3설로 소개하였다.

112) 김원태(註 106), 231면은 마류 가사비송사건의 경우는 소송사건에 준하여 관할의 존부를 판단해도 좋지만, 공익성이 강한 라류 가사비송사건에서는 심판의 대상인 사건 유형마다 그 문제를 심리함에 가장 적절한 법원이 어디인가라는 관점에서 결정한다.

국제사법의 해석론으로 이를 지지하였다. 그것이 한국이 가입한 아동탈취협약은 물론이고, 아동보호협약의 태도와도 일관되므로 국제적 정합성을 확보할 수 있다.

㈏ 아동보호협약의 태도(제Ⅱ장)

국제친권·후견법에 관한 일반조약인 1996년 아동보호협약은 보호조치에 적용된다.[113] 아동호보협약 제Ⅱ장은 당국이 아동의 신상 또는 재산에 대하여 보호조치를 취할 국제재판관할을 위한 규칙을 두는데, 아동의 상거소지국에 관할을 원칙으로 규정하면서(제5조), 관할의 이전(제8조), 관할의 인수(제9조), 부대(附帶)관할(제10조), 신속관할(제11조)과 임시적 명령을 위한 관할(제12조)이라는 예외적 관할을 규정한다. 그러나 아동보호협약은 본국관할은 인정하지 않는다. 아동의 상거소지국에 원칙적 관할을 인정하는 이유는 당국의 신속한 개입이 가능하고, 절차로 인한 아동의 부담을 줄이며, 증거 근접성과 아동 및 청소년원조와의 근접성을 확보할 수 있기 때문이다. 이런 원칙은 널리 인정되고 있다.

㈐ 개정안의 내용

이러한 점을 고려하여 개정안(제60조)은 미성년인 자녀에 대한 친권, 양육권 및 면접교섭권의 행사 또는 후견에 관한 사건에 대하여는 자녀의 상거소가 한국에 있는 경우 법원에 국제재판관할을 인정한다. 한국이 가입한 아동탈취협약도 ① 아동의 즉각적인 반환에 관하여는 아동 소재지국의 반환의무를 부과함으로써 간접적으로 국제재판관할을 규율하나(제12조), ② 본안인 양육권에 관하여는 관할규칙을 명시하지 않지만 탈취 직전 상거소지국이 관할을 가진다는 견해가 받아들여지고 있다.

또한 개정안(제60조 단서)은 "다만 대한민국에 상거소가 있던 자녀가 불법적으로 외국으로 이동하거나 탈취를 당한 날부터 1년이 경과하여 새로운 환경에 적응한 경우에는 그러하지 아니하다."고 규정한다. 그 경우 한국에 상거소가 있더라도 관할을 인정하지 않는다는 취지로 보인다. 이런 문언은 아동보호협약(제7조), 아동탈취협약(제12조) 및 후자의 이행법률(제12조 제4항 제1호)을 참작한 것인데, 이는 탈취협약상 반환거부사유로서 의미가 있으나 상거소 또는 그에 기초한 국제재판관할에 관한 일반적 기준으로 삼는 것은 다소 의문이다.

---

113) 보호조치는 부모책임의 귀속, 행사, 종료, 제한과 그의 위임에 관한 것, 아동의 후견, 보호 및 이와 유사한 제도, 아동의 신상 또는 재산을 관리하거나 그를 대리 또는 보좌할 개인 또는 단체의 지정과 직무, 그리고 아동의 재산에 대한 관리, 보존 또는 처분을 포함한다(제3조). 아동보호협약은 이처럼 아동친권과 아동후견을 함께 규율하지만 친자관계의 성립 또는 다툼(contesting)에는 적용되지 않는다(제4조).

아래(6.나.)에서 보는 바와 같이, 개정안(제62조 제2항)은 미성년인 자녀의 후견은 친권에서와 같이 한국이 그의 상거소지인 경우 법원의 국제재판관할을 인정하고, 나아가 그 자녀의 재산이 한국에 있고 그 자녀를 보호하여야 할 필요가 있는 경우에 법원에 국제재판관할을 인정한다. 따라서 미성년 친권사건과 후견사건의 관할은 다소 차이가 있다. 이는 아동보호협약의 태도와는 다른 것이다.

(5) **부양사건의 관할**(개정안 제61조)

가사소송법(제2조 제1항 제2호 나목, 제46조)에 따르면 양육비 기타 부양료 청구등 부양에 관한 사건은 가사비송사건(마류사건)이고, 이는 상대방의 보통재판적이 있는 곳의 가정법원의 관할에 속한다. 이를 참작하여 국제재판관할규칙을 도출한다면 상대방 상거소지의 일반관할을 인정할 수 있을 것이다.

문제는 현행 국제사법의 해석상 부양권리자를 보호하기 위하여 부양권리자의 상거소지에 국제재판관할을 인정할 수 있는가이다. 주지하듯이 브뤼셀 I 규정(제5조 제2호)에 따르면 부양권리자는 자신의 주소지나 상거소 소재지 법원에 소를 제기할 수 있는데, 이는 부양권리자를 두텁게 보호하기 위한 것이다. 우리 국제사법의 해석상 이런 결론을 도출할 수 있는지는 불분명하나 쉽지 않다.

개정안(제61조 제1항)은 부양권리자를 두텁게 보호하기 위하여 부양권리자의 상거소지국의 특별관할을 명시한다. 부양의무자인 피고 상거소지국은 일반관할을 가진다.

나아가 개정안(제61조 제2항)은 부양사건이 재산적 성질을 가지는 점을 고려하여 관할합의를 허용한다. 다만 분쟁이 된 사안이 한국과 아무런 관련이 없거나 근소한 관련만 있는 경우에는 예외이다. 관할합의를 허용하는 것은 당사자의 관할합의와 변론관할을 허용하는 EU부양규정(제4조, 제5조)을 참조하면서 추상적으로 규정한 것이다.[114]

개정안(제61조 제3항)은 제2항에 따라 국제재판관할합의가 허용되는 경우에는 변론관할도 허용되어야 하므로 제9조의 적용이 배제되지 아니함을 명시한다.

이처럼 부양권리자의 관할이 인정된다면, 장래에는 필리핀에 상거소를 가진 코피노와 그의 모는 한국의 부를 상대로 필리핀에서 제소할 수 있고, 그 경우 필리핀에서 선고된 양육비지급 판결을 한국에서 승인 및 집행하는 데 필요한 간접

114) EU부양규정은 당사자가 선택할 수 있는 법원을 ① 일방 당사자의 상거소지, ② 일방 당사자의 본국, ③ 부부 간(또는 부부였던 자 간)의 부양의무에 관하여는, 혼인사건에 대해 관할을 가지는 법원 또는 적어도 1년간 최후의 공통 상거소지국가에 한정한다.

관할(또는 승인관할) 요건이 구비될 것이라는 점에서 이는 중요한 의미를 가진다. 2007년 아동부양협약(제20조 제1항)은 간접관할의 맥락에서 양육비 기타 부양료 청구사건에서 부양권리자의 상거소지에 국제재판관할을 인정한다.[115] 물론 간접관할이 인정되더라도 필리핀의 양육비 재판을 한국에서 집행하자면 상호보증이 존재해야 한다.

⑹ 후견사건의 특별관할

㈎ 성년후견사건의 특별관할(개정안 제62조 제1항)

다수설에 따르면 국제사법(제48조 제2항)은 국제후견사건에 관하여 국제재판관할규칙을 두고 있다. 제2항과 제1항을 묶어 보면 원칙적으로 피후견인인 아동의 본국이 국제재판관할을 가지고, 제2항이 정한 예외사유가 있는 경우에 한하여 한국이 예외적으로 국제재판관할을 가지고 한국법을 적용한다는 것이다.[116] 다수설은 후견에 관한 재판관할과 준거법의 동조 내지 병행을 가능케 하는 장점이 있다. 그러나 피후견인의 주소지관할(또는 상거소지관할)이 원칙이라는 소수설도 있다.[117] 저자는 해석론으로는 국제사법 제48조를 고려하여 본국관할을 인정하지만 그 타당성은 의문이므로 이를 가급적 제한하고 상거소지의 예외적 관할을 넓게 인정하자는 견해를 피력하였다.

우리나라는 2011년 2월 성년후견제를 도입하였고 이는 2013. 7. 1. 시행되었다. 이를 계기로 후견개시의 심판에 대한 관할을 규정할 필요가 있는데, 그 경우 원칙적 관할을 피성년후견인의 본국에 부여할지 아니면 상거소지에 부여할지가 문제된다. 참고로 우리는 아직 미가입이나, 성년자보호에 관하여는 헤이그국제사법회의의 2000년 성년자보호협약[118]이 있다. 성년자보호협약이 규율하는 사항은, 아동보호협약처럼 보호조치에 관한 관할권, 준거법, 외국보호조치의 승인 및 집행과 국가간 협력이다.

---

115) 다만 일부 국가(특히 미국)가 국내법상 부양권리자의 상거소지만으로는 '적법절차'의 요건을 충족할 수 없다는 태도를 보임에 따라 그에 대한 유보를 허용한다(제20조 제2항).

116) 다수설은 윤종진, 개정 현대 국제사법(2003), 483면; 김용한 · 조명래, 국제사법(1998), 357면; 이호정, 국제사법(1983), 417면.

117) 이는 섭외사법(국제사법)의 해석론으로 피후견인의 상거소지국 관할을 인정하는데, 그 근거는 후견제도가 본래 피후견인의 보호뿐만 아니라 그와 교섭하는 일반사회의 공익과도 관계되므로 이 점을 가장 적정하게 판단할 수 있는 것은 피후견인의 상거소지국의 법원 기타 국가기관이고 그런 기관이 취하는 조치가 가장 실효성이 있기 때문이라고 본다. 서희원, 국제사법강의(1998), 322-323면. 학설은 이병화, "성년후견제도의 도입에 따른 국제후견법의 재고찰", 비교사법, 제13권 3호(통권 제34호)(2006. 9), 119면 이하 참조.

118) 여기에서 성년자는 18세에 달한 자를 말한다. 성년자보호협약에 관하여는 최흥섭, "성년자의 국제적 보호를 위한 2000년의 헤이그협약", 인하대학교 법학연구 제4집(2001), 69면 이하 참조.

성년자보호협약 제Ⅱ장(제5조-제12조)은 당국이 성년자의 신상 또는 재산에 대하여 보호조치를 취할 국제재판관할을 위한 규칙을 둔다. 원칙적으로 성년자의 상거소지국이 관할을 가지나(제5조),[119] 그에 대한 예외가 인정된다. 첫째, 예외적으로 성년자의 본국이 관할권을 가진다(제7조). 둘째, 상거소지국의 관청이 특정한 사항에 대해 다른 체약국이 성년자의 이익을 위하여 조치를 취하기에 더 적절하다고 판단하는 경우 관할의 인수요청과 관할이전을 허용한다(제8조). 셋째, 예외적으로 재산소재지 관할을 인정한다(제9조). 넷째, 긴급한 경우에는 성년자 또는 그 재산소재지 체약국이 관할을 가진다(제10조). 다섯째, 성년자 또는 그 재산 소재지 체약국은 임시적 성격의 보호조치를 취할 수 있다(제11조). 주의할 것은, 후견사건의 국제재판관할규칙을 정함에 있어서 성년자와 아동을 구분하는 점이다. 즉 성년자보호협약은 아동보호협약과 달리 상거소지관할(제5조), 본국관할(제7조)과 재산소재지 관할(제9조)을 인정한다.[120]

이상의 점을 고려하여 개정안(제62조 제1항)은 ① 피후견인의 상거소가 한국에 있는 경우, ② 피후견인이 한국인인 경우와 ③ 피후견인의 재산이 한국에 있고 피후견인을 보호하여야 할 필요가 있는 경우에는 한국의 국제재판관할을 인정한다. 현행 국제사법은 후견개시심판의 국제재판관할은 제14조에서 규율하고 그렇게 개시된 후견감독사건의 국제재판관할은 제48조에서 규율하는 방식을 취하나(다수설에 따를 경우) 개정안(제62조)은 양자를 묶어서 규정한다.

㈏ **미성년후견사건의 특별관할**(개정안 제62조 제2항)

다수설에 따르면, 아동후견(이는 미성년[121] 자녀의 후견과 다르나 편의상 이를 호환적으로 사용한다)에 관하여도 한국에 상거소 또는 거소가 있는 외국인 아동에 대하여는 ① 아동의 본국법에 의하면 후견개시의 원인이 있더라도 그 후견사무를 행할 자가 없거나 후견사무를 행할 자가 있더라도 후견사무를 행할 수 없는 경우 또는 ② 그 밖에 피후견인을 보호하여야 할 긴급한 필요가 있는 경우 한국법에 의하는데, 그 경우 준거법과 국제재판관할의 병행을 인정하여 한국 법원이 국제재판관할을 가진다.

---

119) 그 이유는 당국의 신속한 개입을 가능하게 하고, 절차로 인한 성년자의 부담을 줄이며, 증거 근접성을 확보할 수 있기 때문이다.

120) 성년자보호와 아동보호는 상황이 다르다. 그러나 개정안(제62조)은 아동의 경우에도 보호할 필요가 있는 경우에는 재산소재지의 특별관할을 인정한다.

121) 현행 국제사법과 달리 개정안은 성년과 미성년의 개념을 사용한다. 미성년인지는 우리 법이 아니라 개정안 제28조에 의하여 결정되는 본국법에 따라야 할 것이나 통일적 기준을 적용할 수 없다는 문제가 있다.

개정안(제62조 제2항)은 미성년인 자녀의 후견사건의 특별관할에 관하여는 제60조가 규정하는 경우와, 그 자녀의 재산이 대한민국에 있고 그 자녀를 보호하여야 할 필요가 있는 경우(이는 제62조 제1항 제3호의 사유와 같다) 한국의 국제재판관할을 인정한다. '제60조가 규정하는 경우'라 함은, 친자간의 법률관계 등에 관한 사건의 특별관할을 가지는 법원이 미성년 후견사건의 국제재판관할을 가진다는 의미이다. 이는 미성년자의 친권과 후견을 통일적으로 규율하는 것이다. 다만 개정안은 제62조 제1항 제3호에 해당하는 사유가 있는 경우를 추가함으로써 그 범위 내에서 양자 간에 차이가 발생한다. 미성년자의 경우 성년후견사건의 경우와 달리 국적관할을 인정하지 않는다.

현행법은 준거법의 맥락에서 "친권 v. 후견(성년후견+미성년후견)"의 체제를 취하나 그에 대하여는 "미성년(친권+후견) v. 성년후견"의 체제가 바람직하다는 비판이 있다. 개정안은 이 점을 고려하여, 관할의 맥락에서 준거법의 체제를 유지하면서도 조문의 규정방식상 그런 체제를 다소 완화한다. 그 결과 국제재판관할의 맥락에서는 "미성년 친권 v. 미성년 후견(양자의 중간) v. 성년후견"이라는 체제가 되었다. 헤이그국제사법회의는 준거법과 국제재판관할의 맥락에서 아동후견과 성년후견의 차이를 고려하여 아동의 친권과 후견을 아동보호협약에서 통일적으로 연결하고, 성년후견은 성년자보호협약에 의하여 별도로 규율한다. 개정안은 미성년 후견의 취급에 있어서 국제재판관할과 준거법 간에 일관성이 부족하다는 비판을 면하기 어렵다.[122] 그러나 이는 준거법에 관한 조문을 개정할 때 시정할 수 있을 것이다.

㈐ 성년후견사건의 준거법에 관한 조문의 수정(개정안 제76조)

위원회가 후견의 관할규칙을 신설하여 피후견인 상거소지의 관할을 인정함에 따라 후견의 준거법에 관한 조문(제76조)의 개정 필요성이 제기되었다. 국적을 연결점으로 삼는 현행법과 달리 상거소지를 연결점으로 개정하는 방안을 고려하였고 그를 지지하는 견해도 있었다. 그러나 법무부는 금번에는 준거법규칙은 개정하지 않는다는 원칙과, 후견의 준거법으로서 아직은 본국법주의를 지지하는 견해가 유력한 점[123]을 고려하여 원칙적으로 피후견인의 본국법주의를 유

---

122) 이를 해결하는 한 가지 방법은 성년후견의 준거법도 본국법이 아니라 상거소지법으로 변경하는 것이다. 위원회에서 이런 제안이 있었고 지지하는 견해가 있었으나, 준거법에 관한 연결원칙을 개정하는 것은 위원회의 업무범위를 넘는 것이고 또한 그러한 개정에 대해 충분한 논의가 없었던 것으로 보아 법무부는 이를 반영하지 않았다.

123) 예컨대 최흥섭, "새로운 성년후견제의 도입에 따른 국제사법 규정의 개정 문제와 적용 문

지하면서 예외적인 경우 외국인에 대하여 한국법을 적용하는 현행법의 태도를 가급적 유지하기로 하였다. 다만 재판관할에 관한 조문(제62조)이 신설됨으로써 일부 수정이 불가피하였다.

결국 개정안(제76조)은 후견의 준거법에 관하여 피후견인의 본국법주의를 원칙으로 하면서, 제62조에 따라 법원이 특별관할을 가지는 경우 ① 그의 본국법에 의하면 후견개시의 원인이 있더라도 그 후견사무를 행할 사람이 없거나 후견사무를 행할 사람이 있더라도 후견사무를 행할 수 없는 때, ② 한국에서 후견개시의 심판(임의후견감독인선임 심판을 포함)을 하였거나 하는 때와 ③ 피후견인의 재산이 대한민국에 있고 피후견인을 보호하여야 할 필요가 있는 때에는 예외적으로 법정지법을 준거법으로 삼는다.

제76조의 특색은 아래와 같다.[124]

첫째, 제2항에서는 예외적 관할근거를 명시하는 대신 개정안(제62조)에 따라 한국이 국제재판관할을 가지는 것을 전제로 한다. 둘째, 성년후견과 미성년후견을 묶어서 규율하는 체제를 유지한다. 셋째, 제1호와 제3호는 현행법 제48조 제1호와 제3호[125]를 가급적 유지하면서 조금 수정한다. 넷째, 현행법 제2호는 "대한민국에서 한정후견개시, 성년후견개시, 특정후견개시 및 임의후견감독인선임의 심판을 한 경우"이나, 개정안은 이를 "대한민국에서 후견개시의 심판(임의후견감독인선임 심판을 포함한다)을 하였거나 하는 경우"라고 규정한다. 이는 우리 법원이 후견과 관련한 심판을 하는 경우 한국법을 적용하라는 취지인데 그렇게 하면 제1항에서 정한 본국법에의 연결이 상당부분 무의미하게 된다. 물론 우리 법원의 관여 없이 준거법만을 판단하는 상황에서는 제1항이 여전히 의미가 있다. 특히 제2호가 "대한민국에서 후견개시의 심판을 하는 경우"도 포함하므로 외국인에 대해 후견개시의 원인이 있는지, 나아가 그 경우 우리 법원이 후견개시의 재판을 해야 하는지의 준거법도 한국법이 된다. 결국 한국 법원이 개입하는 경우에는 사실상 법정지법원칙이 적용되는 셈이다.

제", 법학연구 제16집 제3호(2013. 11.), 1면 이하 참조.

124) 제76조는 결국 일본 법적용통칙법 제35조와 유사하나 개정안에는 일본 법적용통칙법 제5조와 같은 조문이 없다.

125) 현행법 제48조 제1호와 제3호는 아래와 같다.
"1. 그의 본국법에 의하면 후견개시의 원인이 있더라도 그 후견사무를 행할 자가 없거나 후견사무를 행할 자가 있더라도 후견사무를 행할 수 없는 경우 3. 그 밖에 피후견인을 보호하여야 할 긴급한 필요가 있는 경우"

⑺ **가사조정사건**(개정안 제63조)

가사조정사건의 국제재판관할을 규정할지에 관하여는 위원회에서 적극적 견해가 유력하여 규정하기로 하였다. 가사조정은 나류 및 다류 가사소송사건과 마류 가사비송사건의 제소 또는 심판청구에 앞서 거쳐야 하는 사전절차이다(가사소송법 제50조 제1항). 조정의 대상이 되는 사건에 대하여 우리 법원이 국제재판관할을 가진다면 당해 조정사건에 대해서도 법원이 관할을 가진다는 점은 이견이 없었다. 이에 따라 개정안(제63조)은 "제7장(친족) 제1절이 적용되는 사건에 대하여 법원에 국제재판관할이 있는 경우에는 그 조정사건에 대하여도 법원에 국제관할이 있다"고 규정한다.

다만 일부 위원은 당사자가 법원에 가사조정을 신청할 수 있다는 서면합의를 한 경우 법원에 국제재판관할이 있다는 취지를 명시하자고 제안하였으나 그에 대하여는 논란이 있었다.[126] 이는 한국에 거주하는 미군 또는 미국 군무원 부부가 원하는 경우 종래 한국에서 조정에 의한 이혼을 허용하였는데 그 근거를 명시하려는 취지라고 한다. 만일 그런 이유로 규정하자면 차라리 당사자가 서면에 의하여 공동으로 가사조정을 신청한 경우 법원에 조정에 대한 관할이 있다는 취지로 규정하는 편이 적절하지 않을까 생각된다.[127] 결국 법무부는 그 범위가 너무 확대될 우려가 있어 이를 제외하기로 하였다.

⑻ **협의의 가사사건에서 국적관할의 인정범위**

위에서 언급한 것처럼 종래 우리 법원은 가사사건에서 국적관할을 인정하는 데 인색하였다. 위원회는 가사사건에서 국적관할을 도입할 필요성은 대체로 인정하였고, 그 경우 다양한 가사사건의 유형에서 일관성이 있어야 한다는 점에 공감하였다. 독일은 우리와 비교할 때 국적관할을 널리 인정한다. 국적관할은 가족관계등록부에의 등록과 관련하여 의미가 있다.

그 결과 개정안은 혼인관계사건에서는 양당사자가 한국인인 경우, 친생자관계사건(제58조)과 양친자관계의 존부확인과 파양에 관한 사건(제59조 제2항)에서는 자녀 및 피고인 부모 중 한쪽의 국적이 동일한 경우 그에 근거한 관할을 인정한다.[128] 반면에 개정안은 친자간의 법률관계 등에 관한 사건에서는 아동의

---

126) 일본의 '인사소송법등의 일부를 개정하는 법률안' 초안도 참고가 되었다. 동 초안(제3조의 13)에 따르면 일본법원은 … 당사자가 일본 법원에 가사조정의 신청을 할 수 있다는 취지의 합의를 한 때 원칙적으로 관할권을 갖는다.

127) 그 경우 준거법도 의문이다.

128) FamFG는 혼인관계사건(제98조 제1항 제1호)에서 일방 당사자의 국적관할을 인정한다.

국적관할을 인정하지 않으면서[129] 성년후견사건에서는 피후견인의 국적관할을 인정한다(제62조 제1항 제2호). 아동보호협약은 국적관할을 인정하지 않으나 성년자보호협약은 예외적으로 국적관할을 인정한다. 개정안은 입양의 성립과 부양사건에 대하여는 국적관할을 인정하지 않는다.[130] 가사사건에서 국적관할의 인정 여부를 정리하면 대체로 아래와 같다.

《국적관할의 인정 여부》

		개정안	독일	헤이그 협약	EU규정
혼인		양당사자 국적 관할 인정	일방당사자 국적관할 인정	-	브뤼셀Ⅱbis 양당사자 국적 관할 인정
친자	친생자	양당사자(자녀와 피고인 부(모)) 국적관할 인정	일방당사자 국적관할 인정	-	-
	양친3자관계 존부/파양	上同	아마도 上同	-	-
	입양성립	×	일방당사자 국적관할 인정	-	-
	친권/아동 후견	×	○	×	-
부양		×	×	×	× [부양규정]
성년 후견		○	○	○ (제7조)	
상속		×	[×]	-	상속규정(제10조). 유산소재와 묶어 보충적으로 인정.

⑼ 협의의 가사사건에 대한 총칙 적용상의 유의점

개정안 제1장의 총칙이 협의의 가사사건에도 적용됨은 당연하다. 다만 가사사건에서 재산법상의 사건과 달리 규정하는 총칙의 조문들이 있으므로 이를 언급한다.

㈎ 피고관할

개정안(제3조)은 총칙에서 일반관할로서 피고관할원칙을 명시하므로 이는 가

129) FamFG는 친자사건(제99조 제1항 제1호)에서 아동의 국적관할을 인정한다.

130) FamFG는 입양사건(제101조)에서 양친이 되려는 자의 일방 또는 양자의 국적관할을 인정하나, 부양사건에서는 국적관할을 인정하지 않는다.

사사건에도 적용된다. 따라서 가사사건이 한국에 상거소(常居所)를 가지는 사람에 대한 소의 구조를 취하는 경우에는 법원에 국제재판관할이 있다.

다만 피고관할원칙이 혼인사건에서도 타당한지에 관하여는 논란이 있으나[131] 아래 이유로 타당하다고 본다. 첫째, 피고관할원칙이 인정되는 근거는 대체로 국제혼인사건에서도 타당하다. 둘째, 섭외사법 하에서 1975년 대법원판결도 국제가사사건에서 피고주소지주의를 채택하였다. 셋째, 브뤼셀Ⅱbis(제3조 제1항 a호)도 이를 채택하고 있다.

㈏ 관련사건의 관할의 특별취급

위에서 본 것처럼 개정안에 따르면 하나의 소로 밀접한 관련이 있는 여러 개의 청구를 하는 경우 법원에 그 여러 개 가운데 하나의 청구에 대한 국제재판관할이 있는 때에는 다른 청구에 대하여도 그 청구가 계속된 법원에 소를 제기할 수 있다(제6조 제1항). 이는 제7장(친족) 제1절이 적용되는 사건의 경우에도 같다. 그러나 이는 이혼, 파양 등 주된 청구에 대한 관할에 근거하여 친권자 및 양육자 지정, 부양료 등의 부수적 청구에 대하여도 관할을 인정하는 근거가 될 수는 있으나 반대의 경우에는 그러하지 아니하다. 다만 양자의 경계와 범위가 항상 분명한 것은 아니다. 문언상 개정안(제6조 제3항)은 제1항에 대한 예외를 정한 것이고 제2항에 대한 예외는 아니다.

㈐ 합의관할과 변론관할의 배제

합의관할과 변론관할에 관한 규정은 가사사건에는 적절하지 않다는 이유로 개정안(제13조)은 제7장(친족) 제1절, 제8장(상속) 제1절 및 제90조가 적용되는 사건에는 제8조(합의관할)와 제9조(변론관할)를 배제한다. 다만 해당되는 장에 별도의 조문(예컨대 부양사건에 관한 제61조 제2항과 상속사건에 관한 제77조 제2항)이 있는 경우에는 제8조와 제9조가 적용된다.

㈑ 친족 및 상속에 관한 비송사건의 취급

위에서 언급한 바와 같이, 가사사건의 경우 개정안 제7장과 제8장은 소송사건과 비송사건을 묶어서 규정함으로써 원칙적으로 양자에 공통된 관할규칙을 둔다. 개정안은 그 경우 "…에 관한 소"가 아니라 "…에 관한 사건"이라는 식으로 규정함으로써 국제재판관할규칙이 비송사건에 대하여도 직접 적용되도록 한다. 개정안(제15조 제2항)은 이를 명시한다. 다만 개정안 제1장(총칙) 제2절은 성질에 반하지 않는 범위 내에서 비송사건에 준용된다.

131) Rauscher/Rauscher(註 101), Art. 3, Rn. 32 참조.

6. 상속사건(상속소송 및 상속비송사건)의 특별관할(개정안 제8장 제1절)

민사소송법은 제22조와 제23조에서 상속·유증 등의 특별재판적을 규정한다. 즉 제22조는 상속, 유증, 그 밖에 사망으로 효력이 생기는 행위에 관한 소에 대하여는 피상속인의 사망 당시 피상속인의 보통재판적 소재지의 토지관할을 인정한다. 이는 상속재산이 여러 지역에 분포되어 있고, 다수의 상속인, 수증자 등이 있을 수 있으므로 이들에 대하여 각각 다른 법원에 제소해야 하는 불편을 덜어주기 위한 것이다.[132] 또한 제23조는 상속채권, 그 밖의 상속재산에 대한 부담에 관한 것으로 제22조의 규정에 해당되지 아니하는 소에 대하여 상속재산의 전부 또는 일부 소재지의 특별관할을 인정한다. '상속채권'은 상속인이 상속에 의하여 승계할 피상속인의 채무에 상응하는 채권을 말하고, '상속재산에 대한 부담'은 유산관리나 유언집행, 장례비용 등을 말한다고 한다.[133]

개정안(제77조 제1항)은 이런 토지관할규칙을 국제재판관할규칙으로 받아들이되 '주소'를 '상거소'로 대체하여 피상속인의 사망 당시 상거소가 한국에 있는 경우 또는 한국에 상속재산이 있는 경우에는(다만 그 상속재산의 가액이 현저히 낮은 경우에는 제외) 한국의 국제재판관할을 인정한다.

유언에 관한 사건에 대하여도 개정안(제77조 제4항)은 유언자의 유언 당시 상거소, 또는 유언 대상인 재산이 한국에 있는 경우 한국의 국제재판관할을 인정한다. 민사소송법은 유증을 규정하나 개정안은 '유언에 관한 사건'으로 넓게 규정하는 데 특색이 있다. 다만 재산소재지 관할의 경우 유언 대상인 재산일 것을 요구하므로 차이는 축소된다.

나아가 개정안(제77조 제2항)은 상속 또는 유언에 관한 사건에 관하여 당사자의 관할합의를 허용한다. 관할합의를 허용하는 것은 상속 또는 유언에 관한 분쟁이 재산법적 성격이 강하다는 점과 현행 국제사법(제49조 제2항)이 상속의 준거법에 관하여 당사자자치를 제한적으로 허용하는 점을 고려한 것이다. 다만 피부양자가 미성년자이거나 피성년후견인인 경우와 국제재판관할이 부여된 국가가 사안과 아무런 관련이 없거나 근소한 관련만 있는 경우에는 그러하지 아니하다. 여기에서 합의를 하는 당사자의 범위의 획정이 문제되는데 특히 비송사건의 경우 그 범위에 관하여 논란이 있을 수 있다.

---

132) 호문혁, 민사소송법 제8판(2010), 172면.

133) 민일영/김능환/김상준, 206면.

참고로 EU상속규정(제5조)도 관할합의를 허용하나 이는 준거법과의 병행을 확보하기 위한 것이다. 우리는 그런 제한 없이 관할합의를 허용한다. 개정안(제77조 제3항)은 합의관할이 허용되는 범위 내에서는 변론관할도 허용됨을 명시한다.

문제는 상속과 관련된 비송사건의 처리이다. 개정안은 재판관할과 준거법의 병행을 따르지 않고 상속사건에 관하여는 그것이 소송인지 비송인지를 구별하지 않고 제8장에 따르도록 한다. 이를 분명히 하기 위하여 제77조는 "상속 및 유언사건의 관할"이라고 규정하고, 비송사건의 관할을 정한 제15조 제2항은 "제8장(상속) 제1절이 규율하는 비송사건의 관할은 각각 그 규정에 따른다."고 명시한다.

7. 어음 · 수표에 관한 소의 특별관할(개정안 제9장 제1절)

민사소송법(제9조)은, 어음 · 수표에 관한 소는 지급지의 법원에 제기할 수 있다고 규정한다. 개정안(제80조)은 이러한 토지관할규칙을 특별관할규칙으로 수용하였다. 일본 민사소송법(제3조의3 제2호)처럼 금전지급을 구하는 소에 한정하지 않고 민사소송법처럼 넓게 규정한다. 이는 어음 · 수표금의 지급청구와 상환청구에는 적용되나, 어음 · 수표법상의 권리인 이득상환청구권에는 논란의 여지가 있으나 아마도 적용되지 않을 가능성이 크다.[134]

8. 해사사건의 특별관할(개정안 제10장 제1절)[135]

민사소송법은 해상 또는 해사에 관한 사건("해사사건")에 관하여 선적이 있는 곳의 특별재판적(제13조), 선박이 있는 곳의 특별재판적(제14조), 선박사고로 인한 불법행위의 특별재판적(제18조 제2항)과 해난구조의 특별재판적(제19조)을 규정한다. 이는 토지관할규칙이다.

한국은 가입하지 않았으나 2011년 9월 발효되고 광범위한 해사채권(maritime claim)에 적용되는 1999년 "선박의 가압류 · 압류에 관한 국제협약"(International

134) 민일영/김능환/김상준, 178면 참조.

135) 입법론은 정병석, "해사관련 국제재판관할 입법", 한국해법학회지 제37권 제1호(2015. 4.), 17면 이하; 정완용, "선박가압류조약(Arrest Convention)상 해사채권의 국제재판관할 입법방안에 관한 고찰", 국제사법연구 제19권 제1호(2013. 6.), 232면 이하 참조. 이 부분의 작성에서는 정병석 회장님으로부터 도움을 받았기에 감사의 뜻을 표시한다. 물론 잘못이 있다면 이는 저자의 책임이다.

Convention on Arrest of Ships)("Arrest Convention")(제7조 제1항과 제2항)은 운임과 손해배상에도 적용되므로 결국 브뤼셀 I bis와 Arrest Convention이 참고가 되었다.[136]

위원회는 논의 결과 ① 선박소유자 · 용선자 · 선박관리인 · 선박운항자 그 밖의 선박사용인("선박소유자 등")[137]의 책임제한사건, ② 선박소유자 등에 대한 선박 또는 항해에 관한 소, ③ 공동해손에 관한 소, ④ 선박충돌에 관한 소와 ⑤ 해난구조에 관한 소에 대하여 국제재판관할규칙을 두기로 하였다.[138]

가. 선박소유자 등의 책임제한사건에 대한 관할(개정안 제90조)

민사소송법에는 특별재판적이 없으나 "선박소유자 등의 책임제한절차에 관한 법률"("선박소유자책임법")은 토지관할규칙을 두고 있다.[139]

이를 고려하여 개정안은 선박소유자 등의 책임제한사건에 관하여 아래 연결점 중 어느 하나가 한국에 있는 경우 우리 법원의 관할을 규정한다. 이는 ① 제한채권이 발생한 선박의 선적지, ② 신청인인 선박소유자등에 대하여 제3조에 따른 일반관할이 인정되는 곳, ③ 사고 발생지(결과 발생지를 포함), ④ 사고 후 사고선박의 최초 도착지, ⑤ 제한채권에 의한 선박소유자등의 재산 압류지(가압류지와 압류에 갈음하는 담보 제공지 포함)와 ⑥ 선박소유자 등에 대하여 제한채권에 근거한 소 제기지가 그것이다. 이런 국제재판관할규칙을 토지관할규칙과 비교하면 대체로 유사하지만 ⑥은 토지관할규칙에는 없는 것이다. 제한채권에 근거한 소가 제기되었다면 그곳에서 어차피 재판을 하므로 책임제한사건에 대한 관할을 긍정한 것이다. 책임제한사건은 일종의 비송사건으로 집단적 절차이므로 그에는 "대한민국에 상거소를 가지는 사람에 대한 소"일 것을 전제로 하는 개정안 제3조(일반관할)는 적용되지 않을 것이다.

---

136) 예비초안은 해사사건에는 적용되지 않고(제1조 제2항 h호), 관할합의협약도 여객 또는 물품의 운송과 해상오염, 해사청구권에 대한 책임제한, 공동해손, 및 긴급예인과 구조에는 적용되지 않는다(제2조 제2항 f호, h호).

137) 이는 국제사법 제60조 제4호가 사용하는 용어이다.

138) 일본 민사소송법(제3조의3)은 3개의 국제재판관할규칙을 두고 있다. 제6호(위 제14조에 상응), 제9호(위 제18조 제2항에 상응)와 제10호(위 제19조에 상응)가 그것이다.

139) "책임제한사건의 관할"을 정한 동법 제2조 참조. 조문은 아래(《민사소송법 등의 토지관할과 국제사법의 국제재판관할의 비교》)에 있다.

나. 선박소유자 등에 대한 소의 특별관할(개정안 제91조)

민사소송법(제13조)은 선박 또는 항해에 관한 일로 선박소유자, 그 밖의 선박이용자에 대한 소에 관하여는 선적지의 특별재판적을 인정한다. 이는 선박을 하나의 업무의 중심으로 보아 선적이 있는 곳을 선박을 이용하는 업무의 사무소나 영업소와 같이 취급하는 취지라고 한다.[140] 그러나 개정안에서는 위 제13조는 배제되었다. "선박 또는 항해에 관한 일로 선박소유자 등에 대하여 제기하는 소"에 대한 관할은 성질상 특별관할의 문제이다. 그렇다면 문제된 선박 또는 항해에 착안하여 관할을 정하는 것이 합리적이지 그와 무관하게 선적에 착안할 근거는 별로 없어 보인다. 그런 취지라면 오히려 선적을 일반관할의 근거로 삼아야 할 것이나, 편의치적이 널리 이용되는 현실에서 그에 대해서는 비판의 여지가 있다.[141]

다만 개정안(제3조)에 의하여 일반관할의 근거가 확대되었으므로 선적 소재지가 주된 사무소(영업소) 소재지, 경영 중심지 또는 법인 또는 단체의 설립준거법 소속국이라면 그곳에 일반관할이 인정된다. 따라서 실제 결과는 크게 다르지 않을 것이다. 편의치적의 일부 사안에서는 선적 소재지가 정관상의 본거지 또는 법인 또는 단체의 설립준거법 소속국일 수도 있다.

가사 그렇지 않더라도 개정안(제91조)은 "선박소유자등에 대한 선박 또는 항해에 관한 소는 선박이 압류된 곳이 대한민국에 있는 경우 법원에 제기할 수 있다."고 규정함으로써 아래(사.)에서 보듯이 가압류관할(*foum arresti*)을 인정하므로 별 문제는 없을 것이다.

개정안(제91조)은 선박 또는 항해에 관한 소를 정의하지 않으나 민사소송법 제13조가 '선박 또는 항해에 관한 소'라는 개념을 사용하므로 참고가 된다. '선박에 관한 소'는, 제20조의 부동산에 관한 소와 유사하게 선박 자체를 목적으로 하거나 선박에 기인하는 권리관계의 소를 말한다.[142] 이는 선박 자체에 관한 소이므로 그 매매대금, 임대료 등의 지급을 구하는 소는 여기에 포함되지 않는다. 한편 민사소송법(제13조)의 해석상 '항해에 관한 소'는, 선박을 항해에 제공하는 것에 의하여 생기는 일체의 권리의무관계에 관한 소이다.[143]

---

140) 호문혁(註 132), 171면.
141) 하지만 제90조(책임제한사건)와 제93조(선박충돌에 관한 소)에서는 선적을 관할근거로 삼는다.
142) 민일영/김능환/김상준, 188면.
143) 민일영/김능환/김상준, 188면 참조.

위 특별관할에 추가하여 제1장에 규정된 일반관할(개정안 제3조)도 인정된다.

위원회는 UN이 2008년 12월 채택한 "전부 또는 일부가 해상운송인 국제물품운송계약에 관한 국제연합협약("로테르담규칙")을 참조하여 해상에 관한 장에서 개품운송계약에 관하여 규정을 두는 방안을 논의하였으나[144] 결국은 두지 않고 계약에 관한 소의 관할규칙으로 해결하기로 하였다. 동 규칙이 아직 발효되지 않은 점도 고려되었다.

다. 민사소송법 제14조에 상응하는 규정의 미채택과 재산소재지 관할 (제5조)의 적용

민사소송법 제14조는 선박채권, 그 밖에 선박을 담보로 한 채권에 관한 소에 대해 선박 소재지의 토지관할을 인정한다. 여기에서 선박채권은 해상법상 발생한 채권 중에서 선박우선특권이 부여된 채권을 말한다. 이는 선박을 책임재산으로 하는 채권에 기인한 소에 관하여 선박소재지의 특별재판적을 인정한다거나, 또는 선박에 관한 강제집행이 압류 당시 정박항을 관할하는 지방법원이 집행법원이 되는 것과 균형상 인정한다거나,[145] 선박은 일정한 곳에 머물러 있지 않으므로 선박이 있는 곳에서 이를 압류하고 소송도 할 수 있도록 함으로써 권리실현을 쉽게 하기 위하여 인정된 것이라고 한다.[146] 그러나 이런 취지에 충실하자면 선박 소재가 아니라 선박에 대한 압류를 근거로 국제재판관할을 인정하는 것이 타당하다고 볼 수 있다.[147] 개정안은 선박 소재지에 관할을 인정하는 민사소송법 제14조는 국제재판관할규칙으로 삼지 않는다. 하지만 그로 인하여 발생할 수 있는 문제 중 일부는 채권의 발생원인에 따라 제91조 기타 조문으로 해결할 수 있고, 그렇지 않더라도 문제된 선박이 한국에 있다면 담보의 목적인 재산이 한국에 있는 경우에 해당되어 개정안(제5조)(재산소재지의 특별관할)에 따라 우리 법원의 국제재판관할이 인정된다.[148]

144) 로테르담규칙은 운송계약 약관에 의한 전속관할합의의 효력을 제한한다.

145) 민일영/김능환/김상준, 189면.

146) 호문혁(註 132), 171-172면.

147) 일본 민사소송법(제3조3 제6호)은 민사소송법(제14조)에 상응하는 국제재판관할규칙을 둔다.

148) 일본은 재산소재지 관할에서 담보의 목적 소재지의 관할을 인정하지는 않는다. 이런 이유로 민사소송법 제14조에 상응하는 국제재판관할을 두는지도 모르겠다.

라. 공동해손에 관한 소의 특별관할(개정안 제92조)

상법상 공동해손이란 선장이 선박 또는 적하의 공동위험을 면하기 위해서 선박 또는 적하에 관하여 한 처분에 의하여 생긴 손해와 비용을 의미한다(제832조). 민사소송법은 공동해손에 관한 소의 특별재판적을 규정하지 않는다.

개정안(제92조)은 공동해손에 관한 소에 대하여는 선박 소재지, 사고 후 선박의 최초 도착지와 선박[149] 압류지가 한국인 경우 한국의 국제재판관할을 인정한다. 사고 후 선박의 최초 도착지의 관할을 인정하는 것은 그곳을 관할하는 법원이 심리하는 것이 증거조사에 편리하기 때문이다. 그러나 선박 소재지 관할을 인정하는 것과, 가압류관할과 선박 소재지를 동시에 인정하는 것은 다소 의문이다.

위 특별관할에 추가하여 제1장에 규정된 일반관할(개정안 제3조)도 인정된다.

마. 선박충돌에 관한 소의 특별관할(개정안 제93조)

민사소송법(제18조 제2항)은 선박의 충돌이나 그 밖의 사고로 말미암은 손해배상에 관한 소를 제기하는 경우에는 사고선박이 맨 처음 도착한 곳의 법원에 제기할 수 있다고 규정한다. 여기에서 '사고 선박'은 피해 선박을 말하는데, 그 이유는 피해 선박이 처음으로 도착한 곳은 결과발생지의 연장이라고 볼 수 있으므로 그곳을 관할하는 법원이 심리하는 것이 증거조사에도 편리하기 때문이다.[150][151]

개정안(제93조)은 선박충돌이나 그 밖의 사고에 관한 소에 대하여, 가해 선박의 선적지 또는 소재지, 사고 발생지, 피해 선박의 사고 후 최초 도착지 또는 가해 선박의 압류지가 한국인 경우에 한국 법원의 재판관할을 인정한다.[152] 가해 선박의 선적지는 피고의 주된 사무소 소재지와 일치할 수도 있고 아닐 수도 있으나, 피해 선박의 최초 도착지는 사고 발생지의 연장선상에 있다. 다만 가압류관할과 가해 선박 소재지의 관할을 함께 인정하는 것은 다소 의문이다. 개정안을 토지관할규칙과 비교해보면 개정안이 사고 발생지의 관할을 명시하는 점이

149) 이는 공동해손에 관계된 선박으로 보인다.

150) 민일영/김능환/김상준, 197면.

151) 만일 충돌선박이 각각 상이한 지점에 처음으로 도착했다면 두 곳의 법원에 제2항의 재판적이 경합하므로 원고는 재판적을 선택할 수 있다. 민일영/김능환/김상준, 197면.

152) 일본 민사소송법(제3조의3 제9호)도 국제재판관할의 맥락에서 동일한 취지를 규정한다. 토지관할에 관한 일본 민사소송법 제5조 제10호도 같다.

다르나 이는 민사소송법(제18조 제1항)이 정한 불법행위지에 해당하므로 차이가 없다. 제10장이 불법행위에 관한 소의 특별관할을 배제하지 않으므로 선박충돌의 경우에도 개정안(제45조)이 적용되고 따라서 행동지와 결과발생지의 관할이 인정되나 이는 사고 발생지와 동일할 것이므로 실익은 없다.

위 특별관할에 추가하여 제1장에 규정된 일반관할(개정안 제3조)도 인정된다.

바. 해난구조에 관한 소의 특별관할(개정안 제94조)

해난구조(salvage)란 해상기업에 수반되는 해상위험인 해양사고에 조우한 선박 또는 적하를 구조하는 것을 말한다.[153] 민사소송법(제19조)은 "해난구조(海難救助)에 관한 소를 제기하는 경우에는 구제된 곳 또는 구제된 선박이 맨 처음 도착한 곳의 법원에 제기할 수 있다"고 규정한다. 이는 증거조사의 편의를 위한 것이다.[154] 문언은 '구제'이나 해난구조의 개념에 비추어 이는 '구조'로 해석된다.[155]

개정안(제94조)은 토지관할규칙을 국제재판관할규칙으로 수용하여, 해난구조가 있었던 곳 또는 구조된 선박의 최초 도착지가 한국에 있는 경우 한국이 국제재판관할을 인정하고 가압류관할도 명시한다.[156]

위 특별관할에 추가하여 제1장에 규정된 일반관할(개정안 제3조)도 인정된다.

사. 해사사건 국제재판관할규칙의 특색

(1) 가압류관할의 도입

개정안(제91조부터 제94조)은 선박의 가압류에 근거한 본안에 대한 관할, 즉 일종의 가압류관할을 규정한다.[157] 이는 Arrest Convention(제7조 제1항과 제2항)이 원칙적으로 선박을 가압류한 국가 법원에 본안에 대한 국제재판관할을 긍정하는 태도를 수용한 것이다.[158] 따라서 해사사건에 관하여 소를 제기하려는 자

---

153) 준거법의 맥락에서 국제사법(제62조)은 사법상(私法上)의 의무 없이 구조하는 협의의 해양사고구조에 관한 조항으로서 사무관리(제30조)의 특칙이다. 개정안에는 사무관리에 관한 특별관할규칙은 없다.

154) 민일영/김능환/김상준, 198면.

155) 민일영/김능환/김상준, 199면도 동지.

156) 종래 '해난구조'와 '해양사고구조'(국제사법 제62조)라는 용어가 사용되었으나, 개정안은 상법(예컨대 제750조)을 따라 '해난구조'라고 한다. "해양사고의 조사 및 심판에 관한 법률"(해양사고심판법) 제2조 제1호는 '해양사고'라는 용어를 사용한다.

157) 개정안 제10장의 가압류관할은 재산의 가액에 한정되지 않으므로 통상의 가압류관할과는 다르다.

158) 위 협약을 따라 가압류에 기한 국제재판관할을 인정하자는 입법론도 있었다. 정완용(註

는(제90조는 제외) 개정안(제14조)에 따라 선박의 한국 내 소재를 근거로 이를 가압류하고 그를 근거로 본안에 관한 소를 제기할 수 있다. 개정안은 종래 해사사건의 실무상 널리 인정되고 있는 선박의 가압류에 근거하여 본안에 대한 관할을 인정하는데, 이는 개정안 제5조(재산소재지 특별관할) 제2호 단서의 제한 없이 선박이 가압류된 곳에 본안의 관할을 인정함으로써 분쟁해결의 실효성을 확보하기 위한 것이다.[159]

(2) 민사소송법 등의 토지관할규칙과 개정안(제10장)의 국제재판관할규칙의 비교

해사사건에 관한 개정안의 국제재판관할규칙은 우리 법상의 토지관할규칙과 다소 차이가 있다. 이를 표로 정리하면 아래와 같다.

민사소송법 등	개정안
선박소유자의 책임제한 등에 관한 법률 제2조(책임제한사건의 관할) 책임제한사건은 책임을 제한할 수 있는 채권(이하 "제한채권"이라 한다)이 발생한 선박의 선적(船籍) 소재지, 신청인의 보통재판적(普通裁判籍) 소재지, 사고 발생지, 사고 후에 사고선박이 최초로 도달한 곳 또는 제한채권에 의하여 신청인의 재산에 대한 압류 또는 가압류가 집행된 곳을 관할하는 지방법원의 관할에 전속(專屬)한다.	제90조(선박소유자등의 책임제한사건의 관할) 선박소유자·용선자·선박관리인·선박운항자 그 밖의 선박사용인(이하 "선박소유자등"이라 한다)의 책임제한사건에 대하여는 다음 각 호의 어느 하나에 해당하는 곳이 대한민국에 있는 경우에 한하여 법원에 국제재판관할이 있다. 1. 책임제한을 할 수 있는 채권(이하 "제한채권"이라 한다)이 발생한 선박의 선적이 있는 곳 2. 신청인인 선박소유자등에 대하여 제3조에 따른 일반관할이 인정되는 곳 3. 사고발생지. 이는 결과 발생지를 포함한다. 4. 사고 후 사고선박이 최초로 도착한 곳 5. 제한채권에 의하여 선박소유자등의 재산이 압류된 곳(가압류된 곳과 압류에 갈음하여 담보가 제공된 곳을 포함한다. 이하 같다) 6. 선박소유자등에 대하여 제한채권에 근거한 소가 제기된 곳
제13조(선적이 있는 곳의 특별재판적) 선박 또는 항해에 관한 일로 선박소유자, 그 밖의 선박이용자에 대하여 소를 제기하는 경우에는 선적이 있는 곳의 법원에 제기할 수 있다.	제91조(선박 또는 항해에 관한 소의 특별관할) 선박소유자등에 대한 선박 또는 항해에 관한 소는 선박이 압류된 곳이 대한민국에 있는 경우 법원에 제기할 수 있다. *제91조는 제13조와 달리 선적 소재지 관할 불인정하는 대신 가압류관할 인정

135), 233면 참조.

159) 저자는 재산소재에 근거하여 넓은 특별관할을 인정하는 데 대해 비판적이나 해사사건의 특수성을 인정하여 위 실무를 수용하였다. 최종현, 해상법상론(2009), 594면은 그에 대해 비판적이다.

	제92조(공동해손에 관한 소의 특별관할) 공동해손에 관한 소는 다음 각 호의 어느 하나에 해당하는 곳이 대한민국에 있는 경우 법원에 제기할 수 있다. 1. 선박의 소재지 2. 사고 후 선박이 최초로 도착한 곳 3. 선박이 압류된 곳
제14조(선박이 있는 곳의 특별재판적) 선박채권(船舶債權), 그 밖에 선박을 담보로 한 채권에 관한 소를 제기하는 경우에는 선박이 있는 곳의 법원에 제기할 수 있다.	*미채택 *개정안(제5조 제1호)에 기하여 담보 목적인 선박의 한국 내 소재를 근거로 관할이 인정된다. 그 밖에 피담보채권의 발생원인에 따라 제10장 다른 조문이 정한 가압류관할이 인정될 수 있다.
제18조(불법행위지의 특별재판적) ① ② 선박 또는 항공기의 충돌이나 그 밖의 사고로 말미암은 손해배상에 관한 소를 제기하는 경우에는 사고 선박 또는 항공기가 맨 처음 도착한 곳의 법원에 제기할 수 있다.	제93조(선박충돌에 관한 소의 특별관할) 선박의 충돌이나 그 밖의 사고에 관한 소는 다음 각 호의 어느 하나에 해당하는 곳이 대한민국에 있는 경우 법원에 제기할 수 있다. 1. 가해 선박의 선적지 또는 소재지 2. 사고 발생지 3. 피해 선박이 사고 후 최초로 도착한 곳 4. 가해 선박이 압류된 곳
제19조(해난구조에 관한 특별재판적) 해난구조(海難救助)에 관한 소를 제기하는 경우에는 구제된 곳 또는 구제된 선박이 맨 처음 도착한 곳의 법원에 제기할 수 있다.	제94조(해난구조에 관한 소의 특별관할) 해난구조에 관한 소는 다음 각 호의 어느 하나에 해당하는 곳이 대한민국에 있는 경우 법원에 제기할 수 있다 1. 해난구조가 있었던 곳 2. 구조된 선박이 최초로 도착한 곳 3. 구조된 선박이 압류된 곳

아. 해사사건의 특별관할과 다른 장에 규정된 특별관할과의 관계

해사사건의 국제재판관할규칙을 이해함에 있어서는 특히 다음 사항을 유념해야 한다.

⑴ 제10장의 해사사건의 특별관할과 제1장 총칙의 적용

해사사건에도 총칙이 적용됨은 물론이다. 대표적인 것은 일반관할, 재산소재지의 특별관할(이는 아래(2)에서 논의한다)과 합의관할 또는 변론관할 등이다. 특히 주목할 것은 관할합의 요건의 변화이다. 대법원 판결에 따르면, 예컨대 우리 선사가 운송계약 또는 선하증권과 관련하여 발생하는 분쟁을 자신의 주된 사무소가 있는 서울중앙지방법원의 전속관할에 복종하게 하는 관할합의의 효력이 부정되었으나 개정안에서는 이런 합의가 가능하다. 더욱이 관할합의의 결과 우리 법

원에 관할이 있으면 법원은 부적절한 법정지의 법리를 원용하여 재판관할권의 행사를 거부할 수도 없다.

⑵ 제10장의 가압류관할과 제1장 제5조(재산소재지의 특별관할)의 관계

첫째, 제5조에 따르면, 청구 또는 담보의 목적인 재산이 한국에 있으면 한국의 관할이 인정되고, 둘째, 압류할 수 있는 피고의 재산이 한국에 있는 경우에는 원칙적으로 한국의 국제재판관할이 인정되나, 분쟁이 된 사안이 한국과 아무런 관련이 없거나 근소한 관련만 있는 경우 또는 그 재산의 가액이 현저하게 적은 경우에만 국제재판관할이 부정된다. 따라서 해사사건에서 제소하려는 자는 가압류 없이도 제5조를 근거로 제소할 수 있으므로 제10장의 가압류관할의 필요성에 관하여 의문이 있을 수 있다. 하지만 과거 우리 법원에서 문제된 사안, 즉 독일 기업이 러시아 선박을 한국에서 가압류하고 이를 근거로 러시아 기업을 상대로 우리 법원에 소를 제기한 사안과 같은 경우[160] 만일 당해 사안이 한국과 아무 관련이 없다면 이제는 제5조를 근거로 관할을 인정할 수 없으나, 제10장의 가압류관할을 주장할 수 있으므로 양자는 차이가 있다.[161]

⑶ 제10장의 해사사건의 특별관할과 다른 장(각칙)의 경합

개정안(제91조)의 '선박에 관한 소' 중 ① 선박의 물권에 관한 소와, 개정안 제4장의 물권에 관한 소의 특별관할규칙이 중첩적으로 적용될 수 있고,[162] ② 운임반환청구, 운임 또는 선원의 급료청구, 감항능력위반에 따른 손해배상청구 또는 불법행위로 인한 손해배상청구와, 개정안 제5장의 계약 및 불법행위에 관한 소의 특별관할규칙이 중첩적으로 적용될 수 있다. 또한 개정안(제91조)의 '항해에 관한 소' 중 ③ 항해의 준비행위인 물자의 구입, 선박의 수선, 선원고용, 그리고 항해에 관하여 생긴 채무불이행 또는 불법행위의 소와, 개정안 제5장의 계약 및 불법행위에 관한 소의 관할규칙이 중첩적으로 적용될 수 있다.[163] 어느 하나에 따라 우리 법원의 관할이 있으면 한국의 국제재판관할이 인정된다.

---

160) 부산고등법원 2001. 2. 2. 선고 99나5033 판결의 사안.

161) 다만 양자를 병렬적으로 인정하는 점과 제10장에서 선박에 한하여 가압류관할을 인정하는 것이 정당한지에 관한 의문은 더 검토할 필요가 있다.

162) 개정안(제33조 제1항)의 물권에 관한 특별관할규칙도 적용된다.

163) 예컨대 화주가 운송 중 화물이 손상되었음을 이유로 선박소유자 또는 운송인을 상대로 선하증권에 따른 계약책임과 불법행위책임을 묻는 소를 제기하는 경우처럼 제10장의 대상인 동시에, 다른 장에 규정된 국제재판관할규칙이 적용되는 사건이 많이 있다. 운송계약은 용역제공계약이므로 그에 대하여는 계약사건의 국제재판관할규칙이 적용될 수 있다.

자. 항공사건의 국제재판관할

위원회에서는 항공사건의 국제재판관할에 관한 규정을 신설하자는 견해도 있었으나 조약(예컨대 헤이그의정서 또는 몬트리올협약)에 의하여 해결되는 사건은 그에 따르고 그렇지 않은 사건에 대해서는 일반원칙을 따르면 되므로 굳이 항공사건에 특유한 별도의 규정을 둘 필요가 있는지에 대해 의문이 있어 채택되지 않았다.

차. 해사사건의 준거법에 관한 선적국법원칙의 일부 수정

종래 현행법(제60조)이 합리적 근거 없이 많은 쟁점(특히 선박우선특권)을 선적국법에 의하도록 규정하는 것은 문제이므로 이를 개정하자는 의견이 있는데, 위원회에서도 그런 제안이 있었다. 그러나 금번 개정작업의 과제는 관할규칙의 도입에 있고 위원회의 임무도 그에 한정된다는 이유로 이는 채택되지 않았다.

9. 신탁에 관한 소의 특별관할

우리 민사소송법이나 신탁법에 토지관할에 관한 규정이 없으므로[164] 결국 신탁에 관한 소송에 대하여는 실질적 관련을 기초로 국제재판관할의 유무를 판단해야 하는데 그 과정에서 신탁의 성질결정이 중요하다. 종래 우리나라에서는 신탁의 국제재판관할에 관한 논의가 부족하나[165] 첫째, 실질적 관련을 기초로 브뤼셀 I bis나 예비초안과 유사한 국제재판관할규칙을 도출할 수 있는지. 둘째, 신탁의 내부관계를 채권적 계약관계로 성질결정하고 민사소송법(제8조)을 참작하여 의무이행지의 국제재판관할을 인정할 수 있는지 등이 논의되고 있다.

위원회는 특별관할규칙을 두지 않는 방안과, 특별관할을 규정하는 방안을 고려하였으나 종래 국내 논의와 연구가 부족하므로 결국 규정을 두지 않기로 하였다.

---

164) 그러나 신탁 관련 비송사건의 관할에 대하여는 비송사건절차법(제39조 이하)이 규정한다.

165) 석광현, "신탁과 국제사법(國際私法)", 정순섭 · 노혁준 편저, BFL 총서(10) 신탁법의 쟁점 제2권(2015), 381면 이하; 손경한 외(註 10), 108면 이하(장준혁 집필부분)의 논의 참조.

10. 보험에 관한 소의 특별관할

보험계약자 등을 보호하는 국제재판관할규칙을 두는 것은 많지 않으나 브뤼셀체제 하에서 볼 수 있다(브뤼셀Ⅰ Recast 제Ⅱ장 제3절).

위원회는 소비자계약의 특별관할과 연계하여 브뤼셀체제에서처럼 보험사건의 특별관할규칙을 둘지를 검토하였으나 결국 규정하지 않았다. 그 이유는 현재로서는 보험사건분쟁의 실태와 특별관할규칙의 필요성에 대한 문제의식과 연구가 부족하므로 특칙의 도입은 조심스럽다는 것이었다.

Ⅴ. 법원의 국제재판관할의 조사와 판단의 표준시기

국제재판관할의 존재는 소송요건의 하나이므로 수소법원은 국제재판관할의 유무를 직권으로 조사하여야 한다.166)

문제는 법원이 무엇을 기초로 판단하는가이다. 종래 이에 관하여는 독일과 일본에서는 견해가 나뉘고, 한국에서는 만일 원고의 일방적인 주장만을 기초로 국제재판관할을 인정하면 피고에게 실질적 관련이 없는 곳에 응소를 강요할 위험이 있으므로, 불법행위의 발생 등 관할원인사실에 대하여 피고를 본안심리에 복종시켜도 좋다고 합리적으로 판단할 수 있을 정도로 원고가 일응의 증명을 해야 한다는 견해가 유력하다.167) 위원회에서는 이에 관한 조문을 둘지를 논의하였으나 종래처럼 판례에 맡기기로 하였다.

한편 민사소송법 제33조는 토지관할의 맥락에서 법원의 관할은 소를 제기한 때를 표준으로 정한다. 개정안(부칙 제2조)은 2001년 7월 개정 국제사법 시행 당시의 경과규정과 동일한 규정(제3조)을 둔다. 따라서 개정되는 국제사법 시행 당시 법원에 계속(係屬)중인 사건에 관하여는 기존의 국제재판관할규칙이 적용된다.168)

---

166) 민사소송법 제32조는 토지관할의 맥락에서 같은 취지를 명시한다.

167) 이성호, "사이버 지적재산권 분쟁의 국제재판관할과 준거법", 국제사법연구 제8호(2003), 257면. 일본 학설과 판례의 소개는 노태악, "인터넷명예훼손행위와 국제제판관할", 민사재판의 제문제 13권(2004), 192면 이하 참조.

168) 개정안은 준거법의 맥락에서도 과거의 경과규정(제2조)과 동일한 규정을 둔다.

Ⅵ. 개정안에 따른 정치한 국제재판관할규칙 도입의 실천적 의미

개정안을 통해 국제재판관할규칙을 정립하는 실천적 의미는 다음과 같다.

1. 2001년 시행된 국제사법 개정작업의 완성

무엇보다도 개정안은, 2001년 시행된 국제사법 개정작업에서 당시 헤이그국제사법회의의 작업을 지켜보고자 과도기적 입법에 그치고 장래의 과제로 미루었던 작업을 마무리하는 의미가 있다. 즉 입법의 연속성이라는 측면에서 커다란 의의가 있다.

2. 국제재판관할을 둘러싼 법적 안정성의 확보

국제사법에 정치한 국제재판관할규칙을 도입함으로써 국제민사 및 상사분쟁의 해결에 있어 가장 중요한 쟁점의 하나인 국제재판관할을 둘러싼 법적 불확실성을 제거하여 법적 안정성을 확보하고, 당사자의 예측가능성을 제고할 수 있다. 국제사법 제2조의 취지와 달리 대법원이 사안별 분석을 중시하는 탓에 많은 사건에서 국제재판관할의 유무는 대법원에 가기 전에는 누구도 확실하게 알 수 없는 쟁점이 되었는데, 개정안은 국제재판관할규칙을 명시함으로써 이를 시정하는 점에 의의가 있다. 그 결과 국제거래의 당사자들, 특히 한국 기업들에게 국제재판관할에 관한 예측가능성을 제고함으로써 소송전략의 수립과 분쟁예방에 기여할 수 있을 것이다.

3. 관할합의협약의 일부 반영과 국제 분쟁해결의 허브의 지향

관할합의협약이 발효되었고 당사국의 확대가 예상되는 상황에서 개정안이 동 협약의 주요내용을 반영한 점은 큰 의미가 있다. 이는 그 자체로써 국제거래의 활성화에 기여하고, 한국을 분쟁해결의 허브로 만드는 데 일조할 것이다. 현재는 예컨대 중국 기업과 일본 기업이 한국과 무관한 사건을 한국 법원에서만 재판받겠다고 합의하여도 이는 무효이다. 따라서 한국을 싱가포르처럼 국제분쟁해결의 허브로 만드는 것은 고사하고, 적정범위 내에서 외국인 간 분쟁해결에 기여하자는 희망도 가질 수 없으나, 개정안은 이를 가능하게 하는 최소한의 조치이다. 나아가 이는 장래 한국의 관할합의협약 가입을 위한 선제적 조치로서 의미가 있다. 또한 국제거래의 당사자가 되는 한국 기업들이 우리 법원에 관할권을 부여하는 관할합의를 적절히 활용함으로써 거래비용을 낮추고 장래의 소송 전략을 수립하는 데 기여할 수 있다.

4. 대법원의 IP 허브 코트 추진 방안의 지원

근자의 보도에 따르면 대법원은 특허법원을 이른바 'IP (지식재산권) 허브 코트'로 만드는 방안을 추진하고 있다. 즉 국제 지식재산권 분쟁에서 당사자들이 한국 특허법원을 법정지로 많이 선택한다면 한국 특허법원의 판결이 국제적 기준이 될 수 있으므로 한국 특허법원을 'IP 허브 코트'로 만들어 국제적 위상을 강화한다는 것이다. 이를 위하여 근자에는 영어 변론이 가능하도록 법원조직법(제62조)을 개정하였다. 그러나 현재의 논의는 그것이 '국제민사소송'의 문제라는 점, 따라서 국제사법과 국제민사소송법적 고려가 필수적인데 이에 대한 인식이 부족한 것 같다. 왜냐하면 한국 법원이 외국기업 간 IP분쟁 해결을 위한 허브 코트가 되자면 관할합의를 통하여 우리 법원의 국제재판관할을 확보하고, 나아가 우리 재판의 외국에서의 승인 및 집행을 보장해야 하는데 이에 대한 고민이 없기 때문이다. 나아가 우리 법원의 국제재판관할을 확보하자면 국제사법이 우리 법원에 국제재판관할을 부여하는 관할합의의 효력을 가급적 널리 인정할 필요가 있다. 이를 위한 초보적 조치는 관할합의협약 가입이다.[169] 즉 관할합의에 관한 개정안(제8조)은 이를 위한 첫걸음이고 그 다음은 관할합의협약 가입이다. 이런 국제사법적 고려 없는 IP 허브 코트의 추진은 공허하다.

5. 국제가사사건의 해결을 위한 법적 기초의 구축

근자에 국제결혼에 따른 다문화가정의 증가와 아동탈취사건의 증가에서 보

169) 단기간 내에 국제상사중재에서 중심지의 하나로 부상한 싱가포르가 국제소송을 유치하고자 2015년 1월 대법원 산하에 싱가포르 국제상사법원(SICC)을 설립하고, 관할합의협약에 가입한 뒤 후속 작업을 추진 중임을 주목해야 한다. 다만 관할합의협약에 가입하더라도 승인 및 집행이 제한될 수 있음(협약 제10조 제3항 참조)을 유념해야 한다.

듯이 가족법의 문제도 더 이상 국내문제로 그치는 것이 아니라 국제적 요소를 가지는 경우가 증가하고 있다. 또한 정부가 곧 비준하면 아동입양협약도 한국에서 발효될 것이다. 개정안을 통하여 이런 다양한 국제가사사건을 처리하는 과정에서 가장 중요한 쟁점의 하나인 국제재판관할을 둘러싼 법적 불안을 상당 부분 제거할 수 있을 것이다.

6. 국제해사분쟁의 한국 유치를 위한 법적 기초의 구축

근자에 해상법 전문가들은 국제운송, 국제선박건조 및 국제선박금융 등과 관련된 국제해상분쟁을 가급적 한국에서 소송이나 중재를 통하여 해결하고자 노력하고 있고, 이를 위해 해사사건 전담 법원 및 해사중재원의 설립을 추진 중이다. 그러나 정립된 국제재판관할규칙이 없다면 그런 주장은 공허하다. 개정안은 이런 맥락에서 커다란 의미가 있다. 종래 해상법 전문가들은 국제해사사건에서는 국제사법의 적용을 부정하지는 않지만 국제사법상의 국제재판관할의 법리와의 정합성에 크게 주목하지 않은 채 민사소송법의 토지관할규칙을 중심으로 논의하는 경향이 있는데 개정안은 해사사건의 국제재판관할규칙을 국제사법의 체제 하에 공식적으로 편입하는 것이다. 또한 전속적 관할합의의 요건을 완화함으로써 한국 선사들은 한국 법원에 전속관할을 부여하는 합의를 할 수 있고, 그 경우 법원은 부적절한 법정지의 법리를 근거로 관할권의 행사를 거부할 수 없으므로 법적 확실성을 확보할 수 있게 된다.

7. 국제중재산업 진흥을 가능하게 하는 국제민사소송법적 지원

근자에 정부는 중재산업 진흥에 많은 관심을 보이고 이를 실현하기 위해 다양한 노력을 경주하고 있다. 대한상사중재원의 주무관청이 법무부로 이관되고, "중재산업 진흥에 관한 법률"이 제정되었으며 후속조치들이 추진되고 있다. 위 작업이 염두에 두는 것은 국제상사중재이고 국내외의 기업들이 한국을 중재지로 선호하기를 기대하는 것이다. 그러나 국제민사소송과 무연하게 국제상사중재만을 활성화시키는 것은 불가능하거나 매우 어렵다. 국제상사중재사건은 중재판정부가 다루더라도 이를 둘러싸고 중재판정취소의 소, 중재합의를 위반하여 소를 제기하는 경우 사전적으로 소송유지명령의 청구, 사후적으로 손해배상 청구, 피신청인이 우리 기업이라면 (국내)중재판정의 승인 및 집행결정 청구 등 중재를 둘러싼 일련의 소송이 우리 법원에 제기될 수 있으므로 법원으로서는 전문성을 구비해야 한다. 이러한 제 논점은 일차적으로 중재법 논점이지만 그와 관련하여 국제재판관할 기타 국제소송의 쟁점이 제기될 수밖에 없다.[170] 따라서 한국을 중재허브로 육성하자면 국제소송을 위한 한국의 법적 인프라를 구축해야 하는데 그 출발점이 바로 국제재판관할규칙의 정립이라는 것이다. 나아가 국제민사 및 상사분쟁에 전문성을 가진 우리 변호사들을 양성해야 하는데 그들이 중재와 소송을 함께 다룸으로써 시너지 효과를 발휘하도록 해야 한다.

Ⅶ. 국제사법의 개정과 관련된 장래의 과제

금번에 국제사법에 정치한 국제재판관할규칙을 추가함으로써 2001년 시행된 현행 국제사법이 미루었던 과제를 달성하게 된다. 그러나 중요한 것은 법원이 개정안의 취지를 정확히 이해하고 적용해야 한다는 점이다. 그 밖에 장래의 과제는 아래와 같다.

1. 가사사건과 비송사건에 대한 정치한 국제재판관할규칙의 보완

재산법상의 소송사건과 비교하면 비송사건과 가사사건의 경우 개정안은 상대적으로 미흡하다. 이는 종래 국내외에서 상대적으로 논의가 부족한 점, 특히 우리 판례가 지침을 제공하지 못하는 점에 기인하기도 하나, 유럽연합을 보더라도 재산법상의 사건과 비교할 때 가사사건의 국제재판관할규칙의 정립이 상대적으로 늦은 것이 사실이다. 그럼에도 불구하고 개정안에서 이런 조문을 두는 것은 장래의 발전을 선도하는 의미도 있기 때문이다. 특히 비송사건에 관한 개정안의 관할규칙은 추상적이므로 위 조문을 적용해서 문제를 해결해 나가면서 장래 구체화된 정치한 규칙의 도입을 검토해야 한다.

---

170) 예컨대 중재판정 취소의 소는 중재지 또는 중재절차의 준거법 소속국의 전속적 국제재판관할에 속한다. 석광현, 국제상사중재법연구 제1권(2007), 235면 참조. 개정안은 전속관할에 관한 조문을 두나 이 점을 명시하지는 않는다.

2. 외국재판의 승인과 집행의 국제사법에의 편입

현재 민사소송법과 민사집행법에 나뉘어 있는 외국재판의 승인 및 집행에 관한 규정을 묶어서 국제사법에 규정하는 것이 바람직하다. 무엇보다도 상호 긴밀하게 관련된 주제를 하나의 법률에서 규율하는 것이 자연스럽고, 직접관할과 간접관할이 동일한 원칙에 따른다는 점 기타 양자의 유기적 관련을 명확히 할 수 있기 때문이다.

나아가 가사사건과 비송사건에 속한 외국재판의 승인과 집행에 대해서도 국제사법에 별도의 조문을 두는 것이 바람직하다.[171] 가사비송사건에서 송달요건과 상호보증요건이 필요한지는 종래 논란이 있다.[172] 특히 2014년 개정 민사소송법 제217조 제1항이 승인대상을 "외국법원의 확정판결 또는 이와 동일한 효력이 인정되는 재판"으로 수정함에 따라 기판력이 없는 외국 비송재판이 승인될 수 있는지는 논란의 여지가 있다.[173]

개정안 제1장에 "외국재판의 승인 및 집행"에 관한 제4절을 신설하여 그 안에 위 두 가지 내용을 담으면 될 것이다.

3. 국제사법 중 준거법규칙의 개정

국제사법에 정치한 국제재판관할규칙을 도입하면 국제사법 개정작업은 우선 일단락된다. 다음의 과제로서 적절한 시기에 준거법규칙을 보완하는 개정을 할 필요가 있다.[174]

---

171) 가사소송법에 두자는 견해는 권재문, "외국 가사재판의 승인·집행에 관한 입법론적 검토", 국제사법연구 제23권 제2호(2017. 12.), 323면 이하 참조.

172) 법원이 비송사건과 가사사건에서도 상호보증이 필요한 것을 당연한 것으로 전제하면서 위 쟁점에 무관심한 것은 아쉽다. 과거 한국은 아동을 미국 등지로 보내어 외국에서 입양재판을 받도록 하였는데 그 때 친생부모와 친자관계의 단절은 외국비송재판의 승인의 문제였다. 이렇듯 무수한 선례에도 불구하고 우리 법률가들이 이에 대해 무관심하였다는 점은 정당화되기 어렵다.

173) 독일은 FamFG에서 외국 혼인관계재판의 승인(제107조)과, 기타 외국재판의 승인에 관하여(제108조) 각각 조문을 두고 있다. 전자의 경우 당사자의 신청에 따라 독일 당국이 승인요건의 구비를 확정할 것을 요구하나, 후자의 경우 승인장애사유(제109조)가 없으면 자동적으로 승인된다.

174) 손경한 외(註 10), 331면 이하(석광현 집필부분) 참조.

Ⅷ. 맺음말

지금까지 개정안에 포함된 국제재판관할규칙을 총칙과 각칙으로 구분하여 소개하였다. 개정안이 도입한 편제는 일본 및 중국과 구별되는 한국 국제사법의 특색이다.

금번 국제사법 개정작업은 1999년부터 추진했던 섭외사법 개정작업 시 장래 과제로 이루었던 정치한 국제재판관할규칙을 도입하는 것으로, 국제소송에서 가장 기본적인 쟁점인 국제재판관할규칙을 국제사법에 명시함으로써 법원과 당사자의 예측가능성을 제고하는 데 커다란 의미가 있다. 다만 개별사건에서 구체적 타당성을 기하기 위한 방편으로 영미에서 통용되는 부적절한 법정지의 법리를 엄격한 요건 하에 도입하였다. 요컨대 개정안은 정치한 국제재판관할규칙을 도입함으로써 법적 안정성을 제고하는 한편 법원의 재량을 인정함으로써 개별사건에서 구체적 타당성을 보장한다. 장래 법원은 종래처럼 '사안별 분석'을 거쳐 원하는 결론을 내릴 것이 아니라, 우선 국제사법을 적용하여 국제재판관할의 유무를 판단하고, 당해 사안의 모든 사정을 고려하여 관할권을 행사하는 것이 부당한 사정이 있는 경우에는 예외적으로 재판관할권을 행사하지 않음으로써 국제재판관할 배분의 이념을 충실하게 구현해야 한다.

입법과정에서 가장 큰 어려움은 가사사건과 비송사건에 관하여는 연구가 매우 부족한 점이었다. 따라서 가사사건에서 정치한 국제재판관할규칙을 신설하기는 어려웠고 그 부분은 미루어야 하지 않는가라는 의문이 들기도 했다. 하지만 위원회는 개정안을 마련하는 것이 중요하다고 판단하였다. 가사사건의 국제재판관할에 관한 종래 대법원의 무관심을 고려할 때 완벽하지 않더라도 명확한 규칙을 도입하는 것이 나을 것이기 때문이다. 국제사법의 개정은 한국에서 종래 주목을 받지 못한 가사소송과 가사비송사건에서의 국제재판관할규칙에 관한 논의를 촉발하는 계기가 될 것이다. 유감스럽게도 위원회가 위원회초안을 성안하지는 못하였으나 저자는 위원회의 노고를 높이 평가한다.

마지막으로 지적할 것은, 국제재판관할규칙은 시대의 변화에 부응하여 변화되므로 장래 재점검할 필요가 있고 그런 작업을 위해서는 국제재판관할에 관한 국제규범의 추이를 예의주시함으로써 국제적 정합성을 확보하기 위해 꾸준히 노력해야 한다는 점이다.

이상의 논의는 저자가 이해한 바에 따른 것이므로 개정안의 취지를 오해한 부분이 있을 수도 있다. 그 부분은 전적으로 저자의 잘못이므로 다른 위원님들께서 바로잡아 주실 것을 부탁드린다. 또한 오늘 공청회에서 지정토론자들과 다른 분들께서 개진하신 귀중한 의견을 검토하여 법무부가 적절히 반영해주실 것을 희망하면서 발표를 마친다.

후 기

이 책의 교정을 보는 과정에서 2018. 11. 23. 국제사법 전부개정법률안이 의안 제16788호로 국회에 제출되었다. 우선 눈에 띄는 것은 독자적 의미는 없지만 수범자의 편의를 위하여 두었던 물권에 관한 제4장 제1절(따라서 공청회용 초안 제33조)이 삭제된 점이다. 또한 현행법과 공청회용 초안의 '상거소(常居所)'가 '일상거소(habitual residence)'로 대체된 점이 두드러진다. 그러나 지난 17년간 정착된 상거소라는 용어를 굳이 수정할 이유가 없고, 더욱이 국제사법과 같은 기본이 되는 법률에서 영어병기를 시도하는 것은 도저히 수용할 수 없다.

참고로 검토의 대상이 된 국제사법 전부개정법률안을 뒤에 첨부하였다.

위 공청회 뒤에 간행된 주요 문헌은 이 책 논문 [9] 후기 참조.

[별첨]

국제사법 전부개정법률안

[201. 2. 27. 법무부 공청회용]

제1장 총칙

제1절 목적

제1조(목적) 이 법은 외국적 요소가 있는 법률관계에 관하여 국제재판관할과 준거법을 정함을 목적으로 한다.

제2절 국제재판관할

제2조(일반원칙) ① 대한민국 법원(이하 달리 특정하지 아니하는 한 "법원"이라고만 한다)은 당사자 또는 분쟁이 된 사안이 대한민국과 실질적 관련이 있는 경우에 국제재판관할권을 가진다. 이 경우 법원은 실질적 관련의 유무를 판단함에 있어 당사자 간의 공평, 재판의 적정, 신속 및 경제를 기한다는 국제재판관할 배분의 이념에 부합하는 합리적인 원칙에 따라야 한다.

② 이 법이나 그 밖의 대한민국의 법령 또는 조약에 국제재판관할에 관한 규정이 없는 경우 법원은 국내법의 관할 규정을 참작하여 국제재판관할권의 유무를 판단하되, 제1항의 취지에 비추어 국제재판관할의 특수성을 충분히 고려하여야 한다.

제3조(일반관할) ① 대한민국에 상거소(常居所)를 가지는 사람에 대한 소에 관하여는 법원에 국제재판관할이 있다. 상거소가 어느 국가에도 없거나 이를 알 수 없는 사람의 경우 그의 거소가 대한민국에 있는 때에도 같다.

② 대사(大使)·공사(公使), 그 밖에 외국의 재판권 행사대상에서 제외되는 대한민국 국민에 대한 소에 관하여는 제1항에 불구하고 법원에 국제재판관할이 있다.

③ 대한민국에 주된 사무소 또는 영업소, 정관상의 본거지 또는 경영의 중심지를 가지는 법인 또는 단체와 대한민국 법에 따라 설립된 법인 또는 단체에 대한 소에 관하여는 법원에 국제재판관할이 있다.

제4조(사무소·영업소 소재지 등의 특별관할) ① 대한민국에 사무소 또는 영업소가 있는 사람, 법인 또는 단체에 대한 그 사무소 또는 영업소의 업무에 관한 소는 법원에 제기할 수 있다.

② 대한민국에서 또는 대한민국을 향하여 계속적이고 조직적인 사업 또는 영업 활동을 하는 사람, 법인 또는 단체에 대한 그 사업 또는 영업 활동에 관한 소는 법원에 제

기할 수 있다.

제5조(재산소재지의 특별관할) 재산상의 소는 다음 각 호의 어느 하나에 해당하는 경우에 법원에 제기할 수 있다.

1. 청구의 목적 또는 담보의 목적인 재산이 대한민국에 있는 경우
2. 압류할 수 있는 피고의 재산이 대한민국에 있는 경우. 다만, 분쟁이 된 사안이 대한민국과 아무런 관련이 없거나 근소한 관련만 있는 경우 또는 그 재산의 가액이 현저하게 적은 경우에는 그러하지 아니하다.

제6조(관련사건의 관할) ① 하나의 소로 상호 밀접한 관련이 있는 여러 개의 청구를 하는 경우 법원에 그 여러 개 가운데 하나의 청구에 대한 국제재판관할이 있는 때에는 다른 청구에 대하여도 그 청구가 계속된 법원에 소를 제기할 수 있다.

② 공동피고 가운데 1인의 피고에 대하여 법원이 제3조에 따른 일반관할을 가지는 때에는 그 피고에 대한 청구와 다른 공동피고에 대한 청구 사이에 밀접한 관련이 있어서 모순된 재판의 위험을 피할 필요가 있는 경우에 한하여 다른 공동피고에 대하여도 그 청구가 계속된 법원에 소를 제기할 수 있다.

③ 제7장(친족) 제1절이 적용되는 사건의 경우에는 이혼, 파양 등 주된 청구에 대하여 법원에 국제재판관할이 있는 때에는 친권자 및 양육자 지정, 부양료 등의 부수적 청구에 대하여도 그 주된 청구가 계속된 법원에 소를 제기할 수 있다. 그러나 반대의 경우에는 그러하지 아니하다.

제7조(반소관할) 본소에 대하여 법원에 국제재판관할이 있고 소송절차를 현저히 지연시키지 아니하는 경우 피고는 본소의 청구 또는 방어방법과 밀접한 관련이 있는 청구를 목적으로 하는 반소를 본소가 계속된 법원에 제기할 수 있다.

제8조(합의관할) ① 당사자는 일정한 법률관계로 말미암은 소에 관하여 국제재판관할합의를 할 수 있다. 다만, 다음 각호의 경우에는 그 합의는 효력이 없다.

1. 합의로 지정된 국가의 법(준거법의 지정에 관한 법규를 포함한다)에 따르면 그 합의가 효력이 없는 경우
2. 합의를 한 당사자가 합의를 할 능력이 없었던 경우
3. 그 소가 제10조 제1항 그 밖의 대한민국의 법령 또는 조약에 따라 합의로 지정된 국가가 아닌 다른 국가의 국제재판관할에 전속하는 경우
4. 합의의 효력을 인정한다면 소가 계속한 국가의 선량한 풍속 그 밖의 사회질서에 명백히 위반되는 결과를 가져오는 경우

② 제1항의 국제재판관할합의는 서면으로 하여야 한다.

③ 제1항의 합의는 전속적인 것으로 추정한다.

④ 제1항의 합의가 계약에 포함된 관할합의조항의 형식으로 되어 있을 때에는 계약 중 다른 조항의 효력은 관할합의조항의 효력에 영향을 미치지 아니한다.

⑤ 외국 법원을 선택하는 전속적 국제재판관할합의가 있는 경우 제1항에 따라 그 합의가 효력이 없거나 제9조에 따라 변론관할이 발생하지 않는 한 법원은 소를 각하하

여야 한다. 그러나 합의로 지정된 국가의 법원이 사건을 심리하지 않기로 하거나 그 합의가 제대로 이행될 수 없는 명백한 사정이 있는 경우에는 그러하지 아니하다.

제9조(변론관할) 이 법에 따라 법원에 국제재판관할이 없는 경우에도 피고가 국제재판관할이 없음을 주장하지 아니하고 본안에 대하여 변론하거나 변론준비기일에서 진술하면 법원에 그 사건에 대한 국제재판관할이 있다.

제10조(전속관할) ① 다음 각호의 소는 법원에만 제기할 수 있다. 다만, 제1호와 제4호는 당사자 간의 계약에 따른 이전 그 밖의 처분에 관한 소의 경우에는 적용하지 아니한다.

1. 대한민국의 공적 장부의 등기 또는 등록에 관한 소
2. 대한민국 법령에 따라 설립된 법인 또는 단체의 설립 무효, 해산 또는 그 기관의 결의의 유효성에 관한 소
3. 대한민국에 있는 부동산에 관한 물권에 관한 소 또는 부동산의 사용을 목적으로 하는 권리로서 공적 장부에 등기나 등록이 된 것에 관한 소
4. 등록 또는 기탁에 의하여 창설되는 지식재산권이 대한민국에 등록되어 있거나 그 등록이 신청된 때 그 지식재산권의 성립, 유효성 또는 소멸에 관한 소
5. 대한민국에서 집행하고자 하는 경우 재판의 집행에 관한 소

② 제1항 그 밖의 대한민국의 법령 또는 조약에 따른 국제재판관할의 원칙상 외국 법원의 국제재판관할에 전속하는 소에는 이 법 제3조부터 제7조까지 그리고 제9조를 적용하지 아니한다.

③ 제1항은 그에 언급된 사항이 선결문제로서 제기된 경우에는 적용하지 아니한다.

제11조(국제적 소송경합) ① 동일 당사자 사이에 외국 법원에 계속 중인 사건과 동일한 소가 법원에 다시 제기된 경우 외국 법원이 내릴 재판이 대한민국에서 승인될 것으로 예상되는 때에는 법원은 직권 또는 당사자의 신청에 따라 결정으로 소송절차를 중지할 수 있다. 다만, 다음 각 호의 어느 하나에 해당하는 경우에는 그러하지 아니하다.

1. 전속적 국제재판관할합의에 따라 법원에 국제재판관할이 있는 경우
2. 법원에서 당해 사건을 재판하는 것이 외국 법원에서 재판하는 것보다 더 적절함이 명백한 경우

② 제1항에 따른 중지결정에 대해서는 즉시항고를 할 수 있다.

③ 법원은 대한민국 법령 또는 조약에 따른 승인 요건을 구비한 외국의 재판이 제출된 때에는 제1항의 소를 각하하여야 한다.

④ 법원은 외국 법원이 본안에 대한 재판을 하기 위하여 필요한 조치를 취하지 않거나 합리적인 기간 내에 본안에 관하여 재판을 선고하지 아니하거나 선고하지 아니할 것으로 예상되는 때에는 당사자의 신청에 따라 사건의 심리를 계속할 수 있다.

⑤ 이 조를 적용함에 있어 소의 전후는 소를 제기한 때를 기준으로 한다.

제12조(국제재판관할권의 불행사) ① 법원은 이 법에 따라 국제재판관할이 있더라도 법원이 국제재판관할권을 행사하기에 부적절하고 국제재판관할이 있는 외국의 법원이

분쟁을 해결하는데 보다 적절하다는 예외적인 사정이 명백히 존재하는 때에는 본안에 관한 최초의 변론기일 또는 변론준비기일까지 피고의 신청에 따라 소송절차를 결정으로 중지하거나 소를 각하할 수 있다. 다만, 법원이 제8조에 따라 합의관할을 가지는 경우에는 그러하지 아니하다.

② 제1항의 경우 법원은 소송절차를 중지하거나 각하하기 전에 원고에게 진술할 기회를 주어야 한다.

③ 제1항에 따른 결정에 대하여는 즉시항고를 할 수 있다.

제13조(적용 제외) 제8조 및 제9조는 제24조, 제7장(친족) 제1절, 제8장(상속) 제1절 및 제90조가 적용되는 사건에는 적용되지 아니한다. 다만, 이 법에 다른 규정이 있는 경우에는 그러하지 아니하다.

제14조(보전처분의 관할) ① 보전처분에 대하여는 법원에 본안에 관한 국제재판관할이 있거나 보전처분의 대상이 되는 재산이 대한민국에 있는 경우 법원에 국제재판관할이 있다.

② 제1항에 불구하고 긴급한 필요가 있는 경우에는 대한민국에서만 효력을 가지는 보전처분을 법원에 신청할 수 있다.

제15조(비송사건의 관할) ① 국제재판관할에 관한 제1장(총칙) 제2절은 성질에 반하지 않는 범위 내에서 비송사건에도 준용한다.

② 제24조, 제7장(친족) 제1절, 제8장(상속) 제1절 및 제90조가 규율하는 비송사건의 관할은 각각 그 규정에 따른다.

③ 제2항이 규정하는 경우 이외의 비송사건의 특별관할에 관하여 이 법에 규정이 없는 경우에는 제2조에 따른다.

제3절 준거법

제16조(본국법) ① 당사자의 본국법에 따라야 하는 경우에 당사자가 둘 이상의 국적을 가지는 때에는 그와 가장 밀접한 관련이 있는 국가의 법을 그 본국법으로 정한다. 다만, 그 국적중 하나가 대한민국인 때에는 대한민국 법을 본국법으로 한다.

② 당사자가 국적을 가지지 아니하거나 당사자의 국적을 알 수 없는 때에는 그의 상거소가 있는 국가의 법(이하 "상거소지법"이라 한다)에 따르고, 상거소를 알 수 없는 때에는 그의 거소가 있는 국가의 법에 따른다.

③ 당사자가 지역에 따라 법을 달리하는 국가의 국적을 가지는 때에는 그 국가의 법 선택규정에 따라 지정되는 법에 따르고, 그러한 규정이 없는 때에는 당사자와 가장 밀접한 관련이 있는 지역의 법에 따른다.

제17조(상거소지법) 당사자의 상거소지법(常居所地法)에 따라야 하는 경우에 당사자의 상거소를 알 수 없는 때에는 그의 거소가 있는 국가의 법에 따른다.

제18조(외국법의 적용) 법원은 이 법에 따라 지정된 외국법의 내용을 직권으로 조사·적용하여야 하며, 이를 위하여 당사자에게 그에 대한 협력을 요구할 수 있다.

제19조(준거법의 범위) 이 법에 따라 준거법으로 지정되는 외국법의 규정은 공법적 성격이 있다는 이유만으로 그 적용이 배제되지 아니한다.

제20조(대한민국 법의 강행적 적용) 입법목적에 비추어 준거법에 관계없이 해당 법률관계에 적용되어야 하는 대한민국의 강행규정은 이 법에 따라 외국법이 준거법으로 지정되는 경우에도 이를 적용한다.

제21조(준거법 지정의 예외) ① 이 법에 따라 지정된 준거법이 해당 법률관계와 근소한 관련이 있을 뿐이고, 그 법률관계와 가장 밀접한 관련이 있는 다른 국가의 법이 명백히 존재하는 경우에는 그 다른 국가의 법에 따른다.

② 제1항은 당사자가 합의에 따라 준거법을 선택하는 경우에는 이를 적용하지 아니한다.

제22조(준거법 지정시의 반정(反定)) ① 이 법에 따라 외국법이 준거법으로 지정된 경우에 그 국가의 법에 따라 대한민국 법이 적용되어야 하는 때에는 대한민국의 법(준거법의 지정에 관한 법규를 제외한다)에 따른다.

② 다음 각 호의 어느 하나에 해당하는 경우에는 제1항을 적용하지 아니한다.

1. 당사자가 합의에 의하여 준거법을 선택하는 경우
2. 이 법에 따라 계약의 준거법이 지정되는 경우
3. 제74조에 따라 부양의 준거법이 지정되는 경우
4. 제79조제3항에 따라 유언의 방식의 준거법이 지정되는 경우
5. 제95조에 따라 선적국법이 지정되는 경우
6. 그 밖에 제1항을 적용하는 것이 이 법의 지정 취지에 반하는 경우

제23조(사회질서에 반하는 외국법의 규정) 외국법에 따라야 하는 경우에 그 규정의 적용이 대한민국의 선량한 풍속 그 밖의 사회질서에 명백히 위반되는 때에는 이를 적용하지 아니한다.

제2장 사람

제1절 국제재판관할

제24조(실종선고 등 사건의 특별관할) ① 실종선고에 관한 사건에 대하여는 다음 각 호의 어느 하나에 해당하는 경우 법원에 국제재판관할이 있다.

1. 부재자가 대한민국 국민인 경우
2. 부재자의 마지막 상거소가 대한민국에 있는 경우
3. 부재자의 재산이 대한민국에 있거나 대한민국 법에 따라야 하는 법률관계가 있는 경우 그 밖에 정당한 사유가 있는 경우(다만, 그 재산 및 법률관계에 한한다)

② 부재자 재산관리에 관한 사건에 대하여는 부재자의 마지막 상거소 또는 재산이 대한민국에 있는 경우 법원에 국제재판관할이 있다.

제25조(사원 등에 대한 소의 특별관할) 법원이 제3조 제3항에 따른 일반관할을 가지는 때에는 다음 각호의 소를 법원에 제기할 수 있다.

1. 법인 또는 단체가 그 사원 또는 사원이었던 사람에 대하여 소를 제기하는 경우로서 그 소가 사원의 자격으로 말미암은 것인 때
2. 법인 또는 단체의 사원이 다른 사원 또는 사원이었던 사람에 대하여 소를 제기하는 경우로서 그 소가 사원의 자격으로 말미암은 것인 때
3. 법인 또는 단체의 사원이었던 사람이 그 사원에 대하여 소를 제기하는 경우로서 그 소가 사원의 자격으로 말미암은 것인 때

제2절 준거법

제26조(권리능력) 사람의 권리능력은 그의 본국법에 따른다.

제27조(실종과 부재) 실종선고 및 부재자 재산관리는 실종자 또는 부재자의 본국법에 따른다. 다만, 외국인에 대하여 법원이 실종선고나 그 취소 또는 부재자 재산관리의 재판을 하는 경우에는 대한민국 법에 따른다.

제28조(행위능력) ① 사람의 행위능력은 그의 본국법에 따른다. 행위능력이 혼인에 의하여 확대되는 경우에도 또한 같다.

② 이미 취득한 행위능력은 국적의 변경에 의하여 상실되거나 제한되지 아니한다.

제29조(거래보호) ① 법률행위를 행한 자와 상대방이 법률행위의 성립 당시 동일한 국가 안에 있는 경우에 그 행위자가 그의 본국법에 따르면 무능력자이더라도 법률행위가 행하여진 국가의 법에 따라 능력자인 때에는 그의 무능력을 주장할 수 없다. 다만, 상대방이 법률행위 당시 그의 무능력을 알았거나 알 수 있었을 경우에는 그러하지 아니하다.

② 제1항은 친족법 또는 상속법의 규정에 따른 법률행위 및 행위지 외의 국가에 있는 부동산에 관한 법률행위에는 이를 적용하지 아니한다.

제30조(법인 및 단체) 법인 또는 단체는 그 설립의 준거법에 따른다. 다만, 외국에서 설립된 법인 또는 단체가 대한민국에 주된 사무소가 있거나 대한민국에서 주된 사업을 하는 경우에는 대한민국 법에 따른다.

제3장 법률행위

제31조(법률행위 방식의 준거법) ① 법률행위의 방식은 그 행위의 준거법에 따른다.

② 행위지법에 따라 행한 법률행위의 방식은 제1항에 불구하고 유효하다.

③ 당사자가 계약체결시 서로 다른 국가에 있는 때에는 그 국가 중 어느 한 국가의 법이 정한 법률행위의 방식에 따를 수 있다.

④ 대리인에 의한 법률행위의 경우에는 대리인이 있는 국가를 기준으로 제2항에 규정된 행위지법을 정한다.

⑤ 제2항 내지 제4항은 물권 그 밖에 등기하여야 하는 권리를 설정하거나 처분하는 법률행위의 방식에 관하여는 이를 적용하지 아니한다.

제32조(임의대리의 준거법) ① 본인과 대리인간의 관계는 당사자 간의 법률관계의 준거법에 따른다.

② 대리인의 행위로 인하여 본인이 제3자에 대하여 의무를 부담하는지의 여부는 대리인의 영업소가 있는 국가의 법에 따르며, 대리인의 영업소가 없거나 영업소가 있더라도 제3자가 이를 알 수 없는 경우에는 대리인이 실제로 대리행위를 한 국가의 법에 따른다.

③ 대리인이 본인과 근로계약 관계에 있고, 그의 영업소가 없는 경우에는 본인의 주된 영업소를 그의 영업소로 본다.

④ 본인은 제2항 및 제3항에 불구하고 대리의 준거법을 선택할 수 있다. 다만, 준거법의 선택은 대리권을 증명하는 서면에 명시되거나 본인 또는 대리인에 의하여 제3자에게 서면으로 통지된 경우에 한하여 그 효력이 있다.

⑤ 대리권이 없는 대리인과 제3자 간의 관계에 관하여는 제2항을 준용한다.

제4장 물권

제1절 국제재판관할

제33조(물권에 관한 소의 관할) ① 동산 물권에 관한 소의 특별관할은 제5조 제1호에 따른다.

② 부동산 물권에 관한 소의 전속관할은 제10조 제1항 제3호에 따른다.

제2절 준거법

제34조(물권) ① 동산 및 부동산에 관한 물권 또는 등기하여야 하는 권리는 그 목적물의 소재지법에 따른다.

② 제1항에 규정된 권리의 득실변경은 그 원인된 행위 또는 사실의 완성 당시 그 목적물의 소재지법에 따른다.

제35조(운송수단) 항공기에 관한 물권은 그 국적소속국법에 따르고, 철도차량에 관한 물권은 그 운행허가국법에 따른다.

제36조(무기명증권) 무기명증권에 관한 권리의 득실변경은 그 원인된 행위 또는 사실의 완성 당시 그 무기명증권의 소재지법에 따른다.

제37조(이동중의 물건) 이동중의 물건에 관한 물권의 득실변경은 그 목적지법에 따른다.

제38조(채권 등에 대한 약정담보물권) 채권·주식 그 밖의 권리 또는 이를 표창하는 유가증권을 대상으로 하는 약정담보물권은 담보대상인 권리의 준거법에 따른다. 다만, 무기명증권을 대상으로 하는 약정담보물권은 제36조에 따른다.

제5장 지식재산권

제1절 국제재판관할

제39조(지식재산권 계약사건에 관한 소의 특별관할) ① 지식재산권의 양도, 담보권 설정, 사용허락 등의 계약에 관한 소는 그 지식재산권이 대한민국에서 보호, 사용 또는 행사되는 경우 법원에 제기할 수 있다. 지식재산권에 관한 권리가 대한민국에서 등록되는 경우에도 같다.

② 제1항이 적용되는 소에는 제42조를 적용하지 아니한다.

제40조(지식재산권 침해사건에 관한 소의 특별관할) ① 지식재산권 침해에 관한 소는 그 침해행위가 대한민국에서 행하여지거나 그 결과가 대한민국에서 발생하는 경우에는 법원에 제기할 수 있다(침해행위가 대한민국을 향하여 행하여지는 경우에도 같다). 다만, 그 경우 대한민국에서 발생하는 결과에 관하여만 법원에 소를 제기할 수 있으며 제6조 제1항은 적용되지 아니한다.

② 제1항에도 불구하고 지식재산권에 대한 주된 침해행위가 대한민국에서 행하여지는 경우에는 외국에서 발생하는 결과를 포함하여 침해행위로 인한 모든 결과에 관한 소를 법원에 제기할 수 있다.

③ 제45조는 이 조가 적용되는 소에는 적용하지 아니한다.

제2절 준거법

제41조(지식재산권의 보호) 지식재산권의 보호는 그 침해지법에 따른다.

제6장 채권

제1절 국제재판관할

제42조(계약에 관한 소의 특별관할) ① 계약에 관한 소는 다음 각 호의 어느 하나에 해당하는 곳이 대한민국에 있는 경우 법원에 제기할 수 있다.

1. 물품공급계약의 경우에는 물품인도지
2. 용역제공계약의 경우에는 용역제공지
3. 물품인도지와 용역제공지가 복수이거나 물품공급과 용역제공을 함께 목적으로 하는 계약의 경우에는 의무의 주된 부분의 이행지

② 제1항 이외의 계약에 관한 소는 청구의 기초인 의무가 이행된 곳 또는 그 의무가 이행되어야 할 곳으로 합의한 곳이 대한민국에 있는 경우 법원에 제기할 수 있다.

제43조(소비자계약의 관할) ① 소비자가 자신의 직업 또는 영업활동 외의 목적으로 체결하는 계약이 다음 각 호의 어느 하나에 해당하는 경우에는 국제재판관할은 제2항부터 제4항에 따른다.

1. 소비자의 상대방(직업 또는 영업활동을 하는 자를 말한다. 이하 '사업자'라 한다)이

계약체결에 앞서 소비자의 상거소지국에서 광고에 의한 거래의 권유 등 직업 또는 영업활동을 행하거나 그 국가 외의 지역에서 소비자의 상거소지국을 향하여 광고에 의한 거래의 권유 등 직업 또는 영업활동을 행하고, 그 계약이 그 직업 또는 영업활동의 범위 내에 속하는 경우

2. 사업자가 그 국가에서 소비자의 주문을 받은 경우

3. 사업자가 소비자로 하여금 다른 국가에 가서 주문을 하도록 유도한 경우

② 제1항에 따른 계약의 경우에 대한민국에 상거소가 있는 소비자는 사업자에 대하여 법원에서도 소를 제기할 수 있다.

③ 제1항에 따른 계약의 경우에 소비자의 상거소가 대한민국에 있는 때에는 사업자가 소비자에 대하여 제기하는 소는 법원에서만 제기할 수 있다.

④ 제1항에 따른 계약의 당사자는 제8조에 따른 국제재판관할합의를 할 수 있다. 다만, 그 합의는 다음 각 호의 어느 하나에 해당하는 경우에 한하여 그 효력이 있다.

1. 분쟁이 이미 발생한 경우

2. 소비자에게 이 조에 따른 관할 법원에 추가하여 다른 국가의 법원에 제소하는 것을 허용하는 경우

第44조(근로계약의 관할) ① 근로계약의 경우에 근로자가 대한민국에서 일상적으로 노무를 제공하거나 또는 최후로 일상적 노무를 제공하였던 때에는 사용자에 대한 소를 법원에 제기할 수 있다. 근로자가 일상적으로 대한민국 안에서 노무를 제공하지 아니하거나 아니하였던 경우에 사용자가 그를 고용한 영업소가 대한민국에 있거나 있었던 때에도 같다.

② 근로계약의 경우에 근로자의 상거소가 대한민국에 있는 때에는 사용자가 근로자에 대하여 제기하는 소는 법원에만 제기할 수 있다. 다만, 근로자가 대한민국 이외에서 일상적으로 노무를 제공하는 경우에는 사용자는 그 국가에도 소를 제기할 수 있다.

③ 근로계약의 당사자는 제8조에 따른 국제재판관할합의를 할 수 있다. 다만, 그 합의는 다음 각 호의 어느 하나에 해당하는 경우에 한하여 그 효력이 있다.

1. 분쟁이 이미 발생한 경우

2. 근로자에게 이 조에 따른 관할 법원에 추가하여 다른 국가의 법원에 제소하는 것을 허용하는 경우

第45조(불법행위에 관한 소의 특별관할) 불법행위에 관한 소는 대한민국에서 그 행위가 행하여지거나 그 결과가 발생하는 경우 법원에 제기할 수 있다(행위가 대한민국을 향하여 행하여지는 경우에도 같다). 다만, 그 결과가 대한민국에서 발생할 것을 예견할 수 없었던 경우에는 그러하지 아니하다.

제2절 준거법

第46조(당사자 자치) ① 계약은 당사자가 명시적 또는 묵시적으로 선택한 법에 따른다. 다만, 묵시적인 선택은 계약내용 그 밖에 모든 사정으로부터 합리적으로 인정할 수 있

는 경우에 한한다.

② 당사자는 계약의 일부에 관하여도 준거법을 선택할 수 있다.

③ 당사자는 합의에 의하여 이 조 또는 제47조에 따른 준거법을 변경할 수 있다. 다만, 계약체결 후 이루어진 준거법의 변경은 계약의 방식의 유효성과 제3자의 권리에 영향을 미치지 아니한다.

④ 모든 요소가 오로지 한 국가와 관련이 있음에도 불구하고 당사자가 그 외의 다른 국가의 법을 선택한 경우에 관련된 국가의 강행규정은 그 적용이 배제되지 아니한다.

⑤ 준거법 선택에 관한 당사자의 합의의 성립 및 유효성에 관하여는 제50조를 준용한다.

제47조(준거법 결정시의 객관적 연결) ① 당사자가 준거법을 선택하지 아니한 경우에 계약은 그 계약과 가장 밀접한 관련이 있는 국가의 법에 따른다.

② 당사자가 계약에 따라 다음 각 호의 어느 하나에 해당하는 이행을 행하여야 하는 경우에는 계약체결 당시 그의 상거소가 있는 국가의 법(당사자가 법인 또는 단체인 경우에는 주된 사무소가 있는 국가의 법)이 가장 밀접한 관련이 있는 것으로 추정한다. 다만, 계약이 당사자의 직업 또는 영업활동으로 체결된 경우에는 당사자의 영업소가 있는 국가의 법이 가장 밀접한 관련이 있는 것으로 추정한다.

1. 양도계약의 경우에는 양도인의 이행
2. 이용계약의 경우에는 물건 또는 권리를 이용하도록 하는 당사자의 이행
3. 위임·도급계약 및 이와 유사한 용역제공계약의 경우에는 용역의 이행

③ 부동산에 대한 권리를 대상으로 하는 계약의 경우에는 부동산이 소재하는 국가의 법이 가장 밀접한 관련이 있는 것으로 추정한다.

제48조(소비자계약) ① 제43조 제1항에 따른 계약의 당사자가 준거법을 선택하더라도 소비자의 상거소가 있는 국가의 강행규정에 따라 소비자에게 부여되는 보호를 박탈할 수 없다.

② 당사자가 준거법을 선택하지 아니한 경우에 제43조 제1항에 따른 계약은 제47조에 불구하고 소비자의 상거소지법에 따른다.

③ 제43조 제1항에 따른 계약의 방식은 제31조 제1항부터 제3항까지에 불구하고 소비자의 상거소지법에 따른다.

제49조(근로계약) ① 근로계약의 경우에 당사자가 준거법을 선택하더라도 제2항에 따라 지정되는 준거법 소속 국가의 강행규정에 따라 근로자에게 부여되는 보호를 박탈할 수 없다.

② 당사자가 준거법을 선택하지 아니한 경우에 근로계약은 제47조에 불구하고 근로자가 일상적으로 노무를 제공하는 국가의 법에 따르며, 근로자가 일상적으로 어느 한 국가 안에서 노무를 제공하지 아니하는 경우에는 사용자가 근로자를 고용한 영업소가 있는 국가의 법에 따른다.

제50조(계약의 성립 및 유효성) ① 계약의 성립 및 유효성은 그 계약이 유효하게 성립

하였을 경우 이 법에 따라 적용되어야 하는 준거법에 따라 판단한다.

② 제1항에 따른 준거법에 따라 당사자의 행위의 효력을 판단하는 것이 모든 사정에 비추어 명백히 부당한 경우에는 그 당사자는 계약에 동의하지 아니하였음을 주장하기 위하여 그의 상거소지법을 원용할 수 있다.

제51조(사무관리) ① 사무관리는 그 관리가 행하여진 곳의 법에 따른다. 다만, 사무관리가 당사자 간의 법률관계에 기하여 행하여진 경우에는 그 법률관계의 준거법에 따른다.

② 다른 사람의 채무를 변제함으로써 발생하는 청구권은 그 채무의 준거법에 따른다.

제52조(부당이득) 부당이득은 그 이득이 발생한 곳의 법에 따른다. 다만, 부당이득이 당사자 간의 법률관계에 기하여 행하여진 이행으로부터 발생한 경우에는 그 법률관계의 준거법에 따른다.

제53조(불법행위) ① 불법행위는 그 행위가 행하여지거나 그 결과가 발생하는 곳의 법에 따른다.

② 불법행위가 행하여진 당시 동일한 국가 안에 가해자와 피해자의 상거소가 있는 경우에는 제1항에 불구하고 그 국가의 법에 따른다.

③ 가해자와 피해자 간에 존재하는 법률관계가 불법행위에 의하여 침해되는 경우에는 제1항 및 제2항에 불구하고 그 법률관계의 준거법에 따른다.

④ 제1항부터 제3항까지에 따라 외국법이 적용되는 경우에 불법행위로 인한 손해배상청구권은 그 성질이 명백히 피해자의 적절한 배상을 위한 것이 아니거나 또는 그 범위가 본질적으로 피해자의 적절한 배상을 위하여 필요한 정도를 넘는 때에는 이를 인정하지 아니한다.

제54조(준거법에 관한 사후적 합의) 당사자는 제51조부터 제53조까지에 불구하고 사무관리·부당이득·불법행위가 발생한 후 합의에 의하여 대한민국 법을 그 준거법으로 선택할 수 있다. 다만, 그로 인하여 제3자의 권리에 영향을 미치지 아니한다.

제55조(채권의 양도 및 채무의 인수) ① 채권의 양도인과 양수인간의 법률관계는 당사자 간의 계약의 준거법에 따른다. 다만, 채권의 양도가능성, 채무자 및 제3자에 대한 채권양도의 효력은 양도되는 채권의 준거법에 따른다.

② 제1항은 채무인수에 이를 준용한다.

제56조(법률에 따른 채권의 이전) ① 법률에 따른 채권의 이전은 그 이전의 원인이 된 구채권자와 신채권자 간의 법률관계의 준거법에 따른다. 다만, 이전되는 채권의 준거법에 채무자 보호를 위한 규정이 있는 경우에는 그 규정이 적용된다.

② 제1항과 같은 법률관계가 존재하지 아니하는 경우에는 이전되는 채권의 준거법에 따른다.

제7장 친족

제1절 국제재판관할

제57조(혼인관계사건의 특별관할) ① 혼인관계에 관한 사건에 대하여는 다음 각 호의 어느 하나에 해당하는 경우 법원에 국제재판관할이 있다.

1. 부부 일방의 상거소가 대한민국에 있고 부부의 마지막 공동 상거소가 대한민국에 있었던 경우
2. 원고와 미성년 자녀 전부 또는 일부의 상거소가 대한민국에 있는 경우
3. 부부 모두가 대한민국 국민인 경우
4. 대한민국 국민으로서 대한민국에 상거소를 둔 원고가 혼인관계해소만을 목적으로 제기하는 사건의 경우

② 부부 모두를 상대로 하는 혼인관계에 관한 사건에 대하여는 다음 각 호의 어느 하나에 해당하는 경우 법원에 국제재판관할이 있다.

1. 부부 중 한쪽의 상거소가 대한민국에 있는 경우
2. 부부 중 한쪽이 사망한 때에는 생존한 다른 한쪽의 상거소가 대한민국에 있는 경우
3. 부부 모두가 사망한 때에는 부부 중 한쪽의 마지막 상거소가 대한민국에 있었던 경우
4. 부부 모두가 대한민국 국민인 경우

제58조(친생자관계에 관한 사건의 특별관할) 친생자관계의 성립 및 해소에 관한 사건에 대하여는 자녀의 상거소가 대한민국에 있거나 자녀 및 피고가 되는 부모 중 한쪽이 대한민국 국민인 경우 법원에 국제재판관할이 있다.

제59조(양친자관계에 관한 사건의 특별관할) ① 입양의 성립에 관한 사건에 대하여는 양자가 되려는 사람 또는 양친이 되려는 사람의 상거소가 대한민국에 있는 경우 법원에 국제재판관할이 있다.

② 양친자관계의 존부확인, 입양의 취소 또는 파양에 관한 사건에 대하여는 제58조를 준용한다.

제60조(친자간의 법률관계 등에 관한 사건의 특별관할) 미성년인 자녀 등에 대한 친권, 양육권 및 면접교섭권에 관한 사건에 대하여는 자녀의 상거소가 대한민국에 있는 경우[와 자녀 및 부모 중 한쪽이 대한민국 국민인 경우] 법원에 국제재판관할이 있다. 다만 대한민국에 상거소가 있던 자녀가 불법적으로 외국으로 이동하거나 탈취를 당한 날부터 1년이 경과하여 새로운 환경에 적응한 경우에는 그러하지 아니하다.

제61조(부양사건의 관할) ① 부양에 관한 사건에 대하여는 부양권리자의 상거소가 대한민국에 있는 경우 법원에 국제재판관할이 있다.

② 당사자는 부양에 관한 사건에 관하여 제8조에 따른 국제재판관할합의를 할 수 있다. 다만, 다음 각호의 경우에는 그러하지 아니하다.

1. 부양권리자가 미성년자이거나 피성년후견인인 경우(다만 미성년자이거나 피성년후견인인 부양권리자에게 이 법에 따른 관할 법원에 추가하여 다른 국가의 법원에 제

소하는 것을 허용하는 경우는 제외한다)

2. 합의로 지정된 국가가 사안과 아무런 관련이 없거나 근소한 관련만 있는 경우

③ 제2항에 따라 국제재판관할합의가 허용되는 경우에는 제9조의 적용이 배제되지 아니한다.

제62조(후견사건의 특별관할) ① 성년 후견에 관한 사건에 대하여는 다음 각 호의 어느 하나에 해당하는 경우 법원에 국제재판관할이 있다.

1. 피후견인(피후견인으로 될 자를 포함한다. 이하 같다)의 상거소가 대한민국에 있는 경우
2. 피후견인이 대한민국 국민인 경우
3. 피후견인의 재산이 대한민국에 있고 피후견인을 보호하여야 할 필요가 있는 경우

② 미성년인 자녀의 후견에 관한 사건에 대하여는 제60조가 규정하는 경우 및 그 자녀의 재산이 대한민국에 있고 그 자녀를 보호하여야 할 필요가 있는 경우 법원에 국제재판관할이 있다.

제63조(가사조정사건의 관할) 제7장(친족) 제1절이 적용되는 사건에 대하여 법원에 국제재판관할이 있는 경우에는 그 조정사건에 대하여도 법원에 국제관할이 있다.

제2절 준거법

제64조(혼인의 성립) ① 혼인의 성립요건은 각 당사자에 관하여 그 본국법에 따른다.

② 혼인의 방식은 혼인거행지법 또는 당사자 일방의 본국법에 따른다. 다만, 대한민국에서 혼인을 거행하는 경우에 당사자 일방이 대한민국 국민인 때에는 대한민국 법에 따른다.

제65조(혼인의 일반적 효력) 혼인의 일반적 효력은 다음 각 호에 정한 법의 순위에 따른다.

1. 부부의 동일한 본국법
2. 부부의 동일한 상거소지법
3. 부부와 가장 밀접한 관련이 있는 곳의 법

제66조(부부재산제) ① 부부재산제에 관하여는 제65조를 준용한다.

② 부부가 합의에 의하여 다음 각 호의 법중 어느 것을 선택한 경우에는 부부재산제는 제1항에 불구하고 그 법에 따른다. 다만, 그 합의는 일자와 부부의 기명날인 또는 서명이 있는 서면으로 작성된 경우에 한하여 그 효력이 있다.

1. 부부 중 일방이 국적을 가지는 법
2. 부부 중 일방의 상거소지법
3. 부동산에 관한 부부재산제에 대하여는 그 부동산의 소재지법

③ 외국법에 따른 부부재산제는 대한민국에서 행한 법률행위 및 대한민국에 있는 재산에 관하여 이를 선의의 제3자에게 대항할 수 없다. 이 경우 그 부부재산제에 따를 수 없는 때에는 제3자와의 관계에 관하여 부부재산제는 대한민국 법에 따른다.

④ 외국법에 따라 체결된 부부재산계약은 대한민국에서 등기한 경우 제3항에 불구하고 이를 제3자에게 대항할 수 있다.

제67조(이혼) 이혼에 관하여는 제65조를 준용한다. 다만, 부부 중 일방이 대한민국에 상거소가 있는 대한민국 국민인 경우에는 이혼은 대한민국 법에 따른다.

제68조(혼인중의 친자관계) ① 혼인중의 친자관계의 성립은 자녀의 출생 당시 부부 중 일방의 본국법에 따른다.

② 제1항의 경우 남편이 자녀의 출생 전에 사망한 때에는 사망 당시 본국법을 그의 본국법으로 본다.

제69조(혼인 외의 친자관계) ① 혼인 외의 친자관계의 성립은 자녀의 출생 당시 어머니의 본국법에 따른다. 다만, 부자간의 친자관계의 성립은 자녀의 출생 당시 아버지의 본국법 또는 현재 자녀의 상거소지법에 따를 수 있다.

② 인지는 제1항이 정하는 법 외에 인지 당시 인지자의 본국법에 따를 수 있다.

③ 제1항의 경우 아버지가 자녀의 출생전에 사망한 때에는 사망 당시 본국법을 그의 본국법으로 보고, 제2항의 경우 인지자가 인지 전에 사망한 때에는 사망 당시 본국법을 그의 본국법으로 본다.

제70조(혼인외 출생자에 대한 준정(準正)) ① 혼인외의 출생자가 혼인중의 출생자로 그 지위가 변동되는 경우에 관하여는 그 요건인 사실의 완성 당시 아버지 또는 어머니의 본국법 또는 자녀의 상거소지법에 따른다.

② 제1항의 경우 아버지 또는 어머니가 그 요건인 사실이 완성되기 전에 사망한 때에는 사망 당시 본국법을 그의 본국법으로 본다.

제71조(입양 및 파양) 입양 및 파양은 입양 당시 양친(養親)의 본국법에 따른다.

제72조(동의) 제69조부터 제71조까지에 따른 친자관계의 성립에 관하여 자녀의 본국법이 자녀 또는 제3자의 승낙이나 동의 등을 요건으로 할 때에는 그 요건도 갖추어야 한다.

제73조(친자간의 법률관계) 친자간의 법률관계는 부모와 자녀의 본국법이 모두 동일한 경우에는 그 법에 따르고, 그 외의 경우에는 자녀의 상거소지법에 따른다.

제74조(부양) ① 부양의 의무는 부양권리자의 상거소지법에 따른다. 다만, 그 법에 따르면 부양권리자가 부양의무자로부터 부양을 받을 수 없는 때에는 당사자의 공통 본국법에 따른다.

② 대한민국에서 이혼이 이루어지거나 승인된 경우에 이혼한 당사자간의 부양의무는 제1항에 불구하고 그 이혼에 관하여 적용된 법에 따른다.

③ 방계혈족간 또는 인척간의 부양의무의 경우에 부양의무자는 부양권리자의 청구에 대하여 당사자의 공통 본국법에 따라 부양의무가 없다는 주장을 할 수 있으며, 그러한 법이 없는 때에는 부양의무자의 상거소지법에 따라 부양의무가 없다는 주장을 할 수 있다.

④ 부양권리자와 부양의무자가 모두 대한민국 국민이고, 부양의무자가 대한민국에 상거소가 있는 경우에는 대한민국 법에 따른다.

제75조(그 밖의 친족관계) 친족관계의 성립 및 친족관계에서 발생하는 권리의무에 관하여 이 법에 특별한 규정이 없는 경우에는 각 당사자의 본국법에 따른다.

제76조(후견) ① 후견은 피후견인의 본국법에 따른다.

② 제62조에 따라 법원이 성년 또는 미성년 자녀인 외국인의 후견사건에 관한 심판을 하는 경우 다음 각호 중 어느 하나에 해당하는 때에는 전항에도 불구하고 대한민국 법에 따른다.

1. 그의 본국법에 의하면 후견개시의 원인이 있더라도 그 후견사무를 행할 사람이 없거나 후견사무를 행할 사람이 있더라도 후견사무를 행할 수 없는 경우
2. 대한민국에서 후견개시의 심판(임의후견감독인선임 심판을 포함한다)을 하였거나 하는 경우
3. 피후견인의 재산이 대한민국에 있고 피후견인을 보호하여야 할 필요가 있는 경우

제8장 상속

제1절 국제재판관할

제77조(상속 및 유언 사건의 관할) ① 상속에 관한 사건에 대하여는 다음 각 호의 어느 하나에 해당하는 경우 법원에 국제재판관할이 있다.

1. 피상속인의 사망 당시 상거소가 대한민국에 있는 경우. 피상속인의 상거소가 어느 국가에도 없거나 이를 알 수 없고 그의 마지막 상거소가 대한민국에 있었던 경우에도 같다.
2. 대한민국에 상속재산이 있는 경우. 다만, 그 상속재산의 가액이 현저하게 적은 경우에는 그러하지 아니하다.

② 당사자는 상속에 관한 사건에 관하여 제8조에 따른 국제재판관할합의를 할 수 있다. 다만, 다음의 경우에는 그러하지 아니하다.

1. 당사자가 미성년자이거나 피성년후견인인 경우(다만 미성년자이거나 피성년후견인인 당사자에게 이 법에 따른 관할 법원에 추가하여 다른 국가의 법원에 제소하는 것을 허용하는 경우는 제외한다)
2. 합의로 지정된 국가가 사안과 아무런 관련이 없거나 근소한 관련만 있는 경우

③ 제2항에 따라 국제재판관할합의가 허용되는 경우에는 제9조의 적용이 배제되지 아니한다.

④ 유언에 관한 사건은 유언자의 유언 당시 상거소가 대한민국에 있거나 유언의 대상이 되는 재산이 대한민국에 있는 경우 법원에 국제재판관할이 있다.

제2절 준거법

제78조(상속) ① 상속은 사망 당시 피상속인의 본국법에 따른다.

② 피상속인이 유언에 적용되는 방식에 의하여 명시적으로 다음 각 호의 법 중 어느

것을 지정하는 때에는 상속은 제1항에 불구하고 그 법에 따른다.

1. 지정 당시 피상속인의 상거소가 있는 국가의 법. 다만, 그 지정은 피상속인이 사망시까지 그 국가에 상거소를 유지한 경우에 한하여 그 효력이 있다.
2. 부동산에 관한 상속에 대하여는 그 부동산의 소재지법

제79조(유언) ① 유언은 유언 당시 유언자의 본국법에 따른다.

② 유언의 변경 또는 철회는 그 당시 유언자의 본국법에 따른다.

③ 유언의 방식은 다음 각 호의 어느 하나의 법에 따른다.

1. 유언자가 유언 당시 또는 사망 당시 국적을 가지는 국가의 법
2. 유언자의 유언 당시 또는 사망 당시 상거소지법 / 3. 유언당시 행위지법
4. 부동산에 관한 유언의 방식에 대하여는 그 부동산의 소재지법

제9장 어음·수표

제1절 국제재판관할

제80조(어음·수표에 관한 소의 특별관할) 어음·수표에 관한 소는 어음·수표의 지급지가 대한민국에 있는 경우 법원에 제기할 수 있다.

제2절 준거법

제81조(행위능력) ①환어음, 약속어음 및 수표에 의하여 채무를 부담하는 자의 능력은 그의 본국법에 따른다. 다만, 그 국가의 법이 다른 국가의 법에 따라야 하는 것을 정한 경우에는 그 다른 국가의 법에 따른다.

② 제1항에 따르면 능력이 없는 자라 할지라도 다른 국가에서 서명을 하고 그 국가의 법에 따라 능력이 있는 때에는 그 채무를 부담할 수 있는 능력이 있는 것으로 본다.

제82조(수표지급인의 자격) ① 수표지급인이 될 수 있는 자의 자격은 지급지법에 따른다.

② 지급지법에 따르면 지급인이 될 수 없는 자를 지급인으로 하여 수표가 무효인 경우에도 동일한 규정이 없는 다른 국가에서 행한 서명으로부터 생긴 채무의 효력에는 영향을 미치지 아니한다.

제83조(방식) ① 환어음, 약속어음 및 수표행위의 방식은 서명지법에 따른다. 다만, 수표행위의 방식은 지급지법에 따를 수 있다.

② 제1항에 따라 행위가 무효인 경우에도 그 후 행위의 행위지법에 따라 적법한 때에는 그 전 행위의 무효는 그 후 행위의 효력에 영향을 미치지 아니한다.

③ 대한민국 국민이 외국에서 행한 환어음, 약속어음 및 수표행위의 방식이 행위지법에 따르면 무효인 경우에도 대한민국 법에 따라 적법한 때에는 다른 대한민국 국민에 대하여 효력이 있다.

제84조(효력) ① 환어음의 인수인과 약속어음의 발행인의 채무는 지급지법에 따르고, 수표로부터 생긴 채무는 서명지법에 따른다.

② 제1항에 규정된 자 외의 자의 환어음 및 약속어음에 의한 채무는 서명지법에 따른다.

③ 환어음, 약속어음 및 수표의 상환청구권을 행사하는 기간은 모든 서명자에 대하여 발행지법에 따른다.

제85조(원인채권의 취득) 어음의 소지인이 그 발행의 원인이 되는 채권을 취득하는지 여부는 어음의 발행지법에 따른다.

제86조(일부인수 및 일부지급) ① 환어음의 인수를 어음 금액의 일부에 제한할 수 있는지 여부 및 소지인이 일부지급을 수락할 의무가 있는지 여부는 지급지법에 따른다.

② 제1항은 약속어음의 지급에 준용한다.

제87조(권리의 행사·보전을 위한 행위의 방식) 환어음, 약속어음 및 수표에 관한 거절증서의 방식, 그 작성기간 및 환어음, 약속어음 및 수표상의 권리의 행사 또는 보전에 필요한 그 밖의 행위의 방식은 거절증서를 작성하여야 하는 곳 또는 그 밖의 행위를 행하여야 하는 곳의 법에 따른다.

제88조(상실 및 도난) 환어음, 약속어음 및 수표의 상실 또는 도난의 경우에 행하여야 하는 절차는 지급지법에 따른다.

제89조(수표의 지급지법) 수표에 관한 다음 각 호의 사항은 수표의 지급지법에 따른다.

1. 수표가 일람출급을 요하는지 여부, 일람 후 정기출급으로 발행할 수 있는지 여부 및 선일자수표의 효력
2. 제시기간 / 3. 수표에 인수, 지급보증, 확인 또는 사증을 할 수 있는지 여부 및 그 기재의 효력
4. 소지인이 일부지급을 청구할 수 있는지 여부 및 일부지급을 수락할 의무가 있는지 여부
5. 수표에 횡선을 표시할 수 있는지 여부 및 수표에 "계산을 위하여"라는 문구 또는 이와 동일한 뜻이 있는 문구의 기재의 효력. 다만, 수표의 발행인 또는 소지인이 수표면에 "계산을 위하여"라는 문구 또는 이와 동일한 뜻이 있는 문구를 기재하여 현금의 지급을 금지한 경우에 그 수표가 외국에서 발행되고 대한민국에서 지급하여야 하는 것은 일반횡선수표의 효력이 있다.
6. 소지인이 수표자금에 대하여 특별한 권리를 가지는지 여부 및 그 권리의 성질
7. 발행인이 수표의 지급위탁을 취소할 수 있는지 여부 및 지급정지를 위한 절차를 취할 수 있는지 여부
8. 배서인, 발행인 그 밖의 채무자에 대한 소구권 보전을 위하여 거절증서 또는 이와 동일한 효력을 가지는 선언을 필요로 하는지 여부

제10장 해상

제1절 국제재판관할

제90조(선박소유자등의 책임제한사건의 관할) 선박소유자·용선자·선박관리인·선박운

항자 그 밖의 선박사용인(이하 "선박소유자등"이라 한다)의 책임제한사건에 대하여는 다음 각 호의 어느 하나에 해당하는 곳이 대한민국에 있는 경우에 한하여 법원에 국제재판관할이 있다.

1. 책임제한을 할 수 있는 채권(이하 "제한채권"이라 한다)이 발생한 선박의 선적이 있는 곳
2. 신청인인 선박소유자등에 대하여 제3조에 따른 일반관할이 인정되는 곳
3. 사고발생지. 이는 결과 발생지를 포함한다.
4. 사고 후 사고선박이 최초로 도착한 곳
5. 제한채권에 의하여 선박소유자등의 재산이 압류된 곳(가압류된 곳과 압류에 갈음하여 담보가 제공된 곳을 포함한다. 이하 같다)
6. 선박소유자등에 대하여 제한채권에 근거한 소가 제기된 곳

제91조(선박 또는 항해에 관한 소의 특별관할) 선박소유자등에 대한 선박 또는 항해에 관한 소는 선박이 압류된 곳이 대한민국에 있는 경우 법원에 제기할 수 있다.

제92조(공동해손에 관한 소의 특별관할) 공동해손에 관한 소는 다음 각 호의 어느 하나에 해당하는 곳이 대한민국에 있는 경우 법원에 제기할 수 있다.

1. 선박의 소재지
2. 사고 후 선박이 최초로 도착한 곳
3. 선박이 압류된 곳

제93조(선박충돌에 관한 소의 특별관할) 선박의 충돌이나 그밖의 사고에 관한 소는 다음 각 호의 어느 하나에 해당하는 곳이 대한민국에 있는 경우 법원에 제기할 수 있다.

1. 가해 선박의 선적지 또는 소재지
2. 사고 발생지
3. 피해 선박이 사고 후 최초로 도착한 곳
4. 가해 선박이 압류된 곳

제94조(해난구조에 관한 소의 특별관할) 해난구조에 관한 소는 다음 각 호의 어느 하나에 해당하는 곳이 대한민국에 있는 경우 법원에 제기할 수 있다

1. 해난구조가 있었던 곳
2. 구조된 선박이 최초로 도착한 곳
3. 구조된 선박이 압류된 곳

제2절 준거법

제95조(해상) 해상에 관한 다음 각 호의 사항은 선적국법에 따른다.

1. 선박의 소유권 및 저당권, 선박우선특권 그 밖의 선박에 관한 물권
2. 선박에 관한 담보물권의 우선순위
3. 선장과 해원의 행위에 대한 선박소유자의 책임범위
4. 선박소유자등이 책임제한을 주장할 수 있는지 여부 및 그 책임제한의 범위

5. 공동해손 / 6. 선장의 대리권

제96조(선박충돌) ① 개항·하천 또는 영해에서의 선박충돌에 관한 책임은 그 충돌지법에 따른다.

② 공해에서의 선박충돌에 관한 책임은 각 선박이 동일한 선적국에 속하는 때에는 그 선적국법에 따르고, 각 선박이 선적국을 달리하는 때에는 가해선박의 선적국법에 따른다.

제97조(해난구조) 해난구조로 인한 보수청구권은 그 구조행위가 영해에서 있는 때에는 행위지법에 따르고, 공해에서 있는 때에는 구조한 선박의 선적국법에 따른다.

부칙

① (시행일) 이 법은 2019. 1. 1.부터 시행한다.

② (국제재판관할에 관한 경과조치) 이 법 시행 당시 법원에 계속(係屬)중인 사건에 관하여는 이 법의 국제재판관할에 관한 규정을 적용하지 아니한다.

③ (준거법 적용의 시간적 범위) 이 법 시행 전에 생긴 사항에 대하여는 종전의 규정에 따른다. 다만, 이 법 시행 전후에 계속(繼續)되는 법률관계에 관하여는 이 법 시행 이후의 법률관계에 한하여 이 법의 규정을 적용한다.

후 기

[9] 논문의 후기에 적은 바와 같이 2018. 11. 23. 국제사법 전부개정법률안이 의안 제16788호로 국회에 제출되었다.

[10] 국제사법학회의 창립 20주년 회고와 전망: 국제재판관할과 외국판결의 승인 및 집행에 관한 입법과 판례

前 記

이 글은 저자가 2014. 6. 18. 한국국제사법학회에서 발표한 원고를 다소 수정·보완하여 국제사법연구 제20권 제1호(2014. 6.), 3면 이하에 게재한 글로서 오타와 오류를 제외하고는 원칙적으로 수정하지 않은 것이다. 가벼운 수정 부분은 밑줄을 그어 표시하였고, 참고할 사항은 말미의 후기에 적었다. 학회지에 수록된 논문의 제목은 단순히 "국제재판관할과 외국판결의 승인 및 집행"이라고 되어 있으나 당초 학회와 저자는 위 본문과 같은 제목을 의도한 것이었다.

Ⅰ. 머리말

한국국제사법학회가 창립된 1993년 이후 현재까지 우리나라의 국제사법학은 눈부신 발전을 이룩하였다. 한국국제사법학회는 그 중심에서 다양한 국내외 학술활동의 포럼을 제공하고, 1995년 창간호를 간행한 이래 국내 유일의 국제사법·국제소송법 전문지인 '國際私法硏究'[1]를 꾸준히 간행함으로써 넓은 의미의 국제사법학의 성장에 지대한 기여를 하였다. 또한 국제사법의 2001년 개정에도 커다란 공헌을 하였다. 사회적 인식은 낮지만, 사실 우리나라는 다른 어느 나라보다도 국제사법 연구의 필요성이 큰 나라이다. 한국은 1960년대 이래 무역입국의 기치를 내걸고 경제성장을 견인해 온 탓에 지금도 높은 무역의존도를 보이고 있고, 해외건설, 선박건조와 해외자원개발에서 보듯이 우리 기업의 국제거래는 비약적으로 증가하였으며, 근자에는 국제이주의 증가와, 외국인 근로자들의 국내정착 및 한국인과의 혼인 내지 국내로 들어오는 결혼이주여성의 증가에 따라 국제가사사건이 꾸준히 늘고 있다. 또한 1960년 이래 우리 아동의 해외입양은 늘

1) 국제사법연구 총목차는 국제사법연구 제19권 제2호(2013. 12.), 370면 이하에 분야별로 정리되어 있다.

우리 사회의 중요한 문제였다. 이렇듯 우리 사회와 그 안에서 삶을 영위하는 구성원들의 삶이 국제화되었음을 생각한다면 이는 당연한 결과이다. 그럼에도 불구하고 우리나라에서는 국제사법에 대한 관심은 작고 그 필요성에 대한 인식조차 매우 부족하다. 예컨대 국제사법분야는 대한변호사협회와 법률신문이 정기적으로 정리하여 소개하는 판례분석의 대상영역도 아니다. 한국국제사법학회와 한국 국제사법학의 장래를 짊어질 동량도 많지 않은데 이는 중국이나 일본과 크게 다른 점이다.

어쨌든 30대의 청년변호사로서 1993년 한국국제사법학회의 창립에 참여했던 저자는 우선 한국국제사법학회가 20년을 넘어 성장하고 있음을 축하한다. 또한 오늘 이 자리에서 저자가, 국제사법의 핵심주제인 "국제재판관할과 외국판결의 승인 및 집행"에 관하여 발표하게 된 것을 큰 영광이자 보람으로 생각한다. 국제민사소송이 빈번하게 된 오늘날 위 주제의 중요성은 의문이 없다. 이하에서는 우선 국제재판관할(Ⅱ.), 외국판결의 승인 및 집행(Ⅲ.), 가사사건에서 국제재판관할과 외국판결의 승인 및 집행(Ⅳ.)의 순서로 각각 입법의 변천과 판례의 변화[2]를 중심으로 논의한다. 가사사건도 Ⅱ.와 Ⅲ.에서 함께 다룰 수도 있으나 이를 더욱 부각시키고자 별도로 논의한다. 마지막으로 2014. 5. 20. 시행된 개정 민사소송법(제217조와 제217조의2)과 민사집행법(제26조와 제27조)의 개정내용을 소개하고 간단한 평가를 덧붙인다(Ⅴ.) 이하 '관할' 또는 '재판관할'은 원칙적으로 국제재판관할을 의미한다.

---

2) 국제재판관할에 관하여는 유재풍, "國際訴訟의 裁判管轄에 관한 研究", 청주대학교 대학원 법학박사학위논문(1994); 한충수, "국제재판관할합의에 관한 연구", 연세대학교 대학원 박사학위논문(1997); 석광현, "國際裁判管轄에 관한 研究—民事 및 商事事件에서의 國際裁判管轄의 基礎理論과 一般管轄을 중심으로—", 서울대학교 대학원 박사학위논문(2000) 참조. 저자의 학위논문은 석광현, 國際裁判管轄에 관한 研究—民事 및 商事事件에서의 國際裁判管轄의 基礎理論과 一般管轄을 중심으로—(2001)라는 단행본으로 간행되었다(이는 책은 "석광현, 재판관할"이라 인용). 저자는 이 글의 주제인 국제재판관할과 외국판결의 승인 및 집행에 관하여는 석광현, 국제민사소송법: 국제사법(절차편)(2012)에서 상세히 다루었다(이는 "석광현, 국제민사소송법"이라 인용). 당초 1984년 간행된 최공웅, 국제소송 개정판(1994)(특히 제2편)은 우리나라에서 이 분야의 선구적 업적이고, 김용진, 국제민사소송전략—국제소송실무 가이드—(1997)도 노작이다. 국제재판관할에 관하여는 그 밖에도 한국국제사법학회는 1995년 창간호를 간행한 이래 국제사법·국제소송법 전문지인 국제사법연구를 꾸준히 간행하여 2013년 12월 제19권 제2호가 간행된 바 있다. 국제사법 분야의 판례는 김인호, 국제사법: 판례와 사례(2012)가 어느 정도 정리하고 있다. 국제사법학회지인 국제사법연구는 2007년 간행된 제13호부터 노태악 부장판사가 정리한 당해 연도의 주요 국제사법 판례 소개를 담고 있다. 그 전 2004년-2006년에는 저자가 대법원판결만을 간단한 평석과 함께 소개하였다.

Ⅱ. 국제재판관할

1. 개관

국제재판관할(권)이라 함은 국제민사사건에서 제기되는 법적 쟁송에 대하여 어느 국가의 법원이 재판할 권한을 가지는가, 또는 재판임무를 어느 국가(또는 주)에 배당할 것인가의 문제이다. 우리나라에서는 국제재판관할의 법리는 판례에 의해 발전되어 왔다. 국제소송에서는 법정지(forum)가 어디인가에 따라 지리적 거리와 언어의 차이 등으로 인하여 당사자들이 소송을 수행하는 데 실제적 난이도에 현저한 차이가 있고, 그 밖에도 소송에 적용되는 절차법, 분쟁에 적용되는 실체법과 재판의 집행가능성 등에 영향을 미치므로 원고는 법정지 쇼핑(forum shopping)을 하게 된다. 이렇듯 국제재판관할의 문제는 국제소송에서 매우 중요한 실천적, 이론적 의미를 가진다. 국제사법 제2조에서 말하는 국제재판관할(권)은 국제법에서 말하는 국가관할권 중 재판관할권의 문제이므로 단순히 '관할'이라고 하는 대신 '재판관할'이라고 한다.[3)]

2. 입법의 변천: 국제재판관할에 관한 조항의 신설

2002년 7월 민사소송법과 민사집행법으로 분리되기 전의 구 민사소송법(이하 "구 민사소송법")과 섭외사법은 소송사건의 국제재판관할규칙을 두지 않았으나 2001년 7월 개정된 국제사법이 국제재판관할에 관한 조항을 신설함으로써 우리는 비로소 국제재판관할에 관한 입법을 가지게 되었다.[4)] 그러나 당시 국제재판관할에 관한 국내의 연구가 부족하였고, 민사 및 상사사건의 국제재판관할과 판결의 승인 및 집행에 관한 조약의 성안작업이 헤이그국제사법회의 차원에서 진행 중이었기에 과도기적 조치로서 제1장(총칙)에서 국제재판관할에 관한 일반원

3) 국제재판관할권이라는 용어보다는 '국제관할권'이라는 용어가 적절하다는 지적이 있으나(호문혁, 민사소송법 제8판(2010), 163면 註 3) 이는 '국가관할권'을 염두에 두지 않은 것으로서 부적절하다. 역외적용과 관련하여 문제되는 입법관할권의 국제적 한계의 문제도 국가관할권의 문제이지만 국제재판관할권의 문제는 아니다.

4) 국제재판관할을 포함한 국제사법 개정의 배경과 경위는 법무부, 국제사법해설(2001), 3면 이하; 석광현, 2001년 개정 국제사법 해설 제2판(2003), 3면 이하 참조. 국제사법학회 회장을 역임하신 이호정 교수님께서 위원장을 맡으셨고 주요 위원은 국제사법학회의 핵심회원들이었다.

칙을 규정하고(제2조), 사회 · 경제적 약자인 소비자와 근로자를 보호하기 위해 개별조항을 제5장(채권)에 두었다(제27조 제4항-제6항, 제28조 제3항-제5항).[5)]

국제사법 제2조는 아래와 같이 국제재판관할 배분의 추상적 기준을 명시한다.

① 법원은 당사자 또는 분쟁이 된 사안이 대한민국과 실질적 관련이 있는 경우에 국제재판관할권을 가진다. 이 경우 법원은 실질적 관련의 유무를 판단함에 있어 국제재판관할 배분의 이념에 부합하는 합리적인 원칙에 따라야 한다.
② 법원은 국내법의 관할 규정을 참작하여 국제재판관할권의 유무를 판단하되, 제1항의 규정의 취지에 비추어 국제재판관할의 특수성을 충분히 고려하여야 한다.

국제사법 제2조는 과거 대법원판결의 연장선상에 있으나 「토지관할규칙=국제재판관할규칙」이라고 볼 것이 아니라, 토지관할규칙 등 국내관할규칙을 참작하되 국제재판관할의 특수성을 고려하여 합리적 규칙을 정립할 것을 요청한다. 나아가 '실질적 관련'을 기초로 국제재판관할을 긍정하는 열린 구조를 취하므로 탄력적 운용이 가능하다. 제2조 제1항은 국제재판관할 판단의 기준을 제시한 대법원 1995. 11. 21. 선고 93다39607 판결(나우정밀사건)은 물론이고, 다양한 국내외 판례와 학설을 고려하여, 우리 법원이 국제재판관할을 가지기 위한 기본요건으로서, 당사자 또는 분쟁이 된 사안과 한국 간에 실질적 관련이 존재할 것을 요구한다. 제2조 제2항은, 제1항이 제시하는 기준이 추상적임을 고려하여, 보다 구체적인 국제재판관할의 기준을 제시함으로써 법적 안정성을 보장하기 위한 것이다. 국제사법이 섭외사법의 태도와 결별하고 국제재판관할규칙을 국제사법에 명시한 것은 실제 분쟁해결 시 준거법과 국제재판관할의 긴밀한 관련성을 고려한 것으로 바람직한 조치이다. 이로써 한국 국제사법은 준거법결정원칙만을 국제사법에 명시하는 일본 및 중국과 다른 단행법으로서의 국제사법을 가지게 되었다.

일본은 민사소송법과 민사보전법을 개정하여 정치한 국제재판관할규칙을 도입하였고 이는 2012. 4. 1. 발효하였으므로 입법론에서는 이도 참고할 필요가 있다.[6)]

---

5) 이러한 입법의 이론적 기초는 석광현(註 2), 박사학위논문, 246면 이하 참조. 사회 · 경제적 약자의 보호는 기존 대법원판례에 의해서는 도출될 수 없는 것이었다. 제27조는 수동적 소비자만을 보호하고 있으나 브뤼셀 I (제15조)처럼 이 범위를 일정한 요건 하에 능동적 소비자로 확대할 필요가 있으나, 일본 개정 민사소송법(제3조의4)처럼 모든 능동적 소비자를 포함시킬 것은 아니다.

6) 일본 민사소송법은 토지관할에 관한 조문(제4조 이하)에 앞서 국제재판관할에 관한 조항을 제3조의2 이하로 신설하고 개정 민사보전법은 제11조(보전명령사건의 관할)를 두고 있다.

3. 재산법상 사건의 국제재판관할에 관한 판례의 소개와 평가

가. 추상적 법률론: 섭외사법 하의 학설과 판례[7)]

대법원 1972. 4. 20. 선고 72다248 판결은 재산권에 관한 소에 관하여 의무이행지 법원의 관할을 규정한 구 민사소송법 제6조(민사소송법 제8조에 상응)를 적용하여 보수금채무의 이행지가 한국임을 이유로 한국 법원의 국제재판관할을 인정하였고,[8)] 대법원 1988. 10. 25. 선고 87다카1728 판결은, 재산소재지의 관할을 규정한 구 민사소송법 제9조(민사소송법 제11조에 상응)를 국제재판관할의 근거로 삼을 수 있다고 판시하였다. 위 판결들은 역추지설의 입장에 선 것이었다. 그 후 대법원 1989. 12. 26. 선고 88다카3991 판결은 재산법상의 사건에서 최초로 국제재판관할의 결정기준으로 '조리'를 도입하였다. 주목할 것은 직접관할에 관한 대법원 1992. 7. 28. 선고 91다41897 판결("1992년 대법원판결")과 간접관할에 관한 대법원 1995. 11. 21. 선고 93다39607 판결(나우정밀 사건이다. "1995년 대법원판결")이었다. 1992년 대법원판결은 외국법인의 서울사무소에서 근무하던 외국인들이 부당해고를 이유로 우리 법원에서 외국법인에 대해 손해배상을 구한 사건에 관한 것인데, 대법원은 피고의 사무소가 국내에 있으므로 구 민사소송법 제10조(민사소송법 제12조에 상응) 소정의 재판적이 인정된다고 보아 우리 법원의 국제재판관할을 긍정하였다. 1992년 판결에서 대법원은 '3단계 구조'를 처음으로 채택하였다. 1995년 대법원판결은 한국 회사가 수출한 무선전화기의 결함으로 인해 손해를 입은 미국의 피해자들이 미국의 수입자를 상대로 소송을 제기하고, 수입자는 한국 회사를 제3자소송인수참가의 방식에 의해 제3자 피고로 참가시킨 뒤, 수입자와 제조물책임보험을 체결한 미국의 보험회사가 피해자들에게 손해를 일단 배상하고 승소판결을 받아 한국 법원에서 집행판결을 구한 사안에 관한 것인데, 위 판결에서 대법원은 국제재판관할의 결정에 관한 법리를 다음과 같은 4단계 구조로 설시하였다.

---

7) 상세는 석광현, 재판관할, 149면 이하 참조. 2001년 국제사법 개정 후의 판례는 한애라, "국제재판관할과 관련된 판결의 추이 및 국제사법의 개정방향 — 국제재판관할의 판단구조 및 법인에 대한 일부 과잉관할의 쟁점과 관련하여 —", 민사판례연구 제35집(2013), 1090면 이하와 1167면 이하 표 참조.

8) 이것이 국제재판관할에 관한 최초의 대법원판결로 알려져 있다.

① 섭외사건의 국제재판관할에 관해 조약이나 일반적으로 승인된 국제법상의 원칙이 아직 확립되어 있지 않고 우리의 성문법규도 없다.
② 따라서 섭외사건에 관한 법원의 국제재판관할 유무는 결국 당사자 간의 공평, 재판의 적정, 신속이라는 기본이념에 따라 조리에 의해 결정함이 상당하다.
③ 이 경우 민사소송법의 토지관할규정 또한 위 기본이념에 따라 제정된 것이므로 위 규정에 의한 재판적이 한국에 있을 때에는 한국 법원에 국제재판관할이 있다고 봄이 상당하다.
④ 다만, 위 ③에 따라 국제재판관할을 긍정하는 것이 조리에 반한다는 특별한 사정이 있는 경우에는 한국 법원은 국제재판관할이 없다.

1995년 대법원판결은 당해 사건에서 플로리다주 법원의 관할을 부정하였는데 그러한 결론은 물론 그 밖의 점에서도 비판의 여지가 많으나,[9] 이는 1992년 대법원판결에서는 볼 수 없었던 특별한 사정에 의한 국제재판관할규칙의 수정가능성을 인정함으로써 처음으로 4단계 구조를 취한 점에서 큰 의미가 있다. 요컨대 1995년 대법원판결은 원칙적으로 「국제재판관할규칙 = 토지관할규칙」이라고 보되, 위 공식을 따를 경우 초래될 부당한 결론을 시정하는 '개별적 조정의 도구'로서 특별한 사정을 도입한 것이다. 4단계이론은 일본 판례의 태도를 따른 것이다.[10] 따라서 우리 법원에서의 국제재판관할에 관한 다툼은 토지관할규정의 해석과 특히 특별한 사정의 유무를 중심으로 전개될 것으로 예상되었다.

나. 추상적 법률론: 국제사법 하에서 국제재판관할에 관한 법리

근자의 판결을 보면 법원은 도메인이름에 관한 대법원 2005. 1. 27. 선고 2002다59788 판결이 처음 정립한 추상적 법률론을 따르고 있다.[11]

한국에 주소를 두고 영업을 하는 원고가, 미국의 도메인이름 등록기관에 등

---

9) 위 판결에 대하여는 "대법원판결이 … 국제시대에 공정과 정의라는 기본이념에서 합리적인 판단을 시도한 점에서 하나의 이정표를 이루는 판례"라는 평가가 있으나(최공웅, "國際裁判管轄原則에 관한 再論", 법조 통권 503호(1998. 8.), 27면), 저자는 비판적인 견해를 피력하였다. 석광현, 재판관할, 161면 주 42 참조.

10) 과거 일본의 지도적 판결인 최고재판소 1981. 10. 16. 말레이시아항공 사건 판결(제2소법정 판결, 민집35권7호, 1224면)은 3단계 구조를 채택하였으나 그 후 하급심판결들이 '특단의 사정론'을 추가하여 '4단계구조'를 취하였고 최고재판소 1997. 11. 11. 판결도 이를 채택하였다. 소개는 석광현, 국제민사소송법, 74면 주 19 참조.

11) 대법원 2008. 5. 29. 선고 2006다71908, 71915 판결; 대법원 2010. 7. 15. 선고 2010다18355 판결; 대법원 2012. 5. 24. 선고 2009다22549 판결; 대법원 2013. 7. 12. 선고 2006다17539 판결과 대법원 2014. 4. 10. 선고 2012다7571 판결 참조. 2005년 대법원판결에 대한 평석은 석광현, 국제사법과 국제소송 제4권(2007), 85면 이하 참조. 이하 국제사법과 국제소송은 '제* 권'이라고만 인용한다.

록·보유하고 있는 도메인이름에 대한 NAF의 이전 판정에 불복하여 미국 회사인 피고를 상대로 그 도메인이름을 원고에게 다시 이전하라고 청구하고, 손해배상을 구하는 소를 제기하였다. 원심판결은, 원고 주장의 불법행위 또는 부당이득이 있더라도 불법행위지와 반환의무 이행지는 모두 미국이고, 원고의 재산(즉 도메인이름에 관한 권리)의 소재지도 미국이므로 ① 불법행위지,[12] ② 원상회복의무의 이행지, ③ 재산권 소재지에 근거한 한국의 국제재판관할 주장은 모두 근거가 없다고 보았다. 위 사건은 국제사법이 적용되는 것은 아니었는데 대법원판결은 토지관할에 관하여는 판단하지 않고 국제사법 제2조를 고려하여 아래와 같은 추상적 법률론을 설시하였다.

> 국제재판관할을 결정함에 있어서는 당사자 간의 공평, 재판의 적정, 신속 및 경제를 기한다는 기본이념에 따라야 할 것이고, 구체적으로는 소송당사자들의 공평, 편의 그리고 예측가능성과 같은 개인적인 이익뿐만 아니라 재판의 적정, 신속, 효율 및 판결의 실효성 등과 같은 법원 내지 국가의 이익도 함께 고려하여야 할 것이며, 이러한 다양한 이익 중 어떠한 이익을 보호할 필요가 있을지 여부는 개별 사건에서 법정지와 당사자와의 실질적 관련성 및 법정지와 분쟁이 된 사안과의 실질적 관련성을 객관적인 기준으로 삼아 합리적으로 판단하여야 할 것이다.

대법원판결은 위 사건에서 실체 판단의 요체는 도메인이름 선등록자인 원고의 등록·이용행위가 오프라인상의 피고의 기존 지적재산권을 부당하게 침해하는 위법한 것인지 여부라고 정리하고, 분쟁 내용이 한국과 실질적 관련성이 있다고 보아 한국의 국제재판관할권을 인정하였다. 저자는 위 판결의 추상적 법률론에 대해 호의적으로 평가하였다.[13]

학설을 보면, 이미 폐기된 역추지설, 관할배분설과 수정역추지설 등을 주장하는 견해도 있으나 설득력이 없고, 핵심은 국제사법 제2조의 해석론과 제2조 하에서 구체적인 국제재판관할규칙을 어떻게 정립할 것인가로 이행하였다. 이런 맥락에서 저자는 다음과 같이 구체적인 방향을 제시하였다. 즉, 민사소송법의 모든 토지관할규정에 대해 동등한 가치를 부여하여 「국제재판관할규칙 = 토지관할

---

12) 그러나 이 사건의 2차 환송판결인 대법원 2008. 4. 24. 선고 2005다75071 판결은 이 사건 도메인이름의 이전등록으로 인하여 원고는 한국에서 위 도메인이름을 사용하지 못하게 되었으므로 불법행위의 성립 및 효력에 대하여는 한국법이 준거법이 된다고 보았다. 그에 따르면 불법행위지 관할을 인정할 수 있다는 것이 된다.

13) 석광현, 제4권, 105면 이하.

규칙」이라고 보면서 결론이 부당한 경우 정제되지 않은 특별한 사정이론으로 뒤집을 것이 아니라, 토지관할규정들을 ① 그대로 국제재판관할규칙으로 사용할 수 있는 것,[14] ② 국제적인 고려에 의해 수정함으로써 국제재판관할규칙으로 사용할 수 있는 것[15]과 ③ 국제재판관할규칙으로는 적절치 않아 아예 배제되어야 하는 것[16]으로 구분하고, 특정 토지관할규정이 어느 유형에 속하는지를 판단하고, ②에 속하는 토지관할규정을 어떻게 수정할 것인가가 중요한 과제임을 지적하고, 나아가 ④ 토지관할규정이 망라적인 것은 아니므로 그 밖의 관할근거[17]의 유무와, 그 내용에 대한 검토가 필요하다는 것이었다.[18] 이런 유형론은 저자가 브뤼셀협약을 검토하고, 1999. 10. 30. “민사 및 상사사건의 국제재판관할과 외국재판에 관한 협약의 예비초안(Preliminary Draft Convention on Jurisdiction and Foreign Judgments in Civil and Commercial Matters)”(이하 “예비초안”)[19]을 성안한 헤이그국제사법회의의 특별위원회에 참석하면서 정립한 것이다.[20] 이러한 접근방법은 해석론은 물론 입법론에서도 유용하다.

다. 국제사법상 국제재판관할근거의 구체적 검토:[21] 주요 판결의 소개와 검토

여기에서는 국제사법(제2조)에 따라 어떤 경우에 당사자 또는 분쟁이 된 사안이 한국과 실질적 관련이 있는가를 유형화하여 제시한다. 다만 모든 관할근거가 아니라 주목할 만한 판결이 있는 관할근거를 중심으로 논의한다. 아직 대법원판결은 많지 않으나 하급심 판결은 100건 넘게 축적되어 있고 이를 분석한 논문[22]도 발표되어 크게 도움이 된다.

---

14) 예컨대 주소에 근거한 일반관할과 영업소 소재에 근거한 특별관할과 불법행위지의 특별관할, 변론관할.

15) 예컨대 제조물책임의 경우 불법행위지의 특별관할, 재산권에 관한 소에서 의무이행지의 특별관할, 주관적 병합에 근거한 관련관할.

16) 논란이 있으나 예컨대 영업소에 근거한 일반관할 또는 재산 소재에 근거한 일반관할 내지 광범위한 특별관할.

17) 예컨대 피고의 활동에 근거한 관할.

18) 상세는 석광현, 재판관할, 174면 이하 참조.

19) 예비초안에 관하여는 석광현, 제2권, 396면 이하 참조.

20) 단상을 처음 밝힌 것은 석광현, “國際裁判管轄의 몇 가지 문제점 —종래의 논의에 대한 批判的 考察”, 인권과 정의 제262호(1998. 6.), 38면에서이다.

21) 상세는 석광현, 국제민사소송법, 89면 이하; 석광현, 국제사법 해설(2013), 72면 이하 참조.

22) 판례의 검토는 한애라(註 7), 1079면 이하가 상세하다.

⑴ 통상의 계약에 관한 사건: 의무이행지관할

민사소송법 제8조(구 민사소송법 제6조에 상응)는 '거소지 또는 의무이행지의 특별재판적'이라는 표제 하에 "재산권에 관한 소를 제기하는 경우에는 거소지 또는 의무이행지의 법원에 제기할 수 있다"고 규정하고 있다. 대법원 1972. 4. 20. 선고 72다248 판결은 구 민사소송법 제6조를 적용하여 중개보수 지급의무의 이행지가 한국이라는 이유로 한국 법원의 국제재판관할을 인정하였다. 의무이행지 관할에 대하여는 여러 가지 비판이 있는데,[23] 예비초안(제6조)은 의무이행지 관할을 매매계약과 용역계약에 따라 실제로 이행이 행해진 곳으로 제한한다.

주목할 것은 대법원 2008. 5. 29. 선고 2006다71908, 71915 판결[24]이다.

이 사건에서 원고(한국 회사)와 피고(일본 회사)는, 원고가 피고에게 러시아에서 선적한 냉동청어를 중국에서 인도하기로 하고, 대금은 임시로 정해 지급하되 인도지에서 최종검품을 하여 최종가격을 정한 후 차액을 정산하기로 하는 매매계약을 체결하였다. 원고는 정산금 지급을 구하는 소를 제기하였고, 피고는 부당이득—적정 매매대금 초과 금액— 반환을 구하는 반소를 제기하였다. 대법원판결은, 가장 실질적 관련이 있는 법원은 청어의 인도지로서 최종검품 예정지였던 중국 법원이나 … 청어에 포함된 성자(成子)의 비율을 확인할 수 있는 증거인 청어가 존재하지 않으며, 청어의 인도 및 처분 시점으로부터 약 5년이 경과하여 한국 법원의 국제재판관할을 부정한다면 당사자의 권리구제를 도외시할 수 있는 점, 피고가 반소를 제기했으므로 원·피고 사이의 분쟁을 종국적으로 일거에 해결할 필요성이 있는 점, 원고가 한국에서 서류를 팩스로 전송받아 계약을 체결했고, 정산금을 송금받기로 한 곳이 한국인 점 등을 고려하여 한국에도 실질적 관련이 있다는 이유로 우리 법원의 국제재판관할을 인정하였다.[25]

대법원판결은 다양한 사정 내지 관련만을 열거하고 한국에 국제재판관할이 있다는 결론만을 내렸을 뿐이고, 1972년 대법원판결 및 국제사법 제2조(특히 제2항)에 대해 어떤 견해를 가지고 있는지와 결론에 이른 논리적 과정을 제시하지 않으므로, 대법원판결이 의무이행지관할규칙과 결별하고 실질적 관련만에 기하여 국제재판관할을 인정한 것인지 불분명하다. 이 판결을 보면, 대법원은 마치 국제사법 제2조에는 제2항은 없고 제1항만 있다고 믿는 것처럼 보인다. 그러나

23) 상세는 석광현, 제5권, 350면 이하; 석광현, 재판관할, 276면 이하 참조.

24) 상세는 법률신문 제3792호(2009. 11. 12.), 14면에 게재한 평석 참조.

25) 원심판결은, 1972년 대법원판결처럼 원고의 주소지가 대금지급의무의 이행지라고 보아 구 민사소송법 제8조를 근거로 한국의 국제재판관할을 긍정하였다.

그 후의 대법원판결들을 종합해 보면 이는 국제사법 제2조의 시행이 초래한 변화라고 보고 싶다. [밑줄 부분은 이 책에서 새로 추가한 것이다.] 하급심판결 중에는 1차적 급부의무의 이행지관할을 인정한 것과 채무불이행으로 인한 손해배상의무와 같은 2차적 급부의무의 이행지관할을 인정한 것도 있다.[26]

민사소송법 제8조는 수정함으로써 국제재판관할의 근거로 사용할 수 있는 유형의 토지관할규칙이므로 그 수정 방향을 고민해야 하는데 해석론과 입법론상 선택지는 다음과 같다.[27] ① 의무이행지 관할규칙을 폐기하는 방안, ② 실체법상의 의무이행지에 착안하는 방안,[28] ③ 일부 계약에 한정하여 국제민사소송법상의 의무이행지에 착안하는 방안(예비초안)과 ④ ②와 ③을 결합하는 방안(브뤼셀 Ⅰ)이 그것이다. ④의 변형으로서 예비초안과 실체법상의 의무이행지를 결합하는 방안도 가능하다. 즉 전형적인 물품매매계약과 용역제공계약의 경우 특징적 급부에 착안하여 통일적인 이행지를 정함으로써 통일적인 관할을 규정하고 기타 계약의 경우는 문제된 의무이행지에 착안하되 그것이 국제재판관할 결정의 대원칙에 부합하는 경우에만 관할을 인정하는 방안이다.[29]

⑵ 불법행위에 관한 사건

민사소송법 제18조는 '불법행위지의 특별재판적'이라는 표제 하에 "불법행위에 관한 소를 제기하는 경우에는 행위지의 법원에 제기할 수 있다"고 규정하는데, 불법행위지의 재판관할은 국제소송에도 원칙적으로 타당하다.

불법행위의 국제재판관할에서 특히 문제되는 것은 제조물책임인데, 그 경우 결과발생지의 국제재판관할을 인정함에 있어서는 가해자가 예측할 수 있는 지역인가 등을 합리적으로 고려해야 한다. 간접관할에 관하여, 제조물책임소송에서 손해발생지의 외국법원에 국제재판관할이 있는지 여부는, 제조자가 당해 손해발생지에서 사고가 발생하여 그 지역의 외국법원에 제소될 것임을 합리적으로 예견할 수 있을 정도로 제조자와 손해발생지와 사이에 실질적 관련이 있는지 여부

---

26) 상세는 한애라(註 7), 1160면 이하 참조. 의무이행지의 기초가 되는 의무의 개념에 관한 논의는 장준혁, "계약사건에서의 의무이행지관할", 진산 김문환선생정년기념논문집 제1권: 국제관계법의 새로운 지평(2011), 493면 이하 참조.

27) 상세는 석광현, "한국의 국제재판관할규칙의 입법에 관하여", 국제거래법연구 제21집 제2호(2012), 155면 참조. 손경한 외, 국제사법 개정 방안 연구(법무부, 2014), 107면 이하는 논점만 다루고 개정향향은 제시하지 않는다.

28) 2012. 4. 1. 발효한 일본의 개정 민사소송법(제3조의3 제1호)은 의무이행지관할을 인정하면서 그 범위를 더 명확히 하고 특별한 사정에 의한 수정을 허용한다(제3조의9).

29) 이는 석광현(註 27)에서 제시한 견해이다.

에 따라 결정함이 조리상 상당하다고 판시한 1995년 대법원판결은 위에서 보았다.

근자의 불법행위사건으로서 주목할 만한 것은 항공사고로 인한 손해배상사건에 관한 대법원 2010. 7. 15. 선고 2010다18355 판결이다.30)

이는 한국에서 발생한 항공사고를 이유로 한국에 영업소를 두고 있는 중국항공사의 승무원의 유족(부모)이 중국 항공사를 상대로 우리나라에서 계약위반 및 불법행위에 기한 손해배상청구의 소를 제기한 사건이다. 제1심판결은 우리나라의 토지관할을 긍정하면서도 여러 가지 요소를 고려하여 국제재판관할을 부정하였다. 즉 제1심판결31)은 법인의 보통재판적에 관한 구 민사소송법 제5조와 불법행위에 관한 소의 특별재판적에 관한 제18조를 근거로 불법행위지이자 피고회사의 영업소 소재지가 있는 한국 법원에 토지관할이 있다고 보면서도, ① 당사자의 기대, ② 이미 사고조사가 이루어져 사건의 실질적 쟁점은 피고 회사의 손해배상책임의 범위인 점, ③ 준거법인 중국법의 적용에 있어 중국법원이 더 충분히 고려할 수 있는 점, ④ 한국 법원의 재판권 행사가 다른 피해승무원들 및 그 상속인 등과 사이의 실질적 공평을 해할 우려도 있고, ⑤ 한국 법원이 판결을 선고해도 중국에서의 판결 승인 및 집행 문제가 있는 점과 ⑥ 중국 법원의 재판권 행사가 자국민인 원고들의 피해구제를 외면하는 결과로 된다거나 또는 원고들의 피해구제에 있어 현저히 부당한 결과를 초래하게 된다고 볼 만한 사정도 없는 점 등을 들어 이 사건과 한국 사이의 실질적 관련을 부정하였다.32)

그러나 대법원 2010. 7. 15. 선고 2010다18355 판결은 ① 실질적 관련의 유무를 판단함에 있어서 토지관할권 유무가 여전히 중요하고, ② 개인적인 이익 측면에서도 한국 법원의 재판관할권이 배제된다고 볼 수 없으며,33) ③ 법원의 이익 측면에서도 한국 법원에 재판관할권을 인정할 여지가 충분하고,34) ④ 국제

30) 상세는 석광현, 제5권, 459면 이하 참조.

31) 부산지방법원 2009. 6. 17. 선고 2006가합12698 판결.

32) 원심판결인 부산고등법원 2010. 1. 28. 선고 2009나10959 판결은 별다른 설시 없이 제1심판결을 지지하였다.

33) 그 이유는, 국제재판관할권은 병존할 수 있으므로 중국 법원이 피고에 더 편리하다는 것만으로 한국 법원의 재판관할권을 쉽게 부정해서는 곤란하고, 원고가 한국에서 재판받을 의사를 명백히 표명하여 재판을 청구하는 점, 피고가 한국에 영업소를 두고 항공기를 한국에 취항시켜 영리를 취득하는 이상, 영업 활동을 전개하는 과정에서 한국에서 항공기가 추락한 경우 한국 법원의 재판관할권에 복속함이 상당하고, 한국 법원에 손해배상소송 제기 가능성을 충분히 예측할 수 있으므로 개인적인 이익 측면에서도 한국 법원의 재판관할권이 배제된다고 볼 수 없다는 것이다.

34) 그 이유는, 일반적으로 항공기 사고 발생국의 법원에 사안과 증거조사가 편리하다는 재판관할의 이익이 인정되고, 준거법과 국제재판관할권은 서로 다른 이념에 의하여 지배되는 것이

재판관할권은 주권의 범위에 관련되므로, 자국의 재판관할권을 부당하게 넓히는 것은 부당하나, 부차적 사정을 들어 이를 스스로 포기하는 것도 신중해야 하며, ⑤ 탑승객의 국적과 탑승 근거가 다르다는 이유만으로 국제재판관할권을 달리하는 것은 형평성에 어긋난다는 점 등을 들어 반대로 우리나라의 국제재판관할을 인정하였다.

이 판결은 2008년 사건과 달리 법원이 고려한 여러 가지 사정을 단순히 열거하고 결론을 내리는 대신 2005년 도메인이름에 관한 대법원판결이 도입한 개인적 이익, 법원의 이익을 구체적으로 검토하고 여러 가지 이익을 형량하여 결론을 내린 점에서 보다 진전된 논의를 보여준다. 특히 저자는 위 청어대금사건의 2008년 대법원판결에 대한 평석에서, 섭외사법 하에서 토지관할규칙에 지나치게 구속되었던 대법원이 이제는 거꾸로 토지관할규칙을 과도하게 무시한다는 취지의 비판을 하였는데, 위 2010년 대법원판결이 "당사자 또는 분쟁이 된 사안이 한국과 실질적 관련이 있는지를 판단하는 데 있어서 민사소송법상 토지관할권 유무가 여전히 중요한 요소가 됨을 부인할 수 없다"고 선언한 데 대해 환영의 뜻을 표시하였다. 항공사고의 경우 사고발생지는 우연한 사정에 의하여 결정되므로 몬트리올협약은 그곳의 국제재판관할을 인정하지 아니한다(동 협약 제28조). [밑줄 부분은 이 책에서 새로 추가한 것이다.]

⑶ 영업소의 관할

민사소송법 제5조에 의하면 외국법인은 한국에 있는 사무소 또는 영업소 소재지에 보통재판적을 가지는 것으로 보인다. 한편 민사소송법 제12조는 "사무소 또는 영업소가 있는 사람에 대하여 그 사무소 또는 영업소의 업무에 관한 소를 제기하는 경우에는 그 사무소 또는 영업소가 있는 곳의 법원에 제기할 수 있다"고 규정한다. 문면상 제5조는 보통재판적을, 제12조는 특별재판적을 정한 것으로 보이는데 양자를 국제재판관할에도 적용 또는 유추적용한다면 양자의 관계가 문제가 된다.

대법원 2000. 6. 9. 선고 98다35037 판결은 구 민사소송법 제4조(민사소송법

기 때문에 국제재판관할권이 준거법에 따라서만 결정될 수는 없으므로 준거법이 중국법이라는 사정만으로 한국 법원과의 실질적 관련성을 부정하는 근거로 삼기에 부족하다. 또한, 피고의 영업소가 한국에 있으므로 한국에 피고의 재산이 있거나 장차 형성될 가능성이 있고, 따라서 원고들은 한국에서 판결을 받아 이를 집행할 수도 있을 것이고, 원고들도 이러한 점을 고려하여 한국 법원에 제기한 것으로 볼 수 있다. 따라서 법원의 이익 측면에서도 한국 법원에 재판관할권을 인정할 여지가 충분하다는 것이다.

제5조에 상응)를 근거로 일반관할을 인정하였다. 즉 동 판결은 "[구] 민사소송법 제4조에 의하면 외국법인 등이 한국 내에 영업소를 가지고 있는 경우에는 그 영업소에 보통재판적이 인정되므로, 증거수집의 용이성이나 소송수행의 부담 정도 등 구체적인 제반 사정을 고려하여 응소를 강제하는 것이 민사소송의 이념에 비추어 보아 심히 부당한 결과에 이르게 되는 특별한 사정이 없는 한, 원칙적으로 그 분쟁이 외국법인의 한국 지점의 영업에 관한 것이 아니더라도 우리 법원의 관할권을 인정하는 것이 조리에 맞는다"는 취지로 판시하였다.[35] 위 판결은 구 민사소송법 제4조(민사소송법 제5조에 상응)를 그대로 국제재판관할규칙화할 수 있다고 본 것으로서 부당하므로, 영업소가 소재하는 경우 제12조를 근거로 특별관할을 인정하는 데 그쳐야 한다. 입법론으로도 국제재판관할의 맥락에서 민사소송법 제5조와 제12조의 관계를 명확히 정리할 필요가 있다.[36] 이 점에서 중국항공사 사건의 위 대법원 2010년 판결은 진일보한 것이다. 그 사건에서 중국항공사인 피고가 한국에 영업소를 두고 있었으므로 위 2000년 대법원판결의 태도를 따랐다면 당연히 한국의 일반관할을 인정했을 것이나 2010년 판결은 그렇게 하지 않고 그 점을 포함한 여러 가지 요소를 고려한 뒤에 우리나라의 국제재판관할을 긍정하였기 때문이다.[37] 이는 명백히 국제사법 제2조의 시행이 초래한 변화라고 할 수 있다.

(4) 피고의 활동에 근거한 관할

종래 피고의 활동과 관련된 특별관할에 관한 종래의 논의는 계약과 불법행위를 나누어 각각에 관하여 이루어졌으므로, 국제재판관할의 유무를 판단하기 위해서는 우선 법률관계의 성질결정을 할 필요가 있었고 피고의 활동 그 자체에 근거한 특별관할은 인정될 여지가 없었다. 그러나 영업소의 소재를 근거로 특별관할을 인정할 수 있다면, 나아가 피고가 영업소를 통하지 않고 국내에서 업무 내지 거래를 하는 것을 근거로 특별관할을 인정할 여지도 있다. 당사자가 어느 국가 내에서 상업적 활동을 통하여 이득을 얻고 있다면 그러한 활동으로부터 발생하거나 그와 관련된 소송에 대해서는 당해 국가의 특별관할을 인정하는 것이

35) 위 판결에 대한 비판은 석광현, 제1권, 119면 이하 참조.

36) 일본 개정 민사소송법은 과거와 같이 영업소 소재를 근거로 외국법인에 대한 일본의 일반관할을 인정하는 조문을 두지 않음으로써 위 문제를 입법적으로 해결하였다.

37) 징용사건에 관한 대법원 2012. 5. 24. 선고 2009다22549 판결은 간접관할의 맥락에서 피고의 연락사무소가 한국에 있었던 점과 한국이 불법행위지인 점 등을 고려하여 한국의 국제재판관할을 인정하였는데 이도 동일한 취지라고 생각된다.

불합리한 것만은 아니다.[38] 이것이 피고의 '활동에 근거한 관할(activity based jurisdiction)'이다. 만일 이를 인정할 경우 피고의 어떠한 성질, 빈도 또는 양의 활동이 있어야 하는지의 판단이 어렵고 매우 사소한 관련을 근거로 국제재판관할이 부당하게 확대될 위험성이 있다. 국제사법 하에서는 국제재판관할 배분의 이념에 부합하고 합리적이라면 피고의 활동에 근거한 특별관할을 인정할 수 있으므로 우리도 그런 관할을 해석론 및 입법론으로 인정할 여지가 있다.[39] 특히 피고의 활동에 기한 특별관할의 인정 여부는 전자상거래와 관련하여 중요한 의미를 가진다. 다만 이를 도입하는 과정에서 현실공간에서의 국제재판관할규칙과의 일관성 내지 정합성이 필요하다.

(5) 재산소재지의 관할[40]

민사소송법 제11조에 의하면 한국에 주소가 없는 사람에 대한 재산권에 관한 소는 압류할 수 있는 피고의 재산소재지의 법원에 제기할 수 있다. 대법원 1988. 10. 25. 선고 87다카1728 판결은 당해 사건에서는 국내 재산이 없어 국제재판관할이 없다고 하였으나, 추상적인 법률론으로는 구 민사소송법 제9조(민사소송법 제11조에 상응)의 취지는 압류할 수 있는 재산을 국내에 가지고 있는 외국인을 상대로 승소판결을 얻으면 이를 집행해 재판의 실효를 거둘 수 있기 때문에 국내법원에 재판관할권을 인정한 것이라고 하면서, 구 민사소송법 제9조를 근거로 재산소재지의 국제재판관할을 인정할 수 있다고 판시하였다.

그러나 재산소재를 근거로 일반관할 내지는 '재산권에 관한 소'에 대해 광범위한 특별관할을 인정하는 것은 전형적인 '과잉관할(exorbitant jurisdiction)'로 비판받고 있는 것으로서 그 타당성은 매우 의문이다. 재산소재를 일반관할 내지 광범위한 특별관할의 발생근거로 인정할지에 관하여는 ① 브뤼셀협약 또는 루가노협약(각 제3조 제2항. 브뤼셀 I 규정 제3조 제2항 및 부속서 I)이나 미국 연방대법

---

38) 중국항공사에 관한 대법원 2010. 7. 15. 선고 2010다18355 판결도 피고가 한국에 영업소를 두고 항공기를 한국에 취항시켜 영리를 취득하는 이상, 영업 활동을 전개하는 과정에서 한국에서 항공기가 추락한 경우 한국 법원의 재판관할권에 복속함이 상당하고, 한국 법원에 손해배상소송 제기 가능성을 충분히 예측할 수 있으므로 개인적인 이익 측면에서도 한국 법원의 재판관할권이 배제된다고 볼 수 없다고 판시한 바 있다.

39) 흥미로운 것은 일본 개정 민사소송법인데, 제3조의3 제5호는 일본에 있어서 사업을 행하는 자(일본에 있어서 거래를 계속하여 하는 외국회사, 즉 일본 회사법 제2조 제2호에 규정한 외국회사를 포함한다)에 대한 소에 관하여 일본에서의 업무와 관련된 것에 대해서 국제재판관할을 인정한다. 손경한 외(註 27), 82-83면도 영업활동에 근거한 관할에 대해 긍정적인 의견을 피력하면서 그 모호성을 입법적으로 어떻게 해결할지는 추가적인 논의가 필요하다고 한다.

40) 재산소재지 관할에 관한 상세는 석광현, 재판관할, 245면 이하 참조.

원의 1977년 *Shaffer v. Heitner* 사건 판결처럼 아예 배제하는 견해, ② 독일의 유력설처럼 거의 무제한 인정하는 견해와 ③ 절충설로서 일정한 제한 하에 인정하는 견해 등이 있다. ③에는, 재산가액이 청구금액을 상회할 것을 요구하거나 또는 청구금액에 상당하는 재산이 국내에 어느 정도 계속적으로 소재할 것을 요구하는 견해[41]와 독일 연방대법원의 1991. 7. 2. 판결[42]처럼 재산의 소재에 추가하여 '법적 쟁송의 충분한 내국관련(hinreichenden Inlandsbezug des Rechtsstreits)'을 요구하는 견해 등이 있다. 국제사법의 해석론으로서는 ①이 가장 설득력이 있으나, 가사 이를 긍정하더라도 ③처럼 제한을 가할 필요가 있고 특히 내국관련이 필요하다.[43]

흥미로운 것은 재일교포 대여금사건의 대법원 2014. 4. 10. 선고 2012다7571 판결이다. 원심 판결[44]은 당해 사건 소가 민사소송법 제11조의 재산권에 관한 소이고 원고가 가압류를 집행한 피고 소유의 부동산 소재지가 한국이지만, 한국과 당사자 또는 분쟁이 된 사안 사이에 실질적 관련성이 없다는 이유로 한국 법원의 국제재판관할권을 부정하였다. 대법원판결은 반대로 한국의 국제재판관할을 긍정하였는데, 재산소재지라는 이유만으로 관할을 인정한 것은 아니고, 3회의 대출금 별로 실질적 관련성을 검토하였는데[45] 이 과정에서 의무이행지는 고려되지 않았던 것으로 보인다. 대법원이 재산소재지라는 이유만으로 국제재판관할을 인정하는 대신 여러 가지 요소를 고려한 점은 명백히 국제사법 제2조의 시행이 초래한 변화라고 할 수 있다.

---

41) 고엽제소송에 관한 서울고등법원 2006. 1. 26. 선고 2002나32662 판결은 적어도 피고의 재산이 국내에 일정기간 동안 계속적으로 소재하거나 한국 법률에 따른 일정한 절차를 거쳐 국내에서 인정받고 있어야 하고 또한, 판결의 실효성을 위하여 그 재산의 가액이 청구금액이나 승소가 예상되는 금액에 상당하다는 등의 사정이 인정되는 경우에만 한국 법원에 국제재판관할이 인정된다고 판시하였다.

42) BGHZ 115, 90 = NJW 1991, 3092 = IPRax 1992, 160.

43) 일본의 개정 민사소송법(제3조의3 제3호)은 압류할 수 있는 피고의 재산가액이 현저하게 낮은 때에는 예외적으로 관할을 부정하는데 이는 위 ③에 해당하는 것으로 진일보한 것이다. 손경한 외(註 27), 94면은 이를 포함한 다양한 방안을 소개한다.

44) 서울고등법원 2011. 12. 8. 선고 2011나43329 판결.

45) 첫째 대출금은 채권의 발생 자체가 한국 내 개발사업과 직접 관련이 있고, 원고가 가압류집행한 피고 소유의 부동산도 위 개발사업의 부지로서 당해 재산과 분쟁의 사안 사이에 실질적 관련이 있고, 둘째 대출금은 돈의 수령 및 사용 장소가 한국이고 수령인도 한국 내 거주자라는 점, 셋째 대출금에 관하여는 변론관할을 인정함으로써 결국 한국의 국제재판관할을 긍정하였다.

⑹ 국제재판관할합의

민사소송법 제29조(구 민사소송법 제26조에 상응)는 당사자들이 일정한 법률관계로 말미암은 소에 관하여 관할합의를 할 수 있음을 명시하고, 합의의 방식에 관하여 서면에 의할 것을 규정하는데, 국제재판관할에 관한 합의도 허용됨은 의문이 없다.[46)]

주목할 것은 한국 법원의 관할을 배제하고 외국법원에 전속적 관할을 부여하는 국제재판관할의 합의의 유효요건이다. 대법원 1997. 9. 9. 선고 96다20093 판결[47)]은 ① 당해 사건이 한국 법원의 전속관할에 속하지 아니할 것, ② 지정된 외국법원이 그 외국법상 당해 사건에 대하여 관할권을 가질 것, ③ 당해 사건이 그 외국법원에 대하여 합리적인 관련성을 가질 것과 ④ 전속적인 관할합의가 현저하게 불합리하고 불공정하지 아니할 것을 요구하였다. 대법원 2011. 4. 28. 선고 2009다19093 판결은 한국 법원을 전속적 관할법원으로 합의한 경우에도 같은 법리를 적용하였다. 그러나 ③에 대하여는 많은 비판이 있고,[48)] 국제적으로도 전속적 여부를 불문하고 관할합의 시 법정지와 사건 간의 합리적 관련을 요구하지 않는 견해가 유력하다.[49)]

또한 헤이그국제사법회의에서 2005년 6월 채택된 "관할합의에 관한 협약"이 있음을 주목할 필요가 있다.[50)] 이는 전속관할합의의 효력과 전속관할합의에 기한 외국판결의 승인 및 집행을 보장하려는 것으로, 국제중재에서 1958년 "외국중재판정의 승인 및 집행에 관한 국제연합협약"(즉 뉴욕협약)이 수행하는 역할에 상응하는 역할을 소송에서 하게 하려는 것이다. 우리도 협약 가입을 신중하게 고려할 필요가 있다.

⑺ 변론관할

변론관할을 정한 민사소송법 제30조는 "피고가 제1심 법원에서 관할위반이라고 항변하지 아니하고 본안에 대하여 변론하거나 변론준비기일에서 진술하면 그 법원은 관할권을 가진다"고 규정하는데, 국제재판관할에서도 변론관할이 인

---

46) 대법원 1992. 1. 21. 선고 91다14994 판결; 대법원 1997. 9. 9. 선고 96다20093 판결 참조.

47) 이에 관하여는 석광현, 제3권, 212면 이하 참조. 대법원 2004. 3. 25. 선고 2001다53349 판결도 유사하다. 후자에 대한 비판은 석광현, 제3권, 244면 이하 참조.

48) 석광현, 제3권, 224면 이하.

49) 예비초안과 2001년 초안 제4조.

50) 영문 명칭은 "Convention on Choice of Court Agreements"이다. 관할합의협약에 관하여는 석광현, "2005년 헤이그 재판관할합의협약의 소개", 국제사법연구 제11호(2005), 192면 이하; 박정훈, "헤이그 재판관할합의협약", 국제사법연구 제18호(2012), 233면 이하 참조.

정된다. 이는 피고의 '복종(submission)'에 기초한 관할이기 때문이다. 재일교포 대여금사건에서 대법원 2014. 4. 10. 선고 2012다7571 판결도 국제재판관할에서 민사소송법 제30조에 규정된 변론관할을 인정하더라도 당사자 사이의 공평을 해칠 우려가 없는 점, 오히려 같은 당사자 사이의 분쟁을 일거에 해결할 수 있고 효과적인 절차의 진행 및 소송경제에도 적합한 점 등에 비추어 보면, 이 부분 4천만 엔 청구에 관하여 비록 당사자 또는 분쟁이 된 사안과 법정지인 한국 사이에 실질적 관련성이 없다 하더라도 이에 관하여 제1심법원에 국제재판관할권이 생겼다고 봄이 상당하다고 판단하였다.

⑻ 전속관할

소송 대상인 분쟁의 성질상 특정국가에 전속적 국제재판관할을 인정할 경우가 있다. 우리 법은 규정을 두고 있지 않으나 브뤼셀협약(제16조), 브뤼셀 I 규정(제22조)과 예비초안 및 2001년 초안(각 제12조)은 대체로 ① 부동산에 대한 물권, ② 법인의 존부, 그 기관의 결정의 유·무효, ③ 공적 장부상의 기재의 유·무효, ④ 지식재산권의 등록, 유효성과 ⑤ 재판의 집행등을 목적으로 하는 소에 대하여는 일정한 국가의 전속적 국제재판관할을 인정한다. 우리나라에서도 유사한 견해가 있다.[51]

판례에 의하여 다투어진 쟁점은, 당사자 간의 특허권양도계약에 포함된 전속적 관할합의조항에 근거하여 한국 회사가 일본인과 일본법인을 상대로 제기한 특허권양도계약에 따른 특허권이전등록청구소송이 특허권 등록국인 일본의 전속관할에 속하는가였다. 제1심판결[52]은 일본의 전속관할을 긍정하여 원고의 소를 각하하였으나, 원심판결[53]은 일본의 전속관할을 부정하고 관할합의의 효력을 인정하였다. 대법원 2011. 4. 28. 선고 2009다19093 판결은 원심판결을 지지하였는데, 그 근거는, "특허권은 등록국법에 의하여 발생하는 권리로서 법원은 다른 국가의 특허권 부여행위와 그 행위의 유효성에 대하여 판단할 수 없으므로 등록을 요하는 특허권의 성립에 관한 것이거나 유·무효 또는 취소 등을 구하는 소는 일반적으로 등록국 또는 등록이 청구된 국가 법원의 전속관할로 볼 수 있으나, 그 주된 분쟁 및 심리의 대상이 특허권의 성립, 유·무효 또는 취소와 관계없는 특허권 등을 양도하는 계약의 해석과 효력의 유무일 뿐인 그 양도계약의 이행을

51) 일본 개정 민사소송법(제3조의5)은 전속관할을 규정한다.
52) 서울중앙지방법원 2007. 8. 23. 선고 2006가합89560 판결.
53) 서울고등법원 2009. 1. 21. 선고 2007나96470 판결.

구하는 소는 등록국이나 등록이 청구된 국가 법원의 전속관할로 볼 수 없다"는 것이었다. 이런 결론은 외국의 입법이나 판례에 비해 전향적인 것이나 타당하다고 본다.

(9) 객관적 병합에 따른 관련 관할

민사소송법 제25조 제1항은 청구의 객관적 병합의 경우 관련재판적을 규정한다. 따라서 청구가 병합된 경우 동 항의 원칙을 국제재판관할에도 적용 내지 유추적용할 수 있는지가 문제된다. 참고로 독일 민사소송법과 브뤼셀협약은 이런 조항을 두지 않는데, 그러한 취지의 규정을 두자는 입법론이 있었으나 채택되지 않았고, 독일 연방대법원과 유럽법원은 독일 민사소송법과 브뤼셀협약의 해석론으로서 그러한 주장을 배척하였다.[54]

청구의 객관적 병합의 경우 관련재판적을 근거로 국제재판관할을 인정하는 것이 전혀 근거가 없지는 않지만 부정적인 브뤼셀협약(브뤼셀 I 규정), 예비초안과 2001년 초안의 태도를 고려할 때, 민사소송법 제25조 제1항을 국제재판관할에도 곧바로 적용하여 병합된 청구에 대해 당연히 국제재판관할을 인정하기는 어렵고 사안별로 신중히 고려할 필요가 있다. 즉 제25조 제1항을 국제소송에 유추적용할 경우에는 적어도 소송목적이 되는 권리나 의무가 공통되거나 사실상 또는 법률상 같은 원인으로부터 발생한 것이라는 등 청구 간의 견련성이 존재해야 할 것이다. 특히 청구의 객관적 병합 일반에 대하여가 아니라, 동일한 사실관계로부터 발생하는 불법행위와 채무불이행의 청구권경합의 경우 객관적 병합을 근거로 국제재판관할을 허용할 여지가 있는데 그 요건은 앞으로 더 구체화할 필요가 있다. 이 경우 ① 청구 간에 매우 밀접한 관련이 있어서 저촉되는 판결이 선고될 중대한 위험을 피하기 위하여 함께 재판해야 할 것을 요구하는 방안, ② 소송의 목적인 권리 또는 의무가 동일한 사실상 및 법률상 원인에 기초한 때로 규정하는 방안, ③ 단순히 청구 간에 밀접한 관련이 있을 것을 요구하거나,[55] ④ 청구 간의 밀접한 관련이 있어서 법원의 국제재판관할을 인정하는 것이 제2조 제1항이 정한 국제재판관할 결정의 대원칙에 부합할 것을 요건으로 고려할 수 있다.

일제강점기 강제징용으로 인한 손해배상의 지급을 구한 사건에서, 대법원 2012. 5. 24. 선고 2009다22549 판결은 당해 사안의 제반사정을 고려하고 또한

54) 상세는 석광현, 재판관할, 291면 註 49 참조.

55) 일본 개정 민사소송법(제3조의6)이 이런 태도이다. 손경한 외(註 27), 215면은 이를 지지하면서 병합 주장의 기한을 두는 방안을 지지한다.

불법행위로 인한 손해배상청구와 미지급임금 지급청구 사이에는 객관적 관련성이 인정되는 점을 들어 우리 법원의 국제재판관할을 인정하였다.[56] 이런 태도는 위 ②, ③ 또는 ④의 어느 것으로도 설명할 여지가 있다.

⑽ 금지되는 관할

브뤼셀협약(제3조), 브뤼셀 I 규정(제4조 제2항, 부속서 I)이나 1999년 예비초안(제18조 제2항)에서 보듯이, 원고 또는 피고의 국적에 근거한 관할,[57] 피고의 당해 국가 내에서의 일시적 거주 또는 존재에 근거한 관할(미국의 'tag jurisdiction'[58])은 허용되지 않는다. 또한 1999년 예비초안(제18조 제2항)에서 보듯이 ① 영업활동에 기한 일반관할과 ② 재산소재에 근거한 일반관할 내지 광범위한 특별관할은 문제가 있다.

⑾ 인터넷과 국제재판관할[59]

전통적 국제재판관할규칙은 가상공간에서 발생한 분쟁에 관한 국제재판관할 문제를 해결할 능력이 있으나 가상공간의 특성을 고려하여 일부 수정할 필요가 있다. 예컨대 가상공간에서 상표권 침해의 경우 웹사이트에 접속할 수 있는 200개국이 잠재적 결과발생지가 될 수 있는데 모든 결과발생지에 국제재판관할을 인정한다면 극심한 법정지 쇼핑이 발생할 수 있다. 따라서 이를 적절히 수정할 필요가 있다. 이와 관련하여 주목할 만한 유럽법원 판결이 있다. 즉 유럽법원은 2011. 10. 25. eDate Advertising 사건과 Martinez 사건 판결[60]에서, 인터넷에 의해 명예가 훼손된 당사자는, 콘텐츠의 저자가 설립되어 있는 회원국 또는 피해자의 이익의 중심지가 있는 회원국에서 전 손해에 대해 제소하거나, 그 영토 내에서 명예훼손적 콘텐츠에 온라인으로 접속할 수 있는 각 회원국에서 제소할 수 있는데, 후자를 선택한 경우 그 회원국은 당해 국가에서 초래된 손해에 관하여만 관할을 가진다는 것이다.[61]

---

56) 인천지방법원 2003. 7. 24. 선고 2003가합1768 판결도 유사한 취지의 추상적 법률론을 설시하였다. 다만 당해사건에서 그러한 요건이 구비되지 않았다고 판단하였다.

57) 그러나 가사사건의 경우에는 국적관할을 인정할 수 있다.

58) 이에 관하여는 석광현, 재판관할, 110면 참조.

59) 상세는 석광현, 제5권, 386면 이하; 김성진, "국제전자상거래상 소비자계약분쟁의 국제재판관할권에 관한 연구—미국의 타깃팅 재판관할권이론을 중심으로—", 국제거래법연구 제18집 제1호(2009), 107면 이하 참조.

60) eDate Advertising GmbH v X (C-509/09) and Olivier Martinez and Robert Martinez v MGN Limited (C-161/10).

61) 이는 피해자의 이익 중심지에 전 손해에 대한 관할을 인정함으로써 유럽법원의 1995. 3. 7. Fiona Shevill and a.c. v. Presse Alliance S.A. 사건 판결의 부당성을 시정한 것이다.

인터넷에 의한 명예훼손의 국제재판관할(간접관할)을 다룬 사건으로는 섭외사법 하의 대법원 2003. 9. 26. 선고 2003다29555 판결[62]이 있다.

원고는 LA 카운티 지방법원에 새천년민주당 등 50인을 공동피고로 하여 명예훼손으로 인한 손해배상청구의 소를 제기하였다. 피고 새천년민주당이 응소하지 않아 원고승소판결이 확정되었다. 원고는 위 피고를 상대로 한국에서 집행판결 청구의 소를 제기하였고 거기에서 캘리포니아주 법원의 간접관할이 다투어졌다. 원심판결[63]은 원고가 미국 내 한인사회에서의 명예훼손에 따른 정신상 손해가 아니라 국회의원 선거에서의 낙선에 따라 선거운동 비용과 국회의원으로서 … 수입을 얻지 못하게 된 손해의 배상을 청구하였으므로 그 손해발생지도 한국이고, 민사소송의 기본이념에 비추어 보아도 미국 법원은 재판관할권이 없다고 판단하였다. 대법원판결은 원심판결을 지지하였는데 인터넷상 불법행위의 경우, ① 현실공간에서의 불법행위에 적용되는 법리에서 출발해야 한다는 점, ② 결과발생지의 재판관할을 제한적으로 보아야 한다는 원심판결의 판단을 수긍한 점과 ③ 결과발생지의 재판관할의 인정은 피해자의 보호, 피해의 경중, 증거수집의 편의, 가해자의 의도와 예측가능성 등을 고려해야 한다고 판시한 점에서 의의가 있다.

⑿ 실질적 관련으로부터 국제재판관할규칙을 직접 도출하는 방안

청어대금사건 판결, 즉 대법원 2008. 5. 29. 선고 2006다71908, 71915 판결과 재일교포 대여금사건 판결, 즉 대법원 2014. 4. 10. 선고 2012다7571 판결이 과연 실질적 관련만을 근거로 국제재판관할을 인정한 것인지는 불분명하다. 앞으로 우리 법원이 국제재판관할 유무를 판단함에 있어서 실질적 관련이 어떤 기능을 할지는 더 두고 보아야 할 것이다. 그러나 사견으로는 국내법에 참작할 관할규정이 없는 때에는 실질적 관련으로부터 직접 국제재판관할을 도출하는 것이 가능하나, 참작할 관할규정이 있음에도 불구하고, 특히 그 관할규정에 따르면[64] 한국에 국제재판관할이 있거나 없음에도 불구하고 실질적 관련에 근거하여 이를 뒤집는 것은 제2조에 비추어 원칙적으로 허용되지 않고 매우 신중하게 하여야 한다.

---

62) 평석은 김용석, "국제재판관할에서의 관련 재판적의 인정과 인터넷을 통한 불법행위의 결과발생지의 재판관할", 대법원판례해설 제47호(2003 하반기)(2003. 7.), 107면 이하 참조.

63) 서울고등법원 2003. 5. 13. 선고 2002나57395 판결.

64) 물론 국내법의 관할규정이 저자가 말하는 금지관할이라면 그럴 수 있다.

라. 소결: 판례의 태도와 입법적 해결의 필요성

섭외사법 하에서 국제재판관할에 관하여 우리 법원은 일본 판례를 따라 4단계 접근방법을 취하였으나, 국제사법 제2조의 신설을 계기로 독자노선을 걷기 시작하였다. 그 시초가 된 것은 도메인이름에 관한 2005년 대법원판결이다. 즉 동 판결은 새로운 추상적 법률론을 정립하였고 이후 이를 따르고 있다. 그 과정에서 대법원은 재산소재지의 광범위한 특별관할과, 영업소 소재지의 일반관할을 인정했던 과거의 태도와 결별하고, 이를 관할을 인정하기 위한 하나의 요소로 고려하는데 이런 변화는 「국제재판관할규칙 = 토지관할규칙」이라는 공식을 거부한 것으로서 긍정적인 변화라고 평가한다. 도메인이름에 관한 2005년 대법원판결이 추상적 법률론을 제시하였을 때 저자는 호의적으로 평가하였다. 하지만 전형적 계약사건인 청어대금사건에서 대법원 2008년 판결이 거의 전적으로 실질적 관련에 근거하여 한국의 국제재판관할을 긍정하였을 때 저자는 당혹감을 표시하면서 토지관할규칙을 존중해줄 것을 촉구하였다. 그 후 중국항공사 사건에서 2010년 대법원판결이 "실질적 관련의 유무를 판단함에 있어서 민사소송법상 토지관할권 유무가 여전히 중요한 요소가 됨을 부인할 수 없다"고 선언하였을 때 저자는 이를 환영하였다.[65] 그러나 전형적 계약사건인 재일교포 대여금사건에서 2014년 대법원판결은 다시 청어정산대금사건에 가까운 접근을 한 것으로 보인다.[66] 2005년, 2008년과 2014 대법원판결은 토지관할에 대한 적절한 고려 없이 모든 사정을 종합하여 실질적 관련성을 판단하였고, 2010 대법원판결은 토지관할을 존중하면서 실질적 관련성을 판단하였다. 하급심판결도 그러한 두 가지 부류로 분류할 수 있다.[67] 어느 유형에 속하는가에 관계없이 「국제재판관할규칙 = 토지관할규칙」이라는 공식을 부정한 판결들이 있다.[68]

---

65) 한애라(註 7), 1112면은 위 판결을 계기로 국제재판관할 판단시 토지관할을 우선적으로 심사하는 경향이 강화될 것이라고 예상한다.

66) 정확한 것은 알 수 없으나 아마도 이 사건에서 토지관할규정에 따르면 한국의 재판관할을 인정하기가 어려웠기 때문인지 모르겠다.

67) 판례 분석은 한애라(註 7), 1079면 이하 참조.

68) 한애라(註 7), 1105면 이하는 국제사법 개정 이후 사실심 판결의 판단구조를 ① 조리에 의하여 판단한 경우, ② 토지관할의 우선적 검토 없이 제반 사정을 종합하여 실질적 관련성을 판단한 경우, ③ 토지관할을 중심으로 실질적 관련성을 인정한 경우와 ④ 민사소송법상의 토지관할에 근거한 국제재판관할의 인정범위를 제한한 경우로 분류하여 분석하는데 이 점은 높이 평가할 만하다. 다만 ①의 유형은, 예외도 없지는 않으나 대체로 국제사법의 개정을 모른 법원의 잘못이고 ④는 별개 유형으로 보기는 어렵다.

요컨대 유감스럽게도 적지 않은 사건에서 국제재판관할의 유무는 이제 누구도 예측하기 어려운 쟁점이 되었다.[69] 저자는 국제사법 제2조를 신설한 결과, 우리 법원이 일본 법원처럼 「토지관할규칙=국제재판관할규칙」이라는 공식을 신봉하면서 필요한 때마다 특별한 사정이론에 과도하게 의지하여 그 결론을 뒤집는 대신 정치한 국제재판관할규칙을 정립해 나갈 것으로 기대하였다. 그러나 대법원은 제2조 제1항을 기초로 사안의 모든 사정을 고려하는 이른바 '사안별분석(case-by-case analysis)'[70]을 거쳐 원하는 결론을 내리고 있으며, 그 과정에서 토지관할규정은 아예 배제되거나 법원이 고려할 요소 중 하나로 전락하였다. 법원이 과거 「국제재판관할규칙 = 토지관할규칙」이라는 공식에 얽매였던 사실을 회고하면 이는 실로 놀라운 변화이다. 이런 태도를 개별사건에서의 유연성 내지 구체적 타당성 확보라는 미명으로 정당하다고 주장할지 모르겠으나, 이는 국제재판관할규칙이 주는 법적 안정성과 당사자의 예측가능성을 훼손하는 것으로 제2조 제2항의 취지에 반한다.[71] 법원으로서는 우선 토지관할규정 등 국내관할규정을 참작하여 일단 정치한 국제재판관할규칙을 정립하기 위해 노력하고, 개별사건에서 국제재판관할배분의 정의(正義)를 보다 세밀하게 실현하기 위하여 필요하다면 부적절한 법정지의 법리의 도입 여부를 고민하는 식으로 접근해야지, 규칙을 정립하려는 시도 없이 다양한 사정만을 열거하고 법원이 원하는 결론을 내려서는 아니 된다. 그것은 국제사법 제2조 제1항과 실질적 관련을 법원의 자의적(恣意的) 결론을 정당화하는 도구로 사용하는 것이기 때문이다. 과거 "민사소송법의 규정에 의한 재판적이 한국에 있을 때에는 한국 법원에 국제재판관할이 있다고 봄이 상당하다"고까지 판시하였던 대법원이, 명시적으로 국내법의 관할 규정을 참작하여 국제재판관할권의 유무를 판단하라는 국제사법 제2조 제2항에도 불구하고 토지관할규칙을 아예 무시하거나 고려할 여러 요소 중의 하나로 격하하는 것은 이해할 수 없다.[72] 이런

69) 한애라(註 7), 1165-1166면은 국제사법의 추상적인 국제재판관할규정 하에서는 판례에 의존하여 국제기준에 부합하는 국제재판관할규칙을 정립하기가 쉽지 않음을 인정한다.

70) 장준혁(註 26), 465면은 이를 "개별사건 즉응적인(즉 ad hoc 한) 종합판단에 의거한 것"이라고 설명한다.

71) 장준혁(註 26), 465면 이하는 이런 비판에 공감하면서, 대법원판결의 태도는 과거 국제재판관할을 토지관할규정의 유추적용으로부터 도출하던 것과 달리 순수하게 조리에만 의거하겠다는 것으로 명백한 퇴보이고 법률조문을 무시하는 것이라고 신랄하게 비판하고, 이런 관점에서 2005년 대법원판결보다 2008년 대법원판결이 그나마 낫다고 평가한다. 저자는 2008년 판결에 대해 더 비판적이었는데, 2005년 판결은 성질이 다소 애매한 도메인이름에 관한 사건으로서 성질결정이 용이하지 않았으나 2008년 판결은 전형적 계약사건이기 때문이었다.

72) 대법원이 그런 접근을 하는 것은 국제사법 제2조가 규정하고 있는 여러 요소의 상호관계와

우려를 불식하는 방법은, 당초 과도기적 입법으로 고안된 제2조를 개정하여 정치한 국제재판관할규칙을 국제사법에 도입하는 것이다. 따라서 저자는 한국국제사법학회의 촉구[73]를 받아들여 법무부가 국제사법 개정작업에 착수한 것[74]을 환영한다.

마. 입법적 해결시 부적절한 법리의 처리

이제 정치한 국제재판관할규칙을 도입해야 한다. 가사사건과 비송사건에 대해서도 국제재판관할규칙을 둘 필요가 있는데, 이는 국제사법에 두는 것이 바람직하나 가사소송법이나 비송사건절차법에 둘 수도 있다.[75] 입법과정에서 브뤼셀 I bis규정, 개정 루가노협약과 일본의 입법도 참고할 필요가 있다. 국제재판관할규칙은 국제적 정합성이 있어야 하기 때문이다.

정치한 국제재판관할규칙을 신설할 경우 부적절한 법정지(*forum non conveniens*)의 법리의 도입 여부를 검토할 필요가 있다. 이는 과거 대법원이 채택한 특별한 사정이론의 처리와도 맞물리는 논점이다.[76] 단정하기는 이르나, 법원이 취하였던 특별한 사정이론은 국제사법의 개정에 의해 폐기된 것으로 보이므로,[77] 부적절한 법정지의 법리를 우리 법상 제한적으로 수용하는 안을 검토할 필요가 있다.[78] 이는 정치한 국제재판관할규칙에 따라 한국에 국제재판관할이 있더라도 외국에 더 적절한 대체법정지가 있고, 모든 사정을 고려할 때 그곳에

그 정립에 대하여 별다른 고민이 없었다는 점에서 비롯된 것은 아닌가라는 추측도 있으나(익명의 심사위원 2의 지적) 동의하기 어렵다. 국제사법 제2조는 기존 판례가 취한 4단계 접근방법을 전제로 이를 어떻게 수정할지에 대한 고민과 숙고의 결과물이기 때문이다. 즉, 제2조는 그 자체로 추상적 원칙과 토지관할규칙의 관계를 제시하고 있을 뿐만 아니라, 가사 이를 부정하더라도 제2조는 기존 판례의 맥락 속에서 이해해야 한다. 저자가 보기에는 오히려 국제사법 제2조를 구실로 국제재판관할의 판단 시 법원의 재량을 확대하려는 일부 대법원판결의 시도 때문이라고 생각된다. 이러한 판결들은 과거의 태도와 깨끗이 결별하고 제2조에는 제1항만이 있는 것처럼 논리를 전개한다.

73) 한국국제사법학회, 국제사법개정촉구결의문, 국제사법연구 제18호(2012), 551면 이하.

74) 법무부는 2014. 6. 30. 국제사법 개정위원 위촉식과 제1회 개정위원회 회의를 개최하였다.

75) 상세는 석광현, "한국의 국제재판관할규칙의 입법에 관하여", 국제거래법연구 제21집 제2호(2012), 143면 이하 참조.

76) 나아가 준거법만을 규정한 국제사법의 각 장을 어떻게 재편할지와 국제재판관할규칙의 규정방식도 문제되는데 이는 국제재판관할규칙의 체제의 문제이다. 논의는 석광현(註 27), 145면 이하 참조.

77) 국제사법 개정 이후 대법원판결은 더 이상 특별한 사정을 판단기준으로 설시하지 않으나 하급심판결들은 여전히 이를 판단의 말미에 덧붙이고 있다고 한다. 한애라(註 7), 1125면. 특별한 사정을 이유로 관할을 부정한 사례가 있는지는 의문이다.

78) 위 법리의 상세는 석광현, 재판관할, 188면 이하 참조. 일본의 개정 민사소송법(제3조의9)을 보면, 일본은 상대적으로 정치한 국제재판관할규칙을 두면서도 특별한 사정이 있는 경우 법원이 소를 각하할 수 있다고 규정함으로써 특별한 사정이론을 여전히 유지한다.

서 재판하는 것이 훨씬 더 적절함이 명백한 경우, 법원이 재량으로 소송절차를 중지할 수 있도록 하는 법리이다. 2001년 개정 국제사법의 기초과정에서도 위 법리를 규정할지 검토하였고 연구반초안(제2조 제안 3항)은 이를 명시하였으나 결국 삭제되었던바, 2014년 국제사법 개정작업 과정에서 이 점이 재론될 것으로 예상된다. 흥미로운 것은, 도메인이름에 관한 2005년 대법원 판결이 "… 분쟁의 실질적인 내용 기타 … 제반 사정에 비추어 볼 때 대한민국이 이 사건 분쟁에 관하여 국제재판관할을 행사하기에 현저히 부적절한 법정지국이라고 인정되지도 아니한다"고 판시한 점이다(밑줄은 저자가 추가함). 위 판결은 부적절한 법정지의 법리의 도입가능성을 열어둔 것이라고 볼 수 있다.[79] 저자는 위 법리의 도입에 대해 호의적이나 관할합의의 경우에는 당사자의 기대를 보호하기 위해 위 법리의 적용을 불허한다.

바. 국제적 소송경합(*lis [alibi] pendens*)

종래 국제적 소송경합의 처리에 관하여는 대체로 일본에서와 유사하게 ① 국제적 소송경합을 허용하는 규제소극설, ② 국제재판관할이론에 의하여 해결하는 견해, ③ 승인예측설이 주장되고 있었고, ④ 저자는 ②와 ③을 결합한 절충설을 주장한 바 있다.[80] 위 ④는 대체로 1999년 초안(제21조)을 따른 것으로 한정된 범위 내에서 부적절한 법정지의 법리를 도입하는 방안과 연결되어 있다. 이에 관한 규정을 국제사법에 두는 방안도 고려할 필요가 있다.[81]

국제적 소송경합을 다룬 대법원판결은 아직 없는 것으로 보이므로 단정하기는 어려우나, 규제소극설을 취한 하급심판결들[82]이 없는 것은 아니지만, 서울지방법원 2002. 12. 13. 선고 2000가합90940 판결[83]이 국제적 소송경합을 정면으

79) 한충수, "국제적 소송경합을 둘러싼 몇 가지 문제점: 국제민사소송원칙과의 정합성을 중심으로", 국제사법연구 제16호(2010. 12.), 314-315면도 위 판결을 저자와 유사하게 평가한다.

80) 사견은 ③을 원칙으로 하되, 전소가 제기된 법원이 항상 우선하는 것이 아니라, 예컨대 한국에서 전소가 제기되고 외국에서 후소가 제기되었더라도 외국이 명백히 보다 더 적절한 법정지이고 우리 법원에서 재판하는 것이 국제재판관할 배분의 이념에 비추어 현저히 부당하다는 예외적 사정이 있는 때에는 우리 법원이 소송절차를 중지할 수 있다는 것이다. 석광현, 재판관할, 202면 이하, 322면 이하. 이규호, "소의 병합, 국제소송경합, 보전처분 및 해상사건에 대한 국제재판관할", 국제사법연구 제18호(2012), 200면; 손경한 외(註 27), 242면도 이를 지지한다.

81) 민사소송법에 두자는 제안도 있다. 이규호(註 80), 201면 이하 참조. 2012년 국회에서 발의된 문언의 소개와 평가는 석광현, 국제민사소송법, 213면 참조.

82) 수원지방법원 안산지원 2005. 12. 16. 선고 2005가합999, 1664 판결과 서울중앙지방법원 2006. 5. 26. 선고 2004가합99273 판결.

83) 석광현, 제4권, 169면 이하 참조.

로 다루며 최초로 '승인예측설'에 따라 동일한 사건에 관한 우리나라의 후소를 부적법 각하한 이래 다수의 판결들[84]이 승인예측설을 취하는 데서 보는 바와 같이 최근 판례의 경향은 학설과 같이 승인예측설을 취하고 있는 것으로 보인다.

Ⅲ. 외국판결의 승인 및 집행

1. 개관

어느 국가의 법원의 재판은 재판권(또는 사법권), 즉 주권을 행사한 결과이므로 당해 국가에서 효력을 가질 뿐이고 다른 국가에서 당연히 효력을 가지지는 않는다. 그러나 섭외적 법률관계의 안정을 기하고 국제적 민사분쟁의 신속한 해결을 위하여 우리나라를 포함한 많은 국가들은 일정요건을 구비하는 외국재판의 효력을 승인하고 집행을 허용하는데 그 요건과 절차는 국가에 따라 다르다. 우리 법상 승인요건이 구비되면, 별도의 절차를 요하지 아니하고 자동적으로 기판력(*res judicata* effect)을 포함한 외국판결의 효력(집행력은 제외)이 우리나라에 확장되는데 이를 '자동승인'이라고 한다. 한편 외국판결을 집행하기 위하여는 우리 법원의 집행판결(또는 집행가능선언. *exequatur*)을 받아야 하는데, 집행판결청구의 소를 심리하는 법원은 승인요건의 구비 여부만을 조사할 수 있고 재판의 옳고 그름을 조사할 수 없다. 이것이 실질재심사(*révision au fond*) 금지의 원칙이다. 집행판결을 요구하는 것은 대륙법계의 접근방법이고, 영미법계에서는 제정법에 따라 등록(registration)에 의하거나, 제정법이 적용되지 않는 경우 보통법에 따라 외국판결에 기한 소(action upon the foreign judgment)에 의한다. 집행판결 제도의 취지는, 대법원 2010. 4. 29. 선고 2009다68910 판결의 판시처럼 "재판권이 있는 외국의 법원에서 행하여진 판결에서 확인된 당사자의 권리를 우리나라에서 강제적으로 실현하고자 하는 경우에 다시 소를 제기하는 등 이중의 절차를 강요할 필요 없이 그 외국의 판결을 기초로 하되 단지 우리나라에서 그 판결의 강제실현이 허용되는지 여부만을 심사하여 이를 허가하는 집행판결을 얻도록 함으로써 당사자의 원활한 권리실현의 요구를 국가의 독점적·배타적 강제집행권 행사와

84) 서울중앙지방법원 2005. 10. 14. 선고 2005가합43314 판결; 부산지방법원 2007. 2. 2. 선고 2000가합7960 판결 및 부산고등법원 2009. 2. 3. 선고 2007나4288 판결 등.

조화시켜 그 사이에 적절한 균형을 도모하려는 취지에서 나온 것”이다.

저자는 2001년 간행한 책[85]에서 외국판결의 승인 및 집행에 대해 상세히 논의하였고, 2001년 이후에 선고된 우리 판결에 대하여는 2010년 별도의 글[86]에서 논의하였으므로 개괄적인 논의는 그에 미루고 여기에서는 지난 20여년을 회고하면서 입법의 변천(2.), 판례의 변화와 주요 판결의 소개 및 평가(3.)의 순서로 논의한다.

2. 입법의 변천

입법의 변천은 아래와 같이 3단계로 정리할 수 있다.

① 구 민사소송법 → ② 민사소송법/민사집행법 → ③ 민사소송법 개정 조문/민사집행법 개정 조문

2002년 7월 민사소송법과 민사집행법으로 분리되기 전의 구 민사소송법은 독일 민사사송법과 일본 구 민사소송법의 영향을 받은 것으로서 외국판결의 승인을 제203조(外國判決의 效力)에서, 외국판결의 집행을 제476조(外國判決에 의한 强制執行)와 제477조(執行判決)에서 각각 규율하였다.

2002년 7월 구 민사소송법이 민사소송법과 민사집행법으로 분리되면서 제203조는 민사소송법 제217조가 되었고 외국판결의 집행에 관한 조문은 민사집행법(제26조와 제27조)에 들어가게 되었다. 2002년 개정은 관할요건과 송달요건을 개정하였다. 관할요건의 개정은, 구 민사소송법 제203조 제1호처럼 재판권 대신 국제재판관할을 언급하는 것이 적절하고 정확하다는 점을 반영한 것이었는데 이런 개정이 가능하였던 것은 2001년에 국제사법이 국제재판관할이라는 용어를 정

85) 석광현, 제1권, 259면 이하 참조.

86) 석광현, 제5권, 438면 이하 참조. 근자의 우리 문헌은 임복희, “외국판결의 승인 및 집행법제의 개선방안에 관한 연구”, 연세대학교 대학원 법학박사학위논문(2010. 12.) 참조. 그 경우 기판력의 범위가 판결국법인지, 승인국법인지 아니면 양자의 누적인지는 논란이 있다. 우리나라에서도 과거에는 판결국법이라는 견해(효력확장설)가 다수설이었으나 근자에는 효력확장설을 원칙으로 삼으면서도 승인국법을 여과기로 이용하는 누적설이 세를 얻고 있다. 문정일, “외국 재판의 승인과 집행에 관한 약간의 고찰”, 고요한 정의의 울림: 신영철 대법관 퇴임기념 논문집(사법발전재단, 2015), 537면; 호문혁, “외국판결의 공서위반 판단의 대상에 관한 연구- 강제징용 사건 관련 대법원 판결에 대한 검토를 중심으로”, 법학평론 제6권(2016. 4.), 64면 참조. 학설은 석광현, 제1권, 338면에서 지적한 바와 같다.

면으로 도입하면서 그 기준을 제시하였기 때문이다. 송달요건의 개정은 당시 유럽연합의 브뤼셀협약[87]의 영향을 받아 패소한 피고의 국적에 관계없이 피고의 방어권보장을 위하여 송달의 적법성과 적시성을 명시한 것이었다.[88]

한편 2014년 5월 20일 민사소송법(제217조)과 민사집행법(제26조와 제27조)이 각각 개정되었는데, 금번에는 2002년 개정 시 제외되었던 승인요건들이 개정되었다. 즉 ① 승인대상이 확정재판으로 확대되었고, ② 공서요건과 ③ 상호보증요건을 보다 친절하게 풀어썼으며, ④ 손해배상에 관한 판결의 승인을 다룬 제217조의2가 신설되었다. 개정내용의 소개와 그에 대한 평가는 아래(Ⅴ.)에서 별도로 논의한다.

입법의 변천을 정리하면 별첨 부록과 같다.

3. 판례의 변화와 주요 판결의 소개 및 평가

지난 20여년간 외국판결의 승인 및 집행에 관한 우리 판례가 많이 축적되었는데, 저자는 지난 세월을 회고하면서 외국판결의 승인 및 집행에 관하여 우리 법원, 특히 대법원은 대체로 적절한 판결을 하고 있다고 믿으나 비판의 여지도 있다. 민사소송법 제217조가 열거하는 외국판결의 승인요건은 ① 확정판결요건, ② 국제재판관할요건, ③ 송달요건, ④ 공서요건과 ⑤ 상호보증요건이다. 여기에서는 5가지 승인요건별로 주요 판결을 중심으로 판례의 흐름을 일별하고 그에 대한 평가를 덧붙인다. 이는 모두 민사소송법 하의 판례이다.

가. 확정판결요건: 승인대상

민사소송법 제217조 제1호는 승인 및 집행의 대상(편의상 "승인대상")은 확정판결일 것을 요구하나 이는 확정재판으로 해석되었다. 이행판결, 확인판결은 물

---

87) 이는 유럽공동체의 1968년 "민사 및 상사사건의 국제재판관할과 외국판결의 승인·집행에 관한 협약"을 말한다. 브뤼셀협약은 2002년 3월 이사회규정(Council Regulation), 즉 '브뤼셀 I' 또는 '브뤼셀 I 규정'으로 전환되었다.

88) 사실 1998년 11월 당초 법원행정처가 제시한 민사소송법 개정안과 민사집행법의 초안은 외국판결의 승인 및 집행에 관하여 거의 고려하지 않았다. 저자는 이를 시정하고자 1998년 12월 서둘러 "外國判決의 承認 및 執行—民事訴訟法 改正案(제217조)과 民事執行法 草案(제25조, 제26조)에 대한 管見"이라는 제목의 글을 작성하여 법원행정처(당시 이공현 사법정책실장과 유영일 국제담당관)에 제출하였고 그 중 일부가 법원행정처의 검토를 거쳐 입법에 반영된 것이다. 위 글은 그 후 인권과 정의 제271호(1999. 3.), 8면 이하에 게재되었다가 제1권, 408면 이하에 수록되었다.

론이고 형성판결도 포함된다. 대법원 2010. 4. 29. 선고 2009다68910 판결은 '외국법원의 판결'이라 함은 재판권을 가지는 외국의 사법기관이 그 권한에 기하여 私法上의 법률관계에 관하여 대립적 당사자에 대한 상호간의 심문이 보장된 절차에서 종국적으로 한 재판을 의미하고,[89] 그 명칭이나 형식 등은 문제되지 않는다는 취지로 판시하였다. 이는 대체로 타당하다.

(1) 종국적 재판이어야 하나

조문은 명시하지 않지만 학설은 종국적 재판일 것을 요구한다.[90] 종국적 재판은 종국적 판단을 함으로써 사건을 완결하고 심급을 이탈시키는 재판이다.[91] 대법원의 태도는 불분명하다. 대법원 2010. 4. 29. 선고 2009다68910 판결은 집행판결(따라서 승인)의 대상인 외국판결을 "… 외국의 사법기관이 … 종국적으로 한 재판"이라는 취지로 판시하였는데 이는 종국적 재판을 말하는 것으로 보이지만,[92] 미국 법원의 회생계획안의 인가명령에 의하여 발생한 면책효력의 승인에 관한 대법원 2010. 3. 25.자 2009마1600 결정은 인가명령이 민사소송법 제217조에 따른 승인대상이라고 함으로써 상충되는 판단을 하였기 때문이다.[93]

(2) 캘리포니아 주법원의 승인판결(confession judgment)은 외국판결인가

위 2010년 대법원판결의 원심판결인 서울고등법원 2009. 8. 6. 선고 2007나117476 판결은 미국 법원의 승인판결이 민사집행법 제26조 제1항의 '외국법원의 판결'에 해당한다고 보고 집행판결을 하였으나, 위 2010년 대법원판결은 첫째, 승인판결은 당사자 쌍방의 심문을 보장하는 대심적 소송절차 내에서 내려진 것이 아니고 둘째, 소송절차를 거치지 아니하고, 법원서기가 제출된 문건만을 형식적으로 심사하여 판결로 등록하는 것에 불과하여 사법기관인 법원이 한 재판이 아니라는 취지로 판시하였다.[94] 이런 결론은 타당하다고 보나[95] 둘째의 이유는

---

89) 이는 종래 우리 학설과 유사하다. 문헌은 석광현, 제5권, 444면 주 13 참조.

90) 석광현, 국제민사소송법, 350면.

91) 호문혁(註 3), 559면.

92) 오영준, "채무자 회생 및 파산에 관한 법률하에서 외국도산절차에서 이루어진 외국법원의 면책재판 등의 승인", 대법원판례해설 통권 제83호(2010년 상반기), 630면은 대법원 결정이 정당하다고 하면서도 외국판결의 집행의 맥락에서의 판결이라 함은 "넓게 실체법상의 청구권에 관하여 서로 대립하는 당사자 쌍방이 심문을 보장하는 절차에서 법원이 최종적으로 한 재판 …"이라고 함으로써 위 판결과 유사하게 정의한다.

93) 이 점은 석광현, "승인대상인 외국판결의 개념에 관한 대법원재판의 상충", 법률신문 제3976호(2011. 10. 20.), 11면에서 이미 지적하였다.

94) 구자헌, "집행판결의 대상이 되는 외국법원의 판결의 의미", 대법원판례해설 통권 제83호(2010년 상반기), 335면 참조.

95) 상세는 석광현, 제5권, 444면 참조.

부연할 필요가 있다. 즉, 승인판결은 소의 제기를 전제로 하지 않으므로 이는 법원이 소송절차를 거쳐서 책임을 지는 어떤 판단을 내린 재판이 아니라는 것이다. 즉 외국법원의 판결이 되기 위하여는 법원이 책임을 지는 어떤 판단이 포함되어야 하고, 법원의 역할이 단순히 증서화하는 활동(Urkundstätigkeit) 또는 공증적 기능(beurkundende Funktion)을 하는 데 그치는 것으로는 부족하므로, 법원서기가 기계적으로 판결을 등록한 것에 불과한 이 사건 승인판결은 법원의 판결이 아니라는 것이다.[96] 위 대법원판결이 승인판결이 법원이 한 재판이 아니라고 설시한 점과, 판례해설[97]을 보면 그런 취지가 담겨 있다.

위 대법원판결을 따라 승인판결이 민사집행법 제26조 제1항의 외국법원의 판결이 아니라면, 문제는 민사소송법 제217조 또는 민사집행법 제26조를 유추적용할 수 있는가이다. 아마도 대법원판결은 이를 부정한 것이겠으나 그에 대해 판단했더라면 하는 아쉬움이 있다.

⑶ 화해조서와 인낙조서에 대한 제217조의 유추적용의 가부

사견으로는 화해조서와 화해판결을 구별할 필요가 있다. 즉 재판상화해에 따른 외국법원의 외국법원의 화해조서와 인낙조서는 외국법원의 판결은 아니나, 외국법원의 화해판결과 인낙판결은 만일 그것이 대립적 당사자에 대한 상호 간의 심문이 보장된 절차에서 행하여진 재판이고 그 외국법상 통상의 판결과 같은 효력이 있다면 승인대상이 될 수 있다. <u>그러나 이런 근거로 양자를 구별하는 데 대하여는 비판이 있을 수 있다.</u> [밑줄 부분은 이 책에서 새로 추가한 것이다.]

위 2010년 대법원판결에 앞서 서울중앙지방법원 2010. 2. 5. 선고 2009가합39658 판결은 “민사소송법 제217조의 ‘판결’이라 함은 재판의 외관을 가진 판결서에 한하지 아니하고 확정판결과 동일한 효력이 있는 재판상화해 · 인낙까지 포함하고, 또한 미국 민사소송법령(CPLR)에 의하면, 피고가 작성한 공증진술서에 의한 판결(Judgement by Confession)도 일반적인 판결과 동일한 효력을 가지므로 이 사건 대상판결은 외국법원의 확정판결에 해당한다”는 취지로 판시하였다. 그 사건에서 원고가 뉴욕주법원에 약속어음금 지급청구의 소를 제기하였고, 망인이 소장을 송달받아 답변서를 제출하는 등 응소하였다는 사실 등을 보면, 문제된

96) 김우진, “승인판결과 외국판결의 승인 · 집행 —대상판결: 대법원 2010. 4. 29. 선고 2009다68910 판결(공2010상, 980)—”, 진산 김문환총장정년기념논문집 제1권: 국제관계법의 새로운 지평(2011), 607면; 구자헌(註 94), 335면; Reinhold Geimer, Internationales Zivilprozess- recht, 6. Auflage (2009), Rn. 2860도 동지.

97) 구자헌(註 94), 335면.

뉴욕주 법원의 판결은 대법원판결에서와 같은 승인판결이 아니라 재판상화해의 결과가 판결로서 선고된 것으로 보인다.[98] 그렇다면 이는 위 대법원판결에 배치되지 않는다.

화해조서에 대하여 제217조를 유추적용할 수 있는지는 별도로 검토할 필요가 있다. 결국 "통상의 판결 – 영국의 consent judgment (order) – 법원의 허가에 따른 소송상화해(예컨대 증권관련집단소송상의 소송상화해) – 화해조서 – 제소전 화해 – 미국의 confession judgment – 당사자 간의 법정외 화해계약"과 같은 다양한 스펙트럼을 면밀히 검토하여 그 중 어느 것을 법원의 판결과 동일시하고 어느 것을 그에 준하여 처리할지를 결정해야 하는데 그 과정에서 광의의 법원이 관여하는 태양을 고려하여 해결방안을 강구해야 한다. [밑줄 부분은 이 책에서 새로 추가한 것이다.]

⑷ 보전처분은 승인대상인가

보전처분은 잠정적인 재판으로서 일반적으로 확정재판이 아니거나 분쟁을 최종적으로 해결하는 것이 아니므로 승인 및 집행의 대상이 되지 않는 것으로 이해되고 있다.[99] 그러나 외국법원의 보전명령의 경우에도 권리실현의 필요성과 긴급성, 보전명령의 취소, 변경가능성, 채무자의 손해회복가능성 등을 종합적으로 고려하여 채무자보다 채권자를 보호할 가치가 훨씬 크다고 인정되는 경우에는 승인 및 집행할 수 있다는 견해도 있다.[100] 하지만 위 2010년 대법원판결의 결론을 따른다면 그런 전향적 견해를 취하더라도 대립적 당사자에 대한 상호 간의 심문이 보장된 절차에서 내려진 보전처분만이 승인대상이 될 수 있다.

⑸ 외국의 면책재판의 승인과 민사소송법 제217조

제217조의 확정판결에는 도산절차의 재판은 포함되지 않는다는 것이 과거

98) 다만 캘리포니아의 승인판결과 그렇게 다른지는 더 검토할 필요가 있다. 이와 관련하여 말미에 언급한 이헌묵, "외국재판의 승인과 집행의 근거의 재정립과 외국재판의 승인과 집행의 대상 및 상호보증과 관련한 몇 가지 문제", 통상법률 제136호(2017. 8.), 25면 이하가 참고가 된다. 다만 위 이헌묵, 29면이 "승인의 대상을 외국법에 의하여 확정된 당사자 사이의 사법상의 법률관계"라고 보자는 제안은 수용할 수 없다. 이는 준거법의 지정과 외국의 개별 고권행위의 절차적 승인이라는 양대 기둥을 중심으로 구성된 종래 국제사법의 체계에 반하기 때문이다. [밑줄 부분은 이 책에서 새로 추가한 것이다.]

99) 석광현, 제1권, 266면 참조. 사건을 완결하여 심급을 이탈시키는 점에서는 보전처분도 종국적 재판이라 볼 수 있다. 그렇다면 보전처분이 승인대상이 아니라는 이유를 분쟁해결의 임시성, 잠정성으로 설명할 여지가 있지 않을까 생각된다.

100) 한충수, "外國保全處分의 承認 및 執行", 변호사 —회원연구논문집— (1999), 236면; 김수형, "外國判決의 執行", 국제사법연구 제4호(1999), 508면.

의 통설이었다.[101] 그런데 2006년 4월 발효된 "채무자회생 및 파산에 관한 법률"("통합도산법")이 수정된 보편주의를 취한 결과 이제는 외국 도산절차의 재판은 승인대상이 된다. 승인대상인 도산절차의 재판은 확정재판일 필요도 없고 종국적 재판일 필요도 없다. 통상의 외국판결과 달리 도산재판의 승인은 우리 법원의 승인결정을 필요로 하는데(통합도산법 제632조), 이를 '결정승인제'라 한다. 이와 관련하여 외국도산절차에서 내려진 회생계획 인가결정에 의한 면책의 효력이 한국에 미치는지가 논란이 되었는데, 문제는 그 경우 제217조가 정한 외국판결 승인의 경로가 옳은가, 아니면 통합도산법이 정한 승인결정이 필요한가이다. 미국 도산절차에서 내려진 미국 법원의 회생계획안의 인가명령에 의하여 발생한 면책 효력(미국 연방파산법 제1141조)의 승인에 관하여 대법원 2010. 3. 25.자 2009마1600 결정은 아래의 취지로 판시하여 외국판결 승인의 경로를 취하였다. 저자는 대법원결정이 내려지기 전에 반대의 견해를 피력하였다.[102] 더욱이 미국법원의 회생계획 인가결정은 대립적 당사자에 대한 상호 간의 심문이 보장된 절차에서 한 재판도 아니고, 더욱이 종국적 재판도 아니므로,[103] 승인대상인 외국 법원의 판결의 개념을 정의한 위 2010년 대법원판결과 상충된다.[104] 가사 저자와 달리 외국 법원의 회생계획 인가결정에 따른 면책의 효력이 자동승인된다고 본다면 이를 민사소송법 제217조를 <u>유추적용</u>한 결과라고 설명하는 편이 낫다.

⑹ 외국중재판정에 대한 확인명령

미국에서 중재판정을 집행하기 위하여는 중재판정의 확인(confirmation)이라는 법원의 재판을 받아야 하는데 확인을 받으면 'merger'의 법리에 의해 중재판정은 재판으로 변환된다. 미국 법원이 확인한 중재판정을 한국에서 집행하는 경우 그 대상이 무엇인지 문제된다. 미국 중재판정의 집행을 다룬 서울고등법원 1995. 3. 14. 선고 94나11868 판결이 있었는데 그 사건에서는 중재판정이 집행의

101) 석광현, 제1권, 268면.

102) 쟁점은 석광현, "외국도산절차에 따른 면책 효력의 승인", 법률신문 제3763호(2009. 7. 24.), 15면; 석광현, 제5권, 587면 이하 참조.

103) 대법원 2010. 4. 29. 선고 2009다68910 판결이 말하는 종국적으로 한 재판이 강학상의 종국적 재판과 같은지는 불분명하다.

104) 오영준, "민사소송법상 승인 대상인 '외국법원의 판결'의 의의", 법률신문 제3979호(2011. 10. 31.)은 저자의 지적에 대해 격하게 비판하였으나, 정작 저자의 지적의 핵심 —양 재판의 충돌이 있다는 점— 에 대하여는 답변이 없음은 유감이다. <u>근자의 문헌으로는 한민, "도산 관련 외국재판의 승인과 집행", BFL 제81호(2017. 1.), 90면 이하 참조.</u> [밑줄 부분은 이 책에서 새로 추가한 것이다.]

대상으로 취급되었고 'merger'의 법리는 고려되지 않았던 것 같다.105) 법원의 확인에 의해 중재판정이 재판으로 변환된다면 재판이 집행판결의 대상이어야 하나 집행판결에 대한 집행판결은 가능하지 않으므로 중재판정이 집행판결의 대상이라고 본다.

나. 국제재판관할요건

외국판결이 승인되기 위해서는 외국법원이 우리의 잣대에 비추어 국제재판관할을 가져야 한다. 이는 바로 간접관할(또는 승인관할)의 문제이다. 과거 간접관할과 직접관할의 기준의 관계가 문제되었는데 양자는 동일한 원칙에 따른다는 견해가 다수설이고 주류 판례106)였다. 다수의 국가 간에 동일한 국제재판관할규칙을 적용할 수 있다는 점에서 이 견해가 타당하다. 민사소송법 제217조 제1호는 "대한민국의 법령 또는 조약에 따른 국제재판관할의 원칙상"이라고 규정하는데 여기의 국제재판관할은 직접관할을 말하고, 국제재판관할의 원칙이라 함은 국제사법에 의해 2001년 7월 도입된 직접관할의 원칙을 가리키므로 이 문제는 입법에 의하여 해결되었다.107) 따라서 간접관할의 기준에 관하여는 직접관할에 관한 위(Ⅱ.)의 논의를 참고하고, 여기에서는 간접관할에 특유한 논점으로 제3자소송인입을 다룬다.

민사소송법은 제3자소송인입이라는 소송형태를 알지 못한다. 제3자소송인입에 의한 외국판결의 승인요건으로서의 간접관할에 관하여 나우정밀사건에서 1995년 대법원판결은, 피고가 자신이 제조한 상품의 하자로 인한 사고가 플로리다주에서 발생하여 이에 관한 소송이 그 지역의 외국법원에 제소될 것임을 합리적으로 예견할 수 있을 정도로 피고회사와 플로리다주 사이에 실질적 관련이 있다고 보기 어렵다는 이유로 플로리다주의 국제재판관할을 부정하였다. 이러한 결론은 부당하다. 위 사건에서는 피해자가 한국 기업을 피고로 하여 직접 소를

---

105) 당해 사건에서는 캘리포니아주의 중재판정과 판결 양자의 집행이 모두 문제되었는데, 판결의 집행이 문제된 이유는 당초 중재판정이 명시하지 않았던 지연이자의 지급을 판결이 추가로 명했기 때문이다.

106) 예컨대 나우정밀 사건 판결인 대법원 1995. 11. 21. 선고 93다39607 판결 등.

107) 저자는 석광현(註 4), 448면에서 이 점을 분명히 지적하였다. 임복희(註 86), 156면도 동지. 인천지방법원 2007. 7. 6. 선고 2007가합404 판결은, 국제사법 제2조는 우리 법원의 국제재판관할권을 정한 것이지, 민사소송법 제217조 제1호가 말하는 외국법원의 국제재판관할권을 인정한 한국의 법령은 아니라며 이에 반대한다. 그러나 제1호는 외국법원이 국제재판관할권을 가지는지를 한국의 법령 또는 조약에 따른 국제재판관할의 원칙에 따라 판단하라는 것이지, 한국의 법령 또는 조약이 외국법원의 국제재판관할권을 규정한다는 취지가 아니다.

제기한 것은 아니고, 피해자는 미국의 수입자를 상대로 소를 제기하고 수입자가 제3자소송인입에 의해 한국 기업을 제3자피고로 참여시킨 점에서 통상의 제조물 책임소송은 아니다. 수입자와 제조자 간의 소송은 엄밀하게는 제조물책임소송은 아니므로 그에 대한 국제재판관할의 유무는 제조물책임소송의 국제재판관할과는 다른 기준에 의해 판단했어야 할 것이나 위 판결은 통상의 제조물책임소송인 것처럼 취급하였다. 제3자소송인입에 의한 판결에서의 간접관할에 관하여는 다양한 견해가 가능하다.[108)]

다. 송달요건: 패소한 피고의 방어권의 보장

송달은 적법성과 적시성을 구비해야 한다. 외국 소송에서 우리 당사자에게 한국으로 하는 송달은 외교경로를 통하거나, 당해 외국이 헤이그송달협약[109)]의 체약국인 경우 중앙당국(central authority)을 경유하여야 한다. 외국의 법원 또는 당사자가 우편 또는 DHL 등에 의하여 하는 송달은 부적법하고 그에 따라 이루어진 판결은 승인될 수 없다.

대법원 2003. 9. 26. 선고 2003다29555 판결은 법문에 충실하게, '소장 또는 이에 준하는 서면 및 기일통지서나 명령의 송달'이라 함은, 소장 및 소송개시에 필요한 소환장 등을 말하는 것으로서, 이러한 서류가 적법하게 송달된 이상 그 후의 소환 등 절차가 우편송달이나 공시송달 등의 절차에 의하여 진행되었더라도 승인될 수 있다고 판시하였다.

흥미로운 것은 흑연전극봉 사건의 대법원 2006. 3. 24. 선고 2004두11275 판결이다. 이는 일본 등의 생산업체들이 외국에서 세계시장을 대상으로 하여 흑연전극봉의 가격을 결정, 유지하기로 합의하고 합의를 실행함으로써 흑연전극봉의 조달을 수입에 의존하던 한국 수입업체들에게 손해를 끼친 사건인데, 공정거래위원회는 일본 회사에 대해 공시송달과 우편에 의한 송달을 하였다. 위 대법원판결은 구 공정거래법(제55조의2)과 운영규칙(제3조 제2항)에 의해 준용되는 구 행정절차법(제14조 제1항)을 근거로 우편에 의한 송달을 적법하다고 보았다. 우리나라에서는 종래 민사사건에서의 송달을 주권의 행사로 보아 법원이 외국 당사자에게 우편에 의한 송달을 하는 것은 외국의 주권을 침해하는 것으로 보았는

108) 상세는 석광현, 제1권, 294면 이하 참조.

109) 이는 한국도 가입한 "민사 또는 상사의 재판상 및 재판외 문서의 해외송달에 관한 헤이그 협약"을 말한다.

데,[110] 행정사건에서 대법원판결이 국내법의 규정을 근거로 외국으로 우편에 의한 송달을 할 수 있다고 본 점은 의외이다.[111] 이 사건이 민사사건에 어떤 영향을 미칠지 궁금하다.

한편 송달의 적법성 판단기준에 관하여 주목할 만한 대법원판결이 있다. 즉 대법원 2010. 7. 22. 선고 2008다31089 판결은, 판결국에서 피고에게 방어할 기회를 부여하기 위하여 규정한 송달에 관한 방식, 절차를 따르지 않은 경우에는 적법한 송달이 아니라고 판시하였다.

구체적으로, 워싱턴주의 법률과 민사규칙은 원고가 제소하는 경우 워싱턴주 밖에 주소를 둔 피고에게는 60일의 응소기간을 부여하고 그 기간 내에 응소가 없으면 결석판결이 선고될 수 있음을 고지하는 내용의 소환장(Summons)을 송달하도록 규정하고, 피고가 소환장을 송달받고서도 소환장에서 부여된 응소기간 내에 응소가 없는 경우에 원고는 법원에 결석재판명령, 결석판결의 선고 및 등록을 신청할 수 있다고 규정한다. 원고는 한국에 주소를 둔 피고를 상대로 워싱턴주 제1심법원에 제소하면서 피고에게 20일의 응소기간을 부여하는 소환장을 송달하였고, 피고가 소장 및 소환장 등을 송달받고서도 응소하지 않자 미국 법원은 원고의 신청에 따라 결석재판명령을 하고 결석판결을 등록하였다. 미국 법원은 소환장 양식과 달리 60일의 응소기간 경과 후에 결석판결을 하였다.

송달의 적법성 판단기준이 법정지법이라는 대법원판결의 판단은 정당하다. 그러나 송달이 비록 부적법하더라도 피고가 이를 수령하여 실제로 방어권을 행사하는 데 지장이 없었다면, 그리고 부적법이 한국의 주권침해가 아니라면, 제2호의 취지에 비추어 외국판결의 집행을 거부할 것은 아니다. 만일 미국 법원이 60일의 응소기간 경과 전에 결석판결을 하였다면 다르겠지만, 실제로 60일의 응소기간 경과 후에 결석판결을 하였으므로 피고의 방어권은 침해되지 않았다고 볼 수 있다. 이 경우 송달의 부적법은 잘못된 소환장 양식을 선택했다는 기술적 성질의 것이기 때문이다.[112] 제2호는 송달의 적법성과 적시성을 요구하므로 일

110) 대법원 1992. 7. 14. 선고 92다2585 판결도 외국이 우리 법인에게 자국영사에 의한 직접실시방식으로 송달한 것은 우리나라의 재판사무권을 침해한 것이라고 판시하였다. 이 판결에 대한 평석은 석광현, 제1권, 356면 이하 참조. 위 2006년 대법원판결에 대한 평석은 석광현, 제5권, 155면 이하 참조.

111) 임복희(註 86), 184면도 동지다.

112) 피고가 소환장에 응소기간이 60일이라고 기재되었더라면 응소했을 것이나 실제로는 20일이라고 기재되어 있었기에 아예 응소하지 않았다고 인정되는 경우에는 달리 볼 수 있으나, 만일 피고가 미국 법원에 국제재판관할이 없다고 판단하고 응소하지 않았다면 잘못된 소환장

체의 부적법이 승인거부사유라고 보이나, 중요한 것은 피고의 방어권의 침해 여부이지 기술적 부적법의 유무가 아니다. 따라서 대법원판결의 타당성은 의문이다.[113] 이 점을 고려한다면 우리도 민사소송법을 개정하여 송달의 적법성을 포기하고 적시성만을 규정하는 방안도 고려할 필요가 있다. 실제로 브뤼셀 I (제34조 제2호)과 예비초안(제28조 제1항 d호)은 그런 태도를 취한다.

라. 공서요건

외국판결이 승인되기 위하여는 그 판결의 효력을 인정하는 것이 한국의 선량한 풍속이나 그 밖의 사회질서에 어긋나지 않아야 한다. 공서요건은 우리나라의 기본적인 도덕적 신념과 사회질서를 보호하기 위한 비상수단의 기능을 하므로 제한적으로 해석해야 한다. '선량한 풍속 기타 사회질서'란 민법 제103조의 국내적 공서보다 좁은 '국제적 공서'를 의미한다. 따라서 우리 법의 내용과 다른 법규를 적용했다는 이유로 공서위반이 되는 것은 아니다.[114] 공서에는 절차적 공서와 실체적 공서가 있는데, 대법원 2004. 10. 28. 선고 2002다74213 판결은 외국판결의 내용 자체뿐만 아니라 외국판결의 성립절차에 있어서 공서에 어긋나는 경우도 승인 및 집행의 거부사유에 포함된다고 판시한 바 있고, 신 민사소송법 제217조 제1항 제3호는 이를 명시한다. 학설은 불법행위를 이유로 엄청난 징벌배상을 명한 미국 판결의 승인 및 집행은 우리 공서에 반하는 것으로 보나[115] 이를 정면으로 다룬 우리 판결은 보이지 않는다. 다만 과도한 손해배상을 명한 외국 판결의 승인 및 집행을 제한한 하급심 판결은 여러 개가 있다.

(1) 손해배상을 명한 미국 법원 판결의 승인 및 집행을 일부 거부한 사례

피고의 성폭행 등을 이유로 50만불의 손해배상의 지급을 명한 미네소타주 법원 판결의 집행과 관련하여 서울지방법원동부지원 1995. 2. 10. 선고 93가합19069 판결[116]은, 우리 손해배상법의 기준에 비추어 한국에서 인정될 만한 상당한 금액을 현저히 초과하는 부분에 한하여는 공서양속에 반한다는 이유로 손해배상액의 50%만의 집행을 허가하였다.

양식의 사용만으로는 승인거부사유가 되지 않는다.

113) 그러나 이규호, "외국판결의 승인 및 집행에 있어 송달요건", 법률신문 제3874호(2010. 9. 20.)은 대법원판결을 지지한다. http://www.lawtimes.co.kr/LawPnnn/Pnnyn/PnnynContent.aspx?serial=1973 참조.

114) 대법원 1990. 4. 10. 선고 89다카20252 판결; 대법원 1995. 2. 14. 선고 93다53054 판결 참조.

115) 석광현, 제1권, 310면.

116) 평석은 석광현, 제1권, 381면 이하.

또한 한국 회사인 피고가 미국 회사인 원고의 디자인에 대한 저작권침해를 이유로 손해배상의 지급을 명한 뉴욕주 남부지방법원판결에 기한 집행판결 청구소송에서 서울지방법원남부지원 2000. 10. 20. 선고 99가합14496 판결도 유사한 논리로 50%만 집행을 허가하였다.

수원지방법원 평택지원 2009. 4. 24. 선고 2007가합1076 판결은, 약정보상금과 그의 2배 상당의 징벌적 손해배상금의 지급을 명한 위싱턴주 클라크 카운티 법원 판결에 기한 집행판결 청구에 대하여, 징벌적 손해배상금은 손해전보를 넘어서 고의적으로 위반행위를 한 자를 징계하거나 그러한 위반행위의 발생을 억제하기 위한 것인데, 이는 손해배상의무에 대하여 징벌적 성격을 부여하지 않고 손해발생 전 상태로의 회복에 목적이 있는 한국의 손해배상제도와 근본이념이 다르고, 한국의 손해배상체계에서 약정보상금의 2배 상당의 징벌적 손해배상금의 지급을 명하는 것은 원고들에 대한 적절한 배상을 위하여 필요한 정도를 넘는다고 보아, 징벌적 손해배상금과 그 지연이자의 지급을 명하는 부분은 집행을 불허하였다.[117)]

캘리포니아주 샌디애고 카운티 슈피어리어 법원 북부지원 판결은 캘리포니아주 소재 공장에서 피고 회사가 제작한 사출성형기로 작업 도중 사고로 사망한 소외 망인의 처와 자녀들인 원고들이 제기한 소송에서 경제적 손해와 비경제적 손해 등의 배상을 명하였다. 제1심판결[118)]은 경제적 손해액만을 승인하였으나, 제2심판결인 부산고등법원 2009. 7. 23. 선고 2009나3067 판결(확정)은 비경제적 손해액에 대한 배상은 우리 손해배상법체계에 있어서 위자료에 해당하는데, 원고들이 정신적 고통을 입었음은 경험칙상 충분히 인정할 수 있는데도 위자료를 전혀 인정하지 않는 것은 우리 손해배상법체계에 비추어도 수긍할 수 없으므로, 경제적 손해액은 전액을 승인하고 비경제적 손해액은 위자료의 조절적 기능을 합리적으로 고려한 범위 내에서 미화 100,000달러만 승인하였다. 이는 징벌배상을 명한 외국판결이더라도 위자료의 기능을 하는 범위 내에서는 승인할 수 있음을 인정한 데 의의가 있다.

---

117) 그러나 우리나라가 하도급법에서 삼배배상제도를 도입하였으므로 이런 설시는 더 이상 타당하지 않다. 이는 아래(V.1.마.) 참조.

118) 부산지방법원 2009. 1. 22. 선고 2008가합309 판결.

⑵ 기타 사유로 인한 공서위반을 인정한 사례

㈎ 강제징용사건에서 헌법적 가치위반을 이유로 일본판결의 승인을 거부한 대법원 판결: 대법원 2012. 5. 24. 선고 2009다22549 판결(미쓰비시 사건)과 대법원 2012. 5. 24. 선고 2009다68620 판결(신일본제철 사건)[119]

일제강점기 강제징용을 당했던 한국인들(또는 그의 후손들)이 각각 일본 미쓰비시 중공업을 상대로 ① 강제연행 및 강제노동, 원자폭탄 투하 후 구호조치의 불이행과 안전귀국의무 위반을 이유로 하는 손해배상과 ② 강제노동기간 동안 지급받지 못한 임금 등의 지급을 구하는 전소를 일본 히로시마지방재판소에 제기하여 1999. 3. 25. 청구기각판결을 선고받은 뒤 일본에서 항소를 제기하여 항소심에 소송계속중 2000. 5. 1. 부산지방법원에 동일한 청구원인에 기하여 소를 제기하였다. 원고들은 일본의 제1심법원에서도 패소하였고 제2심법원인 히로시마고등재판소는 2005. 1. 19. 항소기각판결을 선고하였으며 일본 최고재판소는 2007. 11. 1. 상고를 기각하여 원고패소판결이 확정되었는데, 그 근거는 원고들의 권리가 있더라도 소멸시효 내지 제척기간의 완성 또는 한일청구권협정에 의하여 소멸했다는 점이다. 부산고등법원에 항소심이 계속 중 일본판결이 확정됨으로써 국제적 소송경합의 문제가 외국판결의 승인의 문제로 전환되었다.[120] 부산고등법원 2009. 2. 3. 선고 2007나4288 판결은 일본판결이 승인요건을 구비하였다고 보아 원고들의 청구를 기각하였다.

이 사건의 일차적 쟁점은 일본 판결의 승인 여부인데, 이를 판단하는 과정에서, 피고가 일제의 침략전쟁에 가담하여 저지른 반인도적인 전쟁범죄가 국민징용령에 따른 것으로서 적법하고, 국민징용령위반으로 인하여 발생한 손해배상의무와 임금지급의무가 제척기간(또는 소멸시효)에 의하여 소멸하였으며, 그렇지 않더라도 한일청구권협정과 일본의 재산권조치법에 의하여 소멸하였다고 보아 청구를 기각한 일본판결을 승인하는 것이 우리 공서에 반하는가 여부이다.

---

119) 위 대법원판결이 제기하는 외국판결 승인의 문제에 관하여는 석광현, "강제징용배상에 관한 일본판결의 승인 가부", 국제사법연구 제19권 제1호(2013. 6.), 103면 이하; 준거법의 쟁점에 관하여는 석광현, "강제징용배상 및 임금 청구의 준거법", 서울대학교 법학 제54권 제3호(2013. 9.), 283면 이하 참조. <u>위 사건 중 신일본제철(정확히는 신일철주금) 사건은 재상고심에서 대법원 2018. 10. 30. 선고 2013다61381 전원합의체 판결에 의하여 확정되었다.</u> [밑줄 부분은 이 책에서 새로 추가한 것이다.]

120) 제1심법원인 부산지방법원 2007. 2. 2. 선고 2000가합7960 판결은, 국제적 소송경합에 관하여 '승인예측설'을 따르면서도 당해 사건에서 일본 판결이 승인되지 않을 것으로 예측하였기에 중복제소라는 항변을 배척하고 원고들의 청구를 기각하였다.

대법원 2012. 5. 24. 선고 2009다22549 판결은, 일본판결의 이유는 일제강점기의 강제동원 자체를 불법이라고 보는 한국헌법의 핵심적 가치와 정면으로 충돌하므로, 일본판결을 승인하는 결과는 그 자체로 한국의 공서에 반하므로 승인할 수 없다고 판시하였다. 대법원판결은 일본판결의 승인을 거부하는 이유에서 일제의 한반도 지배는 규범적 관점에서 불법적인 강점이고, 원고등의 개인청구권은 물론 한국 국민에 대한 외교적 보호권도 청구권협정에 의하여 소멸되지 않았다는 취지로 판시하였다. 이 점에서 대법원판결은 법적으로나 역사적으로 큰 의의가 있는데, 위 대법원판결들의 결론과 논리는 높이 평가할 만하다. 특히 불법행위의 성립 여부와 관련하여 승인공서의 판단기준으로 헌법의 핵심적 가치를 도입한 점은 커다란 의미가 있다. 앞으로 공서위반 여부의 판단 기준으로 헌법적 가치가 더 큰 역할을 할 것이다.

㈏ 미국 파산법원의 회생계획 인가결정에 따른 면책적 효력의 승인을 거부한 대법원 판결

위에서 본 2010년 대법원 결정은 미국 회생계획 인가결정에 따른 면책적 효력을 승인함에 있어서 외국판결 승인의 법리에 따라 자동승인될 수 있음을 적용하면서도 당해 사건에서 이를 승인할 경우 구 회사정리법이 정한 속지주의를 신뢰한 채권자의 권리를 현저히 부당하게 침해하는 것이 되어 공서에 반한다는 이유로 승인을 거부하였다. 이는 과거 우리 도산법이 속지주의를 취하였다가 통합도산법의 시행에 따라 완화된 보편주의로 이행하는 과도기에 발생한 이례적 사건이다. 즉, 구 회사정리법의 속지주의 원칙을 신뢰하여 미국 회생절차에 참가하지 않고 이 사건 상가 및 공장에 대한 가압류를 마치고 강제집행이나 파산절차 등을 통하여 채권을 회수하려던 채권자의 권리를 현저히 부당하게 침해하게 된다는 것이다.

㈐ 아르헨티나 법원의 채무부존재 확인 판결의 승인을 거부한 하급심 판결

한국회사인 원고는 피고인 국민은행의 부에노스아이레스 지점으로부터 미화 150만 달러를 차용하였다. 그 후 페소화 가치가 급락하자 의회는 긴급경제법안을 통과시켜 자유변동환율제로 전환하였고, 정부는 2002. 2. 3. 대통령령을 공포하였는데, 그 주된 내용은 아르헨티나의 은행 등 금융기관이 2002. 1. 6. 이전에 외화로 대출해 준 돈은 1:1(미국 달러 : 페소) 비율로 페소화하여 변제받고, 달러화로 예금받은 돈은 1:1.40 비율로 페소화하여 변제하도록 강제하는 것이었다. 원고는 원금의 일부(3분의 1에 조금 미달)를 변제하고 부에노스아이레스법원으로부

터 채무부존재확인판결을 받았다. 피고는 담보로 취득한 원고 예금의 반환을 거부하였고 대출금채권과 예금채권을 상계하자, 원고는 예금반환청구의 소를 제기하였다. 서울고등법원 2009. 3. 6. 선고 2007나122966 판결(확정)은 아래의 취지로 판시하고 아르헨티나 법원의 채무부존재 확인 판결의 승인을 거부하였다. ① 아르헨티나 법원의 확정판결은 원금의 3분의 1 정도만 지급해도 유효한 변제가 되도록 강제한 위 대통령령에 따른 것인데 이를 승인할 경우 피고의 재산권을 부당하게 침해하게 되어 한국 헌법이 정한 재산권보장의 기본원칙에 어긋나고, ② 당사자가 모두 한국 법인이어서 위 대통령령에 획일적으로 구속될 필요가 작으며, ③ 아르헨티나 대법원의 판결들에서 보듯이 아르헨티나에서도 위 대통령령의 위헌 시비가 있었고, ④ 이 사건 대출계약 당시 외화 변제가 불가능한 경우에 대비한 조항을 두었던 점을 보면 이 사건에서 원고가 채무의 감면을 주장하는 것은 신의칙상 허용될 수 없다는 점 등을 종합하면 이 사건 확정판결의 승인은 한국의 공서에 반한다.

⑶ 사기에 의하여 획득된 외국판결의 승인과 공서위반 여부

사기에 의하여 획득된 외국판결 또는 외국중재판정의 승인과 공서위반 여부에 관하여 흥미로운 추상적 법률론을 설시한 대법원판결들이 있다. 양자는 유사하면서도 여러 가지 차이점을 보이므로 그 異同을 검토할 만한 가치가 있다.[121)]

우선 사기에 의하여 획득된 외국판결의 승인과 공서위반 여부에 관하여 대법원 2004. 10. 28. 선고 2002다74213 판결[122)]은 "사기적인 방법으로 외국판결을 얻었다는 사유는 원칙적으로 승인 및 집행의 거부사유가 될 수 없지만, <u>재심사유에 관한 민사소송법 제451조 제1항 제6호, 제7호, 제2항의 내용에 비추어 볼 때 피고가 판결국 법정에서 사기적인 사유를 주장할 수 없었고 또한 처벌받을 사기적인 행위에 대하여 유죄의 판결과 같은 고도의 증명이 있는 경우에 한하여</u> 승인 내지 집행을 거부할 수 있다"는 취지로 판시하였다(밑줄은 저자가 추가함).

한편 사기에 의하여 획득된 외국중재판정의 승인과 공서위반 여부에 관하여 대법원 2009. 5. 28. 선고 2006다20290 판결[123)]은 "집행국 법원이 편취 여부를 심리한다는 명목으로 실질적으로 중재인의 사실인정과 법률적용 등 실체적 판단의 옳고 그름을 전면적으로 재심사한 후 그 외국중재판정이 사기적 방법에 의하

---

121) 상세는 석광현, "사기에 의하여 획득한 외국중재판정의 승인과 공서위반 여부", 서울지방변호사회 판례연구 제24집(2)(2011), 118면 이하 참조.

122) 평석은 석광현, 제4권, 239면 이하 참조.

123) 평석은 석광현(註 121), 118면 이하 참조.

여 편취되었다고 보아 집행을 거부하는 것은 허용되지 않지만, 그 외국중재판정의 집행을 신청하는 당사자가 중재절차에서 처벌받을 만한 사기적 행위를 하였다는 점이 명확한 증명력을 가진 객관적인 증거에 의하여 명백히 인정되고, 그 반대당사자가 과실 없이 신청당사자의 사기적인 행위를 알지 못하여 중재절차에서 이에 대하여 공격방어를 할 수 없었으며, 신청당사자의 사기적 행위가 중재판정의 쟁점과 중요한 관련이 있다는 요건이 모두 충족되는 경우에 한하여 외국중재판정의 집행을 거부할 수 있다"는 취지로 판시하였다(밑줄은 저자가 추가함).

위 판결들을 비교해보면 유사점과 상위점이 보이나 그러한 상위점이 소송과 중재의 차이에 기인하는지 아니면 일관성의 결여 탓인지는 불분명하다. 2009년 판결은 중재판정 취소에 관한 미국 판결의 영향을 받은 것으로 보인다.[124] 사기적 행위를 하였다는 점이 "명확한 증명력을 가진 객관적인 증거에 의하여 명백히 인정"될 것이라는 요건은 미국에서 말하는 'clear and convincing evidence에 의한 입증'을 가리키는 것으로, 이는 미국에서 민사소송에서 통상 요구되는 '우월한 증거에 의한 입증'보다 높은 정도의 입증을 요구한다. 그러나 '고도의 개연성에 의한 확신'이라는 '증명'의 개념이 확립되어 있는 우리 민사소송법 하에서는 그런 개념은 불필요하고 오히려 혼란을 초래한다.

마. 상호보증요건

상호보증은 상호주의(reciprocity)의 존재가 보증된다는 의미이다. 문제는 어느 경우에 이를 인정할 수 있는가인데 이에 관하여는 대법원 판결의 변화를 볼 수 있다.

(1) 상호보증의 개념: '동일 또는 관대조건설'로부터 '중요조건 동등설'로의 이행

구 민사소송법 제203조의 해석에 관하여 대법원 1971. 10. 22. 선고 71다1393 판결은 "외국이 조약 또는 국내법에 의하여 한국 판결의 당부를 조사함이 없이 제203조의 규정과 같든가 또는 이보다도 관대한 조건 아래에서 한국 판결의 효력을 인정하는 경우"에 상호보증이 있다는 취지로 판시하였다. 이를 '동일 또는 관대조건설'이라고도 한다. 그러나 그 후 1971년 대법원판결보다 완화된

124) 미국 연방중재법 제10조(a)에 따르면 사기에 의한 중재판정의 획득은 중재판정취소사유이다. 미국 판례는 중재판정이 사기에 의한 것이라고 인정하기 위한 세 가지 요건을 요구한다. 예컨대 제9순회구 연방항소법원 판결(Lafarge Conseils Et Etudes, SA v. Kaiser Cement & Gypsum Corp 791 F 2d 1334, 1339 (9th Cir, 1986) 참조.

견해을 취한 하급심 판결들이 있었고 대법원도 이를 묵인한 것으로 해석되었는데[125] 마침내 대법원 2004. 10. 28. 선고 2002다74213 판결은 "우리나라와 외국 사이에 동종 판결의 승인요건이 현저히 균형을 상실하지 아니하고 외국의 요건이 우리의 요건보다 전체로서 과중하지 아니하며 중요한 점에서 실질적으로 거의 차이가 없는 정도라면 상호보증의 요건이 구비된다"는 취지로 판시하여 그 기준을 완화하였으나 판례를 변경하지는 않았다. 이를 '중요조건동등설'이라고도 하는데 이것이 확립되었다.[126]

최근 개정된 민사소송법 제217조 제4호는 중요조건동등설을 명문으로 규정하는데, 이는 아래(V.1.다.)에서 논의한다.

⑵ 부분적 상호보증의 문제

상호보증의 유무는 한국과 외국(또는 그 주) 간에 일률적으로가 아니라 동종의 판결에 대하여 판단해야 한다. 예컨대 금전판결과 이혼판결을 구분해야 하고, 미국 법원의 금전판결이더라도 통일외국금전판결승인법(UFMJRA)이 적용되는 금전판결과 그렇지 않은 양육비지급판결은 상호보증의 유무를 별도로 판단해야 한다. 독일에서는 이를 '부분적 상호보증(partielle Verbürgung der Gegenseitigkeit)'이라 한다. 대법원 2004. 10. 28. 선고 2002다74213 판결도 한국와 외국 간에 '동종 판결의 승인요건'을 비교할 것을 명확히 하였다.[127] 그러나 대법원 2012. 2. 15. 선고 2012므66 판결은 위 원칙을 따르는 것 같지 않다.

즉, 오레곤주 법원이 이혼 및 친권자, 양육자 지정을 포함하는 판결을 선고하였는데,[128] 우리 법원에서 원고는 본소청구로 그에 반하는 이혼 및 친권자, 양육자 지정을, 피고는 반소청구로 피고를 양육자로 지정한 오레곤주 법원 판결에 기하여 유아인도를 구하였다. 유아인도청구인 반소청구에 대하여 원심법원은, 피고에게 양육권이 있음을 선언한 미국 오레곤주 법원의 판결을 승인하고 그를 기초로 아동인도를 명한 제1심판결의 결론을 지지하였다. 원심법원은 본소청구인 이혼판결에 관한 오레곤주법의 승인요건을 검토한 뒤 상호보증의 존재를 긍정하

125) 서울지방법원동부지원 1995. 2. 10. 선고 93가합19069 판결과 대법원 1997. 9. 9. 선고 96다47517 판결.

126) 예컨대 가사사건에 관한 대법원 2009. 6. 25. 선고 2009다22952 판결; 대법원 2013. 2. 15. 선고 2012므66(본소), 2012므73(반소) 판결.

127) 저자는 이를 부분적 상호보증이론을 채택한 것으로 이해하고 위 판결을 지지하는 평석을 쓴 바 있다. 석광현, 제4권, 263 이하 참조.

128) 오레곤주 법원의 판결문은 ① 이혼, ② 배우자 부양비, ③ 친권 및 양육권, 면접교섭권과 ④ 양육비에 관한 주문을 담고 있다.

였고, 대법원도 이런 결론을 지지하였다. 그러나 이 사건에서 문제된 것은, 양육자를 피고로 지정한 오레곤주 판결이 한국에서 효력이 있음을 전제로 피고가 유아인도를 구한 반소청구이므로, 우리 법원으로서는 동종의 판결, 즉 양육자지정판결에 관하여 상호보증의 유무를 검토했어야 하고, 양육자지정이 이혼판결을 전제로 하는 것이므로 이혼판결에 관한 상호보증의 유무도 검토했어야 한다. 그러나 대법원판결은, 이혼판결의 승인에 관한 한국법과 오레곤주법만을 비교하고 결론을 내린 원심판결을 지지하였다.[129] 이는 대법원이 설시한 부분적 상호보증의 법리에 반하는 것으로서 잘못이다. 양육권자 지정에 관하여 오레곤주를 포함하여 미국 대부분 주는 "통일 아동양육권의 관할 및 집행법(Uniform Child Custody Jurisdiction and Enforcement Act)"을 채택하였으므로 이혼판결의 승인요건에 추가하여 오레곤주가 채택한 위 통일법상의 외국판결 승인요건을 검토했어야 한다.

⑶ 상호보증의 존부에 관한 국가별 검토

금전판결에 관한 한 통일외국금전판결승인법(UFMJRA)을 채택한 미국 여러 주와 사이에 상호보증이 존재함은 별 문제가 없다.[130] 독일 및 일본과 간에도 같다. 문제는 영국과 간에 상호보증이 존재하는가인데, 위 대법원 판결의 결과 상호보증이 존재한다고 인정될 가능성이 상대적으로 커졌다. 실제로 창원지방법원 통영지원 2010. 6. 24. 선고 2009가합477 판결은 영국과 상호보증의 존재를 긍정하였고, 서울중앙지방법원 2011. 6. 17. 선고 2009가합103580 판결도 같다. 그러나 위 하급심 판결들의 이유설시가 간략하여 과연 그 판결들이 영국법의 요건을 면밀하게 검토한 뒤 결론을 내린 것인지는 다소 불분명하다. 근자의 하급심판결은 캐나다 알버트주,[131] 아르헨티나,[132] 홍콩[133]과 한국 사이에 상호보증의 존재를 긍정한 바 있다. 캐나다 온타리오주와의 상호보증은 대법원판결[134]에 의하여도 확인된 바 있다.

호주 뉴사우스 웨일즈 법원의 손해배상 판결에 대하여 대법원 1987. 4. 28.

---

129) 민유숙, "2013년 친족·상속법 중요 판례", 인권과 정의 제440호(2014. 3.), 54면은 동종판결에 관한 문제의식 없이 위 대법원 판결이 기존판결을 따른 것이라는 점만 언급한다.

130) UFMJRA는 2005년 통일외국금전판결승인법(UFCMJRA)으로 개정되었으므로 상호보증의 유무를 판단함에 있어서 캘리포니아처럼 후자를 채택한 주와의 사이에서는 후자의 요건을 검토해야 한다.

131) 서울중앙지방법원 2006. 12. 21. 선고 2006가합10625 판결.

132) 서울중앙지방법원 2009. 4. 23. 선고 2008가단363951 판결.

133) 서울중앙지방법원 2009. 3. 27. 선고 2008가합64831 판결.

134) 대법원 2009. 6. 25. 선고 2009다22952 판결.

선고 85다카1767 판결은 양국 간의 상호보증의 존재를 부정한 원심판결을 지지하였다. 그러나 1999년 민사사법공조조약 체결을 계기로 호주는 1991년 외국재판법의 하위규범을 개정하여 한국의 각급 법원을 상호주의가 존재하는 법원으로 명시하였고, 한국도 그 결과 호주의 각급 법원의 판결에 대해 상호주의의 존재를 인정할 수 있을 것이라는 취지의 서한을 교환하였다. 따라서 이제는 양국 간에 상호보증의 존재를 긍정할 수 있을 것이다. 문제는, 중국과의 관계인데, 서울지방법원 1999. 11. 5. 선고 99가합26523 판결은 중국과 상호보증의 존재를 긍정하고 인민법원의 판결을 승인한 바 있으나, 광동성 심천시 중급인민법원 2011. 9. 30. 심중법민일초자체45호 판결은 한중 간에 조약이 없다는 이유로 한국 판결의 집행을 거부하였다고 하므로[135] 우리 법원에서 다시 상호보증의 존재가 다투어진다면 지금으로서는 이를 긍정하기 어렵다.

바. 집행판결청구의 소와 청구이의사유의 주장의 허용 여부

외국중재판정의 승인 및 집행에 관한 대법원 2003. 4. 11. 선고 2001다20134 판결은 중재판정의 성립 이후 채무의 소멸과 같은 집행법상 청구이의의 사유가 발생하여 중재판정문에 터잡아 강제집행절차를 밟아 나가도록 허용하는 것이 우리 법의 기본적 원리에 반한다는 사정이 집행재판의 변론과정에서 드러난 경우에는, 법원은 뉴욕협약 제5조 제2항 ㈏호의 공공질서 위반에 해당하는 것으로 보아 그 중재판정의 집행을 거부할 수 있다고 판시하였다. 이런 결론은 종래 항변설을 따른 것으로 타당하다.[136] 다만 집행거부근거를 공서위반으로 설명한 점은 부적절하다. 외국중재판정이 내려진 후 피신청인의 변제에 의하여 중재판정의 기초가 된 채무의 일부가 소멸하였다면, 원고가 우리 법원으로부터 집행판결을 받은 뒤에 피고가 청구이의의 소를 제기하여 집행력을 배제하는 것이 민사집행법에 충실한 견해라고 주장할 여지도 있으나, 소송절차의 경제를 위하여, 집행판결청구의 소의 단계에서 청구이의사유의 주장을 허용하는 것이 바람직하다. 위 대법원판결은 이를 허용한 최초 대법원판결이라는 점에서 의의가 있다. 이러한 결론은 외국판결에 기초한 집행판결청구의 소에도 타당하다. 집행판결청구의 소에서 청구이의사유의 주장을 허용하는 이상 피고로서는 일체의 청구이의사유를 주장할 수 있다고 본다. 물론 청구이의사유는 외국판결의 효력의 표준 시 후

135) 소개는 석광현, 제5권, 470면 주 55 참조.
136) 학설은 임복희(註 86), 247면 이하 참조.

의 사유에 한정된다.

사. 소결

이상의 논의를 통하여 외국판결의 승인 및 집행에 관하여 우리 법원이 대체로 여러 가지 논점을 올바른 방향으로 정리해 가고 있음을 확인할 수 있었지만 아쉬움이 없지는 않다.

① 승인대상에 관하여 대법원 2010. 4. 29. 선고 2009다68910 판결은 외국판결의 개념을 너무 좁게 정의하였고, 반대로 외국법원의 회생계획 인가결정의 외국판결성을 긍정한 대법원 2010. 3. 25.자 2009마1600 결정은 이를 너무 넓게 인정하였다. 더 큰 문제는 양자가 상충된다는 점이다. ② 한편 송달의 문제와 관련하여, 위에서 본 흑연전극봉사건 판결에 비추어 대법원이 민사사건에서 우편에 의한 송달에 대해 어떤 태도를 취할지 궁금하다. 송달의 적법성 판단에 관하여 기술적 부적법을 이유로 승인을 거부한 대법원 2010. 7. 22. 선고 2008다31089 판결은 지나치다. ③ 공서와 관련하여, 사기적인 방법으로 획득한 외국판결과 외국중재판의 승인 및 집행에 대하여 지금처럼 상이한 잣대를 적용하는 것이 적절한지는 의문이다. 집행판결청구의 소에서 대법원이 청구이의의 사유의 주장을 허용한 것은 타당하지만 집행거부근거를 공서위반으로 설명한 점은 적절하지 않다. 판례의 축적에 의하여 외국판결의 승인요건에 관한 법리가 정립되어 감에 따라 공서위반 여부의 판단이 실무상 주요 쟁점으로 부상하고 있다. 앞으로는 국제적 공서의 개념과 그에 위반되는 사안을 유형화해 나갈 필요가 있다. ④ 상호보증에 관하여, 대법원이 상호보증의 유무를 판단함에 있어서는 '동종 판결의 승인요건'을 비교할 것을 요구하면서도 스스로 이 원칙을 지키지 못하고 있음은 유감이다. 외국판결의 승인 및 집행에 관한 입법론은 아래(Ⅳ.와 Ⅴ.)에서 논의한다.

Ⅳ. 가사사건에서 국제재판관할과 외국판결의 승인 및 집행[137)]

근자에 외국근로자들이 한국 내에 들어와 한국인 배우자와 혼인하거나 국내

---

137) 이에 관하여는 우선 강봉수, "섭외가사사건의 제문제", 섭외사건의 제문제(하), 재판자료 제34집(1986), 25면 이하; 한숙희, "국제가사사건의 국제재판관할과 외국판결의 승인 및 집행 ―이혼을 중심으로―", 국제사법연구 제12호(2006), 3면 이하 참조.

에 이주하는 결혼이주여성이 꾸준히 증가함에 따라 국제가사사건이 증가하고 있다. 따라서 가사사건에서 국제재판관할의 문제는 그 중요성이 점차 커지고 있으므로 명확한 기준을 정할 필요가 있다. 또한 국제가족법 영역에서는 가족관계를 형성하는 법원의 재판, 특히 형성재판이 중요한 역할을 한다. 즉, 재판에 의한 이혼, 인지 또는 입양 등처럼 외국법원이 가족관계에 관한 재판을 하고 그에 의하여 형성된 가족관계가 우리나라에서 승인되는 경우도 흔하므로 그러한 재판의 승인 및 집행이 중요하고 그 전제로서 국제재판관할이 중요한 의미를 가진다. 그럼에도 불구하고 이에 대한 연구는 매우 부족한 것이 사실이고 법원도 상대적으로 적은 관심을 보이고 있다. 여기의 가사사건에는 가사소송사건과 가사비송사건이 포함된다.

1. 국제재판관할[138)]

가. 과거 대법원판례의 태도

대법원판결은 재산법상의 사건에 관하여는 4단계 접근을 하였으나, 가사사건에서는 그와 다른 접근방법을 취하였다. 예컨대 피고주소지주의를 확립한 대법원 1975. 7. 22. 선고 74므22 판결[139)]과 대법원 1988. 4. 12. 선고 85므71 판결[140)] 등을 보면, 대법원은 가사사건(특히 이혼관련사건)에서 피고 주소지관할을

138) 가사소송과 비송사건의 국제재판관할에 관하여는 권재문, "가사사건에 관한 국제재판관할규칙", 국제사법연구 제19권 제2호(2013. 12.), 3면 이하; 장준혁, "국제이혼관할에 관한 전통적 판례와 하급심에서의 수정시도", 국제사법연구 제19권 제2호(2013. 12.), 31면 이하; 석광현, "이혼 기타 혼인 관계 사건의 국제재판관할에 관한 입법론", 국제사법연구 제19권 제2호(2013. 12.), 101면 이하; 김문숙, "부양사건과 성년후견사건의 국제재판관할에 관한 입법론", 국제사법연구 제19권 제2호(2013. 12.), 147면 이하; 김원태, "섭외가사소송에서의 국제재판관할에 관한 연구", 경성법학 제5호(1996. 9.), 227면 이하; 김원태, "외국가사재판의 승인·집행에 관한 문제의 재검토", 국제사법연구 제6호(2001), 47면 이하; 김용진, "民事訴訟法改正案 중 國際訴訟에 관한 부분에 대한 檢討意見書", 국제사법연구 제4호(1999), 17면 이하; 오승룡, "섭외적 이혼관계에 관한 법적 고찰—관할과 준거법을 중심으로—", 국제사법연구 제3권(1998), 759면 이하 참조. 그 밖에도 장준혁 교수의 연구가 활발하다. 장준혁, "한국 국제이혼관할법 판례의 현황: 국제사법 제2조 신설 후의 판례를 중심으로", 민사소송 제13권 1호(2009. 5.), 33면 이하; 장준혁, "이혼소송의 국제관할: 1975년까지의 법원실무", 성균관법학 제21권 제3호(2009. 12.), 1065면 이하 참조.

139) 과거 1950년대와 1960년대 우리 하급심판결은 부의 보통재판적을 가진 지(地)의 전속관할을 정한 당시 인사소송수속법(제1조)을 기초로 부의 본국에 원칙적인 관할을 긍정하고 예외적으로 주소지관할을 인정하였으나 위 1975년 대법원판결이 외국인 간의 이혼심판청구사건에서 피고주소지주의라는 새로운 기준을 확립하였다. 최공웅(註 2), 674면 이하.

140) 후자의 판결은 "우리나라의 법률이나 조약 등에는 섭외 이혼사건의 국제재판관할에 관한

원칙으로 하면서도 예외적인 경우에는[141] 원고의 주소지관할을 인정할 수 있다는 취지로 판시하였다. 이런 판결들을 보면, 가사사건에서 민사소송법의 토지관할규정을 기초로 할 수 없음은 당연하지만, 그렇다고 하여 가사소송법(제22조)의 관할규정을 기초로 한 것도 아니다. 또한 국내법의 관할규정을 기초로 하면서 특별한 사정에 의하여 이를 수정하는 방식이 아니라, 예외적인 사정이 있는 경우 곧바로 원고의 주소지관할을 인정할 수 있다고 판시한 점에 차이가 있다.

나. 국제사법 하의 판례의 태도

주목할 것은 국제사법 개정 후 대법원 2006. 5. 26. 선고 2005므884 판결이다.

사안은 아래와 같다. 미국인인 원고는 미주리주에 법률상 주소를 두고 있던 남자로서 한국 여자인 피고와 서울에서 혼인신고를 마쳤고, 피고는 혼인 후 미국 시민권을 취득하였고, 원·피고는 1994년 7월경 한국으로 돌아온 이래 한국에서 계속 거주하였는데, 원고는 피고의 귀책사유로 인하여 혼인관계가 파탄에 이르렀다는 이유로 대구지방법원에 이혼청구와 동시에 아이들에 대한 친권자 및 양육자를 원고로 지정하여 달라는 소를 제기하였으며, 피고는 한국에서 소장 부본을 송달받고 응소하였다. 대법원판결은 "원·피고는 거주기한을 정하지 아니하고 한국에 거주하므로 모두 한국에 상거소를 가지고 있고, 혼인이 한국에서 성립되었고 혼인생활의 대부분이 한국에서 형성되었다는 점까지 고려한다면, 이 사건 이혼청구 등은 한국과 실질적 관련이 있으므로 한국 법원은 재판관할권을 가진다"고 판시하였다.

2006년 대법원판결은 ①, ②단계에 대한 설시를 생략하고 곧바로 국제사법 제2조에 따라 실질적 관련의 유무에 관한 판단으로 들어가 실질적 관련의 존재

규정을 찾아 볼 수 없으므로 섭외이혼사건에 있어서 위 규정에 의한 외국법원의 재판관할권의 유무는 섭외이혼사건의 적정, 공평과 능률적인 해결을 위한 관점과 외국판결 승인제도의 취지등에 의하여 합리적으로 결정되어야 할 것이므로 섭외이혼사건에 있어서 이혼판결을 한 외국법원에 재판관할권이 있다고 하기 위하여는 그 이혼청구의 상대방이 행방불명 기타 이에 준하는 사정이 있거나 상대방이 적극적으로 응소하여 그 이익이 부당하게 침해될 우려가 없다고 보이는 예외적인 경우를 제외하고는 상대방의 주소가 그 나라에 있을 것을 요건으로 한다고 하는 이른바 피고주소지주의에 따름이 상당하다"고 판시하였다. 이러한 설시는 위에서 본 일본 최고재판소 1964. 3. 25. 판결을 따른 것이다. 그러나 ③단계를 따른 판결도 있다. 친권자 및 양육자지정에 관한 대법원 1994. 2. 21.자 92스26 결정이 그러한 예이다.

141) 이혼청구의 상대방이 행방불명 기타 이에 준하는 사정이 있거나 상대방이 적극적으로 응소하여 그 이익이 부당하게 침해될 우려가 없다고 보여 그들에 대한 심판의 거부가 오히려 외국인에 대한 법의 보호를 거부하는 셈이 되어 정의에 반한다고 인정되는 경우를 그런 예로 든다. 이것이 긴급관할을 인정한 것인지는 불분명하다.

를 긍정하고, 나아가 원·피고의 본국법인 동시에 종전 주소지를 관할하는 미주 리주의 법에 비추어 대물소송에 해당하는 이혼청구와 대인소송에 해당하는 친권자 및 양육자지정 청구 등을 구분하여 모두 한국에 재판관할권이 있음을 긍정함으로써 '국제재판관할의 특수성'을 고려하더라도 한국에 재판관할권이 있다고 판단하였다. 이는 과거의 대법원판결과는 논리전개가 다르고, 도메인이름에 관한 2005년 대법원판결의 설시와도 상이하다.

한국의 국제재판관할을 긍정한 대법원판결의 결론은 타당하나, 국제재판관할에 관한 논점, 1975년 대법원판결이 정립한 추상적 법률론이 국제사법 하에서도 유지될 수 있는지, 아니면 도메인이름에 관한 2005년 대법원판결이 정립한 추상적 법률론이 가사사건에도 적용되는지에 관하여 지침을 제공하지 못하였음은 크게 아쉬운 점이다.

한편 하급심의 실무를 보면 2006년 대법원판결 후에도 여전히 ① 과거 대법원판결의 설시를 따른 판결도 있으나[142) ② 이와 달리 국제사법 제2조 그리고 이를 구체화한 대법원의 추상적 법률론을 따르는 판결, 즉 개별적 사안 분석에 의하는 판결도 있다.

예컨대 한국 국적과 스페인 영주권을 가진 원고가 스페인 국적을 가진 피고를 상대로 우리나라에서 이혼 및 위자료, 재산분할 등을 구한 사건에서, 서울고등법원 2013. 2. 8. 선고 2012르3746 판결은 국제사법 제2조 제1항과 도메인이름에 관한 2005년 대법원판결의 추상적 법률론을 설시한 뒤 그를 바탕으로 다양한 논거를 들어[143) 한국의 국제재판관할을 긍정하였다. 위 서울고등법원 판결은 도메인이름에 관한 2005년 대법원판결의 추상적 법률론을 충실히 따른 점에서 과거 대법원판결의 태도와 결별한 것으로 보인다. 나아가 당해 사건의 모든 사정을 분석하여 결론을 도출하는 노력을 보여주고 있는데 이는 높이 평가할 만하다. 이처럼 우리 법원은 가사사건에서도 정치한 국제재판관할규칙을 정립해 갈 것으

---

142) 예컨대 서울가정법원 2006. 8. 4. 선고 2006드단6945 판결을 들 수 있다. 원고는 필리핀인으로 한국에 주소를 두고 있고 피고는 미국인이며 미국 내에 거주하고 있다. 원·피고는 한국에서 결혼식을 하고 혼인생활을 하던 중 피고가 원고를 유기하고 미국으로 떠났다. 서울가정법원은 원·피고가 "한국에서 결혼식을 하고 혼인생활을 하다가 피고가 미국으로 떠나 원고를 유기하였기 때문에 한국의 재판관할권을 인정"한다는 취지로 판시하였다. 한숙희(註 137), 24-25면, 註 27 참조. 이는 장준혁, "한국 국제이혼관할법 판례의 현황: 국제사법 제2조 신설 후의 판례를 중심으로", 민사소송 제13권 1호(2009. 5.), 73면, 註 73에도 인용되어 있다. 당초 언급했던 서울가정법원 판결은 2005년의 것이기에 위 대법원 판결 후의 것으로 대체하였다. 이 각주는 이 책에서 새로 추가한 것이다.

143) 논거는 위 판결문 참조. 개요는 석광현(註 138), 114면 이하에도 있다.

로 예상된다. 위 스페인 사건의 상고심에서 대법원 2014. 5. 16. 선고 2013므1196 판결은 위 2005년 대법원판결의 추상적 법률론을 설시하고 원심의 판단이 정당하다고 결론을 내렸을 뿐이고 이혼사건의 국제재판관할규칙에 관하여 구체적 지침을 제시하지 않았다. 따라서 대법원이 위에 언급한 하급심의 실무 중 ②를 택한 것처럼 보이기는 하나 단정하기는 어렵다. 솔직하게 말하자면 대법원이 2006년 판결에 이어 다시 한번 자신의 직무를 해태한 것이라고 생각한다(당초 서술이 다소 부정확하여 이와 같이 수정하였다). 법원이 이처럼 사안별분석을 기초로 실질적 관련의 유무를 판단하여 개별 사건별로 국제재판관할 유무를 판단하는 것은 법적 안정성과 당사자의 예측가능성을 해할 우려가 있다. 특히 재산법상의 사건에서는 민사소송법의 토지관할규칙이 참조근거가 되나, 가사사건의 경우 그러한 지침이 없거나 약하다는 점에서 법원의 판단에 자의(恣意)가 개입할 여지가 더 크다.[144)]

따라서 국제사법에 정치한 국제재판관할규칙을 도입하는 것이 바람직하다.

한편, 국제비송사건의 경우 비송사건절차법과 가사소송법(가사비송사건의 경우)의 관할규정을 참조하여 유형별로 적절한 국제재판관할규칙을 정립할 필요가 있는데 이는 앞으로의 과제이다. 특히 비대심적 비송사건의 경우 피고주소지원칙을 적용할 수도 없다. 학설로는 마류 가사비송사건의 경우는 그것도 비송사항이며 법원에 의한 재량적 형성처분이 예정되어 있지만, 그 쟁송적 성격과 일정 한도에서 당사자의 임의처분이 허용되는 점 등에 비추어 소송사건에 준하여 관할의 존부를 판단해도 좋지만, 라류 가사비송사건은 공익성이 강하므로 여기에서는 심판의 대상으로 되는 사건 유형마다 그 문제를 심리함에 가장 적절한 법원이 어느 국가의 법원인가라는 관점에서 결정해야 한다는 견해가 있다.[145)] 이는 일반론으로서는 설득력이 있으나 더 구체화할 필요가 있다. 이 과정에서 독일의 입법(가사 및 비송사건절차법)과 관련 헤이그협약들도 참고가 될 것이다.

다. 입법론

가사사건에 관한 국제재판관할규칙을 구체화하는 것은 장래의 해석론과 입법론의 과제이다. 해석론으로서는 관할을 정한 가사소송법 제13조(통칙), 제22조

144) 혼인관계사건에 관하여는 가사소송법(제22조)의 관할규칙이 참조가 된다.

145) 김원태, "섭외가사소송에서의 국제재판관할에 관한 연구", 경성법학 제5호(1996. 9.), 231면과 그에 인용된 일본 문헌 참조.

(혼인관계소송), 제26조(친생자관계)와 제30조(입양·친양자 입양관계)를 참작하되 국제재판관할의 특수성을 충분히 고려하여 국제재판관할규칙을 도출해야 한다. 입법론을 정립함에 있어서는 이혼, 친자, 부양료사건 등 가사사건의 유형별로 적절한 국제재판관할규칙을 정립해야 할 것이다.146) 유형별로 이익상황이 다르기 때문이다. 독일의 경우 과거 민사소송법에서 혼인사건과 친자사건에 관하여 국제재판관할규칙을 두었으나 2009. 9. 1.부터는 "가사 및 비송사건절차법(FamFG)"이 규율한다.147) 우리나라에서는 민사소송법이나 가사소송법보다는 스위스처럼 국제사법에 정치한 국제재판관할규칙을 두는 것이 체계상 바람직하다. 가사소송법(제2조 제1항 나호, 제46조)에 따르면 부양에 관한 사건은 가사비송사건(마류사건)이고 이는 상대방의 보통재판적 소재지의 가정법원의 관할에 속하는데, 우리 법상 부양권리자의 보호를 위한 국제재판관할규칙을 해석론상 도입할 수 있는지, 아니면 입법론적으로 도입할 것인지를 검토할 필요가 있다.148)149) 국제비송사건에 관한 국제재판관할의 입법론에서는 위(나.의 말미)에서 언급한 해석론을 참고할 필요가 있다. 이에 관한 규정은 가사소송법에 둘 수도 있고 아니면 국제사법에 묶어서 규정할 수도 있다.

---

146) 유럽연합에는 현재 혼인과 친권(부모책임) 사건의 판결의 승인과 집행에 관한 이사회규정, 즉 2003년 브뤼셀Ⅱbis(또는 브뤼셀Ⅱa)가 있다. 혼인관계사건에 관하여는 석광현(註 138), 101면 이하 참조. 친자관계사건에서는 아동상거소지의 관할을 인정할 필요가 있는데, 이는 우리나라에서도 발효된 1980년 "국제적 아동탈취의 민사적 측면에 관한 협약"에 이미 반영되어 있다고 본다. 석광현, "국제아동탈취의 민사적 측면에 관한 헤이그협약과 한국의 가입", 서울대학교 법학 제54권 제2호(통권 제167호)(2013. 6.), 93-94면 참조.

147) 2009. 9. 1.부터 FamFG, 즉 "가사 및 비송사건절차법"(Gesetz über das Verfahren in Familiensachen und in den Angelegenheiten der freiwilligen Gerichtsbarkeit)에 의해 대체되었다. 가사 및 비송사건의 국제재판관할은 FamFG, § 98-§ 106에 의해 규율된다.

148) 입법론으로서 이를 도입하자는 견해가 있다. 김용진, "民事訴訟法改正案 중 國際訴訟에 관한 부분에 대한 檢討意見書", 국제사법연구 제4호(1999), 44면 이하; 김문숙(註 138), 178면 이하. 유럽연합의 부양규정(제3조)에 따르면 부양권리자는 부양권리자의 상거소지 법원에서도 제소할 수 있는데 이는 부양권리자를 보호하기 위한 것이다.

149) 가사소송에서도 국제적 소송경합이 문제되는데, 그 경우 특히 파행적 법률관계의 방지와 가사판결의 효력 확장에 따른 제3자의 절차적 보호라는 점이 중요하며, 또한 제척기간이 정해져 있는 경우가 많으므로 내국의 후소를 각하하기보다는 소송절차를 중지하는 것이 적절하다는 의견이 있다. 김원태, "가사소송의 국제적 경합", 비교사법 제16권 제3호(통권46호)(2009. 9.), 624면.

2. 외국가사재판의 승인 및 집행

가. 외국가사재판의 승인과 민사소송법 제217조의 적용 여부

구 민사소송법 제203조(민사소송법 제217조에 상응)가 외국법원의 가사판결에도 적용되는지에 관하여는 ① 직접 적용된다는 견해, ② 이를 부정하면서 유추적용하거나, 더 나아가 조리에 의하여 유사한 요건을 요구하는 견해가 있었고, 후자에는 송달요건과 상호보증 요건은 제외하는 견해 등이 있었다.[150] 그러나 종래 판례[151]와 호적실무[152]는 구 민사소송법 제203조가 이혼판결을 제외한 가사에 관한 외국판결에도 적용되는 것으로 보았다. 여기에서 승인대상, 송달요건과 상호보증요건이 문제된다.

첫째, 민사소송법 제217조의 승인대상인 외국판결은 당사자 쌍방의 심문을 보장하는 대심적 소송절차 내에서 내려진 것이어야 한다는 대법원 2010. 4. 29. 선고 2009다68910 판결에 따르면 비대심적 비송사건에서 내려진 외국재판은 승인될 수 없으므로[153] 해석론과 입법론상 이를 완화해야 한다.[154] 재산법상의 사건에서와 달리 가사사건에서는 형성판결과 확인판결이 중요한 의미를 가진다.

둘째, 송달요건. 비대심적 비송사건(예컨대 비대심적인 라류 비송사건)의 경우 피고 또는 피신청인의 방어권보장을 위한 송달요건은 문제되지 않으나, 그 경우에도 이해관계인에 대한 통지는 필요하므로 이를 어떻게 고려할지 문제된다.

셋째, 상호보증요건. 가사사건에 관하여, 나아가 가사비송사건에 관하여 상호보증요건이 필요한가인데 견해가 나뉜다. 명문의 근거가 없으므로 필요하다는

---

150) 학설은 강봉수(註 137), 320-321면; 한숙희(註 137), 39면 참조.

151) 대법원 1971. 10. 22. 선고 71다1393 판결; 대법원 1989. 3. 14. 선고 88므184, 191 판결; 대법원 2009. 6. 25. 선고 2009다22952 판결.

152) 이에 관하여는 박동섭, 주석가사소송법(1998), 863-864면 참조.

153) 비송사건의 개념을 정확히 정의하기는 어려우나 호문혁(註 3), 59-60면은, 소송절차에서는 양 당사자가 대립하여 승소한 당사자와 패소한 당사자가 구별되나, 비송사건에서는 당사의 대립 양상보다는 양 당사자가 '함께' 법원에 일정한 내용의 재판을 신청하는 모습, 즉 편면적 구조를 띠는 것이 보통이라고 한다.

154) 아동인도에 관한 사건에서 서울고등법원 1985. 8. 20. 선고 84나3733 판결은, 독일인과 혼인하여 독일 국적을 취득한 한국인 모에 대하여 독일인 부가 제기한 자의 인도청구사건에서 상호보증의 존재를 긍정한 바 있다. 그러나 자의 인도를 구하는 청구는 비송사건으로 이해되는데 그렇다면 외국법원의 유아인도명령의 집행을 다룸에 있어서는 구 민사소송법 제203조를 곧바로 적용하는 대신 동조가 비송사건에 어떻게 유추적용되는지를 검토했어야 할 것이다. 서울고등법원으로서도 상호보증의 유무를 판단함에 있어서 독일 민사소송법이 아니라 당시 비송사건절차법의 요건을 검토했어야 할 것이다.

긍정설도 있는데 판례도 후자로 보인다. 예컨대 대법원 2009. 6. 25. 선고 2009다22952 판결도 이를 전제로 한국과 캐나다 온타리오주 사이에 상호보증이 있다고 판단하였다. 그러나 외국법원의 가사판결에도 상호보증을 요구하면 파행적 법률관계가 발생할 가능성이 커진다. 상호보증을 요구함으로써 당사자이익이 침해되는데, 가사사건의 경우는 그 성격상 당사자이익뿐만 아니라 파행적인 신분관계의 창설에 의하여 거래이익과 국가이익도 침해되기 때문에 상호보증을 요구하는 것은 문제가 있으므로 이를 완화할 필요가 있다. 비록 활발하지는 않지만 그래도 학설상으로는 가사사건에서 승인대상, 송달요건과 상호보증요건에 관한 논의가 있는 데 반하여, 판례, 특히 대법원판결에서는 이에 대한 고민이 보이지 않는 점은 잘 이해되지 않는다. 아마도 이를 이유로 승인을 거부한 사례가 없기 때문인지 모르겠다. 논자에 따라서는 민사소송법 개정 제217조 제1항 제4호가 상호보증요건을 완화했으므로 개정할 필요가 없다고 주장할지 모르나 아래에서 보듯이 이는 기존 판례를 이상하게 명문화한 것으로 굳이 개정할 필요가 없는 조문에 불과하므로 그로써 해결되는 것은 아니다.

민사소송법이 요구하지 않으므로 준거법요건은 요구되지 않는다. 구 민사소송법 하에서 네바다주 법원의 이혼판결의 승인에 관하여 서울고등법원 1971. 5. 12. 선고 70나1561 판결은 섭외사법에 따라 지정되는 준거법인 민법을 적용하지 않았고 그보다 훨씬 불리한 판결이라는 이유로 위 이혼판결의 승인을 거부한 바 있으나, 준거법요건은 승인요건이 아니다. 따라서 준거법에 대한 통제는 결국 실체적 공서의 문제로 해결해야 할 것이다. 예컨대 유책배우자의 이혼청구임에도 불구하고 파탄주의에 기한 외국판결의 승인은 준거법으로 통제할 것이 아니라 실체적 공서의 문제로 접근해야 한다. 이 경우 우리 법원이 우리 법을 적용했더라면 이혼청구를 인용하지 않았을 것이라는 이유만으로 외국이혼판결의 승인이 공서위반이 되는 것은 아니다. 위에서 언급한 것처럼 국제가족법의 영역에서는 준거법에 추가하여 가족관계를 형성하는 법원의 재판이 중요한 역할을 하는데 그 경우 우리나라는 준거법에 대한 통제를 하지 않는다. 즉, 외국법원이 적용한 준거법에 관계없이 외국판결을 승인하므로 국제민사소송법(또는 준거법결정원칙을 제외한 광의의 국제사법)에 의해 협의의 국제사법이 배제되는 결과가 된다. 이를 가리켜 "(협의의) 국제사법에 대한 국제민사소송법의 우위(Vorrang IZPRs vor IPR)" 또는 "국제사법에 갈음하는 승인(Anerkennung statt IPR)"이라고 부르기도 한다.[155)]

155) 이는 석광현, 국제민사소송법: 국제사법(절차편)(2012), 4면 참조.

이처럼 외국판결을 승인함으로써 외국의 협의의 국제사법규칙을 승인하는 결과가 되므로 협의의 국제사법의 중요성이 약화되는 측면이 있다.

나. 외국가사재판의 승인의 효력: 특히 입양재판

승인요건이 구비되면 외국판결의 기판력과 형성력이 자동적으로 한국에 미친다. 승인요건이 구비되지 않으면 이혼판결이 선고된 외국에서는 남남이지만 한국에서는 여전히 부부인 파행적 혼인(limping marriage)이 발생한다. 입양특례법이 개정된 2012년 8월 전에는 우리 아동이 수령국인 외국으로 가서 입양재판을 받았으므로 미국 등 입양재판이 한국에서 승인되는지가 문제였다. 이처럼 외국법원이 입양재판을 할 경우 그런 비송사건재판에 대해 민사소송법 제217조가 유추적용되는지가 문제된다.[156] 1960년대 이후 대규모 해외입양이 행해졌음을 고려한다면 비송사건재판의 승인 법제가 정비되지 않은 사실은 놀라운 일이다. 이는 우리 사회의 국제사법적 사고의 빈곤, 아니 결여를 보여준다. 우리 법원이 입양재판을 하는 현재에는 수령국인 외국에서 그 승인이 문제된다. 가까운 장래 우리나라가 1993년 헤이그입양협약을 비준한다면 이 점은 입양협약에 의해 규율될 것이다.[157]

다. 외국판결의 집행과 가족관계등록부의 기재

일정 금원의 지급을 명한 외국법원의 이행판결을 집행하기 위하여 집행판결을 받아야 함은 명백하나, 가족관계등록부의 기재를 위해 외국법원의 가사판결에도 집행판결이 필요한지는 논란이 있다.[158] 과거 유력설과 판례는 법률관계를 명확히 하는 실익이 있을 때에는 이행판결이 아니더라도 집행판결을 구할 수 있고, 특히 형성판결인 이혼판결에 기한 가족관계등록부 기재를 '광의의 집행'으로 보아 집행판결을 받으라는 식의 이론 구성을 하였다.[159] 그러나 미국 법원의 이혼판결을 받은 재미교포들의 경우 상호보증의 결여를 이유로 미국 판결에 기하여 호적기재를 하지 못하고 다시 한국에서 이혼소송을 제기해야 하는 불편이 발

156) 석광현, "국제입양에서 제기되는 國際私法의 제문제: 입양특례법과 헤이그입양협약을 중심으로", 375면 이하 참조.

157) 우리나라는 2013. 5. 24. 입양협약에 서명하였으나 아직 비준하는 않았다. 입양협약의 개관은 석광현(註 21), 500면 이하 참조.

158) 상세는 석광현, 국제민사소송법, 425면 이하 참조.

159) 최공웅(註 2), 404면.

생하자 법원은 대법원예규[160]에 의하여 이혼판결에 대하여는 집행판결을 요구하지 않는 것으로 정리하였다. 위 예규에 따르면 담당 공무원은 승인요건의 구비 여부가 명백하지 않으면 감독법원에 질의하고 회답을 얻어 처리해야 하지만 실무상 이를 생략함으로써 승인요건이 미비된 이혼이 가족관계등록부에 기재되는 일이 발생하고 있다. 따라서 불의에 이혼을 당한 당사자가 이혼무효확인의 소를 제기해서 당해 이혼판결이 한국에서 효력이 없음을 주장하고 입증해야 하는 불합리한 사례가 발생하고 있다.[161][162]

그러나 가족관계등록부의 기재는 본래의 집행이 아니므로 외국판결에 따른 신분관계의 변동을 기재하기 위해 집행판결을 요구하는 것은 부적절하다. 또한 다른 가사사건 판결에 대하여는 집행판결을 요구하면서 이혼판결에 대해서만 예외를 인정할 근거도 없다. 더욱이 민사소송법의 해석론을 예규로써 바꿀 수는 없다. 그렇지만 외국가사재판의 승인요건의 구비 여부에 관한 판단을 가족관계등록공무원에게 맡기는 것은 무리이므로 입법론으로는 법원이나 적절한 기관이 승인요건의 구비 여부를 유권적으로 판단하도록 할 필요가 있다. 독일에서는 '가사사건과 비송사건의 절차에 관한 법률(FamFG)'(가사 · 비송법) 제107조에 따라 주법원행정처(Landesjustizverwaltung) 내지는 고등법원(OLG)의 장이 승인요건의 구비 여부를 확정한다.[163] 이 점을 가사소송법이나 가족관계의 등록 등에 관한 법

160) 이는 2007. 12. 10. 가족관계등록예규 제173호(외국법원의 이혼판결에 의한 가족관계등록사무처리지침), 제175호(외국법원의 이혼판결에 의한 이혼신고)와 제419호(외국법원의 이혼판결에 의한 가족관계등록사무 처리지침)에 따른 것이다. 다만, 외국판결상 피고인 우리 국민이 해당 외국판결에 의한 이혼신고에 동의하거나 스스로 이혼신고를 한 경우 또는 민사집행법에 따라 집행판결을 받은 경우에는 감독법원에 질의할 필요가 없다.

161) 예컨대 대법원 2002. 11. 26. 선고 2002므1312 판결 참조.

162) 한편 1996. 10. 24. 호적선례(제4-25호)에 따르면 외국(미국)법원의 입양판결에 대하여는 집행판결을 받지 않아도 된다. 그 근거는 입양결정(판결)은 국가가 후견적 사무로서 행하는 행정작용에 불과한 것으로 당사자 간의 분쟁을 전제로 하는 소송에 대한 종국적 재판과는 그 성질이 다르기 때문이라고 한다. 정주수, "국제입양의 실무적 고찰", 법무사 436호(2003. 10.), 14면(이선미, "국제입양 관련 실무 현황과 과제", 2018. 6. 20. 한국국제사법학회 창립 25주년 기념 공동학술대회 발표자료, 72면에서 재인용)도 위 선례와 동일하다. 그러나 외국비송사건 재판의 승인이라는 개념이 인정되는 오늘날 이런 논리는 타당하지 않으며 외국비송사건재판에 대하여도 민사소송법 제217조가 적용되는 것을 당연한 전제로 하는 대법원판결의 태도에도 반한다. 위 이선미, 72면 각주 67은 종래 외국 법원의 이혼판결의 경우 집행판결이 불필요하다고 보는 것과의 균형상 외국 법원의 입양판결도 동일하게 볼 수 있다고 하면서 외국법원의 파양판결에 대하여 집행판결을 한 사례가 있다고 소개한다(서울중앙지방법원 2017. 11. 24. 선고 2016가합565797 판결). 이 각주는 이 책에서 새로 추가한 것이다. 따라서 아래 각주의 번호를 수정하였다.

163) 사법권에 속하는 이런 사항을 행정절차로 처리하는 것은 독일 기본법이 정한 권력분립의 원칙에 반한다는 견해도 있다. Geimer(註 96), Rn. 264. 그러나 독일의 판례와 다수설은 문제

률에 명시할 수 있을 것이다.

라. 입법론

가사사건에서 승인대상, 송달요건과 상호보증요건에 관한 논란을 불식하고, 가족관계등록부의 기재를 위해 집행판결이 필요한지를 명확히 하기 위해 입법적 해결이 필요하다. 근자에 가사소송법의 개정작업이 진행되었고 그 과정에서 외국가사재판의 승인 및 집행에 관하여 논의가 있었으나 규정을 두지 않기로 결정되었다. [밑줄 부분은 이 책에서 새로 추가한 것이다.] 입법론으로서는 가사소송법에서 민사소송법 · 민사집행법을 준용하거나, 별도 조문을 두거나 아니면 국제사법에 묶어서 규정할 수도 있다.

Ⅴ. 민사소송법 및 민사집행법의 2014년 5월 개정내용과 평가

2014. 5. 20. 민사소송법 제217조, 민사집행법 제26조와 제27조가 개정되었고 민사소송법 제217조의2가 신설되었다. 과거 일부 국회의원들이 민사소송법 개정안과 민사집행법 개정안을 발의하여 2012년 1월 국회에서 공청회가 개최되었을 때[164] 저자도 토론한 바 있으나[165] 이처럼 개정이 실현될 줄은 몰랐다. 법제사법위원회의 심사보고서는 제안이유로서, 한 · EU FTA, 한미 FTA 발효 등으로 국내기업의 외국에서의 경제활동 증가에 따라 국내기업에 대한 외국에서의 소송 또한 증가할 것으로 예상되나, 외국 소송은 법문화와 법체계상의 차이뿐만 아니라 언어와 소송절차 등에서 국내기업에 불리하게 진행되는 경우가 많을 것

가 없다고 본다. Heinrich Nagel/Peter Gottwald, Internationales Zivilprozeßrecht, 7. Auflage (2013) §13 Rn. 23. 참고로 장준혁, "다문화가족의 국제사법적 쟁점—양자적 이혼승인조약의 체결방안—", 가족법연구 제30권 제3호(통권 제57호(2016. 11.)), 392면은 "유럽연합에서조차도, 신분장부 기재를 위해서는 외국이혼판결을 자동승인하지 않고 승인결정(집행가능선언)을 요구하는 것으로 규정하고 있는 점에도 주목할 필요가 있다"고 설명한다. 독일 FamFG 제107조와 제108조는 외국이혼판결의 경우 승인결정을 요구하면서도 다른 분야의 가사재판에는 자동승인제를 취하나, 브뤼셀Ⅱ bis(제21조 제2항)는 독일의 FamFG와 달리 외국이혼판결의 신분등록부 기재를 위하여 자동승인을 규정한다. 장준혁 교수의 설명은 FamFG에 대하여는 타당하나 브뤼셀Ⅱ bis의 설명으로서는 타당하지 않은 것으로 보인다. 이 각주는 이 책에서 새로 추가한 것이다.

164) 당시 개정안의 주요내용은 이규호, "국제민사소송절차의 개선방안—관련 법안의 검토를 중심으로—", 공청회 자료집, 40면 이하 참조.

165) 소개는 석광현, 제5권, 485면 이하 참조.

으로 예상되므로 외국법원의 판결을 국내에서 승인하거나 집행할 경우에 국내기업이 외국법원에서 절차상의 불공정한 재판을 받았는지 또는 외국법원의 판결이 한국의 법질서나 선량한 풍속에 위배되는 것인지의 여부를 국내법원이 직권으로 조사하게 함으로써 외국법원의 부당한 재판이나 판결로부터 국내기업을 보호하고자 한다고 밝히고 있다.[166] 아래에서는 개정내용을 소개하고 평가를 덧붙인다.

1. 민사소송법 조문

제217조(외국재판의 승인)
① 외국법원의 확정판결 또는 이와 동일한 효력이 인정되는 재판(이하 "확정재판등"이라 한다)은 다음 각호의 요건을 모두 갖추어야 승인된다.
1. 대한민국의 법령 또는 조약에 따른 국제재판관할의 원칙상 그 외국법원의 국제재판관할권이 인정될 것
2. 패소한 피고가 소장 또는 이에 준하는 서면 및 기일통지서나 명령을 적법한 방식에 따라 방어에 필요한 시간여유를 두고 송달받았거나(공시송달이나 이와 비슷한 송달에 의한 경우를 제외한다) 송달받지 아니하였더라도 소송에 응하였을 것
3. 그 확정재판등의 내용 및 소송절차에 비추어 그 확정재판등의 승인이 대한민국의 선량한 풍속이나 그 밖의 사회질서에 어긋나지 아니할 것
4. 상호보증이 있거나 대한민국과 그 외국법원이 속하는 국가에 있어 확정재판등의 승인요건이 현저히 균형을 상실하지 아니하고 중요한 점에서 실질적으로 차이가 없을 것

② 법원은 제1항의 요건이 충족되었는지에 관하여 직권으로 조사하여야 한다.

제217조의2(손해배상에 관한 확정재판등의 승인)
① 법원은 손해배상에 관한 확정재판등이 대한민국의 법률 또는 대한민국이 체결한 국제조약의 기본질서에 현저히 반하는 결과를 초래할 경우에는 해당 확정재판등의 전부 또는 일부를 승인할 수 없다.
② 법원은 제1항의 요건을 심리할 때에는 외국법원이 인정한 손해배상의 범위에 변호사보수를 비롯한 소송과 관련된 비용과 경비가 포함되는지와 그 범위를 고려하여야 한다.

제217조의 제목이 '외국판결의 효력'에서 '외국판결의 승인'으로 변경되었으나 이는 내용상 변경은 아니다. 기존의 조문이 제1항이 되고, 제2항이 신설되었다. 제1항 중 제1호와 제2호는 전과 동일하고, 개정된 점은 아래와 같다.

166) 민사소송법 일부개정법률안 심사보고서(2014. 4.), 2면 참조.

가. 제217조

⑴ **승인대상**(제1항 본문)

제1항 본문은 승인대상으로서 외국법원의 확정판결만을 규정하던 구 제1항을 개정하여 “외국법원의 확정판결 또는 이와 동일한 효력이 인정되는 재판”으로 확장하였다. 과거에도 확정재판이 포함되는 것으로 해석되었으므로[167] 이런 개정은 문제가 없으나 두 가지 점을 검토할 필요가 있다.

첫째, 확정판결과 동일한 효력은 기판력을 의미하는 것으로 보인다. 외국법상 화해판결과 인낙판결이 확정판결과 동일한 효력을 가진다면 이들은 확정판결과 동일한 효력이 있는 재판에 해당하겠지만 기판력이 없으면 그렇게 볼 수는 없다. 화해조서와 인낙조서에 제217조를 유추적용할지는 논란의 여지가 있다.

둘째, 이런 개정이 가사사건과 비송사건에 미치는 영향을 고려해야 한다. 제1호가 확정재판이라고 하므로 이제는 비송사건에도 제217조의 모든 요건이 적용된다는 견해도 주장될 수 있다. 그러나 위 개정이 특히 가사사건과 비송사건을 염두에 둔 것은 아니므로 저자는 그런 견해를 지지하지 않으며 비송사건에 관한 종래의 학설대립은 여전히 가능하다고 본다. 제217조를 개정하는 과정에서 가사사건과 비송사건도 고려하여 그 취지를 명시했더라면 하는 아쉬움이 있으나, 이는 국제사법 또는 가사소송법과 비송사건절차법에서 다룰 수도 있다.

⑵ **공서요건**(제1항 제3호)

제1항 제3호는 종래 학설상 인정되던 것처럼 공서에는 실체적 공서와 절차적 공서가 있음을 명확히 한 것이다. 위에서 본 대법원 2004. 10. 28. 선고 2002다74213 판결도 “외국판결의 내용 자체뿐만 아니라 외국판결의 성립절차에 있어서 공서에 어긋나는 경우도 승인 및 집행의 거부사유에 포함될 것”이라고 판시하였다. ‘성립절차’를 ‘소송절차’로 변경한 점이 눈에 띈다. 이를 굳이 명시할 필요는 없지만 규정해도 문제될 것은 없다.[168] 문제는 공서요건과 제217조의2와의 관계인데 이는 아래에서 논의한다.

⑶ **상호보증요건**(제1항 제4호)

제1항 제4호는 상호보증의 개념을 정의한다. 그러나 상호보증의 개념을 제4호 후단과 유사하게 정의한 대법원 2004. 10. 28. 선고 2002다74213 판결이 선고

---

167) 석광현, 제1권, 264면.

168) 저자는 과거 이런 취지의 입법론을 제안한 바 있다. 석광현, 제1권, 429면.

됨으로써 판례가 사실상 이미 변경되었으므로 이런 개정은 불필요하다.169) 특히 제4호가 상호보증의 개념을 풀어서 규정하면서 "상호보증이 있거나"라는 문언을 두는 점은 잘못이다. 왜냐하면 개정된 제4호는 "상호보증이 있거나 상호보증이 있을 것"이라고 규정한 셈이기 때문이다.170) 국회가 주도한 입법이 이런 식으로 부실하게 이루어지는 점은 실망스럽다. 기왕 규정을 한다면 상호보증요건은 동종의 재판에 관하여 필요하다는 점을 명시하는 편이 좋았을 것이다.171)

(4) 직권조사의무(제2항)

제2항은 법원이 승인요건을 직권으로 조사하도록 명시한다. 굳이 명시하지 않더라도 법원은 그렇게 판단할 것이다. 과거 논란이 있었던 것은 송달요건인데, 저자는 이를 피고의 항변이 있는 경우에 판단하면 족하다고 하였지만, 위에서 본 것처럼 대법원 2010. 4. 29. 선고 2009다68910 판결은 이를 직권으로 조사해야 한다고 판시하였기 때문이다.

나. 제217조의2: 손해배상에 관한 재판의 승인 제한

신설된 제217조의2는 손해배상에 관한 확정재판등의 승인에 관하여, 손해배상에 관한 확정재판등이 한국의 법률 또는 조약의 기본질서에 현저히 반하는 결과를 초래할 경우에는 그의 전부 또는 일부를 승인할 수 없다고 규정한다. 이는 전보배상이 아닌 징벌배상 또는 수배배상을 명한 외국재판의 승인 및 집행을 적정범위로 제한한다. 이는 별도조문이 없어도 공서요건으로 해결할 수 있는 성질의 것이지만 비전보배상을 명하는 재판에 관한 한 그 취지를 명확히 함으로써 법적 안정성을 제고하기 위한 것으로 이해할 수 있을 것이다. [밑줄 부분은 이 책에서 새로 추가한 것이다.] 여기에서 몇 가지 의문이 있다.

첫째, 국어의 문제로서 기본질서가 조약에만 걸리는지 아니면 법률에도 걸리는지는 문면상 애매하나 일단 법률에도 걸리는 것으로 보인다. 즉 한국 법률의 기본질서에 현저히 반하는 경우에만 제217조의2가 적용된다는 것이다.

---

169) 저자는 과거 이런 취지의 입법론을 제안한 바 있는데(석광현, 제1권, 429면), 당시에는 판례가 사실상 변경되지 않았기 때문이었다.

170) 대법원 2016. 1. 28. 선고 2015다207747 판결도 "우리나라와 외국 사이에 같은 종류의 판결의 승인요건이 현저히 균형을 상실하지 아니하고 외국에서 정한 요건이 우리나라에서 정한 그것보다 전체로서 과중하지 아니하며 중요한 점에서 실질적으로 거의 차이가 없는 정도라면 민사소송법 제217조 제1항 제4호에서 정하는 상호보증의 요건을 갖춘 것으로 보아야 한다"고 판시하였다. 이 각주는 이 책에서 새로 추가한 것이다.

171) 저자는 과거 그와 같이 제안했었다. 석광현, 제1권, 422-423면, 429면.

둘째, 위 조문과 공서조항의 관계는 불분명하다. 제217조의2를 신설한 것은 외국재판의 승인이 비록 공서에는 반하지 않더라도, 한국 법률의 기본질서 또는 조약의 기본질서에 현저히 반하는 결과를 초래할 경우에는 승인을 거부한다는 취지인지 애매하다. 또한 우리의 기준에 비추어 과도하지만 전보배상을 명한 외국재판의 승인을 통제하자면 어느 조문을 근거로 삼아야 하는지도 애매하다. 나아가 공서위반의 맥락에서는 공서의 범위를 제한하기 위하여 그것이 국제적 공서에 한정됨을 강조하는데, 제217조의2는 외국재판이 한국의 법률 또는 한국이 체결한 조약의 기본질서에 현저히 반하는 결과를 초래하면 적용되므로 국제적 고려를 할 여지가 없거나 약한 것처럼 보인다. 이것이 옳은 해석인지, 나아가 제217조의2를 도입한 실익은 무엇인지 의문이다. <u>이에 대하여 대법원 2015. 10. 15. 선고 2015다1284 판결과 대법원 2016. 1. 28. 선고 2015다207747 판결은 민사소송법 제217조의2제1항은 징벌적 손해배상과 같이 손해전보의 범위를 초과하는 배상액의 지급을 명한 외국법원의 확정재판 등의 승인을 적정범위로 제한하기 위하여 마련된 규정이므로 당사자가 실제로 입은 손해를 전보하는 손해배상을 명하는 외국법원의 재판에는 적용될 수 없다는 취지로 판시하였다. 이에 대한 평가는 석광현, 손해배상을 명한 외국재판의 승인과 집행: 2014년 민사소송법 개정과 판례의 변화를 중심으로, 국제사법연구 제23권 제2호(2017. 12.), 277면 이하 참조.</u> [밑줄 부분은 이 책에서 새로 추가한 것이다.]

셋째, 제2항은 법원이 제1항의 요건을 심리할 때 외국법원이 인정한 손해배상의 범위에 변호사보수를 비롯한 소송과 관련된 비용과 경비가 포함되는지와 그 범위를 고려하여야 한다고 규정한다. 여기에서 그 취지가 무엇인지 애매하다. 우선 피해자가 입은 손해의 정도와 관계없이 가해자의 제재와 일반예방을 목적으로 부과되는 현저히 고액인 징벌배상의 승인은 공서에 반하지만, 징벌배상이라고 하여 일률적으로 이를 거절할 것은 아니고 그 중 일부가 보상적 기능을 하는 때에는 그 범위 내에서 승인할 수 있을 것이라는 견해[172)]를 반영한 것처럼 보인다. 그러나, 국회의 검토보고서를 보면, 위와 달리 오히려 외국판결에 따른 변호사 보수를 비롯한 소송비용이 과다할 경우에도 한국의 사회질서에 반한다고 판단하여 그 부분에 대한 승인을 일부 거부하려는 취지로 보인다.[173)] 이는 비록

172) 예컨대 석광현, 제1권, 405면. 예비초안(제33조 제3항)은 징벌배상이 원고에게 발생한 소송비용의 전보를 목적으로 하는 범위 내에서는 이를 비전보적 손해배상으로 취급할 것이 아님을 명시한다.

173) 민사소송법 법률 일부개정법률안, 민사집행법 법률 일부개정법률안(이군현의원 대표발의, 제

전보적 손해배상이라고 하더라도 변호사 보수 기타 소송비용이 과다한 경우에는 그의 승인을 제한함으로써 우리 기업을 보호하려는 취지로 짐작된다.[174] 우리의 기준에 비추어 과도하지만 전보배상을 명한 외국재판의 승인에 대한 통제는 제1항에 의하여, 그리고 과다한 변호사 보수 기타 소송비용의 승인에 대한 통제는 제2항에 의하여 하라는 취지인지 불분명하다.

넷째, 현행법 하에서 삼배배상을 명한 미국판결을 어떻게 처리할 것인가는 문제이다. 과거 우리 법제가 삼배배상제도를 인정하지 않았던 시절에는 위에서 본 수원지방법원 평택지원 2009년 판결처럼 삼배배상을 명한 외국재판의 승인 및 집행은 손해전보에 목적이 있는 우리 손해배상제도와 근본이념이 다르다는 이유로 그 부분의 승인 및 집행을 거부할 수 있었다. 그러나 우리나라가 "하도급거래 공정화에 관한 법률"(제35조 제2항)을 통하여 삼배배상제도를 도입한 이상 삼배배상의 지급을 명한 외국재판의 승인 및 집행이 당연히 우리의 공서에 반한다고 할 수는 없다는 것이다. 저자는 과거 국회공청회에서는 물론 다른 기회에 이 점을 지적한 바 있으나,[175] 금번의 개정과정에서 이에 대한 고민이 반영되지 않은 것 같다. 저자는 과거 제안에 대해, 굳이 그러한 개정을 할 필요가 없다고 보면서도 기본적으로 지지하는 견해를 피력하였으나[176] 이는 ① 개정 문언이 공서요건을 구체화한 것이라는 점과, ② 삼배배상제도가 우리 법질서에 도입되었으므로 삼배배상의 지급을 명한 외국판결의 승인을 적절히 해결하는 것을 전제로 하는 것이었다. 만일 제217조의2가 공서요건으로 해결하는 것보다 외국판결의 승인 및 집행을 제한하려는 의도에서 비롯된 것이라면 저자는 이를 지지하지 않으며, 해석론으로서도 그런 견해를 저지해야 한다고 믿는다. 이 점은 그 후 발표한 논문에서 상세히 논의하고 제217조의2의 개정방향을 제시하였다. 석광현, "손해배상을 명한 외국재판의 승인과 집행: 2014년 민사소송법 개정과 그에 따른 판례의 변화를 중심으로", 국제사법과 국제소송 제23권 제2호(2017. 12.), 248

7667, 7673호)에 대한 2014년 2월의 검토보고서, 11면은 제217조 제2항 "외국법원이 인용한 변호사 보수를 비롯한 소송비용이 과도하다고 판단한 경우에는 그 범위에서 승인을 거부할 수 있다"에 대한 것이다.

174) 검토보고서, 12면은 한 · 미 FTA(제18.10조 제7항)에서는 상대방 사법당국은 저작권 침해 및 상표위조 관련 관한 민사 사법절차의 종결 시 패소자로 하여금 합리적인 변호사 보수를 승소자에게 지급하도록 명할 수 있게 하고 있으므로 지나치게 소송비용을 제한할 경우 이 조항과 관련된 분쟁을 야기할 소지가 있다고 지적한다.

175) 석광현, 국제민사소송법, 436면.

176) 석광현, 국제민사소송법, 435면.

면 이하 참조. [밑줄 부분은 이 책에서 새로 추가한 것이다.]

다섯째, 사소한 것이기는 하나, '국제조약'이라고 하기보다는 '조약'이라고 하는 것이 국제법의 용어나 제217조 제1항 제1호와도 일관성이 있다.

2. 민사집행법 조문

제26조(외국재판의 강제집행) ① 외국법원의 확정판결 또는 이와 동일한 효력이 인정되는 재판(이하 "확정재판등"이라 한다)에 기초한 강제집행은 대한민국 법원에서 집행판결로 그 강제집행을 허가하여야 할 수 있다.
② 집행판결을 청구하는 소(訴)는 채무자의 보통재판적이 있는 곳의 지방법원이 관할하며, 보통재판적이 없는 때에는 민사소송법 제11조의 규정에 따라 채무자에 대한 소를 관할하는 법원이 관할한다.
제27조(집행판결) ① 집행판결은 재판의 옳고 그름을 조사하지 아니하고 하여야 한다.
② 집행판결을 청구하는 소는 다음 각호 가운데 어느 하나에 해당하면 각하하여야 한다.
1. 외국법원의 확정재판등이 확정된 것을 증명하지 아니한 때
2. 외국법원의 확정재판등이 민사소송법 제217조의 조건을 갖추지 아니한 때

여기에서는 첫째, 제26조의 제목을 외국재판으로, 확정판결을 "확정판결 또는 이와 동일한 효력이 인정되는 재판"으로 개정하고, 둘째, 집행판결로 그 적법함을 선고하여야 할 수 있다는 것을 집행판결로 그 강제집행을 허가하여야 할 수 있다고 개정한 외에는 달라진 점이 없다. 전자는 승인대상을 확장한 민사소송법 제217조 제1항 본문의 개정의 연장선상에 있다. 후자는 반드시 개정해야 하는 것은 아니지만, 그 적법함이 강제집행의 적법함인지 아니면 외국재판의 적법함인지에 관한 논란의 여지를 해소하고, 법원이 실무상 사용하는 집행판결의 주문과 일치시킨 것이다.[177]

제27조 제1항 제1호에서 "외국법원의 확정재판등이 확정된 것을 증명하지 아니한 때"라는 것은 부적절하다. 예컨대 외국법원의 확정판결이라 함은 확정된 판결을 말하는데, 위 문언은 확정된 판결이 확정된 것을 증명하지 아니한 때라는 것을 의미하기 때문이다. 물론 외국법원의 재판이 확정되었더라도 증명하지 않으면 그에 해당하겠지만, 위 조문의 당초 의도는 외국법원의 재판이 확정되지 않았다는 점이기 때문이다. 따라서 외국법원의 "외국법원의 확정재판등이"를

177) 저자는 1998년 법원행정처에 제시한 개정안에서 이런 취지를 담아 "… 强制執行이 허용됨을 선언한 때"로 수정하자고 제안한 바 있었다. 석광현, 제1권, 428면 참조.

"외국법원의 재판이"라고 수정하는 것이 적절하다. 제27조 제2항 제1호의 문언은 2014년 개정 시 개악된 셈인데 이는 국회의 부주의를 보여준다. [밑줄 부분은 이 책에서 새로 추가한 것이다.]

3. 경과규정

민사소송법과 민사집행법은 2014. 5. 20. 개정되었는데 양법의 부칙은 "이 법은 공포한 날부터 시행한다"고만 규정할 뿐이고 달리 경과규정을 두고 있지 않다. 신법을 적용함에 있어서 외국에서의 재판 시가 기준인지, 아니면 집행판결 청구 시가 기준인지, 아니면 자동으로 이루어지는 승인과 집행판결을 요하는 집행을 구분하여 승인에 관하여는 재판 시를, 집행에 관하여는 집행판결 청구 시를 기준으로 할지, 아니면 다른 기준을 찾을 지가 문제된다.[178] 개정내용에 실질적 변화가 없다면 문제가 없지만, 제217조의2의 취지에 따라서는 결과에 차이가 있을 수도 있다. 경과규정을 두었더라면 좋았을 것이다.

4. 장래의 입법론

현재 민사소송법과 민사집행법에 나뉘어 있는 외국판결의 승인 및 집행에 관한 규정을 묶어서 국제사법에 규정하는 것이 바람직하다. 서로 밀접하게 관련된 주제를 동일 법률에서 규율하는 것이 자연스럽고, 직접관할과 간접관할이 동일한 원칙에 따른다는 점 기타 양자의 유기적 관련을 보여줄 수 있기 때문이다.

---

178) 흥미로운 것은 민사소송법 개정 전에 선고된 미국 법원 판결의 승인 및 집행에 대하여 소급효를 부정하고 개정 전 민사소송법을 적용한 하급심 판결들이다. 예컨대 제주지방법원 2013. 11. 21. 선고 2013가합5158 판결과 서울중앙지방법원 2014. 11. 28. 선고 2014가합10835 판결(예일대-동국대 사건 판결) 등 참조. 그 근거는 실체법의 경우 법적 생활의 안정을 위하여 법률불소급의 원칙이 적용되나, 절차법의 경우 신법을 적용하더라도 법적 생활의 안정을 해칠 염려가 적고 획일적으로 신법을 적용하는 것이 편리하므로 구법 시부터 계속 중인 사건에도 신법을 적용하는 것이 원칙인데, 개정된 민사소송법 제217조와 추가된 제217조의2는 모두 외국 판결 효력의 한국에서의 인정 여부에 관한 조항이고, 위 조항에 의하면 제한된 범위 내이기는 하나 외국 판결에 관한 실체적 판단도 가능하므로 제217조는 실체법적인 성격도 가지므로 소급효를 부정한다는 것이다. 이러한 판시는 이시윤, 민사소송법, 제6증보판(2012), 38면의 설명과도 부합한다. 여기에서 논의하지는 않으나 이런 설명이 설득력이 있는지는 의문이다. 이 각주는 이 책에서 새로 추가한 것이다.

Ⅵ. 맺음말과 장래의 과제

지금까지 지난 20여년간 국제재판관할과 외국판결의 승인 및 집행에 관한 우리의 입법의 변천을 간단히 살펴보고 주요판례를 중심으로 판례의 변화를 소개하였다. 그 결과 다음 사항을 확인할 수 있었다.

첫째, 국제재판관할을 보면, 과거 우리 법원은 일본 판례를 따라 국제재판관할에 관한 4단계 접근방법을 취하였으나 국제사법 제2조의 신설을 계기로 독자노선을 걷기 시작하였다. 그러나 대법원은 국내관할규정을 참작하여 정치한 국제재판관할규칙을 정립하라는 국제사법 제2조 제2항의 명령을 따르는 대신 제2조 제1항을 기초로 사안별분석을 거쳐 원하는 결론을 도출하는 경향을 보이고 있다. 이는 제2조 제2항에 반하므로 이를 시정하기 위해 정치한 국제재판관할규칙을 국제사법에 도입해야 한다. 법무부의 국제사법 개정작업 착수는 시의적절한 조치이다.

둘째, 외국판결의 승인 및 집행에 관하여 우리 법원이 대체로 올바른 접근을 하고 있지만 몇 가지 아쉬운 점이 있다. ① 승인대상인 외국판결의 개념에 관하여 일관성을 결여한 점, ② 공정거래위원회가 외국기업에 대하여 한 우편에 의한 송달이 한국법상 적법하다고 판단한 점과, 송달의 기술적 부적법을 승인거부사유로 본 점 ―후자는 입법적 해결을 고려할 필요가 있다―, ③ 사기적 방법으로 획득한 외국판결과 외국중재판의 승인 및 집행에 대하여 상이한 잣대를 적용하는 점과 ④ 상호보증의 유무를 판단함에 있어서 '동종 판결의 승인요건'을 제대로 고려하지 않은 점들이 그러한 예이다.

셋째, 가사사건의 국제재판관할에 관하여는, 대법원 2006. 5. 26. 선고 2005므884 판결이, 1975년 대법원판결의 추상적 법률론이 국제사법 제2조 하에서도 유지되는지 아니면 도메인이름에 관한 2005년 대법원판결의 추상적 법률론이 가사사건에 적용되는지에 관하여 지침을 주지 못한 것은 아쉽다. 이는 아직 미해결로 남아 있으므로 국제사법에 정치한 국제재판관할규칙을 신설하여 해결할 필요가 있다. 한편 외국가사재판의 승인 및 집행에 관하여는 승인대상, 송달요건과 상호보증요건에 관한 논란을 입법적으로 해결할 필요가 있다. 나아가 종래 소홀히 취급된 비송사건, 특히 가사비송사건의 국제재판관할규칙과 외국재판의 승인 및 집행에 관하여도 입법적 해결을 모색할 필요가 있다.

넷째, 민사소송법과 민사집행법의 개정에 관하여는 우선 그런 개정이 필요한지 의문인데, 개정에도 불구하고 과거의 판례는 대체로 유지될 수 있을 것이나, 제217조의2의 의미는 더 분석할 필요가 있다. 다만 삼배배상을 명한 외국판결의 승인에 관하여는 새로운 태도가 필요한데, 이는 양 법의 개정으로 인한 것은 아니고 우리 법제가 삼배배상제도를 도입하였기 때문이다. 양 법의 개정과정에서 이에 대한 고려가 미흡하였음은 아쉽다.[179] 의원입법이라는 이유로 유관학회에 대한 의견조회도 없이 입법이 이루어진 점도 유감이다.

한국국제사법학회의 창립 20주년을 기념한 학술행사에서 한국 국제사법학이 처해 있는 현실이 어둡다는 점을 고백하는 것은 가슴 아픈 일이다. 어언 16년차 교수가 된 저자도 책임의 일단을 통감하지만 이를 시정하기 위해서는 우리 모두의 비상한 노력이 필요하다. 21세기 대한민국에서 국제사법이 살아 있는 법으로서 규범력을 발휘할 수 있도록 로스쿨에서의 국제사법교육을 강화해야 한다. 이를 위해서는 전임교수의 확보가 급선무이다. 국제사법 강좌를 개설하여 대학원생들에게 국제사법을 배울 기회를 부여하지 않는다면 그것은 로스쿨도 아니다.

후 기

정치한 국제재판관할규칙의 도입 작업

법무부는 2017년 말 국제사법 전부개정법률안을 성안하였고, 저자는 2018. 2. 27. 법무부가 개최한 국제사법 전부개정법률안 공청회에서 개정안의 국제재판관할규칙을 개관하는 발표를 하였다. 발표문은 법무부, 국제사법 전부개정법률안 공청회 자료집, 15면 이하 참조. 발표문에서는 여기에서 논의한 저자의 제안과 개정안을 비교하였다. 국제사법 전부개정법률안의 총칙에 관한 상세는 석광현, “2018년 국제사법 전부개정법률안에 따른 국제재판관할규칙: 총칙을 중심으로”, 동아대학교 국제거래와 법, 제21호(2018. 4.), 41면 이하; 석광현, “2018년 국제사법 전부개정법률안에 따른 국제재판관할규칙: 각칙을 중심으로”, 동아대학교 국제거래와 법, 제23호(2018. 10.), 41면 이하 참조.

위 글의 간행 후에 여러 논문이 발표되었으므로 몇 개만 언급한다.

-김원태, “가사사건의 국제재판관할”, 가족법연구 제32권 제1호(2018. 3.), 255면 이하

179) 저자는 과거 개정안에 대한 국회 공청회에서 이 점을 지적한 바 있다.

민사소송법 제217조의2의 신설

위 글의 간행 후에 여러 논문이 발표되었으므로 몇 개만 언급한다.

-서홍석, "Class Action에 의한 미국 판결의 국내 승인·집행에 관한 연구", 서울대학교대학원 법학석사학위논문(2015. 2.)

-이헌묵, "외국재판의 승인과 집행의 근거의 재정립과 외국재판의 승인과 집행의 대상 및 상호보증과 관련한 몇 가지 문제", 통상법률 제136호(2017. 8.), 25면 이하

-이연주, "민사소송법 제217조의 승인대상으로서 외국재판의 개념 —외국법원의 면책재판 등에 관한 논의를 중심으로—, 이화여자대학교 법학논집 제21권 제22호(2016. 12.) 57면 이하 참조.

제217조의2의 문제점을 지적한 글은

-석광현, 손해배상을 명한 외국재판의 승인과 집행: 2014년 민사소송법 개정과 판례의 변화를 중심으로, 국제사법연구 제23권 제2호(2017. 12.), 245면 이하

도산 관련 재판의 승인에 관한 글은

-한민, "도산 관련 외국재판의 승인과 집행", BFL 제81호(2017. 1.), 90면 이하 참조. UNCITRAL에서는 도산절차와 관련된 재판의 승인 및 집행에 관한 별도의 모델법(model law on the recognition and enforcement of insolvency-related judgements)을 성안하였다. 위 글은 이 작업을 소개한다.

부록: 민사소송법 신구대조표

구 민사소송법(－2002. 6. 30.)	민사소송법(－2014. 5. 19.)	민사소송법 개정 제217조/제217조의2
제203조【外國判決의 效力】 外國法院의 確定判決은 다음의 條件을 具備하여야 그 效力이 있다.	제217조【외국판결의 효력】 외국법원의 확정판결은 다음 각호의 요건을 모두 갖추어야 효력이 인정된다.	제217조【외국재판의 승인】 ① 외국법원의 확정판결 또는 이와 동일한 효력이 인정되는 재판(이하 “확정재판등”이라 한다)은 다음 각호의 요건을 모두 갖추어야 승인된다.
1. 法令 또는 條約으로 外國法院의 裁判權을 否認하지 아니한 일	1. 대한민국의 법령 또는 조약에 따른 국제재판관할의 원칙상 그 외국법원의 국제재판관할권이 인정될 것	1. 대한민국의 법령 또는 조약에 따른 국제재판관할의 원칙상 그 외국법원의 국제재판관할권이 인정될 것
2. 敗訴한 被告가 大韓民國國民인 境遇에 公示送達에 依하지 아니하고 訴訟의 開始에 必要한 召喚 또는 命令의 送達을 받은 일 또는 받지 아니하고 應訴한 일	2. 패소한 피고가 소장 또는 이에 준하는 서면 및 기일통지서나 명령을 적법한 방식에 따라 방어에 필요한 시간여유를 두고 송달받았거나(공시송달이나 이와 비슷한 송달에 의한 경우를 제외한다) 송달받지 아니하였더라도 소송에 응하였을 것	2. 패소한 피고가 소장 또는 이에 준하는 서면 및 기일통지서나 명령을 적법한 방식에 따라 방어에 필요한 시간여유를 두고 송달받았거나(공시송달이나 이와 비슷한 송달에 의한 경우를 제외한다) 송달받지 아니하였더라도 소송에 응하였을 것
3. 外國法院의 判決이 大韓民國의 善良한 風俗 其他 社會秩序에 違反하지 아니한 일	3. 그 판결의 효력을 인정하는 것이 대한민국의 선량한 풍속이나 그 밖의 사회질서에 어긋나지 아니할 것	3. 그 확정재판등의 내용 및 소송절차에 비추어 그 확정재판등의 승인이 대한민국의 선량한 풍속이나 그 밖의 사회질서에 어긋나지 아니할 것
4. 相互의 保證이 있는 일	4. 상호보증이 있을 것	4. 상호보증이 있거나 대한민국과 그

외국법원이 속하는 국가에 있어 확정재판등의 승인요건이 현저히 균형을 상실하지 아니하고 중요한 점에서 실질적으로 차이가 없을 것 ② 법원은 제1항의 요건이 충족되었는지에 관하여 직권으로 조사하여야 한다.	신설	
제217조의2【손해배상에 관한 확정재판등의 승인】 ① 법원은 손해배상에 관한 확정재판등이 대한민국의 법률 또는 대한민국이 체결한 국제조약의 기본질서에 현저히 반하는 결과를 초래할 경우에는 해당 확정재판등의 전부 또는 일부를 승인할 수 없다. ② 법원은 제1항의 요건을 심리할 때에는 외국법원이 인정한 손해배상의 범위에 변호사보수를 비롯한 소송과 관련된 비용과 경비가 포함되는지와 그 범위를 고려하여야 한다.	신설	

구 민사소송법(－2002. 6. 30.)	민사집행법(－2014. 5. 19.)	민사집행법 개정 제26조/제27조
제476조【外國判決에 依한 强制執行】 ① 外國法院의 判決에 依한 强制執行은 本國法院에서 執行判決로 그 適法함을 宣告한 때에 限하여 할 수 있다. ② 執行判決을 請求하는 訴는 債務者의 普通裁判籍 所在地의 地方法院이 管轄한다. 普通裁判籍이 없는 때에는 第9條의 規定에 依하여 債務者에 對한 訴를 管轄하는 法院이 管轄한다.	제26조【외국판결의 강제집행】 ① 외국법원의 판결에 기초한 강제집행은 대한민국 법원에서 집행판결로 그 적법함을 선고하여야 할 수 있다. ② 집행판결을 청구하는 소(訴)는 채무자의 보통재판적이 있는 곳의 지방법원이 관할하며, 보통재판적이 없는 때에는 민사소송법 제11조의 규정에 따라 채무자에 대한 소를 관할하는 법원이 관할한다.	제26조【외국재판의 강제집행】 ① 외국법원의 확정판결 또는 이와 동일한 효력이 인정되는 재판(이하 “확정재판등”이라 한다)에 기초한 강제집행은 대한민국 법원에서 집행판결로 그 강제집행을 허가하여야 할 수 있다. ② 집행판결을 청구하는 소(訴)는 채무자의 보통재판적이 있는 곳의 지방법원이 관할하며, 보통재판적이 없는 때에는 민사소송법 제11조의 규정에 따라 채무자에 대한 소를 관할하는 법원이 관할한다.
제477조【執行判決】 ① 執行判決은 裁判의 當否를 調査하지 아니하고 하여야 한다. ② 執行判決을 請求하는 訴는 다음 境遇에는 却下하여야 한다. 1. 外國法院의 判決이 確定된 것을 證明하지 아니한 때 2. 外國判決이 第203條의 條件을 具備하지 아니한 때	제27조【집행판결】 ① 집행판결은 재판의 옳고 그름을 조사하지 아니하고 하여야 한다. ② 집행판결을 청구하는 소는 다음 각 호 가운데 어느 하나에 해당하면 각하하여야 한다. 1. 외국법원의 판결이 확정된 것을 증명하지 아니한 때 2. 외국판결이 민사소송법 제217조의 조건을 갖추지 아니한 때	제27조【집행판결】 ① 집행판결은 재판의 옳고 그름을 조사하지 아니하고 하여야 한다. ② 집행판결을 청구하는 소는 다음 각 호 가운데 어느 하나에 해당하면 각하하여야 한다. 1. 외국법원의 확정재판등이 확정된 것을 증명하지 아니한 때 2. 외국법원의 확정재판등이 민사소송법 제217조의 조건을 갖추지 아니한 때

제7장

강제징용배상과 국제사법

[11] 강제징용사건에 관한 일본판결의 승인 가부
[12] 강제징용사건의 준거법

[11] 강제징용사건에 관한 일본판결의 승인 가부

前 記

이 글은 저자가 "강제징용배상에 관한 일본판결의 승인 가부"라는 제목으로 국제사법연구 제19권 제1호(2013. 6.), 103면 이하에 게재한 원고를 수정·보완하여 남효순 외, 일제강점기 강제징용사건 판결의 종합적 연구(2014), 39면 이하에 수록된 것이다. 여기에 다시 수록하는 것이 주저되었으나 저자의 국제사법과 국제소송 시리즈에 담는 것이 의미가 있다고 생각하여 수록한다. 사소한 수정 부분은 대체로 밑줄을 그어 표시하였고, 2018. 10. 30. 선고 대법원 전원합의체 판결 기타 참고할 사항은 말미의 후기에 적었다.

대상판결

대법원 2012. 5. 24. 선고 2009다22549 판결(미쓰비시 사건)

대법원 2012. 5. 24. 선고 2009다68620 판결(신일본제철, 정확히는 신일철주금 사건)

[사건의 개요]

이 사건은, 일제강점기에 강제징용을 당한 한국인들 또는 그의 유가족(이하 "원고등"이라 한다)이 일제강점기 태평양전쟁 발발 시 피고(미쓰비시중공업주식회사)의 전신인 미쓰비시중공업 주식회사(이하 "구 미쓰비시"라 한다)에 의하여 노무자로 강제징용되어 강제노동기간 동안 지급받지 못한 임금과 강제징용(forced labor 또는 slave labor) 등 불법행위로 인한 손해배상[1]의 지급을 구하는 소송이다.

---

* 이 글은 당초 대상판결 선고 후 2012. 11. 14. 개최된 대한변호사협회·한국국제사법학회·세계국제법협회 한국지부 공동심포지움에서 저자가 발표한 "강제징용배상에 관한 일본판결의 승인 가부"라는 제목의 글을 다소 수정·보완한 것이다. 저자는 대상판결의 선고 전인 2011. 9. 27. 대법원의 비교법실무연구회에서 "일제강점기 강제징용된 노동자들의 손해배상 및 임금 청구를 기각한 일본 법원 확정판결의 승인 여부"라는 제목으로 원심판결에 관하여 발표한 바 있고 이는 판례실무연구 [XI](상)(사법발전재단, 2014. 11.), 513-557면에 수록된 바 있다. 저자가 일본판결을 면밀하게 분석하지 못한 탓에 우리 판결이 인용한 일본판결의 내용에 따라 논의한다. 준거법의 쟁점에 관하여는 석광현, "강제징용배상 및 임금 청구의 준거법", 서울대학교 법학(제54권 제3호)(2013. 9.), 283면 이하 참조. 이는 이 책 [12] 논문으로 수록되었다.

1) 그 밖에도 원고등은 원폭 투하 후 피고가 원고등을 방치하고 원고등의 귀향에 협조하지 아

원고등은 1995. 12. 11. 일본 히로시마지방재판소에 피고 등을 상대로[2] 구 미쓰비시의 강제징용 등 불법행위 등을 이유로 한 손해배상금과 강제노동기간 동안 지급받지 못한 임금 등을 현재의 가치로 환산한 금액의 지급을 구하는 소송을 제기하였다가, 1999. 3. 25. 청구기각판결을 선고받자 히로시마고등재판소에 항소하였으나 2005. 1. 19. 항소기각판결을 선고받았고,[3] 최고재판소에서도 2007. 11. 1. 상고기각되어 위 판결은 확정되었다(이하 위 소송을 "종전 소송", 일본에서 받은 확정된 패소판결을 이하 "일본판결"이라 한다). 이러한 종전 소송의 청구원인은 본건의 그것과 동일하다. 원고등은 일본 항소심에 소송계속중인 2000. 5. 1. 부산지방법원에 이 사건 소를 제기하였다.

히로시마지방재판소의 판결이유[4]는 원심판결이 설시한 바와 같고, 원심판결에 따르면 히로시마고등재판소의 판결이유는 아래와 같은 취지이다.

① 강제연행 및 강제노동 등에 관하여는 <u>1938년</u> 국가총동원법과 <u>1944년</u> 국민징용령(이하 "징용령"이라 한다)에 따른 징용행위 자체를 위법행위라고 볼 수는 없지만, 강제연행 및 강제노동 과정에서 징용령이 정한 범위를 벗어난 위법행위

니한 것을 이유로 안전배려의무 위반으로 인한 손해배상도 청구하였다.

2) 원고등은 종전 소송에서 일본국과 료쥬중공업 주식회사도 피고로 삼았는데 제1심에서 청구가 모두 기각되었다. 원고등은 항소심에서 일본국에 대하여는 "일본 정부가 피폭자 건강수첩을 교부받은 피폭자가 일본 영역을 넘어 거주지를 옮긴 경우에는 '원폭특별조치법'을 적용하지 않는다는 취지로 후생성 공중위생국장이 1974. 7. 22. 衛發 제402호(통달 402호)를 작성, 발표하고 이를 각 도도부현(都道府縣)의 지사와 히로시마 및 나가사키 시장 앞으로 발송하는 등 행정조치를 취한 것은 위법하다"는 등의 이유로 원고등에게 각 위자료 100만엔과 변호사 비용 20만엔 및 지연손해금의 지급을 명하는 일부 승소판결을 선고받았다. 이에 대하여 원고등이 상고하였으나 불수리결정을 받았다. 한편, 료쥬중공업 주식회사에 대하여는 피고에 대한 것과 마찬가지 이유, 즉 제척기간의 경과 또는 소멸시효의 완성 등을 이유로 항소기각 판결을 받았다. 이에 대하여 원고등이 상고하였으나 기각되었다.

3) 일본국에 대한 청구는 일부 인용되었으나 피고에 대한 청구에 관한 한 항소기각되었다.

4) 원심판결에 따르면 그 판결이유는 아래와 같다.

"① 국제법 내지 국제관습법위반을 원인으로 한 청구에 관하여는 원칙적으로 사인(私人)이 국제법 주체인 국가를 상대로 직접 구체적인 청구를 할 수 없고, 달리 각 조약 등 국제법에서 사인이 국가를 상대로 직접 청구를 할 수 있다는 구체적인 절차규정이 없으며, 원고등이 주장하는 바와 같은 국제관습법의 존재도 인정되지 않고, ② 강제연행 및 강제노동 등 불법행위를 원인으로 한 손해배상청구에 관하여는 원칙적으로 원고등이 귀국한 1945. 9.로부터 일본 민법 제724조 후단에 규정된 20년의 제척기간이 경과되어 청구권이 소멸되었으며(원고등의 주장에 따라 한국원폭피해미쓰비시징용자동지회가 결성되어 피고와 교섭을 시작한 1974. 8.경부터 기산하더라도 1994. 8.경에 제척기간이 경과되었다), ③ 안전배려의무 위반을 이유로 한 손해배상 청구에 관하여는 구체적 주장·입증이 없고, ④ 미지급임금 등 청구에 관하여 기산점을 앞서 본 1974. 8.로 보더라도 이 부분 청구를 임금청구로 본다면 늦어도 일본 민법 제174조 제1호에 따라 1년의 소멸시효가, 이를 예탁금반환청구로 보더라도 일본 민법상 10년의 소멸시효가 각 완성되었다."

를 하였으므로 불법행위가 성립할 여지가 있고, ② 원자폭탄 투하 후 구호조치 불이행 또는 안전귀국의무 위반의 점에 관하여도 구 미쓰비시가 원고등에게 신의칙상 안전배려의무를 부담하고 있음에도 불구하고, 원자폭탄이 투하된 후 원고등의 구호나 보호를 위한 아무런 조치도 강구하지 않고 원고등을 방치한 점, 그 후 공장가동이 불가능하게 되고 1945. 8. 15. 전쟁도 끝나 징용이 불필요하게 되었음에도 불구하고 원고등을 귀국시키거나 원고등이 스스로 귀국하는 데도 협력하지 않은 점 등에 비추어 안전배려의무 위반이 인정되므로, 이를 원인으로 한 손해배상책임이 인정되며(다만 앞서 본 사정만으로는 구 미쓰비시의 불법행위책임을 막바로 인정할 수는 없다),[5] ③ 미지급임금 등에 관하여도 미지급임금 상당액 및 저금액을 지급할 의무가 있으나, 불법행위를 원인으로 한 손해배상청구권은 20년의 제척기간경과로, 안전배려의무 위반(채무불이행)[6]을 원인으로 한 손해배상청구권이나 미지급임금 등 지급청구권은 한일 간 국교가 회복된 1965년이나 늦어도 보상교섭이 시작된 1974. 8.로부터 기산하여 최장 10년의 소멸시효가 완성되었다.

히로시마고등재판소는 부가적으로 1965년 체결된 '대한민국과 일본국 간의 재산 및 청구권에 관한 문제의 해결과 경제협력에 관한 협정'(이하 "청구권협정"이라 한다)[7]에 따라 원고등의 채권이 소멸하였다고 판단하였다.

---

5) 이처럼 강제징용이 적법하다고 하면서도 강제연행 및 강제노동 과정에서 징용령이 정한 범위를 벗어난 위법행위를 한 점과 원폭 투하 후 안전배려의무 위반을 원인으로 한 손해배상책임을 인정하는 것은 일본 법원이 즐겨 쓰는 우회로로 보인다. Yasuhiro Okuda, "The Law Applicable to Governmental Liability for Injuries to Foreign Individuals during World War Ⅱ: Questions of Private International Law in the Ongoing Legal Proceedings before Japanese Courts", Yearbook of Private International Law, Vol. Ⅲ (2001), p. 135 참조.

6) 이런 설시를 보면 일본 히로시마고등재판소가 안전배려의무위반을 계약책임으로 보았음을 알 수 있다.

7) 이는 "국교정상화를 위한 대한민국과 일본국간의 기본관계에 관한 조약"(조약 제163호)("한일기본조약")의 부속협정의 하나로 1965. 6. 22. 체결된 협정(조약 제172호)을 말한다. 대체로 한일기본조약 또는 '한일협정'은 한일 간에 일반적 국교관계를 규정하기 위해 1965. 6. 22. 체결한 조약으로 4개 협정(즉 위 청구권협정, 재일교포협정, 어업협정과 문화재협정)과 25개 문서로 구성된다고 설명한다. 한일협정 체결의 경위는 이태진, 끝나지 않은 역사: 식민지배 청산을 위한 역사인식(2017), 325면 이하 참조. [밑줄 부분은 이 책에서 새로 추가한 것이다.]

[소송의 경과]

1. 제1심법원[8]의 판단

제1심법원은, 국제적 소송경합에 관하여 승인예측설을 취하면서 장래 선고될 일본판결이 승인될 것으로 예측되지 않는다는 이유로 일본 전소의 계속을 무시하고 소송을 진행하였고[9] 그 과정에서 준거법이 한국법이라고 판단하고 민법 부칙 제2조에 따라 현행 민법을 적용하여 원고등의 손해배상채권이 시효소멸하였다고 보아 원고등의 청구를 기각하였다.

2. 원심판결[10]의 요지

원심판결은, 외국 법원의 확정판결은 민사소송법(제217조) 각 호의 요건을 모두 충족하면 한국에서 그 효력이 인정되고, 외국 법원의 확정판결이 위 승인요건을 구비하고 있는 경우에는 이와 동일한 소송을 우리 법원에 다시 제기하는 것은 외국 법원 확정판결의 기판력에 저촉된다고 판단하고 이 사건에서 일본판결을 승인할 수 있고 특히 원고등의 손해배상채권이 일본법에 의하든 한국법에 의하든 시효소멸한 이상 일본에서 패소한 확정판결의 승인이 우리의 공서에 반하지 않는다고 보아 원고등의 청구를 기각하였다. 보다 상세한 원심판결의 판단은 각 관련되는 곳에서 소개한다.

---

8) 부산지방법원 2007. 2. 2. 선고 2000가합7960 판결.

9) 보다 구체적으로 제1심법원은 아래의 취지로 설시하였다.

"일본 최고재판소가 향후 어떠한 법적 논리를 전개하여 원고등의 청구를 판단할지 예측하기 어렵고, 아울러 다수의 과거 일본 재판소의 판결 내용에 비추어 볼 때 최고재판소가 원고등과 같은 재한 피징용자들의 손해배상 등 청구에 관한 판단을 함에 있어 그 판단의 기초가 되는 한일 간에 있었던 역사적 사실이나 일본 또는 그 국민에 의하여 자행된 과거 행위에 대한 평가, 법령의 적용 및 해석 등에 있어서 한국 법원과 견해를 달리할 가능성을 배제할 수 없으므로, 이 사건 전소에 관한 일본법원의 확정판결의 효력을 그대로 승인하는 것이 한국의 공익이나 정의관념 및 국내법질서 등에 비추어 허용될 수 없는 결과를 전혀 예상못할 바 아니므로, 결국 일본법원의 확정판결이 한국에서 당연히 승인될 것이라고 단정할 수 없다."

10) 부산고등법원 2009. 2. 3. 선고 2007나4288 판결.

3. 상고이유

원고등은 상고이유는 대체로 아래의 취지이다.[11)]

첫째, 외국판결의 승인에 관한 원심의 판단 부분은 헌법에 위반되거나 헌법을 부당하게 해석하였고, 둘째, 원심판결에는 헌법, 법률, 조약에 관한 해석에 관하여 판결에 영향을 미친 헌법 및 법률 위반의 판단이 있다. 구체적으로는 일본판결은 ① 강제동원의 법적 근거에 관한 부분, ② 일본의 불법행위책임에 관한 부분, ③ 제척기간 및 소멸시효에 관한 부분, ④ 청구권협정의 법적 효력에 관한 부분, ⑤ 피고의 구호조치 불이행과 송환의무 불이행에 관한 부분과 ⑥ 피고와 구 미쓰비시의 동일성에 관한 부분 등의 점에서 우리 헌법에 반하고 공서에 반한다고 주장하였다.[12)]

4. 대법원판결의 요지

대법원은 일본판결의 승인을 거부하고 원심판결을 파기환송하였다. 대상판결의 요지는 아래와 같다.[13)] 저자가 다루는 논점이 외국판결의 승인이므로 아래 [3]과 [4]만 언급하고 준거법 결정의 맥락에서 공서위반을 언급한 [5], [6], [7]은 제외해야 하나 후자도 승인과 관련한 공서위반의 판단에서도 의미가 있으므로 함께 언급한다.

[3] 외국판결의 승인요건: 민사소송법 제217조 제3호는 외국법원의 확정판결의 효력을 인정하는 것이 한국의 선량한 풍속이나 그 밖의 사회질서에 어긋나지 않는다는 점을 외국판결 승인요건의 하나로 규정하는데, 여기서 외국판결의 효력을 인정하는 것, 즉 외국판결을 승인한 결과가 한국의 공서에 어긋나는지는 승인 여부를 판단하는 시점에서 외국판결의 승인이 한국의 국내법 질서가 보호하려는 기본적인 도덕적 신념과 사회질서에 미치는 영향을 외국판결의 사안과 한국과의 관련성의 정도에 비추어 판단하여야 하고, 이때 그 외국판결의 주문뿐 아니라 이유 및 외국판결을 승인할 경우 발생할 결과까지 종합하여 검토하여야

---

11) 이는 저자가 대법원 비교법실무연구회에서 발표 의뢰를 받을 때 받은 자료를 참고한 것이다.

12) 원고등은 대법원에서 2009. 3. 5.자(대법원 접수 2009. 3. 16.자)로 청구권협정 제2조 제1항, 제3항에 대한 위헌법률심판제청을 신청하였다.

13) 이는 법원공보에 실린 것을 저사가 다소 축약한 것이나 괄호 안의 번호는 그대로 두었다. 제목은 저자가 추가한 것이다.

한다.

[4] 헌법가치에 위반되는 일본판결의 승인 거부: 일본판결 이유에는 일본의 한반도와 한국인에 대한 식민지배가 합법적이라는 규범적 인식을 전제로 국가총동원법과 징용령을 한반도와 원고등에게 적용하는 것이 유효하다는 평가가 포함되어 있는데, 한국 헌법 규정에 비추어 볼 때 일본의 한반도 지배는 규범적 관점에서 불법적인 강점(强占)에 지나지 않고, 일본의 불법적 지배로 인한 법률관계 중 한국의 헌법정신과 양립할 수 없는 것은 그 효력이 배제되므로, 일본판결 이유는 일제강점기의 강제동원 자체를 불법이라고 보는 한국 헌법의 핵심적 가치와 정면으로 충돌하는 것이어서 이런 판결 이유가 담긴 일본판결을 그대로 승인하는 결과는 그 자체로 한국의 공서에 어긋나므로 한국에서 일본판결을 승인할 수 없다.

[5] 구 미쓰비시와 피고의 동일성: 이 사건에서 일본법을 적용하면, 원고등은 구 미쓰비시에 대한 채권을 피고에 대하여 주장하지 못하는데, 구 미쓰비시의 전환과정에서 피고가 구 미쓰비시의 영업재산, 임원, 종업원을 실질적으로 승계하여 회사의 인적·물적 구성에는 기본적인 변화가 없었음에도, 전후처리 및 배상채무 해결을 위한 특별한 목적 아래 제정된 기술적 입법인 일본 국내법을 이유로 구 미쓰비시의 원고등에 대한 채무가 면탈되는 것은 한국의 공서양속에 비추어 용인할 수 없으므로, 일본법의 적용을 배제하고 당시 한국 법률을 적용하면, 구 미쓰비시가 책임재산인 자산과 영업, 인력을 중일본중공업주식회사 등에 이전하여 동일한 사업을 계속하였을 뿐만 아니라 피고 스스로 구 미쓰비시를 기업 역사의 한 부분으로 인정하는 점 등에 비추어 양자는 실질적으로 동일성을 유지하고 있어 법적으로 동일한 회사로 평가할 수 있다.

[6] 청구권협정에 의한 개인청구권의 불소멸: 청구권협정은 일본의 식민지배 배상을 청구하기 위한 협상이 아니라 샌프란시스코 조약 제4조에 근거하여 한일 간의 재정적·민사적 채권·채무관계를 정치적 합의에 의하여 해결하기 위한 것으로서, 청구권협정 제1조에 의해 일본 정부가 한국 정부에 지급한 경제협력자금은 제2조에 의한 권리문제의 해결과 법적 대가관계가 있지 않고, 협상과정에서 일본 정부는 식민지배의 불법성을 인정하지 않은 채 강제동원피해의 법적 배상을 원천적으로 부인하여 양국 정부는 일제의 한반도 지배의 성격에 관하여 합의하지 못하였는데, 이런 상황에서 일본의 국가권력이 관여한 반인도적 불법행위나 식민지배와 직결된 불법행위로 인한 손해배상청구권이 청구권협정의 적용

대상에 포함되었다고 보기 어려운 점 등에 비추어 보면, 청구권협정으로 개인청구권이 소멸하지는 않았다. 가사 원고등의 청구권이 청구권협정의 적용대상에 포함된다고 하더라도 대한민국의 외교적 보호권만 포기된 것이고 개인의 청구권은 소멸되지 않았다. 말미에서 보는 바와 같이 대법원 2018. 10. 30. 선고 2013다61381 전원합의체 판결은 강제동원 위자료청구권은 청구권협정의 적용대상에 포함되지 않는다고 판단하였다. [밑줄 부분은 이 책에서 새로 추가한 것이다.]

[7] 소멸시효 항변과 권리남용: 이 사건에서 적어도 원고등이 한국 법원에 제소할 시점까지는 원고등이 한국에서 객관적으로 권리를 사실상 행사할 수 없는 장애사유가 있었으므로, 피고가 소멸시효의 완성을 주장하여 원고등에 대한 불법행위로 인한 손해배상채무 또는 임금지급채무의 이행을 거절하는 것은 현저히 부당하여 권리남용으로서 허용될 수 없다.[14]

신일본제철 사건도 미쓰비시 사건과 유사하다. 이 사건도 일제강점기 태평양전쟁 발발 시 일본제철주식회사에 의하여 노무자로 강제징용되어 강제노동기간 동안의 미지급임금채권과 강제징용 등 불법행위로 인한 손해배상채권이 있다고 주장하면서 그 지급 및 배상을 구한 소송인데, 그에 대하여 대법원 2012. 5. 24. 선고 2009다68620 판결도 미쓰비시 사건 판결과 유사한 취지로 판시하였다. 이하에서는 미쓰비시 사건 판결을 대상판결로 논의한다.

---

14) 대상판결은 불법행위에 해당하는지 여부와 그 손해배상청구권의 시효 소멸 여부에 적용될 대한민국법은 제정 민법부칙 제2조 본문에 따라 '구 민법(의용 민법)'이 아닌 '현행 민법'이라고 판시하였다. 대상판결은 소멸시효의 완성은 인정하면서도 채무자는 소멸시효 완성의 효과를 누릴 수 없다고 본 것이다. 대법원 2013. 5. 16. 선고 2012다202819 전원합의체 판결은 더 나아가 그 경우 채권자는 신의칙상 소멸시효의 남용을 초래한 사정이 해소된 후 상당한 기간 내에 권리를 행사하여야 한다는 취지로 판시하였다. 논의는 남효순, "일제징용시 일본기업의 불법행위로 인한 손해배상청구권의 소멸시효남용에 관한 연구", 서울대학교 법학 제54권 제3호(통권 제168호)(2013. 9.), 418면 이하 참조.

[연구]

Ⅰ. 문제의 제기

1. 논점의 정리

이 사건의 일차적 쟁점은 일제강점기 강제징용을 당한 노동자들의 손해배상청구[15]와 미지급 임금청구를 기각한 일본판결이 우리나라에서 승인될 수 있는가이다. 이는 광의의 국제사법 내지 국제민사소송법의 쟁점이고 이 글에서 다루는 쟁점이다. 만일 일본판결이 승인된다면 그 기판력이 한국에 미치므로 우리 법원은 본안에 대한 심리 없이 원고등의 청구를 기각하여야 한다.[16] 우리 법원이 외국판결의 승인을 거부하는 것, 특히 공서위반을 이유로 승인을 거부하는 것은 매우 이례적인데 대상판결은 바로 그런 사례이다. 이런 현상은 과거사, 특히 1910년 한일병합조약 이후 35년 간의 일제 강점과 그 청산방법으로 1965년 체결된 청구권협정에 대한 양국의 법적 및 역사적 인식의 괴리로 인한 것으로, 한일 간에 법적 및 역사적으로 청산해야 할 과제가 남아 있음을 보여준다. 대상판결은 일본판결의 승인을 거부하는 이유에서 일제의 한반도 지배가 불법적인 강점이고,[17] 원고등의 개인청구권은 물론 대한민국 국민에 대한 외교적 보호권도 청구권협정에 의하여 소멸되지 않았다는 취지로 판시하였다.[18] 이 점에서 대상판결은 법적으로나 역사적으로 커다란 의의가 있다.

외국법원의 판결이 우리나라에서 승인되기 위하여는 일정한 요건을 구비해야 하는데, 이 사건에서 문제된 것은, 일본판결의 승인이 우리나라의 공서에 반하는가이다. 여기의 공서는 국제사법 제10조가 정한 준거법인 외국법 적용상의 공서가 아니라, 민사소송법 제217조가 정한 외국판결 승인 상의 공서이다. 이하 편의상 전자를 "준거법공서" 후자를 "승인공서"라 부른다(전자를 '저촉법상의 공서

15) 아래에서 보듯이 이에는 세 가지 구성부분이 있다.

16) 원심법원은 바로 그렇게 판단하였음은 위에서 언급하였다.

17) 이는 1910년 한일병합조약이 원천 무효라는 점을 전제로 한 것으로 생각되나, 위에서는 대상판결의 문언을 따랐다.

18) 구체적으로 원고등의 청구권이 청구권협정의 적용대상이 아니기 때문에 개인청구권은 물론 대한민국의 국민에 대한 외교적 보호권도 청구권협정에 의하여 소멸되지 않았다고 판시하고, 나아가 가사 원고등의 청구권이 청구권협정의 적용대상에 포함된다고 하더라도 대한민국의 외교적 보호권만 포기된 것이고 개인의 청구권은 소멸되지 않았다고 판시하였다.

(kollisionsrechtlicher ordre public)', 후자를 '승인법상의 공서(anerkennungsrechtlicher ordre public)'라고 부를 수도 있다). 위 쟁점을 판단하기 위하여는 원고등의 청구를 ① 피고의 강제연행과 강제노동으로 인하여 원고등이 입은 손해배상청구, ② 피고의 안전배려의무 위반으로 인한 손해배상청구와 ③ 원고등의 미지급 임금청구로 구분할 필요가 있다. 위 세 개 청구는 별개 소송물이고,[19] 일본판결의 기각이유와 대상판결이 일본판결의 승인이 승인공서에 반한다고 판단한 근거가 상이하므로 이를 구분할 필요가 있다. 일본판결은 위 청구를 모두 기각하였는데, 그 이유는 첫째 청구에 관하여는 강제징용을 적법한 것으로 보았고, 다만 강제연행 및 강제노동 과정에서 피고가 징용령이 정한 범위를 벗어난 위법행위를 하였으므로 국내법에 근거한[20] 불법행위가 성립할 여지가 있음을 인정하였으나 그 부분 나아가 둘째 및 셋째 청구에 대하여는 원고등의 채권이 이미 소멸하였다는 피고의 항변을 받아들였기 때문이다.

첫째 청구에 관하여 일본판결의 승인이 승인공서에 반하려면 ① 피고의 강제징용이 우리 법상 불법행위를 구성하고(국제법, 민법과 국제사법상의 쟁점) ② 일본판결의 승인이 한국의 본질적인 법원칙에 반하여야 한다. 둘째와 셋째 청구에 관하여 일본판결의 승인이 승인공서에 반하려면 ③ 원고등의 채권이 소멸하였다는 피고의 항변들이 한국법상 모두 배척되고,[21] ② 일본판결의 승인이 한국의 본질적인 법원칙에 반하여야 한다. 일본판결은 둘째 청구로 인한 손해배상채권의 존재(또는 존재가능성)와 셋째 청구인 미지급 임금채권의 존재를 인정하였으므로, 양자에 관한 한, 일본판결이 첫째 청구에 관하여 판단하면서 강제징용을 적법하다고 본 것은 직접 관련이 없다.[22] 국제법 쟁점인 ① 강제징용의 불법성과 ②-2 청구권협정에 관한 별도의 발표에 미루고,[23] 여기에서는 광의의 국제사법

19) 따라서 만일 승인요건이 구비된다면 우리 법원은 일본판결의 일부만을 승인할 수 있다.

20) 원고등이 국제관습법 기타 국제법에 근거한 권리를 가지는지와 그 소멸시효도 문제된다. 당초 이 부분도 여기에서 언급하였으나 준거법에 관한 글로 미루고 여기에서는 생략한다.

21) 피고의 항변들은, ③-1 구 미쓰비시가 피고와 별개 법인이고 피고는 구 미쓰비시의 채무를 승계하지 않았다는 항변(상법 내지 민법의 쟁점), ③-2 원고등의 채권이 청구권협정에 의해 소멸했다는 항변(국제법상의 쟁점)과 ③-3 원고등의 채권이 소멸시효의 완성(또는 제척기간의 경과)에 의해 이미 소멸하였다는 항변(민법의 쟁점)이다.

22) 만일 일본이 미지급 임금채권의 존재를 긍정하고 원고 일부승소판결을 하였다면, 비록 일본판결이 첫째 청구에 관하여 강제징용을 적법하다고 판단하였음에도 불구하고 임금채권에 관한 한 일본판결은 승인될 수 있다는 것이다. 즉 첫째 청구에 관한 일본판결의 설시를 기초로 원고등의 모든 청구에 대한 일본판결의 결론을 일괄 배척할 것은 아니라는 말이다.

23) 국제법 쟁점에 관하여는 간단히 논의하고 문헌을 인용하였다. 상세한 문헌은 아래에서 소개한다.

내지 국제민사소송법의 논점에 초점을 맞추고 필요한 범위 내에서 실질법[24]의 쟁점을 다룬다.[25]

원고등의 청구와 주장, 일본판결의 청구기각 이유, 대상판결이 인정한 공서위반 이유 등을 정리하면 아래와 같다.

<table>
<tr><th></th><th colspan="2">청구원인
일본판결은 모두 기각</th><th>기각 이유</th><th>대상판결의
승인공서 위반 이유</th><th>성질결정과
준거법[26]</th></tr>
<tr><td rowspan="4">승인거부</td><td rowspan="2">첫째</td><td rowspan="2">강제연행 등으로 인한 손해배상</td><td>① 징용령에 의한 징용 적법</td><td>헌법 가치 위배</td><td rowspan="2">불법행위:
일본법(일본판결)/
한국법(대상판결)</td></tr>
<tr><td>② 징용령 위반에 따른 손해배상 포함</td><td rowspan="3">上同[?]
① 피고와 구 미쓰비시 동일
② 청구권협정으로 불소멸
③ 소멸시효 미완성/소멸시효 완성 주장은 권리남용</td></tr>
<tr><td>둘째</td><td>안전배려의무 위반으로 인한 손해배상</td><td rowspan="2">채권발생 후 소멸</td><td rowspan="2">계약: 일본법[27]</td></tr>
<tr><td>셋째</td><td>미지급 임금</td></tr>
</table>

24) 실질법이란, 저촉법(또는 국제사법)에 대비되는 개념으로, 민·상법과 같이 저촉법(또는 국제사법)에 의하여 준거법으로 지정되어 특정 법률관계 또는 쟁점을 직접 규율하는 규범이다.

25) 그 밖에도 다양한 광의의 국제사법 또는 국제민사소송법 쟁점이 있다. 즉 일본 정부의 강제징용에 가담한 피고의 행위가 문제되므로 법원이 정치적 성격의 행위에 대해 재판할 수 있는지(이는 미국에서 말하는 'justiciability'의 문제이다)와 주권면제 등이 문제된다. 이는 국가책임을 묻는 경우에 특히 문제된다. 실체법상 책임에 관하여 피고의 행위가 일본국의 행위와 함께 공동불법행위가 되더라도, 주권면제의 영역에서는 피고는 일본국과 구별된다. 국제민사소송법의 쟁점에 관하여는 Kent Anderson, "To What Extent Do U.S. Conflict and Procedural Rules Obstruct Private Liability for Wartime Human Rights Violations", Yearbook of Private International Law, Vol. Ⅲ (2001), p. 137 이하 참조. 독일에서는 이 경우 그 사기업이 사적 당사자로서 행위하는 것이 아니라 제국의 기관으로서 행위하는 것이므로 이 또한 주권적 행위라는 견해도 있으나, 이는 사기업이 정부에 의하여 강제노동자를 수용하도록 강제되었음을 전제로 하는 것이나 이는 역사적 사실에 반한다는 비판이 있다. 독일의 판결들은 피해자, 정부와 관련 사기업의 3자관계를 좀더 분석적으로 파악하는 접근방법을 취하였다고 한다. 즉 피해자와 독일 정부 간의 관계는 공적 관계로 이해하고, 반면에 피해자와 사기업 간의 관계는 사적 성질의 것으로 이해한다는 것이다. 독일연방노동법원 2000년 2월 16일 Bundesarbeitsgericht, NZA 2000, 387 등. Jan von Hein, "The Law Applicable to Governmental Liability for Violations of Human Rights in World War Ⅱ: Questions of private International Law from a German Perspective", Yearbook of Private International Law, Vol. Ⅲ (2001), p. 207. Fn. 121 참조.

26) 준거법에 관한 대상판결의 판단은 아래와 같다. ① 불법행위채권의 준거법은 한국법, ② 임금채권의 준거법은 일본법, ③ 법인격의 동일성의 준거법은 설립준거법인 일본법에 따를 사항이나 일본법의 적용은 공서에 반하므로 한국법, ④ 청구권협정에 의한 소멸 여부는 청구권협정의 문제이고(따라서 대상판결은 준거법 판단이나 공서를 원용하지 않았다), ⑤ 시효소멸 여부는 각 채권의 준거법에 의할 사항이다. 상세는 별도로 발표한 준거법에 관한 글 참조.

27) 다만 원고등이 안전배려의무 위반으로 인한 손해배상과 미지급임금의 지급을 구하는 것을

2. 논의의 순서

이 사건에서 일본의 전소가 히로시마고등재판소에 계속 중 우리나라에 동일 당사자 간에 동일한 소송물에 관하여 소가 제기됨에 따라 제1심법원에서는 국제적 소송경합(또는 국제적 중복제소)의 문제가 제기되었으나, 원심법원에 소송계속 중 일본판결이 확정되고 그 기판력이 발생함으로써 국제적 소송경합의 문제는 해소되고 외국판결의 승인 및 집행의 문제로 전환되었다. 아래에서는 우선 국제적 소송경합을 언급하고(Ⅱ.), 외국판결의 승인의 개념과 요건, 특히 공서요건(Ⅲ.), 강제징용의 불법성과 공서위반(Ⅳ.), 피고와 구 미쓰비시의 법인격의 동일성과 공서위반(Ⅴ.), 청구권협정에 의한 원고등 채권의 소멸 여부와 공서위반(Ⅵ.), 원고등 채권의 소멸시효에 의한 소멸 여부와 공서위반(Ⅶ.), 장래 우리 법원판결의 일본에서의 효력(Ⅷ.), 맺음말(Ⅸ.)과 餘論(Ⅹ.)의 순으로 논의한다. 대상판결 선고 후 한일 간의 정치적 관계를 고려한 해결방안 등 비법적인 논점은 논외로 한다.

Ⅱ. 국제적 소송경합

이 사건 소가 제1심법원에 제기되기 전에 원고등은 피고를 상대로 동일한 소송물에 관한 전소를 일본 히로시마지방재판소에 제기하여 1999. 3. 25. 청구기각판결을 선고받은 뒤 일본에서 항소를 제기하여 항소심에 소송계속중이었으므로 국제적 소송경합이 문제되었다. 제1심법원은 '승인예측설'[28]을 취하여, 외국법원의 판결이 장차 민사소송법 제217조에 의하여 승인받을 가능성이 예측되는 때에는 민사소송법 제259조에서 정한 소송계속으로 보아야 할 것이므로, 동일사건에 대하여 우리 법원에 후소를 제기한다면 중복제소에 해당한다고 보면서도, 이 사건에서 일본판결이 승인되지 않을 것이라는 예측을 기초로 중복제소라는 항변을 배척하고 본안에 관하여 판단하여 원고등의 청구를 기각하였다. 그러나

계약으로 구성하는 것이 적절한지는 의문이다. 강제징용에 의하여 노무를 제공함으로써 유효한 고용계약 내지는 근로계약이 성립했다고 보기는 어렵기 때문이다. 노무 제공에 대해 부당이득반환을 구하거나 손해배상으로 일원화하는 것도 고려할 수 있다.

28) 상세는 석광현, 국제민사소송법: 국제사법(절차편), 194면 이하; 석광현, 국제사법과 국제소송 제4권(2007), 178면 이하 참조.

그 후 원심법원에 이 사건 소송 계속중 일본 최고재판소가 상고를 기각함으로써 일본판결이 확정되었으므로 이는 국제적 소송경합의 문제로부터 외국판결 승인의 문제로 전환되었다.

이와 달리 신일본제철 사건에서는 그 사건의 일본법원의 판결이 확정된(2003. 10. 9.) 뒤인 2005. 2. 28.에 그 사건의 원고등이 우리 법원에 제소하였으므로 국제적 소송경합의 문제는 제기되지 않았다.

Ⅲ. 외국판결의 승인의 개념과 승인요건, 특히 공서요건[29)]

어느 국가의 법원의 판결은 재판권, 즉 주권을 행사한 결과이므로 당해 국가에서 효력을 가질 뿐이고 다른 국가에서 당연히 효력을 가지지는 않는다. 그러나 이러한 원칙을 고집하면 섭외적 법률관계의 안정을 해하고 국제적인 민사분쟁의 신속한 해결을 저해하므로 오늘날 많은 국가는, 외국판결이 일정요건을 구비하는 경우 그의 효력을 승인하고 집행을 허용한다. 또한 외국판결의 승인의 근거를 '예양'(comity) 또는 '국제예양'에서 찾기도 한다. 민사소송법 제217조는 외국판결의 승인을, 민사집행법 제26조 및 제27조는 외국판결의 집행에 관한 규정을 두고 있다. 이는 일본을 통하여 독일 민사소송법을 계수한 것이다. 2014. 5. 20. 민사소송법 제217조, 민사집행법 제26조와 제27조가 개정되었고 민사소송법 제217조의2가 신설되었다. 대상판결은 그 전의 것이므로 여기에서는 민사소송법 조문에 대한 언급은 유지하였으나, 현행법에 따르자면 제217조 제1호는 제217조의 제1항 제1호로 읽어야 한다. 제2호-제4호도 같다.

1. 외국판결의 승인과 집행

승인요건이 구비되면, 기판력(effect of *res judicata*)을 포함한 외국판결의 효력(집행력은 제외)이 별도의 절차 없이 한국에까지 자동적으로 확장된다. 이처럼

29) 외국판결의 승인 및 집행에 관한 상세는 석광현, 국제사법과 국제소송 제1권(2001), 259면 이하; 석광현, 국제사법과 국제소송 제5권(2012), 438면 이하 참조. 개관은 석광현, 국제민사소송법: 국제사법(절차편), 343면 이하 참조. 현행 민사소송법 제217조와 민사집행법 제26조와 제27조는 저자의 제안을 일부 수용한 것이다. 석광현, 국제사법과 국제소송 제1권(2001), 408면 이하 참조.

외국판결의 승인은 자동적으로 이루어지는 점에서 집행판결을 요구하는 외국판결의 집행과 다르다. 이를 '자동승인제'라 한다. 반면에 외국판결을 집행하기 위하여는 우리 법원의 집행판결(*exequatur*)을 받아야 한다. 집행판결 여부를 심리하는 법원은 재판의 옳고 그름을 조사할 수 없는데, 이것이 '실질(재)심사(*révision au fond*, review of the merits) 금지'의 원칙이다. 다만 법원은 승인요건의 구비 여부를 판단하기 위하여 필요한 범위 내에서는 실질을 재심사할 수 있다.[30)] 이 사건에서는 일본에서 패소한 원고등이 한국에서 제소한 데 대하여 피고가 일본판결의 승인에 기한 항변을 하였으므로 일본판결의 집행은 문제되지 않고 승인만이 문제된다.

2. 외국판결 승인요건의 개관

민사소송법 제217조는 외국판결을 승인하기 위한 5가지 요건을 명시하는데, 이는 확정판결요건, 국제재판관할요건, 송달요건, 공서요건과 상호보증요건이다.

첫째, 승인의 대상은 확정판결, 보다 정확히는 확정재판이어야 한다. 또한 조문은 요구하지 않지만 종국재판이어야 한다.[31)] 종전 소송에서 일본판결이 최고재판소의 상고기각에 의하여 확정되었으므로 확정요건은 구비된다.

둘째, 외국 법원이 우리의 잣대에 비추어 국제재판관할을 가져야 한다. 이는 바로 간접관할(또는 승인관할)의 문제이다. 종래 간접관할과 직접관할의 기준의 관계가 문제되었는데 양자를 동일한 원칙에 따라 판단하는 견해가 다수설이고 주류적인 판례였다. 민사소송법 제217조 제1호는 "대한민국의 법령 또는 조약에 따른 국제재판관할의 원칙상"이라고 규정하는데 여기에서 말하는 '국제재판관할'이라 함은 직접관할을 말하는 것이므로 이 문제는 입법에 의하여 해결되었다. 이 사건에서는 피고의 주된 사무소가 일본에 있으므로 종전 소송에서 일본에 국제재판관할이 있음은 별 의문이 없다. 문제는 우리나라의 소송에서 우리나라가 국제재판관할을 가지는가인데 원심판결과 대법원판결은 이를 긍정하였다.[32)]

---

30) 외국중재판정에 관한 대법원 1988. 2. 9. 선고 84다카1003 판결도 "… 집행국 법원에 중재판정의 내용에 대한 당부를 심판할 권한은 없지만 위에서 본 집행조건의 충족 여부 및 집행거부사유의 유무를 판단하기 위하여 필요한 범위 내에서는 본안에서 판단된 사항에 대하여도 집행국법원이 독자적으로 심리판단할 수 있다"고 판시하였다.

31) 대법원 2010. 4. 29. 선고 2009다68910 판결이 이 점을 판시한 것인지는 애매하다. 석광현, 국제민사소송법: 국제사법(절차편)(2012), 351면.

32) 종래 우리 대법원판례는 사무소의 소재를 근거로 일반관할을 긍정한다. 대상판결은 또한 사

셋째, 패소한 피고가 소장 등을 적법성과 적시성을 구비한 방법으로 송달을 받았거나 송달을 받지 아니하고 응소하였어야 한다. 이 사건의 종전 소송에서 피고가 승소하였으므로 송달요건은 문제되지 않는다.

넷째, 외국판결의 승인이 우리나라의 선량한 풍속이나 그 밖의 사회질서, 즉 공서에 반하지 않아야 한다. 이는 승인국의 기본적인 도덕적 신념과 사회질서를 보호하기 위한 것이다. 이 사건의 쟁점은 바로 일본판결의 승인이 승인공서에 위반하는가이다.

다섯째, 외국과 한국 간에 상호보증이 존재해야 한다. 대법원 2004. 10. 28. 선고 2002다74213 판결은 "… 우리나라와 외국 사이에 동종 판결의 승인요건이 현저히 균형을 상실하지 아니하고 외국에서 정한 요건이 우리나라에서 정한 그것보다 전체로서 과중하지 아니하며 중요한 점에서 실질적으로 거의 차이가 없는 정도라면 상호보증의 요건을 구비하였다고 봄이 상당하다"고 판시함으로써, 상호보증의 개념에 관한 종전의 태도를 사실상 변경하였다. 한일 간에 상호보증이 존재함은 종래 별 의문이 없다.[33)]

3. 승인공서요건의 검토

여기에서는 승인요건인 공서요건, 즉 승인공서요건을 살펴본다.

가. 실체적 공서위반과 선량한 풍속 기타 사회질서 위반의 의미[34)]

민사소송법 제217조 제3호는 "그 판결의 효력을 인정하는 것이 대한민국의 선량한 풍속이나 그 밖의 사회질서에 어긋나지 아니할 것"을 외국판결의 승인요건의 하나로 규정한다. 조문에서 보듯이 "외국법원의 판결" 자체가 아니라 그 판결의 효력을 인정하는 것, 즉 외국판결을 승인한 결과가 공서에 반하는 것이어야 한다. 제3호는 승인국의 본질적인 법원칙, 즉 기본적인 도덕적 신념 또는 근

안의 제반사정을 고려하고 또한 불법행위로 인한 손해배상청구와 미지급임금 지급청구 사이에는 객관적 관련성이 인정되는 점을 들어 우리 법원의 국제재판관할을 인정하였다. 국제재판관할에 관하여는 별도의 발표가 있으므로 논의를 생략한다.

33) 위에서 본 것처럼 이 사건에서 쟁점이 되지는 않았으나 주권면제, 즉 재판권의 문제도 있다. 외국법원의 재판권을 부인하지 아니한 일을 외국재판의 승인요건으로 규정하였던 구 민사소송법 제203조 제1호와 달리 민사소송법 제217조 제1호는 재판권의 존재를 승인요건의 하나로 명시하지 않지만 이는 제217조에 열거되지 않은 승인요건이다.

34) 상세는 석광현, 국제사법과 국제소송 제4권(2007), 249면 이하 참조.

본적인 가치관념과 정의관념에 반하는 외국판결의 승인을 거부함으로써 국내법 질서를 보존하는 방어적 기능을 하는데, 이는 조약, 외국의 입법례와 판례에서 널리 인정되는 요건이다. 승인공서에는 '실체적 공서'와 '절차적 공서'가 포함된다. 판결의 실체법적 결과를 다루는 실체적 공서위반이 문제되는 사례로는 지나치게 과도한 손해배상을 명한 외국판결, 징벌배상 또는 삼배배상을 명한 외국판결과 강행법규 위반행위에 기한 외국판결의 승인 등이 있다.[35] 이 사건에서 문제되는 것은 실체적 공서위반이다.

나. 국제적 공서·보편적 공서와 공서개념의 국가성

제3호의 '선량한 풍속이나 그 밖의 사회질서'란 민법 제103조가 정한 국내적 공서(internal 또는 domestic public policy)와는 구별되는 그보다는 범위가 좁은 '국제적 공서'(international public policy)를 의미한다.[36][37] 제3호의 공서가 '국제적 공서라는 것이 마치 국제적으로 보편타당한 공서 개념이 있는 것처럼 오도할 여지가 있으나, 공서위반은 결국 각국이 판단할 사항이고 제3호에서 문제되는 것은 한국의 관념에 따라 판단된 공서위반이다. 이것이 '공서개념의 국가성'이다.[38] 따

---

35) 한편 외국에서 재판을 하더라도 관철되어야 하는 우리 법상의 절차적인 기본원칙이 외국의 소송절차에서 침해된 경우 외국판결의 승인은 절차적 공서에 반한다. 이는 포기할 수 없는 절차법적 정의의 요구, 즉 절차적 정의의 최소한의 기준을 수호하기 위한 것이다.

36) 외국중재판정의 승인 및 집행에 관한 대법원 1990. 4. 10. 선고 89다카20252 판결은 "… 그 국가의 공서에 반하는 경우에는 집행국 법원은 중재판정의 승인과 집행을 거부할 수 있는바, … 그 판단에 있어서는 국내적인 사정뿐만 아니라 국제적 거래질서의 안정이라는 측면도 함께 고려하여 제한적으로 해석하여야 할 것"이라는 취지로 판시하였는데 이는 외국중재판정의 승인거부사유인 공서가 국제적 공서라고 본 것으로 외국판결의 승인에도 타당하다. 이런 이유로 호문혁, 민사소송법 제8판(2010), 662면이 민사소송법 제3호에서 말하는 "선량한 풍속 기타 사회질서는 민법 제103조에서 말하는 것을 포함함은 물론"이라는 설명은 부적절하다. [밑줄 부분은 이 책에서 새로 추가한 것이다.]

37) 국제법협회(ILA) 국제상사중재위원회는 중재판정의 승인거부사유인 공서에 관한 보고서를 채택하였는데 이는 승인거부사유가 국제적 공서임을 분명히 하였다. P. Mayer/A. Sheppard, "Final ILA Report on Public Policy as a Bar to Enforcement of International Arbitral Awards", 19 Arbitration International No. 2 (2003), pp. 249-263 참조. 보고서는 국제적 공서는 (1) 집행국이 보호하고자 하는 정의와 도덕에 관한 근본적 원칙, (2) 경찰법(*lois de police*) 또는 공서규칙이라고 알려진, 집행국의 핵심적인 정치적, 사회적 또는 경제적 이익에 봉사하는 규칙과 (3) 국제기구 또는 제3국에 대한 의무를 존중할 집행국의 의무라는 3가지로 구분되는데, 보고서는 (1)의 예로 대륙법계국가의 신의칙과 권리남용 금지의 원칙을 제시하며, 그 밖에도 *pacta sunt servanda*, 보상 없는 수용 금지, 차별금지 기타 해적행위, 테러리즘, 집단학살(genocide) 또는 노예제도의 금지 등을 든다. 강제징용에 의한 강제연행과 강제노동이 후자에 포함된다.

38) 이호정, 국제사법(1983), 219면.

라서 한국과 일본의 공서개념이 다를 수 있다.

또한 '국제적 공서'는 다양한 의미로 사용되는데, 이는 기본적 인권 또는 최소한의 자연법적 정의와 같이 국제적으로 통용되는 보편적 공서(*ordre public universel*)와 구별된다.[39] 국제적 공서라는 개념을 사용하는 것은 문제가 없지만 그 취지를 명확히 이해하여야 한다. 이 사건에서 문제되는 것은 공서개념의 국가성에 기초한 우리나라의 국제적 공서인데, 일본판결은 부정하였지만 그 중에서도 보편적 가치를 담은 보편적 공서에 속하는 것이라고 볼 수 있다. 보편적 공서는 개별국가의 의사만으로 이탈할 수 없는 '국제법상의 강행규범'(*jus cogens*)에 해당할 것이나, 국제법상 강행규범의 개념에 관한 국제사회의 일반적인 합의는 아직 없다고 한다.[40]

다. 완화된 공서이론

제3호는 승인공서를 정한 것으로, 준거법인 외국법을 적용한 결과가 우리 공서에 반하는 경우 그의 적용을 배제하는 국제사법(제10조)과 유사하다. 양자는 우리나라의 본질적인 법원칙, 즉 기본적인 도덕적 신념 또는 근본적인 가치관념과 정의관념에 반하는 외국법의 적용(준거법공서의 경우) 내지 외국판결의 승인(승인공서의 경우)을 거부함으로써 국내법질서를 보존하는 방어적 기능을 하는 점에서 동일하고, 그 판단기준도 별 차이가 없다고 본다. 다만, 준거법공서는 준거법이 외국법인 경우에만 적용되지만 승인공서는 그런 제한이 없다.[41]

그러나, 준거법공서와 비교할 때 승인공서를 적용하기 위하여는 더욱 엄격한 요건이 요구된다. 즉, 승인국 법관이 직접 재판하였더라면 국제사법의 공서조항에 따라 적용을 배제했을 외국법을 외국법원이 적용하여 재판하였더라도 이를 이유로 당연히 외국재판의 승인이 배제되는 것은 아니라는 것이다. 이러한 현상을 가리켜 '공서의 완화된 효력'(*effet atténué de l'ordre public*) 또는 '완화된 공서이론'(Theorie vom *ordre public atténué*)이라고 부르기도 한다.[42] 그렇다면 우리 법

39) Rinhold Geimer, Anerkennung ausländischer Entscheidungen in Deutchland (1995), S. 139. 이하 "Geimer, Anerkennung"이라 인용한다.

40) 정인섭, 新국제법강의 제5판(2014), 330면.

41) 외국법원이 준거법이 한국법이라고 판단하여 재판한 경우 비록 한국법을 잘못 적용하더라도 원칙적으로 승인공서위반은 아니지만 그 결과 한국법 질서가 보호하려는 기본적인 도덕적 신념과 사회질서에 반한다면 승인거부사유가 될 수 있다. Dieter Martiny, Handbuch des Internationalen Zivilverfahrensrechts, Band III/1 Kap. I (1984), Rn. 1037도 동지. 이하 "Martiny"라 인용한다.

42) Martiny, Rn. 1041; Geimer, Anerkennung, S. 60-61.

원에 제소한 경우와 비교할 때, 외국 법원에 제소해서 외국 법원의 재판, 그것도 패소판결을 받아 오는 경우에는 한국인 원고의 구제가 상대적으로 더 어렵게 된다. 이 사건에서도 대법원이 그런 태도를 취할 것을 미리 알았더라면 원고등으로서는 한국법원에 바로 제소하는 것이 나았을 것이다. 법원은 강제징용이 불법행위라는 점을 쉽게 인정했을 것이고 피고들의 항변을 모두 배척했을 것이기 때문이다.

라. 실질재심사 금지와 승인요건의 심사[43)]

민사집행법 제27조 제1항은 "집행판결은 재판의 옳고 그름을 조사하지 아니하고 하여야 한다"고 규정한다. 이것이 '실질재심사(révision au fond, review of the merits) 금지의 원칙'인데, 이는 외국판결의 승인의 경우에도 타당하다. 실질재심사금지의 원칙의 결과 증거의 평가를 포함하여 외국법원이 행한 사실인정과 그에 기초한 법률의 적용을 우리 법원이 재심사하여 그의 옳고 그름을 판단할 수 없는 것이 원칙이다.[44)] 그러나 민사소송법에서 보듯이, 우리 법원은 승인요건의 구비 여부를 심사할 수 있고, 이런 심사를 위하여 필요한 범위 내에서는 실질재심사가 필요하며 사실을 조사할 수 있다.[45)]

외국판결의 주문이 우리의 공서에 반하는 행위를 명하는 경우 그 승인이 공서위반이 됨은 명백하나, 예컨대 금전지급을 명하는 판결의 경우 주문 자체만으로는 공서에 반하는 경우는 드물다. 따라서, 외국판결의 승인이 공서위반인지를 심사함에 있어서는 판결이유도 고려할 필요가 있다. 이 사건에서처럼 외국판결이 청구를 기각한 경우에도 같다.

문제는 승인요건의 구비 여부를 판단하기 위하여 실질재심사가 필요하다고 할 경우 그의 범위인데 특히 문제되는 것은 공서위반이다.[46)] 승인요건의 구비 여부를 판단하기 위한 범위 내에서 전면적으로 실질재심사를 허용할 것이라는 견해도 있으나 승인요건의 구비 여부를 판단하기 위한 범위 내에서는 실질재심사가 불가피하지만, 그렇더라도 실질재심사 금지의 원칙을 고려하여 가능한 한 예외

---

43) 상세는 석광현, 국제사법과 국제소송 제1권(2001), 305면 이하 참조.

44) Reinhold Geimer, Internationales Zivilprozeßrecht, 6. Aufl. (2009), Rz. 2910; Haimo Schack, Internationales Zivilverfahrensrecht, 5. Auflage (2010), Rz. 958.

45) 대법원 1988. 2. 9. 선고 84다카1003 판결은 외국중재판정의 승인에 관하여 같은 취지로 판시하였다.

46) Martiny, Rz. 322도 동지.

적으로 실질재심사를 허용하는 것이 타당하다. 이것이 대법원 판결의 태도이다.[47]

마. 공서위반 판단의 기준시기

시간의 경과에 따라 공서위반 여부를 판단하는 기준이 변경될 수 있으므로 그 기준 시점이 문제된다. 공서위반은 승인국의 본질적인 법원칙에 반하는 것이므로 용이하게 변경되지는 않지만, 예컨대 국제적 강행법규 위반을 근거로 공서위반을 인정하는 경우에는 그러한 법의 변경 또는 폐지에 따른 공서위반의 판단기준이 변경될 수 있다.[48] 이에 관하여 외국법원의 판결 시가 아니라 한국 법원이 승인에 관하여 판단하는 시점이라는 견해가 유력하며[49] 설득력이 있다.[50] 논리적으로는 외국판결은 승인요건이 구비되면 판결 시 자동적으로 승인되므로 그 효력은 외국판결 선고 시에 국내에 확장되나, 공서위반 여부의 판단에서 중요한 것은 그의 승인이 현재 승인국에 미치는 영향이기 때문이다.[51] 대상판결은 외국판결을 승인한 결과가 한국의 공서에 어긋나는지 여부는 그 승인 여부를 판단하는 시점에서 판단하여야 한다고 하여 이를 지지하였다. 이 사건에서 일본판결의 사실심종결 시와 승인 시 간에 시차가 크지 않으므로 기준시기는 별로 문제되지 않는다.

바. 내국관련

승인공서위반을 이유로 외국판결의 승인을 거부하기 위하여는 당해 사안이 한국과 관련이 있어야 한다. 이러한 '내국관련'(Inlandsbeziehung)의 정도가 낮은 경우에는 우리 공서가 개입할 가능성이 낮으므로 우리 법의 본질적인 원칙과 다소 괴리가 있더라도 외국판결이 승인될 가능성이 상대적으로 크다.[52] 대상판결도 "외국판결을 승인한 결과가 한국의 선량한 풍속이나 그 밖의 사회질서에 어긋나는지 여부는 … 외국판결의 승인이 한국의 국내법 질서가 보호하려는 기본

47) Martiny, Rz. 322도 동지로 보인다. 대법원 2004. 10. 28. 선고 2002다74213 판결도 이런 취지로 판시하였다.

48) 예컨대 징벌배상을 명한 외국판결의 승인에 있어, 과거와 달리 '하도급거래 공정화에 관한 법률'(제35조 제2항)에 의하여 하수급업체의 기술을 가로챈 대기업에 대해 피해액의 3배까지 배상하도록 하는 삼배배상제도가 2011. 6. 30. 도입되었음을 고려해야 한다.

49) Martiny, Rn. 1150f.

50) 석광현, 국제사법과 국제소송 제1권(2001), 320-321면에서 이런 견해를 피력하였다.

51) Martiny, Rn. 1150f.

52) Martiny, Rn. 1027f. 이 점은 석광현, 국제사법과 국제소송 제1권(2001), 307면에서 이미 피력하였다.

적인 도덕적 신념과 사회질서에 미치는 영향을 외국판결이 다룬 사안과 한국과의 관련성의 정도에 비추어 판단하여야 하고"라는 취지로 판시함으로써 이런 견해를 지지하였다. 이 사건에서 원고등이 한국에 주소를 둔 한국인이므로 내국관련이 존재함은 명백하다. 다만, 기본적인 인권 또는 최소한의 자연법적 정의와 같은 보편적 공서(*ordre public universel*) 위반의 경우에는 내국관련을 요하지 않는다는 견해가 유력한데,[53] 이 사건은 보편적 공서가 문제되는 사건이므로 위 견해에 따르면 내국관련이 불필요하다고 볼 여지도 있다.

사. 우리의 승인공서 위반을 인정하기 위한 요건

외국판결을 승인하는 것이 한국의 기본적인 도덕적 신념 또는 근본적인 가치관념과 정의관념에 위반되기 위하여는, 외국판결의 주문과 이유를 기초로 판단할 때 외국판결의 판단이 구체적인 사건에서 ① 한국의 법원칙에 반할 것, ② 문제된 한국의 법원칙이 본질적인 것 — 즉 기본적인 도덕적 신념 또는 근본적인 가치관념과 정의관념에 속할 것(따라서 그 원칙은 문제된 사안을 포함하여 우리나라에서는 당연히 통용됨을 전제로 한다)과 ③ 그 상위(相違)가 커서 외국판결의 효력을 인정하는 것이 우리가 수인(受忍)할 수 있는 범위를 넘을 것이 요구된다.[54] ②의 요건이 구비되면 ③의 요건은 대체로 구비될 것이나 항상 그런 것은 아니다.[55] 반면에 한국 법원이 재판하였더라면 준거법이 한국법이었을 것이라는 점은 승인공서위반의 요건이 아니다.

외국판결의 결론이 우리 법원칙과 다르다는 판단은 비교적 쉬우나 위 ②와 ③의 구비 여부는 가치판단을 수반하므로 판단하기 어렵다. 즉 국내적 공서에 해당하는 사항이더라도 그것이 외국판결 승인의 맥락에서 포기할 수 있는 것이라면 위 요건은 구비되지 않는다. 이처럼 승인공서위반 여부의 판단은 우리 법질서 중에서 포기할 수 있는 부분과 포기할 수 없는 부분의 구별을 요구한다. 경계선상에 있는 사안에서 공서위반 여부를 판단하는 것은 매우 어려운데, 승인요

---

53) Geimer, Anerkennung, S. 139.

54) Martiny, Rn. 1039와 1044 참조. Rn. 1071은 "참을 수 없는 상위"(unerträgliche Abweichung)를 요구한다.

55) 예컨대 외국판결의 판단을 인정하는 것이 신의칙에 반하더라도 당연히 승인공서위반은 아니고 그것이 우리가 수인할 수 없는 범위를 넘는 때에만 승인공서에 반한다. 과도한 손해배상을 명한 외국판결은 그것이 손해전보라는 우리 손해배상법의 기본원칙에 반하더라도 그 상위가 사소하면 수인해야 하고 그 상위가 커서 수인할 수 있는 범위를 넘은 때에만 승인공서에 반한다. 국제사법 제32조 제4항은 준거법공서의 맥락에서 같은 취지를 담은 것이다.

건의 구비 여부 판단에서 가장 어려운 대목이 바로 이것이다. 대상판결이 둘째와 셋째 청구와 관련하여 이런 판단기준을 명확히 제시하지 않은 점은 아쉽다.

아. 외국판결의 일부승인

하나의 재판이 법률적으로 독립한 수개의 청구에 기한 것인 경우 그 일부의 승인이 허용됨은 의문이 없다. 이 사건에서 일본판결을 승인하는 것이 승인공서에 반하는지를 판단하기 위하여는 원고등의 청구를 구분할 필요가 있다. 원고등의 청구는 첫째, 피고의 강제연행 또는 강제노동으로 인한 손해배상청구, 둘째, 피고의 안전배려의무위반으로 인한 손해배상청구와 셋째, 원고등의 미지급 임금청구인데, 이는 별개 소송물이고 일본판결이 청구를 기각한 이유가 다르므로 구분할 실익이 있다. 만일 승인요건이 구비된다면 우리 법원은 일본판결 중 일부만을 승인할 수도 있다.

자. 공서위반의 여부와 준거법의 판단

민사소송법은 외국판결 승인의 맥락에서 준거법에 대한 통제를 하지 않으므로 외국 법원이, 우리 법원이 재판하였더라면 적용하였을 준거법이 아닌 다른 법을 준거법으로 적용하였다는 것만으로는 승인공서에 반하지는 않는다. 이는 "협의의 국제사법에 대한 국제민사소송법의 우위(Vorrang des IZVR vor dem IPR)"를 보여준다.[56] 외국판결이 준거법인 외국법을 적용한 결과를 인정하는 것이 우리의 승인공서, 즉 기본적인 도덕적 신념 또는 근본적인 가치관념과 정의관념에 반하는지가 관건이다. 이 사건에서 관건은 일본법을 준거법이라고 보고 이를 적용한 일본판결[57]을 승인하는 것이 우리의 기본적인 도덕적 신념 또는 근본적인

56) Schack(註 44), Rn. 962.

57) 일본판결은, 원고등을 일본인으로, 한반도를 일본 영토의 구성부분으로 봄으로써, 원고등 청구에 적용될 준거법을 국제사법적 관점에서 결정하지 않고 처음부터 일본법을 준거법으로 보았고, 그 과정에서 일본의 '청구권협정 제2조의 실시에 따른 한국 등의 재산권에 대한 조치에 관한 법률'(법률 제144호. 이하 "재산권조치법"이라 한다)을 적용하였다. 즉 일본은 청구권협정 체결 후 한일협정 제2조3에서 말하는 국내법적 조치로서 1965. 12. 17. 재산권조치법을 제정하였는데, 그동안 일본 정부는 전후 보상 또는 배상 청구소송에서 한일협정 및 재산권조치법을 근거로 하여 한국인 개인의 일본 또는 일본 기업에 대한 손해배상청구권은 모두 소멸되었다고 주장해왔기 때문이다. 최중영, "대일민간청구권에 관한 소고", 인권과 정의 제344호(2005. 4.), 140면. 보다 구체적으로 준거법이 일본법이라면 재산권조치법이 적용되는 데 반하여 한국법이라면 동 법이 적용될 이유가 없다. 더욱이 재산권조치법에 대하여 아시아·태평양전쟁 한국인 희생자 보상청구소송의 원고등이 이는 일본 헌법(제29조 제3항)에 위반된다고 주장하였으나 동경지방재판소는 이를 배척하였다고 한다. 위 최중영, 140면.

가치관념과 정의관념에 반하는가이다.

요컨대 이 사건에서 일본판결의 승인이 우리의 승인공서에 반하는가를 판단함에 있어서는 위(사.)에서 언급한 세 가지 요건의 구비 여부를 판단하면 족하지, 우리 법원이 재판하였더라면 준거법을 어떻게 판단하였을 것인가와는 직접 관련이 없다는 것이다. 그러나 대상판결이 과연 이런 견해에 입각한 것인지는 불분명하다. 준거법에 관하여는 별도의 발표가 예정되어 있으므로 여기에서는 논의를 생략하고, 각 관련되는 부분에서 간단히 언급한다.

Ⅳ. 강제징용의 불법성과 그에 관한 판단의 승인공서위반: 첫째 청구와 관련하여

1. 문제의 소재

원고등의 첫째 청구, 즉 피고의 강제징용 또는 강제노동으로 인하여 원고등이 입은 손해배상청구에 대하여 일본판결은 일차적으로 강제징용을 적법하다고 보아 원고등의 청구를 기각하였다. 즉, 일본판결은 일본의 한국병합경위에 관하여 "일본은 1910. 8. 22. 한국병합에 관한 조약을 체결하여 대한제국을 병합하고 조선반도를 일본의 영토로 하여 그 통치 하에 두었다", 원고등에 대한 징용경위에 대하여 "당시 법제 하에서 국민징용령에 기초한 원고등의 징용은 그 자체로는 불법행위라 할 수 없고, 또한 징용의 절차가 국민징용령에 따라 행하여지는 한 구체적인 징용행위가 당연히 위법이라고 할 수는 없고, 그것만으로는 구 미쓰비시의 불법행위책임을 인정할 수는 없다"는 취지로 판단하였다.

나아가 일본판결은 징용령을 위반한 피고 불법행위책임의 성립가능성을 인정하면서도 제척기간의 경과 또는 청구권협정에 의하여 원고등의 채권이 소멸하였다고 판단하였다.

문제는 일본판결의 이런 판단을 승인하는 것이 우리의 승인공서에 반하는가이다.

2. 원고등의 주장

원고등의 주장은, 일본판결은 일본의 한반도 강제점령이 법률적으로 유효하여 원고등을 강제연행한 징용령 등이 합법적인 공권력의 행사라는 전제 아래 판단하였으므로 그의 승인은 3·1운동으로 건립된 한국 임시정부의 법통을 계승한 헌법 정신에 반하고 결국 우리의 공서에 반한다는 것이다.

3. 원심판결의 판단

원심판결은 강제징용이 합법적인가의 여부를 직접 판단하지는 않고, 일본판결의 결론이 한국법을 적용한 결론과 같으므로 일본판결의 승인은 헌법정신에 반하는 것은 아니라고 판단하였다. 즉 원심법원은, 구 섭외사법에 의하더라도 일본법이 준거법이 될 수 있고, 일본 법원이 준거법으로 삼은 일본법이 규정한 제척기간 또는 소멸시효 기간이 한국법의 그것보다 불리하다고 볼 만한 이유가 없으므로, 일본판결을 승인하는 것이 한국 헌법정신에 어긋난다고 볼 수 없고 "설령 한국법을 준거법으로 적용하더라도 어차피 원고등의 이 사건 청구는 모두 소멸시효가 완성되었다"라고 부언하였다.

4. 대상판결의 판단

대상판결은 아래와 같은 취지로 판단하였다.

> "일본판결의 이유에는 일본의 한반도와 한국인에 대한 식민지배가 합법적이라는 규범적 인식을 전제로 하여, 일제의 국가총동원법과 국민징용령을 한반도와 원고등에게 적용하는 것이 유효하다고 평가한 부분이 포함되어 있다. 그러나 한국 제헌헌법은 전문(前文)에서 "유구한 역사와 전통에 빛나는 우리들 대한국민은 기미삼일운동으로 대한민국을 건립하여 세상에 선포한 위대한 독립정신을 계승하여 이제 민주독립국가를 재건함에 있어서"라고 하고, 부칙 제100조에서는 "현행법령은 이 헌법에 저촉되지 아니하는 한 효력을 가진다"고 하며, 부칙 제101조는 "이 헌법을 제정한 국회는 단기 4278년 8월 15일 이전의 악질적인 반민족행위를 처벌하는 특별법을 제정할 수 있다"고 규정하였다. 또한, 현행 헌법도 전문에 "유구한 역사와 전통에 빛나는 우리 대한국민은 3·1운동으로 건립된 대한민국임시정부의 법통과 불의에 항거한 4·19 민주이념을 계승하고"라고 규정한다. 이러한 헌법의 규정에 비추어 볼 때, 일제강점기 일본의 한반도 지배는 규범적인 관점에서 불법적인

강점(强占)에 지나지 않고, 일본의 불법적인 지배로 인한 법률관계 중 한국의 헌법정신과 양립할 수 없는 것은 그 효력이 배제된다. 그렇다면 일본판결 이유는 일제강점기의 강제동원 자체를 불법이라고 보고 있는 헌법의 핵심적 가치와 정면으로 충돌하는 것이므로, 이러한 판결 이유가 담긴 일본판결을 그대로 승인하는 결과는 그 자체로 우리의 공서에 위반되고, 따라서 우리나라에서 그 효력을 인정할 수는 없다."

5. 검토

일본판결의 승인이 우리의 승인공서에 반하는 것이 되기 위하여는 일본판결의 판단이 위에서 본 실체적 공서위반이 인정되기 위한 세 가지 요건을 충족하면 족하다. 굳이 불법행위의 준거법을 판단할 필요는 없다. 즉 일본판결의 판단이 ① 우리의 법원칙에 반하고, ② 이러한 법원칙은 헌법을 포함한 우리나라의 기본적인 도덕적 신념 또는 근본적인 가치관념과 정의관념에 속하며, ③ 일본판결의 판단과 우리 법원칙 간의 상위가 커서 전자는 우리가 수인(受忍)할 수 있는 범위를 넘는다는 것이 그것이다.

첫째 청구에 대한 일본판결의 결론을 승인하는 것이 승인공서위반이 되는가는 두 가지 부분으로 구분할 필요가 있다. 하나는 징용령에 따른 징용이 적법하다는 것이고, 다른 하나는 강제징용이 불법행위를 구성하더라도 원고등의 채권은 제척기간 또는 청구권협정에 의하여 소멸하였다는 것이다.

우선 징용령에 따른 징용이 적법하다는 일본판결의 판단은 ① 우리의 법원칙에 반하고—왜냐하면 대상판결이 설시한 바와 같이 일본의 한반도 지배는 규범적 관점에서 불법적인 강점(强占)에 불과한 것으로서 우리 법원칙으로는 정당화될 수 없고,[58] 나아가 일본 정부와 그에 가담한 피고의 강제징용이 일본에서도 적법한 것인지도 의문이지만, 가사 그것이 1944년 경 일본에서는 적법하였다고 하더라도[59] 한국에서는 불법적인 것이기 때문이다—,[60] ② 이러한 법원칙은

58) 한일기본조약 제2조가 규정하는 바와 같이 1910. 8. 22. 및 그 이전에 대한제국과 대일본제국 간에 체결된 조약 및 협정은 이미 무효이다. 우리나라는 이를 소급적으로 즉 원천무효라고 보나 일본에서는 이를 부정한다. 일본의 한반도 지배는 규범적 관점에서 불법적인 강점(强占)에 불과한 것이라고 판시한 대상판결은 한일병합이 법적으로 무효라는 것이다. 조약으로서 아예 성립하지 않았다는 견해도 있다. 김명기, "한일합방조약의 부존재에 관한 연구", 법조 통권 655호(2011. 4.), 33면.

59) 독일에서는 강제노동이 국가사회주의 법률에 의하여 형식적으로 정당하다는 견해가 있으나 독일 법원은 강제노동(slave labor)을 만장일치로 불법이라고 본다고 한다. von Hein(註 25), p. 207 Fn 122.

60) 구 미쓰비시의 이러한 행위는 ① 노예제를 금지하는 국제관습법과 일본도 1932. 11. 21. 가

헌법을 포함한 우리나라의 기본적인 도덕적 신념 또는 근본적인 가치관념과 정의관념에 속하며 ③ 일본판결의 판단과 우리 법원칙 간의 상위(相違)가 커서 전자는 우리가 수인(受忍)할 수 있는 범위를 넘는다는 것이 그것이다. 일본판결의 판단이 우리 법원칙에 반하는지를 판단하는 기준시기는 승인을 판단하는 시점이므로 이 사안에서 이를 인정하는 데는 별 어려움이 없다. 따라서 대상판결의 결론은 타당하다.

대상판결이 실체적 공서위반 여부의 판단에서 헌법적 가치를 도입한 것은 커다란 의의가 있다. 종래 우리나라에서는 소홀히 취급되었으나, 앞으로 우리의 승인공서 나아가 준거법공서를 판단함에 있어서 헌법적 가치에 관심을 기울일 필요가 있다. 헌법은 우리의 근본규범으로서 우리나라의 기본적인 도덕적 신념 또는 근본적인 가치관념과 정의관념을 반영하는 것이기 때문이다. 대상판결이 ③의 요건을 언급하지 않았지만 헌법적 가치에 반한다는 설시로부터 그런 판단을 끌어낼 수 있을 것이다. 다만 대상판결이 "일본의 불법적인 지배로 인한 법률관계 중 한국의 헌법정신과 양립할 수 없는 것은 그 효력이 배제된다"고 판시하였는데 이 부분의 취지와 그 외연은 앞으로 더욱 분명히 할 필요가 있다.[61)]

주의할 것은, 이 사건에서 일본판결의 승인이 승인공서에 반한다고 본 것은 일본판결이 준거법 판단[62)]을 잘못했기 때문이 아니라 일본판결의 결론이 승인공서에 반하기 때문이다.

한편, 강제징용이 불법행위를 구성하더라도 원고등의 채권은 제척기간 또는 청구권협정에 의하여 소멸하였다는 일본판결의 판단이 승인공서에 반하는지를 판단함에 있어서는 아래에서 보듯이 피고의 항변에 대한 검토를 통해 확인할지 아니면 징용의 적법성을 인정한 사실로부터 도출할지가 문제된다. 생각건대, 일본판결은 징용령을 위반한 피고 불법행위책임의 성립가능성을 인정하면서도 강제징용이 적법하다고 보았는데 이는 한국법의 관점에서는 결정적 결함이므로 이

입한 1930년 체결된 강제노동 폐지를 규정한 국제노동기구(ILO) 제29호 조약(강제노동금지협약) 등에 위반될 뿐만 아니라 전쟁범죄 및 인도에 대한 죄에 해당하여 불법행위를 구성한다고 볼 수 있다.

61) 이는 국회가 제헌헌법 부칙 제100조에 의하여, 헌법에 저촉되지 아니하는 한 "현행법령"으로서 한국 법질서에 편입된 일본 법률을 적용하도록 하는 사고방식을 당시 존속중이던 법률관계에 대입한 것으로 보인다.

62) 준거법에 관하여는 별도의 발표가 예정되어 있으므로 여기에서는 논의를 생략한다. 준거법의 쟁점에 관하여는 석광현, "강제징용배상 및 임금 청구의 준거법", 서울대학교 법학(제54권 제3호)(2013. 9.), 283면 이하 참조. 이는 이 책 [12] 논문으로 수록되었다. [밑줄 부분은 이 책에서 새로 추가한 것이다.]

러한 판단은 그 자체로서 승인될 수 없다. 가사 일본판결이 징용령 위반에 따른 피고의 불법행위를 이유로 손해배상을 명하였더라도 이런 판단은 승인될 수 없다. 피고의 위법행위가 징용령에 근거한 것인지, 일본판결이 인정한 것처럼 연행과정에서의 위법행위로 인한 것인지는 공격방법의 차이이기 때문이다.[63] 따라서 승인공서위반 여부를 판단함에 있어서는 첫째 청구 중 불법행위의 성립을 인정한 부분에 관하여는 피고의 항변에 대해 굳이 검토할 필요가 없다. 이 부분은 논란의 여지가 있으나 저자는 후기에 적은 바와 같이 만일 우리 법원이 어느 항변을 받아들이더라도 일본판결을 승인할 수는 없고 본안에 관하여 판단하면서 항변을 받아들여 청구를 기각해야 한다고 본다. [밑줄 부분은 이 책에서 새로 추가한 것이다.] 대상판결이 이 점을 어떻게 판단한 것인지는 다소 불분명하다.

V. 구 미쓰비시와 피고의 법인격의 동일성과 그에 관한 판단의 승인공서위반: 둘째와 셋째 청구와 관련하여

1. 문제의 소재

구 미쓰비시는 1950. 1. 11. 재건정비계획에 따라 해산하고, 같은 날 구 미쓰비시의 현물출자 등에 의하여 기업재건정비법상의 새로운 회사인 중일본(中日本)중공업 주식회사, 동일본(東日本)중공업 주식회사, 서일본(西日本)중공업 주식회사의 3개 회사(이하 새로이 설립된 3개 회사를 합쳐 "제2회사"라 한다)가 설립되었다. 그 뒤 중일본중공업 주식회사(당시 상호는 미쓰비시중공업 주식회사로 변경되어 있었다)가 1964. 6. 30. 나머지 2개 회사를 흡수합병함으로써 제2회사가 현재의 피고가 되었다.

위에서 본 바와 같이, 피고의 강제연행 및 강제노동 과정에서 징용령이 정한 범위를 벗어난 위법행위로 인한 원고등의 불법행위에 기한 손해배상청구와 원고등의 미지급 임금청구에 관하여, 일본판결은 원고등의 청구를 인정할 여지가 있지만 원고등의 채권이 이미 소멸하였다는 피고의 항변을 받아들였다. 여기에서 원고등의 둘째와 셋째 청구에 관하여[64] 일본법상 피고가 구 미쓰비시의 채

---

63) 만일 징용령에 따른 강제징용에 기한 손해배상청구와 징용령의 위반을 원인으로 한 손해배상청구가 별개 소송물이라면 후자의 점에 대한 항변도 판단할 필요가 있다.

64) 원고등의 첫째의 청구에 관하여 일본판결은 징용령을 위반한 범위 내에서 불법행위의 성립 가능성을 인정하면서 제척기간 등에 의하여 소멸하였다고 하였으므로 일본법원이 재판을 함

무를 승계하지 않는다는 일본판결의 판단을 인정하는 것이 우리의 승인공서에 반하는지가 문제된다. 만일 우리 법상으로도 동일한 사안에서 양자가 별개의 법인이라고 인정된다면 피고가 구 미쓰비시의 채무를 승계하지 않는다는 일본판결의 판단은 승인될 것이다.[65] 이는 첫째, 법인의 동일성의 문제로서 실질법인 민법 내지 상법의 쟁점이고, 둘째, 승인공서의 판단에 관한 광의의 국제사법상의 쟁점이다.

2. 원고등의 주장

구 미쓰비시와 피고는 외형상 별개 법인으로 보이나, 피고가 구 미쓰비시의 영업을 계속할 목적으로 설립되었고, 그 과정에서 인적·물적 조직을 승계하였을 뿐 아니라 제2회사의 초대 사장이 모두 구 미쓰비시의 상무이사였던 점, 피고가 구 미쓰비시의 상호와 상표를 그대로 사용하고 있는 점, 피고가 구 미쓰비시의 역사까지도 피고의 역사로 간주하여 홍보하고 있는 점, 피고와 같은 계열사 경영자들의 모임이 정기적으로 개최되는 점, 피고가 1968. 1.과 1974. 8.에 원고 정창희 등으로부터 미지급임금 등의 청구를 받고서는 교섭을 거부하거나 구 미쓰비시와는 별개의 회사라는 주장을 펼친 적이 없는 점 등에 비추어 보면, 양자는 실질적으로 동일한 회사이고 피고는 구 미쓰비시의 원고등에 대한 채무를 승계하였다.

3. 원심판결의 판단

원심판결은 이 점에 대하여 별도로 판단하지 않았다.

4. 대상판결의 판단

대상판결은 아래와 같은 취지로 판시하였다.

에 있어서는 이 부분도 의미가 있지만 승인의 맥락에서는 이 부분은 결정적 결함으로 인하여 승인될 수 없다. 따라서 승인의 맥락에서는 피고의 항변에 대하여 판단할 필요가 없다는 것이다.

65) 원심판결은 그와 같이 판단하였다.

"구 미쓰비시가 피고로 전환되는 과정에서 구 미쓰비시와 제2회사 및 피고의 법적 동일성 여부를 판단할 법인의 속인법을 결정하는 저촉규범은 우리나라에서 통용되었던 일본의 '법례(法例)'[66]이고,[67] 나아가 '법례'는 그러한 속인법에 대하여 규정하지 않았지만, 설립준거지법이나 본거지법에 의한다고 해석되었고, 위 회사들의 설립준거지와 본거지는 모두 일본이므로, 위 쟁점의 준거법은 일단 일본법이 되는데 그에는 회사경리응급조치법과 기업재건정비법이 포함된다. 그러나 법례 제30조는 공서에 관한 규정을 두었으므로 일본법을 적용한 결과가 한국의 공서양속에 위반되면 일본법의 적용을 배제하고, 법정지인 한국법을 적용하여야 한다. 또한, 1962. 1. 15. 이후에 발생한 법률관계에 적용되는 구 섭외사법에 있어서도 이는 마찬가지다.
이 사건에서 일본법을 적용하면, 원고등은 구 미쓰비시에 대한 채권을 피고에 대하여 주장하지 못하게 되는데, 피고가 구 미쓰비시의 영업재산, 임원, 종업원을 실질적으로 승계하여 회사의 인적, 물적 구성에는 기본적인 변화가 없었음에도, 전후처리 및 배상채무 해결을 위한 일본 국내의 특별한 목적 아래 제정된 기술적 입법에 불과한 회사경리응급조치법과 기업재건정비법 등을 이유로 구 미쓰비시의 원고등에 대한 채무가 면탈되는 결과가 되는 것은 우리 공서양속에 비추어 용인할 수 없다.
따라서 일본법의 적용을 배제하고 당시 한국법[68]을 적용하면, 구 미쓰비시가 책임재산이 되는 자산과 영업, 인력을 제2회사에 이전하여 동일한 사업을 계속하였을 뿐만 아니라 피고 스스로 구 미쓰비시를 피고의 기업 역사의 한 부분으로 인정하고 있는 점 등에 비추어 양자는 그 실질에 있어 동일성을 그대로 유지하고 있는 것으로 봄이 상당하여 법적으로는 동일한 회사로 평가하기에 충분하다. 따라서 원고등은 구 미쓰비시에 대한 청구권을 피고에 대하여도 행사할 수 있다."

이런 설시는 대상판결이 승인공서가 아니라 준거법공서를 다루고 있음을 보여준다.

5. 검토

대상판결은 피고 등의 속인법을 일본법이라고 보고, 다만 그에 따르면 일본 국내법인 회사경리응급조치법과 기업재건정비법 등이 적용되므로 결국 구 미쓰비시와 피고의 동일성이 부정되어 구 미쓰비시의 원고등에 대한 채무가 면탈되는 결과가 되는데, 이는 당시 우리나라에서 적용되던 법례가 정한 공서에 반하므로 한국법을 적용해야 하는데 한국법에 따르면 양자가 동일하다는 것이다. 즉

66) 1898. 6. 21. 법률 제10호.

67) 대상판결은 그 근거를 1912. 3. 28.부터 일왕(日王)의 칙령 제21호에 의하여 우리나라에 의용(依用)되다가 군정 법령 제21호를 거쳐 우리 제헌헌법 부칙 제100조에 의하여 "현행법령"으로서 한국 법질서에 편입되었기 때문이라고 판시하였다.

68) 여기에서 말하는 한국법이 정확히 무엇인지는 논란의 여지가 있다.

대상판결은 준거법을 판단하고 준거법공서를 설시한다.

사실관계를 정확히 알지 못하는 저자로서는 구 미쓰비시와 피고의 법인격의 동일성이 유지되는지를 판단하기는 어렵지만, 원심판결이 열거한 사실관계에 의하면 대상판결의 결론은 설득력이 있는 것으로 보이나 논란의 여지가 있어 보인다.

다만 구 미쓰비시가 피고와 별개의 법인이라는 주장을 전면적으로 배척하기보다는 양자가 별개의 법인이라고 보면서도 구 미쓰비시의 원고등에 대한 채무가 면탈되는 결과는 준거법공서에 반하므로 피고가 원고등에 대한 채무를 여전히 부담한다는 식으로 일본법질서에 최소한의 간섭을 할 여지도 있지 않았나 생각된다.[69] 물론 이를 위하여는 구 미쓰비시의 전환과정에서 원고등을 포함한 채권자들의 보호조치를 취하였는지도 검토할 필요가 있다.

대상판결은 준거법공서를 다루고 있으나, 위에서 본 바와 같이 일본판결을 승인하는 것이 우리의 승인공서에 반하는지를 판단함에 있어서는 일본판결의 판단을 우리의 법원칙, 즉 우리의 국내법질서와 비교하면 족하지, 쟁점들의 준거법을 결정하고 준거법인 일본법을 적용하는 것이 준거법공서에 반하는지를 판단해야 하는 것은 아니다. 다만 준거법공서에 반한다면 대부분 승인공서에도 반할 것이다. 어쨌든 파기환송을 받은 하급심법원은 피고 등의 속인법을 판단해야 하는데, 대법원이 준거법을 판단한 것은 아마도 외국판결의 취지를 정확히 이해하는 데 필요하고, 하급심법원에 지침을 제공함으로써 신속한 재판을 할 수 있도록 했던 것인지 모르겠다.

원고등의 청구는 복수의 소송물[70]로 구성되므로 그 승인 여부도 각각 살펴볼 필요가 있는데 대상판결은 이 점을 명확히 하지 않고 있다. 즉 승인의 맥락에서는 구 미쓰비시와 피고의 동일성에 관한 판단은 첫째의 청구와는 관련이 없고 둘째와 셋째 청구에만 관련된다.

---

69) 이는 마치 신의성실의 원칙에 기초한 법인격부인론에서 법인격을 일반적으로 부정하는 것은 아니고, 문제된 특정사안에 한하여 사원과 회사의 법적 독립성을 부정하는 것과 유사하다. 물론 법인격부인론은 일반적으로 공서로 설명하지는 않는다.

70) 이는 세 개이나, 만일 원고의 첫째 청구를 징용령 자체에 기한 손해배상청구와 징용령 위반에 기한 손해배상청구로 구분하여 양자를 별개의 소송물로 본다면 소송물은 네 개가 된다.

Ⅵ. 청구권협정에 의한 원고등 채권의 소멸 여부와 그에 관한 판단의 승인공서위반: 둘째와 셋째 청구와 관련하여

1. 문제의 소재

피고는 종전 소송에서 원고등의 채권은 청구권협정에 따라 소멸하였다고 항변하였고 히로시마고등재판소는 첫째, 둘째와 셋째의 청구와 관련하여[71] 원고등의 채권이 청구권협정에 따라 모두 소멸하였다고 부가적으로 판단하였다. 이와 관련하여 원고등의 채권이 청구권협정에 의해 소멸하였는지, 둘째, 청구권협정에 의해 소멸하였다는 일본판결의 판단을 인정하는 것은 우리의 승인공서에 반하는지가 문제된다. 첫째는 국제법상의 쟁점인데 이에 관하여는 국제법 전문가의 별도 발표가 있으므로[72] 여기에서는 첫째 논점에 관한 대상판결의 결론이 타당하다는 것, 즉 청구권협정에 의하여 원고등의 채권이 소멸한 것은 아님을 전제로,[73] 둘째의 논점, 즉 광의의 국제사법상의 쟁점만을 다룬다.

---

71) 원고등의 첫째 청구에 관하여 일본판결은 징용령에 따른 징용에 관한 한 불법행위의 성립 자체를 부정하였으나, 징용령을 위반한 범위 내에서는 불법행위의 성립가능성을 긍정하였으므로 양자를 구분해야 한다.

72) 참고로 도시환, "한일청구권협정 관련 대법원 판결의 국제법적 평가", 국제사법연구 제19권 제1호(2013. 6), 53면은 대상판결의 결론을 지지한다. 김창록, "「한일협정」과 한국인 개인의 권리", 부산대학교 법학연구 제43권 제1호(통권 제51호)(2002.12), 112면도 한국인 개인의 청구권은 청구권협정에 의해서도 일본의 국내조치에 의해서도 소멸되지 않았다고 본다. 반면에 이근관, "한일청구권협정상 강제징용배상청구권 처리에 대한 국제법적 검토", 서울대학교 법학 제54권 제3호(통권 제168호)(2013. 9.), 385면)는 대상판결에 대하여 비판적인 태도를 취하면서 나아가 외교문제에 대한 사법자제의 원칙이라는 근거에서도 대상판결을 비판한다. 만일 청구권협정에 의해 원고등의 권리가 소멸하였다면 그를 이유로 원고등의 청구를 기각한 일본판결을 승인하게 될 것이다. 주의할 것은, 어느 견해를 따르든 간에 청구권협정에 따른 소멸여부를 논의함에 있어 그에 언급된 강제징용 피해자와 그에 언급되지 않은 성노예(enforced sex slaves. 위안부)의 손해배상청구는 구별해야 한다는 점이다. 그 밖에 정인섭, "1965년 한일청구권협정 대상범위에 관한 연구", 성곡논총 제25집(상)(1994. 6.), 509면 이하; 박배근, "1965년 한일 청구권협정과 개인의 청구권", 국제법평론 2000-Ⅱ (2000), 15면 이하도 참조.

73) 참고로 Jeong v. Onoda Cement Co. Ltd., Case No. BC217805 (L.A. Sup. Ct., Sep. 14, 2001). 註 198에서 재인용) 사건에서 미국법원도 이 점을 제기하지 않았지만 한일 간의 조약에 의해 소멸했다고 본 것 같지는 않다. Anderson(註 25), p. 182 참조. 위 사건은 일제하 강제징용 피해자 정재원(82세)씨가 일본 기업 다이헤이오(전 오노다시멘트)를 상대로 낸 피해보상 소송인데 2005. 1. 18. 미국 연방대법원은 상고를 기각하였다고 한다. 최중영(註 57), 145면 참조.

2. 대상판결의 판단과 검토: 청구권협정에 의한 원고등 권리의 소멸 여부와 그에 관한 판단의 승인공서의 위반

대상판결은 원고등의 피고에 대한 채권은 청구권협정으로 소멸하지 않았다고 판시하였다. 이런 설시는, 대상판결이 승인공서나 준거법공서를 다룬 것이 아니라 청구권협정에 대한 우리 법원의 해석론을 보여준다. 청구권협정에 의하여 원고등의 피고에 대한 권리의 소멸 여부는 조약의 해석문제이다.

청구권협정에 따르면 한일 정부의 견해 충돌 시 제3조에 따라 중재에 의하여 해결되어야 한다. 그러나 중재에 의하여 해결되기 전에는, 우리 법원이 판단하기에 우리 정부의 해석이 옳고 그 결론이 일본판결의 결론과 상충된다면, 이 사건의 쟁점은 강제징용이라는 불법행위로 인한 원고등의 손해배상채권이라는 개인청구권이 청구권협정에 의하여 소멸하였는가라는 매우 중대한 것이므로, 일본 정부의 해석을 받아들인 일본판결의 판단을 인정하는 것은 우리의 기본적인 도덕적 신념과 사회질서에 반한다고 본다. 이 점은 임금채권의 경우에도 마찬가지이다. 요컨대, 청구권협정에 관한 양국 법원의 해석이 다르다는 이유만으로 일본판결의 승인이 승인공서에 반하는 것은 아니지만 반인도적 불법행위의 효과가 문제되는 이 사건에서는 일본판결의 판단이 우리의 기본적인 도덕적 신념과 사회질서에 반하기 때문에 그 승인은 승인공서에 반한다는 것이다.

원고등의 청구는 세 개의 소송물을 구성하므로 그 승인 여부도 각각 살펴볼 필요가 있는데, 대상판결은 이 점을 명확히 하지 않고 있다. 즉 승인의 맥락에서는 원고등의 채권이 청구권협정에 의하여 소멸하는가는 첫째의 청구와는 관련이 없고[74] 둘째와 셋째의 청구에만 관련된다.

---

74) 첫째 청구에 관하여 일본판결은 징용령에 따른 징용에 관한 한 불법행위의 성립 자체를 부정하였으나, 징용령을 위반한 범위 내에서는 불법행위의 성립가능성을 긍정하면서 청구권협정에 의하여 소멸하였다고 판단하였으므로 후자에 관한 한 청구권협정은 첫째 청구와도 관련이 있다고 할 수 있다. 그러나 저자는 첫째 청구에 관한 한 불법행위의 성립가능성을 인정한 부분도 결정적 결함에 의하여 승인될 수 없다고 본다.

Ⅶ. 원고등 채권의 소멸시효에 의한 소멸 여부와 그에 관한 판단의 승인공서위반:[75] 둘째와 셋째 청구와 관련하여

1. 문제의 소재

원고등이 한국에서 이 사건 소를 제기한 것은 2000. 5. 1.이고, 일본 히로시마에서 제소한 것은 1995. 12. 11.이다. 한편 피고는 둘째와 셋째의 청구와 관련하여[76] 원고등의 채권이 발생하였더라도 소멸시효의 완성 또는 제척기간의 경과(이하 소멸시효만을 언급한다)[77]로 인하여 이미 소멸하였다고 항변한다. 여기에서 쟁점은, 일본법상 소멸시효의 항변을 받아들인 일본판결의 판단을 인정하는 것이 우리의 승인공서에 반하는가이다. 이는 첫째, 소멸시효 법리의 문제로서 우리 민법상 쟁점이고, 둘째, 승인공서의 판단에 관한 광의의 국제사법상의 쟁점이다. 민법상 쟁점은 ① 원고등의 채권의 소멸시효의 기산점과 ② 피고의 소멸시효 완성의 항변이 신의칙에 위반되는가이다.[78][79] 이하 위 쟁점들을 차례로 검토한다.

---

75) 당초 이 부분 중 소멸시효에 관한 의견을 정리하는 데는 이은경, “반인권 국가범죄에 대한 구제방안—소멸시효 항변과 신의칙 위반 검토—”, 서울대학교 대학원 법학석사 학위논문(2011. 8.)이 큰 도움이 되었다. 이제는 남효순(註 14), 394면 이하 참조. 그 밖에 이홍렬, “일제강점기에 발생한 불법행위책임에 관한 연구—소멸시효를 중심으로—”, 비교사법 제19권 2호(통권57호), 499면 이하도 있다.

76) 원고등의 첫째의 청구에 관하여 일본판결은 불법행위의 성립 가능성을 인정하면서 제척기간 등에 의하여 소멸하였다고 하였으므로 일본법원이 재판을 함에 있어서는 이 부분도 의미가 있지만 승인의 맥락에서는 이 부분은 결정적 결함으로 인하여 승인될 수 없다. 이 점은 위 註 64에서 언급하였다.

77) 민법 제766조 제2항은 불법행위와 관련하여 전단에 3년의 단기소멸시효를, 후단에 10년의 소멸시효를 규정하나, 일본 민법 제724조는 전단에 3년의 단기소멸시효를, 후단에 20년의 제척기간을 규정한다.

78) 이런 쟁점들을 다룬 글로는 우선 이은경(註 75)과 조용환, “역사의 희생자들과 법: 중대한 인권침해에 대한 소멸시효의 적용문제”, 법학평론 창간호(2010. 9.), 8면 이하 참조.

79) 그 밖에도 원고등의 채권이 소멸시효의 대상인가라는 쟁점도 있으나 대상판결은 이를 다루지 않았다. 즉 원고등은, 구 미쓰비시의 불법행위는 반인도적인 전쟁범죄의 일환으로 이루어진 것이므로 원고등의 채권은 소멸시효의 대상이 아니라고 주장하였다. 원심판결은 “원고등의 손해배상채권이 구 미쓰비시의 반인도적인 전쟁범죄와 관련된 손해배상채권이라는 사정만으로는 그 채권에 대하여 소멸시효의 적용을 배제할 근거가 없다”고 판단하였다. 임금채권에 대하여도 동일한 법리를 적용한 것으로 보인다. 전쟁범죄로 인한 채권은 아예 소멸시효의 대상이 되지 않는다는 견해도 있다. I. Seidl-Hohenveldern/Th. Stein, Völkerrecht, 10th ed. (2000), para. 1881 (von Hein(註 25), p. 219에서 재인용). 하급심판결 중에는 전쟁범죄나 고문과 같은 중대한 인권침해에 관하여 민사상 소멸시효를 배제한 취지의 판결도 있다. 최종길 교수 항소심 판결인 서울고등법원 2006. 2. 14. 선고 2005나27906 판결(서울중앙지방법원 2005. 1. 26. 선고 2002가합22637 판결)이 그의 제1심판결이다. 독일에도 중대한 인권침해로

2. 원고등의 채권의 소멸시효의 기산점과 그에 관한 판단의 승인공서위반

민법에 의하면 불법행위채권은 불법행위를 한 날로부터 10년간 이를 행사하지 아니하면 시효로 소멸하고(제766조 제2항), 미지급임금 등과 관련한 채권의 소멸시효기간은 3년이고(제163조 제1호) 일반채권의 소멸시효기간을 적용하면 10년의 소멸시효가 완성되어 소멸한다.[80] 민법 제166조에 따르면 소멸시효는 권리를 행사할 수 있는 때로부터 진행하는데 여기에서 "권리를 행사할 수 있는 때", 즉 소멸시효의 기산점이 문제된다.

가. 원고등의 주장

원고등은, 1945년부터 1965년까지는 한일 간의 국교단절로 인해 손해배상청구가 불가능하였으므로 소멸시효가 진행하지 않았고, 그 후 국교 수립과 동시에 체결된 청구권협정의 존재, 한국 국민의 대일 민간청구권을 소멸시킨 일본 재산권조치법의 시행 등 법률상 장애사유로 인하여 원고등의 손해배상채권의 소멸시효가 진행되지 않고 있었고, 청구권협정 관련 문서가 전면 공개된 후 한국 정부의 법적 의견이 표명됨에 따라 책임주체에 대한 권리행사가 실질적으로 가능해진 2005. 8. 26.(또는 이 사건 소제기일인 2000. 5. 1.)에야 비로소 진행하게 되었다고 주장한다.

나. 원심판결의 판단

원심판결은 이 사건 불법행위가 있은 날로부터 기산하면 물론이고, 피고의

인한 권리는 소멸시효의 대상이 되지 않는다는 견해도 있다. von Hein(註 25), p. 219와 Fn. 201 참조. 그러나 전쟁범죄 또는 반인권 국가범죄의 경우 소멸시효의 대상이 되지 않으려면, 전쟁범죄 등의 존재만으로는 부족하고, 국가조직이 이러한 중대한 범죄를 은폐하거나 이를 체계적, 조직적으로 지원하며 또한 그러한 범죄에 대해 사법적 구제의 접근이 실질적으로 차단되어 있을 것을 요구하는 견해도 있는데, 그에 따르면 이 사건에서는 추가적 요건이 구비되기 어려우므로 여전히 소멸시효의 대상이 될 것이다. 이은경(註 75), 12면 이하 참조. 반인권 국가범죄의 개념에 관하여는 국제형사재판소의 설립근거인 1998년 로마규정(Rome Statute of the International Criminal Court)이 참고가 된다. 강제징용과 관련된 독일과 미국의 판결들은 대체로 피해자의 불법행위채권은 소멸시효의 대상적격이 있다고 본다.

80) 한국법상 임금채권의 소멸시효기간은 3년이고 일반채권의 소멸시효기간을 적용하면 10년이다. 반면에 일본법상 임금청구의 소멸시효기간은 1년으로 한국법상의 3년보다 짧으나, 일반채권의 소멸시효기간을 적용하면 역시 10년이다.

주장처럼 한일간 국교가 정상화된 1965. 6. 22.로부터 기산하더라도 10년이 경과되었으므로 원고등의 불법행위로 인한 손해배상채권은 이미 소멸시효가 완성되었다고 판단하였다.[81] 또한 원심판결은 원고등의 미지급임금채권도 3년 또는 최장 10년의 소멸시효가 완성되어 소멸하였다고 판단하였다. 나아가 원심판결은 원고등이 주장하는 사유는 법률상 장애사유가 아니고, 늦어도 한일협정이 이루어진 1965. 6. 22.을 기산점으로 보았다. 상세한 설시는 아래와 같은 취지이다(밑줄은 저자가 추가함).

> "소멸시효는 객관적으로 권리가 발생하여 그 권리를 행사할 수 있는 때로부터 진행하고 그 권리를 행사할 수 없는 동안은 진행하지 않지만 여기서 '권리를 행사할 수 없는' 경우라 함은 권리행사에 법률상의 장애사유를 말하는 것이고, 사실상 권리의 존재나 권리행사 가능성을 알지 못하였고 알지 못함에 과실이 없다고 하여도 이는 법률상 장애사유에 해당하지 않는바(대법원 2006. 4. 27. 선고 2006다1381 판결 등 참조), 그 동안 청구권협정 제2조 및 그 합의의사록의 규정과 관련하여 우리 정부의 국민에 대한 외교적 보호권만을 포기한 것인지, 혹은 우리 국민의 일본국 또는 일본 국민에 대한 개인적 손해배상청구권도 포기된 것인지에 관하여 논란이 있어 왔고, 원고등이 청구권협정의 명확한 의미를 알지 못하여 자신들의 권리를 행사할 수 없는 것으로 믿었다고 하더라도, 청구권협정의 존재 또는 대일 민간청구권의 소멸을 규정한 일본 국내법의 제정·시행이 있었다는 사정만으로 법률상의 장애사유가 있었다고 할 수 없으므로, 원고등의 이 사건 손해배상채권에 대한 소멸시효의 기산점을 2005. 8. 26.이라고 보기는 어렵다."

흥미로운 것은, 원심판결의 다음과 같은 취지의 판단이다(밑줄은 저자가 추가함).

> "원고등의 주장 자체에 의하더라도 원고등을 비롯한 재한 피폭자들은 일본과의 국교가 수립된 직후인 1967년경부터 사단법인 한국원폭피해자원호협회를 설립하고, 1974년 그 하부조직으로 한국원폭피해미쓰비시징용자동지회를 설립하여, 같은 해 8월경 그 회원들이 피고를 방문하여 강제징용으로 인한 배상금과 미수금의 지급을 촉구하였던바, 원고등은 늦어도 그 무렵에는 이 사건 손해배상채권을 행사할 수 있었던 것이므로, 그 때로부터 기산하더라도 이미 10년의 소멸시효가 완성되었음은 마찬가지이다."

다. 대상판결의 판단

대상판결은 우선 준거법에 관하여 판단하고 실질법적 쟁점에 대해 판단하였는데, 이 과정에서 불법행위의 준거법은 한국법이고 미지급임금채권의 준거법은

---

81) 서울중앙지방법원 2008. 4. 3. 선고 2005가합16473 판결도 부가적인 판단에서 동일한 취지로 판단하였다.

일본법이라고 보았다. 나아가 대상판결은 원심판결과 마찬가지로 첫째, 민법상 소멸시효의 기산점에 관하여 '권리를 행사할 수 없는' 경우라 함은 그 권리행사에 법률상의 장애사유가 있는 경우를 말하는 점, 둘째, 채무자의 소멸시효에 기한 항변권의 행사도 민법의 대원칙인 신의성실의 원칙과 권리남용금지의 원칙의 지배를 받는다는 점과, 그것이 권리남용이 되는 4가지 유형을 재확인하고 이어서 아래의 취지로 판단하였다(밑줄은 저자가 추가함).

> "구 미쓰비시의 불법행위가 있은 후 1965. 6. 22. 한일 간의 국교가 수립될 때까지는 한일 사이의 국교가 단절되어 있었고, 따라서 원고등이 피고를 상대로 한국에서 판결을 받더라도 이를 집행할 수 없었던 사실, 1965년 국교가 정상화되었으나, 청구권협정 관련 문서가 모두 공개되지 않은 상황에서 청구권협정 제2조 및 그 합의의사록의 규정과 관련하여 청구권협정으로 한국 국민의 일본국 또는 일본 국민에 대한 개인청구권이 포괄적으로 해결된 것이라는 견해가 한국 내에서 일반적으로 받아들여져 온 사실, 일본에서는 청구권협정의 후속조치로 재산권조치법을 제정하여 원고등의 청구권을 일본 국내적으로 소멸시키는 조치를 취하였고 원고등이 제기한 일본소송에서 청구권협정과 재산권조치법이 원고등의 청구를 기각하는 부가적인 근거로 명시되기도 한 사실, 그런데 원고등의 개인청구권, 그 중에서도 특히 일본의 국가권력이 관여한 반인도적 불법행위나 식민지배와 직결된 불법행위로 인한 손해배상청구권은 청구권협정으로 소멸하지 않았다는 견해가 원고등이 1995. 12. 11. 일본소송을 제기하고 2000. 5. 1. 한국에서 이 사건 소를 제기하면서 서서히 부각되었고, 마침내 2005. 1. 한국에서 청구권협정 관련 문서가 공개된 뒤, 2005. 8. 26. 일본의 국가권력이 관여한 반인도적 불법행위나 식민지배와 직결된 불법행위로 인한 손해배상청구권은 청구권협정에 의하여 해결된 것으로 볼 수 없다는 민관공동위원회의 공식적 견해가 표명된 사실 등을 알 수 있다.
> 여기에 앞서 본 바와 같이 구 미쓰비시와 피고의 동일성 여부에 대하여도 의문을 가질 수밖에 없도록 하는 일본에서의 법적 조치가 있었던 점을 더하여 보면, 적어도 원고등이 이 사건 소를 제기할 시점인 2000. 5. 1.까지는 원고등이 한국에서[82] 객관적으로 권리를 사실상 행사할 수 없는 장애사유가 있었다고 봄이 상당하다."

이런 설시는, 대상판결이 승인공서나 준거법공서를 다룬 것이 아니라 준거법이 한국법이라는 점을 전제로 소멸시효 기간의 기산점에 관한 우리 민법상의 결론을 보여준다.

---

82) 원고등이 객관적으로 권리를 사실상 행사할 수 있었는지를 판단함에 있어서 한국에서와 일본에서를 구별하여야 하는지는 의문이다. 원고등이 일본에서 제소한 것은 1995. 12. 11.이다.

라. 검토

(1) 소멸시효의 기산점에 관한 판단

대상판결은 우리 민법의 해석상 소멸시효의 기산점에 관하여 중요한 의미를 가진다.

우리 민법상 소멸시효는 객관적으로 권리가 발생하여 그 권리를 행사할 수 있는 때로부터 진행하고 그 권리를 행사할 수 없는 동안은 진행하지 않는다. 문제는 여기서 "권리를 행사할 수 없는 동안"의 개념이 무엇인가라는 점이다.

원심판결이 설시한 바와 같이 종래 우리 판례는 '권리를 행사할 수 없는 때'라 함은 그 권리행사에 법률상의 장애사유, 예컨대 기간의 미도래나 조건 불성취 등이 있는 경우를 말하는 것이고, 사실상 권리의 존재나 권리행사 가능성을 알지 못하였고 알지 못함에 과실이 없다고 하여도 이러한 사유는 법률상 장애사유에 해당하지 않는다고 보았다(대법원 2006. 4. 27. 선고 2006다1381 판결 등 참조). 그러나 근자에는 소멸시효 기산점은 '권리를 행사하는 것을 기대할 수 있는 시기'로 파악해야 한다는 견해가 유력해지고 있다. 실제로 국가에 의한 반인도적 범죄의 피해자들이 손해배상을 청구하는 경우에까지 소멸시효제도를 규정한 구 예산회계법 제96조 제2항과 민법 제766조 제2항을 적용되는 것으로 해석하는 것이 헌법에 반하는지가 다투어진 사건에서 헌법재판소 2008. 11. 27. 2004헌바54 결정은 최초로 소멸시효의 기산점을 '권리를 행사하는 것을 기대할 수 있는 시기'로 보았는데 다수의견은 다음과 같은 취지로 판시하였다(밑줄은 저자가 추가함).

> "시효기간은 '권리를 행사할 수 있을 때'로부터 진행하는바 '권리를 행사할 수 있을 때'라 함은 채권을 최초로 주장할 수 있고 필요하면 소로써 관철할 수 있는 시점이라고 할 것이며 <u>여기서 채권을 주장할 수 있는 가능성은 객관적으로 판단하여야 하므로 객관적 사정 때문에 소를 제기할 기대가능성이 없는 경우에는 시효기간이 개시되지 않는다고 볼 수 있는 것이어서</u> 앞서 본 국가비상시기 등에 있어서 공무원이 조직적으로 저지른 특정 불법행위의 피해자가 국가를 상대로 자신의 배상청구권을 주장하는 것을 기대할 수 없는 동안에는 시효기간이 개시되지 않는다고 해석할 수 있다."

이런 경향은 울산 국민보도연맹사건에 대한 대법원 2011. 6. 30. 선고 2009다72599 판결의 태도에서도 보인다. 대외적으로 좌익전향자 단체임을 표방하였으나 실제로는 국가가 조직·관리하는 관변단체 성격을 띠고 있던 국민보도연맹

산하 지방연맹 소속 연맹원들이 1950. 6. 25. 한국전쟁 발발 직후 상부의 지시를 받은 군과 경찰에 의해 구금되었다가 그들 중 일부가 처형대상자로 분류되어 집단 총살을 당하였고, 이후 정부가 처형자 명부 등을 작성하여 3급 비밀로 지정하였는데, 위 학살의 구체적 진상을 잘 알지 못했던 유족들이 진실·화해를 위한 과거사정리 기본법에 따라 설치된 진실·화해를 위한 과거사정리위원회의 진실규명결정이 있었던 2007. 11. 27. 이후에야 국가를 상대로 손해배상을 청구하자 국가가 소멸시효 완성을 주장한 사안에서 위 대법원판결은 아래의 취지로 판시하였다(밑줄은 저자가 추가함).[83]

> "전시 중에 경찰이나 군인이 저지른 위법행위는 객관적으로 외부에서 거의 알기 어려워 유족들이 사법기관의 판단을 거치지 않고 손해배상청구권의 존부를 확정하여 국가 등을 상대로 손해배상을 청구한다는 것은 좀처럼 기대하기 어려운 점, 전쟁이나 내란 등에 의하여 조성된 위난의 시기에 개인에 대하여 국가기관이 조직을 통하여 집단적으로 자행한 또는 국가권력의 비호나 묵인 하에 조직적으로 자행된 기본권 침해에 대한 구제는 통상의 법절차에 의해서는 사실상 달성하기 어려운 점 등에 비추어 과거사정리위원회의 진실규명결정이 있었던 2007. 11. 27.까지는 객관적으로 유족들이 권리를 행사할 수 없었다고 보아야 하고, 여기에 본질적으로 국가는 그 성립 요소인 국민을 보호할 의무를 부담하고 어떠한 경우에도 적법한 절차없이 국민의 생명을 박탈할 수는 없다는 점을 더하여 보면, 여태까지 생사 확인을 구하는 유족들에게 처형자 명부등을 3급 비밀로 지정함으로써 진상을 은폐한 국가가 이제 와서 뒤늦게 유족들이 위 집단 학살의 전모를 어림잡아 미리 소를 제기하지 못한 것을 탓하는 취지로 소멸시효 완성을 주장하여 채무이행을 거절하는 것은 현저히 부당하여 신의성실 원칙에 반하는 것으로서 허용될 수 없다."

헌법재판소의 2008년 결정은 권리를 행사할 수 있을 때의 의미를 '객관적으로 행사 가능한 시기'로 봄으로써 '법률상 장애사유가 없는 경우'보다 범위를 확장한 것이다. 따라서 권리자가 자신의 사정이 아닌 다른 사정으로 인해 권리를 행사할 수 없었고 객관적으로 그 권리를 행사할 것을 기대할 수 없는 사유가 있으면 그 사유가 제거될 때까지 '권리를 행사할 수 있는 때'에 이르지 않았다는 것이다.[84] 근자에는 일본에서도 '권리를 행사할 수 있는 때'란 '권리를 행사할 수 있음을 알았어야 할 시기' 또는 채권자의 직업, 지위, 교육 등으로부터 '권리를 행사하는 것을 요구 내지 기대할 수 있는 시기'라고 보는 견해[85]가 유력한

83) 소개와 검토는 이은경(註 75), 38면 이하 참조.

84) 김학동, "소멸시효의 기산점에 관한 판례분석", 민법의 과제와 현대법의 조명: 경암 홍천용 박사화갑기념논문집, 21세기국제정경연구원 (1997), 98면 참조.

85) 星野英一, "時效に關する覺書", 民法論集 4, 배문각(1972), 166-167면. 이은경(註 75), 29면

소수설로 주장되고 있고, 유럽계약법원칙과 독일 소멸시효법 개정도 기산점에서 주관적 체계를 도입하여 채권자의 인식가능성과 결부시켜 산정하는 것으로 전환되었다.[86] 이를 근거로 우리나라에서도 기산점은 '권리를 행사하는 것을 기대할 수 있는 시기'로 보아야 한다는 견해가 주장되고 있다.[87]

그러나 위 2011년 대법원 판결은 기산점에 관한 새로운 견해를 받아들인 것은 아니고 당해 사건에서 국가가 소멸시효의 항변을 행사하는 것은 현저히 부당하여 신의성실 원칙에 반하는 것으로서 허용될 수 없다고 판시한 것이다.[88] 대상판결도 2000. 5. 1.까지는 소멸시효의 기산점이 도래하지 않았다고 본 것은 아니고, 소멸시효에 기한 항변이 권리남용이 된다고 판단한 것이다.[89] 따라서 대상판결이 기산점에 관하여 보다 전향적인 견해를 취하지 않은 점은 비판의 여지가 있다.[90]

⑵ 소멸시효의 기산점에 관한 판단의 승인공서위반

위 ⑴의 논의는 민법상의 쟁점이다. 위(1.)에서 언급한 바와 같이, 여기의 쟁점은 일본법상 소멸시효의 항변을 받아들인 일본판결의 판단을 인정하는 것이 우리의 승인공서에 반하는가인데, 대상판결이 우리 법상으로도 기산점이 도래하였다고 보았으므로 승인공서위반의 논점은 검토할 필요가 없었다. 다만 대상판결에 따른 기산점이 언제인지는 분명하지 않다.

주 73에서 재인용.

86) 김재형 역, "독일의 채권법개정," 서울대학교 법학 제42권 제1호(2001. 3.), 293-294면. 독일의 채권법 개정의 상세는 우선 위 논문과 김재형 역, "독일의 채권법개정: 새로운 매매법", 서울대학교 법학 제43권 제4호(2002. 12.) 참조.

87) 이은경(註 75), 30면.

88) 일본 최고재판소 1970. 7. 15. 판결도 "단지 권리행사에 법률상의 장애가 없을 뿐만 아니라 더 나아가 권리의 성질상 그 권리행사가 현실에서 기대할 수 있을 것을 필요로 한다"고 판시하였다고 한다. 조용환(註 78), 21면 註 34에서 재인용. 그 밖에도 영미판례에 따르면 기망적 은폐(fraudulent concealment)의 법리가 인정되는데, 이는 피해자인 원고의 청구원인의 기초가 되는 사실관계에 대해 가해자인 피고 측에서 이를 억압하거나 왜곡하는 경우 원고가 그러한 사실관계를 알게 된 때 또는 알 수 있었던 때부터 소멸시효가 진행한다는 discovery rule을 적용한다고 한다. 즉 피해자가 피해사실 등을 발견하여 구체적으로 알게 된 때부터 시효가 진행된다는 것이다. 이은경(註 75), 30면 주 76.

89) <u>결론이 바뀌지는 않겠지만</u>, 원고등은 1995. 12. 11. 일본에서 제소하였으므로 그 때는 권리행사가 객관적으로 기대가능하다고 볼 여지가 있지 않나 생각된다. [밑줄 부분은 이 책에서 새로 추가한 것이다.]

90) 다만 저자는 민법학자는 아니므로 이 점에 관한 정확한 평가는 민법학자의 판단을 존중하고자 한다.

3. 피고의 소멸시효 완성의 항변의 신의칙 위반 여부와 그에 관한 판단의 승인공서위반

피고가 소멸시효가 완성되었다고 항변하거나 소멸시효를 원용하는(이하 양자를 호환적으로 사용한다) 것이 권리남용이 되거나 또는 신의칙에 반하는가라는 문제가 제기된다.91)

가. 원고등의 주장

원고등은, 그 동안 원고등의 끊임없는 배상청구에 대하여 피고가 보여 온 태도에 비추어 피고의 소멸시효 완성의 항변은 신의칙이나 권리남용금지의 원칙에 위반된다고 주장한다.

나. 원심판결의 판단

원심판결은 아래와 같은 취지로 판단하였다(밑줄은 저자가 추가함).

"채무자가 소멸시효 완성을 주장하는 것이 신의칙에 반하여 권리남용으로서 허용될 수 없는 경우는, 채무자가 시효완성 전에 채권자의 권리행사나 시효중단을 불가능 또는 현저히 곤란하게 하거나 그러한 조치가 불필요하다고 믿게 하는 행동을 하였거나, 객관적으로 채권자가 권리를 행사할 수 없는 장애사유가 있었거나, 또는 일단 시효완성 후에 채무자가 시효를 원용하지 아니할 것 같은 태도를 보여 권리자로 하여금 그와 같이 신뢰하게 하였거나, 채권자 보호의 필요성이 크고 같은 조건의 다른 채권자가 채무의 변제를 수령하는 등의 사정이 있어 채무 이행의 거절을 인정함이 현저히 부당하거나 불공평하게 되는 등의 특별한 사정이 있는 경우에 한하는데(대법원 2005. 5. 13. 선고 2004다71881 판결 등 참조), 원고등의 주장처럼 피고가 한일 간 국교가 수립되기 전까지는 "국교 수립 시까지 기다리자"고 하였다거나, 국교 수립 후에는 직접적인 배상의무는 부정하면서도 "다른 기업들이 피징용 피해자들에 대하여 보상을 할 움직임을 보이면 원고등에게도 성의를 보이겠다"는 태도를 보였다는 사정만으로 피고가 소멸시효가 완성된 후에도 시효를 원용하지 아니할 것 같은 태도를 보여 원고등으로 하여금 이를 신뢰하게 하였다고 보기는 어렵고, 원고등

---

91) 미국에서는 이를 '형평법상의 중단(equitable tolling)'의 문제로 다룬다. 예컨대 채무자가 적극적으로 오인케 한 경우 시효는 중단되거나 진행하지 않는다고 한다. Anderson(註 25), p. 164 참조. 그러나 Iwanowa 사건에서 미국 법원은 이를 인정할 증거가 없다고 보았고(Iwanowa v. Ford Motor Co., 67 F. Supp. 2d 424, 467-468), 캘리포니아주의 입법자료도 같은 취지로 기술하고 있다고 한다. Anderson(註 25), p. 164. Equitable tolling에 관한 우리 문헌은 박민영, "미국의 equitable tolling의 법리에 관한 소고", 경희법학 제47권 제1호(2012), 288면 註 9 참조. 이를 '소멸시효의 정지'에 상당하는 것이라고 설명하기도 한다. [밑줄 부분은 이 책에서 새로 추가한 것이다.]

의 손해배상채권이 반인도적인 전쟁범죄에 관련된 것이라는 이유만으로 피고의 소멸시효 완성의 항변 자체가 권리남용에 해당한다고 볼 수 없다."[92]

원심판결은 소멸시효의 항변이 권리남용이 되기 위한 요건을 유형화한 위 2005년 대법원 판결의 추상적 법률론을 따르면서도 이 사건에서 그 요건이 구비되지 않았다고 본 것이다.

다. 대상판결의 판단

위(3.)에서 본 바와 같이 대상판결은 우선 준거법에 관하여 판단하고 이어서 민법상 쟁점에 대해 판단하였는데, 불법행위로 인한 손해배상채권의 준거법은 한국법이고 미지급임금채권의 준거법은 일본법이라고 보았다. 나아가 민법상의 쟁점에 관하여 대상판결은 위(3.)에서 본 바와 같이 원고등이 이 사건 소를 제기할 시점인 2000. 5. 1.까지는 원고등이 한국에서 객관적으로 권리를 사실상 행사할 수 없는 장애사유가 있었다고 보고 구 미쓰비시와 실질적으로 동일한 법적 지위에 있는 피고가 소멸시효의 완성을 주장하여 원고등에 대한 불법행위로 인한 손해배상채무 또는 임금지급채무의 이행을 거절하는 것은 현저히 부당하여 신의성실의 원칙에 반하는 권리남용으로서 허용될 수 없다고 판시하였다.

이런 설시는, 대상판결이 승인공서나 준거법공서를 다룬 것이 아니라 우리 민법(손해배상채권의 경우) 또는 일본 민법(임금채권의 경우)의 해석론을 보여주는 것이다.

라. 검토

⑴ 소멸시효의 항변과 권리남용에 관한 판단

위(3.나.)에 인용된 대법원 2005. 5. 13. 선고 2004다71881 판결[93]은 채무자의 소멸시효에 기한 항변권의 행사도 민법의 대원칙인 신의성실의 원칙과 권리남용금지의 원칙의 지배를 받는 것이어서 ① 채무자가 시효완성 전에 채권자의 권리행사나 시효중단을 불가능 또는 현저히 곤란하게 하였거나, 그러한 조치가

---

92) 서울중앙지방법원 2008. 4. 3. 선고 2005가합16473 판결도 부가적인 판단에서 동일한 결론을 내렸으나 다만 그 사건에서는 피고의 동일성과 채무의 승계가 부정되었으므로 그 점에 착안하여 소멸시효의 항변이 신의칙에 반하는 것은 아니라고 판단하였다.

93) 해설은 이범균, "국가의 소멸시효 완성 주장이 신의칙에 반하여 권리남용에 해당하는지 여부에 관한 판단 기준(2005. 5. 13. 선고 2004다71881 판결: 공2005상, 950)", 대법원판례해설 2005년 상반기(통권 제54호)(2006), 9면 이하 참조.

불필요하다고 믿게 하는 행동을 하였거나, ② 객관적으로 채권자가 권리를 행사할 수 없는 장애사유가 있었거나, ③ 또는 일단 시효완성 후에 채무자가 시효를 원용하지 아니할 것 같은 태도를 보여 권리자로 하여금 그와 같이 신뢰하게 하였거나, ④ 채권자보호의 필요성이 크고, 같은 조건의 다른 채권자가 채무의 변제를 수령하는 등의 사정이 있어 채무이행의 거절을 인정함이 현저히 부당하거나 불공평하게 되는 등의 특별한 사정이 있는 경우에는 채무자의 소멸시효 완성의 주장은 신의성실의 원칙에 반하여 권리남용으로서 허용될 수 없다고 판시하였다(번호는 저자가 추가함).[94)95)]

이 사건에서 관건은 피고가 위 4가지 유형에 해당하는 행위를 하였는가라는 점이다. 대상판결은 위에서 본 것처럼 원고등이 이 사건 소를 제기할 시점인 2000. 5. 1.까지는 원고등이 한국에서 객관적으로 권리를 사실상 행사할 수 없는 장애사유가 있었다고 판시하였는데 이는 ②의 요건을 인정한 것이다. 그렇다면 이 사건에서 피고가 소멸시효 완성을 주장하는 것은 신의칙에 반하여 권리남용으로서 허용될 수 없다. 또한 사실관계에 따라 ④의 요건도 인정할 여지가 있을 것이다.

⑵ 소멸시효 완성의 항변과 권리남용에 관한 판단의 승인공서위반

위 ⑴의 논의는 민법상의 쟁점이다. 그런데 여기에서 쟁점은, 원고등의 둘째와 셋째 청구와 관련하여 일본법상 소멸시효의 항변을 받아들인 일본판결의 판단을 인정하는 것이 승인공서에 반하는가이므로 나아가 승인공서의 논점을 판단하여야 한다. 그러나 대상판결은 이 점을 충분히 논의하지 않은 것으로 보인다.

생각건대, 소멸시효제도라는 것은 일정한 사실상태가 일정한 기간 계속된 경우에 진정한 권리관계와 일치하는지의 여부를 묻지 않고 그 사실상태를 존중

---

94) 이러한 신의칙 위반의 판단기준은 일본 하급심판례의 신의칙 위반 판단기준과 동일한 것으로 보인다. 東京地判 平成 2. 2. 6, 判例體系(第2期版) 民總 7卷 6687면; 東京地判 昭和55. 10. 31 判例時報 984호, 日本評論新社 1981, 47면 참조(이은경(註 75), 69-70면에서 재인용). 우리 대법원은 1994. 12. 9. 선고 93다27604 판결 이래 일본의 학설과 판례의 유형화를 대체적으로 따르고 있다고 지적한다. 박종훈, "소멸시효의 원용과 권리남용—연구대상판결 대법원 2005. 5. 13. 선고 2004다71881 판결—", 판례연구(부산판례연구회, 2009), 81면; 남효순(註 75), 411면.

95) 위 2005년 판결은 작게는, 채무자가 소멸시효의 완성을 주장하는 것이 신의성실의 원칙에 반하여 권리남용으로 허용될 수 없게 되는 요건을 명확히 함과 동시에, 국가가 국민을 상대로 소멸시효의 완성을 주장하는 것은 일정한 요건이 갖추어져야 신의칙 위반으로 허용될 수 없음을 밝힌 데 의의가 있고, 크게는 법이 두는 구체적 제도의 운용을 신의칙과 같은 일반원칙을 적용하여 배제하는 것은 법적 안정성을 해할 우려가 있으므로 그 적용에는 신중하여야 한다는 기준을 제시한 데 의의가 있다고 한다. 이범균(註 93), 36면.

하여 권리의 소멸(또는 권리의 소멸을 주장할 수 있는 권리의 발생)이라는 법률효과를 발생시키는 제도이므로[96] 이는 우리 법의 본질적인 법원칙에 속한다. 물론 소멸시효기간의 장단 자체는 우리 법의 본질적인 법원칙에 속하지 않지만,[97] 어떤 권리가 소멸시효의 대상이 되는가, 나아가 신의칙에 반하는 소멸시효 완성의 항변이 허용되는가는 사안에 따라 우리 법의 본질적 법원칙에 속한다. 나아가 신의칙과 권리남용 금지의 원칙이 승인국의 정의와 도덕에 관한 근본적인 원칙에 해당되는 것이라는 점은 별 의문이 없다. 신의칙 위반이 항상 승인공서위반이 되지는 않고 그 위반이 중대하여 우리가 수인(受忍)할 수 있는 범위를 넘은 경우에만 승인공서위반을 인정할 수 있는데,[98] 이 사건에서 피고의 소멸시효 항변의 허용 여부에 따라 결론이 좌우되므로 이는 우리가 수인(受忍)할 수 있는 범위를 넘는다고 볼 수 있다. 대상판결이 이 점을 명확히 설시했더라면 하는 아쉬움이 있다.

원고등의 청구는 복수의 소송물로 구성하므로 그 승인 여부도 각각 검토해야 하는데 대상판결은 이 점을 명확히 하지 않고 있다. 승인의 맥락에서는 원고등의 채권이 소멸시효의 완성으로 인하여 소멸하는가는 첫째 청구와는 관련이 없고 둘째와 셋째 청구에만 관련된다.

---

96) 지원림, 민법강의 제9판(2011), 2-395. 대법원 1992. 3. 31. 선고 91다32053 판결 등은 시효제도의 존재이유는 영속된 사실상태를 존중하고 권리 위에 잠자는 자를 보호하지 않는다는 데에 있고 특히 소멸시효에 있어서는 후자의 의미가 강하다고 판시하였다. 헌법재판소 2008. 11. 27. 2004헌바54 결정은 소멸시효제도는 권리자가 그의 권리를 행사할 수 있음에도 불구하고 일정한 기간 동안 그 권리를 행사하지 않는 상태, 즉 권리불행사의 상태가 계속된 경우에 법적 안정성을 위하여 그 자의 권리를 소멸시켜 버리는 제도라고 하고, 그의 존재이유를 첫째, 계속되어 온 사실상태를 진정한 권리관계로 인정함으로써 과거사실의 증명의 곤란으로부터 채무자를 구제하고 분쟁의 적절한 해결을 도모하기 위한 것이며, 둘째, 오랜 기간 동안 자기의 권리를 주장하지 아니한 자는 법률의 보호를 받을 만한 가치가 없으며 시효제도로 인한 희생도 감수할 수밖에 없지만, 반대로 장기간에 걸쳐 권리행사를 받지 아니한 채무자의 신뢰는 보호할 필요가 있다는 데서 구하였다.

97) 대법원 1995. 2. 14. 선고 93다53054 판결은, 중재판정의 준거법인 네덜란드 안틸레스법상 소멸시효기간이 우리 민법상의 그것보다 길기 때문에 공서에 반한다는 주장에 대해 "… (공서위반 여부는) 제한적으로 해석하여야 하며, 외국중재판정에 적용된 외국법이 우리 실정법상 강행법규에 위반된다고 하여 바로 승인거부사유가 되는 것은 아니고, 해당 중재판정을 인정할 경우 그 구체적 결과가 우리 공서에 반할 때에 한하여 승인을 거부할 수 있다"고 판시하면서 위 주장을 배척하였다.

98) Martiny, Rn. 1044도 'grundlegende Abweichung'(근본적인 상위)이 있을 것을 요구한다.

Ⅷ. 우리 법원 판결의 일본에서의 효력

대법원이 일본판결의 승인을 거부하고 원심판결을 파기환송하였으므로 환송심법원이 원고등의 청구를 인용하고 이것이 확정될 경우, 만일 피고가 자발적으로 채무를 이행하거나 한국 내 충분한 재산이 있는 것이 아니라면, 장래 우리 법원 판결을 일본에서 승인 및 집행할 수 있는가라는 의문이 제기될 수 있다. 일본법원은 대법원이 과거 그랬던 것[99]처럼 자신의 기존 확정판결에 반하는 한국판결의 승인 및 집행을 거부할 것이다.[100] 그렇더라도 원고등이 피고의 한국 내 재산에 대하여 강제집행하는 데는 영향이 없다. 한편 일본 이외의 제3국에서 우리 판결을 승인 및 집행할 수 있는가는 외국판결의 승인 및 집행에 관한 당해 국가의 법제에 달려 있다. 어느 일방(예컨대 일본판결)의 승인이 공서에 반한다고 판단한다면 타방(예컨대 한국판결)을 승인할 것이고, 양자가 모두 공서에 반하지 않는다고 판단한다면 선행판결을 우선시킬 가능성도 있다.

Ⅸ. 맺음말

대상판결은 불행한 시대를 살아온 원고등에게 법원이 뒤늦게나마 법적 신원(法的 伸寃)을 가능케 한 기념비적인 판결이다. 대상판결은 규범적 불법강점론을 취하면서 일본의 불법적인 지배로 인한 법률관계 중 대한민국의 헌법정신과 양립할 수 없는 것은 그 효력이 배제된다고 선언한 것은 커다란 의미가 있다.

이 사건에서 일차적인 쟁점은 일본판결의 승인이 우리의 승인공서에 위반되는가이다. 외국판결의 승인에 관하여 우리 사법부는 민사소송법의 취지에 충실하게 호의적인 태도를 취하고 있지만 이 사건에서는 일본판결의 결론을 도저히 수인(受忍)할 수 없음을 분명히 하였다. 대상판결은 원고등의 첫째의 청구에 관하여는 ① 징용이 합법적인 것이라는 일본판결의 결론을 승인하는 것은 헌법의 핵심적 가치와 충돌하는 것으로서 승인공서에 반한다고 보았고, 나아가 둘째와

---

99) 대법원 1994. 5. 10. 선고 93므1051, 1068 판결은 선행하는 우리 판결과 양립할 수 없는 외국판결은 절차적인 공서에 반하는 것으로서 승인될 수 없다고 판시하였다.

100) 그런 취지의 하급심판결이 있고 먼저 확정된 일본 판결이 있는 경우에는 학설도 같다. 古田啓昌, "公序(3) — 內外判決の抵觸", 別冊 Jurist No. 210 國際私法判例百選 第2版(2012), 227면 참조.

셋째의 청구에 관하여는, 한국법에 따르면 ② 구 미쓰비시가 피고와 별개의 법인이라는 항변, ③ 원고등의 채권이 청구권협정에 의해 소멸되었다는 항변과 ④ 원고등의 채권이 소멸시효에 의해 소멸하였다는 항변이 모두 배척되고,[101] 우리법의 결론과 달리 판단한 일본판결을 승인하는 것은 승인공서에 반한다고 보았다. 대상판결의 결론은 승인 여부를 판단하는 시점의 공서위반을 이유로[102] 일본판결의 승인을 거부한 것으로 정당하다. 저자는 대상판결의 결론과 이론구성을 높이 평가한다. 특히 불법행위의 성립 여부와 관련하여 승인공서의 판단기준으로 헌법의 핵심적 가치를 도입한 점은 커다란 의미가 있다.[103] 그러나 아쉬움이 없는 것은 아니다.

첫째, 대상판결은 승인공서가 아니라 준거법공서를 다룬 것으로 보인다. 이는 둘째와 셋째의 청구와 관련하여 그러하다. 다만 승인공서와 준거법공서의 판단은 핵심에 관한 한 유사하므로 대상판결의 결론을 이해하는 데 있어 큰 문제는 아니라고 할 수도 있다.

둘째, 일본판결의 승인공서위반 여부를 판단함에 있어 일본판결의 결론이 우리의 본질적인 법원칙과 다르다는 점을 확인하는 것만으로는 부족하고, 그러한 결론을 인정하는 것이 우리가 수인(受忍)할 수 있는 범위를 넘는다는 점에 대한 판단이 필요하나 대상판결은 이 점을 충분히 설시하지 않았다.

셋째, 원고등의 청구는 복수의 소송물로 구성되므로 그 승인 여부도 각각 살펴볼 필요가 있는데, 대상판결은 이러한 구분을 명확히 하지 않았다. 즉 승인의 맥락에서는 대상판결이 설시한 피고의 세 가지 항변에 관한 판단은 첫째 청구와는 직접 관련이 없고 둘째와 셋째 청구에만 관련됨에도 불구하고 이 점이 판결문상으로는 명확하지 않다.

넷째, 셋째의 연장선 상에서 대상판결은 둘째와 셋째 청구에 관하여도 (준거법을 제외하고는) 첫째 청구에서와 동일한 논리를 적용한 것으로 보이나 첫째 청

---

101) 대상판결의 국제법상의 의의는 ① 첫째 청구와 관련하여 일본의 지배가 불법강점이므로 징용령에 따른 징용을 적법한 것으로 보는 것은 우리 헌법의 핵심적 가치에 반한다고 판단한 점과, ② 둘째 및 셋째 청구와 관련하여 청구권협정에 의하여 원고등의 권리가 소멸하였다고 볼 수는 없다고 판단한 점이다.

102) 진정한 권리자를 보호하는 방향으로 소멸시효에 관한 우리 민법의 해석론이 변천되어 왔으므로 과거보다 엄격한 잣대가 적용된다.

103) 다만 대상판결은 "일본의 불법적인 지배로 인한 법률관계 중 한국의 헌법정신과 양립할 수 없는 것은 그 효력이 배제된다"고 판시하였는데 이 부분의 취지와 그 외연은 불분명하므로 앞으로 이 점을 분명히 할 필요가 있다.

구, 즉 강제징용의 불법성에 관한 판단은 둘째와 셋째 청구와는 직접 관련되지 않으므로 둘째와 셋째 청구에 관한 한 승인공서 위반을 더 면밀하게 검토할 필요가 있었다.

X. 餘論

이 사건은, 우리가 20세기 전반부에 일본의 식민지배를 받았다는 역사가 광복 후 60여년의 세월이 흐른 지금까지도 우리의 삶에 어두운 그림자를 드리우고 있음을 여실히 보여준다. 만일 이 사건에서 우리 사법부마저 원고등의 권리를 외면하였다면, 일제강점기에 엄혹한 환경 하에서 강제징용이라는 고통을 겪은 원고등에게 구제의 손길을 내밀어 국가는 지구상 어디에도 없었을 것이다. 대상판결은 일제강점기에 고통을 받은 원고등에게 법원이 뒤늦게나마 法的 伸寃을 가능케 한 기념비적인 판결로서 큰 의의가 있다. 주의할 것은, 대상판결의 결론은, 한국전쟁 중 일어난 민간인 학살 사건 등에서 소멸시효의 법리에 관하여 대법원이 발전시켜 온 판례와 일관성이 있어야 한다는 점이다. 즉 대상판결의 결론이 우리 사회에서 통용되는 보편적 법리여야지 對일본관계에서만 적용되는 특수한 법리여서는 아니 된다는 것이다. 이런 점에서 대법원이 더 일찍 전향적인 태도를 취했더라면 하는 아쉬움이 있다.[104]

소멸시효에 관한 한 ① 소멸시효(제척기간도)에 관한 민법의 유사성, ② 소멸시효의 기산점에 관한 판례의 유사성과 ③ 소멸시효 항변의 배제에 관한 판례의 유사성을 고려하면, 한일 양국 법원의 견해가 다를 것으로 기대하기는 어려웠다. 광복 후 60여년이 흐른 지금 이런 사실을 재확인하는 것은 언짢은 일이다. 다만 대상판결이 일본 판례와 동일한 추상적 법률론을 취하면서도 소멸시효의 항변이 권리남용이 되는가라는 논점에 관하여 일본 판결과 다른 결론을 도출함으로써 이런 한계를 극복한 점은 높이 평가한다.

저자는 전부터, 한국이나 외국의 전쟁범죄 피해자들이 미국 법정에서 일본이나 독일 등을 상대로 제기하는 성노예(이른바 위안부) 및 강제징용과 관련된 소

104) 강제징용 기타 전쟁범죄의 피해자에 관련된 외국의 판결과 논의도 참고할 필요가 있지만, 여기에서도 청구권협정의 존재와 그의 해석을 둘러싼 논란이라는 특수성과, 독일과 일본은 전범국이라는 사실도 감안할 필요가 있다.

송에 관한 보도와 문헌을 접하면서[105] 그에 관한 국제법, 국제사법(국제민사소송법)과 실질법상의 쟁점에 관심을 키워왔으나 연구가 부족하여 글을 발표하지 못하였다.[106] 이병화 교수의 지적처럼,[107] 저자도 지금까지 이 분야에 대한 국제사법적 연구를 게을리 한 점을 깊이 반성한다. 이 사건을 계기로 조금은 더 공부할 수 있었으나 아직도 매우 부족함을 솔직히 고백한다.

후 기

위에서 본 바와 같이 저자는 공서위반을 이유로 일본 판결의 승인을 거부한 대법원판결은 법적으로나 역사적으로 큰 의의가 있고 그 결론과 논리는 높이 평가할 만하다고 본다. 특히 불법행위의 성립 여부와 관련하여 승인공서의 판단기준으로 헌법의 핵심적 가치를 도입한 점은 커다란 의미가 있고 앞으로 우리나라에서도 공서위반 여부 판단 기준으로 헌법적 가치가 더 큰 역할을 할 것으로 기대한다.

그런데 호문혁, "외국판결의 공서위반 판단의 대상에 관한 연구 — 강제징용 사건 관련 대법원 판결에 대한 검토를 중심으로", 법학평론 제6권(2016. 4), 81면 이하는 대법원이 외국판결의 이유에서 판단한 부분 중 주문과 직접 관련이 없는 사항을 이유로 승인을 거부한 것은 잘못이고, 대법원은 실질심리를 하면서 일본법인 회사경리응급조치법과 기업재건정비법 등을 적용하여 그 결과가 우리 국민에 대한 채무면탈의 결과가 되어 공서양속에 위반된다는 이유로 이들 법률의 적용을 배제하고 일본판결의 승인을 거부하였으나 위 판결은 위 일본 법률들이 우리의 공서양속과 관련이 없는 내용임을 간과하였고, 국제사법 제10조의 취지를 오해하여 부당한 판시를 하였

105) 성노예(이른바 위안부)나 강제징용 등의 사건과 직접 관련이 없는 미국 캘리포니아주 등이 특별법(헤이든법에 의하여 개정된 캘리포니아주 민사소송법 Section 354.6)을 통하여 수십년 전 타국에서 발생한 전쟁범죄 피해자들의 청구를 미국 법정이 다룰 수 있게 한 덕분에 인권법률가들은 미국 사법제도에 찬사를 보내기도 한다(캘리포니아주에서 영업활동을 하는 회사에 의한 징용 피해자들에게 적용되므로 전혀 관련이 없지는 않다). Anderson(註 25), p. 138. 이 특별법은 소멸시효 기간을 2010. 12. 31.까지로 연장하였으나 동 법은 주의 권한을 넘은 것으로서 위헌이라는 연방법원 판결(In re WWⅡ Era Japanese Ⅲ, 2001 U.S. Dist. LEXIS 14640, at 22-53)이 있다. Anderson(註 25), p. 182, Fn. 203에서 재인용. 그러나 절차적 제약으로 인해 그 실효성은 의문이고, 단지 제한된 범위 내에서 정치적 및 사적 해결을 가능하게 하는 정도의 의미만이 있다는 평가도 있다. Anderson(註 25), p. 139.

106) 국내외 소송사례들은 우선 최중영(註 57), 142면 이하 참조.

107) 이병화, "전후 국가배상책임에 관한 국제사법적 고찰", 비교사법 제17권 제2호 통권 제49호(2010. 6.), 551면. 대상판결과 달리 국가책임을 주로 다룬 것이나 준거법에 관한 한 국내에서는 위 이병화, 507면 이하가 선구적 논문으로 보인다.

다고 신랄하게 비판한다. 그러나 공서위반에 기한 외국재판의 승인거부는 외국재판의 주문만이 아니라 (기판력이 미치지 않는) 이유 중의 판단에 기해서도 그것이 결론에 직접 영향을 미칠 수 있는 쟁점이라면 가능하고, 위 사건에서 공서위반이라고 판단한 가장 큰 쟁점은 1938년 국가총동원법과 1944년 국민징용령에 따른 징용행위 자체가 위법하지 않다고 판시한 점이므로 저자는 이런 비판에 동의할 수 없다. 대법원 판결이 지적한 것처럼, 첫째 청구(즉 피고의 강제연행과 강제노동으로 인하여 원고등이 입은 불법행위로 인한 손해배상청구)에 관한 한, 일본판결 이유에는 일본의 식민지배가 합법적이라는 규범적 인식을 전제로 국가총동원법과 징용령을 한반도와 원고등에게 적용하는 것이 유효하다는 평가가 포함되어 있는데, 이는 한국 헌법의 핵심적 가치와 정면으로 충돌하므로 일본판결을 승인하는 결과는 그 자체로 한국의 공서에 어긋난다. 이는 상식적으로 생각하더라도 쉽게 수긍할 수 있는 이론구성이다.

혹시 우리 법원이 피고의 항변 중 어느 하나를 받아들인다면 원고등의 청구는 어차피 기각해야 하므로 그 때에는 원고등의 청구를 기각한 일본판결을 승인해야 하는 것이 아닌가라는 의문이 있을 수 있다. 아래의 사례를 들어 이를 살펴보자. 예컨대 도박이 적법한 외국 법원이 '도박채권이 유효하게 성립하였다'고 판단하였으나(판단1), '그 도박채권이 시효로 소멸하였다'고 보아(판단2) 청구를 기각하였고, 당해 사안에서 한국에서는 판단1은 공서에 반하나 판단2는 공서에 반하지 않는다고 가정하자. 그렇다면 판단1은 결론에 영향을 미치지 않는데 우리 법원이 그를 이유로 승인을 거부할 수 있는지, 아니면 우리 법원도 판단2의 결과 일본 법원과 마찬가지로 청구를 기각할 것이므로 승인을 거부할 수 없는지가 문제된다(한일 민사소송법(한국 제216조, 일본 제114조)상 기판력의 객관적 범위는 동일하고 이유 중의 판단에는 기판력이 미치지 않는다). 그 경우에도 우리 법원은 승인을 거부하고 본안에 관하여 다시 판단하되 시효소멸 항변을 받아들여 청구를 기각해야 할 것이다. 즉 우리 법원이 재판하였더라도 청구기각이라는 결론은 동일하였을 것이라는 이유로 일본 재판을 승인해야 하는 것은 아니다. 더욱이 징용사건에서는, 원고등의 청구 중 첫째 청구(즉 피고의 강제연행과 강제노동으로 인하여 원고등이 입은 불법행위로 인한 손해배상청구)에 관한 한, 대법원은 판단2도 공서에 반한다고 보아 배척하였으므로 판단1은 결국 판결의 결론(즉 주문)에 직접 영향을 미친다.[108)]

또한 위 호문혁, 81면은, 징용사건에서 우리 법원이 공서위반을 이유로 일본 판

108) 반면에 원고등의 청구 중 원폭 투하 후 피고가 이유로 안전배려의무 위반으로 인한 손해배상과 미지급임금의 지급 청구에 관한 한 호문혁 교수의 지적처럼 위 일본 법률들은 우리의 공서양속과 관련이 없는 내용이라고 할 수 있다. 저자는 당초 이 글에서 이와 같이 원고등의 청구를 구분하여 분석하였음에도 불구하고(본문 註 22) 호문혁 교수가 이를 무시한 채 대상판결을 비판한 이유는 무엇인지 모르겠다.

결의 승인을 거부하는 것은 한일 간 상호보증의 존재에 악영향을 미칠 것이라고 하나 그런 우려는 설득력이 없다. 대법원은 징용사건이라는 매우 특수한 사건에서 당해 사건의 구체적이고 개별적인 사유를 들어 판단한 것이므로 이를 일반화할 것은 아니기 때문이다.

호문혁 교수의 주장에 대한 비판은 이필복, "외국판결의 승인에서의 '공서위반' 심사의 대상", 사법 제44호(2018. 6.), 271면 이하 참조. 위 이필복, 296면, 註 76도 도박사안을 예로 들어 설명한다. 저자의 위 글 발표 후 박선아, "일본 전범기업을 상대로 한 민사소송의 의의와 과제 —대법원 2012. 5. 24. 선고 2009다22549 판결—", 법조 제62권 제9호(2013. 9.), 239-285면이 있음을 알게 되었다.

대법원이 원심판결을 파기환송한 뒤 미쓰비시 사건에서 부산고등법원 2013. 7. 30. 선고 2012나4497 판결은 각 피징용자 1인당 8천만원으로 정하고 이를 기준으로 위자료와 그에 대한 이자의 지급을 명하였고, 신일본제철 사건에서 서울고등법원 2013. 7. 10. 선고 2012나44947 판결은 피고는 원고등에게 각 1억원의 위자료와 그에 대한 이자를 지급할 것을 명하였다. 이에 대해 피고가 상고하였다. 저자는 이 책 논문[12]에서 이 사건의 중요성에 비추어 전원합의체에서 다루는 것이 적절하였을 것이라는 의견을 피력한 바 있는데, 2018년 7월 말 보도에 따르면 대법원은 '재판거래 의혹'을 받고 있는 일제 강제동원 피해자 4명이 낸 신일본제철 상대 손배청구 사건에 대해 5년간 판결을 미루다 전원합의체에 회부하였다고 한다.

2018년 중반 소위 '양승태 사법부의 사법농단'의 사례로 외교부와 법원행정처 간의 거래가 논란이 되고 있다. 이런 논란은 매우 유감스러운 일이다. 저자로서는 정확한 내용은 알지 못하나, 대법원의 판단을 미루는 것 외에, 원고등의 첫째 청구와 관련하여, 일본국 또는 일본 국민에 대한 원고등의 개인적 손해배상청구권은 청구권협정에 의해 소멸하지 않았다고 본 대상판결의 결론과 달리 가사 그것이 발생하였더라도 소멸하였다고 본 일본판결의 판단을 수용하는 방안을 논의한 것이 아닌가 모르겠다. 그렇게 본다면 우리 법원이 어떻게 재판해야 하는지는 논란이 있을 수 있다. 즉 일본 법원은 강제징용으로 인한 손해배상채권의 발생을 부정하면서 가사 이를 인정하더라도 청구권협정에 의하여 소멸하였다고 판단한 데 반하여 우리 법원은 강제징용으로 인한 손해배상채권의 발생을 긍정하면서도 그것이 청구권협정에 의하여 소멸하였다고 보아 원고등의 청구기각이라는 결론은 동일하게 될 것이기 때문이다. 만일 우리 법원이 청구권협정에 관하여 그런 태도를 취한다고 가정한다면, 위에서 언급한 바와 같이 그 경우에도 우리 법원으로서는 일본 판결을 승인할 수는 없고, 일단 일본 판결의 승인을 거부하고 본안에 관하여 다시 판단하면서 청구권협정에 기한 항변을 받아들여 원고등의 청구를 기각해야 할 것이다(만일 우리 법원이 일본 판결을 승인한다면 본안에 관한 판단 없이 원고등의 청구를 기각해야 한다).

어쨌든 국제법 교수의 별도 발표가 예정되어 있었기에 위 글에서는 국제법상의 쟁점은 다루지 않았다.

이 원고의 교정을 보던 중 신일본제철(정확히는 신일철주금) 사건의 재상고심에서 대법원 2018. 10. 30. 선고 2013다61381 전원합의체 판결은 피고의 상고를 기각하고 위 판결을 확정하였다.[109] 위 전원합의체 판결은 우선 당해 사건 분쟁을 한국 내에서 종결하는 의미가 있고, 나아가 청구권협정에 관하여 추가적인 판단을 하는 점에서 의미가 있으나 이 글에서 다룬 외국재판의 승인이라는 논점에 관한 한 환송 후 원심의 판단이 환송판결의 취지에 따른 것이라는 점을 확인하였을 뿐이고 별다른 의미는 없다. 미쓰비시 사건에서도 동일한 취지의 판결이 선고되었다(대법원 2018. 11. 29. 선고 2013다67587 판결).

---

109) 보도에 따르면 대상판결이 나오기 불과 2주전 대법원 다른 소부 재판부는 같은 사안에 대해 정반대의 판결을 내린 사실이 최근 뒤늦게 확인됐다고 한다. 즉 강제징용 피해자들이 국가를 상대로 낸 손해배상 청구를 기각한 원심 판결을 그대로 확정한 판결인데, 2012년 5월 10일 대법원 민사2부(당시 주심 이상훈 전 대법관)가 강제징용 피해자들이 정부를 상대로 낸 손해배상소송의 상고심에서 "피해자들의 개인청구권은 한·일 청구권협정으로 소멸되었다"며 원고 패소 판결한 원심을 심리불속행으로 기각하였다고 한다(2012다12863). 그러나 위 사건에서는 당해 사건의 원고들이 대한민국을 상대로 손해배상청구를 한 데 대하여(주위적으로 한일협정으로 원고들의 재산권을 침해하였다면 재산권의 소멸과 관련된 법률 및 그에 따른 보상법을 만들어야 하나 부작위로 인하여 국가배상법상 불법행위를 구성하고, 또한 한일협정 체결 후 그 체결 내용에 대한 일관된 해석을 통해 원고들의 권리행사를 방해하지 않아야 할 의무가 있음에도 반인도적 불법행위에 대해서는 일본 정부의 법적 책임이 남아 있다고 원고들을 기망하여 권리행사를 방해하는 불법행위를 하였다고 주장하였다) 청구를 기각한 것이라는 점에서 위 대상판결과는 사안이 다르다. 이 각주는 이 책에서 새로 추가한 것이다.

[12] 강제징용사건의 준거법

前 記

이 글은 저자가 "강제징용배상 및 임금 청구의 준거법"이라는 제목으로 서울대학교 법학 제54권 제3호(2013. 9.), 283면 이하에 게재한 원고를 다소 수정·보완하여 남효순 외, 일제강점기 강제징용사건 판결의 종합적 연구(2014), 93면 이하에 수록한 것이다. 여기에 다시 수록하는 것이 주저되었으나 저자의 국제사법과 국제소송 시리즈에 담는 것이 의미가 있다고 생각하여 수록한다. 사소한 수정 부분은 대체로 밑줄을 그어 표시하였고, 2018. 10. 30. 선고 대법원 전원합의체 판결 기타 참고할 사항은 말미의 후기에 적었다.

대상판결

대법원 2012. 5. 24. 선고 2009다22549 판결(미쓰비시 사건)

대법원 2012. 5. 24. 선고 2009다68620 판결(신일본제철, 정확히는 신일철주금 사건)[1)]

Ⅰ. 머리말

1. 사안의 개요와 논점의 정리

가. 사안의 개요와 소송경과

이 사건은, 1944년 일본의 국민징용령[2)]에 의하여 강제징용되어 1945. 8. 6.

* 외국판결의 승인의 논점에 관하여는 석광현, "강제징용배상에 관한 일본판결의 승인 가부", 국제사법연구 제19권 제1호(2013. 6), 103면 이하; 이 책 [11] 논문 참조.

1) 신일본제철 사건 판결과 미쓰비시 사건 판결의 취지는 유사하다. 이하 미쓰비시 사건 판결을 대상판결로 논의한다. 위 대법원 판결에 따라 최근 파기 환송심 판결이 선고되었다. 신일본제철 사건에서는 서울고등법원 2013. 7. 10. 선고 2012나44947 판결이고, 미쓰비시 사건에서는 부산고등법원 2013. 7. 30. 선고 2012나4497 판결이 그것인데, 전자는 원고등이 청구하는 바에 따라 위자료로 각 원고에게 1억원을, 후자는 각 원고에게 8천만원을 각 지급할 것을 명하였다. 이에 대하여 피고들은 다시 상고하였다. 말미에 적은 바와 같이 위 사건 중 신일본제철(정확히는 신일철주금) 사건은 재상고심에서 대법원 2018. 10. 30. 선고 2013다61381 전원합의체 판결에 의하여 확정되었다. [밑줄 부분은 이 책에서 새로 추가한 것이다.]

2) 일본 정부는 1938. 4. 1. 국가총동원법을 제정하고 1944년 9월부터는 국민징용령에 의하여

히로시마에 원자폭탄이 투하될 때까지 일본 회사인 미쓰비시중공업 주식회사(이하 "구 미쓰비시"라고 한다)에서 강제노동에 종사한 한국인들 또는 그의 유가족(이하 "원고등"이라 한다)이 구 미쓰비시가 해산된 후 새로이 설립된 피고 미쓰비시중공업 주식회사(이하 "미쓰비시", "피고" 또는 "피고회사"라고 한다)를 상대로 국제법 및 국내법 위반으로 인한 불법행위를 이유로 한 손해배상과 미지급 임금의 지급을 구한 사건이다. 원고등은 이 사건 소에 앞서 일본에서 피고를 상대로 제소하여 히로시마고등재판소에 소송계속 중 우리나라에 동일 당사자 간에 동일한 소송물에 관하여 제소하였다. 그 결과 국제적 소송경합이 발생하였으나 제1심판결[3]은 '승인예측설'[4]을 따라 장래 선고될 일본 법원의 판결이 승인되지 않을 것으로 예측하고 본안에 관하여 판단하여 원고등의 청구를 기각하였다. 그 후 원심법원에 소송계속 중 원고등의 청구를 기각한 일본 법원의 판결이 확정되고(이하 "일본판결"이라 한다) 일본 내에서 기판력이 발생함으로써 국제적 소송경합의 문제는 해소되고 일본판결의 승인의 문제로 전환되었다. 이에 대해 원심판결[5]은 일본판결이 민사소송법 제217조가 정한 승인요건[6]을 구비한다고 판단하고 원고등의 청구를 기각하였다.

나. 이 사건의 일차적 쟁점(일본판결의 승인 여부)과 대상판결의 의의

이 사건의 일차적 쟁점은 일본판결이 우리나라에서 승인될 수 있는가이다. 이는 광의의 국제사법 내지 국제민사소송법의 쟁점이다. 만일 일본판결이 승인된다면 그 기판력이 한국에 미치므로 우리 법원은 본안에 대한 심리 없이 원고

한국 국민에 대한 강제징용을 실시하였다.

3) 부산지방법원 2007. 2. 2. 선고 2000가합7960 판결.

4) 이는 국제적 소송경합의 처리에 관한 독일과 우리의 다수설로, 외국법원에 이미 계속 중인 사건에 대해 국내에서 후소가 제기된 경우 외국법원의 판결이 승인요건을 구비하여 장래 한국에서 승인될 것으로 예측되는 때에는 민사소송법 제259조의 중복제소금지를 적용하거나 유추적용한다. 즉, 승인예측설은 외국판결의 '적극적 승인예측'을 조건으로 외국의 소송계속의 존중을 '외국판결 승인의 전단계(Vorstufe der Urteilsanerkennung)'로 이해하여 외국의 소송계속에 대해 국내의 소송계속에 준하는 효력을 인정한다. 상세는 석광현, 국제민사소송법: 국제사법(절차편)(2012), 194면 참조.

5) 부산고등법원 2009. 2. 3. 선고 2007나4288 판결.

6) 이에 관하여는 석광현(註 4), 346면 이하 참조. 상세는 석광현, 국제사법과 국제소송, 제1권(2001), 263면 이하; 석광현, 국제사법과 국제소송, 제5권(2012), 442면 이하 참조. 2014. 5. 20. 민사소송법 제217조, 민사집행법 제26조와 제27조가 개정되었고 민사소송법 제217조의2가 신설되었다. 대상판결은 그 전의 것이므로 여기에서는 민사소송법 조문에 대한 언급은 유지하였으나, 현행법에 따르자면 제217조 제1호는 제217조의 제1항 제1호로 읽어야 한다. 제2호-제4호도 같다.

등의 청구를 기각하여야 하는데 실제로 원심판결을 그와 같이 판단하였다. 우리 법원이 외국판결의 승인을 거부하는 것, 특히 공서위반을 이유로 승인을 거부하는 것은 매우 이례적인데 대상판결은 바로 그런 사례이다.

원고등의 청구는 ① 피고의 강제연행과 강제노동으로 인한 불법행위상의 손해배상청구, ② 피고의 안전배려의무 위반으로 인한 계약상의 손해배상청구와 ③ 미지급 임금청구인데, 일본 법원은 청구를 모두 기각하였다. 그 이유는 ① 청구에 관하여 강제징용을 적법한 것으로 보았고, 다만 강제연행 및 강제노동 과정에서 피고가 징용령이 정한 범위를 벗어난 위법행위를 하였으므로 일본 국내법에 근거한 불법행위가 성립할 여지를 인정하였으나, 그 부분과 ② 청구 및 ③ 청구에 대하여 원고등의 채권이 소멸하였다는 피고의 항변을 받아들였기 때문이다. 그러나 대상판결은 일본판결의 승인은 대한민국(이하 "한국"이라 한다)의 선량한 풍속이나 그 밖의 사회질서에 어긋난다는 이유로 그 승인을 거부하고, 원고등의 청구를 기각한 원심판결을 파기, 환송하였다. 대법원이 공서위반을 이유로 일본판결의 승인을 거부한 것은 과거사, 특히 1910년 한일병합조약 이후 35년 간의 일제 강점과 그 청산방법으로 1965년 체결된 청구권협정에 대한 양국의 법적 및 역사적 인식의 괴리로 인한 것으로, 한일 간에 법적 및 역사적으로 청산해야 할 과제가 아직 남아 있음을 보여준다. 대상판결은 일본판결의 승인을 거부하는 이유를 설시하면서 일제의 한반도 지배가 불법적 강점이고, 원고등의 개인청구권은 물론 한국 국민에 대한 외교적 보호권도 청구권협정에 의하여 소멸되지 않았다는 취지로 판시하였는데 이 점에서 대상판결은 법적으로나 역사적으로 커다란 의의가 있다.

2. 준거법에 관한 논점: 이 글의 주제

대상판결은 판결이유에서 첫째 청구와 관련하여 준거법인 한국법에 따르면 불법행위를 구성한다고 판시하고, 둘째 청구와 관련하여 근로계약상 미지급임금채권(이하 "임금채권"이라 한다)이 있으며, 둘째와 셋째 청구에 관하여 피고의 항변을 모두 배척하였다. 피고가 일본과 한국의 법원에서 제출한 항변은 ① 구 미쓰비시가 피고와 별개 법인이고 피고는 구 미쓰비시의 채무를 승계하지 않았다는 항변(회사법상의 쟁점), ② 원고등의 채권이 청구권협정에 의해 소멸했다는 항변(국제법상의 쟁점)과 ③ 원고등의 채권이 소멸시효의 완성(또는 제척기간의 경과)에 의해 이미 소멸하였다는 항변(민법의 쟁점)이었다. 대상판결은 원고등의 청구

및 피고의 항변과 관련하여 아래의 쟁점에 대한 준거법을 판단하였다.[7]

① 피고의 강제연행과 강제노동으로 인한 손해배상채권의 준거법: 한국법. 국가총동원법과 국민징용령의 적용 여부

② 원고등의 임금채권의 준거법: 일본법

③ 피고와 구 미쓰비스의 법인격의 동일성의 준거법: 일본법이나 법례(法例) 제30조에 정한 공서위반이라는 이유로 배척

④ 원고등의 권리가 소멸시효의 완성(또는 제척기간의 경과)에 의하여 소멸하였는지 여부의 준거법: 각 채권의 준거법

이를 정리하면 아래와 같다.

청구원인		쟁점	성질결정	준거법	공서위반
첫째	강제연행 등으로 인한 손해배상	① 불법행위의 성립	불법행위	한국법	국민징용령 적용은 헌법/공서위반[8]
		④ 소멸시효	불법행위	한국법	-
		③ 법인격 동일성	회사법	일본법	공서위반으로 한국법
		⑤ 청구권협정으로 소멸	조약	조약	-
둘째	안전배려의무 위반으로 인한 손해배상[9]	채무불이행의 성립	계약	일본법	일본판결 인정
		소멸시효	계약	일본법	[일본법상으로도 권리남용]
		법인격 동일성	위 첫째 청구와 동일		
		청구권협정으로 소멸			

7) 또한 ⑤ 원고등의 권리가 청구권협정에 의해 소멸하였는가라는 국제공법상의 문제가 있으나 여기에서는 이를 다루지 않는다. 아래에서 보듯이 회사법과 민법상의 논점은 준거법공서위반의 판단에 직접 영향을 미치지만 국제법상의 논점은 그렇지 않다는 점에서 승인공서위반의 판단에서는 다르다. 국제법상의 논점에 관하여 대상판결을 지지하는 견해(도시환, "한일청구권협정 관련 대법원 판결의 국제법적 평가", 국제사법연구 제19권 제1호(2013. 6), 53면; 강병근, "국제법적 관점에서 본 일제강제지용 배상판결의 주요쟁점에 관한 연구", 저스티스 통권 제143호(2014. 8.), 250면)와 비판하는 견해(이근관, "한일청구권협정상 강제징용배상청구권 처리에 대한 국제법적 검토", 서울대학교 법학 제54권 제3호(통권 제168호)(2013. 9.), 385면)가 있다. 다만, 어느 견해를 따르든 간에 한일청구권협정에 따른 소멸 여부를 논의함에 있어 그에 언급된 강제징용 피해자와 그에 언급되지 않은 성노예(enforced sex slaves. 위안부)의 손해배상청구권은 구별해야 한다. 대상판결에는 그 밖에도 국제재판관할의 결정이라고 하는 국제사법의 쟁점이 있으나 여기에서는 논의하지 않는다. 그에 관하여는 이헌묵, "국제재판관할의 결정에 있어서 몇 가지 문제점—대법원 2012. 5. 24. 선고 2009다22549 판결을 중심으로—", 국제사법연구, 제19권 제1호(2013. 6), 65면 이하 참조.

8) 대상판결이 승인공서위반을 인정한 사실로부터 그렇게 판단할 것으로 추측할 수 있다.

9) 원심판결은 둘째 청구를 명확히 다루었으나 대상판결은 이를 분명히 다루지 않은 것 같다. 다만 대상판결이 셋째 청구에 관하여 판단한 바가 둘째 청구에도 타당할 것으로 본다.

셋째	미지급 임금	② 임금채권	계약	일본법	일본판결 인정
		소멸시효	계약	일본법	일본법상으로도 권리남용
		법인격 동일성	위 첫째 청구와 동일		
		청구권협정으로 소멸			

국제사법 제10조에 상응하는 의용 법례(제30조)가 정한 공서는 외국법 적용 상의 공서로서, 민사소송법 제217조가 정한 외국판결 승인 상의 공서와 구별된다. 이하 편의상 전자를 "준거법공서" 후자를 "승인공서"라 부른다(전자를 '저촉법상의 공서(kollisionsrechtlicher *ordre public*)', 후자를 '승인법상의 공서(anerkennungsrechtlicher *ordre public*)'라고 부를 수도 있다).

여기에서 한 가지 지적할 것은, 대법원이 이 사건을 해결하는 과정에서 준거법을 굳이 판단할 필요는 없었다는 점이다. 민사소송법(제217조)은 외국판결의 승인의 맥락에서 준거법에 대한 통제를 하지 않으므로 외국 법원이, 우리 법원이 재판하였더라면 적용하였을 준거법이 아닌 다른 법을 적용하였다는 것 자체는 외국판결의 승인을 거부할 사유가 아니다. 그 외국판결의 승인, 즉 외국판결의 효력을 인정한 결과가 우리의 기본적인 도덕적 신념 또는 근본적인 가치관념과 정의관념에 반하는지가 관건이 된다. 어쨌거나 파기환송을 받은 하급심법원은 다양한 쟁점에 대하여 준거법을 판단해야 하는데, 대상판결에서 대법원이 굳이 준거법을 판단한 것은, 일차적으로 원심법원이 설령 한국법을 준거법으로 적용하더라도 원고등이 주장하는 불법행위로 인한 손해배상청구권 등은 소멸시효의 완성으로 모두 소멸하였다는 취지로 판시하였고, 이에 대하여 원고등은 원심이 소멸시효에 관한 법리를 오해하였다는 취지의 상고이유를 내세웠기 때문으로 보이나, 그에 더하여 하급심법원에 지침을 제공함으로써 신속한 재판을 할 수 있도록 했던 것인지 모르겠다.

3. 논의의 범위와 순서

이 사건에서는 위에서 언급한 원고의 청구 및 피고의 항변과 관련한 회사법, 국제법과 민법상의 쟁점도 있으나, 저자는 협의의 국제사법 쟁점인 준거법 관련 논점에 한정하여 아래 순서로 논의한다. 첫째, 시제법에 관한 쟁점(Ⅱ.), 둘째, 원고등의 손해배상채권의 준거법: 불법행위의 준거법(Ⅲ.), 셋째, 원고등의 임금채

권의 준거법: 근로계약의 준거법(Ⅳ.), 넷째, 피고와 구 미쓰비시의 법인격의 동일성의 준거법(Ⅴ.), 다섯째, 원고등의 권리의 소멸시효의 완성(또는 제척기간의 경과)에 의한 소멸 여부의 준거법(Ⅵ.). 원고등의 청구가 인용되기 위해서는 피고의 항변이 모두 배척되어야 할 것이나, 준거법에 관한 논점은 각각 검토할 필요가 있다. 대상판결 선고 후 한일 간의 정치적 관계를 고려한 해결방안 등 비법적인 논점은 논의의 대상에서 제외한다.

Ⅱ. 시제법에 관한 쟁점

이 사건에서 원고등이 주장하는 피고회사의 불법행위는 1944년 이래 행해진 강제연행, 강제노동, 원자폭탄 투하 후 구호활동 없이 피폭 현장 방치와 한국 귀환 해태 등 과거 오랜 기간에 걸쳐 그리고 한국과 일본에 걸쳐서 행해진 일련의 행위로 구성되는데 그 기간 동안에 우리나라에서 적용되던 저촉법과 실질법[10)]이 변경되었으므로 어느 시기의 법을 적용할 것인가라는 시제법[11)]의 문제가 제기된다. 아래에서는 이를 저촉법상의 시제법과 실질법상의 시제법으로 나누어 논의한다.

---

10) 실질법이라 함은, 저촉법(또는 국제사법)에 대비되는 개념으로, 민·상법과 같이 저촉법(또는 국제사법)에 의하여 준거법으로 지정되어 특정 법률관계 또는 쟁점을 직접 규율하는 규범을 말한다.

11) 시제법(intertemporales Recht)이라 함은 하나의 법률관계에 신법과 구법이 모두 관련되는 경우에 어느 법을 어느 범위에서 적용할 것인가라는, 법률의 시간적 충돌을 해결하는 법률을 말한다. 이호정, 국제사법(1983), 9면(이하 "이호정"이라 인용한다); Gerhard Kegel/Klaus Schurig, Internationales Privatrecht, 9. Auflage (2004), S. 39. 사법이 바뀐 경우에는 '시제사법'이라고 한다. Savigny가 지적한 바와 같이, '법률관계에 대한 법규의 지배의 장소적 한계'를 정한 국제사법과 '법률관계에 대한 법규의 지배의 시간적 한계'를 정한 시제사법에 적용되는 원칙들 간에는 서로 내적 관련이 있다. Friedrich Carl von Savigny (translated by William Guthrie), A Treatise on the Conflict of Laws (1880), p. 45; Savigny/小橋一郎(譯), 現代ローマ法体系 제8권(2009), 5면; 이호정, 10면. 시제법의 문제는 법률의 '시행일' 또는 '경과규정'을 정한 부칙에 의하여 일차적으로 규율된다. 부칙에 관하여는 최봉경, "부칙(附則) 연구—그 체계적 시론—", 서울대학교 법학, 제53권 제2호(2012. 6), 243면 이하 참조.

1. 저촉법상의 시제법

가. 문제의 소재

우리 법원이 준거법을 결정하기 위하여 적용할 저촉규범에는 ① 1912. 3. 28.부터 일왕(日王)의 칙령 제21호에 의하여 우리나라에 의용(依用)된 일본 법례, ② 광복 후 군정법령 제21호[12]를 거쳐 한국 제헌헌법 부칙 제100조에 의하여 "현행법령"으로서 한국 법질서에 편입된 일본 '법례(法例)'(1898. 6. 21. 법률 제10호),[13] ③ 1962. 1. 15. 제정 및 시행된 섭외사법과 ④ 2001. 7. 1. 시행된 국제사법을 생각할 수 있으므로 그 중 어느 저촉규범을 적용할지가 문제된다. 이것이 저촉법상의 시제법의 문제이다. 위 ①과 ②는 내용은 동일하나 전자는 일본이, 후자는 군정 또는 우리가 의용한 것이라는 점에서 차이가 있다.

나. 원심판결의 판단

원심법원은 저촉법상의 시제법에 관한 판단 없이 구 섭외사법을 적용하였다.

다. 대상판결의 판단

대상판결은, 피고의 행위가 불법행위에 해당하는지 여부와 그로 인한 손해배상청구권의 소멸시효의 준거법을 판단하는 과정에서 "원고등의 청구권이 성립한 시점에 적용되는 한국의 저촉규범에 해당하는 일본 법례에 의하면 불법행위로 인한 손해배상청구권의 성립과 효력은 불법행위 발생지의 법률에 의하는데(제11조)"라고 설시하면서 법례가 적용됨을 간단히 밝혔다.

나아가 대상판결은 구 미쓰비시와 피고가 동일한 법인인지를 판단하는 과정에서 아래와 같은 취지로 설시하고 일본 법례를 적용하였다.

> "구 미쓰비시의 해산 및 분할에 따른 법인격의 소멸 여부, 제2회사 및 피고가 구 미쓰비시의 채무를 승계하는지 여부를 판단하는 기준이 되는 준거법은 법정지인 한국에 있어서

---

12) 미군정은 1945. 11. 2. 군정법령 제21호 제1조로 한반도 북위 38도 이남 지역에 대하여 "모든 법률 또한 조선 구정부가 발포하고 법률적 효력을 유(有)한 규칙, 명령, 고시 기타 문서로 1945년 8월 9일 실행중인 것은 기간(其間) 이미 폐지된 것을 제하고 조선군정부의 특수명령으로 폐지할 때까지 전효력을 차(此)를 존속함"이라고 규정하여 구 법령의 효력을 인정하였다.

13) 이호정, 74면; 김용한·조명래, 국제사법, 전정판(1992), 78면. <u>헌법 제100조에 관하여는 정인섭, "대한민국의 수립과 구법령의 승계 —제헌헌법 제100조 관련판례의 분석—", 국제판례연구 제1집(1999), 261면 이하 참조.</u> [밑줄 부분은 이 책에서 새로 추가한 것이다.]

외국적 요소가 있는 법률관계에 적용될 준거법의 결정에 관한 규범(이하 '저촉규범'이라 한다)에 의하여 결정되어야 하는데, 그 법률관계가 발생한 시점은 구 섭외사법이 시행된 1962. 1. 15. 이전부터 그 이후까지 걸쳐 있다. 그 중 1962. 1. 15. 이전에 발생한 법률관계에 적용되는 한국의 저촉규범은 1912. 3. 28.부터 일왕(日王)의 칙령 제21호에 의하여 우리나라에 의용(依用)되어 오다가 군정법령 제21호를 거쳐 한국 제헌헌법 부칙 제100조에 의하여 "현행법령"으로서 한국 법질서에 편입된 일본의 '법례(法例)'(1898. 6. 21. 법률 제10호)이다."

대상판결은 1962. 1. 15. 이후에 발생한 법률관계에 관하여는 구 섭외사법을 적용하였다.

라. 대상판결에 대한 평가

저촉법상의 시제법에 관하여 일본 법례를 적용한 대상판결의 판단은 적절하다. 저자는 대상판결의 선고 전인 2011년 대법원 발표 당시 아래와 같이 적었다 (주는 생략).[14)]

"원심법원은 섭외사법을 적용하였다. 그러나 이 사건에서 문제된 불법행위 기타 근로계약 관계는 섭외사법이 시행된 1962년 1월 15일 전에 발생하였거나 존재하였던 법률관계이므로 섭외사법을 적용하는 것은 의문이다. 국제사법 시행 전에는, 광복될 때까지는 1912년 3월의 일왕의 칙령(제21호) "법례를 조선에 시행하는 건"에 의하여 1898년 이래 시행되던 일본의 法例가 한국에도 의용되었고, 광복 후에는 재조선미국육군사령부군정청의 군정법령(제21호)에 의하여, 그리고 한국 수립 후에는 당시 헌법(제100조)에 의하여 의용되었으므로 당시 일본 법례를 적용했어야 한다. 다만 불법행위와 법률행위의 준거법에 관한 한 과거 법례와 섭외사법 간에 별 차이는 없는 것으로 보이므로 이런 잘못이 결과에 영향을 미치는 것은 아닐 것이다."

대상판결은 또한 1962. 1. 15. 이후에 발생한 법률관계에 적용되는 구 섭외사법에 있어서도 이러한 법리는 마찬가지라고 하여 구 섭외사법도 적용하였다. 이는 구 미쓰비시에서 피고회사로의 재편이 1962. 1. 15. 이후에까지 걸쳐 이루어진 탓으로 보이므로 타당하다고 생각된다. 이러한 해석은 국제사법 부칙 제2조의 취지에도 부합한다. 즉, 제2조는 "준거법 적용의 시간적 범위"라는 제목 하에 "이 법 시행 이전에 생긴 사항에 대하여는 종전의 섭외사법에 의한다. 다만,

---

14) 석광현, "일제강점기 강제징용된 노동자들의 손해배상 및 임금 청구를 기각한 일본 법원 확정판결의 승인 여부", 2011. 9. 27. 대법원 비교법실무연구회 발표자료, 14면(이는 공간되지 않았다).

이 법 시행 전후에 계속(繼續)되는 법률관계에 관하여는 이 법 시행 이후의 법률관계에 한하여 이 법의 규정을 적용한다"고 규정하는데,[15] 섭외사법은 명문의 규정을 두지 않았으나, 동일한 법리에 따라야 할 것이기 때문이다.

다만 여기에서 지적해 둘 것은, 대상판결이 일제강점기에 한국에서 통용된 의용 법례를 적용하였다고 해서 첫째, 대상판결이 한일병합조약이 유효하다고 본 것은 아니라는 점과, 둘째, 그 연장선상에서 대상판결이 일제강점기 한국과 일본을 법이 분열되어 있는 단일국가로 본 것은 아니라는 점이다. 이 두 가지에 관하여는 아래 관련문제(Ⅶ.)에서 별도로 논의한다.

2. 실질법상의 시제법

가. 문제의 소재

우리 법원이 저촉규범을 적용하여 판단한 준거법이 한국법이 되는 경우[16] ① 일제강점기인 1912. 3. 18.부터 일왕(日王)의 칙령 제7호(조선민사령)에 의하여 같은 해 4. 1.부터 우리나라에 의용(依用)된 일본 민법,[17] ② 광복 후 군정법령 제21호를 거쳐 한국 제헌헌법 부칙 제100조에 의하여 "현행법령"으로서 한국 법질서에 편입된 일본 민법(우리의 구 민법, 즉 의용 민법)(이하 "구 민법" 또는 "의용 민법"이라 한다)과 ③ 1960. 1. 1. 제정 및 시행된 현행 민법을 생각할 수 있으므로 그 중 어느 실질규범을 적용할지가 문제된다. 이것이 실질법상의 시제법의 문제이다. 위 ①과 ②는 내용은 동일하나 전자는 일본이, 후자는 군정 또는 우리가 의용한 것이라는 점에서 차이가 있다.

주목할 것은 현행 민법의 소급효를 규정한 부칙 제2조이다. 동 조는 "본법은 특별한 규정 있는 경우 외에는 본법 시행일전의 사항에 대하여도 이를 적용한다. 그러나 이미 구법에 의하여 생긴 효력에 영향을 미치지 아니한다"고 규정

15) 취지는 석광현, 2001년 개정 국제사법 해설, 제2판(2003), 426면 이하 참조.

16) 따라서 아래에서 보듯이 피고의 행위가 불법행위를 구성하는지와 원고등의 채권의 소멸시효에 관하여만 실질법상의 시제법이 다루어졌다. 논리적으로는 준거법이 일본법이라고 하더라도 그 기간 동안 일본법이 개정되었다면 역시 실질법상의 시제법의 문제가 제기되나, 이 사건에서는 문제되지 않았다. 이는 아마도 별 의미 있는 개정이 없었던 탓으로 짐작된다.

17) 다만 조선민사령 제10조는, "조선인 상호간의 법률행위에 대해서는 법률 중 공공의 질서와 관계없는 규정과 다른 관습이 있는 경우에는 그 관습에 의한다"라고 규정하였고, 제11조에서는 "제1조의 법률 중 능력, 친족 및 상속에 관한 규정은 조선인에게 이를 적용하지 않는다"라고 규정하였다. 김원태, "日帝强占初期 妻의 特有財産에 관한 慣習法 —조선고등법원판결의 분석을 중심으로—", 法史學硏究, 제31호(2005), 198-199면.

하는 점이다. 법률은 원칙적으로 소급효가 없으나 민법에 관하여는 소급효를 인정하여도 법적 안정을 해하는 경우가 적으므로 우리 민법은 소급효를 인정하되 다만 구 민법에 의하여 이미 생긴 효력에는 영향을 미치지 아니한다고 규정함으로써 구 민법에 의하여 발생한 권리를 보장하고 있다.[18]

나아가 불법행위의 성립과 그 효력에 대해 한국 민법이 소급적으로 적용된다면 그 경우 일제강점기의 국민징용령은 적용되는가, 또한 한일병합조약은 유효한가라는 의문이 제기된다. 이는 아래(Ⅲ.)에서 논의한다.

나. 원심판결의 판단

원심판결은(제1심판결도) 소멸시효의 완성 여부를 판단하면서 모두 현행 민법을 적용하였다. 제1심법원은 민법 부칙 제2조의 규정에 의하면, 민법은 특별한 규정이 있는 경우 외에는 민법 시행일 전의 사항에 대하여도 적용되기 때문에 현행 민법을 적용한다고 하고, 원심법원은 설시 없이 동일한 결론을 취하였다.

다. 대상판결의 판단

대법원은 제정 민법이 시행된 1960. 1. 1. 이전에 발생한 사건이 불법행위에 해당하는지 여부와[19] 그 손해배상청구권이 시효로 소멸하였는지 여부의 판단에 적용될 한국법은 제정 민법 부칙 제2조 본문에 따라 '구 민법(의용 민법)'이 아닌 '현행 민법'이라고 판단하였다. 이는 원심판결 및 제1심판결의 판단과 같다.

라. 대상판결에 대한 평가

첫째, 현행 민법을 적용한 대상판결의 판단은 다소 의문이다. 즉 대상판결은 위에서 언급한 민법 부칙 제2조의 본문만 고려하고 단서는 고려하지 않은 것으로 보이기 때문이다. 본문에 따라 민법 시행일 전의 사항에 대하여 현행 민법이 적용되더라도 피고의 행위가 불법행위를 구성하는지, 나아가 그로 인하여 원고등이 취득한 손해배상채권이 소멸시효의 완성(또는 제척기간의 경과)에 의하여 이미 소멸하였는지는, 이미 구법에 의하여 생긴 효력의 문제로서 단서에 의하여 구 민법에 의하여 판단할 사항이기 때문이다.[20] 더욱이 민법 부칙 제8조 제1항

18) 이영준, 한국민법론[총칙편](2003), [16].

19) 대상판결이 명시한 것은 원고등의 손해배상채권이 시효로 소멸하였는가이나 원고등의 불법행위채권의 취득 여부에 대하여도 현행 민법을 적용할 것이다.

20) 여기의 논의는 일반적인 것으로서 아래(Ⅲ.4.나.(3)(나))에서 논의하는 점령국법 적용의 부당

은 "본법 시행 당시에 구법의 규정에 의한 시효기간을 경과한 권리는 본법의 규정에 의하여 취득 또는 소멸한 것으로 본다"고 명시한다. 만일 구 민법 하에서 이미 시효로 인하여 소멸하였다면 그에 대하여는 현행 민법이 적용될 여지는 없다.[21] 대상판결은 구 민법에 의하여 소멸시효가 완성되지 않았거나 소멸시효의 항변을 하는 것은 권리남용이 된다고 보았기 때문에 이를 근거로 본문을 적용한 것으로 보이나, 그렇더라도 불법행위의 성립에 대하여는 단서를 고려했어야 한다.

Ⅲ. 불법행위의 준거법: 피고의 강제연행과 강제노동으로 인한 손해배상채권의 준거법

1. 문제의 소재

원고등의 첫째 청구는 1944년 이래 피고회사가 강제연행과 강제노동 등의 불법행위를 저질렀음을 이유로 하는 손해배상청구인데 그의 준거법은 법례에 의하여 판단할 사항이다. 그렇다면 법례의 해석상 불법행위의 준거법의 결정이 문제되는데 그 과정에서 국가총동원법과 강제징용령의 적용 여부가 중요한 의미를 가진다.

그 밖에 국제법에 근거한 손해배상청구가 가능한가도 문제된다(아래 5.).

2. 원심판결의 판단

원심판결은 섭외사법을 적용하여, 불법행위로 인한 손해배상청구에 관하여는 그 기업의 강제연행 및 강제노동 등의 불법행위가 한국으로부터 일본국에 이르기까지 일련의 계속된 과정에서 발생한 것이므로 실제 행위지로서 한국법뿐만 아니라 일본법도 준거법이 된다고 판시하였다. 구체적인 설시는 아래와 같다.

성을 고려하기 전의 것이다.

21) 나아가 아래에서 보듯이 소멸시효의 기산점과 관련한 장애사유의 해석과 소멸시효에 기한 항변이 권리남용이 된다는 법리는 우리나라에서도 비교적 근자에 원고등에게 유리하게 발전된 것이므로 구 민법에 따르면 소멸시효가 완성되었다(또는 제척기간이 경과되었다)는 주장도 전혀 근거가 없는 것은 아니다. 즉 아래에서 보듯이 준거법공서위반 여부 판단의 기준 시는 판결 시더라도 구 민법의 적용이 달라지는 것은 아니다.

"구 섭외사법 제13조 제1항은 "사무관리, 부당이득 또는 불법행위로 인하여 생긴 채권의 성립 및 효력은 그 원인된 사실이 발생한 곳의 법에 의한다"고 규정한다. 구 섭외사법 제13조 제1항이 정한 "그 원인된 사실이 발생한 곳"이라 함은 불법행위의 행위지뿐만 아니라 손해의 결과발생지도 포함하는바(대법원 2008. 4. 24. 선고 2005다75071 판결 등 참조), 원고등이 주장하는 종전 회사의 강제연행 및 강제노동 등의 불법행위는 한국 내 원고등 각자의 거주지역으로부터 일본 내 히로시마에 이르기까지 일련의 계속된 과정에서 발생한 것이므로, 실제 행위지로서 한국법뿐만 아니라 일본법도 준거법이 될 수 있다.[22) 따라서 원고등의 주장에 관한 준거법은 불법행위와 관련하여서는 한국법 또는 일본법이 된다."

3. 대상판결의 판단

대법원은 일본 법례를 적용하여 불법행위의 준거법은 한국법이라고 판단하였다. 구체적인 설시는 아래와 같은 취지이다.

"법례에 의하면 불법행위로 인한 손해배상청구권의 성립과 효력은 불법행위 발생지의 법률에 의하는데(제11조), 이 사건 불법행위지는 한국과 일본에 걸쳐 있으므로 불법행위로 인한 손해배상청구권에 관하여 판단할 준거법은 한국법 또는 일본법이다. 그러나 이미 원고등은 일본법이 적용된 일본소송에서 패소한 점에 비추어 자신들에게 보다 유리한 준거법으로 한국법을 선택하려는 의사를 가지고 있다고 추인되므로, 법원은 한국법을 준거법으로 하여 판단해야 한다. 나아가 제정 민법이 시행된 1960. 1. 1. 이전에 발생한 사건이 불법행위에 해당하는지 여부와 그 손해배상청구권이 시효로 소멸하였는지 여부의 판단에 적용될 한국법은 제정 민법 부칙 제2조 본문에 따라 '현행 민법'이다."

원고의 청구는 피고회사가 한국에서의 강제연행과 일본에서의 강제노동 등의 불법행위를 저질렀음을 이유로 하는 손해배상청구인데 대법원은 일본 법례 제11조를 적용하여 불법행위의 준거법은 한국법, 나아가 현행 민법이라고 보았다. 이처럼 준거법이 한국법이므로 준거법공서위반의 문제는 다루어지지 않았으나,[23) 아래(4.)에서 보듯이 준거법공서위반의 문제가 제기됨을 주목해야 한다.

---

22) 원심판결은 양자의 관계는 논의하지 않았다.

23) 만일 불법행위의 준거법이 일본법이었다면 당연히 준거법공서위반이 문제되었을 것이고 그 경우 일본법의 적용은 헌법정신에 반하는 것으로서 배척되었을 것이다. 이 점은 대상판결이 일본판결의 승인이 우리나라의 승인공서에 반한다고 판시한 점으로부터 추론할 수 있다. 즉 본문 아래에서 설명하는 바와 같이 대상판결은 이른바 '규범적 불법강점론'을 기초로 일본판결의 승인은 공서에 반한다고 판단하였다.

4. 대상판결에 대한 평가

대상판결은 의용 법례의 해석상 행동지와 결과발생지가 복수국가에 소재하는 불법행위의 준거법에 관하여 한국법과 일본법이 모두 불법행위의 준거법이 될 수 있고, 피해자가 유리한 법을 선택할 수 있음을 인정한 점에 의의가 있다.

아래에서는 첫째, 산재(散在)불법행위의 준거법 결정(가.), 둘째, 불법행위의 위법성과 준거법공서위반(나.)과 셋째, 피고의 강제징용과 공동불법행위의 문제(다.)를 검토한다. 한국 민법과 일본 민법이 유사하므로 불법행위의 준거법이 한국법인가 일본법인가는 이 사건에서 커다란 차이를 초래하지는 않는다. 오히려 준거법 결정이 강제징용령의 적용에 어떤 영향을 미치는가와 준거법이 한국법이더라도 준거법공서위반의 문제가 제기된다는 점이 중요하다.

가. 산재(散在)불법행위의 준거법 결정

이 사건에서 불법행위의 준거법은 일제강점기 의용 법례에 의하여 결정해야 한다. 과거부터 행동지와 결과발생지가 상이한 '격지불법행위(Distanzdelikt)'의 준거법에 관하여는 행동지설과 결과발생지설이 있었으나,[24] 이 사건처럼 행동지와 결과발생지가 각각 복수국가에 소재하는 산재(散在)불법행위(Streudelikt)[25]의 준거법에 관한 논의는 잘 보이지 않는 것 같다.

논리적으로는, 한국과 일본에서 행해진 일련의 행위로 구성되는 불법행위의 경우 ① 불법행위 전체를 하나의 불법행위로 보고 하나의 준거법을 정할지, 아니면 ② 이를 복수의 불법행위(예컨대 강제연행과 강제노동)로 나누어 각각 준거법을 지정해야 하는지,[26] 아니면 ③ 격지불법행위에 관한 논의를 산재불법행위에

---

24) 그 밖에도 불법행위의 태양의 다양성과 불법행위제도가 가지는 기능도 일률적이지 않음을 고려하여 일종의 절충설로서 과실책임의 원칙이 지배하는 개인 간의 우발적인 일상의 불법행위에 관하여는 행동지설, 무과실책임의 원칙이 지배하는 기업에 의한 불법행위에 관하여는 결과발생지설법을 적용하는 견해가 유력하였다. 山田鐐一, 國際私法, 第3版(2004), 366면; 장준혁, "일본통치기의 강제징용사건의 준거법", 국제사법연구, 제19권 제1호(2012. 6), 169면. 그리고 과거 법례의 해석상 일본 최고재판소와 하급심의 판례를 보면, 행동지인가 결과발생지인가보다도 개별 사안에 응하여 유연하게 불법행위지를 결정해왔다고 한다. 위 山田鐐一, 370-371면의 註 12; 위 장준혁, 169면.

25) 독일에서 'Streudelikt'라 함은 행동지 또는 결과발생지가 복수인 불법행위를 말하는 것으로 보인다. Jan von Hein, Das Günstigkeitsprinzip im Internationalen Deliktrecht (1999), S. 102; Münchener Kommentar zum BGB, Band 11, 5. Aufl. (2010), EGBGB, Art. 40 Rn. 32 (Junker 집필부분). '산재(散在)불법행위'는 저자의 번역이다.

26) 장준혁(註 24), 171면 이하는 세 가지 가능성, 즉 ① 1개의 불법행위로 보는 견해, ② 강제

도 적용할지가 문제된다.[27] 만일 ①을 따라 하나의 준거법을 정한다면, ①-1 한국법과 일본법이 준거법이 될 수 있고 당사자 또는 법원이 선택을 해야 하는지, 아니면 ①-2 단기간에 행해진 강제연행과 비교할 때 장기간에 걸친 강제노동이라는 불법행위는 일본에서 있었으므로 불법행위의 중심(center of gravity)인 일본법이 준거법이라고 보아야 하는지[28]가 문제된다. 반면에 ②를 따른다면 강제연행에 대하여는 한국법을, 강제노동에 대하여는 일본법을 적용할 가능성이 크다.

일본판결은 불법행위 당시의 원고등을 일본인으로, 한반도를 일본 영토의 구성부분으로 봄으로써 처음부터 일본법을 적용하였으므로 산재불법행위의 준거법을 결정하기 위한 고민을 하지 않았다.

생각건대 일련의 행위로 구성된 불법행위를 한국에서 발생한 부분과 일본에서 발생한 부분으로 쪼개어 각각을 별개의 준거법에 따르도록 하는 것은 비현실적이고 명확히 구분하기도 어려우며 나아가 각국에 귀속시킬 손해의 산정을 불가능하게 한다.[29] 이 사건에서 원고등은 불법행위로 인한 정신적 고통에 대한 위자료로 각 1억원의 배상을 청구하였는데 이를 어떻게 한일 간에 할당할지도 의문이다. 따라서 이 사건에서 일련의 불법행위 전체에 대하여 한국법 또는 일본법을 적용하는 것이 적절하다. 다만 일본 법례 하에서 격지불법행위의 경우(나아가 동일한 법리에 따른다면 또는 산재불법행위의 경우도) 일본 법원은 피해자의 준거법 선택권을 인정하는 데는 인색하였으므로 의용 법례의 해석상 그런 결론이 타당한지는 논란의 여지가 있다.

수송과 강제노동의 2개의 불법행위로 보는 견해와 ③ 강제수송, 강제노동, 보호의무 위반의 3개 불법행위로 보는 견해를 소개하고 비판한다. 그러나 보호의무 위반은 이 사건에서는 근로계약위반의 문제로 다루어진 것으로 보이므로 ③은 수긍하기 어렵다.

27) 이호정, 302면 이하는 행동지 또는 결과발생지가 복수인 경우 피해자에게 가장 유리한 법을 적용한다. 다만 결과발생지가 복수인 경우 결과발생지의 법은 그 국가에서 발생한 손해에 대하여만 적용된다. 이는 이른바 '모자이크 접근방법'이다. 1999년 개정 전 독일에서는 격지불법행위의 경우 행동지와 결과발생지가 모두 불법행위지라고 보고 피해자가 준거법을 선택하지 않은 경우에는 법원이 직권으로 피해자에게 유리한 법을 선택할 것이라고 하였다. 전자를 '遍在主義(Ubiquitätsprinzip)', 후자를 '유리의 원칙(Günstigkeitsprinzip)'이라고 한다. 석광현, 국제사법 해설(2013), 393면.

28) Jan Kropholler, Internationales Privatrecht, 6. Auflage (2006), S. 526 참조.

29) 섭외사법 하에서 대법원 1983. 3. 22. 선고 82다카1533 전원합의체 판결과 대법원 1985. 5. 28. 선고 84다카966 판결은 "화물을 운송한 선박이 한국의 영역에 도착할 때까지도 손해발생이 계속되었다면 한국도 손해의 결과발생지에 포함된다고 보는 것이 타당하고, 이 경우 한국의 영역에 이르기 전까지 발생한 손해와 그 영역에 이른 뒤에 발생한 손해는 일련의 계속된 과실행위에 기인하는 것으로서 명확히 구분하기 어려우므로 통틀어 그 손해 전부에 대한 배상청구에 관하여 한국법을 준거법으로 정할 수 있다"는 취지로 판시하였다.

어쨌든 한국법이 불법행위의 준거법이므로 한국법이 불법행위의 성립과 효과 전체를 규율한다. 따라서 불법행위능력, 구성요건, 인과관계, 위법성, 책임성, 공동과책, 비재산적 손해의 배상, 공동불법행위자 간의 구상권, 불법행위 채권의 소멸시효, 손해배상의 방법 등이 모두 한국법에 따른다.[30] 다만 민법이 규율하는 사항에 관한 한 한일 민법의 유사성으로 인하여 어느 법이 준거법이 되든 실익은 제한적이다.[31]

나. 불법행위의 위법성과 준거법공서 위반: 국가총동원법과 강제징용령의 의미

⑴ 문제의 소재

현행 민법상 불법행위가 성립하기 위하여는 고의 또는 과실로 인한 위법행위로 타인에게 손해를 가하여야 한다. 이 사건에서 피고의 행위가 일제강점기의 국가총동원법과 국민징용령에 근거한 것이라는 점에서 위법성이 없지 않는가라는 의문이 제기된다.[32] 특히 불법행위의 준거법이 일본법이라면 국민징용령이 적용되므로 위법성이 부정되나, 불법행위의 준거법이 한국법(특히 현행 민법)이라면 국민징용령의 적용은 당연히 배제되고 위법성이 인정되는 것처럼 보이기도 한다. 그러나 그렇지 않다. 한국 민법이 소급적으로 적용되더라도 이는 불법행위의 성립과 효과에 관하여 민법이 규율하는 사항에 한정되므로, 일제강점기에 한국에서 통용되던 국민징용령의 적용이 당연히 배척되는 것은 아니고 이를 배척하기 위해서는 법적 근거가 필요하다.

또한 피고의 불법행위라고 주장된 행위 중 강제연행은 일본국의 행위이므로 피고의 행위가 일본국의 행위와 함께 공동불법행위를 구성하는가라는 의문이 있으나 이는 아래(다.)에서 논의한다.

⑵ 일본판결의 태도

일본판결은 원고등이 주장한 불법행위 당시의 원고등을 일본인으로, 한반도

---

30) 이호정, 314-315면; 신창선, 국제사법, 제8판(2012), 309면; 김연·박정기·김인유, 국제사법, 제3판(2012), 338-339면; 신창섭, 국제사법, 제2판(2012), 255면; 윤종진, 개정 현대 국제사법(2003), 409면. 이는 국제사법의 해석론이나 법례에서도 다를 바가 없다고 본다.

31) 다만 일본 민법 제724조는 불법행위와 관련하여 전단에서 3년의 단기소멸시효를, 후단에서 20년의 제척기간을 규정하는 데 반하여 우리 민법 제766조 제1항은 3년의 단기소멸시효를, 제2항은 10년의 장기소멸시효를 규정하고 있다.

32) 참고로 정당행위를 규정한 형법 제20조는, "법령에 의한 행위 또는 업무로 인한 행위 기타 사회상규에 위배되지 아니하는 행위는 벌하지 아니한다"고 규정한다.

를 일본 영토의 구성부분으로 봄으로써, 외국적 요소를 고려한 국제사법적 관점에서 원고등의 청구에 적용될 준거법을 결정하는 과정을 거치지 않고 처음부터 일본법을 적용하였다. 나아가 일본판결은 "일본은 1910. 8. 22. 한국병합에 관한 조약을 체결하여 대한제국을 병합하고 조선반도를 일본의 영토로 하여 그 통치하에 두었다" 그리고 "당시 법제 하에서 국민징용령에 기초한 원고등의 징용은 그 자체로는 불법행위라 할 수 없고,[33] 또한 징용의 절차가 국민징용령에 따라 행하여지는 한 구체적인 징용행위가 당연히 위법이라고 할 수 없다"고 판시하였다.

(3) 국가총동원법과 국민징용령의 적용을 배척하는 근거

대상판결처럼 피고의 불법행위에 대해 현행 민법을 적용하더라도 일제강점기 한국에서 통용되던 국민징용령의 적용이 당연히 배제되지는 않는다. 더욱이 일본법이 불법행위의 준거법이라고 본다면 국민징용령은 일본법의 일부로서 또는 그 자체의 효력에 의하여 일응 적용되는 것처럼 보인다.[34] 그러나 가사 일본법이 준거법이더라도 저자는 국가총동원법과 국민징용령의 적용을 배척한다 — 즉, 국가총동원법과 국민징용령에도 불구하고 불법행위의 성립을 인정한다. 대상판결이 일본 법례를 적용한 사실로부터 알 수 있듯이, 한일병합조약이 무효라는 점으로부터 이러한 결론이 당연히 도출되는 것은 아니며 추가적인 근거가 필요하다. 그 근거는 첫째, 헌법적 가치를 기초로(준거법이 한국법이라고 보는 경우) 또는 준거법공서(준거법이 일본법이라고 보는 경우)[35] 위반을 이유로 국민징용령의

33) 독일에는 강제노동이 국가사회주의 법률에 의하여 형식적으로 정당하다는 견해가 있으나 독일 법원은 강제노동(slave labor)을 만장일치로 불법이라고 본다고 한다. Jan von Hein, "The Law Applicable to Governmental Liability for Violations of Human Rights in World War II: Questions of private International Law from a German Perspective", Yearbook of Private International Law, Vol. Ⅲ (2001), p. 207 Fn 122. 이동진, "강제징용배상책임의 성립 여부와 그 범위에 관한 몇 가지 문제", 남효순 외, 일제강점기 강제징용사건 판결의 종합적 연구(2014), 241면은 Randelzhofer/Dörr, Entschädigung für Zwangsarbeit? (1994), S. 27ff.를 인용하면서 전시(戰時) 전쟁수행을 위한 '자국민'에 대한 강제연행·강제이송·강제노동이 국제노동기구협정 제29호가 금지하는 강제노동에 해당한다거나(제2조), 노예제를 금하는 국제관습법 위반이라고 보기는 어렵다고 한다. 위 이동진, 261면, 註 56은 전자를 극소수의 판결이라고 소개한다. [밑줄 부분은 이 책에서 새로 추가한 것인데 이하 위 책을 "남효순 외"라고 인용한다.]

34) 준거법이 일본법이면 국민징용령은 일본법질서의 일부로서 당연히 적용되거나 그 자체의 효력으로 적용될 것이다(국제사법 제6조 참조). 전자는 국민징용령을 준거법인 일본법의 일부로 보는 것이고 후자는 공법의 특별연결이론에 따르는 것이다(다만 후자를 따른다면 이는 법정지에서 과거에 통용되던 공법이므로 이를 제3국의 공법으로 취급할 것은 아니라는 견해도 가능하다).

35) 저자는 당초 이를 "준거법공서에 반한다"고 표현하였다. 그러나 국가총동원법과 국민징용령이 법정지인 우리나라(지리적으로는 한반도)에서 과거에 통용되었던 법이므로 이를 배척하기

적용을 배제하는 것이고, 둘째, '점령국법 적용의 부당성'에 의하여 현행 민법을 적용하면서 국민징용령을 배제하는 것이다.[36]

㈎ 헌법 위반 또는 준거법공서 위반

대상판결이 이 점을 직접 판단한 것은 아니지만 이 사건에서 국민징용령의 적용은 배제된다. 보다 정확히는 국민징용령을 근거로 미쓰비시의 행위가 정당한 행위가 될 수는 없다. 그 근거로는 승인공서의 맥락에서 한 대상판결의 설시를 원용할 수 있다. 즉 대상판결은 "한국 헌법 규정에 비추어 볼 때 일제강점기 일본의 한반도 지배는 규범적인 관점에서 불법적인 강점(强占)에 지나지 않고, 일본의 불법적인 지배로 인한 법률관계 중 한국의 헌법정신과 양립할 수 없는 것은 그 효력이 배제된다고 보아야 하므로, 일본판결 이유는 일제강점기의 강제동원 자체를 불법이라고 보고 있는 한국 헌법의 핵심적 가치와 정면으로 충돌하는 것이어서 이러한 이유가 담긴 일본판결을 그대로 승인하는 결과는 그 자체로 한국의 선량한 풍속이나 그 밖의 사회질서에 어긋난다"는 취지로 판시하였다(이하 이러한 법리를 편의상 "규범적 불법강점론"이라 한다). 따라서 우리의 시각에서는 한일병합조약 자체가 무효이므로,[37] 국민징용령에 따랐기 때문에 징용이 적법하다는 것은 근거가 없으며 일본법을 적용한 결과가 그것이라면 이는 우리의 헌법적 가치 또는 준거법공서에 반하는 것이다. 나아가 일본 정부와 그에 가담한

위하여 준거법공서를 드는 것이 적절한지 의문이 있어 본문과 같이 수정하였다. 즉, 우리 법원이 일제강점기에 한국에서 통용되던 일본법의 적용을 배척하는 것은 국제사법상 준거법공서의 문제는 아니라는 견해가 가능하기 때문이다.

36) 저자는 2011년 대법원 발표 시에도 점령국법(병합국법)의 법리를 원용한 바 있다. 미국 국제사법원칙상으로도 그런 견해가 있다. Kent Anderson, "To What Extent Do U.S. Conflict and Procedural Rules Obstruct Private Liability for Wartime Human Rights Violations", Yearbook of Private International Law, Vol. Ⅲ (2001), p. 172 참조.

37) 한일기본조약 제2조가 규정하는 바와 같이 한일병합조약 등 1910. 8. 22. 및 그 이전에 대한제국과 대일본제국 간에 체결된 조약 및 협정은 이미 무효이다. 다만 우리나라는 이를 소급적으로 즉 원천무효라고 보나 일본은 소급효를 부정한다. 일본의 한반도 지배는 규범적 관점에서 불법적인 강점(强占)에 불과한 것이라고 판시한 대상판결은 한일병합이 법적으로 무효라고 본 것이다. 더 나아가 조약으로서 아예 성립하지 않았다는 견해도 있다. 김명기, "한일합방조약의 부존재에 관한 연구", 법조, 통권 제655호(2011. 4), 33면. 이동진(註 33), 249면 이하의 분석도 참조. 이동진(註 33), 256면, 272면은 일본의 식민지배와 그 당시의 실효적 법질서는 1910년 병합 당시부터 무효라는 해석을 지지한다. 그러나 저자는 식민지지배(즉 병합조약)와 실효적 법질서를 구분하여 전자는 1910년 병합 당시부터 무효이나 후자는 제한된 범위 내에서 효력을 인정하는 것이다. 참고문헌은 위 김명기 외에 이동진(註 33), 239면 註 12 참조. 참고로 대상판결과는 관련이 없지만, 이효원, 남북교류협력의 규범체계(2006), 175면은 국적의 맥락에서 종래 우리 대법원은 한일병합조약이 무효로서 대한제국은 국가로서 소멸한 것이 아니라 그대로 존속하고 있었다고 본 것으로 평가한다. [밑줄 부분은 이 책에서 새로 추가한 것이다.]

피고의 강제징용이 일본에서 적법한지도 의문이지만, 가사 그것이 1944년경 일본에서는 적법하였다고 하더라도[38] 한국에서는 위법한 행위이다. 따라서 이 사건에서 피고의 불법행위의 준거법이 한국법이든 일본법이든 간에 그리고 피고의 행위가 비록 일본 국민징용령에 따른 것이더라도 우리 법상으로는 불법행위를 구성한다.

㈏ 점령국법 적용의 부당성

이처럼 국민징용령의 적용을 배제하는 견해에 대하여는 사실상의 통용에 착안하여 법을 적용하는 국제사법의 법리에 반하는 것이 아닌가라는 의문이 제기될 수 있다. 즉, 이 사건 불법행위의 준거법이 한국법이고 그것이 일제 강점기에 한국에서 통용되던 일본 민법이라고 본다면, 비록 한일병합조약이 무효라고 하더라도 이 사건에도 일본 민법을 적용해야 한다. 국제사법이론상 어떤 국가의 영역 안에서 사실상 일반적으로 적용되고 있는 법이라면 비록 그것이 국제적으로 승인되지 않은 것이더라도 적용되는 것[39]과 마찬가지로 가사 한일병합조약이 무효라고 하더라도 일제강점기에 한국에서 사실상 통용되던 일본법을 적용해야 하기 때문이다. 이러한 법리는 사적 당사자들(private parties)의 정당한 기대를 보호하기 위한 것으로, 사람의 혼인, 회사의 설립과 계약처럼 당사자들이 준수하지 않을 수 없는 법의 경우에 타당하다. 만일 순수하게 사인 간에 발생한 교통사고 기타 불법행위라면 그에 대하여 한일병합조약이 무효이더라도 일본법이 준거법으로 적용된다는 것이다.

그러나 이러한 국제사법의 법리는 피점령국에 거주하는 피점령국인이 불법행위를 이유로 점령국에 대하여 손해배상청구를 하는 사안에서 점령국법을 불법행위의 준거법인 행위지법으로 적용하는 때까지 인정할 수는 없다. 점령국은 피점령국에서 자신이 일방적으로 제정한 법을 근거로 법의 적용에 대한 정당한 기대를 받을 자격이 없기 때문이다.[40] 즉 점령국이 스스로 위법한 상황을 초래하고 후에 자신이 제정한 법에 기초하여 책임을 면하도록 허용되어서는 아니 된다는 것이다.[41] 다만 이런 설명이 피고회사에 대한 손해배상청구에도 동일하게 적용될 수 있는지는 논란의 여지가 있으나, 점령국의 행위에 편승하거나 점령국의

38) 독일 법원은 강제노동(slave labor)을 불법이라고 본다고 한다. von Hein(註 33), p. 207 Fn 122. 이는 위에서 언급하였다.

39) 이호정, 5면; Kegel/Schurig(註 11), S. 20.

40) von Hein(註 33), p. 203.

41) von Hein(註 33), p. 203.

대리인으로 행위하는 사인의 행위에 대하여도 마찬가지로 보아야 한다.[42]

실제로 사인에 대한 청구에서 미국 법원이 점령국법이 아니라 피점령국의 법을 적용한 판결과 이를 지지하는 학설이 있다.[43] 이러한 견해에 따르면 이 사건에서 준거법이 일본법이 아니라 병합 전 한국에서 통용되던 법 또는 현행 민법을 적용할 것이라는 견해도 가능하다. 저자가 폭넓게 조사하지는 못하였지만, 점령국법 적용의 부당성은 아직은 광범위하게 인정되는 법리인 것 같지는 않다.

다. 피고의 강제징용과 공동불법행위

피고의 불법행위라고 주장된 행위 중 특히 원고등의 강제연행은 일본국의 행위이므로 피고의 행위가 일본국의 행위와 함께 공동불법행위를 구성하는가라는 의문이 제기된다. 피고가 원고들로 하여금 강제노동에 종사하도록 강요한 것만으로도 불법행위에 따른 책임을 지는 데는 별 문제가 없다.[44] 대상판결도 이 점을 고려하여 "구 미쓰비시가 일본국과 함께 원고등을 강제징용한 후 강제노동을 시킨 일련의 행위가 불법행위"라고 판시하였다. 문제는, 만일 구 미쓰비시와 일본국의 의사공동과 행위공동이 아주 강한 형태로 인정된다면, 일본국의 주권면제가 인정될 경우 마찬가지로 구 미쓰비시(내지 피고)의 주권면제를 인정해야 하는가라는 점이다. 이는 준거법의 쟁점은 아니므로 논의를 생략한다. 결론만 적자면 실질법상 공동불법행위를 인정하더라도 주권면제를 인정할 수는 없다는 것이다.[45]

5. 국제법에 근거한 손해배상청구권

이와 관련하여 원고등의 권리가 국내법이 아니라 국제관습법을 포함하는 국

---

42) 다만 이런 판단을 하기 위하여는 피고의 불법행위 가담 정도도 고려해야 할 것이다.

43) Kalmich v. Bruno, 553 F.2d 549, 552 (7th Cir. 1977). 미국 법원은 유고슬라비아법을 적용하였다. 학설은 Anderson(註 36), p. 173 참조. 우리 문헌으로는 이병화, "전후 국가배상책임에 관한 국제사법적 고찰", 비교사법, 제17권 제2호(통권 제49호)(2010. 6), 511면 이하 참조. 이는 국가의 배상책임의 준거법에 관한 다양한 학설을 소개한다.

44) 이동진(註 33), 260면 註 55는 전전(戰前) 일본법상 국가무답책(國家無答責)의 법리와 일본의 주권면제를 고려하면 일본국과 일본회사 사이에 공동불법행위가 성립할 수 있는가라는 의문이 제기될 수 있으나 그렇더라도 일본회사에게 간접침해가 인정되므로, 전 과정의 손해를 일본회사에게 귀속시킬 수 있다고 한다.

45) 이 점은 국제사법학회의 학술대회에서 이미 언급하였다. 석광현, "강제징용배상에 관한 일본판결의 승인 가부", 국제사법연구, 제19권 제1호(2013. 6), 112면 註 26 참조.

제법에 근거한 것인지와, 그 경우 소멸시효에 관한 법리가 어떻게 달라지는지 등도 검토할 필요가 있다. 여기에서는 간단히 소개만 한다.

일본 히로시마 지방재판소와 고등재판소는 국제법 내지 국제관습법위반을 원인으로 한 청구에 관하여는 원칙적으로 사인(私人)이 국제법의 주체인 국가를 상대로 직접 구체적인 청구를 할 수 없고, 달리 각 조약 등 국제법에서 사인이 국가를 상대로 직접 청구를 할 수 있다는 구체적인 절차규정이 없으며, 원고등의 주장과 같은 국제관습법의 존재도 인정되지 않는다고 판단하였다.

신일본제철 사건의 제1심판결인 서울중앙지방법원 2008. 4. 3. 선고 2005가합16473 판결은, 구 일본제철이 강제노동에 관한 국제노동기구(ILO) 제29호 조약(C29 Forced Labour Convention), 국제인권규약 등 국제법 규정을 위반하였으므로 이에 따라 손해배상책임을 진다는 원고등의 주장에 대하여, 사인이 실제로 국제법의 주체가 될 수 있는지 여부는 개개의 조약, 국제관습법에서 정한 규범의 내용에 따라 달라질 것이고, 특히 사인이 국제법에 근거하여 다른 국가 또는 그 국민을 상대로 직접 어떤 청구를 할 수 있는지 여부는 각 조약 등 국제법 자체에서 해당 규범의 위반행위로 인하여 권리를 침해당한 사인에게 그 피해회복을 청구할 수 있다는 취지 및 그에 관한 구체적인 요건, 절차, 효과에 관한 내용을 규정한 경우나 그 국제법에 따른 사인의 권리를 구체적으로 규정한 국내법적 입법조치가 행하여진 경우에 가능하다고 판시하고, 그 사건에서 강제노동에 관한 국제노동기구 제29호 조약 등의 각 규정에, 강제노동으로 피해를 입은 사인에게 강제노동을 실시한 주체에 대해 직접 손해배상을 구할 수 있도록 하는 규정이 없으므로 원고등은 국제법 위반으로 인한 손해배상을 구할 수 없다고 판단하였다. 독일 법원의 판결도 국제법에 근거한 개인의 권리는 부정한 바 있다.[46)]

국제법 위반과 국내법 위반에 기한 손해배상청구가 별개 소송물인지도 문제된다. 신일본제철 사건의 원심 판결은 이를 별개로 본 듯하나 대법원판결은 이는 공격방법의 차이라고 판시하였다. 그러나 동일한 사실관계를 기초로 불법행위책임을 묻는 경우 준거법이 한국법인가 일본법인가는 공격방법의 차이에 불과하지만, 청구가 국내법 또는 국제법에 기한 것인지는 종래 대법원판례가 취하는 소송물이론에 따른다면 소송물의 차이라고 보는 것이 설득력이 있다. 전자에서

46) Oberhammer/Reinisch, "Zwangsarbeiter vor deutschen Gerichten", IPRax (2001), S. 213 참조. 박배근, "대일전후보상소송과 국제인도법", 동북아역사논총, 제25호(2009. 9), 149면 이하; 이동진(註 33), 241면 이하도 참조. [밑줄 부분은 이 책에서 새로 추가한 것이다.]

는 한국법 또는 일본법에 기한 어느 하나의 청구만이 존재하지만, 후자에서는 비록 이중배상을 받을 수는 없더라도 양자의 중첩적 존재를 주장하는 것이기 때문이다. 청구권경합 시 복수의 소송물이 존재한다고 보는 대법원의 판례를 따른다면 더욱 그러하다.

Ⅳ. 원고등의 임금채권의 준거법: 근로계약의 준거법

1. 문제의 소재

원고등의 둘째 청구는 피고에 대한 미지급임금지급청구이다. 따라서 원고등이 임금채권을 가지는지가 문제되고 만일 임금채권이 있다면 그에 대한 피고의 항변들이 근거가 있는지가 문제된다. 여기에서는 임금채권의 준거법을 논의한다.

2. 원심판결의 판단

원심법원은 우선 구 섭외사법 제9조가 "법률행위의 성립 및 효력에 관하여는 당사자의 의사에 의하여 적용할 법을 정한다. 그러나 당사자의 의사가 분명하지 아니한 때에는 행위지법에 의한다"고 규정함을 확인하고, 아래와 같은 취지의 이유로 임금채권의 준거법이 일본법이라고 판단하였다.

"원고등이 종전 회사와 사이에 근로계약관계가 성립하였음을 전제로 미지급임금 등의 지급을 구하고 있고, 구 섭외사법 제9조에 따라 근로계약의 당사자 사이에 준거법 선택에 관한 명시적 합의가 없는 경우에는 근로계약에 포함된 다른 의사표시의 내용이나 소송행위를 통하여 나타난 당사자의 태도 등을 기초로 당사자의 묵시적 의사를 추정하여야 하며, 묵시적 의사를 추정할 수 없는 경우에도 당사자의 국적, 주소 등 생활본거지, 사용자인 법인의 설립 준거법, 노무 급부지, 직무 내용 등 근로계약에 관한 객관적 사정을 종합하여 볼 때 근로계약 당시 당사자가 준거법을 지정하였더라면 선택하였을 것으로 판단되는 가정적 의사를 추정하여 준거법을 결정해야 하는바(대법원 2004. 6. 25. 선고 2002다56130, 56147 판결 등 참조), ① 근로계약관계 성립 당시 일본의 한반도 강제점령기였고 한반도에서도 일본법이 적용된 점, ② 행위지(근로지)가 일본이고, 종전 회사의 설립준거법도 일본법인 데 반하여 원고등이 한국인이라는 것 외에는 한국과 실질적 관련성은 없는 점(임금도 일본화폐로 지급되었다), ③ 원고등의 근로내용도 일본의 전쟁 수행에 필요한

군수물자 생산에 주로 집중된 점, ④ 원고등이 종전 소송에서 일본법을 준거법으로 적용하는 데 이의가 없었던 점 등에 비추어 보면, 원고등과 종전 회사는 근로계약을 체결함에 있어 일본법을 준거법으로 정하였다고 봄이 상당하고, 안전배려의무 위반(채무불이행)으로 인한 손해배상청구도 원래 채권계약의 준거법을 따른다. 따라서 원고등의 주장에 관한 준거법은 불법행위 외의 청구와 관련하여서는 일본법이 된다."

분명하지는 않지만 원심판결은 당사자들이 일본법을 묵시적으로 선택하였거나, 그렇지 않더라도 가정적 의사에 기하여 그렇게 본 것으로 생각된다.[47]

3. 대상판결의 판단

대법원은 법례를 적용하여 근로계약의 준거법이 일본법이라고 판단하였다.

"'법례'에 의하면 법률행위의 성립 및 효력에 관하여는 당사자의 의사에 따라서 어느 나라의 법률에 의할 것인가를 정하고, 당사자의 의사가 분명하지 아니한 경우에는 행위지법에 의하는데(제7조), 앞서의 사실관계에 의하면 미지급임금의 지급청구권에 관하여 판단할 준거법은 일본법이 될 것이다."

4. 대상판결에 대한 평가

대상판결의 결론은 타당하다. 그 근거는 법례 제7조에 따른 당사자들의 묵시적 합의 또는 행위지법의 적용으로부터 구할 수 있다. 다만 강제징용에 의하여 유효한 근로계약이 성립했다고 보기 어려우므로, 한편으로는 원고등이 안전배려의무 위반으로 인한 손해배상과 미지급임금의 지급을 구하는 것을 계약으로 구성하는 것이 부적절하고 부당이득이나 손해배상으로 성질결정해야 한다는 견해도 주장될 수 있고, 다른 한편으로는 무효인 근로계약과 사실상의 근로계약에도 근로계약의 준거법을 적용할 것이라는 견해도 가능하다.[48] 어느 것을 따르든

47) 저자는 섭외사법의 해석론으로 계약의 준거법 결정에 있어 가정적 당사자의사에 대해 비판적인 견해를 피력하였다. 석광현, 국제사법과 국제소송, 제5권(2012), 27면 이하 참조.

48) 이 점은 과거 발표 시 이미 지적하였다. 장준혁(註 24), 184면은 일본의 전시법령은 근로계약관계를 형성할 의무를 부과하였으므로 이 사건 근로계약은 '명령된 계약'에 해당한다고 하면서, 근로계약도 일본헌법 위반 내지 강행적 국제법 위반으로 무효가 아닌가라는 의문을 표시하고 사실적 계약관계 내지는 부당이득관계만이 존재하였다고 하는 것도 하나의 방법이라고 한다. 이동진(註 33), 257면 이하의 논의도 참조. [밑줄 부분은 이 책에서 새로 추가한 것이다.]

준거법은 일본법인데 이 사건에서 일본판결과 우리 법원의 판결들은 모두 근로계약의 존재를 인정하였다.

V. 피고와 구 미쓰비시의 법인격의 동일성의 준거법

피고는 가사 구 미쓰비시가 원고등에 대하여 채무를 부담하더라도 피고는 구 미쓰비시와 별개의 법인이므로 원고등에 대하여 채무를 부담하지 않는다는 취지로 주장하였다. 더욱이 일본은 전후처리 및 배상채무 해결을 위하여 회사경리응급조치법과 기업재건정비법 등을 제정하였으므로 그러한 일본법을 적용할 경우 양자의 동일성이 부정될 가능성이 있다. 여기에서 피고와 구 미쓰비시의 법인격의 동일성의 준거법이 문제되고(아래 가.), 일본법을 적용하여 법인격의 동일성을 부정하고 구 미쓰비시의 원고등에 대한 채무를 부정하는 것이 준거법공서위반이 되는가라는 의문이 제기된다(아래 나.). 이는 첫째 청구(불법행위로 인한 손해배상청구), 둘째 청구(안전배려의무 위반으로 인한 손해배상청구) 및 셋째 청구(미지급임금지급청구)에 모두 관련된다.

1. 문제의 소재

가. 법인격의 준거법

피고와 구 미쓰비시의 법인격의 동일성은 회사의 속인법(lex societatis. 일본에서 말하는 종속법)에 속하는 문제이다. 과거 법례는 이에 관하여 규정을 두지 않았는데 학설은 설립준거법설과 본거지법설로 나뉘었으나 전자가 유력하였다.[49]

나. 공서위반-준거법공서의 제문제

문제는 이 사건에서 일본법을 적용하여 구 미쓰비시와 피고의 동일성을 부정할 경우 그것이 우리의 준거법공서에 위반되는가이다.

49) 山田鐐一(註 24), 227면; 김진, 신국제사법(1962), 139-140면 참조.

2. 원심판결의 판단

원심법원은 일본판결의 기판력을 인정한 탓에 이 점은 판단하지 않았다.

3. 대상판결의 판단

대상판결은 법례에 따라 법인격의 동일성의 준거법이 일본법이라고 판단하였으나 일본법을 적용한 결과는[50] 한국의 공서에 반하므로 법인격의 동일성은 한국법에 의할 사항이라고 판시하였다.

가. 법인격의 준거법

대상판결은 구체적으로 아래의 취지로 판시하였다.

> "법례는 구 미쓰비시와 제2회사 및 피고의 법적 동일성 여부를 판단할 법인의 속인법에 대하여 명문의 규정을 두지는 않았지만, 법인의 설립준거지법이나 본거지법에 의하여 이를 판단한다고 해석되고 있었고, 구 미쓰비시와 제2회사 및 피고의 설립준거지와 본거지는 모두 일본이므로, 구 미쓰비시의 해산 및 분할에 따른 법인격의 소멸 여부, 채무 승계 여부를 판단할 준거법은 일단 일본법이 될 것인데, 여기에 회사경리응급조치법과 기업재건정비법이 포함되는 것은 당연하다."

나. 공서위반

대상판결은 아래의 취지로 판시하였다.

> "법례 제30조는 "외국법에 의한 경우에 그 규정이 공공의 질서 또는 선량한 풍속에 반하는 때에는 이를 적용하지 아니한다"[51]고 규정하였으므로, 한국의 저촉규범에 따라 준거법

---

50) 흥미로운 것은, 대상판결과 하급심판결들이 일본법의 내용을 인식함에 있어서 아무런 증거를 설시하지 않은 것 같다는 점이다.

51) 본문은 대법원판결에 인용된 조문이다. 다만 김진, 국제사법(1960), 413면에 실린 문언은 "外國法에 依할 境遇에 있어 其 規定이 公共의 秩序 또는 善良한 風俗에 反하는 때는 이를 適用하지 아니한다"고 되어 있어 사소한 점이기는 하나 차이가 있다. 반면에 황산덕, 국제사법(1959), 84면에 따르면, "外國法에 依하여야 할 경우에 있어서 그 規定이 公序良俗에 違反될 때에는 이것을 適用하지 않는다"고 되어 있으나 양자 간에 큰 차이는 없고, 이는 구 섭외사법 제5조 및 현행 국제사법 제10조와도 본질적으로 같다.

으로 지정된 일본법을 적용한 결과가 한국의 공서양속에 위반되면 일본법의 적용을 배제하고, 법정지인 한국의 법률을 적용하여야 한다. 또한, 1962. 1. 15. 이후에 발생한 법률관계에 적용되는 구 섭외사법에 있어서도 이러한 법리는 마찬가지이다.
이 사건에서 외국법인 일본법을 적용하게 되면, 원고등은 구 미쓰비시에 대한 채권을 피고에 대하여 주장하지 못하게 되는데, 위에서 본 바와 같이 구 미쓰비시가 피고로 변경되는 과정에서 피고가 구 미쓰비시의 영업재산, 임원, 종업원을 실질적으로 승계하여 회사의 인적, 물적 구성에는 기본적인 변화가 없었음에도, 전후처리 및 배상채무 해결을 위한 일본 국내의 특별한 목적 아래 제정된 기술적 입법에 불과한 회사경리응급조치법과 기업재건정비법 등 일본 국내법을 이유로 구 미쓰비시의 한국 국민에 대한 채무가 면탈되는 결과로 되는 것은 한국의 공서양속에 비추어 용인할 수 없다."

나아가 대상판결은 한국법상으로는 원고등은 구 미쓰비시에 대한 청구권을 피고에 대하여도 행사할 수 있다고 판시하였다. 구체적인 설시는 아래와 같다.

"구 미쓰비시가 책임재산이 되는 자산과 영업, 인력을 제2회사에 이전하여 동일한 사업을 계속하였을 뿐만 아니라 피고 스스로 구 미쓰비시를 피고의 기업 역사의 한 부분으로 인정하고 있는 점 등에 비추어 구 미쓰비시와 피고는 그 실질에 있어 동일성을 그대로 유지하고 있는 것으로 봄이 상당하여 법적으로는 동일한 회사로 평가하기에 충분하고, 일본국의 법률이 정한 바에 따라 구 미쓰비시가 해산되고 제2회사가 설립된 뒤 흡수합병의 과정을 거쳐 피고로 변경되는 등의 절차를 거쳤다고 하여 달리 볼 것은 아니다. 따라서 원고등은 구 미쓰비시에 대한 청구권을 피고에 대하여도 행사할 수 있다."

4. 대상판결에 대한 평가

가. 법인격의 준거법

설립준거법설을 따르면 물론이고 본거지법설을 따르더라도 대상판결의 판단은 적절하다.

나. 준거법공서 위반

아래에서는 준거법공서의 위반에 관한 법례 제30조의 법리를 검토한 뒤 과연 위 쟁점에 관하여 준거법공서 위반이 인정되는지를 살펴본다. 국제사법 제10조는 법례 제30조의 문언을 다소 수정하였으나 본질적인 차이는 없으므로 국제사법 제10조에 관한 논의를 대입하는 방식으로 논리를 전개한다.[52]

52) 국제사법 제10조에 관한 해설은 석광현(註 27), 174면 이하 참조.

⑴ 공서조항의 취지

법례[53]는 외국적 요소가 있는 사안에 대해 다양한 연결정책을 고려하여 연결대상 별로 적절한 연결점을 정하여 사안에 따라 외국법을 준거법으로 지정한다. 그러나 외국법을 적용한 결과가 우리나라의 본질적 법원칙, 즉 기본적인 도덕적 신념 또는 근본적인 가치관념과 정의관념에 반하여 우리가 受忍할 수 있는 범위를 넘는 때에는 외국법의 적용을 배제할 수 있다. 이것이 공서조항의 소극적 또는 방어적 기능이다.

⑵ 공서조항이 적용되기 위한 요건

국제사법에 의하여 준거법으로 지정된 외국법의 적용이 준거법공서 위반으로 배제되기 위하여는 우선 법례 제30조[54]로부터 알 수 있듯이 공서조항이 적용되기 위하여는 첫째, 국제사법에 의하여 준거법이 외국법으로 지정되어야 하고, 둘째, 준거법인 외국법을 적용한 결과가 우리의 공서, 보다 정확히는 '국제적 공서'에 반하여야 한다.[55] 즉, 법례 제30조[56]가 말하는 "공공의 질서 또는 선량한 풍속"이란 현행 민법 제103조가 규정하는 '국내적 공서(internal 또는 domestic public policy)'와는 구별되는 '국제적 공서(international public policy)'에 한정되는 것이라는 것이다.[57] 그러나 공서위반은 결국 각 국가가 판단할 사항이고, 법례 제30조[58]에서 문제되는 것은 한국의 관념에 따라 판단된 공서위반임을 주의해야

53) 이 점은 섭외사법과 국제사법도 같다.

54) 이 점은 섭외사법 제5조와 국제사법 제10조도 같다.

55) 국제사법 제10조는 공서조항이 적용되기 위하여는 외국법을 적용한 결과가 우리의 공서에 '명백히' 위반되어야 함을 명시하나, 법례 제30조는 그러한 문언을 두지 않았다.

56) 이 점은 섭외사법 제5조와 국제사법 제10조도 같다.

57) 다만 '국제적 공서'라는 개념은 다양한 의미로 사용되고 '국가적 공서(national public policy)'에 대응하는 개념, 즉 기본적 인권 또는 최소한의 자연법적 정의와 같이 국제적으로 통용되는 공서를 의미하는 것으로 사용되기도 한다. 이를 보편적 공서(*ordre public universel*) 또는 'transnational public policy'라고 부르기도 한다. Reinhold Geimer, Anerkennung ausländischer Entscheidungen in Deutschland (1995), S. 139 참조. 그러나 이 글에서 사용하는 국제적 공서는 본문의 의미이다. 국제적 공서라는 용어는 프랑스와 이탈리아에서는 널리 사용되고 있으나, 독일에서는 오해의 소지가 있다는 이유로 널리 이용되지는 않는 것으로 보인다. Münchener Kommentar zum BGB, Band 10, 5. Aufl. (2010), EGBGB, Art. 6 Rn. 19 (Sonnenberger 집필부분). 이병화, "국제적 공서문제에 관한 연구", 비교사법 제12권 2호(2005), 412면 이하도 참조. 한편 국제중재의 맥락에서는 국제적 공서의 개념이 널리 인정된다. 프랑스의 신 민사소송법 제1498조와 제1502조(2018년 현재는 제1514조와 제1520조)는 명시적으로 '국제적 공서'(*ordre public international*)라는 개념을 사용한다. 또한 국제법협회(ILA)의 국제상사중재위원회는 승인거부사유인 공서에 관한 보고서(Report on Public Policy as a Bar to Enforcement of International Arbitral Awards)를 2002년 채택하였는데, 이는 승인거부사유인 공서가 국제적 공서임을 분명히 하였다. [밑줄 부분은 이 책에서 새로 추가한 것이다.]

58) 이 점은 섭외사법 제5조와 국제사법 제10조도 같다.

한다. 이를 '공서개념의 국가성'이라고 한다.[59]

즉 국제적 공서라는 개념을 사용하는 것은, 공서위반의 여부를 판단함에 있어 국내적인 기준에만 따를 것이 아니라 외국의 관념도 참작해야 한다는 점을 보여준다.[60] 그렇지 않고 만일 법례 제30조의 공서를 민법상의 공서로 보아 외국법적용의 결과가 우리 민법상의 공서에 반한다는 이유로 외국법의 적용을 배제한다면 국제사법규정의 대부분은 무의미하게 될 것이다.[61]

무엇이 우리의 공서,[62] 더 나아가 그 중에서도 국제적 공서에 해당하여 준거법이 외국법인 때에도 포기할 수 없는 가치인지의 판단은 매우 어려운데, 이는 결국 구체적 사안에서 개별적으로 이루어져야 한다. 예컨대 외국법을 적용한 결과 우리 헌법이 보장하는 인간의 기본권이 침해되는 때에는 여기의 공서위반이 될 수 있는데,[63] 이는 헌법은 우리의 근본규범으로서 우리나라의 기본적인 도덕적 신념 또는 근본적인 가치관념과 정의관념을 반영하는 것이기 때문이다. 다만 기본권이 외국법의 적용을 배제하는지 여부와 그 범위는 구체적 사안별로 검토해야 한다.[64] 여기에서 우리는 우리 법질서 중에서 준거법이 외국법이면 양보할 수 있는 공서와 양보할 수 없는 공서를 구분해야 하며 이 과정에서 우리 법질서를 더 깊이 있게 성찰할 수 있는 기회를 가지게 된다.

국내적 공서와 국제적 공서의 관계를 그림으로 그리면 다음과 같다.

---

59) 이호정, 219면.

60) 이는 마치 국제적으로 타당한 공서 개념이 있는 것 같은 오해를 주나 그것은 아니다.

61) 이호정, 219면; 신창선(註 30), 178면; 김연·박정기·김인유(註 30), 225면; 윤종진(註 30), 160면도 동지. 신창섭(註 30), 149면도 동지로 보인다.

62) '선량한 풍속 기타 사회질서'를 규정한 민법 제103조의 해석에 관하여 통설은 '선량한 풍속'은 "사회의 일반적 도덕(윤리)관념, 모든 국민에게 지킬 것이 요구되는 최소한도의 도덕률"을 의미하고 '사회질서'는 "국가·사회의 공공적 질서 또는 일반적 이익"을 의미한다고 한다. 곽윤직·김재형, 민법총칙(제8판)(2012), 274면. 민법상 공서에 관하여는 이동진, 公序良俗과 契約 當事者 保護, 서울대학교 대학원 법학박사학위 논문(2011. 2), 33면 이하 참조.

63) 스페인인 사건에서 독일 연방헌법재판소 1971. 5. 4. 결정(BVerfGE 31, 58)은, 구체적 사건에서 독일의 저촉법에 따라 지정된 외국법을 적용한 결과가 독일 기본법이 정한 당사자의 기본권을 침해할 수는 없다고 선언하였고, 그 결과 저촉법규범도 기본권에 의한 통제 하에 놓이게 되었다.

64) 이호정, 222면.

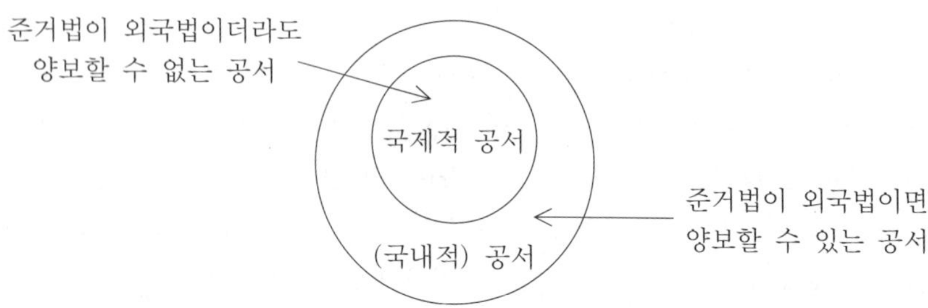

따라서 법례 제30조[65]의 공서를 국제적으로 통용되는 공서로 보는 것은 옳지 않으나, 그것을 민법(제103조) 등 실질법상의 공서와 동일시하는 것도 옳지 않으므로 이를 민법상의 공서와 구별하기 위하여 '국제적 공서'라고 부르는 것이다.

공서위반의 정도는 사안의 내국관련성과의 관계에서 상대적으로 이해해야 한다.[66] 즉 내국관련성이 크면 외국법 적용의 결과가 우리나라의 선량한 풍속 및 사회질서 위반의 정도가 약하더라도 공서위반이 될 수 있으나, 반대로 내국관련성이 작으면 외국법 적용의 결과가 선량한 풍속 및 사회질서 위반의 정도가 큰 경우에만 공서위반이 될 수 있다.[67] 또한 준거법에도 불구하고 현재의 근본적인 가치관념과 정의관념이 관철되기 위하여는 사안이 현재관련성(Gegenwarts-berührung)을 가져야 한다.[68] 따라서 현재 우리나라의 근본적인 가치관념과 정의관념에 미달하는 저질의 외국법이 적용될 사안이 현재로부터 먼 과거 시점의 것일수록 공서의 개입 여지는 더 작아진다.[69] 여기에서 사안이라 함은 당사자를 포함하는 넓은 개념이다.

요컨대 공서위반을 근거로 준거법으로 지정된 외국법의 적용을 배제하려면, 외국법을 적용한 결과가 ① 한국의 법원칙에 반하고, ② 그 법원칙이 본질적인

65) 이 점은 섭외사법 제5조와 국제사법 제10조도 같다.

66) 이호정, 220면; 신창선(註 31), 177면; Kegel/Schurig(註 11), S. 527; Kropholler(註 28), S. 246; Münchener Kommentar zum BGB, Band 10, 5. Aufl. (2010), EGBGB, Art. 6 Rn. 79 (Sonnenberger 집필부분).

67) 대상판결은 승인공서의 맥락에서 "외국판결의 승인이 한국의 국내법 질서가 보호하려는 기본적인 도덕적 신념과 사회질서에 미치는 영향을 외국판결이 다룬 사안과 한국과의 관련성의 정도에 비추어 판단하여야 한다"고 하여 '사안의 내국관련성'을 도입하였다(밑줄은 저자가 추가함).

68) Erik Jayme, Methoden der Konkretisierung des ordre public im Internationalen Privatrecht (1988), S. 34; Kegel/Schurig(註 11), S. 528; Münchener Kommentar zum BGB, Band 10, 5. Aufl. (2010), EGBGB, Art. 6 Rn. 87 (Sonnenberger 집필부분).

69) 이호정, 220면; Kegel/Schurig(註 11), S. 537.

것, 즉 기본적인 도덕적 신념 또는 근본적인 가치관념과 정의관념에 속하는 것이어야 하며, ③ 그 상위가 중대하여 우리가 수인할 수 있는 범위를 넘는 것이어야 하는데, 이러한 요건의 구비 여부는 내국관련성 및 현재관련성과의 관계에서 상대적으로 판단하여야 한다.

⑶ 기준시점

외국법을 적용한 결과가 우리나라의 공서위반이 되는지를 판단하는 기준시점은 판결 시이다.[70] 이는 우리 사법질서의 불가침적 핵심은 시대에 따라 가변적이기 때문인데, 그런 의미에서 공서는 현재의 공서를 의미한다.[71] 즉, 저촉규범으로서는 의용 법례가 적용되지만 공서는 현재의 공서라는 것이 되나, 위에서 본 사안의 현재관련성을 고려하여야 한다.

⑷ 공서에 의한 외국법 배제의 효과

법례(제30조)[72]는 외국법의 적용이 우리나라의 공서에 명백히 반하는 경우 외국법을 적용하지 않는다는 점만을 명시한다. 그러나 위 사안에서 공서위반의 경우 반대되는 우리 법이 적용된다고 보아야 한다. 예컨대 이혼을 금지하는 필리핀법은 이를 허용하는 우리 법에 의하여 대체된다. 반면에 우리 법상 그러한 공백을 보충할 규정이 없는 경우는 규정의 흠결이 있게 되는데 이 경우 가능한 한 외국법에 최소한으로 간섭하는 것(*minimum d'atteinte portée à loi étrangère*)이 타당하다.[73] 예컨대 외국법이 소멸시효를 인정하지 않는 경우 우리 법에 의하여 소멸시효를 인정하고 나아가 그 기간, 정지와 중단 등의 문제를 해결해야 하는데, 이때 적응(adaptation. 조정이라고도 한다)의 문제가 발생한다.

⑸ 대상판결에 대한 평가

대상판결은 법인격의 동일성을 판단하는 속인법을 일본법이라고 보고, 다만 그에 따르면 일본 국내법인 회사경리응급조치법과 기업재건정비법 등이 적용되어 결국 구 미쓰비시와 피고의 동일성이 부정되어 구 미쓰비시의 원고등에 대한 채무가 면탈되는 결과가 되는데, 이는 당시 우리나라에서 적용되던 법례가 정한 바에 따른 공서에 반하므로 한국법을 적용해야 하고, 한국법에 따르면 양자는 동일한 법인이라는 것이다. 즉 대상판결은 준거법을 판단하고 준거법공서를 설시하였다. 유념할 것은, 실질법인 우리 회사법상 일본법을 적용한 일본

70) 이호정, 220면; Kegel/Schurig(註 11), S. 537; Jayme(註 68), S. 33.
71) 이호정, 221면; Kegel/Schurig(註 11), S. 537.
72) 이 점은 섭외사법 제5조와 국제사법 제10조도 같다.
73) 이호정, 223면; Kegel/Schurig(註 11), S. 539; Jayme(註 68), S. 35.

판결의 결론과 다른 결론이 도출되어야 비로소 준거법공서위반이 될 수 있다는 점이다.

사실관계를 정확히 알지 못하는 저자로서는 우리 법에 따를 경우 구 미쓰비시와 피고의 법인격의 동일성이 있는지를 판단하기 어려우나, 원심판결이 열거한 사실관계에 의하면 대상판결의 결론은 일응 설득력이 있는 것으로 보인다.[74] 이 사건이 오래 전의 일임에도 불구하고, 반인도적 행위라는 사안의 중대성, 원고등이 현재까지도 고통을 받고 있는 점과 피고회사가 현재도 존속하는 점 등을 고려하면 장기간의 경과에 따른 현재관련성의 취약성을 극복할 수 있다고 본다.

한 가지 의문은, 대상판결처럼 구 미쓰비시와 피고가 동일한 법인격을 가진다고 판단하기보다는, 별개의 법인격을 인정하면서 그럼에도 불구하고 구 미쓰비시의 원고등에 대한 채무가 면탈되는 결과는 준거법공서에 반하므로 피고가 원고등에 대한 구 미쓰비시의 채무를 승계하였다는 식으로 일본법질서에 최소한의 간섭을 할 여지를 고려할 필요가 있었다는 점이다.[75] 그것이 준거법공서의 취지에도 부합한다. 물론 이를 위하여는 구 미쓰비시의 전환과정에서 원고등을 포함한 채권자들의 보호조치를 취하였는지도 검토할 필요가 있다.

공서에 의한 외국법 배제의 효과와 관련하여, 이 사건에서 공서위반 여부 판단의 기준시기는 재판 시이므로 일본법을 적용한 결과가 우리나라의 공서에 반하는지는 그때의 공서개념에 따른다. 그러나 공서에 의해 일본법의 적용이 배제된 결과 구 미쓰비시와 피고의 법인격이 동일하다거나(법인격의 동일성을 부정한 것이 공서위반이라고 볼 경우), 법인격이 다르지만 원고등에 대한 채무를 승계하였다고(법인격의 동일성을 부정하면서 채무의 승계만 인정하는 경우) 보아야 한다. 이에 대하여는 구 미쓰비시와 피고의 해산과 설립 등이 있었던 1950년 당시 우리 회사법을 적용해야 할 것이나 이는 공서위반 여부의 판단 기준시기인 재판 시의

---

74) 실질법상의 판단에 관하여 한마디 하자면, 구 미쓰비시와 피고가 동일한 법인격을 가진다는 대상판결의 결론은 기존 대법원판결과 국내의 선례 등에 비추어 합리적인 것이어야 한다는 점이다. 즉 대상판결의 결론이 우리 사회에서 통용되는 보편적 법리여야지 對일본관계에서만 적용되는 특수한 법리여서는 곤란하다는 것이다. 이 점은 2012. 11. 14. 개최된 한국국제사법학회와 ILA 한국지부의 공동학술대회에서 지적한 바 있다. 이에 관한 논의는 천경훈, "전후 일본의 재벌해체와 채무귀속—일제강제징용사건의 회사법적 문제에 관한 검토—", 남효순 외, 350면 이하 참조. [밑줄 부분은 이 책에서 새로 추가한 것이다.]

75) 이는 마치 신의성실의 원칙에 기초한 법인격부인론에서 법인격을 일반적으로 부정하는 것은 아니고, 문제된 특정사안에 한하여 사원과 회사의 법적 독립성을 부정하는 것과 유사하다. 물론 법인격부인론은 일반적으로 공서로 설명하지는 않는다. 참고로 채무의 승계 여부는 그 채무의 준거법에 따라 판단할 사항이다.

공서에 의해 수정된 것이어야 한다.[76] 즉, 공서에 의해 일본 회사법의 적용을 배제하는 경우, 공서에 의한 수정 없이 1950년 당시 우리 회사법을 액면 그대로 적용할 것은 아니다. 물론 재판 시의 공서가 새로운 가치를 도입한 것이 아니라 1950년 당시 우리 회사법에 내재해 있었다면 어느 경로로 가든지 결론은 같을 것이다.

Ⅵ. 원고등의 권리의 소멸시효의 완성(또는 제척기간의 경과)에 의한 소멸 여부의 준거법

1. 문제의 소재

이 사건에서 원고등이 주장하는 불법행위는 1940년대에 있었던 행위이므로 원고등이 손해배상채권과 임금채권을 취득하였더라도 소멸시효의 완성(또는 제척기간의 경과)으로 인하여 소멸하였다는 주장이 가능하다. 실제로 피고는 그러한 항변을 하였고 일본 판결은 이를 받아들였다.

2. 원심판결의 판단

원심판결은 한국법이 준거법이라는 전제 아래 소멸시효 제도의 적용 여부에 대하여 판단하면서 소멸시효가 적용된다고 보았다. 한국법이 준거법이라는 결론은 불법행위채권에 관하여는 타당하지만 임금채권에 관한 한 근거가 없다.

3. 대상판결의 판단

가. 소멸시효의 준거법

원고등의 손해배상채권과 임금채권을 나누어 본다.

대상판결은, 제정 민법이 시행된 1960. 1. 1. 이전에 발생한 사건이 불법행위

76) 대상판결은 "일본법의 적용을 배제하고 당시의 대한민국 법률을 적용하여 보면"이라고 하여 당시의 법을 적용하였으나 전후의 설시를 보면 공서에 의한 결론의 수정을 포함한 것으로 생각된다.

에 해당하는지 여부와 그 손해배상청구권이 시효로 소멸하였는지 여부의 판단에 적용될 한국법은 제정 민법 부칙 제2조 본문에 따라 '현행 민법'이라고 판시하였다.

한편 대상판결은 임금채권의 소멸시효의 준거법을 명시하지는 않았으나 법례 제7조를 근거로 임금채권의 준거법은 일본법이라고 판시하였으므로 그 지급청구권이 시효로 소멸하였는지 여부에 대하여도 일본법을 적용할 것이다.

여기에서는 준거법을 중심으로 논의한다.

나. 공서위반 여부

원고등의 손해배상채권과 임금채권을 나누어 본다.

대상판결은 손해배상채권의 준거법은 한국법이라고 판단하였으므로 공서위반의 문제는 제기되지 않는다. 소멸시효에 관한 민법상 쟁점은 ① 원고등의 채권의 소멸시효의 기산점과 ② 피고의 소멸시효 완성의 항변이 신의칙에 위반되는가 등인데, 대상판결은 한국법상 피고가 소멸시효의 완성을 주장하여 원고등에 대한 손해배상채무 또는 임금지급채무의 이행을 거절하는 것은 현저히 부당하여 신의성실의 원칙에 반하는 권리남용으로서 허용될 수 없다고 판시하였다. 즉, 소멸시효 남용의 법적 효과에 관하여는 논란이 있으나, 대상판결은 소멸시효의 완성은 인정하면서도 채무자는 소멸시효 완성의 효과를 누릴 수 없다고 본 것이다.[77)]

반면에 대상판결은 임금채권의 준거법은 일본법이라고 판단하였으므로 일본법을 적용함으로써 임금채권이 소멸하였다고 보는 것이 준거법공서위반이 되는가를 검토할 필요가 있었다. 그런데 흥미롭게도 대상판결은 이 점에 관하여 일본법을 적용하는 것이 공서위반이 된다고 판단하지 않고, 우리 법상 채무자가 소멸시효의 완성을 주장하는 것이 신의성실의 원칙에 반하여 권리남용으로서 허용될 수 없다고 판시하고 나아가 이러한 법리는 일본민법상으로도 그대로 타당하다고 판시하였다.

---

77) 대법원 2013. 5. 16. 선고 2012다202819 전원합의체 판결은 그에서 더 나아가 그 경우 채권자는 신의칙상 상당한 기간 내에 권리를 행사하여야 한다는 취지로 판시하였다. 그러나 위 판결의 결론이 이 사건에도 적용될 수 있는지는 논란이 있다. 남효순, "일제징용시 일본기업의 불법행위로 인한 손해배상청구권의 소멸시효남용에 관한 연구", 서울대학교 법학 제54권 제3호(통권 제168호)(2013. 9.), 418면 이하 참조. 남효순 외, 325면은 이를 부정한다. 그 밖에 원고등의 채권은 반인도적인 행위로 인한 것으로서 소멸시효의 대상인가라는 쟁점도 있으나 대상판결은 이 점을 다루지 않았다.

4. 대상판결에 대한 평가

가. 소멸시효의 준거법

대상판결이, 불법행위로 인한 손해배상청구권의 소멸시효에 관하여 불법행위 채권의 준거법인 한국법을 적용한 것은 타당하다. 다만 그 한국법이 현행 민법이라고 본 것은 위 시제법에서 지적한 것처럼 의문이다.

한편 임금채권이 시효로 소멸하였는지 여부에 대하여도 채권의 준거법인 일본법을 적용하는 것이 옳다.

나. 공서위반 여부

손해배상채권의 준거법은 한국법이므로 이에 관하여는 공서위반의 문제는 없다. 이 경우 한국법에 따른 소멸시효의 법리를 검토해야 함은 물론이다.

임금채권과 관련하여 대상판결이 소멸시효의 항변을 인정하는 것이 일본 민법상으로도 권리남용이 된다고 판시한 것은 의문이다. 우리 법원이 공서를 원용하지 않는 한 일본법의 해석에 관한 일본 최고재판소의 결론을 받아들이는 것이 원칙이기 때문이다.

다만 임금채권이 시효로 소멸하였는지 여부에 대하여 일본법을 적용한 결과가 공서위반이 되는가에 관하여는 더 검토할 필요가 있다.

소멸시효제도라는 것은 일정한 사실상태가 일정한 기간 계속된 경우에 진정한 권리관계와 일치하는지의 여부를 묻지 않고 그 사실상태를 존중하여 권리의 소멸(또는 권리의 소멸을 주장할 수 있는 권리의 발생)이라는 법률효과를 발생시키는 제도이므로[78] 이는 우리 법의 본질적인 법원칙에 속한다. 소멸시효기간의 장단 자체는 우리 법의 본질적인 법원칙에 속하지 않지만,[79] 어떤 권리가 소멸시효의

78) 지원림, 민법강의, 제9판(2011), [2-395]. 대법원 1992. 3. 31. 선고 91다32053 판결 등은 시효제도의 존재이유는 영속된 사실상태를 존중하고 권리 위에 잠자는 자를 보호하지 않는다는 데에 있고 특히 소멸시효에 있어서는 후자의 의미가 강하다고 판시하였다. 헌법재판소 2008. 11. 27. 2004헌바54 결정은 소멸시효제도는 권리자가 그의 권리를 행사할 수 있음에도 불구하고 일정한 기간 동안 그 권리를 행사하지 않는 상태, 즉 권리불행사의 상태가 계속된 경우에 법적 안정성을 위하여 그 자의 권리를 소멸시켜 버리는 제도라고 하고, 그의 존재이유를 첫째, 계속되어 온 사실상태를 진정한 권리관계로 인정함으로써 과거사실의 증명의 곤란으로부터 채무자를 구제하고 분쟁의 적절한 해결을 도모하기 위한 것이며, 둘째, 오랜 기간 동안 자기의 권리를 주장하지 아니한 자는 법률의 보호를 받을 만한 가치가 없으며 시효제도로 인한 희생도 감수할 수밖에 없지만, 반대로 장기간에 걸쳐 권리행사를 받지 아니한 채무자의 신뢰는 보호할 필요가 있다는 데서 구하였다.

79) 대법원 1995. 2. 14. 선고 93다53054 판결은, 중재판정의 준거법인 네덜란드령 안틸레스법

대상인가에 관한 원칙은 사안에 따라 우리 법의 본질적 법원칙에 속할 수 있다. 나아가 신의칙과 권리남용 금지의 원칙이 우리나라의 정의와 도덕에 관한 근본적인 원칙에 해당되는 점은 별 의문이 없다. 물론 신의칙 위반이 항상 준거법공서위반이 되는 것은 아니고 그 위반이 중대하여 우리가 受忍할 수 있는 범위를 넘은 경우에만 준거법공서위반이 된다. 이 사건에서 소멸시효의 기산점 나아가 피고의 소멸시효 항변의 인용 여부에 따라 결론이 좌우되는데, 실질법인 우리 민법상 일본판결의 결론과 다른 결론이 도출되고 그 차이가 중대하여 우리가 受忍할 수 있는 범위를 넘는 경우도 있을 수 있다. 대상판결이 이 점을 보다 명확히 설시하지 않은 점은 아쉽다.

대상판결이 공서, 특히 실체적 공서의 위반 여부를 판단하면서 헌법적 가치를 도입한 것은 커다란 의의가 있다. 물론 이 사건에서는 승인공서의 맥락에서 판단한 것이지만 동일한 법리가 준거법공서에도 타당하다. 헌법은 우리의 근본규범으로서 우리나라의 기본적인 도덕적 신념 또는 근본적인 가치관념과 정의관념을 반영하는 것이기 때문이다. 우리나라에서는 종래 소홀히 취급되었으나, 앞으로 승인공서는 물론 준거법공서를 판단함에 있어서 헌법적 가치에 관심을 기울일 필요가 있다.[80] 다만 우리 헌법의 원칙에 반하는 외국법의 적용이 당연히 국제사법상으로도 준거법공서위반이 되는 것은 아닐 것이므로 우리 법질서가 지키고자 하는 가치가 무엇인지를 성찰하여 그 경계를 획정하기 위한 노력을 해야 한다.[81]

나아가 이 사건은 일제강점기에 발생한 사건이고, 소멸시효의 기산점과 관련한 장애사유의 해석과 소멸시효에 기한 항변이 권리남용이 된다는 법리는 우

상 소멸시효기간이 우리 민법상의 그것보다 길기 때문에 공서에 반한다는 주장에 대해 "…(공서위반 여부는) 제한적으로 해석하여야 하며, 외국중재판정에 적용된 외국법이 우리 실정법상 강행법규에 위반된다고 하여 바로 승인거부사유가 되는 것은 아니고, 해당 중재판정을 인정할 경우 그 구체적 결과가 우리 공서에 반할 때에 한하여 승인을 거부할 수 있다"고 판시하면서 위 주장을 배척하였다.

80) 장준혁(註 24), 178면은, "대상판결은 실체준거법인 일본법의 내용을 확인함에 있어 일본헌법과 일본법의 일부로서의 강행적 국제법(ius cogens)의 적용을 검토한 흔적이 전혀 없는데 이는 준거외국법의 조사작업을 끝까지 완수한 것이라 하기 어렵다"는 취지로 비판한다. 이는 우리 헌법적 가치만이 아니라 일본 헌법적 가치도 고려하라는 것이나 일본 법원이 헌법 위반을 문제 삼지 않은 사건에서 우리 법원이 일본의 헌법적 가치를 고려하여 위헌이라고 판단하는 것은 실제로는 기대하기 어렵다.

81) 예컨대 신창선(註 30), 180면이 지적하듯이, 외국법이 혼인에 의하여 처가 남편의 성을 따르도록 규정함으로써 우리 헌법이 정한 양성평등의 원칙에 반하더라도 그것이 국제사법상 당연히 준거법공서위반이 되는 것은 아니다. 이와 달리 기본권침해는 원칙적으로 공서위반, 그것도 명백한 공서위반이 된다는 견해도 주장될 수 있다.

리나라에서도 비교적 근자에 원고등에게 유리하게 발전된 것이라는 점을 고려할 때, 사안의 현재관련성이 취약하다는 점에서 준거법공서위반을 인정하기는 어렵다는 견해도 있을 수 있다. 그러나 위에서 언급한 바와 같이, 우리 사법질서의 불가침적 핵심은 가변적이고, 외국법의 적용이 준거법공서위반이 되는지를 판단하는 기준시점은 판결 시이므로, 비록 원고등이 오래 전에 우리나라에서 제소하였더라면 법원이 일본법을 적용한 결과가 준거법공서위반이 되지 않는다고 판결하였을 것이라고 하더라도 근자에 소가 제기된 이상 그렇게 볼 수는 없다.

Ⅶ. 관련문제

여기에서는 저촉법상의 시제법 논의(위 Ⅱ.1.라.)에서 언급한 2개 논점을 다룬다.

1. 대상판결은 한일병합조약이 유효하다고 본 것인가

여기에서는 한일병합조약의 유효성을 국제법의 관점에서 검토하는 것이 아니라, 대상판결이 일제강점기에 조선총독부령이 의용한 일본 법례를 적용한 것이 한일병합조약이 유효하다고 본 것인가라는 논점에 한정하여 검토한다.

논자에 따라서는 대법원이 일제강점기 의용 법례를 언급한 것을 이유로 대법원은 한일병합조약이 유효하고 총독부령에 의한 일본 법례의 의용은 적법하다고 판단한 것으로 볼 지 모르겠으나 대법원은 한일병합조약이 무효라고 본 것이다.[82] 대상판결이 "일제강점기 일본의 한반도 지배는 규범적인 관점에서 불법적인 강점(强占)에 지나지 않고, 일본의 불법적인 지배로 인한 법률관계 중 한국의 헌법정신과 양립할 수 없는 것은 그 효력이 배제된다"고 판시함으로써 규범적 불법강점론을 취한 것으로부터 이를 알 수 있다.

---

82) 장완익, "일본통치기의 강제징용사건의 준거법 결정 토론문", 대한변호사협회 · 한국국제사법학회 · 세계국제법협회 한국지부 공동심포지움: 일제강제징용배상판결의 국제관계법상의 의의 자료집(2012. 11. 14.), 183면; 이동진(註 33), 254면 註 42도 동지. 장준혁, "일본통치기의 강제징용사건의 준거법 결정", 한국국제사법학회와 ILA 한국지부의 공동학술대회 발표자료(2012. 11. 14.), 6면은 전자를 택하였으나 학회지에 게재된 논문인 장준혁(註 24)에서는 이를 철회한 것으로 보인다.

또한 대법원이 의용 법례를 적용한 것은, 일제강점기에 사실상 우리나라에서 통용되었던 법이고, 더욱이 우리가 광복 후 스스로 법례를 적용한 사실을 고려한 때문이라고 본다. 바꾸어 말하자면, 일제강점기 한국인들 간의 혼인, 매매 등 계약과 그에 따른 물권변동 등의 효력을 모두 부정함으로써 일제강점기를 법적 공백상태로 만들 수는 없으므로, 개인들의 일상적인 삶에 관한 한 일제강점기에 통용되던 법에 사실상의 규범력을 인정하되, 한국의 헌법정신과 양립할 수 있을 것이라는 한계 하에 효력을 유지하도록 한 것이다. 이는 우리 국회가 제헌헌법 부칙 제100조에 의하여, 헌법에 저촉되지 아니하는 한 "현행법령"으로서 한국 법질서에 편입된 일본 법률을 적용하도록 하는 사고방식을 당시 존속중이던 법률관계에 대입한 것으로 보인다. 대법원이 이런 취지로 판시한 것은 처음으로 보이는데, 예컨대 일부 공법적인 법률관계의 효력은 헌법정신과 양립할 수 없는 것으로서 부정될 수 있을 것이나, 그의 정확한 의의와 그 외연은 더 검토해야 할 것이다.[83)]

2. 대상판결은 일제강점기 한국과 일본을 법이 분열된 단일국가로 본 것인가

일본판결은 원고등이 주장한 불법행위 당시의 원고등을 일본인으로, 한반도를 일본 영토의 구성부분으로 봄으로써, 외국적 요소를 고려한 국제사법적 관점에서 원고등의 청구에 적용될 준거법을 결정하는 과정을 거치지 않고 처음부터 일본법을 적용하였다. 즉 이는 일제강점기 한국과 일본을 단일국가로 본 것이다.

논자에 따라서는 대상판결이, 한국과 일본이 일제강점기 동안 단일국가를 구성하였고 국내적 법분열(Rechtsspaltung)[84)]이 있었다는 입장을 취한 것으로 이해할 여지도 있다.[85)] 그러나 이에 동의하기는 어렵다. 왜냐하면 대상판결이 규범적

83) 이동진(註 33), 487면은, "사법(私法) 관계는 국제사법상 현실주의적 접근을 위하여 실효적인 이상 일응 유효하고, 공법(公法) 관계, 특히 권력적 공법관계에 관한 입법은 무효라는 해결을 생각할 수 있으나, 사법관계와 공법관계를 구분하기가 용이하지 아니하고, 우리 법원이 우리 영토 위에서 우리 국민에 대하여 행해진 과거의 법률관계를 판단함에 있어 현실주의적 접근을 취하는 것이 적절한지 따져볼 필요가 있을 뿐 아니라, 무엇보다 일제강점기의 공법관계 중에도 대단히 많은 부분이 그 후 "현행법령"으로 우리 법질서에 수용되었다는 점을 설명하는 데 한계가 있음을 지적한다.

84) 이는 일본이 당시 지역적으로 법을 달리하는 국가, 즉 '불통일법국'이라는 것을 말한다.

85) 장준혁(註 24), 166면 참조.

불법강점론을 취하여 일본판결과 달리 준거규범을 판단하였기 때문이다. 즉 우리의 시각에서는 규범적으로 단일국가를 인정할 수 없는데, 그러면서도 대법원이 일제강점기의 의용 법례나 의용 민법을 적용하는 것은, 위(1.)에서 보았듯이 사실상의 통용에 근거한 것이며, 거기에는 그 법률관계가 한국의 헌법정신과 양립할 수 있어야 한다는 명백한 한계가 있다. 만일 일제강점기에 한국과 일본이 단일국가였다고 본다면, 가사 법분열을 인정하더라도 우리 헌법상의 한계를 도입하기는 어렵다.

이 사건에서 일본판결은 불법행위의 준거법이 일본법이라고 보았고, 저촉규범과 실질규범의 측면에서 당시 한국에서도 일본 법례와 일본 민법이 의용되었기 때문에 법분열의 존재를 인정하지 않았으며, 따라서 아래에서 언급하는 공통법도 적용하지 않았던 것으로 짐작된다.[86] 이처럼 저자는 일제강점기 한국과 일본이 단일국가였음을 부정하므로, 단일국가의 존재를 전제로 하는 법분열의 문제는 제기되지 않는다.

참고로 일본은 일제강점기에 소위 '지역', 즉 내지(일본), 조선, 대만 또는 관동주의 법, 즉 國內地方特別私法이 상이한 데서 발생하는 법의 저촉문제 등을 해결하기 위하여 1918년 '공통법'이라는 특별법을 제정하였다. 이는 준국제사법을 정하고(제2조), 당시 지역 간에 있어서 국제민사소송법에 준하는 규정(제9조)과 형사절차에 관한 규정(제13조, 제14조)도 두었다.[87] 공통법은 공식적으로 폐지된 것은 아니나 일본이 외지를 상실함에 따라 사실상 실효한 것으로 보인다. 일본은 1898년 법례를 제정하고, 1904년 헤이그국제사법회의에 가입함으로써 일본이 국제사법의 중요성을 인식하고 있었음을 세계에 과시하였는데, 공통법을 제정한 사실로부터 일본의 국제사법학이 당시 상당한 수준에 있었음을 엿볼 수 있다.[88]

86) 저자가 일본판결의 전문을 확인하지 못하였으나 일본판결이 공통법을 언급하지 않은 것으로 이해한다.

87) 조문의 국문번역은 국사편찬위원회 한국사데이터베이스 http://db.history.go.kr 참조.

88) 일본에서 공통법의 필요성은 1910년 한국을 병합함으로써 인식되었다고 한다. 實方正雄, 共通法(日本評論社, 1938), 12면. 저자에게 공통법 관련 자료를 찾아준 이종혁 서울대학교 법학전문대학원생에게 감사한다.

Ⅷ. 맺음말

대상판결은 불행한 시대를 살아온 원고등에게 법원이 뒤늦게나마 法的 伸寃을 가능케 한 기념비적인 판결이다.[89] 대상판결은 규범적 불법강점론을 취하면서 일본의 불법적인 지배로 인한 법률관계 중 한국의 헌법정신과 양립할 수 없는 것은 그 효력이 배제된다고 선언한 점에서 커다란 의미가 있다. 그 과정에서 한일병합조약의 효력이 무효임을 명확히 선언하고, 일본의 불법적인 지배로 인한 법률관계 중 한국의 헌법정신과 양립할 수 없는 것은 그 효력이 배제된다는 부분의 취지를 더욱 명확히 판시했더라면 하는 아쉬움이 있다.

준거법에 관한 한 대상판결의 큰 의의는, 승인공서의 맥락에서 헌법의 핵심적 가치를 동원함으로써 앞으로 준거법공서의 맥락에서도 동일한 접근방법을 취할 것을 시사하고, 구 미쓰비시와 피고가 동일한 법인인가를 판단하면서 준거법공서위반을 이유로 일본법의 적용을 배척한 데 있다. 시제법과 준거법 논점에 관한 대상판결의 판단을 정리하면 아래와 같다.

1. 시제법

대상판결은 이 사건에 적용되는 저촉규범은 법례이고 실질규범은 현행 민법이라고 판단하였는데, 전자는 타당하나 후자는 의문이다. 대상판결은 민법 부칙 제2조를 근거로 현행 민법을 적용하였으나, 불법행위가 성립하였는가는 이미 구법에 의하여 생긴 효력의 문제이므로 부칙 제2조 단서에 따라 일제강점기 법에 의하여 판단할 사항이다. 만일 원고등의 채권이 구 민법 하에서 이미 시효로 소멸하였다면 그에 대하여 현행 민법이 적용될 이유는 없다.

2. 불법행위로 인한 원고등의 손해배상채권의 준거법

대상판결은 피고의 불법행위로 인한 원고등의 손해배상채권의 준거법은 한국법이라고 판단하였는데 이는 타당하다. 대상판결은 승인공서위반을 판단함에 있어서 헌법적 가치를 고려하였는데 장래 법원이 준거법공서의 맥락에서도 동일

---

89) 이 점은 2012. 11. 14. 개최된 한국국제사법학회와 ILA 한국지부의 공동학술대회에서 지적한 바 있다.

한 접근방법을 취할 것으로 기대된다. 다만 대상판결은 “일본의 불법적인 지배로 인한 법률관계 중 한국의 헌법정신과 양립할 수 없는 것은 그 효력이 배제된다”고 판시하였는데 이 부분의 취지와 그 외연은 앞으로 더욱 분명히 할 필요가 있다. 대상판결이 불법행위의 준거법이 한국법이라고 보았으므로 준거법공서가 문제되지 않는 것처럼 보이나, 일제강점기 한국에서 통용되던 국민징용령의 적용을 배척하고 피고의 강제연행 등의 행위가 위법하다는 평가를 하는 근거로서 헌법적 가치 내지 준거법공서가 의미를 가진다.[90]

3. 원고등의 피고에 대한 임금채권의 준거법

대상판결은 원고등의 임금채권의 준거법은 일본법이라고 판단하였는데 이는 타당하다.

4. 피고와 구 미쓰비스의 법인격의 동일성의 준거법

대상판결은 법인격의 동일성의 준거법은 의용 법례와 구 섭외사법에 따라 일본법이 되어야 할 것이나 법례 제30조가 정한 공서에 의하여 그 적용을 배척하고 한국법을 적용하였는데 이는 다소 논란의 여지가 있다.[91] 준거법공서위반 여부의 판단기준에 관하여 보다 정교하게 설시할 필요가 있고,[92] 양자를 별개의 법인이라고 보면서도 준거법공서위반을 이유로 피고가 구 미쓰비시의 채무를 승계하였다는 식으로 일본법질서에 최소한의 간섭을 하는 방안을 고려할 필요도 있었다고 본다.

---

90) 아니면 일본국의 불법행위에 가담한 피고에 대한 손해배상청구에서 ‘점령국법 적용의 부당성’을 근거로 국민징용령의 적용을 배척할 여지도 있음은 위에서 지적하였다.

91) 이에 대하여는 우리 회사법에 따른 분석이 전제가 된다.

92) 장준혁(註 24), 202면은 공서조항을 원용하려면, 준거외국법을 사안에 적용하는 결과 법정지의 私法秩序의 어떤 핵심적 부분이 어떻게 침해되는지에 촛점을 맞추어 설시했어야 한다고 비판한다.

5. 원고등의 채권의 소멸시효의 완성(또는 제척기간의 경과) 여부와 항변의 준거법

대상판결은 이에 대해 불법행위채권과 임금채권의 준거법을 각각 적용하였는데 이는 타당하다. 다만 대상판결이, 별도의 근거를 설시하지 아니하고, 임금채권의 준거법에 관하여 피고의 소멸시효(또는 제척기간)의 항변을 인정하는 것이 일본 민법상으로도 권리남용이라고 판시한 것은 의문이다. 대상판결로서는 소멸시효(또는 제척기간)의 항변에 대하여 일본법을 적용하는 것이 준거법공서위반이라는 식으로 설시했어야 한다.

마지막으로, 대상판결처럼 법적으로나 역사적으로 커다란 의의와 영향력을 가지는 사건은 대법원 전원합의체에서 다루는 것이 적절하지 않았을까라는 생각이 든다. 전원합의체에서 만장일치로 대상판결과 동일한 결론을 내리기는 어려웠을지도 모르지만.

후 기

참고로 호문혁, “외국판결의 공서위반 판단의 대상에 관한 연구—강제징용 사건 관련 대법원 판결에 대한 검토를 중심으로”, 법학평론 제6권(2016. 4), 78면과 79면은 승인공서와 준거법공서를 구분하면서 “민사소송법 제217조 상의 공서 규율은 외국판결을 승인한 ‘결과’가 공서에 위반되는 경우에 승인을 거부할 수 있다는 것이고, 국제사법 제10조의 공서양속 규율은 외국의 준거법의 ‘내용 자체’가 우리나라 공서에 반하는 내용일 때에 그 법률을 적용하지 않는다는 것이다.”고 쓰고 있으나 이는 잘못이다. 본문에 적은 바와 같이 국제사법 제10조의 준거법공서는 외국법의 내용 자체가 아니라 당해 외국법을 적용한 결과가 우리 공서에 반하는지를 문제 삼는 것이기 때문이다. 이는 국제사법 교과서만 확인해도 쉽게 확인할 수 있는 사항이다.

대법원이 원심판결을 파기환송한 뒤 미쓰비시 사건에서 부산고등법원 2013. 7. 30. 선고 2012나4497 판결은 각 피징용자 1인당 8천만원으로 정하고 이를 기준으로 위자료와 그에 대한 이자의 지급을 명하였고, 신일본제철 사건에서 서울고등법원 2013. 7. 10. 선고 2012나44947 판결은 피고는 원고들에게 각 1억원의 위자료와 그에 대한 이자를 지급할 것을 명하였다. 이에 대해 피고가 상고하여 대법원에 계속 중이나 2018년 7월말 현재까지 판결이 선고되지 않고 있다. 저자는 위에서 이 사건의 중요성에 비추어 전원합의체에서 다루는 것이 적절하였을 것이라는 의견을 피력한 바 있는데, 2018년 7월 말 보도에 따르면 대법원은 '재판거래 의혹'을 받고 있는 일제 강제동원 피해자 4명이 낸 신일본제철 상대 손배청구 사건에 대해 5년간 판결을 미루다 전원합의체에 회부하였다고 한다.

이 원고의 교정을 보던 중 신일본제철(정확히는 신일철주금) 사건의 재상고심에서 대법원 2018. 10. 30. 선고 2013다61381 전원합의체 판결은 피고의 상고를 기각하고 위 판결을 확정하였다. 위 전원합의체 판결은 우선 당해 사건 분쟁을 한국 내에서 종결하는 의미가 있고, 나아가 청구권협정에 관하여 추가적인 판단을 하는 점에서 의미가 있으나 이 글에서 다룬 준거법의 논점에 관한 한 별다른 의미는 없다. 미쓰비시 사건에서도 동일한 취지의 판결이 선고되었다(대법원 2018. 11. 29. 선고 2013다67587 판결).

제 8 장

남북한 법률관계

[13] 남북한 주민 간 법률관계의 올바른 규율: 광의의 준국제사법규칙과 실질법의 특례를 중심으로

[13] 남북한 주민 간 법률관계의 올바른 규율: 광의의 준국제사법규칙과 실질법의 특례를 중심으로

前 記

이 글은 저자가 국제사법연구 제21권 제2호(2015. 12.), 335면 이하에 게재한 글을 다소 수정·보완한 것이다. 특히 아래 Ⅱ.3.은 새로 추가한 것이다. 참고할 사항은 말미의 후기에 적었다. 참고로 이 글의 영문번역(전문번역업체가 한 것)은 Regulating Legal Relationships between South and North Koreans: Focus on Private Inter-regional Law Rules and Special Substantive Law Rules, in Distinguished Papers on Korean Law, Vol. 1 (2017) pp. 229-335에 수록된 바 있다.

Ⅰ. 머리말

1. 논의의 배경

근자에 남북한 주민 또는 기업(이하 편의상 "남북한 주민"이라고 한다) 간의 교류가 활발해짐에 따라 다양한 법률관계(이하 편의상 "남북한 법률관계"라고 한다)가 형성되고, 그 과정에서 광의의 국제사법에서 다루는 논점들, 즉 국제재판관할, 준거법과 외국판결의 승인 및 집행의 문제와 국제민사사법공조와 유사한 법적 문제들이 발생하는데, 이를 광의의 준국제사법 문제라고 부를 수 있다. 이하 '남한'과 '북한'이라는 용어를 편의상 사용한다.

만일 북한을 남한의 일부로 본다면 남북한 법률관계를 남한의 국내적 법률관계로 취급하면 되고, 반대로 북한을 외국으로 본다면 남북한 법률관계를 통상의 국제적 법률관계로 취급하면 될 텐데, 양자 모두 만족스럽지 않으므로 올바른 해결방안은 무엇인가라는 의문이 제기된다. 왜냐하면 아래에서 보듯이 남북관계는 나라와 나라 사이의 관계가 아닌 통일을 지향하는 과정에서 잠정적으로 형성되는 '한민족 공동체 내부의 특수관계'라고 인식되기 때문이다. 올바른 해결방안을 탐구하는 과정에서 국제사법 내지 국제사법적 접근방법이 유용하므로 남북한 법률관계를 제대로 해결하자면 국제사법을 이해할 필요가 있다.

여기에서는 남한이 법정지가 되는 경우를 중심으로 광의의 준국제사법적 논점을 논의하고, 관련되는 곳에서 북한의 광의의 국제사법을 간단히 소개한다. 북한이 대외적 개방을 허용하는 문명국가의 수준을 갖춘 실체라면 남한에서만이 아니라 북한에서 제소되는 경우도 다루어야 마땅하나 현실은 그렇지 않기 때문이다. 상호 독립한 법질서를 가진 남한과 북한간의 교류의 법적 측면은 공법, 사법과 형법 기타 법질서의 모든 측면에 미치나, 여기에서는 주로 남북한 주민 간의 사법적(私法的) 법률관계를 중심으로 논의한다. 다만 이를 제대로 하기 위해서는 북한의 사법도 잘 알아야 하나 저자의 지식이 부족하므로 여기의 논의는 다소 일반적일 수밖에 없다.

여기에서 다루는 주제에 관하여 남북한 간에 저촉법(또는 국제사법) 또는 실질법[1]에 관한 협정을 체결하여 해결방안을 마련할 수 있다면 이는 환영할 만한 일이다. 실제로 대만은 양안 주민의 민사관계를 국제사법관계에 준하는 관계로 보아 1992년 국제사법과 유사한 특별법인 "대만지구와 대륙지구 인민관계조례"를 제정하였고, 중국은 필요에 따라 최고인민법원의 해석이나 행정법규 등으로 해결하고 있는데[2] 우리는 양자협정과 국내규범이 없으므로 해석론으로서 해결해야 한다. 이하의 논의는 이를 전제로 한다.

2. 이 글의 목적

실향민이신 선친을 둔 저자는 국제사법을 연구하면서도 그 동안 남북한 관계의 법률문제에 관하여는 글을 쓰지 않았다. 이는 그에 관한 연구자들이 계시고, 남북한 관계에서 법적 접근이 가지는 의미를 납득할 수 없었기 때문이다. 그

1) 실질법이라 함은 저촉법(또는 국제사법)에 대비되는 개념으로, 우리 민·상법과 같이 저촉법(또는 국제사법)에 의하여 준거법으로 지정되어 특정 법률관계 또는 쟁점을 직접 규율하는 규범을 말한다.

2) 이은정, "중국과 대만의 교류협력의 실태 및 법적 분쟁의 해결", 남북교류와 관련한 법적 문제점(2)(2003), 125면; 유하영, "남북한간 혼인관계 법률충돌 문제의 해결에 관한 연구—중국·대만의 실무와 관행을 중심으로—", 법조 제54권 제4호(통권 제583호)(2005. 4.), 103면 이하; 정상규, "탈북자 이혼사건에 관한 연구", 사법논집 제38집(2004), 584면 참조. 저촉법이라는 용어를 사용하는 우리와 달리 충돌법이라는 용어를 사용하는 중국에서는 이를 '區際衝突法'이라고 부르기도 한다. 이에 관한 독일문헌으로는 Susanne Deißner, Interregionales Privatrecht in China: zugleich ein Beitrag zum chinesischen IPR (2012)가 있다.

러나 저자가 2009년 "남북 주민 사이의 가족관계와 상속 등에 관한 특례법"(이하 "남북가족특례법"이라 한다)을 성안하는 작업에 참여하였고,[3] 2014년 10월 연변대학에서 개최된 두만강포럼에 참석하여 북한 교수들을 만난 적이 있으며, 이효원 교수께서 진행하시는 통일법 강좌에서 2015년 1학기에 한 꼭지 강의를 담당하면서 그리고 법적 해결을 필요로 하는 사안들이 꾸준히 증가하는 현실을 목도함에 따라 체계적으로 접근할 필요성을 느꼈기에 생각을 바꾸게 되었다. 이 글은 세 가지 목적을 가진다. 첫째, 기존의 연구성과를 기초로 저자가 지지하는 관점, 즉 '준국제사법적 접근방법'에 입각하여 구체적인 광의의 준국제사법규칙을 제시한다. 둘째, 준국제사법적 해결은 남한법 또는 북한법을 선택하는 것이므로 이를 보완하기 위하여 실질법의 특례를 도입해야 함을 보여주고자 한다. 셋째, 아래에서 보는 남북가족특례법(제4조)은 재판관할에 관한 규정을 두고 있으나 동법의 초안에는 광의의 준국제사법적 논점을 해결하기 위한 다른 조문들이 포함되어 있었음을 소개한다.[4] 여기에서는 첫째와 셋째의 논점을 상세히 다루고 둘째의 논점은 간단히 언급한다. 여기의 논의는 주로 민사 및 상사에 관련된 영역의 논의로서 제한적으로 공법영역에 영향을 미치지만 순수한 공법과 형사에 관한 영역은 제외한다.

Ⅱ. 국제사법과 준국제사법

1. 국제사법의 개념과 주제

현재 세계에는 독자적인 법질서를 가진 복수 국가가 병존하므로 외국적 요소가 있는 사안을 해결하기 위하여는 순수한 국내사건에서와 다른 해결방법이 필요한데, 이런 과제를 담당하는 것이 광의의 국제사법이다. 전통적으로 영미에서는 ① 국제재판관할, ② 준거법의 결정과 ③ 외국판결의 승인·집행이라는 3

3) 남북가족특례법은 2012. 2. 10. 법률 제11299호로 제정되었고 2012. 5. 11. 발효되었다. 2009. 11. 25. 구성된 위원회, 즉 이산가족 신분재산 특례법 제정 특별분과위원회에 위원으로 참여한 저자는 주로 준국제사법 조문을 작성하기 위해 노력하였다.

4) 저자는 삭제된 남북가족특례법 초안의 조문은 윤진수 편집대표, 주해친족법 제2권(2015), 1665면 註 6에 수록하였으나 그 내용을 설명한 적은 없다. 이 글은 그의 기록으로서도 의미가 있다.

대 주제를 광의의 국제사법의 과제로 본다. 협의의 국제사법은 그 중에서 ② 준거법 결정의 문제를 말한다. 이는 "외국적 요소가 있는 사법적(私法的) 법률관계에 대해 어느 국가의 법질서를 적용할지를 결정하는 법규의 총체"를 의미하므로 그 조문은 다양한 연결대상에 대하여 연결점(또는 연결소)을 매개로 준거법을 지정하는 구조를 취한다. 예컨대 국제사법(제49조 제1항)은 "상속은 사망 당시 피상속인의 본국법에 의한다"고 규정함으로써 상속이라는 법률관계 또는 연결대상에 대해 국적을 연결점으로 준거법을 지정하는 것이다. 그 밖에도 ④ 국가 간의 민사사법공조의 문제가 있는데, 이는 협의로는 송달과 증거조사에 관한 국제적 사법협력을 말한다. 대륙법계에서는 서류 송달과 증거조사는 국가주권의 행사이므로 어느 국가의 법원이 다른 국가에서 직접 이런 행위를 하는 것은 주권침해로서 허용되지 않고 따라서 이를 위해서는 다른 국가 사법기관의 협력이 필요하다. 현재 우리나라는 ①과 ②는 국제사법에 의하여, ③은 민사소송법과 민사집행법에 의하여, ④는 국제민사사법공조법에 의하여 각각 규율하며, 민사사법공조를 촉진하고자 다자조약인 헤이그송달협약과 헤이그증거협약에 가입하였다. 주의할 것은 국제적으로 근자에는 공조의 중요성이 커지고 있다는 점이다. 특히 아동보호와 관련된 영역에서 사법기관 또는 행정기관 간의 공조가 중요시되면서 양자를 포괄하여 '법적 공조(legal cooperation)'라는 표현을 사용하기도 한다.

2. 준국제사법

협의의 준국제사법은 어느 한 국가 안에서 영역에 따라 법이 다른 경우 어떤 지역의 법을 적용할지를 정하는 규범을 말한다.[5] 예컨대 연방국가인 미국의 경우 상이한 주적을 가지는 미국인 간의 법률문제가 제기되면 어느 주법을 적용할 것인가라는 문제가 제기되는데 이를 해결하는 법체계를 국제사법과 대비하여 '주제사법' 또는 '준국제사법'이라고 부른다. 독일에서는 후자를 'interlokales Privatrecht'라고 하는데 국제사법학계에서는 종래 이를 '준국제사법'이라고 번역한다.[6] 협의의 국제사법과 협의의 준국제사법은 私法의 공간적 상이성을 규율하

---

5) 이호정, 국제사법(1983), 31면. 신창선 · 윤남순, 신국제사법(2014), 28면; 김연 · 박정기 · 김인유, 국제사법 제3판(2012), 26면; 신창섭, 국제사법 제2판(2012), 14면; 한복룡, 국제사법, 수정판(2013), 26면. 여기에서는 국제사법학에서 확립된 용어를 사용한다.

6) 윤상도, "남북한 주민 사이의 불법행위로 인한 손해배상사건의 법적 문제", 통일사법정책연구 제1권(2006), 140면은 이를 '지역간사법적용법 이론'이라고 한다. 홍창우, "남북한 주민의

는 점에서 동일하나, 국제사법이 당사자이익을 위하여 국적을 연결점으로 삼는 것과 달리 준국제사법의 개념상 이 원칙을 준국제사법에 유추적용할 수는 없다는 차이가 있다.[7)]

광의의 준국제사법에는 광의의 국제사법에 상응하여 준거법 결정만이 아니라 재판관할, 판결의 승인 및 집행의 문제가 있고, 인접한 문제로서 주간의 민사사법공조의 문제가 포함된다.

3. 북한에서 북한주민 간에 형성된 법상태 내지 법률관계의 효력(법률효과)의 인정

외국에서 형성된 법상태 내지 법률관계는 많은 경우 우리나라에서도 효력을 가진다. 이는 전통적으로 광의의 국제사법을 통하여 이루어지는데 구체적으로는 두 가지 경로가 있다. 첫째는 지정규범인 협의의 국제사법을 통하는 것이고(준거법의 경로), 둘째는 개별 고권적 행위의 절차적 승인인데 대표적인 예는 외국재판의 승인이다(승인의 경로).[8)] 이러한 법리는 북한주민 간의 법률관계에도 남한과

친족관계 사례에 관한 비교법적 고찰—동·서독 사례를 중심으로—", 판례실무연구[XI](하)(2014), 343면도 같다. 신영호, "북한 주민에 대한 한국민사법의 적용", 저스티스 제121호(2010), 295면(지역간 법적용법)과 이주현, "남북한 특수관계의 의미", 남북교류와 관련한 법적 문제[1], 법원행정처(2002), 61-62면도 유사하다. 김영기, "남한 내 북한주민 관련 가족법적 실무상 쟁점", 사법 제31호(2015. 3.), 162면은 '지역간 사법'이라고 한다. 정상규, "탈북자 이혼사건의 실무상 쟁점 및 입법안에 관한 검토", 실무연구 제X집(2005. 7.), 48면은 '지방간 법적용법(또는 지역간사법적용법)'이라고 한다. 위 윤상도, 140면은 'interlokales Privatrecht'가 재판관할도 함께 다루는 것으로 설명하나 독일에서 이는 준거법결정원칙을 말하는 것으로 보인다. 준국제민사절차법은 'interlokales Verfahrensrecht'라고 부르기도 한다. Gerhard Kegel/Klaus Schurig, Internationales Privatrecht, 9. Auflage (2004), S. 1086.

7) 다만 한 국가의 이법지역이 자신의 국적을 가진다면 그를 따를 수도 있다. 이호정(註 5), 32면. 그렇다면 '남한적'과 '북한적'을 국적에 갈음하는 연결점으로 사용할 여지도 있다.

8) Hans Jürgen Sonnenberger, "Anerekennung statt Verweisung? Eine neue international-privtrechtlichche Methode?", in FS Spellenberg (2010), S. 390-391. 양자를 묶어서 Basedow는 국제사법의 과제를, "외국적 요소가 있는 법률관계에서 다기한 사법의 병존으로부터 발생하는 사적(私的) 행위주체가 가지는 권리를 다르게 판단하는 것으로부터 보호하는 것"이라고 설명한다. Jürgen Basedow, "Das Prinzip der gegenseitigen Anerkennung im internationalen Wirtschaftsverkehr", in FS Martiny (2014), S. 246ff. 과거 영미에는 외국에서 형성된 법상태를 준거법의 통제 없이 공서에 반하지 않는 한 존중하는 기득권이론이 풍미하던 시절이 있었으나 이는 대륙에서는 일찍부터 배척되었고 그 후 영미에서도 배척되었다. 다만 문제된 법률관계가 반드시 우리 국제사법이 지정하는 준거법에 따라야 하는 것은 아니고 비록 다른 준거법에 의하였더라도 우리 국제사법이 지정하는 준거법이 정한 요건에 부합하면 된다. 상세는 Michael Grünberger, "Alles obsolet?-Anerkennungsprinzip vs. klassisches IPR", Stefan Leible and Hannes Unberath (Hrsg.), Brauchen wir eine Rom 0-Verordnung? (2013), S. 81ff.; 영어

접점을 가지게 되는 경우에는 유추적용된다. 따라서 예컨대 북한주민 간의 혼인에서처럼 북한법에 의하여 형성된 북한주민 간의 법률관계는 남한에서도 효력을 가지고(준거법의 경로), 북한주민 간의 이혼재판에서처럼 북한주민 간에 북한법원의 재판에 의하여 형성된 법률관계는 남한에서도 효력을 가지게 된다(승인의 경로).

북한주민 간의 사법적(私法的) 법률관계는 어느 기준에 따르든 대체로 북한법에 따를 것이므로 준거법의 경로는 별로 문제될 것이 없는 반면에, 북한법원의 재판이 효력을 가지려면 민사소송법 제217조에 상응하는 승인요건을 구비해야 한다. 유념할 것은, 위 두 가지 경로 모두에 공서에 의한 제한이 있다는 점이다. 나아가 북한에서 형성된 법률관계 중 남한의 헌법정신과 양립할 수 없는 것은 그 효력이 배제되므로 북한법을 적용한 결과(첫째 경로의 경우) 또는 북한 재판을 승인한 결과가(둘째 경로의 경우) 남한 헌법의 핵심적 가치와 정면으로 충돌하는 경우에는 북한에서 형성된 법률관계는 공서에 반하는 것으로서 남한에서 효력을 가질 수 없다. 이런 법리는 징용사건에서 대법원판결이 설시[9])로부터 미루어 짐작할 수 있다.

Ⅲ. 북한의 법적 지위와 남북한 주민 간의 법률관계를 바라보는 관점

남북한 법률관계를 바라보는 관점은 여러 가지가 있을 수 있는데 이는 북한의 법적 지위를 어떻게 파악할 것인가라는 문제와 결부된다.

문헌은 우선 Matthias Lehmann, "Recognition as a Substitute for Conflict of Laws", Stefan Leible (ed.), General Principles of European Private International Law (2016), p. 11 이하 참조. [밑줄 부분은 이 책에서 새로 추가한 것이다.]

9) 즉 대법원 2012. 5. 24. 선고 2009다22549 판결(미쓰비시 사건 판결)과 대법원 2012. 5. 24. 선고 2009다68620 판결(신일본제철 사건 판결)은 "일본판결 이유에는 일본의 한반도와 한국인에 대한 식민지배가 합법적이라는 규범적 인식을 전제로 국가총동원법과 징용령을 한반도와 원고등에게 적용하는 것이 유효하다는 평가가 포함되어 있는데, 한국 헌법 규정에 비추어 볼 때 일본의 한반도 지배는 규범적 관점에서 불법적인 강점(强占)에 지나지 않고, 일본의 불법적 지배로 인한 법률관계 중 한국의 헌법정신과 양립할 수 없는 것은 그 효력이 배제되므로, 일본판결 이유는 일제강점기의 강제동원 자체를 불법이라고 보는 한국 헌법의 핵심적 가치와 정면으로 충돌하는 것이어서 이런 판결 이유가 담긴 일본판결을 그대로 승인하는 결과는 그 자체로 한국의 공서에 어긋나므로 한국에서 일본판결을 승인할 수 없다"고 판시하였다.

1. 북한의 법적 지위

북한의 법적 지위에 관하여는 종래 이를 부정하는 견해, 북한은 독립한 별개의 국가라는 견해와 북한이 국제법·국내법적으로 이중적 지위를 가지고 있다는 견해 등이 있는데, 이중지위설은 남북기본합의서[10]의 발효와 남북한이 국제연합(UN)에 동시 가입함으로써 국제적 차원에서는 남북한이 각각 주권국가로서 행세하는 것을 상호 묵인하게 되었으나 민족 내부적으로는 별개 독립 국가가 아니라는 점에서 그 근거를 찾는다.[11]

위의 논의는 주로 헌법학과 국제법학의 논의이다. 주의할 것은, 북한의 법적 지위를 부정하더라도 (준)국제사법상 북한법의 적용을 완벽하게 배제해야 한다는 결론이 당연하게 도출되는 것은 아니라는 점이다. 왜냐하면 국제사법이론상 국제사법이 지정하는 법규는 반드시 국가의 입법을 거친 사법법규만[12]을 의미하는 것이 아니고, 어떤 사법법규가 어떤 국가의 영역 안에서 사실상 일반적으로 적용되고 있으면 충분한 것으로 인식되고 있기 때문이다.[13] 나아가 어떤 국가,

10) 이는 남북한 간에 1992. 2. 19. 발효된 “남북 사이의 화해와 불가침 및 교류협력에 관한 합의”를 말한다. 헌법재판소와 대법원은, 남북관계는 나라와 나라 사이의 관계가 아닌 통일을 지향하는 과정에서 잠정적으로 형성되는 한민족 공동체 내부의 특수관계임을 전제로 남북합의서는 그런 특수관계를 바탕으로 한 당국간 합의로서 남북당국이 성의 있는 이행을 상호 약속하는 일종의 공동성명 또는 신사협정에 준하는 성격을 가지는 데 불과하여 법률이 아님은 물론 국내법과 동일한 효력이 있는 조약이나 이에 준하는 것으로 볼 수 없다고 하여 법적 구속력을 인정하지 않는다. 헌법재판소 2000. 7. 20. 98헌바63 결정; 대법원 1999. 7. 23. 선고 98두14525 판결 등. 이효원, 통일법의 이해(2014), 100-101면, 127면 이하 참조. 남북가족특례법 제2조도 “이 법을 해석·적용할 때에는 남한과 북한의 관계가 국가 사이의 관계가 아닌 평화적 통일을 지향하는 과정에서 잠정적으로 형성되는 특수관계임을 고려하여야 한다”고 규정한다.

11) 상세는 윤상도(註 6), 129면 이하 참조. 윤상도(註 6), 131면 이하는 이는 다시 남북한이 동등한 관계에 있다는 견해와 남한 정부만의 정통성을 인정하는 견해로 나뉜다고 하고, 전자를 ‘분단체설’, 후자를 ‘사실상 정부설’이라 부르고, 나아가 대법원과 헌법재판소는 과거 부정설을 취하였으나 현재는 사실상 정부설을 취하는 것으로 보인다고 평가한다.

12) 과거에는 이처럼 국제사법에 의하여 지정된 국가의 사법만의 적용을 문제삼았으나 근자에는 우리 국제사법 제6조에서 보는 바와 같이 공법이라는 이유만으로 적용이 배제되는 것은 아니다. 따라서 현재로서는 이런 설명이 완전히 정확한 것은 아니다.

13) 이호정(註 5), 5면. 김용담(편집대표), 주석 민법 총칙[1](2010), 84면(윤진수 집필부분)은 “국제법 또는 공법상으로는 승인되지 않은 국가의 법률이라 하더라도 私法關係에서는 적용될 수 있다. 실제로 국가와 같이 행동하는 집단이 국제법이나 공법상으로는 국가로 인정받지 못한다고 하더라도, 그 집단이 지배하는 지역 내의 주민은 사법상의 생활관계를 그 집단의 법규범에 따라서 영위할 것이기 때문에, 이를 무시한다는 것은 실제에 부합하지 않기 때문”이라고 지적한다. 정인섭, 신 국제법강의(2014), 189면; 김대순, 국제법론 제17판(2013), 443면도 동지. 다만 위 김대순, 435면은 영국 법원의 태도는 다르다고 소개한다.

정부, 영토취득이 국제법적으로 승인되지 않았다는 사실은, 어떤 사법이 그 지배영역에서 사실적으로 그리고 일반적으로 적용되고 있는 경우에는, 그러한 승인되지 않은 당국의 사법의 적용에 대해서는 중요한 의미를 가지지 않으며 이런 의미에서 어느 국가의 법을 적용할 것인가라는 국제사법의 문제제기는 정치적으로는 원칙적으로 무색(無色)하다.[14] 따라서 북한의 법적 지위에 관한 상세한 논의는 생략한다.

2. 남북한 주민 간의 법률관계를 바라보는 관점[15]

가. 다양한 관점의 소개

남북한 법률관계에서 제기되는 준거법 결정의 문제를 처리하는 접근방법에는 몇 가지가 있다. 이런 논의는 재판관할의 결정 기타 준국제사법적 논점에서도 의미를 가진다.

첫째, 단순히 남한법을 적용하는 접근방법. 헌법 제3조(영토조항)의 논리에 충실하게 북한이 한국의 일부라고 본다면 그 경우 한국법을 적용하여 처리하면 될 것이나 이를 관철할 수는 없다. 만일 이를 관철하면 예컨대 북한에서 북한주민들 간에 이루어진 혼인은 우리 민법이 정한 혼인신고가 없으므로 모두 무효가 되고 그들 간의 관계는 사실혼에 불과하게 될 것이나 그러한 결론을 수긍할 수 없음은 큰 의문이 없다. 하지만 이런 법리에 따라 북한주민에게 우리 법을 적용하여 저작권을 인정한 대법원 1990. 9. 28. 선고 89누6396 판결 등이 있는데 이는 아래에서 논의한다.

둘째, 국제사법적 접근방법. 국제적으로 남북한이 별개의 국가로 취급되는 점을 중시하면 그 경우 전적으로 국제사법에 따라 처리해야 할 것이다. 헌법 제4조 우위설을 취한다면 북한을 사실상 국가성을 가진 실체로 인정하게 되고 이 경우 마치 북한을 외국처럼 취급하게 되므로 남북한 주민 간의 법률관계에 대하여는 국제사법이 전면적으로 적용될 수 있다.[16] 이는 헌법 제3조의 취지에 반하는 면이 있고 정서적으로도 거부감이 있다. 또한 위에서 본 것처럼 헌법재판소와 대법원은 남북관계는 나라와 나라 사이의 관계가 아닌 통일을 지향하는 과정

---

14) 이호정(註 5), 5면.

15) 이는 석광현, 국제사법 해설(2013), 117면 이하에 쓴 것이다.

16) 이효원, 남북교류협력의 규범체계(2006), 207면 이하 참조.

에서 잠정적으로 형성되는 한민족 공동체 내부의 특수관계라고 보므로 국제사법의 전면적용은 부적절하다. 따라서 헌법 제4조로부터 국제사법 전면적용설을 도출하는 데는 동의하기 어렵다.

셋째, 준국제사법적 접근방법. 준국제사법적 또는 그에 준하는 접근방법을 취하는 것인데,[17] 남북한 관계를 예컨대 미국 각주 간의 관계와 동일시할 수는 없어 이를 준국제사법이라고 부르기는 부적절할 수 있으므로 준국제사법에 준하는 접근방법이라고 부르는 것이다. [밑줄 부분은 이 책에서 새로 추가한 것이다.] 이는 일단 국제사법을 유추적용하는 형태로 나타나나 그 내용은 더 구체화할 필요가 있다. 이 견해의 근거는 국제사법 제3조 제3항으로부터 도출할 여지도 있다. 북한인이 한국 국적을 가진다고 보는 때에는 결국 제3조 제3항이 적용된다는 것이다. 상세는 아래(나.)에서 논의한다.

넷째, 남북한 특수관계론의 접근방법. 남북한 간의 관계를 특수한 관계로 보아 남북한특수관계론[18]을 전개하는 견해가 있다. 이는 북한의 법적 실체를 일부 인정하고 사안에 따라 북한법의 적용 가능성을 긍정하나 구체적인 내용은 논자에 따라 상이하다.[19] 이런 견해를 따를 경우 그 내용은 더욱 구체화할 필요가 있다. 남한과 북한의 관계는 국가 간의 관계가 아닌 통일을 지향하는 과정에서 잠정적으로 형성되는 특수관계라고 하고, 남한과 북한 간의 거래는 국가 간의 거래가 아닌 민족내부의 거래로 본다고 규정하는 남북관계 발전에 관한 법률(제3조)은 이런 태도를 따른 것이라고 볼 수 있다.

---

17) 이호정(註 5), 33면; 오수근, "동·서독일간의 준국제사법적 문제의 해결방법에 관한 연구", 배경숙교수 화갑기념논문집(1991), 851면; 임성권, "남북한 사이의 국제사법적 문제", 국제사법연구 제4호(1999), 190면(이는 임성권, 남북한 사이의 사법적 법률관계(2007), 3면 이하에도 수록되었는데 이하 전자를 인용한다). 나아가 사실상 정부설에 의하면 북한을 외국으로 볼 수는 없으므로 국제사법을 직접 적용할 수는 없으나, 북한 법질서의 존재를 사실상 인정하는 바탕에서 국제사법의 규정을 유추적용하여 준거법을 결정할 수 있다고 하는 윤상도(註 6), 147면도 이런 취지로 보인다. 남북한 간의 거래는 국내거래도 아니고 국제거래도 아닌 양자의 중간영역쯤에 있다는 견해도 있다. 문준조, 남북경제교류의 민족내부거래성과 대우문제(한국법제연구원, 2002. 12.), 18면. 특히 이호정 교수님께서는 남북한 간의 공법상황을 국법적으로 어떻게 파악하는가에 따라 남북한 간의 사법의 적용에 관한 저촉법이 국제사법인지 아니면 준국제사법인지가 결정될 것이나, 남북한의 사법 중 어느 법을 적용할 것인가의 문제는 준국제사법에 가까운 것이라고 지적하면서 미리 준국제사법과 북한법제에 대한 학문적 연구를 하여 대비할 필요성을 적절히 지적하신 바 있다.

18) 이효원(註 16), 13-164면 참조.

19) 학설의 분류는 김영기, "북한 저작물 보호를 위한 준거법 결정을 둘러싼 우리나라 판례의 비판적 고찰—북한의 베른협약 가입에 따른 논의를 포함하여", 법조 통권 제667호(2012. 4.), 258면 참조. [밑줄 부분은 이 책에서 새로 추가한 것이다.]

나. 저자의 관점

⑴ 준국제사법적 관점

앞으로 남북한 주민 및 기업과의 법률관계를 다루는 데 있어서 국제사법적 관점이 유용함은 분명하다. 이는 반드시 위에서 본 둘째의 방안, 즉 국제사법으로 해결하여야 한다는 것이 아니다. 셋째의 방안, 즉 준국제사법적 접근방법을 취할 경우 그 출발점이 된다는 점에서 물론이고, 가사 다른 접근방법을 취하더라도 국제사법적 시각은 균형 잡힌 관점을 제공함으로써 문제를 올바로 파악하는 데 크게 도움을 줄 수 있다.[20] 저자는 기본적으로 셋째 관점을 지지하며 이것이 유력한 견해라고 생각된다.[21] 북한은 외국이 아님은 물론이지만, 적어도 사법적 법률관계에 관하여는 남한과는 별개의 법질서가 통용되는 법역이므로 이를 남한의 일부로 볼 수는 없다.[22] 박지원씨 불법송금사건 판결인 대법원 2004. 11. 12. 선고 2004도4044 판결이 "… 북한 지역은 당연히 대한민국의 영토가 되는 이상 북한을 외국환관리법 소정의 '외국'으로, 북한의 법인격체를 '비거주자'로 바로 인정하기는 어렵지만, 개별 법률의 적용 내지 준용에 있어서는 남북한의 특수관계적 성격을 고려하여 북한 지역을 외국에 준하는 지역으로, 북한주민 등을 외국인에 준하는 지위에 있는 자로 규정할 수 있고, 그러한 규정 내용이 우리 헌법의 영토 조항이나 평화통일 조항 등에 위배되지 않는다"고 판시한 원심의 판단을 수긍하였는데, 이런 판결도 준국제사법적 접근방법을 지지하는 것이다. 또한 헌법재판소 2005. 6. 30. 2003헌바114 결정도 동일한 취지라고 본다. 일련의 하급심판결도 이런 태도를 취한다. 예컨대 서울가정법원 2010. 12. 1. 선고 2009드단14534 판결도 "북한을 독립한 외국으로 볼 수는 없고 다만 외국에 준하는 지역으로 볼 수 있으므로 이 사건과 같은 남북한 사이의 섭외적 법률관계는

---

20) 물론 그 과정에서 북한주민의 국적에 관한 논점도 검토할 필요가 있다. '준국제사법적'이라고 하는 이유는 남북한관계는 미국의 주간에서 보는 바와 같은 전형적인 준국제사법영역에 속하지는 않기 때문이다. 따라서 국제사법과 준국제사법의 중간영역이라고 볼 여지도 있다.

21) 오수근, "남북한간의 국제사법적 문제", 국제사법연구 제3호(1998), 559면 이하; 임성권(註 17), 171면. 이효원(註 16), 275-276면도 국제사법을 유추적용하는 방안이 남북한특수관계론에 부합할 뿐만 아니라 가장 적실성이 있다고 한다. 다만 이효원 교수는 법률충돌을 해결하는 방안으로 그 밖에 남한법을 적용하는 방안과 법률행위지법을 적용하는 방안을 언급하나, 다양한 법률관계 중 법률행위에 관한 원칙만 제시하는 것은 이해하기 어렵다. 이를 "수정된 헌법 제3조 우위설"이나 "규범조화설"이라고 부르기도 한다. 정상규(註 2), 619면 이하 참조.

22) 과거 동독에 관하여 Haimo Schack, Internationles Zivilverfahrensrecht (1991), Rn. 33도 동지.

국제사법을 그대로 적용할 수는 없되 사안의 실질적 관련성을 고려하여 국제사법의 규정을 유추적용하여 재판관할권과 준거법을 정할 수 있다"고 판시하였다.[23] 넷째의 방안도 설명방식은 다르지만 실질적으로는 별 차이가 없다고 본다.

이런 준국제사법적 접근방법은 다양한 사법적 법률관계에 대하여 체계적인 설명을 가능하게 하고, 준거법의 범위, 예외조항, 반정과 공서 등 이미 확립된 국제사법 총론상의 법리를 활용할 수 있도록 하는 장점이 있다.

다만 셋째의 관점 내에서도 시점에 따라 미세한 차이가 있을 수 있다. 즉 저자는 가능한 한 조속한 시일 내에, 자유민주적 기본질서에 입각한 평화적 통일을 선언한 남한 헌법 제4조에 부합하는 통일이 이루어지기를 희망하나, 만일 통일이 지연되고 그에 따라 남북한 주민 간의 동질성이 약화될수록—즉 '남북통합지수'가 낮아질수록—[24] 셋째의 관점 내에서 점차 국제사법적 관점으로 접근할 여지가 있다는 것이다.

⑵ 준국제사법적 관점과 국제사법 제3조 제3항

국제사법(제3조 제3항)은 미국 등 연방국가처럼 지역에 따라 법을 달리하는 국가의 법이 준거법으로 지정되는 경우 구체적으로 어느 주의 법을 적용할지를 결정하는 지침을 제시한다.

> ③ 당사자가 지역에 따라 법을 달리하는 국가의 국적을 가지는 때에는 그 국가의 법 선택규정에 따라 지정되는 법에 의하고, 그러한 규정이 없는 때에는 당사자와 가장 밀접한 관련이 있는 지역의 법에 의한다.

만일 북한주민의 한국 국적을 긍정한다면 남북한 관계는 한국의 국내문제가 되므로 국제사법은 아예 적용되지 않을 것이다. 그러나 준국제사법적 접근방법을 따른다면 남북한 관계는 국제관계에 준하는 관계가 되고, 국적에 의하여 한국법이 준거법으로 지정되는 경우 제3조 제3항을 유추적용할 여지가 있다. 제3조 제3항은 당초 미국과 같은 '불통일법국'을 염두에 둔 것으로 "당사자가 지역에 따라 법을 달리하는 국가의 국적을 가지는 때"에 적용되는데 북한주민도 한

---

23) 판결은 이효원, 판례로 보는 남북한관계(서울대학교출판문화원, 2012), 379면 참조.

24) 서울대 통일평화연구원의 자료에 따르면 정치, 경제, 문화 등 각 분야에서 남북의 동질화 정도를 계량화한 '남북통합지수'가 2014년 말 기준으로 역대 최저인 190점(1000점 만점) 수준으로 하락하였다고 한다. 조선일보 2015. 7. 3. 기사 참조.

국 국적을 가진다면 그에 포섭될 여지가 있기 때문이다. 이를 긍정한다면 그 경우 북한주민의 준거법으로 지정된 한국법은 한국의 법 선택규정에 따라 지정되는 법인데, 여기에서 말하는 법 선택규정이 없으므로 당사자와 가장 밀접한 관련이 있는 북한지역의 법이 된다. 여기에서 "그 국가의 법 선택규정"이라 함은 그 국가의 통일적인 준국제사법을 말하는데 남북한에는 이런 법이 없다. 그러므로 결국 제3조 제3항에 따라 "당사자와 가장 밀접한 관련이 있는 지역의 법"이 준거법이 되는데 사안에 따라 남한법 또는 북한법이 준거법이 된다는 식의 이론구성을 할 여지가 있다.[25)]

⑶ 헌법과의 관계

종래 우리나라에서는 북한이 남한의 일부인가의 문제는 헌법상의 문제이고, 남북한 주민 간의 법률관계를 바라보는 관점을 헌법 조문과의 관계에서 논의하는 경향이 있다. 즉, 헌법 제3조의 영토조항에 의하면 북한주민도 대한민국 국민이므로,[26)] 남북한 법률관계에는 당연히 남한법이 적용되는 데 반하여, 헌법 제4조의 통일정책 조항을 중시하면 북한의 법적 실체를 전면적으로 인정하여 남한과 북한은 별개 국가이고, 북한주민은 외국인으로 취급되므로 남북한 주민 간의 법률관계는 전면적으로 국제사법의 법리에 따른다는 것이다.[27)] 그러나 국제사법의 적용근거는 헌법 제11조의 평등의 원칙에서 찾을 수 있다는 점[28)]도 고려해야

25) 독일 민법시행법(제4조 제3항)도 법의 분열(Rechtsspaltung)에 관하여 "준거가 되는 부분법질서(Teilrechtsordnung)를 표시함이 없이 복수의 부분법질서를 가지고 있는 국가의 법이 지정된 때에는, 그 국가의 법이 어느 부분법질서가 적용될 것인지를 결정한다. 그러한 규칙이 없는 때에는 사안이 가장 밀접하게 관련된 부분법질서가 적용된다."고 규정하므로 국제사법 제3조 제3항의 해석과 유사한 문제가 제기된다. Jan Kropholler, Internationales Privatrecht, 6. Auflage (2006), S. 208은 과거 동서독 간의 관계에서 이 점을 논의한다. 정구태, "북한 주민의 상속회복청구권 행사와 제척기간—서울남부지방법원 2014. 1. 21. 선고 2011가단83213 판결—", 아주법학 제8권 제1호(2013), 233면; 신영호(註 6), 295면은 국제사법 제3조 제3항을 유추적용한다. 홍창우, "남북한 가족법의 비교와 통합", 법원행정처(편), 통일과 사법 제1권(2011), 465면도 동지로 보인다.

26) 대법원 1996. 11. 12. 선고 96누1221 판결 참조.

27) 예컨대 정상규(註 2), 620면 참조. 이것이 제4조 우위설이다. 이효원, "북한 법률의 국내법적 효력—개성공단에서의 적용 가능성과 범위·한계를 중심으로—", 법조 통권 제583호(2005. 4.), 28면은 "헌법 제3조와 제4조는 모두 독자적인 헌법규범력을 가지고 있으나, 상대적으로 제3조가 헌법이념적이고 목적·가치지향적 성격을 가지는 반면에 제4조는 통일책무를 추진하는 현실적 수단으로서 방법론적 성격을 가진다"고 한다. 상세는 이효원(註 16), 100면 이하 참조. 개성공단의 법제에 관하여는 임성택, "개성공단 법제도의 한계와 과제", 서울대학교 헌법·통일법 센터가 2015. 11. 27. 개최한 "개성공단 10년, 법제도의 성과와 과제" 세미나 자료집, 58면 이하 참조.

28) 안춘수, "외국법 적용의 근거", 국제사법연구 제3호(1998), 564면 이하; Kropholler(註 25), S. 25. 평등의 원칙으로부터 구체적인 국제사법규칙을 도출할 수는 없으나 국제사법규칙이 동

한다. 북한주민 간의 법률관계에 대해 남한법을 적용하는 것과, 사망한 북한주민의 상속문제를 남한 민법에 의하여 규율하려는 것은 헌법상 평등의 원칙에 반하고 당사자의 이익에도 반한다. 이처럼 헌법 제3조만을 근거로 남북한 법률관계에 남한법을 적용하는 것은 부당하다.[29] 남한주민 간의 법률관계에 대하여 남한법을 적용하고, 북한주민 간의 법률관계에 대하여 북한법을 적용하는 것이 타당하다는 데 대해서는 이론이 없는데, 만일 북한주민 간의 법률관계에 대하여도 헌법 제3조 우위설을 따라 남한법을 적용한다면 이는 평등의 원칙에 반하는 것으로서 허용될 수 없다. 그렇다면 남북한 주민 간의 법률관계에 적용할 준거법의 결정은 헌법 제3조와 제4조만이 아니라 헌법 제11조의 접점에 있고, 적어도 사법적 법률관계에 관한 한 종래와 같이 제3조와 제4조만 논의할 것은 아니고 제11조를 함께 고려하여 구체적인 규칙을 정립하기 위해 노력해야 한다. 즉 북한주민 간의 법률관계에 대하여 헌법 제3조 우위설을 따라 남한법을 적용하는 것은 헌법 제11조가 정한 평등의 원칙에 의하여 차단된다는 것이다. [밑줄 부분은 이 책에서 새로 추가한 것이다.]

⑷ 장래의 과제

장래의 과제는 첫째, 추상적인 논의를 지양하고 위와 같은 관점 내지 접근방법을 기초로 국제사법규칙과 국제민사소송규칙을 변용함으로써 적절한 준국제사법규칙을 해석론으로써 정립해야 한다. 그렇다고 해서 국제사법에 대응하는 준국제사법을 별도 법률로 제정하자는 것은 아니다. 둘째, 준국제사법적 접근방법이 모든 문제를 해결할 수는 없으므로 필요한 경우에는 문제된 남북한 법률관계의 특수성을 충분히 고려하여 적절한 실질법규칙을 도입함으로써 올바른 방향으로 문제를 해결해야 한다.[30] 예컨대 남북가족특례법 제6조는 중혼에 대한 특례를 두어 민법에도 불구하고 중혼을 취소할 수 없는 것으로 하고 일정한 경우

원칙에 반해서는 아니 된다.

29) 예컨대 신영호, “남북한가족법의 저촉과 그 해결”, 가족법연구 제12호(1998), 53면. 헌법 제3조는 정치적 선언규정·명목규정에 불과하고 이미 규범력을 상실하였다는 견해가 유력하다. 장명봉, “통일정책과 헌법문제”, 법학논총 제3집(국민대학교 법학연구소, 1991. 2.), 90면. 기타 이효원(註 16), 103면 주 37에 인용된 문헌 참조.

30) 오수근(註 21), 575면은 준국제사법적 해결보다 실질사법을 제정함으로써 해결하는 방안이 구체적 타당성의 요청에 부합할 것이라고 한다. 물론 그 전에는 준국제사법적 해결이 불가피함을 인정한다. 반면에 임성권(註 17), 420면은 준국제사법을 우선시킨다. 실질법을 정립함에 있어서는 가급적 남북한이 합의하여 제정하는 것이 바람직하다. 국내법으로 하자면 통일된 내용을 담는 것이 바람직하고, 만일 그것이 불가능하다면 현재처럼 일방적 규범을 제정할 수밖에 없다. [밑줄 부분은 이 책에서 새로 추가한 것이다.]

오히려 전혼이 소멸한 것으로 보는데, 이는 정의로운 실질법규칙을 도입함으로써 문제를 해결한 것이다(상세는 아래에서 논의한다). 만일 장래 이러한 실질법규칙이 많아진다면 그 때에는 가칭 'inter-Korean private law 내지는 한반도사법(私法)이라는 독특한 규범체계가 성립될 여지도 있다.

Ⅳ. 재판관할(또는 준국제재판관할)

국제재판관할 또는 국제재판관할권이라 함은 국제민사사건에서 제기되는 법적 쟁송에 대하여 어느 국가의 법원이 재판할 권한을 가지는가, 또는 재판임무를 어느 국가(또는 주)에 배당할 것인가의 문제이다.[31] 미국과 같은 연방국가의 경우 어느 주의 법원이 재판할 것인가라는 주제재판관할이 문제된다.[32] 남한과 북한 간에 어느 지역이 재판관할을 행사할지의 문제는 국제재판관할과 구별하여 '준국제재판관할'이라고 부르기도 한다.[33] 다만 준국제사법과 비교할 때 준국제재판관할이라는 용어는 상대적으로 널리 사용되고 있지는 않다.

1. 국제사법의 원칙

국제사법 제2조는 국제재판관할 배분의 추상적 기준을 다음과 같이 명시한다.

> 제2조(국제재판관할)
> ① 법원은 당사자 또는 분쟁이 된 사안이 대한민국과 실질적 관련이 있는 경우에 국제재판관할권을 가진다. 이 경우 법원은 실질적 관련의 유무를 판단함에 있어 국제재판관할 배분의 이념에 부합하는 합리적인 원칙에 따라야 한다.
> ② 법원은 국내법의 관할 규정을 참작하여 국제재판관할권의 유무를 판단하되, 제1항의 규정의 취지에 비추어 국제재판관할의 특수성을 충분히 고려하여야 한다.

31) 석광현(註 15), 59면.
32) 이 과정에서 의미를 가지는 각주의 long arm statute(관할권확대법)는 주법원의 주제재판관할을 직접 규정하는바, 이는 국제재판관할에도 적용된다.
33) 장준혁, "탈북자의 이혼의 준국제관할", 민사판례연구 제31권(2009), 623면 이하는 '준국제관할' 또는 '준국제이혼관할'이라는 용어를 사용하고, 정구태(註 25), 221면은 '준국제재판관할권'이라는 용어를 사용한다.

제2조 제1항은, 한국이 국제재판관할권을 행사하는 것을 정당화할 수 있을 정도로 당사자 또는 분쟁 대상이 한국과 관련성을 가지는 경우 우리 법원이 국제재판관할을 가지는 것을 명시하고 그 구체적인 인정 여부는 법원이 개별 사건에서 종합적인 사정을 고려하여 판단할 것을 요구한다. 나아가 이는 추상적이므로 법원의 판단을 돕기 위해 제2조 제2항은 국내법의 관할규정을 참작하되 그에 얽매이지 말고 국제재판관할의 특수성을 충분히 고려함으로써 정치한 국제재판관할규칙을 정립할 것을 요구한다.

가. 재산법상의 사건

근자의 판결을 보면 법원은, 도메인이름에 관한 대법원 2005. 1. 27. 선고 2002다59788 판결이 국제사법의 영향을 받아 처음 정립한 추상적 법률론을 따르고 있다.[34]

> 국제재판관할을 결정함에 있어서는 당사자 간의 공평, 재판의 적정, 신속 및 경제를 기한다는 기본이념에 따라야 할 것이고, 구체적으로는 소송당사자들의 공평, 편의 그리고 예측가능성과 같은 개인적인 이익뿐만 아니라 재판의 적정, 신속, 효율 및 판결의 실효성 등과 같은 법원 내지 국가의 이익도 함께 고려하여야 할 것이며, 이러한 다양한 이익 중 어떠한 이익을 보호할 필요가 있을지 여부는 개별 사건에서 법정지와 당사자와의 실질적 관련성 및 법정지와 분쟁이 된 사안과의 실질적 관련성을 객관적인 기준으로 삼아 합리적으로 판단하여야 할 것이다.

이러한 원칙을 기초로 국제사법상 국제재판관할의 근거를 구체적으로 검토할 필요가 있다. 우리나라의 어느 법원에 토지관할이 있으면 대체로 우리나라에 국제재판관할이 있을 것으로 기대할 수 있으나 그렇게 단정할 수는 없다.[35] 판례에 따르면 국제재판관할의 유무는 이제 누구도 예측하기 어려운 쟁점이 되었기 때문이다. 저자는 국제사법 제2조를 신설한 결과, 우리 법원이 일본 법원처럼 「토지관할규칙=국제재판관할규칙」이라는 공식을 신봉하면서 필요한 때마다 특별한 사정이론에 과도하게 의지하여 그 결론을 뒤집는 대신 정치한 국제재판관

34) 대법원 2008. 5. 29. 선고 2006다71908, 71915 판결; 대법원 2010. 7. 15. 선고 2010다18355 판결; 대법원 2012. 5. 24. 선고 2009다22549 판결; 대법원 2013. 7. 12. 선고 2006다17539 판결과 대법원 2014. 4. 10. 선고 2012다7571 판결 참조. 위 판결에 대한 평석은 석광현, 국제사법과 국제소송 제4권(2007), 85면 이하 참조.

35) 재판관할에 관한 개별적인 검토는 우선 윤상도(註 6), 144면 이하 참조.

할규칙을 정립해 나갈 것으로 기대하였다. 그러나 대법원은 제2조 제1항을 기초로 사안의 모든 사정을 고려하는 '사안별 분석(case-by-case analysis)'을 거쳐 원하는 결론을 내리고 있으며, 그 과정에서 토지관할규정은 아예 배제되거나 법원이 고려할 요소들 중 하나로 전락하였다.[36] 이런 우려를 불식하는 방법은, 당초 과도기적 입법으로 고안된 국제사법 제2조를 개정하여 정치한 국제재판관할규칙을 국제사법에 도입하는 것이다.

나. 가사사건[37]

대법원판결은 과거 가사사건에서는 재산법상의 사건과 다른 접근방법을 취하였다. 예컨대 피고주소지주의를 확립한 대법원 1975. 7. 22. 선고 74므22 판결과 대법원 1988. 4. 12. 선고 85므71 판결 등을 보면, 대법원은 가사사건(특히 이혼관련사건)에서 피고 주소지 관할을 원칙으로 하면서도 예외적인 경우에는(이혼청구의 상대방이 행방불명 기타 이에 준하는 사정이 있거나 상대방이 적극적으로 응소하는 경우) 원고 주소지 관할을 인정할 수 있다는 취지로 판시하였다.

주목할 것은 국제사법 개정 후 대법원 2006. 5. 26. 선고 2005므884 판결인데, 이는 국제사법 제2조에 따라 실질적 관련의 유무를 판단하여 실질적 관련의 존재를 긍정하고, '국제재판관할의 특수성'을 고려하더라도 한국에 재판관할권이 있다고 판단함으로써 과거 대법원판결과는 다른 논리를 전개하였다. 한편 하급심의 실무를 보면 2006년 대법원판결 후에도 여전히 ① 과거 대법원판결의 설시를 따른 판결도 있으나 ② 이와 달리 국제사법 제2조 그리고 이를 구체화한 대법원의 추상적 법률론을 따르는 판결, 즉 개별적 사안 분석에 의하는 판결도 있어 판례의 태도가 정립되지 않은 상태이다. 특히 근자의 대법원 2014. 5. 16. 선고 2013므1196 판결은 원심의 판단은 정당하다며 상고를 기각하였을 뿐이고 이혼사건의 국제재판관할규칙에 관하여 구체적 지침을 제시하지 않았다. 따라서 대법원이 위에 언급한 하급심의 실무 중 ②를 택한 것처럼 보이기도 하나 단정하기는 어렵다.

우리 대법원 판례는 인정하지 않으나 예외적으로 국적관할이 문제될 수 있다.

---

36) 이런 비판은 석광현, "국제재판관할과 외국판결의 승인 및 집행—입법과 판례", 국제사법 제20권 제1호(2014. 6.), 25면 이하 참조.

37) 상세는 석광현, "이혼 기타 혼인 관계 사건의 국제재판관할에 관한 입법론", 국제사법연구 제19권 제2호(2013. 12.), 105면 이하 참조.

다. 국제사법의 개정작업

법무부는 한국국제사법학회의 촉구를 받아들여 2014. 6. 30. 국제사법개정위원회를 구성하고 정치한 국제재판관할규칙을 도입하고자 국제사법 개정작업을 진행하였고 그 과정에서 대부분의 주요한 논점에 관하여 합의가 이루어졌으나 일부 논점에 관하여 견해가 일치하지 않은 탓에 초안을 완성하지 못한 채 2015년 12월 말 임기가 만료되었다. 그 후 후속작업이 지체되었으나 법무부는 국제사법 전부개정법률안을 성안하여 2018. 2. 27. 공청회를 개최한 바 있다.[38)]

2. 남북가족특례법의 조문

아래(Ⅴ.)에서 논의하는 준국제사법적 접근방법이 준국제재판관할의 결정에도 타당하다. 즉, 준국제재판관할규칙을 정립함에 있어서는 국제재판관할규칙을 유추적용하되 남북한 관계의 특수성을 고려하여 관할원칙을 결정해야 한다는 것이다.[39)] 남북가족특례법 제4조는 이러한 취지를 명시한다.

제4조(재판관할)
① 이 법이 적용되거나 그와 관련된 사건에서 법원은 당사자 또는 분쟁이 된 사안이 남한과 실질적 관련이 있는 경우에 재판관할을 가진다. 이 경우 법원은 재판관할 배분의 이념에 부합하는 합리적인 원칙에 따라 실질적 관련의 유무를 판단하여야 한다.
② 법원은 국내법의 관할 규정을 참작하여 재판관할의 유무를 판단하되, 제1항의 취지 및 제2조의 기본원칙을 고려하여야 한다.
③ 제1항 및 제2항에 따라 재판관할을 가지는 법원에 사실상의 장애로 인하여 제소(提訴)할 수 없는 경우에는 대법원이 있는 곳의 관할법원에 소를 제기할 수 있다.

---

38) 저자는 2018. 2. 27. 개최된 국제사법전부개정법률안 공청회에서 개정안을 소개하는 기회를 가졌다. 발표문은 국제사법 전부개정법률안 공청회 자료집, 15면 이하 참조. 총칙에 관하여는 석광현, “2018년 국제사법 전부개정법률안에 따른 국제재판관할규칙: 총칙을 중심으로”, 동아대학교 국제거래와 법, 제21호(2018. 4.), 41면 이하; 각칙에 관하여는 석광현, “2018년 국제사법 전부개정법률안에 따른 국제재판관할규칙: 각칙을 중심으로”, 동아대학교 국제거래와 법 제23호(2018. 10.), 41면 이하 참조. [밑줄 부분은 이 책에서 새로 추가한 것이다.]

39) 다만 이런 결론을 내리기에 앞서 북한의 재판관할권을 인정할 수 있는지를 검토할 필요가 있다. 헌법 제3조와 국적법 등에 근거하여 북한주민도 한국 국민이고 그에 대하여도 남한이 재판관할권을 가지므로 북한의 재판관할권을 인정할 여지가 없다는 주장이 제기될 수 있기 때문이다. 그러나 북한에 대해 사실상 국가로서의 실체를 인정한다면 이런 주장을 관철할 수는 없고, 여기에서 다루는 사법영역에서는 북한의 재판관할권을 인정할 수 있다. 이에 대한 상세와 북한의 재판관할권의 한계는 이효원(註 16), 271면 이하 참조.

위 제4조는 위에서 본 국제사법 제2조를 기초로 한 것이나 제2조 제2항의 문언은 다소 수정되었다.[40] 그런데 제3항의 취지는 분명하지 않다. 제4조에서 말하는 '법원'이라 함은 남한법원을 가리킨다. 이런 결론은 국제사법 조문과 민사소송법 조문으로부터 자연스럽게 도출된다. 당초 초안에 있었던 문언—"남한 주민이 북한 주민을 상대로 제1항에 규정된 소를 제기하고자 하는 경우, 사실상의 장애로 인하여 전 2항에 따라 재판관할을 가지는 북한법원에 제소할 수 없는 때에는 대법원이 있는 곳의 관할법원에 소를 제기할 수 있다"— 의 취지는, 제1항과 제2항에 정한 원칙을 북한법원에도 동일하게 적용한 결과 북한법원이 관할을 가짐에도 불구하고 남한주민이 북한법원에 제소할 수 없는 현실을 고려하여 남한에서 제소할 수 있도록 하기 위한 것이었다. 초안의 제3항은 이른바 '긴급관할(Notzuständigkeit, *for de nécessité*)'의 개념[41]을 도입한 것인데, 저자로서는 이런 개념을 국제사법에 일반적으로 도입하기는 주저되지만 남북한 주민 간의 법률관계에서는 제한적으로 활용할 여지가 있다고 생각하였다. 그러나 수정된 제3항의 문언은 이런 취지를 제대로 담아내지 못하고 있다. 왜냐하면 제3항이 "제1항 및 제2항에 따라 재판관할을 가지는 '법원'에 … 제소(提訴)할 수 없는 경우에는"이라고 규정하므로 이는 결국 (남한)법원이 관할을 가지는 것을 전제로 하는 규정이기 때문이다. 즉, 이는 남한의 어느 법원이 관할을 가짐에도 불구하고 사실상의 장애로 인하여 그 법원에 제소할 수 없는 경우를 규율하는 것이 되어 버렸으나 실제로 그런 사안은 별로 없을 것이고, 가사 있더라도 그 경우에는 민사소송법(제28조 제1항)[42]에 따라 관할의 지정에 의하여 해결하면 된다. 그러므로 해석론으로서는 부득이 문언상 무리가 있음에도 불구하고 원래의 취지를 살려 남한주민이 북한에 제소할 수 없는 현실을 고려하여 남한에서 제소할 수 있도록 하는 취지로 해석해야 할 것이나[43] 장래 문언을 개정하는 것이 바람직할 것이다.

---

40) '국제재판관할의 특수성을 충분히 고려하여야 한다'는 취지의 문언이 삭제되었다.

41) 즉, 국제재판관할규칙에 따라 국제재판관할의 유무를 판단한 결과 한국에 국제재판관할이 인정되지 않는다면 한국은 원칙적으로 국제재판관할을 가지지 않지만, 그 경우 어떠한 사정에 의하여 외국에서도 소를 제기할 수 없어 결국 구체적인 사건에 있어 재판을 거부(denial of justice)하게 되는 예외적 사정이 있다면 한국의 국제재판관할을 인정할 필요가 있는데, 이러한 보충적 관할을 긴급관할이라 한다. 석광현, 국제재판관할에 관한 연구(서울대학교 출판부, 2001), 187면 참조.

42) 제28조 제1항은 관할법원이 재판권을 법률상 또는 사실상 행사할 수 없는 때에는 바로 위의 상급법원이 그 관계된 법원 또는 당사자의 신청에 따라 결정으로 관할법원을 정한다고 규정한다.

43) 김영기(註 6), 165면은 북한의 법원에서 가사소송을 진행하는 것이 사실상 어려운 시점까지

참고로 북한 국제사법에도 국제재판관할에 관한 조문이 있다.[44)]

주목할 것은 제4조는 국제사법과 마찬가지로 우리 법원이 재판관할을 가지는 경우만을 규정하는 점이다. 그러나 이는 논리적으로 재판을 담당하는 북한법원에 대해 본안 심리에 들어가기 위한 전제요건인 재판관할(즉, '직접관할')이 있는지를 판단하는 단계에서 우리 법의 재판관할규칙을 적용하라고 요구하는 것은 적절하지 않기 때문이지, 북한의 재판관할을 부정하기 때문은 아니다. 이 점은 국제사법 제2조도 같다. 다만 북한법원의 재판을 승인하는 단계에서는 승인요건으로서 북한법원이 재판관할(즉, 간접관할)을 가지는지가 심사대상이 되며 그때 기준은 우리 법이 정한 것과 동일한 기준에 따르게 된다. 이 점은 아래에서 소개하는 남북가족특례법 초안 제7조와 민사소송법 제217조가 명시하는 바이다.

사실 대법원판례가 종래 가사사건에 관하여 재산법상의 사건에서와 상이한 원칙을 적용한 점을 고려하면 재산법상의 사건과 가사사건을 구별하지 않는 위 제4조는 다소 의외로 보일 수도 있다. 그러나 위와 같은 문언은 국제사법 제2조가 가사사건에도 적용되는 원칙이라는 전제 하에 작성된 것이다. 대법원판결이 근자에 가사사건에서도 개별적 사안 분석을 수용하는 것처럼 보이는 것은 제4조의 정당성을 뒷받침하는 것이라고 볼 수 있을 것이다.[45)]

Ⅴ. 다양한 법률관계에서 준거법의 결정과 실질법의 특례

여기에서는 남북한 법률관계의 준거법 결정시 위(Ⅲ.2.)에서 본 것처럼 준국제사법적 접근방법을 따른다는 전제 하에서 그 구체적 내용을 검토한다. 이는 결국 우리 국제사법을 기초로 하면서 그와 다소 다를 수 있는 준국제사법규칙의 구체적 내용을 탐구하는 작업이다. 이를 위하여 우선 우리 국제사법상 어떤 연결점들이 있는지를 일별하고(아래 1.), 북한주민의 국적을 논의한 뒤(아래 2.), 준국제사법규칙의 총론으로서 준국제사법규칙의 정립 방향을 논의하고(아래 3.), 준거법 결정에 관한 남북가족특례법 초안의 규정을 소개한 뒤(아래 4.), 이어서 준

는 남한법원이 관할을 가진다는 취지로 이해한다.

44) 북한 대외민사관계법(제48조-제55조) 참조. 소개는 장문철, "북한의 국제사법", 국제사법연구 제6호(2001), 156면 이하 참조.

45) 김영기(註 6), 165면 이하는 국제사법을 유추적용할 것이라고 한다. 이런 결론은 타당하나 대법원 판례가 가사사건에 관하여 다른 태도를 취하였음을 고려하면 충분한 설명은 아니다.

국제사법규칙의 각론으로서 우선 종래 문제되었던 사례를 중심으로 그 구체적인 내용(아래 5., 7.-11.)을 살펴본다. 그 중에서 친족법과 상속법 분야의 실질법의 특례(아래 6.)도 함께 논의한다.

1. 국제사법상 다양한 연결점

준거법 결정을 위한 거의 모든 국제사법 조문은 "연결대상(통상은 법률관계) - 연결점 - 준거법"의 구조를 취한다. 여기에서 '연결점(point of contact)'이라 함은 특정한 법률관계 또는 연결대상을 일정한 국가 또는 법질서와 연결시켜 주는 독립적 저촉규정의 일부분으로서 '연결소(connecting factor)'라고도 한다.[46] 어느 국가의 국제사법이 연결대상을 어떻게 분류하여 각 연결대상에 어떤 연결점을 할당할지와, 나아가 어떤 연결방법을 선택할지는 모두 입법자가 판단하는 연결정책에 따라 결정된다. 국제사법상으로는 국적(제36조, 제37조 제1호, 제38조 제1항, 제39조, 제40조, 제43조, 제47조-제51조), 상거소(제32조 제2항, 제37조 제2호, 제38조 제2항 제2호, 제39조 단서, 제41조 제1항 단서, 제42조 제1항, 제45조, 제49조 제2항), 소재지(제19조, 제21조), 행위지(제17조 제2항, 제50조 제3항 제3호, 제53조 제1항), 침해지(제24조), 혼인거행지(제36조 제2항), 불법행위지(제32조 제1항), 부당이득지(제31조 본문), 당사자의 의사(제25조 제1항), 선적(제60조)과 가장 밀접한 관련(제26조 제1항, 제37조 제3호, 제8조 제1항) 등의 다양한 연결점이 사용된다. 국제사법상 연결점으로서 여전히 중요성을 가지고 있는 국적은 국가와 그의 구성원 간의 법적 유대이고 보호와 복종관계를 뜻한다.[47]

2. 북한주민의 국적과 국제사법상 연결점으로서의 국적

대법원은 영토조항인 헌법 제3조를 근거로 북한주민도 대한민국 국민이라고 본다. 예컨대 대법원 1996. 11. 12. 선고 96누1221 판결은 아래와 같이 판단한 원심을 지지하였다.

> "조선인을 부친으로 하여 출생한 자는 남조선과도정부법률 제11호 국적에관한임시조례의 규정에 따라 조선국적을 취득하였다가 제헌헌법의 공포와 동시에 대한민국 국적을 취득하

46) 이호정(註 5), 173면.
47) 헌법재판소 2000. 8. 31. 97헌가12 결정.

였다 할 것이고, 설사 그가 북한법의 규정에 따라 북한국적을 취득하여 중국 주재 북한대사관으로부터 북한의 해외공민증을 발급받은 자라 하더라도 북한지역 역시 대한민국의 영토에 속하는 한반도의 일부를 이루는 것이어서 대한민국의 주권이 미칠 뿐이고, 대한민국의 주권과 부딪치는 어떠한 국가단체나 주권을 법리상 인정할 수 없는 점에 비추어 볼 때, 그러한 사정은 그가 대한민국 국적을 취득하고 이를 유지함에 있어 아무런 영향을 끼칠 수 없다."[48]

위에서 본 것처럼 국제사법은 혼인의 성립, 방식, 혼인의 일반적 효력, 부부재산제, 이혼, 혼인중의 친자관계, 상속 등에 관하여 국적을 연결점으로 규정한다. 그런데 남북한 법률관계에서 이런 연결원칙을 적용할 수 있는지에 관하여는 견해가 나뉜다.[49] 첫째는 국적을 연결점으로 사용할 수 없고 대신에 상거소를 연결점으로 삼는 견해이고,[50] 둘째는 사실상의 남한적과 북한적을 인정하여 이를 연결점으로 삼는 견해이다.[51] 그러나 후자는 그러면서도 자연인의 행위능력, 실종선고, 혼인, 친자관계와 상속 등에 관하여는 국제사법이 정한 기준을 바탕으로 당사자의 상거소지법이 준거법이 된다고 한다. 양자는 대체로 같은 결론에 이를 것이나, 북한주민이 탈북하여 남한에 들어온 직후 남한적을 취득하였으나 아직 남한 내에 상거소를 취득하지는 못한 상태에서는 상이한 결론에 이를 수 있다. 이는 북한주민이 남한 내 상거소 취득을 위하여 어느 정도의 기간이 필요하다고 보는지에 따라 달라질 것이다. 또한 외화벌이 노동자인 북한주민이 만일 북한 외에 상거소를 취득하였다면 그런 사람과 남한주민 사이의 법률관계에서도 양자는 상이한 결론에 이를 수 있다.

3. 협의의 준국제사법규칙의 정립 방향

종래 준국제사법규칙의 구체적 내용에 관한 체계적 논의는 많지 않다. 다만, 남북한 특수관계론을 주장하는 이효원 교수는 기본적으로 국제사법을 유추적용하되 남북한 관계의 특수성을 고려하여 연결원칙을 결정해야 한다고 하면서,[52]

---

48) 위 판결의 의의는 이효원(註 16), 173면 이하 참조.

49) 북한에도 국적법이 있다.

50) 임성권(註 17), 187면; 임성권, "남북한 주민 사이의 가족법적 문제", 비교사법 제8권 제2호 (2001. 12.), 652면. 정구태(註 25), 233면; 홍창우(註 25), 465면도 동지. 특히 남북한 특수관계론에 따르면 북한은 내국도 아니고 외국도 아닌 '준외국'으로 간주되므로 국적은 연결점이 될 수 없다는 것이다.

51) 이효원(註 16), 278면.

구체적으로 법률관계를 4개의 영역으로 구분하여 현행법상의 준국제사법규칙을 제안한 바 있다.[53] 즉, 첫째, 북한주민의 법적 지위에 관하여는 사실상의 북한적을 인정하여 국적에 대신하여 이를 연결점으로 사용하되, 북한법이 남한헌법의 이념에 따라 수용할 수 없는 경우에는 남한법률을 적용할 수 있어야 하고, 둘째, 자연인의 행위능력과 실종선고 등에 관하여는 상거소를 연결점으로 삼는 반면, 법인의 권리능력은 법인의 설립과 직접 관련성을 가지는 지역의 법[54]에 의하고, 셋째, 물권은 소재지법, 채권법상 법률행위는 당사자가 선택한 법, 법정채권에 관하여는 원인사실 발생지법에 의하되 불법행위에 관하여는 법정지법인 한국법을 누적적용하며, 넷째, 친족법과 상속법에서는 국제사법이 규정하는 기준을 바탕으로 당사자의 상거소를 연결점으로 본다.

이러한 시도는 국제사법을 참고하여 준국제사법규칙을 정립하려는 노력으로서 나름 의미가 있으나 그 구체적인 내용은 수긍하기 어려운 면이 있는데 그 이유는 아래와 같다.

① 왜 법률관계를 4개의 영역으로 구분하는지 분명하지 않다. 국제사법이 규율하는 법률관계에는 자연인·법인, 법률행위, 물권, 지식재산권, 계약, 법정채권, 친족, 상속, 어음·수표와 해상이 있으므로 적어도 그러한 법률관계 모두에 대하여 전면적으로 국제사법을 기초로 준국제사법규칙을 정립하는 것이 옳지, 그 중 일부에 대해서만, 그것도 새로운 준국제사법규칙을 창설하는 것처럼 논의할 것은 아니다. 다만 이효원 교수의 제안은 아마도 예시적인 것으로 짐작된다.

② 첫째 영역, 즉 북한주민의 법적 지위가 무엇을 말하는지 분명하지 않다. 국제사법에서는 법적 지위를 통상 자연인의 권리능력 등 인사(人事) 사항과 친족법의 영역을 의미하는 것으로 이해하나 이효원 교수는 이런 문제를 둘째와 넷째

---

52) 이효원 교수는 협의의 준국제사법규칙 정립의 기본원칙으로 첫째, 남북한의 교류협력의 확대와 진전에 도움이 되며 평화통일을 촉진하는 순기능을 발휘할 수 있을 것, 둘째, 남북한 주민의 실질적 평등권을 보장하여 그들에게 법률상 동등한 지위를 부여할 것과, 셋째, 법적 안정성과 구체적 타당성의 조화를 보장하는 것일 것이라는 세 가지를 제시한다. 이효원(註 16), 277-278면. 저자는 이런 원칙 자체에 대하여는 이견이 없으나 이를 어떻게 구체화할지는 의문이다.

53) 이효원(註 16), 278-279면. 이런 이유 때문인지 김영기(註 6), 263면은 이효원 교수의 견해를 남북한 특수관계론에 관한 규범영역설이라고 평가한다. 규범영역별 검토는 이효원, "북한이탈주민의 이혼소송과 북한주민의 법적 지위", 가족법연구 제22권 제3호(2008. 11.), 429면 이하 참조.

54) 이는 설립준거법을 가리키는 것으로 짐작된다.

의 영역에 귀속시키기 때문이다.

③ 둘째 영역, 즉 자연인의 행위능력과 실종선고 등에 관하여는 상거소를 연결점으로 삼고 있으나, 이효원 교수는 사실상의 남한적과 북한적을 인정하여 이를 연결점으로 삼자는 견해를 취하면서 국제사법이 국적을 일차적 연결점으로 정하는 둘째 영역에서 왜 상거소를 연결점으로 보는지는 다소 이해하기 어렵다. 한편 법인의 경우 국제사법 제16조가 정한 바에 따라 설립준거법주의를 원칙으로 삼는 것은 타당하다. 다만 이를 법인에 관한 제반사항에 적용해야지 권리능력에만 한정할 이유는 없다.

④ 셋째 영역, 즉 물권과 채권에 관하여는 대체로 국제사법규칙을 따르자는 것으로 생각된다. 다만 법정채권 중 불법행위에 관하여는 법정지법인 한국법을 누적적용하는 것은 구 섭외사법(제13조)의 태도를 따른 것으로서 국제사법에는 반하는 것이다.

⑤ 넷째 영역, 즉 친족법과 상속법에서는 국제사법이 규정하는 기준을 바탕으로 당사자의 상거소를 연결점으로 본다. 둘째 영역에 관하여 지적한 것처럼, 이효원 교수는 사실상의 남한적과 북한적을 연결점으로 삼자고 하면서 국제사법이 국적을 일차적 연결점으로 정하는 넷째 영역에서 왜 상거소를 연결점으로 보는지는 다소 이해하기 어렵다.

이런 노력은 국제사법을 참조하면서 독자적인 준국제사법규칙을 정립하려는 시도로 보이나, 그보다는 준국제사법적 관점에 서서 국제사법규칙을 기초로 이를 적절히 수정함으로써 준국제사법규칙을 정립하는 방안이 바람직하다고 본다.

4. 준국제사법적 접근방법을 명시한 남북가족특례법 초안의 규정

결국은 삭제되었지만 당초 남북가족특례법의 초안에서는 동법이 적용되는 남북한 주민 간의 법률관계에 대하여 준국제사법적 접근방법을 명시하는 조문(제5조)을 두었다.

> 제5조 (준거법)
> ① 이 법이 적용되거나 그와 관련된 법률관계에 대하여는 제2조의 기본원칙을 고려하여 이 법과 국제사법의 목적 및 취지에 반하지 않는 범위 내에서 국제사법을 준용한다. 다만

> 국적이 연결점인 경우 상거소지를 국적으로 본다.
> ② 이 법에 따라 북한법을 적용해야 하는 경우에 당해 법률관계에 적용할 북한법의 내용을 알 수 없거나 또는 북한법에 따르면 남한법이 적용되어야 하는 때에는 남한법(준거법의 지정에 관한 법규를 제외한다)에 의한다.
> ③ 이 법에 따라 북한법을 적용해야 하는 경우 그 규정의 적용이 남한의 선량한 풍속 기타 사회질서에 명백히 위반되는 때에는 이를 적용하지 아니한다.

제1항은 남북가족특례법이 적용되는 남북한 법률관계의 준거법을 결정함에 있어서는 국제사법을 준용하되 국적이 연결점이 되는 경우 '상거소'를 기준으로 삼을 것을 명시한다. 이런 규정은 준국제사법에 따른 접근방법을 채택한 것인데, 이런 접근방법은 오랜 세월 동안 국제사법이 발전시켜온 다양한 법리를 활용하도록 하는 점에서 유용하다. 예컨대 위 제2항과 제3항이 규정하는 준거법 불명 시의 처리, 반정의 법리, 공서위반을 이유로 하는 준거법 적용거부의 법리 등이 그러한 예이고, 그 밖에도 연결점, 선결문제, 국제적 강행규정 기타 적응 등 국제사법의 총론적 논점에 대한 법리도 같다.

남북가족특례법과 국제사법은 상거소의 개념을 정의하지 않으므로 이는 학설·판례에 의해 정립되어야 할 것이나, 상거소라 함은 일응 "사람이 그의 생활의 중심을 가지는 장소"를 말하는 것으로 이해된다.[55] 통상 일정한 장소에서 상당한 기간 동안 정주(定住)한 사실이 인정되면 그곳이 상거소로 인정될 것이고, 상거소가 존재하기 위해 반드시 정주의사(定住意思)(*animus manendi*)는 필요하지 않으며, 법적 개념인 주소에 반하여 상거소는 상대적으로 사실적 요소가 강한 개념이다. 상거소의 존재 여부는 구체적인 상황에 따라 당사자의 체류기간, 체류목적, 가족관계와 근무관계 등 관련요소를 종합적으로 고찰하여 판단할 것이다. 한편 우리 민법은 "생활의 근거되는 곳을 주소로 한다"고 규정하는데 (제18조 제1항), 이는 정주의사를 필요로 하지 않는 객관주의를 취하는 것으로 이해되므로 그러한 상거소 개념과 민법의 주소 개념은 별 차이가 없는 것으로 보인다.[56]

제2항의 전단은 준거법인 북한법의 내용을 알 수 없는 때에는 남한법을 적용하도록 명시하는데 이는 법원의 부담을 덜고 재판을 가능하게 하려는 것이다. 국제사법이 적용되는 통상적인 경우, 법원은 준거법인 외국법의 불명 시 법정지

55) 석광현(註 15), 120면 이하 참조. 상세는 최흥섭, "國際私法에서 日常居所의 의미와 내용", 국제사법연구 제3호(1998), 527-528면 참조.
56) 이호정(註 5), 194면; 최흥섭(註 55), 535면.

법인 한국법을 적용한 사례도 있고,[57] 조리설을 취하면서 '근사법(近似法)'을 조리의 내용으로 본 사례도 있다. 제2항의 후단은 직접반정을 허용하는 국제사법 제9조 제1항과 같은 취지에서, 우리 법원이 남북가족특례법과 국제사법에 따라 준거법으로 지정된 북한법을 적용해야 하는 경우 북한의 국제사법[58]에 따르면 남한법이 적용되어야 하는 때에는 준거법의 지정에 관한 법규를 제외한 남한법, 즉 남한의 실질법을 적용해야 한다는 것이다.

제3항은 공서를 정한 국제사법 제10조와 같은 취지에서, 우리 법원이 남북가족특례법과 국제사법에 따라 준거법으로 지정된 북한법을 적용해야 하는 경우 그 북한법 규정의 적용이 남한의 선량한 풍속 기타 사회질서에 명백히 위반되는 때에는 그 적용을 배척한다는 것이다. 즉, 국제사법은 외국법에 대하여 기본적으로 개방적 태도를 취하지만 구체적 사건에서 외국법 적용의 결과가 우리가 양보할 수 없는 선량한 풍속 기타 사회질서에 반하는 때에는 그 적용을 배제함으로써 우리의 기본적인 도덕적 신념 또는 근본적인 가치관념과 정의관념을 보호한다.[59] 다른 체제를 가지고 있는 남북한 관계에서 공서는 중요한 기능을 할 것이라는 점을 수긍할 수 있고 우리 법원이 재판하는 경우 자유민주적 기본질서의 핵심은 우리의 공서로서 작용할 것이나 [밑줄 부분은 이 책에서 새로 추가한 것이다.] 이를 너무 확대할 것은 아니고, 특히 내국관련성과의 관계를 고려해야 한다.[60] 주목할 것은, 남북한특수관계론에 따라 북한법률의 효력은 남북관계에 있어서 북한이 헌법 제4조에 따라 평화통일을 위한 화해와 협력의 동반자로서 활동하는 규범영역에 한하여 인정된다는 이효원 교수의 견해이다.[61] 나아가 이효원 교수는 그런 경우에도 국내법과 동일한 효력이 인정되는 것이 아니라 기본적으로 국가성의 실체를 가진 국제법상 주체가 제정한 법률로서 국제법원칙이 적

57) 대법원 1988. 2. 9. 선고 87다카1427 판결; 대법원 2000. 6. 9. 선고 98다35037 판결.

58) 북한의 국제사법은 대외민사관계법인데 이는 1995년 9월 최고인민회의의 상설회의 결정 제62호로 제정되었다. 이에 관하여는 장문철(註 44), 133면 이하 참조. 그러나 이는 1998년 최고인민회의 상임위원회 정령 제251호로 일부 개정되었다. 대외민사관계법에도 북한법으로의 직접반정을 허용하는 규정(제14조)이 있다. 장문철(註 44), 142면 참조.

59) 상세는 석광현(註 15), 175면 이하 참조.

60) 내국관련성이 크면 북한법 적용의 결과가 남한의 선량한 풍속 및 사회질서 위반의 정도가 약하더라도 공서위반이 될 수 있으나, 반대로 내국관련성이 작으면 북한법 적용의 결과가 선량한 풍속 및 사회질서 위반의 정도가 큰 경우에만 공서위반이 될 수 있다. 외국판결의 승인에 관한 것이기는 하나 대법원 2012. 5. 24. 선고 2009다22549 판결은 '사안의 내국관련성'이라는 개념을 도입하였다.

61) 이효원(註 27), 57면.

용되는 범위에서 국제법원칙에 따라서 그 효력이 인정된다고 한다.[62] 그 취지는 다소 난해하나 이는 아마도 북한법을 전면적으로 적용할 수는 없다는 전제 하에 남북한특수관계론을 빌려 어떤 제한을 두려는 시도로 보인다. 사견으로는 공서라는 준국제사법의 법리를 활용하고, 공서위반을 이유로 준거법의 적용을 거부하는 경우의 처리도 공서의 일반론으로부터 출발하는 것이 적절하다고 본다.[63] 공서에 의해 북한법의 적용이 배제되는 경우에는 대체로 반대되는 남한법이 적용될 것이다.

그러나 위 초안 제5조는 결국 삭제되었다. 그 이유는 북한의 법률의 효력을 인정하는 것이 북한을 국가로 인정하는 것이 아니냐는 지적이 있었고, 북한의 법률은 대부분 시대에 뒤떨어졌고, 법률 규정의 포괄성, 불명확성 등의 문제가 있으며, 법 자체가 공개되지 않아 그 내용도 알 수 없는 경우도 많아 현 단계에서 북한 법률의 효력을 일반 외국과 같이 인정할 경우 오히려 불합리한 결과가 발생할 수 있다는 지적이 있었기 때문이라고 한다.[64] 이런 태도는 국가의 승인과, 외국법의 적용 내지 외국판결의 승인과의 관계를 오해한 것으로 국제사법적 사고의 빈곤을 드러내는 사례이다.[65] 위에서 본 것처럼 어느 국가의 법을 적용할 것인가라는 국제사법의 문제제기는 정치적으로는 원칙적으로 무색하기 때문이다.

---

62) 이효원(註 27), 57면.

63) 공서위반의 우려는 오수근(註 21), 573면 참조. 나아가 오수근(註 21), 573면은 북한법을 준거법으로 선택하여 적용하는 것과 북한의 판결이나 중재판정을 승인하는 것이 국가보안법 위반이 될 가능성을 조심스럽게 언급하나 현재로서는 후자의 우려는 해소되었다고 본다.

64) 법무부공고 제2011-139호. 법률신문 제3961호(2011. 8. 22.), 6면 기사 참조.

65) 흥미로운 것은 일본 최고재판소의 판결이다. 일본의 두 방송사가 2003년 북한 영화 '밀령 207'의 영상 일부를 무단으로 뉴스 프로그램에 사용하였음을 이유로 북한 문화성 산하 조선영화수출입사와 일본 내에서 북한의 저작권 관리를 위임받은 영상물 배급사 유한회사 가나리오기획이 방영 중단과 손해배상을 청구한 사건에서, 최고재판소의 2011. 12. 8. 판결(民集 65巻 9号, 3275면; 判時 2142号, 79면)은 "일본은 북한을 외교적으로 승인한 바 없고, 일본과 북한이 모두 베른협약에 가입했다고 하더라도, 미승인국이 일본보다 뒤에 조약에 가입한 경우 권리의무 발생 여부는 원칙적으로 일본이 선택할 수 있다는 일반론을 전제로 일본 정부는 북한을 본국으로 하는 저작물에 대하여 베른협약상의 보호 의무가 없다"는 취지로 판시하였다. 소개는 김영기(註 6), 264면; 평석은 丁文杰, "未承認国の著作物の保護範囲(1)—北朝鮮映画放送事件—", 知的財産法政策学研究第41号(北海道大学, 2013. 2.), 325면 이하와 위 丁文杰, 330면, 註 1에 소개된 문헌들 참조. 미승인국이 다자조약에 사후에 가입하는 경우 조약상의 의무에 관한 학설은 위 丁文杰, 339면 이하 참조. [밑줄 부분은 이 책에서 새로 추가하거나 일부 수정한 것이다.] 한편 북한 주민을 남한 주민으로 판단한 호주 법원과 영국 법원의 사례가 있다고 한다. 이규창, "통일과정에서의 남북한 특수관계 원용을 위한 법적·정책적 과제—국제법 시각에서의 분석과 대응—", 통일과 법률 통권 제21호(2015. 2.), 61면.

5. 신분, 친족관계와 상속의 준거법

가. 일반원칙

국제사법에 따르면 혼인의 실질적 성립요건은 각 당사자에 관하여 혼인 당시, 엄밀하게는 혼인 성립 직전의 본국법에 따라 결정된다(제36조 제1항). 혼인의 실질적 성립요건에는 적극적 요건과 소극적 요건이 있는데 후자를 혼인장애사유라 한다. 한편 혼인의 방식은 혼인거행지법 또는 당사자 일방의 본국법에 의한다(제36조 제2항). 나아가 이혼에 관하여는 제37조의 규정이 준용되므로, 이혼은 1차적으로 부부의 동일한 본국법, 그것이 없으면 2차적으로 부부의 동일한 상거소지법, 그것도 없으면 3차적으로 부부와 가장 밀접한 관련이 있는 곳의 법에 의하지만, 부부 중 일방이 한국에 상거소가 있는 한국 국민인 경우에는 이혼의 준거법은 한국법이 된다(제39조).

그런데 만일 북한이 헌법적으로 한국의 일부이고 북한주민을 남한인으로 본다면 북한주민들간의 혼인은 남한법에 따른 신고가 없으므로, 달리 북한당국에의 신고를 남한당국에의 신고로 볼 수 있는 법적 근거가 없는 이상 무효라는 주장이 있을 수 있다. 그러나 이런 결론이 부당하다는 점은 널리 인정되고 있다.[66] 아래에서 소개하는 "북한이탈주민의 보호 및 정착지원에 관한 법률"(북한이탈주민법) 제19조의2는 이를 당연한 전제로 한다. 상식적으로도 북한주민 간에 북한법에 따라 북한에서 혼인을 하거나 이혼한 경우 그것은 효력이 있어야 할 것이다. 북한 가족법의 내용이 남한의 공서양속에 반하는 것도 아니다. 이는 비단 혼인관계만이 아니다. 북한주민들은 북한 내에서 이루어지는 거래 등도 북한법에 따라 유효하게 이루어지는 것으로 기대할 것이다.

나. 혼인의 요건과 중혼의 효과의 준거법

위에서 본 것처럼 혼인의 실질적 성립요건은 각 당사자의 본국법에 따라 결

---

66) 임성권, "탈북자의 이혼 청구에 있어서의 국제사법적 문제 —서울가정법원 2004. 2. 6. 선고 2003드단58877 판결—", 국제사법연구 제10호(2004. 12.), 424면; 문흥안, "가족법상 북한이탈주민의 남한사회 정착 지원 방안에 관한 연구 —이혼의 특례를 중심으로—", 가족법연구 제21권 제3호(2007. 11.), 409면; 정상규(註 2), 641면 이하; 신한미, "북한이탈주민의 이혼소송", 통일사법정책연구 제1권(2006), 84면. 김용담(편집대표), 주석 민법 총칙[1]/윤진수(註 13), 84면도 동지. 다만 위 신한미, 84면은 "북한지역에서 형성된 가족관계의 효력을 부정하기는 곤란하므로, 법률상 혼인의 성립에 관한 민법 제812조에 대한 예외를 인정하여 북한에서의 혼인의 효력을 인정함이 상당하다"고 하나 이런 평가는 준국제사법적 고려가 부족한 것이다.

정된다. 혼인의 실질적 성립요건에는 소극적 요건도 포함되는데 이것이 혼인장애사유이다. 혼인장애사유에는 일면적 장애사유와 쌍면적 장애사유가 있다. 대체로 일면적 요건의 예로는 당사자의 합의, 혼인적령과 보호자 등 제3자의 동의를 들고, 쌍면적 요건의 예로는 동성혼의 금지, 중혼금지, 근친혼금지, 우성적 또는 육체적·정신적 이유에 의한 혼인금지, 일정기간 동안의 재혼금지와 같은 사회정책적인 혼인금지 등을 든다. 혼인의 실질적 성립요건을 결여한 경우 그 효과는 침해된 법이 결정한다.[67] 예컨대 일방 당사자(예컨대 남편)의 혼인의사에 하자가 있는 경우 그 효과는 문제되는 당사자(즉 남편)의 본국법에 따를 사항이다.[68]

그런데 남북한관계에서는 1953. 7. 27. 한국 군사정전에 관한 협정 체결 전에 혼인하여 북한에 배우자를 둔 사람이 월남하여 혼인이 해소되지 아니한 상태에서 남한에서 다시 혼인을 한 경우도 있는데 그 경우 중혼이 성립한다. 후혼은 통상 남한주민 간의 혼인일 텐데 민법 제816조 제1호와 제818조에 따르면 중혼은 혼인의 취소사유이므로[69] 그 경우 후혼을 취소할 수 있게 된다. 이는 준국제사법적 접근의 논리적 귀결이다.

다. 남북한 주민 간의 이혼의 준거법

남북한 주민 간의 이혼의 준거법은 위에서 본 일반원칙에 따른다. 즉 법정지가 남한이면 우리 국제사법에 따라 준거법이 결정되고, 법정지가 북한이면 북한 대외민사관계법에 따라 준거법이 결정된다.[70] 이혼을 하기 위하여는 당사자들이 배우자일 것, 즉 혼인관계가 존재해야 하는데 이것이 선결문제이다. 북한주민 간의 이혼에 관하여 남한법원에 제소되는 경우 혼인의 존재는 우리 준국제사법규칙에 따라 우리 국제사법을 유추적용하여 결정되는 준거법에 의하므로,[71] 혼인의 실질적 성립요건은 각 당사자에 관하여 그 본국법에 의하고, 혼인의 방식요건은 혼인거행지법 또는 당사자 일방의 본국법에 의한다(제36조). 따라서 북

67) 이호정(註 5), 338면.

68) 신창선·윤남순(註 5), 331면; 김연·박정기·김인유, 국제사법 제3판(2012), 361면.

69) 중혼을 취소사유로 규정하는 우리 민법과 달리 북한에서는 중혼은 혼인무효사유이다. 박복순, "통일대비 남북한 가족 관련 법제 비교 및 통합의 기본 방향", 통일과 법률 통권 제21호(2015. 2.), 97면; 박복순·박선영·황의정·김명아, 통일대비 남북한 여성가족 관련 법제 비교연구(한국여성정책연구원, 2014), 170면 참조.

70) 북한 대외민사관계법(제37조)은 이혼의 준거법에 관하여 당사자들의 본국법, 국적이 다른 경우에는 공통 거주지법, 가장 밀접한 관련이 있는 나라의 법의 순서로 적용한다. 소개는 장문철(註 44), 151면 이하 참조.

71) 선결문제에 관하여는 석광현(註 15), 38면 이하 참조.

한주민 간의 혼인은 북한법에 따라 판단할 사항이고 그들이 북한법에 따른 실질적 성립요건과 방식요건을 구비하였다면 이는 유효한 혼인이다. 위에서 본 것처럼 이런 결론은 널리 인정된다.

의외인 것은 일부 판결은 혼인의 성립 문제를 혼인의 효력 문제와 혼동하는 점이다. 예컨대 중혼인 제2혼인의 취소를 구한 사건에서 서울가정법원 2010. 10. 29. 선고 2009드단14527 판결은 전혼이 유효한지를 판단하는 과정에서 "국제사법 제37조 제1호에 따르면, 혼인의 일반적 효력은 우선적으로 부부의 동일한 본국법에 따르는바, 이 사건에서 제1혼인은 북한에서 북한 사람들 사이에 체결된 혼인이기 때문에 북한법이 준거법이 된다"고 판시하였다. 그러나 제37조가 말하는 혼인의 일반적 효력이라 함은 유효하게 성립한 혼인의 결과 어떤 법적 효력 내지 효과가 발생하는가의 문제이므로 위 판결이 제36조가 아니라 제37조에 따라 준거법을 판단한 것은 잘못이다. 유감스럽게도 이런 잘못은 대법원 1996. 11. 22. 선고 96도2049 판결과 이를 따른 일련의 판결에서 보듯이 끈질기게 답습되고 있다.[72)]

라. 북한주민 간의 혼인의 효력의 준거법과 준거법의 변경

북한주민 간의 혼인의 효력(또는 효과)에 대하여는 북한법이 적용된다(국제사법 제36조 참조). 그러나 북한주민인 부부가 탈북하여 남한에 정착한 이후에는 혼인의 효력의 준거법이 남한법이 된다. 이 경우 '준거법의 변경(Statutenwechsel, *conflit mobile*)'이 발생한다는 점을 유념하지 않으면 아니 된다.[73)]

---

72) 이 점은 석광현, 국제사법과 국제소송 제5권(2012), 764면에서도 지적하였다.

73) 준거법의 변경과 관련하여 검토할 논점에는 북한주민 간에 북한에서 형성된 계모자관계를 어떻게 취급할 것인가라는 문제가 있다. 현행 민법은 과거와 달리 계모와 전처의 출생자 사이에 법정친자관계를 인정하지 않고 이를 인척관계로 처리하기 때문이다. 남북가족특례법에 이에 관한 별도의 조문을 둘지를 검토하였으나 결국 규정을 두지 않았다. 헌법재판소 2009. 11. 26. 2007헌마1424 전원재판부 결정도 "현행 민법상 계모자관계는 혈족관계가 아닌 인척관계에 불과하고, 대다수 외국의 법제도에서도 인척에게 상속권을 인정하는 경우는 찾아보기 어려우며, 당사자가 법적인 모자관계를 원한다면 입양신고를 함으로써 친생자관계와 똑같은 효과를 얻을 수 있고, 계모와 계자 상호 간에 재산의 이전을 원한다면 증여나 유증 등에 의하여 상속에 준하는 효과를 얻을 수 있으며, 사망한 계모에게 상속인이 없는 경우에는 계자가 특별연고자에 대한 분여청구를 통하여 계모의 재산을 분여받을 수 있는 점 등을 종합하여 볼 때 인척관계인 계모자 간에 상속권을 인정하지 않는 것이 피해의 최소성원칙에 반한다고 할 수 없다"고 판시하였다.

마. 상속의 준거법

남북한 주민 간의 상속의 준거법은 위에서 본 일반원칙에 의하여 결정된다. 즉 법정지가 남한이면 우리 국제사법에 따라 준거법이 결정되고, 법정지가 북한이면 북한 대외민사관계법에 따라 준거법이 결정된다.[74)]

흥미로운 것은 지식재산권에 관한 사건 중에 상속문제를 다룬 판결들이 있는 점이다. 예컨대 월북작가 이기영의 저작권이 남한에 있는 상속인들에게 상속되었다고 판단한 서울민사지방법원 1989. 7. 26.자 89카13692 결정과 월북작가 박태원의 소설 갑오농민전쟁에 관한 저작권이 남한에 있는 유족들에게 상속되었다고 인정한 서울형사지방법원 1989. 12. 12. 선고 89고단4609 판결 등이 있다.[75)] 그러나 상속에 관하여는 월북작가, 즉 북한주민의 상속이 문제되므로 위 판결들처럼 남한법을 적용할 것이 아니라 북한의 상속법을 적용해야 한다. 다른 사건의 경우 준국제사법적 접근을 하면서 상속의 경우만 달리 취급할 근거는 없기 때문이다.[76)] 북한의 저작권법(제13조, 제15조, 제21조)은 저작권의 상속을 규정하고 있으나 실제로 저작권의 상속이 허용되는지는 논란이 있다.[77)] 만일 북한법에 따를 경우 상속이 부정된다면 우리 국제사법 제10조의 공서위반의 문제가 제기될 것이다.

또한 상속에서는 협의의 반정이 문제될 수 있다. 즉 북한에 상거소를 가진 북한주민이 한국에 부동산을 두고 사망한 경우, 상속 사건이 우리 법정에서 다투어진다면 동산상속과 부동산상속은 국제사법(제49조)을 유추한 준국제사법규칙에 따라 북한법에 의해야 할 것이나, 북한 대외민사관계법이 부동산상속은 소재지법인 남한법으로 반정하는 결과 남한법을 적용해야 한다. 따라서 저작권의 상속의 경우 반정 여부를 판단함에 있어서는 북한의 대외민사관계법상 지식재산권이 동산처럼 취급되는지를 확인할 필요가 있다.[78)]

---

74) 우리 국제사법(제49조)은 상속통일주의(principle of unity)를 취하여 부동산과 동산에 대해 원칙적으로 피상속인의 사망 당시 본국법을 적용하는 데 반하여, 북한 대외민사관계법(제45조)은 상속의 준거법에 관하여 영미와 중국처럼 상속분할주의(principle of scission)를 취하여 부동산의 상속은 소재지법을, 동산의 상속은 피상속인의 본국법을 적용한다. 북한법의 소개는 장문철(註 44), 153면 참조. 양자는 장단점이 있다. 석광현(註 15), 554면 이하 참조.

75) 위 재판들의 요지는 이효원(註 23), 449면 이하 참조.

76) 이은정, "남북교류와 지적재산권의 보호", 남북교류와 관련한 법적 문제점 제1권(법원행정처, 2002), 140면은 이 경우 우리 민법이 적용된다고 한다. 이는 위 판결의 논리를 따라 북한을 남한이라고 보기 때문이나 본문에 적은 것처럼 타당하지 않다.

77) 김영기(註 19), 260면; 윤대규, "북한 저작물에 대한 보호 및 문제점", 북한법연구(제3호), 북한법연구회(2000), 125면 참조.

78) 여기에서 국제사법(제9조 제2항 제6호)의 반정 불허사유, 즉 반정을 허용하는 것이 상속통

6. 친족법과 상속법 분야의 실질법의 특례

남북가족특례법 제3장은 남북 주민 사이의 가족관계에 관한 특례를 규정하는데, 이에는 중혼에 관한 특례(제6조), 실종선고의 취소에 따른 혼인의 효력에 관한 특례(제7조), 친생자관계존재확인의 소에 관한 특례(제8조)와 인지청구의 소에 관한 특례(제9조)가 있다. 한편 제4장은 남북 주민 사이의 상속 등에 관한 특례를 규정하는데 이에는 상속재산반환청구에 관한 특례(제10조), 상속회복청구에 관한 특례(제11조)와 상속의 단순승인 간주에 대한 특례(제12조)가 있다. 이는 대체로 준거법이 남한법인 경우에 민법 대신 적용할 실질법의 특례를 정한 조문들인데 여기에서는 그 중 몇 가지만 언급한다.

가. 중혼에 관하여 남북가족특례법이 도입한 실질법의 특례

위에서 언급한 바와 같이 1953. 7. 27. 한국 군사정전에 관한 협정 체결 전에 혼인하여 북한에 배우자를 둔 사람이 월남하여 혼인이 해소되지 아니한 상태에서 남한에서 다시 혼인을 함으로써 중혼이 성립한 사례들이 있다. 이 경우 민법 제816조 제1호와 제818조에 따르면 중혼은 취소의 대상인데 이를 중혼으로 처리하는 것은 부적절하다고 보아 남북가족특례법은 민법에 대한 실질법상의 특례를 아래와 같이 도입하였다.

제6조(중혼에 관한 특례)
① 1953년 7월 27일 한국 군사정전에 관한 협정(이하 "정전협정"이라 한다)이 체결되기 전에 혼인하여 북한에 배우자를 둔 사람이 그 혼인이 해소되지 아니한 상태에서 남한에서 다시 혼인을 한 경우에는 중혼이 성립한다.
② 제1항의 사유로 중혼이 성립한 경우에는 「민법」 제816조제1호와 제818조에도 불구하고 중혼을 사유로 혼인의 취소를 청구할 수 없다. 다만, 후혼(後婚) 배우자 쌍방 사이에 중혼취소에 대한 합의가 이루어진 경우에는 그러하지 아니하다.

일주의를 취한 국제사법의 취지에 반하는 것이 아닌가라는 점은 논란이 있을 수 있으나 저자는 이를 부정한다. 북한 상속법은 영미상속법의 유산관리인제도와 유사한 상속집행자제도를 두고 있다고 한다. 이은정, "분단경험과 남북한 상속법 —북한 상속법을 중심으로—", 가족법연구 제29권 제3호(2015. 11.), 186-187면. 영미법상으로는 상속재산이 피상속인으로부터 상속인에게 직접 이전하는 것이 아니라 일단 인격대표자(personal representative) —유언상속의 경우 유언집행자(executor), 무유언상속의 경우 법원에 의해 선임된 유산관리인(administrator 또는 선정관리인)— 에게 귀속하고, 인격대표자가 유산을 관리청산한 뒤 잔여 적극재산을 상속인과 수유자(受遺者)에게 분배할 의무를 부담한다. 신창선 · 윤남순(註 5), 372면.

> ③ 제1항의 사유로 중혼이 성립한 경우로서 북한에 거주하는 전혼(前婚)의 배우자도 다시 혼인을 한 경우에는 부부 쌍방에 대하여 중혼이 성립한 때에 전혼은 소멸한 것으로 본다.
> ④ 정전협정이 체결되기 전에 혼인하여 남한에 배우자를 둔 사람이 그 혼인이 해소되지 아니한 상태에서 북한에서 다시 혼인을 한 경우에도 제1항부터 제3항까지의 규정을 준용한다.

제6조는 위의 사례에서 후혼을 취소할 수 없는 것으로 규정하였다. 이는 무엇보다도 중혼의 당사자, 특히 후혼 배우자를 보호하기 위한 것이다. 따라서 후혼 배우자 쌍방 사이에 중혼취소에 대한 합의가 이루어진 경우에는 이러한 예외를 적용할 이유가 없으므로 단서를 두었다. 나아가 그와 같이 중혼이 성립한 경우로서 북한에 거주하는 전혼의 배우자도 다시 혼인을 하여 부부 쌍방에 대하여 중혼이 성립한 때에는 전혼은 소멸한 것으로 본다.

저자의 생각으로는 위 특례는 준국제사법적 접근만으로 모든 문제를 해결할 수 없고 필요한 경우 실질법의 특례를 도입하는 것이 정의로운 해결이라는 점을 잘 보여주는 사례이다.

나. 남북한 주민 간의 이혼에 관하여 북한이탈주민법이 도입한 실질법의 특례

2000년대 한동안 많은 탈북자가 발생하였고 그 중 일부가 북한에 남아 있는 배우자와 이혼하고자 법원에 제소하는 사안이 발생하였다. 이 경우 첫째, 탈북한 배우자가 북한에 있는 배우자를 상대로 이혼청구를 할 수 있는지. 둘째, 남한법원에 재판관할권이 있는지. 셋째, 이혼의 전제, 즉 선결문제로서 북한에서 유효한 혼인이 존재하는지. 넷째, 북한주민에 대한 송달방법. 다섯째, 이혼의 준거법은 무엇인지 등의 의문이 제기되었다.

북한이탈주민법이 시행되기 전에 서울가정법원 2004. 2. 6. 선고 2003드단58877 판결은 북한에서 북한의 법제도에 따라 이루어진 혼인의 효력을 인정한 뒤 혼인관계의 계속을 요구하는 것은 원고에게 너무 가혹하다는 점 등과 혼인관계의 파탄경위를 종합하여 혼인관계의 파탄에 있어 원고에게 더 큰 잘못이 있다고 보기 곤란하다는 이유로 민법 제840조 제6호 소정의 재판상 이혼사유에 해당한다고 보아 이혼청구를 인용하였다.[79] 이는 북한에 배우자(남편)를 남겨두고 국

---

79) 위 판례의 해설과 탈북자의 이혼과 관련된 다양한 논점은 정상규(註 2), 569면 이하; 임성권(註 66), 413면 이하 참조. 위 판례의 간단한 소개는 장준혁(註 33), 644면 이하 참조. 위

내에 정착한 북한이탈주민(부인)이 탈북에 실패하여 북한에 남은 배우자를 상대로 서울가정법원에 제기한 이혼청구사건에 관한 최초 판결이다. 보도에 따르면 탈북자 이혼소송은 2003년 이후 지속적으로 제기되어 163건이 접수되었고 대부분 미제로 남아 있었는데, 위 2004. 2. 6. 판결 후 송달방식 등 법적 문제점이 지적되자 다른 소송은 진행되지 못하였다고 한다.[80] 이러한 제문제를 해석론으로써 해결하는 데 어려움이 드러나자 국회는 이를 입법적으로 해결하고자 2007년 1월 북한이탈주민법 제19조의2를 신설하였고 이는 현재 아래와 같다.

제19조의2(이혼의 특례)
① 제19조에 따라 가족관계 등록을 창설한 사람 중 북한에 배우자를 둔 사람은 그 배우자가 남한에 거주하는지 불명확한 경우 이혼을 청구할 수 있다.
② 제19조에 따라 가족관계 등록을 창설한 사람의 가족관계등록부에 배우자로 기록된 사람은 재판상 이혼의 당사자가 될 수 있다.
③ 제1항에 따라 이혼을 청구하려는 사람은 배우자가 보호대상자에 해당하지 아니함을 증명하는 통일부장관의 서면을 첨부하여 서울가정법원에 재판상 이혼청구를 하여야 한다.
④ 서울가정법원이 제2항에 따른 재판상 이혼의 당사자에게 송달을 할 때에는 「민사소송법」 제195조에 따른 공시송달(公示送達)로 할 수 있다. [생략]
⑤ [생략]

위 조문에 의하여 탈북자가 배우자를 상대로 남한법원에 제소할 수 있고, 남한법원이 재판관할을 가지며,[81] 공시송달에 의한 송달을 할 수 있고, 법원은 재판절차를 진행할 수 있다는 점 등이 명확히 되었다.[82] 이 점에서 위 조문은 실

판결은 남한의 준국제재판관할을 긍정하였음이 명백하나 그 근거를 설시하지는 않았다. 이것이 잘못이라는 점은 장준혁(註 33), 644면, 주 33이 적절히 지적한다.

80) 법률신문 제3368호(2005. 6. 9.), 5면.

81) 명문의 규정이 없다면 남한의 재판관할을 인정하기는 어렵다. 피고는 북한에 있을 것이 강하게 추정되므로, 피고주소지주의를 확립한 대법원 1975. 7. 22. 선고 74므22 판결과 대법원 1988. 4. 12. 선고 85므71 판결 등에 따라 원고주소지인 남한에 관할을 인정할 예외사유, 즉 이혼청구의 상대방이 행방불명 기타 이에 준하는 사정이 있거나 상대방이 적극적으로 응소하는 경우가 존재하지 않기 때문이다. 장준혁(註 33), 648면도 동지로 보이는데 이는 위 2004년 판결은 원고의 권리보호 필요성과 북한의 대외관계의 특수성을 고려하여 원고주소지관할의 제한적 인정상황을 하나 더 추가한 것으로 볼 여지가 있다고 지적한다. 그러나 임성권(註 17), 420면은 예외사유의 존재를 인정하는 것으로 보인다.

82) 이효원(註 10), 168-169면은 북한주민도 대한민국 국민이지만 북한이탈주민의 북한 소재 배우자에 대한 소송에 있어서는 남북관계의 특수성을 반영하여 국제법원칙을 적용할 수 있도록 입법화한 것이라고 한다. 그러나 여기의 국제법원칙이 무엇인지 분명하지 않다. 그 밖에도 당사자가 일정하지 아니한 기간 동안 소송행위를 할 수 없는 장애사유가 생긴 경우에는 법원은 결정으로 소송절차를 중지하도록 명할 수 있다는 민사소송법 제246조 제1항과 관련하여 북한

질법만의 특례를 정한 것은 아니고 광의의 준국제사법규정을 두는 것이다. 여기에서 첫째, 이혼의 준거법은 남한법인가. 둘째, 실질법의 문제로서 위 조항은 남한법이 준거법임을 전제로 하면서 "배우자의 일방이 탈북하고 타방 배우자가 남한에 거주하는지 불명확한 경우"라는 이혼원인을 추가한 것인가라는 의문이 제기된다.

첫째의 질문과 관련하여, 준국제사법규칙에 따르면 국제사법 제39조 단서의 내국인조항으로 인하여 남한법이 준거법이 될 가능성이 있다. 이혼의 준거법을 정한 국제사법 제39조는 제37조를 준용하므로 제37조가 정한 단계적 연결원칙이 적용되나 부부 중 일방이 한국에 상거소가 있는 한국인인 경우에는 이혼의 준거법은 한국법이기 때문이다. 내국인조항은 당초 협의상 이혼 신고서를 수리하는 가족관계등록 공무원이 이혼의 준거법 판단 시 실무상의 어려움을 피할 수 있도록 하려는 것이다.[83] 그런데 남북한 주민 간의 이혼에 제39조 단서를 유추적용하면 항상 남한법이 준거법이 되어 부당하므로 그 적용을 배제해야 한다는 유력한 견해[84]가 있다. 물론 조문상 제한은 없으나 내국인조항의 취지가 협의상 이혼을 염두에 둔 것이라면 재판상 이혼의 방법을 취할 수밖에 없는 남북한 주민 간의 이혼에서 내국인조항을 적용하는 것이 타당한지는 다소 의문이고, 더욱이 남북한 주민 간의 법률관계에서 남한주민과 북한주민의 국적을 연결점으로 사용할 수 없다는 견해를 따르면 그런 결론이 자연스러운 면이 있다.[85]

만일 내국인조항의 적용을 배제한다면 가장 밀접한 관련이 있는 곳의 법이 준거법이 되는데 이는 사안에 따라 달라질 수 있다. 왜냐하면 '케겔의 사다리(Kegelsche Leiter)'에서 보듯이 현재 부부의 동일한 본국법(또는 상거소지법)이 없더라도, 과거 그런 것이 있었고 현재에도 일방이 동일한 본국법(또는 상거소지법)

주민을 상대로 하는 이혼소송에서 법원이 소송절차를 중지해야 하는지가 문제되나 이에 해당되지 않는다고 보고 필요 시 추완항소 등 다른 절차에 의하여 구제하는 것이 타당하다는 견해가 유력하다. 정상규(註 2), 631면; 이효원(註 10), 168면.

83) 석광현(註 15), 468면 참조.

84) 임성권(註 66), 421면. 그러면서도 임성권 교수는 원고의 상거소지법인 남한법이 가장 밀접한 관련이 있는 법이라고 본다. 정상규(註 6), 104면은, 이혼에서 가장 밀접한 관련은 이혼원인과의 밀접한 관련을 뜻하는 것이고 탈북자에 있어서 이혼청구의 가장 큰 원인은 남북 분단상황으로 인한 별거라고 할 것이어서 역시 대한민국 민법이 준거법으로 적용될 가능성이 높다고 한다.

85) 다만 내국인조항을 적용하는 견해는 상거소(또는 남한적)에 의하여 국적을 대체하므로 부부 중 일방이 남한에 상거소가 있는 남한주민인 경우에는 이혼의 준거법은 남한법이라고 보게 될 것이다.

을 유지하는 경우 그 법이 부부와 더 밀접한 관련이 있는 법이라고 볼 여지가 있기 때문이다. 우리 국제사법은 케겔의 사다리를 따르는 대신 3단계 구조를 취하고 있지만, 부부의 과거의 본국법과 상거소지법이 동일하고 일방이 양자를 유지하는 경우에까지 항상 3단계가 타당하다고 단정할 수는 없다. 따라서 탈북자가 제19조의2에 따라 이혼청구를 하는 경우에도 당연히 남한법이 이혼의 준거법인 것은 아니고 사안별로 판단할 여지도 있지 않을까 생각한다.

둘째의 질문과 관련하여, 만일 제19조의2가 이혼원인을 추가한 것이라고 본다면 일방 배우자의 탈북과 그에 이은 일정기간 동안의 별거만을 이유로 이혼을 허용하는 것이 되어 마치 파탄주의를 도입한 것처럼 보인다.[86] 탈북한 배우자가 일방적인 결심을 실행에 옮겨 탈북한 것이라면 사안에 따라서는 그의 이혼청구가 유책배우자의 이혼청구일 수도 있다. 사견으로는 제19조의2가 이혼원인을 추가한 것은 아니므로 이혼을 하자면 준거법에 따른 재판상 이혼사유가 존재해야 할 것이다. 특례조항을 적용하여 이혼청구를 인용한 판결은 예컨대 서울가정법원 2007. 5. 22. 선고 2004드단77721 판결 등이 있는데 위 판결이 제19조의2 제1항이 아니라 민법 제840조 제6호의 혼인관계를 계속하기 어려운 중대한 사유를 이혼근거규정으로 제시한 것은 적절하다.[87] 즉 제19조의2가 이혼사유를 창설한 것으로 보는 것은 적절하지 않다는 것이다.[88] 요컨대 탈북자의 이혼청구에서도, 탈북자가 북한에 배우자를 두고서 탈북한 경우에는 북한에서의 혼인생활의 경위나 탈북한 경위, 함께 탈북하였다가 제3국에서 헤어지게 된 경우에는 헤어지게 된 경위 등 혼인관계가 파탄상태에 이르게 된 경위 등을 고려하여 판단해야 한다는 지적[89]이 타당하다고 본다.

저자의 생각으로는 탈북자가 남한에서 새로운 짝을 찾았다면 혼인을 허용함으로써 남한 사회에 신속히 정착할 수 있도록 하는 것이 바람직하다는 점은 공감할 수 있고, 이를 가능하게 하기 위한 비상수단으로서 북한이탈주민법이 도입된 것이라는 점도 이해할 수 있다. 그러나 북한에 남은 배우자의 관점에서 본다

86) 특례조항에 관하여는 우선 신영호, "새터민의 이혼소송", 인권과 정의 통권 제368호(2007. 4.), 114면 이하; 문흥안(註 66), 391면 이하 참조.

87) 이효원(註 10), 168면은 이 점에 주목한다. 위 판결에 대한 평석은 장준혁(註 33), 623면 이하 참조.

88) 그러나 장준혁(註 33), 650면은 제19조의2 제1항은 준국제관할에 관한 규정이면서 동시에 실체이혼법 규정, 즉 이혼사유에 관한 실체특별법 규정이고 나아가 입증방법을 법정한 것으로서 자유심증주의에 대한 예외라고 본다.

89) 정상규(註 6), 107면 참조.

면 북한이탈주민법은 좀처럼 이해할 수 없는 입법일 수밖에 없다는 점을 부정할 수 없다. 실제로 북한에 남은 배우자가 장래 남한에 들어와 이혼의 효력과 후혼의 효력을 다툴 가능성도 배제할 수 없다. 제19조의2는 다소 무리한 입법이라고 생각되고,[90] 정말 그렇게밖에 할 수 없었던 것인가라는 의문이 남는다.

다. 상속에 관하여 남북가족특례법이 도입한 실질법의 특례

근자에 논란이 된 사건으로는 6·25 전쟁 때 월남한 윤○근(사망)이 북한에 남기고 온 자녀들인 원고들이 검사를 상대로 자신들이 피상속인 ○의 친자임을 확인하는 소를 제기한 사건이 있는데, 위에서 언급한 서울가정법원 2010. 12. 1. 선고 2009드단14534 판결은 친생자관계존재확인청구를 인용하였다. 이는 대법원 2013. 7. 25. 선고 2011므3105 판결에 의하여 확정되었다.[91] 원고들은 남한의 새어머니와 이복동생 등 5명을 상대로 친부의 유산인 부동산에 대하여 소유권이전등기 등 상속회복청구의 소를 제기하였으나 소송과정에서 양측이 조정에 합의하였다고 한다(2009가합18507 사건). 위 조정은 북한에 자녀를 두고 월남한 사람이 사망한 경우 북한에 있는 자녀들도 남한 부모의 재산을 상속받을 권리가 있음을 인정한 첫 사례라고 알려지고 있다.

이 사건에서 제기되는 준국제사법의 논점은 첫째, 친자관계확인의 소와 상속회복청구의 소의 준국제재판관할이고, 둘째, 친자관계의 존부와 상속회복청구권의 준거법이다. 그러나 여기에서 주목하는 것은 남북가족특례법이 도입한 상속에 관한 실질법의 특례이다.

이처럼 북한주민들이 남한 내 재산의 상속 관련 소를 제기하자 국회는 2012. 2. 10. 법률 제11299호로 '남북주민 사이의 가족관계와 상속 등에 관한 특례법(남북가족특례법)'을 제정하였고 이는 2012. 5. 11.부터 시행되고 있다. 남북가족특례법은 실질법상의 특례로서 남한 내 재산에 대한 북한주민의 상속은 인정하되 재산의 반출은 원칙적으로 불허하고 재산관리인을 선임하여 관리하도록 한다. 북한주민이 남한 내 재산(처분대금을 포함)을 남한 이외의 장소로 반출하고자 하는 경우에는 사전에 법무부장관의 허가를 받아야 한다. 더 나아가 상속재

---

90) 임성권, "북한주민과 관련한 가사분쟁의 특수문제", 국제사법연구 제12호(2006), 208면도 재판상 이혼의 상대방이 나중에 남한지역에 들어와 이를 다투는 경우는 미해결로 남은 것이고, 특례조항은 우선 당장의 불편한 내용만 해결하는 것이라고 평가한다.

91) 유산분할에 관하여는 당사자들 간에 조정이 성립하였다고 한다. 위 판결에 대한 소개와 동서독 사례의 소개는 홍창우(註 6), 291면 이하 참조.

산에 대한 체계적 관리제도가 필요하다며 남북가족 신탁청의 설립을 주장하는 견해도 있다.[92] 만일 북한주민이 남한 내 재산을 상속하였다면 이를 당연히 처분할 수 있고 나아가 이를 남한 외로 반출할 수 있어야 할 것이나, 남북가족특례법은 그러한 권리에 대한 특례를 도입한 것이다.

나아가 남북가족특례법상 남북이산으로 인하여 상속을 받지 못한 북한주민은 상속회복청구를 할 수 있는데, 다른 공동상속인이 이미 분할 그 밖의 처분을 한 때에는 그 상속분에 상당한 가액으로 지급할 것을 청구할 수 있다(제11조 제1항). 문제는 북한주민의 상속회복청구권의 제척기간이 이미 경과한 경우인데, 남북가족특례법의 성안 과정에서 실질법의 특례로서 제척기간을 연장하는 특례를 규정하는 방안이 논의되었으나 결국 채택되지 않았다. 이는 이미 상속을 받은 남한주민의 재산권을 소급적으로 침해하는 것이어서 위헌이라는 견해도 있었고, 그에 대한 사회적 합의가 없어 논란의 여지가 클 것으로 생각되어 규정하지 않고 이를 학설과 판례에 맡겼기 때문이다.[93] 해석론으로서는 논란의 여지가 있을 수 있다.[94] 북한주민이 제기한 상속회복청구의 소에 대하여 남북가족특례법을 적용하여 판단한 첫 판결인 서울남부지방법원 2014. 1. 21. 선고 2011가단83213 판결은 북한주민의 상속회복청구권 행사에 민법상 제척기간의 적용을 부정하였다. 그러나 항소법원인 서울남부지방법원 2014. 6. 19. 선고 2014나2179 판결은 남북가족특례법 제11조 소정의 상속회복청구권 규정을 해석함에 있어 민법 제

92) 최금숙, "통일비용 절감을 위한 제언: 북한가족의 남한 상속재산 관리를 위한 '남북가족 신탁청' 신설의 제안", 제15차 통일과 여성포럼—드레스덴 선언 이후, 북한 여성 가족지원을 위한 실천적 과제 모색 자료집(2014. 8.), 12면(박복순(註 69), 103면 주 48에서 재인용) 참조.

93) 신영호, "남북 이산가족 사이의 상속관련 문제해결: '남북주민 사이의 가족관계와 상속 등에 관한 특례법안' 입법 취지와 해설", 법무사 제524호(2011. 2.), 46면. 상속재산의 관리에 관하여는 유욱, "북한주민의 남한 내 상속재산 등 관리방안: '남북주민 사이의 가족관계와 상속 등에 관한 특례법안' 입법 취지와 해설, 법무사 제525호(2011. 3.), 44면 이하 참조.

94) 남북가족특례법의 해석론으로서 정구태(註 25), 241면, 246면은 민법 제166조 및 제999조 제2항 전단을 유추적용하여, 북한주민이 권리를 행사할 수 있는 것을 전제로 '그 상속권 침해를 안 날'부터 3년의 제척기간이 진행되는 것으로 보아야 하고, 입법론으로서는 초안에 있었던 제척기간의 특례규정과 그에 따른 남한 상속인 및 제3취득자의 보호규정을 속히 명문화해야 한다고 주장한다. 학설은 김영기(註 6), 195면 이하; 신영호, "남북한 주민 사이의 상속회복 재론", 통일과 법률 통권 제24호(2015. 11.), 44면 이하 참조. 참고로, 소멸시효에 관한 것이기는 하나 징용사건에서 대법원 2012. 5. 24. 선고 2009다22549 판결(미쓰비시 사건 판결)과 대법원 2012. 5. 24. 선고 2009다68620 판결(신일본제철 사건 판결)은 원고등이 한국법원에 제소할 시점까지는 원고등이 한국에서 객관적으로 권리를 사실상 행사할 수 없는 장애사유가 있었으므로, 피고가 소멸시효의 완성을 주장하여 원고등에 대한 불법행위로 인한 손해배상채무 또는 임금지급채무의 이행을 거절하는 것은 현저히 부당하여 권리남용으로서 허용될 수 없다고 판시한 바 있다.

999조 제2항의 제척기간이 적용된다고 보고 위 사건 소는 제척기간 경과 후 제기된 것으로 부적법하다며 제1심 판결을 취소하고 소를 각하하였기에 대법원의 판단이 기대되었다. 이에 대해 대법원 2016. 10. 19. 선고 2014다46648 판결은 남북가족특례법이 별도의 특례를 두지 않은 것은 입법적인 선택이라고 하면서 항소심의 결론을 지지하였다.[95] 명시적인 조문이 없는 이상 해석론으로서는 제척기간 규정이 적용된다고 보는 견해가 설득력이 있으나 입법론으로는 그 경우 특례를 두어 분단상황으로 인하여 사실상 권리를 행사할 수 없었던 북한의 상속인을 보호하는 것이 타당하다고 본다.[96] 무고한 수백만 동포의 목숨을 앗아간 전쟁에 이어 60년이 넘게 지속된 남북분단 상황과, 외부세계와 일체의 통신 및 인적 교류마저 금지하는, 세계에서 유례가 없는 폐쇄성을 보이는 북한사회의 현실을 고려한다면 다른 결론을 취할 수는 없다. 그렇게 함으로써 남북분단 상황에서 권리를 행사할 수 없음을 고려하여 분단의 종료, 자유로운 왕래, 그 밖의 사유로 인하여 소의 제기에 장애사유가 없어진 날부터 일정 기간 내에 소를 제기할 수 있도록 허용하는 특례를 도입한 남북가족특례법(제8조 제2항 및 제9조 제2항)과도 균형을 맞출 수 있다. 다만 그로 인해 기존의 법률관계가 영향을 받는 점을 고려하여 이를 보완하고자 초안은 남한 상속인과 제3취득자의 보호규정을 두었다.[97] 따라서 남북가족특례법에서 위 조문이 삭제된 것은 유감스러운 일이다.

7. 지식재산권의 준거법

남북한이 교류하는 과정에서 지식재산권과 관련된 사안이 다른 분야보다 비교적 많이 발생하였고 우리 법원의 재판도 여럿 있는데, 이는 대부분 남한에서

---

95) 위 판결에는 반대 취지의 소수의견이 있다. 위 대법원 판결에 대한 평석은 우선 김상훈, "북한주민의 상속회복청구권 행사와 제척기간—대법원 2016. 10. 19. 선고 2014다46648 전원합의체판결에 대한 검토—", 가족법연구 제30권 제3호(통권 제57호)(2016. 11.), 497면 이하(김상훈, 509면은 기본적으로 제1심 판결의 태도를 지지한다); 정구태, "북한주민의 상속회복청구권 행사와 제척기간 재론—대법원 2016. 10. 19. 선고 2014다46648 전원합의체판결에 대한 비판적 연구—", 통일과 법률 통권 제29호(2017. 2.), 43면 이하(대법원 판결의 결론에 반대하고 입법론적 해결을 주장한다) 참조. [본문의 밑줄 부분과 이 각주는 이 책에서 새로 추가한 것이다.]

96) 남북가족특례법 제정 전의 다수설도 같다. 신영호(註 29), 297면; 과거 학설은 임성권, "남북한 주민 사이의 가족법적 문제", 비교사법 제8권 제2호(2001. 12.), 655면 참조. 당시 위원회에서도 특례규정을 두어 민법 제999조 제2항의 제척기간이 경과하였더라도 북한거주 상속인이 상속회복청구권을 행사할 수 있도록 해야 한다는 의견이 다수였다.

97) 소개는 신영호(註 93), 42면 이하 참조.

북한의 저작물을 사용하는 과정에서 상속인 또는 양수인의 권리보호와 관련하여 분쟁이 발생한 사안에 관한 것이다.[98]

가. 국제사법의 규정

우리 국제사법 제24조는 아래와 같이 규정함으로써 저작권을 포함한 지식재산권의 보호에 관하여 이른바 '보호국법주의(principle of *lex protectionis*)'를 채택하고 있다. 제24조가 지식재산권의 모든 분야에 관하여 보호국법주의를 명시하는 대신 현실적으로 가장 문제되고 있는 지식재산권 침해의 경우만을 규정하는 방식을 취하고 있으나 제24조는 지식재산권 전반에 관한 보호국법주의를 선언한 것으로 보아야 한다.[99]

> 제24조(지식재산권의 보호) 지식재산권의 보호는 그 침해지법에 의한다.

제24조는 2001년 7월 섭외사법 개정 시 신설된 것인데, 섭외사법 하에서도 보호국법주의가 타당하다는 견해가 유력하였다.[100] '보호국'이라 함은 "그의 영토 내에서 문제가 된 지적재산권을 어떠한 형태로든 사용하거나, 제3자에 대해 방어하고자 하는 국가", 간단히 말하자면 "그의 영토에 대하여 지적재산권의 보호가 청구되고 있는 국가"를 말한다.[101]

나. 제24조와 지식재산권에 관한 조약과의 관계[102]

국제사법 제24조는 일차적으로 지식재산권에 관한 조약이 없거나 적용되지 않는 경우의 저촉규범으로서 의미를 가진다. 제24조를 신설하면서 조약에서 정한 연결원칙을 배척하고자 하는 것은 아니라고 보아야 하기 때문이다. 만일 특허권, 상표권, 저작권 등 지식재산권의 종류별로 관련 조약이 이미 저촉규범을 두고 있다면 국제사법 조항은 별 의미가 없을 것이나, 그렇지 않다면 국제사법 조항은 조약이 적용되는 경우에도 저촉규범으로서의 의미를 가지게 될 것이다.

---

98) 판결들의 소개와 간단한 평가는 이효원(註 23), 444면 이하 참조.

99) 석광현(註 15), 279면.

100) 이호정, "지적재산권의 준거법", 지적재산권법강의(정상조 편)(1997), 653면은 조약이 적용되지 않는 경우 보호국법원칙을 국제지적재산권법의 불문의 저촉규정으로 볼 수 있다고 하였다. 석광현, 국제사법과 국제소송 제2권(2001), 572면 이하도 참조.

101) 석광현(註 15), 278면.

102) 석광현(註 15), 282면

따라서 지식재산권 관련 조약에 저촉규범이 포함되어 있는지의 여부와 그의 정확한 적용범위 등을 더 세밀하게 검토할 필요가 있다. 실제로 "문학적 · 예술적 저작물의 보호를 위한 베른협약(Berne Convention for the Protection of Literary and Artistic Works)"("베른협약")은 보호국법주의를 취하고 있다고 보는 견해가 전세계적으로 유력한데 그 근거는 베른협약 제5조의 제2항이다.[103] 본 더치 사건에서 서울고등법원 2008. 7. 8. 선고 2007나80093 판결은 베른협약 제5조 제1항은 내국민대우의 원칙을, 제5조 제2항은 보호국법주의를 채택하고 있다고 보았고, 탄줘잉 사건에서 서울중앙지방법원 2008. 6. 20. 선고 2007가합43936 판결도 베른협약이 보호국법주의를 취하고 있다고 보았다.[104] 그런데 북한도 2003년 4월 베른협약에 가입하였으므로[105] 남북한 법률관계에는 베른협약을 적용해야 한다는 견해가 주장될 수 있다.[106] 그러나 베른협약을 적용하는 것은 북한을 별개의 독립한 국가로 보는 것이 되어 준국제사법적 접근방법에 반한다. 즉, 준국제사법의 맥락에서 국적을 연결점으로 사용할 수 없는 것과 마찬가지로 남북한이 별개의 국가임을 전제로 하는 조약의 적용은 허용할 수 없다는 것이다. 그렇다면 결국 조약을 적용하는 대신 준국제사법적 접근을 해야 한다는 것이 된다.[107] 유력한 견해[108]도 "북한저작물의 저작권 침해가 문제된 민사관계 분쟁의 경우 남북한이 가입한 베른협약의 정신에 따라 북한의 저작물을 보호하되, 준거법 결정에서는 남북한 특수관계론에 따라 북한의 준외국적 지위를 인정하여 베른협약의 보호국

103) 석광현(註 15), 283면 참조.

104) 석광현(註 72), 110면 이하 참조.

105) 남한은 199 6. 5. 21. 가입하여 1996. 8. 21. 발효되었고, 북한은 2003. 1. 28. 가입하여 2003. 4. 28. 발효되었다. http://www.wipo.int/treaties/en/ShowResults.jsp?lang=en&trea ty_id=15 참조.

106) 실제로 고윤정 · 김윤향, "북한저작물의 보호", 통일논총(제21호), 숙명여자대학교(2003), 223면 이하는 그런 견해를 취한다고 한다(김영기(註 19), 263면에서 재인용).

107) 김영기(註 19), 267면은, 북한이 베른협약 가입 시 협약관련 분쟁에 있어 국제사법재판소(ICJ)의 재판관할 조항에 유보한 점, 남북한이 상호 '국가'로 승인한 바 없고 남한에서 북한의 국가성을 부인하는 헌법 제3조가 있는 현실에서, 남북한이 베른협약에 가입했다는 사실로부터 바로 북한을 '외국'으로 인정하여 베른협약을 적용하기는 어려우므로 준거법 결정에서는 남북한 특수관계론에 따라 해결함이 타당하다고 한다. 그러나 과거 김명기, "저작권에 관한 국제협약의 북한영역에서의 적용", 계간 저작권 제47호(저작권심의조정위원회. 1999. 9.), 12면 이하는 북한이 베른협약에 가입하는 경우 협약의 관계에 한해 상호 상대방의 국가의 지위를 인정해야 하고, 따라서 베른협약의 적용범위를 남한으로 한정하고 북한을 외국으로 인정해야 한다면서, 베른협약이 직접 규율하는 사항의 경우(제6조의2, 제8조 내지 제12조, 제14조) 이외에는 섭외사법(현재는 국제사법)의 규정에 따라 지정되는 준거법을 적용해야 한다는 견해를 피력하였다.

108) 김영기(註 19), 267면 이하.

법주의를 명문화한 국제사법 제24조를 유추적용해 남한 저작권법을 적용한다는 식으로 이론을 구성하는 것이, 남북한의 현실을 반영하고 평화적 관계 속에서 통일을 지향하는 남북한의 발전적 관계를 법리적으로 뒷받침하는 해석"이라는 취지로 지적한다. 저자도 이런 견해가 대체로 타당하다고 보나, 조약을 적용할 수 없다면 보호국법을 적용해야 하고 이는 사안에 따라서는 북한법이 될 수도 있는 것이지 항상 남한법이 적용되는 것은 아니다.

다. 우리 법원 판결의 태도

이와 관련하여 주목할 것은 북한주민에게 남한법을 적용하여 저작권을 인정한 판결들이 여럿 있다는 점이다.[109] 즉, 대법원 1999. 11. 12. 선고 96누1221 판결은 북한주민의 국적과 저작권법의 효력범위에 관하여 헌법 제3조의 규범력을 근거로 하여 북한주민이 당연히 대한민국 국민으로서의 지위를 가진다고 보았다. 또한 행정처분의 부존재확인소송을 제기할 이익이 있는지에 관한 대법원 1990. 9. 28. 선고 89누6396 판결은 원고는 출판 및 판매금지처분의 부존재확인을 구할 법률상의 지위가 없다고 판단하는 과정에서 아래와 같은 취지로 판시하였다.

> "저작권법의 규정들(제36조 제1항, 제41조, 제42조, 제47조 제1항)에 의하면 저작자의 저작물을 복제, 배포, 발행하고자 하는 자는 저작자로부터 저작재산권의 일부 또는 전부를 양수하거나 그의 저작물 이용허락을 받아야 하고, 상당한 노력을 기울였어도 공표된 저작물의 저작재산권자나 그의 거소를 알 수 없어 그 저작물의 이용허락을 받을 수 없는 경우에는 대통령령이 정하는 바에 의하여 문화부장관의 승인을 얻고 문화부장관이 소정의 보상금기준에 의하여 정한 보상금을 공탁하고 이를 이용할 수 있다고 되어 있으며, 이러한 저작재산권은 특별한 경우를 제외하고는 저작자가 생존하는 동안과 사망 후 50년간 존속한다고 규정하고 있다. 그리고 이 법규정의 효력은 대한민국 헌법 제3조에 의하여 여전히 대한민국의 주권범위 내에 있는 북한지역에도 미치는 것이다." (밑줄은 저자가 추가함)

이는 북한에도 한국의 주권이 미치고 북한주민도 남한주민이라고 보아 남한 저작권법의 효력이 북한에도 미친다고 본 것이다. 이런 태도를 따른 하급심 판결들도 있다.[110] 서울지방법원 남부지원 1994. 2. 14. 선고 93카합2009 판결은,

---

109) 남북한 간의 저작권의 보호에 관하여는 우선 이은정(註 76), 137면 이하 참조. 우리 판례의 소개는 김영기(註 19), 246면 이하 참조.

110) 예컨대 손해배상을 구한 서울고등법원 2006. 3. 29. 선고 2004나14033 판결. 이 판결은 북

남북기본합의서 제23조에 따라 체결된 부속합의서 제9조 제5항이 "남과 북은 쌍방이 합의하여 정한 데 따라 상대측의 각종 저작물에 대한 권리를 보호하기 위한 조치를 취한다"고 정한 기본정신을 고려했음을 밝히고 있고, 이효원 교수는 지식재산권에 관한 일련의 판결에서 법원이 남북한 특수관계를 인정하면서도 지적재산권에 관하여는 그 장소적 효력과 인적 효력이 직접적으로 중요한 쟁점이 된다는 점을 고려하여 저작권법(제3조 제3항)이 정한 상호주의와 상관없이 저작권의 주체와 내용에 대한 준거법으로 남한 저작권법을 인정한 것으로 평가한다.[111)]

그러나 이런 판결들은 준국제사법의 접근방법에 반하는 것으로서 문제가 있다. 다른 영역에서와 달리 지식재산권에 관해서만 준국제사법적 접근을 포기하고 달리 취급할 이유는 없으므로 이런 결론은 일관성을 해하는 것으로 부당하다. 위에서 보았듯이 섭외사법 하에서도 보호국법주의가 타당한데, 준국제사법의 접근방법에 따르면, 국제사법 하에서는 물론 섭외사법 하에서도 보호국법주의의 결과 북한 저작자가 북한에서 저작권을 취득하는가는 북한 저작권법에 따르고, 남한에서 그에 대한 보호를 요구할 수 있는지는 남한법에 따른다고 보는 것이 타당하다. 존속기간 기타 저작권의 내용은 준거법에 따르므로 어느 법에 의하는가에 따라 결론이 다를 수 있다. 더욱이 북한에서 저자가 저작권을 취득하는지 아니면 '조선작가동맹'이 저작권을 취득하는지, 작가가 일단 취득한 저작권을 북한당국(또는 북한당국이 설립한 단체)에 양도하는 것인지, 아니면 강제로 양도해야 하는 것인지도 검토할 필요가 있다. 대법원 2015. 1. 15. 선고 2012다4763 판결[112)]은 직무발명에 의하여 발생되는 권리의무는 국제사법 제24조의 적용대상이라 할 수 없다고 보고, 직무발명에 관한 섭외적 법률관계에 적용될 준거법은 그 발생의 기초가 된 근로계약에 관한 준거법으로서 국제사법 제28조 제1항, 제2항 등에 따라 정하여지는 법률이고 이러한 법리는 실용신안에 관하여도 마찬가지로 적용된다고 판시하였다. 따라서 북한 저작물에 대한 저작권의 최초귀속 문제에

한에서 간행된 저작물인 동의보감에 관하여 남한 저작권법 제9조를 적용하여 북한의 보건부 동의원이라는 단체가 저작권자라고 판단하였다. 판결들의 소개와 간단한 해설은 이효원(註 23), 444면 이하 참조.

111) 이효원(註 23), 454면. 김명기(註 106), 11면은 이런 판결의 태도를 지지한다.

112) 평석은 문선영, "직무발명에 관한 섭외적 법률관계의 준거법", 한국특허법학회(편), 직무발명제도 해설(2015), 331면 이하; 이규호, "직무발명에 관한 섭외적 법률관계에 적용될 준거법", 국제사법연구 제22권 제2호(2016. 12.), 149면 이하 참조. 이 주는 이 책에서 새로 추가한 것이다.

대하여 작가동맹과 작가의 관계에 따라 북한법을 적용해야 할 여지도 있고, 만일 저작권이 작가동맹에 귀속될 뿐이고 정작 저작자에게는 적정한 권리가 인정되지 않는다면 경우에 따라서는 국제사법 제10조의 공서조항이 적용될 여지도 있다.[113)]

입법론적으로는, 남북한 간에 상호 상대방의 저작권을 승인하고 그 범위 안에서 이용할 수 있도록 법제도를 만드는 것이 바람직하다.[114)] 그 밖에도 베른협약에 준하는 보호를 부여하기로 합의할 수도 있을 것이다.

서울고등법원 1999. 10. 12.자 99라130 결정도 위 대법원판결의 논리, 나아가 신청인이 한국국적을 가지고 있음을 근거로 남한 저작권법을 적용하여 신청인이 영화의 완성과 동시에 영상저작자로서의 저작재산권을 행사하지 않고 이를 북한 당국 또는 신필림 영화촬영소에 양도한 것으로 판단하였다.[115)] 그러나 북한에서 북한법에 따라 양도받았음을 주장하는 것이라면 이는 북한법에 따르고 우리나라에서 양도의 효력을 주장하는 것이라면 남한법을 적용하는 것이 옳다.

8. 법인 또는 단체의 준거법

가. 국제사법의 규정

우리 국제사법 제16조는 다음과 같이 규정함으로써 법인에 관한 사항에 관하여 설립준거법을 원칙으로 하고, 예외적인 경우에는 본거지법을 따르도록 규정한다. 설립준거법설을 택한 이유는 영미법계에서 널리 인정되는 설립준거법설을 취할 경우 속인법이 고정되고 그 확인이 용이한 관계로 법적 안정성을 확보할 수 있으며, 설립자들의 당사자의사를 존중할 수 있다는 장점이 있는 데 반하

---

113) 당초 이 논문에서는 이 논점을 언급하지 않았으나 이호정 교수님의 조언을 듣고 이 점을 반영하였다. [본문의 밑줄 부분과 이 주는 이 책에서 새로 추가한 것이다.]

114) 이효원(註 16), 455면.

115) 위 결정은 나아가 "남과 북은 쌍방이 합의하여 정한 데 따라 상대측의 각종 저작물에 대한 권리를 보호하기 위한 조치를 취한다"고 규정한 남북기본합의서(1992. 2. 19. 발효)(제23조)에 의거한 부속합의서(제9조 제5항)의 기본정신과 부합한다는 취지로 판단하였다. 하지만 저작권을 보호한다고 해서 북한저작물에 대해 당연히 남한법을 적용해야 하는 것은 아니다(그러자 김태경, "남북 분단과 남북한 저작물의 보호", 대한변협신문 제703호(2018. 8. 27.), 9면은 이런 전제에 선 것처럼 보인다). 저작권법(제3조 제1항)이 외국인의 저작물은 대한민국이 가입 또는 체결한 조약에 따라 보호된다고 규정한다고 해서 당연히 한국법을 적용하는 것이 아니라 국제사법(제24조)가 정한 보호국법원칙을 따른다는 점을 생각하면 이 점을 이해할 수 있을 것이다. 이 주는 이 책에서 새로 추가한 것이다.

여, 대륙법계, 특히 독일의 통설이던 본거지법설에 따르면 본거지의 개념이 애매하여 그 결정이 쉽지 않고, 본거지를 이전한 경우 준거법이 변경되는 문제가 있기 때문이었다.[116)]

제16조(법인 및 단체) 법인 또는 단체는 그 설립의 준거법에 의한다. 다만, 외국에서 설립된 법인 또는 단체가 대한민국에 주된 사무소가 있거나 대한민국에서 주된 사업을 하는 경우에는 대한민국 법에 의한다.

나. 준국제사법규칙

북한 법인 또는 단체의 경우 설립준거법인 북한법이 법인 또는 단체의 설립, 권리능력의 유무와 범위, 행위능력, 조직과 내부관계, 사원의 권리와 의무 및 사원권의 양도 등 법인의 설립부터 소멸까지 법인 또는 단체의 모든 사항을 규율한다. 아래에서 소개하는 저작권에 관한 서울고등법원 2006. 3. 29. 선고 2004나14033 판결은 북한에서 간행된 저작물인 동의보감에 관하여 남한 저작권법 제9조를 적용하여 북한의 '보건부동의원'이라는 단체가 저작권자라고 판단하였는데 이는 북한법에 따라 설립된 단체가 법인으로서 권리능력이 있음을 인정한 것으로 보인다.[117)]

한 가지 흥미로운 논점은 현재 북한법에 따라 설립된 국영기업 등 법인의 통일 후의 처리인데, 남한의 체제를 기초로 통일되는 때에는 특별법을 제정하여 일정한 요건을 구비하는 북한 기업들을 유사한 한국 법인 또는 회사로 전환하는 것이 바람직할 것이다.[118)] 북한법에 따라 설립된 개성공업지구(또한 개성공단. 이하 양자를 호환적으로 사용한다) 현지기업의 경우에도 마찬가지이다.

116) 석광현(註 15), 202면 이하.

117) 그 밖에도 서울지방법원 남부지원 1994. 2. 14. 선고 93카합2009 판결도 북한의 기관을 저작권의 주체로서 인정했다고 한다. 이효원(註 16), 454면.

118) 이에 관하여는 김익성, "통일한국의 회사법", 2014. 9. 5. 서울대학교 헌법·통일법 센터가 "통일법제 인프라 확충을 위한 쟁점과 과제"라는 주제로 개최한 세미나 자료집, 41면 이하 참조. 상세는 김익성, "구동독 국영기업의 회사전환에 관한 법적 연구", 서울대학교 대학원 법학박사학위논문(2013) 참조.

9. 계약의 준거법

개성공단의 존재를 생각하면 남북한 주민(이는 위에서 언급한 것처럼 기업을 포함한다) 간에 계약을 체결하는 사례는 적지 않을 것이나 계약의 준거법에 관한 논의는 잘 보이지 않는다. 개성공단에서 체결되는 계약에 관한 특별한 규범이 없다면,[119] 계약에 대하여도 준국제사법적 접근이 타당하므로 국제사법 제25조 이하의 규정을 유추적용해야 한다. 즉, 남북한 주민 간의 계약에서 당사자들은 준거법을 지정할 수 있다. 남북한 법률관계를 순수한 국내거래라고 본다면 국제사법 제25조 제4항의 제한이 적용되므로 예컨대 당사자들이 중국법을 적용하기로 합의한 경우에도 남한법의 국내적 강행규정이 적용될 것이나, 저자와 같이 준국제사법적 접근방법을 따른다면 남북한 법률관계에 제25조 제4항을 적용할 것은 아니다. 한편 당사자들이 준거법을 지정하지 않은 때에는 당해 계약과 가장 밀접한 관련이 있는 국가의 법, 즉 남한법 또는 북한법이 준거법이 된다. 이 경우 제26조가 정한 특징적 이행(characteristic performance. 또는 급부)에 기초한 깨질 수 있는 추정이 적용된다.[120]

주의할 것은, 근로계약에 관하여는 국제사법 제25조와 제26조가 아니라 국제사법 제27조가 국제사법 차원에서 근로자를 보호하기 위하여 특칙을 두고 있다는 점이다.[121] 개성공단은 북한에 속하므로 <u>개성공단에서는</u> 원칙적으로 개성공업지구법 등 북한법률이 적용될 것이나, <u>개성공단 내의</u> 남한주민에 대한 북한법률의 적용 가능성, 적용범위와 한계 등을 심층적으로 규명하여야 한다는 지적은 적절한데,[122] 국제사법 제27조가 개성공단에서 노무를 제공하는 북한주민에게 어떤 의미가 있는지도 검토해야 할 것이다.

계약의 준거법과 관련하여 흥미로운 논점은, 남북한 주민 간에 물품매매계약을 체결하는 경우에 북한은 가입하지 않았으나 남한이 가입한 "국제물품매매

---

119) 우선 여러 개의 남북합의서를 보아야 한다. 이를 포함하여 개성공단의 특수한 지위와 그에 따른 법적용의 제문제는 이효원(註 27), 47면 이하 참조. 북한은 영토고권을 이유로 개성공단에서는 북한법률이 적용되는 것을 전제로 하여 2002년 11월 13일 최고인민회의 상임위원회 정령으로 '조선민주주의인민공화국 개성공업지구를 내옴에 대하여'를 제정하였다고 한다. 이효원(註 27), 50면. 상세는 개성공업지구 법제연구회, 개성공업지구 법제의 진화와 미래(경남대학교 극동문제연구소, 2012), 69면 이하 참조.

120) 상세는 석광현(註 15), 309면 이하 참조.

121) 그에 추가하여 노무제공지인 북한의 근로자 보호를 위한 공법적 성질의 규정이 적용되는 점도 고려해야 한다. 상세는 석광현(註 15), 352면 이하 참조.

122) 이효원(註 27), 26면.

계약에 관한 국제연합협약"("매매협약")(CISG)이 적용되는가이다.[123] 매매협약은 양당사자가 체약국에 영업소를 가진 경우 직접적용되고, 양당사자의 일인 또는 양자가 체약국에 영업소를 두지 않은 경우에도 국제사법에 따라 매매계약의 준거법이 체약국법이면 협약이 적용된다(간접적용). 우리나라는 제1조 제1항 나호의 적용을 유보하지 않았기 때문에 간접적용도 가능하다. 따라서 남북한 주민 간에 물품매매계약을 체결하는 경우 그 준거법이 남한법이라면(대체로 매도인이 남한주민인 경우) 매매협약이 남한법의 일부로서 적용될 수 있는가라는 의문이 제기된다.

북한도 한국의 일부라는 전제에서 남북한 주민 간의 매매계약을 국내계약이라고 보면 매매협약은 적용되지 않으나 이를 국제계약이라고 보면 적용되는데, 문제는 준국제사법적 접근방법을 취하는 경우의 결론이 무엇인가라는 점이다. 위에서 본 것처럼 남북한 주민 간의 법률관계에서 국적을 연결점으로 삼는 것은 적절하지 않다고 본다면 그 경우 매매협약의 적용을 긍정하기는 어렵고, 결국 준거법이 한국법이라면 매매협약이 아니라 남한의 민·상법이 적용될 것이라는 견해도 주장될 수 있으나, 매매협약은 당사자의 국적에 착안하는 것이 아니라 영업소(영업소가 없는 경우 상거소)에 착안하므로(제1조 제3항) 상이한 사법질서가 존재하는 남북관계에서 매매협약의 적용을 긍정하는 견해가 주장될 수 있으므로 단정적인 견해를 일단 유보한다.[124]

10. 불법행위의 준거법

불법행위에 대하여도 준국제사법적 접근방법이 타당하다. 따라서 남북한 주

123) 이 점에서 매매협약의 적용문제는 남북한이 가입한 베른협약의 적용문제와는 다소 차이가 있다. 매매협약이 제기하는 국제사법의 제논점은 석광현(註 72), 48면 이하; 석광현, 국제물품매매계약의 법리(2010), 413면 이하 참조.

124) 저자는 당초 전자의 견해를 취하였으나 본문과 같이 견해를 유보한다. 송인호, 통일법 강의—기본이론과 주요쟁점(법률신문사. 2015), 293면 이하는 탈북브로커계약의 유무효를 포함한 제논점을 다루는데 그에는 준거법의 문제도 포함된다. 이는 주로 중국 동포와 북한주민 간에 체결되는 점에서 남북한 주민 간의 계약은 아니므로 논의를 생략한다. 참고로 위 송인호, 297면은 당사자가 준거법을 지정하지 않은 경우 가정적 의사에 기초하여 준거법을 결정하나, 국제사법 하에서는 이는 허용되지 않는다고 본다. 석광현(註 72), 27면 이하 참조. 상세는 김영기, "탈북 용역 계약에 관한 주요 쟁점 및 실무례", 통일사법정책연구(3)(2016), 203면 이하 참조. 이는 재판관할권과 준거법 및 실질법상의 논점을 상세히 다루고 있다. [밑줄 부분은 이 책에서 새로 추가한 것이다.]

민 간의 불법행위에 대하여는 기본적으로 불법행위의 준거법결정원칙을 정한 국제사법(제32조)을 유추적용하여 준국제사법규칙을 정립해야 한다. 여기에서는 상세한 논의를 생략한다.[125)]

11. 국제사법의 총론적 논점

그 밖에도 협의의 국제사법상 총론에 속하는 논점들—즉 성질결정, 연결점, 선결문제, 외국법의 적용(준거법인 외국법의 인식과 불명시의 처리), 국제적 강행규정, 예외조항, 반정, 공서위반과 적응 등—은 준국제사법에도 유추적용할 수 있다. 준국제사법적 접근방법을 취하는 것의 최대의 장점은 여기에 있다. 남북가족특례법 초안 제5조 제2항과 제3항은 준거법 불명시의 처리와, 공서위반을 명시한 바 있었다. 여기에서는 총론적 논점 중에서 국제적 강행규정만을 언급하는데, 남북한 법률관계에서 국제적 강행규정을 논의하는 것은 두 가지 의미가 있다(이는 소송에 의한 분쟁해결 시 타당하다).[126)]

가. 준거법에도 불구하고 법정지인 남한의 국제적 강행규정의 적용

국제사법(제7조)은 다음과 같이 규정한다.

> 제7조(대한민국 법의 강행적 적용) 입법목적에 비추어 준거법에 관계없이 해당 법률관계에 적용되어야 하는 대한민국의 강행규정은 이 법에 의하여 외국법이 준거법으로 지정되는 경우에도 이를 적용한다.

따라서 외국법이 준거법으로 지정되더라도 대외무역법, 외국환거래법과 문화재보호법 등 그 입법 목적에 비추어 준거법에 관계없이 적용되어야 하는 법정지인 한국의 강행규정은 여전히 적용된다. 여기에서 한국의 강행규정이라 함은 '국제적 강행규정(internationally mandatory rules)'을 말하는데, 이는 당사자의 합의에 의해 그 적용을 배제할 수 없는 국내적 강행규정 중에서 준거법이 외국법이라도 그의 적용이 배제되지 않는 것을 말한다.

---

125) 불법행위에 기한 손해배상청구를 둘러싼 준국제사법적 논점에 관한 연구는 우선 윤상도(註 6), 146면 이하; 임성택, "남북한 주민간 불법행위 손해배상에 관한 연구", 통일과 법률 제2호(2010. 5.), 53면 이하 참조.

126) 상세는 석광현(註 15), 140면 참조. 중재에서는 소송의 경우와 다른 논리가 적용된다.

이런 법리는 준국제사법에서도 유추적용되므로, 남북한 주민 간의 거래에서 준거법이 북한법 또는 중국법과 같은 제3국법이더라도 남한의 국제적 강행규정은 그에 불구하고 여전히 적용된다. 남북한 법률관계에서는 남북교류협력에 관한 법률("남북교류협력법")을 보면, 물품 등의 반출·반입의 승인을 정한 제13조와 협력사업의 승인 등을 정한 제17조는 이러한 국제적 강행규정에 해당한다고 보인다. 남북한 주민 간에 물품 등의 매매 또는 임대차 등 반출·반입거래를 하면서 그 준거법을 북한법 또는 중국과 같은 제3국의 법으로 지정하더라도 남북교류협력법의 위 조항은 당연히 적용된다. 또한 남한과 북한의 주민(법인·단체를 포함)이 공동으로 문화 또는 학술 등에 관한 활동을 하는 경우에도 마찬가지이다.

나. 북한법이 준거법인 경우 공법적 성질을 가지는 북한의 국제적 강행규정의 적용

전통적 국제사법 이론에 따르면 국제사법에 의하여 지정되는 외국법은 사법이며 공법은 제외되었다. 그러나 공·사법의 구별을 모르는 국가도 있고, 사법의 공법화 현상이 두드러짐에 따라 양자의 구별이 불명확한 경우도 많으므로 준거법으로 지정된 외국법의 내용이 공법적 성격을 가진다는 이유만으로 그 적용을 배제함은 부당하다. 국제사법(제6조)은 이를 명시한다.

> 제6조(준거법의 범위) 이 법에 의하여 준거법으로 지정되는 외국법의 규정은 공법적 성격이 있다는 이유만으로 그 적용이 배제되지 아니한다.

따라서 준거법 소속국의 국제적 강행규정은 공법이기 때문에 적용될 수 없다는 법리, 즉 '외국공법 부적용의 원칙(Grundsatz der Nichtanwendung ausländischen öffentlichen Rechts)'은 더 이상 타당하지 않다. 준거법으로 지정된 외국법은 비록 공법적 성격을 가지더라도 당해 사법적 법률관계에 영향을 미치는 한 적용될 수 있다. 여기에서 "외국공법을 적용한다"는 의미는, 외국의 규제를 그 자체로서 우리나라에서 직접 적용하고 집행하는 것이 아니라, 외국공법에 위반한 행위가 무효가 되는가라는 사인들 간의 법률관계에 관계되는 반사적 효력의 문제이다. 따라서 국제사법(私法)이라는 명칭을 들어 국제사법과 그에 의해 지정된 준거법은 사법적 법률관계에만 관계된다는 과거의 통념은 우리 국제사법 하에서도 극복되었음을 유념해야 한다.

이러한 법리를 남북한 법률관계에 유추적용한다면 북한법이 준거법인 경우 이는 북한의 사법(私法)만이 아니라 당해 법률관계에 적용되는 공법적 성질의 국제적 강행규정을 포함할 수 있다. 물론 그때 북한의 법률을 적용한 결과가 남한의 공서에 명백히 위반되는 때에는 북한법의 적용은 공서조항에 의하여 배척된다.

Ⅵ. 외국재판과 북한재판의 승인 및 집행

어느 국가 법원의 재판은 재판권, 즉 주권을 행사한 결과이므로 당해 국가에서 효력을 가질 뿐이고 다른 국가에서 당연히 효력을 가지는 것은 아니다. 그러나 이러한 원칙을 고집한다면 섭외적 법률관계의 안정을 해하고 국제적인 민사분쟁의 신속한 해결을 저해한다. 따라서 오늘날 많은 국가들은, 외국재판이 일정한 요건을 구비하는 경우 그의 효력을 승인하고 집행을 허용한다. 외국재판의 승인이라 함은 외국재판이 가지는 효력을 한국에서 인정하는 것을, 외국재판의 집행이라 함은 우리 법원이 집행을 허가함으로써 외국재판에 대해 집행력을 부여하는 것을 말한다. 우리나라는 외국재판의 승인은 민사소송법에서, 외국재판의 집행은 민사집행법에서 각각 규율한다. 외국재판의 집행은 그의 승인을 논리적 전제로 한다.

1. 민사소송법과 민사집행법의 규정

승인요건이 구비되면, 별도의 절차를 요하지 아니하고 자동적으로 기판력(*res judicata* effect)을 포함한 외국재판의 효력이 한국에 확장된다. 이를 '자동승인'이라고 한다. 민사소송법 제217조가 정한 외국재판의 승인요건은 확정재판요건, 국제재판관할요건, 송달요건, 공서요건과 상호보증요건이다.[127)]

민사소송법 제217조(외국재판의 승인)
① 외국법원의 확정판결 또는 이와 동일한 효력이 인정되는 재판(이하 "확정재판등"이라

127) 북한 대외민사관계법(제59조-제62조)은 외국판결의 승인 및 집행에 관하여 규정한다. 장문철(註 44), 160면 이하 참조. 동법 제59조는 승인요건의 하나로 원칙적으로 상호 승인에 관한 국가적 합의가 있을 것을 요구하고, 가족관계사건에서 북한주민이 동의할 때에는 예외를 인정한다.

한다)은 다음 각호의 요건을 모두 갖추어야 승인된다.
1. 대한민국의 법령 또는 조약에 따른 국제재판관할의 원칙상 그 외국법원의 국제재판관할권이 인정될 것
2. 패소한 피고가 소장 또는 이에 준하는 서면 및 기일통지서나 명령을 적법한 방식에 따라 방어에 필요한 시간여유를 두고 송달받았거나(공시송달이나 이와 비슷한 송달에 의한 경우를 제외한다) 송달받지 아니하였더라도 소송에 응하였을 것
3. 그 확정재판등의 내용 및 소송절차에 비추어 그 확정재판등의 승인이 대한민국의 선량한 풍속이나 그 밖의 사회질서에 어긋나지 아니할 것
4. 상호보증이 있거나 대한민국과 그 외국법원이 속하는 국가에 있어 확정재판등의 승인요건이 현저히 균형을 상실하지 아니하고 중요한 점에서 실질적으로 차이가 없을 것

② 법원은 제1항의 요건이 충족되었는지에 관하여 직권으로 조사하여야 한다.

제217조의2(손해배상에 관한 확정재판등의 승인) [생략]

외국재판의 집행에 관하여는 민사집행법이 별도의 규정을 두고 있다. 외국재판을 집행하기 위하여는 우리 법원의 집행판결을 받아야 한다. 집행판결청구의 소를 심리하는 법원은 승인요건의 구비 여부만을 조사할 수 있고, 재판의 당부를 조사할 수 없는데, 이것이 실질재심사(*révision au fond*) 금지의 원칙이다. 이 원칙을 명시하는 민사집행법 제27조와 달리 민사소송법은 이를 명시하지 않으나 외국재판의 승인의 맥락에서도 실질재심사는 금지된다.

제26조(외국재판의 강제집행)

① 외국법원의 확정판결 또는 이와 동일한 효력이 인정되는 재판(이하 "확정재판등"이라 한다)에 기초한 강제집행은 대한민국 법원에서 집행판결로 그 강제집행을 허가하여야 할 수 있다.

② [생략]

제27조(집행판결)

① 집행판결은 재판의 옳고 그름을 조사하지 아니하고 하여야 한다.

② 집행판결을 청구하는 소는 다음 각호 가운데 어느 하나에 해당하면 각하하여야 한다.
1. 외국법원의 확정재판등이 확정된 것을 증명하지 아니한 때
2. 외국법원의 확정재판등이 민사소송법 제217조의 조건을 갖추지 아니한 때

2. 북한법원 재판의 효력과 남북가족특례법 초안의 규정

위에서 본 것처럼 북한주민이 북한법에 따라 혼인하고 혼인신고를 했다면 혼인의 방식요건을 구비한 유효한 혼인이라고 보아야 한다. 그런데 만일 부부인 북한주민들이 북한법에 따라 재판상 이혼을 하였다면 남한에서 그 효력은 어떻

게 되는가라는 의문이 제기된다.

북한법원 재판의 효력에 관하여는 남한의 민사소송법을 유추적용하는 것이 가장 적실한 해결방안이나 민사소송법을 적용할 수 있는 법적 근거를 마련할 필요가 있다는 견해가 있었다.[128] 만일 북한을 대한민국의 일부라고 본다면 북한법원의 재판은 민사소송법 제217조가 말하는 외국재판이 아니다. 그러나 북한법원은 남한법원이 아니고 그 재판은 대부분 남한법 질서가 아니라 그와 현저하게 다른 북한법 질서에 기초하여 이루어지므로 그 재판을 남한법원의 재판과 동일시할 수는 없고, 일정한 요건을 구비하는 경우에 한하여 남한에서 효력을 인정할 수 있을 뿐이다. 이는 북한법원의 재판이 남한에서 효력을 가지기 위해서는 외국재판처럼 '효력의 확장', 즉 '승인'이라는 개념을 필요로 함을 의미한다. 따라서 여기에서도 광의의 준국제사법적 접근방법을 취하는 것, 즉 민사소송법의 규정을 유추적용하는 방안이 타당하다고 본다.[129]

이러한 취지를 담은 것이 남북가족특례법 초안이다. 즉 동 초안은 북한판결의 효력(제6조)에 관하여 아래와 같이 규정하였다.[130]

제6조(북한판결의 효력) 북한주민 사이의 가족관계에 관한 북한법원의 확정판결의 남한에서의 효력에 대하여는 제2조의 기본원칙을 고려하여 그 목적과 취지에 반하지 않는 범위 내에서 민사소송법 제217조의 규정을 준용한다. 다만 민사소송법 제217조 제4호[131]는 제외한다.

이는 외국재판의 승인에 관한 당시 민사소송법 제217조를 준용함을 명시하면서 상호보증의 요건을 배제한 것이다. 만일 상호보증을 요구한다면 북한이 남한의 판결을 승인하지 않는 상태에서 북한판결은 사실상 전혀 승인될 수 없을

128) 이효원(註 16), 282면.

129) 윤상도(註 6), 176-177면도 동지. 참고로 구 동독 법원 판결에 대해 Reinhold Geimer, Internationales Zivilprozeßrecht (1987), Rn. 2232; Dieter Martiny, Handbuch des Internationalen Zivilverfahrensrechts, Band Ⅲ/1 Kap. I (1984), Rn. 546ff., Rn. 1759ff.도 동지. 후자는 동독 법원의 민사재판, 특히 이혼판결은 가족법개정법률(FamRÄndG) 제7조 제1항이 정한 승인절차 없이 승인되고 오히려 그 효력을 부정하려는 자가 서독에서 소를 제기하여 효력을 배제하여야 한다고 보았다.

130) 위 조문은 윤진수 편집대표(註 4), 1665면 註 6에 소개한 바 있다. 당시 저자는 이를 제7조라고 소개했으나. 정확히는 위원회 초안에서는 제7조였고 공고된 조문에서는 제6조였다. 2011년 1월 11일 입법공고 자료는 http://www.moleg.go.kr/lawinfo/lawNotice?ogLmPpSeq=11788&admRulSeq=2000000129365&announceType=TYPE5 참조.

131) 2014년 5월 민사소송법 제217조가 개정된 결과 이는 제217조 제1항 제4호에 상응한다.

것이라는 현실적인 어려움을 고려한 것이다.[132)]

당초 논의과정에서는 북한판결의 승인과 집행을 함께 규정하기로 하였으나 북한판결의 집행에 대하여는 거부감이 있어 집행은 제외되었다. 이런 제한은 타당한 것으로 볼 여지도 있으나, 주의할 것은 여기에서 상정하는 집행은 가족관계에 관한 북한판결의 집행이지 재산관계에 관한 북한판결의 집행이 아니므로 주로 가족관계등록부의 기재를 말하는 것이라는 점이다. 과연 이를 집행이라고 볼지는 논란의 여지가 있으나 우리 법원은 종래 이를 광의의 집행으로 이해하고 있다.

주목할 것은, 제7조는 북한법원의 확정판결 일반 또는 북한주민과 남한주민 간의 가족관계에 관한 것이 아니라 "북한주민 사이의 가족관계"에 관한 북한법원의 확정판결에 한정되는 점이다. 위에서 본 것처럼 북한주민 간에는 북한에서 혼인신고를 함으로써 혼인이 성립하는데 그것이 북한법원의 이혼재판에 의하여 해소된 때에는 그 효력을 승인하는 것이 자연스럽기 때문이다. 상호보증의 요건을 배제한 것도 이처럼 범위가 한정적이기 때문이다.[133)] 그러나 위 조문은 결국 삭제되었다. 이는 북한의 판결의 효력을 인정하는 것은 북한을 국가로 인정하는 것이라는 비판이 있었기 때문인 것으로 짐작된다.[134)] 이러한 태도는 국가승인과 외국재판 승인의 관계를 어떻게 볼 것인가와 관련되는데 사인(私人)의 민사상 법률관계에 관한 판결의 승인으로부터 묵시적 국가승인을 도출하는 것은 옳지 않다고 본다.[135)] 어느 국가의 판결은 비록 국가주권을 행사한 결과물이기는 하나

132) 위 조문에 관한 것은 아니나 윤상도(註 6), 179면은 상호보증은 필요하다면서 북한 대외민사관계법(제59조 전문)을 근거로 상호보증의 개념에 관한 어느 견해를 따르더라도 남북한간에 상호보증은 존재하지 않는다고 한다. 북한은 국가적 합의가 있을 때에만 외국재판을 승인하므로 그런 평가는 타당하다. 다만 과거 대법원 판결이 취했던 '동일 또는 관대조건설'은 '중요조건 동등설'을 취한 대법원 2004. 10. 28. 선고 2002다74213 판결에 의하여 사실상 폐기되었다. 상세는 석광현(註 34), 239면 이하 참조. 2014년 5월 개정된 민사소송법 제217조 제1항 제4호는 이 점을 명시한다. Martiny(註 127), Rn. 549도 그 근거는 다소 다른 것으로 보이나 상호보증은 요구하지 않는다.

133) 만일 위 조문이 포함되었더라면 북한주민과 남한주민 사이의 가족관계에 관한 북한법원의 판결 승인 시 상호보증이 필요한지는 논란의 여지가 있었을 것이다. 신분관계사건에서 상호보증을 요구하지 않는 국가도 있고 우리나라에도 이런 견해가 있는데 그에 따른다면 그 경우 상호보증은 불필요할 것이다. 그러나 종래 판례는 신분사건에서도 상호보증을 요구한다. 우리 법원이 신분관계사건에서 상호보증요건에 대해 문제의식을 보이지 않는 것은 아쉬운 점이다.

134) 정부는 위 조문을 삭제한 수정안을 2011. 8. 18. 재공고하였다. 법률신문 제3961호(2011. 8. 22.), 6면 기사 참조. 2011. 8. 22. 재공고자료는 http://www.moleg.go.kr/lawinfo/lawNotice?ogLmPpSeq=12963&admRulSeq=2000000129393&announceType=TYPE5 참조.

135) 묵시적 승인의 가장 중요한 요소는 승인을 하려는 당사국의 의도이다. 정인섭, 신 국제법강의(2018), 184면. 따라서 만일 의문이 있다면 입법자료 또는 더 나아가 법률 자체에 북한판결을 승인하더라도 이는 동 법이 규율하는 사법관계의 안정을 위한 것이지 북한을 국가로 승인

외국재판 승인의 근거를 외국재판에 의해 얻어진 분쟁해결의 종국성의 확보라는 실제적인 필요성과, 국제적 파행적 법률관계의 발생을 방지하고, 섭외적 법률관계의 안정을 도모한다는 데서 구하는 대륙법계의 법리와, 그 근거를 국제예양에서 구하는 영미법계의 법리에 따르더라도 외국재판을 승인한다고 해서 그것이 반드시 국가승인이라고 볼 근거는 없다.[136] 판결 당시 북한주민인 당사자들 사이의 가족관계에 관하여 선고한 북한법원의 판결에 효력을 인정하는 것이 국가승인이 될 것은 더더욱 아니다. 만일 북한주민 간에 북한법원에서 이혼판결을 받았고 그에 따라 이혼등록을 함으로써[137] 당시 북한법에 따라 혼인관계가 이미 해소되었음에도 불구하고 남한에서 그 효력을 승인하지 않는다면, 북한에서 혼인한 북한주민인 부부가 비록 재판상 이혼을 했더라도 남한에서는 여전히 부부로 취급되어야 한다는 부당한 결과가 된다. 남북한 특수관계론으로도 친족관계에 관한 북한 판결의 승인을 정당화할 수 있을 것이다.[138] 위(Ⅱ. 3.)에서 언급한 바와 같이, 우리가 북한에서 북한주민 간에 형성된 법상태(또는 법률관계)에 효력을 부여하는 데는 두 가지 경로가 있는데, 이는 그 중 후자, 즉 개별 고권적 행위의 절차적 승인에 해당하는 것이다. 남북가족특례법 초안에서 승인의 경로가 공식적으로 삭제된 것은 유감이다. [밑줄 부분은 이 책에서 새로 추가한 것이다.]

근자에는 개성공업지구 현지기업과 거래하는 남한주민(개인 또는 기업)이 상거래로 인한 채권의 만족을 얻기 위해 남한법원의 판결을 받아 이를 개성공업지구에서 강제집행할 현실적 필요성이 있다고 한다. 흥미로운 것은, 이를 위하여 이는 사실상 남남분쟁이므로 북한으로서도 남한법원의 판결을 집행권원으로 인정하지 않을 이유가 없다는 견해[139]가 보이는 점이다.[140] 이런 주장을 할 여지도

하는 것이 아님을 명시할 수도 있을 것이다. 이 각주는 이 책에서 새로 추가한 것이다.

136) 외국재판 승인의 근거는 석광현, 국제사법과 국제소송 제1권(2001), 261면 이하 참조.

137) 북한에서는 이혼판결은 확정일로부터 3개월간 효력을 가지며(북한가족법 제20조 제3항) 그 기간 내에 이혼등록을 해야 이혼의 효과가 발생한다고 한다. 문흥안, "분단과 남·북한 친족법의 변화", 가족법연구 제29권 제3호(2015. 11.), 145면.

138) 아니면 공법적 법률관계와 사법적 법률관계를 구분하는, 즉 승인의 공법적 차원과 사법적 차원을 구분하는 법리를 동원할 여지도 있다. 이는 승인되지 않은 국가의 법 적용에 관하여 국제사법재판소가 채택한 이른바 'Namibia exception'이다. Alex Mills, States, failed and non-recognized", Encyclopedia of Private International Law, Vol. 2 (2017), p. 1656 *et seq.*는 그런 접근방법을 채택한 영미와 유럽인권재판소의 판례 및 미국 대외관계 Restatement Third, §205(3)을 소개하고 타이완 관련 판례도 소개한다. 이 각주는 이 책에서 새로 추가한 것이다.

139) 한철웅, "개성공단 관련 남한법제의 발전 과제", 서울대학교 헌법·통일법 센터가 2015. 11. 27. 개최한 "개성공단 10년, 법제도의 성과와 과제" 세미나 자료집, 97면.

140) 개성공업지구에 진출한 남한 기업 간에, 동 지구 내 건물에 대한 소유권에 기하여 건물명도

있지만, 북한주민 사이의 가족관계에 관한 북한 판결의 승인도 거부했던 사람들로서는 이런 주장을 수용하기는 어려울 것이다.

Ⅶ. 민사사법공조

국가간의 사법공조, 즉 국제사법공조(international judicial assistance 또는 international judicial cooperation)라 함은, 광의로는 모든 국제적 사법(司法)협력을 의미하나, 협의로는 문서의 송달과 증거조사에 관한 국제적인 사법협력을 의미한다.[141] 우리 국제민사사법공조법도 사법공조를 후자의 의미로 사용한다.[142] 따라서 남북한 주민 또는 기업간에 남한 또는 북한에서 소가 제기되는 경우 북한 또는 남한에서 송달과 증거조사에 관한 사법공조의 문제가 제기된다.

1. 국제민사사법공조법

민사소송법 제191조는 '외국에서 하는 송달의 방법'이라는 표제 하에 "외국에서 하여야 하는 송달은 재판장이 그 나라에 주재하는 대한민국의 대사·공사·영사 또는 그 나라의 관할 공공기관에 촉탁한다"는 원칙만을 선언하고 그 구체적인 방법을 정하고 있지 않다.[143] 국제민사사법공조법은 민사사건에 있어 외국으로의 사법공조촉탁(제2장)과, 외국으로부터의 사법공조촉탁(제3장)으로 나누어 민사사법공조, 즉 재판상 서류의 송달과 증거조사에 관한 처리절차를 규정하고 있고, 그 하위규범으로 "국제민사사법공조규칙"과 "국제민사사법공조등에 관한

를 구한 소송에서 대법원 2016. 8. 30. 선고 2015다255265 판결은 한국의 재판관할권을 긍정하고, 비록 집행이 사실상 불가능하거나 현저히 곤란하다는 사정만으로 이행의 소에서 권리보호의 이익이 부정되는 것은 아니라고 판시하였다. 이런 판시는 개성 소재 부동산에 대하여 북한이 전속적 국제재판관할을 가지는 것이 아님을 전제로 하는데 대법원이 과연 그런 쟁점을 고려하였는지는 분명하지 않다. 2018년 국제사법 전부개정법률안(제10조 제1항 제3호)은 부동산에 관한 물권에 관한 소에 대하여 소재지국의 전속적 국제재판관할을 규정하는데 이는 많은 나라에서 인정되는 관할규칙이다. 다만 일본 민사소송법(제3조의3 제11호)은 부동산 소재지의 관할을 인정할 뿐이고 이를 전속관할로 규정하지는 않는다. 이 각주는 이 책에서 새로 추가한 것이다.

141) 석광현, 국제민사소송법(2012), 217면.

142) 제2조 제1호 참조.

143) 민사집행법 제13조도 외국송달의 특례에 관한 규정을 두고 있다.

예규”가 있다.

2. 남북가족특례법 위원회 초안의 규정

당초 남북가족특례법의 위원회 초안은 사법공조에 관하여 아래와 같이 규정하였다. 그러나 아래 제6조는 2011. 1. 11. 입법공고된 조문에는 포함되지 않았던 것으로 보인다.[144)]

> 제6조(남북한 사법공조) 남북한 사이의 사법공조의 내용과 절차에 관하여는 제2조의 기본 원칙을 고려하여 이 법과 「민사소송법」, 「국제민사사법공조법」의 목적과 취지에 반하지 않는 범위 내에서 해당하는 법률을 준용한다.

종래 해석론으로서는 남북한 간의 사법공조에 관하여도 국제민사사법공조법을 유추적용할 것이라는 견해가 유력한데,[145)] 위 제6조는 그런 취지를 명시한 것이다. 그러나 이는 결국 삭제되었다. 북한법의 적용과 북한판결의 승인에 대하여는 위에서 언급한 것처럼 북한을 국가로 인정하는 것이 아니냐는 우려 때문일 것이다. 그렇더라도 북한판결을 승인하는 것과 비교할 때 남북한 간의 사법공조는 그런 우려가 전혀 없거나 가사 있더라도 매우 작았을 텐데 함께 삭제된 것은 다소 의문이다. 아마도 북한의 공조를 기대할 수 없었기 때문인지도 모르겠다.

남북한 간에 사법공조에 관한 합의를 하는 것이 가장 바람직함은 물론이나, 사법공조에 응할 법적 의무가 없는 현재 상태에서는 ‘예양(comity)’에 기하여 사실상 어느 정도의 사법공조를 할 수 있을 것이다.[146)] 과거 국제적인 맥락에서 대법원판결도 예양이라는 개념을 사용한 바 있고,[147)] 국제민사사법공조에 관한 법적인 근거가 없을 때에도 우리 법원은 사법공조를 제공한 바 있는데 그 근거를 국제예양으로 설명하는 경향이 있었다.

---

144) 저자는 윤진수 편집대표(註 4), 1665면 註 6에서 위 조문이 포함되었다고 소개하였으나 이는 부정확한 것 같다. 2011. 1. 11. 자료는 http://www.moleg.go.kr/lawinfo/lawNotice?ogLmPpSeq=11788& admRulSeq=2000000129365&announceType=TYPE5 참조.

145) 이효원(註 16), 280면. 구 동독에 관하여 Schack(註 22), Rn. 178도 동지.

146) 국제사법 내지 국제민사소송법상 예양이 가지는 의미에 관하여는 석광현(註 140), 21면 이하 참조.

147) 즉 영사송달에 관한 대법원 1992. 7. 14. 선고 92다2585 판결은 “… 우리나라와 영사관계가 있더라도 송달을 받을 자가 자국민이 아닌 경우에는 영사에 의한 직접실시방식을 취하지 않는 것이 국제예양이며 …”라고 판시하였다.

나아가 남북한 간의 사법공조에서 정부간 경로를 고집할 것은 아니고, 반민 반관의 단체 또는 민간단체를 활용하는 방법도 고려할 필요가 있으며 특히 송달의 경우 예컨대 적십자 연락사무소를 이용하는 방안도 추진해 볼 수 있다는 견해도 있는데,[148] 실제로 남북가족특례법 초안을 성안하는 과정에서 통일부 등을 활용하는 방안도 논의되었다. 그러나 적어도 소송에 관한 한 그러한 정부기관이나 민간단체에게 사법공조를 전면적으로 맡기는 것이 적절한지는 의문이다.

Ⅷ. 맺음말

지금까지 남북한 법률관계를 다루는 과정에서 광의의 준국제사법적 접근방법이 타당하다는 점을 보았다. 근자에는 준국제사법적 접근방법이 널리 인정되는데, 이는 재판관할의 배분, 준거법의 결정, 재판의 승인 및 집행의 영역에서 타당하고 사법공조의 영역에서도 의미가 있다. 요컨대 여기에서는 남북한 법률관계를 소재로 국제사법을 기초로 광의의 준국제사법규칙을 정립하는 작업의 방향과 그 구체적 내용의 일단을 제시하였다. 남북한 법률관계에서는 국제사법에서 다루는 다양한 논점과 유사한 논점이 제기되는데 이를 제대로 규율하는 방안은 아래와 같이 정리할 수 있다. 첫째, 국제적 법률관계를 다루는 기본적 법원칙으로서 기존 국제사법의 관점과 해결방안을 이해하고, 이를 남북한관계의 특수성을 고려하여 적절히 변용함으로써 타당한 준국제사법규칙을 도입해야 한다. 예컨대 준거법 결정에서는 국제사법규칙을 유추적용하되 국적이 연결점인 경우 이를 상거소로 대체하는 것이 바람직한데, 그 경우 내국인조항을 적용할지는 고민할 필요가 있다. 둘째, 실질법 차원에서 기존의 남한법 또는 북한법과 다른 해결방안을 도입할 필요가 있는지, 만일 그렇다면 그 내용은 무엇인지를 탐구해야 한다. 예컨대 실질법 차원에서는 북한이탈주민법이 정한 이혼에 대한 특례(타당성은 논란의 여지가 있다)와 남북가족특례법이 정한 중혼과 상속재산의 관리와 반출에 관한 특례에서 보듯이 합리적인 내용의 실질법규칙을 새로 형성해야 한다. 즉 준국제사법적 접근방법과 실질법 차원에서의 특례 도입이라는 접근방법을 적절히 결합하는 것이 남북한 주민 간의 사법적(私法的) 법률관계를 올바로 해결하

148) 윤상도(註 6), 173면.

는 방안이라는 것이다. 셋째, 남북가족특례법의 초안에서는 법적 확실성을 제고하기 위해 광의의 준국제사법규칙을 명문으로 규정하였으나 재판관할에 관한 제4조를 제외하고 모두 삭제되었는데 이는 유감이다. 이런 입법적 시도가 좌절된 것은 우리가 실용적 사고보다 명분에 치우친 탓이 아닐까 싶다. 그러나 그런 조문이 없더라도 해석론으로 동일한 결론을 도출해야 한다. 즉, 삭제된 조문은 여전히 타당한 지침으로서 기능해야 한다. 마지막으로 지적할 것은, 남북한 특수관계론은 법의 영역에 따라 상이한 접근을 가능하게 하는 도구이나, 그 경우 국제사법의 대원칙과 지나치게 유리된 해결방안을 정당화하는 요소로 활용하는 것은 경계해야 한다. 다시 말하면 남북한 법률관계보다 훨씬 넓고 다양한 국제적 법률관계를 해결하기 위해 발전되어 국제적으로 상당한 보편적 타당성을 획득한 국제사법의 법리와 그 정책적 함의를 충분히 이해하면서 이를 남북한 법률관계에서 어떻게 변용할지를 고민하는 것이 장래의 과제라는 것이다. 남북한 법률관계에서 제기되는 다양한 법률문제를 해결함에 있어서는 광의의 국제사법에 대한 지식이 필수적이라는 점을 지적해둔다.

후 기

위 글을 발표한 뒤에 아래의 문헌 등이 간행되었다. 물론 망라적인 목록은 아니다.

-통일사법정책연구(4): 북한 관련 소송의 현황과 쟁점, 사법정책연구원(2018)에 아래와 같은 논문이 수록되어 있다. 문선주, 총론편(13면 이하)(법적 관점과 준거법), 오규성, 민사편(59면 이하), 이이영, 가사편(127면 이하), 김영기, 지식재산권편(251면 이하) 등이 그것인데 이는 기존 논의를 update 한 것으로 보인다.

-독일 법학자의 시각에서 본 한국의 문제점은 Jürgen Basedow, “Private International Law as Applied between the Two Koreas —A German Perspective—”, 2018. 7. 31. 한국법제연구원 통일법포럼 강의자료가 있다. 이는 심사를 거쳐 2019년 상반기에 국제사법연구에 게재될 예정으로 알고 있다.

제9장

동아시아 국제사법 및 국제민사소송법의 통일

[14] 국제민·상사분쟁해결에 관한 동아시아법의 현황과 미래
[15] 한중 사법공조의 실천현황과 개선방안

[14] 국제민 · 상사분쟁해결에 관한 동아시아법의 현황과 미래

-조화와 통일의 관점에서-

前 記

이 글은 저자가 저스티스 통권 제158-2호(한국법률가대회 특집호 I)(2017. 2.), 537면 이하에 게재한 글로서 오타와 오류를 제외하고는 원칙적으로 수정하지 않은 것이다. 참고할 사항은 말미의 후기에 적었다.

Ⅰ. 머리말

1. 논의의 배경과 범위

한국, 중국과 일본으로 구성된 동북아시아 역내의 교역은 상당한 규모에 이르렀다. 한국의 관점에서 볼 때 수출 측면에서 중국은 1위이고 일본은 5위이며, 수입 측면에서 중국은 1위이고 일본은 2위이다.[1] 동아시아 역내에서의 분쟁도 증가하고 있음은 의문이 없다. 물론 한중일 기업 간의 분쟁이 모두 역내에서 해결되는 것은 아니지만 그러한 분쟁 중 일부는 한국, 중국과 일본에서 소송 또는 중재에 의하여 해결되고 있다. 이런 배경 하에서 여기에서는 국제민·상사분쟁해

* 저자는 이 글의 아이디어를 2013. 10. 12. 일본 시즈오카(静岡)에서 개최된 일본 국제법학회에서 발표하였고 그 원고를 수정·보완하여 Kwang Hyun Suk, "Harmonization of Private International Law Rules in Northeast Asia", 일본 国際法外交雑誌 第114巻 第1号(2015. 6.), pp. 1-26에 간행하였다. 그 전에도 저자는 2011. 5. 31. 타이페이에서 개최된 International Law Association Asia-Pacific Regional Conference에서 "Harmonization or Unification of Private International Law Rules in Northeast Asia: Korean Perspective"라는 제목으로 발표하였지만 공간하지 않았다. 저자는 한국에서도 이런 아이디어를 발표해야 한다고 생각하고 있었는데 마침 제10회 한국법률가대회의 대주제가 『동아시아 법의 현황과 미래 —조화와 통일의 관점에서—』이기에 준거법만을 다룬 위 일본 발표 논문의 범위를 광의의 국제사법(국제민사소송법)과 국제상사중재법을 포함하도록 확대하고 내용을 보완하여 이 글을 작성하였다.

1) 통계는 http://stat.kita.net/stat/kts/ctr/CtrTotalImpExpList.screen 참조.

결에 관한 동아시아법의 현황과 미래라는 주제를 장래의 조화와 통일이라는 관점에서 논의한다. 저자가 이 글을 작성함에 있어 염두에 둔 세 가지 방침을 밝혀 둔다.

첫째, 국제민·상사분쟁해결에 관한 법에는 ① 국제재판관할에 관한 법, ② 준거법 지정에 관한 법, ③ 외국재판의 승인 및 집행에 관한 법과 ④ 국제중재에 관한 법[2] 등이 포함된다. 여기에서는 그 중에서 ② 준거법 지정에 관한 법인 '협의의 국제사법(國際私法)'을 중심으로 하고 다른 분야는 비교적 간단히 논의한다. 종래 한국에서 ① 내지 ③이 모두 강학상 광의의 국제사법으로 다루어졌으나 실정법인 현행 국제사법의 핵심은 ②에 있기 때문이다.[3]

둘째, 국제민·상사분쟁에는 재산법상의 분쟁만이 아니라 친족, 상속법상의 분쟁도 포함되므로 이에 관하여도 논의하되 상대적으로 간단히 다룬다.

셋째, 동아시아에는 동북아시아만이 아니라 동남아시아도 포함되나 여기에서는 동북아시아만을 다룬다. 이는 저자가 동남아시아를 다룰 처지가 아니기도 하고, 아래에서 보듯이 저자는 동북아시아의 상황과 과제를 인식한 뒤에 동남아시아로 점차 그 관심을 확대해 나가는 것이 적절하다고 믿기 때문이다. 이하에서는 문맥에 반하지 않는 한 '동북아', '동아시아'와 '한중일'을 호환적으로 사용한다.

2. 동아시아 역내 국제사법 입법의 현황

한국의 국제사법("한국 국제사법")은 2001년 7월 전문개정되었고, 일본의 법례는 "법의 적용에 관한 통칙법"("일본 통칙법" 또는 "일본 국제사법")[4]으로 개정되어 2007년 1월부터 시행중이며 중국은 2010년 처음으로 "섭외민사관계법률적용법"("중국 법률적용법" 또는 "중국 국제사법")[5]을 제정하여 2011년 4월 발효되었다.

---

2) 이에는 한중일 각자의 중재법과 한중일이 모두 가입한 1958년 뉴욕협약이 있다.

3) ③에 관하여는 우선 석광현, "한중 사법공조의 실천현황과 개선방안", 국제거래법연구 제23집 제2호(2014. 12.), 317면 이하 참조. ④에 대해서는 중재분과의 발표가 있으나 그 주제는 "동아시아 중재산업 현황 및 우리나라 중재산업 활성화 방안"이므로 여기에서 다루는 논점과는 직접 관련이 없어 보인다. 해서 여기에서 중재에 관하여도 간단히 언급한다.

4) 일본 통칙법의 개관은 김문숙, "일본의 법례개정과 남겨진 과제 —법의 적용에 관한 통칙법의 제정에 관하여—", 국제사법연구 제12호(2006), 462면 이하; 윤남순, "일본 국제사법의 이해", 상사판례연구 제20집 제2호(2007. 6.), 161면 이하 참조. 국문번역은 김문숙(역), 국제사법연구 제12호(2006), 617면 이하 참조.

5) 중국국제사법의 개관은 쑤쇼링(蘇曉凌), "중국 국제사법의 새로운 동향—섭외민사관계법률

동아시아 3국의 현행 국제사법규칙을 비교해보면 생각보다 커다란 유사성을 발견할 수 있다. 이제 3국이 국제사법규칙을 통일 내지 조화하기 위한 체계적인 노력을 시작해야 한다.

3. 논의의 순서

아래에서는 다음의 순서로 논의한다. 동아시아에서 국제사법규범의 통일 내지 조화의 필요성(Ⅱ.), 동아시아 협의의 국제사법규범의 개관(Ⅲ.), 동아시아 협의의 국제사법규범의 주요 유사점과 상이점(Ⅳ.), 동아시아 협의의 국제사법규범의 통일 내지 조화의 추진방향(Ⅴ.), 동아시아 협의의 국제사법규범 통일 내지 조화의 한계와 극복방안: 국제거래 분쟁을 소송을 통하여 역내에서 해결하려는 노력(Ⅵ.), 동아시아에서 광의의 국제사법(또는 국제민사소송법)의 통일 내지 조화(Ⅶ.), 동아시아 국제상사중재규범의 통일 내지 조화(Ⅷ.)와 맺음말(Ⅸ.)이 그것이다.

Ⅱ. 동아시아에서 국제사법규범의 통일 내지 조화의 필요성

1. 국제사법의 개념

국제사법의 개념은 다의적이다. 우선 협의의 국제사법은 준거법 결정원칙을 말하고, 광의의 국제사법은 협의의 개념에 더하여 국제재판관할은 물론이고 외국재판의 승인 및 집행을 포함하는 개념이다. 나아가 광의의 국제사법에 추가하여 국제민사사법공조를 포함하는 최광의의 국제사법이라고 할 수 있다.[6] 더 넓

적용법 및 사법해석을 중심으로—", 고려법학 제71호(2013. 12.), 27면 이하 참조. 국문번역은 김호(역), 국제사법학연구 제16호(2010), 435면 이하 참조. 영문번역은 IPRax, 2011, S. 203 이하 참조. 독일어 소개와 번역은 Knut Benjamin Pissler, "Das neue Internationale Privatrecht der Volksrepublik China: Nach den Steinen tastend den Fluss überqueren", Rables Zeitschrift Band 76 (2012) S. 1ff., 161ff. 기타 중국 국제사법에 관한 문헌은 국제사법연구 제17호(2011), 3면 이하에 수록된 특집 논문들 참조. 이 글에 반영하지는 못하였으나 영문서적도 있다. Zheng Sophia Tang/Yongping Xiao/Zhengxin Huo, Conflict of Laws in the People's Republic of China (2016) 참조.

6) 저자는 국제민사소송법(2012)을 간행하면서 '국제사법(절차편)'이라는 부제를 달았는데 그곳의 국제사법은 최광의 국제사법을 말하는 것으로, 부제를 단 이유는 헤이그국제사법회의의

게는 국제상사중재법, 국제도산법과 국적법을 포함시키기도 한다. 이를 표로 정리하면 아래와 같다.

① 협의	② 광의	③ 최광의	④ 더 넓은 개념
준거법 결정원칙	협의+국제재판관할/외국재판의 승인 및 집행[7]	③-1: 광의+국제민사사법공조 ③-2: 광의+국제상사중재법/국제도산법[9]	③-1(최광의)+국제상사중재법/국제도산법[8]

여기에서는 ①을 중심으로 논의하고 ②, ③과 ④를 비교적 간단히 언급한다(다만 국제도산법은 제외).

2. 동아시아 협의의 국제사법규범의 통일 내지 조화의 필요성

국제소송에서는 법정지(forum)가 어디인가에 따라 지리적 거리와 언어의 차이 등으로 인하여 당사자들이 소송을 수행하는 데 실제적 난이도에 현저한 차이가 있을 뿐만 아니라, 소송에 적용되는 절차규범이 달라지며, 분쟁의 실체(substance)에 적용되는 실질규범도 달라질 수 있다. 나아가 법정지는 원고가 승소판결을 받아 이를 피고의 재산소재지에서 집행할 수 있는가의 여부에도 영향을 미친다. 왜냐하면 피고가 재판국에 재산을 가지고 있는 경우에는 문제되지 않으나, 그렇지 않은 경우 당해 판결을 재산소재지인 외국에서 집행할 필요가 있는데 외국재판의 승인 및 집행가능 여부와 그 요건 등은 현재 국가에 따라 상이하기 때문이다. 이와 같이 국제재판관할을 가지는 국가가 복수로 존재하는 경우 법정지(forum)가 어디가 되는가에 따라 차이가 발생하므로 원고는 이른바 'forum shopping'을 하게 된다. 이렇듯 국제재판관할의 문제는 국제소송에서 매우 중요한 실천적, 이론적 의미를 가진다. 그런데 준거법 결정원칙을 통일한다면 법정지

존재와 활동을 존중해서이다.

7) 이는 주로 영미법의 태도이다. 우리의 실정법은 협의의 국제사법에 국제재판관할규칙만을 포함하므로 협의와 광의의 중간에 위치한다고 볼 수 있다.

8) 여기에 국적법을 추가하면 보다 넓은 국제사법 개념이 된다. 프랑스 국제사법 문헌들은 그런 태도를 취한다. 예컨대 Pierre Mayer/Vincent Heuzé, Droit international privé, 10e édition (2010), p. 657 이하 참조. 국제사법에서 가장 중요한 연결점의 하나가 국적이라는 점을 고려하면 이런 태도를 이해할 수 있다.

9) 스위스 국제사법의 태도이다. 이에 관하여는 석광현, 국제사법과 국제소송 제1권(2001), 479면 이하 참조.

가 어디인가에 관계없이 동일한 준거법을 적용하게 되므로 원칙적으로는 동일한 결론에 이르게 된다. 따라서 준거법 결정원칙의 통일은 법정지 쇼핑을 억제하는 기능을 한다. 헤이그국제사법회의는 국제사법규범을 점진적으로 통일하는 것을 목적으로 1893년에 설립되었다.[10)]

요컨대 저자의 주장은 동아시아 내에서의 국제적 판단의 일치, 당사자의 예측가능성과 법적 안정성을 제고하기 위하여 동아시아 역내에서의 협력을 강화하자는 것이고 구체적으로 우선 준거법결정원칙을 통일 내지 조화시키자는 것인데, 이런 노력을 헤이그국제사법회의 차원의 전 세계적인 노력에 추가하여 하자는 것이다.[11)] 우리의 관점에서는 그러한 분쟁을 한국에서 한국법을 적용하여 해결하는 것이 더 바람직하나 차선책으로서 이런 방안을 모색할 필요가 있다.

유럽경제공동체 나아가 유럽연합이 초기단계부터 국제사법규범을 통일하고자 노력한 것은 그의 중요성을 잘 보여준다. 나아가 유럽인들이 성안한 형성한 준거법결정원칙과 국제민사소송법규칙들은 동아시아에서 국제사법규범의 통일 내지 조화를 추구하는 우리에게 매우 유용한 참고자료가 된다. 대표적인 것이 협의의 국제사법, 즉 준거법영역에서는 로마체제[12)]이고, 광의의 국제사법, 즉 국제재판관할과 외국재판의 승인 및 집행의 영역에서는 브뤼셀체제(Brussels regime)[13)]이다. 이런 맥락에서 먼저 동아시아의 협의의 국제사법규범을 개관하고, 동아시

10) 헤이그국제사법회의의 정관(제1조)은 목적이 국제사법규칙의 점진적 통일을 위한 작업에 있음을 명시한다. https://www.hcch.net/en/instruments/conventions/full-text/?cid=29 참조.

11) 나아가 아래(Ⅵ.)에서 보는 바와 같이 동아시아 기업과 개인들 간에 발생하는 분쟁을 역내에서 가급적 역내 법을 통해 해결하자는 것이다.

12) 로마협약은 1991. 4. 1. 발효되었는데 2009. 12. 17. 로마Ⅰ(규정)에 의하여 대체되었다. 한편 "계약외채무의 준거법에 관한 2007. 7. 11. 유럽의회 및 이사회의 No 864/2007 규정"("로마Ⅱ" 또는 "로마Ⅱ규정")은 2009. 1. 11. 발효되었다. 그 밖에 로마Ⅲ("이혼 및 법적 별거의 준거법 영역에서 제고된 협력을 시행하기 위한 2010. 12. 20. 이사회의 No. 1259/2010 규정")과 로마Ⅳ("상속사건에 관한 재판관할, 준거법, 재판의 승인 및 집행과, 공정증서의 인정과 집행에 관한 그리고 유럽상속증명서의 창설에 관한 유럽의회 및 이사회의 No. 650/2012 규정)" 등이 있다. 이들을 묶어서 '로마체제'라고 부를 수 있다. 로마Ⅱ에 관하여는 석광현, "계약외채무의 준거법에 관한 유럽연합 규정(로마Ⅱ)", 서울대학교 법학 제52권 제3호(통권 제160호)(2011. 9.), 245면 이하; 김인호, "일반 불법행위 및 제조물책임과 환경손해의 특수 불법행위에 관한 국제사법 규정의 입법적 검토", 법제연구 제43호(2012. 12.), 173면 이하 참조.

13) 브뤼셀협약은 1973. 2. 1. 발효되었는데 2002. 3. 1. 브뤼셀Ⅰ에 의하여 대체되었고, 브뤼셀Ⅰbis에 의하여 다시 대체되었다. 브뤼셀Ⅰbis는 2015. 1. 10. 이후 제기되는 소에 적용된다. 브뤼셀협약에 관하여는 석광현, 국제사법과 국제소송 제2권(2001), 321면 이하; 브뤼셀Ⅰ에 관하여는 석광현, 국제사법과 국제소송 제3권(2004), 368면 이하 참조. 브뤼셀Ⅰbis에 관하여는 아직 글을 쓰지 못하였다. 그 밖에 브뤼셀Ⅱ와 이를 대체한 브뤼셀Ⅱbis도 있다. 이들을 묶어 '브뤼셀체제'라고 부른다.

아 협의의 국제사법규범의 주요 유사점과 상이점을 검토한다.

Ⅲ. 동아시아 협의의 국제사법규범의 개관

한국 국제사법은 총칙, 사람, 법률행위, 물권(지식재산권 포함), 채권, 가족, 상속, 어음·수표, 해상이라는 9개 장, 62개 조문으로 구성된다. 중국 법률적용법은 일반규정, 민사주체, 물권, 지식재산권, 채권, 혼인가정, 상속과 부칙으로 구분되는 8개 장, 52개 조문으로 구성된다.[14] 한편 일본 통칙법의 제3장은 사람, 법률행위, 물권, 채권, 친족, 상속과 보칙으로 구분되는 7개 절, 40개 조문으로 구성된다.[15]

위에서 언급한 바와 같이 동아시아 3국의 국제사법규칙을 비교해보면 유사성이 크고 특히 계약의 준거법 결정원칙은 매우 유사한데, 이는 한중일의 입법자들이 역내에서 상호 의견을 교환하거나 서로의 입법을 참조한 결과가 아니라 3국이 각자 서유럽, 특히 유럽연합의 국제사법규칙을 참조한 탓에[16] 발생한 현상이다. 즉 한중일 국제사법, 특히 계약의 준거법결정원칙의 유사성은 유럽연합의 국제사법규범의 통일노력의 부산물인 셈이다. 과거 한국의 섭외사법은 일본 법례에 크게 의존한 탓에[17] 그와 매우 유사하였으나 2001년 시행된 한국 국제사

14) 중국 법률적용법 시행 후 나온 최초 사법해석(제3조)에 따르면, 동일한 섭외민사관계에 대하여 중국 법률적용법이 기타 법률과 일치하지 않으면 중국 법률적용법이 우선하지만, 어음·수표법, 중화인민공화국 해상법, 중화인민공화국 민용항공법과 같은 상사영역의 특별법 및 지적재산권영역의 특별법은 중국 법률적용법에 우선한다. 위 사법해석의 중문본은 http://www.chinacourt.org (as of August 25, 2014) 참조. 위 사법해석에 관한 문헌은 Peter Leibküchler, "Comments on the Supreme People's Court's Interpretation No. 1 on the Private International Law Act of the PRC", China-EU Law Journal, Vol. 2, Issue 3-4 (2013), p. 2:201 이하; Pietro Franzina and Renzo Cavalieri, "The 2012 'Interpretation' of the Supreme People's Court of China regarding the 2010 Act on Private International Law", Diritto del Commercio Internazionale, Vol. XXVII (2013), p. 891 이하 참조.

15) 제1장은 총칙이고, 제2장은 법률에 관한 통칙이라 저촉규범과는 직접 관련이 없다.

16) 한국 국제사법에서는 스위스 국제사법의 영향을 볼 수 있다(예컨대 한국 국제사법 제6조, 제7조와 제8조 등). 이 점은 1994. 1. 1. 발효된 케벡주 국제사법도 유사하다. 후자에 관하여는 오승룡, "퀘벡의 국제사법에 관한 고찰", 국제사법연구 제3호(1998), 451면 이하(국문번역은 469-491면); H. Patrick Glenn, "Codification of Private International Law in Quebec-an Overview", IPRax (1994), S. 308ff. 참조. 한국 국제사법과 케벡주의 국제사법을 비교해 보는 것도 의미가 있다.

17) 과거 황산덕 교수가 섭외사법 초안에 대해 통렬하게 비판한 것처럼 섭외사법은 개정 당시부터 낙후된 것이었다. 황산덕, "嚴肅한 態度로 立法을 하라", 사상계(1958. 12.), 176면 이하

법은 일본의 법례와는 크게 차이가 있었다. 다만 그 후 일본 통칙법이 시행됨으로써 유사성이 커졌다. 다만 국제친족법에 관한 한 한국 국제사법은 일본 통칙법과 상당히 유사한 것은 사실이다.

1. 구조

<table>
<tr><th colspan="2">한국 국제사법</th><th>중국 법률적용법</th><th>일본 통칙법(제3장)</th></tr>
<tr><td colspan="2">제1장 총칙</td><td>제1장 일반규정</td><td>제7절 보칙</td></tr>
<tr><td colspan="2">제2장 사람</td><td>제2장 민사주체</td><td>제1절 사람</td></tr>
<tr><td colspan="2">제3장 법률행위</td><td>-</td><td>제2절 법률행위</td></tr>
<tr><td rowspan="2">제4장 물권</td><td>제19조-제23조</td><td>제5장 물권</td><td>제3절 물권 등</td></tr>
<tr><td>제24조(지식재산권의 보호)</td><td>제7장 지적재산권</td><td>-</td></tr>
<tr><td colspan="2">제5장 채권</td><td>제6장 채권</td><td>제4절 채권</td></tr>
<tr><td colspan="2">제6장 친족</td><td>제3장 혼인가정</td><td>제5절 친족</td></tr>
<tr><td colspan="2">제7장 상속</td><td>제4장 상속</td><td>제6절 상속</td></tr>
<tr><td colspan="2">제8장 어음·수표</td><td>票据法</td><td>手形法/小切手法</td></tr>
<tr><td colspan="2">제9장 해상</td><td>-</td><td>-</td></tr>
</table>

중일 국제사법과 비교할 때 구조적 측면에서 한국 국제사법의 가장 큰 특성은 어음·수표와 해상에 관하여 각각 별도의 장(제8장과 제9장)을 두고 있다는 점과,[18] 별도의 장은 아니지만 국제재판관할에 관한 규정을 두는 점이다. 한중 국제사법은 친족과 상속에 관한 규정을 재산법 뒤에 규정하나, 중국 법률적용법은 앞에 두고 있다. 한중 국제사법은 총칙을 앞에 두는 데 반하여, 일본 통칙법은 이를 말미에 두는 점도 다르다. 또한 한국과 일본의 국제사법은 법률행위에 관한 별도의 장 또는 절을 두고 법률행위의 방식의 준거법을 규정하는 데 반하여 (한국은 일본과 달리 법률행위의 비중을 축소하였다) 중국 법률적용법은 법률행위라

참조. 그러나 이러한 비판은 전혀 고려되지 않은 채 초안 내용 그대로 통과되었다. 김진, "섭외사법의 공표를 보고", 고시계(1962. 3.), 123면 이하도 섭외사법 공표 후 그에 대해 논평의 가치도 없는 헌신짝 같은 법이라고 혹평하였다고 한다(최공웅, "섭외사법 개정의 의의와 특징(상)", 법률신문 제2971호(2001. 4. 19.), 19면에서 재인용).

18) 한중일 간에 어음·수표에 관하여 통일된 연결규칙을 도입하자면 우리로서도 통일 국제사법에 규정해야 하는 것은 아니고 유연한 태도를 취할 수도 있다.

는 개념을 사용하지 않고 법률행위의 방식 일반에 관한 행위지법원칙(이른바 locus regit actum)을 명시하지 않는다.[19]

2. 국제재판관할규칙의 포함 여부

한국 국제사법은 국제재판관할에 관하여 제2장에서 대원칙을 선언하고 제27조에서 소비자계약과 근로계약에 관하여 특칙을 두며 비송사건의 국제재판관할에 관한 단편적인 조문(제12조, 제14조와 제48조 제2항)만을 두고 있다. 2014년 6월 이후 추진된 국제사법개정작업의 결과 위원회는 제1장에 국제재판관할에 관한 별도의 장을 두어 총칙을 규정하고, 각장에 제1절을 신설하여 각장에 관련된 전속관할과 특별관할규칙을 명시하고 준거법 연결원칙을 정한 각장의 현행 조문은 제2절로 옮기기로 결정하였다.[20]

저자는 준거법결정원칙과 국제재판관할규칙을 병렬적으로 규정하는 한국 국제사법의 접근방법을 선호한다. 중국과 일본의 경우 '섭외민사관계법률적용법' 또는 '법적용통칙법'이라는 명칭에서 보듯이 준거법결정규칙만을 상정하고 있으므로 국제재판관할규칙을 함께 담을 수 없지만, 우리는 '국제사법'이라는 체제를 채택하였기에 국제재판관할규칙을 담는 데 아무런 문제가 없다. 바로 여기에 중국 및 일본과 차별화된 한국 국제사법의 장점이 있다.[21] 나아가 일본은 재산법상의 본안사건과 보전사건의 국제재판관할규칙을 민사소송법과 민사보전법에 삽입하였고(이는 2012. 4. 1. 발효하였다) 가사사건과 비송사건에서의 국제재판관할규칙을 각각 관련 법률에 담기 위한 작업을 추진하고 있으나, 우리는 이를 묶어 국제사법에 담을 수 있다. 그렇게 함으로써 국제재판관할규칙 상호간의 유기적 관련을 유지할 수 있다.

한편 중국은 민사소송법 내에 '섭외민사소송의 특별절차' 편에서 별도의 장(제24장 관할)을 두어 국제재판관할을 규정하나 제24장에 포함된 조문은 두 개,

19) 그러나 학설은 일본 통칙법과 마찬가지로 계약의 준거법과 행위지법에 선택적으로 연결한다고 한다. 黃軔霆, 中国国際私法の比較法的研究(2015), 165면. 다만 유언의 방식에 관하여는 제32조가 명시한다.

20) 대부분의 정치한 국제재판관할규칙에 관하여 국제사법개정위원회가 방침을 결정하였으나 작업을 마무리하지는 못하였다. 아직까지 공식적인 개정안 초안이 마련되지 않은 상태이다.

21) 중국 법률적용법이 제정되기 전 대부분의 중국 국제사법 학자들은 국제재판관할규칙을 국제사법에 포함시키는 것을 기대했었다고 한다. Huo Zhengxin, "China's Codification of Conflicts Law: Latest Efforts", 서울대학교 법학, 제51권 제3호(2010. 9.), p. 285; 쑤쇼링(註 5), 32면.

즉 '계약 및 재산권에 관한 분쟁'에 관한 제265조와 전속관할에 관한 제266조에 불과하며, 그에 규정이 없는 경우에는 민사소송법 내의 다른 규정이 준용된다(제259조).

3. 법원(法源)

중국의 경우 최고인민법원의 사법해석이 중요한 역할을 하므로 이를 함께 고려해야 한다. 그것이 法源인지는 논란이 있으나[22] 법원이 그에 구속되고 그에 따라 재판을 하고 있으므로 사법해석은 중요한 의미를 가지는 점은 의문이 없다. 3권력분립원칙이 확립된 한국과 일본의 관점에서는 최고인민법원이 사법해석의 형식으로 사실상 입법을 담당하는 것을 이해하기 어려우나 중국의 사법해석은 실효적인 측면이 있다. 국제사법 분야에서는 중국 법률적용법의 시행 후 처음 나온 사법해석(이하 "2012년 사법해석"이라 한다)[23]에 특히 주목해야 한다. 이는 총칙과 각칙 중 일반적 문제만을 다룬 것이고 각칙 및 기타 내용에 관하여는 상응하는 사법해석에서 다시 다룰 것이라고 한다.[24]

또한 한중일 국제사법규칙을 비교법적으로 검토함에 있어서는 법조문(black letter rules)만이 아니라 이를 구체적으로 적용한 법원의 판결을 함께 분석해야 한다.

하지만 문제된 법률관계에 외국적 요소가 있어 법원으로서는 마땅히 국제사법을 적용하여 준거법을 결정해야 함에도 불구하고 실무상으로는 법원이 이를 무시하거나 간과하고 국내법을 적용하는 것은 어느 나라에서나 볼 수 있는 현상이다. 그것을 점차 줄여나가는 것이 국제사법학의 과제이다.

---

22) 전대규, "중국의 사법해석에 관한 연구", 사법 제14호(2010. 12.), 143면; 채성국, "중국 "合同法"(계약법)에서의 계약책임", 저스티스 통권 제119호(2010. 10.), 126면; 黃軔霆(註 19), 2면은 사법해석을 중국법의 法源으로 본다. 1997년 이후에는 이것이 중국의 다수설로 보인다. Susanne Deissner, Interregionales Privatrecht in China-zugleich ein Beitrag zum chinesischen IPR (2012), Rn. 35 참조. 그러나 오일환, "중국법의 특질과 접근방법—한국 로스쿨생들을 위한 강론—", 법학논총(한양대학교) 제28집 제4호(2011. 12.), 191면은 사법해석은 정식적인 法源은 아니지만 실질적으로 法源의 역할을 한다고 하고, 마광, "중국법의 연원에 대한 연구", 인권과 정의 통권 제395호(2009. 7.), 191면은 사법해석은 매우 중요하지만 法源은 아니라고 하면서도 최고인민법원의 사법해석은 법적 효력이 있다고 한다.

23) 이는 '最高人民法院关于适用《中华人民共和国涉外民事关系法律适用法》若干问题的解释(一)(2012年12月10日最高人民法院审判委员会第1563次会议通过)'이다. 이는 2013. 1. 7. 시행되었다. 일본어 번역은 黃軔霆(註 19), 247면 이하 참조.

24) 김현아, "중국 국제사법상 계약의 준거법 결정", 이화여자대학교 법학논집 제19권 제4호(2015. 6.), 462면, 註 17.

4. 접근방법의 동일성

한중일의 국제사법규범은 대륙법계 국제사법의 전통에 따라 명확한 규칙(rules)을 규정한다. 이는 단순히 접근방법(approach)만을 제시하는 방법과 비교할 때 상대적으로 커다란 법적 확실성을 보장하는 장점이 있다. 물론 어느 정도의 '유연성의 상실'이라는 대가를 지불하게 되는 것은 불가피하다.

Ⅳ. 동아시아 협의의 국제사법규범의 주요 유사점과 상이점

여기에서는 동아시아 국제사법규범의 주요 유사점과 상이점을 살펴본다. 이는 결코 망라적인 것은 아니고 저자가 중요하다고 생각하는 일부 논점에 한정된다. 한중일 국제사법이 상이한 연결점을 선택한 것은 기술적인 차이에 불과한 것처럼 보일 여지가 있으나 궁극적으로 각국의 입법자가 가지는 연결정책을 반영한 것이므로 이는 단순히 기술적 문제에 그치는 것이 아니라는 점을 유념해야 한다. 즉 중요한 것은 연결규칙의 배후에 있는 '연결정책'의 문제라는 것이다.

1. 성질결정

한일 국제사법은 성질결정에 관하여 규정을 두지 않으나, 중국 법률적용법(제8조)은 섭외민사관계의 성질결정은 법정지법에 의한다고 명시하는 점에 특색이 있다. 이는 이른바 '법정지법설'을 취한 것으로 보여 다소 경직된 것 같다.

2. 신분, 가족법과 상속법의 연결점으로서의 상거소

한일 국제사법에서는 사람의 신분, 가족법과 상속법의 연결점으로서 국적이 중요한 역할을 한다. 즉 국적만을 연결점으로 하거나, 상거소를 연결점으로 채택하는 경우에도 국적보다 후순위의 연결점으로 삼는다(예컨대 한국 국제사법 제37조 내지 제39조, 일본 통칙법 제25조 내지 제27조). 반면에 중국 법률적용법상으로는 상거소가 국적에 우선한다(제11조, 제12조, 제23조, 제31조 등). 이는 국제사법의 맥락에서 자연인의 사회적, 법적 귀속을 정하는 기준이 무엇인가의 문제인데[25] 국제사법에서 연결점으로서 국적과 주소의 우열에 관한 오랜 다툼의 연장선상에 있는 쟁점이다.[26] 어떤 자연인이 실제로 삶을 영위하는 사회, 경제적 환경을 중시한다면 상거소에 착안할 수도 있다. 또한 우리 사회에 상거소를 가지는 외국인이 늘어날수록 법원이 외국법을 적용하는 부담이 커진다는 실제적 어려움도 고려할 필요가 있다. 어떤 태도를 취하는가에 따라 한국 내 화교와 조선족 및 재일동포에 관한 신분, 가족법과 상속법적 쟁점의 준거법이 달라진다. 다만 한중일 국제사법규칙이 상거소라는 개념을 사용하더라도 이를 정의하지 않으므로 구체적 사안에서 결론이 다를 수도 있다. 주목할 것은 중국의 2012년 사법해석(제15조)이다. 제15조에 따르면, 섭외민사관계가 발생, 변경 또는 종결할 당시 자연인이 이미 1년 이상 연속 거주하고 생활중심지로 삼는 곳은 인민법원에 의해 중국 법률적용법에 규정된 자연인의 상거소로 인정될 수 있으나, 치료받은 경우, 노무파견, 공무로 주재하는 경우는 제외된다. 이는 '생활중심지'라는 개념을 도입한 점에서 주목할 만하나, 당사자의 의사와 기타 사정에 관계없이 단지 체류기간에만 착안하는 상거소의 개념이 정당화될 수 있는지는 의문이다.[27]

3. 외국법의 조사와 증명[28]

국제사법에 의하여 외국법이 준거법으로 지정되면 법원은 외국법을 적용해야 한다. 그런 의미에서 준거법인 외국법을 어떻게 주장하고 증명하는가는 '국제사법의 가장 중요한 부분 또는 핵심(crux of the conflict of laws)'이다.[29]

---

25) 신분 관련 쟁점이 아니라 불법행위의 준거법 결정 시 공통의 속인법을 적용함에 있어서는 우리도 당사자들의 국적이 아니라 상거소에 착안한다. 이 점은 중국 법률적용법(제44조)과 일본 통칙법(제20조)도 동일하다.

26) 연결점간의 우열은 석광현, 국제사법 해설(2013), 114면, 註 10 참조.

27) 중국의 何其生 교수도 개별 사안의 사정을 고려하여 상거소를 판단할 수 있는 재량을 가져야 한다고 주장한다. Qisheng HE, "Changes to Habitual Residence in China's lex personalis", Yearbook of Private International Law, Vol. XIV 2012/2013 (2013), p. 359. 상거소를 선택한 이유는 Weidi LONG, "The First Choice-of-Law Act of China's Mainland: An Overview", Praxis des Internationalen Privat- und Verfahrensrechts (2012), p. 277 참조. 상거소의 개념은 최흥섭, "國際私法에서 日常居所의 의미와 내용", 국제사법연구 제3호(1998), 527면 이하 참조.

28) 상세는 쑤쇼링(蘇曉凌), "외국법의 적용", 서울대학교 법학박사학위논문(2014. 8.); 석광현, 국제사법과 국제소송 제5권(2012), 730면 이하 참조.

29) Richard Fentiman, Foreign Law in English Courts: Pleading, Proof and Choice of Law (1998), p. 1.

한국 국제사법(제5조)에 따르면, 국제사법에 의하여 외국법이 준거법으로 지정된 경우 법원은 당사자의 주장·입증이 없더라도 외국법을 직권으로 조사·확정하고 적용해야 하나,[30] 다만 입증의 편의를 위하여 법원은 당사자에게 협력을 요구할 수 있다. 일본 통칙법은 이에 관하여 규정을 두지 않는데, 학설은 외국법을 직권으로 조사·확정해야 한다고 본다.[31] 한편 중국 법률적용법(제10조)은[32] 다음과 같이 규정함으로써 당사자의 준거법 선택 여부에 따라 당사자의 의무를 구분한다.

섭외민사관계에서 적용되는 외국법은 인민법원과 중재기구 또는 행정기관이 사명(查明)한다.[33] 다만 당사자가 외국법의 적용을 선택하는 경우에는 해당국가의 법률을 제공해야 한다. 외국법을 사명(查明)할 수 없거나 해당국가의 법률에 규정이 없는 경우에는 중화인민공화국의 법률을 적용한다.[34]

4. 국제적 강행규정 개념의 도입과 국제적 공서

한국 국제사법은 법정지의 국제적 강행규정(또는 절대적 강행규정)의 취급에 관하여 조문을 두나, 준거법 소속국 및 제3국의 국제적 강행규정에 관하여는 규

30) 다만 그것이 직권탐지의 대상인지 아니면 직권조사의 대상인지는 논란이 있다. 석광현(註 26), 125면 참조.

31) 櫻田嘉章, 国際私法 제6판(2012), 126면; 横山 潤, 国際私法(2012), 88면.

32) 스위스 국제사법(제16조 제1항)은 "외국법의 내용은 직권으로 확정되어야 한다. 이를 위하여 당사자들의 협력이 요구될 수 있다. 재산권상의 청구권에 있어서는 당사자들에게 증명을 부담시킬 수 있다"고 규정하여 재산권상의 청구인지 여부에 따라 구분하는데 입법과정에서는 중국 국제사법과 유사한 견해도 있었다. Anton K. Schnyder, Das neude IPR-Gesetz (1990), S. 32 Fn. 22. 다만 재산권상의 청구의 경우 법원의 직권탐지의무가 존재하는지에 관하여는 논란이 있다. Daniel Girsberger et al., Zürcher Kommentar zum IPRG, 2. Auflage (2004), Rn. 18 참조.

33) 사명한다는 것은 "직권으로 조사하여 밝힌다"는 취지로 보인다.

34) 2012년 사법해석(제17조)은, 인민법원은 당사자가 제공하는 것, 중국에 효력이 있는 조약에 규정된 경로, 중외법률전문가가 제공하는 것 등 합리적인 경로를 통하여도 외국법을 얻을 수 없을 때 외국법을 확인할 수 없다고 인정할 수 있고, 나아가 중국 법률적용법 제10조 제1항에 따라 당사자가 외국법을 제공해야 하는 경우 인민법원에 지정된 합리적인 기한 내에 정당한 이유 없이 해당 외국법을 제공하지 않으면 인민법원은 외국법을 확인할 수 없다고 인정할 수 있다는 취지로 규정한다. 나아가 제18조는 "인민법원은 적용되어야 하는 외국법의 내용 및 외국법에 대한 이해와 적용에 관하여 각 당사자의 의견을 청취해야 한다. 당사자가 해당 외국법의 내용 및 그에 대한 이해와 적용에 있어서 이의가 없으면 인민법원은 이를 확인할 수 있다. 당사자가 이의가 있으면 인민법원에 의해 심사되고 인정된다"고 규정한다.

정을 두지 않는다.[35] 중국 법률적용법(제4조)도, 만일 중국 법률에 섭외민사관계에 대한 강제적 규정이 있다면, 이런 강제적 규정은 당연히 직접적으로 적용되어야 한다고 규정한다. 여기에서 "외국적 요소가 있는 민사관계에 대해 강제적으로 적용되는 중화인민공화국법률"은 중국의 국제적 강행규정을 가리킨다고 본다.[36] 반면에 일본 통칙법은 국제적 강행규정에 관하여 아무런 규정을 두지 않는다.[37]

법정지의 국제적 강행규정에 관하여는 한중 국제사법의 예에 따른 처리가 가능하나, 제3국의 국제적 강행규정에 관하여는 당분간 규정하기 어려울 것이다. 한편 준거법 소속국의 국제적 강행규정에 관하여도 한국 국제사법(제6조)에 상응하는 조문이 무난할 것이나 논란의 여지가 있다.

한편 국제사법에 의하여 외국법이 어떤 법률관계 또는 법적 쟁점의 준거법이 되더라도 그를 적용한 결과가 법정지국의 선량한 풍속 기타 사회질서, 즉 공서에 반하는 때에는 적용되지 않는다. 이것이 공서, 특히 '국제적 공서'의 법리로서 국제적으로 널리 인정되는 국제사법원칙이다. 한국 국제사법(제10조), 중국 법률적용법(제5조)과 일본 통칙법(제42조)은 이를 명시한다. 특히 중국 법률적용법(제5조)은 "외국법의 적용이 중화인민공화국의 사회공공이익에 손해를 줄 수 있는 경우에는 중화인민공화국의 법률을 적용한다"고 규정한다. '사회공공이익'은

35) 국제적 강행법규에 관하여는 신창선·윤남순, 新國際私法 제2판(2016), 272면 이하; 안춘수, "국제사법상 절대적 강행규정의 처리 — 이론의 전개와 국제사법 제6조, 제7조의 의미 —", 법학논총 제23권 제2호(통권 제37호)(2011. 2.), 189면 이하; 석광현, "국제적 불법거래로부터 문화재를 보호하기 위한 우리 국제사법(國際私法)과 문화재보호법의 역할 및 개선방안", 서울대학교 법학 제56권 제3호(2015. 9.), 138면 이하 참조. 유럽연합의 로마 I 제9조는 '최우선 강행규정(overriding mandatory provisions)'이라는 용어를 사용하면서 그 개념을 정의한다. 로마 II (제16조)도 "overriding mandatory provisions"라는 용어를 사용한다.

36) 쑤쇼링(註 5), 40면. 아래와 같이 강행규정의 판단에 지침을 제공하는 2012년 사법해석 제10조는 주목할 만하다. 즉 아래 중 어느 하나에 해당하는 경우, 중국의 사회공공이익과 관련되고, 당사자가 약정으로 적용을 배제할 수 없으며, 저촉규범의 지정을 요하지 아니하고 섭외민사관계에 직접 적용될 수 있는 법률과 행정법규의 규정은 인민법원에 의하여 중국 법률적용법 제4조에 규정된 바의 강행규정에 해당한다고 인정된다. ① 노동자 권익의 보호에 관련된 경우, ② 식품 또는 공공위생안전에 관련된 경우, ③ 환경안전에 관련된 경우, ④ 외화관리와 같은 금융안전에 관련된 경우, ⑤ 반독점, 반덤핑에 관련된 경우와 ⑥ 기타 강제적 규정에 해당한다고 인정되는 경우가 그것이다. 위 규정에 따라 국제적 강행규정이 될 수 있는 범위가 넓다. 사법해석 제10조의 문제점에 대한 지적은 김현아(註 24), 479면 참조.

37) 일본에서도 이에 관하여 다양한 학설이 있다. 소개는 이병화, "국제소비자계약에 관한 국제사법적 고찰", 국제사법연구 제21권 제1호(2015. 6.), 374면 이하; 櫻田嘉章·道垣内正人(編), 注釈国際私法 제1권(有斐閣, 2012), 34면 이하(横溝 大 집필부분) 참조. 이하 "櫻田嘉章·道垣内正人(編)/집필자"로 인용한다.

공공질서의 모든 영역을 대표하며, 일반적으로 고려되는 요소는 국가주권·공서양속·헌법원칙 등이라고 한다.[38] 문제는 사회공공이익의 범위가 확대될 우려가 있다는 점이다. 주의할 것은, 법정지 국제적 강행규정 위반이 당연히 법정지 공서위반이 되는 것은 아니라는 점이다.

5. 일반적 예외조항

준거법을 정한 국제사법의 조문은 모두 연결대상과 가장 밀접한 관련이 있는 국가의 법을 준거법으로 지정한다. 그러나 천차만별인 사안에서 그렇게 지정된 준거법이 당해 연결대상과 항상 가장 밀접한 관련이 있다고 보장할 수는 없으므로, 한국 국제사법(제8조)은 스위스 국제사법(제15조)을 본받아 '일반적 예외조항'을 도입하였다. 예외조항은 법적 안정성을 해한다거나 법관에게 과도한 부담을 준다는 비판이 있으나, 예외조항을 통해 국제사법의 연결원칙의 경직화를 예방하는 장점이 있다. 예외조항은, 법적 안정성을 중시하여 유형화된 법률관계별로 연결원칙을 규칙(rules)의 형식으로 규정하는 대륙법계의 전통을 따르면서도 개별 사건에서 연결원칙의 경직성을 완화하여 가장 밀접한 관련이 있는 연결원칙을 관철하기 위해서는 불가피한 규정이다.

대법원 2014. 7. 24. 선고 2013다34839 판결은 국제사법 제8조 제1항을 적용한 최초의 대법원판결로 획기적인 판결이다. 위 대법원판결은 파나마에 편의치적된 선박에 관하여, 국제사법 제60조에 따르면 그것이 선적국법에 의하여야 함에도 불구하고, 국제사법 제8조 제1항을 근거로 ① 선박우선특권의 성립과 ② 원고의 선박우선특권과 피고의 근저당권의 우선순위의 준거법은 한국 상법이라고 판단하였다.[39]

중국 법률적용법(제2조)은 "섭외민사관계에 적용할 법률은 본 법의 규정에 따라 확정한다. 기타 법률이 섭외민사관계에 대한 법률적용에 대해 다른 특별한 규정이 있는 경우 그 규정에 의한다. 본 법과 기타 법률에 섭외민사관계에 대한 법률적용에 대해 규정이 없는 경우에 그 섭외민사관계와 가장 밀접한 관련이 있는 법률을 적용한다"고 규정한다. 그러나 이는 중국 법률적용법이 명시한 연결

38) 김현아(註 24), 477면.
39) 위 판결에 대한 평석은 석광현, "편의치적에서 선박우선특권의 준거법 결정과 예외조항의 적용", 국제거래법연구 제24집 제1호(2015. 7. 31.), 139면 이하 참조.

원칙을 보충하는 기능을 할 수는 있으나[40] 그의 배제를 허용하는 것은 아니므로 한국 국제사법(제8조)에 상응하는 것은 아니다. 그 밖에 중국 법률적용법에는 일반적 예외조항은 없다.

일본 통칙법도 일반적 예외조항은 두지 않는다. 하지만 '명확히 보다 밀접한 관계가 있는 곳이 있는 경우의 예외'를 정한 일본 통칙법(제20조)은 "전 3조의 규정에도 불구하고, 불법행위에 의해서 생기는 채권의 성립 및 효력은, 불법행위의 당시에 있어서 당사자가 법을 같이 하는 곳에 상거소를 가지고 있던 것, 당사자 간의 계약에 의한 의무에 위반하여 불법행위가 행하여진 것 그 밖의 사정에 비추어, 명확히 전 3조의 규정에 의해 적용하여야 하는 법이 속하는 곳보다도 밀접한 관계가 있는 다른 곳이 있는 때는 당해 다른 곳의 법에 의한다"고 규정함으로써 이른바 특별예외조항을 두고 있다.

6. 반정(反定 또는 反致. *renvoi*)

한국 국제사법은 직접반정을 허용하는데, 섭외사법에서와 달리 이는 연결점이 국적인 경우에 한정하지 않는다. 반면에 중국 법률적용법(제9조)은 반정을 전면배제한다. 일본은 직접반정을 허용하나 이는 국적이 연결점인 경우에 한정된다.[41] 나아가 한국의 대법원판결은 제9조를 유추적용하여 '숨은 반정(hidden *renvoi*)'을 허용하였다.[42] 동아시아에서 통일적인 준거법결정규칙을 채택한다면 그때에는 반정을 허용할 이유가 없다.

7. 법률의 회피(*fraude à la loi. fraus legis*)

국제사법상 법률의 회피는 '법률사기' 또는 '연결소(점)의 사기적 창설(fraudulent creation of points of contact)'이라고 한다.[43] 이는 당사자가, 회피가 없었더라면 적용되었을 준거법의 적용을 피하려는 의도를 가지고 연결점을 창설함으로써 다른 법이 준거법이 되게 하는 것이다. 특히 혼인[44]과 이혼의 경우 문제된다. 주요

---

40) 상세는 쑤쇼링(註 5), 33면 참조.

41) 이는 우리 구 섭외사법(제4조)의 태도와 같은 것이다.

42) 대법원 2006. 5. 26. 선고 2005므884 판결. 이는 아래 이혼에 관한 부분(17.) 참조.

43) 이호정, 국제사법(1983), 197면.

44) 대표적인 것이 'Gretna Green Marriage'이다. 이는 과거 19세기 전반에 영국(England)법상

쟁점은 첫째, 법률회피의 요건과 둘째, 법률의 회피에 대해 어떻게 대처할 것인가라는 효력의 문제이다.

프랑스에서는 법률의 회피를 독립적인 제도로 보아 그에 대한 제재로 그에 따른 국제사법적 효력을 부인함으로써 법률의 회피를 좌절시키고 법질서의 위신을 지키는 경향이 있으나(무효설), 독일, 일본과 한국에서는 그와 달리 법률의 회피를 저촉규범의 합목적적 해석의 문제로 보면서 비교적 관대한 태도를 취하므로 많은 경우 법률의 회피에 의해 당사자가 의도한 목적이 달성된다(유효설).[45)]

종래 한국에서는 편의치적의 경우 원칙적으로 선적국법주의가 타당하지만 일정한 경우 예외를 인정하는데 그 근거로 법률의 회피를 들기도 한다. 흥미로운 것은 중국의 2012년 사법해석이다. 제11조는 “일방당사자가 고의로 섭외민사관계의 연결점을 만들어 중화인민공화국법률, 행정법규의 강제적 규정에 회피하는 경우, 인민법원은 외국법을 적용한다는 효력이 발생하지 않는다고 인정해야 한다”고 규정함으로써 법률의 회피를 규정한다. 이는 프랑스법의 영향을 받은 것으로 보이나 구체적인 적용사례는 두고 보아야 할 것이다.

8. 법인의 속인법

한국 국제사법(제16조)은 법인의 속인법에 관하여 설립준거법설을 원칙으로 하고, 외국에서 설립된 법인 또는 단체가 한국에 주된 사무소가 있거나 한국에서 주된 사업을 하는 예외적인 경우에는 본거지법설을 취한다. 제16조의 결합방식에는 비판이 있다. 단서가 적용되는 의사외국회사의 경우 법인격이 부정되어야 할 것이나 논란의 여지가 전혀 없지는 않다.[46)]

중국 법률적용법(제14조 제1항)은 ‘설립지/등기지이론’을 채택하여 법인에 관한 다양한 사항에 대하여 등기지법에 의한다고 규정한다. 한편 제14조 제2항은 ‘본거지이론’을 선택적인 연결소로서 도입하여 법인의 주된 영업지가 등기지와 일치하지 않은 경우에는 주된 영업지법을 적용할 수 있다고 규정한다. 즉 주된

부모의 동의요건과 혼인방식을 피하기 위하여 스코틀랜드에서 간단한 방식으로 하는 혼인을 말한다. 영국에서 스코틀랜드로 들어가는 입구에 있는 마을의 이름이 Gretna Green이라는 데서 유래된 것이다.

45) 석광현(註 26), 42면 이하 참조.

46) 독일의 연방대법원 판결과 이른바 신본거지법설은 법인격을 긍정한다. 석광현, “동시상장 기타 자본시장 국제화에 따른 국제사법 문제의 서론적 고찰”, 국제사법연구 제20권 제2호 (2014. 12.), 33면, 註 13 참조.

영업지와 등기지가 다른 경우 제14조는 설립지/등기지법 또는 주된 영업지법을 적용하도록 규정한다. 이런 선택적 연결원칙을 도입한 이유는 이해하기 어렵다. 법원이 어떤 기준에 의하여 선택을 해야 하는지 불분명하기 때문이다. 이는 법원에게 과도한 재량을 부여하는 것이 되어 법적 안정성과 예견가능성을 저해할 수 있다.

일본 통칙법은 법인의 속인법에 관하여 규정을 두지 않는다. 학설로는 설립준거법설이 다수설이다.[47)]

9. 동산물권의 준거법

부동산물권의 준거법은 물론이고, 동산물권의 준거법에 관하여는 한중일 국제사법이 모두 소재지법원칙(*lex rei sitae*)을 채택한다. 다만 동산물권의 준거법에 관하여 한일 국제사법은 당사자자치를 전면 불허하는 데 반하여 중국 법률적용법(제37조 제1문)은 동산물권에 대한 당사자자치를 허용한다. 이는 스위스 국제사법(제104조)과 유사하지만 3가지 측면에서 그보다 더 자유롭다.

첫째, 스위스 국제사법(제104조)은 동산의 취득 또는 상실의 경우에만 당사자자치를 허용하고, 당해 물권의 내용과 행사는 소재지법에 의하도록 한다(제102조 제2항). 둘째, 중국 법률적용법(제37조)에 의하면 준거법으로 선택할 수 있는 법은 제한이 없으나 스위스 국제사법(제104조)은 동산에 대한 물권의 취득과 상실의 준거법으로 선택될 수 있는 법을 발송지국법, 목적지국법 또는 취득과 상실의 기초를 이루는 법률행위의 준거법에 한정한다. 셋째, 스위스 국제사법(제104조 제2항)은 당사자의 준거법 선택이 제3자에 대항할 수 없음을 명시하나 중국 법률적용법은 이런 제한을 두지 않는다. 스위스 국제사법의 접근방법은 전향적으로 고려할 여지가 있지만, 중국 법률적용법이 허용하는 당사자자치의 범위는 지나치게 넓으므로 입법론으로나 해석론으로 제한되어야 한다.[48)]

---

47) Dai Yokomizo, "International Company Law in Japan", in Jürgen Basedow, Harald Baum and Yuko Nishitani (eds.), Japanese and European Private International Law in Comparative Perspective (Mohr Siebeck, 2007), p. 181; 櫻田嘉章·道垣內正人(編)/西谷祐子, 157면.

48) 이 점은 Kwang Hyun Suk, "Some Observations on the Chinese Private International Law Act", ZChinR (2011), p. 112에서 이미 지적하였다. Zhengxin Huo, "The Statutory Reform of Chinese Private International Law in Property Rights: A Silent Revolution", The Chinese Journal of Global Governance 1 (2015), p. 182도 지적한다. 쑤쇼링(註 5), 52면도 비판을 소개한다.

나아가 중국 법률적용법(제39조)은 유가증권을 그 권리실현지법 또는 당해 유가증권과 가장 밀접한 관련이 있는 다른 법에 선택적으로 연결하나 그 취지가 애매하다. 무기명증권은 한국 국제사법(제21조)처럼 별도로 취급할 필요가 있다. 중국 법률적용법(제40조)은 권리질권은 질권의 설립지법에 의한다고 하나, 한국 국제사법(제23조)처럼 오히려 권리 자체의 준거법에 의하는 것이 적절하다. 헤이그증권협약[49]이 다루는 간접보유증권의 물권법적 문제의 준거법에 관하여는 한중일 국제사법 모두 규정을 두지 않으므로 장래 이를 어떻게 해결할지도 검토해야 한다.[50]

10. 지식재산권(또는 지적재산권)

한국 국제사법은 물권에 관한 장에 속한 제24조에서 지적재산권 침해에 관하여 보호국법주의(*lex protectionis*)를 명시한다. 제24조는 지식재산권의 침해만을 언급하나, 다수설은 지식재산권의 성립과 내용에 대하여도 보호국법주의를 명시한 것이고, 다만 지식재산권에 관한 계약의 문제는 계약의 준거법에 따르는 것으로 해석한다.[51]

중국 법률적용법은 제7장에서 ① 지식재산권 자체(즉 지재권의 귀속과 내용)에 관한 분쟁(제48조), ② 지식재산권에 관한 계약분쟁(제49조)과 ③ 지식재산권의 침해에 관한 분쟁(제50조)으로 구분하여 각각 준거법을 명시하므로 한국 국제사법보다 더 명확하다. 특히 제50조는 보호국법주의를 명시한다. 제7장의 규정은 중국 지식재산권에 관한 국제사법영역에서 획기적 의미를 띠고 있다는 평가를 받고 있다고 한다.[52]

한편 일본 통칙법에는 지식재산권의 준거법에 관한 규정이 없다. 일본 법례 하에서 최고재판소 2002. 9. 26. 카드리더 사건 판결[53]은 특허권 침해 시 구제방

49) 이는 2002년 12월 헤이그국제사법회의에서 채택된 "중개기관에 보유하는 증권에 관한 일부 권리의 준거법에 관한 협약(Convention on the Law Applicable to Certain Rights in respect of Securities held with an Intermediary)"을 말한다.

50) 흥미로운 것은 대만 국제사법이다. 대만 국제사법(제44조)은 "증권집중보관인에게 보관된 유가증권의 권리의 취득, 상실, 처분 또는 변경은 집중보관계약에 명시된 준거법에 의한다. 집중보관계약에서 준거법을 명시하지 아니 한 경우, 가장 밀접한 관련이 있는 지역의 법에 의한다"고 규정한다. 이는 계좌약정의 준거법에 따르도록 명시하는 헤이그증권협약의 영향을 받은 것으로 보인다.

51) 석광현(註 26), 277면.

52) 쑤쇼링(註 5), 58면.

53) 이는 피고가 원고의 미국 특허권을 침해하였다고 주장하면서 일본 법원에서 미국 특허권에

법에 따라 금지청구는 특허권의 효력으로 성질결정하여 조리에 의해 등록국법을 적용하고, 손해배상은 불법행위로 성질결정하여 불법행위지법과 법정지법을 누적적용하였다. 즉 한중 국제사법은 특허권 침해에서 일원적으로 보호국법에 연결하나, 일본의 판례는 구제방법에 따라 이원적으로 성질결정한 점에 특색이 있다. 이원적 성질결정은 국제적 조류에 반하는 것으로 수용하기 어렵고, 결국 장래에는 보호국법주의를 기조로 통일해야 할 것이다. 지식재산권침해 시 준거법의 합의가 허용되는지는 아래(13. 라.)에서 논의한다.

다만 여기에서 지적할 것은, 지식재산권에 관한 조약, 특히 "문학적·예술적 저작물의 보호를 위한 베른협약"(Berne Convention for the Protection of Literary and Artistic Works)(이하 "베른협약"이라 한다)이 준거법결정규칙을 담고 있다면 한중일이 모두 당사국인 베른협약에 따라 국제사법원칙이 통일되었다고 볼 수 있다는 점이다. 그러나 베른협약이 과연 국제사법원칙을 두고 있는지, 만일 두고 있다면 그것이 보호국법원칙인지는 논란이 있어[54] 한중일이 베른협약으로부터 통일된 국제사법원칙을 도출하기는 쉽지 않다.

11. 통상의 계약

통상의 계약의 경우 한중일 국제사법(한국 제25조, 중국 제41조, 일본 제7조)은 모두 당사자자치(party autonomy)의 원칙을 채택하고 있다. 다만 한국과 일본에서는 묵시적 지정이 허용되나 중국에서는 이는 허용되지 않는다.[55][56]

기하여 피고의 행위의 금지 등을 구한 사건이다. 강영수, "國際 知的財産權侵害訴訟에 있어서 國際私法的 問題에 관한 研究 — 屬地主義 原則의 限界 및 그 修正을 중심으로 —", 서울대학교 대학원 박사학위논문(2005), 49면 이하는 위 판결을 소개한다. 일본 학설은 櫻田嘉章·道垣內正人(編)/道垣內正人, 628면 이하 참조.

54) 이에 관하여는 석광현, 국제사법과 국제소송 제5권(2012), 108면 이하 참조.

55) 이것이 통설이고 최고인민법원의 일관된 태도이다. 黃軔霆(註 19), 166면; 쑤쇼링(註 5), 36면, 53면. 학설의 소개는 김현아(註 24), 469면 이하 참조. 그러나 2012년 사법해석(제8조 제2항)은 "각 당사자가 동일한 국가의 법을 인용하였고 이에 대한 이의를 제출하지 않은 경우에는 인민법원은 당사자가 섭외민사관계에 적용할 법을 선택한 것으로 인정할 수 있다"고 규정함으로써 묵시적 선택을 전면 부정하지는 않는 것으로 보이기도 한다.

56) 참고로 헤이그국제사법회의의 "국제상사계약의 준거법원칙(Principles on Choice of Law in International Commercial Contracts)"(이하 "헤이그국제상사계약 준거법원칙"이라 한다)(제4조 제1문)은 묵시적 지정을 허용한다. 이에 관하여는 석광현, "헤이그 국제상사계약 준거법원칙", 鎭武 徐憲濟先生 停年紀念集(2015. 2.), 279면 이하; 정홍식, "헤이그 국제상사계약 준거법 원칙", 통상법률 통권 제125호(2015. 10.), 14면 이하 참조. 이는 2015. 3. 19. 발효되었다고 한다. https://www.hcch. net/en/instruments/conventions/full-text/?cid=135.

한편 객관적 준거법에 관하여 한국 국제사법(제26조)과 일본 통칙법(제8조)은 계약과 가장 밀접한 관련이 있는 법을 준거법으로 지정하고, 법원의 판단을 돕기 위하여 특징적 이행(또는 급부)에 근거한 복멸될 수 있는 추정을 도입하고 있다. 흥미로운 것은 중국 법률적용법이다. 중국 법률적용법(제41조)도 특징적 이행에 착안하는 점은 한일 국제사법과 같지만 다소 차이가 있다.

첫째, 중국 법률적용법(제41조)은 특징적 이행을 고정된(fixed) 규칙으로 도입하나, 한국 국제사법(제26조)과 일본 통칙법(제8조)은 로마협약(제4조) 및 스위스 국제사법(제117)처럼 특징적 이행을 기초로 깨어질 수 있는 추정을 도입한다. 그러나 중국 법률적용법은 적어도 문언상으로는 그런 추정을 채택하지 않는 점에서 로마 I (제4조)과 더 가깝다. 둘째, 한일 국제사법이 특징적 이행에 의존하는 것과 달리, 중국 법률적용법(제41조)은 특징적 이행을 할 당사자의 상거소지법 또는 계약과 가장 밀접한 관련이 있는 곳의 법을 선택적으로 준거법으로 지정한다. 양자를 선택적 관계에 두는 점은 잘 이해되지 않는다. 법원이 어떤 기준에 의하여 준거법을 선택해야 하는지 알 수 없다. 이 두 가지 연결원칙 간의 관계는 불분명하다. 예컨대 어떤 사안에서 계약의 특징적 이행을 하는 일방 당사자의 상거소지는 X국이고, 계약과 가장 밀접한 관련이 있는 국가는 Y국이라면, 이 경우 중국법원은 Y국법을 적용해야 하는가 아니면 여전히 X국법을 적용할 수 있는가?[57)]

장래 동아시아의 통일규칙으로서 당사자자치를 규정하는 데는 문제가 없다. 다만 당사자가 준거법을 선택하지 않은 경우의 객관적 준거법에 관하여는, 한일 국제사법 및 로마협약처럼 특징적 이행에 기초한 추정원칙을 도입하는 방안과, 로마 I 처럼 특징적 이행에 기초한 고정된 규칙을 도입할지를 검토할 필요가 있다. 물론 중국의 실무가 어떻게 전개되는지를 확인하고 이를 고려할 필요가 있다.

57) 중국 학자들 간에는 견해가 나뉜다. 하나는 특징적 이행의 방법을 기본원칙으로 하고, 가장 밀접한 관련의 원칙으로 이를 보충하는 것이라고 이해하는 견해이고, 다른 하나는 가장 밀접한 관련의 원칙이 기본원칙이고 특징적 이행의 방법은 가장 밀접한 관련의 원칙을 추정하는 방법이라고 보는 견해이다. 전자는 중국 법률적용법이 로마 I 의 영향을 받아 특징적 이행과 가장 밀접한 관련의 원칙의 지위에 근본적인 변화를 준 것이라는 '전환론'이고, 후자는 중국 법률적용법이 기존의 입법태도(특히 2007년 사법해석)를 계승한 것이라는 '비전환론'이라고 한다. 상세는 김현아(註 24), 481면 이하 참조. 중국 판례는 김현아(註 24), 483면 이하 참조. 달리 말하자면 중국 법률적용법의 해석론으로 로마협약과 같은 결론을 따르는 견해와 로마 I 과 같은 결론을 따르는 견해가 있다는 것이다.

12. 소비자계약과 근로계약에 대한 특칙

한국 국제사법(제27조와 제28조), 중국 법률적용법(제42조와 제43조)과 일본 통칙법(제11조와 제12조)은 사회경제적 약자인 소비자와 근로자를 보호하기 위한 특칙을 도입하고 있다. 이는 로마협약 내지 스위스 국제사법의 영향을 받은 것인데, 한일 국제사법은 보호대상인 소비자의 범위를 수동적 소비자(passive consumer)에 한정하나, 중국 국제사법은 다소 애매하다. 구체적인 내용은 상이하지만, 이러한 특칙은 국제사법적 정의(正義)와 실질법적 정의를 준별하면서 전자는 법의 적용에만 관계되고 준거법으로 된 실질법[58]의 내용에는 관여하지 않는다는 취지의 전통적 유럽 국제사법이론의 원칙을 수정한 것이다.[59]

한일 국제사법은 당사자자치를 허용하면서도 소비자를 보호하는 접근방법을 취하는 점에서 상대적으로 로마협약에 충실하다. 반면에 중국 법률적용법은 당사자자치를 제한하거나(소비자계약의 경우) 아예 허용하지 않는데(근로계약의 경우),[60] 후자는 스위스 국제사법에 접근한다. 중국 법률적용법은 한일 국제사법과 달리 파견에 관한 규정을 둔다. 복수의 법을 비교하는 데 따르는 어려움, 시간과 비용을 고려하면 소비자계약에서 준거법의 선택을 불허하고, 근로계약의 경우 선택될 수 있는 준거법을 제한하는 스위스 국제사법(제120조와 제121조)이나 중국 법률적용법의 접근방법이 현실적인 것일 수도 있다. 한국 국제사법에서는 비교에 따른 어려운 문제가 발생하나, 일본 통칙법(제11조)은 소비자가 그 상거소지법 중의 특정의 강행규정을 적용하여야 하는 취지의 의사를 사업자에 대해서 표시한 때에만 소비자 상거소지법을 적용하도록 함으로써 법원의 부담을 완화하고 있고, 동일한 접근방법을 노동계약에도 적용한다(제12조). 소비자의 의사 표시는 준거법을 부가하여 선택하는 의사 표시로 그 주장은 사법상의 형성권의 행사등과 같이 재판의 내외를 묻지 않고 할 수 있다고 한다.[61] 그러나 그런 요건으로 인하여 소비자와 근로자의 보호가 약화될 우려가 있음은 부인할 수 없다. 이런 이유로 소비자가 추상적으로 상거소지법을 원용하는 경우에는 그 의사 표시로부

---

58) 실질법이라 함은 저촉법(또는 협의의 국제사법)에 대비되는 개념으로, 우리 민·상법과 같이 저촉법(또는 협의의 국제사법)에 의하여 준거법으로 지정되어 특정 법률관계 또는 쟁점을 직접 규율하는 법을 말한다.

59) 석광현, 국제사법과 국제소송 제1권(2001), 74면.

60) 근로계약에 관한 한중 국제사법의 비교는 석광현, "國際勤勞契約의 準據法에 관한 韓國과 中國國際私法의 異同", 전북대학교 법학연구 제31집(2010. 12.), 301면 이하 참조.

61) 櫻田嘉章·道垣內正人(編)/西谷祐子, 263면 참조.

터 특정의 강행규정을 적용하는 취지를 객관적으로 인식할 수 있다고 하여 동 조문을 완화하는 견해도 있고, 이는 결국 판례와 학설에 기대할 것이라는 견해도 있다.[62]

흥미로운 것은, 로마협약(제5조 제4항)과 로마 I (제6조 제4항)은, 운송계약 그리고 소비자의 상거소지 외의 지역에서 전적으로 용역을 제공하는 경우에는 소비자계약의 특칙을 적용하지 않는 점이다. 한국과 중국 국제사법은 그러한 예외를 규정하지 않는데,[63] 일본 통칙법(제11조 제6항 제2호)은 전자에 관하여는 예외를 두지 않지만 후자에 관하여는 유사한 예외조항을 둔다. 한국에서는 근자에 로마협약이 예외로 규정하는 사안에서도 문언에 충실하게 국제사법 제27조를 적용해야 한다는 취지의 대법원판결이 선고된 바 있다.[64] 소비자의 전자상거래, 특히 해외직접구매가 활발해짐에 따라 소비자보호의 중요성이 점차 커지고 있다. 소비자의 개념을 정의함에 있어서 한국국제사법은 전자상거래를 고려하여 사업자가 소비자의 상거소를 지향하여 광고 또는 영업활동을 할 것을 요구하는 'targeted activity criterion(지향된 활동기준)'을 도입하고 있으나,[65] 중국 법률적용법과 일본 통칙법은 명백하지는 않다.

13. 불법행위

가. 행위지법원칙과 그의 완화

한국 국제사법은 불법행위의 준거법에 관하여 행위지법원칙(*lex loci delicti* principle)을 채택하고 있으나, 그의 엄격성을 완화하기 위하여 당사자의 사후합의(제33조), 종속적 연결(제32조 제3항), 공통의 상거소지법원칙(제32조 제2항)을 도입

62) 櫻田嘉章 · 道垣內正人(編)/西谷祐子, 263면 참조.

63) 다만 중국에서는 항공여객운송계약에 대하여는 국제사법이 아니라 민용항공법이라는 법률이 적용되는데, 동 법(제188조)에 따르면 민용항공운송계약의 당사자가 계약의 준거법을 선택할 수 있고 당사자가 계약 준거법을 선택하지 아니한 경우 계약과 가장 밀접한 관련이 있는 법이 적용되므로 우리와는 사정이 다른 것으로 보인다.

64) 대법원 2014. 8. 26. 선고 2013다8410 판결(에어프랑스 사건). 평석은 석광현, "국제사법상 소비자계약의 범위에 관한 판례의 소개와 검토: 제27조의 목적론적 축소와 관련하여", 국제사법연구 제22권 제1호(2016. 6.), 37면 이하 참조.

65) 한국 국제사법은 동일한 소비자의 개념을 국제재판관할의 맥락에서도 사용하는 점에 특색이 있다. 반면에 중국의 태도는 분명하지 않고, 일본은 민사소송법(제3조의4)의 문언상으로는 아무런 제한 없이 능동적 소비자도 포함한다(개별사건에서 특별한 사정에 의한 제한을 염두에 둔 것은 물론이다).

함으로써 행위지원칙을 사실상 보충적 원칙으로 전환하고 있다. 그리고 외국법이 준거법이 되는 경우에 불법행위로 인한 손해배상청구권은 그 성질이 명백히 피해자의 적절한 배상을 위한 것이 아니거나 그 범위가 본질적으로 피해자의 적절한 배상을 위하여 필요한 정도를 넘는 때에는 이를 인정하지 아니한다(제32조 제4항).

중국 법률적용법(제44조)은 행위지법원칙을 채택하고, 그에 우선하는 원칙으로 당사자의 사후합의를 허용하고, 공통의 상거소지법 적용을 도입하고 있다. 그러나 조문상으로는 한국 국제사법에서 보는 '종속적 연결원칙'이나 일본 통칙법에서 보는 '더 밀접한 관련법 적용원칙'은 도입하고 있지 않다.

위에서 본 것처럼 한국 국제사법(제32조)은 종속적 연결원칙을 규정한다. 따라서 만일 불법행위가 가해자와 피해자 사이의 기존 법률관계를 침해하는 경우에는 불법행위는 당해 법률관계에 적용할 법에 의하여 규율된다. 따라서 당사자 사이의 계약관계가 불법행위로 인하여 침해되는 경우 불법행위는 계약의 준거법 소속국의 불법행위법에 의하여 규율된다. 일본 법적용통칙(제20조)도 유사하나 한국 및 스위스 국제사법(제133조 제3항)처럼 직접적이 아니라 로마Ⅱ(제4조 제3항)처럼 법원으로 하여금 더 밀접한 관련이 있는 법을 적용하도록 규정하는 간접적인 방법을 취한다.[66] 중국 법률적용법은 종속적인 연결원칙을 명시하지 않는데, 중국 법원이 해석론으로서 이를 도입할 수 있는지는 두고 볼 일이다.[67]

일본 통칙법(17조)은 행위지법원칙을 채택하고(다만 결과발생지를 우선하고 예견가능성이 없는 경우 예외적으로 행동지법을 적용한다), 준거법의 사후합의, 더 밀접한 관련이 있는 법률, 공통의 상거소지법을 도입함으로써 행위지법원칙을 완화하고 있다. 그러나 일본은 불법행위에 대한 공서에 의한 제한(제22조)을 둠으로써 불법행위의 성립과 효력의 측면에서 법정지법을 누적적용한다.[68]

사후합의를 허용하는 점은 한중일 국제사법이 동일하나(그러나 로마Ⅱ는 일정한 요건 하에 사전합의도 허용한다) 한국 국제사법은 법정지법의 선택만을 허용하는 데 반하여 중국 법률적용법과 일본 통칙법은 이런 제한을 두지 않는다.

---

66) 일본 통칙법의 태도는 로마Ⅱ(제4조)와 유사하다.

67) 쑤쇼랭(註 5), 57면은 이는 입법의 흠결로 보인다고 한다.

68) 이는 과거 섭외사법이 취했던 이른바 'double actionablility(이중소구가능성)'를 따른 것이다. 河野俊行은 제22조는 부적절한 것으로 삭제되어야 한다고 주장한다. Toshiyuki Kono, "Applicable Laws to Non-contractual Obligations", in Basedow/Baum/Nishitani (eds.)(註 47), p. 232.

행위지법원칙과 함께 이를 완화하는 연결원칙으로서, 사후합의와 공통의 상거소지법 적용을 명시하는 것은 문제가 없다. 다만 사후합의를 제한할지, 종속적 연결(더 밀접한 관련법 적용원칙)을 명시할지는 더 검토할 필요가 있다.

나. 격지불법행위의 준거법

고엽제소송에서[69] 제조물책임의 준거법에 관하여 서울지방법원 2002. 5. 23. 선고 99가합84123 판결은 피해자가 준거법을 선택할 수 있다고 판시하였고, 서울고등법원 2006. 1. 26. 선고 2002나32662 판결도 대체로 동지로 판시하였다. 이 점을 명시적으로 판단한 대법원 판결은 잘 보이지 않으나, 징용사건에 관한 대법원 2012. 5. 24. 선고 2009다22549 판결(미쓰비시 사건 판결)은, 행동지와 결과발생지가 복수국가에 소재하는 경우 피해자는 자신에게 유리한 법을 불법행위의 준거법으로 선택할 수 있음을 인정하였다. 위 판결은 엄밀하게는 행동지와 결과발생지가 복수국가에 소재하는 경우이나, 격지불법행위에 대하여도 대법원이 아마도 동일한 원칙을 적용할 것으로 짐작된다.

중국 법률적용법(제44조 제1문)은 "불법행위지법"원칙(*lex loci delicti*)을 채택하고 있으나, "격지불법행위"의 경우, 즉 결과(또는 손해)발생지가 불법행위의 행동지와 상이한 경우 준거법의 결정을 법관에게 맡긴다. 중국 법률적용법은 두 가지 의문을 제기한다. 첫째, 불법행위지는 결과발생지와 행동지로 해석되어야 하는지. 만약 이 답변이 긍정적이라면 둘째 문제로서 피해자는 자신에게 유리한 법을 선택할 권리가 있는지, 아니면 법원이 직권으로 피해자에게 더 유리한 법을 선택할 수 있는지가 문제된다. 이에 관하여는 학설이 나뉜다.[70]

반면에 일본 통칙법(제17조)은 결과발생지를 우선시키고 다만 그 곳에서 결과의 발생이 통상 예견할 수 없는 것이었던 때에는 행동지법을 적용한다.

다. 특수불법행위의 특칙

한국 국제사법은 이에 관하여 규정을 두지 않는다. 다만 한국의 '독점규제

---

69) 사안은 월남전에 참전했던 한국 군인들이 미국의 다우케미칼과 몬산토를 상대로 제조물의 하자로 인한 손해배상을 구한 것이다.

70) 학설로는 결과발생지법을 우선하는 견해, 피해자에게 선택권을 인정하는 견해와 1988년 사법해석에 따라 법원이 피해자에게 유리한 법을 선택할 것이라는 견해 등이 있다고 한다. 김현아, "초국경적 환경오염피해에서 격지적 불법행위의 준거법 결정", 민사법의 이론과 실무 (2015. 12.), 134면 이하 참조.

및 공정거래에 관한 법률'(제2조의2)과 '자본시장과 금융투자업에 관한 법률'(제2조)은 각 법률의 역외적용을 명시하는 조문을 두고 있다. 그러나 중국 법률적용법은 제조물책임(제45조)[71]과 인터넷 또는 기타 방법에 의한 성명권, 초상권, 명예권, 사생활권 등 인격권 침해(제46조)에 관하여 특칙을 둔다. 한편 일본 통칙법은 제조물책임(제18조)과 명예 또는 신용의 훼손(제19조)에 관하여 특칙을 둔다. 일본의 경우 특칙이 적용되는 사안에서도 법정지법이 누적 적용되는 점은 흥미롭다(제22조). 그러나 이는 특칙의 의미를 반감시키는 조치이다.

중국과 일본이 제조물책임과 인격권의 침해 또는 명예 훼손과 같은 특수불법행위에 대한 특칙을 두는 점에서 이를 두지 않은 한국 국제사법보다 진일보한 것이다. 다만 한국은 규정을 두지 않은 일본과 달리 지식재산권의 침해에 대하여 특칙을 두고, 중국과 일본에는 없는 '독점규제 및 공정거래에 관한 법률'(제2조의2)과 '자본시장과 금융투자업에 관한 법률'(제2조)에서 역외적용에 관한 규정을 두고 있다. 이를 어떻게 파악할지는 논란의 여지가 있으나 일단 국제사법에 대한 특칙으로 볼 수 있을 것이다. 1설은 제2조를 근거로 민사책임과 행정규제를 통일적으로 연결한다.[72] 반면에 민사책임의 연결원칙을 행정규제의 연결원칙과 별개로 구성하는 견해가 2설로 주장될 수 있을 것이다.

라. 지식재산권침해의 준거법의 합의

한국 국제사법상으로는 준거법의 사후합의를 정한 제33조가 지식재산권침해의 경우에도 적용되는지는 논란이 있다. 중국 법률적용법(제50조)은 불법행위의 경우와 마찬가지로 사후합의를 허용하나 이 경우에는 법정지법의 합의만을 허용하는 점은 흥미롭다. 다만 침해의 결과에 대하여만 합의를 허용하는 것인지 침해의 요건에 대하여도 합의를 허용하는지는 불분명하다. 한편 일본에서는 이 점은 분명하지 않다. 위에서 본 최고재판소 판결은, 특허권 침해 시 구제방법에 따라 금지청구는 특허권의 효력으로 성질결정하여 조리에 의해 등록국법을 적용하고, 손해배상은 불법행위로 성질결정하여 불법행위지법과 법정지법을 누적적용하였으므로, 후자에 관한 한 사후합의를 허용할 가능성도 있으나 그 경우에도

71) 해석론은 김현아, "중국 국제사법상 제조물책임의 준거법", 국제사법연구 제20권 제2호(2014. 12.), 202면 이하 참조.

72) 석광현·정순섭, "국제자본시장법의 서론적 고찰—역외적용 및 역외투자자문업자등의 특례를 중심으로—", 증권법연구 제11권 제2호(2010), 52면. 이에 의하면 행정규제에 관하여 자본시장법이 (역외)적용되는 사안에서는 민사책임에 대하여도 자본시장법이 적용된다.

일본법이 누적적용될 것이다.[73)]

14. 채권양도와 채무인수의 준거법

한국 국제사법(제34조 제1항)과 일본 통칙법(제23조)은 채권양도의 준거법에 관하여 명시적 규정을 둔다. 전자는 로마협약처럼 채권양도의 여러 측면에 관하여 포괄적인 규정을 두는 데 반하여, 후자는 채권양도의 제3자에 대한 효력의 준거법만을 규정하면서 이를 채권의 준거법에 따르도록 한다. 반면에 중국 법률적용법은 채권양도의 준거법을 명시하지 않는데, 2001년 채택된 UN국제채권양도협약[74)]과 2009년 발효된 로마 I 규정을 둘러싸고 채권양도의 준거법에 관하여 국제적으로 활발한 논의가 있었던 점을 고려하면 이는 의외이다. 채권양도의 준거법에 관하여는 금후의 학설과 판례의 축적을 기다려야 한다고 한다.[75)]

채무인수의 준거법에 관하여 한국 국제사법(제34조 제2항)은 채권양도에 관한 규정을 준용하나, 중국 법률적용법과 일본 통칙법은 규정을 두지 않는다.

15. 혼인의 실질적 성립요건과 방식

혼인의 실질적 성립요건에 관하여 한일 국제사법은 배분적 연결원칙을 취한다. 반면에 중국 법률적용법(제21조)은 일차적으로 당사자의 공동 상거소지법, 이차적으로 공동 국적소속국법, 삼차적으로 혼인체결지법을 적용한다.

혼인의 방식에 관하여는 한일 국제사법은 당사자 일방의 본국법과 혼인거행지법에 선택적으로 연결하면서 내국인조항을 둔다. 한일 국제사법이 동일한 이유는 한국이 2001년 섭외사법 개정 시 일본 법례를 참조한 결과이다. 한편 중국 법률적용법(제22조)은 혼인체결지법, 일방 당사자의 상거소지법 또는 국적소속국

73) 흥미로운 것은, 로마Ⅱ(제8조)는 일반 불법행위의 경우와 달리 지식재산권 침해의 경우 당사자자치를 허용하지 않는 점이다. 반면에 지식재산권에 관한 2007년 ALI 원칙(Intellectual Property: Principles Governing Jurisdiction, Choice of law and Judgments in Transnational Disputes)과 지식재산권의 국제사법에 관한 유럽막스플랑크그룹(EMPG)의 2011년 CLIP 원칙(Principles for Conflict of Laws in Intellectual Property)은 당사자자치를 허용한다. 상세는 석광현, "국제지적재산권분쟁과 國際私法: ALI 원칙(2007)과 CLIP 원칙(2011)을 중심으로", 민사판례연구 제34집(2012), 1065면 이하 참조.

74) 석광현, 국제사법과 국제소송 제4권(2007), 39면 이하 참조. 상세는 석광현, 국제채권양도협약연구(2002) 참조.

75) 黃軔霆(註 19), 166면.

법에 선택적으로 연결한다. 한중일이 본국법과 혼인거행지법 ―혼인체결지가 혼인거행지라고 이해한다면― 에 선택적 연결을 하는 점은 동일하지만, 중국 법률적용법은 상거소지법에 선택적 연결을 인정하고 내국인조항을 두지 않는 점에서 한일 국제사법과 상이하다.[76)]

16. 혼인의 일반적 효력과 부부재산제

혼인의 일반적 효력에 관하여 한일 국제사법은 단순화된 '케겔의 사다리(Kegel's ladder)'를 취한다. 중국(제23조)은 일차적으로 공동 상거소지법, 이차적으로 공동 국적소속국법에 연결한다.

혼인의 재산적 효력에 관하여 한일 국제사법은 혼인의 일반적 효력의 준거법에 따르도록 하면서 제한된 범위 내에서 당사자자치를 허용한다. 반면에 중국 법률적용법(제24조)은 당사자자치를 허용하고(다만 후보는 일방 당사자의 상거소지법, 국적소속국법 또는 주요재산 소재지법에 한정된다), 당사자가 선택하지 않은 경우에는 일차적으로 공동 상거소지법에 의하고, 이차적으로 공동 국적소속국법에 의한다. 한중일 국제사법이 제한적으로 당사자자치를 허용하는 점에서 같고, 선택이 없는 경우 일방의 상거소지법 또는 국적소속국법을 적용한다는 점에서 유사하다. 다만 상거소지법과 국적소속국법의 우선순서는 다르다.[77)]

혼인의 일반적 효력과 부부재산제에 관하여 한일 국제사법이 동일한 이유는 한국이 2001년 섭외사법 개정 시 일본 법례를 참조한 결과이다.

17. 이혼

한국 국제사법(제39조, 제37조)과 일본 통칙법(제27조, 제25조)에 의하면 이혼은 혼인의 일반적 효력의 준거법에 따른다. 즉 부부의 동일한 본국법, 그것이 없으면 부부의 동일한 상거소지법이 적용되고, 그것이 없으면 부부와 가장 밀접한

76) 중국에는 한국과 같은 가족관계등록부제도가 없고 혼인등기제도가 있다. 중국에서 혼인을 체결한 자는 民政局에 신청서를 제출하여 혼인의 실질요건을 구비 여부를 심사 받고 '결혼증' 또는 '혼인관계증명서'를 취득하고, 민정국은 공부에 당사자 간의 혼인관계를 등록한다고 한다. 쑤쇼링(註 5), 48면.

77) 한국 국제사법(제38조)과 일본 통칙법(제26조)은 부부재산제에 관한 준거법합의의 서면성을 요구하고, 제3자보호조항을 두는 데 반하여 중국에는 이런 규정이 없다.

관련이 있는 곳의 법에 의한다. 결국 혼인의 일반적 효력의 준거법과 같다. 내국인조항은 일본 통칙법의 영향이 남아 있는 사례이다.[78] 주의할 것은 협의이혼이 가능한지는 이혼의 방식의 문제가 아니라 이혼의 방법으로서 이혼의 성립요건의 문제라는 점이다.[79]

중국 법률적용법(제27조)은 협의이혼과 재판상이혼을 구분하여 준거법을 지정한다. 즉 협의이혼에 대하여는 준거법선택을 허용하고, 선택하지 않은 경우 공동 상거소지법, 공동 국적소속국법, 이혼절차처리기구 소재지법의 순으로 단계적으로 연결한다. 반면에 재판상 이혼은 법정지법에 의한다. 제27조의 결과 중국과의 관계에서 한국 법원이 숨은 반정의 법리를 적용할 가능성이 있음을 주목해야 한다. 대법원 2006. 5. 26. 선고 2005므884 판결은 미국인 간의 재판상 이혼이 문제된 사건에서 숨은 반정의 법리를 인정하고 준거법으로서 한국법을 적용하였다.[80] 따라서 가령 중국인 남편과 중국인 부인이 한국법원에서 이혼소송을 제기할 경우, 만일 중국의 국제재판관할규범에 따라 한국이 국제재판관할을 가진다면, 한국 국제사법(제39조와 제37조)에 따라 이러한 사건에 부부의 동일한 본국법인 중국법을 적용해야 할 것이나 한국법원은 숨은 반정의 법리에 의하여 제9조를 유추적용하여 한국법을 적용할 가능성이 있다.

18. 친자

가. 친자관계의 성립과 친자관계의 효력의 준거법

한국 국제사법은 섭외사법과 마찬가지로 친자관계의 성립의 준거법(제40조부터 제44조)과, 일단 성립한 친자관계에 따른 법률관계의 준거법(제45조)을 구분하

---

78) 일본에서는 당사자의 이혼의사를 확인하는 절차가 없으므로 신분관계공무원의 판단을 용이하게 하기 위하여 내국인조항이 필요한 데 반하여, 한국에서는 법원이 이혼의사 확인을 하므로 내국인조항이 불필요하다고 볼 수도 있다. 横山 潤, 国際家族法の研究(1997), 136면 참조.

79) 석광현(註 26), 472면; 신창선 · 윤남순(註 35), 357면.

80) 한국 국제사법 제39조와 제37조에 따르면 이혼의 준거법은 부부의 동일한 본국법인 미국 미주리주법이 되었을 것이다. 그러나 대법원은 직접반정을 명시한 한국 국제사법 제9조 제1항의 유추적용을 근거로 숨은 반정의 법리를 도입함으로써 이혼의 준거법이 한국법이라고 보았다. 즉, 만일 미주리주법원에서 위 사건을 심리한다면 그의 저촉법 규범에 따라 법정지법을 적용할 것이므로, 미주리주의 저촉법에 문제된 이혼에 대하여 한국법을 적용한다는 명시적 규정이 없더라도 만일 한국이 미주리주의 관할규범에 따라 국제재판관할(이것이 전속관할이어야 하는지는 불분명하다)이 있다면 미주리주의 국제재판관할규범 안에 숨은 저촉법규범은 이혼 문제를 한국법으로 반정하는 것으로 인정해야 한다는 것이었다.

는 체제를 취한다. 이는 독일 민법시행법의 체제를 따른 것인데 일본 통칙법도 같다(성립의 준거법에 관한 제28조부터 제31조와 법률관계의 준거법에 관한 제32조).

그러나 중국 법률적용법은 친자관계의 성립의 준거법과 일단 성립한 친자관계에 따른 법률관계의 준거법을 구분하지 않고 일률적으로 준거법을 지정한다. 즉 중국 법률적용법(제25조)은 "부모와 자녀 간의 인신 및 재산관계는 공동 상거소지법에 따르고, 공동 상거소지가 없는 경우에는 일방 당사자의 상거소지법 또는 국적소속국법 중 약자의 권익을 보호하는 데 유리한 법률에 의한다"고 규정한다. 문언상으로는 제25조의 적용범위가 분명하지 않다. 즉 제25조가 친자관계에 따른 권리와 의무만이 아니라 친자관계의 성립에도 적용되는지에 관하여는 이를 긍정하는 견해와 부정하는 견해가 나뉘고 있다.[81]

나. 친자관계의 성립에서 혼인 중의 친자관계와 혼인 외의 친자관계의 구별

친자관계의 성립에 관하여 한국 국제사법(제40조와 제41조)은 혼인 중의 자와 혼인 외의 자를 구별하여 상이한 연결원칙을 두는데 이 점은 일본 통칙법(제28조와 제29조)도 같다. 이처럼 친자관계의 성립의 준거법에 관하여 혼인 중의 자와 혼인 외의 자를 구별하는 것이 적절한지는 논란이 있으나, 한국 국제사법이 양자에 대해 상이한 연결원칙을 두는 것은 한국 민법이 아직 혼인 중의 친자관계와 혼인 외의 친자관계를 구별하여 성립과 효과(효력)를 달리 규정하고 있음을 고려한 것이다. 이 점에서 친자법에 관한 한 국제사법은 우리 민법과 동일한 발전단계에 있다고 할 수 있다. 반면에 중국 법률적용법은 친자관계의 성립의 준거법에 관하여 혼인 중의 자와 혼인 외의 자를 구별하지 않는다.

다. 탈취협약에의 가입 여부

한국과 일본은 "국제적 아동탈취의 민사적 측면에 관한 협약"("탈취협약")의 당사국이지만 중국은 아니다. 한국은 "헤이그 국제아동탈취협약 이행에 관한 법

---

81) 중국 주위동 교수는 긍정설을 지지한다. Weidong ZHU, "The New Conflicts Rules for Family and Inheritance Matters in China", Yearbook of Private International Law, Vol. XIV 2012/2013 (2013), p. 378. 학설의 상세는 黃軔霆(註 19), 100면 이하; 쑤쇼링(註 5), 49면 참조. 黃軔霆(註 19), 101면은 중국 실질법상 친생자관계의 성립은 법률문제가 아니라 사실문제라고 보는 것과 마찬가지로 국제사법적으로도 제25조에 의할 것이 아니라 사실문제로 볼 것이라는 견해를 피력한다.

률"을 제정하였고 탈취협약은 2013. 3. 1. 한국에서 발효되었다. 이는 한국이 가입한 4번째 헤이그협약이나, 협의의 국제사법 분야의 헤이그협약으로는 유일한 것이다.[82] 일본은 2014. 1. 24. 탈취협약에 서명하고 2014. 4. 1. 발효되었다. 이를 계기로 2013. 6. 12. "국제적인 자(子) 탈취의 민사상 측면에 관한 조약의 실시에 관한 법률"을 제정하여 2014. 4. 1.부터 시행하고 있다. 위 실시법은 총 7장, 전 153개조, 부칙 2개 조문으로 구성되어 있고, 아동의 반환 및 면접교섭에 관한 원조(제4조 내지 제25조)를 체계적으로 명시한다. 동아시아 역내에서 아동탈취에 따른 문제를 원활하게 해결하자면 중국이 아동탈취협약에 가입하는 것이 바람직하다.

라. 입양협약에의 가입 여부

한편 중국은 헤이그입양협약의 당사국이나 한국과 일본은 아니다. 한국은 2013. 5. 24. 입양협약에 서명하였으나 아직 비준하지 않았다. 정부가 당초 약속기한을 넘겨 비준을 미루는 것은 문제이다.

19. 부양

한국 국제사법은 부양권리자의 보호를 위하여 1973년 "부양의무의 준거법에 관한 헤이그협약(Hague Convention on the Law Applicable to Maintenance Obligations)"(이하 "헤이그부양협약"이라 한다)의 주요내용을 수용하였다. 즉 국제사법은 부양을 하나의 독립된 연결대상으로 취급하여 원칙적으로 모든 부양의무의 준거법을 통일하고, 헤이그부양협약의 원칙을 수용하여 부양권리자를 두텁게 보호하며(*favor alimenti*), 부양의 재산적 특성을 고려하여 준거법 결정원칙을 정하였다. 다만 이혼당사자 간의 부양의무에 관하여는 이혼의 준거법에 의하도록 한다. 이는 부양권리자의 보호라고 하는 실질법적 가치를 국제사법적 차원에서 고려한 것이다. 보다 구체적으로 부양의 준거법을 원칙적으로 부양권리자의 상거소지법으로 하고, 다만 그에 의하면 부양권리자의 부양청구권이 인정되지 않는 경우에는 예비적으로 부양권리자와 부양의무자의 '공통의 본국법'에 의한다(제46조 제1

82) 한국이 전에 가입한 헤이그협약은 송달협약(2000. 8. 1. 발효), 아포스티유(Apostille)협약(2007. 7. 14. 발효)과 증거협약(2010. 2. 12. 발효)이 있으나 이들은 준거법에 관한 협약은 아니고 또한 헤이그협약에 가입하면서 한국이 이행법률을 제정한 것은 아동탈취협약이 유일하다.

항). 단서는 부양권리자에게 실효적 보호를 부여하기 위하여 '보정적 연결'을 도입한 것이다.

일본은 헤이그부양협약에 가입하면서 특별법으로 '부양의무의 준거법에 관한 법률'을 제정하였고 이를 계기로 부양의무의 준거법에 관한 법례의 조문은 삭제되었다. 준거법에 관한 통칙을 정한 일본 통칙법 제3장의 규정은 부부, 친자 그 밖의 친족관계로부터 생기는 부양의무에 대하여는 적용하지 아니한다(일본 통칙법 제43조).

중국 법률적용법(제29조)에 따르면, 부양은 일방 당사자의 상거소지법, 국적 소속국법 또는 주요 재산소재지법 중 부양받을 자의 권익을 보호하는 데 유리한 법에 의한다. 이는 가장 밀접한 관련이 있는 법을 적용하도록 요구하는 것이 아니라 약자에게 유리한 연결원칙을 채택한 것이므로 법관은 후보가 된 준거법을 조사·비교하여 부양권리자를 가장 두텁게 보호하는 법을 준거법으로 적용해야 한다. 그러나 법관의 부담이 과중하여 실제의 운용가능성을 우려하는 의견도 있다.[83]

한편 헤이그국제사법회의는 부양과 관련된 네 개의 기존 헤이그협약들[84]과 1956. 6. 20. "해외부양회수에 관한 국제연합협약"[85]을 개선하고 행정공조 및 사법공조를 포함하는 새로운 전 세계적인 국제협약을 채택하기 위한 작업을 추진하여 2007년 "아동양육 및 기타 형태의 가족부양의 국제적 회수에 관한 협약(Convention on the International Recovery of Child Support and Other Forms of Family Maintenance)"(이하 "신부양협약" 또는 "아동부양협약"이라 한다)과, 2007. 11. 23. "부양의무의 준거법에 관한 의정서(Protocol on the Law Applicable to Maintenance Obligations)"를 채택하였다.[86] 신부양협약의 목적은 효율적인 아동양육비와 기타 형태의 가족부양의 국제적 회수를 보장하기 위한 것이다. 동 협약은 국제적 신청을 처리하는 과정에서 체약국 간의 실효적 공조체제를 확립하고, 체약국에게

---

83) 黃軔霆(註 19), 111면.

84) 이는 위에 언급한 준거법에 관한 두 개의 헤이그협약과 1958년의 "자(子)에 대한 부양의무에 관한 재판의 승인 및 집행에 관한 협약" 및 1973년의 "부양의무에 관한 재판의 승인 및 집행에 관한 협약"을 말한다.

85) 이는 "United Nations Convention of 20 June 1956 on the Recovery Abroad of Maintenance"인데 한국은 가입하지 않았다.

86) 의정서를 별도로 채택한 것은, 부양의무의 준거법에 관하여 대체로 법정지법을 적용하는 영미법계국가들이 준거법에 관한 통일규칙을 신부양협약에 포함시키는 것을 원하지 않았기 때문이다.

부양재판의 취득과 변경 및 그의 승인과 집행을 위한 신청을 가능하게 하며, 초국경적 부양절차에의 실효적 접근을 보장하도록 하고, 체약국에서 행해진 부양재판의 승인과 집행을 위한 광범위한 체제를 확립하며, 신속하고도 단순화된 승인 및 집행절차와, 신속하고 실효적인 집행요건을 체약국에게 부과하는 등 다양한 수단을 통하여 그 목적을 달성한다.[87] 장기적으로 한중일도 신부양협약 가입을 검토할 필요가 있다.

20. 상속

한국 국제사법(제49조 제1항)과 일본 통칙법(제36조)은 상속통일주의(principle of unity)를 취한다. 따라서 피상속인의 모든 재산은 동산이든 부동산이든 동일한 법에 의한다. 본국법은 법적 안정성을 확보할 수 있고, 관련된 이해당사자의 이익을 보호하는 장점이 있다. 반면에 중국 법률적용법(제31조)은 상속분할주의(principle of scission)를 취한다. 동산의 상속은 사망 당시 피상속인의 상거소지법에 의하며 부동산의 상속은 부동산 소재지법에 의한다.[88] 상속의 준거법결정원칙은 이처럼 상이하나 통일규칙을 도입한다면 상속통일주의의 장점을 살리는 것이 바람직하다. EU상속규정(제21조)[89]은 원칙적으로 상속 전체에 대하여 사망 당시 피상속인의 상거소를 연결점으로 정함으로써 상속통일주의를 취하면서, 예외적으로 더 밀접한 관련이 있는 국가의 법이 있는 때에는 그 법을 상속의 준거법으로 지정한다. 여기에서 연결점으로 국적과 상거소 중 무엇을 채택할지는 더 검토할 사항이다.

당사자자치를 허용하지 않는 중국 및 일본 국제사법과 달리, 한국 국제사법(제49조 제2항)은 제한된 범위 내에 당사자자치를 도입한다. 이는 상속은 피상속인의 신분에 관련할 뿐만 아니라 그의 가족이나 다른 상속권자에 대한 재산의 이전과도 관련된다는 점에 착안한 것이다. EU상속규정(제22조)은 피상속인이 상속 전체에 대하여 선택 당시 또는 사망 당시 그의 본국법을 상속의 준거법으로 선택할 수 있도록 허용함으로써 피상속인이 장래 유산의 처분에 관한 계획의 수

87) 그러나 신부양협약은 직접관할은 규정하지 않는다.

88) 이는 영국법과 유사하나 중국 법률적용법에서 피상속인의 상거소지법에 의한다는 규정은 피상속인의 주소지법을 준거법으로 보는 영국법과 다르다.

89) 이는 유럽연합이 2012년 7월 채택한 "상속사건에 관한 재판관할, 준거법, 재판의 승인 및 집행과, 공정증서의 인정과 집행에 관한 그리고 유럽상속증명서의 창설에 관한 규정"을 말한다.

립(이것이 'estate planning'이다)을 가능하게 한다. 이는 '법의 공시(*professio juris*)'를 허용함으로써 상속의 준거법을 피상속인이 스스로 결정하도록 하는 장점이 있다. 따라서 동북아의 통일규범도 당사자자치를 도입하는 것이 바람직한데 다만 그 범위는 더 검토할 필요가 있다.

21. 유언의 방식

일본은 1961년 헤이그유언방식협약("유언에 의한 처분의 방식에 관한 법의 저촉에 관한 헤이그협약(Hague Convention on the Conflicts of Laws Relating to the Form of Testamentary Dispositions))"의 당사국이나[90] 한국과 중국은 아니다. 그러나 한국은 동 협약의 주요내용을 한국 국제사법(제50조 제2항)에, 중국은 중국 법률적용법(제32조)에 각각 반영하였으므로 실질적으로 큰 차이는 없다. 따라서 이 분야에 관한 한 통일규범을 만드는 데 어려움은 없다. 아니면 한국과 중국이 동 협약에 가입함으로써 문제를 해결할 수도 있을 것이다.

V. 동아시아 협의의 국제사법규범의 통일 내지 조화의 추진 방향

1. 국제사법규범의 상호 이해를 위한 동아시아 역내 교류의 활성화

이제 한중일 3국은 국제사법규범을 통일 내지 조화하기 위한 체계적이고 본격적인 노력을 시작해야 한다. 이런 맥락에서 한일국제사법학자들이 20년 가까이 교류를 지속하고 있음은 매우 고무적이다. 실제로 이 모임은 한일 학자들 상호간에 국제사법규범의 이해를 제고하는 데 크게 기여하였다. 또한 한국 국제사법학회는 중국 국제사법학회와 2011년 학술교류를 하기로 합의하고, 2011년 서울에서 제1회 공동학술대회를 개최한 이래 양국에서 번갈아 공동학술대회를 개최하고 있으며 2016년 10월에도 중국 시안(西安)에서 제6회 대회를 개최하였다. 그리고 일본 동지사(同志社) 대학의 주도 하에 일부 아시아 국제사법 전문가들이

90) 일본은 1964년 "유언의 방식의 준거법에 관한 법률"을 제정하였다.

아시아국제사법원칙(APPIL)을 성안하기 위한 작업을 진행하고 있음도 주목할 만하다.[91][92]

국제사법규칙을 통일 내지 조화하는 수단으로는 조약(또는 국제협약), 모델법 또는 원칙을 고려할 수 있는데 어느 것을 선택할지는 앞으로 검토할 사항이다. 실제로 중국의 朱偉東 교수는 동아시아 국제사법규범의 통일의 필요성을 강조하고 국제사법의 영역에서 모델법을 성안할 것을 제안하면서 '계약의 준거법에 관한 모델법'을 먼저 추진하자는 의견을 피력한 바 있다.[93] 그러나 저자의 생각으로는 조약 내지 모델법의 채택은 동아시아 역내의 국제사법의 통일 내지 조화를 추진하는 과정에서 '장기적 과제'가 되어야 한다. 달리 말하자면 현재로서는 이는 시기상조이고, 이는 우리가 조약을 추진하든 모델법을 추진하든 마찬가지이다. 동아시아 역내의 전문가들이 우선 해야 할 일은 한중일 간의 국제사법에 대한 깊이 있는 비교법적 검토를 통하여 상호 국제사법규범에 대한 이해를 증진함으로써 장래 통일 내지 조화된 규범을 정립하기 위한 기초를 구축하는 것이다.[94]

---

91) 이 모임에는 일본(Naoshi Takasugi, Yuko Nishitani), 한국(저자), 중국(CHEN Weizuo), 홍콩(Anselmo Reyes), 싱가포르(YEO Tiong Min), 태국(Kanaphon Chanhom), 인도네시아(Yu Un Oppusunggu), 베트남(Nguyen Tien Vinh), 필리핀(Elizabeth Aguiling-Pangalangan)과 대만(TSAI KAI H.)이 참여하고 있다. 위 작업은 동아시아국제사법원칙(APPIL)의 성안을 추진하고 있으나 충분한 준비가 되었는지는 다소 의문이다. 다만 그러한 노력을 추진하는 점과, 원칙을 성안하는 과정에서 동아시아 국가들 간에 상호 이해의 폭을 넓힐 수 있다는 점은 높이 평가한다.

92) 그 밖에도 2011년 12월 横山 潤 교수의 주도 하에 히도츠바시(一橋)대학에서 한중일 3국의 국제사법학자들이 모여 국제사법과 국제민사소송법에 관한 교류를 하고 단행본의 간행을 추진한 바 있으나 성공적으로 마무리되지 못하였다. 또한 중국 국제사법학회/중국북경정법대학은 2011년 10월 개최된 국제사법포럼을 통하여 아시아지역에서 국제사법학자들의 모임을 결성하려는 움직임을 보였다. 위 포럼에서 국제사법에 관한 북경선언(Beijing Declaration on Private International Law)을 채택하였는데 후속작업이 진행 중인지는 불분명하다.

93) Weidong ZHU, "Unifying Private International Law in East Asia: Necessity, Possibility and Approach", Asian Women Law, Vol. 13 (2010), p. 211 이하 참조. 저자는 모델법을 성안하자는 제안을 지지하지 않으나, 만일 그런 방법을 취한다면 위에 언급한 헤이그국제사법회의의 "국제상사계약의 준거법원칙(Principles on the Choice of Law in International Commercial Contracts)"을 출발점으로 삼을 수 있을 것이다. 헤이그원칙과 동아시아 국제사법의 관계는 Marta Pertegá and Brooke Adele Marshall, "Intra-regional reform in East Asia and the new Hague Principles on Choice of Law in International Commercial Contracts", 국제사법연구 제20권 제1호(2014. 6.), 391면 이하 참조. Weidong ZHU, "A Plea for Unifying or Harmonizing Private International Law in East Asia: Experiences from Europe, America and Africa", 국제사법연구 제17호(2011. 12.), p. 290 이하에서는 단계적 분야별 노력을 하자고 제안하면서 우선 국제재판관할과 외국판결의 승인 및 집행, 해외송달과 증거조사, 계약과 가사사건의 준거법결정원칙 분야에 관심을 가질 필요가 있다고 지적한다.

94) 예컨대 Alejandro Carballo Leyda (Ed.), Asian Conflict of Laws: East and South East Asia (2015)는 참고가 된다. 스페인 법률가가 이런 책자를 편집하였다는 점은 놀랍고, 우리로서는

일단 기초가 구축되면 그를 토대로 조약 또는 모델법을 성안하는 작업을 개시할 수 있고 그 때 조약, 모델법과 원칙 중 무엇이 적절한 수단인지를 결정할 수 있을 것이다. 분야를 보면 우선 준거법결정규칙인 협의의 국제사법규칙을 통일 내지 조화하기 위한 작업을 추진하고, 장기적으로는 국제재판관할규칙 기타 국제민사절차법적 쟁점에 관하여도 통일 내지 조화된 규범을 성안할 필요가 있다.[95] 아니면 사법공조에 관한 한중 양자조약이 있으므로 후자를 먼저 추진하고 전자를 나중에 추진할 수도 있다. 그리고 만일 가능하다면 그 과정에서 동아시아가 공유하는 가치를 담아내야 한다. 다만 그러한 가치가 무엇인지 그리고 그러한 가치를 국제사법규범에 어떻게 담아낼지는 앞으로 해결해야 할 어려운 과제이다.[96]

2. 동아시아 역내에서의 노력과 전 세계적 차원에서의 노력의 병행 추진

현재 전 세계적인 차원에서 국제사법규범을 통일하려는 노력은 헤이그국제사법회의가 주도하고 있다. 협의의 국제사법에 관한 한 한중일 3국이 함께 가입한 헤이그 협약은 아직 없다.[97] 저자는 한중일 간에 긴밀한 협력을 위해 역내 국제사법규범을 통일 내지 조화시킬 필요가 있음을 주장하지만, 그럼에도 불구하고 모든 것을 역내화하자는 것은 아니고 헤이그국제사법회의 차원에서의 통일작

부끄러운 일이다.

95) 후자는 아래(Ⅶ.)에서 논의한다.

96) 동북아의 가치는 아니지만 한중일 간에 조약 기타 국제규범을 만든다면 공식 텍스트에 한자(漢字)를 병기함으로써 동일하거나 유사한 법률개념을 표시하는 가능성도 고려할 만하다. 이는 동아시아 법철학에 관심을 가지고 계신 최종고 교수님의 조언이다. 다만 장래 ASEAN으로의 확대를 고려한다면 이는 부적절하다. 최종고 교수는 세계화를 위해 동아시아도 결속해야 한다는 자각에서 '동아시아 보통법(East Asian Common Law)'이라는 개념을 창안하여 '최-테제(Choi-These)'라 명명하면서 학문적 논의의 출발점으로 제안한 바 있다. 최종고, "동아시아보통법론", 서울대 법학 제40권 제2호(1999. 8.). 67면 이하 참조.

97) 위에 언급한 것처럼 한국은 송달협약, 증거협약, 아포스티유협약과 아동탈취협약 등 4개 협약에 가입하고 입양협약에 서명하였으며, 일본은 민사소송협약, 유언방식협약, 아포스티유협약, 송달협약, 1956년 부양협약, 1973년 부양협약과 아동탈취협약 등 7개 협약의 당사국이고, 중국은 송달협약, 증거협약과 입양협약 등 3개 협약의 당사국이다. 한중일이 모두 당사국인 협약은 송달협약이 유일하다. 국가별 가입현황은 https://www.hcch.net/en/states/hcch -members 참조(2016. 11. 10. 방문). 일본은 협약 가입을 계기로 "유언의 방식의 준거법에 관한 법률"(1964년), "부양의무의 준거법에 관한 법률"(1986년)과 "국제적인 자(子)의 탈취의 민사상의 측면에 관한 조약의 실시에 관한 법률(2013)" 등을 제정하였다.

업과 병행해서 추진해야 하고, 특히 동아시아의 노력이 외부세계에 대해 배타적이어서는 아니 된다. 즉 "헤이그국제사법+강화된 역내 규범"을 정립함으로써 양자가 상호 보완하도록 하는 것이 바람직하다. 바꾸어 말하자면, 한중일이 다양한 헤이그협약의 당사국이 됨으로써 국제적으로 공통된 법적 기초를 마련하고(최근 한국과 일본이 아동탈취협약의 당사국이 된 것은 좋은 사례이다), 그에 추가하여 동아시아에서는 역내규범을 통일 내지 조화시킴으로써 더욱 강화된 협력을 가능케 하자는 것이다.

사실 국제사법 통일을 위한 지역적 노력은 여러 곳에서 추진되고 있다. 가장 두드러진 것이 유럽연합이나, 다른 지역에서도 유사한 노력이 있다. 예컨대 미주기구(Organization of American States. OAS) 차원의 저촉규범을 통일하기 위한 조약으로는 "국제계약의 준거법에 관한 미주간 협약(Inter-American Convention on the Law Applicable to International Contracts. 일명 멕시코시티협약)" 등을 들 수 있다.[98] 그 밖에 남미의 남미공동시장(MERCOSUR)은 다양한 조약을 채택하였으나 협의의 국제사법분야의 조약은 잘 보이지 않지만, 조금 오래된 것으로는 이른바 부스타만테법전(Convention on Private International Law. BUSTAMANTE Code)이 있다.[99] 국제사법분야에 관한 한 동남아국가들로 구성된 ASEAN 차원에서는 일부 노력에도 불구하고 큰 성과는 없는 것으로 보인다.[100] 이제 동아시아에서도 국

98) OAS의 국제사법특별위원회(Specialized Conference of Private International Law. CIDIP)는 26개의 미주간 문서를 성안하였고, 이는 준거법, 집행과 절차법, 가족법 및 상법이라는 4개 범주로 구성된다고 한다. http://www.oas.org/DIL/privateintlaw_studytopics.htm 참조. OAS가 채택한 문서의 개관은 Weidong ZHU, "A Plea for Unifying or Harmonizing Private International Law in East Asia: Experiences from Europe, America and Africa", 국제사법연구 제17호(2011. 12.), p. 276 참조.

99) 이는 라틴 아메리카 여러 나라의 조약에 따라 채택된 국제 민법, 국제 상법, 국제 형법 및 국제 소송법에 관한 통일법전을 말한다. 쿠바의 국제법 학자인 부스타만테(Bustamante y Sirvén, A. S. de)가 기초한 매우 상세한 법전으로, 1928년 아바나에서 개최된 제6회 범미(汎美) 회의에서 채택되었다. 이에는 국제사법안도 포함되어 있는데 이는 당사국인 일부 중남미 국가들 간에만 적용된다. 김진, 新國際私法(1962), 41면; Ernest G. Lorenzen, Pan-American Code of Private International Law (1930). Faculty Scholarship Series. Paper 4578 (http://digitalcommons.law.yale.edu/fss_papers/4578); Kevin Tuininga, Cuban Private International Law: Some Observations, Comparisons, and Suppositions, 40 U. Miami Inter-Am. L. Rev. 433, 436, Fn. 14 (2009)(http://repository.law.miami.edu/umialr/vol40/iss3/3)에 인용된 문헌 참조.

100) 1967년 아세안을 창립한 인도네시아, 말레이시아, 필리핀, 싱가포르, 태국 5개국에 베트남을 더한 6개국을 아세안의 주요 국가로 언급한다. 그 밖에 브루나이, 캄보디아, 라오스와 미얀마가 회원국이다. http://asean.org/asean/asean-member-states/ 참조. 동남아시아에서는 상대적으로 국제사법의 발전이 늦었으나 근자에 관심이 커지고 있다. 말레이시아와 필리핀은 2010년에, 싱가포르는 2014년에 헤이그국제사법회에 가입하였다. 우선 ZHU(註 98), p. 294, Fn. 80에 인용된 ASEAN 문헌 참조.

제사법을 통일 내지 조화시키려는 노력이 필요하다는 것이다.

3. 동남아시아 국제사법에 대한 관심: 동아시아 국제사법규범의 ASEAN으로의 확대 고려

2012. 12. 13. 헤이그국제사법회의는 홍콩에 아태지역사무소(Asia Pacific Regional Office in Hong Kong)를 개설하였다. 이는 종래 동남아 국가들이 상대적으로 국제사법에 대해 무관심한 점을 고려하여 동남아 국가들의 헤이그국제사법회의 가입을 유도하기 위한 것으로 이해된다. 저자는 우선 한중일 간에 국제사법규범을 통일 내지 조화시키고, 그 다음 단계로서 이를 ASEAN으로 확대시켜 나가는 것이 바람직하다고 본다. 마치 1968년 6개국에서 출발한 '브뤼셀협약'과 1980년 7개국에서 출발한 '로마협약'이 점차 그 범위를 동쪽으로 확대하여 온 것처럼 우선 한중일이 동아시아 국제사법규범을 성안하고 이를 점차 서쪽으로 확대시켜 나가자는 것이다. 근자에 싱가포르가 아시아에서 영국 법원과 영국법에 대신하여 중재든 소송이든 국제거래분쟁 해결의 허브가 되기 위해 상당한 노력을 기울이고 있음은 주목할 만한데, 그에 대처하기 위해서라도 한중일 간의 협력이 필요하다고 본다.

저자가 동남아시아 국제사법에 대해 관심을 가지자고 하면서도 동아시아 국제사법규범의 통일 내지 조화를 먼저 추진하자는 이유는 아래와 같다. 첫째, 저자가 정확히 판단하기는 어렵지만, 국제사법의 입법과 국제사법학의 수준을 볼 때 한중일이 우선 작업을 하는 것이 바람직하다. 특히 우리는 근자에 일본 및 중국 국제사법학자들과 꾸준히 교류하고 있으므로 공동작업을 위한 기반이 조금은 구축되어 있고 공감대를 형성하기가 상대적으로 쉽다. 둘째, 인적 및 물적 교류의 규모와 밀접성을 고려할 때 한중일 간에 국제사법규범을 통일 내지 조화시킬 필요성이 더욱 크다. 셋째, 처음부터 다수 국가 간에 국제사법규범을 통일 내지 조화시키는 것은 상대적으로 어려우므로 한중일 간에 먼저 그런 작업을 하자는 것이다. 그리고 이를 기초로 ASEAN으로 확대시켜 가자는 것이다. 물론 그 때 ASEAN의 요구에 따라 필요한 수정을 고려할 수 있을 것이다.

Ⅵ. 동아시아 협의의 국제사법규범 통일 내지 조화의 한계와 극복방안: 국제거래 분쟁을 소송을 통하여 역내에서 해결하려는 노력

동아시아에서 협의의 국제사법규범을 통일 내지 조화하더라도 그 결과 동아시아의 법원과 중재판정부가 예컨대 영국법을 준거법으로 해서 해상분쟁 기타 국제거래분쟁을 해결한다면 동아시아 국제사법규범의 통일 내지 조화의 의미는 상당 부분 퇴색된다. 동아시아의 관점에서 보자면 장래 동아시아 기업들 간에 발생하는 국제민·상사분쟁을 동아시아에서 동아시아법을 적용하여 해결하는 것이 가장 바람직하다. 물론 이는 동아시아법이 문제된 국제거래를 규율하기에 적합한 콘텐츠를 담고 있음을 전제로 한다. 그렇게 함으로써 예컨대 영국에서 영국법에 따라 (또는 싱가포르에서 싱가포르법에 따라) 소송을 하느라 초래되는 과도한 시간, 비용과 노력을 경감할 수 있을 것이다. 나아가 역내에서 변호사 업무 등 관련 산업의 발전에도 기여할 수 있을 것이다. 따라서 한중일 기업들이 그들 간의 분쟁을 가급적 역내 법원에서[101] 그리고 가급적 역내 법—이는 주로 역내 사법(私法)이다—을 적용하여 해결하려는 노력을 할 필요가 있다. 지금으로서는 이러한 처리는 한중일이 모두 가입한 실질법 조약(예컨대 매매협약과 몬트리올협약[102])의 범위 내에서만 가능하다. 그러나 앞으로는 이러한 문제의식을 가지고 접근할 필요가 있다는 것이다. 이를 실현하자면 다음과 같은 조건들이 충족되어야 한다(여기에서는 소송만을 다루고 중재는 아래(Ⅷ.)에서 다룬다).

1. 역내 관할법원의 지정

첫째, 국제거래를 하는 역내 당사자들이 역내 법원을 관할법원으로 지정해야 한다. 즉 국제거래 분쟁을 동아시아 역내에서 해결하자면 우선은 국제재판관할합의를 통하여 관할법원을 역내 국가로 지정해야 한다.

---

101) 물론 중재에 의해 해결하는 방안도 고려해야 하나 이는 아래(Ⅷ.)에서 논의한다.

102) 이는 1999년 "국제항공운송에 있어서의 일부 규칙 통일에 관한 협약(Convention for the Unification of Certain Rules for International Carriage by Air)"을 말한다.

2. 협의의 국제사법규범의 통일 내지 조화

둘째, 협의의 국제사법규범(즉 준거법결정규칙)을 통일 내지 조화해야 한다. 협의의 국제사법규범을 통일 내지 조화시킨다면 한중일 3국 중 어느 국가의 법원이 재판하더라도 동일한 준거법을 적용하게 되므로 포럼쇼핑의 동인을 줄일 수 있다. 다만 협의의 국제사법규범을 통일하더라도 역내 당사자들이 예컨대 영국법을 준거법으로 합의한다면 한중일 법원은 결국 역외국가인 영국법을 적용하게 되므로 국제사법규범 통일의 실제적 의미는 반감될 수밖에 없다. 실제로 한국 법률가들과 기업들은 국제거래는 물론이고 심지어는 국내거래에서도 종종 영국법을 선택하는 경향마저 보이고 있으나 이는 시정해야 한다.[103)]

3. 역내 법의 준거법 지정과 국제거래에 적용할 역내 법의 통일 내지 조화

셋째, 한중일 기업들이 그들 간의 분쟁을 역내에서 역내 법을 적용하여 해결하기 위한 최종단계로서 역내 법을 준거법으로 지정해야 한다. 국제거래는 통상 국제계약에 의하여 이루어지는데 당사자들은 국제계약의 준거법을 자유롭게 지정할 수 있으므로 역내 기업들이 역내 법을 준거법으로 지정해야 한다. 이를 위해 우선 국제거래에 관련되는 역내 법을 통일 내지 조화시키고, 그 법이 다양한 국제거래를 규율하기에 적합한 콘텐츠를 담고 있도록 해야 한다.[104)]

현재로서 동아시아에서 통일된 역내 법으로 가장 중요한 것은 매매협약이고, 법은 아니지만 신용장통일규칙과 인코텀즈 등의 통일된 국제규범도 있다. 나아가 항공운송에 관하여는 몬트리올협약이 있다. 근자에 이영준 변호사가 주도적으로 추진하는 아시아계약법원칙(PACL) 성안 작업도 주목할 만하다.[105)] 이는

103) 저자는 우리 기업들의 영국법원 내지 영국중재와 영국법으로의 도피 경향을 비판한 바 있다. 석광현, "외국법제로의 과도한 도피와 國際私法的 思考의 빈곤", 법률신문 제3926호(2011. 4. 11.), 13면 참조. 근자에는 한국해법학회를 중심으로 이런 문제의식을 가지고 시정하려는 노력을 하고 있다. 우리나라에 해사법원을 설립하자는 주장도 그런 조치의 일환이다. 상세는 김인현, "한국해사법정·중재제도 도입에 대한 연구", 한국해법학회지 제37권 제2호(2015. 11.), 7면 이하 참조.

104) 그 밖에도 민사소송법의 통일 내지 조화도 고려할 필요가 있으나 이는 보다 장기적인 과제이다.

105) 아시아민상법학 제6특별호 아시아특별법원칙 채무이행·불이행편 초안연구(2014)와 韓中日民商法統一研究所 사이트 http://www.kcjlaw.co.kr/ 참조.

동아시아 내에서 규범의 통일 내지 조화를 위한 최초의 시도가 아닌가 모르겠다. 그 점에서 커다란 의의가 있다.[106] 단기적으로는 이처럼 통일된 법이 있는 영역에서의 분쟁을 동아시아 역내에서 해결하도록 노력하고, 국제거래와 관련되는 역내 법을 통일 내지 조화하기 위한 작업을 우선 추진하고, 나아가 필요하고 가능하다면 점차 그 대상을 국제거래와 관련이 없는 국내법으로 확대해 가자는 것이다.

요컨대 한중일은 전 세계적인 차원에서 국제거래에 관한 국제규범의 채택에 보다 적극적인 태도를 취해야 하고, 그에 더하여 동아시아 역내에서 적용되는 국제규범을 성안하기 위해 노력해야 한다. 근대에 이르러 서양법과 서양법학의 수입을 위해 노력해 온 우리에게는 이는 추진할 만한 가치가 있는 일이라고 생각한다.

Ⅶ. 동아시아에서 광의의 국제사법(또는 국제민사소송법)의 통일 내지 조화

지금까지는 협의의 국제사법규범의 통일에 관하여 논의하였다. 그러나 광의의 국제사법(또는 국제민사소송법)의 통일도 매우 중요하다. 요컨대 한중일은 국제재판관할, 국제민사사법공조, 외국판결의 승인 및 집행에 관한 규범의 통일을 위해 노력할 필요가 있다. 여기에서 판결의 자유로운 유통을 보장하기 위하여 서독과 프랑스 등 당시 유럽공동체의 6개 회원국이 1968년 브뤼셀협약을 체결하고 그 후 발전시켜 온 브뤼셀체제는 우리에게 크게 참고가 된다. 물론 한중일은 아직 지역공동체를 구성하지 않았으나 그렇더라도 광의의 국제사법(또는 국제민사소송법)의 통일 내지 조화는 추구할 만한 가치가 있는 작업이다.

---

106) 다만 한중일이 모두 매매협약의 당사자이므로 계약법원칙을 성안하자면 그것은 매매협약을 기초로 해야 할 것인데, 그 점이 충분히 고려되고 있는지 모르겠다. 저자는 위 작업의 상세한 내용은 알지 못하나 위 작업은 소수의 민법학자들을 중심으로 추진되는 점에서 지금으로서는 한국 내에서도 폭넓은 지지를 받기는 어렵지 않은가 우려된다. 2016년 제10회 법률가대회에서 최봉경 교수의 발표(동아시아계약법의 과거, 현재 그리고 미래)를 계기로 논의가 확대되기를 기대한다.

1. 국제재판관할규칙

일본은 민사소송법과 민사보전법을 개정하여 정치한 국제재판관할규칙을 도입하였고 이는 2012. 4. 1. 발효하였다.[107] 우리나라는 국제사법개정위원회를 구성하여 2014년 6월말부터 1년 6개월 동안 국제사법에 정치한 국제재판관할규칙을 추가하기 위한 개정작업을 추진하였고 실제로 많은 까다로운 쟁점(예컨대 국제적 소송경합과 부적절한 법정지의 법리의 제한적 도입 등)에 관하여 합의를 하였으나 일부 논점들(가사사건 및 비송사건의 처리 등)에 관한 합의 미도출로 인해 작업을 마무리하지 못하였다. 하지만 2017년 중에는 완성될 것으로 예상된다. 한편 중국의 국제재판관할규칙은 아직 충분히 정립되지 않은 것으로 보인다.[108] 중국에는 국제민사소송관할에 관한 일반적인 성문 법률은 없고, 중국 민사소송법(제4편 제24장)에 섭외민사소송절차에 관한 일부 규정이 있으나 이는 계약과 기타 재산권분쟁사건에만 적용되고, 그 밖의 국제민사사건은 국내관할에 관한 민사소송법의 규정(제1편 제2장)에 따라 처리된다.[109] 따라서 정치한 국제재판관할규칙의 유무라는 관점에서는 일본이 가장 앞서 있다고 평가할 수 있다.

이런 상황을 고려한다면 일단 한국이 국제사법 개정작업을 마친 뒤에는, 아래에서 언급하는 바와 같이 1단계조치로서 한국과 일본 간에 외국판결의 승인 및 집행을 포함하는 민사사법공조조약을 우선 체결하고, 그에 기초하여 한중일 삼자조약을 체결하는 방안을 모색할 필요가 있다.[110] 위에서 본 것처럼 헤이그 관할합의협약이 발효되었으므로 한중일이 그에 가입하는 방안도 전향적으로 검토할 필요가 있다. 만일 이를 실현한다면 동 협약을 기초로 한중일의 국제재판관할규칙을 더욱 강력하게 통일 내지 조화시킬 수 있을 것이다. 저자가 이 글을 작성하는 2016년 말 현재까지 공식적인 초안이 마련되지는 않았으나 법무부는 2014년 6월말부터 국제사법개정위원회를 구성하여 정치한 국제재판관할규칙을

107) 일본 민사소송법은 토지관할에 관한 조문(제4조 이하)에 앞서 국제재판관할에 관한 조항을 제3조의2 이하로 신설하였고 개정 민사보전법은 제11조(보전명령사건의 관할)를 두고 있다.

108) 황진·리징밍, "중한 무역분쟁에 대한 중국 법원의 관할권문제", 국제사법연구 제13호(2007), 40면 이하[번역문] 참조.

109) 다만 해사소송에 관하여는 해사소송특별절차법이 있고 이는 "관할"에 관한 제2장(제6조 내지 제11조)에서 토지관할뿐만 아니라 전속관할, 합의관할 등에 관한 규정을 두고 있다. 손경한 외, 국제사법 개정 방안 연구(2014), 17면 참조.

110) 이에 관한 근자의 중국 교수의 제안도 보인다. 朱伟东, "中日韩国际民事案件管辖权规则的冲突与协调", Journal of Shandong University of Science and Technology, Vol. 17, No. 6 (2015. 12.), 31면 이하 참조. 이 논문의 존재를 알려주신 김현아 박사께 감사드린다.

추가하는 작업을 추진하였다. 그 과정에서 한국국제사법학회는 일본 학자들과 중국 학자들을 초청하여 한국의 잠정초안에 관한 의견을 듣는 자리를 가졌다.[111] 이는 직접적으로는 우리가 국제적 정합성이 있는 국제재판관할규칙을 기초하기 위한 것이나, 더 나아가 장래 도래하게 될 동아시아의 통일적인 국제재판관할규칙 성안작업을 위해 역내 전문가들 간에 공감대를 구축하기 위한 포석으로도 의미가 있다.

지금으로서는 만일 중국기업과 일본기업이 한국과 관련이 없는 분쟁에 대하여 중립적인 한국법원을 전속적 관할법원으로 합의하더라도 무효이다.[112] 그러나 우리가 한중일 기업 내지 국민 간에 발생하는 국제민·상사분쟁해결을 한국에서 해결함으로써 한국을 국제거래분쟁해결의 허브로 발전시키려는 꿈이라도 꾸자면 이런 소극적 태도를 시정해야 한다. 이를 실현하는 수단으로서 헤이그관할합의협약을 활용하자는 것이다.

나아가 국제재판관할과 관련하여 국제적 소송경합(*lis pendens*)의 처리도 문제된다.[113] 그의 연장선상에서 근자에는 선박소유자의 책임제한절차의 병행도 다투어지고 있다.

2. 외국재판의 승인 및 집행에 관한 규칙

한중일 간에는 외국재판의 승인 및 집행에 관한 협약이 없고 3국이 외국재판의 승인 및 집행에 관한 협약에 가입한 바도 없다. 한중일은 모두 재산법상 사건의 외국재판의 승인 및 집행에 관하여 상호보증(즉 상호주의가 보증될 것)을 요구한다.[114] 한일 간에는 상호보증이 존재하나, 중일 간에는 양국 법원이 상호보증이 존재하지 않는 것으로 판시한 바 있으며, 한중 간에는 한국의 하급심법원이 상호보증의 존재를 긍정한 바 있음에도 불구하고 중국의 하급심법원은 이를

---

111) 일본과는 2015. 9. 22. 중앙대 법학전문대학원에서, 중국과는 2015. 1. 31. 인하대 법학전문대학원에서 각각 공동학술대회를 개최하였다.

112) 대법원 1997. 9. 9. 선고 96다20093 판결과 대법원 2011. 4. 28. 선고 2009다19093 판결 등.

113) 우리나라의 학설과 판례는 석광현, 국제민사소송법(2012), 187면 이하 참조.

114) 명문 규정을 두지 않아 상호보증을 요구하는 한국 및 일본과 달리 중국에서 외국이혼판결을 승인함에 있어서는 상호주의는 요구되지 않는다. 齋湘泉·劉暢, "韓國法院判決在中國獲得承認及執行的路徑 — 以互惠原則爲切入点"(中國에서 韓國法院判決의 承認과 執行을 얻는 방법 — 互惠原則의 관점에서), 국제민사소송관할권문제연구, 2012년 중한국제사법연토회논문집(2012. 11.), 192면.

부정한 바 있어[115] 만족할 만한 상황이 아니다.

헤이그국제사법회의는 1992년부터 포괄적인 협약을 채택하기 위한 작업을 추진하였고 그 과정에서 1999년 예비초안[116]을 작성하였으며 2001년에는 수정안[117]을 작성하였으나 결국 협약안을 성안하는 데 실패하고, 2005년 6월 범위가 대폭 제한된 "관할합의에 관한 협약(Convention on Choice of Court Agreements)"(이하 "헤이그관할합의협약"이라 한다)[118]을 채택하는 데 그쳤다. 이는 원칙적으로 전속관할합의의 효력과 전속관할합의에 기한 외국판결의 승인 및 집행을 보장하기 위한 것이다. 이는 국제소송에 관하여, 종래 국제중재에서 1958년 "외국중재판정의 승인 및 집행에 관한 국제연합협약"(이하 "뉴욕협약"이라 한다)이 수행하는 역할에 상응하는 역할을 하도록 하기 위한 것이다. 나아가 헤이그국제사법회의는 포괄적 협약을 성안하기 위한 작업을 재개하여 현재 작업을 진행 중이므로 이에 관심을 가져야 한다. 만일 헤이그국제사법회의가 협약을 성안하기 위한 작업에 성공한다면 한중일 간에 별도 조약을 체결하는 대신 그에 가입함으로써 규범을 통일할 가능성도 있다. 물론 이는 성안된 조약이 한중일이 모두 수용할 수 있는 내용을 담는 것을 전제로 한다.

---

115) 한중 간의 상호보증의 존재는 석광현, "한중 사법공조의 실천현황과 개선방안", 국제거래법연구 제23집 제2호(2014. 12.), 338면 참조. 다만 2016. 6. 14. 대법원과 중국 최고인민법원은 "사법 교류 및 협력에 관한 양해각서"를 체결하였는데, 제2조는 양국 대법원은 민사 또는 상사 사건에 관한 상대국 법원 판결의 승인 및 집행이 각국의 법률에 따라 원만하게 이루어질 수 있도록 협력한다고 규정한다고 한다. 토론과정에서 이 점을 알려주신 노태악 부장판사님께 감사드린다. 이는 "각국의 법률에 따라"라는 제한을 달고 있고, 양해각서라는 점에서 그 효력이 제한적이지만 그 정신은 높이 평가할 수 있다. 주목할 것은 2015. 1. 30. 공표되어 2015. 2. 4.부터 시행되는 중국 민사소송법에 관한 사법해석이 더 상세한 규칙을 도입한 점이나, 외국재판의 승인 및 집행에 관하여 조약 또는 호혜관계가 있어야 함은 동일하다(제544조). 다만 도산사건이기는 하나, 조약이 없음에도 불구하고 중국법원이 호혜원칙이 있다고 보아(이는 베를린 고등법원이 2006. 5. 18. 중국 江蘇省 無錫高新技術産業開発区 人民法院(2004)新民二初字第154号 민사재판을 승인하였음을 고려한 것이다) 독일 법원의 파산관재인 선임재판을 승인한 사례가 있다. [2012]鄂武漢中民商外初字第00016号(大阪대학 대학원법학연구과박사후기과정 馮茜, "外国判決の承認·執行に関する中国の現状と改革の動向", 2016. 11. 12. 神戸大学에서 개최된 国際商取引学会·全国大会2016 발표자료, 2면, 각주 5에서 재인용).

116) 이에 관하여는 석광현, 국제사법과 국제소송 제2권(2001), 396면 이하 참조.

117) 이에 관하여는 석광현, 국제사법과 국제소송 제3권(2004), 429면 이하 참조.

118) 관할합의협약의 소개와 국문시역은 석광현, "2005년 헤이그 재판관할합의협약의 소개", 국제사법연구 제11호(2005), 192면 이하 참조. 그 밖에도 박정훈, "헤이그 재판관할합의협약(2005 Convention on Choice of Court Agreements)", 국제사법연구 제18호(2012. 12.), 233면 이하; 김희동, "헤이그 관할합의협약과 우리 국제재판관할합의 법제의 과제", 숭실대학교 법학논총 제31권(2014. 1.), 41면 이하 참조.

3. 국제민사사법공조규칙: 한중일 삼자조약을 체결하는 방안

한중일은 모두 송달협약의 당사국이다. 한국과 중국은 증거협약의 당사국이나 일본은 아니다. 한편 한중은 민사 및 상사사법공조조약("한중조약")을 체결하였고 이는 2005년 4월 발효되었다. 반면에 한일, 중일 간에는 사법공조에 관한 양자조약이 없다. 저자는 1단계조치로서 한중조약을 기초로 한일 간에 외국판결의 승인 및 집행을 포함하는 민사사법공조조약을 체결하고, 2단계조치로서 이를 한중일 간의 삼자조약으로 확대하자는 제안을 한 바 있다.119) 만일 이를 먼저 달성할 수 있다면, 협의의 국제사법을 통일하는 조약을 체결하기가 더 쉬울 것이다.

장기적으로 민사사법공조와 관련해서는 '우편에 의한 송달' 그리고 '자국민과 제3국인에 대한 영사에 의한 송달' 등 간편한 송달을 가능하게 할 필요가 있다. 사회의 현실은 급격하게 변화하고 있는데 법률가들, 특히 대륙법적 사고에 함몰된 법률가들이 저항하고 있는 것은 아닌가라는 생각도 든다. 만일 송달협약 차원에서 모든 당사국들에 대하여 이런 간편한 송달을 허용하는 것이 주저된다면120) 삼자조약을 통하여 한중일 간에서만이라도 이를 허용하는 방안을 고려할 필요가 있다.

Ⅷ. 동아시아 국제상사중재규범의 통일 내지 조화

1. 현재의 상황

한중일은 모두 뉴욕협약의 당사국이다. 한국과 중국은 뉴욕협약이 허용하는

119) 석광현, "한중일간의 民事司法共助條約의 체결을 제안하며", 국제사법과 국제소송 제4권(2007), 207면 이하 참조. 다른 제안으로는 손경한, "東亞 國際裁判管轄條約 締結方案", 국제사법연구 제13호(2007. 12.), 221면 이하 참조. 이는 한중일이 루가노협약에 가입하는 방안을 제안하고, 조약 외에도 연성규범으로서 국제재판관할 및 판결집행에 관한 원칙을 채택하는 방안을 제안한다. 루가노협약 가입은 논리적으로 불가능지는 않으나 얼마나 현실적인지는 의문이다. 이 글이 저자의 선행제안을 인용하는 데 그친 점은 아쉽다.

120) 한국과 중국은 송달협약의 간이한 송달방법(제8조와 제10조 a호, b호와 c호) 모두에 대해 이의를 하였다. 반면에 일본은 제10조 b호와 c호에 대하여만 이의하고 제8조와 제10조 a호에 대하여는 이의하지 않았다. 유보 상황은 https://www.hcch.net/en/instruments/conventions/status-table/?cid=17 참조. 그러나 우리나라는 상호주의를 근거로 일본에 대해 우리가 유보한 송달방법을 사용하지는 않는 것으로 알고 있다.

2개의 유보, 즉 상호주의유보와 상사유보를 모두 선언하였으나, 일본은 상호주의유보만 선언하였다.[121)]

한국과 일본의 중재법은 매우 유사하다. 이는 양국의 중재법이 모두 UNCITRAL의 모델중재법을 수용한 것이기 때문이다. 즉 한국은 1999. 12. 31. '중재법개정법률'을 공포하였고 동일자로부터 시행되었는데, 1999년 개정 중재법은 국제무역법위원회가 1985년 채택한 '국제상사중재에 관한 모델법'(Model Law on International Commercial Arbitration)(이하 "모델중재법"이라 한다)을 전면 수용한 것이다. 일본은 2004. 3. 1. 시행된 중재법에 의하여 모델법을 받아들였다.[122)] 나아가 2016년 한국은 2006년 개정 모델중재법을 대폭 받아들였고[123)] 이는 2016. 11. 30. 시행될 예정이다.

한국과 일본은 모델중재법을 전면 수용하고, 국제중재와 국내중재를 일원적으로 규율하며, 중재법이라는 단행법률의 형식을 취하는 점에서 같다. 중국은 모델중재법을 받아들이지는 않았으나, 중재법이라는 단행법률의 형식을 취하는 점은 마찬가지다. 국제중재와 국내중재를 중재법에서 함께 규율하는 점은 중국도 한국 및 일본과 다를 바 없으나, 제Ⅶ장(제65조 이하)에서 섭외(涉外)중재에 관한 특별규정을 두는 점은 다르다.

2. 장래의 과제

중재합의와 중재판정의 승인 및 집행에 관하여는 한중일 3국이 모두 뉴욕협약에 가입하였으므로 사실상 규범이 상당히 통일되어 있다. 더욱이 한일 양국은 모델중재법을 수용한 탓에 양국의 중재법은 상당히 유사하나 중국 중재법은 차이가 있다. 따라서 동아시아 중재법의 통일 내지 조화라는 관점에서는 중국의 모델중재법 수용이 바람직하지만 그것이 실제로 가능한지는 다소 의문이다.

---

121) 유보 상황은 http://www.uncitral.org/uncitral/en/uncitral_texts/arbitration/NYConvention_status.html 참조.

122) 일본의 신 중재법에 관하여는 近藤昌昭 외 4인, 仲裁法コンメンタール(2003); 三木浩一/山本和彦 編, 新仲裁法の理論と實務(2006) 참조.

123) 그러나 사전명령((preliminary orders)은 제외하였다. 저자는 1999년 개정 중재법상 일방 당사자의 신청에 따라 상대방을 신문하지 않고 하는 일방적 임시적 처분(ex parte interim measures)은 중재법상 허용되지 않는다고 보면서 그에 대한 예외인 사전명령을 도입할 필요가 없다고 보나, 일부 논자는 중재법상 일방적 처분이 허용되므로 이를 제한하는 사전명령은 불필요하다고 본다.

이런 배경을 고려한다면, 한중일 기업들이 그들 간의 분쟁을 가급적 역내에서 역내 법을 적용하여 중재에 의하여 해결하는 것이 바람직하다.[124] 이를 실현하자면 다음과 같은 전제조건이 충족되어야 하는데 이는 위(Ⅵ.)에서 본 것과 유사하다.

중재절차에 관한 한 한중일의 중재법을 통일 내지 조화시킬 수 있다면 가장 바람직할 것이나,[125] 만일 중국이 모델중재법을 수용하지 않은 탓에 그것이 어렵다면 차선책으로서 한중일 3국의 대표적 중재규칙을 통일 내지 조화시키는 방안도 고려할 수 있다.

가. 역내 중재지의 지정

첫째, 국제거래를 하는 역내 당사자들이 중재지를 역내로 지정해야 한다. 즉 국제거래 분쟁을 동아시아 역내에서 해결하자면 우선은 중재합의를 통하여 중재지를 역내 국가로 지정해야 한다.

나. 중재에서 분쟁의 실체의 준거법을 지정하는 저촉규범의 통일 내지 조화

둘째, 중재에서 분쟁의 실체(예컨대 계약상 분쟁이라면 당해 계약)의 준거법을 지정하는 저촉규범을 통일해야 한다. 그렇게 한다면 한중일 3국 중 어느 국가에서 중재를 하더라도 동일한 준거법을 적용하게 될 것이다. 이는 중재법을 통하여 또는 중재규칙을 통하여 달성할 수 있다. 실제로는 한국 중재법(제29조)과 일본 중재법(제36조)은 중재에서 분쟁의 실체의 준거법에 관하여 당사자자치의 원칙을 따르고, 중국의 경우 중재법에는 조문이 없으나 중재규칙(예컨대 CIETAC[126] 중재규칙 제49조 제2항)에서 동일한 원칙을 채택하므로 큰 문제는 없다. 다만 당사자가 준거법을 지정하지 않은 경우의 처리는 다소 차이가 있다.

---

124) 정부는 중재산업 활성화를 핵심으로 하는 '중재산업 진흥에 관한 법률' 제정안을 국회에 제출하였고 이는 2016. 12. 27. 법률 제14471호로 제정되어 2017. 6. 28.부터 시행되고 있다. 이는 우리나라만을 염두에 둔 것이지 한중일을 염두에 둔 것은 아니다. 만일 법무부가 추진하는 방안이 성공한다면 좋겠지만, 어렵다면 차선책으로 동북아시아 차원에서 해결하는 방안을 고려할 수 있을 것이다.

125) 그러나 중국 중재법은 중재인의 임시적 처분을 허용하지 않으므로 중국 중재법이 이를 채택하도록 개정하기는 쉽지 않다.

126) 이는 '중국국제경제무역중재위원회(China International Economic and Trade Arbitration Commission)'를 말한다.

물론 소송의 맥락에서 위(V. 2.)에서 언급한 것처럼, 중재에서 적용되는 저촉규범을 통일하더라도 역내 당사자들이 예컨대 영국법을 준거법으로 합의한다면 중재판정부는 영국법을 적용하게 되므로 중재법의 통일의 실제적 의미는 반감될 수밖에 없다.

다. 역내 법의 준거법 지정과 국제거래에 적용할 역내 법의 통일 내지 조화

이 점은 소송의 맥락에서 위(VI. 3.)에서 논의한 바와 같다. 즉 한중일 기업들이 그들 간의 분쟁을 역내에서 역내 법을 적용하여 해결하기 위한 최종단계로서 역내 법을 준거법으로 지정해야 한다. 이를 위해 우선 역내 법을 통일 내지 조화시켜야 하고, 그 법이 다양한 국제거래를 규율하기에 적합한 콘텐츠를 담고 있도록 해야 한다.

IX. 맺음말

동아시아 역내의 인적, 물적 교류가 꾸준히 증가하여 상호의존적인 경제관계가 형성되었으며 이런 현상은 장래 더욱 심화될 것으로 예상된다. 따라서 한중일 기업 및 개인 간의 국제민·상사분쟁의 해결을 가급적 역내에서, 또한 역내규범에 의하여 해결하는 것이 바람직하다.[127] 종래 한중일 기업 간의 분쟁을 영국이나 싱가포르 등지에서 소송이나 중재에 의하여 해결하고 있지만 계속 그렇게 할 이유는 없다. 이를 위해서 우선 단기적으로 역내 광의의 국제사법규범을 통일 내지 조화시킬 필요가 있고 그 과정에서 헤이그국제사법회의 규범을 적절히 활용하는 한편 그를 기초로 보다 긴밀한 협력체계의 구축을 모색할 필요가 있다. 그때 유럽연합의 브뤼셀체제와 로마체제가 크게 참고가 된다. 현재 동아시아의 협의의 국제사법은 상당히 유사한데, 이는 역내 전문가들의 활발한 교류의 산물이 아니라 한중일이 모두 유럽, 특히 유럽연합의 국제사법을 크게 참고하였

127) 이런 노력은, 우리가 한중일 기업 내지 국민 간에 발생하는 국제민·상사분쟁해결을 한국에서 해결함으로써 한국을 국제거래분쟁해결의 허브로 발전시키려는 우리의 노력과 병행하여 추진해야 한다. 즉 양자를 반드시 배타적으로 볼 것은 아니라는 것이다. 그러한 분쟁을 역내로 가져오기 위해 노력하고 그 과정에서 한국으로 더 많은 시분을 가져올 수 있도록 노력해야 한다는 것이다.

기 때문이다. 나아가 장기적으로 역내 실질사법규범을[128] 통일 내지 조화시키는 것이 바람직하며 그 과정에서 UNCITRAL과 UNIDROIT 및 국제상업회의소(ICC)의 규범을 적절히 활용할 필요가 있다. 제10회 한국법률가대회의 대주제가 『동아시아 법의 현황과 미래 —조화와 통일의 관점에서—』인데 이처럼 동아시아 법의 조화와 통일에 관한 논의는, 사법(私法)분야에 관한 한 결국 저자가 여기에서 말하는 역내 사법(私法)의 통일 내지 조화의 문제로 귀착된다. 예컨대 동아시아의 계약법과 해상법의 통일 내지 조화를 원한다면 이는 그런 통일 내지 조화된 규범을 영국의 법원이나 중재판정부가 적용하여 분쟁을 해결하기를 희망하기 때문이 아니라 동아시아 역내의 법원이나 중재판정부가 분쟁을 해결하기를 희망하기 때문이다. 만일 후자를 달성하지 못한다면 전자만의 달성은 그 의미가 반감될 것이다. 어떻게 보면 이런 작업은 지난 2천년 이상의 기간 동안 달성하지 못했던 동아시아 사법(私法)의 통일 내지 조화라는 과제[129]를 동아시아가 19세기와 20세기에 걸쳐 계수한 서양법의 틀과 지혜를 빌어 실현하려는 시도라고 평가할 수도 있다.[130]

국제사법의 중요성에 대한 인식이 확립되어 있는 일본에서는 수준 높은 국제사법학자들이 꾸준히 활동하고 있으므로 그러한 작업과정에서 주도적 역할을 할 수 있다. 다만 종래 일본 학자들이 중국 학자들에 대하여 가지는 신뢰가 아직

---

128) 공법영역까지 조화시킬지는 동아시아에서 장래 경제공동체 또는 지역경제통합기구(Regional Economic Integration Organizsation)의 창설을 추구하는지에 따라 달라질 수 있다.

129) 동아시아에서는 사법(私法)의 발전이 상대적으로 늦었으므로 과거에 실제로 그런 꿈을 꾸어 본 적은 없었고 이는 동아시아인에게는 새로운 꿈이다. 私法의 통일 내지 조화는 상이한 내용을 가진 私法의 병존을 전제로 그를 극복하려는 노력의 산물이기 때문이다. 최병조, "동아시아의 서양법 계수", 저스티스 통권 제158-2호(한국법률가대회 특집호 I)(2017. 2.), 228면은 私法의 발달은 서양법의 세계와 동아시아법의 세계를 가르는 가시적인 징표라고 본다. 나아가 최병조 교수는 私法의 성립과 발달이 私의 긍정과 私人들로 구성된 시민사회의 존재를 전제로 한다면, 동아시아의 政體는 이미 기원전부터 근원적으로 私法의 형성을 저지하는 방향으로 작동했다고 지적하고(205면), 동아시아에서는 자유롭고 평등한 법주체로서의 개인이라는 인간관이 존재하지 않았기 때문에 추상적 권리의 개념도 등장하기 어려웠다고 지적한다(213면 이하). 그 원인에 대한 분석은 논자에 따라 다를 수 있으나 동아시아에서 사법(私法)의 발전이 늦었다는 진단은 누구도 부인할 수 없을 것이다. 당초 발표한 글에서는 2016. 10. 20. 개최된 제10회 한국법률가대회 발표자료, 제1세션 제1분과를 인용하였으나 이 글이 그 후 저스티스에 간행되었기에 후자로 대체하였다.

130) 우리나라에는 이런 문제의식을 가지고 연구를 수행하는 전문인력이 별로 없음은 유감이다. 서울대에도 아시아태평양법연구소가 있고 이는 2012년에 설립된 국내 최초의 아시아태평양법학 전문 연구소로서 아시아, 중남미 등 환태평양 지역 각국 법제에 대한 연구 성과를 종합적·체계적으로 정리하겠다고 하나(연구소장의 인사말 참조), 명칭으로부터 알 수 있듯이 다루는 법역이 너무 넓은 탓에 정체성이 모호하고 설립 후 활동을 보더라도 동아시아법을 중심 연구대상으로 삼고 있지도 않다. 아직 일천한 조직임을 감안하더라도 동아시아법연구에 관한 한 후한 평가를 할 수는 없다. 다만 장래 올바른 방향으로 자리를 잡아 가기를 기대해본다.

부족한 것 같고, 종래 일본 정부가 광의의 국제사법 분야에서 양자조약의 체결에 소극적 태도를 견지하고 있으므로 학자들의 활동이 조약 체결과 같은 정부의 조치로 연결되기는 쉽지 않다. 한편 중국의 경우, 현대적 국제사법의 입법은 한중일 중에서 가장 늦었지만 일본보다 훨씬 많은 국제사법학자들이 열정을 가지고 무서운 기세로 연구하는 것을 보면 가까운 장래에 일본의 수준을 따라잡을 것으로 예상된다. 반면에 무역의존도가 높고 개방경제체제를 취하고 있음에도 불구하고 국제사법의 역할과 중요성에 대한 인식과 관심이 매우 작은 한국은, 만일 현재의 상황이 지속된다면 한중일 국제사법의 통일 내지 조화를 위해 주도적 역할을 하거나 크게 기여할 수는 없다. 국제사법 전임교수가 없는 로스쿨도 많고, 학생들이 수강을 원해도 아예 강좌 자체를 개설하지 않는 로스쿨도 있어 전망이 밝지도 않다.

근자에는 한중일의 정치적 관계가 껄끄럽지만 장기적으로 본다면 이런 시기는 오래 가지 않을 것으로 기대하고, 우리로서는 이를 극복하지 않으면 아니 된다. 국제사법규범을 통일 내지 조화시키는 작업을 통하여 국제사법 전문가들이, '동아시아 지역의 공동번영과 국제무대에서의 상호협력'이라는 과제의 달성에 기여할 수 있기를 기대해 본다. 그리고 한국 국제사법학계의 사정이 크게 개선되어 그 과정에서 한국의 국제사법 전문가들도 응분의 역할을 할 수 있기를 간절히 희망한다.

후 기

한중일 간의 외국재판의 승인 및 집행과 관련하여 근자에 중국법원의 태도가 조금씩 달라지고 있는 것으로 보인다. 또한 학계에서도 위 주제에 관심을 보이고 있다. 예컨대 2017. 12. 19. 북경 인민대학교의 ZHANG Wenliang(张文亮) 교수는 "Recognition and Enforcement of Judgments between China, Japan and South Korea in the New Era"는 제목의 국제세미나를 개최한 바 있다. 한국에서는 저자가, 일본에서는 Yuko Nishitani 교수가 참가하였다. 장 교수와 저자의 발표 논문은 Frontiers of Law in China에 간행되었다.[131] 상세는 이 책 논문 [15]의 후기를 참조하실 것.

131) Kwang Hyun SUK, "Recognition and Enforcement of Judgments between China, Japan, South Korea in the New Era: South Korean Law Perspective", Frontiers of Law in China, Vol. 13 No. 2 (2018. 6.), p. 171 *et seq.* 참조.

-그 밖에도 한중일에 한정된 것은 아니나 Asian Business Law Institute는 Adeline Chong (ed.), Recognition and Enforcement of Foreign Judgments in Asia (2017)를 간행한 바 있다.

[15] 한중 사법공조의 실천현황과 개선방안

前 記

이 글은 당초 저자가 2014. 10. 11. 중국 연길 소재 연변대학교에서 개최된 제7회 두만강포럼의 법률분과에서 발표한 자료를 수정·보완하여 국제거래법연구 제23집 제2호(2014. 12.), 317면 이하에 게재한 글로서 오타와 오류를 제외하고는 원칙적으로 수정하지 않은 것이다. 따라서 Ⅲ. 한중사법공조의 실천현황에 소개한 통계도 최근 것으로 대체하지 않았다. 가벼운 수정 부분은 밑줄을 그어 표시하였고, 참고할 사항은 말미의 후기에 적었다. 위 발표문은 중국어로 번역되어 延边大学朝鮮韓國研究中心의 朝鮮韓國法研究 제1권(2015), 207면 이하에 수록된 바 있다.

Ⅰ. 머리말

국가간의 사법공조, 즉 국제사법공조(international judicial assistance 또는 international judicial cooperation)라 함은, 광의로는 모든 국제적 사법(司法)협력을 의미하나, 협의로는 문서의 송달과 증거조사에 관한 국제적인 사법협력을 의미한다.[1)]한국의 국제민사사법공조법(제2조 제1호)도 사법공조를 후자의 의미로 사용한다.[2)] 중국에서는 위 협의의 사법공조를 '일반사법공조', 법원판결의 승인 및 집행을 '특수사법공조'라고 하고 양자를 포괄하여 넓은 의미의 사법공조라고 하는 것으로 보인다.[3)] 사법공조에는 민사사법공조 외에도 형사사법공조와 공정거래법과 같은 행정사건에서 행정당국 간의 공조도 있으나,[4)] 여기에서는 민사사법공조

1) 진성규, "민사소송에 있어서의 국제사법공조", 섭외사건의 제문제(하) 재판자료 제34집(1986), 449면; 이태희, "국제사법공조에 관한 연구", 유기천박사 고희기념: 법률학의 제문제(1988), 751면.

2) 제2조 제1호는 "사법공조"라 함은 재판상 서류의 송달 또는 증거조사에 관한 국내절차의 외국에서의 수행 또는 외국절차의 국내에서의 수행을 위하여 행하는 법원 기타 공무소등의 협조를 말한다고 규정한다.

3) 전대규, 중국민사소송법(2008), 645면 이하.

4) 한국의 독점규제 및 공정거래에 관한 법률(제36조의2)도 외국과의 공조를 규정하고 있는데, 유럽 국가들은 행정사건 관련 문서의 송달에 관한 조약을 체결하였다. 행정사건의 경우도 유럽국가들 간에는 송달에 관하여는 1977. 11. 24. 협약이, 정보와 증거 제공에 관하여는 1978. 3. 15. 협약이 있다고 한다. 그 밖에 조세법분야에서도 국제공조가 필요한데 우리나라는 "다

를 다룬다.[5)] 여기에서 민사사법공조라 함은 민사사건에서의 ① 문서의 송달, ② 증거조사, ③ 법정보제공과 ④ 외국재판의 승인 및 집행에서의 공조를 포함하는 비교적 넓은 의미로 사용한다.[6)]

한국은 과거 민사사법공조에는 별로 관심이 없었으나 1997년 이래 상황이 많이 달라졌다. 즉, 한국은 1997년 8월 헤이그국제사법회의의 회원국이 되었고, 이어서 2000년에는 "민사 또는 상사의 재판상 및 재판외 문서의 해외송달에 관한 1965년 협약"(Convention on the Service Abroad of Judicial and Extrajudicial Documents in Civil or Commercial Matters)("송달협약")에 가입하였다.[7)] 또한 한국은 1999. 9. 17. 호주와 "대한민국과 호주간의 민사사법공조조약"("한호조약")을 체결하였고,[8)9)] 2003. 7. 7. 중국과 "대한민국과 중화인민공화국간의 민사 및 상사 사법공조조약"("한중조약")을 체결하였으며 이는 2005. 4. 27. 발효되었다. <u>한중조약의 조문은 이 글의 말미에 첨부하였다.</u> [밑줄 부분은 이 책에서 새로 추가한 것이다.][10)] 한호조약과 한중조약은 모두 문서의 송달, 증거조사와 법정보의 교환에 관한 공조를 규율대상으로 하고 외국재판의 승인 및 집행은 포함하지 않으나,

---

자 간 조세행정공조협약"(Convention on Mutual Administrative Assistance in Tax Matters)을 비준하여 협약은 2012. 7. 1. 발효되었다. http://www.oecd.org/tax/exchange-of-tax-information/Status_of_convention.pdf 참조. 소개는 임치용, "국제도산사건의 실무상 문제", BFL 제53호(2012. 5.), 74면 註 73.

5) 한국은 민사사법공조를 위하여 국제민사사법공조법을 1991. 3. 8. 법률 제4342호로 제정하였고 형사사법공조를 위하여는 국제형사사법공조법을 동일 법률 제4343호로 제정하였다. 국제민사사법공조법은 민사사건에 있어 외국으로의 사법공조촉탁절차와 외국으로부터의 사법공조촉탁에 대한 처리절차를 규정함을 목적으로 하고(동법 제1조), 국제형사사법공조법은 형사사건의 수사 또는 재판과 관련하여 외국의 요청에 따라 실시하는 공조 및 외국에 대하여 요청하는 공조의 범위와 절차 등을 정함으로써 범죄를 진압하고 예방하는 데에 국제적인 협력을 증진함을 목적으로 한다(동법 제1조).

6) 한중조약이 규율하는 외국중재판정의 승인 및 집행도 포함시킬 수 있으나 그에 대하여는 별도의 다자조약(1958년 뉴욕협약)이 있으므로 여기에서는 일단 논외로 한다.

7) 송달협약은 2000. 8. 1. 한국에서 발효하였다.

8) 한국은 1999년 9월 서울에서 개최된 제8차 아시아·태평양 대법원장회의시 아시아·태평양 지역의 사법공조에 관한 서울선언의 채택에 주도적 역할을 하였다.

9) 이는 2000. 1. 16. 발효되었다. 한호조약에 관하여는 유영일, "사법공조에 관한 서울선언", 서울국제법연구 제6권 제2호(1999), 66면 이하 참조.

10) 한중조약에 관하여는 배형원, "한·중민사사법공조조약", 국제사법연구 제10호(2004), 297면 이하; 배형원 외, 다자협약 및 양자조약 연구(사법발전재단, 2010), 265면 이하; 황진·증도, "중국과 한국간 사법공조의 현황 및 미래", 국제사법연구 제15호(2009), 21면 이하(번역문) 참조. 민사사법공조에 관한 최근의 우리 문헌으로는 김우진, "개방화 국제화시대에 있어서 동북아민사사법공조 —실무적 접근—", 제4회 한국법률가대회논문집(2004), 101면 이하 참조. 홍콩도 중국의 일부이므로 한중조약이 적용되지만 종래 송달협약에 따라 신속한 공조가 이루어지고 있으므로 여전히 송달협약을 이용한다고 한다. 위 배형원 외, 264면.

한중조약은 중재판정의 승인 및 집행을 포함한다.[11] 이로써 국제민사사법공조에 관한 한국의 법제는 짧은 기간에 상당한 국제화를 달성하였다. 나아가 한국은 2008. 10. 15. 몽골과 "대한민국과 몽골간의 민사 및 상사사법공조조약"을 체결하였고(2010. 5. 8. 발효),[12] 우즈베키스탄과도 "대한민국과 우즈베키스탄간의 민사 및 상사사법공조조약"을 체결하였다(2013. 8. 11. 발효). 몽골과 우즈베키스탄은 송달협약과 "민사 또는 상사의 해외증거조사에 관한 1970년 협약"(Convention on the Taking of Evidence Abroad in Civil or Commercial Matters)("증거협약")의 체약국이 아니다.[13] 나아가 한국은 2009년 12월 증거협약에도 가입함으로써[14] 송달과 증거조사라고 하는 협의의 국제민사사법공조를 위한 법적 기초를 구축하게 되었다.[15] 그러나 현재 한일간에는 민사사법공조에 관한 양자조약은 없다.

중국은 한국의 최대교역대상국이고, 한국은 중국의 제3위권의 교역대상국이다.[16] 그 밖에도 한중간의 인적·물적교류는 대규모로 이루어지고 있고[17] 이는 앞으로도 꾸준히 증가할 것으로 예상된다.[18] 이런 배경 하에서 여기에서는 한중간의 민사사법공조(이하 이를 "한중사법공조"라 한다)의 실천현황(아래 Ⅲ.)과 개선방안(아래 Ⅳ.)을 논의한다. 다만 그에 앞서 한중사법공조의 법적 기초(Ⅱ.)를 먼저 살펴본다.

---

11) 한중조약(제25조)은 "중재판정의 승인·집행"이라는 제목 하에 각 당사국은 뉴욕협약에 따라 타방당사국의 영역 안에서 내려진 중재판정을 승인·집행하고, 한중조약의 규정들은 뉴욕협약에 저촉되는 한 중재판정의 승인·집행에 적용되지 아니한다"고 규정하는 데 그치므로 실익은 없다.

12) 한몽조약의 해설과 국문본은 배형원 외(註 10), 306면 이하, 476면 이하 각 참조.

13) 전자는 http://www.hcch.net/index_en.php?act=conventions.status&cid=17와 후자는 http://www.hcch.net/index_en.php?act=conventions.status&cid=82 참조. 몽골과 우즈베키스탄은 2014. 8. 1. 현재 헤이그국제사법회의의 회원국도 아니다.

14) 증거협약은 2010. 2. 12. 한국에서 발효하였다. 증거협약에 관하여는 우선 석광현, 증거조사에 관한 국제민사사법공조 연구(2007), 16면 이하; 개관은 석광현, 국제민사소송법: 국제사법(절차편)(2012), 258면 이하 참조.

15) 한국은 2014년 11월 15일까지 송달협약, 증거조사조약, 외국공문서인증요건폐지협약과 아동탈취협약에 가입하였고 헤이그입양협약에 서명하였다.

16) 후자는 http://www.worldstopexports.com/chinas-top-import-partners/723 참조.

17) 2005년-2013년의 통계를 보면 한국남성과 혼인한 외국여성의 국적은 중국(33.1%), 베트남(31.5%), 필리핀(9.2%) 순이며, 한국 여성과 혼인한 외국남성의 국적은 미국(22.9%), 중국(22.6%), 일본(17.8%) 순이다. 2013년 외국인과의 혼인은 총 25,963건으로 2012년보다 2,362건 감소하였는데, 이는 총 혼인(322,807건) 중 8.0% 수준이다. 그 중 한국남성과 외국여성의 혼인은 18,307건(그 중 중국여성은 6,058건), 한국여성과 외국남성은 혼인은 7,656건(그 중 중국남성은 1,727건)이다. 통계청 사이트 http://www.index.go.kr/potal/main/EachDtlPageDetail.do?idx_cd=2430 참조.

18) 다만 근자에는 한중국인간의 국제혼인은 줄고 있다.

Ⅱ. 한중사법공조의 법적 기초

한중사법공조의 법적 기초는 무엇보다도 양국간에 체결된 한중조약이다. 또한 한중이 모두 다자조약인 송달협약과 증거협약에 가입하였으므로 이도 한중사법공조의 법적 기초가 된다. 따라서 한국의 관점에서[19] 한중사법공조의 법적 기초는 1. 양자조약인 한중조약, 2. 다자조약인 송달협약과 증거협약, 3. 한국국제민사사법공조법과 4. 한국민사소송법이다.[20] 그 하위규범으로는 '국제민사사법공조규칙'[21]과 '국제민사사법공조등에 관한 예규'[22]가 있다.

한중조약 체결의 의의는 재판상 문서의 송달, 증거조사 및 법률정보의 제공 등과 관련하여 중앙당국을 지정하고 그로 하여금 촉탁서 등의 수령기관(receiving authority)과 발송기관(forwarding authority)의 역할을 겸하도록 한 데 있다. 바꾸어 말하면 송달협약의 중앙당국은 수령기관이지 발송기관이 아니나, 양자조약은 이를 개선하였다는 취지이다. 만일 양자조약이 없다면, 비록 한국이 송달협약에 가입했더라도 송달협약상 수령기관인 법원행정처장이 외국의 법원으로 발송할 법적 근거는 없고, 여전히 국제민사사법공조법에 따라 외교경로를 통하여 서류를 외국에 송부하여야 한다. 더 정확히 말하자면, 송달을 촉탁하는 기관, 즉 촉탁 주체는 수소법원 재판장이지만, 국제민사사법공조법상 촉탁서는 외교부를 경유해야지, 재판장이나 법원행정처장이 직접 외국 중앙당국으로 송부할 수는 없다. 국제민사사법공조법상 외국 중앙당국으로 촉탁서를 실제로 발송하는 기관이라는 의미의 발송기관은 외교부장관이다(엄밀히는 이는 '발송기관'이라기보다는 '발송경로'의 문제이다). 이 점은 증거협약의 경우에도 마찬가지이다. 그러나 이는 여러 모로 불편하고 바람직하지 않으므로 국제민사사법공조법을 개정하여 송달협약과 증거협약의 체약국에 대해서는 외교부를 경유하지 않고 법원행정처만을 경유하여 요청서/촉탁서 등을 발송할 수 있는 근거를 마련해야

19) 중국의 관점에서 법적 기초는 황진·증도(註 10), 23면 참조.

20) 한국 헌법(제6조 제1항)에 따르면 헌법에 의해 체결·공포된 조약과 일반적으로 승인된 국제법규는 국내법과 같은 효력을 가진다. 또한 국제민사사법공조법(제3조)은 사법공조절차에 관하여 조약 기타 이에 준하는 국제법규가 동법에 우선함을 명시한다. 따라서, 송달협약과 증거협약은 한국에서는 국내법과 같은 효력을 가지고, 민사소송법 및 국제민사사법공조법에 대한 특별법으로서 그에 우선한다.

21) 개정 2002. 6. 28. 규칙 제1770호.

22) 이는 과거 (재일 2003-15) 재판예규 제1045호였으나 2014. 2.13. 재판예규 제1463호로 전부 개정되었다. 개정된 재판예규는 다자조약과 양자조약별로 구분하여 외국에 대한 송달촉탁과 증거조사촉탁, 외국으로부터의 송달촉탁과 증거조사촉탁에 관하여 각각 규정을 두고 있다.

한다.[23] 법원이 국제민사사법공조법 개정을 추진하지 않고 2014. 2. 13. 국제민사사법공조등에 관한 예규만을 개정한 것은 이 점에서 아쉬운 일이다. 송달촉탁의 경로를 정한 국제민사사법공조등에 관한 예규(제4조 제1항)는 "헤이그송달협약 및 양자조약에 따른 송달촉탁은 [(1) 수소법원 → (2) 법원장 → (3) 우리나라 중앙당국(법원행정처) → (4) 피촉탁국의 중앙당국(법무부, 외교부, 대법원 등 나라에 따라 다양함) → (5) 피촉탁국의 해당 법원]의 경로를 거치게 된다"고 명시하나, 사견으로는 밑줄 친 위 (3) 단계는 국제민사사법공조법에 정면으로 반한다. 왜냐하면 '촉탁의 경로'를 규정한 국제민사사법공조법(제6조)은 (1) 수소법원 → (2) 법원장 → (3) 우리나라 법원행정처장 → (4) 외교장관이라는 촉탁경로를 거치도록 명시하기 때문이다.[24]

아래에서는 송달, 증거조사, 법정보제공과 외국판결의 승인 및 집행을 나누어 본다.

1. 송달

한국과 중국 양국이 다자조약인 송달협약에 가입하였으므로 이는 한중사법공조의 법적 기초가 된다. 또한 한중조약은 문서의 송달을 규율하므로 이도 중요한 법적 기초이다. 따라서 예컨대 재판외 문서[25]의 송달에 대하여는 송달협약만이 적용되고 한중조약은 적용되지 않으나, 재판상 문서의 송달에 대하여는 한중조약과 송달협약이 모두 적용된다. 여기의 재판상 문서에는 소송사건만이 아니라 비송사건에 관한 문서도 포함되는 것으로 이해된다.[26]

---

23) 이 점은 석광현, "헤이그送達協約에의 가입과 관련한 몇 가지 문제점", 국제사법과 국제소송 제2권(2001), 312면; 이 점은 석광현, 국제민사소송법: 국제사법(절차편)(2012), 252면 이하에서 지적하였으나 아직도 법적 근거가 없는 실무가 행해지고 있다.

24) 증거조사촉탁의 경로는 송달촉탁의 경우와 다를 바가 없을 것이나, 국제민사사법공조등에 관한 예규가 이 점을 명시하지 않는 점은 잘 이해되지 않는다.

25) 재판외 문서는 소송과 직접 관련되지 않는 점에서 재판상 문서와 다르고, 당국 또는 사법공무원의 개입을 필요로 하는 점에서 순전히 사적인 문서와 구별된다. 재판외 문서의 예로는 당국 또는 사법공무원이 작성한 지급요구서, 임대차의 해지에 따른 명도통지, 어음 거절증서와 일정한 방식을 요구하는 혼인에 대한 이의와 입양에의 동의 등이 열거되고 있다. Hague Conference on Private International Law, Practical Handbook on the Operation of the Hague Convention of 15 November 1965 on the Service abroad of judicial and extrajudicial documents in civil or commercial matters, Third edition (2006), para. 66; 배형원 외(註 10), 276면. 이하 전자를 "Handbook"이라 인용한다.

26) 배형원 외(註 10), 276면.

한중조약 체결시 한중양국이 모두 송달협약에 가입하였으므로 당초 송달협약에 첨부된 양식을 사용하기로 하였으나, 한중조약의 체결을 계기로 보다 개선된 양식을 사용하는 것이 바람직하므로 촉탁서와 증명서 등의 양식을 작성하여 조약에 첨부하였다. 이는 중앙당국이 촉탁의 주체로 기재되는 점에서 송달협약의 양식과 다르지만 구체적인 기재사항은 별 차이가 없다.

한국과 중국은 모두 송달에 관하여 직권송달주의를 취하고 있다.27) 한중양국은 송달협약에 가입하면서 제8조의 외교관 또는 영사에 의한 자국민 이외의 자에 대한 직접송달과, 제10조에 규정된 간이한 송달방법에 대해 이의하였으므로 한중간에는 이런 간이한 송달방법은 사용할 수 없다.28) 송달협약 제10조가 정한 간이한 송달방법은 ① 우편에 의한 송달, ② 촉탁국과 목적지국의 사법공무원등 간의 직접 송달과 ③ 이해관계인이 목적지국의 사법공무원 등을 통하여 하는 직접 송달을 말한다.29)

한중조약과 송달협약의 관계는 논란의 여지가 있다. 송달협약(제25조)은 "… 이 협약의 체약국이 당사자이거나 당사자가 될 협약들이 이 협약의 규율사항에 관련된 규정을 포함하게 되는 경우, 이 협약은 그로부터 벗어날 수 없다"고 규정하고, 한중조약(제29조)은 "이 조약은 다른 조약이나 약정 또는 이와 다른 방식에 의하여 양 당사국간에 이미 존재하는 의무에 영향을 미치지 아니하며, 양 당사국이 다른 조약이나 약정 또는 이와 다른 방식에 의하여 상호 공조를 제공하거나 공조 제공을 계속하는 것을 방해하지 아니한다"라고 규정함으로써 상호 영향을 미치지 않는다는 취지의 충돌규정(conflict clause)을 두고 있다. 한중조약이 송달협약에 우선한다는 견해도 있다.30) 그러나 일반론으로는 양 조약에 규정된 충

27) 우리 민사소송법 제174조. 중국에 관하여는 배형원 외(註 10), 279면; 전대규(註 3), 458면. 중국 민사소송법(제77조-제84조)은 법원이 사법경찰 또는 법원서기원을 이용하여 서류를 송달받을 사람에게 직접 전달하는 직접송달을 원칙으로 하고, 그 밖에 유치송달, 위탁송달(송달받을 자의 소재지 법원에 위탁하여 하는 송달), 우편송달, 기관송달(송달받을 자가 소재하는 기관에 전달하는 송달방법으로 군인 또는 구금된 자에 대한 송달시 이용한다)과 공시송달을 인정한다. 배형원 외(註 10), 279면.

28) 한국과 중국의 유보사항은 http://www.hcch.net/index_en.php?act=status.comment&csid=408&disp=resdn과 http://www.hcch.net/index_en.php?act=status.comment&csid=393disp=resdn을 각 참조.

29) 법원행정처, (2006년 개정판) 국제거래재판실무편람(2006), 39면에 따르면, 영사송달방식은 2-3개월, 중앙당국을 통한 간접송달방식은 3-4개월, 외교경로를 통한 간접송달방식은 6개월에서 1년을 넘어 소요된다고 한다. 국가별송달소요기간은 위 실무편람, 41면 이하 참조.

30) 황진·증도(註 10), 23면에 따르면 중국에는 그런 취지의 최고인민법원의 사법해석(섭외민사·상사사건 사법문서 송달의 문제에 관한 약간의 규정)(제6조 제2항)이 있고, 중국학자들은

돌규정의 내용을 상세히 살펴보고 구체적으로 문제된 조약충돌 상황에 적용이 가능하면 그 충돌규정의 내용에 따라야 하고, 충돌규정이 명확하지 않은 경우에는 1969년 "조약법에 관한 비엔나협약(Vienna Convention on the Law of Treaties)" (제30조)에 따라 해결해야 할 것이다. 제30조 제4항과 제3항에 따르면 전 조약은 그 규정이 후 조약의 규정과 양립하는 범위 내에서만 적용된다. 사견으로는 양립하는(compatible) 범위 내에서는 양자를 상호보완적인 것으로 보아 사법공조에 더 우호적인 조항을 적용하는 것이 바람직하다.[31] 결국 양자의 관계는 조약해석의 문제로 귀착되는데, 양자의 관계에 관한 몇 가지 논점을 언급한다.

첫째, 송달협약은 재판외 문서의 송달에 관한 규정을 두고 있으나 한중조약은 이를 규정하지 않는다. 이는 재판외 문서의 송달을 불허하는 취지는 아니다. 따라서 송달협약에 따른 재판외 문서의 송달은 여전히 허용된다. 가사 한중조약이 우선한다고 보더라도 이 점에는 반대하지 않을 것이다.

둘째, 송달협약 제15조와 제16조가 한중조약에 따른 송달의 경우에도 적용되는가는 논란의 여지가 있다. 즉 송달협약 제15조는 피고가 불출석하고 수탁국의 송달증명서를 접수하지 못하더라도 일정요건이 구비되면 법원은 재판할 수 있다고 규정하고, 나아가 제16조는 결석판결을 받은 피고의 보호를 위해 일정요건이 구비되는 경우 상소기간 만료에도 불구하고 상소를 허용함으로써 피고를 구제하는 데 반하여,[32] 한중조약은 상응하는 규정을 두고 있지 않기 때문이다. 한중조약에 따른 송달에 위 조문의 적용을 부정하는 견해는 송달이 이루어지지 않은 경우 민사소송법에 따른 공시송달이 가능하고 민사소송법에 따라 추완항소의 적법 여부를 판단한다.[33] 그러나 사견으로는 이는 의문이고 그 경우에도 송달협약 제15조와 제16조를 적용할 수 있다고 본다. 논리적으로 양립가능한 범위 내에서는 양자를 상호보완적인 것으로 보기 때문이다. 한중조약에서 규정하지

대부분 이를 지지한다고 한다. 우리나라의 실무도 이런 견해에 근거한 것이라고 볼 여지가 있다.

31) 석광현, 국제민사소송법: 국제사법(절차편)(2012), 293면. 이 점에 관하여 조언을 준 김원희 박사에게 감사의 뜻을 표한다.

32) 다만 중국은 제16조 제3항에 따른 구제신청기간을 1년으로 선언하였으나 우리나라는 선언하지 않았다. 따라서 우리의 경우 비록 재판일로부터 1년 이상의 기간이 경과했더라도 민사소송법(제173조)에 따라 판결을 알게 된 때로부터 30일(외국에 있는 경우) 내에 상소 또는 재심의 소제기를 함으로써 소송행위를 추완할 수 있다. 상세는 석광현, "헤이그送達協約에의 가입과 관련한 몇 가지 문제점", 국제사법과 국제소송 제2권(2001), 307면; 석광현(註 31), 243면 이하 참조.

33) 배형원 외(註 10), 284면 참조.

않은 것은 반복을 피하려는 것이지 그를 배제할 의도는 아니다. 즉 송달협약(제15조)은 일정한 경우 공시송달을 하지 않고도 재판할 수 있는 길을 열었는데 양자조약에서 이를 명시하지 않았다고 해서 그 길을 봉쇄할 것은 아니라는 것이다.[34] 이는 가사 양자조약이 우선한다고 보더라도 같다. 양자조약이 우선한다는 것이지 양자조약에는 없으나 다자조약에 있는 것을 배제하려는 취지는 아니기 때문이다. 위에서 본 재판외 문서의 송달을 보면 이를 알 수 있을 것이다.

2. 증거조사

한중조약은 증거의 조사를 규율하므로 한중조약이 중요한 법적 기초이다. 또한 한중이 다자조약인 증거협약에 가입하였으므로 이도 한중사법공조의 법적 기초가 된다. 증거협약은 한국 민사소송법이 정한 공무소 등에의 조사촉탁(일명 사실조회)[35]을 규정하지 않으므로 증거협약상으로는 이를 사용할 수 없지만, 한중조약(제16조 제1항, 제17조 제3항 라호)은 공무소에 대한 사실조회 촉탁을 명시하므로 이를 사용할 수 있다.

다만 한중조약 체결시에는 한국은 증거협약의 당사국이 아니었으나 2010. 2. 12. 당사국이 되었다. 증거협약은 제1장에서 촉탁서(letter of request) 방식에 의한 증거조사(제1조 - 제14조)를 규정하고, 제2장에서 외교관, 영사관원 및 수임인(commissioner)에 의한 증거조사(제15조 - 제22조)를 규정하고 있다. 구체적으로 증거협약 제15조는 외교관 또는 영사관원에 의한 자국민(파견국)에 대한 증거조사를, 제16조는 외교관 또는 영사관원에 의한 접수국 또는 제3국 국민에 대한 증거조사(제16조)를, 제17조는 수임인에 의한 증거조사를 규정한다. 한국은 증거협약에 가입하면서 그 영토내에서 증거협약 제2장 중 제16조와 제17조를 적용하지 아니한다고 선언함으로써, 외교관 등에 의한 주재국 · 제3국 국민을 대상으로 하는 증거조사 및 수임인에 의한 증거조사를 전면 불허한다.[36] 따라서 외국의 외

---

34) 물론 그에 따라 송달을 한 경우 그에 기한 재판을 승인할지는 별개의 문제이다. 패소한 피고의 방어권이 보장되었다고 보기는 어렵기 때문이다.

35) 우리 민사소송법(제294조)상 법원은 공공기관 · 학교 기타 단체 · 개인 또는 외국의 공공기관에게 그 업무에 속하는 사항에 관하여 필요한 조사 또는 보관중인 문서의 등본 · 사본의 송부를 촉탁할 수 있다.

36) 하지만 한호조약(제25조)에서는 수임인에 의한 증거조사를 허용한다. 수임인에 의한 증거조사는 수소법원이 특별조사인 또는 선서수임인을 통하여 외국에서 증거조사를 하는 영미제도를 도입한 것으로 판사를 염두에 둔 것은 아니나 우리 민사소송법상 법원은 수명법관을 법원

교관 등은 한국에서 파견국국민에 대하여 증거조사를 할 수는 있지만, 그 밖에 한국인 또는 제3국 국민에 대한 증거조사를 할 수는 없고, 또한 수임인을 선임하여 증거조사를 할 수도 없다. 한편 중국은 제2장 중 제15조만 적용하고 나머지는 모두 배제하는 선언을 하였다. 따라서 한중양국에서 제15조가 적용되는 점과 수임인에 의한 증거조사가 허용되지 않는 점은 같다.37)

또한 한국은 기일전 서류개시절차의 목적으로 작성된 촉탁서를 집행하지 않을 것을 선언하고, 그 취지를 분명히 하고자 영국식의 제한적 거부선언을 하였는데, 이 점은 중국도 유사하다.38)

양자조약인 한중조약과 다자조약인 증거협약의 관계에 관하여는 논란의 여지가 있으나, 양립하는 범위 내에서는 양자를 상호보완적인 것으로 이해하여 사법공조에 보다 우호적인 조항을 적용하는 것이 바람직하다는 것은 송달협약에서와 마찬가지이다.39) 양자의 관계에 관한 몇 가지 논점을 언급한다.

첫째, 증거협약에 따른 수임인에 의한 증거조사에 대해 한중 양국이 모두 이의하였으므로 현재에는 허용되지 않지만 만일 장래 그에 대한 이의를 철회한다면 한중조약에는 그에 관한 조문이 없더라도 증거협약에 따라 수임인에 의한 증거조사가 가능하게 될 것이다.

둘째, 증거협약상으로는 관계자가 촉탁국법 또는 수탁국법에 의하여 증거제출을 거부할 특권이나 의무가 있는 경우에는 증거제출을 거부할 수 있다(제11조 제1항). 한중조약(제21조)도 유사한 취지의 규정을 두고 있다. 증거협약상으로는 촉탁국법에 의한 보호는 첫째 촉탁국법에 따른 특권이나 의무가 촉탁서에 명시

밖에서의 증거조사(제297조)를 위한 수임인으로 지정할 수 있다. 석광현, 증거조사에 관한 국제민사사법공조 연구(2007), 67면. 그러나 외국에서의 증거조사 방법을 정한 민사소송법 제296조를 근거로 민사소송법상 수명법관의 활동은 국내에 한정된다고 보아 그에 반대하고 따라서 수임인에 의한 증거조사결과를 증거자료로 사용하기 위해서는 변론에 상정해야 한다는 견해도 있다. 배형원 외(註 10), 253면. 하지만 한호조약이 우리 법원이 판사를 수임인으로 지정하여 호주에서 증거조사를 할 수 있다고 명시하므로 제296조에 얽매일 일은 아니라고 본다.

37) 제15조가 적용되는 범위 내에서는 제18조, 제19조, 제20조와 제21조도 적용되어야 하고, 제22조도 적용을 배제할 이유가 없다. 이런 관점에서 보면 마치 제18조-제22조의 적용도 배제하는 듯한 중국의 선언은 다소 이해하기 어렵다. 어쨌든 증거조사와 관련한 강제조치에 관하여는 한중조약 제20조가 명시하므로 수탁국은 적절한 강제조치를 사용해야 한다.

38) 한국과 중국의 선언내용은 http://www.hcch.net/index_en.php?act=status.comment&csid=1057&disp=resdn과 http://www.hcch.net/index_en.php?act=status.comment&csid=493&disp=resdn 각 참조.

39) 한중조약(제29조)은 위에서 보았고, 증거협약(제32조)은 "… 이 협약의 체약국이 당사자이거나 당사자가 될 협약들이 이 협약의 규율사항에 관한 규정을 포함하는 경우, 이 협약은 그 협약들을 폐지하지 아니한다"고 규정한다.

된 경우와, 둘째 수탁 당국의 발의에 따라 촉탁 당국이 그 특권이나 의무를 다른 방법으로 수탁 당국에 확인하여 준 경우에 한정된다고 보는데,[40] 이는 촉탁국법에 의한 보호를 부여함으로써 증인의 증언거부권을 충분히 보장하는 한편, 증인이 집행법원이 잘 알지 못하는 외국법상의 특권을 주장함으로써 사법공조를 좌절시키는 것을 피하기 위하여 촉탁국법에 의한 보호를 제한한 것이다. 문제는 한중조약은 이런 제한을 두지 않으므로 한중조약에 따른 증거조사 촉탁의 경우에도 그런 제한이 적용되는가이다. 이에 대해 여전히 적용된다는 견해[41]도 있으나 사견으로는 한중조약이 조문을 두지 않고, 다자조약이 아니라 양자조약의 틀 내에서는 상대방 국가의 법을 알아야 할 것이라는 점에서 다자조약의 조문을 그대로 적용할 것은 아니라고 본다.

3. 법정보제공

한중조약은 법률정보 또는 소송기록의 제공에 관한 공조를 포함한다(제3조). 한중조약 제26조는 법정보공조에 관한 규정을 두고 있다.[42] 그에 따르면 중국의 중앙당국(사법부)은, 한국의 중앙당국인 법원행정처가 요청하는 경우, 한국의 중앙당국에 한국의 소송절차와 관련된 중국의 법령 및 사법실무에 관한 정보를 제공한다.[43] 그러나 한중조약은 그의 구체적 절차를 명시하지는 않는 점에서 실효성에 문제가 있다. 참고로 외국법에 관한 정보제공을 위한 유럽평의회(Council of Europe)의 조약이 있는데, 1968. 6. 7.의 "외국법정보에 관한 유럽협약"(European Convention on Information on Foreign Law)("런던협약")이 그것이다. 21개 조문으로 구성된 런던협약을 보면 한중조약의 법정보제공에 관한 조문이 너무 소략하다는 점을 알 수 있다.[44]

---

40) 석광현(註 36), 50-51면.

41) 배형원(註 10), 293면,

42) 위 조항은 원래 아시아·아프리카 법률자문위원회가 성안한 모델조약안에 제시된 것을 수용하여 한호조약에서 채택하였고 한중조약에서도 이를 도입한 것이라고 한다. 유영일(註 9), 73면; Handbook, p. 103 참조.

43) 법률정보 또는 소송기록의 제공을 정한 제26조는 아래와 같다.

"1. 수탁국의 중앙당국은, 요청이 있는 경우, 촉탁국의 중앙당국에 촉탁국의 소송절차와 관련된 수탁국의 법령 및 사법실무에 관한 정보를 제공한다.

2. 수탁국의 중앙당국은, 요청이 있는 경우, 촉탁국의 중앙당국에 촉탁국의 국민이 관계된 수탁국의 소송절차에 관하여 공개적으로 이용가능한 소송기록의 초록을 제공한다."

44) 런던협약의 주요내용과 문제점은 우선 소효릉(蘇曉凌), "외국법의 적용—외국법의 조사와

4. 외국재판의 승인 및 집행

한중조약 체결을 위한 협상시 중국측이 한국에 제시한 당초의 초안은 외국판결의 승인 및 집행을 규율대상에 포함하고 있었다. 그러나, 한국측은 외국판결의 승인 및 집행을 사법공조의 범위에 포함시킨다면, 우선 당시 헤이그국제사법회의 차원에서 추진중이던 민사 및 상사에 관한 국제재판관할과 판결의 승인 및 집행에 관한 다자조약이 채택될 경우 동조약과 저촉될 수 있고, 근본적으로는 과연 당시 한국이 신뢰할 수 있을 정도로 중국에서 판결의 공정성과 법관의 독립성이 확보될 수 있는지에 대한 우려가 있었기 때문에 이를 수용하지 않았던 것으로 보인다.[45] 따라서 한국측은 한국의 국제민사사법공조법과 당시 한국이 이미 체결한 한호조약이 판결의 승인 및 집행을 포함하지 않는다는 점을 지적하면서 외국판결의 승인 및 집행을 한중조약의 규율대상으로부터 제외할 것을 제안하였고 중국측이 이를 수용한 결과 이는 한중조약의 범위로부터 제외되었다.[46] 만일 협상 당시 중국판결을 승인한 서울지방법원의 1999년 판결(아래 Ⅲ.4.에 소개함)이 대법원판결이었다면 한국도 중국의 제안을 수용하였을 것이나, 그것은 하급심판결이었기에 중국의 제안을 수용하지 않았다고 할 수 있다. 따라서 양국간에 외국재판의 승인 및 집행은 국내법에 의하여 규율된다. 그 현황은 아래(Ⅲ.4.)에서 논의한다.

Ⅲ. 한중사법공조의 실천현황

한중사법공조의 실천현황을 파악하고자 송달과 증거조사로 나누어 통계를 살펴본다.[47]

증명을 중심으로—", 서울대학교대학원 법학박사 학위논문(2014. 8.), 201면 이하 참조. 텍스트는 http://conventions.coe.int/Treaty/Commun/QueVoulezVous.asp?NT=062&CM=1&CL=ENG 참조.

45) 배형원(註 10), 304면 참조.

46) 배형원(註 10), 304면.

47) 아래 통계 중 2004년-2007년의 송달에 관한 통계는 배형원 외(註 10), 264-265면에 공간된 것이나 그 밖의 송달 및 증거조사에 관한 통계는 비공식적인 것이라 부정확할 수도 있다. 그렇더라도 전체적 추세를 이해하는 데는 도움이 될 것이기에 소개한다. 이 자료를 제공해주신 법원행정처 담당자께 감사드린다.

1. 송달

촉탁구분별 접수건수(한국 → 중국)

연도	영사송달	관할법원	헤이그송달	양자조약	총계
2004	10	4	270		284
2005	15	8	465	189	677
2006	40	4	1	1090	1135
2007	63	7	0	1186	1256
2008	57	12	0	928	997
2009	51	0	0	1023	1074
2010	63	0	2	781	846
2011	37	0	2	529	568
2012	34	0	0	351	385
2013	28	0	1	206	235
2014. 8.	19	0	0	146	165

촉탁구분별 접수건수(중국 → 한국)

연도	관할법원	헤이그송달	양자조약	총계
2004		56		56
2005		76		76
2006		99		99
2007		72		72
2008	1	115		116
2009	0	141	0	141
2010	0	103	0	103
2011	0	110	0	110
2012	0	129	0	129
2013	1	112	0	113
2014. 8.	0	31	23	54

위 표를 보면 송달공조에 관한 한 한국은 양자조약인 한중조약에 따라 요청을 하는 데 반하여 중국은 과거 다자조약인 송달협약에 따라 요청을 하였으나[48]

48) 위에서 본 바와 같이 한중조약이 송달협약보다 우선한다고 보는 견해에 따르면 이는 자연

2014년에 들어 양자조약을 사용하기 시작하였음을 알 수 있다. 이는 흥미로운 변화이다. 한국이 2006년-2009년 사이에 중국으로 송달요청을 많이 했던 이유는 조선족 중국인과 혼인한 한국인이 한국법원에서 중국인을 상대로 이혼소송을 많이 제기한 탓으로 보인다.[49] 또한 한국은 중국 내에서 한국 영사를 통한 송달을 꽤 이용하고 있으나, 중국은 한국 내에서 중국 영사를 통한 송달을 이용하지 않는 점이 눈에 띈다.

2. 증거조사

촉탁구분별 접수건수(한국 → 중국)

연도	영사	관할법원	헤이그증거	양자조약	총계
2004	0	0	0	0	0
2005	0	0	0	0	0
2006	1	0	0	4	5
2007	2	0	0	1	3
2008	2	0	0	4	6
2009	1	0	0	5	6
2010	0	1	0	6	7
2011	3	3	0	2	8
2012	5	0	0	9	14
2013	7	0	0	3	10
2014. 8.	3	1	0	0	4

스러운 결론이다. 한국은 한중조약 발효 후 즉시 양자조약을 사용한 데 반하여 중국에서는 실무를 변경하는 데 시간이 걸린 탓이 아닐까 짐작된다.

49) 배형원(註 10), 319면.

촉탁구분별 접수건수(중국 → 한국)

연도	관할법원	헤이그증거	양자조약	총계
2004	0	0	0	0
2005	0	0	0	0
2006	0	0	0	0
2007	0	0	0	0
2008	0	0	0	0
2009	0	0	0	0
2010	0	0	0	0
2011	0	0	0	0
2012	0	0	1	1
2013	0	0	0	0
2014. 8.	0	0	0	0

위 표를 보면 증거조사공조에 관한 한 한중간의 사법공조는 활발하지 않다. 그나마 근자에 한국이 중국으로 한중조약에 따른 증거조사공조를 요청하는 사례가 있는 것으로 보인다. 최근에 중국이 한국이 한 증인조사촉탁을 받아들여 공조를 제공한 사례가 있음은 주목할 만하다.[50] 또한 한국은 중국 내에서 한국민에 대해 한국의 영사를 통한 증거조사를 이용하고 있으나, 중국은 한국 내에서 중국의 영사를 통한 증거조사를 이용하지 않는 점이 눈에 띈다.

50) 법률신문 제4258호(2014. 9. 29.), 4면에 따르면 그 경위는 아래와 같다. 중국 유명화가의 위조 작품을 진짜라고 우기며 손해배상을 거부하던 그림 판매업자가 민사사법공조를 통해 중국법원으로부터 확보한 결정적 증언으로 인해 패소했다고 한다. 서울고등법원 민사19부는 최근 A갤러리 대표가 다른 갤러리 대표를 상대로 낸 위작 판매에 따른 손해배상 청구소송 항소심(2014나1449)에서 원고승소 판결을 내렸는데, 쟁점은 매매목적물인 중국 화가 쩡판즈(曾梵志)의 작품이라는 미술품의 진품 여부였다. 제1심 재판부는 한중조약에 근거해 중국 법원에 그림에 대한 감정촉탁을 요청했고, 북경시고급인민법원의 법관은 화가의 작업실로 직접 찾아가 신문을 실시한 결과 한국 법원이 보낸 그림을 직접 확인한 쩡판즈는 위작이라고 증언했다. 촉탁결과를 받은 항소심 재판부는 촉탁결과를 인용해 그림을 위조로 판단하고 공씨에게 손해배상의무를 인정했다. 사실조회촉탁은 더러 실시되었지만 중국 법원이 공조에 적극적으로 응해 증인신문촉탁이 이뤄진 것은 굉장히 이례적인 일이라고 한다.

3. 법정보제공

위에서 언급한 바와 같이 한중조약 제26조는 법정보공조에 관한 규정을 두고 있고 그에 따르면 예컨대 중국의 중앙당국(사법부)은, 한국의 중앙당국인 법원행정처가 요청하는 경우 한국의 소송절차와 관련된 중국의 법령 및 사법실무에 관한 정보를 제공해야 하나, 종래 이 조항이 제대로 활용되고 있지는 않은 것으로 보인다. 이에 관한 통계자료는 구하지 못하였는데 이는 사례가 없기 때문인 것 같다. 그 이유는 아마도 한중조약상의 법정보공조에 대한 소송당사자들과 법원의 무관심 때문이 아닌가 짐작된다.[51]

4. 외국재판의 승인 및 집행

어느 국가의 법원의 재판은 재판권, 즉 주권을 행사한 결과이므로 당해 국가에서 효력을 가지는 데 그치고 다른 국가에서 당연히 효력을 가지는 것은 아니다. 그러나, 이러한 원칙을 고집한다면 섭외적 법률관계의 안정을 해하고 국제적인 민사분쟁의 신속한 해결을 저해한다. 이런 이유로 오늘날 많은 국가들은, 외국판결이 일정한 요건을 구비하는 경우 그 효력을 승인하고 집행을 허용한다.

여기에서는 외국재판의 승인 및 집행에 관한 한국법제와 중국법제를 차례로 개관하고(가.와 나.), 양자를 간단히 비교한 뒤(다.), 중국인민법원의 판결을 최초로 승인한 서울지방법원판결과 한국판결의 승인을 거부한 광동성 심천시 중급인민법원판결을 소개하고(라.), 저자의 평가를 덧붙인다(마.). 개선방안은 아래(Ⅳ.)에서 별도로 논의한다.

가. 외국재판의 승인 및 집행에 관한 한국법의 개관[52]

한국에서는 외국재판의 승인 및 집행은 민사소송법과 민사집행법에 의해 각각 규율된다. 과거 민사소송법이 양자를 규율하였으나 2002. 7. 1.자로 민사소송

---

51) 소효릉(註 44), 291면.

52) 상세는 석광현, "民事 및 商事事件에서의 外國裁判의 承認 및 執行", 국제사법과 국제소송 제1권(2001), 259면 이하; 석광현, "외국판결의 승인 및 집행: 2001년 이후의 판결을 중심으로", 국제사법과 국제소송 제5권(2012), 767면 이하 참조. 2014년 5월 개정된 민사소송법 제217조와 민사집행법 제26조 및 제27조의 소개는 석광현, "국제재판관할과 외국판결의 승인 및 집행—입법과 판례", 국제사법연구 제20권 제1호(2014. 6.), 3면 이하 참조.

법이 민사소송법과 민사집행법으로 분리되면서 양자가 상이한 법률에 규정된 것이다. 민사소송법 제217조의 승인요건은 당초 독일 민사소송법(ZPO)의 영향을 받은 것이었으나 그 후 2001년 개정시 "민사 및 상사사건의 재판관할과 재판의 집행에 관한 EC협약"(이하 "브뤼셀협약"이라 한다)[53]의 영향을 받았다. 승인요건의 심사과정에서 한국법원은 외국재판의 옳고 그름을 심사할 수 없으나(실질재심사(*révision au fond*) 금지의 원칙), 승인요건의 구비 여부를 심사할 수 있고 이를 위해 필요한 범위 내에서는 실질재심사를 할 수 있고 사실관계를 조사할 수 있다.[54]

(1) 외국재판의 승인—기판력의 자동적 확장

승인요건이 구비되면 별도절차 없이 기판력(*res judicata* effect)을 포함한 외국재판의 효력이 자동적으로 한국에 확장된다("자동승인의 원칙").[55] 민사소송법 제217조는 외국재판을 승인하기 위한 요건, 즉 확정재판요건, 국제재판관할요건, 송달요건, 공서요건과 상호보증요건을 명시한다. 조문은 아래와 같다.

제217조(외국재판의 승인)

① 외국법원의 확정판결 또는 이와 동일한 효력이 인정되는 재판(이하 "확정재판등"이라 한다)은 다음 각호의 요건을 모두 갖추어야 승인된다.

1. 대한민국의 법령 또는 조약에 따른 국제재판관할의 원칙상 그 외국법원의 국제재판관할권이 인정될 것
2. 패소한 피고가 소장 또는 이에 준하는 서면 및 기일통지서나 명령을 적법한 방식에 따라 방어에 필요한 시간여유를 두고 송달받았거나(공시송달이나 이와 비슷한 송달에 의한 경우를 제외한다) 송달받지 아니하였더라도 소송에 응하였을 것
3. 그 확정재판등의 내용 및 소송절차에 비추어 그 확정재판등의 승인이 대한민국의 선량한 풍속이나 그 밖의 사회질서에 어긋나지 아니할 것
4. 상호보증이 있거나 대한민국과 그 외국법원이 속하는 국가에 있어 확정재판등의 승인요건이 현저히 균형을 상실하지 아니하고 중요한 점에서 실질적으로 차이가 없을 것

② 법원은 제1항의 요건이 충족되었는지에 관하여 직권으로 조사하여야 한다.

제217조의2(손해배상에 관한 확정재판등의 승인)

① 법원은 손해배상에 관한 확정재판등이 대한민국의 법률 또는 대한민국이 체결한 국제조약의 기본질서에 현저히 반하는 결과를 초래할 경우에는 해당 확정재판등의 전부 또는

53) 국제사법은 한편 국제재판관할에 관하여는 당시 유럽공동체의 브뤼셀협약과 루가노협약 및 헤이그국제사법회의의 1999년 예비초안을 참작하였다. 브뤼셀협약의 소개와 국문 시역은 석광현, "民事 및 商事事件의 裁判管轄과 裁判의 執行에 관한 유럽공동체協約(일명 "브뤼셀협약")", 국제사법과 국제소송 제2권(2001), 321면 이하 참조.

54) 외국중재판정의 승인 및 집행에 관한 대법원 1988. 2. 9. 선고 84다카1003 판결도 이런 취지를 명확히 선언하였다.

55) 물론 이는 외국재판이 외국법상 기판력을 가지는 것을 전제로 한다.

일부를 승인할 수 없다.
② 법원은 제1항의 요건을 심리할 때에는 외국법원이 인정한 손해배상의 범위에 변호사 보수를 비롯한 소송과 관련된 비용과 경비가 포함되는지와 그 범위를 고려하여야 한다.

㈎ 확정재판

조문은 요구하지 않지만 외국재판은 종국재판이어야 한다. 따라서 종국재판이 아닌 외국의 가압류 또는 가처분을 명하는 결정 또는 명령은 승인의 대상이 아니다. 2014년 5월에 있었던 민사소송법과 민사집행법의 개정 전에, 집행판결의 대상이 되는 외국법원의 판결의 개념에 관하여 대법원 2010. 4. 29. 선고 2009다68910 판결[56]은 "'외국법원의 판결'이라 함은 재판권을 가지는 외국의 사법기관이 그 권한에 기하여 사법상의 법률관계에 관하여 대립적 당사자에 대한 상호간의 심문이 보장된 절차에서 종국적으로 한 재판으로서 구체적 급부의 이행 등 그 강제적 실현에 적합한 내용을 가지는 것을 의미하고, 그 재판의 명칭이나 형식 등은 문제되지 아니한다"는 취지로 판시하였다. 여기에서 종국적으로 한 재판은 강학상의 종국재판을 말하는 것으로 이해된다.[57]

개정 전 민사소송법 제217조는 확정판결만이 승인대상인 것처럼 규정하였으나 학설은 이를 확정재판으로 이해하였다.[58] 개정된 제217조는 외국법원의 확정판결 또는 이와 동일한 효력이 인정되는 재판이라고 규정함으로써 그 취지를 분명히 하였다. 다만 여기에서 동일한 효력의 정확한 의미는 분명하지 않은데, 일설은 이를 기판력이라고 이해하면서 개정문언의 취지는 비송재판에 확장되는 것을 막기 위해 확정판결과 동일한 효력이 인정되는 재판으로 제한했다고 설명한다.[59] 소송사건에서는 대체로 기판력이 있는 외국재판의 승인이 문제되겠지만 승인의 요건

56) 원심판결인 서울고등법원 2009. 8. 6. 선고 2007나117476 판결은 미국법원의 승인판결이 민사집행법 제26조 제1항의 '외국법원의 판결'에 해당한다고 보고 그 강제집행의 적법함을 승인하는 집행판결을 하였다. 위 판결에 대한 평석은 구자헌, "집행판결의 대상이 되는 외국법원의 판결의 의미", 대법원판례해설 통권 제83호(2010년 상반기), 318면 이하 참조.

57) 그러나 대법원 2010. 3. 25.자 2009마1600 결정은 미국 회생계획 인가결정을 민사소송법 제217조에 의하여 승인하였으므로 반드시 종국재판일 것을 전제로 하는 것은 아니라는 점에서 위 판결과 상충된다. 저자는 이 점을 지적하였다. 석광현, "승인대상인 외국판결의 개념에 관한 대법원재판의 상충", 국제사법과 국제소송 제5권(2012), 490면 이하 참조.

58) 석광현, "民事 및 商事事件에서의 外國裁判의 承認 및 執行", 국제사법과 국제소송 제1권(2001), 265면. 우리 민사소송법상으로도 실체관계를 종국적으로 해결하는 결정과 명령은 기판력이 있다. 소송비용에 관한 결정과 간접강제를 위한 배상금의 지급결정이 그러한 예이다. 이시윤, 민사소송법 제6증보판(2012), 592면.

59) 이규호, "외국재판의 승인 등에 관한 개정 민소법·민사집행법에 대한 평가", 법률신문 제4252호(2014. 9. 4.), 11면.

으로서 외국재판이 반드시 기판력이 있어야 하는지는 논란의 여지가 있고, 특히 비송사건의 재판에 대해서까지 기판력이 없다는 이유로 승인대상에서 아예 배제하는 것은 의문이다.[60] 민사소송법이 확정재판이라고 하는 것은 형식적 확정을 요구하는 것이지[61] 실질적 확정력(즉 기판력)의 존재를 요구하는 것은 아니다. 우리 민사소송법이나 독일 민사소송법상으로는 형식적 확정력이 있어야 판결이 실질적 확정력을 가지지만, 미국에서는 각 심급이 종료되어 판사가 더 취할 조치가 없으면 판결은 형식적 확정이 되지 않았더라도 기판력을 가지는데[62] 이는 실질적 확정력은 형식적 확정을 전제로 하지 않음을 의미한다. 만일 우리 민사소송법상 승인의 전제로서 외국재판의 기판력을 요구한다면, 입양특례법에 따른 우리 법원의 입양허가처럼 기판력이 없는 외국의 입양허가는 우리나라에서 승인될 수 없고, 마찬가지로 우리 법원의 입양허가는 외국에서 승인될 수 없게 될 것이다.[63] 또한 브뤼셀협약과 브뤼셀 I 은 이미 보전처분의 승인 및 집행을 허용하고 있고,[64] 나아가 외국중재판정, 그것도 광범위한 중재판정의 승인 및 집행을 생각해 보면 반드시 기판력이 있어야 한다고 고집할 이유가 있는지는 의문이다.[65]

---

60) 참고로 독일에서는 형성력을 가지는 법원의 인가도 "가사 및 비송사건절차법"(FamFG) 제108조가 정한 승인대상이 된다는 견해가 다수설이라고 한다. Prütting · Helms, FamFG 3. Auflage (2014), §108 Rn. 21.

61) 우리 법과 달리 미국법은 승인요건으로서 외국재판의 형식적 확정을 요구하지 않는다. 예컨대 통일외국금전판결승인법(Uniform Foreign Money-Judgments Recognition Act) 제2조에서 보듯이(This Act applies to any foreign judgment that is final and conclusive and enforceable where rendered even though an appeal therefrom is pending or it is subject to appeal) final and conclusive한 외국판결은 미국에서 승인될 수 있는데, 이는 판결을 선고한 법원의 입장에서 볼 때 최종적인 것을 의미하므로 외국의 1심판결에 대해 항소가 제기되더라도 그 판결은 final and conclusive한 것으로서 승인될 수 있다.

62) American Law Institute, Restatement (Second) of Judgments (1982) §13; Jack H. Friedenthal/Mary Kay Kane/Arthur R. Miller, Civil Procedure, 4th ed. (2005), p. 685 이하; Kazuhiro Koshiyama, Rechtskraftwirkungen und Urteilsanerkennung nach amerikanischem, deutschem und japanischem Recht (1996), S. 7-8; Ulrike Böhm, Amerikanisches Zivilprozess-recht (2005), Rn. 759; Haimo Schack, Einführung in das US-amerikanische Zivilprozeßrecht, 2. Auflage (1995), S. 72.

63) 이는 우리나라가 이미 서명한 1993년 헤이그국제입양협약을 비준하면 해결된다. 입양이 동 협약에 따라 행해졌다고 입양국의 권한 있는 당국에 의해 증명되는 경우에 그 입양은 법률상 당연히 다른 체약국에서 승인되기 때문이다(동 협약 제23조). 재판형입양은 물론이고 계약형 입양도 같다. 석광현, "1993년 헤이그국제입양협약(국제입양에 관한 아동보호 및 협력에 관한 헤이그협약)", 국제사법연구 제15호(2009), 445-446면 참조.

64) 석광현(註 53), 354면; 석광현, "民事 및 商事事件의 裁判管轄과 裁判의 執行에 관한 유럽연합규정(브뤼셀규정) —브뤼셀협약과의 차이를 중심으로—", 국제사법과 국제소송 제3권(2004), 391면 참조.

65) 저자는 우리 민사소송법상 외국판결은 기판력이 없어도 승인 · 집행의 대상이 될 수 있다는

㈏ 국제재판관할의 존재

외국법원이 한국의 잣대에 비추어 국제재판관할을 가져야 한다. 이는 '간접관할' 또는 '승인관할'의 문제이다. 종래 간접관할과 직접관할의 기준의 관계가 문제되었는데 양자를 동일한 원칙에 따라 판단하는 견해가 다수설이고 주류 판례[66]였다. 복수국가간에 동일한 국제재판관할규칙을 적용할 수 있으므로 이 견해, 즉 '경상(鏡像)의 원칙(Spiegelbildprinzip)'이 타당하다. 민사소송법 제217조 제1항 제1호는 "대한민국의 법령 또는 조약에 따른 국제재판관할의 원칙상 그 외국법원의 국제재판관할권이 인정될 것"(밑줄은 저자가 추가함)이라고 규정함으로써 그러한 취지를 명시한다.

㈐ 송달요건

외국재판에서 패소한 피고에 대한 소장 등의 송달은 적법성과 적시성을 구비하여야 한다. 외국소송에서 한국당사자에게 한국으로 하는 송달은 외교경로를 통하여야 하고, 외국이 예컨대 송달협약[67]의 당사국인 경우 한국의 중앙당국인 법원행정처를 경유하여야 한다. 따라서 외국의 법원 또는 당사자가 우편에 의하여 또는 UPS, DHL 등의 배송업체에 의하여 하는 송달은 부적법하고 그에 따라 이루어진 판결은 승인될 수 없다.

㈑ 공서에 반하지 않을 것

이는 승인국(또는 집행국)의 기본적인 도덕적 신념과 사회질서를 보호하기 위한 것이다. 여기의 공서에는 절차적 공서와 실체적 공서가 있는데 실체적 공서와 관련하여 문제되는 것은 불법행위를 이유로 과도한 징벌배상의 지급을 명한 미국법원판결의 승인 및 집행이다. 이 점을 정면으로 다룬 한국판례는 아직 없는 것으로 보이지만 징벌배상의 지급을 명한 미국법원판결의 승인 및 집행은 한국의 공서에 반하는 것으로 본다.[68]

견해를 피력한 바 있다. 석광현(註 31), 350면. 손경한, "外國判決 및 仲裁判定의 承認과 執行 —判例를 中心으로—", 국제사법연구 창간호(1995), 89면은 기판력을 언급하지는 않지만 중간판결이더라도 집행이 가능하다면 승인·집행의 대상이 될 수 있다고 한다.

66) 예컨대 위에 언급한 나우정밀 사건판결인 대법원 1995. 11. 21. 선고 93다39607 판결 등.

67) 송달협약에 관하여는 석광현, "헤이그送達協約에의 가입과 관련한 몇 가지 문제점", 국제사법과 국제소송 제2권(2001), 287면 이하 참조.

68) 불법행위의 준거법을 정한 한국국제사법(제32조의 제4항)은 아래와 같이 규정함으로써 비록 불법행위의 준거법인 외국법이 징벌배상의 지급을 명하더라도 한국법원이 그 적용을 배제할 수 있도록 한다.

"제1항 내지 제3항의 규정에 의하여 외국법이 적용되는 경우에 불법행위로 인한 손해배상청구권은 그 성질이 명백히 피해자의 적절한 배상을 위한 것이 아니거나 또는 그 범위가 본질

참고로 피고의 성폭행 등을 이유로 50만달러의 손해배상의 지급을 명한 미국 미네소타주 법원판결의 집행에 관하여 서울지방법원동부지원 1995. 2. 10. 선고 93가합19069 판결[69]은, 한국손해배상법의 기준에 비추어 한국에서 인정될 만한 상당한 금액을 현저히 초과하는 부분에 한하여는 공서양속에 반한다고 보아 미국법원이 명한 손해배상액의 50%만의 집행을 허가하였다.[70] 이러한 결론은 널리 지지를 받았는데 그 근거는 실체적 공서위반으로 설명되었다. 그런데, 아래에서 보듯이 2014년 5월 민사소송법 제217조의2가 도입됨으로써 이는 명시적인 법률상 근거를 가지게 되었다.

외국소송절차에서 한국법의 절차적 기본원칙[71]이 침해된 경우 외국재판의 승인은 절차적 공서에 반하는 것으로서 허용되지 않는다. 또한 사기(또는 기망. fraud)에 의하여 획득된 외국재판의 승인은 절차적 공서에 위반될 수 있다. 영미법계에서는 사기를 공서위반의 문제가 아니라 독립적인 승인 내지 집행거부사유로 보나,[72] 한국법의 관점에서는 절차적 공서위반으로 볼 수 있다. 사기는 허위

적으로 피해자의 적절한 배상을 위하여 필요한 정도를 넘는 때에는 이를 인정하지 아니한다."

69) 법원행정처, 하급심판결집 1995-1, 368면. 이 판결은 대법원 1997. 9. 9. 선고 96다47517 판결에 의하여 확정되었다.

70) 또한 한국회사인 피고가 미국회사인 원고의 디자인에 대한 저작권을 침해하였음을 이유로 미화 442,300.19달러의 지급을 명한 미국 뉴욕주 남부지방법원판결에 기한 집행판결청구소송에서 서울지방법원남부지원 2000. 10. 20. 선고 99가합14496 판결도 유사한 논리에 기하여 그의 50%만의 집행을 허가하였다. 근자의 하급심판결은 석광현, "외국판결의 승인 및 집행: 2001년 이후의 판결을 중심으로", 국제사법과 국제소송 제5권(2012), 471면 이하 참조. 수원지방법원 2013. 11. 28. 선고 2013가합14630 판결도 유사한 취지이다. 이는 특허권침해로 인한 손해배상을 명한 외국재판의 승인 및 집행을 구한 사건인데, 헌법상 법치국가원리로부터 파생되는 원칙인 비례의 원칙을 적용하여, 이 사건 외국재판에 기한 집행을 그대로 용인하는 것이 한국의 사회통념 내지 법감정상 수인할 수 없는 가혹한 결과를 초래하지 않는지 여부와 민사집행법의 실질심사금지의 원칙을 관철하여 국가간 파행적 법률관계의 발생을 억제하고 법적 안정성을 도모함으로써 외국판결의 존중이라는 승인제도 본래의 취지를 살린다는 측면을 비교형량하여 제반 사정을 전체적·종합적으로 참작하면, 이 사건 외국재판에서 인용된 손해배상액은 과다한 것으로서 원고에게 지나친 이익을 부여하고 피고에게는 지나친 책임을 부과하고 있고, 사건의 내국관련성도 비교적 강하므로, 외국재판의 승인은 원고가 구하는 금액의 70%에 해당하는 금액을 한도로 제한하고, 이를 초과하는 금액은 공서양속에 반하는 부분으로서 승인을 거부하였다.

71) 이는 법치국가의 기본원칙으로, 예컨대 법원의 독립과 공정의 원칙, 법적인 심문(rechtliches Gehör 또는 right to be heard) 보장의 원칙, 당사자평등의 원칙과 그 밖에 공평한 재판의 원칙 등을 들 수 있다.

72) Restatement of the Law(Third) : The Foreign Relations Law of the United States (1987) §482 Comment e. 영국은 James Fawcett/Janeen CarruthersPeter North, Cheshire, North & Fawcett: Private International Law, 14th edition (2008), p. 551 이하 참조. 1999년 예비초안(제28조 제1항 e호)도 사기를 별도의 승인거부사유로 열거한다.

의 증거제출 또는 진술에 의하여 또는 중요한 증거를 고의적으로 억압하는 등의 방법에 의해 행해질 수 있다. 사기에는 외국재판 후에 비로소 알게 된 '외재적 사기'(extraneous fraud)와 재판과정에서 이미 알고 있었고 이를 주장하였으나 받아들여지지 않았던 '내재적 사기'(intrinsic fraud)로 구분할 수 있는데, 실질재심사 금지의 원칙에 비추어 공서위반이 되는 사기는 외재적 사기에 한정해야 한다.[73)]

㈒ 제217조의2: 손해배상에 관한 재판의 승인 제한

2014년 5월 신설된 제217조의2 제1항은 손해배상에 관한 확정재판등이 한국의 법률 또는 조약의 기본질서에 현저히 반하는 결과를 초래할 경우에는 그의 전부 또는 일부를 승인할 수 없다고 규정한다. 이는 전보배상이 아닌 징벌배상 또는 수배배상을 명한 외국재판의 승인 및 집행을 적정범위로 제한한다. 위에서 언급한 것처럼 이는 공서요건으로 해결할 수 있는 성질의 문제이지만 그 취지를 명확히 함으로써 법적 안정성을 제고하기 위한 것으로 보인다. 그러나 이 개정의 취지는 여러 모로 분명하지 않다. 특히 위 조문과 공서조항의 관계는 불분명한데, 제217조의2를 신설한 것은 외국재판의 승인이 비록 공서에는 반하지 않더라도, 한국 법률의 기본질서 또는 조약의 기본질서에 현저히 반하는 결과를 초래할 경우에는 승인을 거부한다는 취지인지 애매하다. 또한 우리의 기준에 비추어 과도하지만 전보배상을 명한 외국재판의 승인을 통제하자면 어느 조문을 근거로 삼아야 하는지도 애매하다.[74)] 만일 제217조의2가 공서요건으로 해결하는 것보다 외국판결의 승인 및 집행을 제한하려는 의도에서 비롯된 것이라면 저자는 이를 지지하지 않으며, 해석론으로서도 그런 견해를 저지해야 한다고 믿는다.

㈓ 상호보증의 존재

한국에서 중국재판의 승인 및 집행시 가장 문제되는 것은 상호보증의 존부이다. 상호보증이라 함은 상호주의(reciprocity)가 보증됨을 의미하는데, 상호보증의 존재를 인정하기 위하여는 재판국이 민사소송법 제217조와 제217조의2의 요건과 중요한 점에서 다르지 않은 조건 하에 한국판결을 승인하면 족하다. 대법원 2004. 10. 28. 선고 2002다74213 판결은 "… 한국과 외국간에 동종판결의 승

---

73) 대법원 2004. 10. 28. 선고 2002다74213 판결은 사기적인 방법으로 외국판결을 얻었다는 사유는 원칙적으로 승인 및 집행의 거부사유가 아니지만 피고가 판결국 법정에서 사기적인 사유를 주장할 수 없었던 경우에는 승인 및 집행의 거부사유가 된다고 판시하였다.

74) 기타 비판은 석광현, "국제사법학회의 창립 20주년 회고와 전망: 국제재판관할과 외국판결의 승인 및 집행에 관한 입법과 판례", 국제사법 제20권 제1호(2014. 6.), 61면 이하 참조. [밑줄 부분은 당초 논문에서 누락되었던 것으로 보인다.]

인요건이 현저히 균형을 상실하지 아니하고 외국에서 정한 요건이 한국에서 정한 그것보다 전체로서 과중하지 아니하며 중요한 점에서 실질적으로 거의 차이가 없는 정도라면 상호보증의 요건을 구비하였다고 봄이 상당하다"고 판시함으로써 이런 취지를 명확히 하였고, 2014년 5월 개정된 민사소송법 제217조 제1항 제4호는 이 점을 명시적으로 규정한다. 그러나 위 대법원 2004. 10. 28. 선고 2002다74213 판결이 선고됨으로써 판례가 사실상 변경되었으므로 이런 개정은 불필요하다. 특히 제4호가 상호보증의 개념을 풀어서 규정하면서 "상호보증이 있거나"라는 문언을 남겨두는 점은 잘못이다. 왜냐하면 개정된 제4호는 "상호보증이 있거나 상호보증이 있을 것"이라고 규정하는 결과가 되기 때문이다. 논자에 따라서는 상호보증이 있을 것이라는 명시적인 문구는 과거 대법원 1971. 10. 22. 선고 71다1393 판결처럼 재판국이 민사소송법 제217조와 동일하거나 또는 그보다 관대한 조건 하에 한국 판결을 승인할 경우에 한하여 상호보증이 있다는 취지로 이해해야 한다고 주장할지 모르겠으나 이미 대법원 판결에 의하여 극복된 구 시대의 유물을 되살릴 이유는 없다.

대법원 2004. 10. 28. 선고 2002다74213 판결[75]이 명시한 바와 같이 상호보증의 요건은 한국과 외국 사이에 동종판결의 승인요건을 비교함으로써 판단하여야 한다. 따라서 한중간에 상호주의의 존부를 판단함에 있어서는 우선 재산법상의 사건과 가사사건을 구별해야 한다.[76] 그런데 한국에서는 이혼판결등 가사사건, 나아가 가사비송사건에 관하여 상호보증요건이 필요한가에 관하여 견해가 나뉜다. 판례는 필요하다는 견해를 취하는 것으로 보인다. 예컨대 대법원 2009. 6. 25. 선고 2009다22952 판결도 이를 전제로 한국과 캐나다 온타리오주 사이에 상호보증이 있다고 판단하였다.

⑵ 외국판결의 집행

한국에서 외국판결을 집행하기 위하여는 한국법원의 집행판결(*exequatur*)[77]을 받아야 한다. 집행판결청구의 소를 심리하는 과정에서도 실질재심사금지의 원칙이 타당하다. 민사집행법의 조문은 아래와 같다.

---

75) 이에 대한 평석은 석광현, "詐欺에 의한 外國判決承認의 公序違反與否와 相互保證", 국제사법과 국제소송 제4권(2007), 263면 이하 참조.

76) 경우에 따라 재산법상의 사건과 가사사건을 더 세분할 필요도 있다.

77) 그것이 반드시 판결이어야 하는 것은 아니므로 이를 '집행가능선언'이라고 부를 수 있다.

第26조(외국재판의 강제집행) ① 외국법원의 확정판결 또는 이와 동일한 효력이 인정되는 재판(이하 "확정재판등"이라 한다)에 기초한 강제집행은 대한민국법원에서 집행판결로 그 강제집행을 허가하여야 할 수 있다.
② 집행판결을 청구하는 소는 채무자의 보통재판적이 있는 곳의 지방법원이 관할하며, 보통재판적이 없는 때에는 민사소송법 제11조의 규정에 따라 채무자에 대한 소를 관할하는 법원이 관할한다.
第27조(집행판결) ① 집행판결은 재판의 옳고 그름을 조사하지 아니하고 하여야 한다.
② 집행판결을 청구하는 소는 다음 각호 가운데 어느 하나에 해당하면 각하하여야 한다.
1. 외국법원의 확정재판등이 확정된 것을 증명하지 아니한 때
2. 외국법원의 확정재판등이 민사소송법 제217조의 조건을 갖추지 아니한 때

집행판결을 요구하는 것은 대륙법계의 접근방법이고, 영미법계에서는 일반적으로 등록에 의한다. 집행판결제도는, 대법원 2010. 4. 29. 선고 2009다68910 판결이 판시한 바와 같이, 재판권이 있는 외국법원에서 행하여진 판결에서 확인된 당사자의 권리를 한국에서 강제적으로 실현하고자 하는 경우에 다시 소를 제기하는 등 이중의 절차를 강요할 필요 없이 그 외국의 판결을 기초로 하되 단지 한국에서 그 판결의 강제실현이 허용되는지 여부만을 심사하여 이를 승인하는 집행판결을 얻도록 함으로써 당사자의 원활한 권리실현의 요구를 국가의 독점적·배타적 강제집행권 행사와 조화시켜 그 사이에 적절한 균형을 도모하려는 취지에서 나온 것이다.

나. 외국재판의 승인 및 집행에 관한 중국법의 개관[78)]

중국민사소송법은 당사자의 신청 또는 외국법원의 촉탁에 의한 외국재판의 승인·집행을 허용하는 취지를 규정하고(제281조),[79)] 중국이 체결 또는 가입한 조약에 의하여, 또는 호혜의 원칙에 따라 심사한 후 중국법률의 기본원칙, 또는 국가주권, 안전 또는 사회적, 공공적 이익에 위반하지 않는 경우에는 그의 효력을 승인하는 취지의 재판을 하고, 집행이 필요하다고 인정되는 경우에는 집행명령을 발하며, 중국민사소송법의 규정에 의해 집행한다고 규정한다(제282조).[80)] 따라서 조문상으로는 외국재판이 중국에서 승인 및 집행되기 위하여는 다음 세 가지

78) 이 부분은 석광현, "한국법원에서 제기된 중국법의 쟁점: 계약법, 불법행위법, 혼인법과 외국판결의 승인·집행을 중심으로", 국제사법과 국제소송 제5권(2012), 771면 이하를 다소 수정·보완한 것이다.
79) 아래에 언급하는 서울지방법원판결시에는 제267조였으나 현재는 제281조이다.
80) 아래에 언급하는 서울지방법원판결시에는 제268조였으나 현재는 제282조이다.

요건이 구비되어야 한다.[81] 중국법의 한 가지 특색은 그 경우 외국법원이 직접 신청할 수도 있다는 점이다.

① 외국재판이 법적 효력을 발생하였을 것, ② 외국과 중국간에 조약 또는 호혜관계가 존재할 것과 ③ 당해 외국재판이 중국의 법률적 기본원칙 또는 국가주권, 안전, 사회적, 공공적 이익에 반하지 않을 것

한중간에 외국재판의 승인 및 조약에 관한 조약은 존재하지 않으므로 위 ②의 "호혜관계"가 무엇을 의미하는지 특히 그것이 상호주의를 의미하는지가 문제가 된다. 만일 호혜관계가 없다면, 중국과 사이에 조약도 없고 호혜관계도 없는 때에는 당사자가 인민법원에 소를 제기하고 그 재판을 집행한다고 규정하는 1992년「中華人民共和國 民事訴訟法의 적용에 관련된 약간의 문제에 관한 最高人民法院의 意見」제318조가 적용된다.[82] 여기에서 인민법원에 소를 제기하라는 것의 의미가 새로운 소를 제기하고 다시 재판을 하라는 것인지가 문제된다. 반면에 만일 호혜관계가 상호주의의 존재를 의미한다면, 이러한 요건은 한국민사소송법의 요건과 별로 큰 차이가 없다. 중국에서는 조약상의 호혜가 있으면 문제가 없으나, 조약이 없는 경우 중국 민사소송법상 호혜의 개념이 '사실호혜'인지 '법률호혜'인지는 논란이 있다.[83] 한국에서는 상호보증은 반드시 조약 등에 의해 규정될 필요는 없고 당해 외국의 법령, 판례 또는 실제의 관행 등에 의하여 인정되면 족하다. 구체적 선례가 없는 경우에는 법령의 검토를 통하여 사실상의 승인 및 집행가능성이 있으면 충분하다. 그러나 외국재판을 승인 및 집행한다는 법규가 있더라도 실제로는 승인 및 집행이 이루어지지 않는다면 상호보증은 존재하지 않는다. 이런 의미에서 한국에서는 선례(물론 이는 어느 정도 확립된 선례여야 할 것이다)에 의하여 확인되는 사실상의 상호주의가 법률상의 상호주의보

81) 趙相林 主編, 國際私法(2002), 392면. 전대규(註 3), 650면은 ②의 요건을 당사자가 직접 관할권이 있는 중급인민법원에 신청할 것이라는 요건 속에서 설명한다.

82) 渡辺惺之, "香港高等法院でなされた第3當事者訴訟を含む一連の訴訟にかかる訴訟費用の負擔命令について執行裁判を認めた事例", 判例時報 1670号(1999. 6.), 205面. 중국의 국제민사소송법에 관한 일본 문헌으로는 黃軔霆, "中國國際民事訴訟法とハーグ「裁判管轄と裁判條約準備草案」", 阪大法學 第51卷 第2号(通卷 第212号)(2001), 497면 이하 참조.

83) 김현아, "중국법상 국제적 집단피해에 관한 국제사법 쟁점", 2014. 10. 7. 개최된 한국국제사법학회·ILA 한국본부 공동 주최 학술심포지엄 자료, 114면; 정태혁, "외국법원의 재판과 외국중재판정의 承認·執行에 대한 중국법원의 판례연구", 서울대학교 법학전문대학원 법학전문석사학위논문(2014. 2.), 18면 이하;

다 우선하고, 선례가 없으면 법률상의 상호주의가 의미를 가진다고 할 수 있다.[84]

그러나 중국에서는 승인요건을 달리 설명하는 견해도 있는데 그 중 몇 가지를 소개한다. 우선 승인요건을 아래와 같이 설명하는 견해가 있다.[85]

① 외국법원의 관할권 존재, ② 소송절차의 공정성, ③ 외국판결이 확정적이고, 실효성이 있을 것, ④ 외국판결은 기타 관련법원의 판결과 저촉되지 않을 것, ⑤ 호혜원칙이 준수될 것과 ⑥ 외국판결의 승인 및 집행이 중국의 공공질서에 반하지 않을 것

한편 승인요건을 다음과 같이 설명하는 견해도 있다.[86]

① 중국법의 기준에 의한 간접관할, ② 적법한 소환과 방어기회의 보장, ③ 외국재판이 부당하게 취득되지 않았을 것, ④ 외국재판이 확정되고 집행가능할 것, ⑤ 중국의 법령, 공공정책, 사회주의적 도덕에 반하지 않을 것, ⑥ 중국의 국가·사회의 이익에 반하지 않을 것과 ⑦ 상호의 보증이 있을 것

또 다른 견해는 승인요건을 다음과 같이 설명한다.[87] 기존 중국의 사법적 실무에 따르면, 외국법원의 판결과 판정이 중국법원의 승인 및 집행을 받으려면 하나의 전제조건과 7가지 실질적 조건에 부합되어야 하는데, 첫째, 그 전제조건은 판결과 판정을 내린 사법기관이 소재한 국가와 중국간에 법원의 판결과 판정에 관하여 상호 승인 및 집행한다는 조약 또는 상호호혜관계원칙의 존재이고, 둘째, 7가지 실질적 조건은 다음과 같다고 설명한다.

---

84) 그러나 일본의 奧田安弘 교수는 선례가 중요한 것이 아니고 법규를 비교하여 외국의 법규가 명백히 일본의 그것보다 엄격하지 않으면 상호보증을 인정할 것이라고 한다. 이런 근거에서 중국 법원이 일본 판결의 승인을 거부하였음을 이유로 중국 판결의 승인을 거부한 일본 오사카 고등재판소의 2003. 4. 9. 판결에 대해 의문을 표시한다. Yasuhiro Okuda, "Recognition and Enforcement of Foreign Judgments in Japan", Yearbook of Privatte International Law, Vol. XV 2013/2014 (2014), p. 417.

85) 沈涓, "中國國際私法의 概觀", 국제사법연구 제9호(2003), 165면 이하. 다소 차이가 있지만 김현아(註 83), 110면 이하도 대체로 이와 유사한데, 이는 중국 민사소송법과 중국이 체결한 다양한 양자조약을 검토한 결과라고 설명한다.

86) 歐雲龍, "中國における涉外民事手續法", 法學·政治學の動向, 北海學園記念論文集, 53면(渡辺惺之(註 82), 209면에서 再引用).

87) 廣東省 高級人民法院, "中國涉外商事審判實務", 法律出版社(2004), 32면(王洪鵬, "韩国判决与仲裁裁决在中国的承认和执行", 國際私法研究 제13호(2007), 노광·강영화의 국문번역문 172면에서 재인용).

① 외국사법기관이 동 사건에서 관할권을 행사함에 있어서 중국의 전속관할권에 대한 규정을 위배하지 않을 것, ② 외국판결은 효력을 발생한 최종적인 판결일 것, ③ 외국판결을 선고한 사법기관이 소재한 소송규칙에 따라, 피신청인은 소송과정에서 충분한 진술과 변호할 기회를 가졌을 것, ④ 외국판결이 기만적인 소송절차를 통하여 내려지지 않았을 것, ⑤ 외국판결이 중국법원이 이미 내린 관련판결과 모순이 존재하지 않을 것, ⑥ 동일한 분쟁에 대하여 당사자가 중국법원에 소를 제기하였을 경우 외국법원이 우선 수리할 수 있을 것과 ⑦ 중국의 사회공공이익에 위배되지 않을 것

다만 어느 견해를 따르더라도 중국에서 외국 이혼판결을 승인함에 있어서는 호혜관계는 요구되지 않는다.[88] 그 근거는 1991. 8. 13. 시행된 "最高人民法院關于中國公民申請承認外國法院離婚判決程序問題的規定"이다. 즉 위 사법해석 제1조에서 '중국과 사법공조조약을 체결하지 않은 외국의 법원이 내린 이혼판결에 대해 중국의 당사자는 당해 규정에 따라 외국판결의 승인에 대해 인민법원에 신청할 수 있다'라고 규정하고 '호혜원칙'을 언급하지 않는다. 외국법원 이혼판결의 불승인사유를 규정한 위 사법해석 제12조도 호혜원칙의 부존재를 언급하지 않는다.[89] 이처럼 이혼판결에서 상호주의를 요구하지 않는 중국법의 태도는 위에서 언급한 우리 판례의 태도와는 다른 것이다. 우리나라에서도 학설로는 이혼판결이나 파양판결처럼 신분에 관한 가사사건에서 상호주의는 불필요하다는 견해도 유력하나,[90] 법원이 이에 대해 별 관심을 보이지 않는 것은 유감이다. 중국이 최고인민법원의 사법해석을 통하여 민사소송법 등 법률의 미비를 신속하게 보완하는 모습은 중국식 실용주의에 따른 '依法治國'의 사례라고 볼 수도 있겠다. <u>하지만 위 사법해석이 친족법상의 사건 전반에 타당한 것은 아니라고 생각된다.</u> [밑줄 부분은 이 책에서 새로 추가한 것이다.]

다. 외국재판의 승인 및 집행에 관한 한중법제의 비교

이상의 논의를 보면 한국에서는 외국재판의 승인 및 집행의 요건이 한국 민사소송법과 민사집행법에 일의적으로 명확하게 규정되어 있는 반면에, 중국에서

88) 齋湘泉·劉暢, "韓國法院判決在中國獲得承認及執行的路徑 — 以互惠原則爲切入点"(中國에서 韓國法院判決의 承認과 執行을 얻는 방법 — 互惠原則의 관점에서), 국제민사소송관할권문제연구, 2012년 중한국제사법연토회논문집(2012. 11.), 192면(이 논문의 해독을 도와준 배상규 법무관에게 감사의 뜻을 표한다); 정태혁(註 83), 20면.

89) 이혼판결 외에 파양판결 등의 처리는 분명하지 않으나 아마도 이혼판결에 관한 사법해석의 법리가 파양판결에도 적용되거나 유추적용될 것으로 짐작된다.

90) 석광현(註 31), 425면 이하 참조.

는 상세한 명문규정이 없는 탓에 외국재판의 승인요건이 논자에 따라 차이가 있다.[91] 다만, 어느 견해를 따르든 간에, 재산법상의 사건에 관하여는 양국간에 호혜관계 또는 상호보증이 있어야 한다. 위 조문을 보면 양국간에 상호주의의 존재를 인정할 수 있을 것으로 보인다. 그러나 문제는 외국재판의 승인 및 집행에 관한 중국법원의 실무가 위 요건에 따라 이루어지는가라는 점이다. 따라서 만일 중국법원의 실무가 위 요건에 따라 이루어진다면, 한중간에 상호보증의 존재를 인정할 수 있을 것이다.

반면에 승인을 위하여 재판이 필요한지의 여부는 절차적 문제로서 상호주의의 존부를 판단함에 있어서 원칙적으로 문제될 것이 없다.[92] 따라서 중국법원이 외국판결의 승인에 관하여 우리 민사소송법처럼 자동승인제를 취하는 것이 아니라 법원의 어떤 조치 즉 승인재정을 요구하더라도[93] 그것만으로 상호주의가 부정되는 것은 아니다.[94] 중요한 것은 절차적으로 승인을 위한 재판이 필요한지가 아니라 패소한 피고가 그 소송절차내에서 외국판결의 승인에 대해 한국법상 제기할 수 있는 것과 유사한 항변들과 외국재판의 변론종결 후에 발생한 항변만을 제출할 수 있는가의 여부이다.[95]

라. 한중법원의 판결: 중국판결을 승인한 서울지방법원 판결과 한국판결의 승인을 거부한 광동성 심천시 중급인민법원판결

저자가 아는 한 재산법상의 사건에 관하여 중국판결을 승인한 한국판결은 2개가 있고, 반면에 한국법원의 판결의 승인을 거부한 중국법원의 판결은 1개가 있다. 여기에서는 이를 소개한다.

(1) 중국판결을 승인한 서울지방법원 판결

서울지방법원[96] 1999. 11. 5. 선고 99가합26523 판결은 재산법상의 사건에

---

91) 또 다른 견해는 Wenliang Zhang, “Recognition of Foreign Judgments in China: The Essentials and Strategies”, Yearbook of Private International Law, Vol. XV 2013/2014 (2014), p. 331 이하에 소개되어 있다. 이는 외국판결이 종국적일 것, 상호보증과 국제재판관할의 존재를 요구하고, 패소한 피고가 제기할 수 있는 항변으로 중국법의 기본원칙 위반, 중국의 국가안전 또는 공익위반과 기타 항변을 열거한다.

92) Dieter Martiny, Handbuch des Internationalen Zivilverfahrensrecht: Band III/1 Kap. I (1984), Rn. 1235, Rn. 1260f.

93) 김현아(註 83), 117면; 정태혁(註 83), 28면.

94) Martiny(註 92), Rn. 1260.

95) Martiny(註 92), Rn. 1261.

96) 이는 서울중앙지방법원으로 명칭이 변경되기 전의 구명칭이다.

관하여 중국 산동성 웨이팡시 중급인민법원판결을 승인하였다.[97)]

원고, 즉 한국수출보험공사는 위 중급인민법원에서 신용장개설은행인 중국공상은행을 상대로 보험자대위 또는 채권양도에 의해 신용장대금채권을 취득하였음을 근거로 신용장대금의 지급을 구하는 소를 제기하였다가 패소한 뒤, 한국법원에서 중국공상은행을 상대로 다시 신용장대금 등의 지급을 구하는 소를 제기하였다. 이에 대해 서울지방법원은 중국인민법원판결이 기판력이 있음을 근거로[98)] 한국수출보험공사의 청구를 기각하였다.[99)] 이 사건에서는 외국에서 패소한 원고가 한국에서 다시 소를 제기하였으므로 중국판결의 승인, 즉 기판력의 확장만이 문제되었고 집행의 문제는 제기되지 않았다.

서울지방법원은 외국재판의 승인에 관한 한국과 중국의 법제(당시 중국 민사소송법 제267조와 제268조)를 비교검토한 뒤 양자는 표현만 다를 뿐이고 별 차이가 없다고 보아 한중간에 상호보증의 존재를 인정하고 중국판결을 승인하였다.

원고는 중국에서는 사법권과 법관이 독립되어 있는지 여부가 불투명하고, 적정과 공평의 이념에 의하여 재판이 이루어지는지 의문이 있으므로 중국판결의 승인은 한국의 절차적 공서에 위반된다고 주장하였다. 이에 대해 서울지방법원은 사법권의 독립을 정한 중국헌법 제126조, 법관의 독립과 당사자의 평등을 정한 당시 중국민사소송법 제2조, 제6조와 제8조를 근거로 "중국의 법원도 법률상 독립되어 재판을 하고, 공평, 적정한 재판을 민사소송의 이상[100)]으로 삼고 있는 사실을 인정할 수 있으므로, 위 확정판결이 절차적 공서에 반한다고 할 수 없다고"고 판시하고, 또한 "가사 중국법관의 사회적 지위가 낮고 법률가가 아닌 사람이 포함되어 있다고 하더라도 그러한 사정만으로 위 확정판결이 절차적 공서에

97) 그 밖에 인천지방법원 2009. 11. 27. 선고 2009가단26373 판결도 상호보증을 인정하였으나 결론만을 적고 있고, 민사소송법 제217조의 요건을 갖추었다고 설시하기는 했지만 구민사소송법 제203조의 문언을 사용한 점에서 설득력이 떨어진다.

98) 즉 이는 중국법원의 판결이 중국 민사소송법상 기판력이 있음을 당연한 전제로 한 것이다. 즉 위 서울지방법원 판결은 중국판결의 기판력의 유무를 판단하는 과정에서, "외국법원의 확정판결이 민사소송법 제203조가 정한 요건을 충족하여 우리나라에서 승인될 수 있으면 그 판결에 기판력을 인정할 수 있다고 할 것이므로, 아래에서는 위 중국법원의 판결이 민사소송법 제203조의 승인요건을 구비하였는지 여부에 관하여 본다"고 설시하였다.

99) 이는 기판력의 효과로 모순금지의 법리가 적용됨을 의미한다. 이 점은 법정지법인 한국법이 결정한다는 것이다.

100) 한국에서는 민사소송의 이상 또는 기본이념으로서 재판의 적정, 공평, 신속과 경제를 들고 있고 민사소송법(제1조 제1항)도 공정(적정과 공평), 신속과 경제를 이상으로 삼고 있음을 선언하고 있다.

반한다고 할 수 없"다고 판단하였다.[101]

나아가 원고는 중국민사소송법 제219조가 판결의 집행신청기간을 단기간으로 정하고 있으므로 승인기준이 한국법보다 엄격하다고 주장하였으나 서울지방법원은 이러한 기간제한은 외국판결에만 적용되는 것이 아니고 중국법원판결에도 적용된다고 보아 위 주장을 배척하였다. 그러나 이런 판단은 다소 의문이다. 즉, 한국법상으로는 그런 기간제한이 없으므로 가사 기간제한 후에 집행판결청구의 소를 제기하더라도 집행을 허가해야 한다고 볼 여지도 있으나 그렇지는 않다. 즉, 중국법이 기간제한을 두고 있으므로 그런 기간경과 후에 중국판결에 기초하여 집행판결청구의 소를 제기한다면 그에 대하여는 상호보증이 없음을 이유로 집행판결청구를 불허해야 할 것이다. 이러한 이론을 독일에서는 '부분적 상호보증(partielle Verbürgung der Gegenseitigkeit)'이라 하고, 판결의 종류뿐만 아니라 개별적인 승인요건 및 승인의 효력의 점 등을 세분하여 상호보증의 유무의 판단을 개별화한다.[102] 만일 위 사건에서 그 기간 내에 집행판결 청구의 소가 제기되었다면 문제가 없으므로 위 판결의 결론은 타당하나 이론구성이 부적절하다고 할 수 있다.

위 판결은 말미에 "다만, 한국법원에서 중국과 사이에 상호보증이 있다고 보고 중국의 재판을 승인하였음에도 중국법원이 한국과 상호보증이 없다는 이유로 한국 재판의 승인, 집행을 거부하는 사례들이 발생한다면, 한국법원으로서도 더 이상 상호보증이 있다는 견해를 유지하기 어렵다"는 취지의 설시를 추가하였다. 법원이 이렇듯 이례적인 문언을 추가한 것은 양국간 상호보증의 존재를 최초로 긍정하는 데 대한 심리적 부담이 있었기 때문일 것이다.

⑵ **광동성 심천시 중급인민법원판결**

유감스럽게도, 광동성 심천시 중급인민법원 2011. 9. 30. 심중법민일초자체 45호 판결은, 원고인 한국회사(Spring Comm. 한국어상호는 '주식회사 스프링컴')가 중국에 부동산을 소유하고 있는 한국인 피고를 상대로, 서울서부지방법원 2010. 12. 14. 선고 2009가합6806 판결(이는 피고는 원고에게 손해배상으로서 일정금액을 지급하라는 취지의 판결이다)에 기한 승인 및 강제집행을 구한 데 대하여 상세한 이유를 밝히지 아니하고 한중간에 관련조약이 없어 호혜관계가 없다는 이유로

101) 중국법상 법관의 독립에 관하여는 정철, 중국의 사법제도(2009), 124면 이하 참조.
102) Martiny(註 92), Rn. 1280-1286. 관할요건에 관하여 외국이 더 엄격한 요건을 요구하더라도 예컨대 관할합의에 기한 재판에 관한 한 상호보증을 인정하는 것이 그 예이다.

청구를 기각하였다. 위 사건에서 중국판결을 승인한 한국 법원의 판결이 제출되었는지는 분명하지 않으나 저자가 담당변호사로부터 전문한 바로는 제출되었던 것으로 보인다.

마. 상호보증의 존재에 관한 한국판결과 중국판결에 대한 평가

외국재판의 승인 및 집행에 관한 중국의 민사소송법 등 관련규범을 보면, 만일 중국법원의 실무가 법규에 따라 이루어지고 있다면, 한중간에 상호보증의 존재를 긍정할 수 있을 것이다. 그러나 중국법원의 태도가 전부터 민사소송법의 조문에도 불구하고 실제로는 조약이 없으면 호혜관계의 존재를 인정하지 않는 것이었다면[103] 서울지방법원이 상호주의의 존재를 긍정한 것이 타당한 결론인지에 대하여는 의문이 없지 않다.

일본에는 중일간 상호보증이 없다는 유력한 견해가 있는데,[104] 한국법과 일본법상의 외국재판의 승인 및 집행을 위한 요건이 모두 독일 민사소송법의 영향을 받은 것으로서 유사한 점을 고려하면 이러한 논의는 한중간의 관계에서도 적용될 여지가 있다. 그러나 일본에서 그런 견해의 근거는 중일간의 상호보증의 부존재를 이유로 일본 재판의 승인·집행을 거부한 중국법원의 재판이 있기 때문이었다.[105] 따라서 이런 일본의 논의가 한국에도 적용되는 것은 아니었다. 과거 저자는 한국법원이 한중간의 상호주의의 존재를 인정하는 재판을 먼저 선고하였으므로, 그 존재를 중국측에 널리 홍보한다면 장차 중국법원도 이에 상응하는 재판을 할 개연성이 크다고 보아, 위 서울지방법원판결이 한국의 시각에서 先供後得의 의미를 살릴 수 있기를 기대하였다. 그러나 유감스럽게도 위에 언급한 바와 같이 광동성 심천시 중급인민법원판결은 한국판결의 승인을 거부하였다. 이런 중국법원의 태도는 한중간에 상호주의가 존재함을 판결을 통하여 확립할 수 있는 절호의 기회를 날려버린 것으로서 매우 실망스러운 것이다. 위 중국판결이 선고됨으로써 이제는 일본처럼 한국도 중국판결의 승인을 거부해야 한다

---

103) 1999년 이전의 판단은 아니지만 김현아(註 83), 115면은 이와 같이 설명한다.

104) 渡辺惺之(註 82), 209면. <u>근자의 논의는 渡辺惺之, "A Study of a Series of Cases Caused Non-recognition of a Judicial Judgment between Japan and Mainland China-A Cross-border Garnishment Order of the Japanese Court Issued to a Chinese Company as a Third-party Debtor-", Japanese Yearbook of International Law, Vol. 57 (2014), p. 287ff. 참조.</u> [밑줄 부분은 이 책에서 새로 추가한 것이다.]

105) Alice Jong, "Red-chips boom, H-share bust: Can the chinese legal system cope?" LAWASIA Journal (1998), pp. 34-35(渡辺惺之(註 82), 209면에서 재인용).

는 주장을 할 수 있게 되었다. 그런 주장이 받아들여진다면 한중간에는 외국재판에 의해 얻어진 분쟁해결의 종국성을 확보하고, 파행적 법률관계의 발생을 방지함으로써 섭외적 법률관계의 안정을 도모한다는 외국재판승인제도의 취지를 달성할 수 없게 된다.

위 중국판결에 대해 위 서울지방법원 판결은 단지 중국판결을 승인한 것이고, 집행판결의 형식으로 한국내에서 집행력을 부여한 것은 아니었으므로 양국법원의 상대방 판결에의 집행력을 부여하는 문제에 관하여는 이를 긍정하는 사례가 없음을 지적하면서, 한중간에는 비록 승인에 관하여 상대방 판결에 대하여 호혜관계가 존재하나, 상대방 판결을 집행하는 데는 사실상의 호혜관계가 없다는 견해도 있다.[106] 그러한 지적은 일견 옳은 것처럼 보이지만 설득력이 없다고 본다. 위 서울지방법원판결의 사안에서는 한국법원에서 소를 제기한 원고가 중국법원에서 패소했기 때문에 중국판결의 승인만 문제되었고 집행은 문제되지 않았던 것이다. 만일 집행을 구할 수 있는 사안이었다면 한국법원으로서는 집행판결을 해주었을 것이다. 한국민사집행법(제27조)에서 보듯이 한국법원이 집행판결을 할지 여부를 판단하는 과정에서 심사할 수 있는 것은 승인요건의 구비여부에 한정되므로, 만일 승인요건이 구비된다면 한국법원은 집행판결을 할 법적 의무가 있기 때문이다. 따라서 저자는 중국법원으로서는 사실상의 호혜관계를 인정하거나, 가사 그렇지 않더라도 법률상의 호혜관계를 인정하는 것이 옳았을 것이라고 생각한다.

물론 위 광동성 심천시 중급인민법원이 중국법원을 대표하는 것은 아니지만, 현재의 상황에서 만일 또 다른 중국법원판결의 승인 및 집행이 한국에서 문제된다면 한국법원으로서는 중국판결의 승인 및 집행을 거부할 개연성이 크다. 위 중국판결의 존재에도 불구하고 한국법원이 인내심을 발휘하여 다시 한번 상호주의의 존재를 긍정하기를 기대하는 것은 불가능하지는 않지만 쉽지 않은 일이다.

Ⅳ. 한중사법공조의 개선방안

여기에서는 현재 한중조약이 다루고 있는 사법공조유형인 송달, 증거조사와

106) 齋湘泉 · 劉暢(註 88), 197면.

법정보제공 및 한중조약이 다루지 않는 외국판결의 승인 및 집행으로 구분하여 한중사법공조를 개선하는 방안을 검토한다.[107]

1. 송달

위에서 언급한 바와 같이 한중양국은 송달협약에 가입하면서 제8조의 외교관 또는 영사에 의한 자국민 이외의 자에 대한 직접송달과, 제10조에 규정된 모든 간이한 송달방법에 대해 이의하였다. 송달협약이라는 다자조약의 당사국이었던 한중 양국이 양자조약을 체결하는 것은 기존의 상태를 개선하는 것이어야지 다자조약상 이미 가능한 기제를 재확인하는 데 그칠 것은 아니다.[108] 따라서 한중조약을 체결하면서 양국이 유보했던 간이한 송달방법의 일부를 허용하였더라면 좋았을 텐데 그렇게 하지 않은 것은 아쉬운 일이다. 장래 우리나라가 사법공조에 관한 양자조약을 체결할 때에는 이런 관점에서 이미 송달협약에 가입한 국가와 그렇지 않은 국가를 구별하여 그 양자조약의 내용을 차별화해야 한다.[109]

특히 이메일과 같은 현대적 통신수단이 제10조 a호의 우편에 의한 송달과 결합하여 전자우편메일서비스(electronic postal mail services)의 형태로 발전하고 있음을 주목해야 한다. 오늘날 해외송달은 국가주권의 행사라는 측면보다는 피고의 방어권을 보장하기 위해 충분한 시간적 여유를 가지고 소송서류의 내용을 현실적으로 알 수 있도록 하는 것, 즉 '현실의 고지(actual notice)'를 보장하기 위한 것임을 고려한다면 간이한 송달방법 전체에 대한 이의는 너무 엄격하므로 송달협약의 틀 내에서 유보를 단계적으로 완화하거나 그것이 어렵다면 양자조약을 통해서라도 적어도 그 중 일부를 허용할 필요가 있다.

---

107) 나아가 한중조약이 단순히 뉴욕협약에 의할 것으로 규정하는 외국중재판정의 승인 및 집행에 관하여도 공조수준을 제고하는 방안을 모색할 필요가 있다. 다만 현재 한국의 중재법 개정작업이 진행 중인데 그 과정에서 외국중재판정의 승인 및 집행의 요건이 다소 완화될 것으로 기대되므로 그 점을 고려해야 한다. <u>이 글을 쓸 당시에는 위와 같았으나 중재법이 2016년 개정됨으로써 중재판정의 집행을 위하여 요구되던 집행판결은 집행결정으로 대체되었다.</u> [밑줄 부분은 이 책에서 새로 추가한 것이다.]

108) 예컨대 유럽연합에는 "회원국 내에서의 민사 또는 상사에서의 재판상 및 재판외 문서의 송달에 관한 2000. 5. 29. 이사회규정"을 개정한 2007년 송달규정이 있다. 후자는 2008. 11. 13. 발효되었다. 2000년 송달규정은 송달협약과 큰 차이가 없었으나 2007년 송달규정은 송달공조를 한 단계 향상시켰다. 개요는 박덕영, EU법 강의 제2판(2012), 564면 참조(석광현 집필부분).

109) 이 점에서 한호조약과 한중조약의 내용이 동일할 수는 없다. 그 밖에도 법계에 따른 차이를 고려해야 한다. 양자의 비교는 양석완, "사법공조에 관한 한중조약과 한호조약의 비교고찰", 횡천이기수교수화갑기념논문집 지식사회와 기업법(2005), 658면 이하 참조.

2. 증거조사

한중조약 체결시에는 한국은 증거협약의 당사국이 아니었으나 그 후 2010. 2. 12. 당사국이 되었다. 따라서 한중양국이 증거협약에 가입할 당시 각각 유보하였던 증거조사방법을 한중조약을 통하여 부분적으로 허용할 필요가 있었으나[110] 한중조약 체결 당시 한국은 증거협약의 당사국이 아니었으므로 그럴 수는 없었다. 이제 한국이 증거협약에 가입하였으므로 한중조약을 개정할 필요가 있으나 현재 증거조사공조가 활발히 이용되지 않음을 고려하면 그렇게 할 실제적 필요는 크지 않다.[111]

위에서 언급한 바와 같이, 증거협약 제15조는 외교관 또는 영사관원에 의한 자국민(파견국)에 대한 증거조사를, 제16조는 외교관 또는 영사관원에 의한 접수국 또는 제3국 국민에 대한 증거조사(제16조)를, 제17조는 수임인에 의한 증거조사를 규정하는데, 한국은 제2장 중 제16조와 제17조의 적용만 배제하는 선언을 하였고, 중국은 제2장 중 제15조만 적용하고 나머지는 모두 배제하는 선언을 하였다. 이런 태도의 연장선상에서 한중조약(제24조)은 일방당사국은 자국의 외교관 또는 영사관원을 통하여 그 일방당사국의 법원에서 개시된 소송절차를 돕기 위하여 타방당사국의 영역 안에 있는 <u>자국민에 대하여</u> 증거조사를 실시할 수 있다고 규정한다.

그러나 한중간에는 한중조약에서 별도의 규정을 두어 증거협약 제16조가 정한 사항, 타방당사국의 영역 안에서 접수국 또는 제3국 국민에 대한 증거조사를 허용하는 방안도 고려할 필요가 있을 것으로 생각된다. 한국은 1963. 12. 19. 조약 121호로써 발효한 '대한민국과 미합중국간의 영사협약'(제4조 c호)에 따라 미국의 영사가 미국민뿐만 아니라 한국인과 제3국 국민에 대한 증거조사를 하는 것을 허용한다. 따라서 한국이 제16조의 적용을 배제하는 선언을 하였음에도 불

---

110) 예컨대 유럽연합에는 "민사 또는 상사에서의 회원국 법원 간의 증거조사에서의 공조에 관한 2001. 5. 28. 이사회규정"이 있는데 이는 2004. 1. 1. 발효되었다. 증거규정은 요청서 제도를 유지하나, 요청서는 원칙적으로 수소법원으로부터 집행법원으로 직접 송부되고, 예외적인 경우 송부국가의 중앙기구를 경유한다. 개요는 박덕영(註 108), 565면 참조(석광현 집필부분).

111) 송달협약에서 언급한 것처럼, 장래 우리나라가 사법공조에 관한 양자조약을 체결할 때 이런 관점에서 이미 증거협약에 가입한 국가와 그렇지 않은 국가를 구별하여 그 양자조약의 내용을 차별화해야 할 것이다. 그 밖에도 법계에 따른 차이를 고려해야 한다. 실제로 한호조약과 한중조약은 차이가 있는데, 대표적인 것이 한중조약과 달리 한호조약(제25조)에서는 수임인에 의한 증거조사를 허용하는 점이다.

구하고 미국의 영사관원은 양자조약에 따라 한국에서 한국인 또는 제3국 국민에 대하여 강제력 없이 증거조사를 실시할 수 있다. 한국과 중국은 2014. 7. 3. 영사협정을 체결하였으나 이는 아직 발효되지 않은 상태이다.[112)]

3. 법정보제공

한국과 중국의 법원이 법정보공조는 이용하고 있지 않은 것으로 보이나, 한중양국 법원이 상대방 국가의 법을 적용하여 재판한 사례는 여러 건이 있다.[113)] 이는 한중양국 법원이 다른 경로를 통하여 상대방국가의 법을 인식하고 있음을 의미한다. 따라서 앞으로 한중조약에 따른 법정보공조를 보다 활성화해야 한다. 이를 위해서는 우선 한중조약의 존재와 법정보공조가 가능함을 양국의 법관과 변호사들에게 홍보하고, 세칙을 준비하는 등의 방법으로 효율적인 실무를 정립할 필요가 있다.

4. 외국재판의 승인 및 집행

한중간에 외국재판의 승인 및 집행을 가능하게 함으로써 현재의 사법공조의 수준보다 한단계 더 높은 수준으로 올라가기 위하여는 첫째, 현행법의 해석론으로 해결하는 방안(가.)과 둘째, 한중조약을 개정함으로써 해결하는 방안(나.)을 고려할 수 있다.[114)]

---

112) 한중 영사협정은 양국의 국내절차가 모두 완료되었다고 통보된 날로부터 30일 후 발효된다. 이는 1963년 미국, 1992년 러시아에 이은 세번째 양자 영사협정이다. 위 일자 외교부 보도자료 참조. 조문은 아직 공개되지 않았다.

113) 한국측 사례는 석광현, "한국법원에서 제기된 중국법의 쟁점: 계약법, 불법행위법, 혼인법과 외국판결의 승인·집행을 중심으로", 국제사법과 국제소송 제5권(2012), 742면 이하; 소효릉(註 44), 285면 이하 참조. 중국측 사례는 소효릉(註 44), 280면 이하 참조.

114) 최성수, "외국판결 및 중재판정 승인요건으로서의 상호보증", 2014. 11. 8. 중국 합비 소재 안휘대학교에서 개최된 第四屆中韓國際私法學術研討會 論文集, 113면은 첫째, 한국법원이 다시 한번 중국판결을 승인하는 방안, 둘째, 한중조약을 개정하는 방안, 셋째, 한중이 모두 세계적 조약에 가입하는 방안, 넷째, 한중이 승인 및 집행표준을 조화시키는 방안, 다섯째, 한중조약을 유지하면서 별도의 항에서 협정을 체결함으로써 이를 보충하는 방안, 여섯째, 한중조약을 대체하는 새로운 양자조약을 체결하면서 승인 및 집행을 포함시키는 방안을 열거한다. 그러나 한중조약을 둔 채로 새로운 조약을 체결하는 방안은 비현실적이다. 또한 중국의 杜濤, "東亞自由貿易區背景下國際民商事判決相互承認制度的构建", 위 論文集, 252면 이하는 첫째, 한중조약을 개정하는 방안, 둘째, 헤이그관할합의협약에 가입하는 방안과 셋째, 동아시아공동체를 설립하고 그 안에서 브뤼셀협약 또는 루가노협약과 같은 규범을 정립하는 방안을 제시

가. 해석론으로 해결하는 방안

이를 위하여는 우선 중국법원이 태도를 변경해야 한다. 실제로 중국판결을 승인한 한국판결이 있음에도 불구하고 중국법원이 한국판결의 승인을 거부한 것은 이해하기 어렵다. 위에서 언급한 것처럼 현재 상태에서 만일 어떤 중국재판의 승인 및 집행을 한국법원에 신청한다면 그 승인 및 집행을 기대하기가 어렵다. 따라서 지금으로서는 다른 중국법원이 한국 법원의 판결을 승인 및 집행함으로써 사실상의 호혜관계 내지 상호주의의 존재를 확립하는 것이 급선무이다.

나. 한중조약을 개정함으로써 해결하는 방안

가사사건에 관하여는 중국이 상호보증을 요구하지 않으므로 별 문제가 없는 것으로 보이나, 그 밖의 사건에 관하여 한중조약을 개정하여 외국재판의 승인 및 집행을 허용하는 것도 양국이 합의하면 얼마든지 가능하다. 그러나 당분간은 그런 취지로 한중조약을 개정하기는 현실적으로는 쉽지 않다. 왜냐하면 한중조약 체결 당시에 우리가 외국판결의 승인 및 집행을 넣는 것을 주저했던 이유, 즉, 우리가 신뢰할 수 있을 정도로 중국에서 판결의 공정성과 법관의 독립성이 확보될 수 있는지에 대한 우려가 상존하기 때문이다.

나아가, 보다 근본적으로 중국의 사법제도와 민사소송법제에 대한 한국측의 이해가 충분하지 않다. 한국에서는 중국판결에 대하여는 당사자와 법원이 재심신청권을 가지고 법원의 재심신청기간도 제한이 없으므로 기판력이 없다는 견해도 주장되고 있다.[115] 만일 그런 견해를 따르면서, 승인대상이 되기 위해서는 반

하나, 둘째 방안은 효용이 제한적이고 셋째 방안은 가까운 장래에는 어렵다. 위 제4차 한중국제사법학회심포지엄에서는 한중조약의 개선방안에 관하여 논의하였고 양 학회의 명의로 한중조약의 개선을 촉구하는 문건을 작성하기로 하였으나 실현되지는 못하였다. 저자는 위 개선방안을 2017. 12. 19. 북경 인민대학교에서 개최된 소규모 세미나에서 “Recognition and Enforcement of Judgments between China, Japan and South Korea in the New Era: South Korean Law Perspective” 라는 제목으로 발표하였다. 이 발표문은 2018년 6월 Frontiers of Law in China, Vol. 13(2)에 간행되었다. [밑줄 부분은 이 책에서 새로 추가한 것이다.]

115) 정선주, “중국민사판결의 효력과 집행상의 문제에 대한 의견”, 한국법과 중국법의 교류(2010. 6. 11. 서울대학교법학연구소에서 개최한 한국법과 중국법의 교류에 관한 국제학술회의 발표자료), 280면; 손한기, “중국민사집행절차 개관—개정민사소송법을 중심으로”, 민사소송 제12권 제1호(2008), 517면 註 32는 중국의 확정판결은 집행력은 있으나 기판력은 인정되지 않는다고 하고, 나아가 손한기, “중국의 재심절차(再審節次)에 관한 연구”, 민사소송 제15권 제2호(2011), 407면은 중국 민사소송법의 광범위한 재심사유로 인하여 확정판결에 기판력을 부여하기 어렵다고 하고, 중국 민사소송법 자체에 기판력에 관한 규정이 없을 뿐만 아니

드시 기판력이 있어야 한다는 견해를 취한다면 중국판결은 그 자체로서 승인될 수 없을 것이다. 반대로 기판력이 없어도 무방하다는 견해를 취한다면 중국에서 가지는 효력(그것이 무엇인지는 보다 분명하게 파악해야 하겠지만)이 한국에 확장될 것이다. 사견으로는 중국법상 재심사유가 넓기는 하지만 그렇다고 하여 기판력 자체를 부정할 것은 아니라고 본다.[116] 따라서 한중조약을 개정하기에 앞서 한중간에 상대방 국가의 재판에 대한 신뢰를 제고하기 위하여 상호 법제를 이해하는 노력을 기울여야 한다. 프랑스처럼 중국과 외국재판의 승인 및 집행에 관하여도 양자조약에서 다루고 있는 국가도 있지만, 우리가 이처럼 조심스럽게 접근하는 이유는, 한중간의 교역규모에 비추어 그리고 2014년 12월 한중 양국이 FTA 합의 의사록을 서명하였고 멀지 않은 장래에 한중 FTA 협정이 발효될 것을[117] 고려한다면 프랑스와 달리 한국에서는 중국 법원 판결의 승인 및 집행이 실제로 문제될 가능성이 훨씬 크기 때문이다.

따라서 다소 보수적으로는, 당분간은 민사소송법에 따라 법원이 개별적 심사를 통해 처리하고(물론 이는 중국 법원의 태도 변경을 전제로 한다), 상호 법제에 대한 이해의 정도가 심화되고 특히 우리의 관점에서 중국 법원의 판결이 신뢰할 만한 단계에 이르렀다고 판단하는 때 한중조약을 개정하자는 제안도 있을 수 있다.

Ⅴ. 맺음말: 장래 한중일사법공조조약의 체결을 포함하여

지금까지 송달, 증거조사, 법정보제공과 외국판결의 승인 및 집행을 중심으로 한중간의 민사사법공조의 실천현황과 개선방안을 논의하였다. 그 결과 송달에 관한 사법공조는 원활하게 이루어지는 반면에 법정보공조는 거의 이루어지지 않고 있으며, 증거조사는 근자에 느리지만 이용건수가 생겨나고 있는 것으로 보

라, 이를 학설이나 실무가 받아들이려 해도 명문의 재심사유가 너무 관대하여 기판력의 차단효가 사실상 거의 힘을 발휘할 수 없기 때문이라고 한다. 이는 중국법이 중국 판결의 기판력을 경시한다는 지적으로 이해할 수 있으나 기판력이 없다는 취지라면 과도하다고 본다. 상세는 손한기, 중국민사소송법의 원리와 해석(2014), 391면 이하 참조.

116) 정연호, "중국민사판결의 효력과 집행상의 문제", 한국법과 중국법의 교류(2010. 6. 11. 서울대학교법학연구소에서 개최한 한국법과 중국법의 교류에 관한 국제학술회의발표자료), 242면 이하도 동지. 전대규(註 3), 304면; 한대원 외, 현대 중국법개론(2002), 585면(정이근 집필부분).

117) 이는 당초 이 글을 쓸 당시의 상황이고 현재 위 FTA는 발효되었다. 이 각주는 이 책에서 새로 추가한 것이다.

인다. 한편 외국판결의 승인 및 집행에 관하여는 공조가 이루어지지 않고 있는데, 이는 기본적으로는 한중조약이 이를 제외한 탓이나, 그럼에도 불구하고 한국법원이 먼저 중국법원의 판결을 승인함으로써 공조를 제공한 데 반하여 중국법원이 한국법원의 판결의 승인 및 집행을 거부하였기 때문이다. 이를 해결하기 위하여는 한중조약을 개정하는 방안을 고려할 수 있으나 이는 현실적으로 쉽지 않다. 따라서 지금으로서는 다른 중국법원이 한국법원의 판결을 승인 및 집행함으로써 사실상의 호혜관계 내지 상호주의의 존재를 확립하는 것이 급선무라고 할 수 있다.

마지막으로 국제민사사법공조와 관련하여 저자가 장기적인 과제로서 했던 제안을 소개하고자 한다.

저자는 다른 기회에, 민사사법공조에 관한 한중일 삼자조약의 체결을 제안한 바 있다. 구체적으로 이를 위하여 제1단계조치로 한일간에 민사사법공조에 관한 양자조약을 체결하고,[118] 그 다음에 제2단계조치로서 한일조약의 범위를 확대하여 한중일간의 민사사법공조조약을 체결하는 단계적 접근방법을 취하자는 것이다.[119] 삼자조약의 채택은, 동북아국가들간의 경제교류를 뒷받침하기 위한 법적 장치로서 의미가 있고, 광범위한 사법적 협력을 달성하고 분쟁을 실효적으로 해결하기 위하여 커다란 의미를 가지는 작업이다. 나아가 동북아의 평화와 안정에도 기여할 수 있을 것이다. 만일 우리가 삼자조약을 체결하는 데 성공한다면, 장래에는 이를 기초로 아세안국가들을 포함하는 다자조약을 체결함으로써 그 적용범위를 서쪽으로 확대하는 방안도 강구할 수 있을 것이다. 마치 1968년 6개국 간에 처음 체결된 유럽연합의 브뤼셀협약이 지난 40년 가까운 기간 동안 동쪽으로 그 장소적 적용범위를 확대해 온 것처럼 말이다. 그 때 한중일과 아세

---

118) 저자는 2003. 10. 11.-12. 나고야(名古屋)에서 일본국제법학회가 "Unity in Diversity: Asian Perspectives on International Law in the 21st Century"라는 주제로 개최한 국제심포지엄(Panel E)에 참석하여 "The Possible Bilateral Agreements between Japan and Korea in the Field of Private International Law: the Korean Perspectives"라는 제목으로 한일간의 양자조약의 체결을 제안하였고 그 후 이를 확장하여 한국에서 삼자조약의 체결을 제안한 바 있다. 석광현, "한중일간의 민사사법공조조약의 체결을 제안하며", 국제사법과 국제소송 제4권(2007), 207면 이하 참조. 이 책에 수록된 "국제민·상사분쟁해결에 관한 동아시아법의 현황과 미래—조화와 통일의 관점에서—"라는 제목의 [14] 논문은 이러한 문제의식의 연장선상에 있는 것이다. [밑줄 부분은 이 책에서 새로 추가한 것이다.]

119) 한일조약은 외국판결의 승인 및 집행도 함께 규율하는 것이어야 한다. 위 견해는 현실적 가능성이 큰 방안을 먼저 하자는 것이므로, 만일 한중조약을 개정하여 외국판결의 승인 및 집행을 추가할 수 있다면 그것을 먼저 할 수 있음은 물론이다.

안국가들간에 'ASEAN + 3'으로 존재하든, 아니면 '동아시아공동체'(EAC)가 결성되어 있든 간에 이는 노력할 만한 가치가 있는 구상이라고 본다. 한중일간 역내 공조의 강화가 다른 국가들과의 공조를 소홀히 하자는 것은 아니다. 중요한 것은 한중일이 각각 다자조약을 통한 사법공조를 꾸준히 강화해 나가면서, 동시에 그와 병행하여 한중일간에 더 높은 단계의 공조를 제공하는 것이다.

문제는 조약체결에 대한 일본의 소극적 태도, 한일양국, 특히 일본이 중국의 법제, 법원 및 법원의 실제운용에 대하여 가지고 있는 불신과, 근자에 보이는 한일과 중일의 정치적 긴장을 극복할 수 있는가에 있다. 그러나 저자는 이러한 난관은 장기적으로는 극복할 수 있을 것으로 본다. 협의의 민사사법공조는 국가간에 공조를 제공하는 것이므로 별로 문제될 것이 없지만, 특히 외국판결의 승인 및 집행이 문제될 것이다. 한국이 한중조약을 체결하면서 외국판결의 승인 및 집행을 배제한 것도 이런 불신이 불식되지 않았기 때문이다. 따라서 삼자조약의 체결까지는 상당한 기간이 걸릴 수도 있다. 중요한 것은, 이러한 공조를 가능하게 하기 위해서는 한중일전문가들간에 상대방의 민사소송법제를 보다 깊이 이해할 필요가 있다는 점이다. 따라서 이를 위하여 우리 모두 노력해야 함은 물론이지만, 그 과정에서 한중양국법률문화를 가교할 수 있는 중국법률가들, 특히 한국어에 능통하고 한국법에 쉽게 접근할 수 있는 연변대학교 교수님들의 큰 역할을 할 수 있을 것이다.

Ⅵ. 餘論: 장래 국제민사사법공조법의 적용범위의 확대

한중조약과 한국의 국제민사사법공조법은 상정하지 않고 있으나 장래에는 사법공조의 영역이 점차 확대될 것이라는 점에도 관심을 가져야 한다. 우선 주목할 것은 우리나라도 가입한 헤이그국제사법회의의 1980년 아동탈취협약[120]에서 보듯이, 사법기관인지 행정기관인지를 묻지 않고 협약상의 목적을 달성하기 위하여 체약국의 중앙당국을 통하여 공조체제를 구축하는 현상이다. 이는 전통적으로 민사비송적인 성질을 가지는 분야에서 체약국의 후견적 감독기능을 국제적으로 충실하게 하고자 국가간 협력을 강화하는 것이다. 이러한 공조체제는 그

120) 이는 "국제적 아동탈취의 민사적 측면에 관한 협약"을 말한다.

후 헤이그국제사법회의의 1993년 입양협약[121]과 1996년 아동보호협약[122]에서 채택되었다. 국제적으로는 이런 공조체제가 점차 확산되고 있으나, 우리나라는 아직 위 협약들에 가입하지 않았고 그러한 개념 자체에 익숙하지 않으므로 앞으로 관심을 가져야 한다. 흔히들 국제사법의 주제에는 국제재판관할, 준거법의 결정과 외국재판의 승인 및 집행이 있다고 설명하지만, 저자는 넓은 의미의 국제민사사법공조의 중요성이 점차 커질 것이라고 믿는다. 장래 우리나라에서도 아동의 복리를 위한 헤이그국제사법회의의 공조가 널리 이용되는 때에는 국제민사사법공조법을 개정해서 공조의 범위를 확대할 필요성도 발생할 수 있다.

후 기

사법공조에 관한 양자조약

본문에서 언급한 국가들 외에도 한국은 태국(2015년 발효)과 양자조약을 체결하였다. 법원행정처 내의 국제규범연구위원회는 양자조약 체결 시 사용하고자 민사사법공조조약 모델안을 성안하였다고 한다. 오병희, "국제민사사법공조에 있어서의 영상전송(video-link)에 의한 증거조사: 헤이그 증거협약을 중심으로", 사법논집 제50집(2010), 485면. 그러나 상대방 국가가 영미법계인지 대륙법계인지에 따라, 나아가 송달협약 가입국인지에 따라 양자조약의 내용을 달리할 필요가 있다. 특히 송달협약 가입국이라면 송달협약을 기초로 하면서 사법공조를 강화하는 것이 바람직하다.

민사소송법 제217조의2의 신설에 따른 변화

2014년 5월 신설된 민사소송법 제217조의2의 의미에 관하여는 석광현, "손해배상을 명한 외국재판의 승인과 집행: 2014년 민사소송법 개정과 판례의 변화를 중심으로", 국제사법연구 제23권 제2호(2017. 12.), 245면 이하 참조. 요컨대 저자는 비전보배상의 지급을 명한 외국재판의 승인 및 집행은 제217조의2로 차단하는 한편, 전보배상의 지급을 명한 외국재판을 원칙적으로 승인하자는 결론은 지지하지만, 후자도 엄격한 요건 하에 공서조항에 기한 승인 제한 가능성을 열어둘 필요가 있다고 본다. 특히 우리 법원은 위자료의 금액과, 소송비용에 산입되는 변호사보수의 금액을 제한하는데, 그러면서도 고액의 위자료와 변호사보수의 지급을 명한 외국재판을 전

121) 이는 "국제입양에 관한 아동의 보호 및 협력에 관한 협약"을 말한다.

122) 이는 "부모책임 및 아동의 보호조치와 관련한 관할, 준거법, 승인, 집행 및 협력에 관한 협약"을 말한다.

보배상을 명한 재판이라는 이유로 전부 승인해야 한다면 불균형이 발생한다. 저자는 지나치게 과도한 손해배상을 명한 재판의 승인을 제한함으로써 이 문제를 해결하자는 것이다.

외국재판의 승인에 관한 중국의 변화

저자는 우리나라가 중국판결을 승인하였음에도 불구하고 중국 법원이 한국판결의 승인을 거부한 사례가 있음을 보고하였으므로 한국 법원이 중국 판결을 승인하기 어려울 것으로 예상하였다. 그런데 뜻밖에도 수원지방법원 안산지원 2015. 12. 24. 선고 2015가합936 판결(미항소 확정)은 한중 간에 상호보증의 존재를 긍정하고 중국 판결의 승인 및 집행을 허가하였다. 위 사건에서 당사자들(특히 피고)의 소송대리인과 법원은 상보보증의 존재를 부정한 중국 법원 판결을 전혀 언급하지 않았는데 이는 그의 존재를 알지 못했기 때문이었을 것이다. 이 점은 무척 아쉬운데, 어쨌든 1999년에 이어 2015년 한중 간의 상호보증의 존재를 긍정한 한국의 하급심판결이 선고되었으므로 장래 동일한 쟁점이 중국 법원에서 제기된다면 중국 법원으로서는 한중 간의 상호보증의 존재를 긍정해야 할 것이다.[123] 유감스러운 것은 위에 언급한 2011년 판결 외에도 중국 선양중급인민법원 2015. 4. 8. 판결이 한국 판결의 승인 및 집행을 거부하였다는 점이다. 따라서 만일 이 상태로 한국 법원에서 중국 판결의 승인이 문제된다면 승인을 기대할 수는 없을 것이다.

그 밖에도 2016. 6. 14. 양승태 대법원장과 저우창(周强) 중국 최고인민법원장은 서초동 대법원청사에서 '대한민국 대법원과 중화인민공화국 최고인민법원 간의 사법교류 및 협력에 관한 양해각서'를 체결하였다. 이는 상호보증의 존부 판단에 직접 영향을 주지는 않을 것이다.

주목할 것은 근자에 외국판결의 승인 및 집행에 관한 중국 법원의 태도가 변화하는 듯한 모습을 보이고 있다는 점이다. 이는 재산법상의 사건에서 주로 문제된다(다만 엄밀하게는 본문에서 언급한 중국의 1991년 사법해석은 이혼판결의 경우 상호보증의 예외를 인정하는 것이지 다른 친족법상의 사건에서도 그런 것은 아닌 듯하다). 주목할 것은, 우한시 중급인민법원은 2017. 6. 30. Liu Li v. Tao Li and Tong Wu 사건에

123) 이 사건의 원고와 피고는 모두 한국인이었는데 원고는 피고 등을 상대로 피고가 중국 청도에서 문제된 골프장을 운영하면서 원고의 투자금을 횡령함으로써 발생한 손해 배상을 구하는 사건이었다. 중화인민공화국 산동성 청도시 중급인민법원(山東省 青島市 中級人民法院)은 2013. 11. 19. 원고 전부 승소 판결을 선고하였고, 원고는 한국에서 집행판결청구의 소를 제기하였다. (2012) 청민사종자 제232호(青民四終字 第232号) 사건이다. 위 판결은 제1심 판결에 대한 상소, 파기와 재상소를 거쳐 선고된 것이다. 중국 법원에서 공동피고에 대한 청구는 기각되었으나 이 사건 집행판결 청구의 소의 피고에 대한 청구는 전부 인용되었다. 중국에서 제1심 소 제기 시(2007. 6. 4.)로부터 한국 법원의 집행판결 선고 시(2015. 12. 24.)까지 8년여의 세월이 흘렀다.

서 처음으로 캘리포니아주와의 상호주의의 존재를 긍정하고 금전 지급을 명하는 캘리포니아주 결석판결의 승인 및 집행을 허용하는 재판을 하였다는 점이다. 영문 설명은 이런 변화는 중국이 추진하는 일대일로 프로젝트가 초래한 변화 나아가서는 외국재판의 승인 및 집행을 권장하는 최고인민법원의 선언의 맥락에서 이해할 수 있다고 한다. Ronald A. Brand, "Recognition of Foreign Judgments in China: The Liu Case and the 'Belt and Road' Initiative", Journal of Law and Commerce (Fall 2018) Forthcoming U. of Pittsburgh Legal Studies Research Paper No. 2018-16. Available at SSRN: https://ssrn.com/abstract=3198312. 그 밖에도 독일 도산재판을 승인한 우한 중급인민법원의 2013. 11. 26. 판결, 싱가포르 판결을 승인한 2016. 12. 9. 난징 중급인민법원의 판결과 미국 일리노이주 북부지방법원 판결을 승인한 2018. 9. 12. 샹하이 중급인민법원 판결이 있으나, 반면에 상호보증의 부존재를 이유로 외국판결의 승인을 거부한 중국법원의 판결들도 있다고 한다. 2018. 12. 11. 동지사대에서 개최된 Asia-Pacific Colloquium of Journal of Private International Law에서 Béligh Elbalti의 ppt 발표자료(p. 9)는 2015년에 선고된 3개의 판결(닝더, 선양(한국 판결에 대한 위 판결)과 샨탕 중급인민법원)과 2017년에 선고된 2개의 판결(난창과 푸저우 중급인민법원)을 언급한다. 따라서 중국 내의 변화를 감지할 수는 있지만 아직 그런 변화가 확정적인 것은 아니라고 본다.

또한 예컨대 중국 인민대학교의 张文亮 교수는 Wenliang Zhang, Sino-foreign Recognition and Enforcement of Judgments: A Promising "Follow-Suit" Model?, Chinese Journal of International Law (2017), p. 515 이하에서 이른바 'follow suit model'을 주장하는데 그 핵심은 외국이 중국 판결을 먼저 승인하면 중국이 이를 따라 승인한다는 것이다. 그러나 이러한 주장은 외국에 대해서 먼저 중국 판결을 승인할 것을 요구하는 점에서 부당하고, 더욱이 다른 국가들에 대해서는 몰라도 이미 중국판결을 승인한 한국 판결이 있음에도 불구하고 한국 판결의 승인을 거부한 중국법원의 태도를 볼 때 설득력이 약하다. 외국에 대해서 먼저 중국 판결을 승인할 것을 요구하는 일방적인 태도를 정당화하는 수단으로 악용될 소지가 있다. 따라서 실제로 그런 모델이 작동하는지는 앞으로 중국 법원의 태도를 지켜보아야 할 것이다.

부록

[16] Regulation (EC) No 864/2007 of the European Parliament and of the Council of 11 July 2007 on the law applicable to non-contractual obligations (Rome II)
[17] 대한민국과 중화인민공화국간의 민사 및 상사사법공조조약(국문본)

[16] Regulation (EC) No 864/2007 of the European Parliament and of the Council of 11 July 2007 on the law applicable to non-contractual obligations (Rome II)

THE EUROPEAN PARLIAMENT AND THE COUNCIL OF THE EUROPEAN UNION,

Having regard to the Treaty establishing the European Community, and in particular Articles 61(c) and 67 thereof,

Having regard to the proposal from the Commission,

Having regard to the opinion of the European Economic and Social Committee [1],

Acting in accordance with the procedure laid down in Article 251 of the Treaty in the light of the joint text approved by the Conciliation Committee on 25 June 2007 [2],

Whereas:

(1) The Community has set itself the objective of maintaining and developing an area of freedom, security and justice. For the progressive establishment of such an area, the Community is to adopt measures relating to judicial cooperation in civil matters with a cross-border impact to the extent necessary for the proper functioning of the internal market.

(2) According to Article 65(b) of the Treaty, these measures are to include those promoting the compatibility of the rules applicable in the Member States concerning the conflict of laws and of jurisdiction.

(3) The European Council meeting in Tampere on 15 and 16 October 1999 endorsed the principle of mutual recognition of judgments and other decisions of judicial authorities as the cornerstone of judicial cooperation in civil matters and invited the Council and the Commission to adopt a programme of measures to implement the principle of mutual recognition.

(4) On 30 November 2000, the Council adopted a joint Commission and Council programme of measures for implementation of the principle of mutual recognition of decisions in civil and commercial matters [3]. The programme identifies measures relating to the harmonisation of conflict-of-law rules as those facilitating the mutual recognition of judgments.

(5) The Hague Programme [4], adopted by the European Council on 5 November 2004, called for work to be pursued actively on the rules of conflict of laws regarding

non-contractual obligations (Rome II).

(6) The proper functioning of the internal market creates a need, in order to improve the predictability of the outcome of litigation, certainty as to the law applicable and the free movement of judgments, for the conflict-of-law rules in the Member States to designate the same national law irrespective of the country of the court in which an action is brought.

(7) The substantive scope and the provisions of this Regulation should be consistent with Council Regulation (EC) No 44/2001 of 22 December 2000 on jurisdiction and the recognition and enforcement of judgments in civil and commercial matters [5] (Brussels I) and the instruments dealing with the law applicable to contractual obligations.

(8) This Regulation should apply irrespective of the nature of the court or tribunal seised.

(9) Claims arising out of *acta iure imperii* should include claims against officials who act on behalf of the State and liability for acts of public authorities, including liability of publicly appointed office-holders. Therefore, these matters should be excluded from the scope of this Regulation.

(10) Family relationships should cover parentage, marriage, affinity and collateral relatives. The reference in Article 1(2) to relationships having comparable effects to marriage and other family relationships should be interpreted in accordance with the law of the Member State in which the court is seised.

(11) The concept of a non-contractual obligation varies from one Member State to another. Therefore for the purposes of this Regulation non-contractual obligation should be understood as an autonomous concept. The conflict-of-law rules set out in this Regulation should also cover non-contractual obligations arising out of strict liability.

(12) The law applicable should also govern the question of the capacity to incur liability in tort/delict.

(13) Uniform rules applied irrespective of the law they designate may avert the risk of distortions of competition between Community litigants.

(14) The requirement of legal certainty and the need to do justice in individual cases are essential elements of an area of justice. This Regulation provides for the connecting factors which are the most appropriate to achieve these objectives. Therefore, this Regulation provides for a general rule but also for specific rules and, in certain provisions, for an "escape clause" which allows a departure from these rules where it is clear from all the circumstances of the case that the tort/delict is manifestly more closely connected with another country. This set of rules thus creates a flexible framework of conflict-of-law rules. Equally, it enables the court seised to treat individual cases in an appropriate manner.

(15) The principle of the *lex loci delicti commissi* is the basic solution for non-contractual obligations in virtually all the Member States, but the practical application of the principle where the component factors of the case are spread over

several countries varies. This situation engenders uncertainty as to the law applicable.

(16) Uniform rules should enhance the foreseeability of court decisions and ensure a reasonable balance between the interests of the person claimed to be liable and the person who has sustained damage. A connection with the country where the direct damage occurred (*lex loci damni*) strikes a fair balance between the interests of the person claimed to be liable and the person sustaining the damage, and also reflects the modern approach to civil liability and the development of systems of strict liability.

(17) The law applicable should be determined on the basis of where the damage occurs, regardless of the country or countries in which the indirect consequences could occur. Accordingly, in cases of personal injury or damage to property, the country in which the damage occurs should be the country where the injury was sustained or the property was damaged respectively.

(18) The general rule in this Regulation should be the *lex loci damni* provided for in Article 4(1). Article 4(2) should be seen as an exception to this general principle, creating a special connection where the parties have their habitual residence in the same country. Article 4(3) should be understood as an 'escape clause' from Article 4(1) and (2), where it is clear from all the circumstances of the case that the tort/delict is manifestly more closely connected with another country.

(19) Specific rules should be laid down for special torts/delicts where the general rule does not allow a reasonable balance to be struck between the interests at stake.

(20) The conflict-of-law rule in matters of product liability should meet the objectives of fairly spreading the risks inherent in a modern high-technology society, protecting consumers' health, stimulating innovation, securing undistorted competition and facilitating trade. Creation of a cascade system of connecting factors, together with a foreseeability clause, is a balanced solution in regard to these objectives. The first element to be taken into account is the law of the country in which the person sustaining the damage had his or her habitual residence when the damage occurred, if the product was marketed in that country. The other elements of the cascade are triggered if the product was not marketed in that country, without prejudice to Article 4(2) and to the possibility of a manifestly closer connection to another country.

(21) The special rule in Article 6 is not an exception to the general rule in Article 4(1) but rather a clarification of it. In matters of unfair competition, the conflict-of-law rule should protect competitors, consumers and the general public and ensure that the market economy functions properly. The connection to the law of the country where competitive relations or the collective interests of consumers are, or are likely to be, affected generally satisfies these objectives.

(22) The non-contractual obligations arising out of restrictions of competition in Article 6(3) should cover infringements of both national and Community competition law. The law applicable to such non-contractual obligations should be the law of the country where the market is, or is likely to be, affected. In cases where the market is, or is

likely to be, affected in more than one country, the claimant should be able in certain circumstances to choose to base his or her claim on the law of the court seised.

(23) For the purposes of this Regulation, the concept of restriction of competition should cover prohibitions on agreements between undertakings, decisions by associations of undertakings and concerted practices which have as their object or effect the prevention, restriction or distortion of competition within a Member State or within the internal market, as well as prohibitions on the abuse of a dominant position within a Member State or within the internal market, where such agreements, decisions, concerted practices or abuses are prohibited by Articles 81 and 82 of the Treaty or by the law of a Member State.

(24) "Environmental damage" should be understood as meaning adverse change in a natural resource, such as water, land or air, impairment of a function performed by that resource for the benefit of another natural resource or the public, or impairment of the variability among living organisms.

(25) Regarding environmental damage, Article 174 of the Treaty, which provides that there should be a high level of protection based on the precautionary principle and the principle that preventive action should be taken, the principle of priority for corrective action at source and the principle that the polluter pays, fully justifies the use of the principle of discriminating in favour of the person sustaining the damage. The question of when the person seeking compensation can make the choice of the law applicable should be determined in accordance with the law of the Member State in which the court is seised.

(26) Regarding infringements of intellectual property rights, the universally acknowledged principle of the lex loci protectionis should be preserved. For the purposes of this Regulation, the term 'intellectual property rights' should be interpreted as meaning, for instance, copyright, related rights, the *sui generis* right for the protection of databases and industrial property rights.

(27) The exact concept of industrial action, such as strike action or lock-out, varies from one Member State to another and is governed by each Member State's internal rules. Therefore, this Regulation assumes as a general principle that the law of the country where the industrial action was taken should apply, with the aim of protecting the rights and obligations of workers and employers.

(28) The special rule on industrial action in Article 9 is without prejudice to the conditions relating to the exercise of such action in accordance with national law and without prejudice to the legal status of trade unions or of the representative organisations of workers as provided for in the law of the Member States.

(29) Provision should be made for special rules where damage is caused by an act other than a tort/delict, such as unjust enrichment, *negotiorum gestio* and *culpa in contrahendo*.

(30) *Culpa in contrahendo* for the purposes of this Regulation is an autonomous concept

and should not necessarily be interpreted within the meaning of national law. It should include the violation of the duty of disclosure and the breakdown of contractual negotiations. Article 12 covers only non-contractual obligations presenting a direct link with the dealings prior to the conclusion of a contract. This means that if, while a contract is being negotiated, a person suffers personal injury, Article 4 or other relevant provisions of this Regulation should apply.

(31) To respect the principle of party autonomy and to enhance legal certainty, the parties should be allowed to make a choice as to the law applicable to a non-contractual obligation. This choice should be expressed or demonstrated with reasonable certainty by the circumstances of the case. Where establishing the existence of the agreement, the court has to respect the intentions of the parties. Protection should be given to weaker parties by imposing certain conditions on the choice.

(32) Considerations of public interest justify giving the courts of the Member States the possibility, in exceptional circumstances, of applying exceptions based on public policy and overriding mandatory provisions. In particular, the application of a provision of the law designated by this Regulation which would have the effect of causing non-compensatory exemplary or punitive damages of an excessive nature to be awarded may, depending on the circumstances of the case and the legal order of the Member State of the court seised, be regarded as being contrary to the public policy (*ordre public*) of the forum.

(33) According to the current national rules on compensation awarded to victims of road traffic accidents, when quantifying damages for personal injury in cases in which the accident takes place in a State other than that of the habitual residence of the victim, the court seised should take into account all the relevant actual circumstances of the specific victim, including in particular the actual losses and costs of after-care and medical attention.

(34) In order to strike a reasonable balance between the parties, account must be taken, in so far as appropriate, of the rules of safety and conduct in operation in the country in which the harmful act was committed, even where the non-contractual obligation is governed by the law of another country. The term “rules of safety and conduct” should be interpreted as referring to all regulations having any relation to safety and conduct, including, for example, road safety rules in the case of an accident.

(35) A situation where conflict-of-law rules are dispersed among several instruments and where there are differences between those rules should be avoided. This Regulation, however, does not exclude the possibility of inclusion of conflict-of-law rules relating to non-contractual obligations in provisions of Community law with regard to particular matters.

This Regulation should not prejudice the application of other instruments laying down provisions designed to contribute to the proper functioning of the internal market in so far as they cannot be applied in conjunction with the law designated by the rules of this Regulation. The application of provisions of the applicable law designated by the rules of this Regulation should not restrict the free movement of goods and services as regulated by Community instruments, such as Directive 2000/31/EC of the European Parliament and of the Council of 8 June 2000 on certain legal aspects of information society services, in particular electronic commerce, in the Internal Market (Directive on electronic commerce) [6].

(36) Respect for international commitments entered into by the Member States means that this Regulation should not affect international conventions to which one or more Member States are parties at the time this Regulation is adopted. To make the rules more accessible, the Commission should publish the list of the relevant conventions in the Official Journal of the European Union on the basis of information supplied by the Member States.

(37) The Commission will make a proposal to the European Parliament and the Council concerning the procedures and conditions according to which Member States would be entitled to negotiate and conclude on their own behalf agreements with third countries in individual and exceptional cases, concerning sectoral matters, containing provisions on the law applicable to non-contractual obligations.

(38) Since the objective of this Regulation cannot be sufficiently achieved by the Member States, and can therefore, by reason of the scale and effects of this Regulation, be better achieved at Community level, the Community may adopt measures, in accordance with the principle of subsidiarity set out in Article 5 of the Treaty. In accordance with the principle of proportionality set out in that Article, this Regulation does not go beyond what is necessary to attain that objective.

(39) In accordance with Article 3 of the Protocol on the position of the United Kingdom and Ireland annexed to the Treaty on European Union and to the Treaty establishing the European Community, the United Kingdom and Ireland are taking part in the adoption and application of this Regulation.

(40) In accordance with Articles 1 and 2 of the Protocol on the position of Denmark, annexed to the Treaty on European Union and to the Treaty establishing the European Community, Denmark does not take part in the adoption of this Regulation, and is not bound by it or subject to its application,

HAVE ADOPTED THIS REGULATION:

CHAPTER I SCOPE

Article 1 Scope

1. This Regulation shall apply, in situations involving a conflict of laws, to non-contractual obligations in civil and commercial matters. It shall not apply, in particular,

to revenue, customs or administrative matters or to the liability of the State for acts and omissions in the exercise of State authority (acta iure imperii).

2. The following shall be excluded from the scope of this Regulation:
   (a) non-contractual obligations arising out of family relationships and relationships deemed by the law applicable to such relationships to have comparable effects including maintenance obligations;
   (b) non-contractual obligations arising out of matrimonial property regimes, property regimes of relationships deemed by the law applicable to such relationships to have comparable effects to marriage, and wills and succession;
   (c) non-contractual obligations arising under bills of exchange, cheques and promissory notes and other negotiable instruments to the extent that the obligations under such other negotiable instruments arise out of their negotiable character;
   (d) non-contractual obligations arising out of the law of companies and other bodies corporate or unincorporated regarding matters such as the creation, by registration or otherwise, legal capacity, internal organisation or winding-up of companies and other bodies corporate or unincorporated, the personal liability of officers and members as such for the obligations of the company or body and the personal liability of auditors to a company or to its members in the statutory audits of accounting documents;
   (e) non-contractual obligations arising out of the relations between the settlors, trustees and beneficiaries of a trust created voluntarily;
   (f) non-contractual obligations arising out of nuclear damage;
   (g) non-contractual obligations arising out of violations of privacy and rights relating to personality, including defamation.
3. This Regulation shall not apply to evidence and procedure, without prejudice to Articles 21 and 22.
4. For the purposes of this Regulation, "Member State" shall mean any Member State other than Denmark.

Article 2 Non-contractual obligations

1. For the purposes of this Regulation, damage shall cover any consequence arising out of tort/delict, unjust enrichment, *negotiorum gestio or culpa in contrahendo.*
2. This Regulation shall apply also to non-contractual obligations that are likely to arise.
3. Any reference in this Regulation to:
   (a) an event giving rise to damage shall include events giving rise to damage that are likely to occur; and
   (b) damage shall include damage that is likely to occur.

Article 3 Universal application

Any law specified by this Regulation shall be applied whether or not it is the law of a Member State.

CHAPTER II TORTS/DELICTS

Article 4 General rule

1. Unless otherwise provided for in this Regulation, the law applicable to a non-contractual obligation arising out of a tort/delict shall be the law of the country in which the damage occurs irrespective of the country in which the event giving rise to the damage occurred and irrespective of the country or countries in which the indirect consequences of that event occur.
2. However, where the person claimed to be liable and the person sustaining damage both have their habitual residence in the same country at the time when the damage occurs, the law of that country shall apply.
3. Where it is clear from all the circumstances of the case that the tort/delict is manifestly more closely connected with a country other than that indicated in paragraphs 1 or 2, the law of that other country shall apply. A manifestly closer connection with another country might be based in particular on a pre-existing relationship between the parties, such as a contract, that is closely connected with the tort/delict in question.

Article 5 Product liability

1. Without prejudice to Article 4(2), the law applicable to a non-contractual obligation arising out of damage caused by a product shall be:
   (a) the law of the country in which the person sustaining the damage had his or her habitual residence when the damage occurred, if the product was marketed in that country; or, failing that,
   (b) the law of the country in which the product was acquired, if the product was marketed in that country; or, failing that,
   (c) the law of the country in which the damage occurred, if the product was marketed in that country.
   However, the law applicable shall be the law of the country in which the person claimed to be liable is habitually resident if he or she could not reasonably foresee the marketing of the product, or a product of the same type, in the country the law of which is applicable under (a), (b) or (c).
2. Where it is clear from all the circumstances of the case that the tort/delict is manifestly more closely connected with a country other than that indicated in paragraph 1, the law of that other country shall apply. A manifestly closer connection with another country might be based in particular on a pre-existing relationship between the parties, such as a contract, that is closely connected with the tort/delict in question.

Article 6 Unfair competition and acts restricting free competition

1. The law applicable to a non-contractual obligation arising out of an act of unfair competition shall be the law of the country where competitive relations or the collective interests of consumers are, or are likely to be, affected.
2. Where an act of unfair competition affects exclusively the interests of a specific

competitor, Article 4 shall apply.

3. (a) The law applicable to a non-contractual obligation arising out of a restriction of competition shall be the law of the country where the market is, or is likely to be, affected.

   (b) When the market is, or is likely to be, affected in more than one country, the person seeking compensation for damage who sues in the court of the domicile of the defendant, may instead choose to base his or her claim on the law of the court seised, provided that the market in that Member State is amongst those directly and substantially affected by the restriction of competition out of which the non-contractual obligation on which the claim is based arises; where the claimant sues, in accordance with the applicable rules on jurisdiction, more than one defendant in that court, he or she can only choose to base his or her claim on the law of that court if the restriction of competition on which the claim against each of these defendants relies directly and substantially affects also the market in the Member State of that court.

4. The law applicable under this Article may not be derogated from by an agreement pursuant to Article 14.

Article 7 Environmental damage

The law applicable to a non-contractual obligation arising out of environmental damage or damage sustained by persons or property as a result of such damage shall be the law determined pursuant to Article 4(1), unless the person seeking compensation for damage chooses to base his or her claim on the law of the country in which the event giving rise to the damage occurred.

Article 8 Infringement of intellectual property rights

1. The law applicable to a non-contractual obligation arising from an infringement of an intellectual property right shall be the law of the country for which protection is claimed.

2. In the case of a non-contractual obligation arising from an infringement of a unitary Community intellectual property right, the law applicable shall, for any question that is not governed by the relevant Community instrument, be the law of the country in which the act of infringement was committed.

3. The law applicable under this Article may not be derogated from by an agreement pursuant to Article 14.

Article 9 Industrial action

Without prejudice to Article 4(2), the law applicable to a non-contractual obligation in respect of the liability of a person in the capacity of a worker or an employer or the organisations representing their professional interests for damages caused by an industrial action, pending or carried out, shall be the law of the country where the action is to be, or has been, taken.

CHAPTER Ⅲ UNJUST ENRICHMENT, NEGOTIORUM GESTIO AND CULPA IN CONTRAHENDO

Article 10 Unjust enrichment

1. If a non-contractual obligation arising out of unjust enrichment, including payment of amounts wrongly received, concerns a relationship existing between the parties, such as one arising out of a contract or a tort/delict, that is closely connected with that unjust enrichment, it shall be governed by the law that governs that relationship.
2. Where the law applicable cannot be determined on the basis of paragraph 1 and the parties have their habitual residence in the same country when the event giving rise to unjust enrichment occurs, the law of that country shall apply.
3. Where the law applicable cannot be determined on the basis of paragraphs 1 or 2, it shall be the law of the country in which the unjust enrichment took place.
4. Where it is clear from all the circumstances of the case that the non-contractual obligation arising out of unjust enrichment is manifestly more closely connected with a country other than that indicated in paragraphs 1, 2 and 3, the law of that other country shall apply.

Article 11 *Negotiorum gestio*

1. If a non-contractual obligation arising out of an act performed without due authority in connection with the affairs of another person concerns a relationship existing between the parties, such as one arising out of a contract or a tort/delict, that is closely connected with that non-contractual obligation, it shall be governed by the law that governs that relationship.
2. Where the law applicable cannot be determined on the basis of paragraph 1, and the parties have their habitual residence in the same country when the event giving rise to the damage occurs, the law of that country shall apply.
3. Where the law applicable cannot be determined on the basis of paragraphs 1 or 2, it shall be the law of the country in which the act was performed.
4. Where it is clear from all the circumstances of the case that the non-contractual obligation arising out of an act performed without due authority in connection with the affairs of another person is manifestly more closely connected with a country other than that indicated in paragraphs 1, 2 and 3, the law of that other country shall apply.

Article 12 *Culpa in contrahendo*

1. The law applicable to a non-contractual obligation arising out of dealings prior to the conclusion of a contract, regardless of whether the contract was actually concluded or not, shall be the law that applies to the contract or that would have been applicable to it had it been entered into.
2. Where the law applicable cannot be determined on the basis of paragraph 1, it shall be:
   (a) the law of the country in which the damage occurs, irrespective of the country in which the event giving rise to the damage occurred and irrespective of the country

or countries in which the indirect consequences of that event occurred; or
(b) where the parties have their habitual residence in the same country at the time when the event giving rise to the damage occurs, the law of that country; or
(c) where it is clear from all the circumstances of the case that the non-contractual obligation arising out of dealings prior to the conclusion of a contract is manifestly more closely connected with a country other than that indicated in points (a) and (b), the law of that other country.

Article 13 Applicability of Article 8

For the purposes of this Chapter, Article 8 shall apply to non-contractual obligations arising from an infringement of an intellectual property right.

CHAPTER IV FREEDOM OF CHOICE

Article 14 Freedom of choice

1. The parties may agree to submit non-contractual obligations to the law of their choice:
   (a) by an agreement entered into after the event giving rise to the damage occurred; or
   (b) where all the parties are pursuing a commercial activity, also by an agreement freely negotiated before the event giving rise to the damage occurred.

   The choice shall be expressed or demonstrated with reasonable certainty by the circumstances of the case and shall not prejudice the rights of third parties.
2. Where all the elements relevant to the situation at the time when the event giving rise to the damage occurs are located in a country other than the country whose law has been chosen, the choice of the parties shall not prejudice the application of provisions of the law of that other country which cannot be derogated from by agreement.
3. Where all the elements relevant to the situation at the time when the event giving rise to the damage occurs are located in one or more of the Member States, the parties' choice of the law applicable other than that of a Member State shall not prejudice the application of provisions of Community law, where appropriate as implemented in the Member State of the forum, which cannot be derogated from by agreement.

CHAPTER V COMMON RULES

Article 15 Scope of the law applicable

The law applicable to non-contractual obligations under this Regulation shall govern in particular:

(a) the basis and extent of liability, including the determination of persons who may be held liable for acts performed by them;
(b) the grounds for exemption from liability, any limitation of liability and any division of liability;
(c) the existence, the nature and the assessment of damage or the remedy claimed;

(d) within the limits of powers conferred on the court by its procedural law, the measures which a court may take to prevent or terminate injury or damage or to ensure the provision of compensation;
(e) the question whether a right to claim damages or a remedy may be transferred, including by inheritance;
(f) persons entitled to compensation for damage sustained personally;
(g) liability for the acts of another person;
(h) the manner in which an obligation may be extinguished and rules of prescription and limitation, including rules relating to the commencement, interruption and suspension of a period of prescription or limitation.

Article 16 Overriding mandatory provisions

Nothing in this Regulation shall restrict the application of the provisions of the law of the forum in a situation where they are mandatory irrespective of the law otherwise applicable to the non-contractual obligation.

Article 17 Rules of safety and conduct

In assessing the conduct of the person claimed to be liable, account shall be taken, as a matter of fact and in so far as is appropriate, of the rules of safety and conduct which were in force at the place and time of the event giving rise to the liability.

Article 18 Direct action against the insurer of the person liable

The person having suffered damage may bring his or her claim directly against the insurer of the person liable to provide compensation if the law applicable to the non-contractual obligation or the law applicable to the insurance contract so provides.

Article 19 Subrogation

Where a person (the creditor) has a non-contractual claim upon another (the debtor), and a third person has a duty to satisfy the creditor, or has in fact satisfied the creditor in discharge of that duty, the law which governs the third person's duty to satisfy the creditor shall determine whether, and the extent to which, the third person is entitled to exercise against the debtor the rights which the creditor had against the debtor under the law governing their relationship.

Article 20 Multiple liability

If a creditor has a claim against several debtors who are liable for the same claim, and one of the debtors has already satisfied the claim in whole or in part, the question of that debtor's right to demand compensation from the other debtors shall be governed by the law applicable to that debtor's non-contractual obligation towards the creditor.

Article 21 Formal validity

A unilateral act intended to have legal effect and relating to a non-contractual obligation shall be formally valid if it satisfies the formal requirements of the law governing the non-contractual obligation in question or the law of the country in which the act is performed.

Article 22 Burden of proof

1. The law governing a non-contractual obligation under this Regulation shall apply to the extent that, in matters of non-contractual obligations, it contains rules which raise presumptions of law or determine the burden of proof.
2. Acts intended to have legal effect may be proved by any mode of proof recognised by the law of the forum or by any of the laws referred to in Article 21 under which that act is formally valid, provided that such mode of proof can be administered by the forum.

CHAPTER VI OTHER PROVISIONS

Article 23 Habitual residence

1. For the purposes of this Regulation, the habitual residence of companies and other bodies, corporate or unincorporated, shall be the place of central administration.
   Where the event giving rise to the damage occurs, or the damage arises, in the course of operation of a branch, agency or any other establishment, the place where the branch, agency or any other establishment is located shall be treated as the place of habitual residence.
2. For the purposes of this Regulation, the habitual residence of a natural person acting in the course of his or her business activity shall be his or her principal place of business.

Article 24 Exclusion of *renvoi*

The application of the law of any country specified by this Regulation means the application of the rules of law in force in that country other than its rules of private international law.

Article 25 States with more than one legal system

1. Where a State comprises several territorial units, each of which has its own rules of law in respect of non-contractual obligations, each territorial unit shall be considered as a country for the purposes of identifying the law applicable under this Regulation.
2. A Member State within which different territorial units have their own rules of law in respect of non-contractual obligations shall not be required to apply this Regulation to conflicts solely between the laws of such units.

Article 26 Public policy of the forum

The application of a provision of the law of any country specified by this Regulation may be refused only if such application is manifestly incompatible with the public policy (ordre public) of the forum.

Article 27 Relationship with other provisions of Community law

This Regulation shall not prejudice the application of provisions of Community law which, in relation to particular matters, lay down conflict-of-law rules relating to non-contractual obligations.

Article 28 Relationship with existing international conventions

1. This Regulation shall not prejudice the application of international conventions to which

one or more Member States are parties at the time when this Regulation is adopted and which lay down conflict-of-law rules relating to non-contractual obligations.

2. However, this Regulation shall, as between Member States, take precedence over conventions concluded exclusively between two or more of them in so far as such conventions concern matters governed by this Regulation.

CHAPTER VII FINAL PROVISIONS

Article 29 List of conventions

1. By 11 July 2008, Member States shall notify the Commission of the conventions referred to in Article 28(1). After that date, Member States shall notify the Commission of all denunciations of such conventions.
2. The Commission shall publish in the Official Journal of the European Union within six months of receipt:
   (i) a list of the conventions referred to in paragraph 1;
   (ii) the denunciations referred to in paragraph 1.

Article 30 Review clause

1. Not later than 20 August 2011, the Commission shall submit to the European Parliament, the Council and the European Economic and Social Committee a report on the application of this Regulation. If necessary, the report shall be accompanied by proposals to adapt this Regulation. The report shall include:
   (i) a study on the effects of the way in which foreign law is treated in the different jurisdictions and on the extent to which courts in the Member States apply foreign law in practice pursuant to this Regulation;
   (ii) a study on the effects of Article 28 of this Regulation with respect to the Hague Convention of 4 May 1971 on the law applicable to traffic accidents.
2. Not later than 31 December 2008, the Commission shall submit to the European Parliament, the Council and the European Economic and Social Committee a study on the situation in the field of the law applicable to non-contractual obligations arising out of violations of privacy and rights relating to personality, taking into account rules relating to freedom of the press and freedom of expression in the media, and conflict-of-law issues related to Directive 95/46/EC of the European Parliament and of the Council of 24 October 1995 on the protection of individuals with regard to the processing of personal data and on the free movement of such data [7].

Article 31 Application in time

This Regulation shall apply to events giving rise to damage which occur after its entry into force.

Article 32 Date of application

This Regulation shall apply from 11 January 2009, except for Article 29, which shall apply from 11 July 2008.

This Regulation shall be binding in its entirety and directly applicable in the Member States in accordance with the Treaty establishing the European Community.

Done at Strasbourg, 11 July 2007.
For the European Parliament
The President H.-G. Pöttering

For the Council
The President M. Lobo Antunes

[1] OJ C 241, 28.9.2004, p. 1.

[2] Opinion of the European Parliament of 6 July 2005 (OJ C 157 E, 6.7.2006, p. 371), Council Common Position of 25 September 2006 (OJ C 289 E, 28.11.2006, p. 68) and Position of the European Parliament of 18 January 2007 (not yet published in the Official Journal). European Parliament Legislative Resolution of 10 July 2007 and Council Decision of 28 June 2007.

[3] OJ C 12, 15.1.2001, p. 1.

[4] OJ C 53, 3.3.2005, p. 1.

[5] OJ L 12, 16.1.2001, p. 1. Regulation as last amended by Regulation (EC) No 1791/2006 (OJ L 363, 20.12.2006, p. 1).

[6] OJ L 178, 17.7.2000, p. 1.

[7] OJ L 281, 23.11.1995, p. 31.

Commission Statement on the review clause (Article 30)

The Commission, following the invitation by the European Parliament and the Council in the frame of Article 30 of the "Rome II" Regulation, will submit, not later than December 2008, a study on the situation in the field of the law applicable to non-contractual obligations arising out of violations of privacy and rights relating to personality. The Commission will take into consideration all aspects of the situation and take appropriate measures if necessary.

Commission Statement on road accidents

The Commission, being aware of the different practices followed in the Member States as regards the level of compensation awarded to victims of road traffic accidents, is prepared to examine the specific problems resulting for EU residents involved in road traffic accidents in a Member State other than the Member State of their habitual residence. To that end the Commission will make available to the European Parliament and to the Council, before the end of 2008, a study on all options, including insurance aspects, for improving the position of cross-border victims, which would pave the way for a Green Paper.

Commission Statement on the treatment of foreign law

The Commission, being aware of the different practices followed in the Member States as regards the treatment of foreign law, will publish at the latest four years after the entry into force of the "Rome II" Regulation and in any event as soon as it is available a horizontal study on the application of foreign law in civil and commercial matters by the courts of the Member States, having regard to the aims of the Hague Programme. It is also prepared to take appropriate measures if necessary.

[17] 대한민국과 중화인민공화국간의 민사 및 상사사법공조조약(국문본)

(Treaty between the Republic of Korea and the People's Republic of China on Judicial Assistance in Civil and Commercial Matters)[1)]

제1장 일반규정

제1조 사법적 보호

1. 일방당사국의 국민은 타방당사국의 영역 안에서 그 당사국 국민과 동등한 사법적 보호를 받으며, 그 당사국 국민과 같은 조건하에서 그 당사국의 법원에서 재판을 받을 권리를 갖는다.
2. 일방당사국은 타방당사국 국민이 관련된 사건의 심리를 정당한 이유없이 지연시키지 아니한다.
3. 일방당사국의 법원은 그 성문법에 달리 규정되어 있지 아니하는 한, 타방당사국의 국민이 외국인이거나 그 당사국 영역 안에 주소 또는 거소를 가지고 있지 아니하다는 이유만으로, 그에게 소송비용의 담보를 제공하도록 요구하지 아니한다.
4. 일방당사국은 그 성문법에 달리 규정되어 있지 아니하는 한, 단지 사건이 종결되지 아니하였다는 이유만으로 그 사건의 당사자인 타방당사국 국민의 출국을 제한하지 아니한다.
5. 각 당사국의 국민에게 적용되는 이 조약의 규정들은, 제2조를 제외하고, 각 당사국의 국내법에 따라 그 영역 안에 설립된 법인에게도 적용된다.

제2조 법률구조

1. 일방당사국의 국민은 타방당사국의 영역 안에서 타방당사국의 국내법에 따라 법률구조를 받을 권리가 있다.
2. 제1항에 규정된 법률구조를 신청할 때에는, 신청인의 주소 또는 거소가 소재한 당사국의 권한 있는 기관이 발급한 신청인의 재정상태에 관한 증명서를 첨부하여야 한다. 신청인이 어느 당사국의 영역 안에도 주소 또는 거소를 가지고 있지 아니하는 경우에는 그 신청인이 국적을 갖는 당사국의 외교관 또는 영사관원이 위와 같은 증명서를 발급하거나 확인할 수 있다.

---

1) 조약 제1729호. 발효일 2005. 4. 27.

3. 법률구조 신청에 대한 결정을 담당하는 당국은 신청인에게 추가정보를 요구할 수 있다.

제3조 사법공조의 범위

이 조약에 따른 사법공조는 민사 및 상사에 있어서 다음 각목의 사항을 포함한다.

가. 재판상 서류의 송달

나. 증거조사

다. 중재판정의 승인·집행

라. 법률정보 또는 소송기록의 제공

제4조 사법공조를 위한 연락경로

1. 이 조약에 달리 규정되어 있지 아니하는 한, 양 당사국은 사법공조 촉탁을 하거나 또는 사법공조 촉탁에 응하기 위하여 각자 지정한 중앙당국을 통하여 직접 연락한다.
2. 제1항에서 말하는 중앙당국은, 대한민국의 경우 법원행정처로 하고 중화인민공화국의 경우 사법부로 한다.
3. 일방당사국이 중앙당국의 지정을 변경한 경우, 외교경로를 통하여 이를 타방당사국에게 통지한다.

제5조 사법공조의 준거법

양 당사국은 이 조약에 달리 규정되어 있지 아니하는 한, 사법공조 촉탁의 실시에 있어서 각자 자국의 국내법을 적용한다.

제6조 사법공조의 거절

1. 수탁국은 사법공조를 제공하는 것이 자국의 주권, 안전보장, 공공질서 그 밖의 본질적인 공공이익을 침해하거나 또는 촉탁의 대상이 된 공조가 사법당국의 직무범위 안에 속하지 아니하는 것으로 판단하는 경우, 사법공조의 제공을 거절할 수 있으며, 이 경우 촉탁국에 거절사유를 통지한다.
2. 재판상 서류의 송달 또는 증거조사에 관한 촉탁의 경우, 수탁국은 자국 법원이 소송물에 대한 전속관할권을 가지고 있다거나 촉탁의 근거가 되는 소송이 자국의 국내법상 허용되지 아니한다는 이유만으로 촉탁의 실시를 거절하지 아니한다.

제7조 교 신

1. 수탁국의 중앙당국은 촉탁이 이 조약의 규정에 부합하지 아니하다고 판단하는 경우, 촉탁국의 중앙당국에 그 촉탁에 대한 이의를 명시하여 신속하게 이를 통지한다.
2. 수탁국의 중앙당국은 촉탁국이 제공한 정보가 부정확하거나 또는 이 조약의 규정에 따라 촉탁을 처리하기에 충분하지 아니하다고 판단하는 경우, 촉탁서에 기술된 정보가 정확한지 여부를 문의하거나 촉탁국의 중앙당국에 보충정보를 요청할 수 있다.
3. 제1항 또는 제2항에 따른 통지 또는 요청을 받은 촉탁국의 중앙당국이 적절한 조치를 취하거나 충분히 수정 또는 보충된 정보를 제공함으로써 촉탁실시에 있어서의 장애사유가 해소된 경우, 수탁국의 중앙당국은 촉탁이 실시되도록 조치한다.
4. 촉탁국의 중앙당국은 수탁국의 중앙당국에 촉탁 실시의 진행상황에 관한 정보를 요청할 수 있다.

제8조 언어

1. 사법공조 촉탁서에는 수탁국의 공용어 또는 영어로 된 번역문을 첨부하고, 그 부속서류에는 수탁국의 공용어로 된 번역문을 첨부한다.
2. 각 당사국의 중앙당국은 서면연락을 함에 있어서 상대국의 공용어 또는 영어로 된 번역문을 첨부한다.
3. 재판상 서류의 송달에 관한 증명서를 포함한 촉탁서에 대한 회신은 수탁국의 공용어로 작성될 수 있으며 촉탁국의 공용어 또는 영어로 번역될 필요는 없다.

제9조 외교경로 이용권

이 조약은 어느 당사국이 외교경로를 통하여 사법공조를 요청하는 것을 방해하지 아니한다.

제2장 재판상 서류의 송달

제10조 적용범위

일방당사국은 이 조약의 규정에 따라 자국 영역 안의 사람에 대한 타방당사국의 재판상 서류의 송달 촉탁을 실시한다.

제11조 촉탁서의 양식 및 내용

1. 재판상 서류의 송달 촉탁은 별첨 1과 같은 양식에 의하여 작성된 촉탁서를 사용하여 한다.
2. 송달될 서류는 촉탁서에 첨부된다.

제12조 송달촉탁의 실시

1. 이 조약의 규정에 따라 정당하게 이루어진 촉탁은 신속하게 실시된다.
2. 수탁국은 자국법에 규정된 방식 또는 촉탁국이 명시적으로 요청한 특정한 방식에 따라 송달 촉탁을 실시한다. 다만, 그러한 방식이 수탁국의 법에 저촉되는 경우에는 그러하지 아니한다.
3. 송달될 서류의 요지가 기재된 촉탁서의 해당부분은 서류와 함께 송달된다.
4. 촉탁서를 송부받은 당국이 촉탁 실시의 권한이 없을 경우, 즉시 권한이 있는 당국에 촉탁서를 송부한다.

제13조 송달결과의 통지

1. 수탁국은 제4조의 규정에 의한 연락경로를 통하여 촉탁국에 별첨 2와 같은 양식에 의하여 작성된 증명서를 송부한다.
2. 서류가 송달된 경우, 증명서에는 수령인의 성명과 신원, 송달일자, 장소, 방식을 기재한다.
3. 서류가 송달되지 아니한 경우, 증명서에는 송달되지 아니한 사유를 명시하고 서류는 촉탁국에 반환된다.

제14조 송달비용

수탁국은 그 영역 안에서 송달 촉탁의 실시로 인하여 발생한 비용을 부담한다. 그러나, 제12조제2항에 따라 촉탁국이 명시적으로 요청한 특별한 방식을 사용함으로써 발생한 비용은 촉탁국이 부담한다.

제15조 외교관 또는 영사관원에 의한 서류의 송달

1. 일방당사국은, 타방당사국의 법을 위반하지 아니하고 어떠한 종류의 강제조치도 취하지 아니한다면, 타방당사국의 영역 안에 있는 자국민에게 자국의 외교관 또는 영사관원을 통하여 재판상 서류의 송달을 실시할 수 있다.
2. 제1항에 따라 송달되는 서류에는 타방당사국의 공용어로 된 번역문을 첨부할 필요가 없다. 다만, 송달받을 사람이 자국의 언어를 잘 이해하지 못하는 경우에는 그러하지 아니하다.

제3장 증거조사

제16조 적용범위

1. 일방당사국은 이 조약의 규정에 따라 자국 영역 안에서 사건당사자의 진술 및 증인의 증언 취득, 물증 및 서증의 조사, 전문가 감정 또는 검증의 실시, 공무소에 대한 사실조회의 촉탁, 그 밖에 증거조사와 관련된 사법활동의 수행 등 타방당사국의 증거조사 촉탁을 실시한다.
2. 이 조약은 다음 각목의 사항에 대하여는 적용되지 아니한다.
   가. 이미 개시되었거나 예정된 소송절차에서 사용할 의도가 없는 증거의 취득
   나. 촉탁서에 열거되지 아니하였거나 또는 당해 소송절차와 직접적이고 밀접한 관련이 없는 서류의 취득

제17조 촉탁서의 양식 및 내용

1. 증거조사 촉탁은 서면으로 한다.
2. 촉탁서에는 다음의 사항을 기재한다.
   가. 촉탁법원의 명칭 및 주소
   나. 소송당사자의 성명, 국적 및 주소와 법인의 경우 그 명칭 및 주소
   다. 필요한 경우, 소송당사자의 대리인의 성명 및 주소
   라. 촉탁과 관련된 소송의 성격 및 사건의 요지
   마. 취득될 증거의 성격
3. 촉탁서에는 적절한 경우, 다음의 사항을 기재한다.
   가. 신문받을 자의 성명 및 주소
   나. 신문받을 자에게 행할 질문이나 신문이 행하여질 소송물에 관한 설명
   다. 검사되어야 할 서류, 그 밖의 부동산 또는 동산의 성격
   라. 공무소에 대한 사실조회 촉탁사항

마. 제18조제2항에 따라 준수할 특정한 방식 또는 절차

바. 촉탁의 실시에 필요한 그 밖의 정보

제18조 증거조사 촉탁의 실시

1. 이 조약의 규정에 따라 정당하게 이루어진 촉탁은 신속하게 실시된다.
2. 수탁국은 자국법에 규정된 방식이나 촉탁국이 명시적으로 요청한 특정한 방식 또는 절차에 따라 증거조사 촉탁을 실시한다. 다만, 그러한 방식 또는 절차가 수탁국의 법에 저촉되거나 국내의 관행·절차 또는 실무적인 어려움 때문에 이행될 수 없는 경우에는 그러하지 아니하다.
3. 촉탁서를 송부받은 당국에 촉탁 실시의 권한이 없는 경우, 즉시 권한이 있는 당국에 촉탁서를 송부한다.

제19조 출석

1. 다음 각목에 규정된 사람은 증거조사 촉탁의 실시에 출석할 수 있다.
   가. 관계 당사자 및 그 대리인
   나. 촉탁국의 법관 또는 법원직원. 다만, 수탁국의 사전인가를 얻은 경우에 한한다.
2. 촉탁을 실시함에 있어서 수탁국의 중앙당국은, 요청이 있는 경우, 촉탁국의 중앙당국에 언제 그리고 어디에서 예정된 증거조사가 이루어질 것인지에 관하여 상당한 기간을 두고 통지한다.
3. 촉탁 실시에 출석한 당사자, 그 대리인, 그리고 법관 또는 법원직원은 수탁국의 법을 준수하여야 한다.

제20조 강제조치

촉탁을 실시함에 있어서 수탁국의 당국은 소송상 적절한 강제조치를 사용하여야 하며, 그러한 강제조치는 자국 당국이 발한 명령 또는 국내소송절차에서 당사자가 행한 신청을 집행함에 있어 자국법이 규정하는 정도에 상응하여야 한다.

제21조 증거제출의 거부

1. 이 조약에 따라 증거제출을 요구받은 자는, 촉탁국의 법에 의하여 증거제출을 거부할 특권 또는 의무가 있고 그 특권 또는 의무가 촉탁서에 명시되거나 수탁국의 중앙당국의 발의에 따라 촉탁국의 중앙당국이 다른 방법으로 이를 수탁국의 중앙당국에 확인하여 준 경우, 증거제출을 거부할 수 있다.
2. 이 조약에 따라 증거제출을 요구받은 자는, 수탁국에서 개시되는 소송절차에 있어서 유사한 경우 수탁국의 법이 증거제출의 거부를 허용하는 때에는 증거제출을 거부할 수 있다.

제22조 실시결과의 통지

1. 수탁국은 제4조의 규정에 의한 연락경로를 통하여 촉탁국에 증거조사 촉탁을 실시한 결과를 서면으로 통보하며, 취득된 증거물을 송부한다.
2. 수탁국은 어떠한 사유로 인하여 증거조사 촉탁을 실시할 수 없는 경우, 촉탁이 실시되지 못한 사유를 명시하여 촉탁국에 촉탁서를 반환한다.

제23조 증거조사의 비용

1. 수탁국은 그 영역 안에서의 증거조사 촉탁의 실시로 인하여 발생한 비용을 부담한다. 그러나 다음 각목에 규정된 비용은 촉탁국이 이를 부담한다.
   가. 제18조제2항의 규정에 의하여 촉탁국이 명시적으로 요청한 특정 방식 또는 절차에 의하여 촉탁을 실시함으로써 발생한 비용
   나. 전문가 보수
   다. 통역인 보수
2. 촉탁의 실시에 예외적인 성격의 비용이 소요될 것이 명백한 경우, 양 당사국은 촉탁을 실시할 수 있는 조건을 결정하기 위하여 협의한다.
3. 촉탁국은, 수탁국의 요청이 있는 경우, 자국이 부담할 비용을 예납한다.

제24조 외교관 또는 영사관원에 의한 증거조사

일방당사국은, 타방당사국의 법을 위반하지 아니하고 어떠한 종류의 강제조치도 취하지 아니한다면, 자국의 외교관 또는 영사관원을 통하여 그 일방당사국의 법원에서 개시된 소송절차를 돕기 위하여 타방당사국의 영역 안에 있는 자국민에 대하여 증거조사를 실시할 수 있다.

제4장 중재판정의 승인·집행

제25조 중재판정의 승인·집행

각 당사국은 1958년 6월 10일 뉴욕에서 체결된 외국중재판정의승인및집행에관한협약에 따라 타방당사국의 영역 안에서 내려진 중재판정을 승인·집행한다. 이 조약의 규정들은, 위 협약에 저촉되는 한, 중재판정의 승인·집행에 적용되지 아니한다.

제5장 그 밖의 규정

제26조 법률정보 또는 소송기록의 제공

1. 수탁국의 중앙당국은, 요청이 있는 경우, 촉탁국의 중앙당국에 촉탁국의 소송절차와 관련된 수탁국의 법령 및 사법실무에 관한 정보를 제공한다.
2. 수탁국의 중앙당국은, 요청이 있는 경우, 촉탁국의 중앙당국에 촉탁국의 국민이 관계된 수탁국의 소송절차에 관하여 공개적으로 이용가능한 소송기록의 초록을 제공한다.

제27조 인증면제

이 조약의 목적상, 양 당사국의 법원 또는 그 밖의 권한 있는 당국에 의하여 작성되거나 확인되고, 제4조의 규정에 의한 연락경로를 통하여 송부된 서류는 어떠한 형태의 인증도 면제된다.

제28조 분쟁해결

이 조약의 해석 또는 이행으로부터 발생하는 당사국간의 분쟁은 외교경로를 통한 협

의에 의하여 우호적으로 해결한다.

제29조 그 밖의 약정

이 조약은 다른 조약이나 약정 또는 이와 다른 방식에 의하여 양 당사국간에 이미 존재하는 의무에 영향을 미치지 아니하며, 양 당사국이 다른 조약이나 약정 또는 이와 다른 방식에 의하여 상호 공조를 제공하거나 공조 제공을 계속하는 것을 방해하지 아니한다.

제6장 최종조항

제30조 발효 및 종료

1. 이 조약은 비준되어야 한다. 비준서는 서울에서 교환하며, 비준서를 교환한 날로부터 30일째 되는 날에 이 조약은 발효한다.
2. 이 조약은 발효 전에 개시된 소송절차와 관련된 촉탁에 대하여도 적용된다.
3. 각 당사국은 언제든지 외교경로를 통하여 타방당사국에 서면으로 통지함으로써 이 조약을 종료시킬 수 있다. 종료는 통지한 날로부터 180일째 되는 날 효력이 발생한다.
4. 이 조약의 종료에도 불구하고 조약 종료 전 접수된 촉탁은 이 조약의 규정에 따라 계속 처리된다.

이상의 증거로, 아래 서명자는 그들 각자의 정부로부터 정당하게 권한을 위임받아 이 조약에 서명하였다.

2003년 7월 7일 북경에서 동등하게 정본인 한국어·중국어 및 영어로 각 2부씩 작성하였다. 해석상의 차이가 있는 경우에는 영어본이 우선한다.

대한민국을 대표하여 중화인민공화국을 대표하여

國際私法과 國際訴訟 제1권에 수록된 논문의 목록

제1장 國際契約法

[1] 國際契約의 準據法에 관한 몇 가지 논점 —涉外私法의 解釋論을 중심으로: 改正된 國際私法의 소개를 포함하여—

[2] 外換許可를 받지 아니한 國際保證과 관련한 國際私法上의 問題點 —서울고등법원 1994. 3. 4. 선고 92나61623 판결에 대한 평석을 겸하여—

제2장 國際契約의 準據法에 관한 國際條約

[3] 契約上 債務의 準據法에 관한 유럽共同體 協約(로마協約)

제3장 國際信用狀去來

[4] 信用狀 開設銀行인 외국은행을 상대로 한 소송과 國際裁判管轄 —대법원 2000. 6. 9. 선고 98다35037 판결과 관련하여—

[5] 貨換信用狀去來에 따른 法律關係의 準據法

제4장 國際不法行爲法

[6] 涉外不法行爲의 準據法決定에 관한 小考 —共通의 屬人法에 관한 대법원판결을 계기로 본 涉外私法의 적용범위와 관련하여—

[7] 國際的인 製造物責任과 관련한 國際私法上의 問題點

제5장 外國裁判의 承認 및 執行

[8] 民事 및 商事事件에서의 外國裁判의 承認 및 執行

[9] 外國判決 承認要件으로서의 送達 —대법원 1992. 7. 14. 선고 92다2585 판결에 대한 평석을 겸하여—

[10] 損害賠償을 명한 미국 미네소타주법원 判決의 承認 및 執行에 관한 문제점 특히 相互保證과 公序의 문제를 중심으로 —서울지방법원동부지원 1995. 2. 10. 선고 93가합19069 판결에 대한 평석—

[11] 外國判決의 承認 및 執行에 관한 立法論 —民事訴訟法 改正案(제217조)과 民事執行法 草案(제25조, 제26조)에 대한 管見—

제6장 國際倒産法

[12] 國際倒産法의 몇 가지 問題點

제7장 外國 國際私法

[13] 스위스 國際私法(IPRG)

제8장 國際金融去來法

[14] 國內企業의 海外借入의 實務와 法的인 問題點 —國際契約法的 論點을 중심으로—
[15] 國內企業의 海外社債 發行의 實務와 法的인 問題點 —유로債(Eurobond) 발행시 우리 法의 適用範圍에 관한 問題를 中心으로—

부록

[16] 契約上 債務의 準據法에 관한 유럽共同體 協約(로마協約)(영문)
[17-1] 국제연합 국제거래법위원회의 國際倒産에 관한 모델법(영문)
[17-2] 국제연합 국제거래법위원회의 國際倒産에 관한 모델법(試譯)

國際私法과 國際訴訟 제2권에 수록된 논문의 목록

제1장 國際契約法

[1] 涉外私法의 改正에 관한 立法論 —國際契約法 분야: 改正 國際私法의 소개를 포함하여—
[2] 海上積荷保險契約에 있어 英國法 準據約款과 관련한 國際私法上의 문제점
[3] 船荷證券의 準據法에 관한 몇 가지 문제점 —國際海上物件運送契約法의 序論的 考察—

제2장 國際電子去來法

[4] 國際的인 電子去來와 분쟁해결 —國際裁判管轄을 중심으로—
[5] 國際的인 電子去來와 분쟁해결 —準據法을 중심으로—

제3장 國際會社法

[6] 國際會社法의 몇 가지 문제점 —國際去來 實務上의 主要論點을 중심으로: 改正國際私法의 소개를 포함하여—

제4장 裁 判 權

[7] 外國國家에 대한 民事裁判權의 行使와 主權免除 —制限的 主權免除論을 취한 대법원 1998. 12. 17. 선고 97다39216 전원합의체 판결에 대한 평석—

제5장 國際裁判管轄

[8] 改正 國際私法에 따른 國際裁判管轄의 法理

제6장 國際民事司法共助

[9] 헤이그送達協約에의 가입과 관련한 몇 가지 문제점

제7장 國際裁判管轄과 外國判決의 承認 및 執行에 관한 國際條約

[10] 民事 및 商事事件의 裁判管轄과 裁判의 執行에 관한 유럽공동체協約(브뤼셀협약)
[11] 헤이그국제사법회의「民事 및 商事事件의 國際裁判管轄과 外國裁判에 관한 협약」예비초안

제8장 國際商事仲裁法
[12] 改正仲裁法의 몇 가지 문제점 —國際商事仲裁를 중심으로—
제9장 國際金融去來法
[13] 派生金融商品去來에 있어서의 一括清算의 문제점과 倒産法의 改正
[14] 移動裝備에 대한 國際的 擔保權에 관한 UNIDROIT 協約案
제10장 國際知的財産權法
[15] 國際的인 知的財産權 紛爭 해결의 문제점 —國際私法的 論點에 관한 試論—
부록
[16] 民事 및 商事事件의 裁判管轄과 裁判의 執行에 관한 유럽공동체協約(브뤼셀협약)(영문)
[17] 民事 및 商事事件의 國際裁判管轄과 外國裁判에 관한 협약 예비초안(영문)
[18] 국제연합 국제거래법위원회의 國際商事仲裁에 관한 모델법(영문)

國際私法과 國際訴訟 제3권에 수록된 논문의 목록

제1장 國際去來와 國際私法
[1] 國際去來를 취급하는 법률가들을 위한 改正 國際私法의 소개
제2장 國際貿易去來
[2] 수입화물의 소유권이전에 관한 연구
[3] 國際貿易去來에서 발행되는 환어음에 관한 몇 가지 문제점
제3장 國際物品賣買協約(CISG)
[4] 국제연합 國際物品賣買協約(CISG)에의 가입과 관련한 몇 가지 문제점
제4장 國際去來와 약관
[5] 國際去來와 약관규제에관한법률의 적용
제5장 국제보험 · 해상법
[6] 해상적하보험증권상의 영국법 준거약관에 따라 영국법이 규율하는 사항의 범위—대법원 1998. 7. 14. 선고 96다39707 판결
[7] 船荷證券에 의한 國際裁判管轄合意의 문제점 —대법원 1997. 9. 9. 선고 96다20093 판결
제6장 國際倒産法
[8] 國際倒産法에 관한 연구 —立法論을 중심으로—
補論 —2002년 統合倒産法試案 중 國際倒産法에 대한 의견
제7장 유럽연합의 國際私法
[9] 유럽연합의 國際倒産法制
[10] 民事 및 商事事件의 裁判管轄과 裁判의 執行에 관한 유럽연합규정(브뤼셀규정) —

브뤼셀협약과의 차이를 중심으로—
제8장 헤이그국제사법회의 협약
[11] 헤이그국제사법회의의 民事 및 商事事件의 國際裁判管轄과 外國裁判에 관한 협약 2001년 초안
[12] 헤이그국제사법회의의 외국공문서의 인증요건 폐지에 관한 협약
제9장 국제금융거래법
[13] 국제적인 신디케이티드 론 거래와 어느 대주은행의 파산
[14] 우리 기업의 海外證券 발행과 관련한 법적인 미비점과 개선방안
[15] UNCITRAL의 國際債權讓渡協約—협약의 소개와 民法 및 資産流動化에 관한 法律에의 시사점—
부록
[16] UNCITRAL의 국제도산에 관한 모델법
[17] 유럽연합倒産規定
[18] 民事 및 商事事件의 裁判管轄과 裁判의 執行에 관한 유럽연합규정(브뤼셀규정)
[19] 民事 및 商事事件의 國際裁判管轄과 外國裁判에 관한 헤이그국제사법회의의 협약 2001년 초안
[20] 외국공문서의 인증요건폐지에 관한 헤이그국제사법회의의 협약
[21] UNCITRAL의 國際債權讓渡協約

國際私法과 國際訴訟 제4권에 수록된 논문의 목록

제1장 國際契約法
[1] 국제거래에서의 代理商의 보호—商法 제92조의2의 적용범위와 관련하여
[2] 國際的 債權讓渡의 準據法
제2장 國際民事訴訟法
[3] 國際裁判管轄의 기초이론—도메인이름에 관한 대법원 2005. 1. 27. 선고 2002다59788 판결의 의의
[4] 國際訴訟의 外國人當事者에 관한 몇 가지 문제점
[5] 國際的 訴訟競合
[6] 한중일간의 民事司法共助條約의 체결을 제안하며
[7] 詐欺에 의한 外國判決承認의 公序違反與否와 相互保證
제3장 헤이그국제사법회의 협약
[8] 國際的인 證券擔保去來의 準據法—헤이그국제사법회의의 유가증권협약을 중심으로—
補論—헤이그유가증권협약의 주요내용과 國際證券去來에 미치는 영향

제4장 國際倒産法

[9] 미국 파산법원의 재판의 효력과 破産法의 屬地主義—대법원 2003. 4. 25. 선고 2000다64359 판결에 대한 평석

補論—채무자회생 및 파산에 관한 법률(이른바 統合倒産法)에 따른 國際倒産法의 개관

제5장 國際商事仲裁法

[10] 뉴욕협약상 중재합의에 관한 몇 가지 문제점—대법원 2004. 12. 10. 선고 2004다20180 판결이 제기한 쟁점들을 중심으로—

제6장 國際海商法

[11] 용선계약상 중재조항의 선하증권에의 편입—대법원 2003. 1. 10. 선고 2000다70064 판결에 대한 평석—

제7장 國際金融去來法

[12] 國際金融去來와 國際私法

[13] 國際金融에서의 信託과 國際私法

제8장 國際知的財産權法

[14] 한국에 있어서 知的財産權紛爭의 國際裁判管轄

補論—知的財産權에 관한 國際裁判管轄—MPI 草案과 ALI 草案의 비교

제9장 대법원판례 정리

[15] 2004년 국제사법 분야 대법원판례: 정리 및 해설

부록

[16] Convention on the Law Applicable to Certain Rights in Respect of Securities Held with an Intermediary

[17] Convention on the Law Applicable to Trusts and on their Recognition

國際私法과 國際訴訟 제5권에 수록된 논문의 목록

제1장 국제계약법

[1] 한국인 간에 일본에서 체결된 근로계약의 준거법: 국제계약의 개념, 가정적 당사자 자치와 준거법의 사후적 변경을 중심으로

[2] 국제물품매매협약(CISG)과 國際私法

제2장 국제지적재산권법

[3] 외국저작권 침해의 준거법

補論—국제지적재산권법에 관한 小考—최근 일부 하급심판결들에 대한 유감을 표시하며

제3장 독점규제법·경제법의 국제적 적용범위

[4] 독점규제 및 공정거래에 관한 법률의 域外適用

[5] 경제법의 국제적 적용범위: 국제거래에서 소비자보호와 "독점규제 및 공정거래에 관한 법률"의 역외적용을 중심으로
補論 — 약관규제법은 국제적 강행규정인가
제4장 해사국제사법
[6] 海事國際私法의 몇 가지 문제점 — 준거법을 중심으로
補論 — 외국법제로의 과도한 도피와 國際私法的 思考의 빈곤
[7] 선박우선특권과 피담보채권(선원임금채권)의 준거법
제5장 국제민사소송법
[8] 개정 루가노협약에 따른 계약사건의 국제재판관할
補論 — 계약사건의 국제재판관할에서 의무이행지와 실질적 관련
[9] 인터넷거래의 국제재판관할과 지향된 활동
[10] 외국판결의 승인 및 집행: 2001년 이후의 판결을 중심으로
補論 — 승인대상인 외국판결의 개념에 관한 대법원재판의 상충
제6장 국제도산법
[11] "채무자 회생 및 파산에 관한 법률"(이른바 통합도산법)에 따른 국제도산법
補論 — 외국도산절차에 따른 면책 효력의 승인
[12] 도산국제사법의 제문제: 우리 법의 해석론의 방향
제7장 국제상사중재법
[13] 국제상사중재에서 중재합의와 訴訟留止命令(anti-suit injunction)
[14] 외국중재판정의 승인·집행제도의 개선방안
제8장 외국법의 적용: 중국법이 준거법인 경우
[15] 한국법원에서 제기된 중국법의 쟁점: 계약법, 불법행위법, 혼인법과 외국판결의 승인·집행을 중심으로

國際商事仲裁法硏究 제1권에 수록된 논문의 목록

제1장 國際商事仲裁法의 기초이론
제2장 개정중재법의 주요 내용과 문제점 — 國際商事仲裁를 중심으로
제3장 國際商事仲裁에서 仲裁合意
제4장 國際商事仲裁에서 분쟁의 실체의 準據法 — 우리 중재법의 해석론을 중심으로—
제5장 國際商事仲裁에서 중재판정의 취소 — 우리 중재법의 해석론을 중심으로—
제6장 뉴욕협약에 따른 外國仲裁判定의 承認 및 執行
제7장 뉴욕협약상 중재합의의 몇 가지 문제점 — 대법원 2004. 12. 10. 선고 2004다20180 판결이 제기한 제출서류 및 중재합의의 방식요건을 중심으로—
제8장 外國仲裁判定에 기초한 執行判決과 청구이의사유의 주장 — 대법원 2003. 4.

11. 선고 2001다20134 판결에 대한 평석—
제9장 仲裁節次에서 法院의 역할
제10장 용선계약상 중재조항의 선하증권에의 편입—대법원 2003. 1. 10. 선고 2000다70064 판결에 대한 평석—
부록
[11] 한국 仲裁法
[12] 국제상사중재에 관한 UNCITRAL 모델법
[13] 외국중재판정의 승인 및 집행에 관한 국제연합협약(뉴욕협약)
[14] 제네바의정서와 제네바협약

國際商事仲裁法硏究 제2권에 수록될 논문의 목록

제1장 구 중재법 하의 개정방향
[1] 중재법의 개정방향: 국제상사중재의 측면을 중심으로
[2] 외국중재판정의 승인·집행제도의 개선방안
제2장 2016년 중재법에 따른 변화
[3] 2016년 중재법의 주요 개정내용과 문제점
[4] 2016년 중재법에 따른 중재판정부의 임시적 처분: 민사집행법에 따른 보전처분과의 정합성에 대한 문제 제기를 포함하여
[5] 2016년 중재법에 따른 국내중재판정의 효력, 취소와 승인·집행에 관한 법리의 변화
제3장 국제중재에서 소비자의 보호
[6] 해외직접구매에서 소비자의 보호: 국제중재의 맥락에서
제4장 중재법의 해석론상의 제논점
[7] 국제상사중재에서 중재합의와 소송유지명령(anti-suit injunction)
[8] 사기에 의하여 획득한 외국중재판정의 승인과 공서위반 여부
제5장 ICC 중재규칙과 한국 중재법의 상호작용
[9] 한국에서 행해지는 ICC 중재에서 ICC 중재규칙과 한국 중재법의 상호작용
제6장 국제상사중재, 국제통상분쟁해결절차와 국제투자중재
[10] 국제분쟁해결의 맥락에서 본 국제상사중재: 통상분쟁해결절차 및 투자중재와의 대비를 중심으로
부록
[11] 대한상사중재원의 2007년 국제중재규칙의 주요내용과 그에 대한 평가
[12] 한국 중재법: 2016년 중재법 / 1999년 중재법 / 1966년 중재법
[13] 국제상사중재에 관한 UNCITRAL 모델법
[14] 외국중재판정의 승인 및 집행에 관한 국제연합협약(뉴욕협약)

國際私法과 國際訴訟 제1권-제6권과 國際商事仲裁法研究 제1권-제2권에 수록되지 않은 논문의 목록

1. 國際航空機리스에 관한 법적인 문제점, 대한변호사협회지(인권과 정의) 제195호 (1992. 11.), 55-67면(조영균 변호사와 공동집필). 다만, 이 글의 일부는「國際私法과 國際訴訟」제2권 [14] 移動設備에 대한 國際的 擔保權에 관한 UNIDROIT 協約에 포함시켰다.
2. 貨換信用狀去來의 法律關係와 準據法, 무역상무연구 제Ⅸ권(1996. 2.), 153-186면. 이 글은 아래 3.과 함께「國際私法과 國際訴訟」제1권 [5] "貨換信用狀去來에 따른 法律關係의 準據法"으로 통합하였다.
3. 貨換信用狀去來와 관련한 國際私法上의 몇 가지 문제점, 대한변호사협회지(인권과 정의) 제218호(1994. 10.), 111-126면. 이 글은 위 2.와 함께「國際私法과 國際訴訟」제1권 [5] "貨換信用狀去來에 따른 法律關係의 準據法"으로 통합하였다.
4. 國際商事仲裁에 있어서 實體에 적용할 準據法의 결정, 東泉 金仁燮 辯護士 華甲紀念論文集(1996), 522-535면. 다만, 이 글의 일부는「國際私法과 國際訴訟」제2권 [12] "改正仲裁法의 몇 가지 문제점 —國際商事仲裁를 중심으로—"에 포함시켰다.
5. 民事 및 商事事件의 國際裁判管轄과 外國裁判의 承認 및 執行에 관한 헤이그協約 —1997년 6월 개최된 特別委員會 회의 참가보고를 겸하여—, 국제사법연구 제2호 (1997), 115-152면.
6. 國際裁判管轄의 몇 가지 문제점 —종래의 論議에 대한 批判的 考察—, 대한변호사협회지(인권과 정의) 제262호(1998. 6.), 32-44면.
7. 民事 및 商事事件의 國際裁判管轄과 外國裁判의 承認 및 執行에 관한 헤이그協約 —1998년 3월 개최된 特別委員會 제2차 회의 참가보고서—, 저스티스 통권 제50호 (1998. 12.), 141-160면.
8. 間接的 國際裁判管轄(또는 承認管轄), 국제사법연구 제4호(1999), 509-535면.
9. 國際訴訟, 경희대학교 국제법무대학원(편), 國際法務學槪論(2000), 723-768면.
10. 스왑去來의 法的 問題點, 民事判例研究[XXIII](2001), 647면-701면. 다만, 이 글의 일부는「國際私法과 國際訴訟」제2권 [13] "派生金融商品去來에 있어서의 一括清算의 문제점과 倒産法의 개정"에 포함시켰다.
11. 信用狀去來上의 銀行의 法的地位 —貨換信用狀去來의 法律關係—, 南孝淳·金載亨(共編), 金融去來法講義 II (2001), 135-177면.
12. 改正 國際私法의 總論的 問題, 法曹 통권 제536호(2001. 5.), 5-39면.
13. New Conflict of Laws Act of the Republic of Korea, Journal of Korean Law, Volume 1, Number 2 (2001), pp. 197-223.
14. 國際勤勞契約과 勤勞者保護 —改正 國際私法을 중심으로—, 노동법학(한국노동법학회지) 제13호(2001. 12.), 1-37면.

15. 國際去來에서의 消費者保護—改正 國際私法을 중심으로—, 心堂宋相現先生 華甲紀念論文集, 이십일세기 한국상사법학의 과제와 전망(2002), 701-734면.

16. 國際的 保證의 諸問題, 한국무역상무학회, 무역상무연구 제17권(2002), 7-31면.

17. 國際的인 證券擔保去來의 準據法—PRIMA와 관련하여—, 증권법연구 제3권 제1호(2002), 97-137면, 조문은 339-365면.

18. 국제물품매매협약 가입과 한국법에의 수용, 상사법연구 제21권 제2호(2002), 41-134면.

19. 인터넷과 國際裁判管轄, 인터넷법연구 제2호(2003), 429-467면.

20. The New Conflict of Laws Act of the Republic of Korea, Yearbook of Private International Law, Volume 5 (2003), pp. 99-141 and English translation of the Act, pp. 315-336.

21. 연지급신용장의 만기전 매입 또는 지급, 判例硏究 제17집(하)(서울지방변호사회, 2004), 86-112면.

22. 신용장의 비서류적 조건의 유효성, 한국무역상무학회, 무역상무연구 제22권(2004), 137-171면.

23. 항공기에 대한 국제적 담보거래—케이프타운협약과 항공기의정서를 중심으로—, 국제거래법학회지 제12집(2004), 163-200면.

24. 2005 헤이그법원선택합의협약, 국제사법연구 제11호(2005), 192-227면.

25. 국제항공기금융에 관한 법적 문제점, BFL 제18호(2006), 62-75면(조영균 변호사와 공동집필).

26. 국제물품매매계약에 관한 국제연합협약(CISG)상의 본질적 계약위반, 한양대 법학논총 제23집 제2호(2006), 437-479면.

27. UNIDROIT 문화재환수협약 가입절차와 유의점, 국제사법연구 제15호(2009), 324-378면.

28. 1993년 헤이그국제입양협약(국제입양에 관한 아동보호 및 협력에 관한 헤이그협약), 국제사법연구 제15호(2009), 421-492면.

29. 국제자본시장법의 서론적 고찰—역외적용 및 역외투자자문업자등의 특례를 중심으로, 증권법연구 제11권 제2호(2010. 8.), 27-82면(정순섭 교수와 공저).

30. 중간시안을 중심으로 본 국제재판관할에 관한 일본의 입법 현황과 한국의 입법 방향, 한양대학교 국제소송법무 제1호(2010), 29-65면.

31. 國際勤勞契約의 準據法에 관한 韓國과 中國國際私法의 異同, 전북대학교 법학연구 제31집(2010. 12.), 301-326면.

32. Some Observations on the Chinese Private International Law Act: Korean Law Perspective, Zeitschrift für Chinesisches Recht (2011), pp. 105-115.

33. 국제물품매매협약(CISG)을 적용한 우리 판결의 소개와 검토, 국제거래법연구 제20집 제1호(2011. 7.), 87-135면.

34. 클라우드 컴퓨팅의 규제 및 관할권과 준거법, Law & Technology 제7권 제5호

(2011. 9.), 3-48면.
35. 국제지적재산권분쟁과 國際私法: ALI 원칙(2007)과 CLIP 원칙(2011)을 중심으로, 민사판례연구 제34집(2012), 1065-1130면.
36. 국제아동탈취의 민사적 측면에 관한 헤이그협약, 서울대 법학 제54권 제2호(2013. 6.), 79-134면.
37. Comparative Analyses of the Chinese Private International Law Act and the Private International Law Act of Chinese Taipei: Korean Law Perspective, 중국 국제법평론 제4권(2013. 6.), pp. 46-76.
38. 이혼 기타 혼인 관계 사건의 국제재판관할에 관한 입법론, 국제사법연구 제19권 제2호(2013. 12.), 101-145면.
39. Recognition and Enforcement of Foreign Judgments in the Republic of Korea, Yearbook of Private International Law, Volume 15 (2013/2014), pp. 421-437.
40. Korea's Accession to the Hague Child Abduction Convention, Family Law Quarterly, Volume 48, No. 2, Summer 2014, pp. 267-282.
41. FIDIC 조건을 사용하는 국제건설계약의 준거법 결정과 그 실익, 사법 제29호(2014. 9.), 4-67면.
42. 국제친권·후견법의 동향과 국내입법과제, 서울대 법학 제55권 제4호(2014. 12.), 473-521면.
43. 일제강점기 강제징용된 노동자들의 손해배상 및 임금 청구를 기각한 일본 법원 확정판결의 승인 여부, 판례실무연구 [XI](상)(사법발전재단, 2014. 11.), 513-557면.
44. 헤이그 국제상사계약 준거법원칙, 서헌제 교수 정년기념논문집(2015. 2.), 279-320면.
45. Harmonization of Private International Law Rules in Northeast Asia, 일본 국제법외교잡지, 제114권 제1호(2015. 6.), pp. 1-26.
46. 국제적 불법거래로부터 문화재를 보호하기 위한 우리 국제사법(國際私法)과 문화재보호법의 역할과 개선방안, 서울대학교 법학 제56권 제3호(2015. 9.), 117-182면.
47. 국제가사사건을 다루는 법률가들께 드리는 고언(苦言), 가족법연구 제30권 1호(2016. 3.), 95-142면.
48. FIDIC 표준계약조건과 국내 민간건설공사 표준도급계약 일반조건의 비교, 국제거래법연구 제25집 제1호(2016. 7.), 31-89면.
49. 한국 국제거래법학의 과제, 성균관법학 제28권 제3호(2016. 9.), 53-103면.
50. 한국 국제사법학의 과제, 국제사법연구 제22권 제2호(2016. 12.), 381-425면.
51. 헤이그입양협약 비준을 위한 2016년 "국제입양에 관한 법률안"에 대한 검토, 가족법 연구 제31권 제1호(2017. 3.), 105-153면.
52. 서울법대 국제사법·국제거래법 연구 70년, 별책 서울대학교 法學 제58권 제1호(2017. 3.), 391-426면. / 서울대학교 법과대학 72년 1946-2017 (2018), 520-543면에도 수록.
53. 대마도에서 훔쳐 온 고려 불상의 서산 부석사 반환을 명한 제1심판결의 평석: 국제

문화재법의 제문제, 국제사법연구 제23권 제1호(2017. 6.), 3-58면.

54. 한국의 헤이그국제사법회의 가입 20주년을 기념하여: 회고, 현상과 전망, 동아대 국제거래와 법, 통권 제19호(2017. 8.), 69-165면.
55. 손해배상을 명한 외국재판의 승인과 집행: 2014년 민사소송법 개정과 그에 따른 판례의 변화를 중심으로 — 2017/11/12 투고. 국제사법연구 제23권 제2호(2017. 12.), 245-301면.
56. 2018년 국제사법 전부개정법률안에 따른 국제재판관할규칙: 총칙을 중심으로, 동아대 국제거래와 법 제21호(2018. 4.), 41-126면.
57. 국제적 기업인수계약의 준거법을 다룬 하급심 판결 평석: 주주총회의 특별결의를 요구하는 상법 규정은 국제적 강행규정인가, 경희법학 제53권 제2호(2018. 6.), 119-155면.
58. 국제라이선스계약의 준거법 결정에서 당사자자치의 원칙과 그 한계: FRAND 선언을 통한 라이선스계약의 성립 여부를 포함하여, 국제사법연구 제24권 제1호(2018. 6.), 3-66면.
59. 매매협약(CISG)이 적용되는 국제물품매매계약상 손해배상의 몇 가지 논점: 통화와 증명도로 본 통일 실질법의 사정범위(射程範圍)와 흠결의 보충, 국제거래법연구 제27집 제1호(2018. 7.), 1-42면.
60. Recognition and Enforcement of Judgments between China, Japan, South Korea in the New Era: South Korean Law Perspective, Frontiers of Law in China, Vol. 13 No. 2 (2018. 6.), pp. 171-201.
61. Introduction of Detailed Rules of International Adjudicatory Jurisdiction in Korea: Proposed Amendments of the Private International Law Act, (일본) 国際私法年報 第19号(2018. 6.), pp. 2-25.
62. 한국 국제사법 70년 변화와 전망, 청헌김증한교수 추모논문집 (2018), 1177-1221면.
63. 2018년 국제사법 전부개정법률안에 따른 국제재판관할규칙: 각칙을 중심으로, 동아대 국제거래와 법 제23호(2018. 10.), 41-146면.
64. 2018년 국제사법 전부개정법률안에 따른 해사사건의 국제재판관할규칙, 해법학회지 제40권 제2호(2018. 11.), 7-91면.
65. UNCITRAL이 한국법에 미친 영향과 우리의 과제, 비교사법 제25권 제4호(통권[제]83호)(2018. 11.), 1039-1110면.

「國際私法과 國際訴訟」 제1권-제5권 이외의 단행본

단독

1. 國際裁判管轄에 관한 硏究 — 民事 및 商事事件에서의 國際裁判管轄의 基礎理論과 一般管轄을 중심으로—(서울대출판부, 2001)

2. 2001년 개정 국제사법 해설 제1판(지산, 2001), 제2판(지산, 2003)
4. 국제상사중재법연구 제1권(박영사, 2007).
5. 증거조사에 관한 국제민사사법공조 연구(법무부, 2007)
6. 2001年改正 韓國の國際私法 ―國際家族法を中心に―(解說 第二版)(神奈川大學法學硏究所, 2009). 이는 위(2.)에 기재한 책 일부의 일본어 발췌 번역서이다.
8. 국제물품매매계약의 법리: UN통일매매법(CISG) 해설(박영사, 2010)
9. 국제민사소송법: 국제사법(절차편)(박영사, 2012)
10. 국제사법 해설(박영사, 2013)
11. 국제상사중재법연구 제2권(박영사, 2018).

공저

1. Dennis Campbell (ed.), South Korea Section, in International Secured Transactions, Binder 2 (Oceana Publications, Inc., Dobbs Ferry, NY, 2004) / 2010년과 2018년 개정판은 전우정 박사와 공저.
2. 헤이그국제아동입양협약에 관한 연구[공저](법무부, 2010)(이병화 교수와 공저).
3. Republic of Korea Section, in Transfer of Ownership in International Trace, 2nd Edition (Wolters Kluwer, 2011)(윤병철 변호사와 공저), pp. 277-292.
4. 增田 晉(編), 環太平洋諸國(日·韓·中·米·豪)における外國判決の承認·執行の現狀(2014), 한국법 부분, 27-74면.
5. 손경한 외, 국제사법 개정 방안 연구(법무부, 2014), 331-365면.
6. 남효순 외, 일제 강점기 강제 징용 사건판결의 종합적연구(박영사, 2014), 39 -146면.
7. 정순섭·노혁준(편저), 신탁법의 쟁점 제2권(2015), 353-403면.
8. 윤진수 집필대표, 주해친족법 제2권(박영사, 2015), 국제친족법 부분, 1555- 1791면.
9. 도시환 외, 한일협정 50년사의 재조명 V(역사공간, 2016), 167-215면.
10. Jürgen Basedow *et al.*, Encyclopedia of Private International Law (Edward Elgar, 2017), South Korea, Vol. 3, pp. 2243-2252 / South Korea, Vol. 4, pp. 3810-3821.
11. Adeline Chong (ed.), Recognition and Enforcement of Foreign Judgment in Asia, (ABLI, 2017), pp. 179-201.
12. 정홍식 외, 국제건설에너지법: 이론과 실무(박영사, 2017), 5-52면.

편저

1. 국제채권양도협약연구(법무부, 2002)
2. 석광현·정순섭(공편), 국제금융법의 현상과 과제 1(소화, 2009)
3. UNCITRAL 담보권 입법지침 연구(법무부, 2010)

역서

1. 오원석 · 최준선 · 석광현 · 허해관(공역), UNIDROIT 국제상사계약법원칙 2016(법문사, 2018)

「國際私法과 國際訴訟」 제1권-제6권에 수록되지 않은 짧은 글의 목록

1. 국제재판관할합의의 유효요건으로서의 합리적인 관련성, 법률신문 제3129호(2002. 12. 9.)[1]
2. 통합도산법시안 중 국제도산에 관한 검토의견, 법률신문 제3148호(2003. 2. 20.)
3. 연지급신용장의 만기전 매입 또는 지급, 법률신문 제3230호(2003. 12. 29.)
4. UN국제물품매매협약(CISG)에의 가입을 환영하며, 법률신문 제3245호(2004. 2. 23.)
5. 2003 분야별 중요판례 분석(국제거래법 분야), 법률신문 제3281호(2004. 7. 8.)
6. 상법(해상편) 개정안과 國際私法的 思考의 빈곤, 법률신문 제3415호(2005. 12. 1.)
7. 대한상사중재원의 2007년 「국제중재규칙」에 관하여, 법률신문 제3547호(2007. 4. 19.)
8. 국제사법상의 선결문제, 법률신문 제3665호(2008. 7. 14.)
9. 외국회사의 법인격 부인(否認),[2] 법률신문 제3680호(2008. 9. 8.)
10. 국제물품매매협약(CISG)을 다룬 최초의 우리 판결, 법률신문 제3754호(2009. 6. 15.)
11. 국제물품매매협약(CISG)을 다룬 최초 우리 판결의 항소심판결, 법률신문 제3781호(2009. 9. 28.)
12. 헤이그증거협약 가입을 환영하며, 법률신문 제3806호(2010. 1. 4.)
13. 국제항공운송사고로 인한 손해배상과 국제사법적 사고의 빈곤, 법률신문 제3816호(2010. 2. 8.)
14. 사기에 의하여 획득한 외국중재판정의 승인과 공서위반, 법률신문 제3880호(2010. 10. 14.)
15. 중국의 國際私法 제정을 환영하며, 법률신문 제3891호(2010. 11. 25.)
16. 서태지 · 이지아 사건과 국제가족법, 법률신문 제3937호(2011. 5. 23.)
17. 국제소송에서 입증의 정도의 성질결정과 준거법, 법률신문 제3954호(2011. 7. 25.)
18. 외국 소재 동산 소유권이전의 준거법과 대법원판결들의 오류, 법률신문 제3960호(2011. 8. 18.)
19. 2012년 개정 입양특례법과 국제사법적 사고의 빈곤, 법률신문 제4037호(2012. 6. 7.)

---

1) 법률신문에 수록된 글의 경우 면수를 생략한다. 대체로 11면 또는 14면에 수록되었다.

2) 원래 저자가 법률신문사에 보낸 글의 제목에는 뒤에 "대법원의 국제사법적 사고의 빈곤"이 포함되어 있었으나 황당하게도 법률신문사 편집부에서 그 부분을 무단 삭제하였다.

判例索引

헌법재판소 1998. 2. 5. 96헌바96 전원재판부 결정 ······ 51
헌법재판소 2000. 3. 30. 97헌바49 전원재판부 결정 ······ 232
헌법재판소 2000. 7. 20. 98헌바63 결정 ······ 715
헌법재판소 2000. 8. 31. 97헌가12 결정 ······ 728
헌법재판소 2005. 6. 30. 2003헌바114 결정 ······ 718
헌법재판소 2008. 11. 27. 2004헌바54 결정 ······ 651, 657, 697
헌법재판소 2009. 11. 26. 2007헌마1424 전원재판부 결정 ······ 737
헌법재판소 2017. 5. 25. 2014헌바360 결정 ······ 236

대법원 1962. 7. 12. 선고 62다229 판결 ······ 235
대법원 1971. 10. 22. 선고 71다1393 판결 ······ 586, 596, 840
대법원 1972. 4. 20. 선고 72다248 판결 ······ 406, 485, 551, 555
대법원 1975. 7. 22. 선고 74므22 판결 ······ 431, 443, 491, 591, 724, 741
대법원 1979. 9. 25. 선고 79다1476 판결 ······ 236, 240
대법원 1979. 11. 13. 선고 78다1343 판결 ······ 59, 108, 229
대법원 1983. 3. 22. 선고 82다카1533 전원합의체 판결 ······ 309, 678
대법원 1983. 6. 14. 선고 80다3231 판결 ······ 244
대법원 1983. 7. 26. 선고 81후56 전원합의체 판결 ······ 424
대법원 1985. 5. 28. 선고 84다카966 판결 ······ 309, 678
대법원 1987. 4. 28. 선고 85다카1767 판결 ······ 589
대법원 1988. 2. 9. 선고 84다카1003 판결 ······ 629, 633, 834
대법원 1988. 2. 9. 선고 87다카1427 판결 ······ 733
대법원 1988. 4. 12. 선고 85므71 판결 ······ 431, 432, 443, 478, 491, 492, 591, 724, 741
대법원 1988. 10. 25. 선고 87다카1728 판결 ······ 415, 454, 551, 560
대법원 1988. 11. 22. 선고 87다카1671 판결 ······ 52, 75
대법원 1988. 12. 13. 선고 87다카1112 판결 ······ 242
대법원 1989. 3. 14. 선고 88므184, 191 판결 ······ 596

대법원 1989. 9. 12. 선고 89다카678 판결 ………… 52
대법원 1989. 12. 26. 선고 88다카3991 판결 ………… 551
대법원 1990. 4. 10. 선고 89다카20252 판결 ………… 581, 631
대법원 1990. 9. 28. 선고 89누6396 판결 ………… 716, 749
대법원 1991. 5. 14. 선고 90다카25314 판결 ………… 100, 106
대법원 1991. 12. 24. 선고 91다30880 판결 ………… 63
대법원 1992. 1. 21. 선고 91다14994 판결 ………… 420, 460, 562
대법원 1992. 3. 31. 선고 91다32053 판결 ………… 657, 697
대법원 1992. 7. 14. 선고 92다2585 판결 ………… 580, 763
대법원 1992. 7. 28. 선고 91다41897 판결 ………… 393, 551
대법원 1994. 2. 21.자 92스26 결정 ………… 592
대법원 1994. 5. 10. 선고 93므1051, 1068 판결 ………… 658
대법원 1994. 12. 20. 선고 94모32 전원합의체 결정 ………… 156
대법원 1995. 2. 14. 선고 93다53054 판결 ………… 581, 657, 697
대법원 1995. 6. 30. 선고 95다15827 판결 ………… 235, 236, 237
대법원 1995. 11. 21. 선고 93다39607 판결 ………… 393, 408, 413, 489, 550, 551, 578, 837
대법원 1996. 11. 12. 선고 96누1221 판결 ………… 720, 728
대법원 1996. 11. 22. 선고 96도2049 판결 ………… 737
대법원 1997. 3. 20. 선고 96도1167 전원합의체 판결 ………… 157
대법원 1997. 5. 9. 선고 95다34385 판결 ………… 242
대법원 1997. 9. 9. 선고 96다20093 판결 ………… 99, 120, 193, 420, 460, 461, 562, 810
대법원 1997. 9. 9. 선고 96다47517 판결 ………… 587, 838
대법원 1997. 9. 12. 선고 96다41991 판결 ………… 344
대법원 1998. 4. 23. 선고 95다36466 전원합의체 판결 ………… 155, 156
대법원 1998. 6. 29.자 98마863 결정 ………… 204
대법원 1998. 7. 14. 선고 96다39707 판결 ………… 106
대법원 1999. 7. 23. 선고 98두14525 판결 ………… 715
대법원 1999. 11. 12. 선고 96누1221 판결 ………… 749
대법원 1999. 12. 10. 선고 98다9038 판결 ………… 157
대법원 2000. 6. 9. 선고 98다35037 판결 ………… 17, 164, 411, 451, 558, 733
대법원 2000. 7. 6. 선고 2000다560 판결 ………… 236
대법원 2001. 5. 15. 선고 99다26221 판결 ………… 116
대법원 2001. 7. 27. 선고 99다55533 판결 ………… 92
대법원 2001. 12. 24. 선고 2001다30469 판결 ………… 27

대법원 2002. 7. 26. 선고 2000다17070 판결 ······ 378
대법원 2002. 11. 26. 선고 2002므1312 판결 ······ 599
대법원 2003. 4. 11. 선고 2001다20134 판결 ······ 589
대법원 2003. 9. 26. 선고 2003다29555 판결 ······ 566, 579
대법원 2004. 2. 27. 선고 2003다52944 판결 ······ 236
대법원 2004. 3. 25. 선고 2001다53349 판결 ······ 120, 562
대법원 2004. 6. 17. 선고 2003도7645 전원합의체 판결 ······ 347
대법원 2004. 6. 25. 선고 2002다56130, 56147 판결 ······ 685
대법원 2004. 10. 28. 선고 2002다74213 판결 ······ 581, 585, 587, 602, 630, 634, 760, 839, 840
대법원 2004. 11. 12. 선고 2004도4044 판결 ······ 718
대법원 2005. 1. 14. 선고 2001다81320 판결 ······ 226
대법원 2005. 1. 27. 선고 2002다59788 판결 ······ 394, 399, 400, 431, 443, 552, 723
대법원 2005. 5. 13. 선고 2004다71881 판결 ······ 655, 656
대법원 2006. 3. 24. 선고 2004두11275 판결 ······ 313, 579
대법원 2006. 4. 27. 선고 2006다1381 판결 ······ 649, 651
대법원 2006. 5. 26. 선고 2005므884 판결 ······ 19, 23, 69, 431, 492, 592, 608, 724, 783, 796
대법원 2007. 6. 29. 선고 2006다5130 판결 ······ 113
대법원 2007. 7. 12. 선고 2005다39617 판결 ······ 49, 63
대법원 2008. 1. 31. 선고 2004다26454 판결 ······ 107, 109, 228
대법원 2008. 4. 24. 선고 2005다75071 판결 ······ 310, 553, 676
대법원 2008. 5. 29. 선고 2006다71908, 71915 판결 ······ 407, 486, 552, 555, 566, 723
대법원 2008. 12. 16.자 2007마1328 결정 ······ 203, 204
대법원 2009. 3. 26. 선고 2008다95953, 95960 판결 ······ 236
대법원 2009. 5. 28. 선고 2006다20290 판결 ······ 585
대법원 2009. 6. 25. 선고 2009다22952 판결 ······ 587, 588, 596, 597, 840
대법원 2009. 11. 13.자 2009마1482 결정 ······ 204
대법원 2010. 1. 28. 선고 2008다54587 판결 ······ 355, 356
대법원 2010. 3. 25.자 2009마1600 결정 ······ 574, 577, 590, 835
대법원 2010. 4. 29. 선고 2009다68910 판결 ······ 571, 574, 575, 577, 590, 596, 603, 629, 835, 841
대법원 2010. 7. 15. 선고 2010다18355 판결 ······ 140, 411, 451, 489, 552, 557, 560, 723
대법원 2010. 7. 22. 선고 2008다31089 판결 ······ 580, 590

대법원 2010. 8. 26. 선고 2010다28185 판결 ······ 88, 91, 98, 99, 121, 193, 194
대법원 2010. 9. 9. 선고 2009다105383 판결 ······ 91, 92, 93, 100, 104, 109, 194
대법원 2011. 4. 28. 선고 2009다19093 판결 ······ 121, 423, 465, 562, 563, 810
대법원 2011. 6. 30. 선고 2009다72599 판결 ······ 651
대법원 2011. 7. 14. 선고 2011다23323 판결 ······ 8
대법원 2011. 8. 25. 선고 2011다25145 판결 ······ 235
대법원 2011. 9. 29.자 2011마62 결정 ······ 428, 459
대법원 2012. 1. 19. 선고 2010다95390 전원합의체 판결 ······ 424
대법원 2012. 1. 19.자 2011마1821 결정 ······ 49
대법원 2012. 2. 15. 선고 2012므66 판결 ······ 587
대법원 2012. 2. 16. 선고 2011다45521 전원합의체 판결 ······ 5, 6, 35
대법원 2012. 5. 24. 선고 2009다22549 판결 ······
74, 367, 429, 552, 559, 564, 583, 584, 617, 663, 665, 668, 714, 723, 733, 745, 792
대법원 2012. 5. 24. 선고 2009다68620 판결 ······ 74, 583, 617, 623, 665, 714, 745
대법원 2013. 1. 14.자 2012마2008 결정 ······ 49
대법원 2013. 2. 15. 선고 2011다69053 판결 ······ 203
대법원 2013. 2. 15. 선고 2012므66(본소), 2012므73(반소) 판결 ······ 587
대법원 2013. 5. 16. 선고 2012다202819 전원합의체 판결 ······ 623, 696
대법원 2013. 7. 12. 선고 2006다17539 판결 ······ 491, 552, 723
대법원 2013. 7. 25. 선고 2011므3105 판결 ······ 744
대법원 2014. 4. 10. 선고 2012다7571 판결 ······ 455, 552, 561, 563, 566, 723
대법원 2014. 5. 16. 선고 2012두13269 판결 ······ 349
대법원 2014. 5. 16. 선고 2012두13655 판결 ······ 349, 368
대법원 2014. 5. 16. 선고 2013므1196 판결 ······ 493, 594, 724
대법원 2014. 7. 24. 선고 2013다34839 판결 ······ 44, 50, 163, 782
대법원 2014. 8. 26. 선고 2013다8410 판결 ······ 126, 136, 178, 219, 790
대법원 2014. 9. 25. 선고 2014다37620 판결 ······ 96
대법원 2014. 12. 11. 선고 2012다19443 판결 ······ 228
대법원 2014. 12. 24. 선고 2012두6216 판결 ······ 349
대법원 2015. 1. 15. 선고 2012다4763 판결 ······ 750
대법원 2015. 1. 29. 선고 2010다108764 판결 ······ 3
대법원 2015. 2. 12. 선고 2012다21737 판결 ······ 413
대법원 2015. 2. 26. 선고 2012다79866 판결 ······ 223
대법원 2015. 3. 20. 선고 2012다118846(본소), 2012다118853(반소) 판결 ······ 85, 194

대법원 2015. 5. 28. 선고 2012다104526, 2012다104533(병합) 판결 ························ 27
대법원 2015. 7. 23. 선고 2014다230580 판결 ························ 143, 182
대법원 2015. 8. 27. 선고 2012다118396 판결 ························ 147
대법원 2015. 10. 15. 선고 2015다1284 판결 ························ 604
대법원 2016. 1. 28. 선고 2015다207747 판결 ························ 603, 604
대법원 2016. 8. 30. 선고 2015다255265 판결 ························ 762
대법원 2016. 10. 19. 선고 2014다46648 전원합의체 판결 ························ 746
대법원 2018. 10. 30. 선고 2013다61381 전원합의체 판결 ········· 583, 623, 664, 665, 705

서울고등법원 1971. 5. 12. 선고 70나1561 판결 ························ 597
서울고등법원 1985. 8. 20. 선고 84나3733 판결 ························ 596
서울고등법원 1995. 3. 14. 선고 94나11868 판결 ························ 577
서울고등법원 1998. 6. 12. 선고 97나42160 판결 ························ 411
서울고등법원 1999. 10. 12.자 99라130 결정 ························ 751
서울고등법원 2003. 5. 13. 선고 2002나57395 판결 ························ 566
서울고등법원 2006. 1. 26. 선고 2002나32662 판결 ··········· 312, 416, 454, 491, 561, 792
서울고등법원 2006. 2. 14. 선고 2005나27906 판결 ························ 647
서울고등법원 2006. 3. 29. 선고 2004나14033 판결 ························ 749, 752
서울고등법원 2007. 10. 12. 선고 2007나16900 판결 ························ 194
서울고등법원 2008. 7. 8. 선고 2007나80093 판결 ························ 748
서울고등법원 2009. 1. 21. 선고 2007나96470 판결 ························ 423, 563
서울고등법원 2009. 3. 6. 선고 2007나122966 판결 ························ 585
서울고등법원 2009. 8. 6. 선고 2007나117476 판결 ························ 574, 835
서울고등법원 2010. 2. 11. 선고 2009나31323 판결 ························ 96
서울고등법원 2011. 12. 8. 선고 2011나43329 판결 ························ 455, 561
서울고등법원 2012. 1. 19. 선고 2011나6962 판결 ························ 413
서울고등법원 2012. 7. 20. 선고 2011나60300 판결 ························ 225
서울고등법원 2012. 10. 19. 선고 2012나23490 판결 ························ 3
서울고등법원 2012. 11. 22. 선고 2012나7207(본소), 2012나7214(반소) 판결 ·············· 87
서울고등법원 2013. 2. 8. 선고 2012르3746 판결 ························ 493, 593
서울고등법원 2013. 7. 10. 선고 2012나44947 판결 ························ 663, 665, 704
서울고등법원 2013. 9. 6. 선고 2012나65098 판결 ························ 74
서울고등법원 2014. 5. 12. 선고 2013나73560 판결 ························ 96

서울고등법원 2014. 10. 1. 선고 2013나2020326 판결 ······ 143, 182
서울고등법원 2017. 2. 16. 선고 2015나2065729 판결 ······ 165
부산고등법원 2001. 2. 2. 선고 99나5033 판결 ······ 518
부산고등법원 2005. 6. 2. 선고 2004나10602 판결 ······ 70
부산고등법원 2009. 2. 3. 선고 2007나4288 판결 ······ 571, 583, 620, 666
부산고등법원 2009. 7. 23. 선고 2009나3067 판결 ······ 582
부산고등법원 2010. 1. 28. 선고 2009나10959 판결 ······ 489, 557
부산고등법원 2013. 7. 30. 선고 2012나4497 판결 ······ 663, 665, 704

서울가정법원 2004. 2. 6. 선고 2003드단58877 판결 ······ 735, 740
서울가정법원 2005. 9. 28. 선고 2004드합9787 판결 ······ 493
서울가정법원 2006. 8. 4. 선고 2006드단6945 판결 ······ 593
서울가정법원 2007. 5. 22. 선고 2004드단77721 판결 ······ 743
서울가정법원 2010. 10. 29. 선고 2009드단14527 판결 ······ 737
서울가정법원 2010. 12. 1. 선고 2009드단14534 판결 ······ 718, 744
서울가정법원 2016. 7. 15. 선고 2015드단50524 판결 ······ 493
서울가정법원 2016. 9. 7. 선고 2016드단317453 판결 ······ 493

서울남부지방법원 2014. 1. 21. 선고 2011가단83213 판결 ······ 720, 745
서울남부지방법원 2014. 6. 19. 선고 2014나2179 판결 ······ 745
서울민사지방법원 1989. 7. 26.자 89카13692 결정 ······ 738
서울서부지방법원 2010. 12. 14. 선고 2009가합6806 판결 ······ 847
서울서부지방법원 2011. 12. 8. 선고 2011가합3602(본소), 2011가합12026(반소) 판결 ······ 87
서울중앙지방법원 2005. 1. 26. 선고 2002가합22637 판결 ······ 647
서울중앙지방법원 2005. 10. 14. 선고 2005가합43314 판결 ······ 571
서울중앙지방법원 2006. 5. 26. 선고 2004가합99273 판결 ······ 570
서울중앙지방법원 2006. 12. 21. 선고 2006가합10625 판결 ······ 588
서울중앙지방법원 2007. 8. 23. 선고 2006가합89560 판결 ······ 423, 563
서울중앙지방법원 2008. 4. 3. 선고 2005가합16473 판결 ······ 649, 655, 684
서울중앙지방법원 2008. 6. 20. 선고 2007가합43936 판결 ······ 748
서울중앙지방법원 2009. 3. 27. 선고 2008가합64831 판결 ······ 588
서울중앙지방법원 2009. 4. 23. 선고 2008가단363951 판결 ······ 588

서울중앙지방법원 2010. 1. 11.자 2009회확562 결정 ……… 27
서울중앙지방법원 2010. 2. 5. 선고 2009가합39658 판결 ……… 575
서울중앙지방법원 2011. 6. 17. 선고 2009가합103580 판결 ……… 588
서울중앙지방법원 2012. 2. 2. 선고 2011가합4761 판결 ……… 4
서울중앙지방법원 2012. 5. 10. 선고 2011가소2336515 판결 ……… 137
서울중앙지방법원 2012. 12. 5. 선고 2012나24544 판결 ……… 138, 178
서울중앙지방법원 2013. 8. 23. 선고 2012가합10763 판결 ……… 74
서울중앙지방법원 2014. 11. 28. 선고 2014가합10835 판결 ……… 607
서울중앙지방법원 2015. 10. 16. 선고 2014가합38116 판결 ……… 126, 134, 166, 179
서울중앙지방법원 2017. 10. 24. 선고 2017가단5026235 판결 ……… 174
서울중앙지방법원 2017. 11. 24. 선고 2016가합565797 판결 ……… 599
서울지방법원 1997. 7. 31. 선고 96가합4126 판결 ……… 411
서울지방법원 1998. 1. 15. 선고 95가합105237 판결 ……… 412
서울지방법원 1999. 11. 5. 선고 99가합26523 판결 ……… 412, 589, 845
서울지방법원 2002. 5. 23. 선고 99가합84123 판결 ……… 311, 792
서울지방법원 2002. 12. 13. 선고 2000가합90940 판결 ……… 468, 570
서울지방법원 남부지원 1994. 2. 14. 선고 93카합2009 판결 ……… 749, 752
서울형사지방법원 1989. 12. 12. 선고 89고단4609 판결 ……… 738
부산지방법원 2007. 2. 2. 선고 2000가합7960 판결 ……… 571, 583, 620, 666
부산지방법원 2009. 1. 22. 선고 2008가합309 판결 ……… 582
부산지방법원 2009. 6. 17. 선고 2006가합12698 판결 ……… 398, 489, 557
수원지방법원 2013. 11. 28. 선고 2013가합14630 판결 ……… 838
수원지방법원 안산지원 2005. 12. 16. 선고 2005가합999, 1664 판결 ……… 570
수원지방법원 안산지원 2015. 12. 24. 선고 2015가합936 판결 ……… 858
수원지방법원 평택지원 2009. 4. 24. 선고 2007가합1076 판결 ……… 582
인천지방법원 2003. 7. 24. 선고 2003가합1768 판결 ……… 565
인천지방법원 2007. 7. 6. 선고 2007가합404 판결 ……… 578
인천지방법원 2009. 11. 27. 선고 2009가단26373 판결 ……… 846
제주지방법원 2013. 11. 21. 선고 2013가합5158 판결 ……… 607
창원지방법원 2012. 2. 21. 선고 2010가단58776 판결 ……… 45
창원지방법원 2013. 4. 10. 선고 2012나5173 판결 ……… 47
창원지방법원 통영지원 2010. 6. 24. 선고 2009가합477 판결 ……… 588

우리말索引

[ㄱ]

가사사건 442, 524

가사사건의 국제재판관할규칙 595

가압류관할 515, 518

가지급물 반환의무의 성질결정 239, 249

가지급물 반환의무의 준거법 226, 238

가집행선고의 소송법적 효력 235

가집행선고의 실효 235

간접대리 173

간접보유증권 370

간접보유증권의 국제적 처분 338

간접손해 272

강제징용사건 583

개성공단 753

객관적 병합에 따른 관련관할 428, 456, 564

격지불법행위 272, 677, 792

결과발생지 271

결과발생지법 원칙 271

경상(鏡像)의 원칙 837

경쟁법의 3차원적 기능 280

경쟁제한행위 313

경쟁제한행위의 준거법 283

계좌소재지법 371

공동소송 426

공서요건 581

과잉관할 416, 454, 560

관련관할 427, 456, 458

관련성에 근거한 관할 427

관련중개기관 소재지 접근방법 371

관습법 244

관할합의협약 393, 441

구매대행 172

구제수단 300

국내적 강행규정 195

국내적 공서 690

국적관할 506, 507

국제계약법 341

국제법상의 강행규범 632

국제법에 근거한 손해배상청구권 683

국제사법상 소비자계약의 범위 124

국제사법상 적응 16

국제사법의 관습법 244

국제사법의 法源 243

국제선박금융 76

국제운송을 위한 소비자계약 135

국제유가증권법 370

국제자본시장법 342, 386

국제재판관할규칙 776

국제재판관할합의 186, 460, 562

국제재판관할합의의 법적 성질 119

국제적 강행규정 96, 195, 302, 755,

781
국제적 공서 631, 690, 692
국제적 소송경합 468, 570
국제적인 증권의 발행과 상장 347
국제증권거래와 복수예탁결제제도의 연계 339
국제증권법 386
국제회사법 340
권리외관 412
규범적 불법강점론 681
근로계약 488
금융 관련 소비자계약 147
기능개념 11
기원국 원칙 295
기판력 571
긴급관할 432, 478, 726

[ㄴ]
남북가족특례법 711, 725
남북교류협력법 756
남북한 주민 간의 이혼의 준거법 736
남북한특수관계론 717
내국관련 634
내재적 사기 839
뉴욕협약 209, 811
능동적 소비자 128, 176, 417

[ㄷ]
담보특약 111
당사자자치 93, 191, 787
대물소송 431
대인소송 431
도산법상의 상계 9
도산법에 특유한 효력 25, 28
도산법정지법 24
도산법정지법 원칙 24
도산전형적 법률효과 24, 25, 28
독립적 상계 9
동아시아 보통법 803

[ㄹ]
런던협약 828
로마체제 773

[ㅁ]
매매협약 754
멕시코시티협약 804
모델중재법 813
모자이크방식 484
목적론적 성질결정 66
목적론적 성질결정론 11
목적론적 축소 124, 154, 155, 157
목적론적 축소해석 157
무권화 370
민사사법공조 762, 819

[ㅂ]
반역외적용추정 365
발송기관 822
법관에 의한 법형성 245
법률사기 55
법률상 상계 9
법률의 회피 55, 783
법률호혜 842
법발견 154
법원(法源) 777

법의 공시 801
법인격부인론 73
법인격의 동일성의 준거법 687
법인의 속인법 784
법적 쟁송의 충분한 내국관련 561
법정보제공 828, 852
법정지법원칙 7, 240, 241
법형성 154, 245
베른협약 748, 787
병행주의 476
보편적 공서 632
보호국 289
보호국법주의 289, 747, 786
보호적 관할 180
복수상장 368
복수예탁결제제도의 연계 373
부당이득의 준거법 248
부동화 370
부분적 상호보증 587, 847
부스타만테법전 804
부인문구 183
부적절한 법정지 398
부적절한 법정지의 법리 471, 472, 569
부정경쟁행위 312
부정경쟁행위의 준거법 280
북한의 법적 지위 715
북한이탈주민법 735
북한주민의 법적 지위 730
불법행위 489
불법행위사건의 관할 408
불법행위의 준거법 675
브뤼셀체제 773
비송사건 524
비송사건의 국제재판관할 475

[ㅅ]

사기금지조항 364
사기에 의하여 획득된 외국판결의 승인 585
사물관할권 365
사법공조 819
사실호혜 842
사안별분석 568
산재(散在)불법행위 272, 677
삼배배상 605
상거소지 외에서 용역이 전부 제공되는 소비자계약 142
상계계약 22
상계의 성질결정 10
상사유보 209
상속의 준거법 738
상장회사에 관한 상법의 특례규정 385
상호보증 839
상호보증요건 586, 602
상호주의 586
선결문제 466
선박우선특권 44
선박우선특권의 성질결정 66
성질결정 238, 265, 778
소멸시효 완성의 항변의 신의칙 위반 654
소멸시효 항변과 권리남용 623
소멸시효의 기산점 651
소멸시효의 준거법 695

소비자계약 487
소비자의 개념 175
소송의 단편화 483
소재지법원칙 785
송달협약 820, 824
수동적 소비자 128, 176, 417, 487, 789
수령기관 822
수임인 826
순수한 국내계약 105
순수한 재산적 손해 273
숨은 반정 7, 10, 19, 783
승인공서 624, 669
승인법상의 공서 625, 669
승인예측설 468, 570, 627
승인판결 574
시장사기이론 353
시제법 702
시효 301
신부양협약(아동부양협약) 799
실질심사 629
실질법 89, 626, 789
실질법상의 시제법 673
실질법의 특례 739
실질법적 지정 94
실질재심사 571
실질재심사 금지 758, 834
실질적 확정력 836
실질주주 358, 389
실체 238

[ㅇ]

아동보호협약 500
아동의 최대복리 499
아마존 196
안전 및 행위규칙 303
알리바바 218
약관규제법 91
약관규제법과 국제재판관할합의 187
약관에 의한 준거법 지정의 허용요건 99
약관의 규제에 관한 법률 91
양적 제한 490
어뢰소송 469
여과 184
연결소 728
영국법상의 상계 9
영업비밀의 침해 282
영업소 소재에 근거한 관할 410
영업소 소재에 근거한 특별관할 451
영업소의 관할 558
영업활동 412, 451
영향이론 284
예비초안 394, 444, 554
예외조항 57
예외조항 적용의 효력 67
예외조항의 적용요건 59
완화된 공서이론 632
외국가사재판의 승인 596
외국공법 부적용의 원칙 756
외국적 요소 101
외국판결에 기한 소 571
외인법 339, 379
외재적 사기 839
원고관할 486
위탁매매 173

유가증권에 화체된 권리의 준거법 356
유가증권의 국제적 처분의 준거법 370
유가증권 자체의 준거법 356
의도적 이용 413, 452
의무이행지관할 555
이동소비자 180
2012년 사법해석 777
이차적 연결 274
인격권의 침해 269, 294
인터넷과 국제재판관할 565
인터넷의 遍在性 178
일반관할 405, 450
일반사법공조 819
일반적 예외조항 57, 162, 782
입양협약 798

[ㅈ]

자동승인 571
자본시장거래법 343
자본시장법 위반에 따른 민사책임 338
자본시장조직법 343
자본시장질서법 343
재산법상의 사건 441
재산소재에 근거한 관할 415
재산소재에 근거한 특별관할 454
재산소재지의 관할 560
재판의 거부 432, 478
쟁의행위 292
쟁의쟁위로 인한 책임의 준거법 292
저촉법상의 공서 624, 669
저촉법상의 시제법 671
저촉법적 지정 94
적응의 법리 18
전속적 국제재판관할 463, 563
전자상거래소비자보호법 192
전자증권법 337
절차 238
제3채무자와 (가)압류채권자 간의 우열 39
제권판결 361
제조물책임 311
제조물책임소송 489
제조물책임의 준거법 276
종국재판 574, 835
종속적 연결 248, 274, 311
주관적 병합에 따른 관련관할 427, 458
준거법공서 624, 669
준거법의 변경 737
준국제사법 712, 718
준국제사법적 접근방법 711, 717
준국제재판관할 722
중앙당국 822
중재가능성 199
중재공정성법 213
중재합의의 준거법 200
증거의 우월 115, 116
증거협약 821, 826
증권권리 373
지급금지채권 35
지식재산권 계약 482
지식재산권에 관한 소의 특별관할 482

지식재산권 침해 314, 483, 793
지적재산권 침해의 준거법 289
지향된 활동기준 177, 180, 414, 418, 453, 488, 790
직접청구권 304
진정한 연계 52
집행가능선언 571
집행판결 629, 840
징벌배상 837
징벌적 손해배상 306, 604

[ㅊ]
차단 184
청구이의사유 589
체계개념 11
최소한의 보호 192
최소한의 접촉 452
최우선 강행규정 302, 781
축소해석 154

[ㅋ]
케겔의 사다리 742, 795

[ㅌ]
탈취협약 798
테네시주 어음사건 12
투자설명서 319, 338
투자설명서에 따른 책임 267
투자설명서책임의 준거법 350
특별출석 462
특별한 사정이론 471
특수불법행위 270, 275, 792
특수사법공조 819
특징적 이행 753, 788

[ㅍ]
판결 224
편의치적 44, 51
편의치적에서 법인격부인 73
평등의 원칙 720
프라이버시 침해 294
피고의 활동에 근거한 관할 559

[ㅎ]
한일병합조약 699
한중조약 820, 824
한호조약 820
항공여객운송계약의 준거법 138
해사사건 국제재판관할규칙 515
해사사건의 특별관할 510
해외구매대행 171, 216
해외배송대행 215
해외직구 167
해외직접구매 167
해외직접구매의 유형 170
행동지 271
행위기준 364
행위지법원칙 271, 790
헤이그관할합의협약 811
헤이그국제사법회의 아태지역사무소 805
헤이그부양협약 798
헤이그유언방식협약 801
헤이그제조물책임협약 279
협의의 국제사법에 대한 국제민사소송법의 우위 636

형평법상의 상계 9
형평법상의 중단 654
확산형불법행위 272
확정판결요건 573
환경손해 314
환경손해의 준거법 285
활동에 근거한 관할 413, 452, 560
회피조항 273
효과기준 364
효과주의 284
효력유지적 축소해석 160

外國語索引

A

action *in personam* 431

action *in rem* 431

action upon the foreign judgment 571

active consumer 128, 176

active or mobile consumer 417

activity based jurisdiction 413, 452, 560

adaptation 16

akzessorische Anknüpfung 274, 311

ALI principles 291

Anpassung 16

antifraud provision 364

Arbitration Fairness Act 213

Arrest Convention 515

Asia Pacific Regional Office in Hong Kong 805

B

best interests 499

blocking 184

C

case-by-case analysis 568

characteristic performance 753

characterization 265

CISG 754

CLIP principles 290

commissioner 826

conduct test 364

confession judgment 574

conflit mobile 737

connecting factor 728

country of origin rule 295

D

dematerialization 370

denial of justice 432, 478

disclaimer 183

Distanzdelikt 677

doing business 412, 451

domestic public policy 690

E

East Asian Common Law 803

effects test 364

Eingriffsnormen 302

einschränkende Auslegung 154

equitable set-off 9

equitable tolling 654

escape clause 273

exemplary or punitive damages 306

exequatur 571, 629, 840
exorbitant jurisdiction 416, 454, 560
extraneous fraud 839

F
filtering 184
follow suit model 859
for de nécessité 726
foreign-cubed 증권소송 364
forum actoris 407, 486
forum non conveniens 398, 472, 569
forum of necessity 432, 478
forum shopping 772
forwarding authority 822
fragmentation of litigation 483
fraude à la loi 55
fraud-on-the-market theory 353
fraus legis 783
fraus omnia corrumpit 55
Funktionsbegriff 11

G
geltungserhaltende Reduktion 160
genuine link 52
Gewohnheitsrecht 244
Grundsatz der Nichtanwendung ausländischen öffentlichen Rechts 756

H
hidden *renvoi* 7, 19, 783
hinreichenden Inlandsbezug des Rechtsstreits 561

I
immobilization 370
independent set-off 9
industrial action 292
Inlandsbeziehung 634
insolvenztypische Rechtsfolge 25
interlokales Privatrecht 712
intermediated securities 370
international public policy 631, 690
internationally mandatory rules 96, 755
intrinsic fraud 839

J
jus cogens 632
justiciability 626

K
KDR 362
Kegelsche Leiter 742

L
legal set-off 9
lex conto sitae 371
lex fori concursus 24
lex fori principle 7, 240
lex loci delicti principle 790
lex protectionis 786
lex rei sitae 785
lis alibi pendens 468, 570
lois de police 302

M
minimum contact 452

minimum protection 192
mobile consumer 128, 176, 180
multi-listing 368

N

Notzuständigkeit 432, 478, 726

O

ordre public universel 632
overriding mandatory provisions 302, 781

P

partielle Verbürgung der Gegenseitigkeit 587, 847
party autonomy 191, 787
passive consumer 128, 176, 417, 789
place of conduct 271
place of injury 271
place of the relevant intermediary approach 371
preponderance of evidence 115, 116
prescription 301
presumption against extraterritoriality 365
PRIMA 371, 372
principle of *lex loci protectionis* 289
professio juris 801
Prospekthafung 267
protective jurisdiction 180
purposeful availment 413, 452

R

receiving authority 822
Rechtsfindung 154
Rechtsfortbildung 154, 245
Rechtsschein 412
reciprocity 586
remedy 300
réparation 300
res judicata effect 571
review of the merits 629
révision au fond 571, 629, 758, 834
richterliche Rechtsfortbildung 245

S

Schutzland, protecting country 290
secondary connection 274
securities held with an intermediary 370
security entitlement 373
set-off 9
special appearance 462
special torts 270
specific torts 270
spezifisch insolvenzrechtlichen Wirkungen 25
Spiegelbildprinzip 837
Statutenwechsel 737
subject matter jurisdiction 365

T

tag jurisdiction 565
targeted activity criterion 177, 180, 414, 418, 453, 488, 790

teleologische Qualifikation 11, 66
teleologische Reduktion 155, 158
three-dimensional function of competition law 280
torpedo litigation 469

U

Ubiquität des Internets 178

V

Verjährung 301
Vorrang des IZVR vor dem IPR 636

W

warranty 111
Wertpapierrechtsstatut 356
Wertpapiersachstatut 356
Wiedergutmachung 300

저자소개

약　력

서울대학교 법과대학 졸업
사법연수원 수료(11기)
독일 프라이부르그 법과대학 LL.M.
서울대학교 대학원 졸업(법학박사)
해군법무관(1981. 8. - 1984. 8.)
金・張法律事務所 변호사(1984. 9. - 1999. 2.)
영국 Linklaters & Paines 법률사무소 연수(1991년 상반기)
한양대학교 법과대학 교수(1999. 3. - 2007. 9.)
현재 서울대학교 법학전문대학원 교수: 국제거래법・國際私法・국제민사소송법 담당
정부대표단의 고문으로 다수의 헤이그국제사법회의, UNCITRAL과 UNIDROIT 회의 참가

저　서

국제물품매매계약의 법리: UN통일매매법(CISG)해설(박영사)
국제상사중재법연구 제 1 권, 제 2 권(박영사)
國際裁判管轄에 관한 硏究(서울대학교 출판부)
國際私法과 國際訴訟 제 1 권, 제 2 권, 제 3 권, 제 4 권, 제 5 권(博英社)

편　저

UNCITRAL 담보권 입법지침 연구(법무부)
국제채권양도협약연구(법무부)

논　문

클라우드 컴퓨팅의 규제 및 관할권과 준거법
FIDIC 조건을 사용하는 국제건설계약의 준거법 결정과 그 실익
대마도에서 훔쳐 온 고려 불상의 서산 부석사 반환을 명한 제1심판결의 평석
한국의 헤이그국제사법회의 가입 20주년을 기념하여
손해배상을 명한 외국재판의 승인과 집행: 2014년 민사소송법 개정과 그에 따른 판례의 변화를 중심으로
2018년 국제사법 전부개정법률안에 따른 국제재판관할규칙: 총칙을 중심으로 / 각칙을 중심으로
한국 국제사법 70년 변화와 전망
UNCITRAL이 한국법에 미친 영향과 우리의 과제 외 다수

國際私法과 國際訴訟 제6권

2019年　1月　25日　初版發行

著　者　石　光　現
發行人　安　鍾　萬
發行處　(株) 博　英　社
서울특별시 종로구 새문안로3길 36, 1601
전화 (733) 6771　FAX (736) 4818
등록 1959. 3. 11.　제300-1959-1호(倫)

저자와 협의하여 인지 첩부를 생략함

www.pybook.co.kr　e-mail: pys@pybook.co.kr

파본은 바꿔 드립니다. 본서의 무단복제행위를 금합니다.

정　가　65,000원　　ISBN 979-11-303-3294-9
979-11-303-3293-2(세트)